Soziologie-Lexikon

Herausgegeben
von
Dr. phil. Gerd Reinhold
unter Mitarbeit
von
Prof. Dr. Siegfried Lamnek
und
Dr. Helga Recker

Dritte, überarbeitete und erweiterte Auflage

R. Oldenbourg Verlag München Wien

Redaktion und Verfasser von ungezeichneten Stichwörtern:
Prof. Dr. Siegfried Lamnek
(Buchstaben A - K)

Dr. Helga Recker
(Buchstaben L - Z)

Die Deutsche Bibliothek - CIP-Einheitsaufnahme

Soziologie-Lexikon / hrsg. von Gerd Reinhold unter Mitarb. von Siegfried Lamnek und Helga Recker. - 3., überarb. und erw. Aufl. - München ; Wien : Oldenbourg, 1997
ISBN 3-486-24176-1
NE: Reinhold, Gerd [Hrsg.]

Rosenheimer Straße 145, D-81671 München
Telefon: (089) 45051-0, Internet: http://www.oldenbourg.de

Gedruckt auf säure- und chlorfreiem Papier
Gesamtherstellung: R. Oldenbourg Graphische Betriebe GmbH, München

ISBN 3-486-24176-1

Inhaltsübersicht

Vorwort zur dritten Auflage

Die Soziologie entwickelt sich deutlich zu einer zentralen Wissenschaft. Tatsächlich ist die Berücksichtigung soziologischer Zusammenhänge heute (mehr denn je) eine Notwendigkeit: In allen Bereichen des gesellschaftlichen Lebens (Wirtschaft, Politik, Recht, Kunst, Technik usw.) handeln die Menschen aufgrund sozial-kultureller Bedingungen, d.h. gemäß spezifischen sozialen und kulturellen Normen, Werten, Verhaltensmustern usw., die es um des friedlichen Miteinanders willen zu erkennen bzw. zu achten gilt und die eben von Soziologen systematisch erforscht und analysiert werden. Vor allem auch Soziologen sind es, die auf die zu gewärtigenden sozialen Folgen technischer Innovationen (vgl. die sozialwissenschaftliche Technikfolgen-Abschätzung) oder auf die zu erwartenden Auswirkungen des Interagierens der Menschen mit den sozialen und natürlichen Umwelten bzw. auf die entsprechenden Rückwirkungen auf Mensch und Gesellschaft (vgl. das Bemühen der Humanökologie) hinweisen. Allen an den Ergebnissen soziologischen Denkens und Forschens Interessierten, von den Studierenden über die aufgeschlossenen Laien bis zu den Mitgliedern der „Wissenschaftsgemeinschaft", wird hiermit ein Sachwörterbuch zur Hand gegeben, das allein schon durch seine 120 Großstichwörter (empirische Sozialforschung, Gesellschaft, soziale Normen, Soziologie usw.) die wesentlichen Forschungsgebiete und -ergebnisse des Faches erschließt. Nach den Kriterien für die Auswahl und den Umfang der Stichwörter für dieses Lexikon hätte Spielraum für manche Alternative bestanden; Verbesserungsvorschläge auch der Benützer (über den Verlag an den Herausgeber) werden gern berücksichtigt werden. Ich bedanke mich bei allen Mitarbeiter(inne)n für ihre wissenschaftlichen Beiträge; besonderer Dank gebührt Frau Dr. Helga Recker und Herrn Prof. Dr. Siegfried Lamnek für ihre umfassende Mitwirkung. Herr Diplom-Volkswirt Martin M. Weigert vom Verlag hat auch die Entstehung dieses Buches durch seine Erfahrung erheblich gefördert.

In der zweiten Auflage wurde der gesamte Text nochmals kritisch durchgearbeitet und verbessert. Die vorliegende dritte Auflage wurde vollständig überarbeitet und um zwölf neue Großstichwörter erweitert.

Dr. Gerd Reinhold

Liste aller Mitarbeiter/-innen

Dr. Henri Band, Humboldt-Universität zu Berlin
Dr. Antonius M. Bevers, Katholische Universität Brabant, Niederlande
Dr. Cornelius Bickel, Eckernförde
Dr. Hans Hartwig Bohle, Universität Bielefeld
Prof. Dr. Volker Bornschier, Universität Zürich
PD Dr. Karl-Werner Brand, MPS München
Prof. Shigeru Cho, Universität Kobe/Japan
Prof. Dr. Lars Clausen, Universität zu Kiel
PD Dr. phil. Detlev Claussen, Universität GH Duisburg
Prof. Dr. Andreas Diekmann, Universität Bern
Prof. Dr. Angelika Diezinger, FH Esslingen
PD Dr. Rainer Döbert, WZB Berlin
o.ö. Univ.-Prof. Dr. phil. Gerald L. Eberlein, Technische Universität München
PD Dr. Klaus Eder, Humboldt-Universität zu Berlin
Prof. Dr. Jürgen Friedrichs, Universität zu Köln
PD Dr. Regine Gildemeister, Universität Erlangen-Nürnberg
Prof. Dr. Irmela Gorges, FHVR Berlin
Prof. Dr. Bettina Gransow, Universität Bochum
Dr. rer. soc. Christian Gülich, Universität Bielefeld
Dr. Rudolf Hamann, Hamburg
Prof. Dr. Horst J. Helle, Universität München
Prof. Dr. Karl-Heinz Hillmann, Universität Würzburg
Dr. Ute Hoffmann, WZB Berlin
Dr. Harald Homann, Universität Tübingen
Prof. Dr. Stefan Hradil, Universität Mainz
Prof. Dr. Klaus Hurrelmann, Universität Bielefeld
Prof. Dr. Hans Joas, Freie Universität Berlin
PD Dr. Lucian Kern, Universität der Bundeswehr, München
Dr. Michael Kerres, Ruhr-Universität Bochum
Prof. Dr. Heinrich Keupp, Universität München
Dr. Marie-Luise Klein, Ruhr-Universität Bochum
Dr. Thomas Klein, Universität Karlsruhe
Prof. Dr. Hartmut Kliemt, Universität GH Duisburg
Dr. Ute Kort-Krieger, Technische Universität München
Dr. phil. Rüdiger Kramme, Humboldt-Universität zu Berlin
Dr. Peter Kremser, München
Prof. Dr. Friedhelm Kröll, Nürnberg
Univ.-Prof. Dr. Gottfried Küenzlen, Universität der Bundeswehr, München
Prof. Dr. Thomas Kutsch, Universität Bonn
Dr. Horst Laatz, Ruhr-Universität Bochum
Prof. Dr. Siegfried Lamnek, Kath. Universität Eichstätt
Prof. Dr. Rüdiger Lautmann, Bremen
PD Dr. Gero Lenhardt, Max-Planck-Institut für Bildungsforschung, Berlin
Prof. Dr. Kurt Lenk, Erlangen
o.ö. Univ.-Prof. Dr. Wolfgang Lipp, Universität Würzburg
Prof. Dr. Volker Meja, Memorial University, St. John's/Kanada
PD Dr. Max Miller, Universität Hamburg
Prof. Dr. Walter Müller, Universität Mannheim
Dr. Richard Münchmeier, Deutsches Jugendinstitut München

Prof. Dr. Dr. h.c. Rosemarie Nave-Herz, Universität Oldenburg
Dr. Heinz-Herbert Noll, ZUMA e. V./Mannheim
Prof. Dr. Dr. Otto-Peter Obermeier, München
Prof. Dr. Ilona Ostner, Universität Bremen
Univ.-Prof. Dr. Werner Patzelt, Technische Universität Dresden
Dr. Dieter Pfau, München
Prof. Dr. Dr. Gertrud Pfister, Freie Universität Berlin
Prof. Dr. Richard Pieper, Universität Bamberg
PD Dr. rer. soz. Dr. phil. Bernhard Plé, Universität Bayreuth
Prof. Dr. rer. pol. Willi Pöhler, Ruhr-Universität Bochum
Dr. Jürgen Pohl, Technische Universität München
Prof. Dr. Max Preglau, Universität Innsbruck
Prof. Dr. Wolfgang U. Prigge, Universität Mainz
PD Dr. Werner Rammert, Universität Bielefeld
Dr. Helga Recker AOR, Universität München
Dr. Karl-Siegbert Rehberg, Rheinisch-Westfälische Technische Hochschule Aachen
Prof. Dr. Dr. Helga Reimann, Universität Augsburg
Prof. Dr. Horst Reimann, Universität Augsburg
Dr. phil. Gerd Reinhold, München
Prof. Dr. Wolfram Reulecke, Ruhr-Universität Bochum
Prof. Dr. Klaus-Georg Riegel, Universität Trier
Prof. Dr. Klaus F. Röhl, Ruhr-Universität Bochum
Dr. Bernd Rohrmann, The University of Melbourne, Australien
Prof. Dr. Volker Ronge, Bergische Universität GH Wuppertal
Prof. Dr. Christoph Rülcker, Universität GH Duisburg
Dr. Reinhard Sander, Technische Universität München
Prof. Dr. Dr. Dr. Demosthenes Savramis, Bonn
Prof. Dr. Bernhard Schäfers, Universität Karlsruhe
Univ. Doz. Dr. Brunhilde Scheuringer, Universiät Salzburg
Prof. Dr. Josef Schmid, Universität Bamberg
Prof. Dr. Dr. Michael Schmid, Universität der Bundeswehr, München
PD Dr. Peter-Ernst Schnabel, Universität Bielefeld
o. Univ. Prof. Dr. Johann August Schülein, Wirtschaftsuniversität Wien
Prof. Dr. Arnold Schwendtke, Trier
PD Dr. Hermann Schwengel, Freie Universität Berlin
Dr. Klaus Seeland, Eidgenössische Technische Hochschule Zürich
Dir. und Prof. Dr. Johannes Siegrist, Universität Marburg
PD Dr. Ilja Srubar, Universität Konstanz
Prof. Dr. Nico Stehr, University of British Columbia, Kanada
Prof. Dr. Franz Stimmer, Universität Lüneburg
Prof. Dr. Erhard Stölting, Freie Universität Berlin
Dr. Frank Thieme, Ruhr-Universität Bochum
Prof. Dr. Hans Peter Thurn, Staatl. Kunstakademie Düsseldorf
Dr. Elfriede Üner, München
Prof. Dr. Heinz-Günter Vester, Universität Würzburg
Prof. Dr. Dieter Voigt, Ruhr-Universität Bochum
Prof. Dr. Gerd Vonderach, Universität Oldenburg
Prof. Dr. Thomas Voss, Universität Leipzig
Prof. Dr. Erich Weede, Universität zu Köln
Prof. Dr. iur. Kurt Weis, Technische Universität München
Dir. und Prof. Dr. G. Wiswede, Universität zu Köln
Prof. Dr. Stephan Wolff, Hildesheim
Prof. Dr. Arnold Zingerle, Universität Bayreuth

Verzeichnis der Abkürzungen

Abk.	Abkürzung
BR Deutschland	Bundesrepublik Deutschland vor der Vereinigung mit der ehemaligen →DDR am 3.10.1990
bspw.	beispielsweise
D	Deutschland (Gesamtdeutschland nach der Vereinigung von BR Deutschland und DDR)
DDR	Deutsche Demokratische Republik (auf dem Gebiet der →SBZ etablierter sozialistischer Staat, der am 3.10.1990 mit der →BR Deutschland vereint wurde)
dgl.	dergleichen
DGS	Deutsche Gesellschaft für Soziologie
F&E	Forschung und Entwicklung
gem.	gemäß
GG	Grundgesetz für die Bundesrepublik Deutschland („Bonner Grundgesetz“ vom 23.05.1949)
G.R.	Gerd Reinhold
Hg.	Herausgeber
H.R.	Helga Recker
i.d.R.	in der Regel
i.e.S.	im enge(re)n Sinn
i.w.S.	im weite(re)n Sinn
Jh.	Jahrhundert
KZfSS	Kölner Zeitschrift für Soziologie und Sozialpsychologie
m.a.W.	mit anderen Worten
MEW	Marx/Engels-Werke (Berlin-Ost 1956ff)
Mitt.	Mitteilungen
R.D.	Rainer Döbert
s.	siehe
s.a.	siehe auch
u.a.	unter anderem
u.a.m.	und andere(s) mehr
v.a.	vor allem
SBZ	Sowjetische Besatzungszone Deutschlands (1945–1955)
S.L.	Siegfried Lamnek
SZ	Süddeutsche Zeitung (München)
u.U.	unter Umständen
v.	von/vom
Vpn	Versuchsperson(en)
vs.	versus
w.u.	weiter unten
WuG	Wirtschaft und Gesellschaft (Werk von Max Weber, postum 1922ff in Tübingen erschienen)
WZB	Wissenschaftszentrum Berlin für Sozialwissenschaften
z.B.	zum Beispiel
ZfS	Zeitschrift für Soziologie

A

Abbildtheorie
→Widerspiegelungstheorie

aberrantes Verhalten
ein →abweichendes Verhalten, bei dem die Geltung der verletzten →Norm nicht bestritten wird. A. wird deshalb in der Regel verborgen geschehen und verheimlicht (wie etwa das kriminelle Verhalten) im Gegensatz zum nonkonformen oder non-konformistischen Verhalten, das die Norm nicht akzeptiert und/oder die Veränderung der verletzten Norm zum Ziel hat und deshalb die Aufmerksamkeit der Gesellschaft geradezu sucht.

Abhängigkeit
bezeichnet bestimmte Verhaltensdispositionen eines Individuums, wie z.B.: Passivität, Suche nach Unterstützung (*instrumentelle* A.) oder auch das Bemühen um Kontakt und um positive Reaktionen (= *emotionale* A.)

Abhängigkeit, statistische
1. als s.A. wird der Zusammenhang eines Merkmals mit einem anderen im Sinne einer →Korrelation oder Kovariation bezeichnet;

2. s.A. meint andererseits aber auch mehrere Messungen gleicher Variablen, an der gleichen Population oder →Stichprobe (z.B. →Panel) (→Stichprobe, abhängige; →Variable, abhängige).

Abhängigkeit, funktionelle
f.A. bezeichnet in der Betriebs- und Organisationssoziologie die A. der Arbeitskräfte von sachlichen und technischen Organisationsmerkmalen.

Abhängigkeit, hierarchische
h.A. meint bestimmte Formen des Arbeitsablaufs, die sich aufgrund von Anweisungen der Vorgesetzten ergeben, also sich aus einem Unterstellungsverhältnis in einem hierarchisch strukturierten Anordnungs- oder Befehlssystem ergeben.

Abhängigkeitsbedürfnis
1. das A. des Kleinkindes ist ein durch das positive Erleben von Zuwendung durch die Bezugsperson(en) erworbenes Verlangen nach dieser Zuwendung. Es bildet andererseits die Grundlage für die Bereitschaft des Kindes, sich den →Erwartungen und →Normen der →Bezugspersonen anzupassen;

2. als Gesellungsbestreben bezeichnet A. das Bedürfnis nach sozialen Kontakten, Freundschaften und anderen sozialen Bindungen oder auch nach Einbettung in eine und Anerkennung in einer sozialen →Gruppe.

Abnormalität
A. oder auch *Normwidrigkeit* ist eine häufig negativ gemeinte Bezeichnung für einen Menschen, der aufgrund seiner körperlichen, geistigen und/oder seelischen Merkmale, die nicht der allgemein herrschenden Auffassung von →Normalität entsprechen, anders ist. Das Urteil der A. hat in der negativen Bewertung oft eine allgemeine →Stigmatisierung des Betroffenen zur Folge.

Absolutismus
eine in Europa vom 16. bis 18. Jahrhundert bestehende Herrschaftsform (z.B. der Sonnenkönig Ludwig XIV (1638–1715) oder Friedrich II von Preußen (1740–1786)), in der ein Herrscher, meist ein Monarch, unumschränkte →Macht ausübte. Die Gewaltausübung wird nicht geteilt, nicht kontrolliert und nicht beschränkt; Beteiligungsversuche anderer gesellschaftlicher Gruppierungen werden nicht zugelassen; verfassungsrechtliche oder andere gesetzliche Mitwirkungen existieren nicht.

Der A. legitimiert sich durch Naturgesetze oder durch Berufung auf Gott. Historisch gesehen ist der A. die Antwort auf die konfessionellen Bürgerkriege des 16. Jahrhunderts und auf die offensichtliche Regierungsunfähigkeit der →Stände im →Feudalismus.

Faktisch beruht die Macht des A. auf einem verläßlichen stehenden Heer, dessen höhere Ränge die Verbindung zu den oberen Ständen herstellen, und auf dem „Beamtentum“, das die Ordnung im Staat gewährleisten, die Organisation und die Bearbeitung der wachsenden Staatsaufgaben vornehmen und für die wirtschaftliche und soziale Entwicklung des Bürgertums sorgen soll.

Der aufgeklärte A. bezeichnet eine modifizierte und historisch spätere Form des A., bei der der Herrscher sich an den →Normen der Rechtsstaatlichkeit, der Pflichterfüllung und Fürsorge für die Untertanen (Herrscher als „erster Diener seines Staates“) orientiert.

Abstand, sozialer

→Distanz, soziale

Abstoßung, soziale

1. Begriff des im 18. Jh. von den französischen Materialisten, in Analogie zur anorganischen Welt, entwickelten sozialen Gravitationsprinzips. Das, nach der *Newton*schen Mechanik, in der Bewegung zum Ausdruck kommende Wirken der elementaren physikalischen Kräfte Anziehung und A. wurde auf das moralische und soziale Leben übertragen. Danach wirken emotional-positive Aspekte wie Liebe, Lust etc. als Anziehung; negative Dinge wie Haß, Schmerz etc. als A. und werden gemieden;

2. auch in der psychoanalytischen Theorie *Freuds* können die beiden Grundtriebe (Eros und Destruktionstrieb) in Analogie zu dem anorganischen Gegensatz von Anziehung und A. ausgemacht werden;

3. soziale A. meint das Ausmaß der emotionalen Ablehnung oder Abneigung zwischen Personen, die deshalb meist zu einer geringen Interaktions- und Kommunikationsdichte führt. Dieser Begriff wird vornehmlich in der →Soziometrie als Gegenbegriff zu Anziehung bzw. →Attraktion verwandt und bezieht sich auf die Dimension der Sympathie bzw. Antipathie zwischen Mitgliedern von Gruppen.

Abstraktion

lat.: abstrahere = abziehen

meint das Herausarbeiten bestimmter Merkmale, Eigenschaften oder →Relationen von konkreten Objekten, um solche mit ähnlichen Merkmalen in Klassen zusammenfassen zu können. Dabei werden andere Merkmale der Gegenstände nicht weiter beachtet. Insofern werden solche Begriffe als abstrakt bezeichnet, die bestimmte Sachverhalte nur unter ganz speziellen Gesichtspunkten betreffen, jedoch die konkrete Vielfalt der Eigenschaften außer acht lassen. Durch das Absehen von anderen Merkmalen können sonst durchaus unterschiedliche Objekte bezüglich der gemeinsamen Attribute zu Klassen zusammengefaßt werden. Dies ist ein erster Schritt, zur Theoriebildung über wissenschaftliche Begriffe oder Typen, also zu einer Erklärungsfunktion zu kommen.

Man unterscheidet zwischen *generalisierender* A., bei der die gleichen Merkmale verschiedener Objekte hervorgehoben werden von der *isolierenden* A., bei der bestimmte Eigenschaften von den zugehörigen Objekten gedanklich getrennt werden und mit anderen Eigenschaften zusammengefügt einen abstrakten Gegenstand oder abstrakte Beziehungen ergeben. Diese →Theorien beziehen sich vorrangig auf die abstrahierten Merkmale, Eigenschaften und Beziehungen und versuchen, die Zusammenhänge zwischen diesen zu erklären.

Durch die A. wird die konkrete Wirklichkeit aus einem speziellen Blickwinkel betrachtet, bei dem dann die für die jeweiligen Erkenntnisziele relevanten Merkmale der Realität im Vordergrund stehen. Dies führt dazu, daß gleiche Objekte, unter verschiedenen wissenschaftlichen Perspektiven oder erkenntnisleitenden →Interessen betrachtet, durch die A. unterschiedlichen →Klassifikationen subsumierbar erscheinen.

Abwälzung

1. in einem allgemeinen Sinne meint A., die von einem geforderten Leistungen

nicht zu erbringen, sondern sie von einem anderen zu erwarten;

2. nach *G. Simmel* meint A. die Tatsache, daß an Personen gerichtete Verhaltenserwartungen von diesen nicht realisiert werden, weil sie in funktional differenzierten, hierarchisch organisierten und mehr oder weniger großen und anonymen sozialen →Systemen leben und die Erwartungshaltung umkehren: das abstrakte soziale Gefüge habe statt seiner die geforderten Leistungen zu erbringen.

Abwanderung

eine Bevölkerungsbewegung aus Gebieten, die ihren Bewohnern aufgrund der dortigen Struktur wenig soziale Aufstiegsmöglichkeiten bietet oder die durch Krisenerscheinungen (Wirtschaftskrise, Kriege, Naturkatastrophen) nicht mehr in der Lage sind, die Menschen zu ernähren, in wirtschaftlich attraktivere Gebiete. A. können prinzipiell überall dort geschehen, wo es strukturelle Ungleichgewichte – gleich welcher Dimension – gibt.

Die A. erfolgt meist vom Land zur Stadt hin und ist vorrangig ein Problem des Wandels von der Agrar- zur →Industriegesellschaft, da das Problem der A. dort auftaucht, wo aufgrund neuer, rationeller Technologien Teile der Landbevölkerung nicht mehr ökonomisch sinnvoll auf dem historisch gewachsenen Agrarsektor beschäftigt werden können. Andererseits gibt es aus Gründen unterschiedlicher Wohn- und Lebensqualität auch die Stadtflucht als A.

Durch den schnellen technologischen Wandel kommt es jedoch auch innerhalb der Industrie- und Rohstoffwirtschaft zu Strukturänderungen, die eine A. nach sich ziehen, indem industrielle Ballungszentren neu entstehen bzw. an anderer Stelle abgebaut werden (z.B.: Nord-Süd-Wanderung).

Die A. und Zuwanderungszahlen werden innerhalb der Bevölkerungsstatistik registriert und ausgewertet, um diese Bevölkerungsbewegungen kontrollieren und – wenn möglich – auch planen zu können.

abweichendes Verhalten

A. V. ist eine Teilklasse des Verhaltens und deckt sich nur zum Teil mit kriminellem oder →delinquentem Verhalten, das als Verstoß gegen kodifizierte →Normen definiert ist. Es gibt – wenn man nur auf die Differenzierung zwischen abweichend und delinquent rekurriert, ohne die Abweichung näher zu definieren – fünf Arten des Verhaltens: 1) →konforme Verhaltensmuster (z.B. einer regelmäßigen Arbeit nachgehen), 2) abweichende, aber nicht delinquete Verhaltensweisen (z.B. Verstöße gegen die Etikette), 3) delinquentes, aber nicht als abweichend empfundenes Verhalten (z.B. Schwarzmarktgeschäfte in Notzeiten); 4) Handlungen, die sowohl abweichend als auch delinquent sind (z.B. Raub), und 5) solche, die eigentlich konform sind, aber als abweichend definiert werden (z.B. zu Unrecht erfolgende →Kriminalisierung). Das bedeutet, daß eine Bestimmung abweichenden Verhaltens als ein solches, das kodifizierte Normen verletzt, zu eng erscheint. Manche Autoren definieren daher abweichendes Verhalten als Verletzung gesellschaftlich institutionalisierter Erwartungen, wobei jedoch die Problematik auftaucht, daß bei bestimmten Personengruppen („Kriminellen", „Asozialen") gesellschaftliche Erwartungen a. V. existieren; ein eigentlich a.V. dieser Personengruppe entspricht aber diesen Erwartungen, ist somit also zugleich konform. Demnach kann jedes Verhalten – je nach Erwartungen – sowohl konform wie abweichend sein, was in den Aussagen der Subkulturtheorie deutlich zum Ausdruck kommt. Der Phänomenbereich des a. V. ist also zunächst nicht ausreichend eingegrenzt.

A.V. kann nun bezeichnet werden als ein Handeln von Personen oder →Gruppen, das nicht den für Interaktionsbeziehungen in einer →Gesellschaft oder einer ihrer Teilstrukturen gültigen Regeln, Vorschriften, Verhaltenserwartungen oder Normen entspricht. Als Synonym für abweichendes Verhalten wird oft der Begriff →Devianz verwendet. Paradebeispiel für Devianz ist die von Strafgesetzen und Strafverfolgungsinstanzen festgelegte →Kriminalität. Devianz ist aber ebenso Bezeichnung für Eigenschaften und Verhaltensweisen von körperlich, geistig oder psychisch Behinderten sowie von Angehörigen von rassischen, politischen, kulturellen, sexuellen oder anderen →Minderheiten. Die Kriminalität ist sicher die spektakulärste und wissenschaftlich am meisten bearbeitete Form des a. V. Allen als deviant bezeichneten Verhaltensweisen ist gemeinsam, daß sie mehr oder weniger deutlich von bestimmten gesellschaftlich als allgemeingültig erachteten und anerkannten Normen abweichen.

Analytisch lassen sich vier Konzeptionen a. V. trennen. (1) Die statistische Perspektive, bei der sich die Abweichung aus dem Ausmaß der Differenz zu einem mathematisch-durchschnittlichen Verhalten der Menschen einer Gesellschaft ergibt. Bei dieser Konzeption von a. V. kommt man aber an einer Berücksichtigung negativer Bewertung der Abweichung nicht vorbei, denn sehr stark ausgeprägtes Organisationstalent ist auch eine Abweichung vom Durchschnitt, ohne a. V. zu sein. (2) Die psychopathologische Konzeption, bei der a. V. auf medizinische Krankheitsbilder zurückgeführt wird. Dieses Verständnis kommt vor allem in der Psychiatrie und im Strafvollzug zur Anwendung. (3) Funktionalistische Konzeptionen, bei denen bestimmte abweichende Verhaltensweisen als →funktional oder →dysfunktional für die Entwicklung und Erhaltung eines Systems angesehen werden, denn auch dysfunktionales a. V. kann auf einer übergeordneten Ebene funktional und daher als integraler Bestandteil des Systems betrachtet werden. (4) Normative Konzeptionen, bei denen Devianz als Abweichung von sozial gesetzten Normen verstanden wird. Dabei können zwei verschiedene Positionen unterschieden werden: (a) Es gibt den absolutistisch-normativen Ansatz, bei dem man von allgemeingültigen, feststehenden Normen des „Normalen" ausgeht. A. V. wird hier durch die Differenz eines Verhaltens zu diesen Normen definiert. (b) Es gibt aber auch die relativistisch-normative Theorie, bei der man davon ausgeht, daß die Feststellung von Devianz durch Aushandlungsprozesse von Interaktionspartnern in konkreten Situationen geschieht.

Auf soziologisch-theoretischer Ebene kann man analytisch vier grundlegende Forschungsperspektiven unterscheiden:

(1) Der mikrosoziologische Erklärungsversuch. Die unter diesem Label zusammengefaßten theoretischen Ansätze richten sich zumeist auf die primären Sozialisationsbeziehungen. Hier wird ein Zusammenhang zwischen der (früh)kindlichen →Sozialisation und dem a. V. von Kindern, Jugendlichen und Erwachsenen vermutet. Ein Zweig dieser Theorierichtung geht dahin, daß eine ‚beschädigte' primäre Sozialisation zu unzureichender Objektbindung und Gewissensbildung führt, die dann ihrerseits Ursache von a. V. sind. Eine andere Richtung der →mikrosoziologischen Ansätze vermutet, inkonsistente Erziehungs- und Sanktionsmethoden der Eltern in der familialen Sozialisation würden das a. V. der Kinder und Jugendlichen hervorrufen.

(2) →Schicht- und →subkulturspezifische Erklärungsansätze. Im Rahmen dieser Theorie werden gestörte Sozialisationsprozesse als durch den sozialstrukturellen Kontext verursacht analysiert. Sie gehen über die mikrosoziologischen Ansätze insoweit hinaus, als sie die soziokulturellen und sozioökonomischen Bedingungen der Familiensituation als Determinanten der primären Sozialisation in die Analyse einbeziehen. Nach dieser Theorie besteht ein Zusammenhang zwischen den objektiven Lebensbedingungen und den daraus resultierenden materiellen, kulturellen und psychischen Res-

sourcen der Familie einerseits und einer mangelhaften primären Sozialisation andererseits. Die unzureichende primäre Sozialisation beinhaltet die fehlerhafte →Internalisierung sozialer Normen und damit in der Folge a. V.

(3) →Makrosoziologische Erklärungsansätze. In diesem Theorienbündel sind drei Ansätze zu nennen: die (a) →Anomie-Theorie, die (b) materialistische →Gesellschaftstheorie und (c) die Theorien →sozialen Wandels. (a) Anomie-Theorie: Bestimmten gesellschaftlichen Gruppen, insbesondere den unteren sozialen Schichten, fehlen aufgrund sozialstruktureller Restriktionen die legitimen Mittel zur Erreichung der kulturell gesetzten Erfolgsziele. Die Angehörigen dieser Gruppen geraten unter Druck und sehen als faktisch einzige Alternative, sich illegitimer Mittel zur Zielerreichung zu bedienen. (b) Materialistische Gesellschaftstheorie. Auf der Grundlage der materialistischen Gesellschaftstheorie entwickeln Vertreter dieser Theorierichtung einen gesellschaftskritischen Ansatz. Da die Lohnarbeiter durch die Trennung von kollektiver Produktion und privater Aneignung des Reichtums weitestgehend von der gesellschaftlichen →Partizipation ausgeschlossen sind und ihre Lebenssituation durch Besitz- und Machtlosigkeit gekennzeichnet ist, stellt die Umgehung gesetzlicher Normen für sie die einzige Möglichkeit dar, über das durch ihre →Klassenlage beschränkte Maß hinaus am gesellschaftlichen Reichtum teilzuhaben. (c) Theorien sozialen Wandels. Die Internalisierung gesellschaftlicher Normen und Orientierungen durch das Individuum in der Sozialisation wird durch eine von den tatsächlichen Normen abweichende Entwicklung der Gesellschaft erschwert und konterkariert. Es gibt verschiedene gesellschaftliche Entwicklungen, die a. V. als Massenphänomen entstehen lassen: die Veränderung der Familienstruktur, der Wandel von →Werten und Normen sowie auch technische und wirtschaftliche Veränderungen. Die Normen werden aufgrund des Konflikts mit den differierenden Erfordernissen der Welt fehlerhaft oder unvollständig internalisiert, und dies führt zu a. V.

(4) Als letzte Theorierichtung soll der →labeling approach genannt werden. Dieser geht von einer – gegenüber den bisher benannten Forschungsansätzen – umgekehrten Konzeption aus. A. V. wird nicht mehr als durch das Individuum verursacht betrachtet, indem es von geltenden Normen – aus welchen Gründen auch immer – abweicht, sondern es entsteht durch gesellschaftliche Gruppen, die ein bestimmtes Verhalten als a. V. bezeichnen. Das Etikett „abweichend“ ist also keine Qualität des Verhaltens, sondern wird diesem durch Zuweisung oktroyiert. Die Gruppen definieren, welches Verhalten abweichend ist. Damit wird die Definition a. V. zu einer Frage der gesellschaftlichen Macht- und Herrschaftsverhältnisse. Wie z. B. die nähere Untersuchung von Kriminalstatistiken zeigt, ist die durch sie registrierte Kriminalität nur ein kleiner und verzerrter Ausschnitt aus der tatsächlichen Devianz; die Definition von Devianz als Kriminalität durch diese Statistiken beruht also auf Selektionsprozessen durch bestimmte gesellschaftliche Gruppen. Die Bezeichnung eines Verhaltens als abweichend ist zudem abhängig von den vorhandenen →Stereotypen, die grundlegende →Einstellungen und Orientierungen für das Alltagshandeln bestimmen. Die so geprägten Alltagsinteraktionen tragen – gerade im Lichte des relativistisch-normativen Theorieansatzes – zur Definition von Devianz bei. Der labeling approach untersucht zudem die Organisationsstrukturen, die Handlungsspielräume und die Definitionsmacht der mit den Sozialkontrollen betrauten →Institutionen, um herauszufinden, inwieweit diese zur Definition des a. V. beitragen.

Bei aller Differenzierung der Definitionen, Phänomene und theoretischen Ansätze lassen sich doch Gemeinsamkeiten

a. V. entwickeln: Zunächst einmal gilt, daß a. V. ubiquitär ist, d. h. in allen Gesellschaften auftritt. Damit erhält das a. V. die Eigenschaft der „Normalität". A. V. ist aber auch in einem zweiten Sinne normal: Es ist ein Verhalten, das – wie konformes Verhalten auch – normativ, situativ, evaluativ und motivational determiniert ist, wenngleich vielleicht mit anderen Ausprägungen. Aber die Tatsache dieser doppelten Normalität mit der definitorischen Relativität der Abweichung sollte den Soziologen vor einer voreiligen negativen Beurteilung dieses Phänomens bewahren.

Lit.: Lamnek, S.: Theorien abweichenden Verhaltens, München 1988[3]; *Sack, F.:* Probleme der Kriminalsoziologie, in: *König, R.* (Hrsg.): Handbuch der empirischen Sozialforschung, Bd 12, Stuttgart 1978, S. 192 ff.; *Wiswede, G.:* Soziologie abweichenden Verhaltens, Stuttgart 1979[2]

Prof. Dr. *S. Lamnek,* Eichstätt

Abweichung
→Devianz

achieved status
→Position, erworbene

action
→*Handlung*
→Handeln

action research
→Aktionsforschung

actor
→*Akteur*
→Handeln

Adaption

1. sensory adaption meint die →Anpassung des Organismus, besonders die der Sinnesorgane, an den herrschenden Intensitätslevel von permanenten Reizen. Für Geruchs- und Hautsinn bedeutet die A., daß solche Dauerreize kaum noch wahrgenommen werden, da eine Erhöhung der Wahrnehmungsschwelle durch das Dauerniveau die Folge ist. Für den Gesichtssinn bedeutet A. die Einstellung der Augen auf die jeweils herrschende Helligkeit;

2. die strukturell-funktionale Theorie von *Parsons* meint mit A. eines von vier Problemen, die ein →System in Auseinandersetzung mit seiner →Umwelt bewältigen muß. Diese Probleme (neben A. noch →Integration, →Zielerreichung, →pattern maintenance) kennzeichnen sowohl das System als auch seine Untersysteme, die jeweils auf eines dieser Problemfelder funktional zugeschnitten sind. Durch den Prozeß der A. wird jedoch nicht nur das System, sondern auch seine Umwelt verändert;

3. soziale A. →Anpassung, soziale

Adel

im →Feudalismus neben dem →Klerus, den Bauern und den →Bürgern durch Geburt privilegierter →Stand mit besonderem Standesethos, Lebensformen und →Elitebewußtsein. Mit der Übertragung eines Lehens durch den König, das dem A. als Großgrundbesitzer ein arbeitsloses Einkommen bescherte, war dieser in die Lage versetzt, für den Herrscher dienstbar und funktional zu sein.

Später entwickelte sich eine zweite A.-gruppe, die die nötig gewordene Verwaltungsarbeit bei Hofe erledigte. Die dritte A.-gruppe, die der freien Ritter, entstand vornehmlich zur Zeit der Kreuz- und Kolonialisationszüge. Im Verlauf des →Absolutismus verlor der A. zunächst seine kriegerischen und politisch-ökonomischen, dann auch seine ökonomisch-sozialen Funktionen.

ad-hoc-Gruppe

1. bei *E. Goffman* die Bezeichnung für zufällig entstehende und sich rasch wieder auflösende Gruppen mit nur kurzer Kommunikationsdauer;

2. eine ‚eigens zu diesem Zweck' gebildete Gruppe. A. werden auch konstituiert, um ein gerade aufgetretenes Problem zu diskutieren und einer Lösung zuzuführen. Zu Zeiten der Studentenunruhen meist zum agitatorischen Austragen begrenzter Konfliktsituationen in

Universitäten von „linken" Studenten organisiert.

ad-hoc-Hypothese
→Hypothese

adjustment, social
→Anpassung, soziale

Adoption
Hinzuwahl
1. meint im bürgerlich-rechtlichen Sinne die ‚Annahme an Kindes Statt‚; ein nicht leibliches Kind wird durch einen Rechtsakt einem leiblichen Kind gleichgestellt;

2. aus ethnologischer Sicht bezeichnet A. die Aufnahme eines Fremden, Nicht-Zugehörigen in die eigene, verwandtschaftlich oder ethnisch abgegrenzte →Gruppe;

3. kultursoziologisch meint A. die Aufnahme bisher in der eigenen Kultur unbekannter →Werte, →Normen, →Verhaltensmuster oder Produktionsverfahren, die einen gravierenden →Wandel der soziokulturellen Struktur zur Folge haben können.

Affekt
1. allgemeiner Begriff für relativ starke, aber nur kurze Zeit währende, emotionale Regungen, Gefühls- und Gemütsbewegungen, die mit spürbaren körperlichen Veränderungen (z. B.: hohe Pulsfrequenz, Magen-Darm-Tätigkeit) einhergehen. In Konfliktsituationen kann es zu einem vom Verstand nicht kontrollierten Verhalten kommen (Affekttaten im Bereich der →Kriminalität);

2. psychologischer Begriff für starke Erregung oder Bindung an eine Person oder ein Phänomen, die die rationale Einsicht und Kritikfähigkeit herabsetzen;

3. in der Theorie der →Sozialisation geht man davon aus, daß rationale Sachbindung und A.bindung im Verhältnis von Person und →Rolle zusammenfallen müssen, d. h. im Rollenlernen, der Rollenidentifikation und der Herausbildung der →Ich-Identität. Mangelnde A.bindungen führen zu sogenannten A.fixierungen und zu mangelnder A.integration, die sich häufig in →Aggressionen äußern. Während das Interesse an bestimmten Phänomenen sich im Verlauf der Sozialisation normalerweise weiterentwickelt oder umorientiert, bleibt es auf diese Gegenstände fixiert;

4. unter freibeweglichem A. versteht man ein Gefühl und/oder Streben nach Ersatzbefriedigung, weil die direkte oder ursprünglich anvisierte Befriedigung unerreichbar bleibt.
→Emotionen

Affektivität
Emotionalität
meint die Gefühlsorientiertheit einer Person im Handeln, in der Bewertung von Verhalten, Gegenständen oder Sachverhalten. Je nach Ausprägung der A. wird die Persönlichkeit in unterschiedlicher Weise determiniert.

Affektivität – Neutralität
engl.: affectivity – neutrality.
ein von *T. Parsons* in der →strukturell-funktionalen Theorie entwickeltes Gegensatzpaar von Wertorientierungen (→pattern variables). A. und N. sind zwei sich polar gegenüberstehende →Handlungsalternativen, wobei der Handelnde sich in dem „Dilemma" mehr oder weniger stark für eine Alternative in seinem Handeln entscheidet.

Meist ist in sozialen Handlungen aber sowohl A. als auch N. enthalten, d. h., das konkrete Handeln befindet sich auf dem Kontinuum zwischen den beiden Polen. Zur Beurteilung des Verhaltens ist das Übergewicht einer →Handlungsorientierung ausschlaggebend.

In der Soziologie werden soziale →Rollen danach unterschieden, inwieweit sie eine der Handlungsalternativen fördern bzw. fordern. Dabei gilt die Regel, daß in sog. →Primärgruppen wie →Familie, Bekannte usw. eher A., in Sekundärgruppen z. B.: Betrieben, Vereinen etc. eher N. erwartet wird.

affektuell
1. affektiv, emotional;
2. bei *Max Weber* jene Form des Handelns, das vorrangig durch die jeweilig situationsspezifischen Gefühle bestimmt, also primär emotional orientiert ist und weniger durch konsequente, planvolle Zielorientierung bestimmt wird.

affiliation
→Gesellung

Affirmation
Bewährung, Bestätigung
A. als Bewährung von →Hypothesen durch empirische Befunde sollte als Ersatz für die prinzipiell nicht mögliche →Verifikation von Hypothesen stehen, wie auch das unbefriedigend behandelte und forschungspraktische Problem der →Falsifizierbarkeit lösen.

affluent society
→Überflußgesellschaft

Agglomeration
Verdichtung, Zusammenballung, Zusammenhäufung
Entstehung von sozialen Verdichtungsräumen durch →Urbanisierung und →Industrialisierung, insbesondere von Zuordnungen von Siedlungen zu Großstädten oder von Industrien und Siedlungen zu Industriebezirken. A. kann in wirtschaftlicher, kultureller und sozialer Hinsicht vorteilhaft sein; als Nachteile werden Luft- und Wasserverschmutzung, Industrie- und Verkehrslärm und Wohnflächenknappheit genannt.

Aggregat, soziales
1. meint die Gesamtheit von Objekten, Personen oder allgemein Untersuchungseinheiten, die bestimmte soziale Merkmale gemeinsam haben. Solche A. sind z.B. Besucher irgendwelcher öffentlicher Veranstaltungen. Durch einschneidende äußere Ereignisse bei gemeinsamer Betroffenheit und gleicher Interessenorientierung können Interaktionen zwischen den einzelnen Mitgliedern entstehen und sich so sehr entwickeln, daß sich das A. in ein relativ dauerhaftes soziales Gebilde (→*Gruppe*, →*Organisation*) verwandelt;
2. für solche A. nach 1. lassen sich auch analytische oder aggregative Merkmale durch →Aggregation bestimmen und berechnen, z.B. das Durchschnittsalter oder der Anteil der Frauen;
3. s. A. im engeren soziologischen Sinne sind solche Personengruppen, die durch räumliche Nähe konstituiert werden, die aber wegen fehlender →Interaktionen als relativ strukturlose, amorphe Gebilde erscheinen.

Aggregation
bezeichnet das wissenschaftliche Verfahren, bei dem die Untersuchungseinheiten nach gemeinsamen Merkmalen zu einer kollektiven Betrachtungseinheit zusammengefaßt werden. Zur Kennzeichnung dieser →Kollektive werden Maßzahlen gebildet, die durch Zusammenfassung von Meßwerten der Individuen entstehen. Solche Merkmale von Kollektiven sind analytische oder aggregative →Variablen. Aggregative Merkmale sind z.B. die Geburtenziffer einer Bevölkerung, der Anteil der Angestellten in einem Betrieb.

Aggregationsstufe
die A. werden immer höher, je mehr Einheiten durch die →Aggregation erfaßt werden, etwa der Anteil der Frauen an den Studierenden in München, in Bayern, in der Bundesrepublik, in der EG usw.

Aggression
eine Handlung, die auf die physische oder psychische Verletzung eines anderen ausgerichtet ist. Liegt eine latente Absicht hierzu vor, so handelt es sich um Aggressivität.
Verschiedene psychologische und soziologische Theorien versuchen die Entstehung von A. zu erklären; dabei geht es auch darum, das Verhältnis von genetisch bedingter und sozial verursachter A. aufzuklären. Von einigen Verhaltensforschern und psychoanalytischen Autoren wird aggressives Verhalten als unmittelbare Folge eines angeborenen

A.striebs angesehen, andere verstehen solches Verhalten nur mittelbar im Zusammenhang mit dem A.trieb, welcher von der Tierverhaltensforschung als unabdingbarer Teil der Selbstbehauptungs- und Durchsetzungskräfte des Lebens angesehen wird. In der psychoanalytischen Trieblehre wird die A. als Erregungs- und Spannungszustand beschrieben; in der →Lerntheorie gilt A. als Produkt eines Lernprozesses; in der Frustrations-Aggressions-Theorie als Folge eines Entsagungserlebnisses; in der Massenkommunikation gehen einige davon aus, daß A. durch →Imitation a. Verhaltens (z. B. in Videofilmen) erfolgt.

Als angeborene Fähigkeit des Menschen erfährt die A. in der sozialen Wirklichkeit zahlreiche Modifikationen. Sie wird gesellschaftlichen →Normen gemäß kanalisiert, unterdrückt und in gesellschaftlich akzeptierte Formen geleitet. Geht man davon aus, daß der A.strieb als ursprüngliche Disposition jedem Menschen gemein ist, so bedingt dies gleichzeitig die Notwendigkeit, diese virtuelle Kulturfeindlichkeit durch institutionellen Zwang zu entschärfen und die Gesellschaft zu erhalten und gegen den A.strieb der Menschen abzuschirmen bzw. einen optimalen Kompromiß zwischen A.senergie und kulturellen Normen zu finden. Insofern wird das A.sproblem in der Soziologie weitgehend aus dem Blickwinkel der A.sbewältigung gesehen und analysiert. In diesem Zusammenhang werden →Sozialisation und soziale Strukturen daraufhin untersucht, inwiefern sie der Forderung nach der oben beschriebenen Kompromißfindung gerecht werden oder ob sie die A. noch verstärken z. B. durch Frustrationen (Frustrations-Aggressionshypothese) oder andere soziale Einflüsse, oder ob die teils latente, teils manifeste Bereitschaft zur A. zur Untermauerung und Stabilisierung von sozialer und politischer →Macht kollektiv manipuliert wird, z. B. durch Aufbau eines Feindbildes.

Aggressionsobjekt

→Aggressionen sind zielgerichtet auf solche Gegenstände, Personen etc., die geeignet erscheinen, die in der Aggression sich manifestierenden Spannungszustände zu reduzieren. Daher sind A. nicht notwendigerweise die Verursacher oder Auslöser der Aggression.

AGIL-Schema

Schema von *T. Parsons* zur Analyse →sozialer Systeme, bei dem die vier Anfangsbuchstaben für die analytisch differenzierten →Funktionen stehen, die jede Gesellschaft erfüllen muß, um ihre Erhaltung zu gewährleisten: (A) Adaption: Anpassung an die Systemumwelt, Bereitstellung von Ressourcen; Adaption definiert den Aufgabenbereich des Wirtschaftssystems. (G) Goal-Attainment: Festsetzung der Ziele für die Ressourcenverwendung; Aufgabenbereich des politischen Systems. (I) Integration: Integration der verschiedenen Systemelemente und Kontrolle dieses Zusammenhalts; Aufgabenbereich der →sozialen Kontrolle und des Rechtssystems. (L) Latent pattern maintenance: Aufrechterhaltung der Grundstruktur gesellschaftlicher, kultureller Wertvorstellungen. Zwischen den vier Funktionsbereichen gibt es Beziehungsstrukturen. Die vier Systemprobleme gelten als Grundfunktionen jeglicher sozialer Systeme.

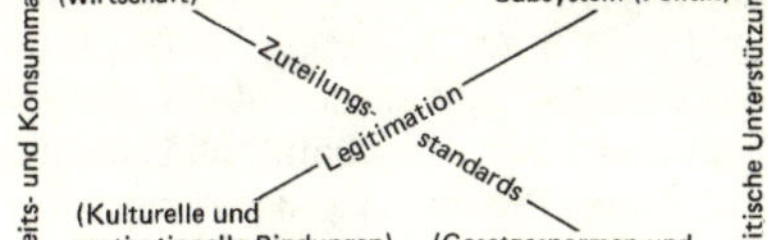

(aus: Käsler, D.: Wege in die soziologische Theorie, München 1974, S. 51)

Agitation

wie Propaganda eine publizistische Technik, die als Instrument politischer Führungsgruppen zur Stabilisierung,

Unterminierung oder Zerstörung politischer →Herrschaft mit Hilfe mündlicher oder schriftlicher Manipulation einer breiteren →Bevölkerung benutzt wird. Die Technik besteht im wesentlichen darin, die →Massenmedien dazu zu benützen, in stark verkürzter Form und in leicht verständlicher Sprache Sachverhalte so darzustellen, daß sie den eigenen politischen Zielen dienen.

Agrarkapitalismus

agrarische Produktionsverfassung, die im Gegensatz zum Agrarsozialismus bzw. -kommunismus auf dem Privatbesitz an landwirtschaftlich genutztem Boden basiert und sich vom Industriekapitalismus vor allem durch geringere Kapitalakkumulation, Konzentration und Innovation unterscheidet. Der Boden wird nach den Verwertungsprinzipien des →Kapitalismus (Gewinnmaximierung, Verwendung freier Arbeitskräfte und rentabilitätsorientierter Kapitaleinsatz) genutzt.

Agrarsoziologie

spezielle Soziologie, die sich mit ländlichen Gemeinden bzw. mit Gebieten mit geringer Bevölkerungsdichte und sozialer →Homogenität der →Bevölkerung bei vorwiegend agrarischer Beschäftigung und informellen Sozialbeziehungen, geringer sozialer →Mobilität und Schichtung befaßt. Die wirtschaftliche und industriell-urbane Entwicklung löste solche ländlichen Einheiten immer mehr aus ihrer Isolierung heraus. Infolgedessen ist die Landsoziologie, die entsprechend der wirtschafts- und sozialhistorischen Prozesse aus der A. hervorgegangen ist, immer stärker auf eine Zusammenarbeit mit Stadt- und Gemeindesoziologie angwiesen. Durch starke →Migration, neue Verkehrstechniken, →Massenkommunikationsmittel und Angleichung der Werthaltungen und Lebensweisen wurden soziale Integrationsvorgänge zwischen Stadt und Land möglich.

→ländliche Soziologie

Akkulturation

alle drei Formen der A. entstehen durch →Interaktionen mit anderen →Individuen oder durch Konfrontation mit anderen →Kulturen. Durch A. werden Prozesse des sozialen →Wandels ausgelöst

1. individuelle Übernahme von Kulturelementen aus solchen Kulturen, denen man nicht selbst angehört;

2. auf →Aggregatebene die Anpassung einer →Kultur an andere Kulturen oder die Übernahme von Kulturelementen anderer Kulturen;

3. manchmal wird A. synonym mit →Enkulturation gebraucht und meint dann die Übernahme der Kulturelemente der älteren Generation durch die jüngere über den Mechanismus der →Sozialisation.

Akteur

Aktor

der Handelnde als →Individuum, →Kollektiv oder als →Organisation. A. ist Träger sozialer →Rollen mit situativen, normativen, motivationalen Orientierungen. Richtet sich der A. mit seinem Handeln auf andere A., so interagiert →ego mit →alter.

Aktionismus

Aktionen um der Aktionen willen

die Aktionen degenerieren zum Selbstzweck, weil sie nicht ausreichend ziel- und wertorientiert sind. Ohne sich über Absichten und Konsequenzen im klaren zu sein, werden Aktionen – oft auch als angestaute Aggressionspotentiale – durchgeführt.

Aktionsforschung

Handlungsforschung, action research

hierbei wird wissenschaftlich-empirische Arbeit mit der Absicht verbunden, durch diese soziale Veränderungen in dem untersuchten Feld herbeizuführen. Der Sozialforscher ist dabei zugleich (passiver) Beobachter und (aktiv) Handelnder. Die untersuchten Personen sind nicht nur Datenlieferanten, sondern sie werden als „Subjekte" in den Forschungsprozeß einbezogen. A. ist kein monolithisches, einheitliches Konzept;

sie erfährt in der Forschungsrealität die unterschiedlichsten methodischen und/ oder theoretischen Ausformungen. Gemeinsam ist ihnen jedoch, daß keine Hypothesenprüfung stattfinden kann, weil mit der Untersuchung durch das praktische Handeln des Forschers das soziale Feld bewußt verändert wird.

Akzeptanzkrise
in der politischen Soziologie das Phänomen, daß heute immer mehr Menschen kritisch-distanziert solchen Projekten gegenüberstehen, die gewisse negative Auswirkungen erkennen lassen. Autoritäten (etwa Wissenschaftler oder Politiker) werden nicht a priori als solche akzeptiert.

alienation
→Entfremdung, Selbstentfremdung

ALLBUS
eine bevölkerungsrepräsentative →Omnibusbefragung wissenschaftlicher Orientierung, die ZUMA (*Z*entrum für *U*mfragen, *M*ethoden und *A*nalysen) in Mannheim alle zwei Jahre unter Heranziehung kommerzieller Marktforschungsinstitute durchführen läßt (*All*gemeine *B*evölkerungs*u*mfrage der *S*ozialwissenschaften). Dabei werden – um sozialen Wandel feststellen zu können – regelmäßig die gleichen Fragen gestellt, wie aber auch bei jeder Umfrage spezifische und einmalige Fragen erhoben werden.

allgemeine Soziologie
unter a. S. werden all jene Begriffe, Hypothesen, Theorien und Erkenntnisse subsumiert, die nicht spezifisch für spezielle →Bindestrichsoziologien gelten. Vielmehr stellen erstere oft die generelle Basis für die Anwendung in den →speziellen Soziologien dar.

Allgemeinwohl
→Gemeinwohl

Allokation
Zuteilung, Zuweisung
1. in der Ökonomie die Verteilung knapper Ressourcen, um sie optimal im Sinne der Zwecksetzung zu organisieren, etwa die Verteilung der Produktionsfaktoren so, daß eine maximale Güterproduktion die Erwartungen der Wirtschaftssubjekte voll erfüllt;
2. in der Arbeitssoziologie die Verteilung der Arbeitskräfte bestimmter Qualifikationen und Spezialisierungen auf die auf dem Arbeitsmarkt hierfür vorhandenen beruflichen Positionen. Regional unterschiedliche Arbeitslosenquoten verdeutlichen, wie schwierig diese A. ist;
3. →systemtheoretisch oder →kybernetisch meint A. die Verteilung der Systemelemente innerhalb des sozialen →Systems so, daß ein Zustand des Gleichgewichts erhalten bleibt, daß die A. →funktional ist.

Alltagsbewußtsein
jenes gesellschaftliche →Bewußtsein, das im Alltag begründet ist und von diesem dominiert wird. Darüber hinausgehende kritische Distanz zu den herrschenden sozialen Bedingungen wird nicht gesucht, weil dies zu →Konflikten und →Dissonanzen führen könnte.

Alltagsleben
im →symbolischen Interaktionismus, der →Phänomenologie und der qualitativen →Sozialforschung oft gebrauchter Begriff für das Handeln nach allgemeinen und für jedermann selbstverständlichen →Erwartungen (→Lebenswelt).

Alltagstheorie
handlungsrelevante Vorstellungen über soziale Tatbestände. Sie sind nicht empirisch geprüft, haben eine eminent pragmatische →Funktion und sind oft laienhaft-einseitig. Andererseits bieten A. Verhaltenssicherheit, weil sie Handlungsorientierung vermitteln.

Alltagswelt
→Lebenswelt, alltägliche

Alltagswissen
in der →Phänomenologie und der →Ethnomethodologie vornehmlich gebrauchter Begriff, der die alltäglichen, zur Selbstverständlichkeit gewordenen und

praktizierten Handlungen und →Erwartungen bezeichnet, die gerade durch das gemeinsame A. zu Verhaltenssicherheit führen. Aus der Erfahrung heraus konstituiert sich A., das nicht immer wieder neu reflektiert werden muß, sondern das als Routine präsent ist.

Altenherrschaft
→Gerontokratie

Alter
→Lebensalter

Alter, soziales
das s. A. ist nicht unabhängig vom biologischen Alter, doch werden letztlich die Lebensjahre einer sozialen Definition und Bewertung unterzogen. Kinder sind nicht nur jünger als →Jugendliche, sondern sie sind auch noch nicht strafmündig, sie stehen nicht im Erwerbsleben, sind noch nicht geschlechtsreif etc. Daraus ergibt sich, daß je nach s. A. unterschiedliche →Rollen, →Position, Verhaltensweisen, →Einstellungen usw. erwartet bzw. praktiziert werden.

alter ego
das andere, das zweite Ich. →ego-alter

Alternativbewegung
eine soziale Bewegung, die sich vornehmlich aus jüngeren und/oder gebildeteren Personen rekrutiert und die sich gegen tradierte Formen gesellschaftlichen Lebens wendet. Selbstbestimmung und Selbstentfaltung, Solidarität, Umweltschutz, alternativer Lebensstil, gegen Konsumterror, gegen Wirtschaftswachstum etc. sind Schlagwörter, die diese Position, die quantitativ und qualitativ an Bedeutung zugenommen hat, charakterisieren.

alternativer Lebensstil
→Lebensstil(-forschung)
alle Verhaltensweisen in allen Lebensbereichen, die sich auf Umwelt- und Naturschutz gründen, die Selbstbestimmung und Selbstentfaltung gegen Konsumorientierung und Kernenergie propagieren und damit einen →Wertewandel einleiten wollen.

Altersdelinquenz
spezifische →Kriminalität alter Menschen, die in Häufigkeit und Art sich von den kriminellen Verhaltensweisen anderer Altersklassen unterscheidet.

Altersendogamie
sexuelle Beziehungen oder Heiraten werden nur innerhalb der →normativ vorgesehenen Altersklassen toleriert.

Altersgruppe
altersgleiche Personen mit gleichen Lebenserfahrungen in jeweiligen Lebensphasen konstituieren A. Es handelt sich aber nicht um →Gruppen im soziologischen Sinne.

Altersklasse
1. werden bestimmte Alter in Kategorien zusammengefaßt (etwa 40–50jährige), so spricht man von A.;

2. in der →Ethnologie und →Kulturanthropologie eine Vereinigung Gleichaltriger (und Gleichgeschlechtlicher) in sozial normierten Organisationsformen (etwa Bünden).

Alterskultur
jene Verhaltensweisen, Fähigkeiten, Fertigkeiten, →Einstellungen und Vorstellungen, die für alte Menschen – meist aus dem Berufsleben ausgeschieden – typisch sind.

Alterspyramide
→Altersschichtung
→Altersstruktur
der Altersaufbau einer Bevölkerung kann in Form eines Häufigkeitspolygons dargestellt werden, das als A. bezeichnet wird. Im strengen Sinne kann nur dann von einer A. gesprochen werden, wenn die jüngeren Jahrgänge überwiegen, also eine wachsende Bevölkerung vorliegt, weil nur dann das Bild einer Pyramide vorliegt.

Altersschichtung
wird die →Altersstruktur als →Alterspyramide bezeichnet, so stellen sich die einzelnen Jahrgänge mit den Häufigkeiten als Schichten des Altersaufbaus dar.

Altersstruktur
Altersaufbau
Altersgliederung nach den Häufigkeiten der jeweiligen Jahrgänge; wichtig für den Bevölkerungssoziologen, weil sie Wachstum oder Verminderung der Bevölkerung erkennen läßt. Beide Entwicklungen haben erhebliche soziale Auswirkungen.

Altersstufe
bezeichnet Gleichaltrige in bestimmten →Altersklassen, die über die individuellen Unterschiede hinausgehende, alterstypische Verhaltensweisen zeigen; z.B. die A. der Kinder.

Amalgamation
Gegensatz zu →Differenzierung
wenn sich unterschiedliche soziale Elemente zu einer neuen sozialen Einheit (→Gruppe, →Organisation, Gesellschaft) vereinigen, spricht man von A.

Ambiguität
Mehrdeutigkeit
in hochindustrialisierten Gesellschaften gibt es keine eindimensionalen →Strukturen; vielmehr sind komplexe und multiple verknüpfte Strukturen zu erwarten. Gerade durch diese Vielfalt und Vielfältigkeit ergeben sich keine Eindeutigkeiten hinsichtlich der Situationen, →Erwartungen und Verhaltensweisen. Insbesondere die normativen Anforderungen sind interpretationsfähig.

Ambiguitätstoleranz
weil in modernen Gesellschaften die →sozialstrukturellen Bedingungen hochkomplex und interpretationsbedürftig sind, muß man lernen, mit den Mehrdeutigkeiten des normativen →Systems und der Verhaltenserwartungen zu leben, d.h., die mangelnde Eindeutigkeit muß ohne Schwierigkeiten bewältigt werden können. Dies geht nur dann, wenn man ein gewisses Maß an A. durch →Sozialisation erfahren und erlernt hat.

Ambivalenz
Doppeldeutigkeit, auch: Ambitendenz
1. soziale A. tritt auf, wenn in einer Situation →normativ konkurrierende →Erwartungen an den Inhaber einer →Position gerichtet werden und eine Entscheidung als Aufhebung der Doppeldeutigkeit nicht unmittelbar getroffen werden kann;

2. in der →Sozialpsychologie meint A. eine affektiv-emotional widersprüchliche Beziehung zu einer Person oder einem Objekt, die im Extremfall auch konträr werden kann (Haßliebe).

Amtsautorität
jene →Autorität, die nicht an die Person, sondern an die →Position gebunden ist (Positionsautorität). Der Positionsinhaber übernimmt die dem Amt zugewiesene und zugebilligte Autorität.

Analogie
Ähnlichkeit, Gleichartigkeit
1. →Funktionen, Prozesse, →Strukturen unterschiedlicher sozialer Gebilde (etwa Industrieunternehmen und Hochschulen) können sich ähnlich, analog sein;

2. theoretische Modelle werden konstruiert, um die Realität adäquat abzubilden. Die Modelle sollen dann der Realität analog sein im Hinblick auf die verfolgten (ausschnitthaft-selektiven) Erkenntnisziele. Strengere Formen der A. sind Isomorphie und Homomorphie.

Analogieschluß
stellt man durch Vergleich fest, daß die sozialen →Systeme A und B in bestimmten →Funktionen und →Strukturen ähnlich sind und sind daraus für A bestimmte Konsequenzen bekannt, so schließt man daraus, daß diese auch für B gelten.

Analyse
ein methodisch kontrolliertes Vorgehen, das – im Gegensatz zur Synthese – einen Gegenstand(sbereich) in einzelne Teile (etwa →Variablen) zerlegt und prüft, wie diese zueinander in Beziehung stehen. Die A. kann gedanklich-theoretisch und/ oder praktisch-empirisch erfolgen.

Analyse abweichender Fälle
deviant case analysis
es werden – zumeist auch vergleichend

– solche Untersuchungseinheiten ausgewählt und analysiert, die →normativ und/oder quantitativ von dem als normal Definierten abweichen. Daraus sind nicht nur für die Abweichenden, sondern gerade auch für die →Konformen wichtige Erkenntnisse zu gewinnen (→Analyse, marginale)

Analyse, bivariate
Sammelbegriff für alle statistischen Verfahren, die Beziehungen zwischen zwei →Variablen untersuchen (z.B. Korrelationskoeffizienten, Kreuztabellen).

Analyse, diachrone
Längsschnittuntersuchung, bei der – im Gegensatz zur →Querschnittsuntersuchung – die Untersuchungseinheiten zu verschiedenen Zeitpunkten untersucht werden.
→Panel

Analyse, dimensionale
1. das zu untersuchende Phänomen wird durch gedankliche (theoretische) Durchdringung in seinen für das →Erkenntnisinteresse relevanten Dimensionen (= Aspekten) begrifflich erfaßt. Man erstellt ein deskriptives Schema, um den Gegenstand zureichend zu beschreiben;

2. im Bereich der empirisch-statistischen Forschung sind Verfahren entwikkelt worden, um einen Objektbereich in seiner Vielfalt durch wenige relevante Dimensionen (→Variablen, →Faktoren) hinreichend genau zu charakterisieren. Dies geschieht in der Absicht, die Datenmenge so zu reduzieren, daß letztlich Informationsgewinn entsteht (etwa die Reduktion der Variablenzahl auf wenige Faktoren durch die →Faktorenanalyse).

Analyse, funktionale
der Begriff entstammt der →Systemtheorie bzw. dem →Strukturfunktionalismus und meint, daß einzelne Systembestandteile daraufhin untersucht werden, welche positiven oder negativen (→Dysfunktionen) Beiträge sie zur Systemstabilisierung und -erhaltung leisten.

Analyse, kausale
eine spezifische Untersuchungsform, die Ursache-Wirkungs-Relationen zum Zwecke der →Erklärung erforscht. Dabei werden Abhängigkeitsbeziehungen zwischen →Variablen zumeist in aufgestellten Modellen untersucht. Da viele Kausalmodelle die Realität abbilden können, geht es darum, mit Hilfe multivariater Verfahren – etwa der →Pfadanalyse – das angemessenste herauszufinden.

Analyse latenter Strukturen
latent structure analysis
von *P. Lazarsfeld* entwickeltes statistisches Verfahren, das auf der Basis →dichotomer →Indikatoren die Berechnung von →Variablen erlaubt. Drei Elemente charakterisieren das Modell: der latente und der manifeste Variablenraum und die Beziehungsstruktur zwischen diesen, die als Wahrscheinlichkeiten aus den Beobachtungsdaten errechnet werden. Daraus werden die theoretischen Wahrscheinlichkeiten für einzelne Meßergebnisse festgestellt.

Analyse, logische
prüft, ob die in einer →Theorie enthaltenen Begriffe und Sätze →konsistent gebraucht und formal korrekt abgeleitet sind. Treten bei der logischen Prüfung z.B. →Tautologien, Kontradiktionen oder falsche *Schlußfolgerungen* (nicht falsche *Schlußsätze*) auf, so brauchen solche →Aussagen nicht mehr empirisch geprüft zu werden.

Analyse, marginale
1. in der Ökonomie gebräuchliche Form von →Theorien oder →Hypothesen, wo aus einer kleinen Zunahme einer →Variablen – bei einem bestimmten Ausgangsniveau – auf entsprechende Konsequenzen geschlossen wird, z.B. Grenzkosten, →Grenznutzen.

2. In der Soziologie die →Analyse abweichender Fälle, die wegen ihrer geringen Häufigkeit und/oder →stigmatisierenden →Etikettierungen randseitig sind.

Analyse, multivariate
Sammelbezeichnung für unterschiedlichste statistische Verfahren, die Zusammenhänge zwischen mehr als zwei →Variablen untersuchen. Da bivariate Analysen in aller Regel die Realität

nicht adäquat abbilden, werden diese Modelle durch Hinzufügen weiterer Variablen erweitert, um Phänomene wie Scheinkorrelation, Intervention, Spezifikation zu erkennen und einen wichtigen Schritt in Richtung auf →kausale Analyse zu tun.

Analyse, phänomenologische
Ziel ist, durch theoretische Durchdringung der interessierenden Phänomene auf deren Wesen zu stoßen. Dies geschieht durch die eidetische Reduktion, indem von allem Unwesentlichen und den individuellen Spezifitäten abgesehen wird: Von der Erscheinung der Dinge zu ihrem Wesen.

Analyse, strukturale
der Untersuchungsgegenstand wird in seiner Bedeutung für ein übergeordnetes Ganzes, für die Gesamtstruktur zu beurteilen versucht. Dabei geht es meist um formale Eigenschaften, die sich – vergleichend mit anderen Gegenständen – als zentral, wiederkehrend und notwendig erweisen.

Analyse, strukturell-funktionale
im →Strukturfunktionalismus bzw. →Funktionalismus propagierte Methode, einerseits die →Strukturen sozialer →Systeme zu ermitteln und zu beschreiben und andererseits deren funktionale oder →dysfunktionale Wirkungen festzustellen, wie auch umgekehrt die Einflüsse auf die Strukturen selbst untersucht werden.

Analyse, synchrone
→Querschnittsuntersuchung
Analyse verschiedener Untersuchungseinheiten zu einem bestimmten Zeitpunkt.

Analyseeinheit
die Einheit, die bei einer →empirischen Untersuchung die Basis für die Auswertung darstellt. Sie kann mit der →Erhebungseinheit und/oder mit der →Auswahleinheit identisch sein, muß dies aber nicht. Im Regelfall →empirischer Forschung ist die A. eine Person.

Anarchie
1. bezeichnet einen chaotischen, ungeregelten Zustand in einem sozialen Gebilde, der durch das Fehlen von →Herrschaft, durch Gesetz- oder Normlosigkeit bedingt ist. A. ist damit weitergehend als der Begriff der →Anomie;

2. jener unter 1. beschriebene Zustand wird von der theoretischen Position des →Anarchismus angestrebt. Die Zerschlagung der demokratischen Staatsform führt zu A.

Anarchismus
eine Theorie und Bewegung, die auf die Durchsetzung größtmöglicher individueller Freiheit und Gleichheit abstellt. Dies soll durch Aufhebung jeglicher →Herrschaft, letztlich durch Abschaffung des Staates gelingen. Oberstes Ziel ist eine Gesellschaft, in der die individuelle Entfaltung auf der Basis individueller Definition von →Bedürfnis möglich ist. Diese Maxime führt in letzter Konsequenz dazu, daß die Anarchisten unorganisiert, spontan und punktuell für ihre Ziele kämpfen.

Anarchosyndikalismus
der A. übernimmt vom →Anarchismus dessen Ideen mit Ausnahme der überspitzten Individualisierung. Ziel ist eine klassen- und staatenlose menschliche Gesellschaft mit sozialisierten Produktionsmitteln. Der A. war insbesondere in den romanischen Ländern zu Beginn des 20. Jahrhunderts in den Gewerkschaften propagiert und durch Streiks, Boykotte und andere Aktionen praktiziert worden.

Anciennitätsprinzip
ein dem →Leistungsprinzip tendenziell widersprechendes Vorgehen bei Beförderungen, Zuteilung von →Positionen und Gewährung von Rechten oder Privilegien. Die Dauer der Zugehörigkeit (die auch eine Funktion des Alters ist) entscheidet über die Aufstiegschancen.

Andere, der generalisierte
von *G. H. Mead* eingeführter und im →symbolischen Interaktionismus wich-

tiger Begriff, der die verallgemeinerten Vorstellungen eines →Individuums darüber charakterisiert, welche →Erwartungen die Interaktionspartner haben. Diese Vorstellungen lenken das Verhalten. Sie entwickeln sich aus →Generalisierungen erlebter Erwartungen in konkreten →Interaktionen mit signifikanten Anderen.

Andere, der phänomenale
die Vorstellung von den →Einstellungen und →Erwartungen eines bestimmten Interaktionspartners, die man sich durch Einfühlung, →Empathie und gedachte Rollenübernahme macht.

Andere, der signifikante
auf *G. H. Mead* zurückgehender Begriff, der den konkreten Interaktionspartner bezeichnet, der die →Interaktionen so gestaltet, daß sie Sinn und Bedeutung erhalten und verstanden werden. Der s. A. ist derjenige, der es ermöglicht, allgemeinere →Einstellungen und →Erwartungen zu antizipieren, den generalisierten Anderen zu konstituieren.

Anerkennung, soziale
die positive Bewertung eines →Individuums oder seiner Handlungen durch die soziale Umwelt. Da die A. als positive →Sanktion wirkt, wird sie oft zu einem handlungsleitenden Motiv; sie stabilisiert soziale Beziehungen, verstärkt die entsprechenden Verhaltensweisen und ist daher im Rahmen der →Sozialisation und des Erlernens von →Normen von erheblicher Bedeutung.

Angemessenheit
Gütekriterium in der empirischen →Sozialforschung
wissenschaftliche Begriffe, →Theorien und →Methoden sind dann angemessen, wenn sie dem Erkenntnisziel des Forschers und den empirischen Gegebenheiten des Forschungsgegenstandes gerecht werden.

Anlage
→Anlage – Umwelt
darunter versteht man das Insgesamt aller genetisch bedingten, also angeborenen Eigenschaften, Verhaltensweisen und Verhaltensdispositionen. In der modernen Soziologie geht man aber davon aus, daß die A. weit weniger bedeutsam ist als die soziale Umwelt.

Anlage – Umwelt
da offenbar A. und U. für unser Handeln determinierend sein können, geht der Streit der →Schulen darum, welches Element den entscheidenden Einfluß hat. Mit Hilfe der Zwillingsforschung hat man dies herauszufinden versucht. Die Befunde sind insoweit unbefriedigend, als eine definitive Entscheidung nur bei konkreter Betrachtung der abhängigen →Variablen erfolgen kann. So macht es einen Unterschied, ob man sich auf Verhalten oder auf Eigenschaften bezieht. In den Sozialwissenschaften geht man heute davon aus, daß für die dort interessierenden Phänomene die U. in Form von →Sozialisation größeren Erkenntniswert und höhere Erklärungskraft besitzt.

Anomalistik
→New Age/Esoterik
Der im Publikationsraum der „Society for Scientific Exploration" zu Beginn der 1980er Jahre geprägte Begriff und Forschungsbereich verzichtet bewußt auf den Begriff „Parawissenschaft" (P.). Anomalisten beschäftigen sich mit Sachverhalten, die Stolpersteine auf dem Weg der Schulwissenschaften darstellen, weil sie in keine existierende Theorie passen, oder keiner fertigen Methodik zugänglich scheinen. „Anomalistics" bestehen u. a. aus „Cryptosciences", so Kryptozoologie als Suche nach behaupteten Tieren (Yeti, Seeschlange u. a.). Der Begriff Pseudowissenschaft wird von orthodoxen Wissenschaftlern abwertend verwendet; Pseudowissenschaften bestehen häufig aus Forschungsprogrammen zur Untersuchung unorthodoxer oder umstrittener Gegenstände.

Beispiele: Astrologie, Atlantologie, Bermudologie, Numerologie, Prä-Astronautik, Ufologie sowie die Deutung des Todes als Übergang zu einer anderen Daseinsstufe usw. Stets handelt es sich um Fragestellungen, die z.Z. schulwissenschaftlich nicht in einer endlichen Zahl von Schritten zu beantworten sind. P. schieben als „Lückenbüßer“ geheime oder unentdeckte Kräfte und Strukturen ein. In Einzelfällen werden wissenschaftliche Antworten um-„theoretisiert“.

Warum ist hier von Para-, nicht aber von Pseudo-Wissenschaften die Rede?

1. Hypothese: Wissenschaft erhebt trotz ihres universalistischen Charakters weder einen monopolistischen, noch gar einen absolutistischen Anspruch (Ideologie). Wissenschaftler als Teilnehmer eines pluralistischen Erkenntnisbetriebs, wozu auch Philosophien, Künste und Ideologien gehören, werden nach dem Scheitern neopositivistischer „Einheitswissenschaft“ Wissenschaftspluralisten sein müssen, weil sie analytisch-empirische Disziplinen, also „objectivism“ einerseits anerkennen, aber auch „weiche“ oder Geisteswissenschaften, „Humanities“, also „subjectivism“ andererseits. Bilden aber schon Schulwissenschaften ein systematisch-methodologisches Kontinuum von Erkenntnisverfahren und Schauweisen aus, so wird man als Nicht-Monopolist und Nicht-Wissenschaftsideologe auch wissenschaftsartige Phänomene anerkennen müssen. P. fordern bekennerisch die Anerkennung ihres Objekts, sie beanspruchen eigene Methoden und Ansätze, sie bieten ad hoc-Erklärungen als „Erklärungsprinzipien“ an. Sie orientieren sich an Wertprämissen und erfüllen schließlich psychosoziale Funktionen für ihre Angehörigen wie für die Gesamtgesellschaft. P.en weichen also hinsichtlich Objekt, Methodik und Erklärung vorsätzlich von den Schul- oder orthodoxen Wissenschaften ab und sind daher wertfrei als deviant zu bezeichnen.

Es geht also um skeptische, beschreibende Analyse und Bewertung der Ansprüche von P. Die Frage nach der Existenz und Gewichtung empirischer Anomalien, Alternativparadigmen, Sonderverfahren usw. ist nicht lösbar durch prinzipielle Vorentscheidungen, sondern durch Erforschung dessen, was behauptet oder beansprucht wird. Rationale, universale Kriterien zur Abgrenzung von Wissenschaft und Nicht-Wissenschaft sind derzeit nicht verfügbar.

P.en unterscheiden sich von Schulwissenschaften: Sie behaupten einen methodisch nicht erwiesenen Forschungsgegenstand, orientieren sich an subjektiven, „weichen“ Kriterien, verwenden ebensolche, z.T. spekulative und illustrative, Theorien. Besonders bestehen sie nicht auf der Forderung der Wiederholbarkeit und verfahren „idiographisch“, nicht „nomothetisch“. Während Universitätswissenschaften konsensuelle Methodenkriterien bevorzugen und ihre Legitimation in wissenschaftlichem Fortschritt sehen, geht es P. eher um Traditionen und um „geheimwissenschaftliche“ Initiation. Es zeigt sich ein Kontinuum, das von „weichen“ Disziplinen wie Ethnologie und Soziologie über Parapsychologie bis zu esoterischen Ideologien reicht. Jedoch wäre schon die unbefangene Gleichsetzung von Wissen allein mit Wissenschaft szientistische Ideologie.

2. Hypothese: Schulwissenschaften sind an anderen Wertprämissen orientiert als P. Akademische Disziplinen beruhen auf: Elementarismus als isolierende Analyse, Naturalismus, Szientismus, d.h. Wissenschaft als Selbstzweck, objektivierendem Methodismus, also Forschungslogik, schließlich Technizismus als Inbegriff wissenschaftlicher Instrumentation. Für Parawissenschaften gilt: Holismus, Esoterismus, metaphysische Spekulation, Subjektivismus (z.B. Analogik) und „Krypturgie“, d.h. verborgenes Bewirken oder Bewirkung durch geheime Kräfte. Schulwissenschaft fordert strikte Trennung von inner- und außerwissenschaftlichen Wertprämissen; sie betrachtet Erkenntnis-, Informationszuwachs als Selbstzweck und zentrale innerwissen-

schaftliche Wertsetzung. Außerwissenschaftliche Wertprämissen sind: Naturbeherrschung, Rationalisierung der Welt und der Gesellschaft.

Demgegenüber, so die 3. Hypothese, kennen P. keine Trennung von inner- und außerwissenschaftlichen Wertungen. Metaphysische Traditionen und Bewußtseinsveränderung sind für deviante Disziplinen inner- und außerdisziplinäre Wertsetzungen. Während orthodoxe Wissenschaften grundsätzlich in der Lage sind, ihre Wertbindungen durch Analyse und offene Diskussion zu objektivieren, ist dies bei P. wegen ihrer bekennerischen Absicht kaum der Fall.

4. Hypothese: Soziale Prozesse und Strukturen in Lehre und Forschung der P. sind denen der Schulwissenschaften ähnlich: Konkurrierende Forscher- und Lehrergemeinschaften bilden Nachwuchs paradigmatisch aus, veröffentlichen Monographien und Zeitschriften, organisieren Veranstaltungen und Tagungen usw. Die hohe Beteiligung nichtwissenschaftlich gebildeter Mitglieder (sog. „Laienforscher") dürfte ein spezielles Merkmal der P. sein. P.liche Gemeinschaften sind tendenziell Glaubensgemeinschaften, so Parapsychologen, die von der Existenz einer Funktion Psi überzeugt sind und deren Äußerungsformen in „positiver Kritik des Aberglaubens" *(Bender)* statistisch wie kasuistisch zu erweisen suchen. Eine kleine Zahl P.ler akzeptiert konsensuelle Standards empirischer Forschung und gibt zu, daß parapsychologische Ergebnisse ständiger Erosion infolge der Entdeckung neuer Fehlerquellen und alternativer Erklärungsmöglichkeiten unterliegen.

Skeptische Äußerungen kritischer P.ler sowie überzeugende Darlegungen prinzipiell „normalpsychologischer" Erklärbarkeit ihrer Ergebnisse legen den Verdacht nahe, daß Parapsychologie nicht Protowissenschaft, vielmehr Residuum für Psychologie u. a. ist.

5. Hypothese: Die Motivation p.lich Tätiger entspricht derjenigen von Anhängern „neuer", ebenfalls „abweichender" Religionen. Neuerdings ist davon die Rede, daß abweichende Überzeugungssysteme zum „kultischen Milieu", dem „kultischen Untergrund der Gesellschaft" gehören. Kompensation von Frustrationen, Eskapismus, Widerstand gegen die Rationalisierung der Welt, also eher erkenntnisbewahrende Motivationen seien hier am Werk. Sind für die Schulwissenschaften hypothetische oder faktische Anomalien Anlässe vertiefter empirischer Forschung oder intensivierter Erklärung, so bedeuten Anomalien den P.lern Kristallisationspunkte, ja Glaubensbekenntnisse ihrer abweichenden Orientierung. Die Existenz von „Psi", von Ufos usw. ist ihnen rechtfertigende Vorentscheidung. Dem Schulwissenschaftler ist „Anomalie" ein zu definierendes und zu lösendes Forschungsproblem, und er bearbeitet es mit ständiger Rückkopplung zwischen fachlich-gruppenmäßigem Konsens einerseits und der Prüfung von Behauptungen an der Wirklichkeit andererseits. Der abweichende Wissenschaftler definiert und gewinnt seine „Mit-Sucher" aufgrund von Konsensus über die absolut sichere Existenz von Anomalien als abweichenden Phänomenen oder Gesetzmäßigkeiten, wodurch menschliche Lebensprobleme universal zu lösen sein sollen. P. dienen somit als Heils- und Orientierungswissen, z. B. in der New-Age-Bewegung.

Wissenschaftshistorisch ist zu vermuten – so die 6. Hypothese –, daß P. anders entstanden sind als Schulwissenschaften. Letztere haben sich arbeitsteilig ausdifferenziert. Deviante Disziplinen dürften demgegenüber ihren Ursprung in der Akzeptanz und oberflächlichen, d.h. aktuell modischen, Rationalisierung von Überzeugungssystemen haben.

Was Para- und was anerkannte Wissenschaft ist, scheint zuweilen nur von den Trägern her bestimmt. Ufo-Forschung wird beinahe ausschließlich von eher unbekannten Schulwissenschaftlern und

Laienforschern betrieben; viele von diesen vertreten die Meinung, bei Lenkern „Unidentifizierter Flugobjekte“ handle es sich um intelligente Wesen anderer Sonnensysteme, die unsere Erde beobachteten, ja vor einer atomaren Katastrophe retten sollten. Solche Überzeugungen haben der Ufologie den Stempel einer P. aufgedrückt, die Religionsersatz zu werden droht.

Demgegenüber wird von amerikanischen Wissenschaftlern und bei der NASA das SETI-Projekt (Search for Extraterrestrial Intelligence) öffentlich gefördert, betrieben. Obgleich mancherseits nicht ernst genommen, würde niemand SETI als p.lich abtun. Bei SETI wie bei Ufologie sind überwiegend Natur-, aber auch Sozial- und Geisteswissenschaften vertreten.

Oft ist das Urteil: Para- oder Schulwissenschaft erst vom Wissenschaftshistoriker zu fällen. Außer Alchemie und Phrenologie wurde auch die Phlogiston-Chemie früher akzeptiert, später verworfen, so daß diese drei Fächer heute als Pseudowissenschaften zu betrachten sind. Andererseits wurden noch im 20. Jh. *Wegeners* Kontinentalverschiebungstheorie sowie die vielversprechende Disziplin Radio-Astronomie als pseudowissenschaftlich abgelehnt.

Vieles spricht – 7. Hypothese – dafür, daß bei empirisch-analytischen Disziplinen monistische, dualistische, aber auch idealistische oder realistische Vorentscheidungen nur in deren „Wertbasis“ eine Rolle spielen. Hingegen haben Parapsychologie wie auch „Geheimwissenschaften“ als methodisches und erklärendes Grundprinzip die metaphysische Überzeugung gemeinsam, daß überall geheime Kräfte wirken: also Dualismus oder objektiver Idealismus als Prämisse. „Orthodoxe“ Humanwissenschaften gehen nicht von Grundsatzbekenntnissen aus, sondern von Theorien oder Methoden, deren Ergebnisse unterschiedlich interpretiert werden können.

Daraus ergeben sich – 8. Hypothese – unterschiedliche Funktionen orthodoxer und devianter Wissenschaften in der Gesellschaft. Schulwissenschaften liefern neue Erkenntnisse und Realisationen, d. h. Aufklärung und wissenschaftlich-technologische Gesellschafts- und Weltgestaltung. In psycho- und logohygienischer Funktion wirken sie dem Einfluß der P. entgegen. Demgegenüber sind P. bewußtseinsverändernd, kompensierend; sie verkörpern Hermetismus und machen dezidierte Sinnangebote für die „verirrte“ wissenschaftlich-technische Gegenwart. Deviante Wissenschaftler beanspruchen, „Heilswissen“ und „Gesinnungsethik“ zu liefern – Reaktion auf die wachsende Komplexität der sich unablässig wandelnden Weltbilder der Wissenschaften. P. kanalisieren auch antirationale Protesthaltungen, und auch deshalb suchen sie mit den Schulwissenschaften im System modernisierter pluralistischer Gesellschaften zu konkurrieren. Der angestrebten Einheit des wissenschaftlichen Weltbilds setzen sie die gesuchte Einheit eines esoterisch-p.lichen Weltbilds entgegen.

Die Konkurrenz führt – 9. Hypothese – zur Frage, wem der wissenschaftliche Laie eher zu glauben bereit ist: dem orthodoxen oder dem devianten Wissenschaftler? Erste wissenschaftssoziologische Einsichten lassen annehmen, daß Kriterien und Kredit orthodoxer Wissenschaften überwiegend von deren meinungsbildenden Eliten bestimmt sind, während deviante Wissenschaften hauptsächlich von Mitgliedern der unteren Ebene institutionalisierter Wissenschaft sowie von Laienforschern getragen werden.

Die tiefere Begründung devianter Lehr- und Forschungsstandards gegenüber orthodoxen Disziplinen könnte einmal darin liegen, daß schulwissenschaftliche Standards inner- wie außerhalb des kognitiven Systems nicht universal akzeptiert sind; zum anderen darin, daß sie zu stark idealisiert auftreten und daher in der sozialen Organisation Wissenschaft anders interpretiert oder angewandt werden, als sie in der sozialen Institution Wissenschaft formuliert sind.

Fragt man schließlich nach dem Wandel devianter gegenüber orthodoxen Wissenschaften, so ist – 10. Hypothese – zu vermuten, daß sie defensive Taktiken aufweisen, ferner sozialen Wandel im engeren Sinne, um sich nämlich gesellschaftlichen Erfordernissen anzupassen (z. B. Übergang einer ursprünglich philosophisch-therapeutisch gemeinten „Dianetik" in eine „Scientology Kirche"). Schließlich ist zu erwarten, daß auch deviante Disziplinen progressiven Wandel durch Verbesserung grundlegender Einsichten aufzuweisen haben. Dies wird von ihren Gegnern leidenschaftlich bestritten, und eben hier sind deskriptive Wissenschaftstheorie wie auch empirische Wissenschaftssoziologie besonders dringlich.

P. erweisen sich zeitgenössischer interdisziplinärer Wissenschaftsforschung teilweise als Residuen früherer Denkformen, die im heutigen Wissenschaftskosmos ihren Platz haben. Dies gilt für Alchemie, eine frühe Synthese protochemischer und kosmologischer Vorstellungen, die wir in *C. G. Jungs* tiefenpsychologischer Symbolik wiederfinden, also z. T. „theoretisieren" und empirisch prüfen können. Andere, nicht anerkannte Wissensformen sind die sog. kosmobiologische Astrologie sowie die frühere, rein qualitative Ausdruckspsychologie, wie sie bis in die 1950er Jahre auch an deutschen Universitäten als Graphologie und deutende Physiognomik betrieben wurde. Zu Residuen gehören auch definitiv aus dem Wissenschaftskanon ausgeschlossene Disziplinen wie die im 19. Jh. mit eigenen Lehrstühlen vertretene Phrenologie; sie ist für uns nur noch wissenschaftsförmiger Aberglaube, der von der Schädelform auf Charakterzüge schließen zu können meinte.

Ein Prozeß der „Szientifizierung" von P. ist übrigens ständig zu beobachten; er betrifft Problembereiche dessen, was heute noch häufig zur Parapsychologie gerechnet wird. Die Orientierung von Zugvögeln wird von der Zoologie erforscht, nicht mehr von „Anpsi", also animalischer Parapsychologie; die Erforschung der Kontrolle unwillkürlicher Körperfunktionen ist seit dem Autogenen Training mit Hypnose und „Biofeedback" aus den P. in Physiologie und Normalpsychologie übergegangen. Besonders spannend dürfte die Szientifizierung von P. an der sog. Transpersonalen Psychologie zu beobachten sein. Was Esoteriker und Mystiker der Weltreligionen berichten, ist in den letzten Jahren als Erforschung und Verwirklichung veränderter Bewußtseinszustände methodisch erfaßbar geworden. Parawissenschaftliche Disziplinen stellen also deviante, z. T. konkurrierende, alternative Wissensformen dar. Auch wenn man sie als pseudowissenschaftlich bewertet, gehören sie dem Wissen modernisierter Gesellschaften an.

Lit.: *N. Ben-Yehuda:* Deviance and Moral Boundaries: Witchcraft, The occult, Science Fiction, Deviant Sciences and Scientists, Chicago 1985; *G. L. Eberlein* (Hg.): Kleines Lexikon der Parawissenschaften, München 1995; *J. McClenon:* Deviant Science. The Case of Parapsychology, Pennsylvania 1984; *R. Wallis* (ed.): On the Margins of Science: The Social Construction of Rejected Knowledge, Keele 1979; *L. Zusne / W. H. Jones:* Anomalistic Psychology: A Study of Extraordinary Phenomena of Behaviour and Experience, Hillsdale 1982

o. Prof. Dr. phil. *G. L. Eberlein,* München

Anomie

1. von *E. Durkheim* eingeführter Begriff zur Bezeichnung der infolge wachsender →Arbeitsteilung und →Differenzierung, durch Regel- und Normlosigkeit sowie der Diskrepanz zwischen einem überhöhten Anspruchsniveau und den letztlich begrenzten Gütern (z. B. infolge ökonomischer Krisen) zu charakterisie-

renden gesellschaftlichen Situation. A. ist besonders bei ökonomischer Depression und Prosperität anzutreffen und führt zu →abweichendem Verhalten (→Anomietheorie);

2. *R. K. Merton* versteht A. als Diskrepanz zwischen kulturell vorgegebenen Zielen und den (legitimen) institutionalisierten Mitteln. Das Auseinanderfallen von kultureller und sozialer →Struktur führt zur Notwendigkeit der Bewältigung dieses als belastend erlebten Zustands. Je nach Betonung der Ziele oder Mittel ergeben sich unterschiedliche Formen der →Anpassung an diese Situation, die insbesondere in Form →abweichenden Verhaltens realisiert werden können (→Anomietheorie).

Anomietheorie

→*Anomie*

→Kriminalitätstheorien

auf *E. Durkheim* bzw. *R. K. Merton* zurückgehender →makrosoziologischer Ansatz zur →Erklärung →abweichenden Verhaltens, das als Anpassungsprozeß an widersprüchliche gesellschaftliche Anforderungen (also an eine anomische Situation) gesehen wird. Prinzipiell kann →Anomie auf verschiedene Weise entstehen, doch sind sie bei *Merton* als Auseinanderklaffen von kulturellen Zielen und institutionalisierten (legitimen) Mitteln definiert.

Anpassung

engl.: adjustment, adaptation

1. bezeichnet jene Prozesse der Modifikation oder gar Aufgabe von →Bedürfnissen, →Einstellungen, Verhaltensweisen, normativen Orientierungen etc. eines →Individuums zum Zwecke der sozialen →Anerkennung durch →Integration in ein übergeordnetes soziales Gefüge (→Familie, →Gruppe, →Organisation, Gesellschaft). Es erfolgt eine Angleichung an die von diesem System geforderten Standards, zumeist durch →Konformität. Da aber auch divergierende Erwartungen an das Individuum herangetragen werden können, ist A. auch durch →abweichendes Verhalten möglich;

2. in der Statistik versteht man unter A. die Frage, wie gut zwei →Verteilungen übereinstimmen, wie ähnlich sie sich also sind. Oft geht es dabei um den Vergleich beobachteter Verteilungen zu theoretischen. Um die Güte der A. abschätzen zu können, werden →Signifikanztests als Anpassungstests herangezogen;

3. ebenfalls in der Statistik wird der Begriff der A. in dem Sinne gebraucht, daß eine Parameterschätzung vorgenommen, eine Kurve angepaßt wird.

Anpassungsideologie

es wird die →Anpassung an den status quo propagiert, um die bestehenden Verhältnisse zu stabilisieren, die Herrschaftsverhältnisse zu erhalten, ohne sie weitergehend legitimieren zu müssen. Anpassung wird als →Wert gepriesen, um damit andere Ziele zu realisieren.

Ansehen, soziales

→Prestige

Antagonismus

Widerstreit, Gegensatz

soziale Kräfte stehen sich in sozialen →Systemen gegensätzlich und widerstreitend gegenüber. Prototypisch die sozialen →Klassen im →Historischen Materialismus. A. ist ein wichtiges Element in →Konflikttheorien. Nach *K. Marx* sind die Kapitalverhältnisse für die Klassengegensätze ebenso verantwortlich, wie sie durch die proletarische Revolution für ihre Aufhebung sorgen.

Anthropologie

die Wissenschaft vom Menschen

1. Oberbegriff für alle Wissenschaften, die sich mit dem Menschen beschäftigen;

2. die spezifisch medizinisch-naturwissenschaftliche Betrachtungsweise des Menschen;

3. in den angelsächsischen Ländern oft synonym zu →Ethnologie und →Kulturanthropologie, also mit dem Objekt-

bereich Naturvölker oder primitive Gesellschaften verknüpft.
→philosophische Anthropologie

antiautoritäre Bewegung
eine quantitativ und qualitativ nicht unbedeutende Strömung, eine Ideenbewegung, die sich aus den Studentenunruhen Mitte der 1960er Jahre ergab, die a priori keine →Autoritäten positionaler Art anerkennen wollte, die sich gegen →Herrschaftsstrukturen wandte und die Mündigkeit, →Emanzipation des →Individuums forderte und zu praktizieren suchte.

Antinomie
1. Widerspruch einer Aussage mit sich selbst (logische A.);
2. Widerstreit von Setzungen, von zwei oder mehr Gesetzen, die alle für sich in Anspruch nehmen, wahr zu sein (logische A.);
3. in den →Sozialwissenschaften (inhaltliche A.) werden solche Zustände oder Entwicklungen in der Gesellschaft als A. bezeichnet, die gegensätzliche Konsequenzen hervorbringen, z. B. privater Reichtum und öffentliche Armut.

Antithese
→Dialektik

Antizipation
Vorwegnahme
eine Situation, eine Handlung, Konsequenzen von Handlungen werden, da noch nicht eingetreten, gedanklich vorausschauend vorgestellt, gedacht. Hierbei werden frühere Erfahrungen in ähnlichen Situationen, theoretisch-abstrakte Vorstellungen ebenso relevant wie das Einfühlungsvermögen in die an den →Interaktionen beteiligten Personen.

APO
*a*ußer*p*arlamentarische *O*pposition
Kürzel für eine Protestbewegung anläßlich der Studentenunruhen Mitte der 1960er Jahre, die glaubte, daß die Opposition im Parlament nicht ausreicht, die angestrebten Gesellschaftsveränderungen durchzusetzen. Die APO ist vor allem auch deswegen als Front gleichgesinnter Nichtparlamentarier entstanden, weil zu Zeiten der Großen Koalition (CDU/CSU/SPD-Regierung) die Opposition quantitativ und qualitativ sehr schwach war.

Apologie
auch: Apologetik; Verteidigung, Rechtfertigung
1. in der Theologie jene Teildisziplin, die die Richtigkeit der christlichen Lehre gegenüber den Gegnern begründet;
2. Vorwurf an den →Strukturfunktionalismus, durch die theoretische Ausrichtung (Gleichgewicht und Systemerhaltung) das →System zu stabilisieren, sozialen →Wandel auszuklammern, →Konflikte negativ zu bewerten und damit A. des Bestehenden zu betreiben.

a posteriori
nachträglich, vom Späteren her
→Hypothesen haben eine a posteriorische →Gültigkeit, da sie erst nach der empirischen Prüfung gelten. Bestimmte Erkenntnisse ergeben sich erst nachträglich, weil durch die →Beobachtung bestimmter Wirkungen auf die möglichen Ursachen geschlossen wird.

approach
ein Forschungsansatz, der die Vorgaben der →Methodologie in praktische Handlungsanweisungen umsetzt, ohne selbst Erhebungstechnik zu sein. Ein a. determiniert auf der Basis des Erkenntnisziels die einzusetzenden →Methoden der Erhebung und Auswertung.

Appropriation
1. im →Historischen Materialismus die private Aneignung des gesellschaftlichen Reichtums (→Mehrwert);
2. nach *M. Weber* meint A. (negativ ausgrenzend) den Ausschluß Dritter von den sozialen und ökonomischen Chancen innerhalb der →Gemeinschaft.

a priori
von vornherein, vom Früheren her
meint Unabhängigkeit von der Erfahrung, →Gültigkeit der Aussage durch

normative oder definitorische Setzung ohne Anspruch auf empirische Richtigkeit.

Äquivalent, funktionales

meint allgemein gleichwertig oder gleichgewichtig. Funktionales Ä. bezeichnet in der →Systemtheorie eine Alternative, die gleiche Funktionen wahrnehmen kann. D.h., ein funktionales Ä. hat im Wirkungsgefüge eines sozialen →Systems die Fähigkeit, einen bestimmten Systemzustand zu erreichen, der eigentlich mit einem anderen Systemelement realisiert wird.

Arbeit

1. die bewußte, gezielte, körperliche und/oder geistige Tätigkeit, die ein materielles oder immaterielles Produkt hervorbringt und das mittelbar (evtl. über Entlohnung) zur Sicherung der materiellen und geistigen Existenz dient;

2. in der Ökonomie ist A. neben →Kapital und Boden ein weiterer →Produktionsfaktor.

Arbeit, abstrakte

im →Marxismus wird der Doppelcharakter der A. als abstrakte und →konkrete in der kapitalistischen Produktionsweise herausgestellt. A. A. ist für den Tauschwert verantwortlich und schafft Neuwert.

Arbeit, bezahlte

1. nach *K. Marx* die A., die notwendig ist, um die Reproduktion zu sichern; ohne Bezahlung wäre diese nicht gewährleistet;

2. allgemein ist b. A. jene A., für die ein Preis auf dem Arbeitsmarkt erzielt werden kann.

Arbeit, einfache

e. A. ist eine solche, die jedermann ohne spezifische Vorkenntnisse und Qualifikation ausschließlich aufgrund seiner physischen Konstitution leisten kann. Ein Begriff aus dem →Marxismus.

Arbeit, entfremdete

1. nach *K. Marx* die Charakterisierung des Verhältnisses des Arbeiters zu den von ihm geschaffenen Produkten, die ihm nicht gehören; die Produktionsmittel bestimmen seine A. als Lohnarbeit;

2. in der →Industriesoziologie versteht man darunter die durch fortschreitende →Arbeitsteiligkeit und Automation zerstückelte Arbeit, der die Ganzheitlichkeit, das letztlich produzierte Gut fehlt. Identifikation mit dem hergestellten (Teil-)Produkt ist nicht möglich; die A. degeneriert zum Mittel zum Zweck.

Arbeit, geistige

jene Tätigkeiten, bei denen Arbeitsprodukte ohne körperlichen Einsatz durch sog. Kopfarbeit entstehen.

Arbeit, gesellschaftliche

g. A. ist jene, die nach *K. Marx* notwendig ist, um →Gebrauchswerte zur Befriedigung gesellschaftlicher →Bedürfnisse bei durchschnittlichen Produktionsbedingungen herzustellen.

Arbeit, körperliche

A., die durch körperliche Anstrengung und Krafteinsatz determiniert ist. Die Differenzierung in körperliche und geistige Arbeit ist erst durch die →Arbeitsteilung bedeutsam geworden. Tatsächlich vereinigt (fast) jede A. beide Elemente in differentieller Ausprägung in sich.

Arbeit, komplizierte

k. A. ist das Gegenteil von →einfacher A. Reicht also das voraussetzungslose Arbeitsvermögen – abgesehen von der physischen Konstitution – nicht mehr aus, handelt es sich um k. A. Durch k. A. wird in der Regel ein höherwertiges Gut produziert.

Arbeit, konkrete

durch k. A. wird der →Gebrauchswert eines Produktes bestimmt.

Arbeit, monotone

im Rahmen mechanisierter und arbeitsteiliger Produktion werden von dem Arbeitsplatzinhaber immer spezifischere, sich wiederholende Tätigkeiten verlangt. Diese Betätigung erfolgt ohne großen geistigen und körperlichen Einsatz, was die Monotonie noch verstärkt.

Arbeit, notwendige
Synonym für →bezahlte A., also jene, die zur →Reproduktion des Arbeitenden nötig ist.

Arbeit, produktive
1. jene A., die in die Produktion von Waren eingeht, die auf dem Markt Chancen haben (nach *A. Smith*);

2. alle Anstrengungen, die dazu dienen, sich die Natur anzueignen (nach *K. Marx*);

3. alle →Mehrwert schaffende A. ist produktive A.

Arbeit, repetitive
→monotone A.
Tätigkeiten in der industriellen Produktion, die durch →Arbeitsteiligkeit weitestgehend zergliedert sind, sich in kurzen Zeitabständen wiederholen und sich auf Detailtätigkeiten – meist am Fließband – erstrecken und maschinell determiniert sind.

Arbeit und Beruf
Soziale Dimensionen der Arbeit: Die Begriffsbestimmungen von Arbeit gehen davon aus, daß es sich hierbei um eine zweckmäßige und bewußte Tätigkeit des Menschen handelt zur Bewältigung seiner materiellen und geistigen Existenzprobleme. Zu den sozial wirksamen Dimensionen von Arbeit zählen die Art des Arbeitsvollzuges und die sich dabei herausbildenden Kooperationsformen, deren Konsequenzen für die Lebensweise der Menschen sowie die Ausgestaltung der umfassenden Gesellschaftsstruktur (Herrschaftsstrukturen, gegenseitige Abhängigkeiten) und schließlich auch die →Arbeitsethik als sinnstiftendes, verhaltensprägendes Element.

Gesellschaftliche Entwicklung und Wandel der Arbeit: In der vorindustriellen Gesellschaft waren die Arbeitsvollzüge weitgehend durch überlieferte Traditionen bestimmt, wurden durch Zusehen und Nachahmen erlernt, routinisiert und in mehr oder minder gleichbleibender Form an die nächste Generation weitergegeben. Mit der →Industrialisierung (Ende 18., Anfang 19. Jh.) kam es durch die rasche technische Entwicklung zu einer radikalen Umgestaltung der Arbeitsvollzüge und in der Folgezeit zu deren beschleunigter Veränderung durch immer neue Innovationsschübe. Dies gilt in erster Linie für das sich herausbildende Fabriksystem, in dem die herkömmlichen, von Hand bedienten und vom Willen des Arbeitenden gelenkten Arbeitsgeräte zunehmend von Maschinen abgelöst wurden, die den Takt der Arbeit und die Arbeitsvollzüge bestimmten. Durch die Verselbständigung von Arbeits- und Produktionsgängen bildeten sich neue Formen der →Arbeitsteilung (Kooperationsformen) heraus, bei denen eine hierarchische Funktionsgliederung dominierte. Parallel dazu vollzogen sich tiefgreifende gesamtgesellschaftliche Veränderungen. Die vorindustrielle Familienwirtschaft („ganzes Haus", dominant in Landwirtschaft, Handwerk und Handel) war gekennzeichnet durch ein räumliches und zeitliches In- und Nebeneinander vieler Tätigkeiten, so daß eine Differenzierung nach industriegesellschaftlichen Kriterien, wie Erwerbsarbeit und →Freizeit oder produktiver gegenüber reproduktiver Arbeit nicht greift. Erst die Auflösung dieser Wirtschafts- und Lebensform brachte eine schärfere Trennung von entgeltlicher Erwerbsarbeit und unentgeltlicher Familienarbeit (Ausgrenzung eines spezifisch weiblichen Arbeitsbereiches). Fortan war es denn auch die Erwerbsarbeit und nicht die Arbeit schlechthin, auf die sich das Interesse der Wissenschaft (Technik, Philosophie, Sozialwissenschaften) konzentrierte. Zwei wesentliche Kennzeichen des sich entwickelnden industriellen Systems waren die Ausbildung von →Märkten und die zunehmende Mechanisierung. Die Einbeziehung der menschlichen Arbeitskraft in den Marktmechanismus wurde von Karl Marx unter verschiedenen Perspektiven problematisiert: →Ausbeutung des besitzlosen (Lohn-)Arbeiters (Mehrwertentzug), der sich

Arbeit und Beruf

selbst als Ware verkauft, durch den produktionsmittelbesitzenden Kapitalisiten, Entfremdung vom Produkt der Arbeit insofern, als der Gegenstand der Arbeit für den (Lohn-)Arbeiter zu etwas Fremden, Äußerlichen, zu einer →Ware wird, die er für einen fremden Markt schafft. Auch das sich ausbreitende Maschinen-System (Mechanisierung) wurde von Marx unter dem Aspekt der →Entfremdung thematisiert: Entfremdung von der Tätigkeit selbst durch extreme Arbeitszerlegung, inhaltliche Nivellierung der Arbeit, Degradierung des Arbeiters zum Handlanger der Maschine mit der Konsequenz mangelnder Sinnhaftigkeit der Arbeit. Damit ist eine anthropologische Dimension angesprochen, nämlich Arbeit als zum Wesen des Menschen gehörig. Durch Arbeit soll ein Höchstmaß an Entwicklung der personalen Fähigkeiten erreicht werden, in moderner Terminologie Selbstverwirklichung in und durch Arbeit. Der Dualismus von Selbstentfremdung gegenüber Selbstverwirklichung des Menschen durch die Erwerbsarbeit ist bis heute ein zentrales Thema der industriesoziologischen Forschung geblieben.

Arbeitsteilung und Gesellschaftsstruktur: Die Arbeitsteilung im Sinne einer Aufgliederung komplexer Arbeitsprozesse und Funktionen und deren Zuordnung an einzelne Individuen oder Gruppen wirkt gesellschaftsstrukturierend und differenzierend. Die gegenseitige Abhängigkeit so geschaffener Teilgruppen hat nach Emile Durkheim in den modernen Gesellschaften eine systemintegrierende Wirkung. Die soziale Arbeitsteilung, bei Durkheim im wesentlichen berufliche Spezialisierung, garantiere eben durch die gegenseitige Abhängigkeit der Individuen gesellschaftliche →Solidarität. Eine Gegenposition nehmen Konflikttheoretiker ein, indem sie darauf hinweisen, daß mit der Arbeitsteilung ein unterschiedlicher Zugang zu gesellschaftlich hochbewerteten materiellen oder immateriellen Gütern verbunden ist, was soziale Spannung und damit gesellschaftliche →Desintegration bewirken könne. Allerdings ist diese Bewertung keine konstante Größe, und gerade die derzeit recht kontrovers geführte Diskussion über einen allgemeinen Wertewandel dreht sich immer wieder um die Frage, inwieweit die spezialisierte Erwerbs-(Berufs-)
arbeit schon jetzt und in Hinkunft in noch stärkerem Maße zugunsten anderer Lebensbereiche (Familie, Freizeit) oder Tätigkeitsfelder (unbezahlte Eigenarbeit, Haushaltsproduktion) zurückgedrängt wird. Damit stellt sich auch die Frage nach einem Wandel der →Arbeitsethik. Die religiöse Sanktionierung des Wertes Arbeit, ausgehend vom Mönchtum des Mittelalters, vertieft von den reformatorischen Kirchen, mündet ein in die säkularisierte bürgerliche Arbeitsethik, die in der Gegenwart als sinnstiftende Grundorientierung des Lebens an Bedeutung zu verlieren scheint (siehe Zukunftsperspektiven von Arbeit und Beruf).

Ausformung von Berufen: Daß die der Bedürfnisbefriedigung dienende Erwerbsarbeit innerhalb institutionalisierter Berufe ausgeübt wird, ist eine mit der gesellschaftlichen Differenzierung (wirtschaftlich, politisch, sozial) und der Herausbildung der Tausch- und Geldwirtschaft einsetzende Entwicklung. Für unseren Kulturkreis ist eine Entstehungslinie im mittelalterlichen Handwerk anzusetzen, das sich durch strenge Zunftordnungen (Festlegung der Produktionstechnik, der Rekrutierung von Lehrlingen, Gesellen und Meistern, der Preisgestaltung u. ä.) auszeichnete. Auf breiter Basis setzte die Ausformung von Berufen mit der Etablierung des Industriesystems ein, da zunächst dort und in unserem Jahrhundert in dem sich immer stärker entwickelnden Dienstleistungssektor durch Produktions- und Funktionsteilungen ständig neue Tätigkeitskomplexe beruflich gefaßt wurden.

Definitionselemente des Berufes: Drei Komponenten, deren Spuren sich sozial-

und ideengeschichtlich zurückverfolgen lassen, machen auch heute noch den Beruf aus, nämlich 1. ein Komplex spezialisierter Tätigkeiten in einer arbeitsteilig organisierten →Gesellschaft, der Grundlage einer kontinuierlichen Versorgungs- und Erwerbschance ist, 2. eine innere Bindung der Person an eben diese spezialisierte Tätigkeit, die auf Ausbildung, speziellen Kenntnissen sowie Erfahrung beruht und eine gewisse Sinnerfüllung zu garantieren vermag, und 3. Festlegung einer sozialen Position im Gesellschaftsgefüge. Die erste Komponente ist funktional-marktförmig gefaßt und wurde mit der Ausbildung des kapitalistischen Industriesystems eine dominante Dimension, nicht zuletzt auch durch die mit dem technischen Fortschritt ausgelösten Veränderungen im Inhalt vieler Berufe bzw. der Entstehung bislang unbekannter Tätigkeiten. Um diesen Strukturwandel in den Griff zu bekommen, bemühte man sich und bemüht sich noch um eine stetige Neufestschreibung empirisch nachweisbarer Aufgaben in konkreten Berufen (z.B. systematische Verzeichnisse der Berufe, wie sie der amtlichen Berufsstatistik zugrunde liegen). Die Sinnerfüllung durch den Beruf wird sowohl von arbeitsinhaltlichen Kriterien, personalen Kenntnissen und Fertigkeiten abgeleitet wie auch aus ethischen Prinzipien, die im Wertesystem der Gesamtgesellschaft verankert sind. Besondere Bedeutung wird in der Entstehungsphase des →Kapitalismus der calvinistischen Prädestinationslehre zugeschrieben. Sie sah in der Erlangung von Reichtum als Frucht der Berufsarbeit ein Zeichen der Erwähltheit durch Gott für das ewige Heil im Jenseits. Die neue Leitidee war Berufsarbeit, nicht zum Zwecke der Bedarfsdeckung wie im alten Handwerk, sondern Besitzvermehrung durch Konsum- und Genußverzicht. Durch Säkularisierungsprozesse wurde die Sinngebung des Berufes zwar zunehmend von dieser religiösen Verankerung abgekoppelt, die Berufsarbeit als gesellschaftlicher Grundwert blieb (jedenfalls vorläufig noch) erhalten. Der Beruf als Indikator für →sozialen Status, →Ansehen und →Wertschätzung einer Person hat ebenfalls eine lange Tradition in der abendländischen Geschichte, wenngleich sich die Legitimationsgrundlagen entscheidend verändert haben – bis in die Neuzeit hinein von Stand bzw. Amt abgeleitet und durch das Geburten- bzw. Herkunftsprinzip reguliert, in der Moderne Dominanz des auf die Person abgestellten Bildungs-, Qualifikations- und Leistungsprinzips.

Zukunftsperspektiven von Arbeit und Beruf: Arbeit und Beruf als Schlüsselkategorien der Gesellschaftsanalyse geraten von verschiedenen Seiten her unter Druck. Seit rund eineinhalb Jahrzehnten wird über einen grundlegenden Wertewandel in den hochentwickelten Industriegesellschaften diskutiert. Nach Umfrageergebnissen von Meinungsforschungsinstituten scheinen international vergleichende Studien zu bestätigen, daß eine Rangreduktion von Berufsarbeit und Leistungsorientierung zugunsten privatistisch-hedonistischer Haltungen stattfindet – Lustgewinn in Freizeitaktivitäten, hohe Wertschätzung des Familienlebens im Hinblick auf Emotionalität und Selbstverwirklichung. Die Kernfrage lautet, ob es sich hierbei um subjektive Veränderungen der Wertorientierungen handelt, die auf der Wahrnehmung gesamtgesellschaftlicher Veränderungen beruhen, oder ob es die Strukturbedingungen der Berufsarbeit im weitesten Sinne sind, die zu diesen Verschiebungen im Wertehorizont geführt haben. Ein von den gesellschaftlichen Veränderungen ausgehender Bezugsrahmen sieht den relativ hohen materiellen Lebensstandard, wohlfahrtsstaatliche Regelungen sowie die generelle Zunahme der arbeitsfreien Zeit als wesentliche Bestimmungsgründe für die Relativierung der existenzsichernden Berufsarbeit an. Die außerberufliche Lebenswelt gewinne an Bedeutung

(Familie, Freizeit, Freunde, unbezahlte Eigenarbeit in Wohnung, Haus und Garten). Dies impliziere eine Verschiebung hin zu immateriellen Werten, wie Selbstentfaltung, Selbstbestimmung, Lebensfreude und Anerkennung, die sich in der außerberuflichen Lebenssphäre offensichtlich besser verwirklichen ließen als in der Berufsarbeit. Hier setzt nun der zweite Erklärungsansatz an, der von den Strukturbedingungen der Arbeits- und Berufswelt ausgeht. Durch das gestiegene Ausbildungsniveau breiter Bevölkerungsschichten habe sich das Anspruchsdenken bezüglich der Arbeitswelt verändert. Gefordert würden mehr Mitsprache und →Mitbestimmung, selbstverantwortete Eigenaktivität und Eigendisposition, Abbau übermäßiger Kontrollen (gleitende Arbeitszeit anstelle von Stechuhren). Da die Arbeitswelt in vielen Bereichen diesem Anspruchsniveau nachhinke, komme es zu einem Rückgang der Wertigkeit der Berufsarbeit. Welcher Erklärungsansatz größere Gültigkeit beanspruchen darf, kann beim derzeitigen Forschungsstand nicht entschieden werden. Vermutlich handelt es sich um komplexe Wechselwirkungsphänomene. Manche Forscher wenden die Distanz zur Berufsarbeit positiv, da sie eine weitere Verknappung der gesellschaftlich verfügbaren Berufsarbeit prognostizieren und in der Hinwendung zu anderen Lebensbereichen – unter Einschluß eines „Bürgereinkommens", unabhängig von der beruflichen Arbeitsleistung – neue Chancen der Entfaltung von Eigenleistung und Kreativität sehen. Andere dagegen sehen die Gefahr einer allgemeinen Erschlaffung und Passivität der Gesellschaft heraufziehen, etwas vereinfacht ausgedrückt: Unlustgefühle bei und die Abkehr von der Berufsarbeit wirken generell aktivitätshemmend und bedingen eine passive und resignierende Haltung auch in anderen Lebensbereichen. So wird die These von der „Entmythologisierung der Berufsarbeit" (Randolph Vollmer) die Forschung sicher noch auf Jahre hinaus beschäftigen.

Lit.: Beck, U., u.a.: Soziologie der Arbeit und der Berufe, Reinbek bei Hamburg 1980; *Menne, A.* (Hg.): Philosophische Probleme von Arbeit und Technik, Darmstadt 1987; *Ringeling, H., Svilar, M.* (Hg.): Die Zukunft der Arbeit, Bern 1987; *Vollmer, R.:* Die Entmythologisierung der Berufsarbeit, Opladen 1986

Univ.-Doz. Dr. *B. Scheuringer,* Salzburg

Arbeiterbewegung

das Insgesamt aller Bemühungen und Aktionen der →Arbeiter bzw. ihrer Standesorganisationen, die Stellung der Arbeiter in ökonomischer, sozialer, politischer Hinsicht zu verbessern. Dabei gibt es reformerische und revolutionäre Vorstellungen. Während die →Gewerkschaften eher eine reformerische Linie vertreten, favorisieren „Theoretiker" eher die grundlegende Umwälzung. Die A. ist aus dem Ideengeist des →Sozialismus, aus politischen Maximen des →Bürgertums (Freiheit, Gleichheit) und aus in der christlichen Soziallehre entwickelten Vorstellungen hervorgegangen.

Arbeiterbewußtsein

eine zentrale →Variable der →Industrie-, →Betriebs- und →Arbeitssoziologie, die die →Einstellungen der Industriearbeiter zur →Arbeit, zu Arbeitsablauf und -organisation, zur Technik und Technikenentwicklung, zur Arbeitsplatzgestaltung etc. enthält, letztlich Ausdruck der beruflichen Erfahrungen und des Selbstverständnisses ist und oft im Vergleich zu den →Angestellten gesehen wird.

Arbeiterklasse

Proletariat

im →Marxismus Ausdruck der dichotomen Gesellschaftsauffassung bei kapitalistischer Wirtschaftsordnung. Die A. wird konstituiert durch alle Lohnabhängigen, die keine Produktionsmittel besitzen und deshalb ihre Arbeitskraft auf dem Markt anbieten und verkaufen müssen. Dieser →Klasse steht →ant-

agonistisch die →Bourgeoisie gegenüber.
→Werktätige

Arbeiterklasse, neue
darunter versteht die →Industriesoziologie (oft sozialistischer Provenienz) die kleine Zahl der technisch und/oder wissenschaftlich besonders qualifizierten Beschäftigten, die ein unterscheidbares →Bewußtsein gegenüber der →Arbeiterklasse haben, meist auch in Angestelltenpositionen tätig sind und leitende Funktionen wahrnehmen.

Arbeitgeber
alle natürlichen oder juristischen Personen, die auf vertraglicher Basis →Arbeitnehmer beschäftigen, diesen Arbeitsentgelt für die nach Weisung des A. erbrachten Leistungen entrichten. Beschäftigungsgrundlagen sind allgemeine gesetzliche Bestimmungen und die geschlossenen Arbeitsverträge.

Arbeitnehmer
alle in wirtschaftlich abhängiger, nichtselbständiger beruflicher →Position Beschäftigten, die für ihre →Arbeit Entgelt erhalten. A. sind →Arbeiter, →Angestellte und →Beamte. Sie unterliegen der Weisungsbefugnis der →Arbeitgeber im Rahmen der gesetzlichen Bestimmungen.

Arbeitsethik
ein Gebäude von religiös, weltanschaulich oder sonstwie normativ motivierten Sinn- und Zweckzuweisungen an die →Arbeit, z.B. „ora et labora" oder die „protestantische Ethik".
→Arbeit und Beruf

Arbeitsmarkt
Mit dem Begriff des Arbeitsmarkts wird ein breites Feld sozialwissenschaftlicher Forschung bezeichnet, das sich auf alle Aspekte der Vermittlung von Arbeitskräften auf Arbeitsplätze bezieht. Hierzu gehören zum Beispiel die Mechanismen der Stellenbesetzung, die Determinanten von Arbeitslosigkeit und beruflichen Karrieremustern, aber auch die Gesetzmäßigkeiten, die zu Einkommensunterschieden führen, die Entwicklung des Arbeitskräftebedarfs und des Arbeitskräftepotentials und ähnliches. Im Gegensatz zur Erforschung →sozialer Schichtung und →sozialer Ungleichheit bezieht sich die Analyse des Arbeitsmarkts meist stärker auf die Mikrozusammenhänge im Bereich der Entstehung und Verstärkung von Ungleichheit. Bildungs- und berufssoziologische Fragestellungen sind oft eng mit arbeitsmarktbezogenen Themen verknüpft.

Theoretische und empirische Analysen des Arbeitsmarkts zerfallen grob gesprochen in zwei Gruppen mit unterschiedlicher theoretischer Grundorientierung: die neoklassischen, individualistischen Ansätze und die strukturalistischen Ansätze.

Die individualistischen Theorieansätze gehen davon aus, daß Einkommen und berufliche Stellung vor allem durch Merkmale des Individuums bestimmt werden. Eine mehr soziologische Ausformung dieses Theorieansatzes im Rahmen des sog. Status-Attainment-Modells schließt neben der Bildung auch das persönliche Aspirationsniveau, die Erziehung, die durch das Elternhaus mitgegebenen Sozialbeziehungen und andere Faktoren mit in das Ressourcenbündel ein, das den beruflichen Lebensweg bestimmt. Eine mehr ökonomische Ausformung individualistischer Arbeitsmarkttheorie in Form des Humankapitalansatzes unterstellt hingegen, daß in erster Linie das Bildungsniveau den Karriereweg bestimmt. Bildung – sowohl die Ausbildung wie auch die in der Berufslaufbahn erworbenen Erfahrungen – erhöhen die Produktivität der Arbeitskraft und dadurch den Lohnsatz, so daß aufgrund von Bildungsunterschieden Einkommensunterschiede entstehen. Die Humankapitaltheorie schreibt nicht nur dem Ausbildungsabschluß, sondern auch der Berufserfahrung große Bedeutung zu. Die bekannte lebenszyklische Einkommenskurve eines zum Beginn des

Berufslebens stark und später nur noch schwach ansteigenden Einkommens basiert nach humankapitaltheoretischer Vorstellung auf einem im Lebenslauf zunächst stärker und mit der Zeit immer schwächer anwachsenden Humankapital beruflichen Wissens.

Der wichtigste Kritikpunkt an den humankapitaltheoretischen Ansätzen besteht darin, daß diese Ansätze ausschließlich auf die Eigenschaften des Individuums (die Arbeitsangebotsvariablen) rekurrieren, während die Arbeitsmöglichkeiten, die Zahl und die Struktur der Arbeitsplätze, vollkommen unberücksichtigt bleiben. Aus dieser Kritik haben sich – als in den 1970er Jahren im Zuge von Wirtschaftskrisen auch die Arbeitsmöglichkeiten zum Engpaß wurden – eine Reihe strukturalistischer Ansätze entwickelt, die in der Struktur der Arbeitsplätze den mit Abstand wichtigsten Faktor des beruflichen Fortkommens erblikken. Der Bildung kommt im Rahmen dieser Ansätze allenfalls die Funktion einer notwendigen, aber nicht unbedingt hinreichenden Bedingung für die Besetzung beruflicher Positionen zu. Während die humankapitaltheoretischen Ansätze in erster Linie für die Erklärung von Einkommenskarrieren geeignet sind, rücken die strukturalistischen Ansätze die Berufskarriere in den Mittelpunkt; beide Aspekte der Arbeitsmarktposition sind jedoch eng miteinander verknüpft.

Die strukturalistischen Ansätze stehen in der Tradition der Theorie des dualen Arbeitsmarktes. Zentrale These der Theorie des dualen Arbeitsmarkts ist die Spaltung des Arbeitsmarkts in ein primäres und ein sekundäres Segment. Beide Segmente unterscheiden sich durch völlig konträre Arbeitsbedingungen vor allem hinsichtlich Bezahlung und Beschäftigungsstabilität. Während diese Dualisierung in den USA mit einer entsprechenden Gliederung des Gütermarktes in Verbindung gebracht wird, einem großindustriellen, wenig konjunkturempfindlichen Bereich mit standardisierter Massenproduktion und einem stark konjunkturabhängigen Bereich von Klein- und Mittelbetrieben, ist in der Bundesrepublik Deutschland eher eine Segmentierung auf der Basis von Einzelbetrieben, ein Bereich der Stammbelegschaften und ein Bereich der fluktuierenden Randbelegschaften, festzustellen. Die Segmentierung wird in der Bundesrepublik Deutschland vor allem mit dem betrieblichen Rationalprinzip erklärt, angesichts schwankender Nachfrage die Austauschbarkeit der Arbeitskräfte möglichst groß und die Anlernkosten möglichst gering zu halten. Dieses Prinzip wird einerseits – bei den Arbeitsplätzen des sekundären Segments – durch niedrige Qualifikationsanforderungen verwirklicht, andererseits – bei den Arbeitsplätzen des primären Segments – durch eine Bindung des Arbeitnehmers an den Betrieb, wenn der von ihm ausgefüllte Arbeitsplatz hohe Anlernkosten verursacht. Vor allem im primären Arbeitsmarktsegment sind deshalb eher auch vorgefertigte Karrierelinien als ausschließlich individuelle Ressourcen für die Berufslaufbahn verantwortlich, wenngleich trotzdem die Bildung eine wichtige Rolle bei der Zuweisung des Arbeitnehmers zu einem Segment einnimmt und für die Besetzung von primären Arbeitsmarktpositionen als notwendige Bedingung angesehen werden kann.

In der Folge der Arbeitsmarktsegmentationstheorie sind zahlreiche weitere Theorien entstanden, die auf wichtige Implikationen der Arbeitsplatzstruktur für die berufliche Laufbahn von Personen aufmerksam machen. Diese Theorien gehen mehr oder weniger nachdrücklich von der These aus, daß die Ausbildung allenfalls als Indikator für die Erlernbarkeit beruflichen Wissens in der Berufsausübung von Bedeutung ist. Eine der extremsten Gegenpositionen zur Humankapitaltheorie ist in der Theorie der Arbeitsplatzkonkurrenz ausformuliert. Hiernach sind in erster Linie die Ausstattung des Arbeitsplatzes und das bei der Verrichtung der Arbeit erworbene Wissen für Lohn und Produktivität verantwortlich. Die Bildung ist im Rahmen der Theorie der Arbeitsplatzkonkurrenz lediglich bei der Besetzung der Arbeitsplätze von Bedeutung, die in der Rangfolge der Ausbildung verteilt werden. Die Arbeitnehmer konkurrieren demgemäß mittels der Ausbildung nicht um Einkommen, sondern um Arbeitsplätze. Die Einkommensverteilung ist hingegen weitgehend durch die Struktur der Arbeitsplätze bestimmt und durch vorgegebene Erwerbslaufbahnen, auf denen durch das ganze Erwerbsleben hindurch das für den jeweiligen Arbeitsplatz erforderliche berufliche Wissen erworben wird.

Obwohl trotzdem auch strukturalistische Theorieansätze dem Bildungsniveau mehr oder weniger große Bedeutung für den individuellen sozialen Status beimessen, ergeben sich völlig unterschiedliche Schlußfolgerungen für den Zusammenhang zwischen Bildungs- und Einkommensverteilung bzw. sozialer Ungleichheit.

Entsprechend den humankapitaltheoretischen Ansätzen läßt eine Ausweitung der Bildungsbeteiligung, wie sie in den 1960er und 1970er Jahren mit der Bildungsexpansion in der Bundesrepublik Deutschland stattgefunden hat, auf eine Erhöhung des Einkommens der relativ besser Ausgebildeten schließen. Gleichzeitig wird im Zuge der Bildungsexpansion eine gewisse Einkommensnivellierung erwartet: Bei den besser Ausgebildeten stellt sich ein Einkommensanstieg ein und die nach wie vor schlechter Ausgebildeten erfahren aufgrund ihrer größeren Knappheit einen gewissen Lohnanstieg, während das größere Angebot bei den besser Ausgebildeten deren Einkommen senkt.

Demgegenüber ist z. B. vor dem Hintergrund der Theorie der Arbeitsplatzkonkurrenz kein Einfluß des allgemeinen Bildungsniveaus auf die Einkommensverteilung zu erwarten, da die Einkommensverteilung im Rahmen der Theorie der Arbeitsplatzkonkurrenz von der Arbeitsplatzstruktur und den in der Berufslaufbahn erworbenen Qualifikationen abhängt. Gleichzeitig werden von einer Bildungsexpansion keine Tendenzen zur Einkommensangleichung zwischen den verschiedenen Ausbildungsgruppen vermutet, weil die Bildungsabschlüsse lediglich anders über die Arbeitsplätze verteilt werden, wobei i. d. R. die relativ Bestgebildeten die attraktivsten Berufspositionen in dem jeweiligen Qualifikationsbereich erhalten: Die Situation der Hochschulabsolventen verschlechtert sich im Zeitablauf durch die Besetzung niedrigerer Berufspositionen; der Austausch geht mit einer Verdrängung derjenigen Ausbildungsabschlüsse, die früher in diesen Berufen gearbeitet haben, in noch niedrigere Positionen einher usw. Die Einkommensunterschiede zwischen den Bildungsgruppen sind auf diese Weise von der Ausbildungsstruktur weitgehend unabhängig; da die Filterung bei der Arbeitsplatzbesetzung nach der Ausbildung erfolgt, ist das individuelle Einkommen lediglich durch den Platz in der Ausbildungshierarchie bestimmt.

Seit Beginn der 1980er Jahre werden im Zuge der hohen Arbeitslosigkeit verstärkt auch Beziehungen zwischen Arbeitsmarkt/Arbeitslosigkeit und sozialer Sicherung analysiert. Insbesondere aus der Segmentationstheorie wurden Folgerungen für eine erhöhte Armutsgefährdung der Arbeitnehmer des sekundären Arbeitsmarktsegments abgeleitet; diese werden aber von dem starken Einfluß familiärer Lebenszusammenhänge auf den individuellen Wohlstand überlagert.

Lit.: Klein, T.: Determinanten der sozialen Lage: Arbeitsmarkt versus Familie, ZfS 16: 254–271, Bielefeld 1987; *Sengenberger, W.* (Hrsg.): Der gespaltene Arbeitsmarkt. Probleme der Arbeitsmarktsegmentation. Campus, Frankfurt/New York 1978; *Thurow, L. C.:* Generating Inequality, New York 1975

Dr. *T. Klein,* Karlsruhe

Arbeitsmarkttheorie
→Arbeitsmarkt

Arbeitsprozeß, gesellschaftlicher
durch →Arbeitsteilung sind die hergestellten Güter nicht mehr Produkte eines individuellen →Arbeiters, sondern alle am Produktionsprozeß Beteiligten tragen dazu bei, daher g. A.

Arbeitssoziologie
nicht klar abzugrenzende →Bindestrichsoziologie; Ähnlichkeiten zur →Industrie-, Betriebs- und Berufssoziologie. A. beschäftigt sich vor allem mit Formen und Wirkungen der →Arbeitsteilung, mit neuen Technologien am Arbeitsplatz, mit Problemen der Arbeitsorganisation und Kooperation, der Mitbestimmung am Arbeitsplatz etc.
→Arbeit und Beruf

Arbeitsteilung
1. teilweise synonym mit Berufsdifferenzierung gebraucht;

2. allgemein die Ausdifferenzierung von ursprünglich ganzheitlichen Produktionsprozessen in einzelne Arbeitsschritte, die dann von verschiedenen Menschen realisiert werden;

3. nach *E. Durkheim* (division du travail) die Trennung und Verselbständigung von politischen, rechtlichen, ökonomischen etc. →Institutionen (=soziale A.) als →makrosoziologischer Aspekt und die Trennung und Verselbständigung von Berufstätigkeiten, Arbeitsvollzügen, Fähigkeiten und Qualifikationen als →mikrosoziologischer Aspekt;

4. bei *A. Smith* die Bezeichnung für die Aufspaltung von umfangreichen Produktionsprozessen in Teilabläufe zum Zwecke der Produktionssteigerung.

Arbeitsteilung, allgemeine
nach *K. Marx* die Trennung der gesamtgesellschaftlichen Produktion in die Globalbereiche Agrarwirtschaft, Industrie etc.

Arbeitsteilung, anomische
nach *E. Durkheim* jene pathologische Form der A., bei der ein regelloser Zustand hinsichtlich der differenzierten Tätigkeiten und Berufspositionen zu verzeichnen ist; dieser Zustand ist besonders in Zeiten schnellen technischen und wirtschaftlichen Wandels zu erwarten.

Arbeitsteilung, aufgezwungene
nach *E. Durkheim* eine krankhafte Form der A., bei der die Arbeitenden sich die differenzierteren Tätigkeiten nicht frei wählen können, bei der auch zwischen ihnen keine Chancengleichheit existiert, sondern die durch Macht- und Herrschaftsrelationen ihnen aufgezwungen werden.

Arbeitsteilung, berufliche
Berufsdifferenzierung
durch Differenzierung der Berufe entstehen neue berufliche →Positionen.

Arbeitsteilung, disfunktionale
A. wird nach *E. Durkheim* disfunktional, wenn innerhalb betrieblicher →Organisation keine klare Kompetenzregelung (Tätigkeiten und Personal) vorliegt.

Arbeitsteilung, geschlechtliche
Aufgaben und →Funktionen sind gesellschaftlich geschlechtsspezifisch verteilt nach den biologischen oder zugeschriebenen unterschiedlichen Kapazitäten der Geschlechter.

Arbeitsteilung, gesellschaftliche
die Aufteilung in die drei Sektoren Landwirtschaft, Industrie, Dienstleistungen.

Arbeitsteilung, horizontale
die Ausdifferenzierung und Spezialisierung nach gleichrangigen Aufgabenbereichen (→horizontale soziale Differenzierung).

Arbeitsteilung, internationale
die erforderlichen wirtschaftlichen Leistungen werden durch verschiedene Staaten (Volkswirtschaft) in gemeinsamer Zielorientierung durch Absprachen, Planungen oder durch den Markt geregelt erbracht.

Arbeitsteilung, manufakturmäßige
nach *K. Marx* jene Form der A., bei der handwerkliche Tätigkeiten ausdifferenziert, spezialisiert und betrieblich kombi-

niert und koordiniert werden; die Spezialisierung erfolgt nach den Handwerken.

Arbeitsteilung, natürliche
ursprüngliche A.
jene A., die als erste, historisch nachvollziehbare vorhanden war; bezieht sich vor allem auf Differenzierungen nach biologischen Merkmalen (Alter, Geschlecht).

Arbeitsteilung, ökologische
territoriale A.
nach Standorten vorgenommene A., wobei die Begründungen für die unterschiedlichen Standorte natürlicher, ökonomischer, historischer, qualifikatorischer Art sein können.

Arbeitsteilung, technische
hierunter ist die intermaschinelle A. zu verstehen. Nach *K. Marx* erfolgt diese bereits im Fabriksystem, wo die Maschinen als Arbeitsmittel zum Zwecke der Produktivitätssteigerung aufeinander abgestimmt werden.

Arbeitsteilung, territoriale
→ökologische A.

Arbeitsteilung, ursprüngliche
→natürliche A.

Arbeitsteilung, vertikale
im Gegensatz zur →horizontalen A. ist das Differenzierungsprinzip hier ein hierarchisches, etwa nach dem Grad der Kompetenzen.

Arbeitsteilung, vertragliche
nach *E. Durkheim* jene Form der A., die gesamtgesellschaftlich legitimiert und ökonomisch sinnvoll sein mag, die jedoch von den davon Betroffenen nicht emotional akzeptiert wird.

Arbeitswertlehre

von *Smith, Ricardo, Marx* u.a. vertretene Theorie, wonach sich der relative Wert eines Gutes, also sein →Tauschwert, ausschließlich aus der für seine Produktion eingesetzten menschlichen →Arbeit ergibt. Andere Produktionsfaktoren werden nicht berücksichtigt.

Aristokratie

Herrschaft der Besten

1. klassische „Staatsform", bei der die Kriterien für die Auswahl der Besten, die die →Herrschaft ausüben, sich wandeln können. Alter, Abstammung, Vermögen, Leistung, Intelligenz können solche Kriterien sein;

2. im engeren Sinne die Herrschaft durch den (Erb)→Adel, der verfassungsmäßig legitimiert die gesellschaftlichen →Institutionen gestaltet;

3. heute auch allgemein als Bezeichnung für den →Adel verwandt, obgleich dieser keine →Herrschaft im politischen Sinne mehr ausübt.

Armut

Als Armut wird – allgemein gesprochen – ein Zustand gravierender sozialer Benachteiligung bezeichnet. Obwohl der Begriff gelegentlich für Benachteiligungen in unterschiedlichen Lebensbereichen herangezogen wird, stehen materielle Benachteiligungen immer im Mittelpunkt. Unterschiedliche Formen von Benachteiligung sind ferner empirisch meist eng miteinander verkoppelt.

Die in Theorien und empirischen Untersuchungen verbreiteten Armutsdefinitionen lassen sich in zweifacher Weise unterscheiden: in bezug auf die Dimension der materiellen Benachteiligung und in bezug auf die (Armuts-)Grenze, deren Unterschreitung als Armut bezeichnet wird.

Im Hinblick auf die Dimension der Benachteiligung ist die Unterscheidung zwischen versorgungsorientierten und ressourcenorientierten Armutsdefinitionen sinnvoll. Die Versorgungsdefinitionen, auch als Lebenslagendefinitionen oder Lebensbedingungsdefinitionen bezeichnet, zielen auf die Versorgung mit Gütern und Dienstleistungen. Arm im Sinne versorgungsdefinierter Armut ist, wer bestimmte Versorgungsstandards oder eine bestimmte Anzahl einer Liste von Versorgungsstandards nicht erreicht, die entweder biologisch-medizinisch als notwendig erachtet werden oder die ein gewisser Bevölkerungsteil erreicht oder deren Fehlen im Bewußtsein der Bevölkerung mit Armut verknüpft ist. Beispiele sind ausreichendes Essen, ein Bad in der Wohnung und ähnliches. Zur Versorgungsdefinition von Armut müssen auf der einen Seite die als wichtig erachteten Versorgungselemente, die mit den als wichtig erachteten Bedürfnissen korrespondieren, festgelegt werden. Die Festlegung armutsdefinierender Versorgungselemente muß auch unter Berücksichtigung länderspezifischer Situationen stattfinden; in Großbritannien prägt beispielsweise die Brennstoffunterversorgung den Begriff der „fuel-poverty".

Im Gegensatz zur Versorgungsdefinition zielt die Ressourcendefinition auf die Existenz von Ressourcen ab, die eine adäquate Versorgung ermöglichen. Zu den Ressourcen zählen: eigenes Einkommen, Vermögen, Unterhaltsansprüche, wie auch das Arbeitsvermögen bzw. die Einkommenserzielungsmöglichkeiten. Der Ressourcenansatz wird deshalb auch als „opportunity approach", als „rights approach" oder als „entitlement approach" bezeichnet.

Aus unterschiedlichen Gründen kann ein bestimmter Ressourcenbetrag nicht ohne weiteres mit einer bestimmten Versorgungslage gleichgesetzt werden. Beide Definitionen können erstens aufgrund unterschiedlicher subgruppenspezifischer Wertorientierungen über die bevorzugten Versorgungsgüter auseinanderfallen. Zweitens können unterschiedliche Versorgungsmöglichkeiten die beiden Definitionsansätze auseinanderfallen lassen – z. B. ist die Erlangung einer adäquaten, dem Versorgungsstandard entsprechenden Wohnung regional oder für unterschiedliche Bevölkerungsgruppen (z. B. Ausländer, unvollständige Familien) unterschiedlich schwierig. Vor allem der letztgenannte Effekt kann zu dem Phänomen führen, daß die Lebensmöglichkeiten in den unteren Schichten unverhältnismäßig zu den finanziellen Ressourcen abnehmen. Ein dritter Grund für das Auseinanderfallen kann in der unangemessenen Verausgabung der Ressourcen (Verschwendung) liegen, ein vierter in dem mangelnden Einsatz der durchaus vorhandenen Ressourcen. Die Umsetzung der mit Ressourcen verknüpften Ansprüche in eine bestimmte Versorgungslage kann außerdem durch eine instabile Rechtsordnung gefährdet werden – in vielen Entwicklungsländern kann hierin ein fünfter Grund für das Auseinanderfallen von Ressourcen- und Versorgungskonzepten gesehen werden.

Bei beiden Definitionsansätzen sind normative Entscheidungen über die zu berücksichtigenden Versorgungsbereiche bei der versorgungsdefinierten Armut und die zu berücksichtigenden Ressourcen bei ressourcendefinierter Armut zu fällen. Von größerer inhaltlicher Relevanz (→Validität) für die Definition von Armut ist auf der einen Seite die Unterversorgungslage, gleich ob diese auf mangelnde Ressourcen oder fehlende Versorgungsgüter zurückzuführen ist. Diesem Vorteil der Versorgungsdefinitionen stehen jedoch die Nachteile größerer Willkürlichkeit bei der Auswahl der Versorgungsstandards und fehlender Berücksichtigungsmöglichkeit unterschiedlicher Wertorientierungen gegenüber. Vor- und Nachteile lassen sich oft nur auf den Untersuchungszweck hin abwägen. Die Frage nach Armutsursachen zielt meist auf Einkommensverluste und auf den längerfristigen Wegfall von Ressourcen ab.

In einem Teil der Literatur wird nur die Einkommensarmut im engeren Sinne als Armut bezeichnet, während Unterversorgungslagen als anderweitige Nachteile verstanden werden, die mit Einkommensarmut verknüpft sind. Auch die meisten ressourcenorientierten Untersuchungen beschränken sich auf die Einkommensarmut, wobei zum Einkommen häufig alle einkommenswerten Ressourcen (z. B. Wohnungseigentum) mit dem Einkommenswert (in diesem Beispiel dem ersparten Mietzins) hinzugerechnet werden. Die Vernachlässigung des Vermögens entspricht der größeren Bedeutung des Einkommens in Industriegesellschaften, in denen das Arbeitseinkommen die häufigste Lebensgrundlage darstellt. Im Unterschied zum feudalistischen Begriff von Armut, der auf Vermögensschwäche abstellt, spielt heute die Einkommensschwäche eine größere Rolle.

Im Hinblick auf die Festlegung von Armutsgrenzen muß im Rahmen von Versorgungsdefinitionen der Armut das Maß der armutsabgrenzenden Versorgung in den einzelnen Versorgungsbereichen, dessen Unterschreitung als Bedürftigkeit bezeichnet wird, definiert werden. Zur Definition von Einkommensarmut muß ein armutsabgrenzendes Einkommensniveau definiert bzw. ermittelt werden. Die Ansätze zur Definition von Einkommensarmutsgrenzen zerfallen in zwei Gruppen, die absoluten und die relativen Armutsdefinitionen, die sich durch zwei gänzlich unterschiedliche Blickrichtungen unterscheiden. Während die als absolut bezeichneten Armutsdefinitionen auf die Erfassung des absoluten, für sich stehenden Existenzminimums abheben, blicken die relativen Definitionen auf die Relation zur gesamtgesellschaftlichen Einkommensverteilung. Als absolute (Einkommens-)Armut wird m. a. W. das Unterschreiten eines physischen oder konventionellen Existenzminimums bezeichnet; die absoluten Armutsdefinitionen lassen sich im weitesten Sinne alle als Definitionen des Existenzminimums interpretieren. Als relative Armut wird dagegen das Unterschreiten bestimmter Fixpunkte der gesamtgesellschaftlichen Einkommensverteilung bezeichnet: Relative Armut bezieht sich damit auf Ungleichheitsmaße, die in einer groben Weise über den unteren Bereich der Einkommensverteilung in Relation zur Restverteilung, zur Gesamtverteilung oder zum Wohlstand bestimmter gesellschaftlicher Bezugsgruppen (z. B. einfacher Arbeiter) Auskunft geben.

Die genannten Unterschiede zwischen absoluten und relativen Armutsdefinitionen haben eine Reihe von unterschiedlichen Konsequenzen für den zeitlichen Vergleich, für den internationalen Vergleich und für die Beurteilung armutsbekämpfender Maßnahmen.

Auch im zeitlichen Vergleich zielen absolute Armutsgrenzen auf die Lebenserhaltung bzw. die Erhaltung eines bestimmten Wohlstandsniveaus ab, so daß sich Verschiebungen der Grenze aufgrund veränderter Bedürfnisse ergeben. Anderweitige Veränderungen absoluter Armutsgrenzen, die auf einem veränderten gesellschaftlichen Entwicklungsstand beruhen und auch die absoluten Armutsschwellen auf lange Sicht ‚relativ' erscheinen lassen, müssen als Neufestlegung der zugrundeliegenden, normativen Entscheidungen gewertet werden. Es beruhen allerdings die Normveränderungen in aller Regel auch auf der Veränderung des gesellschaftlichen Entwicklungsstands. Verschiebungen relativer Armutsgrenzen resultieren dagegen aus Veränderungen in der Einkommensverteilung, z. B. einem Anwachsen der oberen Einkommensschicht oder auch aus einer allgemeinen Wohlstandszunahme. Sie passen sich Änderungen der Einkommensverteilung und des Einkommensniveaus im Zeitablauf automatisch an, während absolute Armutsstandards durch bewußte Akte der Fortschreibung oder Neudefinition variiert werden müssen. Die Verschiebung einer relativen Armutsgrenze ist erst dann als veränderte Definition zu betrachten, wenn die normativ festgelegte Relation oder die normativ festgelegte Bezugsgruppe verändert wird.

Absolute und relative Armutsdefinitionen haben auch bei internationalen Vergleichen unterschiedliche Bedeutung. Die normativen Festsetzungen, die bei der Definition eines absoluten, konventionellen oder kulturellen Existenzminimums gemacht werden, dürften sich auch im internationalen Vergleich wie im intertemporalen Vergleich an dem jeweiligen Entwicklungsstand orientieren, während sich ein relatives Armutsmaß ‚automatisch' an unterschiedliche Einkommensniveaus anpaßt. Dieselbe Quote der in relativer Armut lebenden Bevölkerung in einem reichen und einem armen Land hat die Bedeutung, daß in beiden Ländern ein gleich großer Anteil der Bevölkerung in relativer Armut, bezogen auf den Wohlstand der Restbevölkerung, lebt. Relative Armutsgrenzen thematisieren also in erster Linie die Ungleichheit in beiden Ländern. An einer relativen Armutsgrenze gemessen, kann sogar das absolut ‚ärmere' Land die geringere Armutsquote aufweisen.

Absolute und relative Armutsgrenzen implizieren außerdem einen unterschiedlichen politischen Maßstab, wenn sie aufzeigen sollen, wann das Armutsproblem idealerweise als gelöst betrachtet werden kann, die Armut m. a. W. abgeschafft ist. Absolute Armut ist dann abgeschafft, wenn für jedermann das jeweils betrachtete physische oder konventionelle Existenzminimum gesichert ist, ungeachtet des Wohlstands anderer Gesellschaftsmitglieder. Relative Armut kann dagegen eintreten, ohne daß sich der Wohlstand eines bisher nicht als arm betrachteten Haushalts verändert, nur dadurch, daß sich im Zeitablauf das gesamtgesellschaftliche Einkommen erhöht. Die Abschaffung relativer Armut zielt damit auf die Abschaffung einer zu großen Ungleichverteilung, durch die einzelne Gruppen zu stark hinter der als ‚durchschnittlich' oder ‚normal' angesehenen Situation zurückbleiben.

Die Art der Definition hat verständlicherweise einen großen Einfluß auf Umfang und Verteilung der in einer Gesellschaft festgestellten Armut. Schon geringe Erhöhungen der Armutsgrenze können z. B. zu einer starken Vergrößerung der als arm eingestuften Bevölkerung führen, wenn die Wohlstandsbereiche knapp über der Armutsgrenze stark besetzt sind. Eine starke (definitorische) Konzentration auf die Wohnungsversorgung dürfte andererseits zu einer Stärkergewichtung städtischer Armut führen. Vieldiskutiert ist die Armutsdefinition für den Bezug von Sozialhilfe; hierauf bezogen leben über 3 Mio. oder 5% der Wohnbevölkerung in der Bundesrepublik in Armut (1988). Schätzungen gehen davon aus, daß noch mal etwa der gleiche Bevölkerungsanteil mit einem Einkommen unter der Sozialhilfe-Einkommensgrenze lebt, ohne Sozialhilfe zu beantragen. In bezug auf die Ressourcendefinition anhand der Sozialhilfeschwelle lebt mithin bis zu 10% der Gesellschaft in ‚verdeckter' oder ‚bekämpfter' Armut.

Ursachen von Armut sind seit jeher Alter und Krankheit in Verbindung mit einer ungenügenden sozialstaatlichen Absicherung. Die starke Zunahme der Armut in den 1980er Jahren ist darüber hinaus durch hohe und lange Arbeitslosigkeit bedingt. Armut hat für die Betroffenen und die Gesellschaft zahlreiche Konsequenzen. Eine Unterschreitung bestimmter empirisch ermittelter Einkommensschwellen geht im Durchschnitt für die Betroffenen mit einem überproportionalen Verlust existenzwichtiger Versorgungsstandards und gesellschaftlicher Integration und Partizipation einher. Länger anhaltende Armut und damit einhergehende alltägliche Mißerfolge in allen Lebensbereichen fördern ferner die Herausbildung einer durch Passivität geprägten sog. „Subkultur der Armut".

Bislang vorliegende empirische Untersuchungen lassen zahlreiche Fragen offen. Im Hinblick auf die genannten, von der Dauer der Armut abhängigen Konsequenzen verdienen insbesondere dynamische Aspekte der Armutsdauer und des Austauschs der Armutsbevölkerung stärkeres Interesse.

Lit.: Albrecht, G.: Die „Subkultur der Armut" und die Entwicklungsproblematik, Sonderheft 13 der KZfSS, Opladen 1969; *Hauser, R./Cremer-Schäfer, H./*

Nouvertné, U.: Armut, Niedrigeinkommen und Unterversorgung in der Bundesrepublik Deutschland, Frankfurt/New York 1981; *Jahoda, M./Lazarsfeld, P./Zeisel, H.:* Die Arbeitslosen von Marienthal, 1933; *Klein, T.:* Sozialer Abstieg und Verarmung von Familien durch Arbeitslosigkeit, Frankfurt/New York 1987; *Klein, T.:* Familiale Verarmung durch Arbeitslosigkeit. Zum Einfluß des Familienzusammenhangs auf die soziale Stellung bei Arbeitslosigkeit, KZfSS 39: 534-549, Opladen 1987

Dr. *T. Klein,* Karlsruhe

ascribed status

→Position, zugeschriebene

Askese, innerweltliche

nach *M. Weber* fordert die protestantische Ethik i. A., die für den kapitalistischen Geist verantwortlich zeichnet. Die ursprünglich religiös motivierte i. A. wurde mehr und mehr ihres Sinnes entleert und verselbständigte sich in Sparzwang, damit in Kapitalakkumulation und letztlich in kapitalistischer Wirtschaftsgesinnung.

asozial

Personen oder Verhaltensweisen werden als a., „ungesellschaftlich", bezeichnet, wenn sie sich nicht an den allgemein anerkannten, praktizierten und erwarteten Verhaltensmustern orientieren. →abweichendes Verhalten

Assimilation

Angleichung, Anpassung, Ähnlichmachung

1. Individuen oder soziale →Gruppen (→Minderheiten, Emigranten etc.) passen sich an andere durch Übernahme von →Einstellungen, →Normen, →Verhaltensmustern an;

2. in der Wahrnehmungstheorie das Phänomen, daß ähnliche, aber tatsächlich unterschiedliche Sachverhalte als gleich perzipiert werden, weil die Differenzen zu gering sind: sie assimilieren. Werden die Unterschiede groß genug, so entsteht auch in der →Perzeption ein Kontrast;

3. verschiedene und unabhängige Erlebnisse, Wahrnehmungen, Erfahrungen werden zueinander in einen →konsistenten Zusammenhang gebracht, in einer ganzheitlichen Perspektive vereint.

Assoziation

1. in der →Sozialforschung und →Statistik oft synonym mit →Korrelation gebraucht und meint den Zusammenhang zwischen zwei oder mehr →Variablen;

2. in der spezifischeren statistischen Form bezieht sich A. auf den Zusammenhang von nominalen oder ordinalen →Variablen, also topologische Skalen;

3. als Vergesellschaftung meint A. den Zusammenschluß einzelner, die gemeinsame Ziele verfolgen;

4. früher wurde A. häufig synonym für →Genossenschaft als Zusammenschluß im Sinne von 3. verwendet;

5. in der Psychologie, aber auch in der →Sozialforschung versteht man darunter die Verknüpfung von Vorstellungen mit bestimmten Wörtern, Sätzen, Bildern (z. B. Eis=kalt oder süß).

Assoziationsindex

in der Mobilitätsforschung entwickelter Index, der eine Maßzahl für das Verhältnis zwischen beruflichen Positionen der Väter und denen der Söhne liefert; es wird die Intergenerationenmobilität berechnet. Der A. kann aus der Abstromquote wie auch der Herkunftsquote ermittelt werden.

Assoziationstest

ein psychologisches Verfahren, bei dem die Versuchsperson auf die Nennung eines Wortes (=Wortassoziationstest) spontan ein oder mehrere Wörter angeben soll, die ihr dazu einfallen (=freies Assoziieren). Werden spezifische Wörter verlangt, etwa Synonyme oder der jeweilige Gegensatz, so handelt es sich um gelenktes Assoziieren.

Asymmetrie

1. eine einseitige →Relation;

2. ein Ungleichgewicht in einer Beziehung;

3. eine ungleichgewichtige Vorgabe von positiven und negativen Antwortkategorien bei geschlossenen Fragen.

Atavismus

1. Rückfall in eine frühere Entwicklungsstufe der Art bezüglich bestimmter Verhaltensweisen; Wiederauftreten von Eigenschaften einer evolutionstheoretisch früheren (primitiveren) Entwicklungsstufe;

2. Eigenschaften aus früheren Generationen treten – nachdem sie zwischenzeitlich nicht vorhanden waren – wieder auf.

Ätiologie

die Lehre von den Ursachen bestimmter Erscheinungen oder Ereignisse (→Kausalität). In den ä. →Theorien wird versucht, bestimmte Phänomene dadurch zu →erklären, daß man bestimmte andere Sachverhalte als Ursachen diesen zuordnet. In der →Kriminologie oder →Kriminalsoziologie ist die Ä. ein Ansatz, der die Ursachen für kriminelles Verhalten aus den individuellen Merkmalen des Täters herzuleiten sucht, das sog. →normative Paradigma. Der →labeling approach vertritt das →interpretative Paradigma als Gegenkonzept.

Atomismus

theoretische Auffassung, daß alles Handeln auf individuellen und nicht auf sozialen Bedingungen beruht. Diese „psychologistische" Sichtweise lehnt eine soziale Determination des Handelns durch →Normen, →Erwartungen usw. ab. Eigentlicher Antrieb für das Handeln sind individuelle →Bedürfnisse, →Triebe und →Motive.

Atomismus, logischer

danach kann jede komplexe →Aussage in einfachere, elementare, atomistische Einzelaussagen zerlegt werden, die in der Realität durchaus eine Entsprechung haben. Aus der Wahrheit der Elementaraussagen läßt sich durch logische Prüfung die Wahrheit der komplexen Aussage erschließen (Wahrheitstafel), nicht jedoch ihre empirische Richtigkeit.

Atomismus, soziologischer

Vorstellung, nach der nur das →Individuum realer Gegenstand der wissenschaftlichen Betrachtung und →Analyse sein kann. Alle komplexeren →Strukturen und →Systeme sind aus Individuen konstituiert und von diesen her beschreib- und erklärbar. Ähnlichkeit zum psychologischen →Reduktionismus.

Attitüde

→Einstellung

Aufforderungscharakter

nach *K. Lewin* die Bezeichnung für die Eigenschaft von Objekten, Personen, Symbolen, Situationen, beim Wahrnehmenden bestimmte →Bedürfnisse zu aktivieren, ihn aufzufordern, bestimmte Verhaltensweisen zu zeigen oder zu unterlassen. Im Rahmen der Feldtheorie entspricht der A. einem Vektor in zentripetaler oder zentrifugaler Richtung.

Aufstieg, sozialer

eine Form der →vertikalen Mobilität, bei der Personen oder →Kollektive von einer niedrigeren →Position in eine höhere wechseln. Da die höheren Positionen besser bewertet sind, steigt der →Status. Beurteilungskriterium für den A. ist in der Regel der Beruf.

Aufstiegskriterien

jene sozialen Elemente, an denen →sozialer Aufstieg festgemacht wird, also jene →Variablen, die auch zur Bestimmung von →Schicht herangezogen werden: Schulbildung, Beruf, Einkommen. Diese werden insbesondere dadurch zu A., daß sie sozial bewertet sind und Rangdifferenzierungen ermöglichen.

Aufstiegskriterien, primäre

jene →unabhängigen Variablen, die den →sozialen Aufstieg determinieren, die ihn herbeiführen können. Hierzu gehören die eingesetzten Fähigkeiten, die erbrachte Leistung, der vorhandene Besitz, die erreichte Schulbildung und berufliche Qualifikation.

Aufstiegskriterien, sekundäre

die abhängigen →Variablen, die Folgen

des →sozialen Aufstiegs als Eigenschaften der Aufgestiegenen, also etwa Einkommen, Wohnungsgröße, →Statussymbole jeglicher Art.

Aufstiegssurrogate

jene positionalen Veränderungen, die zwar an sich eine positive Wertung erfahren, letztlich aber nichts zu einer →vertikalen Mobilität als →Statusgewinn beitragen. Beispiel: Der berufstätige Diplomsoziologe, der nebenbei promoviert, aber gleichwohl in der beruflichen →Position nicht aufsteigt, kein höheres Einkommen erzielt und von seinen Kollegen möglicherweise belächelt wird. Der erworbene Titel wäre ein A.

Ausbeutung

Exploitation

nach dem →Marxismus wird die arbeitende →Klasse dadurch ausgebeutet, daß die Eigentümer der Produktionsmittel sich ohne eigene →Arbeit das Produkt der Arbeitenden aneignen. Die Arbeiterklasse arbeitet über das zur Reproduktion erforderliche Maß hinaus (Mehrarbeit); dieses Mehrprodukt wird ihr jedoch vorenthalten. Der Wert der Arbeitskraft, ausgedrückt im Lohn, ist geringer als die dadurch geschaffene Wertschöpfung; diesen Mehrwert vereinnahmt der Kapitalbesitzer.

Ausdifferenzierung

nach der →funktional-strukturellen Theorie meint A. die aus der Systemumwelt sich herausentwickelnden spezifischeren →Systeme, Teilsysteme oder Systemelemente. Dadurch erscheinen diese als von der Umwelt abgrenz- und identifizierbar; sie sind relativ autonom und verselbständigt.

Auslese

1. als →Selektion bedeutet A. die Auswahl bestimmter Elemente nach bestimmten Kriterien;

2. in der →Sozialanthropologie bezeichnet A. die absolute und/oder relative Zunahme von bestimmten →Kollektiven gegenüber Vergleichskollektiven innerhalb einer Gesellschaft. Im →Sozialdarwinismus wird eine solche →Evolution auf die Durchsetzung der Stärkeren zurückgeführt, während die →Kulturanthropologie Funktionalität und Effizienz dafür verantwortlich macht.

Aussagenanalyse

→Inhaltsanalyse

Außenlenkung

Außenleitung, Außensteuerung

von *D. Riesman* geprägter Begriff zur Beschreibung eines in der gegenwärtigen Industriegesellschaft besonders häufig anzutreffenden Sozialcharakters. Das Verhalten dieser →Individuen ist weniger an den eigenen Wünschen, →Bedürfnissen, →Motiven und →Interessen orientiert, als vielmehr dominant an den →Erwartungen, Vorstellungen und Wünschen Dritter. Das außengeleitete Verhalten ist daher →konformistisch auf gesellschaftliche Erwartungen bezogen. →Anpassung wird zum Selbstzweck.

Außenseiter

1. in der →Soziometrie ist der Nichtgewählte, Isolierte ein A. in der untersuchten →Gruppe;

2. Personen, die aufgrund äußerer Merkmale oder Verhaltensweisen, die den allgemeinen Vorstellungen von Normalität widersprechen, als abweichend definiert und von →Interaktionen mehr oder weniger ausgeschlossen werden oder sich selbst zurückziehen und dadurch →marginale →Positionen einnehmen;

3. insbesondere Personen, die sich selbst aus sozialen Beziehungen intentional hinausdefinieren und freiwillig und bewußt Verhaltensweisen praktizieren und →Einstellungen haben, die als absonderlich – aber noch nicht als extrem abweichend – betrachtet werden.

Aussteiger

jene Personen, die von den Bedingungen und →Strukturen der konsumorientierten →Industriegesellschaft sich belastet fühlen und deshalb andere Lebensformen suchen und praktizieren. Vornehmlich jüngere Menschen und →Intellektuelle fühlen sich durch den Druck der →Leistungsgesellschaft krank gemacht und suchen in →Sub-, →Gegen- oder anderen →Kulturen (Indien usw.) neue Lebensstile, einen neuen →Sinn.

Austausch

Leistungen und Gegenleistungen materieller und/oder ideeller Art werden gegeneinander aufgewogen und wechseln den „Produzenten". Der A. ist nur dann akzeptierbar, wenn eine gleiche Wertschätzung des Getauschten (nicht gleicher Wert) vorliegt. Durch den befriedigenden Austausch werden soziale Beziehungen entwickelt und stabilisiert. Die →Austauschtheorie betrachtet →Interaktionen als Austauschrelationen.

Austausch, indirekter

solche Beziehungen, bei denen die Gegenleistung bei einem A. von einem Dritten und nicht von dem vom Tausch Profitierenden selbst erbracht wird.

Austausch, kultureller

wenn sich zwei Kulturen bzw. Angehörige dieser berühren, erfolgt eine gegenseitige (partielle) Übernahme von (einzelnen) Kulturelementen.

Austauschtheorie

Theoretischer Ansatz, der die Herausbildung und Aufrechterhaltung sozialer Beziehungen und einer gesellschaftlichen Ordnung als sozialen Austausch zu erklären versucht. Vereinfachend lassen sich eine →behavioristische Richtung (Homans) von einer ökonomistischen (Becker) und einer rationalistischen (Blau, Thibaut/Kelley) unterscheiden. Letztere greift u.a. auf Überlegungen aus der →Spieltheorie zurück.

1. Austausch unter behavioristischen Annahmen. Die Grundidee der A. kann anhand einer Fallstudie von Blau (1955) zur Sozialstruktur in einer Behörde dargestellt werden. Es wurde festgestellt, daß die Arbeitsaufgaben gleichmäßig zwischen den Mitarbeitern verteilt waren und daß die Beförderungschancen vom Arbeitserfolg abhingen. Das gab erfahreneren, mit den Aufgabenstellungen besser vertrauten Mitarbeitern größere Chancen auf Beförderung. Daher versuchten weniger erfahrene Mitarbeiter, sich von den erfahreneren beraten zu lassen. Sie waren damit offenbar soweit erfolgreich, daß sich eine informelle Beratungsstruktur entwickelte (meist in 2-Personen-Gruppen), was nur schwer erklärbar ist, wenn man bei den Erfahrenen nicht altruistische Motive unterstellen will, denn letztere konnten ihre Beförderungschancen durch Beratungstätigkeit nicht verbessern. Blaus Erklärung war, daß auch die Beratenden etwas gewonnen hatten, nämlich →Ansehen und →Prestige seitens der weniger Erfahrenen. Die Kleingruppenstruktur in der Behörde baute sich also auf Beziehungen auf, in denen Beratung gegen Prestige getauscht wurde, oder anders ausgedrückt: der Austausch von Beratung gegen Prestige etablierte eine soziale Beziehung.

Der Idee des sozialen Austauschs liegt erkennbar die ökonomische Vorstellung des Tauschs am Markt zugrunde, die jedoch in der A. nicht in derselben Weise analytisch genutzt werden kann wie in der Ökonomie, da es keine Entsprechung zu Preisen gibt und somit auch kein Marktgleichgewicht ableitbar ist. Die sonstigen ökonomischen Annahmen (Nutzenmaximierung, Grenznutzen etc.) werden in dieser Variante der A. durch behavioristische Annahmen ersetzt, die auf der Voraussetzung der Verstärkungseffekte von →Stimulus und →Reaktion beruhen. So wird die Annahme der Maximierung individuellen Nutzens von Homans (1961) durch zwei Thesen eingeführt: (a) Je öfter eine Person die Aktivität einer anderen belohnt, desto öfter wird letztere sich dieser Aktivität zuwenden, (b) Je wertvoller für eine Person eine Aktivität ist, die sie von einer anderen erhält, desto häufiger wird sie sich Aktivitäten zuwenden, die von der anderen Person mit dieser Aktivität belohnt werden. Daraus folgt, daß die Intensität einer durch Austausch begründeten sozialen Beziehung von der Häufigkeit abhängt, mit der jeder die Aktivität des oder der anderen belohnt, sowie vom Wert, den die Aktivität für jeden hat. Die Intensität einer sozialen Beziehung steigert sich aber nicht beliebig, sondern tendiert zu einem ‚praktischen Gleichgewicht,, das dann erreicht ist, wenn jeder bei dem Aktivitätsniveau angelangt ist, das dem Wert entspricht, den der oder die anderen der Aktivität beimessen und als →Belohnung zu leisten bereit sind (was aber nicht mit einem Marktgleichgewicht gleichzusetzen ist). Da mangels Preisen kein Kriterium für den Vergleich von Kosten und Nutzen vorliegt, wird von Homans (1961) ein Grundsatz der ausgleichenden Gerechtigkeit formuliert, wonach sich im sozialen Austausch die Belohnungen für jeden Beteiligten proportional zu seinen Kosten (Investitionen) verhalten müssen. Wird dieser Grundsatz zu stark zum Nachteil einer Person verletzt, können Frustration und Aggression die soziale Beziehung belasten.

Die behavioristische Variante der A. kann heute nur mehr soziologiegeschichtliches Interesse beanspruchen, da ihr eine Reihe schwerwiegender methodologischer Probleme anhaftet, wie die Konzentration auf ein kausales Handlungsmodell unter Vernachlässigung intentionalen →Handelns, die Gefahr von Tautologien bzw. zirkulären Definitionen (etwa des Wertbegriffs), die Schwierigkeit der Erklärung komplexen sozialen →Verhaltens nur aufgrund der Verstärkungseffekte von Stimulus und Reaktion, das Problem der Erklärung von Verhalten in strukturell neuartigen Situationen sowie bei strategischer Interdependenz (Voss 1985). Der Ansatz konnte den Anspruch auf Erklärung sozialer Institutionen und gesellschaftlicher Ordnung auch deshalb nicht einlösen, weil Erkenntnisse aus Kleingruppenzusammenhängen nicht ohne weiteres auf die gesellschaftliche Makroebene übertragbar sind.

2. Austausch unter ökonomischen Annahmen. Einen anderen Weg geht eine Variante der A., die sich eng an ökonomische Annahmen anlehnt und soziale Beziehungen bzw. die Allokation sozial relevanter →Ressourcen als ‚Schattenmärkte‘ zu erfassen versucht. Das sind Märkte, die alle Eigenschaften eines vollkommenen Marktes aufweisen – mit dem Unterschied aber, daß sie im Gleichgewicht ‚Schattenpreise‘ haben, d.h. fiktive Preise für nicht marktgängige Güter, die deren Knappheit zum Ausdruck bringen. (So kann man Zeit nicht kaufen, dennoch aber einen Preis dafür angeben, indem man z.B. berechnet, wieviel man in einer Zeiteinheit verdient hätte.) Als beispielhaft für diese Variante der A. kann Beckers (1976) Analyse des Heiratsmarktes gelten.

Partnersuche und Heirat sind als Markt konzipierbar, da Heiratswillige eine Nutzenerhöhung durch gemeinsam in einem Haushalt produzierte Güter (insbesondere Geburt und Erziehung von Kindern) anstreben, die sie als Einzelne nicht erreichen könnten, so daß diesbezüglich ein Angebot und eine Nachfrage besteht. Ein Marktgleichgewicht liegt bei einer Zuordnung weiblicher zu männlichen Partnern vor, die den Heiratsgewinn über alle Paare maximiert. Nur dann wird das Pareto-Optimum erreicht, d.h. ein Zustand, der nicht mehr verbessert werden kann, da jede Veränderung keinen besser stellen könnte, ohne einen anderen schlechter zu stellen. Die optimale Partnerwahl, bei der jeder den Partner wählt, der sein oder ihr ‚Einkommen‘ aus der Heirat maximiert, liegt im übrigen auch im ‚Kern‘ einer als kooperatives Spiel aufgefaßten Partnersuche (→Spieltheorie).

Man kann nun untersuchen, welche Kombinationen von Eigenschaften und Fähigkeiten der Partner den Heiratsgewinn eher maximieren und damit den größeren Anreiz zur Heirat bieten. Offenbar erhöht ein höheres Einkommen aus Vermögen, unter Umständen aber auch ein höheres Einkommen aus Lohnarbeit diesen Gewinn. Daraus ist zu schließen, daß einkommensstärkere Partner eher heiraten werden als einkommensschwächere. Dafür gibt es in den westlichen Industriegesellschaften empirische Belege – trotz einer Alltagsanschauung, die behauptet, daß Ärmere häufiger heiraten. Ein höheres Einkommen aus Lohnarbeit erhöht aber zugleich die Opportunitätskosten der Produktion im Haushalt, so daß dann in vielen Fällen der Heiratsanreiz geringer wird (es sei denn, dieser Effekt wird durch eine Arbeitsaufteilung im Haushalt aufgefangen, bei der der Partner mit dem geringeren Lohneinkommen entsprechend mehr arbeitet). Die Analyse liefert hier einen Hinweis darauf, daß die Heiratshäufigkeit bei steigendem Einkommen eines Ehepartners auch sinken kann.

Die Analyse zeigt ebenso, daß der Heiratsgewinn bei Partnern mit ähnlichen Eigenschaften in bezug auf Intelligenz, Ausbildung, Alter etc. höher ist als bei solchen mit stark unterschiedlichen Eigenschaften. Tatsächlich ergeben empirische Untersuchungen hohe positive Korrelationen bezüglich Intelligenz, Schulbildung, Alter, Religion, geographischer Herkunft etc. zwischen Ehepartnern. Becker geht außerdem der Frage nach, ob es Kombinationen nichtmarktrelevanter Eigenschaften wie Schönheit, Charme u.ä. mit marktrelevanten wie Wohlhabenheit, Berufserfolg u.ä. gibt, die den Heiratsgewinn erhöhen. Es läßt sich zeigen, daß solche Kombinationen in der Regel die Haushaltsproduktion über alle Paare maximieren. Damit würde die populäre Auffassung gestützt, daß sich Schönheit mit Reichtum verbindet.

Analysen, bei denen soziale Phänomene als Schattenmärkte modelliert werden, haben inhärente methodologische Beschränkungen. Sie können nur auf soziale Situationen angewandt werden, die mindestens in grober Annäherung einem Markt entsprechen. Zum anderen handelt es sich dabei offenbar nicht um Erklärungen sozialer Phänomene, sondern um deren Rekonstruktion unter Aspekten, die Voraussagen erlauben, welche überprüfbar sind (z.B. die, daß Personen mit bestimmten Eigenschaften eher heiraten werden als andere). Schließlich bleibt unbeachtet, daß Entstehung und Erhaltung eines Marktes selbst wieder erklärungsbedürftig ist.

3. Austausch unter rationalistischen Annahmen. Auch die rationalistische Variante der A. liefert Rekonstruktionen sozialer Interaktionen, ihr Anwendungsfeld ist jedoch breiter und vor allem ist sie eher in der Lage, Voraussetzungen des Bestehens sozialer →Institutionen (→Normen, Märkte etc.) zu klären. Sie kommt überdies mit sparsameren Annahmen aus, da sie im Prinzip nur voraussetzt, daß eine Person die Handlungsmöglichkeit wählt, mit der sie sich besser stellt.

Thibaut und Kelley (1959) untersuchen unter dieser Voraussetzung Sozialbeziehungen in kleinen →Gruppen (im einfachsten Fall 2-Personen-Gruppen), wobei sie ihr Augenmerk über den einfachen sozialen Austausch hinaus auf Situationen strategischer Interdependenz richten, d.h. auf Situationen, in denen der Nutzen, den ein →Individuum aufgrund seines →Handelns gewinnen kann, vom Handeln des oder der anderen abhängt. Situationen dieser Art werden in der →Spieltheorie u.a. als →‚Gefangenen-Dilemma' (GD) oder als ‚Kampf der →Geschlechter' (KG) modelliert. Das KG z.B. gibt eine Situation wieder, in der zwei Personen nur durch Wahl einer übereinstimmenden Handlungsstrategie einen individuellen Nutzen erlangen können, der jedoch für die eine Person höher ist als für die andere und sich genau umgekehrt verteilt, wenn beide eine andere, aber ebenfalls übereinstimmende Handlungsstrategie wählen. Nimmt man nun an, daß eine solche Situation im Zeitablauf wiederholt auftritt, könnten die Personen zur Lösung dieses Problems verabreden, in ihrer übereinstimmenden Strategiewahl zu alternieren, und würden so nach einiger Zeit die bestmögliche Gleichverteilung des individuellen Nutzens erreichen. In einer solchen ‚Verabredung' kann der entscheidende Ausgangspunkt einer zeitlich stabilen Verhaltensregel, also des Entstehens einer →sozialen Norm, gesehen werden.

Sicher müssen weitere Bedingungen erfüllt sein, damit eine solche Norm aufrechterhalten bleibt und eingehalten wird, z.B. bedarf es externer →Sanktionen oder intrinsischer →Motivation zur →Konformität. Überdies erhebt sich die Frage, ob die ‚Verabredung' auch im Fall von n Personen (bei n möglicherweise sehr groß) zustande kommt, denn dann erhöhen sich die Aushandlungskosten erheblich und es treten zusätzliche Kontroll- und Koordinationsprobleme auf. Der wesentliche Beitrag dieser Variante der A. liegt jedoch darin, daß sie jene problematischen Situationen sozialer →Interaktion zu identifizieren vermag, die ein Bedürfnis nach normativer Regulierung entstehen lassen. (Voss 1985)

Lit.: G. S. Becker, The Economic Approach to Human Behavior, Chicago 1976; *P. M. Blau,* The Dynamics of Bureaucracy, Chicago 1955; *P. M. Blau,* Exchange and Power in Social Life, New York 1964; *G. C. Homans,* Social Behavior, New York 1961; *J. W. Thibaut u. H. H. Kelley,* The Social Psychology of Groups, New York 1959; *T. Voss,* Rationale Akteure und soziale Institutionen, München 1985

PD Dr. *L. Kern,* München

Auswahl

→Selektion
→Auslese

das Ziehen von Elementen aus einer definierten Gesamtheit nach bestimmten Kriterien und Regeln.

Auswahl aufs Geratewohl

eine willkürliche A., bei der das Zufallsprinzip insoweit verletzt ist, als völlig planlos irgendwelche Elemente herausgegriffen werden. Prototypisch die Straßeninterviews von Reportern.

Auswahl, bewußte

gezielte A.

unter den für die →Hypothesenprüfung oder Theoriebildung wichtigen Aspekten eine A., bei der die ausgewählten Elemente als besonders typische, relevante gelten. Da hierbei eine hypothetische Entscheidung über die →Relevanz vorausgeht, die falsch sein kann, ist diese A. keine echte →Zufallsauswahl. Vgl. theoretical sampling in der qualitativen Sozialforschung.

Auswahl, disproportionale

Spezialfall der →geschichteten A., bei der die Wahrscheinlichkeit einzelner Elemente der Grundgesamtheit, in die Schichten der →Stichprobe zu gelangen, nicht identisch ist mit der Wahrscheinlichkeit, mit der sie in den Schichten der Grundgesamtheit vertreten sind. Also der Umfang der Schichten in der Population zueinander ist prozentual ein anderer als der in der Stichprobe (unterschiedliche Auswahlsätze, aber möglicherweise gleicher Umfang der Stichproben aus den Schichten). Solche Auswahlen werden vorgenommen, wenn eine Schicht in der Grundgesamtheit so klein ist, daß bei proportionaler Stichprobenziehung nur so wenige Fälle in der Stichprobe sind, daß keine Aussagen darüber möglich sind.

Auswahl, geschichtete

eine Grundgesamtheit wird nach einem oder mehreren Merkmalen in mehrere Schichten so aufgeteilt, daß innerhalb der Schichten eine große →Homogenität (=geringe →Varianz), zwischen den Schichten jedoch eine große →Heterogenität (=hohe Varianz) existiert. Je weitergehend dieses Prinzip realisiert wird, desto geringer wird →ceteris paribus der Auswahlfehler bzw. desto kleiner kann die Stichprobe ceteris paribus werden.

Auswahl, gezielte

→bewußte A.

Auswahl, mehrstufige
die →Stichprobe wird in mehreren, aufeinander folgenden Schritten realisiert, bis man letztlich zu den interessierenden Einheiten vorstößt (also z.B.: Bundesland, Stadt, Stadtviertel, Haushalte, Personen). Dieses Verfahren wird meist gemischt mit anderen (etwa der →geschichteten A.) bei großer und räumlich umfangreicher Gesamtheit aus Praktikabilitätsgründen praktiziert. Der Stichprobenfehler nimmt allerdings mit den Stufen zu und ist nur kompliziert berechenbar.

Auswahl, proportionale
Spezialfall der →geschichteten A., bei der die relative Stichprobengröße der Schichten ihrem relativen Anteil in der Grundgesamtheit entspricht. Der Auswahlsatz ist für alle Schichten gleich.

Auswahl, repräsentative
Zufallsauswahl
die →Stichprobe wird so gezogen, daß sie ein verkleinertes Abbild der Grundgesamtheit darstellt, so daß von den Werten der Stichprobe auf die der Grundgesamtheit geschlossen werden kann (Repräsentationsschluß).

Auswahl, sequentielle
der Umfang einer →Stichprobe wird nicht von vorneherein festgelegt; vielmehr zieht man so lange Einheiten nach, bis man glaubt, daß die Daten zur Entscheidungsfindung genügen (→Sequenzanalyse).

Auswahl, systematische
eine Zufallsauswahl, bei der nach einem vorher zufällig zu bestimmenden Startpunkt und einem errechneten oder festgelegten Auswahlsatz jedes n-te Element der Grundgesamtheit in die →Stichprobe gelangt. Dies setzt einerseits voraus, daß die Grundgesamtheit in irgendeiner Weise symbolisch präsent ist (z.B. Kartei), daß sie aber zugleich nicht selbst in irgendeiner Weise nach dem Auswahlsatz systematisiert ist.

Auswahl, willkürliche
→Auswahl aufs Geratewohl

Auswahleinheit

jene Personen, →Kollektive, Objekte, Situationen, Verhaltensweisen, die die Basis für die Stichprobenziehung darstellen, aus denen die →Stichprobe sich durch Auswahl konstituiert. Man beachte, daß z.B. bei der →Klumpenauswahl A. und Untersuchungseinheit (→Erhebungseinheit und →Analyseeinheit) nicht identisch sein müssen (etwa: Auswahleinheit=Schule; Untersuchungseinheit=Eltern). Bei mehrstufigen Auswahlen kann es auch mehrere A. geben.

Auswahlverfahren

→Auswahlen (die also nicht auf wahrscheinlichkeitstheoretischen Überlegungen beruhen), bei denen das Vorgehen zu ihrer Realisierung beschrieben wird. Für echte →Stichproben spricht man von Stichprobenverfahren.

Autarkie

Selbstgenügsamkeit
1. im ökonomischen Bereich das Streben nach bzw. der Zustand der Unabhängigkeit von anderen Volkswirtschaften, weil alle notwendigen Güter selbst produziert werden. Einfuhren sind daher überflüssig;

2. im sozialwissenschaftlichen Sinne in Anlehnung an den ökonomischen Begriff das Bestreben, sich gegenüber anderen Gesellschaften oder →Kulturen abzuschotten, keine kulturellen und sozialen Einflüsse von außen zuzulassen.

Autobiographie

1. eher literarische Darstellung (mehr oder weniger Prominenter) des eigenen Lebens, von Episoden und Anekdoten;

2. zunehmend als →Methode der qualitativen Sozialforschung eingesetzt, um retrospektiv einen Nachvollzug des Lebenslaufs zu ermöglichen, der sozialwissenschaftliche Einblicke in wichtige Lebensereignisse und -zusammenhänge, aber insbesondere auch in deren Deutungen und Verarbeitungen zu gewinnen (→Biographieforschung).

Autokratie
Herrschaft eines einzelnen, die nicht beschränkt ist (Diktatur, Monarchie).

Automation
Produktionsvorgänge und -prozesse werden in allen wirtschaftlichen Sektoren (Landwirtschaft, Industrie, Dienstleistung) selbsttätig und selbstregulierend von Maschinen vorgenommen, die den Menschen als Faktor →Arbeit bei der Herstellung selbst überflüssig machen. Dieser bereitet durch technisch-wissenschaftliche Arbeit den Bau der Maschinen vor, baut sie evtl. (soweit nicht automatisiert) und kontrolliert die Maschine. Die A. hat große soziale Veränderungen zur Folge gehabt: Freisetzung von Arbeitskräften, Wandel der Berufsstruktur und der Anforderungsprofile, wirtschaftl. Wachstum, Normenwandel etc.

Autonomie
1. im Juristischen die Möglichkeit von →Organisationen, →Institutionen, sich im Rahmen allgemeinerer gesetzlicher Bestimmungen eigene →Normen und →Sanktionsmacht zu geben (Selbstgesetzgebung);

2. der Mensch ist autonom, da er sein Wollen und Tun durch die individuelle Vernunft steuert;

3. jedes Individuum hat in seinem konkreten Handeln immer die Chance, die gesellschaftlich erwarteten Verhaltensweisen individuell zu gestalten. Die A. liegt allerdings mit der Forderung nach →Anpassung im Widerstreit;

4. soziale Systeme oder Teilsysteme sind in Rahmen der durch die übergeordneten Systeme gesetzten Bedingungen relativ frei, eigene →Strukturen und →Funktionen zu entwickeln (→soziale Autonomie).

Autonomie, berufliche
umfaßt die Chance des Inhabers einer beruflichen →Position, an Entscheidungen des Betriebes beteiligt zu werden, zugleich eigene Vorstellungen zur beruflichen →Mobilität zu entwickeln und die geforderte →Arbeit zu erbringen.

Autonomie, funktionale
nach dem →Strukturfunktionalismus gibt es einige „höhere“ →Bedürfnisse, die sich in relativer Unabhängigkeit vom →System entwickeln und bewahren können.

Autonomie, personale
jeder Mensch hat die Möglichkeit, im Rahmen der gesellschaftlich angebotenen →Werte, →Normen, Verhaltensweisen relativ frei jene auszuwählen, die ihm sinnvoll erscheinen.

Autonomie, soziale
→Autonomie 4.

Autopoiesis
Selbstreproduktion, Selbstreferenz
(griech.: das Selbsttun)
aus der Biologie *(H. R. Maturana)* stammendes, von *N. Luhmann* für die Sozialwissenschaften erschlossenes Konzept der soziologischen →Systemtheorie, wonach Gesellschaften im Unterschied zu anderen →sozialen Systemen „vollständig und ausnahmslos geschlossene Systeme“, und zwar in besonders ausgeprägtem Maße autopoietische Sozialsysteme sind: die elementaren Einheiten dieser Systeme (Kommunikationen) werden durch Elemente dieser Systeme erzeugt. Die Umwelten dieser Systeme enthalten keinerlei Elemente dieser Art (relative Invarianz dieser Systeme gegenüber den Umwelten). Die Gesellschaften konstituieren also selbst die Elemente, aus denen sie bestehen und durch die sie funktionieren; sie können demnach als sich selbst substituierende Ordnungen bezeichnet werden. So hat sich z. B. die Wirtschaft als ein gesellschaftliches System bzw. als ökonomisches (Sub-)System der Gesellschaft entwickelt, das zugleich durch spezifische, selbst produzierte und reproduzierte Elemente (nämlich Zahlungen) zu einem autopoietischen und insofern geschlossenen System geworden ist.

G. R.

autoritär

1. eine Form der →Herrschaft, bei der das Prinzip der Demokratie nur dem Schein nach oder überhaupt nicht besteht. Die Willensbildung durch das Volk ist ausgeschaltet, Politik und Militär determinieren das soziale Leben; der Übergang zur faschistischen oder faschistoiden Herrschaft ist fließend;

2. ein Führungsstil, der punitiv, vorgesetztenorientiert ist, keinen Widerspruch duldet und nur durch die positionale →Autorität legitimiert ist.

autoritärer Charakter

→autoritäre Persönlichkeit

autoritäre Persönlichkeit

autoritärer Charakter

nach *Th. W. Adorno* u.a. ein Einstellungssyndrom, durch →Sozialisation entstanden, zeitlich relativ überdauernd, mit übersteigertem →Konformismus und Unterwerfung unter Mächtigere bei gleichzeitiger Unterdrückung der Schwächeren. →Stereotype und →Vorurteile, Ichschwäche und rigide restriktive Sexualnormen, politischer →Konservatismus sind charakteristisch. Besonders häufig ist dieser →Typus in unteren sozialen →Schichten und bei wenig Gebildeten zu finden.

Autoritarismus

1. gesellschaftliche Bedingungen, die zur Herausbildung →autoritärer Persönlichkeiten führen und zugleich insoweit für ihre Selbsterhaltung sorgen, als die →autoritären Persönlichkeiten →Macht und →Herrschaft ausüben;

2. in der politischen Soziologie eine Form der →Herrschaft, bei der die zentralen politischen Entscheidungen von einem oder wenigen Herrschenden getroffen werden, ohne daß eine zureichende gesellschaftliche →Kontrolle durch das Volk oder die hierfür vorgesehenen →Institutionen erfolgt. Der A. führt damit zu einer Konservierung bestehender – weil von den Herrschenden definierter – Zustände und unterscheidet sich darin vom →Totalitarismus, der mit Zwang ein neues →System durchsetzen möchte.

Autoritarismus, konsultativer

Spezialform des A., bei der zwar die Entscheidungen von einigen wenigen getroffen werden, die aber gleichwohl andere Instanzen vor ihrer Entscheidung zu Rate ziehen müssen.

Autoritarismus der →Arbeiterklasse

das Phänomen, daß →Arbeiter zwar wissen, daß ihre Interessenvertretung bei den →Gewerkschaften in guten Händen ist, daß sie aber aufgrund traditionalistischer und autoritätsgläubiger Orientierung sich nicht damit identifizieren können.

Autorität

ein Verhältnis der Über- und Unterordnung, bei dem der Untergeordnete die Überordnung anerkennt. Es kann auf positionalen oder personalen Eigenschaften beruhen. Die Gründe für die Anerkennung sind vielfältig. A. können Personen, →Gruppen, →Organisationen, →Institutionen besitzen; diese fällt ihnen nicht →a priori zu, vielmehr wird sie durch Anerkennung erworben.

Autorität, abstrakte

im Gegensatz zur A. in →Primärgruppen jene akzeptierten Einflußmöglichkeiten durch staatliche und gesellschaftliche →Institutionen, z.B. Gerichte, Polizei etc.

Autorität, demokratische

die Legitimation dieser Form der A. ergibt sich durch die Mitentscheidung der von ihr Betroffenen in einem demokratischen Prozeß der Mitbestimmung. So werden etwa die Regeln, die das A.-Verhältnis fixieren oder erst zu ihm führen (etwa durch Wahl einer Person), gemeinsam aufgestellt.

Autorität, formale

1. jene A., die dem Inhaber einer →Position durch diese zuerkannt wird;

2. jene A., die innerhalb von →Gruppen oder →Organisationen →formaler Art – im Gegensatz zu →informellen Gruppen – den →Führern offiziell zuerkannt wird.

Autorität, funktionale
die Legitimation dieser Form der A. beruht darauf, daß diese anerkannt wird, weil von ihr getroffene Entscheidungen als hilfreich und sinnvoll gelten; es liegen Sachverstand und Expertentum zugrunde (Facha.).

Autorität, informelle
jene A., die sich aus →Interaktionen als nicht →formal bestimmte entwickelt. Daher muß diese A. auch nicht von allen Mitgliedern der →Gruppe anerkannt werden; sie kann personenspezifisch und beziehungsabhängig verteilt sein.

Autorität, kollegiale
entsteht durch die Beziehungen der Mitglieder einer Fachgemeinschaft oder →Organisation auf der Basis von Übereinstimmung in den fachspezifischen →Normen und →Werten durch fachliche Qualifikation und →Leistung und ist in der Lage, →formale Unterstellungsverhältnisse oder Qualifikationen zu kompensieren.

→professionelle A.

Autorität, natürliche
→primäre A.

Autorität, persönliche
auch personale A. genannt, die nicht auf der →Position, sondern auf der Person insoweit beruht, als diese durch →Charakter, →Leistung, äußere Eigenschaften etc. als hervorragend anerkannt wird.

Autorität, primäre
in Primär- und besonders kleinen →Gruppen sind A.strukturen aufgrund eher „natürlicher" →Differenzierung feststellbar, z.B. im Mutter-Kind-Verhältnis. Es bedarf keiner offiziellen oder formalen Regelungen zur Anerkennung.

Autorität, professionelle
1. Angehörige von →Professionen oder →Berufen genießen A. aufgrund ihrer Fach- und Sachkompetenz gegenüber den nicht ebenso Qualifizierten; z.B. Wissenschaftler allgemein gegenüber der Öffentlichkeit;

2. →kollegiale A., die professionsimmanent wirksam ist.

Autoritätsstruktur

das Muster von Über- und Unterstellungsverhältnissen in →Kollektiven.

B

Ballung
Agglomeration
Konzentration von Menschen in bestimmten Regionen auf engem Raum; insbesondere in der →Stadtsoziologie durch Verstädterung eingetretener Verdichtungsprozeß.

Bande
→gang

Bandbreite
1. in der →Sozialforschung der Bereich, innerhalb dessen die Werte von Variablen fallen;

2. in der Ökonomie die Schwankungsbreite der Wechselkurse innerhalb fixer Ober- und Untergrenzen.

Bandendelinquenz
besonders für die US-amerikanische →Kriminalität charakteristisches Phänomen →abweichenden Verhaltens, das in der wiederholten gruppenweisen Begehung von Straftaten besteht. Die Häufigkeit der B. ist dabei deliktspezifisch; so werden z. B. mehr Eigentumsdelikte und vandalistische Akte in →Banden begangen als etwa Sexualdelikte oder Kapitalverbrechen. Bei den Mitgliedern delinquenter Banden handelt es sich in der Regel um männliche →Jugendliche der Unterschicht; ansonsten weisen die verschiedenen Untersuchungen zur →Subkultur delinquenter Banden kein sehr einheitliches Bild auf, was ihre Größe, Organisationsstruktur, →soziale Kontrolle, Autoritätsverhältnisse, Beziehungen nach außen usw. betrifft; es findet sich ein breites Spektrum von gut integrierten →Gruppen bis zu den relativ locker organisierten near-groups. Die Attraktivität delinquenter →gangs für die Unterschicht-Jugendlichen liegt u. a. in der Befriedigung von Statusbedürfnissen (die im herrschenden Mittelklasse-System weitgehend unerfüllbar bleiben) sowie in der Ermöglichung sozialer Beziehungen auch mit den (resultierend aus der →Sozialisation der Unterschicht) geringer entwickelten sozialen Fähigkeiten (soziale Unfähigkeit wie z. B. der schlechteren Kontrolle von Aggressionen).

bandwagon-Effekt
Mehrheitseinfluß, Mitläufereffekt
1. meint in der Wahlforschung den Effekt, daß bei Veröffentlichung von Wahlprognosen ein Mitläufereffekt derart entsteht, daß man entgegen der ursprünglichen Parteienpräferenz jene Partei wählt, deren Sieg vorausgesagt wird. Man „springt auf den fahrenden Zug auf“ und sorgt so für eine →self-fulfilling (die Partei siegt erst aufgrund der veröffentlichten →Prognose) oder self-destroying prophecy (die Partei erhält weit mehr Stimmen als vorausgesagt);

2. etwa im Experiment, aber auch im Alltag festzustellende →Anpassung der eigenen →Meinungen, →Einstellungen, →Wahrnehmungen an die Auffassung der Majorität;

3. in der Ökonomie die Tatsache, daß das Konsumverhalten durch Orientierung an anderen Konsumenten mitdeterminiert wird und deshalb trotz Preiskonstanz die Nachfrage steigt.

bargaining
aushandeln, verhandeln, handeln (= feilschen)
→collective bargaining
→Kollektivverhandlungen

bargaining power
alle zugelassenen Druckmittel im Rahmen von Verhandlungen, um einen bestimmten Standpunkt auch gegenüber dem Verhandlungspartner oder Gegner durchsetzen zu können (etwa Androhung von Streik).

basic personality
→Modalpersönlichkeit
Basispersönlichkeit
Grundstrukturen der Persönlichkeit entwickeln sich schon in früher Kindheit

durch familiale Sozialisation. Durch bestimmte Erziehungsformen wird der Grundstein für die Emotionalität, für die Wahrnehmung, für Einstellungen und Wertungen gegenüber materiellen und immateriellen Objekten der sozialen Umwelt gelegt.

Basisgruppe(n)
sind solche Teile von übergeordneten, größeren sozialen Gebilden (Betriebe, Schulen etc.), die zum Zwecke der politischen Arbeit konstituiert und unmittelbar und direkt vor Ort tätig werden. Zumeist sollen Bewußtseinsprozesse in Gang gesetzt werden, die den Betroffenen ihre Deprivilegierung, Ausbeutung, soziale Benachteiligungen etc. vor Augen führen, um danach dagegen anzukämpfen. Es geht also um Überzeugungs- oder Bildungsarbeit, auch um Agitation.

Basis und Überbau
im →historischen Materialismus entwickelte und gebrauchte Begriffe, um die gesellschaftliche Entwicklung zu erklären. B. sind die ökonomischen, materiellen Grundlagen der Gesellschaft, während der Ü. als Produkt der B. das politische bzw. ideologische →System ist. Der Ü. einer Gesellschaft, also die rechtlichen und politischen Regelungen, die →Kultur, die gesellschaftlichen →Institutionen, das menschliche →Bewußtsein, stehen im →Konflikt zur ökonomischen B. Die zwischen B. und Ü. bestehenden Widersprüche werden von der B. her einer Auflösung zugeführt; gesellschaftliche Veränderungen sind nicht durch Modifizierungen im Ü. zu erwarten, die B. ist entscheidend.

Beamte
Angehörige des öffentlichen Dienstes, die formal betrachtet mit hoheitlichen Befugnissen ausgestattet sind, die aber tatsächlich immer mehr Dienstleistungsfunktionen im Bereich von Planung und Verwaltung wahrnehmen. Das besondere „Treueverhältnis" zum Staat wird durch unbefristete und unkündbare Stellung, durch Verzicht auf Beiträge zur Arbeitslosen- und Altersversorgung, durch die Pension nach Ausscheiden aus dem Dienst „belohnt" und durch das Fehlen des Streikrechts begründet.

Bedeutung
1. das, was mit einem Wort oder einem →Symbol gemeint ist, dessen →Sinn;

2. die B. eines Begriffs ist durch seine Extension (Begriffsumfang), also die Gesamtheit der Gegenstände, die unter den Begriff fallen, festgelegt;

3. die B. eines Begriffs wird durch die Angabe der Vorstellungsinhalte, die damit verbunden werden, durch seine Intension definiert;

4. die B. einer →Aussage wird erschlossen aus der Reaktion, die sie hervorruft (→Behaviorismus);

5. die B. einer →Handlung wird in einem interaktiven Prozeß der →Interpretation ausgehandelt (→symbolischer Interaktionismus);

6. die B. ergibt sich aus dem Zweck, der Intention einer →Handlung, als deren Sinn.

Bedeutung, denotative
jene B., die durch die Festlegung der Vorstellungsinhalte in Definitionen der Begriffe für jedermann gleich ist, also jene Sachverhalte, die mit einem Wort lexikalisch bezeichnet sind.

Bedeutung, funktionale
haben irgendwelche Elemente eines sozialen →Systems einen irgendwie gearteten Einfluß auf dieses oder auf andere Elemente, so haben erstere eine f.B.; diese kann positiv oder negativ (→disfunktional) sein.

Bedeutung konnotative
die über die →denotative B. hinausgehenden, subjektiv mit einem Wort oder Begriff verknüpften Erfahrungen, →Einstellungen, Vorstellungen und Bewertungen.

Bedeutungsanalyse
einem Begriff wird seine Bedeutung dadurch zugewiesen, daß man die Regeln

seines Gebrauchs ermittelt und ihn in seine einzelnen semantischen Elemente differenziert. Durch B. gelangt man zu einer analytischen Definition, die Ähnlichkeit zur Realdefinition insoweit hat, als beide wahr oder falsch sein können.

Bedürfnis

engl.: needs

allgemein jener Zustand des Organismus, der ein bestimmtes und gezieltes Verhalten auslöst, um einen empfundenen Mangel zu beseitigen. B. ist ähnlich bzw. synonym zu Motiv, →Trieb. Der Mangelzustand muß keineswegs biologisch determiniert sein (z.B. Hunger), sondern er kann auch auf subjektiven Wünschen beruhen. In der Ökonomie wird unterstellt, daß B. unersättlich sind, also immer neu geweckt werden können.

Bedürfnis, echtes

bei K. *Lewin* verwandter Begriff zur Bezeichnung primärer B.

Bedürfnis, gelerntes

→sekundäres B.

Bedürfnis, individuelles

in der Person und Persönlichkeit liegende Antriebe zum Vollzug von Handlungen, die Spannungszustände reduzieren sollen; Träger des B. ist die Person.

Bedürfnis, kollektives

das sind jene, die sich nicht auf Einzelne, sondern auf →Gruppen beziehen. Diese ergeben sich nicht notwendigerweise aus der Summe der B. der einzelnen Mitglieder; vielmehr können k.B. genuine, integrale oder globale Merkmale darstellen.

Bedürfnis, komplementäres

ein B., dessen Befriedigung zugleich ein anderes B. befriedigt. Das B. des Professors, sich durch die Vorlesung Selbstbestätigung zu holen, trifft auf das k. B. der Studenten, dadurch sich Wissen aneignen zu können.

Bedürfnis, primäres

das sind →individuelle B. als Mangelzustände, die biologisch oder physiologisch determiniert sind, also all jene →Triebe, die angeboren sind.

Bedürfnis, physiologisches

→primäres B.

Bedürfnis, sekundäres

das sind jene B., die nicht angeboren sind, sondern durch →Sozialisation erworben werden, also z. B. Luxusgüter zu besitzen.

Bedürfnis, soziales

auf andere bezogene und gerichtete Verhaltensweisen (etwa →Kommunikation), aus denen der Handelnde Befriedigung bezieht.

Bedürfnisorientierung

da fast alle menschlichen →Bedürfnisse sozial überformt sind (auch Hunger unterliegt einer sozialen Definition), kommen die Bedürfnisse nicht an sich, sondern als B. zum Tragen. Die personalen →primären Bedürfnisse sind sozial modifiziert und kontrolliert.

Beeinflußbarkeit

engl.: persuasibility

die Bereitschaft (=Disposition), eigene Vorstellungen, →Einstellungen, Verhaltensweisen zu modifizieren oder aufzugeben durch zumeist kommunikative Kontakte. Man läßt sich mehr oder weniger leicht überreden, überzeugen, und zwar unabhängig von dem Kommunikator, der Kommunikationsform, den →Kommunikationsmedien oder -kanälen, den Kommunikationsinhalten.

Beeinflussung

engl.: persuasion

Veränderung von Vorstellungen, →Einstellungen, Meinungen und Verhaltensweisen aufgrund von →Kommunikation. Damit ist B. ein grundlegendes Prinzip menschlichen Zusammenlebens, das in allen Formen des Alltagshandelns präsent ist. Erwünschte Verhaltensweisen werden durch kommunikative Prozesse zwischen →Individuen, →Gruppen, →Organisationen etc. dadurch realisiert, daß man sie kennenlernt und praktiziert. Alle →Sozialisation basiert auf der B.

Beeinflussung, moralische

erfolgt die B. durch den appellatorischen Bezug auf ethische →Werte und →Normen ohne den Versuch, durch rationale Argumentation zu überzeugen, so liegt m. B. vor.

Befolgung

compliance (engl.)

das Verhalten, das sich gezielt und bewußt an den gesetzten →Normen orientiert und diese erfüllt (→Konformität). Beispiel: Der Patient, der sich an die Vorschriften des Arztes bei der Einnahme eines Medikaments hält.

Befragung

→Frage

eine wissenschaftliche →Methode der Datensammlung auf der Basis von →Kommunikation, die sich besonders durch eine asymmetrische Relation zwischen Befrager und Befragtem von der Alltagskommunikation unterscheidet. Sie scheint – wegen ihrer Ähnlichkeit zur Alltagsunterhaltung – sehr leicht einsetzbar und ist deswegen die am häufigsten angewandte empirische Forschungsmethode („Königsweg der empirischen Sozialforschung"). Sie wird besonders zur Ermittlung von →Einstellungen und →Meinungen praktiziert, aber auch um Verhaltensweisen (als Bericht des Befragten über diese) festzustellen.

Befragung, Beilagen-

in Zeitschriften oder Zeitungen befindet sich ein Fragebogen, der von dem Leser ausgefüllt und zurückgeschickt werden soll. Die B. ist eine Spezialform der schriftlichen B.

Befragung, face to face

von Angesicht zu Angesicht

Befragter und Befrager sitzen oder stehen sich gegenüber und machen eine mündliche B. →persönliche B.

Befragung, gegabelte

engl.: split-ballot

zwei verschiedene Fragebogen zum gleichen Gegenstand werden bei Personen aus verschiedenen, aber vergleichbaren Populationen, weil durch Stichproben gewonnen, erhoben. →Zuverlässigkeit und →Gültigkeit einzelner Operationalisierungen oder →Fragen können damit geprüft werden.

Befragung, halbstandardisierte

→halbstrukturierte B.

Leitfadeninterview

eine mündliche Befragung, bei der dem Interviewer ein Leitfaden an die Hand gegeben ist, d. h., die darauf vermerkten Fragen muß er stellen. In welcher Form und in welcher Reihenfolge er sie stellt, entscheidet der Interviewer aufgrund der Situation.

Befragung, halbstrukturierte

→halbstandardisierte B.

→standardisierte B.

Befragung, mündliche

Interview

eine B., die ohne spezielle Kommunikationsmedien auskommt und bei der die Verständigung nur über das gesprochene Wort erfolgt. Es gibt unterschiedliche Formen der m. B.: z. B. die →face-to-face B. und die telefonische. Beide sind teurer als die →schriftliche B.

Befragung, nicht standardisierte

weder die Fragen noch deren Reihenfolge wird vor der B. festgelegt. Die B. erfolgt völlig offen. Zwar nach den →Erkenntniszielen des Forschers, aber ohne weitgehende methodische Vorbereitung entwickeln sich die Fragestellungen und Fragen im Verlauf des Gesprächs. Die n. B. ist dem Alltagsgespräch am ähnlichsten und enthält demgemäß nur offene Fragen.

Befragung, paper & pencil

Klassenzimmerinterview

eine Mischung aus →schriftlicher und →mündlicher B. In einer →Gruppe werden die Fragebogen ausgeteilt; die zu Befragenden füllen den Fragebogen in der Gruppe aber gleichwohl individuell aus. Der Forscher oder Interviewer steht jedoch für Fragen der zu Befragenden zur Verfügung und darf Erläuterungen und Erklärungen geben.

Befragung, postalische

ein Fragebogen wird an die ausgewählten zu Befragenden per Post mit einem entsprechenden Begleitschreiben sowie einem frankierten und adressierten Rückumschlag versehen verschickt. Der Fragebogen wird nach dem Ausfüllen zur Auswertung zurückgeschickt. Die p.B. ist ein Spezialfall der →schriftlichen B.

Befragung, Postwurf
der Fragebogen wird mit oder ohne persönliche Adresse mit der Bitte um Beantwortung in den Briefkasten eingeworfen. Die weiteren Kriterien sind analog zur →postalischen B.

Befragung, repräsentative
eine →schriftliche oder →mündliche B., bei der die Befragten über eine →Zufallsauswahl aus einer Population ausgewählt werden; diese →Stichprobe ist dann repräsentativ, also ein verkleinertes Abbild der Grundgesamtheit.

Befragung, schriftliche
ohne Anwesenheit eines Fragenden wird ein – zumeist hoch →standardisierter Fragebogen – von den zu Befragenden selbständig ausgefüllt. Da die Motivationsstimulanz durch den Interviewer fehlt, sind die Rücklaufquoten in der Regel erheblich niedriger als bei →mündlichen B. Sie ist aber billiger als die mündliche B. und kann räumlich sehr weit verstreute Personen erreichen.

Befragung, standardisierte
sie ist dadurch charakterisiert, daß Frageformulierung und Fragenabfolge für alle Befragten gleich und vorab festgelegt sind. Abweichungen davon sind nicht erlaubt, weil sie die Vergleichbarkeit als Gütekriterium quantitativ-empirischer Forschung gefährden. Richtig ist, daß sehr häufig →geschlossene Fragen formuliert werden, doch ist dies kein notwendiges Definitionskriterium (→strukturierte B.).

Befragung, strukturierte
unglücklicher Ausdruck für →standardisierte B., weil jede B. in irgendeiner Weise immer eine →Struktur aufweist.

Befragung, telefonische
Spezialform der →mündlichen B. unter Einsatz des Telefons, die immer beliebter wird, weil zwischenzeitlich praktisch alle Haushalte Telefon besitzen und die t.B. billiger als die →face-to-face B. ist.

Befragung, unstrukturierte
→nicht standardisierte B.

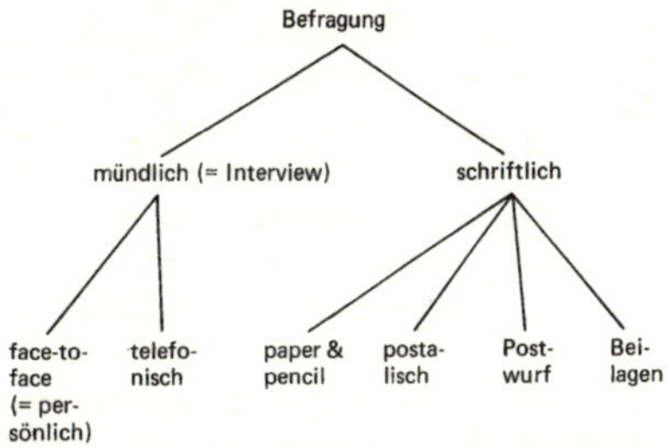

Befreiungsbewegung
1. eine weit verbreitete und verfolgte Idee, auf existierende Zwangsverhältnisse hinzuweisen und diese aufzuheben. Die Formen sind vielfältig und reichen von Protest bis zu Bürgerkrieg und →Revolution;

2. im spezielleren Sinne meint man damit jene politischen Gruppierungen der Dritten Welt in Afrika und Lateinamerika, die sich gegen den Kolonialismus und Imperialismus bzw. die Folgen daraus erheben.

Befreiungstheologie
die von Vertretern der Katholischen Kirche in Lateinamerika religiös motivierte, verkündete und unterstützte →Befreiungsbewegung, die in Rom nicht nur auf Wohlwollen stößt.

Befriedigung
die Reduktion eines Spannungszustandes oder einer Mangelerscheinung bei primären und/oder sekundären →Bedürfnissen. Dies wird subjektiv als belohnend und angenehm empfunden.

Begleitforschung
Evaluationsforschung
eine empirisch-wissenschaftliche Untersuchung von Maßnahmen jedweder Art, um deren Wirkungen feststellen und deren Erfolge unter Bezugnahme auf die Intentionen der Maßnahmen abschätzen zu können. Dabei sollte darauf geachtet werden, daß die B. nicht zur Legitimati-

onsforschung degeneriert, weil etwa zu starke Abhängigkeiten zwischen Forscher und Auftraggeber existieren.

Begründungszusammenhang

nach Auffassung der konventionellen, quantitativen →Sozialforschung gilt eine →Aussage als wissenschaftlich, wenn sie im Begründungsverfahren der Hypothesenprüfung standgehalten hat. Gewinnungs- (Entstehungs-) und Verwendungszusammenhang sind irrelevant. B. ist jene Phase im Forschungsprozeß, der im Hinblick auf den Status der Aussagen größte Bedeutung zukommt. Im B. sind die folgenden Elemente empirischer Forschungsarbeit enthalten: Definition von Begriffen; Formulierung von →Hypothesen, Entwicklung der →Methoden der Erhebung, Ziehung der →Stichprobe, →Pretest, Datenerhebung, Auswertung, Hypothesenprüfung und die →Interpretation der Befunde.

behavior control

→Verhaltenskontrolle

Behaviorismus

ein theoretischer Ansatz der Psychologie zu Beginn des 20. Jahrhunderts – als dessen Vater J.B. *Watson* gilt –, der menschliches Verhalten als Reaktionen auf äußere Reize untersucht und dabei streng empirisch vorgeht. Nur äußerlich beobachtbares Verhalten kann Gegenstand der →Analyse sein: Bewußtseins- und Denkprozesse, inneres Erleben und Fühlen entziehen sich der →Beobachtung und sind deshalb irrelevant. Grundlage der →Erklärung von Verhalten ist das →Reiz-Reaktionsschema: demnach ist das Verhalten abhängig von früher erlebten und gegenwärtig wirkenden →Stimuli. →Lernen vollzieht sich nach diesem Muster, weil durch →trial and error (=Versuch und Irrtum) Reaktionen auf Reize ausprobiert werden, bis sie angepaßt sind. Da menschliches Fühlen und Empfinden und alle seelischen Vorgänge ausgeschlossen sind, konnte man sich in der Forschung auf Tierexperimente stützen.

Der Neob. hat später zusätzliche intervenierende Variable in den Erklärungs zusammenhang aufgenommen, weil die reine →Stimulus-Response-Theorie für den Humanbereich unbefriedigend blieb: Bei gleichen objektiven Bedingungen wurden unterschiedliche Reaktionen registriert, die auch auf subjektive differentielle Verarbeitung objektiver Sachverhalte hindeuteten.

Der B. ist in der Soziologie zur Basis von →Verhaltenstheorien bzw. →Lerntheorien und teilweise dem →Reduktionismus psychologischer Provenienz geworden.

→verhaltenstheoretische Soziologie

Belohnung

Gratifikation; engl.: reward

die vom Handelnden als positiv empfundenen Konsequenzen einer Handlung. Solche positiven →Sanktionen führen gemäß der →Lerntheorie zu einer Verstärkung des gezeigten Verhaltens; es wird in der Zukunft häufiger auftreten. Werden Verhaltensweisen nicht b., dann verschwinden sie; sie werden gelöscht.

Belohnung, aufgeschobene

→Befriedigung, aufgeschobene

allgemein eine B., die nicht unmittelbar auf ein bestimmtes Verhalten eintritt, sondern die mit mehr oder weniger großer zeitlicher Verschiebungerfolgt.

1. in der →Lern- bzw. →Verhaltenstheorie ist a.B. eine spezifische Form der →Konditionierung: Je enger Verhalten und B. zeitlich beieinander sind, desto wirksamer ist die B. als Verstärker. Gibt es die zeitliche Nähe nicht, so sind die positive und negative →Verstärkung geringer;

2. in der Soziologie meint a.B. im engeren Sinne den gegenwärtigen temporären und bewußten Verzicht auf kurzfristige B., um später größere B. zu erzielen. Dieses Verhaltensmuster ist typisch mittelschicht-spezifisch (z.B. das Sparen, um sich etwas Besseres zu leisten) und ein wichtiger Erziehungsstil.

Belohnung, extrinsische
B., die sich nicht aus dem Verhalten oder der Sache an sich ergeben, sondern über äußere Anreize entstehen.

Belohnung, intrinsische
B., die im Verhalten selbst liegen; das Verhalten an sich wirkt bereits b.

Belohnung, primäre
Begriff aus der →Lern- bzw. →Verhaltenstheorie, der jene B. bezeichnet, die ohne →Lernen als B. wirken, also z.B. Nahrung.

Belohnung, sekundäre
aus der →Lern- bzw. →Verhaltenstheorie stammender Begriff, der solche →Reize bezeichnet, die einmal neutrale Bedeutung hatten, die aber durch →Konditionierung (gleichzeitige Darbietung mit einem →Verstärker) zur B. werden.

Belohnung, verzögerte
→aufgeschobene B.

Beobachtung

1. in einem sehr allgemeinen Sinne meint B. in den Sozialwissenschaften jedes Verfahren empirischer Forschung, das sich auf die →Wahrnehmung und Feststellung von Phänomenen, Objekten und Tatbeständen bezieht; B. also als Gegensatz zum spekulativen Nachdenken über etwas. Sie erfolgt aktiv gezielt und systematisch und unterscheidet sich damit von der rein passiven Wahrnehmung;

2. im engeren Sinne der empirischen →Sozialforschung ist B. eine →Methode, wie etwa →Experiment oder →Befragung, wobei sie sich von diesen dadurch unterscheidet, daß der Beobachter eine passive, rezeptive Haltung einnimmt und die sinnlich wahrnehmbaren und interessierenden Sachverhalte registriert. Die B. dient mithin der Datensammlung, ohne die Daten selbst zu stimulieren. Sie unterscheidet sich von der naiven Alltagsb. durch die Systematik, die Planung und die Kontrolle.

Beobachtung, direkte
1. da alle →Methoden der →Sozialforschung B. sind, meint d.B. den Spezialfall der Verhaltensbeobachtung, im Gegensatz etwa zum →Interview, wo die verbalen Äußerungen zum Verhalten b. werden;

2. man versteht unter d.B. auch jene Daten, die zum Zwecke der wissenschaftlichen Forschung produziert werden, also das Experiment oder die →Befragung, bei denen die Forschungssituationen hergestellt werden.

Beobachtung, indirekte
1. nicht die Verhaltensweisen an sich werden b., sondern die Auswirkungen davon, etwa als Report über die Verhaltensweisen im →Interview;

2. jene Daten, die nicht erst zum Zwecke der wissenschaftlichen →Analyse produziert werden, sondern die durch Beobachtung in natürlichen Situationen entstehen.

Beobachtung, kontrollierte
1. jede wissenschaftliche B. unterscheidet sich von der Alltagsb. durch die prinzipielle Möglichkeit einer Kontrolle; somit ist jede wissenschaftliche B. zugleich k.B.;

2. wird eine wissenschaftliche B. durch Zuhilfenahme eines vorher entwickelten B.schemas mit entsprechenden Kategorien vorgenommen, so werden Art und Umfang der zu b. Vorgänge damit kontrolliert.

Beobachtung, künstliche
dabei wird die B.situation zum Zwecke der B. experimentell erzeugt.

Beobachtung, natürliche
hier erfolgt die B. in einer natürlichen Situation, also einer solchen, die nicht erst zum Zwecke der B. hergestellt wird.

Beobachtung, nicht teilnehmende
die B. erfolgt von außen, das Untersuchungsfeld betrachtend, ohne ihm anzugehören. Beispiel: Bestimmte Verhaltensweisen werden durch einen nur einseitig durchsichtigen Spiegel beobachtet.

Beobachtung, offene
jene Form wissenschaftlicher B., bei der die Beobachteten wissen, daß sie beob-

achtet werden; die Rolle des Beobachters ist bekannt.

Beobachtung, strukturierte
→systematische B.

Beobachtung, systematische
erfolgt die B. nach theoretischer Vorbereitung auf der Basis formulierter →Hypothesen, aus denen sich die entsprechenden B.kategorien und B.dimensionen in einem B.schema ergeben, so ist die B. systematisch.
→strukturierte B.

Beobachtung, teilnehmende
Form der B., bei der der Beobachter an den Aktivitäten der beobachteten →Gruppe teilnimmt, wobei das Ausmaß der Teilnahme von bloßer sichtbarer Anwesenheit bis zur →Identifikation und Übernahme von →Rollen der untersuchten Gruppen variieren kann. Das Problem für den Forscher besteht darin, einerseits von der Gruppe akzeptiert zu werden und andererseits auch die nötige Distanz herstellen zu können. Je nach Grad der →Identifikation ergeben sich unterschiedliche Gefährdungen der →Zuverlässigkeit und →Gültigkeit (Beobachtungsfehler). Beispiel: Der Forscher, der als „Häftling" in eine Strafvollzugsanstalt geht, um das Verhalten zu beobachten.

Beobachtung, unstrukturierte
→unsystematische B.

Beobachtung, unsystematische
weiß man über den Untersuchungsgegenstand noch sehr wenig, so kann man noch kein B.schema entwickeln; die B. erfolgt noch unsystematisch als →Exploration, um erst zu →Hypothesen zu gelangen, oder als →Pretest, der nicht das B.schema, sondern die Situation und die zu Beobachtenden testen will (→Beobachtung, unstrukturierte).

Beobachtung, verdeckte
dem untersuchten sozialen Feld ist nicht bekannt, daß es beobachtet wird; die Beobachterrolle wird nicht aufgedeckt.

Beruf

1. nach *M. Weber* ist B. die Basis für eine dauerhafte Versorgungs- und Erwerbschance;

2. im Sinne von Berufung in ein Amt; eine →Position, die eine religiös und/ oder sozial motivierte normative Determination aufweist;

3. die Summe der erlernten Fähigkeiten und Fertigkeiten, die zu einer spezifischen Leistungserstellung notwendig sind und die der B.inhaber auf sich vereinigt. Die Leistungen dienen dabei dem Erwerb von Lebensunterhalt, der →Reproduktion;

4. →Profession

Berufsethik

1. der Komplex an Wertvorstellungen und →Normen, die dazu dienen, die Berufsausübenden in ihrem beruflichen (manchmal auch außerberuflichen) Handeln zu kontrollieren. Die Kontrolle kann dabei als Selbst- oder Fremdkontrolle, jeweils als tatsächliche oder antizipierte erfolgen;

2. sind die →Werte und →Normen als Verhaltenserwartungen von einem Berufsverband kodifiziert, so besteht die B. aus fixierten Verhaltensvorschriften, die vom Verband überwacht und →sanktioniert werden.

Berufsmobilität

1. ganz allgemein bezeichnet B. jeden Wechsel des →Berufs, der Berufsposition oder des Arbeitsplatzes;

2. Veränderungen der Arbeitsplatzstrukturen durch →Wandel der Anforderungen an die Arbeitsplätze, Inhalte der Tätigkeiten und Beziehungsverhältnisse;

3. Veränderungen der Berufsqualifikationen der beruflich Tätigen, etwa bei Höherqualifizierung durch Weiterbildung, bei Umschulung nach Berufskrankheit oder Berufsunfähigkeit;

4. Veränderungen der Beschäftigtenstruktur, nicht der Qualifikationsstruktur, die sich als Wandel der Berufstätigkeiten äußert.

Berufsmobilität, horizontale
1. Fluktuation der Arbeitenden zwischen verschiedenen Arbeitsplätzen, die aber in ihrer Berufsbewertung keinen niedrigeren oder höheren →Status aufweisen;
2. gelegentlich synonym mit regionaler oder räumlicher B. gebraucht.

Berufsmobilität, regionale
die örtliche oder räumliche Veränderung des Arbeitsplatzes, gleichgültig, ob diese →vertikale oder →horizontale B. ist.

Berufsmobilität, vertikale
der Wechsel einer beruflichen →Position, der mit sozialem Auf- oder Abstieg verbunden ist, bei dem der Arbeitsplatz also eine höhere oder niedrigere Berufsbewertung erfährt.

Berufsposition
die mit einem →Beruf verbundenen Aufgaben, deren Zuweisung unabhängig von dem Positionsinhaber arbeitsplatzbezogen durch gesellschaftliche →Arbeitsteilung erfolgt. B. ist der statische Aspekt der Berufsrolle.

Berufsprestige
als Produkt der Bewertung eines →Berufes nach höher und tiefer, wichtiger und weniger wichtig, schwer und weniger schwer etc. ergibt sich seine Wertschätzung als relationales Maß, mit anderen →Berufspositionen verglichen, als sein →Prestige.

Berufsrolle
der dynamische Aspekt der →Berufsposition; sie bezeichnet alle mit dem→Beruf verknüpften →Verhaltensweisen, die unabhängig von dem individuellen Inhaber einer →Rolle allgemein erwartet werden.

Berufsschicht
wird durch →Berufspositionen konstituiert, die eine in sich relativ homogene Berufsbewertung erfahren, sich aber nach außen, gegenüber anderen B., im →Berufsprestige unterscheiden (→Schicht).

Berufssoziologie
eine spezielle Soziologie, die sich nur schwer von den Bindestrichsoziologien →Industrie-, →Betriebs-, →Arbeits-, →Organisationssoziologie trennen läßt. Jede Aufzählung von Gegenständen und Erkenntnisinteressen wäre unvollständig, doch die B. beschäftigt sich im wesentlichen mit Berufswahl, -ausbildung, -mobilität; mit →Beruf und →Individuum, mit Berufsstrukturen und Gesellschaft, mit den sozialen Beziehungen am Arbeitsplatz.

Berufszufriedenheit
kann empirisch ermittelt werden und ist ein theoretisch und praktisch wichtiges Element der Beurteilung einer →Berufsposition: Sie ist die subjektiv empfundene, rationale und emotionale, positive oder negative Bewertung der Berufsposition nach verschiedenen Dimensionen, z. B. Einkommen, Aufstiegsmöglichkeit, soziale Kontakte etc.

Berufszuweisung
bezeichnet die Besetzung von →Berufspositionen aus der Perspektive der Gesellschaft, also nicht aus dem Blickwinkel des einzelnen Positionsinhabers. B. ist ein der Berufswahl gegenläufiges Prinzip, denn deren Freiheit wird durch gesellschaftliche Mechanismen eingeschränkt, etwa durch Berufsvererbung (Stände) oder durch →Sozialisation auf einen bestimmten →Beruf hin.

Beschäftigungskrise
bei gleichbleibender Arbeitsplatznachfrage Verknappung des Angebotes an Arbeitsplätzen oder bei steigender Arbeitsplatznachfrage (z. B. durch Geburtenüberschuß, Zuwanderung) eine Konstanz des Angebots an Arbeitsplätzen, mindestens aber ein zu geringer Anstieg derselben. Diese Beschreibung des Phänomens kann durch vielfältige Ursachen erklärt werden, die aber von Gesellschaft zu Gesellschaft sehr unterschiedlich sind. Die B. ist aber durchaus kein nationales Problem, soweit eine kapitalistische Wirtschaftsordnung vorliegt.

Bestrafung

eine negative →Sanktion und meint die subjektiv als unangenehm, belastend, schmerzhaft empfundenen Reaktionen anderer auf eigene Handlungen. Eine B. kann darin bestehen, daß eine erwartete →Belohnung ausbleibt (etwa Liebesentzug) oder daß tatsächlich eine negative Sanktion erfolgt. →Lerntheoretisch gilt, daß eine manifeste B. (etwa Schläge) das b. Verhalten nur unterdrückt, denn es tritt bei Ausbleiben der Sanktion wieder (verstärkt) auf. Es erfolgt also keine Extinktion.

Betrieb

eine Einrichtung zur Produktion von Gütern und/oder Bereitstellung von Dienstleistungen mit dem Ziel, Gewinn zu erwirtschaften. Der B. ist durch die räumliche Nähe der B.stätten, durch innerb. →Arbeitsteilung, durch eine innerb. →Organisation gekennzeichnet, die alle der übergeordneten →Funktion der Wirtschaftlichkeit dienen sollen.

Betrieb, bürokratischer

1. im Rahmen b. →Organisation gibt es definierte Unterordnungsverhältnisse, also Ausübung von →Herrschaft. Ein b. B. ist nun ein solcher, bei dem die hierarchischen Relationen und der Bereich der Verwaltung dominant sind;

2. staatliche Ämter, Behörden, Dienststellen werden als b. B. bezeichnet;

3. mit einer leicht negativen Wertung werden solche Vorgänge als b. B. bezeichnet, die sehr formalisiert (Formblätter, Stempel, Unterschriften), mit wenig Verhaltensspielraum und stark normorientiert ablaufen, obgleich eher →informelle, schnellere und einfachere Lösungen denkbar wären.

Betrieb, kapitalistischer

Nach dem Prinzip der Gewinnmaximierung geführter B., bei dem die →Führung bei den Kapitaleignern oder den von ihnen bestellten Managern liegt. Die vom Eigentum an den Produktionsmitteln ausgeschlossenen →Arbeiter und →Angestellten produzieren im Auftrag der Kapitaleigner.

Betriebsführung, wissenschaftliche

Betriebsabläufe werden nach wissenschaftlichen Kriterien analysiert und gestaltet, um zu rationalisieren: Man untersucht den zeitlichen Bedarf für bestimmte Verrichtungen, den Arbeitsablauf in seinen einzelnen Elementen, man standardisiert Vorgänge und Geräte usw. Die von *F. W. Taylor* entwickelte w.B. wird daher auch als Taylorismus bezeichnet. Der Vorwurf an diesen Ansatz geht dahin, daß der Betriebserfolg in Abhängigkeit von der Arbeitszufriedenheit und diese einseitig als Lohnzufriedenheit gesehen wurde.

Betriebssoziologie

Bindestrichsoziologie, die sich unter soziologischer Perspektive mit betrieblichen Phänomenen beschäftigt. Sie interessiert sich für →Strukturen, →Funktionen und Relationen, die im Rahmen der arbeitsteiligen Güterproduktion im →Betrieb durch →soziales Handeln konstituiert werden. Die B. ist insbesondere zu Beginn des 20. Jahrhunderts entstanden, als man sich um Rationalisierung bemühte (→Betriebsführung, wissenschaftliche) und zugleich aber deren Konfliktträchtigkeit erkannte. Gegenstände der B. sind heute u.a.: Arbeitsbedingungen und deren objektive und subjektive Auswirkungen auf die Arbeitenden (Humanisierung der Arbeit), das Betriebsklima in seinen Ursachen und Konsequenzen, Fehlzeiten und Fluktuation, Arbeitszufriedenheit, informelle Strukturen, Mitbestimmungsprobleme.

Betroffenheit

1. wenn äußere Ereignisse – etwa →Katastrophen – bestimmte →Individuen treffen, so haben diese Umstände für die Lebensgestaltung Folgen. Die Menschen sind von den Ereignissen *tatsächlich* und *unmittelbar* betroffen;

2. durch äußere Ereignisse – etwa →Katastrophen – werden auch Menschen, die nicht unmittelbar durch diese geschädigt wurden, in einer *emotionalen* Weise be-

troffen, indem sie Trauer, Mitleid und Anteilnahme empfinden.

Bevölkerungspolitik
alle staatlichen (manchmal auch kirchlichen) Maßnahmen und Versuche, die →Bevölkerung hinsichtlich Größe (Zu-, Abnahme, Konstanz), Zusammensetzung (Geschlechterproportion, Altersstruktur), räumlicher Verteilung (Stadt–Land, Nord–Süd) zu verändern oder zu erhalten.

Bevölkerungsschere
bezeichnet ein in modernen Industriestaaten derzeit häufiges Phänomen, wonach die Bevölkerungsentwicklung wie eine Schere sich öffnet: die gegenläufige Entwicklung von sinkender Sterbeziffer und sinkender Geburtenziffer. Es gibt durch die höhere Lebenserwartung mitbedingt immer mehr ältere und durch die fehlenden Nachkommen immer weniger junge Menschen.

Bevölkerungssoziologie
1. Bevölkerung (B.) bezeichnet eine nach *ethnischen, räumlichen* oder *administrativen* Kategorien definierbare Menschenzahl zu einem bestimmten Zeitpunkt. B. ist das Ergebnis historischen Wandels und bleibt einem solchen unterworfen. Je nach Datenlage lassen sich ihre Größe und innere Zusammensetzung in die Vergangenheit zurückverfolgen und unter kenntnisreichen Annahmen vorausschätzen.

2. *Bevölkerungswachstum* bezeichnet die zeitlich begrenzte Veränderung von Größe und innerer Zusammensetzung einer B. (B_{1-2}) infolge der *natürlichen* (Geburten G und Sterbefälle St) und der *räumlichen B.bewegung* (Einwanderung, Auswanderung, Wanderungssaldo W±): $B_2 = B_1 + G_{1-2} - St_{1-2} \pm W_{1-2}$.

Tendenzen der natürlichen B.bewegung in Richtung Wachstum oder Schrumpfen können durch Wanderbewegung verändert oder verstärkt werden. *Geborenenüberschuß* (G – St) kann durch Abwanderung gemindert, ein Überhang von Sterbefällen durch Zuwanderung ausgeglichen werden. Die Raten des (jährlichen) B.-wachstums schwanken im Weltmaßstab von minus 0,2% (Bundesrepublik Deutschland 1985) bis plus 4,0% (Kenia 1985).

3. *Bevölkerungsstrukturen und -prozesse:* Unter der *B.struktur* versteht man die Gliederung einer B. nach demographischen Merkmalen wie z.B. Altersstruktur, Geschlechtsproportion, Familien- und Haushaltsformen oder die räumliche Verteilung; sodann nach sozioökonomischen Merkmalen wie Bildungsgrad, Einkommensschichtung, Berufspositionen und Erwerbsbeteiligung. *B.sprozeß* bezeichnet die Bewegungen, die eine B. aus innerer Dynamik und in Wechselbeziehung mit der Gesellschaft vollzieht. Demographische Prozesse sind die jeweiligen Verlaufsformen der *Bevölkerungsvorgänge* Geburten, Sterbefälle und Wanderungen in ihrem dynamisch-interdependenten Zusammenwirken. Der zentrale demographische Prozeß ist die biosoziale Bewegung von Geburten und Sterbefällen („natürliche B.bewegung"). Aus ihr läßt sich ein *Altersaufbau* („Alters-" oder „Bevölkerungspyramide") erstellen, dessen Form das Schicksal von Geburtsjahrgängen im Zeitraum einer maximalen Lebenserwartung abbildet. *Junge* Bevölkerungen haben einen breiten Jugendsockel, der nach oben, zu den Altenjahrgängen hin, spitz zuläuft. *Alte* Bevölkerungen zeigen Glocken- oder Urnenform („Pilz"): Die Menschen im Erwerbsalter (20–60) haben schwache Jugendjahrgänge und relativ starke Altenjahrgänge zu tragen. Junge Bevölkerungen bergen ein Wachstumspotential, weil aus den starken Jugendjahrgängen starke Elternjahrgänge werden. *(Kindeskinder-Effekt, „demographisches Moment").*

4. Einen gültigen Rahmen zur Analyse und Erklärung des B.prozesses liefert die *Bevölkerungssoziologie.* Sie vereinigt aufgeklärten Malthusianismus, Ideen der Gesellschaftsentwicklung

nach Karl Marx, Max Weber und Daniel Bell, dem Konzeptor der postindustriellen Gesellschaft, und die Methoden der →empirischen Sozialforschung. Heute finden sich – analog dem soziologischen Theoriekanon – *makro-* und *mikrosoziologische Ansätze.*

Makrosoziologische B.theorien untersuchen die Bevölkerungsbewegung daraufhin, wie sie den großen sozioökonomischen Veränderungen folgt und den ständigen Gesellschaftsumbau seit der Aufklärung und Industrialisierung mitträgt. Die eigentliche B.soziologie beginnt schon mit der 2. Auflage von Malthus' *Essay* Bevölkerungsgesetz von 1803. Danach kann der Mensch der Katastrophenschere von Geschlechtstrieb, der zu immer mehr B. führt, und Nahrungsknappheit nur entgehen über Verhaltensnormen, die das B.wachstum kontrollieren. Sie werden auch bald in Form von Spätheirat, verordnetem Junggesellentum, sexueller Enthaltsamkeit usw. gefunden. Das Gesellschaftsdenken konnte sich gegenüber naturalistischen Deutungen durchsetzen und endgültig Oberhand gewinnen, als die Fortschritte des Industriesystems schrittweise in die Mittelschicht und Arbeiterklasse vordrangen und neue Güter, Lebenswünsche und Lebensstile auftauchten. Dies ging einher mit einer Verringerung der Kinderzahlen in den Familien, die nach *Malthus* unter diesen Umständen hätten steigen müssen. Dieses neue Paradigma, das sinkende Kinderzahlen bei steigendem Wohlstand erklärt, wurde ursprünglich als *Wohlstandstheorie* formuliert *(L. Brentano, W. Sombart, J. Wolf);* ökonomische Fortschritte und neues Lebensgefühl nach 1918 haben die Bindungs- und Nachwuchsentscheidungen der Paare der bewußten Überlegung unterstellt („Rationalisierung" des Lebensstils, Trennung von Sexualität und Zeugung durch allg. Verbreitung von Kontrazeption etc.). Eine Makrotheorie der B.theorie wird in den 1940er und 1950er Jahren einflußreich: die *historisch-soziologische B.stheorie.* Ihre Beiträger waren *G. Ipsen, H. Linde, G. Mackenroth.* Danach sind die Geburten und Sterbevorgänge zwar Teil der biologischen Menschennatur, aber „sozial überformt" *(Mackenroth),* d.h. Entscheidungen in sozialen Situationen unterworfen. Anstatt von „natürlicher" ist von *biosozialer B.sbewegung (K. M. Bolte)* zu sprechen. So ist die *Lebenserwartung* geprägt vom Entwicklungsstand einer Kultur und der Lebensweise, die ein Beruf oder Stand aufnötigt. Die *Geburtenhäufigkeit* ist eingebettet in drei Komponenten, die letztlich ihr Ausmaß bestimmen: (1) das biologische Können, (2) das psychologische Wollen und (3) das soziale Dürfen.

Da die B.svorgänge alle Ebenen des Menschendaseins formen (Familien- und Lebenszyklen, Arbeitsformen, Existenzsicherung und Generationenvertrag), müssen demographische Indikatoren gewisse Rückschlüsse auf eine Gesellschaftsordnung zulassen. Im *generativen Verhalten* spiegelt sich die Einschätzung der Lebensvorgänge einer B., denn Nachwuchs, die Aspirationen der Familien und ihrer Mitglieder und der Ersatz der Todesfälle stimmen sich aufeinander ab. Für die historisch-soziologische B.theorie ist die analytische Zergliederung der B.bewegung nur ein Mittel zu ihrem Hauptanliegen: die Konstruktion demographischer Strukturen und ihrer Einpassung in gesellschaftliche Entwicklungsstadien, so daß über ihre Entstehung und Zukunft Aussagen möglich sind. Nach *Mackenroth* untersuchen wir *„das geschichtliche Zusammenspiel generativer Verhaltensweisen einer Menschengruppe"* und konstruieren daraus die *„generative Struktur".* Sie umfaßt: 1. die *Heiratsverhältnisse:* das jeweils erlaubte oder auch gewünschte Heiratsalter und die Heiratshäufigkeit, die sich auch in einem bestimmten Junggesellenanteil ausdrükken lassen, sodann die Form der Ehelösungen und Scheidungen; 2. die *Fruchtbarkeit* (Fertilität), die sich zusammensetzt aus ehelichen und unehelichen Geborenen, und die zeitliche Abfolge ihrer Geburt, die für den Generationenabstand entscheidend ist (Fehl- und Totgeburten werden dem Fruchtbarkeitsgeschehen zugerechnet), und 3. die *Sterblichkeit* nach Altersgruppe und Geschlecht.

Die generative Struktur wurzelt in der übrigen Sozialstruktur und steht mit dem Gesellschaftsganzen in einem Abstimmungsverhältnis, das sich auch in einer gewissen Zusammengehörigkeit von generativen Strukturelementen ausdrückt; so zwischen Kindersterblichkeit und Geburtenhäufigkeit, zwischen Junggesellenanteil und außerehelichen Geburten, zwischen Familienverfassung, Lebenserwartung, Erbrecht usw. Sie bilden einen Sinnzusammenhang, der sich geschichtlich herleitet.

Unter Anwendung der idealtypisierenden Methode können wir vorindustrielle und industrielle generative Strukturen unterscheiden. *Die demographische Seite der Modernisierung* läßt sich nachzeichnen an dem Weg, der vom vorindustriellen Zustand zurückzulegen ist. Sterblichkeit und Geburten sinken, Lebenserwartung steigt, ebenso nimmt die allgemeine Heiratshäufigkeit bei Liberalisierung der Verhältnisse zu. Die Industrielle Revolution hat also eine *demographische Revolution (A. Landry)* nach sich gezogen: sie hat den Tod im Jugend- und Erwachsenenalter zurückgedrängt und das Fortpflanzungsverhalten der Menschen, ihr generatives Verhalten, aus alten religiösen Geboten und Familien- und Heiratsgesetzen gelöst.

Die Schritte von der vorindustriellen generativen Struktur zur industriellen werden außerdem durch die in den USA entwickelte und gebräuchliche Makrotheorie des *Demographischen Übergangs* behandelt. Der demographische Übergang ist jedoch in erster Linie eine systemtheoretische Konzeption, die die Sterblichkeitssenkung und den – mit Verzögerung – folgenden Geburtenrückgang in ursächlich verbundenen Verlaufskurven darstellt. Die klassische Konzeption stammt von *F. Notestein,* der den vorindustriellen Zustand wegen hoher Sterblichkeit und dem in ihm noch schlummernden Wachstum „high potential growth" nannte. Sterblichkeitssenkung führt zu einer Spreizung von Geburten und Sterbewerten, die eine ungewöhnliche Wachstumsphase bedeutet. *Notestein* hat sie „transitional growth" genannt und der Theorie damit den Namen gegeben. Das sich anschließende Stadium „incipient decline" bedeutet ein neuerliches, wiedergefundenes *B.gleichgewicht.* Die biosoziale Bewegung hat den Weg von hohem (verschwenderischem) Ereignisniveau zum niedrigen (sparsamen) gefunden. Die Theorie des demographischen Übergangs verallgemeinert vorschnell die Relevanz von Elementen der westeuropäischen Modernisierung, wie Steigerung der Einkommen, des Bruttosozialprodukts, des Bildungs- und Verstädterungsgrads usw. und wird mit den vielen geschichtlichen Ausnahmen kaum fertig. So war der Theoriestatus des demographischen Übergangs ständig umstritten, weil als induktives „evolutionäres Schema" zu konkreten B.n keine hinreichend erklärenden Aussagen gemacht werden konnten. Welche die entscheidenden und auslösenden Faktoren des demographischen Übergangs sind, hängt von geschichtlichen und regionalen Besonderheiten ab, die aus dem bloßen Schema nicht hervorgehen.

Die meisten theoretischen Arbeiten der gegenwärtigen B.wissenschaft konzentrieren sich auf die einzelnen B.vorgänge, auf deren Verknüpfungen untereinander und auf Beeinflussungsverhältnisse mit sozialen, ökonomischen und psychologischen Gesellschaftsbereichen. Sie tragen eher den Charakter von Theorien *mittlerer Reichweite* als „Mikrotheorien". Hier wiederum ist es die *Fruchtbarkeit,* die sich als besonders komplex und strukturformend in der Neuzeit erwiesen hat und den Hauptteil von Theoriearbeit auf sich vereinigt. Es existieren Variablenkataloge *(Kingsley Davis, Judith Blake, J. Bongaarts),* die die Normen des generativen Verhaltens und der Kinderzahl in die übergreifende Wirtschafts- und Sozialstruktur einbauen und eine Makrokonzeption wiederherstellen *(R. Freedman, R. Easterlin, F. Arnold).* Eine gewisse Sonderstellung behauptet die bevölkerungsrelevante Familientheorie, die in der *Familiendemographie* ein formal-analytisches Pendant hat. Theorien der *Sterblichkeit* haben medizinsoziologischen, epidemiologischen Charakter; Theorien der *Wanderung* existieren als Motivationsanalyse, gruppensoziologische und sozialökologische Überlebensstrategien in Raum und Zeit. Globale Veränderungen haben internationale Wanderungsströme ins Blickfeld gerückt. Der globale Nord-Süd-Gegensatz zeigt sich in einem gewissen Einwanderungsdruck aus Entwicklungsregionen.

Die Erscheinungen der Gegenwart bilden inzwischen eine *postindustrielle generative Struktur* aus. Sie ist gekennzeichnet durch ein Geburtenniveau unter Generationenersatz (Geborenendefizit) und steigende Lebenserwartung. *Alterung* der Gesamtbevölkerung ist das Ergebnis beider und wird in einer Veränderung der Alterspyramide in Urnen- und Pilzform deutlich. Generatives Verhalten wird im Postindustrialismus weitgehend der Privatsphäre und dem eigenverantwortlichen Willen des modernen Menschen überlassen. Sein vorsichtiges Erkunden der eigenen Lebenschancen bezieht eine ständige Praxis der Familienplanung und Kleinhaltung der Kinderzahl mit ein.

Die sozialen Verhältnisse der Dritten Welt sorgen dort für ein ungleich stärkeres B.wachstum, welches das demographische Gewicht der Erde immer mehr in ihre südliche Hemisphäre verlagert. B.soziologie ist stark gefordert bei Analyse von Trends der Weltbevölkerung und empirischen Vorarbeiten zu geburtensenkenden *nationalen B.politiken,* die auf den pro Dekade einberufenen *Weltbevölkerungs*konferenzen zur Debatte stehen.

Lit.: Mackenroth, G.: Bevölkerungslehre. Berlin – Göttingen – Heidelberg, 1953; *Bolte, K. M.; Kappe, D.; Schmid, J.:* Bevölkerung – Statistik, Geschichte, Theorie und Politik des Bevölkerungsprozesses, Opladen 1980; *Schmid, J.:* Bevölkerung und soziale Entwicklung – Der demographische Übergang als soziologische und politische Konzeption. Boppard/Rhein 1984. *Cromm, J.:* Bevölkerung, Individuum, Gesellschaft. Opladen 1988; *Hauser, Jürg A.:* Bevölkerungs- und Umweltprobleme der Dritten Welt. Bern (UTB), 2 Bde., 1990 und 1991

Prof. Dr. *J. Schmid,* Bamberg

Bewegung

Bewegung, ideologische,
darunter sind alle B. subsumierbar, die ihre Überzeugungen und Anschauungen als idealistische Zielsetzungen gewonnen haben, die aber im Hinblick auf die konkrete Anwendung zu einer Verselbständigung dieser Ziele führen. Sie werden nicht mehr kritisch hinterfragt und →a priori als richtig angesehen. Da sie zumeist auf (radikale) Veränderung bestehender →Strukturen aus ist, wird sie von den konservativen Kräften oft auch als i. etikettiert und diffamiert.

Bewegung, millenaristische
→Chiliasmus

Bewegung, nativistische
das sind B., die sich gegen alles Fremde, von außen Kommende richten. Ihnen geht es um die Erhaltung oder Wiederbelebung der eigenen →Kultur oder von Kulturelementen und von Traditionen sowie um die Abwehr äußerer Einflüsse.

Bewegung, revolutionäre
jene B., die den gewaltsamen Umsturz einer Regierung oder eines politischen

→Systems propagiert und eine entsprechende quantitative Unterstützung erfährt.

Bewegung, soziale
1. eine Vielzahl von Menschen, die sich in der Absicht einig sind, bestimmte bestehende gesellschaftliche Verhältnisse zu kritisieren und zu überwinden, und sich in dieser Zielsetzung zusammengehörig fühlen;

2. s. B. ist aber auch der *Prozeß* der strukturellen Veränderung gesellschaftlicher Bedingungen durch den Versuch, mit der Kritik der bestehenden Verhältnisse (etwa durch Protest) bessere zu schaffen nach den von der s. B. entwikkelten Vorstellungen (Abbau von →Herrschaft etwa).

Bewegungen, neue soziale
→neue soziale Bewegungen

Bewußtsein
1. in der Psychologie die Summe aller Zustände und Prozesse des menschlichen Erlebens, gleichgültig ob es sich auf der Person äußerliche oder innere Tatbestände bezieht. Dies sind alle Wahrnehmungen, Gedanken, Gefühle, Vorstellungen, →Erwartungen, die eine Person verfügbar hat;

2. meint auch die →Intentionalität und Vorsätzlichkeit, die in einem konkreten Handeln steht;

3. bezeichnet auch den Zustand der Wachheit (im Gegensatz zu „ohne B.“), der die Aufnahmefähigkeit äußerer Reize garantiert;

4. in der Psychoanalyse ist das B. vom Unbewußten und Unterbewußtsein zu trennen. B. ist jenes Element der Psyche, das Außen- und Inneneinflüsse koordiniert, das aktuell präsent und wirksam ist;

5. in der Soziologie wird B. häufig in der Fassung 1. verstanden;

6. in der Soziologie gibt es darüber hinaus den Begriff des B. in dem Sinne, daß er auf →Kollektive angewandt wird. Da das B. auch sozial determiniert ist und die sozialen Bedingungen für viele gleichermaßen gelten, gibt es auch ein gemeinsames, gesellschaftliches oder Kollektivb. (nach *E. Durkheim*).
→Klassenbewußtsein
→Arbeiterbewußtsein

Bewußtsein, falsches
im →Marxismus die Vorstellung, daß gesellschaftliche Verhältnisse als naturgegeben betrachtet werden, obwohl sie gesellschaftlich produziert und daher veränderbar sind.

Bewußtsein gesellschaftliches
ist nach dem Aussagengebäude des →Marxismus durch das g. Sein in einer je spezifischen, historischen, gesellschaftlichen Situation bestimmt. Ersteres umfaßt alle gesellschaftlich geprägten und geteilten Vorstellungen (→Einstellungen).
→Bewußtsein, kollektives
→Kollektivbewußtsein

Bewußtsein, utopisches
Denken und →Erwartungen sind auf die Hoffnung gegründet, in der Zukunft mehr Gerechtigkeit, mehr Gleichheit, mehr Glück, mehr Frieden zu haben. Da dieses Bild eher von der Hoffnung als von der Realität im Verhalten getragen ist, liegt ein u. B. zugrunde.

Bewußtsein verdinglichtes
Begriff aus dem →Marxismus, der die Tatsache bezeichnet, daß die Dinge als solche – eben verdinglicht – und nicht als gesellschaftlich produziert wahrgenommen werden. Die dabei implizit unterstellte Eigengesetzlichkeit der Dinge macht sie unangreifbar und unveränderlich.

Beziehung
1. in der Statistik eine →Relation zwischen zwei oder mehr →Variablen;

2. in der Soziologie ein durch →Verhalten oder →Einstellungen konstituierter Konnex zwischen zwei oder mehr Personen, die positional (Lehrer–Schüler) oder personal (A liebt B) motiviert sein können.

Beziehung, dyadische
eine Zweiergruppe, ein Paar; sowohl als isolierte B. wie auch innerhalb einer größeren →Gruppe vorstellbar.

Beziehung, horizontale
h. B. sind B. zwischen den Inhabern von →Positionen, die gleiche Ränge haben, also hinsichtlich des →Status gleich bewertet sind.

Beziehung, industrielle
1. das sind jene, die durch normative Regelungen →institutionalisiert sind und der Konfliktregulierung zwischen →Arbeitgeber- und →Arbeitnehmerorganisationen dienen;

2. i. B. sind solche, die intra- oder interindustrielle, nationale oder supranationale Kontakte und ökonomische Relationen bezeichnen.

Beziehung, internationale
in der politischen Soziologie ein Gegenstand der Analyse: Beziehungen zwischen Staaten und/oder Staatenverbänden.

Beziehung, vertikale
gibt es B. zwischen Positionsinhabern, deren →Positionen in einem Über- oder Unterordnungsverhältnis stehen, also einen unterschiedlichen →Status haben, so handelt es sich um v. B.

Beziehungsfalle
→Doppelbindungshypothese

Beziehungslehre
1. in einem allgemeineren Sinne jene soziologischen →Theorien, die die →sozialen Beziehungen als Basiskategorien benützen und dabei Gesellschaft als von diesen konstituiert betrachten;

2. nach *L. v. Wiese,* der diesbezüglich auf der →formalen Soziologie von *G. Simmel* aufbaut, hat Gesellschaft keine über die personalen →sozialen Beziehungen hinausgehende Qualität. Das Soziale – als Gegenstand der Soziologie – ist das Netzwerk der Wechselbeziehungen in →Gruppen und →Organisationen. Wenn die Wechselbeziehungen eine gewisse →Kontinuität erzielen, entstehen daraus soziale Gebilde.

Bezugsgruppe
1. eine (abweichend von der üblichen Definition der →Gruppe) nicht notwendigerweise integrierte soziale Einheit. Als B. gelten →Kollektive, mit denen sich eine Person identifiziert oder vergleicht (positive B.) bzw. von der sie sich abzuheben wünscht (negative B.; z. B. gilt in einigen →Subkulturansätzen die Mittelklasse-Erwachsenenkultur als negative B. für die jugendlichen →Banden). B. erfüllen zwei →Funktionen: eine normative, indem sie Verhaltensorientierung gewähren; eine komparative, indem sie als Vergleichsmaßstab dienen. Die Orientierung an einer B. erfordert nicht, daß man ihr angehört. Eine Person kann sich auch an mehreren B. orientieren, wobei (situationsspezifisch) die einzelnen Gruppen in einem hierarchischen Verhältnis zueinander stehen können;

2. in der →Rollentheorie die →Gruppen, die durch ihre Verhaltenserwartungen an ein Individuum die →Rolle definieren.
→Gruppensoziologie

Bezugsperson
jene →Individuen, mit denen sich eine Person identifiziert. In der →Sozialisation sind B. besonders wichtig, weil der zu Sozialisierende die Urteile, →Einstellungen, Verhaltensmuster etc. der B. als gültigen Maßstab für sein eigenes Handeln wählt.

Bezugsrahmen
die von einem Handelnden in einer Situation gewählten Orientierungen für sein Handeln, die er aufgrund von Gleichheiten oder Ähnlichkeiten als Entscheidungs- und Bewertungshilfe heranzieht (=frame of reference). Hierzu gehören →Normen, →Werte, Motive, →Situationsdefinitionen. Beispiel: Wie würde jemand in meiner Lage (gleicher Beruf, gleiches Geschlecht etc.) handeln und dieses bewerten?

Bezugsrahmen, begrifflicher
1. er wird gebildet durch das interindividuell unterschiedliche Sprachvermögen, das hinsichtlich des Wortschatzes wie auch in bezug auf die →Bedeutung einzelner Wörter differieren kann, was Verständnis und Verständigungsprobleme

verursacht. Dies ist bei der Formulierung von →Fragen, bei der →Befragung zu berücksichtigen;

2. jede soziologische →Analyse eines Phänomens bedient sich verschiedener Begriffe, die es erlauben, das Phänomen zu benennen und in einen übergeordneten Zusammenhang einzuordnen. Die Begriffe sind wissenschaftlich definiert und bilden den Kontext, in dem das Phänomen erfahren, beschrieben und erklärt wird und somit Bedeutung erlangt.

Bezugsrahmen, theoretischer
aus dem →begrifflichen B. im Sinne von 2. entwickelt sich ein th. B., indem die begrifflich gefaßten Phänomene zueinander hypothetisch-theoretisch in Beziehung gesetzt werden. Der th. B. ist ein in sich geschlossenes, konsistentes →System von →Aussagen über die Realität. Er ist Voraussetzung für eine zielgerichtete empirische →Analyse und lenkt und leitet diese im Sinne der →Hypothesenprüfung. Der th. B. kann als Aussagesystem auch logisch geprüft werden.

Bezugssystem

1. →Bezugsrahmen;

2. ein →System von →Werten, →Normen, →Vorstellungen, →Einstellungen, das im Verlaufe der →Sozialisation erworben wurde, das durch Rückbezug auf frühere, ähnliche Situationen (also im →Analogieschluß) das gegenwärtige Handeln leitet. Frühere Erfahrungen werden als Vergleichsmaßstab zur Bewertung des gegenwärtigen herangezogen. Beispiel: Ein Pils schmeckt bitter, wenn man zuvor nur andere Biere getrunken hat.

bias

ein systematischer Fehler im Rahmen der Datenerhebung, der auf das Erhebungsinstrument, die →Stichprobenziehung, den Versuchsleiter (analog den Interviewer) oder die Versuchspersonen zurückgeführt werden kann und der die Befunde verzerrt. B. gefährden mithin die →Gültigkeit von Untersuchungsergebnissen.

Bildung

1. unter B. versteht man den *Prozeß,* in dem und durch den der Mensch Kenntnisse, Fähigkeiten, Fertigkeiten, aber und gerade auch →Normen und →Werte vermittelt bekommt und →Einstellungen und Werthaltungen entwickelt;

2. B. meint aber auch das *Produkt* dieses unter 1. bezeichneten Prozesses, nämlich die durch B. entstandene →Persönlichkeit;

3. unter B. versteht man aber auch das Vermögen, einseitige oder vielseitige durch (zumeist schulische) →Sozialisation vermittelte und reproduzierbare Kenntnisse in verschiedenen Bereichen (Geschichte, Sprachen, Kunst, Literatur etc.) zu reproduzieren.

Bildung, polytechnische
im →Sozialismus praktizierte Form der B., bei der Unterricht und (produktive) →Arbeit so verknüpft werden, daß die Produktionsprozesse praktisch und theoretisch erfahren und erkannt werden, um die negativen Folgen kapitalistischer Produktion vermeiden zu können.

Bildungsbarriere

solche Bedingungen und Faktoren, die eine Entwicklung und Entfaltung vorhandener →Anlagen und Begabungen verhindern und damit das Postulat der Chancengleichheit ad absurdum führen. Die allen prinzipiell offenstehenden Bildungseinrichtungen werden schichtspezifisch unterschiedlich wahrgenommen. B. für untere soziale →Schichten sind →Sprachbarrieren, geschlechtsspezifische Erziehungspraktiken und Berufsvorstellungen, mangelnde Förderung in den Elementarschulen usw.

Bildungsbürgertum

die Kreise, die im 19. Jahrhundert ihre →Identität daraus bezogen haben, daß sie die →Bildung für sich zum →Statussymbol machten. Bildung war dabei idealistisch auf Philosophie, Sprachen, →Kultur begrenzt. Man zog sich zurück, um sich selbst zu entfalten und eine Persönlichkeit zu werden, absentierte sich von der Politik. Die →Gratifikationen bezog man aus seiner Bildung und Erziehung, eben durch das realisierte Bildungsideal (Geistesaristokratie).

Bildungsgesellschaft
neuerer Begriff, der jene Gesellschaften charakterisieren soll, die durch den wissenschaftlich-technischen Fortschritt und/oder mangelnde Ressourcen gezwungen sind, das Bildungsniveau permanent zu steigern, um statt der nicht produzierten Güter das „Know-how" zu verkaufen.

Bildungsökonomie
ein Zweig der →Bildungsforschung und enger Bildungsplanung, die die wirtschaftlichen Bedingungen des Bildungssystems untersucht. Dabei geht es um die qualitativen und quantitativen Beziehungen zwischen Bildungs- und Beschäftigungssystem, um die Feststellung und Prognose von Entwicklungen und deren Konsequenzen, um die Antizipation von nachgefragter Qualifikation, um die Kosten-Nutzen-Relation, um den Einsatz von Humankapital (→human capital) usw.

Bildungssoziologie
1. Begriff und Untersuchungsgegenstände
Bei der Vielfalt der im Verlaufe der Begriffsgeschichte herausgearbeiteten Definitionen von Bildung ergibt sich ein schlüssiges Verständnis, wenn Bildung als ein Prozeß der Selbstentfaltung und Selbstbestimmung der Person in Auseinandersetzung mit der ökonomischen, kulturellen und sozialen Lebenswelt verstanden wird. Der Aufbau der erforderlichen Kompetenzen der Selbststeuerung vollzieht sich dabei über den Erwerb von Kenntnissen, Informationen und Wissenselementen, die ein eigenständiges Handeln im sozialen Raum ermöglichen und eine kritische Distanz zu den herrschenden Meinungen und Machtverhältnissen sowie ein Ertragen von Widersprüchen und Spannungen von kulturellen und sozialen Erwartungen und Anforderungen ermöglichen. Bildung als ein Prozeß der Selbstentfaltung und Selbstverwirklichung ist ein lebenslanger Prozeß.

In diesem Verständnis erforscht Bildungssoziologie die ökonomischen, kulturellen und sozialen Rahmenbedingungen des Bildungsprozesses und arbeitet den historisch-gesellschaftlichen Kontext heraus, in dem Prozesse der Bildung ablaufen. Sie steht damit in enger Beziehung zur Erziehungssoziologie und der Sozialisationsforschung, die jeweils spezifischen fachlichen Akzentsetzungen folgen.

Schwerpunkt der bildungssoziologischen Forschung ist einerseits die Analyse der Beziehungen von Bildungssystem und Gesellschaft und andererseits der Einflüsse des Bildungssystems auf Bildungsprozesse der Person. Von Bedeutung ist dabei zunächst, welche Rolle der Bildungsstatus einer Person für deren Positionierung in der Prestige- und Statushierarchie der Gesellschaft besitzt. In unmittelbarem Zusammenhang steht die Frage nach der Beziehung zwischen Bildung und der Reproduktion von sozialer Ungleichheit, d.h., welche Bedeutung Herkunft und soziale Lebenslage einer Person für deren Bildungschancen haben. Besondere Bedeutung gewinnen in diesem Rahmen bewußt gesteuerte gesellschaftliche Einflußnahmen auf den Bildungsprozeß, die darauf abzielen, die Bildungseinrichtungen mit der Entwicklung und der Struktur der Gesellschaft in Einklang zu bringen. Besondere Beachtung gebührt darüber hinaus der Analyse der Organisations- und Interaktionsstruktur von Bildungseinrichtungen. Zu fragen ist auch hier wiederum nach den Einflüssen auf die Persönlichkeitsentwicklung (Richardson 1986).

Bildungssoziologie als Bestandteil der Bildungsforschung und systematisch erfahrungswissenschaftlich ausgerichtete Teildisziplin verfolgt mit der Erforschung der politischen, ökonomischen, sozialen und kulturellen Zusammenhängen von Bildungsprozessen die Absicht, Planung zu ermöglichen und zu erleichtern. D. h., sie unterstützt die Umsetzung von Zielen durch aufeinanderbezogene Maßnahmen und trägt dazu bei, deren Erfolg zu kontrollieren. Sie versucht damit, die institutionellen Bedingungen der Bildungsprozesse zu analysieren, um deren Steuerbarkeit herauszuarbeiten.

2. Bildung als „Statusgut"
Bildung als Prozeß der Selbstentfaltung und Selbstbestimmung einer Person ist maßgeblich verantwortlich für Lebenschancen. Formale Bildung und Ausbildung einer Person sind entscheidend für die berufliche Tätigkeit und den beruflichen Status, den der oder die Betroffene im späteren Leben einnehmen. Während Personen mit überdurchschnittlicher Schulbildung nahezu „alle Wege offenstehen", bleibt die Besetzung von Führungspositionen Personen mit geringer Schulbildung verweigert. Bildung prädestiniert damit auch Weisungsbefugnis (Macht), Einkommensverhältnisse, Besitz und andere Faktoren, die die soziale Lage einer Person konstituieren und die für die Stellung in sozialen Bezugsgruppen und deren Einfluß maßgeblich sind. Formale (Allgemein-)Bildung und (berufliche) Ausbildung werden somit zur hauptsächlichen Institution der Programmierung sozialer Laufbahnen.

Die Einsicht in diese Zusammenhänge war neben ökonomischen Erfordernissen ausschlaggebend für individuelle und gesellschaftliche Strategien zur Optimierung von hochwertigen Bildungszertifikaten, den Ausbau des Bildungswesens und die Ausweitung formeller Bildungseinrichtungen in immer weitere Lebensbereiche (Archer 1982).

3. Bildung als Glied der Reproduktion von sozialer Ungleichheit
Chancengleichheit in der Gesellschaft ist infolge der Bedeutung der Bildung bei Statuszuweisungsprozessen eng verknüpft mit Chancengleichheit im Bildungssystem, d. h. dem Zugang zu Bildungseinrichtungen und ihren Trainingsprogrammen und Abschlüssen gemäß der individuellen Neigung und Eignung, unabhängig von der sozialen Herkunft und wirtschaftlichen Lage der Eltern.

Empirische Studien (von der schichtspezifischen über die sozialstrukturelle bis zur sozio-ökologischen Sozialisationsforschung) konnten nachweisen, daß unterschiedliche Bevölkerungsgruppen einen ungleichen Zugang zu den Bildungseinrichtungen finden, d. h. sozial privilegierte gegenüber anderen Bevölkerungsgruppen gesellschaftliche Vorrechte im Bildungsprozeß genießen. Für Kinder aus Familien in gehobener Sozialstellung ist die Wahrscheinlichkeit, eine weiterführende Schule erfolgreich abzuschließen, um ein Mehrfaches höher als für solche aus unterprivilegierten Familien (Hurrelmann 1985).

Dies basiert nicht nur auf den unterschiedlich zur Verfügung stehenden materiellen Ressourcen, den Durchsetzungschancen der eigenen Schulbildungswünsche gegenüber den schulischen Autoritäten und dem gesellschaftlichen Prestige der Herkunftsfamilie. Im sozioökologischen Umfeld und dessen Ausgestaltung und insbesondere in der familialen Interaktion (bedingt durch spezifische Erziehungsstile, -techniken, -ziele und Kommunikationsstrukturen) werden den Kindern seitens der Eltern – entsprechend deren Erfahrungen und den an sie gestellten Anforderungen im außerfamilialen Bereich bei der Arbeitstätigkeit und im übrigen sozialen Netzwerk – Fähigkeiten und Fertigkeiten vermittelt, die der Bewältigung von Lebensaufgaben und Handlungsanforderungen im unmittelbaren sozialen Nahbereich gerecht werden. Die in der Familie erlernten Fähigkeiten und Fertigkeiten sind aber verschieden geeignet, um die schulischen Anforderungen erfolgreich bewältigen zu können. So werden Kinder aus unterprivilegierter

Soziallage beim Eintritt in die Schule eher mit einem fremdartigen und belastenden Erfahrungsbereich konfrontiert, der ihnen nur begrenzte Möglichkeiten zur Identifizierung mit der schulischen Kultur läßt und deshalb den Grad des Engagements bei der Bewältigung der schulischen Aufgaben vermindert. Kindern aus Familien in gehobenem Sozialmilieu stehen hingegen vielfältigere, reichhaltigere materielle und immaterielle Anregungen und Unterstützungsleistungen zur Verfügung, die gewährleisten, daß sie auch bei unzureichender Leistungsfähigkeit, -bereitschaft und -motivation den Zugang zu weiterführenden Bildungseinrichtungen finden und die Bildungsgänge erfolgreich abschließen (Fend 1980).

Dies führt dazu, daß Kinder im späteren Leben weitgehendst einen ähnlichen Status einnehmen wie ihre Eltern (Handl/Mayer/Müller 1977). Intergenerationaler sozialer Aufstieg ist hingegen häufig Resultat eines vorhergegangenen intragenerationalen Abstiegs (z.B. bei Flüchtlingen und Vertriebenen nach dem 2. Weltkrieg). Sozial abgestiegene Eltern scheuen notwendige Investitionen nicht, um den Wiederaufstieg zumindest in der ihnen folgenden Generation zu ermöglichen, und achten auf die hierzu erforderliche Schulbildung der Kinder.

4. Expansion und Differenzierung formaler Bildungseinrichtungen

Der Wunsch, daß es „die Kinder besser haben sollen", schuf die subjektiven Voraussetzungen für die Ausnutzung weiterführender Bildungsangebote, die wirtschaftliche Nachfrage nach qualifizierten Arbeitskräften die objektive Notwendigkeit des Ausbaus des Bildungswesen (verstanden als das Insgesamt der Einrichtungen, Institutionen, Veranstaltungen und Verfahren, mit denen Prozesse der Bildung seitens der Gesellschaft organisiert und ausgeübt werden). Gleichzeitig erforderte die Spezialisierung auf dem Arbeitsmarkt eine Differenzierung des Ausbildungssystems und der Ausbildungsgänge (Archer 1982).

Zur Sicherung des ökonomischen Wachstums und der politischen Stabilität wurden die Bildungseinrichtungen den sich veränderten gesellschaftlichen Strukturen angepaßt, die sich aus dem Zusammenspiel von ökonomischen Produktions- und Verwertungsbedingungen, politischen Herrschafts- und Entscheidungsmechanismen und makrogesellschaftlichen Anforderungen ergeben. Zweite Bildungswege wurden eingerichtet, um den (Nachhol-)Bedarf an qualifizierten Fachkräften zu decken und gleichzeitig Personen aus unteren Soziallagen den sozialen Aufstieg zu ermöglichen.

Trotz der Bildungsexpansion und dem Ausbau des Bildungssystems ergaben sich auf der sozialstrukturellen Ebene kaum wesentliche Verschiebungen. Die Öffnung des Bildungsmarktes für sozial Schwächere führte gleichsam zur Verstärkung der Bildungsbemühungen sozial privilegierter Eltern, so daß sich die Anstrengungen gegenseitig im Effekt aufheben. Nur vereinzelt gelingt kleinen Gruppen ein allmählicher und schrittweiser sozialer Aufstieg. Demgegenüber stellt der 2. Bildungsweg im wesentlichen auch den Kindern aus privilegierten Schichten den Erhalt ihrer Position sicher, die vorher scheiterten.

Mit dem Ausbau des Bildungswesens ging die Verschulung von Prozessen und das Eindringen staatlich organisierter Bildungseinrichtungen in Bereiche einher, die bisher seitens informeller Systeme wie der Familie und der Nachbarschaft (Kinderhorte, Kindergärten, Kindertagesstätten) oder privater Organisationen und wirtschaftlicher Verbände (Berufsschule) geregelt wurden. Bildung wird damit zunehmend von formal beauftragten und kontrollierten Rollenträgern und eigens zu diesem Zweck konstituierten komplexen Organisationen übernommen. Bisher private Bereiche geraten so zunehmend unter die Kontrolle staatlicher Bildungseinrichtungen (Meyer/Scott 1983).

5. Bildungseinrichtungen als formale Organisationen und Interaktionssysteme
Die Organisation des Bildungswesens und die Interaktion innerhalb des Schulsystems wurde zeitlich versetzt aus unterschiedlichen (einer an der bürokratischen Struktur von Organisationen haftenden und einer am Human-Relations-Modell orientierten) Forschungstraditionen her untersucht, die relativ unterschiedliche Ergebnisse lieferten. Vermittelnde organisationstheoretische Ansätze gehen hingegen zunächst davon aus, daß Bildungseinrichtungen, als „personverändernde" Organisationen nach dem Muster formaler Organisationen aufgebaut, auf einen bestimmten Zweck hin orientiert und formal arbeitsteilig zur Erfüllung dieses Zweckes gegliedert sind. Die administrative Rationalisierung und Kontrolle erfaßt jedoch nicht alle Organisationsabläufe in den schulischen Einrichtungen. Die eigentliche erzieherische und pädagogische Arbeit wird auf den untersten Ebenen des Organisationssystems geleistet, welche vom Organisationsprinzip nicht vollständig durchdrungen sind. Bei der schwachen Vernetzung der Organisationsabläufe und einer beträchtlichen Selbständigkeit der Einzelelemente bleiben auf der Ebene der direkten Interaktion der Pädagogen/Erzieher mit Schülern und der (schul-)typischen Arbeitsvollzüge für das professionelle Handeln grundsätzlich „relative Autonomiespielräume" bestehen, für die die formale Struktur relativ unbedeutend bleibt. Die schwache Vernetzung der Organisationsabläufe und die beträchtliche Eigenständigkeit der Einzelelemente bedingen dabei nicht nur die hohe Unsteuerbarkeit und Unberechenbarkeit des Gesamtsystems, sondern machen auch eine vollständige und effektive Vollzugs- und Wirkungskontrolle der alltäglichen pädagogischen Arbeit nahezu unmöglich (Meyer/Scott 1983).

Die wesentliche Arbeit der Bildungsinstitution Schule vollzieht sich in der direkten Interaktion zwischen Erziehern/Pädagogen und Schülern als den „Klienten" der Bildungseinrichtungen. Der Erfolg bei der Vermittlung von Wissen, fachlichen Leistungen und überfachlichen Qualifikationen wird dabei weniger durch den Einsatz und die Mühen der Lehrer als Einzelkämpfer sichergestellt als durch die Kooperation der Lehrer, die sich als ein aufeinander angewiesenes Ausbildungsteam verstehen. Effektivität wird durch die Zusammenarbeit innerhalb des Lehrerkollegiums gewährleistet und dabei insbesondere durch die Herstellung von Konsens in didaktisch-methodischen Fragen, die Abstimmung des Unterrichts in curricularen Fragen und die ständige gemeinsame Erörterung und Festlegung von übergreifenden Verhaltensregeln bei der Erfüllung schulischer Pflichten erzeugt (Fend 1980). Entscheidend für die Effektivität schulischer Arbeit ist die deutliche Zielorientierung in den curricularen Aktivitäten und ein von allen getragener, anerkannter und geteilter Leistungsanspruch. Neben diesen „klimatischen", das soziale und pädagogische Ethos betreffenden Aspekten sind auch organisatorische Merkmale der Schule sehr wichtig für die Qualität der Pädagogik. Eine wichtige Voraussetzung ist ein möglichst gutes „Funktionieren" der Organisation mit möglichst wenig Störungen im „Organisationsgetriebe".

Die für die Erfüllung der schulischen Ziele hergestellten Beziehungen der Interaktionspartner in der Schule erweisen sich als komplex und vielschichtig. Die Pädagogen sind aufgrund der organisatorisch abgesicherten Berufsrolle den Schülern zwar machtmäßig überlegen, aber trotz dieser asymmetrischen Interaktionsstruktur ergibt sich ein wechselseitiger Prozeß der Beeinflussung.

Lit.: Archer, M. (ed.): The sociology of educational expansion. Beverly Hills,

1982; *Fend, H.:* Theorie der Schule. München 1980; *Handl, J., Mayer, K. U., Müller, W.:* Klassenlagen und Sozialstruktur. Frankfurt am Main 1977; *Hurrelmann, K.:* Soziale Ungleichheit und Selektion im Erziehungssystem. Ergebnisse und Implikationen der sozialstrukturellen Sozialisationsforschung. In: *Strasser, H., Goldthorpe, J. H.* (eds.): Die Analyse sozialer Ungleichheit. Opladen 1985, 48–69; *Meyer, J. W., Scott, W. R.* (eds.): The institutional enviroment of organizations. Beverly Hills 1983; *Richardson, J. G.* (ed.): Handbook of theory and research for the sociology of education. New York 1986

Prof. Dr. *K. H. Hurrelmann*/ Dr. *J. Mansel,* Bielefeld

Bindestrich-Soziologie

spezielle Soziologie

sind solche Teilgebiete der Soziologie, die sich mit spezifischen sozialen Phänomenen und/oder gesellschaftlichen Bereichen befassen. Dabei rekurriert man auf allgemeinere soziologische Konzepte und →Theorien, die für den speziellen Gegenstandsbereich angepaßt werden, z. B. Medizin-Soziologie, Rechts-Soziologie etc.

Biographie

wörtlich: Beschreibung des Lebens, der Lebensgeschichte

Gesamtheit sozialwissenschaftlicher Forschungsansätze, deren Datengrundlage Lebensgeschichten, Darstellungen der Lebensführung und der Lebenserfahrung aus der Perspektive desjenigen, der sein Leben lebt, sind. Die B. wird in der empirischen →Sozialforschung heute mehr und mehr eingesetzt, um auf der Basis gesellschaftlicher →Strukturen individuelle Entwicklungen zu erforschen, die zur Herausbildung von →Einstellungen und →Verhaltensmustern geführt haben. Auch geht es um die →Interpretationen, die ex post früheren Ereignissen im Leben zugewiesen werden. Als →Methoden der →Biographieforschung können Lebensläufe, Autobiographien, Schriftverkehr, narrative →Interviews etc. dienen.

Biographieforschung

1. Genese und Gegenstandsbereich

Bis Anfang der 1970er Jahre spielte die biographische Analyse innerhalb der bundesdeutschen Soziologie nur eine marginale Rolle. Der „biographischen Methode“, die speziell in der polnischen Soziologie eine ungebrochene Tradition aufweist, wurde allenfalls der Status eines ergänzenden Beitrags zur Materialgewinnung, Hypothesenfindung und eines methodischen Hilfsinstruments zugebilligt. Das änderte sich, als zur Mitte der siebziger Jahre hin das Unbehagen an der einseitig makrosoziologisch-objektivistischen Denkweise, der rigiden funktionalistischen Rollentheorie, der gegenstandszerfällenden Partialität der Sozialisations- und Altersgruppenforschung, der eindimensional quantitativ ausgerichteten Datenproduktion sowie an der auf Sozialstatistik und Umfrageforschung verengten Empirie in eine Art paradigmatischer Wende einmündete. Begünstigt wurde die Wiederentdekkung des biographischen Paradigmas durch real veränderte Problemlagen. Der technologische Umbruch innerhalb der Arbeitswelt, die Entstehung neuer sozialer und ökologischer Krisenlagen, die tiefgreifenden Veränderungen der überkommenen Struktur beruflicher Normalbiographien, die gewachsenen Ansprüche an Partizipation sowie die Ausbreitung neuer Lebensweisen und -orientierungen infolge des Wert- und Bedürfniswandels setzten gestiegene Erfordernisse an die Selbststeuerung und -verantwortung der gesellschaftlichen Individuen frei. Durch das Zusammenfallen von neuen Herausforderungen aufgrund veränderter gesellschaftlicher Problemlagen mit innerwissenschaftlichen Anstrengungen zur Überwindung objektivistischer Sterilität der soziologischen Theoriebildung und Forschungsstrategie erfuhr der biographische Zugang zur gesellschaftlichen

Wirklichkeit eine erhebliche Aufwertung. Unter Rückgriff auf verschüttete Traditionen insbesondere der →phänomenologischen Soziologie (SIMMEL) und der →interaktionistischen Sozialtheorie (CHICAGO SCHOOL) entwikkelte sich Biographieforschung während der achtziger Jahre zu einem disziplinförmigen Forschungs- und Diskussionsfeld innerhalb der bundesdeutschen Soziologie. Über verschiedenartige Zugänge rückten Struktur und Eigenbedeutung von Biographie, d.h. die Verlaufsstruktur der individuellen Lebensführung, als Schlüsseldimension des sozialen Lebens – unter ausdrücklicher Betonung der diachronen Forschungsperspektive – in den Mittelpunkt. Biographie, zunächst als Chiffre für →Subjektivität und deren systematische Einbeziehung in die soziologische Theoriebildung angerufen, hat sich inzwischen als soziologiefähige Grundkategorie bewährt. Dabei ist mit Biographie ein Doppeltes angesprochen: Die soziale Tatsache der subjektiven Ausformung des Lebens als Gesamterfahrung als auch die soziale Strukturiertheit der individuellen Lebensführung als soziologisch entzifferbarer Lebenslauf. Die spezifische Nuance der soziologischen Optik liegt in der Annäherung an die soziale Wirklichkeit des Alltagslebens, das durch die Makro- und Systemkategorien nur höchst unzureichend abgebildet wird. Die eigentümliche Unschärfe der Konturen des Gegenstandsbereichs soziologisch interessierter Biographieforschung ist nicht nur dem Status des Werdens dieses Forschungszweiges geschuldet, sondern gründet im besonderen Charakter der allgemeinsoziologischen Problemnaht →Individuum und Gesellschaft. Biographieforschung, von Grund auf interdisziplinär konturiert, birgt die Chance, die in der Soziologie auseinandertreibenden makro- und mikrosozialen Ansätzen in einen Verständigungszusammenhang zu bringen und falschen, das Problem der Erfassung der Vermittlungsglieder zwischen Vergesellschaftung und Individuierung verfehlenden Frontstellungen entgegenzuwirken.

Diese Chance, theoretische und methodologische Sterilität zu überwinden, ist seit 1986 ertragversprechend in Gestalt der Sektion Biographieforschung innerhalb der Deutschen Gesellschaft für Soziologie institutionalisiert worden.

2. Aufgaben und Forschungsinteressen
Die gegenwärtig dringendste Aufgabe der Biographieforschung liegt in ihrer eigenen, zumal theoretischen Konsolidierung. Es geht um die Zusammenführung der diversen Forschungs-, Theorie-, Diskussions- und thematischen Linien und Zugänge zu einem empirisch unterkellerten Konzept von Soziobiographie, das insbesondere für die Erforschung der Dynamik des sozialen Wandels geeignet ist. Dabei kommt der Klärung und Präzision der für soziologische Biographieforschung erforderlichen sowohl wie angemessenen Grundbegrifflichkeit im Rahmen der Bestände der Allgemeinen Soziologie ein zentraler Stellenwert zu. Hierzu gehören Leitkategorien wie →Identität, Zeit und Individualisierung. Diese nach wie vor defizitäre begriffliche Verständigung erfolgt im laufenden Prozeß der thematisch höchst vielfältigen Forschungsarbeiten und -diskussionen, die um den Gegenstandskern Biographie oszillieren. Er wird derzeit auf mehreren analytischen Ebenen theoretisch und empirisch verhandelt: (1) die Analyseebene der Einwirkung historischer Ereignisse und Ereignisknoten auf Lebensverläufe. Hier interessiert insbesondere die Perspektive der Verknüpfung von individuellen Lebensgeschichten mit Gesellschaftsgeschichte in generationssoziologischer Absicht. (2) Die Analyseebene institutionalisierter Formen und Durchgangsstadien des Lebensverlaufs durch soziale Typisierung des Alters. Hier interessiert insbesondere die Perspektive einer sozialisationstheoretisch geformten Kohortenforschung. (3) Die Analy-

seebene der Ausprägung von Biographien in verschiedenen sozialen Milieus. Hier interessiert insbesondere die Perspektive einer klassen- und schichtungsstrukturell ausdifferenzierten, kultursoziologisch konzeptualisierten Lebensweiseforschung. (4) Die Analyseebene von Biographie als je eigen- und sinnstrukturierte, subjektive Organisation des Lebens, durch die Vergesellschaftung und Individuation vermittelt ist. Hier interessiert insbesondere die Perspektive der Rekonstruktion von Lebensverläufen als Prozesse der je besonderen Normalisierung von Ereignissen und Widerfahrnissen. (5) Die Analyseebene von Biographie als prozedierende Form des Werdens, der Verstetigung, des Abbaus und der Umbildung von subjektiver Handlungsfähigkeit. Hier interessiert insbesondere die Perspektive der Chancen und Risiken emanzipatorischer Lebensbewältigung im Zeichen eines tiefgreifenden sozialkulturellen Bedürfnis- und Wertewandels.

Im Umkreis dieser Analyseebenen bewegen sich die Forschungsinteressen in verschiedene Richtungen, wobei immer aber das Ganze des Lebensverlaufs den Bezugspunkt der Untersuchung bildet. Einen Schwerpunktbereich machen generationssoziologische Untersuchungen zur Innenseite der Gesellschaftsgeschichte aus; beispielsweise Studien zum Lebensschicksal bestimmter Arbeiter-, Kriegs- und Frauengenerationen. In diesem Bereich gibt es starke Überlappungen mit den Intentionen der Oral History, der „Geschichtsschreibung von unten" in antiherrschaftlicher Perspektive. Untersuchungen zum Wandel der Altersschichtung, zur Sozialdemographie und Mobilität sowie zur historischen Dynamik und sozialen Verfestigung von Lebenszyklen bilden einen weiteren Schwerpunktbereich der Biographieforschung. Hierbei erweist sich die Verflechtung mit einschlägigen speziellen Soziologien, vornehmlich Jugend-, Alters-, Familien- sowie Sozialisationsforschung, als problemnotwendig. Studien zu typischen Verlaufsmustern in unterschiedlichen kulturellen Milieus, geschlechtsspezifischen Lebenssphären, abweichenden oder Minoritätenlagen, bei extremen Belastungsphasen oder in unterschiedlichen lebenszyklischen Situationen bündeln sich zu einem weiteren Schwerpunktbereich. Milieu- und Lebensweiseforschung, Minderheitensoziologie, soziale Aspekte von Krankheitsgeschichten, Erforschung von Arbeitslosigkeit als biographischer Krise sowie das sich eigengewichtig etablierende Terrain der Frauenforschung haben hieran einen wesentlichen Anteil.

Mit der wachsenden Zahl von Untersuchungen zur Konzeptualisierung von Normalbiographien, zentriert um die Problematik der Strukturveränderungen der Arbeitswelt und ihrer Wirkungen auf die Institutionalisierung von Berufsbiographien, schält sich ein besonders ertragversprechender Kernbereich biographiewissenschaftlicher Anstrengungen heraus. Zusammen mit dem Bereich der Erforschung von Möglichkeiten und Schranken eigenverantwortlicher Lebensplanung und -führung im Zeichen einer epochetypischen Risikogesellschaft laufen die Bemühungen um eine Soziologie der Normalbiographie auf eine theoretische Fundierung von Soziobiographie als qualitative Bereicherung der Theoriebestände der Allgemeinen Soziologie hinaus. Auf dem Problemgelände emanzipatorische Handlungsfähigkeit, Identitätsgeschichte im Zeichen kultureller Sinnkrisen, Bewältigung epochentypischer Lebens- bzw. Überlebenskrisen (ökologische und atomare Selbstvernichtung der Menschheit) und systemcharakteristische Transformationsprobleme entwickelter Industriegesellschaften („Ende der Arbeitsgesellschaft") eröffnet sich die Chance eines genuinen Beitrags der Biographieforschung zur Entwickung einer Gesellschaftstheorie, worin die subjektive und alltägliche Seite der Vergesellschaftung als ein forschungsleitendes, konstitutives Moment ins grundlagentheoretische Recht gesetzt wird und zugleich die Tatsache fortschreitender globaler Vergesellschaftung systematische Berücksichtigung findet. Insofern weisen die thematischen Schwerpunkte der Biographieforschung eine selbstverständliche Nähe zu den klassischen Gegenständen der Soziologie auf. Sie öffnen deren Blick für neue Aspekte, indem sie diese Gegenstände mit einem biographiewissenschaftlichen Ansatz durchdringen.

3. Lehrinhalte
Dem Charakter des Werdens der Biographieforschung als spezifischer Bereich der Soziologie entsprechend, kann von einer durchgebildeten Systematik der Lehrinhalte nicht gesprochen werden. Auf der Ebene der Allgemeinen Soziologie steht die Vermittlung des Repertoires der Klassiker der „biographischen Methode" (z.B. Thomas/Znaniecki), der Tradition der phänomenologischen Sozialforschung (z.B. Simmel, Schütz), der qualitativen Sozialforschung und →Ethnomethodologie in der Traditionssphäre der Chicago School sowie der neueren, den Lebenslauf als Ganzheit begreifenden Sozialisations- und Handlungstheorie. Auf der Ebene der speziellen Soziologien, für die die konzeptive Idee der Biographie von besonderer Relevanz ist, konzentriert sich die Lehre, von Grund auf mit Problemen der Forschungskonzeption verknüpft, vor allem darauf, bei konventionellen Fragestellungen und Theoriestücken den Blick subjektsoziologisch zu öffnen, die soziologische Optik für den „Äther" des Alltagslebens zu sensibilisieren, den Bestand an Ergebnissen auf den oben genannten Schwerpunktfeldern der Biographieforschung problem- und themenzentriert aufzubereiten sowie die exemplarische Interdisziplinarität der Biographieforschung systematisch sichtbar zu machen. Der eigentliche Schwerpunkt der Lehrinhalte liegt im Bereich der Vermittlung der „biographischen Methode" und Methodologie, d.h. die systematischen Einstellungen auf die biographische Optik.

4. Forschungsmethoden
Biographieforschung ist wesentlich aus der gezielten Wiederaneignung der klassischen Bestände der „biographischen Methode" hervorgegangen. Sie hat sich nachgerade als Kritik objektivistischer Methodologien entwickelt und ausgebreitet. Dementsprechend bilden qualitative Forschungsmethoden den main stream der disziplinbildenden Methodologie. Dabei ist eine deutliche Präferenz für den Typ des „narrativen Interviews", für das Erzählen als Modus der Material- und Datengewinnung und für hermeneutische Verfahren als Erklärungsweg auszumachen. Darüber hinaus findet das ganze Arsenal erprobter qualitativer Interviewformen, vom halbstandardisierten Leitfadeninterview bis zur Gruppendiskussion, eine vorzugsweise Anwendung. Besondere Beachtung finden literarisches Material und literarische Erkenntnisformen, allen voran die Autobiographie.

Die neueren methodologischen Bemühungen gehen darauf, die vorhandenen Barrieren zwischen quantitativer und qualitativer Sozialforschung zu überwinden und die aus jeweiliger Verabsolutierung entstehenden Schwächen zu beseitigen. Um zu einer gegenstandsadäquaten, dem Konzept von Soziobiographie angemessenen methodischen Strategie zur Rekonstruktion sozialexemplarischer Lebensläufe zu gelangen, bedarf es eines weiteren Klärungsprozesses der Kombination quantitativer und qualitativer Methodiken auf den Ebenen der Datengewinnung, der Hypothesenbildung und -validierung. Eine überzeugende, qualitative und quantitative Sozialforschung integrierende Methodologie der Interpretation steht noch aus.

Lit.: Fuchs, Werner: Biographische Forschung. Eine Einführung in Praxis und Methoden, Opladen 1984; *Kohli, Martin*

(Hg.): Soziologie des Lebenslaufs, Darmstadt–Neuwied 1978; *Voges, Wolfgang* (Hg.): Methoden der Biographie- und Lebenslaufforschung, Opladen 1987

Prof. Dr. *F. Kröll,* Nürnberg

Biologie und Gesellschaft

Biologie, Gesellschaft und die Sozialwissenschaften, Kultur und Leben – haben sie miteinander zu tun? So sehr man, von der Erfahrung der Praxis her, geneigt sein wird, ein Verhältnis der Sphären anzunehmen, so wenig evident, ja gebrochen schien der Zusammenhang für die Wissenschaften – die Biologie, die Soziologie, die Politologie – zu sein. Ideologieanfällig war man von Anfang an auf beiden Seiten. Hatte die Konfusion prekärsten Ausdruck in der „Rassenlehre“ des Nationalsozialismus gefunden, die Gesellschaft, Kultur und Geschichte auf biologisch unzulässig absolut gesetzte, sog. „Erb-“ und „Rassemerkmale“ reduzierte, nahm sie überspannte Formen umgekehrt auch dort an, wo die Naturkomponenten des Menschen als mögliche eigendynamische Größen geleugnet und als Faktoren, die das Dasein bestimmten, allein die „Umwelt“ (das „Milieu“), die „Schichtzugehörigkeit“, die „ökonomische Lage“ akzeptiert wurden. Daß weder platte biologistische Sichtweisen, wie sie neben der Rassenlehre auch der „Sozialdarwinismus“ (H. Spencer, R. Malthus, F. Galton) oder diverse „organizistische“ Ansätze (A. Schäffle, E. Waxweiler) implizierten, noch extreme soziologistische Konzepte die Wirklichkeit – die „komplex“ zusammengesetzt ist und „Emergenzen“, „Verwerfungen“ und „Sprünge“ kennt – adäquat erfassen, ist freilich deutlich. Jede anspruchsvollere, sozialwissenschaftliche Fragestellung wird auf Dauer bemüht sein, die Realität möglichst vielschichtig zu durchdringen und in Lebensprozessen, wie sie z. B. auf generativer, demographischer Ebene erscheinen (Bevölkerungsentwicklung), auch das Gesellschaftliche, am Gesellschaftlichen aber, an Kultur, die Kräfte auch von Natur (z. B. von Krankheit, Epidemien; von Instinktanlagen) am Werk zu sehen.

Prüft man die Soziologie wissenschaftsgeschichtlich näher, zeigt sich, daß schon Auguste Comte, der Begründer der Disziplin, Anknüpfung an die Biologie systematisch suchte, und man stellt fest, daß Intentionen dieser Art die Klassiker bis hin zu Talcott Parsons – der mit der modernen soziobiologischen und biogenetischen Forschung in Berührung war – oder Niklas Luhmann – der aus der Biologie (H. Maturana, F. J. Varela) das Konzept der →„Autopoiesis“ übernahm – bewegten (dazu näher Lipp, 1987). Ungeachtet des Umstands, daß das Fach im Kanon der Wissenschaften zunächst seine eigene autonome Begrifflichkeit, seinen eigenen Gegenstand – das „Soziale“ – finden mußte (Emile Durkheim), hatten die Entdeckungen der Biologie seit den Paukenschlägen, die Darwin setzte, über Julian Huxley bis hin zu Konrad Lorenz oder E. O. Wilson, die Soziologie jedenfalls herausgefordert, das Verhältnis vitaler und sozialer Größen immer neu zu reflektieren. Als Bindeglied, das hier vermittelte, ist in der Forschungstradition in Deutschland vor allem die „(philosophische) Anthropologie“ (Max Scheler, Helmuth Plessner, Arnold Gehlen) hervorgetreten. Indem sie teils eine Stufen-, teils eine Verschachtelungstheorie der Seins- und Daseinsschichten des Menschen entwickelte – vergleichbare Ansätze hatte als Soziologie auch Georg Simmel („Form“ und „Leben“; „Tragödie der Kultur“) vorgelegt –, bot sie nicht nur die Möglichkeit, Natur und Kultur konzeptionell zusammenzubringen, sondern gab wichtige inhaltliche Perspektiven.

Über die Erkenntnis hinaus, daß zwischen Verhaltensweisen, wie sie das Zusammenleben von Tieren (z. B. „staatenbildenden“ Insekten) prägen, und sozialen Prozessen beim Menschen Analo-

Biologie und Gesellschaft

gien bestehen (vgl. die ältere „Tiersoziologie"; dazu Peters, 1956), ist zum zentralen Punkt, der das Verhältnis von Biologie und Soziologie betrifft, evidentermaßen inzwischen die Frage avanciert, inwieweit „Antriebe" („Antriebsstrukturen") biologischer Art auf den Menschen, auf Gesellschaft und Kultur „evolutionär" – als forttreibender, wenn zunehmend auch überformter – Entwicklungsimpuls einwirken. Hatte die Anthropologie, wie bei Gehlen, diese Frage insofern offengelassen, als sie Kultur – das Ensemble der „Institutionen" – aus Faktoren letztlich naturaler Herkunft, nämlich der „Außenwelt", zwar bezog, sie einer konstitutionell „riskierten", amorphen „inneren Natur" des Menschen als oberstes „Führungssystem" aber zugleich entgegensetzte, entschlüsselt die näher zuständige moderne Biologie die Zusammenhänge heute präziser (vgl. jetzt Karneth, 1989). Jene schon von Darwin benannten, elementaren Kräfte der Evolution – „Variation", „Selektion" und „Retention" – finden etwa, wie die neu entwickelte, spezielle Richtung der „Soziobiologie" feststellt, Ausdruck gerade in typischen sozialen Prozessen, so den Vorgängen der „kin selection", der Hierarchiebildung, des „altruistischen" oder „infantiziden" Verhaltens (zusammenfassend z.B. Meyer, 1982; Wind, 1985), und es liegen Anzeichen vor, daß diese Impulse, über den tierischen Verhaltensbereich hinaus, evolutionär in der Tat bis zum Menschen hin, auf Gesellschaft und Kultur ausstrahlen. Namentlich die Primatenforschung hat dabei gezeigt, daß Sozialformen, wie sie z.B. Schimpansen aufweisen (Dominanzreihen, Mutter-Kind-Dyaden, ansatzweise auch Arbeitsteilung, Geschlechtsrollen; vgl. die Arbeiten bes. J. Goodalls), die Entwicklung vom Tier zum Menschen offenbar bruchlos vorstrukturieren. Empirisch gut fundiert, methodisch anspruchsvoll, wenn kategorial auch streckenweise naiv, haben Autoren wie E. O. Wilson, C. Lumsden u.a. schließlich versucht, am Beispiel einfacher gentilgesellschaftlicher Kulturen zu einer umfassenden (sozio)biologischen Theorie kultureller Entwicklung vorzustoßen. Traten als Grenzphänomene, die sie behandelten, vor allem das „Inzesttabu", weitere „Verwandtschaftsformen" oder die Organisation von „Jagd" und „Krieg" hervor, so als wichtige Begriffe, die sie anboten, die Differenz und Verbindung von „Genen", i.e. biologischen Genen, und „Kulturgenen", i.e. Institutionen. Gene und Kulturgene, die gleichermaßen – auf schon vorkultureller Ebene – „Information" transportieren, bauen, indem sie einander bedingen, demnach in spiralenförmiger evolutionärer Abschichtung aufeinander auf (vgl. Lumsden/Wilson, 1981).

Als bedeutsame weitere Forschungsrichtung, die den genannten Fragen gilt, hat sich mit weitreichendem wissenschaftlichen Führungsanspruch seit Jahrzehnten die „Ethologie" etabliert (Konrad Lorenz; N. Tinbergen; K. von Frisch; N. Bischof; H. Markl u.a.). Ist das Interesse der Soziobiologie auf die verdeckten, wenngleich als elementar verstandenen, reproduktiven Strategien der Gene gerichtet, so das der Ethologie auf die Formen und Funktionen manifesten „Verhaltens". Die Grenzen zwischen tierischen und menschlichen Entwicklungen erscheinen als fließend auch hier; beim Tier wie beim Menschen werden als Drehscheibe der Dinge „Instinkte" („Instinktresiduen") bzw. entsprechende soziokulturelle Umformungen, Verlängerungen, Spiegeleffekte angesehen, und Ethologie mündet folgerichtig aus in „Humanethologie" (vgl. bes. I. Eibl-Eibesfeldt). Waren es zunächst die Mechanismen der „Prägung", des „Balz-" und „Aufzuchtsverhaltens", der „Domestikation" etc., die das Interesse auf sich zogen, so später Fragen der „Aggrression", des „nonverbalen", „gestischen" Verhaltens oder der Relevanz – i.e. näheren biokulturellen Relevanz – von „Tugenden", sozialen „Normen" und ethisch-ästhetischen „Werten". Bei Konrad Lorenz, aber auch anderen Autoren, die das Verhältnis von Biologie und Gesellschaft thematisieren, traten neben begrenztere, reine Sachforschung dabei bald auch aktuelle kulturkritische Interessen; Schriften wie „Die acht Todsünden der zivilisierten Menschheit" oder der „Abbau des Menschlichen" bringen schon im Titel zum Ausdruck, daß Charakteristika der modernen Gesellschaft wie „sogenannter Fortschritt", „Überorganisation", „Vermassung" oder „Szientismus" hier als Entwicklungen erscheinen, die die stets labilen biokulturellen Balancen, die das Dasein kollektiv bisher fand, gefährlich untergraben und Mensch wie Gesellschaft auf Sein oder Nichtsein in Frage stellen.

Perspektiven dieser Art ergänzen Forschungen, wie sie – beispielsweise – die „Politik- und Biologie"-Richtung in den Sozialwissenschaften (dazu Flohr/Tönnesmann, 1983; mit Themen wie „Die Ursprünge des Staats", „Autorität und Aufmerksamkeitsstruktur", „Hungersnot als politisches Problem") analytisch-deskriptiv verfolgt, gewiß legitim. Zivilisation und Kultur haben in der Tat heute Zustände ausgelöst, die die Risiken des „Überlebens", denen die einzelnen, zunehmend aber die Menschheit als ganze unterliegen, abrupt und gleichsam nackt zutage fördern. Nicht nur jene „positiven" sozioökonomischen Ziele des „Wohlergehens" (Lebensstandard, Lebensqualität) – der steigenden Befriedigung wachsender Bedürfnisse – haben, begriffs- wie realgeschichtlich gesehen, einen „Vormarsch biologischer Kategorien" – mit allen weittragenden kulturellen Implikationen – seit langem vorgebahnt (s. Lipp, 1980/94); nachhaltig und entscheidend sind es heute gerade die „negativen", vom System erzeugten – ökologischen, atomaren, biochemischen, biogenetischen, biomedizinischen Probleme, die die Bedeutung der Biologie für die Gesellschaft hervortreten lassen (vgl. a. Beck, 1986; Weinich, 1995); sie machen den Zusammenhang am Verhängnis drohender, katastrophischer Zusammenbrüche deutlich.

Lit.: Eibl-Eibesfeldt, I.: Die Biologie des menschlichen Verhaltens. Grundriß der Humanethologie, München 1984; *Flohr, H.,* und *W. Tönnesmann* (Hg.): Politik und Biologie. Beiträge zur Life-Sciences-Orientierung der Sozialwissenschaften. Berlin–Hamburg 1983; *Karneth, Rainer:* Anthropo-Biologie und Biologie. Biologische Kategorien bei Arnold Gehlen – im Licht der Biologie, insbesondere der vergleichenden Verhaltensforschung der Lorenz-Schule. Würzburg 1991; *Lipp, Wolfgang:* Biologische Kategorien im Vormarsch? Herausforderung und Antwort einer künftigen Soziologie. Würzburg 1980. Wiederabdruck unter dem Titel: Institutionen heute. Biologische Kategorien im Vormarsch?, in: ders., Drama Kultur, Berlin 1994, S. 404–431; *Lipp, Wolfgang,* Autopoiesis biologisch, Autopoiesis soziologisch. Wohin führt Luhmanns Paradigmawechsel?, in: Kölner Zeitschrift für Soziologie und Sozialpsychologie 39, Heft 3, Opladen 1987, S. 452–470; *Lumsden, C. J.,* und *E. O. Wilson:* Genes, Mind, and Culture. The Coevolutionary Process. Cambridge, Mass. – London 1981; *Meyer, Peter:* Soziobiologie und Soziologie. Eine Einführung in die biologischen Voraussetzungen sozialen Handelns. Darmstadt – Neuwied 1982; *Peters, Hans M.:* Gesellungsformen der Tiere, in: Handbuch der Soziologie, hg. von *W. Ziegenfuss.* Stuttgart 1956, S. 613–640; *Weinich, Detlef:* „Zurück zur Natur". Fortschritt oder Niedergang? Studien zum Zivilisierungsprozeß. Dissertation. Würzburg 1995.

Prof. Dr. *W. Lipp,* Würzburg

Biologismus

1. vorwurfsvolle und negativistische Kennzeichnung der theoretischen Position, wonach das Soziale in Analogie zur Biologie begriffen werden kann: Das

Gesellschaftliche wird als biologischer Organismus gesehen, der seine Lebensfähigkeit erst durch das Zusammenwirken seiner einzelnen Teile erhält. Diese Auffassung wurde besonders von *H. Spencer* vertreten, der die Gesellschaft wie einen individuellen Organismus sah und deshalb über das Studium der →Individuen zu dem der Gesellschaft kommen wollte;

2. jene →Theorien mit einem sozialwissenschaftlichen Gegenstand, die sich in ihrem Erklärungspotential auf biologische Determinanten beziehen, wie etwa die biologische (anthropogenetische) Schule der →Kriminalsoziologie wird B. vorgeworfen. Die Ursachen für →Kriminalität werden in vererbten biologischen Faktoren gesehen.

Biosoziologie

1. Bezeichnung für solche theoretischen Auffassungen in der Soziologie, die sich in ihrer Terminologie auf biologische Vorbilder stützen und/oder soziale Sachverhalte mit Hilfe biologischer (pflanzlicher und tierischer) Tatsachen beschreiben und erklären und/oder gesellschaftliche Entwicklungen aus Analogieschlüssen aus dem biologischen Bereich herleiten wollen;

2. Bezeichnung für den Objektbereich, der die Human-, die Tier- und die Pflanzensoziologie enthält;

3. Bezeichnung für den Teil der Soziologie, der sich mit den→Interdependenzen zwischen biologischen und sozialen Merkmalen beschäftigt.
→Soziobiologie

black-box-Methode

existieren Informatinen über→Input- und Output-Variable, kennt man jedoch die dazwischenliegenden Vorgänge nicht oder nicht zureichend, so spricht man von einer B. Die B. formuliert →Funktionen zwischen Input- und Outputgrößen, ohne die tatsächlichen Zusammenhänge und Abläufe in der B. zu kennen. Insoweit sind die Funktionen Versuche, die Wirkungsweise in der B. zu beschreiben, mindestens aber, sie →hypothetisch zu erfassen.

Black Panther

eine Bürgerrechtsbewegung in den USA, die die Gleichberechtigung der Schwarzen durch Abbau der →Diskriminierungen durch die Weißen erreichen möchte. Teilweise wurde der Kampf um →Emanzipation mit einer allgemeinen Veränderung der Gesellschaftsform verknüpft.

Black Power

eine Bürgerrechtsbewegung der Schwarzen in den USA, die die Gleichberechtigung, wie sie von der Verfassung garantiert ist, realisieren möchte. Später wurde aus passivem aktiver Widerstand mit allgemeineren politischen Zielsetzungen, wie etwa Überwindung der Gesellschaftsform.

blue collar

wörtlich: blauer Kragen
im Unterschied zu white collar: weißer Kragen; meint die unterschiedliche Arbeitskleidung von →Arbeitern und →Angestellten bzw. die von körperlich-manuell Arbeitenden im Gegensatz zu den geistig Arbeitenden.

Bogardusskala

eine Skala zur Feststellung der sozialen →Distanz zwischen Menschen und/oder Gruppen, die von *E. S. Bogardus* entwickelt wurde. Die Skala bezieht aus einer Vielzahl von →Items, die die →Einstellungen gegenüber anderen über die mit diesen tatsächlich oder gedanklich einzugehenden Beziehungen mißt. Die Items sind dabei im Hinblick auf die unterschiedlichen Intimitätsgrade der sozialen Beziehungen abgestuft.

Bourgeoisie

1. während der bourgeois der vom →Stand her definierte Stadtbürger ohne Stimmrecht war, ist die B. seit der Französischen Revolution die soziale →Klasse, die die →bürgerliche Gesellschaft in Wirtschaft und Politik entscheidend bestimmt;

2. nach *St.-Simon* jener Teil der zweiten Gesellschaftsklasse, dem die höheren →Beamten, die Juristen und die Grundrentner angehören, soweit diese nicht adelig sind. Die B. liegt zwischen dem Adel und den Nichteigentümern und ist nicht produktiv;

3. nach dem →Marxismus jene →Klassen, die im →Besitz der Produktionsmittel sind und damit die→Arbeiter (das →Proletariat) durch deren Abhängigkeit ökonomisch und politisch unfrei halten.

Boykott

ein in einer sozialen Beziehung eingesetztes Druckmittel, um bestimmte Ziele zu erreichen. Der B. besteht zumeist in einer Verweigerung bestimmter, normalerweise erwartbarer Leistungen, in einer sozialen Isolierung der davon betroffenen Personen oder →Gruppen. Diese Maßnahmen sind nach dem Iren *Boykott* benannt, der als Gutsverwalter in der zweiten Hälfte des 19. Jahrhunderts wegen seiner sozialen Härte berüchtigt war.

Brauch

1. nach *M. Weber* ist B. die durch die tatsächliche Übung gegebene Regelmäßigkeit des sozialen Handelns;

2. allgemeiner versteht man unter B. tradierte Verhaltensweisen, die bei wiederkehrenden Anlässen oder Ereignissen ohne große Überlegung in wiederholter Weise praktiziert werden. Typisch sind B. in bestimmten Lebenssituationen oder -abschnitten, mit denen bestimmte Riten oder Zeremonien verbunden sind, etwa Taufe, Konfirmation etc.

break even point

Kostendeckungspunkt

Begriff aus der Ökonomie, der aber auch in den Sozialwissenschaften gelegentlich angewandt wird: Das ist der Punkt, bei dem die Kosten gleich dem Erlös sind, so daß weder Gewinn noch Verlust entsteht.

Bruttoreproduktionsziffer

eine Maßzahl der →Bevölkerungssoziologie, die sich aus der Bevölkerungsstatistik errechnen läßt; sie ist eine spezielle Maßzahl für die Fruchtbarkeit und beziffert das Verhältnis der Mädchengeburten zur Zahl der gebärfähigen Frauen zu einem bestimmten Zeitpunkt bzw. in einem Zeitraum und zwar als gewichtete Summe der einzelnen Reproduktionsziffern der verschiedenen Altersklassen. Sie dient auch der Prognose der Bevölkerungsentwicklung. Die Nettoreproduktionsziffer ist die um die Sterblichkeit korrigierte B.

Bürger, Bürgertum, bürgerliche Gesellschaft

I. *Bürgertum* (B.tum) (etymolog. nachweisbar seit dem 16. Jh., im heutigen Sinne whs. zuerst bei Fichte 1796) ist als historischer und soziologisch-analytischer Begriff umstritten, weil schwer bestimmbar, damit auch „bürgerliche Gesellschaft" (bG.), „bürgerliches (b.) Zeitalter" etc. Dennoch läßt sich ein *idealtypischer* Strukturbegriff gewinnen, der den Prozeß der Durchsetzung eines neuen (d.h. nicht mehr vom Geburtsadel dominierten) Schichtungssystems (Stände, Klassen, Schichten) sichtbar macht, das mit neuen Vergesellschaftungs- und Kultur-, also z.B. Wirtschafts-, Familien-, Rechts- und Staatsformen verbunden ist. „Besitz" und „Bildung" erweisen sich als Schlüsselbegriffe, vor allem in Abgrenzung gegenüber Adel, (kath.) Klerus, Bauern und den „unterb." Schichten (ab 19. Jh. Proletariat). Für die Forschung sind Spezifizierungen hilfreich, wie Wirtschafsb.tum, Bildungsb.tum, Großb.-tum, Mittelstände, Kleinb.tum etc. Entscheidend ist der Bezug zur bG.

II. Etymologisch verbunden ist *Bürger* (B.) *mit Burg:* got. *baurgs,* ahd. *bur(u)g,* mlat. *burgus (burgum),* also Volks- oder Fluchtburg mit offener Siedlung, befestigter Herrenhof, Vorstadt einer civitas, später: Stadt. Begrifflich entscheidend wird mlat. *burgenses,* von da engl. *burgess*, frz. *bourgeois* und nhd. B. Begriffsverschiebungen im 12. Jh. *(Stadtb.)* und 18./19. Jh. *(bourgeois/citoyen).*

Bürger, Bürgertum, bürgerliche Gesellschaft

III. Zuerst bezeichnet B. alle Einwohner einer „Burg" oder Stadt (vs. Bauer etc.), seit dem 11. Jh. nur Einwohner mit B.rechten. B. wird zum Rechtsbegriff im Rahmen verschiedener Städteverfassungen sowie Ämter-, Zunft-, Innungs- und Gildeordnungen. Bis zu den Zunftkämpfen im 13./14. Jh. sind B. die Mitglieder der ratsfähigen Geschlechter (vs. Handwerker bzw. Schutzverwandte, Einwohner, Beisassen etc.), danach alle mit städtischen Teilhabe- und Privatrechten Ausgestatteten. B.rechte waren zumeist an Haus- oder Grundeigentum, an Residenz- und andere Pflichten gebunden. Seit dem 12. Jh. entsteht B.recht auch als persönliches Recht. Trotz vielfältiger sozialer und rechtlicher Unterschiede (bes. zwischen Süd-, Mittel- und Nordeuropa) homogenisiert sich die B.schaft der Städte seit dem 12. Jh., vor allem in den zahlreichen Neugründungen. Das Verhältnis zu Klerus, Adligen, Ministerialen, Fremdb., Juden, den unterb. Schichten etc. bleibt aber vielschichtig. Nach der Blütezeit der städtischen Autonomie (urkundliche Privilegierung von Städten und B., städtische Dominanz über große Territorien, auch politisch einflußreiche Finanzmacht b. Handelsgeschlechter, seit dem 13. Jh. mächtige Städtebünde etc.) kommt es in Deutschland nach dem 30jährigen Krieg zu einem politischen und ökonomischen Niedergang der Städte, woraus nach innen die Erstarrung des Zunftwesens, nach außen die Abhängigkeit von den Landesherren (vergleichbar den Städten innerhalb der franz. und engl. Königsherrschaft) folgte. Auf die größere politische Einheit des entstehenden Zentralstaates bezogen, ist das städtische B.tum seit dem 14. Jh. zunehmend in den Ständeversammlungen vertreten und dort – wie im landesherrlichen und königlichen Beamtentum (in Frankreich z. B. als *noblesse de robe*) – oft tonangebend. Im Absolutismus wird B. zunehmend zum *Untertan,* im Rahmen des sich emanzipierenden „Dritten Standes" (E.-J. Sieyès) zum *Staatsb.* (erstmals 1681 nachgewiesen, analog zu lat. *civis;* daher die Differenzierung: frz. *bourgeois – citoyen;* engl. *burgher/burgess – citizen;* ital. *borghese – cittadino).* Staatsb. setzt sich in landesherrlichen Verordnungen, in Kameralwissenschaft, in patriotisch-philantropischem und aufklärerischem Schrifttum des 18. Jh. durch, nach 1789 in der Bedeutung von *citoyen,* womit die Würde des Teilhabers an der Souveränität, seine B.pflichten und Gesetzesunterworfenheit ausgedrückt sind.

IV. Gegen das Besitz- und „Lebens"-B.tum richtet sich der Vorwurf des Philistertums (seit dem 12. Jh. als *filistei* – „Gottlose" – nachweisbar und in der Studentensprache seit dem 17. Jh. gebräuchlich), jetzt für amusische *Spießb.,* „kunstfremde Banausen", *Schildb., Bildungsphilister* (Nietzsche), zur Kritik des b. „Michelthums" und eines saturierten Alltags-„Materialismus" (Bohème, Künstler, Studenten, Exilanten etc. vs. Bürger). Daher auch Kleinb. und Spießb.

V. Im 18./19. Jh. bezeichnet B.tum zugleich die Bourgeoisie als soziale Klasse im Kapitalismus. Bezugsrahmen ist nicht länger die rechtlich definierte Sphäre der Stadt, sondern die bG. Entsprechend der Verschiebung vom Rechtsbegriff B. zu einer sozialen Kategorie entwickelt sich bG. aus der antiken Bezeichnung für den politischen Verband der Freien (Aristoteles, Cicero bis zu Augustinus und den entsprechenden mittelalterlichen Rezeptionen dieser Traditionen) zur „civil society" der schottischen Moralphilosophie und klass. Politischen Ökonomie sowie zur Freien Vergesellschaftung der Menschen (Déclaration des droits de l'homme). Das wird in den Programmentwürfen des aufsteigenden B.tums seit A. Ferguson und A. Smith wie auch in der B.tums-Kritik der Frühsozialisten seit Babeuf reflektiert, dann auch von Hegel, L. v. Stein und K. Marx. Hegel übernimmt von der frühb. Gesellschaftstheorie den Systembegriff bG.; das „Sy-

Bürger, Bürgertum, bürgerliche Gesellschaft

stem der Bedürfnisse" ist vereinseitigte „Sphäre der Differenz", nämlich die ökonomisch (d.h. durch Arbeit, Bedürfnisbefriedigung und Konkurrenz) bestimmte Vergesellschaftungsform. Zunehmend wird bG. allerdings identisch mit „Gesellschaft" überhaupt, die C. Bluntschli deshalb einen „Drittenstandsbegriff" nennt. Ähnlich (auch von Hegel beinflußt) W. H. Riehl, der bG. das System der Arbeit, des Besitzes und der daraus sich ergebenden „Gesittung" nennt. Bei Marx ist B.tum (Bourgeoisie) politökonomisch identisch mit *Kapitalistenklasse,* jedoch in seiner historischen Entwicklung und Schichtengliederung mit dem Unternehmertum nicht gleichgesetzt; B.tum setzt sich zusammen aus Finanzaristokratie, industrieller Bourgeoisie, Besitzb.tum, Rentiers und Kleinb.; bG. ist bei Marx der Systembegriff für die gesellschaftl. Verfassung des Kapitalismus.

VI. Neben Unternehmer- und Finanzb.tum (*Bourgeoisie* im engeren Sinne) tritt im 19. Jh. das mit jenen vielfältig verflochtene *Bildungs-B.tum* als Träger der b. Kultur (Bürgerlichkeit), Wissenschaft und Politik, der freien Berufe und des höheren Beamtentums. J. Kocka unterscheidet drei Phasen der neueren Geschichte des B.tums in Deutschland: „Aufstieg" (2. Hälfte 18. Jh. bis 1840er Jahre), „Kulmination und Wende" (1840er bis 1870er Jahre), „Defensive" (bis 1914). Im 20. Jh. entsteht ein „neuer" Mittelstand, einerseits Träger integrierender „Verbürgerlichung" in den Industriegesellschaften, andererseits labile Schicht zwischen Großkapital und Proletariat (Mittelstandsproblem).

VII. *Soziologische* Typologien des B., B.tums, der bG. oder b. Kultur wurden entworfen durch G. Simmel, M. Weber, W. Sombart, E. Troeltsch, M. Scheler und B. Groethuysen. Weber behandelt B.tum 1. unter dem Aspekt der „ökonomischen Interessenlage" (als Klasse), 2. in politischem und 3. in „ständischem" Sinn und zeigt als „modern-okzidentale" Besonderheit des B.tums, dessen ständische Qualität er in Abhebung vom „orientalischen" Stadttypus vor allem stadtgeschichtlich darstellt, die Herausbildung einer religiös *mit*bedingten Diesseitigkeits-Rationalität bei den aufsteigenden Mittelschichten, eine einzigartige kalkulatorische und handlungsleitende Zweck-Mittel-„Ökonomie". Dem stehen Sombarts Untersuchungen nahe, in denen es um die „seelischen" und „geistigen" Grundlagen der b. Ökonomie (vom „Abenteurer-Kapitalisten" zum „Bourgeois alten Stils" und bis zum „modernen Wirtschaftsmenschen") geht. Groethuysen stellt die Herausbildung der b. Tugenden, also eines Schichtenselbstverständnisses und -weltbildes, im Spiegel der Abwehrversuche der neuen b. Ethik durch die katholische Lehre in Frankreich dar. Diesen „klassischen" Studien folgten vielfältige typologische, z.T. bloß aphoristisch bleibende Entwürfe, die z.B. im Typus des *Spätb.* den Niedergang der b. Welt beschreiben (E. H. Maurer, O. Gmelin, K. Bauer-Mengelberg, W. Hellpach etc.); hierhin gehört auch Th. Manns Künstlertum-B.tum-Dualismus. Darin drückt sich das „relative Sinken der Geltung des B.tums" (F. Meinecke) aus, also die Auflösung der relativen ökonomisch-kulturellen Einheit der b. Vergesellschaftung der Mittelstände im 19. Jh. (M. R. Lepsius), vor allem auch der Verfall der traditionellen patrizischen Oberschichten (sozusagen ein „Buddenbrook-Effekt") und der intergenerative Niedergang des Großb.tums seit der Jahrhundertwende.

VIII. Die Vielschichtigkeit und Variabilität der Phänomene führen zu Definitionsschwierigkeiten: Die Negativbestimmung des B. durch Abgrenzung von anderen Klassen-, Standes- und Schichtenlagen (vgl. I.) impliziert nicht, daß es keine wechselnden Fronten gäbe, eine politisch große Spannweite der Interessen, Programme und Handlungsspiel-

Bürger, Bürgertum, bürgerliche Gesellschaft

räume. B.tum ist nicht allein bestimmbar durch Klassenmerkmale, obwohl diese grundlegend für seine historische Stellung sind, auch ist es nicht nur ein „Stand"; es entwickelte eine spezifische, gegen die „alte Ordnung" gerichtete Kultur und war an der Beseitigung feudaler und königlicher Machtmonopole interessiert, aber zumeist keineswegs revolutionär gesonnen. Wichtig sind die historisch und nach innerer Schichtungslage wechselnden Frontstellungen und Interessenhomologien, z.B. Adelskritik *und* Aristokratisierungstendenzen: die alte Ordnung wurde durch Aufstiege und Umprivilegierungen „erledigt"; darin unterscheidet sich das B.tum der Renaissancestädte nicht von dem des 19. Jh. Als Kriterien der B.lichkeit kann man nennen: aktive und passive Freiheitsforderungen bes. im ökonomischen, rechtlichen und politischen Bereich, Bildung, Professionalisierung, Individualisierung, autonome Kunst sowie (städtische und universitäre) Selbstverwaltung etc.

Die soziale Heterogenität (Unternehmer, Bankiers, Rentiers, Handwerker, Beamte, freie Berufe etc.) macht es notwendig, von der Bourgeoisie und dem Bildungsbürgertum als „Kern des B.tums" (Kocka) zu sprechen und zugleich Geld-, Bildungs- und Herkunftskapitalien (P. Bourdieu) einzubeziehen, die die gesellschaftliche Machtstellung des B.tums begründeten. Das erzwingt die Analyse des Verhältnisses von ökonomischer, gesellschaftlicher, politischer und kultureller Macht und der daraus sich ergebenden Kristallisationsphänomene: wenn mehrere dieser Machtquellen erfolgreich von umschreibbaren b. Trägerschichten okkupiert und gegenseitig gesteigert werden (wozu ökonomische Privilegierungen und Vorzugschancen die Grundlage bilden) und wenn sich daraus ein nach innen und außen erkennbarer und wirksamer kultureller Code, eine Klassensymbolik sowie stützende Selbst- und Weltinterpretationen („Schichtenlegenden", M. Weber) ergeben, dann handelt es sich um die Klassenherrschaft des B.tums. Dabei können die B. durchaus eine einflußreiche Minderheit bleiben, es ist also kein Paradox, wenn das B.tum im Deutschland des 19. Jh., also auf der Höhe des „b. Zeitalters", je nach Zurechnungsmethode nur auf 5 bis 15% der Bevölkerung geschätzt wird. Entscheidend ist die eine Gesellschaft prägende Kraft der in einer Klassenlage begründeten Existenzformen, Werte und Normen. Deshalb sind b. Kultur und Lebensführung zentral für die Bestimmung der gesellschaftl. Rolle d. B.tums. Aus deren *Durchsetzung* ergibt sich allerdings auch eine Nivellierung und Schwächung der innovativen und elitären Kerngruppierungen, „Verbürgerlichung" außerb. Schichten führt zu *Entbürgerlichung.*

IX. Das führt zu Versuchen, „nachb." Gesellschaften begrifflich zu fassen: „nivellierte Mittelstandsgesellschaft" (H. Schelsky), „Disparitätenthese" (bes. C. Offe), „Leistungsgesellschaft" (McClelland), „postindustrielle Gesellschaft" (A. Tourraine), „aktive Gesellschaft" (A. Etzioni), „Überflußgesellschaft" (J. K. Galbraith) „nachindustrielle Gesellschaft" (Bell), „Postmoderne" (J.-F. Lyotard), „Ende der Arbeitsgesellschaft" (R. Dahrendorf u.a.) bzw. der Arbeitsteilung (H. Kern/M. Schumann) oder der Massenproduktion (M. J. Priore/Ch. F. Sabel), „Risikogesellschaft" (U. Beck) etc. sind Formeln für Versuche der analytischen (oft auch: ideologischen) Bewältigung der Transformationsstufen nachb. Industriegesellschaften. Deren kapitalistische Klassen- und Eigentumsordnung (bezogen auf Produktionsmittelbesitz und -verfügung) ist nicht mehr für alle Verteilungsstrukturen und Lebenschancen unmittelbar bestimmend.

Lit.: U. Haltern, Bürgerliche Gesellschaft. Darmstadt 1985; *H. Henning:* Das westdeutsche Bürgertum in der Epoche der Hochindustrialisierung 1860–

1914. Teil 1. Wiesbaden 1972; J. *Kocka (Hg.):* Bürgertum im 19. Jh. 3 Bde., München 1988; *M. Riedel:* Bürger, Staatsbürger, Bürgertum. In: *O. Brunner* u.a. (Hg.): Geschichtliche Grundbegriffe. Bd. 1. Stuttgart 1972, S. 672–725; *H. Stoob* (Hg.): Altständisches Bürgertum. 2 Bde., Darmstadt 1978

Dr. *K.-S. Rehberg,* Aachen

Bürgertum

→Bürger, Bürgertum, bürgerliche Gesellschaft

1. zum B. rechnet man häufig alle jene Personen, die die soziale →Mittelschicht konstituieren;

2. bezeichnet gelegentlich auch die spezifische →Kultur der →bürgerlichen Gesellschaft;

3. mit B. meint man auch jene Personen und →Kollektive, die seit der →Industrialisierung die →bürgerliche Gesellschaft entscheidend mitgestaltet haben;

4. manchmal Synonym für Bürgerschaft gebraucht und meint damit den dritten →Stand der Bürger.

Bürgerinitiative

ein Zusammenschluß von Bürgern, um spezifische, gemeinsame (manchmal auch sehr partikulare) →Interessen gegenüber Mächtigeren zu artikulieren, die Öffentlichkeit zu informieren, um letztlich sich auch durchzusetzen. Sie entstehen aus aktuellen Problemen heraus, weil keine andere, gemeinsame Vertretung (Verband, →Gewerkschaft, Partei) existiert und eine individuelle Ohnmacht gegenüber den Stärkeren (Staat, Industrie) verspürt wird. Ihr Bestand erlischt, wenn das Problem gelöst ist. Viele B. werden als Ausdruck mangelnder demokratischer Mitsprache interpretiert.

Bürgerrechtsbewegung

soziale→Bewegungen, um die sozialen Rechte der (Staats-)Bürger zu fordern und durchzusetzen. Es geht zumeist um den faktischen und/oder rechtlichen Abbau von Benachteiligungen aufgrund äußerer Merkmale (etwa Schwarze in den USA oder Südafrika), um die verfassungsmäßige Garantie tatsächlicher Gleichbehandlung.

Bürokratie

1. nach *M. Weber* ein →idealtypischer Begriff, der folgende Vorstellungsinhalte umfaßt: ein →System von Über- und Unterordnung, also von hierarchischen →Strukturen; klare Definition von Kompetenzen und Verantwortungen; Funktionsträger sind hauptberuflich und innerhalb von Laufbahnen nach Vorschriften tätig; Entscheidungen erfolgen schriftlich und durch Aktenführung nachvollziehbar. B. kann staatlich, aber auch nicht-staatlich sein und bedeutet Ausübung von →Herrschaft, die legitimiert ist;

2. in einem engeren Sinne versteht man unter B. die Beamtenschaft des Staates.

Bürokratie bestrafende

→disziplinäre B.

Bürokratie, disziplinäre

das ist jene, die wegen der zugewiesenen Herrschaftsbefugnisse die Befolgung ihrer Anordnungen erwarten kann: die Betroffenen handeln nach den Regeln aus disziplinären Gründen. Gegenteil: →Bürokratie, repräsentative

Bürokratie, fertigungsbezogene

sie bezieht sich auf die Güterproduktion, nach der sich die Handlungsmaximen ausrichten; sie wird überwacht und gesteuert durch klare positionale Vorschriften, die standardisiert sein können wegen der Arbeitsteiligkeit. Gegenteil: personenbezogene B.

Bürokratie, kapitalistische

das ist die Verwaltung von kapitalistisch organisierten →Betrieben gemäß der allgemeinen Definition von B.

Bürokratie, personenbezogene

ist personal orientiert im Gegensatz zur →fertigungsorientierten. Es geht um die Einstellung, Überwachung und Entlassung von Personen.

Bürokratie, professionelle

während die klassische B.form eher statisch und wenig flexibel ist, erfordern neue B. durch den permanenten sozialen →Wandel in der Umwelt schnelle Anpassungsreaktionen. Hierfür benötigt man eine p. B., die einerseits durch weitgehendes Expertentum gekennzeichnet ist, andererseits aber weniger vertikal als horizontal organisiert ist, weniger präzise Kompetenzfestlegung kennt und damit flexibler reagieren kann.

Bürokratie, rationale
jene modernere Form der B., die durch fachspezifische Ausbildung und Sachlichkeit – frei von persönlich-emotionalen Regungen – zweckdienlich handelt.

Bürokratie, repräsentative
nicht durch Zwang und Disziplinierung wird B. durchgesetzt, sondern durch Einsicht in die Vernünftigkeit und Richtigkeit der →Normen im →Interesse der →Gemeinschaft (Gegensatz: →disziplinäre B.).

Bürokratisierung

1. bezeichnet den Prozeß, durch den bislang nicht formal fixierte und geregelte Abläufe in irgendeinem →Kollektiv durch Vorschriften und →Normen festgelegt werden. Dabei können sowohl die →Funktionen wie auch die Kooperationswege und die kontrollierenden Organe als B. bestimmt werden;

2. historisch meint B. die Ablösung des →Feudalismus (personales →Herrschaftssystem) durch die neuere und effizientere Form der sozialen →Kontrolle durch die →Bürokratie.

Bürokratismus

1. negativ-evaluativer Begriff, der die langatmige und kaum nachvollziehbare Entscheidungspraxis von →Bürokratien anprangert;

2. kennzeichnet als gesamtgesellschaftlicher Begriff die Dominanz bürokratischer Ordnung in einem sozialen →System, wobei die Dominanz quantitativ (die meisten) oder qualitativ (die wichtigsten) gemeint sein kann;

3. als Verhaltenskategorie bezieht sich B. darauf, daß sich →Normen im Handeln verselbständigen, daß nur noch die Vorschriften gesehen werden und deshalb das übergeordnete Ziel der →Bürokratie aus den Augen verlorengeht, d.h., das Handeln wird kontraproduktiv.

Bundesvereinigung der Deutschen Arbeitgeberverbände (BDA)

hat ihren Sitz in Köln und ist ein Zusammenschluß der deutschen →Arbeitgeber, der tariffähig ist, d.h., er kann bei Tarifverhandlungen gegenüber den →Gewerkschaften als Verhandlungspartner tätig werden.

C

camelot-Projekt
1964 bot die US-Armee mehreren Sozialwissenschaftlern an, ein Modell zu entwickeln, das ermöglichen sollte, politische Aspekte sozialer Veränderungen in →Entwicklungsländern vorherzusagen und sie zu steuern. Das Projekt war für Südamerika geplant. Befreundete Regierungen sollten auf diese Weise auf revolutionäre Aktivitäten der Opposition besser vorbereitet und unterstützt werden. Das c.-P., dessen Ergebnisse geheim bleiben sollten, wurde schon im Sommer 1965 gestoppt. Einer der eingeladenen Sozialwissenschaftler, der Osloer *Johan Galtung,* sah darin ein Projekt „wissenschaftlichen Kolonialismus“. Durch sein Offenlegen von vertraulichen Planungsdokumenten kam es zwischen Chile und den USA zu diplomatischen Kontroversen. Dies führte, zusammen mit der US-Invasion in Santo Domingo, zu einem Umdenken bei einigen US-Senatoren und zu einer Distanzierung vom c.-P. Camelot steht seit dieser Zeit als Schlagwort für die politisch-emanzipatorische Verantwortung von Sozialwissenschaftlern.

case-study
→Einzelfallstudie

case-work
Einzelfallhilfe, -arbeit
gehört neben der *Gruppenarbeit* (group-work) und der *Gemeinwesenarbeit* (community-work) zu den Standardmethoden der Sozialpädagogik und der →Sozialarbeit. Unter die Einzelbetreuung fallen einzelne Personen oder →Familien, denen nach einer spezifischen Falldiagnose Hilfeleistungen und Hilfestellungen zur Lösung ihrer speziellen Probleme im Rahmen der freien und öffentlichen Fürsorge geboten werden.

ceteris paribus
„unter sonst gleichbleibenden Bedingungen“
eine Klausel, die ausdrückt, daß die betreffenden (Gesetzes)aussagen nur bei ansonsten gleichbleibenden Umständen gelten sollen. C. macht deutlich, daß nur die im Modell spezifizierten Faktoren oder →Variablen betrachtet werden: die „Residualwirklichkeit“ außerhalb des Modells wird dabei nicht erfaßt. Die c.-Klausel wirkt auf die Aussagen und Modelle immunisierend, weil eine →Falsifikation des Modells immer unter Hinweis auf nicht kontrollierte Faktoren verhindert werden kann; das Modell immunisiert sich damit gegen Kritik, was zu dem Vorwurf des →Modell-Platonismus führt.

challenge-response
Herausforderung – Erwiderung
wurde von *A. J. Toynbee* zur Beschreibung des kulturellen →Wandels eingeführt. Veränderungen in →sozialen Systemen (Gesellschaft) oder in deren Umwelt verlangen als „challenges“ (Herausforderungen) nach „responses“ (Antworten) seitens der Gesellschaft. Diese→funktionalistische Betrachtungsweise geht von einem gesellschaftlichen Gleichgewichtszustand (Homöostase) aus, der erhalten werden muß. Es gibt eine →Interdependenz von c. und r., d.h. auch die r. provozieren neue c. So wird kultureller und sozialer Wandel betrieben. Je genereller die Herausforderungen oder die Antworten darauf sind, desto weitergehend der Wandel.

Chancengleichheit
eine Wertvorstellung und politische Forderung, die Benachteiligung bestimmter Schichten und Gruppen wie z.B. Mädchen, Arbeiterkinder etc. zu überwinden. Da es in allen Gesellschaften →soziale Ungleichheiten (horizontal und vertikal) gibt, geht es darum, gleiche Möglichkeiten der Entwicklung und Entfaltung durch Leistung sicherzustellen. Weil die Leistungen aber unterschiedlich sind, wird es individuelle Differenzen bei C. geben. Ziel der C. ist es,

allen Menschen durch Zugang zu den Bildungs- und Ausbildungseinrichtungen sowie zu gesellschaftlichen und beruflichen Positionen dieselben Startchancen zu geben. Voraussetzung ist eine Angleichung der Sozialisationsbedingungen. C. basiert auf ausgeprägtem Gerechtigkeitsempfinden, wendet sich aber zugleich gegen eine irrationale „Gleichmacherei".

Charakter

„das Eingeprägte"

ursprünglich die relativ unveränderlichen Anlagen und Merkmale, die das Individuum seit seiner Geburt (biologisch-genetische Determination, insbesondere der moralischen Dispositionen) besitzt. C. bezeichnet die gesamten psychischen Eigenschaften bzw. Merkmale eines Menschen sowie deren relativ persistente strukturelle Zusammenhänge. Heutzutage wird C. nahezu synonym mit dem Begriff der Persönlichkeit verwendet.

phänomenaler C.-Begriff: C. in diesem allgemeineren Sinne ist die gestalthafte Eigenart einer Erscheinung;

normativer oder *ethischer* C.-Begriff:C. in diesem Sinne ist das verantwortungsbewußte und folgerichtige menschliche Handeln (C.-Erziehung in der Pädagogik);

psychologischer C.-Begriff: die spezifische Besonderheit und Abgehobenheit eines Individuums von anderen Menschen durch individualpsychologische Merkmale.

Charakter, analer

bezeichnet in der Psychoanalyse eine in der psychosexuellen Entwicklung sich herausbildende, relativ feste Abwehrstruktur. Als kennzeichnend für sie werden u. a. Sauberkeit, Pünktlichkeit, Sparsamkeit, Ordnungsliebe, Geiz genannt. Sie sind Resultat von Erziehungsverhalten in der analen psychosexuellen Phase des Kleinkindes (Reinlichkeitsdressur).

Charakter, autoritärer

bezeichnet ein Einstellungssyndrom, das sich ausdrückt in einer hohen Bereitschaft zu →Konformität, zur Unterwerfung unter Stärkere bei gleichzeitiger Unterdrückung der Schwächeren, aber auch in extremer Kontrolle der eigenen Gefühle, Intoleranz, →Ethnozentrismus, sexueller Prüderie u. a. A. C. korreliert weiter mit politisch-konservativer →Einstellung und ist zumeist Produkt elterlichen Sozialisationsverhaltens. Insbesondere von *Adorno* u. a. untersuchtes Phänomen.

Charakter, genitaler

bezeichnet in der Psychoanalyse die relativ feste Abwehrstruktur, die sich durch die Art und Weise, wie spezifische Probleme der genitalen psychosexuellen Entwicklungsstufe verarbeitet werden, ausdrückt. Kennzeichnende Folgen dieser Entwicklungsphase sind die Ausbildung aggressiver und narzistischer Wesenszüge, ein starkes Selbstvertrauen und eine große Leistungsfreude.

Charakter, oraler

bezeichnet in der Psychoanalyse eine relativ feste Abwehrstruktur, die sich daraus ergibt, wie spezifische Probleme der oralen psychosexuellen Entwicklungsstufe (Libidostufen) verarbeitet werden. Es entwickelt sich ein ausgeprägter Geschmackssinn, ein starkes Bestreben zur Lösung von Versorgungsmängeln und überdurchschnittlicher rhetorischer Ehrgeiz.

Charakter, politischer

bezeichnet in der politischen Soziologie und in den sozialpsychologischen Ansätzen der politischen Wissenschaft politische Einstellungen und Verhaltensweisen, die den C. des einzelnen so prägen, daß sie zu einem integralen Bestandteil der Persönlichkeit werden (z. B. →Charakter, autoritärer). Für die Bildung des p. C. werden spezielle →Sozialisations- und Erziehungsformen verantwortlich gemacht. Eine nicht unwesentliche Rolle spielen dabei auch wirtschaftliche Bedingungen und historische Erfahrungen.

Charakter, sozialer

bezeichnet jene spezifischen Charakterzüge, die die Mitglieder einer →Gruppe, einer sozialen Kategorie oder einer größeren Einheit mehr oder weniger gemeinsam aufweisen (→Grundpersönlichkeit, →*Modalpersönlichkeit*). Der Sozialcharakter entsteht durch die Ähnlichkeit der Sozialisationsprozesse innerhalb einer in sich recht homogenen sozialen Einheit in Wechselwirkung mit ihrer spezifischen strukturellen Organisation. So sprechen manche von einen s. C. eines Volkes (→Nationalcharakter), einer →Klasse, einer sozialen →Schicht oder einem Berufsstand.

Charakterbildung
bezeichnet den Prozeß, in dem der menschliche →Charakter durch Lernvorgänge, Erfahrungen und gezielte →Sozialisation geformt wird und Gestalt annimmt. Der modernere und bessere Begriff, der heute häufiger verwendet wird, ist →*Persönlichkeitsbildung* bzw. →*Personalisation.* Da der Begriff des Charakters häufig evaluativ gebraucht wird (moralisch, sittlich, ethnisch), sollte man in der Soziologie den der Persönlichkeit vorziehen.

Charaktermaske
marxistische Metapher für den entfremdeten Menschen in den →Klassengesellschaften. Spezifische →Klassenverhältnisse stellen die Grundlage und Definition der individuellen →Persönlichkeit. Das Individuum ist in den Klassengesellschaften – so Marx – daher die *Personifikation* der ökonomischen Verhältnisse in Form der C. Individuelles Verhalten erfolgt nicht auf der Basis der jeweiligen Persönlichkeiten, sondern die Menschen sind Gefangene der Produktionsverhältnisse: Sie handeln als →Kapitalisten oder →Proletarier.

Charisma
„Berufung", „göttliche Gnadengabe"
der Begriff wird vor allem in der →Religionssoziologie und in der politischen Soziologie und →Kulturanthropologie gebraucht und bezeichnet nach *Max Weber* die als außergewöhnlich, übermenschlich und übernatürlich empfundene Eigenschaft einer Persönlichkeit, die sie als Führer gegenüber der Gefolgschaft legitimiert. Das Verhältnis der Gefolgschaft zu ihrem Führer ist von einer gefühlsbetonten →Einstellung geprägt, die nicht selten einer religiösen Unterwerfung unter eine Gottheit ähnelt. Die Unterordnung unter einen charismatischen Führer ist unbeschränkt, sachlich kaum erklärbar, verlangt allerdings auch gegenüber den sich Unterwerfenden nach keiner Erklärung. Im Gegensatz zu legaler und traditionaler stellt die charismatische →Herrschaft eine irrationale Herrschaft dar. Charismatische Führer sind in der Regel Propheten, Kriegshelden, aber auch Personen mit magischen Fähigkeiten. Geltung erreichen charismatische Fähigkeiten vor allem in Krisenzeiten. Der charismatische Führer unterliegt in der Folgezeit einem gewissen Erfolgsdruck gegenüber seiner Gefolgschaft, um seine →Autorität weiter wahren zu können.

Chartismus
Charta: „Urkunde"
eine seit 1820 organisiert auftretende und von einem Teil des liberalen →Bürgertums unterstützte Arbeiterbewegung in England. Die Aufhebung des Koalitionsverbots kam 1824 unter maßgeblicher Initiative des C. zustande. 1838 forderte die Londoner Working Men's Association das allgemeine Wahlrecht und machte sich für bessere Lebens-, Arbeits- und Einkommensbedingungen stark. 1947 wurde nach der Einschränkung der Frauen- und Kinderarbeit auf Betreiben der Arbeiterbewegung schließlich auch der Zehn-Stunden-Arbeitstag gesetzlich eingeführt.

Chauvinismus
1. übersteigerte Vaterlandsliebe, fanatische Steigerung des *Nationalismus.* Führt zur eigenen Überbewertung und zur →Diskriminierung anderer Nationen und Völker und kann sich in Kriegshetze steigern;

2. männlich-patriarchalische →Attitüden und Verhaltensweisen gegenüber

Frauen, die eine gewisse Geringschätzung des weiblichen Geschlechts erkennen lassen.

Chicago-School

soziologische Theorieschule, die aus dem Department für Soziologie der Universität Chicago hervorging und in den 1920er und 1930er Jahren großen Einfluß auf die amerikanische Soziologie ausübte. Vertreter waren u. a. *G. H. Mead, R. E. Park, W. I. Thomas.* Die C. war meßgeblich an der Entwicklung einer interaktionistischen Sozialpsychologie (→*Interaktionismus, symbolischer*) beteiligt, insbesondere als Abhebung von einer mechanistisch-behavioristischen Betrachtungsweise des Menschen. Ein Hauptschwerpunkt ihrer Forschungsarbeiten war die prozeßhaft gefaßte →Deskription und →Erklärung der Entwicklung und des Aufbaus der →Persönlichkeit. Mit ihren Arbeiten lieferte die C. nicht nur entscheidende Impulse für die *Subkulturtheorie* und die Theorien des →*differentiellen Lernens,* sondern sie trug auch wesentlich zur Etablierung der Soziologie als einer akademischen Disziplin bei. Insbesondere die Theorie der symbolischen Interaktion hat als →verstehende Soziologie heute große Verbreitung gefunden. Die C. hat auch die →Methodologie der Sozialwissenschaften stark beeinflußt, indem sie sich gegen die quantitative Sozialforschung wandte und qualitative Feldstudien bevorzugte.

Chiliasmus

Chiliade: „Reihe“, „Zahl von Tausend“; daher auch Millenarismus genannt

ursprünglich kollektive Erwartung (→soziale Bewegung) eines glücklichen Endzustandes der Menschheit (messianisches Reich, Tausendjähriges Reich) auf Erden. Solche Vorstellungen sind von altorientalisch-religiösen →Einstellungen ins Judentum und später ins Christentum eingegangen. Im modernen, technischen Zeitalter, das als säkularisiert, rational und wenig emotional determiniert gilt, bezeichnet C. Reformbewegungen bzw. Revolutionsmodelle, die eine Gesellschaft der Wohlfahrt, der Gerechtigkeit, des Friedens, der Menschlichkeit und des Glücks für alle anstreben. Der religiös-eschatologische →Charakter verliert an Bedeutung.

Die →Kulturanthropologie beschreibt folgende Stadien des C.: Enthusiastisch-emotionale Begeisterung mit großer Breitenwirkung und letztlich Erreichung des Kuliminationspunktes, dann Rückgang, allmähliche Ernüchterung und ein langsam steigender Grad der →Institutionalisierung und Organisierung der Bewegung, im religiösen Bereich als Sekte.

China (Soziologie in –)

1. Bedeutung und Begriff. Die Soziologie in China (SiC) ist eine junge Wissenschaft (seit 1979 in der VR China), die zugleich auf beträchtliche Traditionen in der ersten Hälfte dieses Jht.s zurückblikken kann. Galt China in den 30er Jahren neben Nordamerika und Westeuropa als einer der blühendsten Orte soziologischer Forschung (Maurice Freedman), so wurde die SiC nach ihrem Verbot 1952 zu einem nahezu vergessenen Kapitel internationaler Soziologiegeschichte. Die Gründe für dieses Vergessen liegen nicht nur in der langjährigen Negierung der S. im eigenen Lande und in Sprachbarrieren, sondern auch in der relativ untergeordneten Rolle soziologischer Theorien und Methoden in der westlichen Chinaforschung und in der ethnozentrischen Selbstbezogenheit europäischer und amerikanischer S. In dem Maße, wie diese Gründe wegfallen, gewinnt die SiC gegenwärtig erneut an Bedeutung.

Begrifflich ist die SiC zu unterscheiden von der S. Chinas und von chinesischer S. S. Chinas (oder S. über China) bezeichnet soziologische Ansätze der westlichen Chinaforschung (Max Weber, Marcel Granet, Maurice Freedman, Wolfram Eberhard u. a.), die sich auf Literaturstudien oder Feldforschungen stützen. SiC umfaßt die institutionell in

China verankerte S. Chinesische S. bezieht sich auf solche Ansätze, die sich explizit oder implizit die Sinisierung der S. (shehuixue de Zhongguohua) zur Aufgabe gemacht haben (Li Jinghan, Sun Benwen, Wu Wenzao, Fei Xiaotong u. a.). Entsprechend könnte man zwischen einer SiC an sich und für sich unterscheiden.

Die Forderung einer Sinisierung der S. bzw. der Schaffung einer S. mit chinesischen Charakteristika bildet ein Kontinuum der SiC vor und nach Gründung der VR China. Dabei handelt es sich allerdings nicht um ein einheitliches Konzept. Dies zeigte nicht nur die breite Palette von Forschungsansätzen in der SiC vor 1949, sondern auch erneut eine in den 80er Jahren zum Thema Sinisierung der S. geführte Diskussion von chinesischen Soziologen in Taiwan, der VR China, Hongkong und den USA. Bezieht Sinisierung der S. sich auf die Anpassung der Forschungsgegenstände und -methoden oder erfordert sie eine eigenständige Theoriebildung? Muß diese auf empirischer Forschung im eigenen Lande basieren? In welchem Verhältnis stehen der Anspruch soziologischer Theorien auf Allgemeingültigkeit und ihre Kulturgebundenheit? Diese Fragen standen im Mittelpunkt der Diskussion, die vor dem politischen Hintergrund der gegenwärtigen Neuformulierung der Beziehungen zwischen Hongkong, Taiwan und der VR China zu sehen ist.

2. Geschichte der SiC vor 1949. Die SiC hat keine endogene Entstehungsgeschichte. Die materiellen Gründe für diese fehlende Entwicklung sind letztlich dieselben Bedingungen, die eine bürgerliche Gesellschaft in China nicht haben entstehen lassen. Die Entwicklung der SiC wurde durch die sozialethischen Normen des Konfuzianismus sowohl befördert (Tradition der Beschäftigung mit sozialen Phänomenen) wie behindert (Dogmen anstelle wissenschaftlicher Fragestellung).

a) Anfänge. Erste Übersetzungen westlicher soziologischer Werke aus dem Japanischen und Englischen erschienen zu Beginn dieses Jht.s (1902 K. Nomuda's „Soziologie“ in der Übersetzung von Zhang Taiyan, 1903 H. Spencer's „The Study of Sociology“ in der Übersetzung von Yan Fu). Der zur Bezeichnung der S. anfänglich ebenfalls benutzte Begriff „Lehre von den Gruppen“ (qunxue) wurde frühzeitig durch den in den Übersetzungen aus dem Japanischen üblichen Begriff „Lehre von der Gesellschaft“ (shehuixue) verdrängt. Die ersten Übersetzungen soziologischer Werke ins Chinesische standen im Kontext der von Kang Youwei und Liang Qichao geführten Reformbewegung von 1898 (wuxu bianfa), die eine Erneuerung der chinesischen Gesellschaft mit dem Ziel der Schaffung eines reichen und mächtigen Nationalstaates anstrebte. Hierzu sollten die Kenntnisse westlicher S. und westlicher Sozialwissenschaften überhaupt beitragen. Dieser Tradition, westliche Sozialwissenschaften in patriotischer Absicht anzueignen, blieb die chinesische S. stets verhaftet.

b) Institutionalisierung der SiC. Die Etablierung einer akademischen SiC bis Mitte der 20er Jahre war zunächst eng mit den christlichen Reformvorstellungen überwiegend protestantischer Missionare verbunden. Neben der Lingnan Universität in Guangzhou waren die Jinling Universität in Nanjing (J. L. Buck), das Shanghai Baptist College (D. H. Kulp II, H. Bucklin), die Quinghua Universität und die Yanjing Universität in Beijing (J. S. Burgess) die für die S. wichtigsten christlichen Universitäten. Sie arbeiteten in der Tradition der amerikanischen social-survey-Bewegung. 1921 erschien mit „Peking – A Social Survey“ (1921) von S. D. Gamble und J. S. Burgess die erste „klassische“ Studie, die sich in Zielsetzungen, Erhebungsmethoden und Darstellungsweise eng an den amerikanischen „Springfield Survey“ (1914) anlehnte. An den nationalen Universitäten wurde das Fach S. erst etwas später aufgenommen. Finanzielle Förderung erfuhr die SiC aus den USA; anfänglich durch kirchliche Vereinigungen (bes. YMCA), später durch Wissenschaftsstiftungen (Rockefeller Foundation, Institute of Pacific Relations). Der Aufschwung der Arbeiterbewegung und die zahlreichen Arbeitskonflikte in den 20er Jahren führten zu einer Reihe von Untersuchungen über die Lebensverhältnisse städtischer Arbeiter (bes. Familienbudgetanalysen), die vor allem vom 1925 gegründeten Beijinger Institut für soziale Untersuchungen unter Leitung von Tao Menghe und Li Jinghan ausgingen.

c) Forschungsschwerpunkte und -richtungen. War die Zeit bis Mitte der 20er Jahre durch die Übersetzung und Rezeption ausländischer soziologischer Werke gekennzeichnet, in deren Mittelpunkt Theorien sozialer Evolution (bes. Spencer und Giddings) und soziale Probleme (Bevölkerung, Familie, Arbeit, Bildung) standen, so begann nun eine Phase empirischer Sozialforschung. Zwischen 1927 und 1935 wurden mehr als 9000 Studien (davon 1739 landesweite Untersuchungen) unternommen. Vor dem Hintergrund der politischen Geschehnisse (Bruch der Einheitsfront zwischen Guomindang (GMD) und Kommunistischer Partei, strategische Umorientierung der KP auf die Bauernschaft, ländliche Reformbewegungen) nahm der Anteil der Dorfstudien nach 1932 erheblich zu. Seit der zweiten Hälfte der 20er Jahre bestimmte eine erste Generation bedeutender chinesischer Soziologen, die nach einem Auslandsstudium (zumeist in den USA) zurückgekehrt waren, die SiC. Zu ihnen gehörte u.a. Li Jinghan, dessen „Untersuchung der sozialen Lage in Dingxian“ (1933) zur Modellstudie der social-survey-Bewegung in China wurde; der Bevölkerungs- und Arbeitssoziologe Chen Da, der sich als Schüler von William Ogburn um quantifizierbare soziologische Aussagen bemühte und sich besonders in den Bereichen Demographie Chinas und Arbeitsemigration von Chinesen einen Namen machte; der Nanjinger Kultursoziologe Sun Benwen, der ein der chinesischen Gesellschaft und Kultur adäquates Theoriesystem zu schaffen suchte; der marxistische Agrarsoziologe Chen Hanseng, der durch klassenanalytische Untersuchungen zur Bodenverteilung im Süden Chinas zur Fundierung der Politik der KP Chinas beitrug; der Familiensoziologe Pan Guangdan, der die Eugenik als Zweig der SiC vertrat, der Stadtsoziologe Wu Jingchao sowie Wu Wenzao, der sich für eine systematische Verbindung von Soziologie und Anthropologie einsetzte. Wu, der Mitte der 30er Jahre die Leitung der S.abteilung an der Yanjing Universität übernahm, initiierte einen Paradigmenwechsel der SiC: Unter dem Einfluß der englischen und amerikanischen Sozialanthropologie kritisierte er die mangelnde wissenschaftliche Autonomie der bis dahin dominierenden Methode der social surveys und hob die Vorzüge sozialanthropologischer Gemeindestudien hervor. Zu seinen Schülern zählten Fei Xiaotong („Peasant Life in China“, 1939), Lin Yuehua („The Golden Wing“, 1944), Francis L.K. Hsu („Under the Ancestor's Shadow“, 1948). Fei's Studie bezeichnete B. Malinowski in seinem Vorwort als einen Meilenstein in der Tranformation anthropologischer Methoden in komplexe Gesellschaften.

Der Ausbruch des antijapanischen Krieges (1937–45) führte zu einem Exodus zahlreicher Universitäten ins Landesinnere. Chengdu, Chongquing (Provinz Sichuan) und Kunming (Provinz Yunnan) wurden zu Zentren soziologischer Forschung in China. Trotz der erschwerten Bedingungen der SiC während der Kriegszeit bedeutete die isolierte Situation zugleich eine Chance für ihre Emanzipation von den starken ausländischen Einflüssen. Die zuvor bereits angelegte enge Verbindung von Soziologie, Anthropologie und Ethnologie wurde durch diese Umstände weiter verstärkt.

3. S. in Taiwan. Weniger als 4% der chinesischen Soziologen waren zwischen 1945 und 1949 vom Festland nach Taiwan gewechselt. Die bereits in den 40er Jahren deutlich gewordenen Vorstellungen der GMD von S. als einer eng mit Sozialarbeit verflochtenen Fachrichtung, ihre Ausrichtung auf unmittelbaren sozialen und staatlichen Nutzen durch soziale Wohlfahrt, wurde später in Taiwan fortgesetzt. Die Institutionalisierung der S. in Lehre und Forschung begann 1960 an der Universität Taibei unter Chen Shaoxin. Mangelnde personelle wie sachliche Ausstattung hielten das Fach klein. Bis Anfang der 70er Jahre war die S. in Taiwan durch die Übertragung von Problemstellungen, Theorien und Methoden der amerikanischen S. gekennzeichnet. Danach setzte ein Prozeß der „Verheimatlichung der Sozialwissenschaften" (shehui kexue bentuhua) ein, der von der Ethnologie und Psychologie her auf die S. übergriff. Kulturelle Forschungsgegenstände gewannen an Bedeutung gegenüber politischen und ökonomischen.

4. Rekonstitution der S. in der VR China. Nach zwei erfolglosen Anläufen zur Reorganisierung (1949–52) und Wiedereinrichtung (1956/57) des Faches wurde die S. 1979 im Rahmen der Modernisierungspolitik rehabilitiert und erneut eingerichtet. Fei Xiaotong, der große alte Mann der SiC, wurde erster Direktor des Instituts für S. an der chinesischen Akademie der Sozialwissenschaften. Die wichtigsten Formen institutioneller Verankerung der S. auf Landes- und Provinzebene sind gegenwärtig neben den Akademieinstituten soz. Forschungsgesellschaften und die universitäre S. mit Schwerpunkten in Beijing, Guangzhou und Shanghai. Im vergangenen Jahrzehnt wurden aus dem Bereich der S. 400 Bücher veröffentlicht; 177 Studenten schlossen ihr Studium ab und mehr als 900 Studenten sind für S. eingeschrieben. Die Herausbildung eines qualifizierten Nachwuchses ist ein zentrales Problem.

a) S. und KP Chinas. Das fast 30jährige Verbot der S. in der VR China war mit dem Argument begründet worden, daß der Historische Materialismus in der sozialistischen Gesellschaft Chinas bereits die Aufgaben einer fortschrittlichen S. erfülle, alles andere sei bürgerliche S. und damit verwerflich. Dahinter stand die Kritik der von Mao Zedong dominierten KP an sozialreformerischen Ansätzen zahlreicher Soziologen (in Abgrenzung zum eigenen sozialrevolutionären Selbstverständnis) und deren politischer Nähe zur Demokratischen Liga (einer in den 40er Jahren gegründeten Intellektuellenpartei). Wegen ihres Engagements zur Wiederbelebung der SiC wurden zahlreiche chinesische S. (Fei Xiaotong, Li Jinghan, Chen Da, Wu Jingchao u.a.) nach 1957 als „Rechte Elemente" diskriminiert. Der politische Rahmen, der der S. bei ihrer Wiederzulassung gesteckt wurde, fand seinen Ausdruck in der Formulierung der S. als unabhängiger wissenschaftlicher Disziplin auf Basis des Historischen Materialismus als leitender Ideologie. Damit war die Kompromißformel gefunden, mit der einerseits der politische Führungsanspruch der KP anerkannt und zugleich den Soziologen der für den Aufbau des Faches erforderliche Handlungsspielraum eingeräumt wurde.

b) Forschungsschwerpunkte. Das Rückgrat der SiC bilden auch noch in den 80er Jahren die vor 1949 ausgebildeten Wissenschaftler. Aus ihren Reihen wurden ab 1983 drei Schwerpunktprojekte soziologischer Forschung betreut: 1. Kleinstädte in der Provinz Jiangsu (Fei Xiaotong), 2. städtische Familien in China am Beispiel von 5 Städten (Lei Jieqiong), 3. Bevölkerungsprobleme und Geburtenplanung mit Schwerpunkt Beijing (Yuan Fang). Mit der Ausweitung der Reformpolitik auf die Städte sind seit Mitte der 80er Jahre Fragen der koordinierten Entwicklung von Wirtschaftsreform und Gesellschaft in den Mittelpunkt der Forschung gerückt. Wandel der Eigentums- und Sozialstruktur, Funktionswandel der Bauernfamilie, Akzeptanzuntersuchungen zur Reformpolitik und die gesellschaftliche Stellung alter Leute in China sind einige aktuelle soziologische Forschungsgegenstände. Zweigsoziologien zur Bevölkerung, Familie und Jugend sind vergleichsweise stark entwickelt, der Ausbau von Wirtschafts- und Agrarsoziologie, Entwicklungssoziologie und Sozialpsychologie wird gefordert. In Auseinandersetzung mit der eigenen Soziologiegeschichte (Gibt es eine marxistische Tradition der SiC?) und mit osteuropäischer und westlicher S. (z.B. Max-Weber-Forschung) sucht die SiC heute nach einer (mehr oder weniger vom Marxismus angeleiteten) S. mit chinesischen Besonderheiten. Sie steht dabei vor dem Dilemma, theoretisch und empirisch fundierte alternative Strategien der Gesellschaftsentwicklung für eine Reformpolitik formulieren zu wollen, die ihrerseits die politischen Rahmenbedingungen der S. recht eng ansetzt.

Lit.: David S. K. Chu (ed.), Sociology and Society in Contemporary China 1979–1983. Chinese Sociology and Anthropology (New York); Fall-Winter 1983/84, Vol. XVI, No. 1–2; *Bettina Gransow:* „Soziologie in China oder chinesische Soziologie? Einige Bemerkungen zum gegenwärtigen Entwicklungsstand der Soziologie in der VR China“, in: Zeitschrift für Soziologie (Bielefeld) Jg. 14, Heft 2, April 1985, S. 140–151; *Li Hanlin, Fang Ming, Wang Ying, Sun Bingyao, Qi Wang:* „Chinese Sociology, 1898–1986“, in: Social Forces, Vol. 65, No. 3, March 1987, S. 612–640; *R. Wagner* (Red.): Beiträge über chinesische Soziologen, in: *W. Bernsdorf/H. Knospe* (Hg.), Internationales Soziologenlexikon (2 Bde), Stuttgart 1984; *Siu-lun Wong,* Sociology and Socialism in Contemporary China, London 1979

Prof. Dr. *B. Gransow,* Bochum

chose sociale

E. Durkheim bezeichnete damit den *Dingcharakter* des Sozialen. Weder sind soziale Tatbestände (→faits sociaux) materielle Untersuchungsobjekte, noch sind sie auf geistige oder seelische Phänomene reduzierbar. Daher sind →Verstehen allein, die →phänomenologische Betrachtung (=Wesensschau) oder →Empathie nicht zureichend, die faits sociaux wissenschaftlich zu erfassen. C. stellen nämlich festgelegte Handelns- und Erfahrungsmuster dar, die auch unabhängig vom Wissen und Bewußtsein des einzelnen Individuums existieren können und deshalb auch von außen der systematischen wissenschaftlichen Beobachtung zugeführt werden können.

Chosismus

kritisch-distanzierende Bezeichnung für *E. Durkheims* These von der klaren Abgrenzung der sozialen Tatbestände gegenüber dem Psychischen und damit gegenüber der philosophisch-phänomenologischen Wesensschau und dem eher psychologischen →Verstehen. Deshalb wird auch die Verdinglichung der sozialen Tatbestände und die daraus resultierende tendenzielle Loslösung der→faits sociaux von dem handelnden und erlebenden Menschen kritisiert.

christliche Soziallehre

a. katholische Soziallehre
umfaßt die Lehraussagen der katholischen Kirche zum menschlichen Sozialleben (z.B. Politik, Kultur, Pädagogik und Wirtschaft). Grundlage sind eine aus dem Naturrecht abgeleitete Sozialethik, aber auch Aussagen und autoritative Lehrmeinungen der obersten kirchlichen Lehrautorität sowie des höchsten Hirtenamtes (Sozialenzykliken des Papstes). Die k.S. betrachtet und wertet das menschliche Sozialleben im Zusammen-

hang mit der christlichen Lehre. Eine Trennung zwischen christlichem Heilsauftrag und Gestaltung der irdischen Ordnung wird verneint, weil sie dem Auftrag der Kirche, die Menschen auf dem Weg zum ewigen Heil zu leiten, widerspräche. Die k. S. regelt aber auch das Sozialleben der Kirche und bezeichnet die Kirche in dogmatischer Form als Verkörperung der christlichen →Gemeinschaft. Aus dieser inneren Ordnung heraus will die Kirche über Seelsorger und Missionare auch auf die Entwicklung gesellschaftlicher Verhältnisse einwirken.

b. evangelische Soziallehre
beruht auf der evangelisch-christlichen Glaubenslehre. Sie untersteht nicht dem Dogma einer kirchlichen →Autorität und läßt daher voneinander abweichende Aussagen zu. Richtungweisend ist die im Evangelium enthaltene moralische Vorgabe, die die gesellschaftliche Gestaltung normativ orientierend bestimmt.

City

nach der City of London allgemein die Bezeichnung für den Bereich einer Großstadt, in dem sich die politischen, kulturellen und wirtschaftlichen Spitzenorganisationen geballt angesiedelt haben. Obgleich dies oft die Innenstadt ist, muß die C. nicht notwendigerweise die Stadtmitte sein: Flächenstädte besitzen häufig mehrere C. Ein wichtiges Charakteristikum für die C. ist die geringe Bevölkerungszahl im Vergleich zu der hohen Anzahl der Arbeitsplätze. Eine C. entsteht in der Regel sukzessive durch die Verdrängung der ursprünglichen Wohnbevölkerung, der kulturellen Einrichtungen und Gewerbebetriebe. Mit den dann steigenden Grundstückspreisen können nur noch Banken, Versicherungen, politische Einrichtungen, Luxusgeschäfte und Hotels sich ansiedeln. Für den Ballungsraum C. sind tagsüber reger Verkehr und nach Geschäfts- bzw. Dienstschluß soziale Vereinsamung zu registrieren.

Clique

1. „Bande"
oft negativ-evaluativ benutzte Bezeichnung für →informell entstandene →Gruppen, die sich innerhalb formaler →Organisationen (z. B. Schulen, Betrieben, Behörden) bilden. Charakteristisch für die C. ist die hohe Interaktionshäufigkeit im Inneren und eine gewisse Abkapselung nach außen (häufig geht auch ein Konkurrenzdenken einher). Die C. entwickelt partiell andere →Werte, →Normen und Vorstellungen als ihre soziale Umgebung und zeichnet sich durch ihr Zusammengehörigkeitsgefühl in einer perzipierten Art von Oppositionshaltung aus. Diese →Einstellung läßt sie für die formelle Organisation nicht ungefährlich erscheinen;

2. als C. werden auch informelle Gruppen bezeichnet, die auf unausgesprochenem →Konsens basieren und sich nicht von der bestehenden Ordnung ausgrenzen. Sie versuchen innerhalb des →Systems ihre eigenen partikularistischen Interessen und Vorstellungen durchzusetzen und unterstützen zu diesem Zweck solidarisch ihre eigenen Leute in Konkurrenz mit den „Nicht-Mitgliedern". Solche C. finden sich in allen Lebensbereichen, wie in Künstlerkreisen, in lokalen Nachbarschaften, in Vereinen, aber auch, und hier von enormen Gewicht, in politischen, militärischen und wirtschaftlichen Führungsgremien.

Clique, soziometrische
die →Soziometrie beschäftigt sich mit Sympathie- und Antipathiebeziehungen in sozialen Gruppen, insbesondere auch mit der Außenwirkung, der Entwicklung, dem Zusammenhalt und der inneren Dynamik der C. Als C. bezeichnet die Soziometrie die Gruppenmitglieder, die sich untereinander verstärkt wählen und bestätigen, andere Gruppenangehörige kaum wählen bzw. ablehnen und umgekehrt von diesen kaum gewählt werden. Sie zeigen ein deutliches →in-group-out-group-Verhalten.

Clique, strategische
von *N. Luhmann* eingeführte Bezeichnung für eine C., die innerhalb einer formalen Organisation besteht, deren übergeordnete Organisationsstruktur sie aber den Zielen und Vorstellungen der C. nachordnet und sie nur als Mittel zum Zweck des Machterwerbs bzw. der -festigung oder der Absicherung informeller Entscheidungen einsetzt.

Club of Rome
Bezeichnung für einen Kreis von Wissenschaftlern, Industriellen, Politikern u. a., die sich 1968 in Rom organisierten, um die drängenden Probleme der Menschheit zu analysieren. Absicht ist, auf solche Probleme, deren Ursachen, Entwicklungen, Zusammenhänge untereinander, und deren Lösungsmöglichkeiten die allgemeine Öffentlichkeit, aber insbesondere auch gesellschaftliche Entscheidungsträger hinzuweisen, um diese zum Nachdenken und Handeln zu bringen. Zu den bekanntesten, aber auch umstrittensten Studien, die sich mit →Prognosen und Strategien an Öffentlichkeit und Fachgremien wandten, zählen „Grenzen des Wachstums" und „Menschheit am Wendepunkt".

cluster
„Klumpen", „Haufen"
→*Auswahlverfahren*
→Clusteranalyse

Clusteranalyse
(engl.: cluster analysis)
ein von *Tyron, Holzinger* und *Harman* entwickeltes, multivariates, statistisches Verfahren zur Zusammenfassung und Separierung von →Variablen. Ziel ist, eine komplexe Datenstruktur so zu organisieren, daß kleinere Einheiten entstehen, die in sich homogener und untereinander heterogener sind, die sog. Cluster. Die C. ist also ein Verfahren, das ähnliche Objekte hinsichtlich mehrerer Variablen der gleichen →Gruppe zuordnet. So entstehen – räumlich gesehen – deutlich unterscheidbare, aber in sich ähnliche Punktwolken, die die Personen darstellen. Die C. ist daher eher ein deskriptives Verfahren.

Die Clusterkonfiguration ist abhängig von den in sie einbezogenen Merkmalen und Personen, von der Zahl und der Größe der Cluster, bzw. den hierfür anzugebenden Kriterien, sowie von den Abständen zwischen den Clustern, die mit verschiedenen Algorithmen gemessen werden können.

Zwei prinzipielle Formen von C. sind möglich: die hierarchische und die partitionierende. Erstere wird wieder unterteilt in die agglomerative und die divisive. Ausgangspunkt der agglomerativen sind die einzelnen Untersuchungsobjekte, die nach und nach zu Clustern zusammengefaßt werden. Während bei der divisiven Form von allen Untersuchungsobjekten als einer Gruppe ausgegangen wird und sukzessive kleinere Cluster gesucht werden. Bei der partitionierenden C. geht man von einer vorgegebenen Gruppeneinteilung aus und versucht, durch Auslagerung bzw. Einbezug von Untersuchungsobjekten die Prinzipien der C. optimal zu realisieren. Die hierarchischen C. werden am häufigsten eingesetzt. Grundproblem aller C. ist, welche Optimierungskriterien gewählt werden.

Code
→Kode
→Kodierung

collective bargaining
→„Kollektivverhandlungen"
1. Bezeichnung für die Tarifverhandlungen zwischen den Arbeitgebern, d.h. den Unternehmerverbänden, und den Arbeitnehmern bzw. ihren Gewerkschaften über die Löhne (Festsetzung des tariflichen Mindestlohns) und andere, gesamtgültige Arbeits- und Anstellungsbedingungen;

2. meint auch die →Theorien, Taktiken und Strategien, die bei den Kollektivverhandlungen eingesetzt werden.

Comic-strips
Comics; „komische Bildstreifen"

Geschichten, Handlungen und Abenteuer werden in der Abfolge einfacher Zeichnungen dargestellt und mit kurzen Texten versehen. In C. treten zumeist stark stilisierte, überzeichnete (z.B. komische, heldenhafte, aggressive oder besonders schlaue) Menschen, Tiere oder Phantasiegestalten auf. C. erscheinen als selbständige Werke, sind oft aber auch innerhalb anderer →Massenkommunikationsmittel (z.B. in Zeitungen oder Zeitschriften) enthalten. C. haben tendenziell eine kulturprägende Wirkung, speziell im Bereich der Massen- und Populärkultur. Andererseits sind C. auch ein Ergebnis von →Kultur, wie die dargestellten Gesellschaftsbilder, Persönlichkeitsbildungen, Denk-, Handlungs- und Reaktionsweisen erkennen lassen.

commitment

„Bindung", „Verpflichtung"

1. meint die innere Bindung eines Menschen an gesellschaftliche →Normen,→Werte oder Zielvorstellungen;

2. in der Theorie der →kognitiven Dissonanz meint c. die selbstgewählte Bindung einer Person an eine spezielle Einstellungs- oder Handlungsalternative. Sind →Kognitionen mit einem c. inkonsistent, kommt es zur →Dissonanz. Durch Veränderung der Kognitionen kann die Dissonanz am ehesten aufgehoben oder reduziert werden, weil das c. relativ fest ist.

common sense

„allgemeiner Sinn"

bezeichnet den auf Alltagserfahrung beruhenden „gesunden Menschenverstand". C. sind jene Auffassungen, die von der (wie auch immer definierten) Mehrheit einer Bevölkerung geteilt und eingesetzt werden, um Alltagsprobleme zu erklären und zu lösen. Er steht dabei oft im Widerspruch zum wissenschaftlichen Erkenntnisstand oder hinkt hinter diesem her. Der c. klammert widersprechende Erfahrungen meist aus bzw. definiert sie für die eigenen Zwecke um. Da der c. oft für neuere Erkenntnisse blind ist, sind die in ihm zum Ausdruck kommenden →Einstellungen oft nicht vorurteilsfrei und wissenschaftlich unhaltbar.

community

→Kommunitarismus

community studies

→Gemeindestudien

compliance

Willfährigkeit, Einwilligung, Folgsamkeit

1. absichtliches Erfüllen einer geltenden →Norm *(Befolgung)*. Dieses Verhalten geht über die bloße →Konformität hinaus. Neben dem Wissen um das Vorhandensein der Norm ist auch der Wille zu ihrer Erfüllung vorhanden;

2. Begriff zur Differenzierung der Gründe für Einstellungsänderungen, wobei c. für Einstellungsänderungen aus Schwäche oder Opportunismus steht. Andere Ursachen sind →*Identifikation* und →*Internalisation.*

compliance, coercive

„erzwungene Folgsamkeit"

Führung und →Kontrolle untergeordneter Personen einer (Zwangs-)Einrichtung durch Ausübung physischer Gewalt oder Druckes. Diese c., der die Betroffenen stark ablehnend gegenüberstehen, ist typisch für die totale Institution des Gefängnisses.

compliance, forced

„erzwungene Einwilligung"

in der Theorie der →kognitiven Dissonanz Bezeichnung für ein auf sozialen Druck hin erfolgendes einstellungsdiskrepantes Verhalten. C. ist schwächer als coercive c. So bewirken Strafandrohung bzw. das In-Aussicht-Stellen einer →Belohnung für Verhaltensweisen, die im Widerspruch zu den eigenen Überzeugungen stehen, eine kognitive Dissonanz. Die Dissonanz ist um so geringer, je größer die →Bestrafung bzw. die Belohnung ist, durch die das konträre Verhalten ausgelöst wurde.

compliance, normative

„normativ-soziale Folgsamkeit"

Führung und Kontrolle der unter- oder nachgeordneten →Positionen und Personen erfahren starke Zustimmung durch diese, besonders in Einrichtungen mit starken normativen Orientierungen und sozialen Sanktionen. Die c. wird z.B. in Kirchen praktiziert.

compliance, utilitarian
„utilitaristische, berechnende Folgsamkeit"
Führung, Kontrolle und Anleitung der untergeordneten Personen einer Einrichtung mittels materieller Anreize, die ein kalkuliertes Verhalten der Betroffenen als gefordertes anregen. Wird vor allem in Industrieunternehmen praktiziert.

compunication
Kunstwort aus Computer und Kommunikation; meint die neuen Informations- und Kommunikationstechniken in den Massenmedien.

Computernetzwerke
1. Begriff und Geschichte. Der Begriff des Rechnernetzes umfaßt unterschiedliche Formen der kabelgebundenen oder kabellosen Verbindung einer mehr oder weniger großen Zahl von Computern, die untereinander mittels gemeinsamer Kommunikationsprotokolle digitalisierte Daten (Texte, Programme, Sprache, Bilder) austauschen können. Die Computerkommunikation reicht bis in die Anfänge der Datenverarbeitung zurück. Die 50er Jahre sind geprägt von zentral kontrollierten Großsystemen („Central Command and Control Systems") als Leitbild einer effizienten Lenkung von Stoff-, Energie- und Informationsflüssen. Seit Mitte der 60er Jahre kommt es verstärkt zur Herausbildung von interaktiven Abfrage- und Dialogsystemen im Realzeit-Teilnehmerbetrieb. Mit paketvermittelten Datennetzen entsteht eine neuartige EDV-spezifische, volldigitale Netzarchitektur. In den 80er Jahren verbreiten sich als Gegenbild und Ergänzung zu vernetzten Großrechnern lokale Netze und Netzarchitekturen, die am sozialen Modell eines lokalen Arbeits- und Kooperationszusammenhangs („distributed personal computing") ausgerichtet sind. Die 90er Jahre stehen im Zeichen des Auf- und Ausbaus regionaler, nationaler und globaler Informationsinfrastrukturen. Ob es – gestützt auf weltweite Normen und breitbandige Hochgeschwindigkeitsnetze – zu einer umfassenden Integration und Verschmelzung heterogener Netze, unterschiedlicher Protokollwelten und Medienformen („Multimedia") kommen wird, oder ob künftig eher nach Art eines breitgefächerten Kaleidoskops immer neue Medien und Vernetzungsformen geschaffen und kombiniert werden, läßt sich kaum prognostizieren und noch weniger steuern. Technikgenese ist ein mehrstufiger Prozeß der Generierung und Selektion von Problemen, Konstruktionselementen und Nutzungsvisionen, an dem ganz unterschiedliche Akteure in wechselnden Kontexten beteiligt sind.

2. Stand der Forschung. Formen und Folgen der informationstechnischen Vernetzung werden in verschiedenen (Sub-)Disziplinen und Forschungszusammenhängen bearbeitet. In historischen Technikgenese- und Leitbildanalysen wurde untersucht, ob und inwieweit Computerkommunikationstechniken durch ihren militärischen Entstehungskontext geprägt sind (Hellige). Die inner- und zwischenbetriebliche Vernetzung bildet im Zusammenhang der Restrukturierung von Arbeits-, Produzenten-Zulieferer- und Produzenten-Anwender-Beziehungen ein zunehmend wichtiges Thema der Industriesoziologie. Erscheinungsformen und Einflußfaktoren der zwischenbetrieblichenund branchenübergreifenden Vernetzung entlang der Produktions- und Distributionskette durch interorganisationale Anwendungssysteme, die ansatzweise auch private Haushalte einbeziehen, werden vor allem in mikroökonomisch orientierten Studien bearbeitet, die sich zunehmend auch dem Phänomen „elektronischer Märkte" zuwenden. For-

schungen über die Entwicklungsdynamiken von internationalen Telekommunikationsregimes finden ihre Ergänzung in Fallstudien zu konkreten technischen Standardisierungsprozessen; institutionalistisch orientierten Untersuchungen der Entwicklung einzelner Anwendungssysteme (z. B. Bildschirmtext) stehen kulturalistische Studien über nutzerinitiierte Vernetzungsformen, etwa die „Mailbox-Szene“, gegenüber (Wetzstein u. a.). Die sog. CMC-Forschung (Computer-Mediated Communication) beschäftigt sich mit den Unterschieden zwischen face-to-face und der computervermittelten Kommunikation sowie mit der Kultur und Sozialwelt → virtueller Gemeinschaften (Jones).

3. Das Internet. Das größte computervermittelte Kommunikationsnetz ist das Internet (Rost). Anfang 1996 ist es auf knapp 10 Millionen Rechner in rund 100 Ländern angewachsen. Im Kontrast zur globalen Reichweite des Netzes konzentrieren sich die Zugänge – gemessen am Standort der an das Internet angeschlossenen Computer – bislang in bestimmten Regionen, vor allem in den USA und Europa. Das Internet läßt sich aus verschiedenen Perspektiven beschreiben als (a) eine auf der TCP/IP-Protokollfamilie beruhende technische Möglichkeit, weltweit Computer miteinander zu verbinden, egal um welchen Rechnertyp es sich handelt und egal in welchem physikalischen Medium die Daten übermittelt werden; (b) eine täglich expandierende Sammlung von Informationsressourcen und Netzdiensten (z. B. Telnet, File Transfer, E-Mail, Netnews, Internet Relay Chat, Internet Phone, World Wide Web); (c) eine Gemeinschaft von Menschen, die das Internet gerne als Vorläufer oder Prototyp einer globalen Datenautobahn bezeichnet. Das Netz ist vor allem aber ein neuartiger Interaktionsraum, in dem soziale Beziehungen aufgebaut, gemeinsame Welten konstruiert und alternative Identitäten erprobt werden.

4. Netzgemeinschaften. Verschiedene Arten von Netzgemeinschaften geben der Sozialwelt des Internet eine Binnenstruktur. (a) *Virtuelle Gemeinschaften* bezeichnen Gruppen von Personen, die sich über ein Interesse an einer gemeinsamen Sache im Netz gefunden haben und in erster Linie über das Netz kommunizieren, aber durchaus Kontakt im „wirklichen Leben“ pflegen. Virtuelle Gemeinschaften dieser Art gibt es viele im Internet. Grobe Unterscheidungen lassen sich nach der bevorzugten Kommunikationsform treffen. Die einzelnen Kommunikationsdienste haben je eigene Nutzungskulturen herausgebildet. Elektronischen Konferenzsystemen mit einer ausgeprägten regionalen Verankerung stehen die Newsgroups des weltweiten Usenet gegenüber. Im Internet Relay Chat, einem Mehrpersonen-Konversationsprogramm, können sich eine mehr oder weniger große Anzahl von Personen synchron auf unterschiedlichen Kanälen unterhalten. In den Mikrowelten der Multi User Dimensions (MUDs) gestalten und explorieren die Nutzer virtuelle Realitäten mit Räumen, Objekten und Stellvertreter-Charakteren ihrer selbst. Ein gemeinsames Merkmal der Netnews, IRC-Kanäle und MUDs bleibt der rein text-basierte Austausch. Aus dieser Beschränkung heraus sind eine Reihe von netz-typischen diskursiven Praktiken entstanden wie etwa die Verwendung von parasprachlichen Zeichen (den sogenannten Emoticons oder Smileys), der exzessive Gebrauch von Akronymen und Jargon oder das „flaming“, eine Art verbaler Attacke auf andere Nutzer. (b) Werden die Aktivitäten und Kontakte im Netz zum zentralen Sozialbezug und zu Grundlage einer kollektiven Identitätsbildung, kann man von *Kulturgemeinschaften* im Netz sprechen. Eine solche Kulturgemeinschaft ist die Gruppe der Hacker. In dieser Kultur von Einzelgängern paaren sich überdurchschnittliche Programmier- und Netzkenntnisse mit einem Bewußtsein für geteilte Wurzeln und Werte. Unkon-

ventionelle Arbeits- und Kleidungsgewohnheiten sind hier ebenso typisch wie ein gemeinsamer, für Außenstehende weitgehend unverständlicher Wortschatz. Einen Zentralwert in der Hackerkultur bildet traditionell die freie Verfügbarkeit des Quellcodes von Programmen. Auf der Verfügbarkeit von Programmsourcen gründen zahlreiche, nicht-kommerzielle Software-Entwicklungsprojekte im Netz. (c) Neben virtuellen Gemeinschaften und Kulturgemeinschaften im engeren Sinne umfaßt die Internet-Gemeinde bestimmte Funktionsgemeinschaften. Diese erfüllen dienste- bzw. netzübergreifende Aufgaben wie etwa die Pflege- und Weiterentwicklung der Internet-Protokolle (s. u.).

5. Selbstregulierung. Aus alten Medien vertraute Rollenmuster wie Sender/Empfänger, Anbieter/Nachfrager, Produzent/Rezipient lösen sich in interaktiven Computernetzwerken wie dem Internet der Möglichkeit nach auf. So konnten sich hier nicht nur innovative Nutzungspraxen, sondern auch neuartige Regulierungsweisen entfalten. Im Gegensatz zur häufig und gerne proklamierten „World wide anarchy" des „rechtsfreien Raums" Internet stellt sich das Netz bei genauerer Betrachtung als durchaus geordneter Interaktionsraum dar. Zur gewachsenen Ordnung des Internet gehören selbsternannte oder gewählte *Ordnungshüterinnen,* wie etwa MUD Wizards, IRC Operators, News- und Listen-ModeratorInnen und FTP-AdministratorInnen, die in den verschiedenen Diensten des Netzes über die Einhaltung des Reglements der Internet-Kultur wachen. Ihre Sanktionsgewalt ist lokal begrenzt und beschränkt sich in der Regel auf Ermahnungen und Appelle an die Eigenverantwortlichkeit, mitunter unterstützt durch Gruppendruck anderer Netzteilnehmer. Im ärgsten Fall besteht eine Sanktion in einer Verbannung der Malefikanten auf dem Netz. Mit der *Netiquette* hat sich im Netz ein Kodex von Regeln für das allgemeine Verhalten im Netz herausgebildet, der sowohl Benimm-Regeln für den Umgang mit anderen NutzerInnen als auch Richtlinien für ein „angemessenes" Verhalten bei der Inanspruchnahme von Internetressourcen umfaßt. Ohne verpflichtenden Charakter appelliert die Netiquette an die Eigeninitiative und Eigenverantwortlichkeit der Nutzer eines Kollektivguts. *Formalisierte Verfahren* finden sich insbesondere in Bereichen, wo es um Entscheidungen mit globaler Netz-Tragweite geht. Bei technisierten Standardisierungsprozessen geht es um solche Entscheidungen. Hier liegt das Betätigungsfeld spezifischer Internet-Organisationen, z. B. der Internet Engineering Task Force (IETF). Die Schwelle für eine Partizipation an diesem Standardisierungsforum ist niedrig: Mitglied ist, wer sich an einer der IETF-Mailing-Listen beteiligt. Entscheidungen werden nicht durch Abstimmung, sondern nach dem Prinzip des „rough consensus" erzielt.

6. Virtueller Erfahrungsraum. Kommunikationsprotokolle berühren die Bedingungen der Interaktion und Teilhabe in der virtuellen Welt deshalb in grundlegender Weise, weil hier *jeder* Auseintausch ein Datenaustausch ist. Die Anonymität und Stofflosigkeit der computervermittelten Kommunikation eröffnen den Teilnehmenden Erfahrungen, die in der Realwelt nicht möglich sind (Turkle). In der Netzwelt integrieren genau genommen nicht Personen, sondern Personae – fiktive Identitäten, die mit der „wirklichen" Identität der Nutzer nichts zu tun haben brauchen. Der Geschlechtswechsel („gender swapping") ist ein Aspekt des Überschreitens des realweltlichen Erfahrungsraums im Internet. Innerhalb der entkörperlichten, rein symbolischen Kommunikation im Datenraum gibt es darüber hinaus, technisch gesehen, keinen Unterschied zwischen Aktivitäten, die von menschlichen Netznutzern ausgehen, und solchen, die durch Programme gestartet werden. Im

Internet tummelt sich bereits eine Vielzahl von Computerprogrammen, die weitgehend autonom eine bestimmte Aufgabe ausführen und dabei im Auftrag einer einzelnen Nutzerin oder einer Organisation tätig sind. Software-Agenten, Roboter, Bots und Spider sind maschinelle Kreationen, die eher den Status eines Akteurs als Werkzeugcharakter haben. Sie können die Handlungsfähigkeiten menschlicher Nutzer ebenso unterstützen und erweitern wie einschränken. Ihr Risikopotential ist beträchtlich. Die Anwesenheit solcher nichtmenschlichen Akteure wirft zahlreiche Fragen auf: Wie weit sollen ihre Handlungsfähigkeiten als Stellvertreter, Assistent oder Gegenspieler menschlicher Nutzer reichen? Welche Aspekte der Gestaltung des Netzverkehrs sollen an Agenten delegiert werden? Wer entscheidet darüber, wofür Agenten eingesetzt werden?

7. Elektronische Märkte. Das Internet gilt als *der* elektronische Marktplatz der Zukunft; gegenwärtig ist der Umfang kommerzieller Transaktionen im Netz noch eher gering. Ein großer Stellenwert kommt der Frage nach zukunftsträchtigen Nutzungsformen zu. Von einer breiteren Nutzung bzw. Nachfrage hängt es aber ab, ob sich tatsächlich elektronische Marktplätze für Arbeit, Bildung und Freizeit mit einem vielfältigen Angebot kommerzieller und nicht-kommerzieller Art entfalten werden. Ebenso unbestimmt wie die Gestalt möglicher Massenmärkte ist bislang der Umfang, in dem sich die Wirtschaft künftig offener Datennetze bedienen wird und – damit zusammenhängend – das Ausmaß, in dem weiterhin geschlossene, proprietäre Netze genutzt und ausgebaut werden. Erst die Verfügbarkeit und Akzeptanz verbindlicher elektronischer Zahlungsmittel wird einer breiten kommerziellen Nutzung der Netze den Weg ebnen. Buchstäblich eine Schlüsseltechnologie sind dabei kryptographische Verfahren zur Authentifizierung von Personen und Informationen. In der Netzwelt *ist* Technik sowohl Kultur als auch Politik.

Lit.: H.-D. Hellige: „Militärische Einflüsse auf Leitbilder, Lösungsmuster und Entwicklungsrichtungen der Computerkommunikation", in: Technikgeschichte 59/4, 1992, 372–401; *S. G. Jones* (Hg.): Cybersociety. Computer-Mediated Communication and Community. Thousand Oaks 1995; *M. Rost* (Hg.): Die Netzrevolution. Auf dem Weg in die Weltgesellschaft. Frankfurt am Main 1996; *S. Turkle:* Life on the Screen. Identity in the Age of the Internet. New York 1995; *T. Wetzstein* u. a.: Datenreisende. Die Kultur der Computernetze. Opladen 1995

Dr. *U. Hoffmann,* Berlin

Computersimulation
auf der Basis empirisch ermittelter Daten oder aber von Hypothesen über das Zusammenspiel unterschiedlicher Faktoren (Vorgänge) im Zeitablauf werden dem Computer diese Informationen eingegeben. Anhand eines solchen Modells können bestimmte Vorgänge in einem sozialen System als dynamische Prozesse mit einem Computer nachvollzogen bzw. „simuliert" werden. Unter →ceteris-paribus-Bedingungen wird dabei ermittelt, wie bei spezifischer Modifikation einer oder mehrerer Variablen sich andere Faktoren und/oder das ganze Modell verändern; dies wäre ohne C. kaum möglich. In der Soziologie wird daher die C. eingesetzt, um einen Einblick in komplizierte Zusammenhänge und Mechanismen in einem sozialen System zu erhalten.

conceptual frame/scheme
→Bezugsrahmen

conscience collective
→Kollektivbewußtsein

conspicious consumption
→demonstrativer Konsum (wörtlich: sichtbarer Konsum)

consumer economics
„Konsumenten-Wirtschaftslehre"
angesiedelt zwischen Konsumsoziologie und ökonomischer Entscheidungstheorie. Aus dem Blickwinkel des Konsumenten wird analysiert, welche Faktoren für einen spezifischen Haushalt (z.B. berufs-, familien-, schichtspezifisch) relevant sind, um die entsprechenden Kaufentscheidungen begründet treffen zu können (z.B. Einkommen, Finanzierungsmöglichkeiten etc.).

content analysis
→Inhaltsanalyse

contrat social
→Gesellschaftsvertrag
ohne diesen gäbe es beim Zusammenleben der Menschen keine Ordnung, aber auch keine Herrschaftsverhältnisse, keine Sicherheit und deswegen keine Freiheit; dies ist der Naturzustand von Gesellschaft. Auf dem c. beruhen laut idealistisch orientierter staatswissenschaftlicher und soziologischer Theorie Staat und Gesellschaft. Mit ihm überwinden die Menschen durch Einsicht und Vernunft den (chaotischen) Naturzustand und schließen sich auf der Grundlage einer freien vertraglichen Vereinbarung zusammen. Der Begriff c. ist untrennbar mit dem Namen *J.-J. Rousseau* (1712–1778) verbunden. *Rousseau* führte ihn im Rahmen der Aufstellung einer Gegenposition zu den politischen Theorien des Besitzbürgertums in England ein. Angesichts der zunehmenden Entfremdung des Menschen lehnt *Rousseau* sowohl *Hobbes'* Modell der Stabilisierung und Legitimierung von Herrschaft als auch *Locke*'s Besitzindividualismus ab und spricht sich für eine Gesellschaftsordnung auf der Grundlage des c., der die natürliche Freiheit und Gleichheit festhalten und garantieren soll, aus. Die Menschen verpflichten sich zum Zwecke der Selbsterhaltung zur Einhaltung der gemeinsam festgelegten →Werte und →Normen. Der volonté générale (allgemeiner Wille) stellt das allein verbindliche und integrierende Element dar und überstimmt den volonté de tous (Wille aller), der nicht notwendigerweise mit dem volonté générale übereinstimmen muß. Der c. ist also die freiwillige Vereinbarung, auf individuelle Freiheiten und Interessen zugunsten der Freiheit und Sicherheit aller – und damit letztlich auch der eigenen – zu verzichten, weil sonst die Existenz von Gesellschaft nicht garantiert ist.

controlling
Begriff, der hauptsächlich im Bereich der Unternehmensführung auftritt. C. orientiert sich an Rentabilitätsgrundsätzen und untersucht Unternehmen daraufhin. Die vom Mangagement vorgenommene Zielsetzung soll hinsichtlich der Zielerreichung positiv beeinflußt und gestaltet werden. Verwandt mit dem in der Soziologie häufiger gebrauchten Begriffe der →Evaluation.

corporate culture
→corporate identity
→Unternehmenskultur

corporate identity
„Gemeinschaftsidentität"
meint das Bild (→Image) einer Organisation (z.B. Unternehmen), das diese sich gibt und/oder das in der Öffentlichkeit besteht. C. bezeichnet die Totalität aller Ausdrucks- und Verhaltensweisen, die das Erscheinungsbild prägen (also z.B. Briefkopf, Uniformen, Mitarbeiter etc.) und so auf das eigene Leistungspotential und die Selbstdarstellung in der Öffentlichkeit wirkt.
→Unternehmenskultur

cross cultural survey
systematische und vergleichend angelegte (empirische) Studien verschiedener Kulturen und Gesellschaften nach spezifischen theoretischen Gesichtspunkten (→Variablen, Faktoren).
→human relations area file.

cross section study
→Querschnittsuntersuchung

cultural lag
kulturelles Zurückbleiben, Nachhinken
ein von *W. F. Ogburn* beobachtetes und so bezeichnetes Phänomen kultureller Anpassungsschwierigkeiten an Neuentwicklungen in modernen →Industriegesellschaften. So vollziehen nicht alle Bereiche der Gesamtkultur den zeitlichen Wandel und Fortschritt in der gleichen Geschwindigkeit. Gesellschaftliche →Institutionen, →Werte, →Normen, Ansichten usw., all das, was man unter „immaterieller" Kultur versteht, hinken der „materiellen" Kultur, das sind naturwissenschaftliche und technische Entwicklungen, meist hinterher. Diese zeitliche Versetztheit verursacht dann ein Ungleichgewicht beider Kultursegmente, eine Fehlanpassung. Prototypische Beispiele finden sich im Bereich des Rechts, wenn Normen an die materiellen Bedingungen angepaßt werden, etwa neue Umweltdelikte, Wirtschaftskriminalität etc.

Curriculum
Begriff der pädagogischen Soziologie und der Erziehungswissenschaft, der zum einen die organisierten Lernprozesse (Ziele, Inhalte, Methoden, Organisation und Kontrollmechanismen) und die Steuerung des Lernens, zum anderen aber auch die faktischen Lernprozesse bezeichnet. Ein C. ist ein Komplex aufeinander aufbauender, sukzessive ablaufender Lerninhalte, etwa wie ein „Lebenslauf".

Curriculumforschung
jüngere Disziplin der Erziehungswissenschaft, die an Verfahren zur objektiven, systematischen und rationalen Festlegung von Schulzielen und -inhalten arbeitet. Die C. entwickelt Richtlinien für Lehrpläne, Lehrziele und Lehrmethoden und analysiert typische Lebenssituationen, auf deren Verarbeitung und Bewältigung die Schüler vorbereitet werden sollen.

customs
Sitten, Gebräuche
Bezeichnung für gruppen- oder kulturspezifische Verhaltensweisen, die sich unter gleichen Lebensbedingungen und denselben Interessen gebildet haben und als Erfahrungen weitergegeben werden. Die soziologische Analyse von c. geht im wesentlichen auf *W. G. Sumner* (1840–1910) zurück.

D

Darwinismus
→Evolutionismus
→Sozialdarwinismus

Datenerhebung
nach der theoretischen Vorbereitung einer empirischen Untersuchung durch Hypothesenformulierung, nach der Konstruktion eines Erhebungsinstruments, nach Durchführung eines Pretests und nach der Stichprobenziehung erfolgt in der Feldphase die D. Sie dient dazu, die soziale Realität in den Daten adäquat zu erfassen, strukturtreu abzubilden.

Datenschutz
Vorkehrungen, die den Schutz des Bürgers vor Mißbrauch besonders der privaten Daten bei der Speicherung, Übermittlung, Änderung und Löschung in elektronischen Datenverarbeitungsanlagen garantieren sollen. Neben landesrechtlichen Regelungen gilt in der Bundesrepublik das Bundesdatenschutzgesetz vom 27.1.1977. Das Recht der „informationellen Selbstbestimmung" muß gerade auch in der Sozialforschung eingehalten werden.

Datenverarbeitung
1. systematisches, maschinelles Sammeln, Sichten, Speichern und Auswerten von Daten für Verwaltung, Wirtschaft und Wissenschaft mit Hilfe von elektronischen Geräten (Computer). Entscheidungs- und Planungsprozesse in den heutigen Industriegesellschaften sind ohne das System der D. nicht mehr denkbar. Die Einführung und Fortentwicklung der Elektronischen D. (EDV) verändert maßgeblich Arbeitsinhalte und Berufsstruktur und schaffte ein neues Kommunikations- und Informationssystem. Sozialwissenschaftliche Untersuchungen konzentrieren sich auf die Auswirkungen des D.-Einsatzes auf Beschäftigte, Arbeitsinhalte- und Arbeitsumfang, auf soziale Strukturverhältnisse in der Arbeitswelt, aber auch auf Auswirkungen im politischen und gesellschaftlichen Bereich;

2. im engeren Sinne der empirischen Sozialforschung meint D. den gesamten Prozeß der Datenaufbereitung, Datenbearbeitung und Datenanalyse unter Einsatz der EDV.

DDR-Forschung
interdisziplinäre Forschung in der Bundesrepublik über die gesellschaftlich-politischen und sozialen Strukturen in der DDR. An diesem Forschungsgebiet arbeiten Erziehungswissenschaftler, Geschichtswissenschaftler, Ökonomen, Politologen, Psychologen, Rechtswissenschaftler und Soziologen.

DDR (Sozialstruktur der ehem. –)
Sozialstruktur der DDR
Vorbemerkung
Es gibt keine einheitliche Auffassung darüber, was unter dem Oberbegriff „Sozialstruktur" zu verstehen ist. Das Hauptproblem einer soziologischen Analyse der →Sozialstruktur einer Gesellschaftsform ist die umfassende Bestimmung des Kataloges der spezifischen →Indikatoren, die als sozial relevant gelten.

Friedrich Fürstenberg nennt vier Voraussetzungen, die erfüllt sein müssen, um bei soziologischen Strukturanalysen einen optimalen Aussagewert zu erhalten: Die Untersuchung muß erstens etwas über wahrnehmbare Tatsachen aussagen. Ihre Ergebnisse müssen zweitens empirisch nachprüfbar sein. Sie müssen drittens soziologisch bedeutsam sein und viertens den sozialen Wandel berücksichtigen.

Viele empirisch orientierte Studien setzen den Begriff Sozialstruktur paradigmatisch als definiert voraus, wenn unter Berücksichtigung statistischer Daten gesellschaftliche Strukturen beschrieben werden.

Andere, mehr theoretisch geprägte Arbeiten ersetzen diesen Begriff durch

Formulierungen wie →„soziale“ oder „gesellschaftliche Schichtung“ bzw. →„gesellschaftliche Klassen“. Im weiteren sollen die drei verschiedenen Dimensionen des gesellschaftlichen Lebens im Mittelpunkt sozialstruktureller Betrachtungen stehen:

1. Dimension: Gliederung der Gesellschaft nach Ständen, Klassen oder Schichten;

2. Dimension: Bewegungen zwischen den verschiedenen Schichten oder Klassen (→soziale Mobilität);

3. Dimension: Unterschiedliche Interessenlagen der Schichten bzw. Klassen und die Verteilung von →Macht, →Eigentum, Besitz und →Kompetenz.

Alle drei Dimensionen beeinflussen die →„Lebensqualität“ des einzelnen Individuums und bestimmen seine Lebenschancen. Die wichtigsten Ausprägungen, die die „Lebenslage“ des einzelnen bestimmen, sind: Bildungsgrad, berufliche Stellung, funktionale Leistung, Macht- und Entscheidungsbefugnisse und pekuniäres Einkommen.

Sozialstruktur in der DDR

Eine der wesentlichen Zielsetzungen bei Gründung der DDR bestand darin, eine sozialistische Gesellschafts- und Wirtschaftsordnung unter Berufung auf die marxistisch-leninistische →Ideologie zu verwirklichen. Die Ergebnisse der damit verbundenen sozio-ökonomischen Umwälzung sind auch deutlich an den Veränderungen der Gesellschaftsstruktur zu erkennen. Die Bildungsstruktur, d. h. die Qualifikationsstruktur der Beschäftigten in der sozialistischen Wirtschaft der DDR, ist gekennzeichnet von einer rapiden Abnahme der un- und angelernten Kräfte sowie von einer zunehmenden Zahl von Absolventen eines Fach- oder Hochschulstudiums.

Besaßen im Jahre 1955 lediglich vier Prozent der „Werktätigen“ einen Fach- bzw. Hochschulabschluß, so waren es im Jahre 1986 über 23%. Im gleichen Zeitraum sank die Zahl der Un- und Angelernten von siebzig auf fünfzehn Prozent aller Beschäftigten in der sozialistischen Industrie.

Eine Untergliederung der →Werktätigen in der DDR nach ihrer beruflichen bzw. gesellschaftlichen Stellung wird durch die fehlenden statistischen Angaben erschwert. Vergleichbare Zahlen der Angestelltenschaft oder der zur Intelligenz zählenden Personen fehlen seit Mitte der sechziger Jahre. In den offiziellen Übersichten werden 75 von 100 Beschäftigten der Arbeiterklasse zugerechnet; das geschieht ungeachtet der nachweislich auch in der DDR zu konstatierenden wachsenden Selbstrekrutierung der →Intelligenz, deren quantiative und vor allem qualitative Bedeutung so verschleiert werden. Seltene statistische Angaben in offiziellen Publikationen, die glauben machen, daß etwa 15 % der Berufstätigen der Schicht der Intelligenz angehören, sind immer nur „Näherungswerte“, nie empirisch belegte Daten.

Überdies fehlt eine differenzierte Aufschlüssung aller Angehörigen der Intelligenz nach Personen mit Hoch- bzw. Fachschulabschluß.

Die empirisch belegbare wachsende Selbstrekrutierung der Intelligenz verschleiern DDR-Autoren hinter Wortphrasen, die die Manifestierung und den Fortbestand von sozialen und intellektuellen Unterschieden legitimieren sollen. Die möglichst breite, schichtenübergreifende Reproduktion wird zwar als ein „Erfordernis der Effizienz“, d. h. der vollständigen Erfassung des gesellschaftlich „verfügbaren Begabungspotentials“ angesehen.

Zugleich wird von DDR-Wissenschaftlern jedoch betont, daß die spezifischen Wertorientierungen (wie z. B. Ethos geistiger Arbeit, Erreichen wissenschaftlicher Reputation) Eigenschaften seien, die mit größerer Wahrscheinlichkeit entstehen und reproduziert würden, „wenn sie nicht in jeder Generation neu erworben werden müssen, sondern aus einem stabilen familiären Milieu hervorgehen“. Dies bedeutet realiter nichts ande-

DDR (Sozialstruktur der ehem. –)

res als die politische Akzeptanz einer gruppenimmanenten Reproduktion innerhalb der Intelligenz.

Der Anteil der Genossenschaftsbauern beträgt nach offizieller Darstellung z. Z. weniger als sieben Prozent aller Berufstätigen. Die genossenschaftlichen Handwerker sowie die privaten Einzelhändler und Handwerker stellen jeweils weniger als zwei Prozent der Erwerbstätigen in der sozialistischen Wirtschaft.

Die zahlenmäßigen Anteile und Entwicklungen der einzelnen Klassen und Schichten stellen aus der Sicht der marxistisch-leninistischen Soziologie nur einen „quantitativen Aspekt der Entwicklung der Klassenstruktur" dar.

Nach DDR-Darstellung haben alle Klassen und Schichten im real existierenden Sozialismus „ihre gesellschaftliche Stellung und ihr soziales Profil prinzipiell verändert". Da in der DDR die antagonistischen Widersprüche zwischen den Klassen aufgehoben seien, habe sich außerdem „eine neue historische Qualität" der Sozialstruktur in der sozialistischen Gesellschaft herausgebildet.

Vorgebliches „Kernstück" dieser „neuen Qualität" sei, daß die „Arbeiterklasse", vertreten durch die marxistisch-leninistische Partei, die Herrschaft ausübe. In Wirklichkeit ist diese ideologisch immerfort als „Diktatur des Proletariats" propagierte Machtausübung einer Alleinherrschaft der Nomenklatura, d. h. der Partei- und Staatselite, die das Macht- und Herrschaftsmonopol besitzt.

Unter Mißachtung der einem Mythos gleichenden staatlichen Doktrin von der sozialen Gleichheit im zu erstrebenden Kommunismus führt die Vergesellschaftung des Privateigentums an Produktionsmitteln zu einem Höchstmaß an Machtkonzentration in den Händen der Spitzenkader der SED, die als „Partei der Arbeiterklasse" alle politischen und gesellschaftlichen Schlüsselpositionen besetzt hält.

Da die Entscheidungsfindung und -weisung innerhalb der SED sich nach dem Prinzip des „demokratischen Zentralismus" von der Parteispitze zu den unteren Instanzen vollzieht, ist die Entscheidungsbefugnis des Individuums auf ein Minimum begrenzt; selbst Kombinatsdirektoren wird z. B. durch ministerielle Planvorgaben der Entscheidungsspielraum stark eingeengt.

Durch diese kontraproduktive Eingrenzung der individuellen Entscheidungsfreiheit – Privilegien und Macht werden nur dem die Parteiherrschaft nicht in Frage stellenden Individuum gewährt – kommt es zu einer internalisierten Ablehnung des Leistungsprinzips, da die dafür erforderlichen ideellen und materiellen Stimuli fehlen.

Die Leistungsverweigerung äußert sich im Rückzug in den Privatbereich, die sogenannten gesellschaftlichen Nischen, in Desinteresse, Nachlässigkeit, Arbeitszurückhaltung und Vergeudung von Ressourcen.

Die fehlenden materiellen Anreize, das mangelhafte Waren- und Dienstleistungsangebot, die nicht konvertible Währung sowie das Vorenthalten der wichtigsten Grundrechte des Menschen sind ebenfalls als Hemmnisse und demotivierende Faktoren zu nennen.

Einzelne privilegierte Gruppen (Parteifunktionäre, Spitzensportler etc.) ausgenommen, entscheiden allein die politisch-ideologische Zuverlässigkeit und die Zugehörigkeit zu den Kadern über die individuelle Partizipation an der gesellschaftlichen Konsumtion; die soziale und politische Ungleichheit ist deshalb das Produkt immanenter systemkonformer sozio-politischer Verhaltensmuster.

Darüber hinaus bestehen weiterhin große Einkommensunterschiede. Während ein Achtel der Bevölkerung im Jahre 1985 mit weniger als 1000 Mark monatlich auskommen mußte, standen einem Viertel der Bevölkerung über 2000 Mark zur Verfügung.

Die Differenzierungen in der Sozialstruktur der DDR werden überdies nicht nur von individuell beeinflußbaren Größen wie Bildungsgrad oder Einkommen bestimmt, sondern maßgeblich von der persönlichen Haltung zur SED und der eigenen Instrumentalisierbarkeit für den Machterhalt der Partei.

Hier offenbart sich das Dilemma im real existierenden Sozialismus: Einerseits werden zur Sicherung der Parteiherrschaft unkritische, entmündigte Menschen gewünscht, andererseits jedoch erfordern die wachsende Technisierung und Automatisierung von Volkswirtschaft und Gesellschaft selbständig denkende und handelnde Bürger mit Kreativität und Kritikfähigkeit.

Die Unvereinbarkeit dieser extremen Gegensätze verstärkt sich immer weiter durch die zunehmende Technologisierung der Sozialordnung, die innovative Individuen benötigt, welche zugleich jedoch nach persönlicher Freizügigkeit streben.

Lit.: Autorenkollektiv (unter Leitung von Rudi Weidig): Sozialstruktur der DDR. Berlin (Ost-) 1988; *Fürstenberg, Friedrich:* Die Sozialstruktur der Bundesrepublik Deutschland. Ein soziologischer Überblick. Opladen 1978, 6. neubearb. Aufl.; *Voigt, Dieter* (Hg.): Elite der Wissenschaft und Politik. Empirische Untersuchungen und theoretische Ansätze. Berlin 1987; *Voigt, Dieter/Werner Voß/Sabine Meck:* Sozialstruktur der DDR. Eine Einführung. Darmstadt 1987

Prof. Dr. *D. Voigt*/Dr. *L. Mertens*, Bochum

DDR (Soziologie in der ehem. –)

DDR-Soziologie, bislang überwiegend als „Soziologie in der DDR" definiert (P. Ludz, D. Voigt), läßt sich institutionell mittlerweile zweifach benennen:
a) Soziologie in der DDR
b) Soziologie der DDR.

Nach dem Tode Stalins 1952 gelangten Inhalte soziologischer Disputationen am Ende der fünfziger Jahre über marxistische Philosophen aus Prag in die DDR. In Polen etablierte sich schon 1956 eine offiziell zugelassene empirisch-soziologische Forschung. Nach 1963 nahm die Soziologie in der DDR – zuvor von der SED als „bürgerliche Scheinwissenschaft", als „Werkzeug der Imperialisten" verleumdet – einen bemerkenswerten Aufschwung. Seitdem arbeitet die →empirische Sozialforschung, oder wie es dort heißt: die „konkrete Sozialforschung", für drei Ebenen (Voigt 1975 und 1982):

1. Für die obere Führungsschicht, der sie durch Ermittlung objektiver Daten über Meinungen, Stimmungen sowie Denk- und Verhaltensweisen in der Bevölkerung Informationen zum Erhalt ihres Machtmonopols (Entscheidungsfindung, Lagebeurteilung, Prognose, Erziehungshilfe, Planung und Führung) liefert. Zugänglich sind die Befunde in der Regel nur einer kleinen Gruppe hoher Funktionäre.

2. Für Funktionsträger der mittleren und unteren Führungsebenen. Hier geht es vordringlich darum, objektive Daten für die Betriebsleitungen, für die staatliche Verwaltung und Forschungssituationen zu gewinnen. Die Ergebnisse stehen Partei- und Wirtschaftskadern auf der betrieblichen und örtlichen Ebene zur Verfügung. Sie werden nicht oder nur auszugsweise publiziert.

3. Für Agitation und Propaganda sowie für →politische Sozialisation. Untersuchungen dieser Art erstreben propagandistische und agitatorische Wirkung nach innen und außen im Sinne der Werbung für das sozialistische Gesellschaftssystem. Von der SED sorgfältig ausgesuchte „Reisekader" werden mit solchen Aufgaben auch in den Westen geschickt.

Wenn auch bei Arbeiten für alle drei Ebenen westliche Methoden der empirischen Sozialforschung übernommen werden, ihre Anwendung und die Befunde werden indes auf der Ebene drei häufig manipuliert. Nicht selten arbeiten die „Sozialforscher" mit selektierten Items (vorgegebene Antwortkategorien, die nur positive bzw. von der SED gewünschte Abstufungen enthalten), mit nicht repräsentativen bzw. nicht auslesefreien „Stichproben“ und schließlich mit willkürlich ausgewählten Daten (Nachvollziehbarkeit der Untersuchung ist nicht möglich), die der SED nützlich erscheinen. Im Gegensatz zu derartigen Erhebungen können aus Aufträgen für die erste und zweite Ebene wissenschaftlich fundierte Studien hervorgehen, die – vorausgesetzt, die Befunde stören nicht das politische Konzept der SED – in Fachzeitschriften und anderen Publikationsorganen der DDR (z.B. der Schriftenreihe „Soziologie“) veröffentlicht werden.

Träger der Soziologie der DDR sind die folgenden Institutionen:
1. Institut für Soziologie an der Akademie für Gesellschaftswissenschaften beim ZK der SED in Ost-Berlin, das Institut für Soziologie und Sozialpolitik an der Akademie der Wissenschaften der DDR in Ost-Berlin (letzteres wurde 1978 gegründet) sowie spezielle Einrichtungen der SED, eingeschlossen die Parteileitungen auf Minister-, Bezirks- und Kreisebene;
2. Lehrstühle an Universitäten und Hochschulen sowie
3. Kombinatsbetriebe und größere VEB.

Steuerung und Koordination der gesamten Forschung und Lehre liegen beim „Wissenschaftlichen Rat und Nationalkomitee für soziologische Forschung in der DDR“. Dessen Vorsitzender Rudi Weidig (Dtsch. Zschr. für Phil., H. 2, 1974, 135) sagt offen, daß die Soziologie in der DDR ein Werkzeug der Partei zu sein hat: „Das entscheidende Charaktermerkmal unserer soziologischen Forschung besteht darin, sich als Instrument der Arbeiterklasse und ihrer Partei, als Bestandteil der sozialistischen Ideologie zu verstehen und dazu beizutragen, Gesetzmäßigkeiten, Entwicklungstendenzen und Triebkräfte der Entwicklung des Ganzen und von wesentlichen Teilbereichen und Teilprozessen der sozialistischen Gesellschaft aufzudecken.“ Gedanken, die vom Parteidogma abweichen, erhalten in der DDR keinen Raum und werden ohne Rücksicht bekämpft. Die Indienstnahme der Soziologie durch die SED verläuft über klar erkennbare Etappen. Bis etwa 1961 wurden Soziologie und Sozialpsychologie als „bürgerliche Gesellschaftslehre“ diffamiert. Danach etablierte die SED die Soziologie, wobei zunächst zwei Auffassungen bestanden: Die eine sieht in der Soziologie angewandten →Historischen Materialismus; die andere Richtung setzt Soziologie mit Historischem Materialismus gleich. Heute dominiert noch in der Sowjetunion und damit auch in der DDR die Meinung, daß sich der Historische Materialismus als allgemeine soziologische Theorie, als „Wissenschaft von den allgemeinen Gesetzen der Gesellschaft“ sehr wohl von Soziologie unterscheidet. Soziologie wird so verstanden als spezielle Theorie von der Gesellschaft, als Wissenschaft, die mit empirischen Methoden forscht und mit ihren „konkreten Ergebnissen“ der Partei zu dienen hat (Braunreuther). Empirie wurde indes weiterhin gegenüber der Theorie als „niedere Form des Wissens“ angesehen. Eine weitere Besonderheit der marx.-lenin. Soziologie – im Gegensatz zur westlichen – besteht in ihrer strengen Parteilichkeit für die das Machtmonopol besitzende Führungsschicht. Kritik an der marx.-lenin. Lehre, an der SED und an deren Plänen ist nicht möglich. Diese Position definiert die Rolle der Soziologie als Produktivkraft und erwartet die Transformation zum einen der Parteiprogramme in die Forschungspraxis und zum anderen der wissenschaftlichen Erkenntnisse in unmittelbare Entscheidungshilfe. Die SED sieht im Soziologen ihren Beauftragten; seine Aufgaben und die der soziologischen Forschung resultieren aus den programmatisch verkündeten Zielen der Partei. „Spitzenleistungen der soziologischen Forschung“ (Hahn et al., in: Materialien der „Tage der marxistisch-leninistischen Soziologie in der DDR", Berlin Ost 1970, 12) zeichnen sich im offiziell gültigen Verständnis der SED dadurch aus, „daß ihre Aussagen und Ergebnisse die ideologischen und politischen Hauptkräfte des Klassengegners treffen" (ebd., 9) und durch „überzeugende und sprachlich verständliche Darlegung dazu beitragen, die Initiative der Arbeiter und aller Werktätigen zur Lösung der Schwerpunktaufgaben des sozialistischen Aufbaus umfassend zu entfalten" (ebd., 57). Die Realisierung dieses Zieles erfordere, daß die Wissenschaftler immer „von den gesicherten Erkenntnissen des dialektischen und historischen Materialismus und der marxistisch-leninistischen politischen Ökonomie" ausgehen, daß sie offen parteilich, aktiv und bewußt am politisch-ideologischen Kampf der SED teilnehmen sowie ständig die Erfahrungen und Erkenntnisse der Sowjetsoziologie auswerten (ebd.). Eines der Hauptziele der Soziologie der DDR besteht in der Entwicklung von „sozialistischem Bewußtsein" und im Beitrag zur Erziehung zum Haß auf Andersdenkende. Voigt (1982, 9) faßt die Funktionen der DDR-Soziologie mit folgenden Stichworten zusammen: „Informationslieferant zur Machtsicherung, Lagebeurteilung, Erziehung zu sozialistischem Bewußtsein; Ideologieträger, Planungs- und Leitungswissenschaft, Prognoseinstrument, Filter zur Abwehr und gleichzeitigen Rezeption von Teilen westlicher Sozialwissenschaft, ‚Produktivkraft,, Agitationshilfe und Propagandamittel".

Durch sowjetische soziologische Arbeiten der Gegenwart erhalten Fragestellungen, ob und wie Soziologie vom Historischen Materialismus und vom Dialektischen Materialismus abzugrenzen sind, neues Gewicht. Daraus ergeben sich zwangsläufig methodologische Setzungen zu Kriterien von „Parteilichkeit", „Objektivität", „Wahrheit", „Kausalität". Auf einer Ebene von allgemeiner soziologischer Theorie resultieren dazu Ableitungen von Grundbegriffen wie: Produktivkräfte, Produktionsverhältnisse, Gesellschaftsformation, Klasse, Proletariat u. a. Unabhängig davon hat die marxistisch-leninistische Soziologie in der DDR mit einem zeitlichen Übergang von fünf bis acht Jahren zentrale Kategorien der westlichen Soziologie übernommen wie: Gruppe, System, Mobilität, soziales Handeln u. a. Empirische Sozialforschung wird in der DDR noch unter Erkenntnisansprüchen einer „konkreten Sozialforschung" durchgeführt.

Soziologie der DDR: Externe Analysen der DDR durch Forschungsinstitutionen im westlichen Ausland ergaben folgende thematische Leitsetzungen:

1. Die DDR als sozialistischer, kommunistischer Staat mit totalitärer gesellschaftlicher Verfaßtheit (Totalitarismustheorien);

2. die DDR als Industriestaat mit Prozessen, Strukturwandlungen und Entwicklungstrends in einer Phase wissenschaftlich-technischer Revolution (sozioökonomischer Systemvergleich);

3. kulturelle und soziale Entwicklungen in der DDR als Teilstaat einer deutschen Nation (neue soziale Bewegungen in der DDR, Rezeptionen sowjetischer Reformbestrebungen).

Da sich sozialwissenschaftliche Definitionsentscheidungen im „realen Sozialismus" als Machtentscheidungen ausweisen, sind politische Reformen von Revisionen sozialwissenschaftlicher Setzungen auf Dauer nicht zu trennen.

Laut einer Meldung (SZ v. 08. 02. 1990) wird sich die Soziologie in der DDR als Folge der Revolution von 1989/1990 neu formieren. Der „Wissenschaftliche Rat für Soziologische Forschung", der bisher die DDR-Soziologie im Sinne der ehemaligen Staatspartei SED steuerte, wird seine Tätigkeit einstellen. An seine Stelle soll eine neue „Gesellschaft für Soziologie" treten.

Lit.: Ludz, P. C. (Hg.): Studien und Materialien zur Soziologie der DDR. Kölner Zeitschrift für Soziologie und Sozialpsychologie, Sonderband 8, Opladen,

1964, 1971; *Voigt, D.:* Soziologie in der DDR. Köln 1975; *Voigt, D.:* Die Rezeption der DDR-Soziologie in der Bundesrepublik Deutschland, in: Beiträge zur Deutschlandforschung, Bd. 1, Bochum 1982, 1–88.

Prof. Dr. *A. Schwendtke,* Trier

défense sociale

Forderung an Strafverfolgung und -vollzug, von der bloßen Sühne und Vergeltung abzusehen und statt dessen durch Maßnahmen der →*Resozialisierung* die Rückführung des straffällig gewordenen Menschen auf gesetzestreue Bahnen, seine Wiedereingliederung in die Gesellschaft zu ermöglichen. Damit wird auch die Gesellschaft vor weiterer →Kriminalität geschützt.

Definition der Situation

→Situationsdefinition

Delegation

1. eine Personengruppe, die beauftragt wurde, bestimmte Funktionen (z. B. Verhandlungen) für andere wahrzunehmen;

2. Bezeichnung für die Zuweisung von Aufgaben, der Vergabe von Entscheidungsbefugnissen mit den dazu erforderlichen Kompetenzen und der daraus resultierenden Verantwortung von höheren Positionen auf niedrigere. Der Begriff ist typisch für die Leitung von Unternehmen (vgl. Harzburger Modell).

Delegationstheorie

eine Theorie zur Abgrenzung der Stellung und Funktion der Angestellten von den Arbeitern. Diese Sonderstellung hat ihren sozialhistorischen Ursprung in der →Delegation von Teilen der Unternehmerfunktionen auf die Angestellten (so z. B. die leitenden, konstruktiven, verwaltenden und kaufmännischen Funktionsbereiche).

Delinquenz

Devianz

Verhaltensweise, die mit den geltenden Normen und Werten nicht übereinstimmt (→*abweichendes Verhalten*). Das amerikanische Jugendstrafrecht führte diesen Begriff zur Unterscheidung von kriminellen Erwachsenen und delinquenten Kindern und Jugendlichen ein. Im Gegensatz zum Verbrechen, das allgemein verurteilt wird, ist delinquentes Verhalten, im strafrechtlichen Sinne zwar ein Gesetzesbruch, im sozialen Umfeld des „Täters" aber nicht unbedingt eine verwerfliche Tat. D.-Analysen untersuchen daher genau den sozialen Ursprung oder das soziale Umfeld, in dem D. begangen wird.

Delphi-Methode

eine Spezialform der →Befragung, bei der zumeist Experten zu einem bestimmten Gegenstand ihre Urteile, Einschätzungen, Prognosen anonym abgeben. Diese Befragung wird ausgewertet, und die gewonnenen Befunde und Erkenntnisse werden den Befragten mitgeteilt, um sie danach erneut zum gleichen Gegenstand zu befragen. Der zu erwartende Effekt ist der, daß die Urteile der Experten näher beieinander liegen, homogener sind, weniger extreme und abweichende Auffassungen auftreten. Dieser Prozeß kann wiederholt werden, um so letztlich zu einem weitgehend konsensuellen Befund zu gelangen.

Demographie

„Bevölkerungsbeschreibung"

von *A. Guillard* 1855 geprägter Begriff für die Analyse der Bevölkerungsstruktur und -entwicklung besonders unter politischen und ökonomischen Aspekten. Die D. beruht heute vor allem auf mathematischen Modellen und statistischen Methoden *(Bevölkerungsstatistik)* und entwickelt sich dadurch immer mehr zu einer eigenen Disziplin gegenüber der eher theoretisch-erklärenden, sozial-historisch orientierten →Bevölkerungslehre. Zentrale Variablen der D. sind u. a. Bevölkerungsgröße, Bevölkerungsbewegungen, Altersaufbau, Geburten- und Sterblichkeitsraten etc. Mit ihrer Hilfe soll es gelingen, die Bevölkerungsentwicklung zu beschreiben, zu erklären und zu prognostizieren.

Demokratie

„Volksherrschaft"

allgemeine Bezeichnung für Herrschaftsformen, in denen das Volk frei über sich selbst bestimmen kann. Heute einer der Allerweltsbegriffe der Politikwissenschaft. Der D.-Begriff verteilt sich auf die Dimensionen Staatsform und politisches Prinzip. Die politische Soziologie setzt sich insbesondere auch mit dem Problem der Vereinbarkeit von D. als Staatsform und D. als politischem Prinzip auseinander.

1. als Staatsform Ausdruck der →*Volkssouveränität,* d.h. die Willensbildung erfolgt von unten nach oben. Dies kann auf zwei Wegen geschehen: Durch die direkte Gesetzgebung des Volkes (→direkte Demokratie, →plebiszitäre Demokratie) oder durch die →Delegation der Macht auf Volksvertreter (→repräsentative Demokratie). Durch Abstimmungen und/oder Wahlen (auf der Grundlage des allgemeinen, gleichen, freien, direkten und geheimen Wahlrechts) werden Regierung und politische Entscheidungen gebildet. Ausschlaggebend hierfür ist das Mehrheitsprinzip in all seinen Abstufungen (von der Einstimmigkeit bis zur relativen Mehrheit). Daneben existiert auch der Minderheitenschutz. D. bezieht sich hier allein auf den staatlichen Bereich. „Freiheit" wird dabei als Freiheit vom Staat verstanden;

2. als politisches Prinzip ist D. nicht nur auf „Staatspolitik" zu begrenzen; D. muß auch politisches Grundprinzip, ein allgemeines Strukturmerkmal der Gesellschaft, sein. Gemäß dem gesellschaftspolitischen Gestaltungsprinzip wird die freie Selbstbestimmung durch die staatliche Gewalt gewährleistet. Gesellschaftliche Ungleichheiten sollen durch →Demokratisierung der gesamten Lebensbereiche abgebaut werden (Prinzip der Gleichheit). Der freien politischen Willensbildung wird durch das Recht auf Vereins-, Verbands- und Parteibildung entsprochen (Pluralismustheorie).

Demokratie, bürgerliche

liberale D.

ursprünglich die Herrschaft der Bourgeoisie über die Mehrheit des Volkes; die Arbeiterklasse war von der politischen Willensbildung weitgehend ausgeschlossen. Seit der Einführung des allgemeinen Wahlrechts besteht zwar formale politische Gleichheit, eine materielle sozialökonomische Ungleichheit existiert aber weiter. Die politischen Verfassungen der b.D. reichen von der strikt gewaltenteilenden →präsidentiellen D. über die semipräsidentielle bis zur →parlamentarischen D. Allen gemeinsam ist die historische Verbindung von Liberalismus und Kapitalismus.

Demokratie, direkte

unmittelbare D.

die praktische Umsetzung der Volkssouveränität in politische Entscheidungen erfolgt durch die direkte Volksgesetzgebung (plebiszitäre D.). So beraten und beschließen die wahlberechtigten Bürger in gemeinsamen Versammlungen (Gegensatz: →indirekte D.).

Demokratie, formale

die Einhaltung der rein formalen Prinzipien der →bürgerlichen D. (Wahlen, Mehrheitsentscheidungen etc.) ohne die tatsächliche Verwirklichung des Gleichheitsprinzips als gesellschaftspolitisches Ziel. In einer bloßen f.D. bleiben die Interessen der Masse auf Grund sozialökonomischer Benachteiligung unberücksichtigt (Gegensatz: →inhaltliche D.)

Demokratie, indirekte

mittelbare D.

→Delegation der Macht (Entscheidungs- und Beschlußrecht) des Volkes an seine Vertreter (Politiker, Parteien) und andere Vertretungsorgane wie z.B. Verbände (→repräsentative D.). Der direkte Einfluß der Bevölkerung auf politische Entscheidungen (Partizipation) wurde auf diese Weise zurückgedrängt. Die Ausübung der Volkssouveränität beschränkt sich im wesentlichen auf Wahlen und Abstimmungen. Die meisten D.formen ermöglichen jedoch noch eine gewisse direkte „Rest“teilnahme in der Form des Plebiszits (→plebiszitäre D.) („Volksbegehren“).

Demokratie, industrielle
1. Bezeichnung für die inner- und überbetrieblichen Einflußmöglichkeiten von Arbeitern und Angestellten auf die industrielle Produktion in kapitalistischen Gesellschaftsformen (z.B. Mitbestimmung im Betriebsrat etc.);

2. industrial democracy
meint die Forderung der Syndikalisten nach einer Arbeitermitverwaltung, die den Weg zur angestrebten Alleinbestimmung der Arbeiter ebnen soll.

Demokratie, inhaltliche
materielle D.
das angestrebte Ziel, D. nicht nur formal (→formale D.), sondern auch der Substanz entsprechend als Lebensform auf gesellschaftspolitisch zu verwirklichen. Erreicht werden soll dieses Ziel durch den Aufbau einer Gesellschaft, die dem einzelnen die Chance bietet, seinen gesetzlich verankerten (formalen) Möglichkeiten der eigenen Interessenvertretung und -verwirklichung im täglichen Leben nachzugehen (→Demokratisierung).

Demokratie, innere
innerorganisatorische D.
Bezeichnung für den Grad der Mitsprache- und Mitbestimmungsmöglichkeit der Mitglieder innerhalb einer Organisation (z.B. in Parteien, Gewerkschaften, Verbänden). Die i.D. ist nicht nur in der politischen Soziologie und Organisationssoziologie, sondern auch in den Diskussionen der Arbeiterbewegung über die innere Organisation und Strategie ein zentrales Thema.

Demokratie, innerorganisatorische
→innere D.

Demokratie, liberale
→bürgerliche D.

Demokratie, materiale
→inhaltliche D.

Demokratie, mittelbare
→indirekte D.

Demokratie, parlamentarische
Parlamentarismus
eine der D.formen der →bürgerlichen D., in der repräsentative oder parlamentarische Einrichtungen die staatliche Willensbildung beeinflussen, herbeiführen oder kontrollieren. Entscheidendes Organ des Staates ist das Parlament. Merkmale der p.D. sind die Integration von Parlamentsmehrheit und Regierung (wobei die Regierung aus der Parlamentsmehrheit hervorgeht), die Kompatibilität von Regierungsamt und Abgeordnetenmandat, die politische Verantwortung der Regierung gegenüber dem Parlament, die Möglichkeit der Abberufung der Regierung durch das Parlament (Mißtrauensvotum) und die Möglichkeit der Parlamentsauflösung und der Ausschreibung von Neuwahlen durch die Regierung. In neuerer Zeit beobachten Politologen und Soziologen eine Macht- und Funktionsverschiebung vom Parlament auf Verwaltung und wirtschaftliche Interessenverbände.

Demokratie, parteienstaatliche
eine Erscheinung in der →parlamentarischen D. So ist zu beobachten, daß Parteien, als in der Gesellschaft fest verankerte und etablierte Organe der politischen Willensbildung, ihren Einfluß auf politische Entscheidungen und Prozesse immer mehr verstärken und letztlich staatliche Aufgaben stärker bestimmen als das Parlament.

Demokratie, plebiszitäre
das →*Plebiszit* ist ein Element vieler Verfassungen der →bürgerlichen D., das unter bestimmten Voraussetzungen eine direkte Ausübung der Volkssouveränität durch Volksabstimmungen (Volksbegehren und Volksentscheid) zuläßt und über die bloße Delegations- und Kontrollfunktion des Volkes bei Wahlen hinausgeht.

Demokratie, pluralistische
→Pluralismus
die Form einer Gesellschaft, die ein Höchstmaß an autonomen Gestaltungsmöglichkleiten bietet. Das Grundprinzip

ist das Recht auf Opposition. Gegensätzliche Auffassungen werden durch Interessenausgleich – gerade auch außerhalb des Parlaments – ausgetragen.

Demokratie, politische
Herrschaft des Volkes, die allein auf den staatlichen Bereich beschränkt ist.

Demokratie, präsidentielle
im Gegensatz zur →parlamentarischen D. wird in der p. D. die Gewaltenteilung streng vollzogen, die Exekutive besitzt aber ein klares Übergewicht.

Demokratie, proletarische
Staatsform, in der das Proletariat über die Klasse der Eigentümer an Produktionsmitteln herrscht.

Demokratie, repräsentative
das Volk als Basis der Staatsgewalt übt seine Souveränität nicht selbst aus, sondern delegiert sie an Organe, die die Staatsgewalt im Namen des Volkes ausüben. Die Delegations- und Kontrollfunktion des Volkes findet in Wahlen statt.

Demokratie, soziale
Form der →bürgerlichen Demokratie, bei der die privaten Besitzverhältnisse an Produktionsmitteln bestehen bleiben, die Stellung und Lebensbedingungen der Arbeiter und Angestellten aber durch eine Sozial- und Arbeitsgesetzgebung, eine partielle Vermögensumverteilung sowie eine eigene starke Interessenvertretung verbessert werden.

Demokratie, sozialistische
Volksdemokratie
Grundlage ist die Vergesellschaftlichung der Produktionsmittel. Die soziale Gleichheit wird durch die Aufhebung des Kapitalismus und damit der Klassen im Rahmen der ideologischen Gleichheit und Harmonisierung proklamiert. Die Führungsrolle übernimmt die Arbeiterpartei. Die s. D. weist verschiedene Formen auf: z. B. das Rätesystem, die betriebliche Arbeiterselbstverwaltung, das Genossenschaftswesen. Die s. D. soll das Übergangsstadium zur völligen politischen und sozialen Gleichheit, d. h. zum vollendeten Kommunismus bilden.

Demokratie, unmittelbare
→direkte D.

Demokratisierung
1. der historische Vorgang der Verankerung demokratischer Formen und Prinzipien (Volksherrschaft) im staatlich-politischen Bereich durch den zielgerichteten Abbau von Privilegien einer bestimmten Klasse oder Schicht und das ständige konstruktive Infragestellen der Autoritäten;

2. die Durchsetzung demokratischer Formen und Prinzipien außerhalb des staatlich-politischen Bereichs auf allen gesellschaftlichen Sektoren, insbesondere in der Wirtschaft, Bildung und Kirche. Durch sachliche Legitimation und Aufbau einer Sozialstruktur soll die →Demokratie auch als →inhaltliche Demokratie verankert werden;

3. die Durchsetzung demokratischer Organisationsformen auf der Ebene der verschiedenen Organisationen, Parteien, Gewerkschaften und Verbände (→innere Demokratie).

demonstrativer Konsum
conspicuous consumption (engl.)
→Geltungskonsum
das Streben in der Gesellschaft, durch bewußt offengelegtes Konsumverhalten (meist der Erwerb und das öffentliche Vorführen von Gegenständen mit hohem Statuswert) zu zeigen oder vorzutäuschen, welcher sozialen Schicht man angehört (bzw. angehören möchte).

Demoskopie
Markt- und Meinungsforschung, Umfrageforschung, public opinion research (engl.)
Anwendungsbereich der →empirischen Sozialforschung, der zumeist durch →Befragung, aber auch durch →Beobachtung und Inhaltsanalyse politischer, wirtschaftlicher, kultureller u. a. Erscheinungen Aussagen über →soziales Handeln sowie über Wirkungen von sozialen Einflußfaktoren machen will. D. Umfragen basieren in der Regel auf →repräsentativen Stichproben. Sie er-

folgen in der Regel wenig theorieorientiert und gehen in der statistischen Auswertung und Analyse kaum über →Randverteilungen und einfache →Korrelationen mit sozialstatistischen Merkmalen hinaus.

Der Ursprung der D. liegt in den USA. Um 1920 wurden dort erstmals Umfragen nach der von *G. Gallup* entwickelten Methode durchgeführt. (Tatsächlich hat es aber schon im 19. Jahrhundert in Europa Umfragen gegeben!) Etwa ein Jahrzehnt später erschien die erste Fachzeitschrift unter dem Titel „Public Opinion Research". In den 1950er Jahren konnte sich die D. auch in der Bundesrepublik etablieren So wurde diese Forschungstechnik u. a. von *E. Noelle-Neumann* aus den USA übernommen. Angewandt wird die D. vor allem auf den Gebieten: Markt- und Verbraucherforschung, Medienforschung, Imageforschung und Wahlprognosen. Heute werden meist auf D. spezialisierte, kommerzielle Institute, wie das *Institut für D.* in Allensbach, *Infas* in Bonn, *Infratest* in München, *Emnid* in Bielefeld, *Getas* in Bremen etc. von Parteien, Regierungen, Verwaltung, Unternehmen u. a. beauftragt, solche Erhebungen durchzuführen.

Da die D. zumeist als Auftragsforschung durchgeführt wird, stellt sich die Frage, ob die so gewonnenen Erkenntnisse über Einstellungen und Meinungen in der Bevölkerung allein der Aufklärung oder als Herrschaftswissen auch der Manipulation dienen.

Gerade repräsentative Erhebungen bei großer regionaler Streuung der Stichprobe sind teuer: Bei einer Stichprobengröße von n=1000, einer Interviewdauer von 30 bis 45 Minuten und einer Standardauswertung nach demographischen Merkmalen kostet eine solche im Schnitt etwa 100000,– DM.

Denken
umfaßt diejenigen geistigen Tätigkeiten des Menschen, bei denen Objekte, Verhaltensweisen etc. nach bestimmten Kriterien zusammengefaßt, verglichen, unterschieden, abstrahiert, Sinneseindrücke und Erfahrungen verarbeitet werden und daraus Urteile, Schlüsse, Begriffe abgeleitet werden. Das D. als individueller Prozeß ist Gegenstand mehrerer Wissenschaften, so z. B. der Biologie, der Philosophie, der Psychologie und Wissenssoziologie (auch D.soziologie), die die Wirkung sozialer Einflüsse auf D.strukturen, D.stile und D.resultate untersucht.

Denomination
Benennung
Bezeichnung für Religionsgemeinschaften (Kirchen, Sekten), die nicht wie eine Staatskirche organisiert sind, sondern eher auf dem Freiwilligkeitsprinzip beruhen. Gleichwohl sind es Glaubensgemeinschaften für größere Bevölkerungsgruppen, die ethisch, sozialökologisch oder schichtspezifisch relativ →homogen sind. Sie unterscheiden sich untereinander durch dogmatische und kultische Elemente. Prototypisch das Kirchensystem der USA.

Denominationalismus
meint die Organisationsform von Religionsgemeinschaften, die zwischen Staatskirche und „Religionsverein" anzusiedeln und für modernere pluralistische Gesellschaften (z. B. USA) typisch ist.

Dependencia-Theorien
„Abhängigkeits"-Theorien
Theorien, die die Unterentwicklung der Länder der Dritten Welt als Folge des internationalen politischen und ökonomischen Systems insoweit sehen, als die hochentwickelten, kapitalstarken Metropolen (Zentren) die unterentwickelten, armen Peripherien, die von den Zentren ökonomisch, technologisch und politisch abhängig sind, determinieren. Beseitigt werden kann die Abhängigkeit nur durch die Aufhebung der externen Beherrschung, entweder durch Veränderung der Weltmarktstruktur oder durch Abkoppelung der Entwicklungsländer vom Weltmarkt.

Dependenzanalyse

eine statistische Methode zur Entwicklung von Kausalmodellen in der Soziologie. Modelle, die auf der Regressions- und Korrelationsanalyse beruhen, dienen hierbei zur Analyse und Darstellung der Einflußbeziehungen in einer Menge von →Variablen. Die D. unterscheidet sich von der Pfadanalyse dadurch, daß innerhalb der theoretischen Modelle einzelne Koeffizienten Null sind. Damit gibt es mehr Gleichungen als Variablen, das Modell ist überbestimmt. Die D. ist also ein Spezialfall der Pfadanalyse.

Deprivation

„Beraubung"

Bezeichnung in der Psychologie für einen Zustand der Entbehrung oder einer Mangelerscheinung, der durch unzureichende Bedürfnisbefriedigung hervorgerufen wird. Das Aktivitätsniveau zur Beseitigung der D. ist um so stärker, je höher der Grad der D. ist (→Lerntheorie, →Behaviorismus, →Verhaltenstheorie).

Deprivation, soziale

werden Individuen, →Gruppen oder größere →soziale Systeme nicht zureichend (über dem sozialen Existenzminimum liegend) mit lebensnotwendigen oder dafür gehaltene Güter versorgt, so sind diese sozial depriviert.

Deprivation, relative

meint das Phänomen der Benachteiligung (aber auch Versagen und Enttäuschung) einer Person gegenüber anderen bzw. gegenüber einer →Bezugsgruppe. Dabei kommt es auf den subjektiv empfundenen Grad der D. an, der nicht allein durch die objektive Situation determiniert ist, sondern der aus der (negativen) Abweichung von den sozialen →Erwartungen der betreffenden Person resultiert.

Deprivation, sprachliche

Bezeichnung für die Unfähigkeit bzw. nur reduziert vorhandene Fähigkeit eines Menschen, sich sprachlich differenziert und verstehbar anderen mitzuteilen. S.D. wird durch die soziale Umwelt in den ersten Jahren hervorgerufen (→Sozialisation).

Design

Plan, Untersuchungsplan, Plandurchführung

zusammenfassende Bezeichnung für alle Überlegungen und Schritte sowie deren Abstimmung in der Planung und Durchführung einer empirischen Untersuchung. So umfaßt das D. z.B. die Formulierung der →Hypothesen bzw. Problemstellungen, die Wahl der Meßinstrumente, die Festlegung des Untersuchungsgebiets, die Stichprobenentscheidung usw. Handlungsleitend sind dabei die Forschungsfrage, das Forschungsziel mit den entsprechenden →Erkenntnisinteressen im Rahmen der verfügbaren Ressourcen.

Design, experimentelles

experimental design (engl.), Versuchsplan

Bezeichnung in der Sozialforschung für die Anlage von Versuchsanordnungen und die Durchführung von →Experimenten, mit der auch die Auswertungs- und Aussagemöglichkeiten bestimmt werden. Im e.D. werden die Versuchspersonen ausgewählt, die zu kontrollierenden und zu messenden Variablen und die Art und Weise, wie der Einfluß eines oder mehrerer Faktoren auf die zu untersuchende Variable gemessen werden soll, festgelegt.

x / y	x_1	x_2
y_1	z_{11}	z_{12}
y_2	z_{21}	z_{22}

x und y sind die unabhängigen Variablen – jeweils dichotomisiert –, z ist die gemessene abhängige Variable.

Design, faktorielles
factorial design (engl.)
Bezeichnung für einen Versuchsplan, in dem die isolierte und kombinierte Wirkung mehrerer unabhängiger Variabler auf eine abhängige Variable untersucht werden soll.

Desintegration

1. Prozeß der Auflösung bzw. des Auseinanderfallens der inneren Struktur eines sozialen Gebildes, oft durch →sozialen Wandel verursacht;

2. Prozeß der Teilung (Auffächerung) einer Industriegesellschaft in eine Vielzahl voneinander relativ unabhängiger, autonomer Sektoren (z. B. Wirtschaft, Recht);

3. qualitativ und/oder quantitativ erhebliches →abweichendes Verhalten wird als →Indikator für D. herangezogen. Sowohl die Handelnden erscheinen desintegriert, wie auch die Gesellschaft, die sich evtl. in →Subkulturen teilt;

4. der Funktionsverlust gesellschaftlicher →Institutionen (etwa Ehe oder Familie) kann als mangelnde Integration in die Gesellschaftsstruktur verstanden werden.

desirability, social

soziale Desirabilität, soziale Erwünschtheit
Bezeichnung für die Tendenz, sich nicht gemäß den eigenen Überzeugungen, →Einstellungen oder Wünschen zu verhalten oder zu äußern, sondern sich dabei an der sozialen Umwelt und den entgegengebrachten Erwartungen und →Normen auszurichten. In Interviews führt diese Haltung zu systematischen Verzerrungen, zu Artefakten. Dieser Effekt wird immer stärker auftreten, je mehr der zu erhebende Gegenstand auf sozialen Normen und Werten basiert. Da Abweichungen von Normen negative →Sanktionen nach sich ziehen, verhält man sich „wunschgemäß".

Deskription

Beschreibung
die im Rahmen einer bestimmten Problemstellung gewonnenen Informationen werden in räumlich und zeitlich festgelegte Existenzaussagen, den Basissätzen, verbalisiert. Die D. liefert dann die Daten für die Bildung von →Hypothesen und Modellen. Bei einer empirischen Untersuchung besteht der erste Schritt nach der Datenerhebung darin, die Daten in der →Randverteilung zu beschreiben (=D.).

Desorganisation

1. unzureichende Organisation mit Mängeln in der Abstimmung der einzelnen Elemente eines Systems aufeinander;

2. Prozeß der Auflösung oder der Schwächung der Organisation der Gesellschaft oder bestimmter sozialer Gebilde in der Gesellschaft (→Desintegration).

Desozialisation

Verlust an gesellschaftlicher Eingebundenheit, Entsozialisierung, Abbau von sozialen Aktivitäten und der sozialen „Dazugehörigkeit"
ein Prozeß der Ausgliederung aus dem gesellschaftlichen, berufsgeprägten Leben, der vor allem bei älteren Menschen nach der Berufsaufgabe einsetzt.

Despotie

(grenzenlose Gewaltherrschaft)
eine politische Herrschaftsform, in der ein Alleinherrscher den Staat und seine Bevölkerung willkürlich und ohne gesetzliche Kontrolle beherrscht.

Deutsche Gesellschaft für Soziologie

Abkürzung: DGS, 1909 von *M. Weber, W. Sombart, F. Tönnies* u. a. gegründete Vereinigung, die im Gegensatz zu dem „Verein für Socialpolitik" auf dem Grundsatz der Wertfreiheit aufbaut. Diese Einrichtung sollte den Zielen der Interessensförderung an der Soziologie, der Etablierung der Soziologie als akademische Wissenschaft, der Nachwuchsförderung sowie dem gegenseitigen Erfahrungs- und Wissensaustausch der Wissenschaftler dienen. Die DGS, deren Tätigkeit im Dritten Reich eingestellt war, öffnete sich nach

1957 auch einem breiteren Migliederkreis (Promovierte) und nimmt heute vor allem zu Fragen des Verhältnisses von soziologischer Theorie und gesellschaftlicher Praxis Stellung. Von Bedeutung für die wissenschaftliche Arbeit sind die Sektionen der DGS, die sich zu einzelnen →Bindestrich-Soziologien konstituiert haben und in denen die eigentlich wissenschaftliche Arbeit geleistet wird. Seit 1973 gibt die DGS mit „Soziologie – Mitteilungsblatt der DGS" eine eigene Zeitschrift (2× im Jahr) heraus.

Devianz

abweichendes Verhalten, Deviation

→Delinquenz

1. Verhaltensweisen, die mit den geltenden →Normen und →Werten nicht in Einklang zu bringen sind. Dominant ist also die Normorientierung dieser Definition;

2. der →labeling approach hat eine andere Sichtweise: D. ist das Verhalten, das andere Gesellschaftsmitglieder – quasi unabhängig von der Norm – so bezeichnen. In dieser Definition ist die →Etikettierung als deviant als Reaktion auf Verhalten entscheidend.

Devianz, primäre

von *E. M. Lemert* eingebrachte Differenzierung, die sich auf alle abweichenden Verhaltensweisen bezieht, deren Ursachen sehr vielfältig sein können: psychische, somatische, soziale u.a. Faktoren können allein oder gemeinsam zur D. geführt haben (Gegensatz →Devianz, sekundäre).

Devianz, sekundäre

nach *E. M. Lemert* eben jenes abweichende Verhalten, das auf die →primäre Devianz folgt, und zwar als Produkt der gesellschaftlichen Reaktionen auf diese. →Formelle und →informelle →soziale Kontrolle führen als Definition, →Sanktion, →Etikettierung und/oder →Stigmatisierung zu einer weiteren Karriere.

Dezentralisierung

1. die Verteilung von ursprünglich „in einer Hand" befindlichen Aufgaben einer Einrichtung (z.B. einer Behörde, eines Unternehmens) auf mehrere Einzelbereiche;

2. vertikale Verschiebung von bestimmten (Teil-)Befugnissen von der oberen Instanz auf nachgeordnete Funktionsträger;

3. die Übertragung von Befugnissen innerhalb einer Region, z.B. auf gewählte oder bestimmte Instanzen.

Diagnose, soziologische

Sozialdiagnose

gesellschaftliche Zustände, Bedingungen, Entwicklungen und Zusammenhänge werden mit Hilfe soziologischer Begriffe aus soziologischen Theorien beschrieben. Dabei handelt es sich zumeist um soziale Probleme, die mit der D. erkannt und definiert werden. D. werden heute aber zunehmend nicht mehr →phänomenologisch, sondern vornehmlich empirisch erstellt.

Dialektik

Kunst der Unterredung, insbesondere Bezeichnung für ein wissenschaftliches Gespräch oder eine Methode, wobei sich eigentlich widersprechende Aussagen in Beziehung gesetzt werden, um dadurch zur Erkenntnis der Wahrheit *(Sokrates, Platon)* bzw. zur Erkenntnis der Wahrscheinlichkeit *(Aristoteles, Cicero)* zu gelangen. D. wird aber oft auch synonym mit →Interdependenz verwendet, wenn bestimmte Phänomene sich wechselseitig bedingen.

Die engere Definition von D. hat folgende →Prämissen zur Voraussetzung:

a) die dialektisch gewonnenen Aussagen über die Realität sind durch den Aussagenden, der Teil derselben ist, (dialektisch) mitdeterminiert;

b) in der Realität sind alle Phänomene miteinander verbunden, weil sie nur insgesamt eine Totalität konstituieren;

c) die Widersprüche zwischen Phänomenen führen zu einer Entwicklung und Veränderung der Realität;

d) im Zuge solcher Entwicklungen kommt es zu qualitativen Brücken, die

die scheinbare Kontinuität aufgeben; so entstehen aus quantitativ kleinen Veränderungen qualitative Sprünge;

e) die neuen Qualitäten entstehen aus Überwindung des Alten und Weiterentwicklung auf einer höheren Entwicklungsstufe.

Diese kursorischen Grundprinzipien der D. erfahren bei einzelnen Autoren unterschiedliche Modifikationen und Gewichtungen.

dialektische Soziologie

I. Erkenntnisinteresse.

Dialektische Ansätze in der Soziologie haben immer dann besondere Beachtung gefunden, wenn aktuelle gesellschaftliche Krisen und Entwicklungsumbrüche bisherige sozialwissenschaftliche Erkenntnisse in Frage stellten. Im ersten Drittel dieses Jahrhunderts sollten die deduktiv gewonnenen, universalhistorischen Entwicklungstheorien des 19. Jahrhunderts durch eine dialektische Soziologie überwunden werden, da diese die realen Gegebenheiten nicht mehr einer vorgefaßten Geschichtsteleologie unterwirft, sondern die soziale Konstruktion von Wirklichkeit in ihrer eigengesetzlichen Dynamik erfassen will. Meist wurde die Soziologie als genuine Wissenschaft der Moderne selbst dialektisch in die gesamtgesellschaftliche Bewegung einbezogen als neue „Synthese" von Geistes- und Naturwissenschaften, mit der die Gesellschaft eine „höhere" Entwicklungsstufe erreicht hätte: die Reife zur wissenschaftlichen Selbstreflexion, um nun die zukünftige Gestaltung aus der ihr immanenten Dynamik heraus zu ermöglichen. In den 1960er Jahren stand dieses Erkenntnisziel erneut im Zentrum der öffentlichen Diskussion, als die „kritische Theorie" und eine marxistisch ausgerichtete Soziologie wiederum die geschlossenen Systeme der „bürgerlichen" Sozialwissenschaften durch die Erfassung der konkreten gesellschaftlichen Dynamik zu überwinden suchten. Neben dieser geschichtsphilosophischen Version konnte sich immer auch eine operationale dialektische Soziologie behaupten, die durch ständige Revidierung ihrer Bezugsgrundlagen eine „Mumifizierung" der wissenschaftlichen Begriffe verhindern wollte, um die Kontingenz der Wirklichkeit sichtbar zu machen.

II. Fünf operative Verfahren der Dialektik

Um die Ergiebigkeit der Dialektik auszuschöpfen, dürfen weder die totale Negation noch die Identität dogmatisiert werden. Zwischen diesen logischen Limesfällen gibt es mehrere operative Verfahren der Dialektisierung, die sich je nach Gegenstand und Problemstellung in Konkurrenz oder in Verbindung mit den übrigen anwenden lassen. Nach *Georges Gurvitch* können fünf unterschieden werden:

1. Die dialektische Komplementarität setzt immer eine gestalthafte Ganzheit voraus, sie erkennt keine gegenseitige Ausschließung von gegensätzlichen Elementen; diese bestätigen sich jeweils als Funktion der anderen. So steht die Komplementarität dem Limesfall der Identifikation am nächsten und nähert sich einer positiven „Synthese", in der die Gegensätze „aufgehoben" sind ohne Liquidation der „These" oder „Antithese". Dieser komplementären Dialektik bedient sich z. B. *Martin Buber* in seinem „dialogischen Prinzip" (Ich und Du, 1923; Zwiesprache, 1934), indem er die wechselseitige Konstitution zweier (freier) Subjekte darstellt mittels einer Dialektik der Begegnung. *Karl Löwith* konzipiert den Begriff „Welt" als ein „In-der-Welt-Sein" als komplementäres Miteinander-Sein (Das Individuum in der Rolle des Mitmenschen, 1928). *George Herbert Mead* begründet die soziale Wirklichkeit, in amerikanisch-pragmatistischer Version, gleichfalls auf der Komplementarität von u. a. „I and Me", „Generalized Other and Significant Other", ohne sie in einer Synthese der kollektiven Eigengesetzlichkeit aufgehen zu lassen (Geist, Identität und Ge-

sellschaft, 1968). Weitergeführt wird die komplementäre Dialektik u. a. im „Symbolischen Interaktionismus“ (z. B. *Herbert Blumer,* Symbolic Interactionism, 1969). Die Existenzphilosophie stellt eine derartige selbstläufige positive Dynamik der Kommunikation weitgehend in Frage. *Karl Jaspers* sieht sie ständig gefährdet sowohl durch einen isolierenden Solipsismus wie durch einen allumfassenden Universalismus (Philosophie, 1932); sie bedarf deshalb „objektiver“ Medien in Gestalt von Rollen und Institutionen. Zu den neueren Ansätzen der dialogischen Aktualisierung des Zwischenmenschlichen zählen u. a. *Ronald D. Laings* interpersonale Wahrnehmung in dyadischen Perspektiven (Das Selbst und die Anderen, 1973; Das geteilte Selbst, 1972) – oder auch *Jürg Willis* Konzept der „Kollusion“ in der Zweierbeziehung, mit dem er das geheime und pathologische Zusammenspiel konfliktträchtiger Gegensätze der Partner bezeichnet, das sich niemals in einer Synthese der gemeinsamen konstruktiven Konfliktlösung aufheben kann (Die Zweierbeziehung, 1975).

2. Die „gegenseitige dialektische Implikation“. Sie wird angewendet, um in makrosoziologischen Bereichen eine Eigenentwicklung sichtbar zu machen, die nicht mehr als komplementäre Funktion erklärt werden kann, und besteht darin, in heterogenen Elementen sozusagen sich überschneidende Sektoren zu finden, die teilweise einander immanent sind, während sich außerhalb dieser die Aspektstrukturen (z. B. des Psychischen und des Sozialen) eigenständig entwikkeln. „Die Kreuzung der sozialen Kreise“ von *Georg Simmel* ist das zutreffende Paradigma dafür (Soziologie, 1908). *Theodor Litt* verwendet dieses Verfahren, indem er das Aufeinander-Bezogensein von Ich und Du ergänzt durch die dritte Dimension des „Sinnes“, die als kontinuierliche Einigung ein ähnliches sich fortwährend neu überschneidendes Koordinatensystem darstellt (Individuum und Gemeinschaft, 1926). Die in der deutschen Soziologie wohl bekannteste gegenseitige dialektische Implikation ist die von „Gemeinschaft“ und „Gesellschaft“ im gleichnamigen Werk von *Ferdinand Tönnies* (1887).

3. Die dialektische Ambiguität.
Sie ist der Ausgangspunkt derjenigen soziologischen Analysen, in denen diachron die weitere Entwicklung in Richtung Integration oder Konflikt oder synchron das Gewicht von funktionaler „Konsonanz“ und „Dissonanz“ noch nicht abzusehen ist. Die Ambiguität kann sich zur Polarität steigern, und sie weist dann in Richtung einer „negativen Dialektik“; sie kann aber auch in Richtung der „Komplementarität“ und einer „positiven Synthese“ verweisen. *Georg Simmels* Arbeiten über kulturelle Formen (über den Streit, den Schmuck, die Liebe) sind hervorragende Beispiele, denn niemals wird der Antagonismus durch Vereinheitlichung ausgeschaltet, niemals aber auch in Polaritäten verabsolutiert – der Streit z. B. kann zum unversöhnlichen Antagonismus oder aber zur konstruktiven Integration eines einzelnen Gegensatzes in das Gesamtverhältnis führen (Soziologie, 1908).

4. Die „Reziprozität der Perspektiven“.
Diese Dialektik läßt eine starke reziproke Immanenz gegensätzlicher Elemente hervortreten, die zur strengen Symmetrie zwischen ihren Erscheinungsformen führt. Sie setzt bereits kräftige Totalisierungserscheinungen voraus, die das ganze Bezugssystem durchziehen; solange sich die Kräfte und Bewegungen jedoch symmetrisch gegenüberstehen, ist ein Zerbrechen der Integration nicht zu fürchten. Die „Reziprozität der Perspektiven“ repräsentiert somit den „positiven“ oder konstruktiven Konflikt. *Karl Mannheim* bearbeitet diese konfliktreiche Reziprozität von „Seele und Kultur“ (1918), von „objektivem Geist und Gesellschaft“ (Theorie der Weltanschauungsinterpretation,

1921) und von „Geschichte“ als Konflikt zwischen Einmaligem und Universalem, die sozialwissenschaftlich immer nur „in statu nascendi“, als in der Reziprozität der Gegensätze ständig Werdendes, behandelt werden kann. Die Aufgabe der Wissenschaft ist die Darstellung der „principia media“ (historisch gebundene Gesetze) als Vielfalt der entgegengesetzten Möglichkeiten (Mensch und Gesellschaft im Zeitalter des Umbaus, 1935 u. 1940). *Hans Freyer* formt eine reziproke Dialektik zunächst als Programm eines „objektiven Idealismus“ aus: Alle kulturellen Objektivationen erreichen eine Ebene der objektiven Eigengesetzlichkeit gegenüber dem anfänglichen Lebenszusammenhang und treiben im schöpferischen Spannungsverhältnis von Subjekt und Objekt, von Leben und Form, den Aufbau der Kultur voran (Theorie des objektiven Geistes, 1923). Er wendet dieses Verfahren auch auf politischer Ebene an in der Reziprozität von „Geist“ und „Staat“ oder „Kultur“ und „Politik“. Seine „Soziologie als Wirklichkeitswissenschaft“ (1930) sollte die logische Grundlegung einer vom Standpunkt der Gegenwart aus wertenden Soziologie bieten. Es bahnt sich dabei ein Wechsel von der Reziprozität zur Polarität an, der in seinen Nachkriegswerken (Theorie des gegenwärtigen Zeitalters, 1955) voll zum Ausdruck kommt in dem zunehmenden Auseinanderklaffen von „sekundärem System“ und „primordialem System“ von „Sachgesetzlichkeit“ und politischer Entscheidung.

5. Dialektische Polarisation.
Die Polarisation repräsentiert einen „negativen“ oder unproduktiven Konflikt, eine diametral entgegengesetzte Dynamik, wie sie gewöhnlich dem Klassenkampf zugrunde gelegt wird, meistens mit der Annahme der Liquidation einer der gegnerischen Klassen als revolutionärer Endpunkt der Entwicklung. In der polaren Dialektik von *Georg Lukàcs* ist jede Eigendynamik der Natur oder des Objekts besiegt; die Natur wird zur gesellschaftlichen Kategorie; auch der Konflikt Individuum–Gesellschaft entscheidet sich auf Kosten des Individuums; der Konflikt zwischen Theorie und Praxis führt gleichermaßen zur Eliminierung der Theorie als reine Kontemplation: die Praxis als Experiment wird über die Theorie siegen dadurch, daß die Theorie für eine Klasse die unmittelbare Selbstbehauptung im Kampf werden muß. Die wissenschaftliche Methode ist demnach eine revolutionäre Methode – ihr Zentralproblem ist das Verändern der Wirklichkeit (Geschichte und Klassenbewußtsein, 1923). Als weitere Beispiele für eine polare Dialektik können *Theodor W. Adornos* „Negative Dialektik“ (1966) und *Herbert Marcuses* „Der eindimensionale Mensch“ (1967) gelten. Hier werden die gesellschaftlichen Verhältnisse polarisiert in den totalen Autonomieanspruch des Individuums einerseits und in ein unausweichliches Zwangssystem der (kapitalistischen oder industriellen) Gesellschaft andererseits, das die zunehmende Verdinglichung des Individuums bewirkt und kein dialektisches Wechselverhältnis zwischen Individuum und Gesellschaft mehr zuläßt. Daß der existentielle Kampf des Individuums keineswegs auf die „unbestimmte Negation“ reduziert werden muß, versucht *Jean Paul Sartre* durch die Mehrdimensionalität der Dialektik als methodologische Aufgabe zu zeigen (Marxismus und Existentialismus, 1964). Es gibt durchaus Anklänge an einen konstruktiven Konflikt und damit an eine reziproke Dialektik; doch sind sowohl seine Begriffe der „Klassenzugehörigkeit“ wie der „Entfremdung“ von einer Dialektik der Polarität bestimmt. Selbst die „ternäre Relation“, die für jede Gemeinschaftsbildung konstitutive Dreierbeziehung, endet doch wieder dyadisch in der konfliktreichen Klassenzugehörigkeit (Das Sein und das Nichts, 1962; Kritik der dialektischen Vernunft, 1967). Auch *Karel Kosik* wendet sich gegen eine Reduktion der Dia-

lektik. Die Polarität zeigt sich in der Gespaltenheit der realen Gegenwart in „Pseudokonkretheit" und „wirklicher Welt", die nur durch eine revolutionäre Veränderung überwunden werden kann. Andererseits wird diese Revolution nicht in eine unbestimmte Zukunft projiziert, sondern kann unmittelbar gegenwärtig sein, weil die gesamte menschliche Wirklichkeit durch den Menschen selbst geschaffen wird (Die Dialektik des Konkreten, 1967). *Jürgen Habermas* geht in seinen frühen Werken ebenfalls von der Entfremdung und der Verdinglichung als „Theorie der Pathologie der Moderne" aus. Die Entpolitisierung der Soziologie, die doch einmal politische Philosophie i.S. einer Deutung der gesamtgesellschaftlichen Entwicklung sein sollte, ihre „Instrumentalisierung" als Hilfswissenschaft im Dienst von Verwaltungen oder auch als Selbstkonstitution der pathologischen Gegenwartserscheinungen, sind für Habermas deutliche Anzeichen dieser Verdinglichung, deren verhängnisvolle Dynamik nicht mehr aufgehalten werden kann (Technik und Wissenschaft als Ideologie, 1968; Theorie der Gesellschaft oder Sozialtechnologie? 1971). Die späteren Werke sind jedoch geprägt von seiner Einsicht, „daß man wieder hinter die Dialektik der Aufklärung (*Horkheimer/ Adorno* 1944) zurückgehen muß, weil man mit den Aporien einer sich selbst verneinenden Philosophie als Wissenschaftler nicht leben kann" (Die neue Unübersichtlichkeit, 1985; Theorie kommunikativen Handelns, 1981).

III. Die Dialektik als Methode

Vor dem Hintergrund der als adialektisch verstandenen empirisch-induktiven Methoden der Naturwissenschaften gilt die Dialektik meist nicht als wissenschaftliche Methode im strengen Sinn und wird lediglich als interpretative Deutung ex post zugelassen. Sie wird andererseits dezidiert als wissenschaftliche Methode bezeichnet, der im Unterschied zu den empirischen Methoden die Anerkennung opponierender Standpunkte inhärent ist; denn die für jede wissenschaftliche Methode geltenden Minimalbedingungen: Rationalität und Nachvollziehbarkeit – gelten auch hier. Das bedeutet, daß auch das dialektische Verfahren erstens unter Bezug auf allgemeine Gründe zu erläutern sein muß und zweitens allen Teilnehmern gleiche Ergebnisse in Aussicht zu stellen hat. Eine in diesem Sinne wissenschaftliche Dialektik, deren genuine logische Funktion im Durchwandern von Widersprüchen besteht, soll damit jeden wissenschaftlichen Dogmatismus verhindern können *(Bubner).* Auch *Gurvitch* plädiert für einen „dialektischen Hyperempirismus", der einer willkürlichen Verallgemeinerung partikularer Situationen in der Dogmatisierung wissenschaftlicher Gesetze entgegenwirken könne. Bei einer richtig verstandenen „induktiven" Vorgehensweise wird jeder neue empirische Befund zurückwirken auf die vorangegangenen Ergebnisse und so die Formulierung der bereits gewonnenen Gesetzmäßigkeiten revidieren müssen, also ebenfalls „dialektisch" seine eigene Bezugsgrundlage ständig verändern. In dieser Auffassung ist die Dialektik als „trial and error"-Methode zu verstehen, die die realen Ganzheiten „en marche" erfassen kann *(Bubner). Karl Popper* hat bereits eine begrenzte „pragmatische" Dialektik als trial and error-Methode anerkannt, aber herausgestellt, daß diese lediglich zur Ausscheidung von Schwächen einer Theorie dienen kann (What is Dialectic? 1949).

IV. Das Problem der Realdialektik

Sobald die Dialektik als Methode nicht bewußt von der realen geschichtlichen Bewegung getrennt und das Verhältnis von Theorie und Praxis nicht explizit problematisiert wird, erscheint sie unvermeidlich als Hypostasierung der Geschichte oder des Selbstlaufens der Idee und wird damit apologetisch. Bei einer solchen Ontologisierung der Dialektik wird meist nur ein einziges dialektisches

Verfahren zugelassen bzw. keines operational definiert. Damit wird der Diskurs transzendentalisiert, indem an die Stelle der auf die Fortsetzung des „Spiels" angelegten sozialen Dialektik eine ideale und universale Dialektik gesetzt wird, in Form einer Antizipation des „Endes aller Geschichte", eines herrschaftsfreien Diskurses, etc. *(Landgrebe).* Schließlich wird die Selbstproduktion des Menschen verabsolutiert; die reale Gesellschaft wird zum selbstreferentiellen System erklärt, in dem die Soziologie den dialektischen Umschlag zwischen Theorie und Praxis nur noch nachreflektieren kann und keine Möglichkeit mehr bietet für eine empirische Kontrolltheorie oder eine realistische Planungssoziologie. Eine diskursive und methodologisch reflektierte Dialektik ist notwendigerweise eine unabschließbare Dialektik; diese bedeutet den Verzicht auf die Idee einer „wahren", d.h. nach bekannnten Prinzipien endgültig geordneten Gesellschaft und beruht auf der Annahme einer „offenen" Gesellschaft *(Merleau-Ponty),* d.h. der relativen Freiheit der Individuen und der Zulassung der Opposition zwischen gesellschaftlichen Kollektiven.

Lit.: W. L. Bühl: Dialektische Soziologie und soziologische Dialektik, in: Kölner Zeitschrift für Soziologie und Sozialpsychologie 21, 1969, S. 716–751; *R. Bubner:* Dialektik und Wissenschaft. Frankfurt 1973; *G. Gurvitch:* Dialektik und Soziologie. Neuwied 1975; *L. Landgrebe:* Das Problem der Dialektik, in: *I. Fetscher* (Hg.): Marxismus-Studien III, Tübingen 1960, S. 1–65; *M. Merleau-Ponty:* Die Abenteuer der Dialektik. Frankfurt 1968

Dr. *E. Üner,* München

dialektischer Materialismus

→Materialismus

Dichotomie

Bezeichnung für die Zweiteilung eines Sachverhalts oder einer sozialen Gesamtheit. Die entstandenen Teile stehen sich mit entgegengesetzten Interessen gegenüber und konkurrieren um die soziale und ideologische Führungsrolle, z.B. →Bourgeoisie und →Proletariat in der →Klassengesellschaft als dichotomes Gesellschaftsbild.

Dichte

soziale D.

Begriff der Soziologie für die →Intensität der →Interaktionen oder der sozialen Kontakte in gesellschaftlichen Einheiten (z.B. Gruppen). Die D. ergibt sich aus dem Verhältnis der sozialen Kontakte zu der Bevölkerungszahl.

Dichte, dynamische

von *E. Durkheim* geprägter Begriff für einen Indikator, der den inneren Aufbau eines gesellschaftlichen 'Systems an Hand der Intensität und Anzahl der Beziehungen sowie dem Zusammengehörigkeitsgefühl in sozialen Einheiten bzw. Subeinheiten bestimmt.

Dichte, materielle

von *E. Durkheim* geprägte Bezeichnung für einen Indikator, der den inneren Aufbau eines gesellschaftlichen Systems an Hand der Zahl der Mitglieder pro Flächeneinheit und dem Ausbau des Nachrichten- und Verkehrsnetzes mißt.

Dichte, soziale

social density

Bezeichnung der Großstadtsoziologie für das Verhältnis von Bevölkerung zur bewohnten Fläche. *E. Durkheim* und *G. Simmel* beobachteten ein Ansteigen der sozialen →Differenzierung, der →Heterogenität, der räumlichen Abgrenzung und der formalen →Kontrollen bei Zunahme der s.D.

Dienstklasse

von *K. Renner* 1953 eingeführte Bezeichnung für die Kategorie der Angestellten, die nicht Eigentümer des Kapitals sind und keine wertbildende Arbeit (nach der marxistischen Werttheorie) leisten, aber über die geschaffenen Werte verfügen, also →Funktionen der →Kapitalisten wahrnehmen.

Dienstleistung
Aktivitäten von Personen oder →Organisationen, die – ohne selbst Güter zu produzieren – einen individuellen und/oder allgemeinen Nutzen erzielen. D. können unentgeltlich oder gegen Bezahlung erbracht werden.

Der D.sektor ist neben dem Bereich der Urproduktion und dem der verarbeitenden Produktion der tertiäre Sektor der Wirtschaft. Seine Angehörigen (zu dem z. B. die freien Berufe, die Berufe des Handels, des Verkehrs, der Banken und der öffentliche Dienst gehören) leisten „Dienst am anderen" und produzieren keine Güter. Die Entwicklung einer Gesellschaft zu einer modernen →Industriegesellschaft ist nach *Fourastié* von einem starken Anwachsen des tertiären Sektors gekennzeichnet, daß man wegen seines hohen Anteils am Sozialprodukt heute von einer D.gesellschaft spricht.

differentielles Lernen
Oberbegriff für sozialpsychologisch orientierte →Theorien →abweichenden Verhaltens, die das Erlernen krimineller Verhaltensmuster durch – verglichen mit der Erlernung konformer Verhaltensweisen – unterschiedliche (differentielle) Interaktions- und Kommunikationsbeziehungen beschreiben und erklären.

Dazu gehören:
– die Theorie der differentiellen Assoziationen *(Sutherland/Cressey)*,
– die Theorie der differentiellen Verstärkung *(Burgess/Akers)*,
– die Theorie der differentiellen Identifikation *(Glaser)*,
– die Theorie der differentiellen Gelegenheitsstrukturen *(Cloward/Ohlin)*.

Differenzierung
1. allgemein meint D. die Fähigkeit, eine Information nach mehreren verschiedenen Dimensionen aufschlüsseln zu können;

2. im engeren Sinne ist D. die Aufgliederung eines Ganzen in Einzelelemente, die das Ganze dann konstituieren. Die durch →Arbeitsteilung sich herausbildenden →Rollen der →Berufe (als Spezialisierungen) sind prototypische Beispiele aus der Soziologie. D. kann in zweifacher Weise erfolgen: →segmentäre D. oder →funktionale D.

Differenzierung, funktionale
Aufgliederung eines sozialen →Systems in verschiedenartige Elemente, um die einzelnen →Funktionen des Systems durch Aufgabenspezialisierung besser realisieren zu können. Durch Ergänzung und Zusammenwirken der differenzierten und spezialisierten Elemente wird das Leistungsvermögen erhöht, gleichzeitig nehmen aber auch die Probleme (wie z. B. die Störanfälligkeit) und Anfordernisse an das Zusammenwirken auf Grund der gestiegenen Komplexität zu.

Differenzierung, hierarchische
vertikale D.
Bezeichnung für die Entstehung von →Herrschaftsverhältnissen (Über- und Unterordnung) durch die ungleiche Verteilung von Entscheidungsbefugnissen innerhalb einer Gruppe, Organisation, Gesellschaft etc. Diese differenzierten Entscheidungsbefugnisse können sich aus ungleich verteilten →Funktionen und Tätigkeiten ergeben (→soziale Ungleichheit).

Differenzierung, horizontale soziale
→horizontale soziale Differenzierung

Differenzierung, segmentäre
segmentär-föderative D.
während bei der funktionalen D. die einzelnen Elemente des →Systems sich ergänzen im Hinblick auf die Aufgabenerfüllung des Gesamtsystems, besteht die s. D. darin, daß sie in analoger Weise bei mehreren Systemen erfolgt, so daß diese im Hinblick auf die s. D. gleich erscheinen (etwa die bundesstaatliche Organisation der Bundesrepublik).

Differenzierung, soziale
1. Prozeß gesellschaftlicher Teilung und daraus resultierender Entwicklung von komplexen Strukturen, wie z. B. von spezifischen sozialen →Rollen und Verhaltensweisen, in denen →Arbeitsteilung und Spezialisierung wirksam und

als Verhaltenserwartungen institutionalisiert werden *(→horizontale s. D.)*;

2. s. D. als Teilung in Stadt- und Landkultur *(regionale D.)*;

3. s. D. als Herausbildung komplexer Gruppenstrukturen *(→mikrosoziologische D.)*;

4. s. D. als Motor der sozialen →Evolution, etwa durch die Entstehung von Teilkulturen und in deren Folge von gesellschaftlichem Pluralismus *(→makrosoziologische D.)*.

Differenzierung, strukturelle
Aufgliederung eines Systems in gleichartige und verschiedenartige Elemente zur besseren Verfolgung der Ziele; in den Elementen werden die einzelnen Leistungen verbindlich festgelegt und institutionalisiert.

3. Reaktionsdifferenzierung
Bezeichnung der →Lerntheorie für die Herausbildung eines bestimmten Verhaltens (Reaktion) in einer bestimmten Situation. Diese Reaktion kann durch bestimmte Maßnahmen bzw. durch Bestrafung eines anderen, unerwünschten Verhaltens verstärkt werden (Verhaltensformung).

Diffusheit

Spezifität – Diffusheit
Teil eines von mehreren von *T. Parsons* definierten Begriffspaaren, die Bewertungs- bzw. →Orientierungsalternativen darstellen (→pattern variables). D. bedeutet, daß man Interaktionspartner nicht nur in einer ausgegrenzten, spezifischen Rolle wahrnimmt, sondern eher ganzheitlich-diffus: Frauen, die ihre Ehemänner nur als Versorger betrachten, handeln abweichend. →Primärbeziehungen sind also typisch diffus.

Diffusion

in der Soziologie Bezeichnung für die Ausbreitung und Annahme von neuem Gedankengut, Verhaltensmuster, Wertvorstellungen, Informationen, Erfindungen etc. innerhalb eines kulturell und kommunikativ definierten →Systems. Maßgeblich vorangetrieben wird die D. durch den Ausbau der →Massenkommunikationsmittel. Die →Medien können die D.prozesse beschleunigen und sozialen →Wandel (Innovation) befördern.

Diffusion, kulturelle
Prozeß der Verbreitung von kulturellen Elementen innerhalb einer Kultur (intra) oder zwischen Kulturen (inter) durch Wanderung (primäre k. D.) oder durch Übernahme (sekundäre k. D.).

Diktatur

Bezeichnung für die Ausübung politischer Gewalt unter Ausschaltung verfassungs- bzw. gewohnheitsrechtlicher Schranken durch einen einzelnen *(Diktator)*, eine →Familie, eine Gruppe bzw. →Clique, eine Partei oder eine →Klasse über das →Volk. Die D. ist in der Regel eindeutig illegitim und behauptet sich allein auf Grund von staatlichen Zwangsmaßnahmen durch die Befehlsgewalt über Polizei, Militär und andere Organe. Manche D.en wahren den Schein der →Legitimität durch manipulierte „Zustimmung“ des Volkes. Staatlich-politische Organe und Einrichtungen (z. B. Parlament, Gerichte und Parteien) werden von dem oder den Machthabern aufgelöst oder existieren funktionslos, um den Anschein der →Legalität zu wahren, weiter.

Diktatur des Proletariats

Begriff der →marxistischen Theorie für die →Herrschaft der →Arbeiterklasse in der Übergangsphase von der bürgerlich-kapitalistischen zur kommunistischen Gesellschaft, d. h., die unterdrückte und ausgebeutete Mehrheit der →Proletarier gewinnt die Herrschaft über die Minderheit der →Bourgeoisie. Die D. d. P. gibt es nur temporär in der Aufbauphase einer sozialistischer Gesellschaft und soll in dieser Zeit die Wiederherstellung der bürgerlichen Ordnung, d. h. die kapitalistischen Besitzverhältnisse an den →Produktionsmitteln, verhindern, die →Produktionsverhältnisse umstrukturieren, die Klassen abschaffen und die revolutionäre Gesellschaft außenpolitisch absichern. Die Mittel der Umsetzung der D. d. P. sind die gesellschaftspolitische Führungsrolle der Arbeiterpartei, Propaganda, Massenerziehung sowie →Kontrolle der Entscheidungs- und Willensbildung. Die D. d. P. will Diktatur gegenüber der kapitalistischen →Klasse und Demokratie für die Arbeiterklasse.

Dirigismus

bezeichnet eine Form staatlicher Eingriffe in den freien Wirtschaftsablauf durch steuer- und wirtschaftspolitische Maßnahmen zur Verfolgung gesellschafts- und/oder wirtschaftspolitischer Ziele.

Disfunktion

→Dysfunktion

Begriff aus dem →Funktionalismus, der die Wirkungen von Elementen in einem sozialen System meint, die den eigentlichen Intentionen und Systemvorgaben (→Anpassung, →Integration; Strukturerhaltung, Zielrealisierung) zuwiderlaufen.

Diskriminierung

„Differenzierung zweiten Grades"

soziale *Ungleichbehandlung* bzw. *Benachteiligung* anderer Menschen durch Verhaltensweisen und Einstellungen. D. ist daher immer negativ-evaluativ. Objekte sozialer D. sind vor allem soziale →Minderheiten, bestimmte Rassen und Hautfarben, Frauen, religiöse Glaubensgemeinschaften, bestimmte Gesellschaftsgruppen, ja sogar ganze Gesellschaften (rassistische, (sozio-)ökonomische und religiöse D.). Soziale Relevanz bekommt dieser Begriff durch das gesellschaftliche Postulat der sozialen Gleichheit und der sozialen Gleichbehandlung aller Menschen. D. beruht oft auf →Vorurteilen und dient der Erniedrigung anderer, um sich selbst zu erhöhen.

Diskurs

Erörterung, Verhandlung

1. relativ neuer Begriff der sozialwissenschaftlichen Theorie, der als möglicher Ersatz für altgediente Begriffe wie z. B. Denken stehen kann;

2. in *J. Habermas'* Theorie ist D. eine Rede mit vernünftiger Struktur, die die Chance auf Konfliktregelung bietet.

Dissonanz, kognitive

→kognitive Dissonanz

Dissozialisation

konfliktreiche, sich durch starke Polarisierung auszeichnende Prozesse (z. B. Krankheit, gestörte Kindheit), die die normale →Sozialisation eines Menschen und damit seine (volle) Teilnahme am gesellschaftlichen Leben verhindern.

Distanz, soziale

Bezeichnung für den Grad des *sozialen Abstandes* zwischen Personen oder sozialen →Gruppen. Einer der Grundbegriffe der →formalen Soziologie *(L. v. Wiese)*, die die statische und dynamische Analyse von s. D. betreibt. Der Begriff spielt auch in der Feldtheorie *Lewins* eine wichtige Rolle. S. D. tritt sowohl in horizontalen Verhältnissen (z. B. innerhalb einer →Gruppe oder zwischen Gruppen) als auch in vertikalen Verhältnissen (z. B. zwischen gesellschaftlichen Klassen, Schichten) auf. Die s. D. wird durch →Einstellungen und Vorstellungen, aber auch von →Vorurteilen bestimmt. Zu beachten ist, daß s. D. sowohl mit physischer oder lokaler Nähe einhergehen kann, wie große räumliche Distanz eine geringe s. D. nicht ausschließt. Neben der formalen Soziologie haben sich noch andere Autoren dieses Begriffes bedient. Bei *G. Simmel* erhält die s. D. zusätzlich eine erkenntnistheoretische Perspektive, wenn einzelne wissenschaftliche Disziplinen die Objekte aus unterschiedlicher D. betrachten. *P. Sorokin* definiert s. D. als positionelle Unterschiede: Je ähnlicher die →Positionen sind, desto geringer die s. D. Und *E. Goffman* meint, daß s. D. durch jene Grenze bestimmt wird, die andere nicht überschreiten dürfen, ohne die „Privatsphäre" des einzelnen zu verletzen.

Distanzierung, soziale

1. ablehnende →Einstellungen und/oder Verhaltensweisen einer Person gegenüber anderen →Bezugspersonen (→Distanz) oder -gruppen;

2. ablehnende oder überkritische Haltung gegenüber der eigenen →Rolle. Ihren Ausdruck zeigt die s.D. dann z.B. durch eine Verweigerung der →Identifizierung mit der Rolle oder durch Übernahme einer anderen Rolle.

Divergenztheorem

These der →Sozialpsychologie und der →Gruppensoziologie, wonach vor allem in kleineren →Gruppen stets zwei unterschiedliche →Führungsrollen (→formell oder →informell) existieren. Zum einen die →Rolle desjenigen, der bei den anderen Mitgliedern die größte emotionale Zuneigung erfährt (expressiver Führer), zum anderen die Rolle desjenigen, der bei der Problembewältigung und -lösung am erfolgreichsten ist (instrumentaler Führer).

division du travail

Arbeitsteilung, division of labor (engl.)
nach *E. Durkheim* meint D. sowohl eine historisch-sozioökonomische als auch eine historisch-gesellschaftliche Tendenz zur Aufteilung und Verselbständigung von Funktionen und Aufgaben. Die D. social bezieht sich auf die gesellschaftlichen Elemente der Politik, der Wirtschaft, der Verwaltung, während die sozioökonomische D. die Berufsaufgliederung, die Trennung von Arbeitsvollzügen und die Spezialisierung beruflicher Fähigkeiten umfaßt. Die D. diene dabei der Belebung des sozialen Zusammengehörigkeitsgefühls und der Solidarität.

Dominanz

Vorherrschaft
Bezeichnung für die Neigung, den eigenen Willen kraft psychischer oder physischer Überlegung („Dominanzverhalten") gegenüber anderen durchzusetzen. Auch erworbene sozio-kulturelle Eigenschaften dienen als Statusmerkmale der D. gegenüber anderen. Das Streben nach D. über andere Menschen resultiert aus dem Wunsch nach sozialer Anerkennung und Selbstbestätigung. D.verhalten ist aber nicht nur ein Individualmerkmal, sondern auch →Gruppen, →Kollektive, →soziale Systeme entwikkeln diese Eigenschaft.

Doppelbindungs-Hypothese

double-bind-hypothesis (engl.), Beziehungsfalle
Theorie zur Erklärung schizophrener bzw. neurotischer Verhaltensweisen. Ein Individuum ist in der Beziehung zu einem anderen Menschen, der für seine persönliche Entwicklung von Bedeutung ist, gegensätzlichen Informationen ausgesetzt, die das betreffende Individuum in die Situation eines Dilemmas bringen. Gleichgültig, nach welcher Information man sein Handeln ausrichtet, man muß immer Frustrationen, Enttäuschungen, Nachteile hinnehmen. Solche Widersprüchlichkeiten in zentralen Beziehungen behindern die Kommunikationsfähigkeit des Individuums, weil das Dilemma nicht verstanden und nicht aufgelöst werden kann.

Dorf

→ländliche Soziologie (Kap. Soziologische Dorfforschung)
mehr oder weniger geschlossene, meist ländliche Siedlung mit relativ wenigen Wohnplätzen. Von der sozialen Struktur her besteht das D. aus einer Anzahl von selbständigen Familien (in der Regel Landwirte und Handwerker). Der soziale Umgang sowie die →Sozialisation werden in der D.gemeinschaft von konservativen, allgemeinverbindlichen →Normen (oft religiöser Prägung) bestimmt. Die gute Überschaubarkeit der D.struktur sowie die Tatsache, daß „jeder jeden kennt", bewirken eine starke interne →Kontrolle und andererseits eine →Entfremdung gegenüber der Außenwelt und der sozio-kulturellen Entwicklung. Nachteile des D.lebens, wie z.B. das Festhalten an z.T. überkommenen →Traditionen, die Abgrenzung von

der Außenwelt, die Unterversorgung mit →Dienstleistungen, das schlechtere Berufs- und Bildungsangebot etc. führen zu sozialen →Konflikten, Abwanderung und einer Abhängigkeit von der nächstgelegenen Stadt.

Die ursprüngliche, typische D.struktur und Lebensform wird durch die Abwanderung vor allem der jüngeren Generationen, den Zustrom aus den Ballungsgebieten und die damit verbundene Zunahme an Pendlern, ein neues Bildungsangebot sowie eine gesteigerte Abhängigkeit von und Orientierung an den Lebensformen der Stadt abgebaut. Auf der anderen Seite tragen aber auch die Zersiedelung des D., die Ausweitung der Städte und die wachsende Verkehrsvernetzung zum Abbau der Eigenheiten des D. bei.

Drei-Stadien-Gesetz

jede Gesellschaft (wie auch die Menschheit) macht eine Entwicklung in drei Stadien durch: die theologisch-fiktive, die metaphysisch-abstrakte und die positiv-reale Phase. Diese Stadien wirken sich entsprechend auf die individuellen Erkenntnischancen, auf die Wissenschaften, auf die Ökonomie aus. Der Prozeß ist irreversibel und führt von der Abstraktion zu wachsender Konkretion: Technisierung, Arbeitsteiligkeit, Organisation der Produktion.

Dieses D. geht auf *A. Comte* zurück. Die drei Stadien können kursorisch auch so charakterisiert werden: Zuerst sind die Priester und Krieger dominant, dann die Philosophen und Rechtsgelehrten, und schließlich die Wissenschaftler und Ökonomen.

Dritte Welt

umstrittene Bezeichnung für die weder dem „Ost-" noch dem „Westblock" zugehörigen Entwicklungsländer, d.h. die Gesamtheit der kulturell heterogenen Gesellschaften, die sich im Gegensatz zu den modernen →Industriegesellschaften (der sog. ersten Welt, den westlich-demokratischen Industriegesellschaften, und der sog. zweiten Welt, den östlich-sozialistischen Industriegesellschaften) auf einem wirtschaftlich, infrastrukturell und technisch niedrigen Entwicklungsniveau befinden. Die Hauptprobleme der D.W. liegen in einem zu hohen →Bevölkerungswachstum, Massenarmut, Unterernährung, klimatischen Erschwernissen, Mangel an Arbeits- und Ausbildungsplätzen, unzureichender Infrastruktur, politischer Instabilität, galoppierender Inflation und hoher Auslandsverschuldung. In der Kategorie der D. W. gibt es eine weitere Unterteilung in die sog. Schwellenländer, die eine fortgeschrittene →Industrialisierung vorweisen können, und in die sog. vierte Welt, die ärmsten der Entwicklungsländer, die auf keine nennenswerte Industrie und auf keine Rohstoffvorkommen und Energiequellen zurückgreifen können. Politisch zählen sich die Entwicklungsländer selbst zu den „Blockfreien". Aufgrund der geographischen Verteilung der hochindustrialisierten und der armen Länder der D.W. spricht man auch von einem Nord-Süd-Gefälle.

Dritter Weg

humane Wirtschaftsdemokratie

eine Alternative gegenüber der sozialistischen Planwirtschaft und der kapitalistischen Marktwirtschaft (für eine freie – echte – Marktwirtschaft ohne Kapitalismus). Durch Demokratisierung und Humanisierung der bestehenden Wirtschaftssysteme soll sich ein effektiveres Wirtschaftssystem entwickeln, das Elemente von Marktmechanismen, demokratisch entstandene Rahmenpläne, Wettbewerb und Gesetze gegen monopolistische Marktbeherrschung enthält sowie die Beteiligung der Arbeiter und Angestellten an Entscheidungen (Arbeitermitbestimmung) und am Gewinn vorsieht. Ziele des D.W. sind die Beseitigung von wachsender Entfremdung und Desinteresse am Arbeitsprozeß, mehr Selbstverwirklichung und Lebensqualität.

→Wirtschaftssoziologie (Lit.-Angaben)

drop-out
Abbrecher, Herausgeworfener
Phänomen des Schul- und Universitätsabganges ohne den ursprünglich angestrebten und angebotenen Bildungsabschluß. Die →pädagogische Soziologie sieht die Ursachen für dieses „Versagen", das vor allem bei Angehörigen unterer →Schichten sowie weiblichen Schülern und Studenten zu beobachten ist, in den sozio-ökonomischen und sozio-kulturellen Benachteiligungen und weniger in natürlichen Begabungsmängeln.

Druck, sozialer
pressure (engl.), sozialer Zwang
eine Form sozialer →Kontrolle mit Hilfe von Zwangsmitteln (wie z.B. Bestrafung, Zurechtweisung) sowie alle sozialen Aktionen, die der Einschränkung, Bevormundung und einseitigen Beeinflussung der freien Entscheidung von einzelnen Personen oder Personengruppen dienen. D. kann auch durch positive →Sanktionen (Belohnung) erzeugt werden. Er kann →legal durch bestehende Macht -und Eigentumsverhältnisse oder →illegal durch erpresserische (nötigende) Maßnahmen und Bestechung ausgeübt werden. Davon zu trennen ist die Frage der →Legitimität des D. Der Abbau von legalen Formen sowie die Aufdeckung von illegalen Formen der D.ausübung sind Ziele einer demokratischen Gesellschaft.

Dyade
Paar, Zweiergruppe
eine →Gruppe, die aus zwei Mitgliedern besteht, bzw. die Beziehung der beiden Mitglieder untereinander („dyadische Beziehung").

Dynamik, soziale
nach *A. Comte* der Teilbereich der Soziologie, der sich mit der →Struktur des gesellschaftlichen →Wandels, d.h. mit dem →Gesetz der Entwicklung und des Fortschritts, beschäftigt. Entwicklungen in bestimmten gesellschaftlichen Bereichen werden oft durch Veränderungen in anderen Bereichen ausgelöst oder vorangetrieben. Aufgabe der →Theorie der s.D. ist daher, einzelne Wandlungsprozesse im Zusammenspiel aller Wirkungsbereiche zu analysieren. Heute wird in diesem Zusammenhang auch häufig der Begriff sozialer →Wandel verwendet.

Dysfunktion
Begriff aus der →strukturell-funktionalen →Theorie; ein Beitrag eines Elementes eines sozialen →Systems, der dessen Strukturerhaltung und Entwicklung gefährdet bzw. beeinträchtigt. Dahinter steht die Vorstellung eines integrierten Gleichgewichts- und Harmoniezustandes der Beziehungen aller Elemente des sozialen Systems zueinander. Da sich eine Gesellschaft in einem dauernden sozialen →Wandel befindet, ist eine objektive Wertung, welches Phänomen eine D. ist oder nicht, nur schwer möglich. So darf z.B. auch das Verbrechen in einer Gesellschaft nicht automatisch mit Dysfunktionalität gleichgesetzt werden.
→Eufunktion

E

Egalitarismus

1. Bezeichnung für politische und soziale Theorien, die eine vollkommene Gleichheit fordern und alle Unterschiede, ob natürlicher oder sozialer Art, ablehnen. Erreicht werden soll dieses Ziel durch die Emanzipierung der Unterdrückten, den Abbau von Privilegien, die Garantie individueller Freiheitsrechte und die Einführung einer totalen Demokratie;

2. negativ bewertete Bezeichnung für Gleichmacherei, für das Verwischen von Unterschieden, für ein relativ unreflektiertes Streben nach Gleichheit.

Egalität

Gleichheit

Bezeichnung für die Tatsache, daß auf politischer, sozialer oder bürgerlicher Ebene keine Unterschiede gemacht werden.

ego – alter

„Ich" und „der Andere"

in der Handlungstheorie Bezeichnungen für den →Akteur (Handelnden) und für den Handlungspartner, d. h., es handelt sich um die Person(en), die in eine Handlung einbezogen ist (sind).

Egoismus

Eigenliebe, „Ich"-Liebe

1. Bezeichnung für ein sich ausschließlich oder vorwiegend an den eigenen →Bedürfnissen und Wünschen orientierendes Verhalten, das sich dabei über die Mitmenschen hinwegsetzt (Gegenteil: →Altruismus);

2. nach *E. Durkheim* Bezeichnung für ein Verhalten, das von starker persönlicher Verantwortung für gesellschaftliche →Norm- und Wertvorstellungen und zugleich mangelhafter →Integration in die Gesellschaft geprägt ist (etwa egoistischer Selbstmord).

Ehe

Bezeichnung für die gesellschaftliche und juristische →Institution der gegenseitig verpflichtenden Verbindung von Mann und Frau. Die durch →Sitte und →Gesetz geschützte E. wird zur Familiengründung und zu deren Schutz gegründet und stellt zudem eine Regelung des Geschlechtsverkehrs innerhalb einer sozialen Einheit dar. Die Hauptform der E. ist die →Monogamie (Ein-E.). Im Laufe der Entwicklung zur modernen Industriegesellschaft veränderte sich das Verhältnis von →Familie und E. Den sakramentalen Charakter, den vor allem die katholische Kirche der E., als einer ungeteilten und unteilbaren Lebensform, zuspricht, sowie der starke Einfluß der →Kirche wurde durch die Einführung der obligatorischen Zivilehe und der staatlichen E.gesetzgebung zurückgedrängt. Die Auflösung der E. ist in einzelnen Gesellschaften unproblematisch (staatliches Eherecht), in anderen praktisch unmöglich bzw. stark erschwert. Die Wahrscheinlichkeit der E.scheidung steigt mit der →Emanzipation der Frau, der →Mobilität, der Kinderlosigkeit und der unterschiedlichen Konfessionalität der Ehepartner. Aus den Schwankungen der Scheidungsquoten für eine bestimmte Gesellschaft können Rückschlüsse auf allgemein gesellschaftliche Veränderungen und solche der Familienstruktur gezogen werden.

ehernes Gesetz der Oligarchie

Bezeichnung für die These von *R. Michels,* die besagt, daß im politischen →System stets eine →Minderheit die wichtigen Entscheidungspositionen besetzen und auch halten kann. Diese oligarchischen Tendenzen sieht er auch in demokratischen Gesellschaften durch Sich-wiederwählen-Lassen oder gegenseitige Unterstützung und Protegierung der Minderheiten gegeben.

Eigengruppe

→Wir-Gruppe
→in group (engl.)
→Mitgliedsgruppe

Bezeichnung für eine →Gruppe, zu der sich eine Person zugehörig fühlt. Die Mitglieder dieser Gruppe haben ein starkes Zusammengehörigkeitsgefühl und grenzen sich von anderen Personen und Gruppen ab. Die E. muß aber nicht notwendigerweise →Bezugsgruppe sein.

Eigenlegitimität
Bezeichnung für eine Form der Herrschaft, die nicht durch →Gesetz und Ordnung besteht, sondern sich durch eine kontinuierliche Bewährung des Herrschaftsinhabers legitimiert. Die E. tritt vor allem bei charismatischen Führern auf. →Charisma.

Eigentum
meint die umfassende rechtliche →Herrschaft über Sachen, im Gegensatz zum →Besitz, der die tatsächliche Verfügungsmacht über Sachen meint. In der Soziologie werden Einfluß und Wirkung des E. auf das gesellschaftliche Beziehungsgefüge untersucht.

Eigentumsideologie
1. allgemeine Bezeichnung für umstrittene und nicht zureichend begründbare Erklärungsversuche zur Entstehung und Vermehrung sowie zum Nutzen von →Eigentum;

2. Bezeichnung für sozialpolitischen Maßnahmen zugrundeliegende Vorstellungen, die auf die Bildung von individuellem Eigentum, auf Eigentumsverteilung und Gewinnbeteiligung zielen.

Einer-Massen
von *T. Geiger* gebrauchte Bezeichnung für einen „Massenvorgang, der sich aus der Häufung von Einzelübergängen ergibt".

Einfluß
Einfluß, horizontaler
Bezeichnung aus der Kommunikationssoziologie für die Beeinflussung der Meinungsbildung von Personen durch andere, die nicht vertikal zu differenzieren sind, also etwa der gleichen →Schicht zugehören.

Einfluß, interpersonaler
Bezeichnung für die wechselseitige Beeinflussung (→Interaktion) zwischen Personen.

Einfluß, kultureller
die Einflußnahme einer →Kultur auf eine andere oder von Kulturelementen auf die Gesamtheit.

Einfluß, persönlicher
eine Form der direkten Beeinflussung innerhalb einer →Gruppe. Der Anführer der Gruppe wirkt bei dem p.E. beeinflussend auf die Gruppenmitglieder ein. Gegensatz: →„unpersönlicher" Einfluß.

Einfluß, sozialer
allgemein jedes →Verhalten und →Handeln einer Person oder →Gruppe, das in direkter oder indirekter Weise das zukünftige Verhalten bzw. die zukünftige →Einstellung anderer Personen oder Gruppen verändert.

Einfluß, unpersönlicher
Personen werden durch →Massenkommunikationsmittel, wie Zeitung, Fernsehen und Rundfunk, in ihren Einstellungen und ihrem Verhalten beeinflußt.

Einfluß, vertikaler
Bezeichnung aus der Kommunikationssoziologie für die Einflußnahme auf die Meinungsbildung einer Gesellschaft durch die →Eliten. Bei dem v.E. werden Veränderungen vertikal von einer Gesellschaftsschicht zur nächsten vorgenommen.

Einflußschichten
Bezeichnung für den Teil einer sozialen Einheit (z.B. →Gruppe), der eine mehr oder weniger starke Wirkung auf den Rest der sozialen Einheit ausübt.

Einheit der Gesellschaft, funktionale
These des älteren →Funktionalismus, die besagt, daß die institutionalisierten Elemente und Handlungen eines sozialen →Systems eine ausgleichende und systemerhaltende →Funktion haben und somit die konfliktvermeidenden und integrierenden →Faktoren des sozialen Systems darstellen.

Einheitsgewerkschaft
gewerkschaftliche Arbeitnehmerorganisation, die den Alleinvertretungsanspruch aller →Arbeitnehmer unabhängig von ihrer eigenen je spezifischen Ausbildung und Tätigkeit – eines bestimmten Industriesektors oder Betriebs bzw. der Arbeitnehmerinteressen erhebt.

Einkommen
die Gesamtheit der Geldbeträge, die einem Wirtschaftssubjekt während eines Zeitraumes zukommen. Je nach Herkunft unterscheidet man zwei Arten von E.: das Arbeits-E. und das Kapital-E. Das E. vor Abzug der Steuern und Sozialabgaben nennt man Brutto-E. und das nach Abzug Netto-E. Die Soziologie definiert das E. als Merkmal der sozialen Lage von →Individuen oder →Gruppen einer Gesellschaft, das deren →Status ausmacht. Soziologische Forschungsschwerpunkte sind die E.-Verteilung, die Beziehungen zwischen →Beruf und E. sowie E. und Konsumverhalten, E. als Voraussetzung der Vermögensbildung und maßgeblicher Faktor der wirtschaftlichen →Macht, E.s-Entwicklung, E. als Existenzgrundlage, die E.s-Abhängigkeit von geographischen und beruflichen →Strukturen sowie die gesellschaftlichen Einflüsse auf die E.s-Zufriedenheit.

Einparteisystem
Einparteistaat
Bezeichnung für eine Staats- und Regierungsform, die sowohl auf →ideologischer als auch auf machtpolitischer Ebene im wesentlichen von einer einzigen politischen Partei getragen wird. Beispiele: Drittes Reich: NSDAP; DDR: SED; UdSSR: KPdSU.

Einrichtung, soziale
Teil einer →Institution, der für einen bestimmten Zweck und für einen festen Zeitraum eingerichtet wurde und seine →Organisation daran rational ausrichtet.

Einschätzung, soziale
esteem (engl.)
die Anerkennung bzw. soziale Einstufung, die einem Gruppenmitglied innerhalb seiner →Gruppe zuteil wird und die seinen sozialen →Status innerhalb dieser Gruppe festlegt.

Einstellung
→Haltung
→Attitude
attitude (engl.)
Bezeichnung für die durch vorangegangene Lernprozesse selektive Ausrichtung des Denkens und Verhaltens. Dies manifestiert sich in der Disposition einer Person, auf ein Objekt ihrer Umgebung (Gegenstand, →Person, →Kollektiv, →Idee, etc.) in einer bestimmten, für die Umwelt voraussagbaren Weise zu reagieren. Dabei werden drei Teilelemente unterschieden: 1. die affektiv-emotionale Komponente (gefühlsmäßige Reaktion), die sich in Zuneigung oder Abneigung äußert, 2. die kognitive Komponente (Wahrnehmung des Objekts, Vorstellungen und Wissen darüber) und 3. die konative oder Handlungs-Komponente (Verhaltenstendenzen gegenüber dem Objekt). Nach den →kognitiven Gleichgewichtstheorien besteht eine Tendenz, etwaige Inkonsistenzen zwischen den Komponenten zu reduzieren. Ein Beispiel hierfür stellen die Neutralisierungstechniken dar.

Einstellung, autoritäre
eine E., die besonders durch hohe Bereitschaft zu konformem Verhalten, Unterwerfungsgebaren unter Stärkere, Unterdrückung Schwächerer, Intoleranz gegenüber Andersdenkenden sowie übermäßige Gefühlskontrolle charakterisiert ist.

Einstellung, phänomenologische
die durch die erste Epoche gewonnene natürliche E. wird durch die zweite Reduktionsstufe (phänomenologische Reduktion) zur p.E. Die natürliche E. erscheint dabei durch das Prisma des Bewußtseins.

Einstellungsforschung
Arbeitsfeld verschiedener Disziplinen, wie z.B. der Psychologie und der Sozio-

logie. Untersucht werden die Ursachen der Entstehung von →Einstellungen, →Stereotypen und →Vorurteilen. Während psychologische →Theorien die →Erklärung in der jeweiligen →Persönlichkeit und im →Charakter des einzelnen Menschen sehen, vermuten sie die Soziologen eher in der Prägung des Einzelnen durch kulturelle →Werte und →Normen in der →Sozialisation sowie durch objektive soziale →Interessen und Interessenkollisionen. Die →Massenmedien werden in letzter Zeit wegen ihres wachsenden Einflusses auf die Meinungsbildung der einzelnen Menschen als besonders einstellungsrelevant angesehen.

Einzelfallanalyse
empirische Studie, die sich auf die detaillierte und ganzheitliche →Analyse einer Einheit (Person, →Organisation, →Gemeinde usw.) bezieht. Die E. dient häufig zur Vorbereitung oder Ergänzung umfangreicherer, auf größeren Fallzahlen beruhenden Untersuchungen. Sie ist aber auch im Rahmen der qualitativen →Sozialforschung ein methodologisch begründetes, eigenständiges Auswertungsverfahren im Rahmen der →Einzelfallstudie.

Einzelfallstudie
case study (engl.)
eine vielschichtige methodische Vorgehensweise, insbesondere in der qualitativen →empirischen Sozialforschung. Einzelne Untersuchungseinheiten (z. B. Personen, →Gruppen, →Betriebe), die entweder typische oder ausgefallene, prägnante Fälle darstellen, werden mit Hilfe bestimmter Erhebungsmethoden wie z. B. →Beobachtung oder →Befragung genau analysiert, um typische Phänomene herauszuarbeiten. Wegen der besonderen Betonung der Individualität des einzelnen Falles und der daraus resultierenden unzureichenden Vergleichsmöglichkeiten ist die E. nicht repräsentativ. Sie wird aber häufig im Rahmen der Vorbereitung und der Ergänzung bei größeren Untersuchungen standardisiert-quantitativer Art sowie in der qualitativen-Sozialforschung verwendet.

elaborierter Kode
formaler Kode
Begriff aus der Soziolinguistik (gesellschaftliche Sprachwissenschaft), der für die Sprache (linguistischer Kode, *B. Bernstein*) der Mittel- und Oberschicht steht. Der e. K. zeichnet sich im Gegensatz zum →restringierten Kode der Unterschicht durch eine entwickelte sprachliche Differenzierung aus, die weitgehende Ausdrucksmöglichkeiten in der →Kommunikation bietet.

Element
Bezeichnung für jeden einzelnen Grundbestandteil eines zusammengesetzten Ganzen, der nicht weiter in einzelne Teile aufgesplittert werden kann. Da kein E. Bestandteil eines anderen E. sein kann, können einzelne Personen, →Gruppen oder →Organisationen nicht zugleich als E. eines Gesellschaftssystems aufgeführt werden, weil E. von Gruppen Personen sind.

Element, kognitives
Bezeichnung für die basalen Bausteine des Denkens und Erkennens des Menschen im Sinne der Theorien der kognitiven →Konsistenz. K. E. stellen die im menschlichen Denken enthaltenen Informationen und Kenntnisse über konkrete oder abstrakte Dinge (z. B. eine andere Person, ein Objekt) dar.

Elite
bedeutet soviel wie „Auslese“
eine →Minderheit, die jene Personen umfaßt, die in einzelnen Bereichen, wie z. B. Politik, Wirtschaft, Kultur und Sport, eine herausragende Stellung einnehmen (z. B. hohe Politiker, Wirtschaftsbosse, Spitzensportler), wobei E. nicht mit der jeweiligen Oberschicht einer Gesellschaft gleichbedeutend ist. Die Zugehörigkeit zur E. wird durch Kriterien bestimmt, die dem historisch-sozialen →Wandel unterliegen: a) die Zugehörigkeit nach Abstammung, Herkunft (Geburts-E.); b) nach gesellschaftlich

anerkannten, persönlichen Eigenschaften und Merkmalen (Wert-E.); c) nach dem Umfang der →Macht – sei es auf politischer, ökonomischer, militärischer oder kultureller Ebene – (Macht-E.). Bisher konnten noch keine Gesellschaften die Entstehung von funktionalen E. verhindern bzw. auf sie verzichten. Im Gegensatz zur →Aristokratie sind aber die modernen Herrschafts- und Führungsschichten in den verschiedenen Funktionsbereichen schwerer abgrenzbar und fühlen sich auch nicht durch ein sozial abgesichertes →System verbunden. *Pareto* sieht in den um Macht wettstreitenden E.n die eigentliche Antriebskraft für historische Prozesse.

Elite, administrative
Verwaltungselite
eingrenzende Bezeichnung für die Führungsgruppen, die in der Verwaltung tätig sind und die politische →Macht „verwalten“. Zur a.E. werden die höheren Verwaltungspositionen, die Justiz, der diplomatische Dienst, der militärische Bereich und manchmal auch der Hochschulsektor (bzw. dessen beamtete Hochschullehrer) sowie wissenschaftliche Berater der Regierung gezählt.

Elite, alte
die a.E. zeichnet sich durch strenge Rekrutierungs- und Zugehörigkeitskriterien aus und rekrutiert sich aus den höchsten Positionen auf der gesellschaftlichen Machtskala.

Elite, dynastische
Bezeichnung für eine Führungsgruppe, die sich ausschließlich aus Personen der gleichen Familie zusammensetzt.

Elite, geschlossene
oligarchische Elite
Bezeichnung für Führungsgruppen, die ihre Rekrutierungs- und Zugehörigkeitskriterien selbst aufstellen und kontrollieren, um ihren →Status in einer Gesellschaft, die als →dichotom strukturiert verstanden wird, zu wahren.

Elite, kombinatorische
Bezeichnung nach *W. Pareto* für die Führungsschicht, in der das „Residuum“ der „Kombination“, d.h. Handlungen, die auf Veränderung, Erneuerung, Manipulation und Spekulation hinauslaufen, vorherrschend sind. Hierzu werden Rechtsanwälte, Manager, Großindustrielle, Bankiers u.a. gezählt.

Elite, kulturelle
eine →Gruppe, deren →„Macht“ sich nicht auf das politische und soziale Verhalten der einzelnen Bürger richtet, sondern auf den Einfluß konzentriert, der auf die Angehörigen der politischen Führungsschicht ausgeübt wird. Zur k.E. werden z.B. Persönlichkeiten aus den Hochschulen, Forschungsinstituten, bedeutenden Museen und Theatern sowie Schriftsteller und Künstler gezählt.

Elite, meinungsbildende
Bezeichnung für diejenigen Personen, die bei Zeitungsverlagen, Fernseh- und Rundfunkanstalten das Sagen haben und über das jeweilige →Massenmedium das politische und soziale Bewußtsein und Verhalten der einzelnen Bürger sowie der Führungsschicht beeinflussen.

Elite, neue
Funktionselite
diejenigen Personen, die in einem sozialen Subsystem einer nach →Funktionen differenzierten Gesellschaft aufgrund von Fähigkeiten und Leistungen, die nach systemeigenen Kriterien bewertet werden, Spitzenpositionen einnehmen und auch systemübergreifend einflußreich sind.

Elite, offene
diejenigen E.formen, deren Rekrutierungs- und Zugehörigkeitskriterien von der Gesellschaft aufgestellt und kontrolliert werden. Der Führungsstab kann dadurch jederzeit ausgewechselt werden.

Elite, oligarchische
→Elite, geschlossene

Elite, patriarchalische
die E., deren Angehörige ungeachtet der jeweiligen Rekrutierungskriterien nicht abberufen oder abgewählt werden können und die bis zum Tod oder freiwilligen Ausscheiden in ihren Führungspositionen verweilen.

Elite, persistente
nach *W. Pareto* Bezeichnung für die Führungsschicht, in der das „Residuum" „Persistenz der Aggregate", d.h. Handlungen, die auf Beibehaltung des jetzigen Zustandes hinauslaufen, vorherrschend ist. Hierzu werden Beamte, Großgrundbesitzer, Kapitalrentner usw. gezählt.

Elite, politische
1. Herrschaftselite. Bezeichnung im weiteren Sinne für all diejenigen Führungsschichten, deren Entscheidungen aufgrund ihrer Machtposition gesamtgesellschaftliche Relevanz haben;

2. im engeren Sinne die Führungsgruppe des Bereiches, der dafür zuständig ist, daß Verwaltungsentscheidungen in der →Bevölkerung generell angenommen und verstanden werden.

Elitetheorien

Elitetheorien
Der aus dem Französischen stammende Begriff der Elite („Auslese", „Auswahl") bezeichnet eine nach verschiedenen relevanten politischen, ökonomischen und sozialen Merkmalen herausgebildete gesellschaftliche Minderheit, die Spitzen- bzw. Führungspositionen in einer Gesellschaftsform einnimmt. Die einzelnen Kriterien, die über die Zugehörigkeit eines Individuums zu einer Elite entscheiden, sind ihrerseits dem historisch-politischen und sozial-ökonomischen Wandel der Gesellschaft unterworfen.

Eliten werden unterteilt in:
– Geburtseliten (bluts- bzw. familienbestimmte Herkunft; z.B. Adel);
– Werteliten (Personen mit sozial anerkannten persönlichen Qualitätsmerkmalen; z.B. karikativ Tätige);
– Funktionseliten (Inhaber privilegierter bzw. sozial hoch eingeschätzter gesellschaftlicher Positionen; z.B. Geistliche, Professoren);
– Leistungseliten (die sich durch hervorragende Leistungen aus der Gesellschaft herausheben; z.B. Wissenschaftler, Spitzensportler, Künstler);
– Positionseliten (Inhaber der höchsten Positionen in einer Hierarchie; z.B. Ministerialbeamte, Spitzenfunktionäre);
– Machteliten (Inhaber hoher politischer, militärischer oder ökonomischer Herrschaftspositionen; z.B. Politiker, Großindustrielle).

Diese theoretisch unterschiedenen Formen von Elite können selbstverständlich auch kombiniert und akkumuliert auftreten. Der klassische Fall ist wohl die Kombination von Geburts- und Machtelite (Monarchie); außerdem kann beispielsweise eine Funktionselite, die zugleich die Charakteristika einer Leistungselite enthält (Wissenschaftler), auftreten oder eine Machtelite, die eine hohe Übereinstimmung mit einer Positionselite verbindet (z.B. die Regierungspartei in einem totalitären Einparteistaat, wo dann häufig auch von einer Parteielite gesprochen wird, die das Machtmonopol besitzt).

Die Herausbildung von Eliten vollzieht sich in autoritären bzw. totalitären Herrschaftssystemen nach grundsätzlich anderen politischen und gesellschaftlichen Gesetzmäßigkeiten als in pluralistischen Staaten mit freiheitlich-demokratischer Grundordnung.

Da in der marxistisch-leninistischen Soziologie der Elitebegriff als „bürgerlich" verpönt ist, wird stattdessen der Begriff „Kader" verwendet, der im ideologischen Sprachgebrauch des Kommunismus eine lange Tradition hat. Kennzeichnend für die Zugehörigkeit ist sowohl eine soziale als auch materielle Privilegierung und besonderes, ideologisch-dogmatisch geprägtes Sendungs- und Wertebewußtsein. „Kader" sind als funktional spezialisierte und hierarchisch-bürokratisch organisierte und institutionalisierte Gruppe die eigentlichen Vermittler und Träger von politischer und gesellschaftlicher Macht. In ihrer Funktion als Direktoren, Abteilungsleiter, Parteisekretäre oder Funktionäre der verschiedenen Führungsebenen sind sie in allen Bereichen der sozialistischen Gesellschaft tätig, entsprechen den Kriterien von Funktions- und Leistungseliten.

Dreitzel folgend ist zu konstatieren, daß die Bedeutung des Elitebegriffs für die soziologische Theoriebildung sich aus einer Analyse der einzelnen Elemente ergibt. Nach *Dreitzel* ist es wichtig zu wissen, als was sich die Eliten verstehen, wer sich als Elite begreift, wann und warum eine Gesellschaft Eliten fordert oder zu besitzen glaubt.

Die bekannten Elitetheorien haben sich, zumeist selbst auf Funktions- und Positionseliten einschränkend, fast ausschließlich mit dem Auf- und Abstieg von Individuen zu und von bestehenden Eliten bzw. ihre Ablösung durch eine Gegenelite befaßt; die Frage der Entstehung von Eliten blieb dabei unberücksichtigt.

Ein Teil der Elitetheorien, unter ihnen auch die der sozialistischen Gesellschaftsforschung, die sich auf *Karl Marx* beruft, gründet die Eliteentstehung auf machttheoretische Hypothesen über die antagonistischen Widersprüche in der gesellschaftlichen Zusammensetzung. Nach dieser Ansicht besteht die Elite aus denjenigen Personen, die sich bei den Konfliktlösungen der Gesellschaft als überlegen erwiesen haben.

Gemäß den Paradigmen der kommunistischen Ideologie besitzt in den nichtsozialistischen Gesellschaftsformen die Elite die Eigentumsrechte an den Produktionsmitteln. Durch die Verfügungsgewalt über die Produktionsmittel werde überdies die Elitenstellung stabilisiert.

Als häufigste Kritik an diesem orthodoxen Theorieansatz ist die zu enge Einschränkung auf den rechtlich-ökonomischen Faktor Eigentum anzusehen, so daß die moderne marxistisch-leninistische Gesellschaftstheorie neben dem Eigentumsrecht die reale Verfügungsmacht über die Produktionsmittel mit einbezieht.

Im Unterschied zu diesem machttheoretischen Ansatz steht die Auffassung, daß die Elite nicht die „herrschende" gesellschaftliche Gruppe sei, sondern stets eine irgendwie legitimierte Repräsentanz der Bevölkerungsmehrheit. Nach Darstellung von *Endruweit* entsteht eine Elite dadurch, daß ihre Mitglieder in der Gesellschaft die Überzeugung zu wecken vermögen, sie verträten nicht Partikular-, sondern Gesamtinteressen und -werte.

In dieser Beschreibung ist nicht nur *Max Webers* Legitimitätstheorie angewendet, es werden in dieser These auch die Ausführungen von Klassikern der Elitetheorie *(Mosca, Michels, Mills, Pareto)* aufgenommen.

Dem Ideal einer dem demokratischen Pluralismuskonzept verpflichteten Elitenherrschaft folgend, appelierte *Mosca* an die moralischen und *Mills* an die intellektuellen Führungseigenschaften der ihr Zugehörigen, obgleich Elitekonzeptionen zumeist ein ademokratisches Verhalten beinhalten. Die Theorien demokratischer Elitenherrschaft und -forschung schließen deshalb eine legitimierende Rechtfertigung des fortschreitenden Konzentrationsprozesses von politischer und sozio-ökonomischer Macht mit ein.

Darüber hinaus besteht bei einzelnen Forschern die Auffassung, daß nicht die sozialen, sondern vielmehr die individuellen Merkmale die entscheidende Ursache für die Elitenentstehung sei. Dieser Ansatz vertritt, stark verallgemeinert, die Auffassung, die Grundlage der Entstehung von Eliten läge in dem überdurchschnittlichen Vorhandensein individueller Fähigkeiten bei den Elitemitgliedern – dies wäre jedoch realiter eine Entwicklungsreduktion von Eliten, die nur auf die Entstehung von Leistungseliten beschränkt bliebe.

Nennenswerte empirisch verifizierte Überprüfungen der diversen Hypothesen über Elitenbildung und -ablösung wurden in den USA von *Lasswell* und für die Bundesrepublik Deutschland von *Dahrendorf* und *Zapf* vorgenommen.

In der modernen Sozialforschung wird die Elite als ein soziales Subjekt verstanden, dessen Mitglieder für das Sozialsystem charakteristische soziale Prozesse entscheidend beeinflussen und dadurch den anderen Mitgliedern des sozialen Systems überlegen sind; als monolithische oder unitaristische Elite würde man eine solche bezeichnen, die als einheitliches soziales Subjekt die Elitefunktion für alle Gesellschaftsfaktoren erfüllt, als pluralistische dagegen eine solche, die aus mehreren Teileliten für die jeweiligen Sozialsektoren besteht und die als Gesamtelite entweder die Spitzen der Teileliten hat oder die Gesamtheit der Teileliten in einem wie auch immer gefundenen Mehrheitskonsens. Teileliten haben hingegen nur innerhalb eines sozialen Sektors (sektorale Eliten) oder für einen gewissen geographischen Teil des Staatsgebietes (lokale Eliten) eine Elitefunktion.

Die Entfaltung der Wissenschaft und deren zunehmende Bedeutung durch den technischen, wissenschaftlichen und wirtschaftlichen Fortschritt sind untrennbar mit der sozialen Schicht der Intelligenz verbunden.

Unter →Intelligenz verstehen wir eine differenzierte soziale Schicht von Akademikern (Intellektuellen), die Universitäts- bzw. Hochschulabschluß besitzen und deren Beruf hoch- und höchstqualifizierte Arbeit bildet.

Die Intelligenz oder Wissenschaftselite erreicht in der Industriegesellschaft immer mehr Positionen, die ihrer Zugehörigkeit nach zur Machtelite definiert werden, da Wissen als Macht im technologischen Zeitalter der Automatisierung und Technisierung immer stärker an Bedeutung gewinnt und die Intelligenz immer die Rolle einer hochqualifizierten und spezifizierten Form aus Funktions- und Leistungselite annimmt.

Die Ablösung einer Elite durch eine andere kann nach *Vilfredo Pareto* als „Elitenkreislauf“ bezeichnet werden. Darunter ist die Ersetzung einer bisher wirkenden, aktuellen Elite durch eine andere, potentiellen Elite zu verstehen, die bereits sozietär als Gegen- oder Reserveelite in Konkurrenz oder Wartestellung zur herrschenden Elite verharrte und nun im Verlauf eines innergesellschaftlichen Strukturwandels deren Herrschaftsposition einnimmt.

Die um Machterhaltung bzw. Machterlangung ringenden Eliten werden so zum eigentlichen Initiator und Motor historischer Prozesse und gesellschaftlichen Veränderungen.

Lit.: Dreitzel, Hans Peter: Elitebegriff und Sozialstruktur. Eine soziologische Begriffsanalyse. Stuttgart 1962; *Endruweit, Günter:* Elite und Entwicklung. Theorie und Empirie zum Einfluß von Eliten auf Entwicklungsprozesse. Frankfurt/M.–Bern–New York 1986; *Röhrich, Wilfried* (Hg.): „Demokratische“ Elitenherrschaft. Traditionsbestände eines sozialwissenschaftlichen Problems. Darmstadt 1975; *Voigt, Dieter* (Hg.): Elite in Wissenschaft und Politik. Empirische Untersuchungen und theoretische Ansätze. Berlin 1987; *Zapf, Wolfgang:* Wandlungen der deutschen Elite. Ein Zirkulationsmodell deutscher Führungsgruppen 1919–1961. München 1965.

Prof. Dr. *D. Voigt/L. Mertens,* Bochum

Emanzipation

1. E. meint das „Herauswachsen aus einem Zustand der Abhängigkeit“ – so bezeichnet der „natürliche“ (ursprüngliche) E.-Begriff das „Herauswachsen“ der Kinder aus dem Elternhaus. Im sozio-historischen →Wandel bezeichnet E. verschiedene Prozesse:

2. die Befreiung des →Bürgertums im 18./19. Jahrhunderts aus politischen, sozialen, ökonomischen und geistigen Abhängigkeitsverhältnissen von der herrschenden →Schicht, deren Ursachen im Festhalten am traditionellen Rechtsgefüge gesehen wurden;

3. die mit der Französischen Revolution einsetzenden sozialen Bewegungen und →Ideen auf der Grundlage von Freiheit und Gleichheit zur Selbstbefreiung von

Gesellschaften, →Klassen, →Minderheiten usw. aus sozialen Abhängigkeits- und Zwangsverhältnissen (E. der Bauern, der Frauen, der Juden, des →Proletariats);

4. in jüngerer Zeit wird der Begriff der E. vornehmlich geschlechtsspezifisch gebraucht und meint den Versuch der Frauen, die Vorherrschaft der Männer in unserer patriarchalischen Gesellschaft brechen zu wollen, um für sich Chancengleichheit und Entfaltungsmöglichkeiten zu haben.

Emergentismus

Emergenz
Bezeichnung für eine vor allem in der →Makrosoziologie vertretene Auffassung, wonach es unterschiedliche Wirklichkeitsebenen bzw. verschiedene Ebenen eines →Systems gibt und mit dem Übergang von einer Ebene zur anderen neue Erscheinungen auftreten, die nicht auf Eigenschaften der darunterliegenden Ebene rückführbar sind. Beispiel: Gruppenleistung kann z. B. nicht aus den individuellen Eigenschaften der Mitglieder erklärt werden. Gegenposition zum E.: →Reduktionismus.

Emotionen

Emotionen als Gegenstand der Wissenschaft
Der *Forschungsgegenstand Emotionen* ist von den Wissenschaften bislang eher vernachlässigt worden. E.en werden leicht mit Irrationalismus assoziiert, als subjektiv, privat und von kurzfristiger Dauer vorgestellt. Im Zuge der rationalistischen Tradition abendländischer Philosophie und Wissenschaft wurden E.en entweder als wissenschaftlich uninteressant ausgegrenzt oder aber mystifiziert und damit der romantisierenden Behandlung durch die „schönen Künste" überlassen. Gleichwohl hat es auch in der Wissenschaftsgeschichte immer wieder Versuche gegeben, E.en als biologisches und/oder psychologisches Phänomen wissenschaftlich zu thematisieren (z. B. *Ch. Darwin, W. James, S. Freud*).

In der →*Biologie* werden emotionale Phänomene (z. B. Aggression, Bindungsverhalten, Sexualität) erstens im Rahmen der →Ethologie (vergleichenden Verhaltensforschung) untersucht. Zweitens thematisiert die bio-psycho-medizinische Forschung E.en im Zusammenhang mit psychosomatischen Prozessen. Drittens werden grundlegende Erkenntnisse über biologische bzw. psycho-physiologische Bedingungen und Funktionen emotionaler Prozesse von Hirnforschung, Endokrinologie und Immunologie erbracht; die komplizierten Rückkopplungsschleifen zwischen „körperlichen" und „seelischen" Prozessen werden in neueren Spezialdiszplinen wie der Psychoneuroimmunologie untersucht.

In der *Psychologie* ist nach der Vorherrschaft des →Behaviorismus bis hinein in die 1960er Jahre und nach dessen Ablösung durch die „kognitive Wende" schließlich in den siebziger und achtziger Jahren verstärktes Interesse an emotionalen Phänomenen festzustellen. Nicht nur sind zunehmend Arbeiten zum Thema E.en in führenden psychologischen Publikationsorganen erschienen; darüber hinaus wurden auch spezielle Fachzeitschriften gegründet, die der E.sforschung ein Forum bieten („Motivation and Emotion" seit 1977, „Emotion and Cognition" seit 1987).

In der *Soziologie* finden sich zwar bei einigen Klassikern *(V. Pareto, E. Durkheim, G. Simmel, M. Scheler)* Ansätze zur Untersuchung der E.en; aufgrund des eher essayistischen Charakters haben diese Ansätze aber zu keiner systematischen E.ssoziologie geführt. Zwar konzipiert z. B. *M. Weber* „affektives Handeln" als einen Grundtypus →sozialen Handelns; *Webers* →Handlungstheorie und der Großteil der soziologischen Theorie haben aber die E.en keiner eingehenderen und systematischen Analyse unterzogen. Das hat dann zu gravierenden Defiziten der →soziologischen Verhaltenstheorie geführt, die sich mit anderen als den zweckrationalen Verhaltensweisen schwertut. Um so bemerkenswerter ist, daß seit den späten siebziger Jahren in den USA die ‚sociology of emotions' ein aufblühendes Forschungsgebiet darstellt, womit eine Tendenz zur Thematisierung der E.en nachvollzogen wird, die sich zuvor schon in Biologie und Psychologie abzuzeichnen begonnen hatte. Zur gleichen Zeit findet sich auch in der *vergleichenden Kulturanthropologie* und →*Ethnologie* sowie in der *Kulturgeschichte* wachsendes Interesse an E.en in verschiedenen kulturellen und historischen Kontexten.

Definition und Klassifikation von Emotionen

Alltagsverständnis und Wissenschaft verfügen über zahlreiche *Definitionen* und *Klassifikationssysteme* von E.en. Der Begriff ‚E.' überschneidet sich mit ‚Affekt‚, ‚Gefühl‚, ‚Sentiment‚. In den verschiedenen Konzipierungen von ‚E.' spiegeln sich bekannte philosophische Auseinandersetzungen wider, wie etwa ob E.en auf Physiologie reduziert werden können, ob sie mentale Privatereignisse oder soziale Konstruktionen darstellen. Definitorisch sinnvoll ist es, von folgenden Komponenten von E. auszugehen: (1) physiologisches Substrat oder Korrelat, (2) subjektives Erleben oder Wahrnehmung durch das Subjekt, (3) Ausdruck (in Verhalten, Gesicht, Stimme und/oder Körperhaltung), (4) Funktionen für →Person (z. B. →Identitätsbildung), →Gruppe, →Kultur, und/oder Spezies (z. B. Fortpflanzung, Selbstverteidigung). Diese Komponenten werden von den verschiedenen an der E.sforschung beteiligten Disziplinen mit unterschiedlicher Gewichtung in den Mittelpunkt ihrer Fragestellungen gerückt.

Die Palette der E.en läßt sich grob in *primäre* E.en oder *Basis*-E.en und *sekundäre* E.en einteilen. Als primäre E.en werden allgemeinhin Furcht, Wut, Traurigkeit und Freude genannt. Diese E.en werden als grundlegend betrachtet im Hinblick auf ihre universelle, d. h. über individuelle und kulturelle Grenzen hinweg feststellbare Existenz, hinsichtlich ihrer phylogenetischen und ontogenetischen Priorität gegenüber nachgeordneten E.en und im Hinblick auf ihre ethologischen und sozialorganisatorischen Funktionen. Sekundäre E.en (z. B. Scham, Schuld, Stolz, Eifersucht) bauen auf der Grundstruktur der primären E.en auf, können als Mischungen der Primär-E.en aufgefaßt werden und/oder als Modifikationen von Primär-E.en, die durch differenziertere Wahrnehmungs- und Kommunikationsprozesse zustande kommen. Bei E.en, die durch komplexe Symbolsysteme (Religion, Literatur, Kunst, Musik) überformt sind, kann man schließlich von *tertiären* E.en sprechen (z. B. die romantische Liebe).

Zentrale Fragestellungen und Perspektiven der Emotionsforschung

Die an der E.sforschung beteiligten Wissenschaftsdisziplinen untersuchen (1) die Antezedenzien (Ursachen, auslösende Bedingungen) von E.en, (2) ihre Erscheinungsformen (Manifestationen in Verhalten und Ausdruck), (3) die Wahrnehmungen und Erlebnisweisen der E.en durch die Betroffenen, (4) die Konsequenzen und Funktionen der E.en sowie (5) die Versuche, die zur Regulierung und Kontrolle der E.en unternommen werden. Diese Aspekte lassen sich in unterschiedlichen Zeitperspektiven auf den Ebenen von Organismus, Individuum, interpersonelle Beziehung, Gruppe, Gesellschaft und Kultur beleuchten. So zielt etwa eine biologische Fragestellung in kurzfristiger Perspektive auf die physiologischen Korrelate von E.en, in langfristiger Perspektive auf evolutionäre Kosten/Nutzen bestimmter E.sstrukturen. In der Soziologie z. B. kann in kurzfristiger Perspektive gefragt werden, ob und in welcher Weise in einer gesellschaftlichen Krisensituation bestimmte emotionale Reaktionen auftreten; in längerfristiger Blickrichtung läßt sich etwa fragen, ob und wie sich aufgrund bestimmter sozialstruktureller und/oder soziokultureller Bedingungen bestimmte Häufigkeiten und Formen von Emotionen verändern bzw. wie sich Inzidenz- und Prävalenzraten von Symptomen für Stimmungslagen und/oder emotionale Prozesse entwickeln.

Soziologisch sind die E.en in zweierlei Hinsicht interessant. Erstens können E.en als *„sozial determiniert"* oder *„konstruiert"* angesehen werden; E.en sind bestimmt von soziokulturellen Codes. D.h. im einzelnen: (1) E.en sind eingebettet in kulturelle →Sinnsysteme; die Wahrnehmung und Deutung von emotionalen Erlebnissen und Erfahrungen geschieht vor dem Hintergrund soziokulturell verfügbarer und geformter Schemata, (2) E.en werden sozial normiert; ihr Auftreten und ihr Ausdruck hängen ab von →Situationen, →Situationsdefinitionen und den →Normen, die in den Situationen entstehen oder bereits zuvor existieren. (3) E.en werden sozial kontrolliert; für gezeigten oder unterlassenen Ausdruck von E.en bestehen in einer sozialen Situation, in einer Gruppe, →Gesellschaft oder Kultur bestimmte positive und/oder negative →Sanktionen.

Zweitens haben E.en auch für emotionale Prozesse und Systeme bestimmte – positiv oder negativ ausgefüllte – *Funktionen.* (1) E.en können soziale Interaktion und Kommunikation ermöglichen, befördern oder beeinträchtigen. (2) In der Sozialisation spielen E.en eine wichtige Rolle, insofern sie Bindungen, Motivationen und Verhaltenspotentiale herstellen oder behindern. (3) E.en dienen der Selbstidentifikation, beeinflussen die Konstitution individueller und kollektiver Identität. (4) E.en steuern die Fähigkeiten sozialer Systeme (z.B. Familie) zur Selbstreproduktion. (5) Auf den Ebenen von Individuum, interpersoneller Beziehung, Gruppe und Gesellschaft haben E.en Wirkungen auf die Neigung zu „prosozialem" (z.B. helfendem) Verhalten wie zu antisozialem (z.B. gewalttätigen) Verhalten.

In einer die Dynamik der E.en herausarbeitenden Perspektive stellen sich der soziologischen und kulturanthropologischen E.sforschung als Aufgaben, zu klären, wie die subjektiven Wahrnehmungs- und Erlebnisweisen kollektiv, d.h. soziokulturell ausgelöst, geformt und überformt werden; wie sich individuelle E.en als Ausdruck und Funktion sozialer Situationen, Gruppenzugehörigkeiten sowie von kollektiven Problem- und Stimmungslagen interpretieren lassen; und wie sich individuelle E.en zu kollektiven Verhaltenslandschaften und Verhaltenspotentialen akkumulieren, wie sich E.en in Krisen- und Katastrophensituationen oder in sozialen Bewegungen aufschaukeln; nach welcher Dynamik sich emotionale Muster ausbreiten und verändern und welche Auswirkungen die emotionale Dynamik auf die soziale Organisation und auf Erscheinungsbild und Entwicklung der Kultur hat.

Bislang liegt noch keine abgeschlossene, systematische und hochintegrative Theorie der Emotionen vor, weder in der Soziologie noch in den anderen Disziplinen der E.sforschung. In der Soziologie haben sich →phänomenologisch und →symbolisch-interaktionistisch orientierte Forscher mit dem Untersuchungsgegenstand Emotionen befaßt und vor allem die intersubjektiv herausgearbeiteten Bedeutungen von E.en dargestellt sowie deren Funktionen für die Konstitution des Selbst. Es finden sich – wie auch in der Kulturanthropologie – Anknüpfungen an *E. Durkheim,* wenn der rituelle Charakter von E.en und ihre Funktionen für Kollektive angesprochen werden. Historisch veränderten Figurationen von E.en wird unter Berufung auf die Arbeiten von *N. Elias* nachgespürt. Aussichtsreich für die Weiterentwicklung der Soziologie der E.en scheint –

neben der Orientierung an den schon erwähnten sozial- und naturwissenschaftlichen Disziplinen – insbesondere auch die Berücksichtigung von Ergebnissen der vergleichenden Entwicklungspsychologie und der bio-psycho-soziologischen Streßforschung, von Simulationsversuchen kognitiver und emotionaler Prozesse, wie sie in den kognitiven Wissenschaften unternommen werden, und von Resultaten der komparativen, ethnomedizinischen oder -psychiatrischen Erforschung kulturbedingter Psychopathologien („culture-bound syndromes"). Für die Integration dieser multidisziplinären Forschungsrichtungen könnte sich die allgemeine →Systemtheorie als hilfreich erweisen, vor allem – selber noch präzisionsbedürftige – systemtheoretische Modelle von Prozeßdynamiken.

Lit.: Frijda, Nico H.: The emotions. Cambridge 1986; *Gerhards, Jürgen:* Soziologie der Emotionen. München 1988; *Scherer, Klaus R.* und *Paul Ekman* (Hg.): Approaches to emotion. Hillsdale, NJ, 1984; *Schumann, Roswitha* und *Franz Stimmer* (Hg.): Soziologie der Gefühle. Soziologenkorrespondenz, Neue Folge 12, München 1987; *Thompson, Jack George:* The psychobiology of emotions. New York 1988

Prof. Dr. *H.-G. Vester,* Würzburg

Empathie

Einfühlung, Einfühlungsvermögen
das Vermögen eines Menschen, sich in eine andere Person hineinzuversetzen bzw. sich mit ihr zu identifizieren, um sie durch den inneren Nachvollzug besser verstehen zu können. E. ist notwendig, wenn man im eigenen Handeln die →Erwartungen der anderen realisieren, wenn man neue →Rollen erlernen und praktizieren möchte.

Empirie

Erfahrung (Gegenbegriff zu Theorie)

1. im →Empirismus Bezeichnung für unmittelbar gegebene Wahrnehmungen;

2. in der heutigen →Sozialforschung Bezeichnung für die Erhebung von Daten über reale Tatbestände, Ereignisse, Vorgänge, Zusammenhänge etc.

empirische Sozialforschung

wissenschaftliche Arbeitsmethode vor allem der Soziologie, →Sozialpsychologie, Politischen Wissenschaft und Ethnologie, die der systematischen Ermittlung sozialer Tatbestände dient. Vorläufer der e. S. waren die Sozialenquêten, die Ende des 18. Jahrhunderts in England im Zeichen des Frühindustrialismus entstanden, um mit sozialstatistischen →Methoden soziale Massenerscheinungen (z. B. die soziale Lage der Arbeiterschicht) aufzuzeigen. Im 20. Jahrhundert wurden die Sozialenquêten zur →Survey-Methode (soziale Übersichtsstudie über die Lebensverhältnisse von regional abgegrenzten Bevölkerungsgruppen) ausgedehnt. Weiter beeinflußten die kulturvergleichenden Feldforschungen der Psychologie und der Ethnologie sowie die vom →Behaviorismus geprägte Verhaltensforschung die e. S. Die e. S. wird heute als Grundlagen- wie als Auftragsforschung (im Bereich der Markt- und Meinungsforschung) betrieben und untersucht sowohl objektive wie auch subjektive Tatbestände. Die Verfahren und Methoden der e. S. (Datensammlung und Erhebungsverfahren) sind an →Hypothesen, die aus →Theorien über den Untersuchungsgegenstand gebildet werden, ausgerichtet. Mit Hilfe von →Interviews, →Beobachtungen, Versuchen, →Inhaltsanalysen u. a. werden Daten erhoben, statistisch aufbereitet und interpretiert. Die Ergebnisse der e. S. werden dann z. B. zur Untermauerung von Theorien herangezogen.

→empirische Sozialforschung (Geschichte)

empirische Sozialforschung (Geschichte)

Die Herausbildung der Sozialforschung. Die Geschichte der empirischen Sozialforschung ist mit der Entwicklung der Industriegesellschaft verbunden. Empirische Forschung in Abgrenzung zur statistischen Erhebung setzte in den westli-

empirische Sozialforschung (Geschichte)

chen Industrieländern mit dem Übergang von der Industriellen Revolution zur Hochindustrialisierung ein, in England und Frankreich um die Jahrhundertwende, in Deutschland mit der Gründung des Kaiserreiches. Anlaß für erste Untersuchungen gaben die physische und soziale Verelendung der sich mit der Umstrukturierung vom landwirtschaftlichen zum industriellen Staat bildenden Arbeiterklasse. Aus staatserhaltenden und humanitären Gründen begannen sich das Bildungsbürgertum und die Kirchen für die Anhebung der Lebensbedingungen und der verfassungsmäßigen Rechte der Arbeiterschaft zu engagieren. Unter dem Schlagwort der ‚sozialen Frage' diskutierten sie die Lage der Arbeiterschaft mit dem Ziel, entgegen der herrschenden liberalistischen Wirtschaftspolitik staatliche Maßnahmen, soziale Reformen und soziale Gesetzgebung anzuregen. In Deutschland wurde die sozialreformerische Bewegung durch die Lehre der historischen Schule der Nationalökonomie eingeleitet, die seit den 1860er Jahren die historisch veränderlichen Wirtschaftslagen untersuchte. Professoren der jüngeren historischen Schule *(Schmoller, Brentano, Wagner)*, wegen ihres Engagements für die Arbeiter von Mitgliedern des liberalistischen Volkswirtschaftlichen Kongresses ‚Kathedersozialisten' genannt, und Praktiker aus Mittelschichtsberufen gründeten 1872 den →Verein für Socialpolitik (VfS). Mangelnde Kenntnisse über das Ausmaß der sozialen Not unter den Arbeitern veranlaßten sie zunächst, Methoden und Strategien auszuarbeiten, mit denen sich der Staat als Vorbereitung für soziale Gesetzgebung über Wohn- und Arbeitsbedingungen der Arbeiterklasse durch Befragungen von Sachkennern informieren sollte. Sie unterscheiden zwischen a) ‚vollständig organisierten' Enquêten als Instrumente des parlamentarischen Staates, in denen reisende Kommissionen selbst die Lage der Arbeiter ermittelten und deren Vorschläge zur Lösung sozialer Probleme an die Bundesverwaltung und das Parlament weitergaben, und b) ‚unvollständig organisierten' Enquêten des bürokratischen Staates, in denen Schilderungen der sozialen Not von lokalen Behörden nach einem vorgegebenen Fragenkatalog aufgenommen und an die Bundesverwaltung zur statistischen Auswertung als Vorbereitung für Verwaltungsmaßnahmen weitergeleitet wurden. Unter dem Eindruck der Reaktion Bismarcks und des Parlaments auf den politischen Machtzuwachs der Arbeiter in den 70er Jahren, der Verabschiedung der die 80er Jahre kennzeichnenden Sozialistengesetze, die jede Parteinahme für politische Ziele der Arbeiter unter Strafe stellten, wandte sich der VfS der Unterstützung der bäuerlichen Bevölkerung zu. Gleichzeitig übernahm er die bis dahin dem Staat vorbehaltene Erforschung sozialer Zustände durch Enquêten. Mit der ‚Privatisierung' der Enquêtenforschung setzte ab 1890 ein Prozeß der Verwissenschaftlichung der Erhebungsinstrumente und Auswertungsstrategien ein. So forderte die zweite Generation des VfS (*Max* und *Alfred Weber, Sombart, Tönnies*) vor der Jahrhundertwende unter dem Druck der innenpolitischen Reaktion, aus der heraus Angriffe gegen die Handwerkerenquête des VfS wie gegen andere Erhebungen unternommen wurden, eine politische Neutralisierung der Enquêten und eine neue theoretische Grundlegung. Die erste wissenschaftliche ‚industriesoziologische' Untersuchung über die ‚Auslese und Anpassung der Arbeiter in den privaten Riesenbetrieben,, nach Anweisungen *Max Webers* aufgrund standardisierter Fragebögen und exakten Beobachtungen durchgeführt, wurden mit herausragenden Forschungsergebnissen von *Marie Bernays* ab 1910 veröffentlicht. Der Generationsstreit zwischen *Schmoller,* der Wissenschaft mit politischem Engagement für das Bürgertum verband, und *Weber,* der die ‚objektive' Sozialforschung propagierte, führte zum →‚Werturteilsstreit' und 1909 zur Gründung der →Deutschen Gesellschaft für Soziologie als Gegenorganisation zum VfS, in der wertfreie empirische Forschung betrieben werden sollte.

Die Institutionalisierung der Sozialforschung. Die Ausrufung der Demokratie und die Übernahme der Regierungsverantwortung durch die Sozialdemokraten nach dem Ersten Weltkrieg veranlaßten den VfS zu verstärkter sozialpolitischer Untersuchungstätigkeit. Mit der Einlösung grundlegender Forderungen durch die Verabschiedung sozialpolitischer Gesetze bis 1920 und mit der einsetzenden Inflation und Wirtschaftskrise 1923, die nicht durch Erhebung und Beurteilung sozialer Sachverhalte gelöst werden konnten, wandte sich der VfS überwiegend wirtschaftspolitischen und -theoretischen Arbeiten zu. Gegen Ende der Weimarer Republik führte er von liberalen Theorien geleitete Untersuchungen, beispielsweise über die wirtschaftlichen Ursachen der Arbeitslosigkeit, aber auch materialreiche Enquêten über Fragen des ländlichen Grundbesitzes durch. Ab Mitte der 20er Jahre übernahmen der Enquête-Ausschuß des Reichswirtschaftsrates und Kommunen Erhebungen, die der VfS aus finanziellen und organisatorischen Gründen nicht bearbeiten konnte. Die DGS enthielt sich mit dem Argument der Werturteilsfreiheit entgegen ihren Gründungsstatuten jeder empirischen Erforschung gesellschaftlicher Ereignisse, die sie in die parteipolitischen Interessenauseinandersetzungen der Weimarer Republik hätte ziehen können. Die Institutionalisierung der Sozialforschung in der Weimarer Republik wurde durch mehrere Institutsgründungen unterstrichen. Das Kölner Parlament gründete 1919 das Forschungsinstitut für Sozialwissenschaften an der Universität zu Köln, mit dem Auftrag, durch empirische Untersuchungen die Arbeit der politischen Parteien beim Übergang vom Kaiserreich zur demokratischen Verfassung der Republik zu unterstützen. Die soziologische Abteilung des Institutes wandte sich jedoch unter der Leitung von *Wieses* von der Untersuchung aktueller gesellschaftlicher Zustände ab, um durch die ,reine' Soziologie, die Analyse ahistorischer Beziehungen zwischen den Menschen, den Naturgesetzen ähnliche Bedingungen des Zusammenlebens erforschen und Politik durch wissenschaftlich wertneutrale, in unsystematischen Beobachtungen gewonnene Erkenntnisse ersetzen zu können. Die sozialpolitische Abteilung des Instituts führte bis 1933 kritische statistische und empirische, durch Fragebögen geleitete Untersuchungen zu sozialdemokratischen wirtschafts- und sozialpolitischen Themen durch, die jedoch aufgrund beschränkter finanzieller Mittel häufig nicht ausgewertet werden konnten. Die sozialrechtliche Abteilung des Instituts unternahm ab 1928 mit finanzieller Unterstützung der katholischen Kirche und der christlichen Gewerkschaften Befragungen über soziale Bewegungen, die eine Hinwendung zur industriellen Leistungsgesellschaft anzeigen würden. Die gleiche politische Zielsetzung verfolgten auch die unter der Leitung *Götz Briefs* unternommenen Untersuchungen des Instituts für Betriebssoziologie und soziale Betriebslehre an der Technischen Universität Berlin, allerdings mit unsystematischen ganzheitlichen Methoden. Das 1924 als Reaktion auf die russische Revolution und das Scheitern der Revolution in Deutschland mit privaten Mitteln gegründete Institut für Sozialforschung an der Universität Frankfurt unternahm nach ersten Analysen über die Geschichte der Arbeiterbewegung und die Theorie der politischen Ökonomie 1929 unter der Leitung *Erich Fromms* eine empirische Untersuchung über die psychische Struktur qualifizierter Arbeiter und Angestellter. Erste Auswertungen der Fragebogenerhebungen 1931 unter der Leitung von *Horkheimer* ergaben selbst bei sozialdemokratisch gesinnten Arbeitern tiefliegende autoritäre Charakterzüge.

empirische Sozialforschung (Geschichte)

Die Zerstörung der Institute. Die Vielfalt der in den Institutsarbeiten repräsentierten Forschungsansätze der Weimarer Zeit beendeten die Nationalsozialisten 1933 mit der Schließung aller Institute und Vereine und der erzwungenen Emigration ihrer Mitarbeiter. Ihre eigenen politisch engagierten empirischen Forschungsarbeiten reduzierten sie auf methodenunspezifische, ganzheitliche Untersuchungen in der Volkskunde und etikettierten die mit wissenschaftlichen Methoden von Soziologen unternommenen Bespitzelungen der Bevölkerung durch ‚Vertrauens-Leute' als Sozialforschung. Während des Zweiten Weltkrieges wurde die regelmäßige Berichterstattung wegen zunehmend ‚defaitistischer' Nachrichten eingestellt. Vorschläge von Sozialwissenschaftlern, in den USA entwickelte Methoden der Verhaltens-, Einstellungs- und Meinungsforschung zur Lenkung von Massen und statistische Indexverfahren zur Bestimmung von Wirtschaftsentwicklungen einzusetzen, wurden nicht aufgegriffen.

Exkurs zur Geschichte der amerikanischen Sozialforschung. In den USA hatten die Kirchen vor dem Ersten Weltkrieg erste Erhebungen über die Lebensbedingungen der Landbevölkerung durchgeführt. Während des Wirtschaftsbooms der 20er Jahre führten Park und Burgess an der Universität Chicago eine Reihe von Untersuchungen über die Integration der europäischen Einwanderer und Probleme der Stadtentwicklung mit unterschiedlichsten, von biographischen bis zu Beobachtungen reichenden Methoden durch. In den 30er Jahren entwickelten Sozialpsychologen an der Columbia Universität bestehende Ansätze der quantitativen Analyse von Einstellungen durch Skalen: Sie wurden zusammen mit von ersten Markt- und Meinungsforschungsinstituten *(Gallup)* verbesserten Stichprobenverfahren in social surveys eingesetzt. Die in der Zeit geringer Forschungstätigkeit während der Depression entwickelten Forschungsinstrumente setzten während des Zweiten Weltkrieges Regierung und private Institute zur Verteidigung der USA im Zivilleben und erstmals auch bei den Streitkräften ein. Diesen Aufschwung der ‚administrativen' Sozialforschung seit Ende der 30er Jahre unterstützte nach seiner Flucht vor den Nationalsozialisten insbesondere *Lazarsfeld,* der in den 20er Jahren an der Universität Wien Marktforschung betrieben und 1931 die von *Marie Jahoda* veröffentlichte Studie über die Arbeitslosen von Marienthal geleitet hatte.

Der Wiederaufbau der Sozialforschung in der BR Deutschland. Nach dem Kriegsende förderten die alliierten Besatzungsmächte und amerikanische Stiftungen die Gründung von Markt- und Meinungsforschungsinstituten und die quantitative Sozialforschung an den bundesdeutschen Universitäten zur Unterstützung des Umerziehungsprogramms der Bevölkerung zur Demokratie. *René König* führte seit 1950 diese mit den ‚behavioral sciences' verbundene quantitative Forschung als Nachfolger von *Wieses* in der allein von den drei Abteilungen des Kölner Forschungsinstitutes wiedereröffneten soziologischen Abteilung fort. Die Auseinandersetzung mit der ganzheitlich-organistischen und den Führungsanspruch gesellschaftlicher Eliten verbindenden Gesellschaftsvorstellung der 30er Jahre übernahm *Schelsky.* Die Forschergruppen an den wieder- bzw. neugegründeten Instituten um *von Friedeburg* an der Universität Frankfurt, um *Pirker* am WWI und um *Popitz* und *Bahrdt* an der Sozialforschungsstelle Dortmund nahmen aus unterschiedlichen erkenntnistheoretischen Positionen und mit unterschiedlichen Methoden die Untersuchung zentraler Probleme der westdeutschen Industrie auf. Themenschwerpunkte waren das industrielle Bewußtsein, die demokratische Betriebsverfassung und das Betriebsklima. In der zweiten Hälfte der 60er Jahre setzte mit dem Regierungswechsel zur großen Koalition, gesellschaftlichen Umstrukturierungen, sozialdemokratisch-gewerkschaftlicher Reformpolitik und öffentlicher Forschungsförderung eine zweite Welle der Institutsgründungen industriesoziologischer Forschung ein. Den Wechsel in den Strategien und Methoden der Sozialforschung leitete der Positivismusstreit in den 1960er Jahren ein. Er bereitete die Kritik an der administrativen quantitativen Sozialforschung und die Hinwendung zu theoriegeleiteten, emanzipatorischen Forschungen Anfang der 70er Jahre vor. Insbesondere in pädagogischen Untersuchungen wurde die Aktionsforschung zur Überwindung der Trennung von Forschersubjekt und Untersuchungsobjekt eingesetzt. In den 80er Jahren, trotz wieder zunehmender quantitativer, administrativ orientierter Forschung, nahm die emanzipatorische, qualitative Methoden bevorzugende Frauenforschung einen ersten Aufschwung.

Lit.: Horst Kern, Empirische Sozialforschung. München 1982; *Irmela Gorges,* Sozialforschung in Deutschland 1872 bis 1914. Frankfurt a.M. 1986; dies., Sozialforschung in der Weimarer Republik 1918–1933. Frankfurt a.M. 1986; *Martin Blumer,* The Chicago School of Sociology. Chicago and London 1984

Prof. Dr. *I. Gorges,* Berlin

empirische Soziologie

→empirische Sozialforschung
→Soziologie
→„konkrete" Soziologie

Empirismus

Bezeichnung für eine philosophische Richtung, die allein von der Erfahrung (und nicht von der Vernunft) als Quelle des Wissens ausgeht. Im Unterschied zum kritischen →Rationalismus soll vom Wahrnehmbaren durch Induktion auf allgemeine Gesetzmäßigkeiten geschlossen werden.
→Positivismus.

Empirismus, logischer
entwickelt sich in Absetzung vom →naiven Empirismus; der l.E. glaubt nicht, daß mit reiner Erfahrung Erkenntnis zu gewinnen ist, da unsere →empirischen →Beobachtungen theoriegeleitet sind. Wissenschaftlich-empirische Erfahrung mündet daher nur in Annahmen über die soziale Realität, nicht in echte Gesetzmäßigkeiten. Wissenschaftliche Aussagen sind im l.E. solche, die widerspruchsfrei sind. →Hypothesen werden empirisch geprüft und →verifiziert. Als Vermittlungsinstrument zwischen →Theorie und Realität dient der Protokollsatz als singuläre →Aussage über die Realität.

Empirismus, naiver
geht davon aus, daß sich mit Hilfe wissenschaftlich-empirischer →Methoden wahre Erkenntnisse über die soziale Realität gewinnen ließen. Durch den Einsatz der verschiedenen Methoden gelänge es, →empirische Daten zu gewinnen, die durch →Generalisierung zu allgemeinen →Gesetzen führen. Gegen diese naive Position wendet sich der →logische Empirismus, denn reine Erfahrung kann es nicht geben, sie ist theoriegeleitet. Der n.E. geht induktiv vor, denn er schließt aus einzelnen Beobachtungen auf Naturgesetze.

encounter-Gruppe

encounter (engl.), wörtlich: „Zusammentreffen"; Begegnungsgruppe

1. allgemein ist damit eine →Gruppe gemeint, die in einer spezifischen sozialen Situation sich befindet, in der sich die →Interaktionen aus einem gemeinsamen Sinn und Zweck ergeben und sich auf eine →Intention, einen Gegenstand richten;

2. Bezeichnung für eine →Gruppe, in der mit Hilfe von →Gruppendynamik eine auf ein bestimmtes Thema gerichtete →Interaktion *(E. Goffman)* stattfindet und dadurch eine Beeinflussung der Persönlichkeitsstruktur der einzelnen Gruppenmitglieder bewirkt werden soll (Gruppentherapie).

Endogamie
Binnenheirat
Regel, die die Eheschließung ausschließlich innerhalb eines festgelegten, abgegrenzten sozialen Umfelds (z.B. →Gruppe, →Stamm, →Schicht, →Kaste) erlaubt.

Enkulturation
Teil der →Sozialisation, der sowohl bewußte als auch unbewußte Lernprozesse beinhaltet, in deren Verlauf eine Person die kulturellen Überlieferungen (z.B. Sprache, Wertvorstellungen, Verhaltensmuster und Leitbilder) einer Gesellschaft (bzw. einer Sub-Gesellschaft) verinnerlicht und damit zu deren Mitglied wird.

Entäußerung
alienation (engl.)
1. Begriff der klassischen politischen Philosophie, der als Konsequenz aus dem Staatsvertrag für die Abtretung aller Rechte der →Bürger einer Gesellschaft an den Staat steht;

2. bei *F. W. Hegel* Bezeichnung für die Wandlung des Inneren eines tätigen Subjekts (Arbeiter) zum Äußeren (Arbeit, Sprache). Diese Äußerlichkeit des Inneren wird als Folge der E. aufgehoben, das Äußere verselbständigt sich, wird Wirklichkeit, d.h. zum Objekt, und zieht eine Entleerung des Subjekts nach sich;

3. →Entfremdung; *Hegels* Theorie folgend, betrachtet *K. Marx* die →Arbeit als Ursprung der E. Die Arbeit werde nicht nur zu einem Äußeren, sondern entferne sich vom Subjekt und stehe ihm fremd und feindlich gegenüber.

4. →Verdinglichung; Begriff aus der marxistischen Soziologie, bezeichnet im weiteren Sinne die Verselbständigung der Objekte oder →Theorien gegenüber dem tätigen Subjekt, das die Objekte und Theorien hervorgebracht hat. Im engeren Sinne die Verselbständigung der ökonomischen Prozesse, die als Zusammenhänge von Dingen, Sachen und Gütern verstanden werden und nicht als wirtschaftliche Beziehungen zwischen den produzierenden Subjekten.

Entdeckungszusammenhang
der E. ist die erste Phase im Forschungsprozeß und beinhaltet den Anlaß, der zu einer empirischen Untersuchung führt. Dieses Stadium der Forschungsprozesse ist aus den wissenschaftstheoretischen und methodischen Überlegungen ausgeklammert, weil nur schwer reglementierbar.

Entfremdung
1. bei *F. W. Hegel* die Art der →Entäußerung, bei der nach einer Teilung eines Ganzen ein Teil wiederum zu einem Ganzen gemacht wird. Die Arbeit ist dann E. vom Arbeiter, wenn sie als Objekt sich verselbständigt und nicht mehr im Zusammenhang mit dem Inneren des Subjekts (→Arbeiter) steht;

2. bei *K. Marx* gehen alle Arten der E. auf die ökonomische E. (E. der →Arbeit) zurück. Die E. der Arbeit in einem kapitalistischen Produktions- und Lohnsystem liegt darin, daß das Arbeitsprodukt für den Arbeiter zu einem äußerlichen, fremden Gegenstand („Ware“) wird, mit dem ihn letztlich nichts verbindet und das er für einen anonymen Markt produziert hat. Dies führt zu einer E. des Arbeiters von seiner Arbeitstätigkeit;

3. in →positivistischer Sicht wird E. z.B. als →anomisches Verhalten operationalisiert und ohne historischen oder gesamtgesellschaftlichen Zusammenhang gesehen, weshalb unterschiedliche Formen der E., wie etwa das →Gefühl der Sinnlosigkeit, der Machtlosigkeit, die normlose und isolierte Situation sowie die Selbst-E., beschrieben werden.

Entfremdung, totale
totale Entäußerung
aliénation totale (frz.), nach *J. J. Rousseau* (1752) die Übertragung aller Rechte des einzelnen Bürgers auf die Gesamtheit (Staat) als Bedingung des →Gesellschaftsvertrags. Die natürliche Freiheit weicht der Freiheit unter einem von den Gesellschaftsmitgliedern ge-

schaffenen Rechtssystem nach der →volonté générale.

Entfremdung von der Arbeit, entfremdete Arbeit

1. →Lohnarbeit, nach den Lehren von *K. Marx* findet im →Kapitalismus eine E. v. d. A. statt, da der →Arbeiter weder zu den Produktionsmitteln, da sie ihm ja nicht gehören, noch zu den von ihm produzierten Gütern durch das Prinzip der Entlohnung eine Beziehung aufbauen kann. Die →Arbeit des Arbeiters wird in der kapitalistischen Maschinerie verdinglicht und vom →Kapital beherrscht;

2. →alienation of labor (engl.); in der →Industriesoziologie wird die E. v. d. A. als Folge der entwickelten →Arbeitsteilung angesehen. Der →Arbeiter, der nur noch für einen einzelnen Produktionsschritt zuständig ist, verliert den Bezug zum Endprodukt, hat keinen Einfluß mehr auf den Produktionsprozeß und kann sich so nicht mehr in seiner Tätigkeit verwirklichen. →division du travail.

Entfremdung, zwanghafte

compulsive alienation (engl.); die Reaktion einer Person (→ego), welche die →Erwartungen, die ein Interaktionspartner (→alter) ihr entgegenbringt, aufgrund von Abneigungen gegenüber alter übertrieben zurückweist, obwohl noch Bindungen zwischen ego und alter bestehen.

Entideologisierung

1. Bezeichnung für den Vorgang, durch den politisch-soziale →Ideologien abgebaut werden. Ideologisches Gedankengut scheitert an der zunehmenden Verdichtung der Lebensverhältnisse und der Komplexität in technischen und kulturellen Bereichen in den hochentwickelten →Industriegesellschaften und verliert zunehmend an gesellschaftlicher Bedeutung, da es nicht mehr der →Legitimation bestehender →Herrschaftsverhältnisse oder politischer Programme dient. Gesellschaftliches →Bewußtsein und Verhalten werden dann als logische Konsequenz objektiven Sachzwangs angesehen. Der Begriff E. wurde vor allem in den 1950er und 1960er Jahren zur Bezeichnung der Tendenz der Abkehr von den klassischen politischen Ideologien (→Liberalismus, →Konservatismus, →Sozialismus) in der Politik verwendet. Kritiker dieser These sehen in dieser Entwicklung hingegen eine neue Ideologie, die auf bewußter „Ideologielosigkeit" beruht.

2. Ideologiekritik

der Vorgang und das Ergebnis der wissenschaftlichen →Analyse ideologischer Aussagensysteme und Programme auf ihren Wahrheitsgehalt und ihren Anspruch der Wissenschaftlichkeit und Gültigkeit.

Entinnerlichung der Familie

Bezeichnung für die Abkehr der →Familie von Handlungen und Zielen, die für ihren direkten Nutzen nicht von Bedeutung sind. *H. Schelsky* sieht in der zunehmenden Rückbesinnung auf die Lebenserhaltung der Familie die Quelle ihrer Anerkennung als gesellschaftlicher →Institution.

Entinstitutionalisierung

→Institutionalisierung

Entscheidung

decision (engl.)

der Vorgang der Auswahl einer Handlung aus einer Reihe von Handlungsalternativen.

Entscheidung, kollektive

social decision (engl.)

kollektive Abstimmung

Bezeichnung für Entscheidungen, die von einer →Gruppe getroffen werden. Die Abhängigkeit k. E. von →Macht- und Meinungsverhältnissen, von der Verteilung von Präferenzen und →Normen innerhalb des betreffenden sozialen →Systems ist Gegenstand der Soziologie und →Sozialpsychologie.

Entscheidung, mehrstufige

Entscheidungen, die sich über mehrere aufeinanderfolgende Entscheidungsprozesse ziehen. Die E., die auf der ersten „Stufe" getroffen wurde, legt die Handlung auf der nächsten „Stufe" fest usw.

Entscheidung unter Gewißheit
E. werden unter Gewißheit getroffen, wenn der Handelnde (Akteur) bei der Wahl der Handlungsalternative weiß, für welche Handlung sich sein Gegenspieler entscheiden wird bzw. welcher der möglichen Zustände eintreten wird bzw. bereits vorliegt.

Entscheidung unter Risiko
bezeichnend für Entscheidungsvorgänge, bei denen der Akteur zwischen Handlungsalternativen wählt und dabei nur die Wahrscheinlichkeit der Konsequenzen jeder einzelnen Alternative kennt.

Entscheidung unter Ungewißheit
wird unter Ungewißheit getroffen, wenn der Akteur bei der Wahl der Handlungsalternative nicht weiß, für welche Handlung sich sein Gegenspieler entscheiden wird.

Entscheidungstheorie

1. Einleitung. Für die Soziologie muß man eher von einem entscheidungstheoretischen Ansatz sprechen als von einer eigentlichen „Entscheidungstheorie". Dieser Zug ins Grundsätzliche entsteht in der Soziologie nicht zuletzt daraus, daß sie im Unterschied zu insbesondere der Ökonomie und deren Entscheidungstheorie(n) die sozial-kontextuellen Randbedingungen des Entscheidens systematisch mitreflektiert und dadurch zunächst Verunsicherung und erhöhte Komplexität – statt Theoriesicherheit – zur Folge hat.

Paradigmatische Alternativität läßt sich folgendermaßen innerhalb der Soziologie, aber auch im Verhältnis von Soziologie und „breiterer" Sozialwissenschaft aufzeigen. Wenngleich sowohl im Beobachten (und im Erleben) als auch im Handeln inkl. Entscheiden Selektivität ausgeübt und wirksam wird, so unterscheiden sich diese beiden basalen Verhaltensmodi doch grundlegend. Dementsprechend differenzieren sich auch die darauf bezogenen Theorien. Man kann so weit gehen zu sagen, daß sich die Differenz zwischen Beobachten und →Handeln (inkl. Entscheiden) bis in die Struktur der wissenschaftsdisziplinären Ausdifferenzierung fortsetzt: Die Soziologie bildet vornehmlich (in manchen Konzeptionen: überhaupt) eine Wissenschaft, die beobachtet (beschreibt, interpretiert, analysiert), jedoch kaum Anleitungen für das – in anderen als wissenschaftlichen Kontexten erfolgende – Handeln und Entscheiden gibt und geben kann. Entscheidungstheorien im Sinne von Präskriptionen für praktisches Entscheiden sind von daher eigentlich nicht von ihr zu erwarten; solche spielen erst in sozialwissenschaftlichen Anwendungsdisziplinen – wie der Pädagogik oder der Betriebswirtschafts- und Verwaltungslehre – eine Rolle, werden dort allerdings nicht über den disziplinspezifischen Anwendungskontext hinaus generalisiert. Was die Soziologie hinsichtlich des Entscheidens gleichwohl bieten kann, sind Beobachtungen und Interpretationen von Entscheidungskontexten, -strukturen und -prozessen sozusagen „von außen", etwa im Hinblick auf individuelle Entscheidungen in ihrem sozialen Kontext oder auf Besonderheiten der Entscheidungen von Kollektiven. Solche rekonstruktiven Beobachtungen werden, m. a. W., von der Soziologie nicht instrumentell-strategisch (prognostisch und – gemäß einer bestimmten, systemischen →Rationalität – normativ) umformuliert. Sie können allerdings dazu dienen, den faktischen Geltungsanspruch normativer Entscheidungsmodelle zu relativieren.

Gleichwohl interessiert sich ein Teil der Soziologie neuerdings verstärkt für Entscheidungen und versucht sich in darauf gerichteter Theoriebildung und Orientierungshilfestellung für →soziale Akteure. Mit diesem Interesse und dieser Fragestellung wird, dessen sind sich die Vertreter eines solchen entscheidungstheoretischen Ansatzes voll bewußt, ein alternatives Paradigma gewählt, das sich ohne Universalitätsanspruch gegen die (mit gesamtsoziologischem Anspruch auftretenden) systemtheoretischen Ansätze als „handlungstheoretisch" stilisiert. Die Ausgangsthese dabei lautet, daß die Soziologie zumindest auch die „Teilnehmerperspektive des Handelnden" an der Gesellschaft bzw. an deren →sozialen Systemen aufnehmen müsse. Wie *N. Luhmann* schon sehr frühzeitig bemerkt hat, bilden Systemtheorien und Entscheidungstheorien allerdings wissenschaftliche Ansätze, die sich nicht ineinander transformieren lassen. Theoriehistorisch berufen sich systemtheoretische Ansätze eher auf das Soziologieverständnis von *E. Durkheim,* handlungs- und entscheidungstheoretische Ansätze (nur teilweise zu Recht) auf *M. Weber.*

Auf eine kurze Formel gebracht, geht es hinsichtlich des Handelns in der →Systemtheorie um die *Zurechnung* von Handlungen zu →Sinnkontexten (-systemen), in der Entscheidungstheorie um die *Wahl* von Handlungen (aus Alternativen) – die allerdings normalerweise (wenngleich nicht zwingend) in bestimmten Systemkontexten erfolgen, weil/indem sie systemisch-sozialen Erwartungen entsprechen. So gesehen besteht ein normativer Impetus von soziologischen Entscheidungstheorie-Ansätzen darin, das von der Systemtheorie (angeblich) aufgebaute determinierende „Gehäuse" für das individuelle Handeln aufzubrechen und zu relativieren.

Die systemtheoretisch immerhin aufgeklärte (d. h. sich nicht als Konkurrenz zur Systemtheorie aufspielende) →Handlungs- und Entscheidungstheorie geht von der Annahme aus, daß sich die einzelne (individuelle oder kollektive) Handlung trotz systemischer Normalerwartung als Wahlakt, d. h. als Entscheidung darstellt. Und darauf richtet sie ihr Interesse, das sich, wie gesagt, nicht zuletzt aus praktischer Orientierungsabsicht speist.

2. Soziologische Fragestellung der Entscheidungstheorie. Auf höchster Abstraktionsstufe, also abstrahiert von konkreten Entscheidungszusammenhängen, ist es der soziologischen Theorie zunächst um die Bestimmung des Charakters von Entscheidungen zu tun, der diese vom – „einfachen" – „Handeln" unterscheidet. *N. Luhmann* (1981, 338) hat die – nicht-alltägliche – Besonderheit von Entscheidung gegenüber Handlung so beschrieben, daß erstere in ihrem Bezugsfeld von „Alternativen" ihre Alternativität (Kontingenz) sozusagen mit-thematisiert. Weil dadurch der (ursprüngliche) „Alternativenraum" quasi erinnert, jedoch nicht unbedingt faktisch erhalten bleibt, folgt aus dieser Bestimmung eine im Vergleich zu Handlungen erhöhte, insbesondere auch nachträgliche „Kontextsensibilität" von Entscheidungen.

Im Verhältnis zu einer konventionellen Entscheidungstheorie, die die (zu optimierende) Beziehung zwischen (bestimmten) Zwecken und Mitteln in den Vordergrund stellt, hebt die neuere Theorie am Entscheiden vor allem den – sach-abstrakten – Aspekt der Selektion hervor und fragt nach deren Determination und Rationalität.

Was für spezielle Fragen stellen entscheidungstheoretische Ansätze innerhalb der Soziologie, d. h. im Unterschied zu solchen anwendungsgerichteten sozialwissenschaftlichen Disziplinen wie Pädagogik, Betriebswirtschafts- und Verwaltungslehre? Insbesondere in den letztgenannten Disziplinen haben Entscheidungstheorien ja eine lange Tradition.

Den Ausgangspunkt des soziologischen Interesses bildet das Modell des präferenzbestimmt, nutzenorientiert und strategisch handelnden Individuums, das zunächst in der bzw. für die Ökonomie entwickelt (und dort zum →homo oeconomicus abstrahiert) wurde und das – auch mangels durchgearbeiteter Alternativen – über diesen Anwendungsbereich hinaus eine (nicht immer berechtigte) breite Diffusion erfahren hat. Ausgehend von der aus der Systemtheorie bezogenen Erkenntnis, daß die moderne Gesellschaft sich als eine Mehrzahl von (vor allem) funktional differenzierten Systemen darstellt und dementsprechend jedes Individuum eine Mehrzahl von Systembezügen aufweist und sich entsprechend unterschiedlich, aber jeweils system-rational verhalten (können) soll, interessiert sich die soziologische Entscheidungstheorie insbesondere für eben diese Metaproblematik. Das heißt, die Soziologie zielt in diesem „Feld" nicht etwa auf eine konkurrierende Alternative zur „ökonomischen" Interpretation des Handelns, sondern auf a) dessen Zuordnung zum entsprechenden Systemzusammenhang und somit Eingrenzung, b) die Suche nach korrespondierenden Handlungsrationalitäten anderer als ökonomischer Systemkontexte, c) die (insbesondere andernorts, d. h. in anderen Systemkontexten) „irrationalen" Konsequenzen – systemimmanent – „rationalen" Entscheidens und d) die metaentscheidungstheoretische Analyse der Art und Weise, wie die Individuen mit ihrem systemischen Mehrfachbezug umgehen. Insbesondere letzteres ist für die Soziologie eine interessante Fragestellung. Denn in diesem den Individuen von der Gesellschaft „zugemuteten" Mehrfachbezug mit seiner immanenten Widersprüchlichkeit und Konkurrenz läßt sich die Gefahr der Überforderung und Desorientierung oder auch die Möglichkeit der Relativität und Befreiung von normativen Bindungen vermuten.

3. Rationalität. Das Thema der →Rationalität spielt in jeder Entscheidungstheorie eine zentrale Rolle. Deren jüngere Entwicklung erfolgt denn auch unter dem Namen „rational choice". Für den Akteur wird das Problem, rational zu handeln und (sich) zu entscheiden, mit wachsender Komplexität der Gesellschaft immer schwieriger, denn erstens wird Rationalität im Grade der Systemifizierung der Gesellschaft systemrelativ und somit vielfältig, zweitens wächst mit der sozialen Komplexität der Anteil an nichtkalkulierbaren, aber vielleicht woanders folgenreichen „Neben"folgen und Folgeproblemen des Handelns, d. h., die Rationalität wird zweispältig. Der Anspruch an die Orientierungsleistung der Entscheidungstheorie ist dementsprechend bereits dahin zurückgenommen, wenigstens (aber immerhin) „zwischen beschränkt rationalen und mit Sicherheit arationalen Alternativen zu unterscheiden" (Wiesenthal 1987, 19) und somit entscheiden zu können.

Der Weg zur „modernen" Entscheidungstheorie, die sich um den Begriff der „rational choice" versammelt, läßt sich in extremer Verkürzung durch folgende Dialektik beschreiben: Am Anfang stand ein normatives Modell rationalen Handelns. Die Unterstellung, daß dieses Modell den generellen Bezugspunkt für das tatsächliche Handeln abgebe, wurde durch empirische Rekonstruktionen faktischer Entscheidungsprozesse in hohem Maße entmystifiziert. Statt nach dieser Erkenntnis aber Irrationalität als Normalzustand anzunehmen, sieht die heutige Diskussion das Gegensatzpaar vollständige vs. beschränkte Rationalität als analytisch fruchtbar an (*H. Wiesenthal,* in: Elster 1987, 10).

4. Systemtheoretische Entscheidungstheorie. Der dargestellte entscheidungstheoretische Ansatz, der sich als paradigmatisch alternativ zum systemtheoretischen Ansatz (aber mit begrenztem „Einsatzgebiet") versteht, darf nicht darüber hinwegtäuschen, daß auch die →Systemtheorie – gemäß ihrem Universalitätsanspruch – durchaus ein „Verhältnis" zum Thema „Entscheidung" hat. Sie trennt, ganz anders ansetzend, Entscheidungen von den handelnden Akteuren ab und löst sie dabei aus ihrer üblicherweise angenommenen Verknüpfung mit (individuellen) Präferenzen. An deren Stelle setzt *Luhmann* (1984) soziale Erwartungen, denen gegenüber sozusagen sich Handeln als Entscheiden stilisiert. Im Systemzusammenhang werden Entscheidungen dann als Spezialform von Kommunikation und sodann als spezifisches Element des Systemtyps →„Organisation" behandelt (*Luhmann* 1981).

Lit.: J. Elster, Subversion der Rationalität. Frankfurt/M., New York 1987; *N. Luhmann,* Zweckbegriff und Systemrationalität. Frankfurt/M. 1968; *N. Luhmann,* Zweck-Herrschaft-System, Grundbegriffe und Prämissen Max Webers, in: *R. Mayntz* (Hg.), Bürokratische Organisation. Köln, Berlin 1968, S. 36 ff.; *N. Luhmann,* Organisation und Entscheidung, in: ders., Soziologische Aufklärung 3. Opladen 1981, S. 335 ff.; *N. Luhmann,* Soziologische Aspekte des Entscheidungsverhaltens, in: Der Betriebswirt 1984, S. 591 ff.; *H. Wiesenthal,* Strategie und Illusion. Frankfurt/M., New York 1987

Prof. Dr. *V. Ronge,* Wuppertal

Entsozialisierung

Desozialisation
Asozialisation
Bezeichnung für einen Prozeß, durch den eine erfolgte →Sozialisation rückgängig gemacht und die bereits →internalisierten →Normen unwirksam werden. Ursachen der E. sind oftmals Ablöseerscheinungen bzw. →Entfremdung einer Person von einer sozialen Einheit (z. B. aufgrund längerer Abwesenheit), die Aneignung fremder Kulturelemente bei gleichzeitiger Ablehnung von Teilen des ursprünglich eigenen Kulturguts. Die zuerst erlernten Normen verlieren zunehmend an Bedeutung, da ihre Befolgung im Interaktionsprozeß keine Verstärkung mehr erfährt.

Entwicklung

development (engl.)
1. allgemein: stetiger, sprunghafter, evolutionärer oder revolutionärer Prozeß der Veränderung von einer untergeordneten zu einer höheren Stufe aufgrund von endogenen oder exogenen Ursachen;

2. Bezeichnung für irreversible Prozesse und Formen der Veränderung von Objekten innerhalb einer größeren Zeitspanne, wobei die Veränderungen eine größere →Komplexität und →Differenziertheit des Objektes bewirken (→Evolution);

3. Prozeß der Entfaltung eines Lebewesens von der befruchteten Eizelle bis zum fertigen Organismus;

4. Bezeichnung für biologische Vorgänge der inneren und äußeren *physischen* oder *psychischen* Reifung von Menschen;

5. Bezeichnung für die *soziale* Reifung von Menschen;

6. fortlaufender Prozeß der Veränderung von sozialen →Systemen bis zur Erreichung eines Endzustandes;

7. Prozesse, die die Stammesgeschichte von Tieren und Pflanzen über einen längeren Zeitraum hinweg verändern.

Entwicklung, politische
Begriff der comparative politics (engl.) für die Analyse der Chancen der parlamentarischen Demokratie in →Entwicklungsländern. Dazu wird der Ablauf des Übergangs zu einer Familien- und Stammesgesellschaft zu einem politischen Staatssystem analysiert. Der Zusammenhang der p. E. mit sozioökonomischen Bedingungen ist noch nicht ausreichend untersucht worden.

Entwicklungsgesetz

1. →Gesetz, das auf dem biologischen Prinzip der Entwicklung einer →homogenen Menge einzelner homogener Objekte, die von einander unabhängig sind, zu einer Einheit (Zusammenhang) von heterogenen Objekten *(H. Spencer)* beruht;

2. historisches Gesetz
Bezeichnung für die These, daß die Entwicklungsprozesse einer Gesellschaft einem festen Schema bzw. einer bestimmten Reihenfolge entsprechen.

Entwicklungsländer

Die Entwicklungsländer, auch Länder der 3. Welt oder unterentwickelte Länder bzw. im französisch- und spanischsprachigen Bereich „Länder auf dem Wege der Entwicklung“ genannt, sind außereuropäische Nationalstaaten, die im Laufe der globalen politischen Neuordnung nach 1945 in ihrer gegenwärtigen Form entstanden sind. Diese Neuordnung nach dem Zweiten Weltkrieg führte zur Aufteilung der Welt in 1. Welt (‚westliche‘ Industrienationen mit Einschluß Japans, Australiens und Neuseelands), 2. Welt (sozialistische Länder des Rats für gegenseitige Wirtschaftshilfe, RGW, ohne China und Albanien) und die 3. Welt (Länder Süd- und Mittelamerikas, Asiens, Afrikas und Ozeaniens, mit Ausnahme Neuseelands, Australiens und Südafrikas). Es handelt sich bei den Ländern der 3. Welt um politisch-administrativ souveräne Staaten, die größtenteils als ehemalige Kolonien der imperialen Großmächte heute noch besondere wirtschaftliche, politische und kulturelle Beziehungen zu diesen unterhalten.

Die Vielzahl und politische Prägung der Definitionen, die versucht haben, Entwicklungsländer als einen Gesellschaftstyp im Weltmaßstab zu charakterisieren, ist eine Widerspiegelung globaler Machtverhältnisse. Es sollen daher hier keine Einzeldefinitionen herausgegriffen werden, die dem einen oder anderen Einflußbereich zuzurechnen sind. Es geht vor allem um eine Übersicht über faktisch weitgehend akzeptierte und somit gängige Deutungen von Entwicklungsländern. Als zentrale Meßgröße zur Beurteilung des allgemeinen Entwicklungsstands eines Landes dient sein Bruttosozialprodukt, der Anteil der industriellen Produktion an diesem und der Grad der Deckung der Grundbedürfnisse sowie der Ausstattungsgrad mit Infrastruktur in den Bereichen Gesundheitsversorgung, Transport, Kommunikation und Bildung. Der Entwicklungsstatus eines Landes wird diesem von den produktionsmäßig international maßgeblichen Wirtschaftskreisen in den Industrieländern zugewiesen und geschieht nach Produktivität der Wirtschaft des Landes im internationalen Vergleich bzw. der Faktorausstattung seiner Gesellschaft, gemessen an ‚westlichen‘ Standards.

Innerhalb der Gruppe, die als Entwicklungsländer gelten, stehen die sogenannten „Schwellenländer“ (d.h. an der Schwelle zur Industriegesellschaft stehend) in der Rangfolge der Klassifizierung der 3. Welt-Staaten ganz oben. Am unteren Ende dieser Skala befinden sich die „Least Developed Countries (LLDC)“, jene ärmsten Entwicklungsländer, deren wirtschaftliche Grundvoraussetzungen vorläufig keine wesentliche Erhöhung ihrer Produktion pro Kopf der Bevölkerung erwarten lassen.

Mit dem Prozeß der Kolonialisierung außereuropäischer Gebiete wurde gleichzeitig die Geschichte von Entwicklung und Unterentwicklung geschrieben. Von den ethnographischen Zeugnissen der Neuzeit, die den Angehörigen einer exotischen Kultur entweder vergötterten oder ihn als Nicht-Mensch darstellten, sind bis heute Theorien aktuell, die die Länder der 3. Welt als Gesellschaften des Mangels und der Unzulänglichkeiten auf der einen und der politischen und wirtschaftlichen Unterdrückung und Abhängigkeit auf der anderen Seite charakterisieren. So verweisen Modernisierungstheoretiker auf die mangelnde Fähigkeit der Entwicklungsländer, die Bindungen an Traditionen zu überwinden, die Geburtenrate zu senken oder zumindest stabil zu halten, in den Aufbau einer produktiven Industrie zu investieren etc., und ebenso sind ihnen Korruption, lähmender Bürokratismus und Mißwirtschaft in diesen Ländern bekannt und als Entwicklungshemmnisse bewußt. Staatliche bilaterale wie auch multilaterale Hilfe, sei es finanzieller oder technischer Art, privatwirtschaftliches Engagement und auch private und kirchliche Hilfswerke als Nichtregierungsorganisationen setzen an diesen Punkten mit der praktischen Entwicklungszusammenarbeit an. Internationale Organisationen wie die der UNO, die Weltbank und die regionalen Entwicklungsbanken ergänzen dieses weltumspannende Netz der Kooperation zwischen „Nord" und „Süd". Wie diese Himmelsrichtungen für die Verteilung des globalen Reichtums stehen (der reiche Norden und der arme Süden), so unterscheiden auch die seit den 1960er Jahren entstandenen Unterentwicklungstheorien zwischen Metropolen wirtschaftspolitischer Macht und der Peripherie, die als Zulieferer von Rohstoffen und Halbfertigprodukten und als Abnehmer von Konsum- und Investitionsgütern dient. Aus der Tradition kolonialer Abhängigkeit konstatieren diese Theorien den Fortbestand einer einseitigen Abhängigkeit des Entwicklungslandes vom metropolen, kapitalistisch oder staatswirtschaftlich orientierten Industrieland. Die Vertreter der in Lateinamerika entstandenen „Dependencia-Theorie" sind *F. H. Cardoso, A. G. Frank, C. Furtado, O. Sunkel, Th. dos Santos, R. Stavenhagen.* Sie und auch *Samir Amin* und *D. Senghaas* sind Exponenten der im Westen breit diskutierten Theorie des peripheren Kapitalismus und abhängiger Entwicklung in der 3. Welt. Diese Diskussion gipfelte in dem 1977 von *Senghaas* propagierten „Plädoyer für Dissoziation", das eine Abkoppelung der Entwicklungsländer vom Weltmarkt als Ausweg aus der Sackgasse der Unterentwicklung aufzeigen wollte.

Die 80er Jahre sind, wie auch die erste Entwicklungsdekade der 60er Jahre, bedeutend ärmer an Theorien der Unterentwicklung. Die 60er Jahre standen im Zeichen der Entkolonialisierung und Gründung souveräner Nationalstaaten, die in der Folge des Kalten Krieges und der weltweiten Konfrontation des Ost- und Westblocks als Einflußbereiche von beiden Lagern umworben wurden. Europas Wiederaufbau und die Entwicklung der 3. Welt sollten Hand in Hand gehen, wobei Entwicklungstheorien politisch im Osten wie im Westen opportuner waren als Theorien der Unterentwicklung. Die 80er Jahren zeigen sich weniger im Licht spezifischer Theorien zur Überwindung des „Nord-Süd-Gefälles" als im Bewußtsein der Notwendigkeit einer umfassenden Bewältigung der Kernprobleme, die die 1., 2. und 3. Welt gleichermaßen betreffen: Die Verschuldungsproblematik, die zukünftige Sicherung vor allem nichtnuklearer Energiequellen und die Umwelterhaltungsproblematik. Pragmatische Teillösungen stehen hier gegenwärtig im Vordergrund der Debatte. Zu nennen sind vor allem die Aufholstrategie, die den wirtschaftlichen Vorsprung der Industrieländer aufholen möchte und die Grundbedürfnisstrategie, die die Befriedigung der wichtigsten menschlichen Grundbedürfnisse als dringende Aufgabe und Grundvoraussetzung weiterer wirtschaftlicher Entwicklung ansieht. Eine akzeptable Lösung der Verschuldungskrise der Entwicklungsländer und die Durchführung grundlegender Strukturanpassungsmaßnahmen in den Ländern der 3. Welt sollen langfristig auch die verstärkt geforderte „Neue Weltwirtschaftsordnung" ermöglichen. All diese pragmatischen Ansätze sollten aber nicht darüber hinwegtäuschen, daß Grundfragen der Entwicklung, die vorübergehend dringlich und vordergründig technischen Überlebenskonzepten für die Entwicklungsländer gewichen sind, sich immer wieder stellen werden.

Entwicklungsländer – Soziologie

Die Entwicklungsländer-Soziologie ist ein junger Zweig des stark verästelten Soziologie-Baums. Seit Beginn der 1950er Jahre haben sich Soziologen eines Gegenstandes angenommen, der vordem das Interessen- und Arbeitsgebiet der →Sozialanthropologie, der →Ethnologie und der →Völkerpsychologie gewesen war. Heute lassen sich Ethnologie und Sozialanthropologie nur noch schwer von einer Entwicklungsländer-Soziologie abgrenzen, die es sich zum Ziel gesetz hat, Gesellschaften und die besonderen Formen ihres sozialen Wandels unter den Bedingungen weltweiter Technisierung und Moderisierung der Produktions- und Lebensformen zu untersuchen. Meist werden Methoden und Theorien aus den verwandten Sozialwissenschaften übernommen, die sich mit fremden Kulturen, ihrer Dokumentation und Interpretation befassen. Die funktionalistische Schule der britischen Sozialanthropologie z.B. wollte seit den 30er Jahren mehr als nur für die Dokumentation exotischer Gemeinwesen zuständig sein, die unter der Kolonialverwaltung nach dem Prinzip der „indirect rule" weitgehend sich selbst überlassen waren. Sie wollte koloniale Verwaltungshilfe sein, indem sie sich anbot, Gesellschaften zu erforschen, um sie zu einem integralen und funktionsfähigen Bestandteil eines weltumspannenden Kolonialreiches zu machen.

In der Nachkriegszeit hat die Entwicklungsländer-Soziologie die Politik der Industrienationen gegenüber den Entwicklungsgesellschaften analog mitvollzogen. Sie ist bis zu Beginn der 70er Jahre eine Fortschreibung euro-amerikanischer Aufbau- und Wirtschaftswundereuphorie gewesen, bis die Proteste der 68er Bewegung hier neue, marxistische Akzente setzten, die der Entwicklungsländer-Soziologie bis heute ihren emanzipatorischen Anspruch verliehen haben.

Als kritische Sozialwissenschaft verkörpert die Entwicklungsländer-Soziologie das Spannungsverhältnis zwischen Beschreibung und Analyse von Entwicklungsgesellschaften und impliziten moralischen Forderungen, die eine Disziplin, die sich mit Abhängigkeit und sozialer Ungleichheit befaßt, nur allzu leicht zu stellen geneigt ist. Die Entwicklungsländer-Soziologie beansprucht weitgehend das Image einer sozial engagierten Kraft, die ihresgleichen vielleicht noch in der von einem ähnlichen sozialem Umfeld geprägten Aktionsforschung hat.

Wandel der durch Tradition geprägten Lebenswelt durch Versachlichung, →Modernisierung und →soziale Mobilität sind thematische Schwerpunkte, die in vielfältiger Weise quantitativ und qualitativ von Entwicklungsländer-Soziologen untersucht und analysiert werden. Zudem verschafft sich seit dem Ende der 70er Jahre der Anspruch immer mehr Geltung, fremde Gesellschaften im Licht ihrer eigenen →Rationalität zu beschreiben und autochthone →Werte und Vorstellungen zu vermitteln. Die Deutungstiefe bei der Bearbeitung entwicklungsländerspezifischer Themen steht immer stärker im Vordergrund,und außereuropäische Denk- und Handlungsweisen werden auch in wissenschaftlichen Ansätzen mehr und mehr wirksam. Sie sind durch ihre umfassenden Analysen ökologischer Komplexe, von denen Gesellschaften ein Teil sind, angemessener, und sie besitzen dadurch nun weniger den Charakter fremder Zuschreibungen von „außen". Diese neueren Ansätze möchten die jeweilige Besonderheit soziokultureller Faktoren im Entwicklungsprozeß eines Landes stärker berücksichtigt wissen. Diese häufig als →Kulturrelativismus verstandene Position reflektiert die Eigenheiten der untersuchten gesellschaftlichen Phänomene, ihre →kulturelle Identität, und will damit auch ein Beitrag zur kulturellen Selbstbestimmung der betreffenden Gesellschaften sein.

Im Rahmen der Entwicklungshilfe und Entwicklungszusammenarbeit ist die Entwicklungsländer-Soziologie zunehmend stärker in Durchführbarkeitsforschung, Planung und Evaluation von Programmen und Projekten eingebunden. Der stärkere Einbezug soziokultureller Faktoren in den Entwicklungsprozeß hat zu einer Verlagerung der Akzente von der entwicklungspolitischen Theoriebildung zu mehr handlungsorientierten Forschungs- und Evaluationsmethoden geführt. Inhaltliche Schwerpunkte sind u.a. die Neuformulierung des Community-Development-Ansatzes, die Gestaltung eines Konzeptes der integrierten ländlichen Entwicklung und demokratisch dezentralisierter Partizipationsmodelle, um anonym verordnete und unausweichlich scheinende Umformungen peripherer Gesellschaften an die Betroffenen zu vermitteln und sie zu Beteiligten zu machen. Eine ökologisch kritische Entwicklungsländer-Soziologie, die Fortschrittsstrategien skeptisch gegenübersteht, welche für alle Länder pauschale Wachstumsmodelle vorgeben, ist Ausdruck eines Problembewußtseins, das aufgrund zunehmender Umweltprobleme in der 1. Welt entstanden ist. Im fortschreitenden Prozeß der Umweltbedrohung finden sich vergleichbare Gemeinsamkeiten zwischen allen „Welten", deren Lösung nur gemeinsam möglich ist. Hier liegen die Potentiale und Aufgaben einer zukünftigen Entwicklungsländer-Soziologie.

Lit.: Goetze, D., Entwicklungspolitik 1. Soziokulturelle Grundfragen. Paderborn 1983; ders., Entwicklungsoziologie. München 1976.

Dr. *K. Seeland,* Zürich

Entwicklungssoziologie

→Entwicklungsländer

Bezeichnung für eine spezielle Soziologie, die Entwicklungsprozesse untersucht. Analysiert werden dabei nicht geographische Komponenten (Soziologie der →Entwicklungsländer), sondern die Veränderung von typischen →Strukturen des sozialen Gegenstandes, wobei auch das Umfeld des sozialen →Wandels berücksichtigt wird.

Epistemologie

→Wissenschaftstheorie
→Erkenntnistheorie

Erbe, soziales

social heritage (engl.)

die Weitergabe bzw. der Erwerb von systemspezifischen Eigenschaften (z.B. Verhaltensmuster, →Rollen, →Werte) durch →Sozialisation in der Abfolge der →Generationen.

Erfahrungswelt

in der →phänomenologischen Soziologie die Umwelt eines einzelnen Menschen oder einer →Gruppe, die durch ineinander verwobene und zusammenhängende Erlebnisse und Handlungen, d.h. durch Erfahrungen, die die betreffenden Menschen in ihr machen und die sie prägen, strukturiert ist.

Erfahrungswissenschaft

Bezeichnung für eine Wissenschaft, die sich ganz auf Erfahrungen als Grundlage ihrer Erkenntnisse stützt, wobei Uneinigkeit darüber herrscht, ob durch die Erfahrungen Aussagen bestätigt (→Positivismus, logischer →Empirismus) oder widerlegt werden (→kritischer Rationalismus). Nach *M. Weber* ist die E. die Grundlage einer objektiven Sozialwissenschaft.

Erfordernis

Begriff aus der →strukturell-funktionalen Theorie für ein →Element oder eine →Funktion eines sozialen →Systems, das die Existenz und die Wirksamkeit des Systems sichert.

Erfordernis, funktionales
funktionaler Imperativ
Bezeichnung für ein Element bzw. einen Mechanismus im Sinne einer institutionellen Regelung zur Systemerhaltung. F.E. sind z.B. →Integration, →Anpassung an die Umwelt, →Strukturerhaltung.

Erfordernis, strukturelles
Bezeichnung für eine bestimmte →Struktur, die die Voraussetzung für die Verwirklichung bzw. Aufrechterhaltung eines →Systems darstellt.

Erhebung

1. im weiteren Sinne Bezeichnung für eine →empirische Untersuchung;

2. im engeren Sinne die Datengewinnung innerhalb einer empirischen Untersuchung (→empirische Sozialfor-

schung) in Form von E.techniken wie z.B. →Interview, →Beobachtung, →Experiment (Primär-E.) oder durch Rückgriff auf bereits für andere Zwecke erhobenes Datenmaterial (Sekundäranalyse). Es wird unterschieden zwischen der Total-E., bei der alle Angehörigen der Zielgruppe erfaßt werden (z.B. Volkszählung), und der Teil-E. (Stichproben-E.), bei der nur eine Auswahl der Grundgesamtheit als repräsentativ für alle Angehörigen Gegenstand der E. ist.

Erhebungseinheit
jene kleinste Einheit, die der Erhebung von Daten zugrunde liegt, also im Regelfall eine Person, eine →Gruppe etc. Die E. kann mit der →Auswahleinheit und/oder →Analyseeinheit identisch sein, muß dies aber nicht.

Erhebungstechnik
Bezeichnung für Verfahren der →empirischen Sozialforschung, die der Gewinnung von Daten dienen. Die bekanntesten Verfahren sind die →Befragung, die →Beobachtung, das →Experiment. Die Wahl einer E. ist gegenstands-, erkenntnis- und situationsabhängig, da sie die Daten und die Datenauswertung determinieren. Unterschieden wird zwischen Primärerhebung, bei der erstmals Daten zu einer bestimmten Problemstellung erhoben werden, und →Sekundäranalyse, bei der auf bereits vorliegendes Datenmaterial zu einer ähnlichen Problemstellung zurückgegriffen werden kann.

Erkenntnisinteresse
erkenntnisleitendes Interesse *(J. Habermas, K. O. Apel)*
Bezeichnung für das →Interesse, das sich aus einer spezifischen gesellschaftlichen Orientierung der Wissenschaft ergibt und die Hypothesenbildung, Fragestellungen und Arbeitsmethoden lenkt. Unterschieden wird zwischen dem empirisch-analytischen E. (Interesse, das sich auf die technische Verwertbarkeit von Forschungsergebnissen bezieht), dem kritischen E. (Interesse, das sich auf gesellschaftliche Aufklärung richtet) und dem historisch-hermeneutischen E. (Interesse, das sich auf bestimmte Handlungsmethoden bezieht). In einfacherer Differenzierung unterscheidet man das technologische vom emanzipatorischen E.

Erkenntnistheorie
beschäftigt sich mit der Frage der (wissenschaftlichen, vorwissenschaftlichen, unwissenschaftlichen) menschlichen Erkenntnis; sie ist der →Wissenschaftstheorie vorgelagert.

erklären
→verstehende Soziologie

Erklärung
1. durch E. wird die Bedeutung z.B. eines Begriffs erläutert; 2. Suche nach „kausalen“ Beziehungen zwischen beobachtbaren Erscheinungen, wobei man sich nomothetischer Aussagen bedient; 3. Erklärungen bleiben nicht bei der Deskription von Sachverhalten stehen und wollen diese auch nicht in einem →phänomenologischen Sinne →verstehen, sondern sie fragen nach dem Warum, nach den Ursachen, nach den Wirkzusammenhängen.

Erklärung, deduktiv-nomologische
Hempel-Oppenheim-Modell
Bezeichnung für die logische Ableitung eines beobachtbaren Sachverhaltes (explanandum), der sich aus Gesetzen und Randbedingungen (zusammen: explanans) zusammensetzt.

Erklärung, empirische
Erläuterung eines Sachverhalts mit empirisch belegten →Gesetzen.

Erklärung, funktionale
E., warum ein bestimmter Tatbestand, der Teil eines →Systems ist, vorliegt bzw. weiterbesteht mit Hilfe der →Funktionen genau dieses Tatbestandes, die das System aufrechterhalten. Dabei ist umstritten, ob die f.E. selbst schon eine kausale Erklärung ist.

Erklärung, genetische
bei der g.E. wird erklärt, wie ein Ereignis entstanden ist. Dazu werden die davorliegenden Ereignisse aufgezeigt und

die jetzigen, die erklärt werden sollen, darauf zurückgeführt.

Erklärung, kausale
deduktive E. eines Ereignisses mit mindestens einem Kausalsatz und den Antecedenzbedingungen seiner Ursachen.

Erklärung, partielle
nur teilweise E. eines Sachverhaltes mit Hilfe von Gesetzesaussagen und Antecedenzbedingungen (→Erklärung, unvollständige).

Erklärung, rationale
Erklärung von menschlichen Handlungen durch die Beweggründe des Handelnden in einer bestimmten Situation. Dabei wird vorausgesetzt, daß diesen Gründen rationale Überlegungen zugrunde liegen. Das führt dazu, daß nichtrationales Handeln als →Abweichung verstanden wird und letztlich keine zufriedenstellende E. der wirklichen Handlung gegeben werden kann.

Erklärung, statistische
Erklärung (meistens explizit oder implizit) eines Ereignisses durch eine statistische Gesetzmäßigkeit.

Erklärung, teleologische
Erklärung mit Hilfe der Angabe eines Grundes für ein Ereignis oder eine Handlung, wobei der Grund ein bestimmtes Ziel (z.B. ein Zustand) darstellt. Teilweise wird die t.E. mit der k.E. gleichgesetzt.

Erklärung, unvollständige
→Erklärung, partielle

error-choice technique
Von *Hamond* (1948) entwickelte Technik zur Messung von →Einstellungen. Bei diesem Verfahren wird der Versuchsperson ein Fragebogen vorgelegt, wobei jeder Frage zwei konträre Antworten, die aber beide falsch sind, zur Alternative gestellt werden.

Erwachsenenalter
→Lebensalter

Erwartung
expectation (engl.)
Bezeichnung im weiteren Sinne für die Annahme eines Akteurs über die Wahrscheinlichkeit, mit der ein bestimmtes Ereignis eintreten wird – ohne die Einbeziehung des subjektiven Erlebnisses;

2. Verhaltenserwartung, Rollenerwartung
Begriff aus der soziologischen →Rollentheorie; Annahme, die sich auf Erfahrung und/oder Kenntnis von Verhaltensanweisungen (→Normen) stützt und über die Wahrscheinlichkeit der Verhaltensweise einer anderen Person in einer bestimmten Situation nähere Angaben machen kann;

3. expectancy (engl.)
Bezeichnung aus der kognitiven →Lerntheorie *(E. C. Tolman)* für die Vorwegnahme des Ergebnisses der eigenen Verhaltensweise in der Zukunft.

Erwartung, gelernte
nach *Tolman* ein Verhalten (Disposition), das in einem Lernprozeß erworben wird (Ausbildung der Zeichen-Gestalt), auf sog. Hinweisreize so zu reagieren, als ob diese Zeichen andere Objekte darstellen. Die Disposition wird durch Eintreten der E. verstärkt.

Erwartungshaltung
Annahmen eines →Akteurs über Handlungsweisen anderer Menschen oder über das Eintreten bestimmter Ereignisse aufgrund von früheren Erfahrungen. Voraussetzung hierfür ist die Fähigkeit, Tatsachen als Folge anderer Dinge herleiten zu können. Diese Fähigkeit (Vertrauen in die Reaktionen der Umwelt) wird in der Kindheit erworben.

Erwartungshorizont
1. im weiteren Sinne Bezeichnung nach *K. R. Popper* u.a. für alle bewußten und unbewußten →Erwartungen, die gegenüber einer bestimmten Situation existieren. E. stellt damit den Bezugsrahmen der menschlichen Erlebnisse und Handlungen her;

2. Begriff aus der Nationalökonomie für die Zeitspanne, innerhalb derer Annahmen über die Wahrscheinlichkeit des Eintretens von Ereignissen oder Erfol-

gen von Handlungen gemacht werden können.

Erwerbsklasse
eine →Gruppe von Menschen, die einer gleichen →Klasse angehören, die sich vor allem bestimmt durch die Art und Weise der Marktverwertung von Gütern und Leistungen *(M. Weber).*

Erwerbsperson
Begriff aus der Wirtschafts- und Sozialstatistik. Als E. werden all diejenigen Mitglieder einer Gesellschaft bezeichnet, die an dem Erhebungstag erwerbstätig sind und Einkünfte beziehen. Dabei wird je nach sozialer und juristischer Stellung unterschieden zwischen →Beamten, →Angestellten, →Arbeitern und →Selbständigen.

Erwerbsstreben
Erwerbstrieb
ursprünglich als die vernunftgesteuerte, zentrale Antriebskraft des menschlichen Handelns angesehen (*A. Smith, D. Ricardo* u. a.), dann im rein wirtschaftlich-materiellen Sinne als reines Rationalprinzip (→homo oeconomicus) und schließlich als Prinzip der →Status- und Prestigemaximierung (→homo sociologicus) verstanden.

Erwerbswirtschaft
Bezeichnung nach *M. Weber* für eine Form des Wirtschaftens, bei der aus der Knappheit der Produktion und dem Tausch Gewinn erzielt werden soll.

erworbene Position
erworbener Status
Bezeichnung für eine →Position, in die die Person nicht hineingeboren wird (→zugeschriebene Position), sondern die durch eigene Leistung erworben wurde. Die e.P. nehmen in den modernen →Industriegesellschaften aufgrund der wachsenden →Mobilität einen immer höheren Stellenwert für die einzelne Person ein.

erworbener Status
→erworbene Position

Erwünschtheit, soziale
social desirability (engl.)
ein Phänomen der →empirischen Sozialforschung, wonach z. B. bei der →Befragung nicht die tatsächliche und wahre Antwort auf eine →Frage gegeben wird, sondern so geantwortet wird, wie man glaubt, daß es sozial wünschenswert wäre. Schließlich werden Abweichungen von den erwünschten oder geforderten Verhaltensweisen und →Einstellungen negativ →sanktioniert.

Erziehung
Die planmäßige Formung von →Kindern und →Jugendlichen zu verantwortungsbewußten und mündigen Persönlichkeiten unter Berücksichtigung und Einbeziehung ihrer Anlagen und Stärken. E. ist nicht nur Wissensvermittlung und Ausbildung, sondern auch Charakter- und Willensbildung. Die E. ist Teilbereich der →Sozialisation und stellt zunehmend einen lebenslangen Lernprozeß dar.

Erziehung, formale
Bezeichnung für Erziehungsprozesse, die Teil der geplanten Erziehung sind und innerhalb von Erziehungseinrichtungen (z. B. Schule) stattfinden.

Erziehung, funktionale
Sozialwerdung
darunter versteht man alle Einflüsse, die von der sozialen Umwelt auf ein Kind einwirken und seine →Persönlichkeit auch ohne nähere Beabsichtigung prägen.

Erziehung, informale
Erziehungsprozesse, die außerhalb der geplanten Erziehung bzw. außerhalb von Erziehungseinrichtungen stattfinden.

Erziehung, intentionale
Sozialmachung
Bezeichnung für Einflüsse, die sich selbst als Erziehung verstehen und von Erziehungs- und Bildungseinrichtungen ausgehen.

Erziehung, kompensatorische
alle Bemühungen, die parallel zu der →funktionalen und →intentionalen Er-

ziehung stattfinden und Arbeiterkindern zugute kommen sollen, die aufgrund der familiären und sozialen Lebenssituation in Lernmotivation und Sprachverhalten gegenüber Kindern anderer →Schichten benachteiligt sind.

Erziehung, permanente
1. steht für den Erziehungsprozeß, der sich von der Kindheit bis ins Erwachsenenalter zieht;

2. Bezeichnung für die Fortbildungsangebote, die der beruflichen Fortbildung und Erweiterung der Allgemeinbildung dienen.

Erziehungssoziologie
→pädagogische Soziologie

Esoterik
→New Age/Esoterik
→Anomalistik

esprit de corps
Corpsgeist, Gruppengeist
Bezeichnung für das Zusammengehörigkeits- und Solidaritätsgefühl von Gruppenmitgliedern. Der e.d.c. äußert sich oft in einer Abschottung nach außen.

Establishment
1. gesellschaftskritische Bezeichnung für die Personen oder →Gruppen, die gesellschaftliche oder politische Schlüsselpositionen einnehmen und die Behauptung und Sicherung ihres →Status erstreben;

2. ein zentraler strategischer Begriff in den Anfängen der bundesdeutschen Studentenbewegungen für die unterdrükkenden →Institutionen. Dabei wurde auf die klassentheoretischen Bestimmungen verzichtet.

Etatismus
1. Bezeichnung für eine dem föderativen Prinzip entgegengesetzte politische Tendenz, Funktionsbereiche und Kompetenzen der Gliedstaaten und staatlich-kommunalen Untereinheiten auf bundesstaatliche bzw. zentralstaatliche Einrichtungen zu übertragen, um so einen zentralistisch und bürokratisch verwalteten Staat zu schaffen;

2. allgemein beobachtbare, dem Rechtsstaatsprinzip entgegenstehende Tendenz (insbesondere in der Wirtschaft), die staatliche Machtsphäre zu Lasten der →Individuen zu vergrößern.

Ethik
die „Lehre vom rechten, zum wahren Glück führenden Handeln" (Moralphilosophie, Sittenlehre)
bezeichnete in der Antike die Lehre von den →Institutionen (Ethos, Nomos). In der Neuzeit meint E. die Lehre von den inneren Bestimmungen des Handelns.

Ethik, protestantische
→idealtypische Bezeichnung für das →System von Glaubenssätzen, ethischen →Gesetzen und Grundsätzen der Lebensführung. Die p.E. basiert auf der Prädestinationslehre *Calvins,* wurde durch die religionssoziologischen Arbeiten *M. Webers* eingeführt und steht für ein bestimmtes Arbeits-, Berufs- und Leistungsverständnis, das wichtige Voraussetzung für den →Kapitalismus ist.

Ethnographie
„Völkerbeschreibung"
Teilgebiet der Völkerkunde, das die →Sitten und Gebräuche, insbesondere von primitiven Völkern, beschreibt.

Ethnographie, métropolitaine (frz.)
Teilgebiet vor allem der französischen Völkerkunde, das sich nicht mit den agrarischen, sondern mit den großstädtischen Bereichen beschäftigt.

Ethnologie
Völkerkunde, kulturvergleichende Forschung
1. früher die in der Regel nur beschreibende →Ethnographie, heute der Bereich der Wissenschaft, der sich mit der →Analyse der →Sozialstruktur und der →Kultur von Naturvölkern beschäftigt;

2. →Anthropologie
Wissenschaft vor allem in Großbritannien (→Sozialanthropologie) und in den USA (→Kulturanthropologie), die sich

mit der →Analyse von ethnischen →Gruppen beschäftigt und die →Sozialstruktur und →Kultur aller Völker, unabhängig von ihren Entwicklungsstadien, untersucht.

Ethnologie, angewandte
angewandte Anthropologie
pragmatisch orientierte, auf politische Anwendung zur →Ethnologie ausgerichtete Disziplin, die insbesondere in den USA praktiziert wird. Zur a.E. zählt u.a. die Tätigkeit von Ethnologen im Auftrag von Kolonialherren und die Eingliederung von Angehörigen der nordamerikanischen Urbevölkerung.
→Ethnologie und Soziologie

Ethnologie und Soziologie (Ethnosoziologie)

1. Begriffserklärungen. Beide Disziplinen, Soziologie wie Ethnologie, stehen in einem Komplementär-Verhältnis zueinander; ihre wechselseitige Beeinflussung und partielle Überlappung sind, unter sozialwissenschaftlichem Aspekt, unverkennbar. Daher erscheint auch der Versuch einer einigermaßen präzisen Abgrenzung der „Fach-Territorien" angesichts vieler theoretischer und methodischer Gemeinsamkeiten wenig sinnvoll, zumal die Wissenschaftsgeschichte beider Disziplinen Zeiten engster Verklammerung einzelner bedeutender Exponenten und Schulen ausweist. Dennoch existieren, auch aus Gründen der Wissenschaftssystematik und Wissenschaftsorganisation und den sich daraus ableitenden institutionellen Zuordnungen zu bestimmten Fakultäten und Instituten, eine Reihe von Unterscheidungsmöglichkeiten, die auch ihren terminologischen Niederschlag gefunden haben, wenn auch hierüber keine einheitliche Meinung bei den Fachgelehrten und -gesellschaften besteht. Die vor allem international recht unterschiedliche Verwendung und Bedeutung der einzelnen Fachbezeichnungen stiftet nicht selten bei Laien und fachlichen Anrainern Verwirrung. So wird im deutschen Sprachbereich Ethnologie meist synonym mit Völkerkunde gebraucht, deren Forschungsobjekt als anthropologische Disziplin in erster Linie Kulturen schriftloser Völker sowie die Ethnien nichtindustrieller Gesellschaften beinhaltet. Während teilweise der Begriff Ethnographie für die deskriptive Variante der Ethnologie verwendet wird, wird anderenorts (z.B. in der DDR) darunter das Gesamtfach verstanden. Eine stärkere theoretische und soziologisch orientierte Auffassung von Ethnologie teilt dieser die Erforschung der Zusammenhänge, Beziehungen und Wechselwirkungen ethnischer Systeme, unter besonderer Berücksichtigung der Gesellschaften geringerer Naturbeherrschung („Naturvölker"), im soziologischen Verständnis der einfach strukturierten, geringer ausdifferenzierten Sozialsysteme oder im allgemeinen Sprachverständnis der sogenannten Entwicklungsgesellschaften, zu. Eine noch engere Definition der Ethnologie als „soziologische Theorie der interethnischen Systeme" *(Mühlmann)* sieht diese als eine soziologische Sub-Disziplin, und zwar als Teilgebiet der Geschichts- und Kultursoziologie. Unter diesem Gesichtspunkt sind deren Untersuchungsobjekte die interethnischen Zusammenhänge und Systeme, und ihre Aufgabe ist es, daraus typische Situationen und Prozesse zu abstrahieren, wobei das ethnographische Datenmaterial, und zwar unter globaler und kulturvergleichender Perspektive, Basis für Interpretation und Theoriebildung ist. Gerade erst unter diesem „global-ethnographischen Horizont" *(Mühlmann)* komplettiert sich das normalerweise auf die West-Zivilisationen (Europas und Nordamerikas) begrenzte Material der Soziologie. Durch die so verstandene Integration der Ethnologie in soziologische Denkkategorien, die Einbeziehung der ethnographischen Gesellschaften und asiatischen und lateinamerikanischen Hochkulturen in das soziologische Erfahrungswissen ergibt sich faktisch eine Verschmelzung von Soziologie und Ethnologie. Eine solchermaßen ethnogra-

phisch-ökumenisch operierende, ethnologisch angereicherte Soziologie vermag ihre im wesentlichen disziplinhistorisch bedingte Beschränkung auf industrielle (und postindustrielle) Gesellschaften zu überwinden. Durch diese perspektivische Erweiterung ergibt sich zugleich die Chance zur Korrektur ethnozentrischer (eurozentrischer) Interpretationsschemata. Erst die Vereinigung soziologischer und ethnologischer Deutungskalküle ermöglicht eine umfassende Wissenschaft von der Gesellschaft und den Gesellschaften der ganzen Welt. Der Realisierung dieses Ziels einer auch institutionell abgesicherten Assoziation (auch wechselseitigen Assimilation) von Soziologie und Ethnologie hat sich die „Scharnier-Disziplin" Ethnosoziologie insonderheit gewidmet, wobei deren adäquate Lokalisierung bei einer der zwei Basisdisziplinen im Grunde von beiden beansprucht wird. Tatsächlich handelt es sich dabei aber um eine Grenz-Disziplin, deren Notwendigkeit zwar erkannt, deren Verortung aber problematisiert wird. Eine gewisse Nähe besteht zur „Social Anthropology" britischer Provenienz (im Unterschied zur stärker historisch ausgerichteten „Ethnology"), der traditionell eine soziologische Orientierung, wenn auch vorzugsweise mit Blickrichtung auf „primitive Gesellschaften", eignet. Der kontinentale Terminus „Sozialanthropologie" bezeichnete dagegen ursprünglich stärker ein anthropologisch-bevölkerungsbiologisches Wissensgebiet, wird aber zunehmend im deutschsprachigen Raum – etwas irreführend – mit dem gleichnamigen britischen Vorbild identifiziert. Ähnliches vollzieht sich mit dem Begriff „Kulturanthropologie", der im deutschen Sprachbereich zunehmend als Synonym für Ethnologie bzw. Völkerkunde, teilweise aber auch zur Übersetzung des Begriffs „Cultural Anthropology" verwendet wird, der ein vergleichbares amerikanisches Fachgebiet kennzeichnet, das allerdings stärker anthropologisch, vor allem aber kulturrelativistisch ausgerichtet ist und in den Vereinigten Staaten und Kanada nicht selten, insbesondere in kleineren Departements, mit der Soziologie eine organisatorische Einheit bildet. Weiterhin ist als ein besonderer Arbeitsbereich der Ethnologie die Sozialethnologie zu nennen, die die Strukturierungs- und Differenzierungsprozesse, besonders im Hinblick auf Verwandtschaftsbeziehungen, bei eizelnen Ethnien untersucht. Die Konzepte und Ergebnisse aller genannten Disziplinen sind freilich nicht so voneinander isoliert anzusehen, wie das deren begriffliche Unterscheidung nahelegen mag, tatsächlich ist hier eine grenzüberschreitende Interaktion selbstverständlich. Die Ethnosoziologie, die die in den einzelnen Fachrichtungen manifest gewordenen gesellschaftlich relevanten Probleme thematisiert, fungiert dabei gewissermaßen als eine theoretische Klammer.

2. Historischer Überblick. Den Grundstein zu einer Ethnosoziologie im angeführten Sinne hat der bedeutende Ethnologe und Soziologe *Richard Thurnwald* (1869–1954) vor allem durch sein fünfbändiges Werk „Die menschliche Gesellschaft in ihren ethno-soziologischen Grundlagen" (1931–1935) gelegt. *Thurnwalds* umfangreiche Untersuchungen, die auf eigener Anschauung und sechsjähriger Felderfahrung bei verschiedenen Stämmen beruhten, sollten die Soziologie, der nach seiner Ansicht damals eine gewisse „neue Sachlichkeit" not tat, „durch weltweites Material" befruchten. Institutionell förderte er diese vergleichend-kultursoziologische Betrachtungsweise in globaler Perspektive durch die Begründung der „Zeitschrift für Völkerpsychologie und Soziologie (1925; 1932–1933 und wieder ab 1950 unter dem Titel „Sociologus"). *Thurnwalds* Initiative richtete sich zugleich gegen eine allzusehr auf Museumsobjekte bezogene Ethnologie, in der er und seine Schüler freilich nur eine marginale Position innehatten.

Ethnologie und Soziologie (Ethnosoziologie)

Thurnwald ging es um die Erfassung der Gesamtheit der menschlichen Gesellungsphänomene, seine eigenen Untersuchungen sollten dazu beitragen, einen Überblick über die „Gestaltung und den Wandel der menschlichen Gesellschaften“ zu erhalten. *Thurnwalds* soziologisch-ethnologischer Ansatz fand seine Fortsetzung in der deutschen Soziologie vor allem durch *René König* und *Wilhelm Emil Mühlmann* (1904–1988). Besonders unter dem Einfluß der Erforschung der Entwicklungsgesellschaften wurden *Thurnwalds* Ideen auch von jüngeren deutschen Entwicklungssoziologen aufgegriffen. Zunehmend erfuhr auch die Ethnologie eine soziologische Dimensionierung und wirkte ihrerseits auf viele Bereiche der Soziologie zurück. Die enge Verbindung beider Disziplinen war in deren Frühphase keineswegs eine Besonderheit. Das gilt insbesondere für die bedeutenden Gründerpersönlichkeiten der Soziologie wie *Comte, Spencer, Durkheim,* für deren große Entwürfe und Systeme die disziplinäre Unterscheidung bedeutungslos blieb. Auch in den folgenden Jahrzehnten gehörte die wechselseitige Interaktion zum Programm; in diesem Zusammenhang sei nur an den Einfluß von *Malinowski* und *Radcliffe-Brown* auf den soziologischen Funktionalismus sowie an die soziologisch-ethnologische Schule von *Marcel Mauss,* der auch Mitbegründer des Institut d'Ethnologie und Herausgeber der Année Sociologique war, erinnert. In den USA vereinigten die Thurnwald-Schüler *Herbert Baldus* und *Wolfram Eberhard* die beiden Disziplinen in Personalunion. Ein herausragendes Beispiel ist auch die Disziplinverknüpfung bei *William Lloyd Warner.* In neuerer Zeit ist die wechselseitige Beeinflussung eher noch stärker geworden, wie etwa Strukturalismus, Soziolinguistik, Ethnomethodologie anzeigen. Die zunehmende Beschäftigung mit Entwicklungsproblemen, interkultureller Kommunikation, Akkulturations- und Assimilationsfragen (durch Wanderungsbewegungen, ausländische Arbeitnehmer) hat auch bei Soziologen zu einer besonderen Aufgeschlossenheit gegenüber ethnosoziologischen Konzeptionen geführt.

3. Hauptprobleme und -methoden. Im Mittelpunkt ethnosoziologischer Forschung stehen die Typen und Regeln menschlichen (Sozial-)Verhaltens im interkulturellen Vergleich. Zwar bleiben dabei meist die (vorindustriellen) Stammesgesellschaften im Vordergrund der Betrachtung, doch ist diese im Sinne komparativer Soziologie keinesfalls darauf beschränkt. Charakteristikum des transkulturellen Ansatzes ist es vielmehr, grundlegende Sozialphänomene in ihren besonderen Ausprägungen sowohl in Stammeskulturen wie in modernen und postmodernen Gesellschaften durch möglichst tiefgreifende („dichte“) Beschreibung zu erfassen und zueinander in Beziehung zu setzen sowie diese in ihren gesamtgesellschaftlichen Auswirkungen auf Politik, Wirtschaft, Kultur unter stark voneinander abweichenden klimatischen, ökologischen, historischen Bedingungen zu erkennen. Freilich erweisen sich die konventionellen (okzidentalen) Denkkategorien und Deutungsmuster bei der Begegnung mit Fremdkulturen häufig als unzureichend oder gänzlich inadäquat. Der Neutralisierung daraus resultierender kommunikativer Probleme dienen besondere, vor allem von Ethnologen entwickelte Erhebungsverfahren, die nunmehr auch in die soziologische Forschungspraxis Eingang finden bzw. gefunden haben: langfristige Beobachtung mit hohem Grad an Einfühlungsbereitschaft („individuelle Erfülltheit“) und Anschauungsvermögen mit dem Ziel langsamer Annäherung an die andere kulturelle Wirklichkeit und deren Konstruktionsprinzipien und eines allmählichen „Fremdverstehens“, wobei diese Form intensiver Felderkundung („Feldforschung“) neben Spracherwerb und Verzicht auf zivilisatorische Lebensgewohnheiten vor allem

viel Geduld und selbstverständliche Partizipation (Mitleben und -erleben nebst Ablösungsphase nach der Feldarbeit) voraussetzt. Die aus der frühen Sozialforschung bekannte Verbindung quantitativer (präziser, systematischer Aufzeichnung und Messung) und qualitativer Verfahren (freie Gespräche etc.) gehört daher zum Standardrepertoire der Ethnosoziologen. Daneben spielt das Studium von Mythen, Ritualen, Tabus, Körpersymbolik, ethnischen Minoritäten, weitläufigen Verwandtschaftsbeziehungen sowie Überlagerungsstrukturen, Siebungsprozessen und nicht-zentralistischen, segmentären Sozialsystemen eine herausragende Rolle. Darüber hinaus sind für die Ethnosoziologie die Zusammenhänge zwischen Herrschaftsform, Religion, Wirtschaftsgesinnung, Produktionsverhältnissen (einschließlich der spezifischen Verfahren des Landbaus) und der Sozialstruktur ebenso von zentralem Stellenwert wie etwa Fragen des Kulturkontakts, -konflikts, der Diffusion und Akkulturation. Ohne den von der Ethnosoziologie erarbeiteten Wissensfundus wären viele Theoriebildungen der Soziologie (wie z.B. die Modernisierungstheorien) und deren kritisches Hinterfragen kaum denkbar. Auch auf zahlreiche Spezialsoziologien (Religionssoziologie, Agrarsoziologie, Gemeindesoziologie, Politische Soziologie, Wissenssoziologie, Rechtssoziologie u.a.) hat die ethnologisch-soziologische Forschungstradition erheblichen Einfluß, der derzeitig am stärksten in der Kultursoziologie und der Entwicklungssoziologie zu merken ist.

Lit.: D. Goetze/C. Mühlfeld: Ethnosoziologie. Stuttgart 1984; *W. E. Mühlmann/E. W. Müller* (Hg.): Kulturanthropologie. Köln/Berlin 1966; *E. W. Müller, René König* u.a. (Hg.): Ethnologie als Sozialwissenschaft, Sonderheft 26 der Kölner Zeitschrift für Soziologie und Sozialpsychologie. Opladen 1984; *H. Reimann* (Hg.): Soziologie und Ethnologie. Opladen 1986; *R. Thurnwald:* Die menschliche Gesellschaft in ihren ethno-soziologischen Grundlagen, 5 Bde., Berlin/Leipzig 1931–1935

Prof. Dr. *Horst Reimann,* Augsburg (†)

Ethnomethodologie

1. E. hat sich als Bezeichnung für ein Forschungsprogramm eingebürgert, das insbesondere *Harold Garfinkel* (1967) entwickelt hat. Von ihren Praktikern wird die E. als eine soziologische Grundlagendisziplin verstanden, die sich dadurch auszeichnet, daß sie die gesellschaftliche Wirklichkeit als eine Vollzugswirklichkeit *(Bergmann)* versteht, die lokal (also: vor Ort, im Ablauf des Handelns) und endogen (also: in und aus der Handlungssituation) in der Interaktion der Beteiligten erzeugt wird. Das Forschungsinteresse richtet sich auf die detaillierte Rekonstruktion und Beschreibung der Methoden und Prozeduren (-methodologie), die von den Mitgliedern einer sozialen Einheit (Ethno-) bei diesem Prozeß der Wirklichkeitserzeugung systematisch verwendet bzw. bei seiner Interpretation unterstellt werden. Die E. behandelt gesellschaftliche Tatbestände nicht als von den Akteuren unabhängige Gegebenheiten, die diesen als objektive soziale Ordnung entgegentreten (i.S.v. *Durkheim*). Objektivität und Dinghaftigkeit sozialer Tatbestände werden heuristisch als praktische Leistung (ongoing practical accomplishment) der Gesellschaftsmitglieder angesehen, wobei der Prozeßcharakter dieser Leistung betont wird. Obwohl sie den Glauben an die Objektivität sozialer Tatsachen einklammert, ist sie keine „Soziologie ohne Gesellschaft", sondern ein Unternehmen zur Entdeckung von Gesellschaft von innen heraus, d.h. in (und nur in) den Praktiken ihrer Mitglieder. E. ist damit eine Soziologie einzelner Situationen bzw. der gesellschaftlich institutionalisierten Methoden, den Einzelfall als Einzelfall zu erzeugen.

2. E.en nutzen bei ihren Rekonstruktionen den Umstand, daß die Gesellschafts-

mitglieder im Vollzug ihrer Tätigkeit praktische Beschreibungen und Erklärungen der betreffenden Handlungszusammenhänge gleich mitliefern. *Garfinkel* spricht davon, daß die Methoden, mit denen die Gesellschaftsmitglieder Situationen organisierten Alltagshandelns herstellen, mit jenen Verfahren identisch sind, welche sie verwenden, um diese Situationen darstellbar und nachvollziehbar (accountable) zu machen. Diese Identität von Handlungsvollzug und praktischer Handlungsbeschreibung bzw. -erklärung wird mit dem Begriff der Reflexivität angesprochen. Untrennbar mit dem Gedanken der Reflexität ist das Konzept der Indexikalität verbunden: alle Arten von Äußerungen und Handlungen enthalten Hinweise (Indices) auf die jeweiligen situativen und kontextuellen Gegebenheiten. Die Bedeutung sprachlicher wie die nichtsprachlicher Ausdrücke ist ohne Ausnahme an die situativen Umstände ihres Gebrauchs gebunden. Versuche einer Dekontextualisierung, d. h. der Ersetzung indexikaler durch objektiver Ausdrücke, wie sie für die sozialwissenschaftliche Methodologie kennzeichnend sind, verfehlen aus der Sicht der E. die Ebene alltäglicher Bedeutung und führen zu einer fruchtlosen Kontrastierung alltagsweltlicher und wissenschaftlicher Beschreibungen und Rationalitätsannahmen.

3. Ebensowenig wie die Bedeutung sprachlicher Ausdrücke durch ihre Entsprechung zu semantischen Lexika gekennzeichnet werden kann, bemißt sich die gesellschaftliche Erkennbarkeit und Rationalität von Handlungen an ihrer Entsprechung zu fixierten Verhaltensregeln und Normen. Auch Regeln und Normen haben einen indexikalen Charakter in dem Sinne, daß ihre konkrete Bedeutung und Anwendbarkeit im Hinblick auf die gegebenen praktischen Umstände (practical circumstances) jeweils neu zu erarbeiten und praktisch zu rekonstruieren sind. Es ist nach den Worten *Garfinkels,* als ob eine Regel immer wieder zum ersten Mal angewendet werden muß. Die E. macht der Soziologie (insbesondere *Parsons*) den Vorwurf, Gesellschaftsmitglieder als bloße „Reaktionsdeppen" (judgemental dopes) zu behandeln, die institutionalisierten Direktiven der Kultur blindlings folgen. Wie alle anderen Regeln können Normen aus der Sicht der E. niemals zur Erklärung von Handeln herangezogen werden, sondern müssen als konventionelle Instrumente der Demonstration und Vergewisserung sozialer Ordnung, als Ressourcen für die Verstehbarkeit sozialen Handelns bzw. für die Verständlichmachung von Abweichung interpretiert werden. Das e. Regelkonzept versucht verständlich zu machen, warum Normen trotz mannigfacher und permanenter Verletzung weiterexistieren und Geltung beanspruchen können und warum gesellschaftliche Zusammenhänge dennoch nicht in anomische Zustände verfallen.

4. Sinnhafte Ordnung erhält die soziale Welt durch die dokumentarische Methode der Interpretation, ein Konzept, das die E. von *Mannheim* übernimmt. Damit ist eine Reihe interpretativer Prozeduren angesprochen, die es gestatten, die lokale Besonderheit von Äußerungen und Handlungen auf zugrundeliegende Muster zurückzuführen, sie systematisch als ‚Dokument für' oder als ‚Hinweis auf' zu behandeln. Sowohl ist dieses Grundmuster abgeleitet von seinen individuellen dokumentarischen Realisationen, wie umgekehrt diese Realisationen vor dem Hintergrund dessen, was man über das Grundmuster weiß, interpretiert werden. Die dokumentarische Methode der Interpretation entspricht damit dem Umkipphänomen in der Gestaltpsychologie, bei dem Figur und Grund als Bezugspunkt der Wahrnehmung sich permanent abwechseln. Sinnverstehen ist im e. Verständnis ein niemals abgeschlossener Prozeß der (Selbst-)Vergewisserung.

5. Die Funktionsweise der interpretativen Prozeduren hat *Garfinkel* in einer Reihe von sog. Zusammenbruchsexperimenten (breaching experiments) dadurch demonstriert, daß er künstlich ihren Einsatz erschwerte, was zu krisenhaften Desorganisationserscheinungen innerhalb der Handlungssituationen führte. Die Vpn bemühten sich unter allen Umständen, die irritierenden Verhaltensmuster ihrer Interaktionspartner in den jeweiligen Kontext einzupassen, d. h. ihr Gefühl von sozialer Ordnung intakt zu halten. Interpretative Prozeduren einzusetzen, wird von allen kompetenten Gesellschaftsmitgliedern konventionellerweise erwartet, was sich an der moralischen Sanktionierung von Personen zeigte, die instruiert worden waren, dies nicht zu tun. Die Experimente veranschaulichen auch die Wichtigkeit von Vertrauen in die Stabilität sozialer Strukturen für den reibungslosen Ablauf sozialen Handelns und Verstehens.

6. In der historischen Entwicklung der E. lassen sich drei Forschungsschwerpunkte ausmachen:

Institutionelle Normalitätsvorstellungen
Ausgangspunkt ist der Gedanke, daß die wahrgenommene Normalität sozialer Ereignisse das Produkt aktiver Arbeit der Beteiligten ist. Diese Normalitätsarbeit bei der Produktion und Aufrechterhaltung institutioneller Realitäten hat *Garfinkel* zunächst am Beispiel „Geschlecht" rekonstruiert, als er die Handlungsprobleme einer Transsexuellen beschrieb, die im Laufe ihrer Geschlechtsumwandlung zu lernen versuchte, als „normale Frau" zu erscheinen (Fall Agnes). Später wurde diese Untersuchungsstrategie auf Normalisierungspraktiken in Organisationen (meist sog. people-processing-organizations) übertragen. Gegenstand sind dabei sowohl die Normalisierungsleistungen nach innen, d. h. die Praktiken, welche die Organisationsmitglieder verwenden, um den geregelten Charakter organisatorischer Aktivitäten sichtbar zu machen, als auch die Normalisierungsleistungen nach außen, d. h. die Prozesse der Typisierung und Rekonstruktion von „Fällen" und „Tatsachen". Trotz ihrer Bedeutung für die soziologische Entscheidungs- und Organisationsforschung lag der Akzent dieser Studien auf der Auseinandersetzung mit dem soziologischen Regelbegriff, so daß sie der soziologiekritischen Frühphase der E. zuzurechnen sind.

Konversationsanalyse (conversation analysis)
Wegen ihres grundlegenden Charakters wie wegen ihrer forschungstechnischen Zugänglichkeit wurden natürliche Gespräche schon ab Mitte der 1960er Jahre zu einem zentralen Untersuchungsfeld der E. Angeregt durch die Arbeiten von *Harvey Sacks* (gest. 1975) und *Emmanuel Schegloff* entwickelte sich eine umfangreiche und kumulative Forschungstradition mit starken Ausstrahlungen auf Nachbardisziplinen wie Anthropologie, cognitive science, Linguistik und Sozialpsychologie (*Atkinson/Heritage* 1984). Die Konversationsanalyse beschäftigt sich mit der sozialen Organisation von sprachlichen Interaktionen, wobei die empirisch vorfindbaren Manifestationen dieser Organisation als methodische Lösungen lokal entstehender gesprächstechnischer Probleme behandelt werden. In diesem Sinne ist die Geordnetheit von Konversationen immer eine interaktiv hergestellte Geordnetheit (achieved orderliness), und zwar, so eine heuristisch außerordentlich fruchtbare Unterstellung, bis hinein in kleinste Details der Gestaltung von Redezügen. Untersuchungsmaterial sind allein audiovisuelle Aufzeichnungen natürlicher Gespräche, zu deren forschungspraktischer Aufbereitung ein differenziertes Transkriptionssystem entwickelt wurde. In den vergangenen 20 Jahren sind wesentliche Bestandteile jener „Maschinerie" (cultural machinery) rekonstruiert worden, derer sich die Gesellschaftsmitglieder (zumindest in europäisch-nordame-

rikanischen Gesellschaften) bei der praktischen Realisierung ihrer Gesprächskontakte bedienen. Der Akzent liegt dabei auf der sequentiellen Organisation von Redezügen. Angesichts seiner erwiesenen Fruchtbarkeit ist dieses Vorgehen in den letzten Jahren auf Sprechaustauschsysteme ausgedehnt worden, die sich vom Typ des nicht vorstrukturierten Gesprächs im Hinblick auf die Rechte, Verpflichtungen und zur Verfügung stehenden Handlungsformate der Beteiligten unterscheiden (Schulstunden, Beratungsgespräche, Gerichtsverfahren, Fernsehinterviews) bzw. bei denen der Grad an Interaktivität gemessen an der Dichte der Interaktionszüge geringer ist (Erzählungen, Witze, Predigten, politische Reden, akademische Vorträge bis hin zu Texten). Ein weiterer Forschungsstrang richtet sich auf die Organisationen non-verbalen Verhaltens (Gesten, Blick) und dessen Synchronisation mit Sprechhandlungen im engeren Sinne.

Studies of work
Damit wird ein aufgrund der Publikationslage noch weitgehend unbekanntes Forschungsprogramm *Garfinkels* und seiner Mitarbeiter seit Anfang der 70er Jahre bezeichnet (*Lynch/Livingston/ Garfinkel* 1983). Der Gedanke der Arbeit, den die Gesellschaftsmitglieder im Vollzug natürlich organisierter Aktivitäten zu leisten haben, wird auf berufliche Arbeitsvollzüge fokusiert. Im Gegensatz zur Berufssoziologie haben wir hier keine Studien über Berufe, sondern Studien beruflicher Arbeit vor uns. Diese beschäftigen sich mit jenen spezifischen beobachtbaren Handlungspraktiken, welche die wesenhafte Eigentümlichkeit („quiddity“ bzw. „just whatness“) eines beruflichen Feldes ausmachen. Die Beschreibung beruflicher Vollzüge von innen muß sich radikal auf die bereichsspezifischen Verhältnissen einlassen (unique adequacy requirement), also etwa eine Geschworenengruppe nicht unter dem Aspekt ihres Funktionierens als Kleingruppe, sondern in bezug auf jene Aktivitäten beschreiben, die entscheidend dafür sind, sie als Geschworenengruppe von allen anderen Arten von Kleingruppen unterscheiden zu können. Dazu müssen die e. Forscher kompetente Praktiker ihrer Untersuchungsfelder sein.

7. Diese strikte Anforderung macht die besondere Forschungsethik der E. deutlich: ihre Achtung vor dem Gegenstand und seiner unverwechselbaren Besonderheit und Methodizität. Dies kommt auch in der Maxime der e. Indifferenz zum Ausdruck, dergemäß die Aktivitäten der Gesellschaftsmitglieder, von Mathematikern, Chirurgen, Passanten, Astronomen oder Lastwagenfahrern gleichermaßen ohne Ironisierung, Relativierung oder Heraushebung zu schildern sind, und zwar ohne daß deren einzigartigen technischen Aspekte ausgeblendet bzw. deren Resultate heruntergespielt werden dürfen.

Lit.: J. M. Atkinson/J. Heritage (eds.): Structures of Social Action. Studies in Conversation Analysis. Cambridge 1984; *J. R. Bergmann:* Ethnomethodologische Konversationsanalyse, in: *P. Schröder/H. Steger* (Hg.), Dialogforschung. Düsseldorf 1981, S. 9–51; *H. Garfinkel:* Studies in Ethnomethodology, Englewood Cliffs 1967; *J. Heritage,* Garfinkel and Ethnomethodology, Cambridge 1984; *M. Lynch/E. Livingston/H. Garfinkel:* Temporal Order in Laboratory Work, in: *K. Knorr-Cetina/ M. Mulkay* (eds.): Science Observed. London 1983, S. 205–238

Prof. Dr. *S. Wolff,* Hildesheim

ethnoscience

Ethnowissenschaft, Ethnotheorie
Forschungsrichtung der US-amerikanischen →Ethnographie, die sich mit den Regelmäßigkeiten im Verhalten einer Gesellschaft oder →Gruppe beschäftigt. Dabei werden die Sprache dieser Gesellschaft bzw. Gruppe auf die Vorstellungsbilder, die einem bedeutenden Wort bzw. Satz zugrundeliegen, untersucht und die

unmittelbar handlungsleitenden Orientierungsschemata herausgearbeitet. Aus diesen sollen dann Rückschlüsse auf die Orientierungsdimensionen zur kognitiven Aufforderung von Welt und Gesellschaft gezogen werden können.

Ethnosoziologie
→Ethnologie und Soziologie
→Sozialanthropologie
Bezeichnung für ein Forschungsgebiet der Soziologie, das sich an die →Ethnologie und Kulturanthropologie anlehnt und die soziokulturellen und ökonomischen Lebensbedingungen von Naturvölkern analysiert.

Ethnozentrismus
Begriff, der insbesondere in der →Vorurteils- und →Stereotypenforschung relevant ist und eine Tendenz, →Einstellung oder Lehre bezeichnet, die das eigene Volk, →Gruppe, Rasse usw. gegenüber anderen besonders hervorhebt und als Bezugssystem zur Beurteilung anderer Völker, Gruppen, Rassen usw. dient, so daß die fremden Völker, Gruppen, Rassen usw. als weniger vollkommen erscheinen. Das eigene Volk, Gruppe, Rasse usw. stehen somit im Mittelpunkt und liefern den Maßstab für andere. Der E. macht in der eigenen →Kultur befangen und erschwert das Verständnis für andere kulturelle Muster.

Ethologie
1. die Lehre vom Verhalten der Tiere als Teilgebiet der Zoologie;

2. Bezeichnung für die vergleichende Verhaltensforschung, die sich auch mit den Grundantriebskräften des menschlichen Zusammenlebens beschäftigt;

3. Ethik, Lehre von der Moral.

Etikettierung
theoretisch neuere Richtung in der Soziologie, die als →Etikettierungstheorie bezeichnet wird und →abweichendes Verhalten als Folge des gesellschaftlichen Zuschreibungsprozesses ansieht, wonach der betreffende Täter als Abweicher (Delinquent) bezeichnet (etikettiert) wird. Der Vorgang der E. zieht Mechanismen der →self-fulfilling-prophecy mit sich. Der E. liegen Machtverhältnisse zugrunde.

Etikettierungsansatz
→labeling approach

Eufunktion
Beitrag eines →Elements eines sozialen →Systems zu dessen Erhaltung bzw. Entwicklung. Dabei können vielen sozialen Phänomenen, wie z. B. auch dem Verbrechen, sowohl eufunktionale als auch →dysfunktionale Wirkungen zugeschrieben werden. E. abweichenden Verhaltens können u. a. bestehen in der Stützung der →Norm, der Stärkung des Gruppenzusammenhalts gegen den Abweichler, dem Hinweis auf die Notwendigkeit eines Normwandels und der Förderung des sozialen →Wandels. Gegenteil (→Dysfunktion).

Evaluation
Bewertung, Evaluierung
1. die Beurteilung eines Sachverhaltes aufgrund bestimmter Wertmaßstäbe und Kriterien;

2. in der →strukturell-funktionalen Theorie bezeichnet E. die Auswahl von →Handlungsorientierungen;

3. in der →empirischen Sozialforschung bezeichnet man mit E. nicht nur das unter 1. angesprochene und bewertete Ergebnis, sondern man meint damit, daß irgendwelche praktischen Maßnahmen in irgendwelchen Bereichen (z. B. Kindergarten, Strafvollzugsanstalt etc.) schon bei deren Umsetzung und Durchführung, wissenschaftlich unabhängig von den mit den Maßnahmen Befaßten, begleitet und kontrolliert werden. Als Ergebnis der Untersuchung kann festgestellt werden, ob und in welchem Ausmaß die angestrebten Ziele realisiert werden konnten.

Evolution
Entfaltung
1. steht in der Biologie für einen Prozeß der Veränderung der →Struktur und des

Verhaltens eines Lebewesens, der sich über einen größeren Zeitraum erstreckt. Durch Vorgänge der →Variation, →Selektion und Stabilisierung entwickeln sich die Lebewesen immer mehr von ihren Vorfahren weg;

2. Bezeichnung für Prozesse der gesellschaftlichen Veränderung, die auf ein soziales Ziel gerichtet sind (→Revolution);

3. ein Prozeß der Entwicklung innerhalb der Gesellschaft, der auf ein objektives Ziel gerichtet ist.

Evolutionismus

Entwicklungslehre

1. eine →Theorie, die die Entwicklung als qualitative und quantitative Veränderung der materiellen Formen der Existenz hinsichtlich ihrer Größe, Inhalte und Zusammensetzung als Prozeß der fortlaufenden Entstehung komplizierter Formen aus einfacheren deutet;

2. abwertende Bezeichnung für die klassische →Evolutionstheorie, der vorgeworfen wird, sie sehe die →Evolution als eine einseitig verlaufende, kontinuierliche, zwangsläufige Entwicklung an.

Evolutionstheorie

Entwicklungstheorie

Bezeichnung für die Gesamtheit der →Theorien zur →Erklärung der Ursachen und des Verlaufs der Entwicklung von organischen Lebensformen und der Formen von menschlichem Zusammenleben.

Evolutionstheorie, biologisch-soziale

Deszendenztheorie

eine Theorie, die von der menschlich-biologischen Entwicklung aufgrund von Erbmasse, die in →Interdependenz mit der sozialen und kulturellen Umwelt steht, ausgeht und sie auf bestimmte Faktoren wie z.B. Mutation und →Selektion zurückführt.

Evolutionstheorie, soziokulturelle

Bezeichnung für eine →Theorie, die die Entwicklung in Abhängigkeit von Umweltfaktoren und Systemstrukturen und als einen Prozeß ansieht, der ohne biologische Faktoren möglich ist.

Exogamie

„Außenheirat"

Bezeichnung aus der →Ethnologie für das Verbot in Naturvölkern, innerhalb einer bestimmten →Gemeinschaft (z.B. →Stamm, →Kaste) zu heiraten.

Expansion, soziale

emotionale Ausdehnung, Soziabilität

in der →Soziometrie die →Intensität, mit der eine Person in Kontakt zu einer anderen Person tritt oder treten möchte bzw. für die Intensität, mit der eine Person eine andere ablehnt.

Experiment

wissenschaftliche →Methode, bei der bestimmte Sachverhalte und ihre Veränderungen unter vom Forscher kontrollierten und variierten Bedingungen planmäßig beobachtet werden. Wesentliche Kriterien sind willkürliche Herstellbarkeit der experimentellen Situation durch Manipulation oder Variation der unabhängigen Variablen, die Wiederholbarkeit der Durchführung sowie die Variierbarkeit der experimentellen und situativen und die Kontrolle der experimentellen Bedingungen. Das E. ist eigentlich die einzige Methode, die (in Grenzen) kausale →Erklärungen ermöglicht. Für eine korrekte Durchführung eines E. ist es besonders wichtig, Experimentalgruppe und Kontrollgruppe vergleichbar – wenn möglich, zufällig – zu konstituieren, um die Bedingungen des E. kontrollieren zu können. Hierfür stehen als →Methoden die →Randomisierung und die Parallelisierung zur Verfügung. Es gibt sehr unterschiedliche Formen des E., z.B. Feldexperiment, ex-post-facto-E., Labore. und Nature. Quasie. sind immer unvollständige E., weil eine oder mehrere Definitionskriterien des E. nicht erfüllt sind.

Experiment, entscheidendes

E., das zur Widerlegung einer →Hypothese geeignet ist und damit eine Entscheidung zugunsten einer anderen Hypothese herbeiführen kann.

Experiment, indirektes
vergleichende Methode
nach *E. Durkheim* ein E., das wie eine multivariate →Analyse durchgeführt wird, d.h. der experimentellen Analyse in den Naturwissenschaften entspricht. *Durkheim* geht davon aus, daß in der Soziologie der Forscher die Sachverhalte nicht willkürlich manipulieren kann.

Experiment, natürliches
eine E.form in der Soziologie, bei der nicht der Experimentator eine Manipulation der unabhängigen →Variablen vornimmt, sondern diese Variablen von der Natur variiert und deren Auswirkungen gemessen werden.

Experten
1. ein Stab von ausgewählten Fachkräften, der für eine qualifizierte Beratung zu einem speziellen Problemgebiet herangezogen wird;

2. in der →empirischen Sozialforschung Bezeichnung für kompetente, ausgewählte Fachkräfte, die zur Eichung von Einstellungsskalen herangezogen werden oder die →Gültigkeit von Erhebungsinstrumenten beurteilen (Expertenvalidität).

Expertenherrschaft
→Expertokratie

Experteninterview
Expertenbefragung
ein →Interview mit Sachverständigen – in der Regel im Vorstadium eines empirischen Forschungsprojektes, um Informationen über das Forschungsfeld einzuholen, aber auch im Anschluß daran, um die Ergebnisse und deren Interpretation beurteilen zu lassen.

Expertokratie
Expertenherrschaft
Bezeichnung für die wachsende Bedeutung und Einflußnahme der →Experten aus Wissenschaft, Wirtschaft etc. auf die Steuerung und Lenkung hochentwickelter →Industriegesellschaften. Nicht die Experten selbst übernehmen die →Macht, sie werden vielmehr von den →Herrschenden (Politiker, Beamte) zur Beratung herangezogen.

Exploitation
→Ausbeutung

Exploration
→pilot study
1. insbesondere in der klinischen Psychologie und Psychiatrie verwendete Bezeichnung für die gezielte →Befragung des Patienten zur Erstellung der Diagnose;

2. in der →empirischen Sozialforschung eine Vorstufe für standardisierte Erhebungen, die dazu dient, den Objektbereich zu erkunden, um sinnvolle →Hypothesen formulieren und Erhebungsinstrumente konstruieren zu können.

expressiv
1. ausdrucksstark;

2. in der Soziologie und →Sozialanthropologie werden Verhaltensmuster, →Rollen, kulturelle Elemente usw., durch die →Gefühle, Wünsche, →Werte und Zielvorstellungen ausgedrückt werden, als e. bezeichnet. Feste, →Bräuche, religiöse →Rituale und Kunst stellen die →institutionalisierte Form e. Verhaltensformen dar.

Extremismus
Radikalismus
Bezeichnung für eine politische Bewegung, die eine links- oder rechtsextreme →Ideologie vertritt und unfähig ist, das jeweils Machbare und die Möglichkeit der Kompromisse zu erkennen. Politische und soziale Instabilität begünstigen die Bildung von E. In der Regel wird E. mit antidemokratisch gleichgesetzt und subsumiert den Faschismus, Nationalsozialismus, den radikalen Sozialismus und den Kommunismus.

Exzentrizität
Begriff der philosophischen →Anthropologie für den Wesenszug der mensch-

Exzentrizität

lichen Existenz, wonach der Mensch in sich gebrochen, d.h. auf der einen Seite einem natürlichen Trieb gehorchend, auf der anderen Seite bewußt und selbstverantwortlich ist. Demnach muß der Mensch sich immer wieder zu dem machen, was er ist. Der Mensch besitzt durch die E. den Rollencharakter seines gesellschaftlichen Verhaltens, gleichzeitig stellt die E. die Möglichkeit seiner Ich-Findung dar.

F

Fabianismus

sozialreformerische Bewegung im England des ausgehenden 19. Jahrhunderts. Als eine Form der „Zermürbungstaktik" wollte ein Kreis von Intellektuellen durch permanente Aufklärung aller Gesellschaftsmitglieder für Gerechtigkeit und soziale Vernunft sorgen. Man glaubte daran, durch Überzeugungsarbeit bei den führenden Schichten der Gesellschaft deren Einsicht in die Notwendigkeit des Abbaus sozialer und ökonomischer Ungerechtigkeit zu gewinnen und damit langfristig dieses Ziel via Gesetzgebung erreichen zu können.

Fabrik

eine größere Produktionsstätte, in der eine Vielzahl von →Arbeitern und →Angestellten unterschiedlicher Qualifikationen und Berufe unter Einsatz von aufeinander ausgerichteten Maschinen in →Arbeitsteiligkeit bestimmte Güter herstellt. Der Unterschied zur →Manufaktur besteht darin, daß die Maschinen in der F. keine Endprodukte, sondern nur Teile davon herstellen. Während in der Manufaktur noch die hohe handwerkliche Qualifikation gefordert war, ist im F.system durch die maschinelle Ausstattung und Arbeitsteilung eine Dequalifizierung der Arbeiter eingetreten. Soziologisch bedeutsam für die F. ist, daß eine Trennung von Produktion und Reproduktion, die Tätigkeit nach reinen Zweckmäßigkeitsgesichtspunkten für die Produktion und daß durch diese Arbeitsvollzüge eine Veränderung der gesamten Lebenswelt erfolgte. Heute verwendet man statt F. häufiger die Begriffe Betrieb oder Werk.

face-to-face group

eine →Gruppe, deren Mitglieder direkten, visuell-auditiven Kontakt zueinander haben, weil sie von Angesicht zu Angesicht, in unmittelbarer räumlicher Nähe miteinander interagieren.

Fachbeamte

→Beamte, die auf dem Gebiet, für das sie verantwortlich sind, ausgebildet und qualifiziert sind, während dies für Wahlbeamte (z. B. Staatssekretär) nicht gelten muß.

Fachgemeinschaft, wissenschaftliche

→scientific community

fait social

soziale Tatsache

auf *E. Durkheim* zurückgehender Begriff; in Absetzung von der Psychologie sollten soziale Tatsachen durch soziale Tatsachen erklärt werden. Diese f. s. sind soziale Regelmäßigkeiten, die beobachtbar sind, unabhängig von den individuellen und subjektiven Vorstellungen existieren und für die handelnden Individuen eine graduell unterschiedliche Verbindlichkeit haben können.

Faktorenanalyse

ein multivariates statistisches Analyseverfahren, das eine Vielzahl von zusammenhängenden →Variablen durch eine sehr viel kleinere Zahl von →Faktoren darzustellen versucht. Die Algorithmen, die zur Gewinnung der Faktoren dienen, können – je nach unterstelltem Modell – sehr unterschiedlich sein! Jedes Ergebnis – auch die Tatsache selbst, daß Faktoren extrahiert werden – ist letztlich nur die Konsequenz des unterlegten Modells! Anwendungsbedingung für die F. sind intervallskalierte Daten, die jeweils →normalverteilt sein sollten. Ausgangspunkt für die F. ist die Korrelationsmatrix aller Variablen; es erfolgt die Schätzung der →Varianz, die eine Variable zu der gemeinsamen Varianz aller Variablen beiträgt (= Kommunalität). Nun werden die wichtigsten Faktoren extrahiert; das sind jene, die einen entsprechenden Anteil der Korrelationsmatrix „repräsentieren" können. Für die Schätzung dieser Ladungsmatrix gibt es mehrere Ansätze. Anschließend erfolgt die Rotation der Faktoren so, daß die Faktoren eine besonders hohe Varianz der Variablen „erklären". Auch hier gibt es verschiedene →Methoden, z.B. die Annahme orthogonaler, also unabhängiger Faktoren. Letztlich werden die Faktorwerte geschätzt, so daß man die Objekte im Faktorraum darstellen kann.

Faktorentheorien

F. der →Intelligenz gehen davon aus, daß →Faktoren die Intelligenz erklären können, wobei die Faktoren als Ergebnis der →Faktorenanalysen von Intelligenztests gefunden und theoretisch begründet wurden oder ex post werden. Im wesentlichen werden drei Ansätze unterschieden: Nach *C. Spearman* die Zwei-Faktoren-Theorie, die Mehrfaktorentheorie nach *Thurstone* und die Sampling-Theorie nach *Thomon* und *Thorndike.*

Fallibilismus

Fehlbarkeit

nach *Ch. S. Peirce* wird die Richtigkeit von →Theorien möglicherweise zu einem bestimmten Zeitpunkt nicht angezweifelt, sie ist aber prinzipiell bezweifelbar. Der Forscher hat die Pflicht, nach begründeten Zweifeln zu suchen. Es gibt keine absolute Wahrheit, sondern nur Wahrheitsnähe. Der F. kann als Vorläufer des →Falsifikationismus im →kritischen Rationalismus *K. R. Poppers* betrachtet werden.

Fallstudie

case study (engl.), Einzelfallstudie

in der qualitativen →Sozialforschung, bei explorativen Zielsetzungen oder zur Plausibilisierung und Illustration von Befunden quantitativer Sozialforschung häufig eingesetztes Verfahren, das die Komplexität und Ganzheitlichkeit eines Falles durch detaillierte und profunde →Analyse erhalten möchte und zugleich Aussagen über Beziehungsstrukturen macht, ohne sich auf einzelne, isolierte →Variablen zu beschränken. →Methoden dieses →approachs sind →Beobachtung, →Befragung, →Inhaltsanalyse oder →Biographie.

Falsifikation

meint die Widerlegung von →Hypothesen oder →Theorien durch empirische Aussagen und ist ein zentrales Konzept im →kritischen Rationalismus. Da man in dieser →wissenschaftstheoretischen Position nach Allaussagen strebt, sind diese Gegenstand von F.versuchen, weil sie grundsätzlich nicht →verifizierbar sind. Tritt ein Widerspruch zwischen theoretischen und empirischen Aussagen auf, so gilt – weil die Empirie Prüfinstanz ist – die theoretische Aussage als widerlegt. Ist dies nicht der Fall, so gilt sie als *vorläufig* bewährt.

Falsifikationismus

das von *K. R. Popper* im →kritischen Rationalismus geforderte methodologische Prinzip der →Falsifikation. →Theorien können nicht positiv bestätigt werden. Erkenntnisfortschritt ist daher nur dann zu erzielen, wenn man vorhandene Theorien zu falsifizieren sucht und evtl. durch neue ersetzt, die wieder →empirisch geprüft und evtl. falsifiziert werden usw. Als „Schüler" von *Popper* differenziert *I. Lakatos* den F. dreifach:

Falsifikationismus, dogmatischer

die einfachste Form des F., die *Popper* selbst nie so gemeint hat: Der wissenschaftliche Fortschritt erfolgt über die →Falsifikation von →Theorien und deren Ersetzung durch andere. Dies würde allerdings wahre Basissätze voraussetzen, was leider nicht garantiert ist.

Falsifikationismus, naiver

demnach ist eine →Theorie nicht endgültig →empirisch zu widerlegen, doch wird die →Falsifikation als endgültig betrachtet. Dies ist naiv, weil in die Basissätze Theorien der →Beobachtung eingehen, die selbst falsch sein können. Bestenfalls stehen sich also bei empirischer Prüfung zwei theoretische und unvereinbare Aussagen gegenüber.

Falsifikationismus, raffinierter

hier wird als Kriterium für den Erkenntnisfortschritt der F. als Widerlegung der →Theorie zugunsten von →Informationsgehalt und Wahrheitsnähe aufgegeben. Danach wird eine Theorie nur dann aufgegeben, wenn eine andere vorhanden ist, die im Hinblick auf diese beiden Kriterien sich besser bewährt hat.

Falsifikationsprinzip
Prinzip der Forschungslogik im →kritischen Rationalismus, wonach Aussagen so formuliert sein müssen, daß sie durch die Erfahrung widerlegt werden können. Je weniger leicht eine →Theorie falsifizierbar ist, je geringer also der Umfang der Klasse potentieller Falsifikatoren ist (je tautologischer die Theorie ist), desto weniger brauchbar ist sie, da ihr →Informationsgehalt gegen 0 geht. Das F. sagt weiter, daß Allaussagen nicht verifiziert, wohl aber falsifiziert werden können (Existenzaussagen können jedoch verifiziert, aber nicht falsifiziert werden). Solange Theorien oder →Hypothesen strenger und kritischer empirischer Prüfung standgehalten haben, gelten sie als bewährt.

Falsifikatoren
F. sind alle Ereignisse (bzw. die Aussagen darüber), die eine →Hypothese oder →Theorie widerlegen können. An der Zahl der potentiellen F. bemißt sich der →Informationsgehalt einer Aussage. Ist die Klasse der potentiellen F. leer, so hat eine Aussage keinen Informationsgehalt, sie ist z.B. eine Tautologie oder Kontradiktion oder ohne empirischen Bezug.

Falsifizierbarkeit
F. meint, daß Aussagen so formuliert sein müssen, daß sie an der Realität überprüft werden können und sich dann evtl. als falsch erweisen. Dies gilt selbstverständlich nur für solche Aussagen, die eine empirische Überprüfung beanspruchen. Logische Aussagen müssen keine empirische F. besitzen. Ebenfalls ohne die Eigenschaft der F. sind Existenzaussagen, da diese nur verifiziert werden können.

Familie
Eine einheitliche Auffassung darüber, was man als „Familie" bezeichnet, gibt es weder im Alltag noch in der Wissenschaft, obwohl das Wort seit dem 16. Jahrhundert in die deutsche Sprache aufgenommen wurde. So werden häufig Familie und Verwandtschaft synonym gebraucht oder auch die kinderlose Ehe als Familie bezeichnet. Überblickt man die in der Wissenschaft üblichen Definitionen von Familie, so beziehen diese sich – z. T. implizit – auf die moderne (west-)europäische Kernfamilie, sind also Familienbegriffe „mittlerer Reichweite". Weiterhin betonen ihre Autoren entsprechend ihrem wissenschaftstheoretischen Paradigma, von dem sie ausgehen, entweder nur die gesamtgesellschaftliche Bedeutung oder die spezifischen Interaktionsmuster der Familie und charakterisieren dadurch Familie entweder als gesellschaftliche Institution oder als Gruppe besonderer Art. Wählt man zur Bestimmung des Begriffes „Familie" ein höheres Abstraktions- und damit verbunden ein geringeres Konkretisierungsniveau und versucht beide Sichtweisen, nämlich die mikro- und die makroperspektivische, zu verbinden, dann sind Familien durch folgende Kriterien gekennzeichnet, gleichgültig welche spezifische historische oder regionale Ausprägungsform sie besitzen:

– durch die Übernahme bestimmter gesellschaftlicher Funktionen, und zwar zumindest der Reproduktions- und der Sozialisationsfunktion neben anderen, die kulturell variabel sind (z.B. die Schutz-, Kult-, Produktionsfunktion u.a.m.),

– durch ein besonders enges Kooperations- und festes Solidaritätsverhältnis zwischen ihren Mitgliedern. Hieraus entsteht der besondere Gruppencharakter der Familie, durch den auch die familialen Rollendefinitionen bestimmt werden, deren genaue inhaltliche Beschreibung wiederum kulturabhängig ist,

– durch die Generationsdifferenzierung. Die Familie umfaßt mindestens zwei Generationen (Eltern bzw. Vater/Mutter und Kinder, auch „Kernfamilie" genannt) oder drei und mehr. Die Haushaltsgemeinschaft ist kein essentielles Kriterium für Familie, weil selbst im Falle des Zusammenwohnens getrennte Haushaltsführung, z.B. der Großeltern und der Eltern mit Kindern, möglich ist. Umgekehrt löst auch die zeitweilige regionale Trennung und zweifache Haushaltsführung, z.B. infolge des auswärtigen Studiums eines Kindes oder wegen beruflicher Bedingungen eines Elternteiles, den Familienverband nicht auf,

– durch – in der Regel – das Ehesystem. Familien werden zumeist durch eine zeremonielle Eheschließung begründet, ergänzt (im Falle von Verwitwung oder Scheidung) bzw. erweitert (im Hinblick auf die Mehrgenerationen- oder die polygame Familie). Zu allen Zeiten und in allen Kulturen gab es immer auch Familien (zumeist Mutter-Kind-Einheiten), die nie auf einem Ehesystem beruht haben oder deren Ehesystem im Laufe der Familienbiographie durch Rollenausfall infolge von Tod, Trennung oder Scheidung entfallen ist.

Mit Ehe bezeichnet man eine durch Sitte oder Gesetz anerkannte, auf Dauer angelegte Form gegengeschlechtlicher sexueller Partnerschaft. Weiterhin ist ein wesentliches Strukturmerkmal aller Ehen, auch der modernen, daß sie über das bloße personale Paarverhältnis auf Gruppenbildung – auf Familie – hinausweisen.

Die Analyse von Ehe und Familie und ihrer interdependenten Beziehungen sowie die Prozesse bis zur Ehe- und Familiengründung sind die Gegenstandsbereiche der Familiensoziologie. Sie unterscheidet sich als spezielle Soziologie von der Allgemeinen Soziologie nur durch ihre Konzentration auf die genannten Gegenstandsbereiche, nicht auf methodologischer Ebene.

Die Absicht, systematisches und überprüfbares Wissen über die Familie selbst, über ihre Mitglieder und über die Transferwirkungen zwischen ihr und anderen gesellschaftlichen Teilbereichen methodisch zu gewinnen, ist erst neueren Ursprungs. Zwar haben bereits Aristoteles und viele andere Philosophen (wie Locke, Bacon), die politischen Arithmetiker, ferner die Autoren der „Hausväter-Literatur“ und die der frühen Haushaltsstudien wichtige familienwissenschaftliche Erkenntnisse gebracht, aber die Familie war nicht zentraler Gegenstand ihrer wissenschaftlichen Analyse, sondern sie wurde als „Mittel zum Zweck“, nämlich im Hinblick auf die Staatsbildung, auf eine christliche Lebensführung oder in bezug auf die Bevölkerungsentwicklung u.a.m., der wissenschaftlichen Reflexion unterzogen.

In der Soziologie war die Familie Forschungsgegenstand seit ihren Anfängen. Als Klassiker und Begründer der Familiensoziologie gelten H. W. Riehl (1823–1897) und F. Le Play (1806–1882). Für beide Autoren war die Familie mit partriarchalischer Autoritätsstruktur fraglos und unbestritten, resultierend aus einer versteckten naturrechtlichen Sichtweise. Sie verabsolutierten ferner jeweils einen bestimmten Familientypus, nämlich den des bodenbesitzenden Bauerntums (F. Le Play) oder des mittelständigen Bürgertums (H. W. Riehl).

Die weitere Geschichte der Familiensoziologie ist zunächst bestimmt von den Fragen nach dem „Ursprung“ und der „Entwicklung“ von Familie allgemein, ausgelöst durch die gravierenden ökonomischen und technischen Veränderungen in jener Zeit, durch die Bevölkerungsexplosion, durch ein sich immer stärker ausbreitendes Infragestellen der bis dahin allgemein anerkannten theologischen Weltinterpretation, durch die gestiegenen wissenschaftlichen Kenntnisse über andere Kulturen u.a.m. Im Christentum galt die Familie – vor allem die monogame Ehe – als Teil der göttlichen Ordnung. Es mußte also sie entweder verteidigt oder nach ihrer „Entwicklung“ und ihrem „Ursprung“ neu gefragt und ihre gesellschaftliche Bedeutung sowie ihre Einordnung in den allgemeinen gesellschaftlichen Entwicklungsprozeß erneut definiert werden. Eine evolutionistische Sichtweise herrschte in jener Zeit auch in der Familiensoziologie vor.

Am Ende des vorigen und am Anfang dieses Jahrhunderts wurde dann mit einer familienstatistischen Inventarisierung durch Erhebungen und Analysen sowohl demographischer Daten als auch von Haushaltsstatistiken und Familienbudgets begonnen. Vor allem wurden in jener Zeit die ersten umfassenden Analysen über die Problematik von Industrialisierung und Familie in allen ihren Aspekten durchgeführt, z.B. über die Auswirkungen der Fabrikarbeit auf das Schicksal der Kinder, auf die Stabilität der ehelichen Beziehungen, auf den Alltag sowie über die schwindende Autorität des Mannes infolge der veränderten Arbeitswelt. Als Reaktion auf die erste Frauenbewegung fallen in jene Zeit auch die wissenschaftlichen Diskussionen über die gesellschaftliche Stellung der Frauen und der Mütter.

Insgesamt war die Familiensoziologie in jener ersten Phase durch eine Ambivalenz zwischen Fortschrittsglauben und Konservativismus, zwischen Spekulation und statistischer Dokumentation gekennzeichnet.

Nach dem ersten Weltkrieg nahm das Interesse an Haushaltsstudien, moralstatistischen Untersuchungen sowie an der institutionellen Sichtweise von Familie ab, dafür setzte sich eine neue Richtung innerhalb der Familiensoziologie durch, die die innerfamilialen Beziehungen und die soziale Beeinflussung des Kindes und des Jugendlichen durch die Familie untersuchte. Die sich konstituierende interaktionistische Familiensoziologie bezog sich überwiegend auf die Theoreme von G. Simmel und vor allem von L. von Wiese. Ebenfalls entstand in jener Zeit die psycho-analytisch orientierte Familiensoziologie.

Wie für die Allgemeine Soziologie, so galt auch für die Familiensoziologie, daß viele der begonnenen Arbeiten durch den Nationalsozialismus unterbrochen wurden oder sogar unvollendet blieben, so z.B. die bekannten Familienmonographien der Deutschen Akademie für soziale und pädagogische Frauenarbeit, hrsg. v. A. Salomon ab 1930, oder die von M. Horkheimer herausgegebenen Studien über Autorität und Familie.

Nach dem zweiten Weltkrieg bezogen sich die ersten empirischen Erhebungen auf familiensoziologische Themen. Vor allem die Fragen nach dem Bestand und den Auflösungserscheinungen der Familie infolge der Kriegs- und Nachkriegsereignisse wurden zu beantworten versucht und die Isolationsthese geprüft. Seit dieser Zeit bis noch in die 70er Jahre hinein wurde in der BR Deutschland Familie soziologisch fast ausschließlich unter strukturell-funktionaler Perspektive betrachtet; erst langsam fanden außerdem wieder der interaktionistische, psychoanalytische und auch marxistische Ansatz innerhalb der Familiensoziologie Beachtung. Im Zuge der Diskussion um die schichtenspezifische Sozialisationsthese und durch die Kritik an der zu starken deterministischen und unilinearen Sichtweise einiger Vertreter dieser Forschungsrichtung setzte sich innerhalb der Familiensoziologie auch die Perspektive der ökologischen Sozialisationsforschung immer stärker durch.

Die seit Ende der 70er Jahre als Folge des Infragestellens der modernen Kernfamilie beginnende und bis heute anhaltende wissenschaftliche Beschäftigung mit sozialhistorischen Themen der Familie ist keinesfalls mit der alten evolutionistischen Sichtweise, die am Ende des vorigen und am Anfang dieses Jahrhunderts vorherrschte, gekoppelt. Ihre heutigen Autoren wollen vor allem der historischen Bedingtheit unseres heutigen Familientypus nachgehen und die „Mythen“ vorindustrieller Familienformen aufdecken. So haben sie nachgewiesen, daß das Durkheimsche Kontraktionsgesetz, also die Entwicklung von der Groß-

zur Kleinfamilie, nicht stimmt, daß ferner die Drei-Generationenfamilie, die hohe Kinderzahl in der mittelalterlichen Familie und das junge Heiratsalter u. a. m. als Mythen zu gelten haben. Immer hat es z. B. verschiedene Familientypen – wie heute – nebeneinander gegeben und hat sich die Familie veränderten Bedingungen anzupassen gewußt und so die – fast zu allen Zeiten zu findende – Prophezeiung über ihr „Verschwinden", ihre Krise oder über ihren Bedeutungsverlust selbst widerlegt.

Die Formulierung neuer – oder auch erneut von alten – Fragen wurden innerhalb der Familiensoziologie häufig durch einen Paradigmenwechsel, durch die Entwicklung neuer methodischer Verfahren oder durch gesamtgesellschaftliche Veränderungen ausgelöst. Wie in der Allgemeinen Soziologie vertreten auch die Familiensoziologen/-innen zur Zeit verschiedene wissenschaftstheoretische Positionen, was auf unterschiedliche Erkenntnisinteressen und Methodenpräferenzen und auf ihre verschiedenen anthropologischen Grundannahmen u. a. m. zurückzuführen ist. Ebenso ist zur Zeit auf methodischer Ebene keine Prädominanz eines bestimmten Erhebungs- oder Auswertungsverfahrens festzustellen.

Lit.: König, R.: Soziologie der Familie, Handbuch zur empirischen Sozialforschung, Bd. 7, Stuttgart 1976. – *Nave-Herz, R.*, und *Markefka, M.* (Hg.): Handbuch der Familien- und Jugendforschung, Bd. 1: Familienforschung, Neuwied 1989. – *Schwägler, G.:* Soziologie der Familie – Ursprung und Entwicklung, Tübingen 1970. – *Sussman, M. B.*, und *Steinmetz, S. K.:* Handbook of Marriage and the Family, New York 1987. – Familie heute: Wandel der Familienstrukturen und Folgen für die Erziehung. Darmstadt 1994

Prof. Dr. Dr. h.c. *R. Nave-Herz*, Oldenburg

Familiendesintegration
→Familie

Familiendesorganisation
→Familie

Familienideologie
das Insgesamt der eher impliziten Vorstellungen darüber, wie eine F. in einer bestimmten Gesellschaft auszusehen hat, insbesondere auch die Vorstellung, daß eine vollständige Familie anzustrebender und wünschenswerter Zustand ist. F. führt zu einer Stabilisierung existierender gesellschaftlicher Verhältnisse (vgl. Rolle der Frau, Sexualität, Kindererziehung etc.).

Familienkonstellation
sämtliche strukturellen und sozialen Bedingungen, die bei der →Sozialisation der Kinder eine Rolle spielen können, also z. B. Alter der Eltern, Zahl der Geschwister und deren Abfolge, Geschlechterproportion, Gestaltung der familialen Beziehungen usw.

Familienlinie
die sozialen Definitionen der Abstammung, die über das Biologische hinaus die Beziehungen der Familienmitglieder regeln: Die Formen der →Interaktion, die Zugehörigkeit zu bestimmten →Gruppen, die Vererbung, die Autoritätsverhältnisse werden von der F. determiniert. Es gibt unilineare F. als patrilineare (vaterorientierte) oder matrilineare (mutterorientierte) und bilaterale F., wo beide Elternteile in der sozialen Abstammung relevant sind.

Familienstruktur
das Beziehungsgefüge, das durch →Interaktionen zwischen den Mitgliedern der →Familie entsteht, relativ dauerhaft und regelmäßig wiederkehrend ist und sich aus den allgemein definierten →Rollen der Familienmitglieder und den Erwartungen ergibt.

Familientherapie
im Gegensatz zur Psychotherapie bezieht sich F. nicht auf einzelne →Individuen, sondern auf die →Familie. Sie nimmt als ganze an der F. teil, um gemeinsam die Probleme in der Familie zu

erarbeiten, zu erkennen und durch die Hilfe des Therapeuten zu lindern oder zu beseitigen.

Familientyp

aus den unterschiedlichen Familienformen lassen sich bestimmte F. in Abhängigkeit von den je ausgewählten Dimensionen konstruieren. Global lassen sich F. auf verschiedene Gesellschaftsformen zu unterschiedlichen Zeiten zurückführen; spezieller kann man nach einzelnen Kriterien klassifizieren: nach der Größe, der Abstammung, den Autoritätsverhältnissen etc.

Familienzyklus

1. bestimmte Formen der →Familie treten in systematischer Abfolge auf, woraus sich als →Struktur der F. ergibt: vom Ehepaar ohne Kinder über Ehepaar mit Kindern zum Ehepaar ohne Kinder (nach Selbständigkeit derselben). F. ist ein Spezialfall des Lebenszyklus und umfaßt dessen mittlere Phasen. Der F. ist sozial bedeutsam, weil sich daraus spezifische Verhaltensweisen ableiten lassen;

2. die Zeitspanne, in der die →Kleinfamilie aus Eltern und Kindern existiert, also von der Geburt des ersten Kindes bis zur Selbständigkeit des letzten.

Faschismus

1. das von *Mussolini* in Italien von 1922–45 geführte →Herrschaftssystem, das als rechtsradikale Bewegung eine Vielzahl anderer europäischer Länder beeinflußte, z.B. Deutschland (Hitler), Spanien (Franco) etc.;

2. allgemein meint F. eine antidemokratische, chauvinistische und nationalistische, rechtsradikale, antikommunistische und antisozialistische, gut organisierte politisch-ideologische Bewegung (oder schon →Herrschaft), an deren Spitze ein (→charismatischer und demagogischer) →Führer steht. Weitere Kennzeichen sind in der Regel: straffe militärische oder quasimilitärische →Organisation, dogmatische Diskriminierung von →Minoritäten, Ausschaltung der Opposition, Intoleranz gegenüber Andersdenkenden, Propaganda, die meist bei benachteiligten →Schichten auf fruchtbaren Boden fällt, und Terror als Disziplinierungsinstrument.

→Linksfaschismus
→Nationalsozialismus
→Revolution von 1989/90
→Zeitgeschichte

feedback

Rückkoppelung

1. ein Begriff aus der →Systemtheorie und der →Kybernetik, der die Tatsache beschreibt, daß bei Veränderung eines Systemelements dieses selbständig und automatisch diese Änderung mitteilt, so daß sich die anderen Systemelemente so einstellen, daß entweder diese Änderung rückgängig gemacht wird (kompensierendes f.) oder sie sich selbst an den neuen Zustand anpassen (kumulatives f.);

2. Rückmeldung in der →Kommunikation, eine (meist bewertende) Reaktion auf eine gesendeten Kommunikationsinhalt.

Fehlanpassung

maladjustment (engl.)

bezeichnet die Unfähigkeit oder die mangelnde Bereitschaft von →Individuen, →Gruppen, →Organisationen etc., den an sie gerichteten Anforderungen (z.B. →Normen, →Erwartungen) – seien sie von anderen oder von diesen selbst gestellt – zu genügen. Eine →Anpassung als tendenzielle Aufhebung dieser Diskrepanz kann durch vermehrte Anstrengung zur Zielrealisierung oder durch Reduktion des Anspruchsniveaus erfolgen.

Feldforschung

aus der →Ethnologie und →Kulturanthropologie stammende →Methode, →Gruppen in ihrer natürlichen Lebenssituation zu untersuchen, wobei der Forscher in der Regel darauf achtet, keine Eingriffe und aktive Beeinflussungsversuche vorzunehmen. In der F. versucht man, wissenschaftliche Erkenntnisse mit Hilfe bestimmter Methoden durch deren Anwendung im natürlichen Lebensraum der zu Untersuchenden zu gewinnen. Es werden die beobachteten Phänomene registriert, beschrieben und erklärt. Die so verstandene F. hat zwar gewisse Probleme bei der →Zuverlässigkeit, ist jedoch andererseits realitätsnah und offen, ohne durch Standardisierung bestimmte Erkenntnisse zu präjudizieren. Wegen der hohen →Komplexität des sozialen Feldes sind die Randbedingungen nur schwer zu kontrollieren.

Fetisch

1. ein Gegenstand, dem man helfende, schützende Zauberkraft zuschreibt, die aber meist nur dann wirkt, wenn man ihm durch Gaben, Anbetung etc. huldigt;

2. im übertragenen Sinne können dies alle Objekte, Zeichen, →Symbole sein, denen Verehrung oder Bewunderung entgegengebracht wird;

3. in der →Ethnologie ist ein F. ein Gegenstand, der als religiöses Wesen verehrt wird, das mit erheblicher Zauberkraft ausgestattet ist, auf die bestimmte, ausgewählte Personen Zugriff haben;

4. in der Psychoanalyse ist ein F. jeder Gegenstand, der ein sexuelles Bedürfnis befriedigt, obgleich der Gegenstand nicht für den durchschnittlich-normalen Vollzug des Sexualaktes notwendig ist.

Fetischismus

1. in der →Ethnologie die Bezeichnung für die Religion primitiver Völker, die sich aus dem Glauben an →Fetische konstituiert;

2. in der Psychoanalyse meint F. die Eigenart von Menschen, bestimmten Objekten eine für ihre sexuelle Bedürfnisbefriedigung notwendige Qualität zuzuschreiben, die normalerweise diesen nicht zukommt.

Feudalismus

1. Lehen, Lehensgut, das ein Lehensmann von einem Lehensherrn erhält; Lehenswesen – insbesondere im Europa des Mittelalters;

2. eine Wirtschafts- und Gesellschaftsform, die lehensrechtlich organisiert ist, d.h., die aristokratische Oberschicht, die über den Grundbesitz verfügt, erfährt über diesen bestimmte Privilegien und Herrschaftsfunktionen. Durch das Lehenswesen werden Abhängigkeiten hergestellt, die in Treue- und Gefolgschaftsforderungen resultieren. Diese Gesellschaftsform ist noch heute teilweise in Indien, China, Japan und Teilen Südamerikas anzutreffen, während in Europa bestenfalls noch Residuen vorhanden sind;

3. im →Marxismus ist F. jene Wirtschaftsordnung, bei der die Aneignung der gesellschaftlichen →Produktion vornehmlich durch jene erfolgt, die über den Boden verfügen können. Der F. ist nach dieser theoretischen Auffassung zwischen Sklaverei und →Kapitalismus angesiedelt.

Figuration

nach *N. Elias* das interdependente Handlungsgefüge zwischen Personen. Der Begriff richtet sich einerseits gegen partikularistisch-atomistische Auffassungen von sozialem →Handeln, wie er sich andererseits gegen die →holistisch-globale Betrachtung wendet, die die Gefahr der →Reifizierung beinhaltet. F. ist gegenüber der →Gruppe der weitergehende Begriff, weil er über die Gruppengrenzen hinweg auf Abhängigkeiten verweist und weil er in den dynamischen Prozessen eine Strukturierung erkennt, die die prinzipielle →Variabilität einschränkt.

Flexibilität

1. allgemein die Fähigkeit eines Organismus, auf veränderte oder neue Situationen schnell und sinnvoll zu reagieren, das Verhalten daran auszurichten. Gegenteil: Rigidität;

2. die Fähigkeit eines →Individuums, auf gleiche oder ähnliche Situationen differenziert und nuanciert zu reagieren;

3. →systemtheoretisch betrachtet, ist F. die Fähigkeit, sich inneren oder äußeren Veränderungen so anzupassen, daß das →System erhalten bleibt;

4. in der →Arbeits- und Berufssoziologie sowie der Bildungsplanung meint F. die Chance, bei gleicher Qualifikation durch Ausbildung durchaus unterschiedliche berufliche →Positionen und →Funktionen wahrnehmen zu können;

5. in einem sehr allgemeinen arbeitssoziologischen Sinne bezeichnet F. die Fähigkeit, auf unterschiedliche und wechselnde Arbeitsplatzanforderungen sich einstellen und daran anpassen zu können.

Fluktuation

Schwanken, Wechsel
1. in der →Sozialforschung bei Panelstudien oder Trenduntersuchungen ist F. der Anteil der Befragten, der in seinen →Einstellungen oder Verhaltensweisen sich von einer früheren →Befragung zu einer späteren geändert hat;

2. in der Schichtungssoziologie nach *Th. Geiger* der Zu- bzw. Abstrom zwischen den →Schichten (intra- oder intergenerationsspezifisch) nach bestimmten Schichtkriterien;

3. allgemein ist F. jede Form von →Mobilität in einer Gesellschaft, z.B. als regionale Wanderungsbewegung oder soziale, →vertikale Mobilität;

4. in der →Arbeits- oder Betriebssoziologie sind das alle Arbeitsplatzwechsel, die dann nach den Gründen hierfür klassifiziert werden können.

folk culture

→folk society

Folklore

Volksüberlieferung
bezeichnet das Insgesamt an in einer →Kultur überlieferten Lebensform, die der eher spielerischen Erbauung der Gesellschaftsmitglieder dienen. Hierzu gehören Lieder, Märchen, Trachten, Tänze, Feste etc.

Folklorismus

eine soziale Bewegung, die sich gegen die Technisierung und Rationalisierung aller Lebensbereiche in industriellen Gesellschaften richtet und sich für das Wiederaufleben der →Folklore, also des kulturellen Brauchtums, des Volkstümlichen einsetzt. Tradition ist ein hoher →Wert dieser Bewegung; Volks- und Brauchtum sind zentrale Elemente der →Kultur.

folk society

bezeichnet solche einfachen Gesellschaften, die ländlich strukturiert, für den einzelnen noch gut überschaubar sind, eine Dominanz der persönlichen Beziehungen einerseits, aber andererseits eine Dominanz der →Gemeinschaft aufweisen, weitgehende moralische und religiöse Orientierungen praktizieren und sich nach außen relativ abkapseln. Dieser von *R. Redfield* geprägte Begriff ist dem der Gemeinschaft nach *F. Tönnies* sehr ähnlich und setzt sich als →Idealtypus von der industrialisierten Gesellschaft ab.

folkways (engl.)

nach *W. G. Summer* sind das die →Sitten und →Bräuche einer →Kultur, die von Generation zu Generation tradiert werden, die allerdings nicht normativ reguliert sind und ohne rationale Reflexion im wesentlichen durch →Imitation praktiziert werden.

Form und Inhalt

→formale Soziologie

formal

→formell

formale Gruppe

→Gruppe

formale Soziologie

Der Begriff „formale Soziologie“ ist eine von *Leopold v. Wiese* durchgesetzte interpretatorische Klassifikation für die Soziologie *Georg Simmels,* die fortzuführen *Wiese* für sich reklamierte (*Wiese* 1921); daher wurde in der Rezeption häufig auch sein Ansatz als „f. S.“ bezeichnet. *Wiese* ersetzt ‚Form' durch ‚Beziehung' und sieht als Aufgabe der ‚Beziehungslehre,, daß sie „aus den Tatsachen des gesellschaftlichen Lebens, unter Loslösung von den Zwecken und Sachaufgaben des speziellen Falles, nur Art und Weise der in ihnen bestehenden Wechselbeziehungen der Menschen" zu abstrahieren habe (*Wiese* 1921); es handele sich um „die Kategorie des Bloß-Sozialen" als des „Allein-Zwischenmenschlichen" (*Wiese* 1933): „diese Beziehungslehre erhebt den Anspruch, den gesamten Umkreis der theoretischen oder allgemeinen Soziologie zu umfassen" (*Wiese* 1931). *Simmel* selbst erblickte in der „reinen oder formalen Soziologie" nur einen Aspekt neben der „allgemeinen" und der „philosophischen" Soziologie (*Simmel* 1917).

Begriff: „F. S." bezeichnet einen theoretischen Ansatz zur Bestimmung von Methode und Gegenstandsbereich der Soziologie *Simmels* als einer „Lehre von der Vergesellschaftung als solcher" (*Simmel* 1908), präziser, den „Zweck des soziologischen Problems" in „der Feststellung, systematischen Ordnung, psychologischen Begründung und historischen Entwicklung der reinen Formen der Vergesellschaftung" (*Simmel* 1917). Da *Simmel* sich wie *Weber* und *Durkheim* als ein Protagonist dieser neuen Wissenschaft versteht, kommt er in verschiedenen methodologischen Beiträgen immer wieder auf die Frage der Abgrenzung gegenüber den anderen Geistes- und Sozialwissenschaften zurück. Das „Problem der Soziologie" besteht dabei darin, sie einerseits vor übertriebenen Erwartungen zu schützen (*Comte* wollte sie als eine synthetische „Überwissenschaft" an die Stelle der Philosophie treten lassen) bzw. andererseits ihr „Recht auf Existenz überhaupt beweisen zu müssen" (1917: 6). Dieses Dilemma kann nach *Simmel* nur dadurch gelöst werden, daß sich die Soziologie zunächst per definitionem ein Arbeitsgebiet schafft, welches in einer spezifischen, von den anderen Geistes- und Sozialwissenschaften völlig unabhängigen Perspektive die unbestritten vorhandenen sozialen Kräfte und „Kollektivbewegungen, aus denen der Anteil des Einzelnen selten mit völliger Bestimmtheit herauszulösen ist", erfaßt (1894). Voraussetzung hierfür ist die Ausrichtung der soziologischen Analyse des Menschen als eines Gruppenwesens nicht auf „die" Gesellschaft, sondern auf die „Prozesse der Vergesellschaftung" zwischen den Individuen.

Methodologische Voraussetzungen: Vergesellschaftung statt Gesellschaft zu analysieren, bedeutet, von der im 19. Jahrhundert vorherrschenden Konzeption Abschied zu nehmen, daß Gesellschaft als eine abstrakte überindividuelle Einheit aufzufassen sei, deren universal gültige, historische Evolutionsgesetze aufgedeckt werden könnten (wie z. B. durch das Drei-Stadien-Gesetz von *Saint-Simon* und *Comte*). Diese führt darüber hinaus zurück zu dem alten, unlösbaren philosophischen Streit über Nominalismus und Realismus, der, auf das Arbeitsgebiet der Soziologie angewandt, die Frage impliziert, ob eigentlich nur die Individuen als tatsächlich in der Realität vorhandene „Grundeinheiten" existieren und die Gesellschaft als ihre Summe lediglich eine Abstraktion darstellt (Nominalismus), oder ob gemäß dem Prinzip, „das Ganze ist mehr als die Summe seiner Teile", die Gesellschaft für sich in Anspruch nehmen kann, ein eigenständiges „Kollektivwesen" mit von Individuen unabhängigen Entwicklungsgesetzmäßigkeiten zu sein (Realismus). Die beiden umstrittenen Grundannahmen dieser mehr geschichtsphilosophischen als soziologischen Gesellschaftskonzeption (Gesellschaft als Kollektivwesen mit determinierbaren Evolutionsgesetzen) versucht *Simmel* zu umgehen, indem er zwar von dem Individuum als einer sinnlich wahrnehmbaren Grundeinheit ausgeht, dieses aber auf der mentalen Ebene nicht als eine „geschlossene Einheit" (1890), sondern als einen „Komplex mannichfaltiger Kräfte" ansieht (1890). Die Quantität und oft Widersprüchlichkeit der psychischen Prozesse in jedem einzelnen Individuum läßt nicht nur die Konzeption der „Einheit der Seele" (1890), sondern auf einer höheren Stufe auch die der Gesellschaft als einer Vereinigung dieser in sich so heterogenen Individuen um so mehr als obsolet erscheinen. Hieraus ergeben sich zwei entscheidende Schlußfolgerungen: Die Komplexität gesellschaftlicher Erscheinungen läßt die Erkenntnis universeller Evolutionsgesetze nicht zu, und die Grundeinheit soziologischer Analysen kann weder das Individuum noch die Gesellschaft als voneinander unabhängige Einzelwesen sein, sondern statt dessen die punktuelle „Wechselwirkung der Teile" (1890), d.h. der Individuen, untereinander. Dies ist mit „Vergesellschaftung" gemeint: Die Individuen schließen sich aus politischen, wirtschaftlichen, religiösen usw. Zielen, Interessen und Neigungen zusammen und wirken als Einheit, d.h. als soziale Gruppe. Aus *Simmels* Umkehrung des heuristischen Ansatzes resultiert, daß Gesellschaft nicht als Ausgangspunkt genommen wird, um die Beziehungen der Individuen untereinander zu analysieren, sondern Gesellschaft ist das Resultat des Prozesses der Vergesellschaftung von Individuen: „Denn Einheit im empirischen Sinn ist nichts anderes als Wechselwirkung von Elementen" (1908). Ob Individuen sich zum Zwecke eines Spazierganges, eines Festes, einer Religionsgemeinschaft, eines staatlichen Verbandes o.a. zusammenschließen, real ist, daß sie sich in ihrem Denken und Handeln aufeinander beziehen und durch diese Wechselwirkung vergesellschaftet sind (vgl. 1917). Davon getrennt gesehen werden muß, daß aus diesen unterschiedlichen Formen der Vergesellschaftung unterschiedliche Arten von „Gesellschaften" entstehen, und somit Gesellschaft nur „ein gradueller Begriff, von dem auch ein Mehr oder Weniger anwendbar ist, je nach der größeren Zahl und Innigkeit der zwischen den Personen bestehenden Wechselwirkungen", ist (1890).

Beispiele: Die aus den interindividuellen Wechselwirkungen resultierenden Formen der Vergesellschaftung stellen demnach den eigentlichen Gegenstandsbereich der Soziologie dar. *Simmel* führt eine in keiner Weise Vollständigkeit beanspruchende Reihe von Beispielen an, in denen sich das „Füreinander-, Miteinander- und Ggeneinander-Handeln" (1908) der Individuen realisiert: Über- und Unterordnung, Konkurrenz, Nachahmung, Arbeitsteilung, Parteibildung, Vertretung, Gleichzeitigkeit des Zusammenschlusses nach innen und des Abschlusses nach außen usw. (vgl. 1908). Diese unterschiedlichen Arten des Zusammenschlusses zu einer Gruppe müssen aber getrennt werden von den Motiven, den „Inhalten" der Vergesellschaftung, die zur Herausbildung einer wie auch immer geformten Assoziation führen: Die wirtschaftlichen Interessen werden ebenso durch Konkurrenz wie durch planmäßige Organisation der Produzenten gelenkt, Religionsgemeinschaften organisieren sich manchmal autonom in kleinen Gruppen, manchmal in einer einzigen, zentralistisch geführten Hierarchie, zur Regelung der Beziehung zwischen Mann und Frau hat sich eine kaum übersehbare Menge von historisch und ethnographisch nachweisbaren Familienformen herausgebildet usw. Als „Inhalt der Vergesellschaftung" bezeichnet *Simmel* zusammenfassend, „alles das, was in den Individuen ... als Trieb, Interesse, Zweck, Neigung, psychische Zuständlichkeit und Bewegung derart vorhanden ist, daß daraus oder daran die Wirkung auf andere und das Empfangen von Wirkungen entsteht" (1908).

Gegenstandsbereich der Soziologie: Die analytische Trennung von „Formen" und „Inhalten" der Vergesellschaftung basiert auf der Tatsache, daß die unterschiedlichsten Kombinationen historisch und empirisch zwischen ihnen nachgewiesen werden können. In der sozialen Realität treten sie dagegen nur als eine Einheit auf. Diese in der wissenschaftlichen Abstraktion durchgeführte Trennung ist dennoch legitim, denn sie liegt „in der Struktur der Objektivität selbst“, so daß ein möglicher „Zufallscharakter der wissenschaftlichen Begriffsbildung“ hierbei ausgeschlossen ist (1908). Wissenschaftstheoretisch ist diese Trennung von entscheidender Bedeutung, denn mit ihr läßt sich die Aufgabe der Soziologie gegenüber den anderen Sozialwissenschaften eindeutig definieren: Die „reine Soziologie“ (1917) analysiert und klassifiziert die aus den unterschiedlichen gesellschaftlichen Teilbereichen abstrahierten „Formen“ der Vergesellschaftung, währenddessen das Arbeitsgebiet der anderen Sozialwissenschaften in den politischen, ökonomischen, juristischen, pädagogischen usw. „Inhalten“ der Vergesellschaftung, den Dimensionen ihrer „reinen Sachlichkeit“ besteht (1917).

Wirkung: *Wiese* und *Alfred Vierkandt* versuchten anfänglich im Anschluß an *Simmels* große „Soziologie“ in den 1910er Jahren dessen soziologischen Zentralgedanken zu adaptieren, methodologisch auszuformulieren und als Grundlage der neuen Wissenschaft produktiv zu machen: *Wiese* ersetzt unter Rekurs auf *Vierkandt* 1915/16 den Begriff der „Form“ durch „Beziehung“ (1921): „Soziale Beziehungen“ seien zu beschreiben, zu analysieren, zu messen und zu systematisieren (1921). In Anlehnung an *Simmel* bezeichnet er seine Methode als „phänomenologisch“ und unterlegt der Systematisierung vier Grundkategorien: soziale Prozesse, sozialer Abstand, sozialer Raum, soziale Gebilde. Doch das Ziel, „straffste Einheitlichkeit“ eines Systems der allgemeinen oder theoretischen Soziologie (*Wiese* 1931) mittels möglichst präziser, begrifflich differenzierter Erfassung und Analyse der sozialen Phänomene zu leisten und deren jeweilige Dynamik qua begrifflicher Gewichtung der Qualitäten gerecht zu werden, führt zu einer komplexen deskriptiven Klassifikation, die ihren o.g. Ansprüchen nicht genügen kann. Auch *Vierkandt* schließt sich zunächst *Simmel* und dessen dynamischer, das substantielle Denken überwindenden Definition der Gesellschaft an (1915/16; 1921; 1923), die es erlaube, auch entgegengesetzte Funktionen im zwischenmenschlichen Bereich in Relationsbegriffen zu fassen (1915/16). Untersuchungsgegenstände der formalen Soziologie seien mithin die „menschlichen Grundverhältnisse, die man nach der Nähe oder Ferne der inneren Beziehungen unterscheiden kann“ (1921). Ziel sei es, „eine im wissenschaftlichen Sinne strenge Systematik der Gesellschaftsformen zu geben, d.h. eine Einteilung in letzte Bestandteile“ mittels systematischer Begriffe, die streng zu unterscheiden seien von „historischen Begriffe(-n) menschlicher Gruppen, wie Familie, Partei, Staat usw.“. Methodisch heißt dies, von apriorischen Gewißheiten ausgehend nicht nur intuitiv, sondern v.a. phänomenologisch vorzugehen (1921), um „eine Reihe von Typen und Begriffen rein und sauber herauszuarbeiten, die bei allen geisteswissenschaftlichen Arbeiten als Grundbegriffe dienen können“ (1921). Somit mündet die Einengung der „Wechselwirkung“ auf „seelische Kräfte“ (1921) und das Bestreben, phänomenologisch zu einer Systematik irreduzibler Kategorien als Idealtypen zu gelangen (1931), in eine phänomenologische Psychologie, die sich von *Simmels* Konzept einer formalen Soziologie erheblich entfernt hat. – Nicht mit *Simmel, Wiese* und *Vierkandt* die Dynamik, sondern die Statik des Grundmusters sozialer Relationen betonend, legte *Johann Plenge* eine „Ontologie der Beziehung“ (1930) als Grundlage eines philosophisch-soziologisch zu erneuernden Wirklichkeitsbildes vor. – Selektiver Rezeption dagegen verdankte sich der Rekurs auf *Wiese* und *Wieses Simmel*-Interpretation in der Diskussion der social network theory in der amerikanischen Soziologie der 1970er Jahre. – Insgesamt aber hat die Entwicklung der „Bindestrichsoziologien" bewirkt, daß zwischen *Simmels* „reiner" Soziologie und den Sachgebieten der anderen Sozialwissenschaften Verbindungen hergestellt worden sind, die den Einfluß sozialstruktureller Bedingungen sowie im engeren Sinne organisationssoziologischer Prozesse in den verschiedenen gesellschaftlichen Teilbereichen verdeutlichen. Die ursprüngliche Konzeption einer ausschließlich „formalen" Soziologie als analytisches Raster für die Definition des gesamten Gegenstandsbereiches der Soziologie hat sich als zu eng erwiesen und mußte in dem dargestellten Sinne präzisiert und ergänzt werden.

Lit.: Simmel, G.: Über sociale Differenzierung. Sociologische und psychologische Untersuchungen (1890). Kap. 1: Einleitung. Zur Erkenntnistheorie der Socialwissenschaft. Georg Simmel Gesamtausgabe (GSG) Band 2, Frankfurt/M. 1989, S. 115–138; ders.: Soziologie. Untersuchungen über die Formen der Vergesellschaftung (1908). Kap. 1: Das Problem der Soziologie. GSG 11, Frankfurt/M. 1992, S. 13–62; ders.: Grundfragen der Soziologie (Individuum und Gesellschaft). Kap. 1: Das Gebiet der Soziologie, S. 5–32. 3., unveränd. Aufl. Berlin 1970 (1917); *Vierkandt, A.:* Programm einer formalen Gesellschaftslehre. In: Kölner Vierteljahreshefte für Sozialwissenschaften 1, S. 56–66, 1921; *Wiese, L. v.:* Zur Methodologie der Beziehungslehre. In: Kölner Vierteljahreshefte für Sozialwissenschaften 1, S. 47–55, 1921

Dr. *C. Gülich*/Dr. *R. Kramme*, Bielefeld/Berlin

Formalisierung

ein wichtiges Hilfsmittel, um theoretische, komplexe Gebäude vor Aussagen in einer formalen Sprache darzustellen, deren einzelne Elemente an sich zureichend definiert sind. Dadurch gelingt es, die in den Aussagen aufscheinenden Zusammenhänge deutlicher zu machen, ihre logische →Konsistenz zu prüfen, Ableitbarkeitsbeziehungen herzustellen, →Hypothesen abzuleiten, eine übersichtliche und leicht nachvollziehbare Darstellung zu wählen. Die F. erfolgt zumeist über die Mathematik, Aussagenlogik, Graphentheorie etc., weil dort die Zeichen, Transformations- und Verknüpfungsregeln exakt und unabhängig vom jeweiligen Inhalt definiert sind. Vor allem will man mit der Formalisierung die Zusammenhänge zwischen →Variablen exakter erfassen.

formell

f. oder formal ist der Gegensatz zu informell (informal) und meint, daß irgendwelche sozialen Beziehungen eher planvoll, gezielt und organisiert nach eher allgemeineren und funktionalen Regeln ablaufen.

formierte Gesellschaft

ein von dem früheren Bundeskanzler und Wirtschaftsminister *L. Erhard* geprägter Begriff, der eine Gesellschaft kennzeichnen sollte, in der ein Zusammenwirken unterschiedlicher Gruppierungen und →Interessen möglich sein, in der die staatliche →Autorität anerkannt (zum Wohle der →Gemeinschaft) werden sollte, das Gesellschaftsmitglied sich in der Gesellschaft wohl fühlen und der einzelne sich in die Gesellschaft eingliedern sollte.

Forschungsethik

obwohl für die deutsche Soziologie kein „code of ethics" gilt, gibt es implizite Vorschriften, an die sich der sozialwissenschaftliche Forscher hält: Schon bei der Auswahl der zu untersuchenden Fragestellungen gibt es Restriktionen zu beachten, weil nicht jede interessante Frage Gegenstand wissenschaftlicher Forschung werden kann. In der Feldphase hat der Forscher erhebliche Verantwortung, da er das Vertrauen der Untersuchten nicht enttäuschen darf. Insbesondere die Bestimmungen des Datenschutzes werden hier relevant. Auch bei der Veröffentlichung und bei der möglichen Umsetzung der Ergebnisse in gesellschaftliche Praxis ist die Ethik des Forschers gefordert.

Forschungssoziologie

→Wissenschaftssoziologie

Fortschritt

1. relativ inhaltsleerer Begriff, der im Zusammenhang mit sozialem →Wandel sinnvoll wird, aber jeweils mit Inhalt gefüllt werden muß. Dabei kann er evaluativ oder neutral gemeint sein;

2. meint die Prozesse, die einen niedrigeren Zustand durch einen entwickelteren, einen höheren Zustand ablösen;

3. je nach herangezogener Dimension für die Beurteilung des F. und je nach zugrundeliegender theoretischer Vorstellung ergeben sich vielfältige und unterschiedliche Begriffe: In der Zeit der Aufklärung bestand F. in der Priorität der Vernunft gegenüber der Irrationalität. Im →Positivismus meint F. die Erweiterung des wissenschaftlichen Wissensstandes in Richtung auf die Feststellung von Gesetzmäßigkeiten. In der →kritischen Theorie besteht F. im Abbau von →Herrschaft und in der →Emanzipation des einzelnen. Im Marxismus ist F. der Weg zum →Kommunismus.

Fortschritt, evolutionärer

bezeichnet das Phänomen, daß der Mensch sich immer weiter entwickelt und dabei seine Umwelt immer besser beherrscht. In diesem Sinne besteht e. F. aus den allgemein gewachsenen Fähigkeiten und Fertigkeiten des Menschen.

Fortschritt, evolutionär-sozialer

→systemtheoretischer Begriff, der die Tatsache beschreibt, daß soziale →Systeme es im Verlaufe ihrer Entwicklung immer besser verstehen, sich ihrer Umwelt anzupassen. Dies geschieht durch Veränderungen im System, die eine Lösungsmöglichkeit der Probleme anbieten.

Fortschritt, technischer

darunter versteht man alle technischen und/oder wissenschaftlichen Errungenschaften, die einen Produktivitätszuwachs unter →ceteris-paribus-Bedingungen ermöglichen.

Fortschritt, wissenschaftlich-technischer

ein spezifisch →marxistischer Begriff, der die Entwicklung der Produktivkräfte Wissenschaft und Technik betrachtet, dabei aber kritisch anmerkt, daß w.-t. F. keineswegs mit sozialem Fortschritt verbunden sein müsse.

Fourierismus

eine theoretische Auffassung, die auf *Ch. Fourier* (1772–1837) zurückgeht und von seinen Anhängern weiterentwickelt wurde: Man kritisiert massivst die industrielle Anarchie und vor allem den ausbeuterischen Handel, die beide durch den Liberalismus erst möglich werden. Dem wird die soziale Bewegung entgegengesetzt, die neue Formen, insbesondere durch das Genossenschaftswesen, sucht.

Frage

die Frage ist bei einer →Befragung die →Operationalisierung eines theoretischen Begriffs, wie er in der →Hypothese enthalten ist. Dabei sind wichtige Regeln zu beachten:

a. kurz, einfach und präzise formulieren;

b. eindimensional formulieren;

c. nicht suggestiv formulieren;

d. Beweisfrage in Erhebungsfrage übersetzen.

Frage, geschlossene

solche F., bei denen die Antwortkategorien implizit (in der Frage selbst) oder explizit (durch Vorsehen von Antwortkategorien außerhalb der Frage) angegeben sind. Als Vorteile werden genannt:

a. man erklärt Antworten in dem vorgegebenen Bezugsrahmen;

b. Frageinhalt wird eindeutiger bestimmt;

c. sichert die gewünschten Antwortbereiche;

d. sichert die Einordnung der Antworten durch den Befragten;

e. ist durch den Interviewer leichter zu handhaben;

f. Vorabcodierung ist möglich und erleichtert die Auswertung;

g. ist billiger und schneller;

h. man braucht die Antwort nur wiederzuerkennen, was leichter ist, als sich zu erinnern.

Nachteile sind:
a. Suggestivwirkung durch die Antwortkategorien;

b. verleitet zum Ankreuzen, auch wenn keine Kategorie tatsächlich zutrifft;

c. fehlende Antwortkategorien führen zu Verzerrungen;

d. der Befragte fühlt sich in ein Korsett gezwängt;

e. Bedeutungsäquivalenz kann nicht festgestellt weren;

f. angekreuzte Meinung muß nicht der tatsächlichen entsprechen (man kann leichter lügen).

Frage, indirekte
der interessierende Sachverhalt wird nicht direkt angesprochen (z.B. weil er tabuisiert ist). Die Bedeutung der Frage ist für den Forscher eine andere als für den Befragten, denn der Befragte soll nicht erkennen, worum es wirkich geht. Vorteil ist, daß man leichter eine Antwort erhält; Nachteil ist, daß der Rückschluß von der i.F. auf den gemeinten Sachverhalt nicht stimmen muß.

Frage, offene
eine Frage, die die Beantwortung dem Befragten völlig überläßt. Als Vorteile gelten:

a. es werden eher die Bedeutungen der Antworten standardisiert als die Formulierungen;

b. es werden lebensnähere Antworten gegeben, weil Gesprächssituation natürlicher;

c. flexibler in der Durchführung.

Nachteile sind:
a. die Qualität der Antworten hängt weitgehend vom Interviewer ab;

b. es werden höhere Anforderungen an das Sprach- und Ausdrucksvermögen der Befragten gestellt;

c. die Antworten sind nur schwer vergleichbar mit anderen;

d. höherer Aufwand für Auswertung und Analyse.

Frage, projektive
spezifische indirekte Fragen, deren Mehrdeutigkeit oder deren Bezug auf andere den Befragten zu einer Antwort bewegen, die Rückschlüsse auf ihn selbst, unbewußte Gefühle, Bedürfnisse, Ängste etc. zuläßt.

Frage, soziale
1. die s.F. entsteht dadurch, daß das Wirtschaftssystem durch seine privatkapitalistische →Organisation nicht willens ist, die daraus entstehenden →Konflikte und Ungerechtigkeiten zu lösen, weshalb der Staat in seinem →System der sozialen Sicherung Maßnahmen vorsieht, sozial benachteiligte Gesellschaftsmitglieder zu unterstützen (z.B. Arbeitslosigkeit);

2. in →marxistischer Sicht ist die s.F. identisch mit der Arbeiterfrage und meint, daß mit zunehmender Industrialisierung die Ausbeutung und Verelendung der Arbeiterklasse zunehmen würde.

frame of reference (engl.)
→Bezugsrahmen

Frankfurter Schule
→kritische Theorie
nach dem 2. Weltkrieg für die auf dem Frankfurter Institut für Sozialforschung aufbauende soziologisch-theoretische und wissenschaftliche Position, wie sie vor allem von *M. Horkheimer* und *Th. W. Adorno* aufgebaut und vertreten wurde. Sie wird auch als →kritische

Theorie bezeichnet. Bedeutendster lebender Vertreter ist *J. Habermas*. Als wichtige Mitglieder der F. Sch. sind noch *H. Marcuse, E. Fromm* und *F. Pollock* zu nennen. Die theoretische Ausrichtung war an der Aufklärung und dem deutschen Idealismus, an der Psychoanalyse und dem →historischen Materialismus orientiert und wandte sich gegen den in modernen →Industriegesellschaften anzutreffenden inhumanen Kapitalismus, der die allgemeinen Lebensverhältnisse inakzeptabel ungleich bestimmt. Deshalb setzte man die Hoffnung auf eine gerechtere, von weniger →Herrschaft determinierte, möglichst freie und von den einzelnen selbstbestimmte Gesellschaft entgegen. Man entwickelte ein →emanzipatorisches →Erkenntnisinteresse.

Frau

→Frauenforschung, sozial-wissenschaftliche

Das Wort „Frau" hat seinen Ursprung im Germanischen, auch in der germanischen Sagenwelt, und meint dort eine Gottheit, eine Göttin; bis in die Neuzeit bezeichnet „Frau" „die Herrin", „domina". „Weib" wird lange Zeit noch synonym mit „Frau" verwendet, erst allmählich dann gemein, gewöhnlich und abwertend – im Gegensatz zu „Frau" – gebraucht. Das Grimmsche Wörterbuch führt als Beispiel an: „Was hast Du für ein Weib zur Frau?" Oder auch, daß ein Mann „Weib", „altes Weib" und „weibisch", aber nicht „alte Frau" oder „fraulich" genannt werden könne. Heute ist „Frau" als Bezeichnung für alle Frauen aller Generationen, sozialen Gruppierungen usw. allgemein geworden, kennzeichnet folglich auch keinen sozialen Status mehr: „Frau" hat „das Fräulein" ebenso ersetzt wie „die Frau Gräfin" oder „das Mädchen für alles" – heute „Reinemachefrau" oder „Putzfrau"; zunehmend ungebräuchlich und ersetzt durch „Frau" ist heute auch „das Weib", das den Menschen im Unterschied zum „Mann" meinte. Damit werden dem Wort viele Bedeutungen unterschiedlichsten Ranges unterlegt.

Anders als „Klasse" oder „Schicht" besitzt „Frau" keine begriffsgeschichtliche Tradition. „Frau" ist, „Frauen" sind – strenggenommen – keine soziologische Kategorie. Dies liegt nur sehr vordergründig daran, daß es – allein in der BR Deutschland – eine Vielzahl und Vielfalt von aktuell vorfindbaren und möglichen Frauenleben gibt. „Frau" ist ein relationaler Begriff: „Frau" kann nicht unabhängig von „Mann" untersucht werden. Damit ist eine fundamentale Betroffenheit ausgedrückt, die alle Kulturen zu allen Zeiten und alle Bereiche beschäftigt und deshalb zu sozialen Grenzziehungen und Überformungen – zur „sozialen Superstruktur" (Schelsky) –, die auf teils kaum wahrnehmbaren Geschlechtsunterschieden aufbauen, hat finden lassen. Die Betroffenheit besteht darin, daß man als Frau oder als Mann eben nur einen Teil des Menschseins bildet und verwirklichen kann. Diese nichthintergehbare und kränkende existentielle Erfahrung ist ein Ausgangspunkt für die wechselseitige Mystifizierung des Geschlechtlichen bis hin zum Versuch, Geschlechtsunterschied als Substrat für jede kulturelle Formung entweder bis zur Unkenntlichkeit zu relativieren oder ganz zu verneinen. Soziale Interaktionen konstituieren Verhältnisse zwischen den Menschen, die entweder – mal kulturell mehr, mal weniger betont – Frauen oder Männer sind und als solche handeln. Eine soziologische Perspektive auf Frauen untersucht, wie in Interaktionen Menschen zu Frauen bzw. zu Männern werden oder sich selbst als solche zeigen. Eine „Soziologie der Frau" ist deshalb strenggenommen eine „der Geschlechter" bzw. der „Verhältnisse zwischen den Geschlechtern". Statt „Frau" wird deshalb heute verstärkt „Geschlecht" als soziologische Kategorie verwendet – eine Kategorie, die durchaus über eine begriffsgeschichtliche Tradition verfügt; allerdings wurde traditionell unter „Geschlecht“ vor allem „das weibliche“ abgehandelt, und zwar weniger in aufklärerischer denn in verrätselnder Absicht, so durchaus auch von Kant in seiner „Anthropologie in pragmatischer Hinsicht“ (1798).

Tatsächlich eignet sich „Geschlecht“ sehr viel besser als „Frau“ zur soziologischen Analyse von Gesellschaft und Sozialstruktur. Wie bereits gesagt, ist in allen uns bekannten Gesellschaften „Geschlecht“ zusammen mit dem „Alter“ eine mit der Geburt festliegende, askriptive, weil auch mit Leistung, also individuellem Dazu- oder Hervortun, nicht zu beseitigende Dimension sozialer Strukturierung und damit der Bezugspunkt für die Zuweisung von sozialem Status, Teilhabe und für die Ausgestaltung der Beziehungen zwischen Frauen und Männern. Diese Differenzierung prägt das gesamte soziale und kulturelle Leben einer Gesellschaft: sie ist universell. Diese Universalität der geschlechtlichen Differenzierung wird häufig auf biologisch-natürliche Unterschiede zurückgeführt. Tatsächlich ist es eher umgekehrt: faktische – wie schwach auch immer ausgeprägte – Unterschiede werden sozial fixiert und zum Ausgangspunkt für eine weitgehende Durchregelung von dann als „typisch weiblich“ oder „typisch männlich“ zu geltenden Verhaltensweisen genommen – typisch etwa in Schillers „Glocke“ oder in seinem Gedicht „Lob der Frauen“. Derartige Standardisierungen einzelner zufälliger Verhaltensweisen zu „Geschlechtscharakteren“ lassen sich daher weit mehr aus den Besonderheiten und Funktionsprinzipien einer jeweiligen Kultur und Epoche heraus erklären als von biologischen Unterschieden herleiten. Entsprechend variabel sind dann auch die kulturgeschichtlichen Präsentationsformen des Weiblichen, die nur sehr vermittelt mit dem faktischen Frauenleben einer Zeit in Verbindung stehen, dennoch für Frauen wie Männer normativ handlungsleitend als auch -begrenzend werden: vgl. z.B. die Ablösung des Bildes des „gelehrten Frauenzimmers“ durch das der „stillen Einfalt“, wobei die semantische Ineinssetzung von „Frau“ und „Frauenzimmer“ bereits ein Licht auf die Beschränkung der Frauen auf die Innenwelt der bürgerlichen Gesellschaft wirft. Jedenfalls: Geschlechtstypisierungen sind nur ein winziger Ausschnitt aus der fast unbeschränkten Variabilität des Geschlechtlichen.

Falls man dennoch in soziologischer Absicht die Rede über „die Frau“ oder „die Frauen“ führen will, so setzt dies voraus, daß – so Georg Simmel („Zur Psychologie der Frauen“) – „die Frauen als solche eine Anzahl ihnen gemeinsamer und von dem männlichen Wesen abweichender psychischer Eigenschaften besäßen“. Daß aber niemand behaupten könne, daß „eine solche Einheitlichkeit einerseits, eine solche Abscheidung andererseits im strengen Sinne existiere“. Die angestrengten, oft vergeblichen Versuche, Geschlechtsunterschiede zu messen, belegen das behauptete Fehlen solch einer Einheitlichkeit „Frauen“. Ihm widerspricht dann auch ein Zugriff, der – so Simmel – „im besten Falle eine bloße Majorität als Totalität“ behandelt; ihm, diesem Fehlen gegenüber, verbietet sich folglich eine Herangehensweise, die der Analyse den Satz zugrunde legen will: „Diese Erscheinung, die ich erklären will, ist schlechthin in den Frauenseelen“; statt dessen – so Simmel weiter – muß es bescheiden heißen: Wenn oder so oft eine Erscheinung häufiger bei Frauen als bei Männern auftritt, erkläre ich sie so und so. Damit ist zugleich behauptet, daß Frauen durchaus Situationen anders deuten als Männer und in der Folge auch tendenziell anders als Männer handeln können. Die Schwierigkeiten, die auftreten, will man Unterschiede zwischen Frauen und Männern messen, lassen also nicht darauf schließen, daß es keine Unterschiede gibt, z.B. kein frauentypisches oder -spezifisches Verhalten und Handeln. Diese sind jedoch nicht natürlich, sondern erklärungsbedürftig.

Fragmente einer „Soziologie der Frau“, die zugleich eine „der Geschlechterverhältnisse“ ist, hat als einer der ersten Georg Simmel geschrieben. Zentral sind die Kategorien der „Differenzierung“ und „Differenziertheit“ sowie die Dynamik, die mit Differenzierungsprozessen, wie sie auch Frauen erfassen, verbunden sind. Schon Simmel erkennt, daß Frauen gerade in dem Allgemeinsten vergesellschaftet sind, – in dem, was sie mit allen anderen unter einen Begriff stellt, dem der „Frau“, – das sich in nichts anderem als darin ausdrückt, „den diesem Geschlechte eigenen Funktionen“ zu dienen; daß ihr Frausein zuerst ins Auge springt, und alles andere, was sie sonst noch sind und können, dahinter zurücktritt oder gar verschwindet, – etwas, was der moderne Feminismus als „Sexismus“ bezeichnet; daß aber – so Simmel – gerade dieser allen Frauen gemeine Umstand zumindest im 19. Jahrhundert jene eher vereinzelte zu einem zu den anderen Frauen bloß parallelen und nicht solidarischen Tun in je einzelnen Haushalten und für diese; daß „Frau“ also eine zunächst nur „abstrakte Allgemeinheit“, gekennzeichnet durch Singularität und Parallelismus des Frauenlebens, bezeichnete. Diese Isolierung der Frauen gegeneinander war ein Produkt gesellschaftlicher Differenzierung, die die völlige Differenz der Frauen gegen den Mann hervorbrachte und auf ihr ruhte. Mit der „Frauenfrage“ und „Frauenbewegung“ sowie der allmählichen – auch normativen – Loslösung von Frauen aus der fast ausschließlichen Verwiesenheit auf das Haus verliert der Allgemeinbegriff Frau „seinen rein abstrakten Charakter und wird zum Leitbegriff einer zusammengehörigen Gruppe, die sich nun schon im Kleinen durch rein weibliche Unterstützungsvereine, Verbände zur Erreichung von Rechten der Frauen, (...), Frauenkongresse, Agitation der Frauen für politische und soziale Interessen offenbart“ (Simmel: „Soziologie“, S. 337–8). Die Reklamation von Gleichheit erfolgt, indem sich Frauen als Frauen den Männern gegenüber stellen, also in „parteimäßiger Differenz“. Gerade die schrittweise errungene Freiheit gibt den Blick frei auf das, was Frauen faktisch und möglicherweise von Männern unterscheidet, und was sie mit anderen Frauen gemeinsam haben – ganz gleich, in welchen Worten man dies beschreiben und wie man diese Differenz erklären will.

Simmel formuliert die Geschlechterbeziehung als Herrschaftsbeziehung ausgehend von der Feststellung, daß „Frau“ und „Mann“ eine Grundrelativität der menschlichen Gattung bezeichnet. Nur daß diese Relativität keine reziproke, also eine gleiche sein kann, weil der Mann das höhere, das überlegenere, mächtige Geschlecht ist. Die männliche Macht neigt dazu, diese grundlegende Relativität, also auch die Verwiesenheit des Menschseins – eben auch des Mannseins – auf das jeweils andere Geschlecht vergessen zu lassen. Das Männliche kann so zum allgemein Menschlichen überhöht werden. Demgegenüber bleibt sich die Frau als das abhängigere Geschlecht ihres So- und Besonderseins, also auch der Differenz sehr viel mehr bewußt – und wird in ihrem Wesen umfassender durch das Geschlechtliche – wie immer man dies begreifen mag – bestimmt. In radikal feministischer Perspektive sind Geschlechtsdifferenzen zunächst Resultat einer Herrschaftsbeziehung und verschwinden nach deren Überwindung.

Lit.: Böhme, Gernot: Anthropologie in pragmatischer Hinsicht. Darmstädter Vorlesungen. Frankfurt/M. 1985; *Simmel, Georg:* Soziologie. Berlin (West) 1983 (1908); derselbe: Zur Psychologie der Frauen. In: *Georg Simmel.* Aufsätze 1887–1890. Gesamtausgabe Band 2. (Hg.: *O. Rammstedt*) Frankfurt/M. 1989,

S. 66–102; derselbe: Philosophische Kultur. Leipzig 1919 (1911)

Prof. Dr. *I. Ostner*, Bremen

Frauenemanzipation

→Frau

→Frauenforschung, sozial-wissenschaftliche

Frauenforschung, sozialwissenschaftliche

Frauenforschung ist keine eigene Disziplin, sie ist heute in fast allen Wissenschaftszweigen vertreten, nahm jedoch ihren Ausgangspunkt in den Sozialwissenschaften. Es ist auch nicht möglich, von „der" sozialwissenschaftlichen Frauenforschung zu soprechen. Auch hier hibt es viele verschiedene Ansätze, von denen keiner für sich in Anspruch nehmen könnte, „die" Frauenforschung zu repräsentieren. Die sozialwissenschaftliche Frauenforschung ist in den 1970er Jahren in (West-)Deutschland, wie in anderen Ländern, im Zusammenhang mit der neuen Frauenbewegung entstanden. Das prägte die Bestimmung des Gegenstandes der Frauenforschung, die Entwicklung ihrer theoretischen Ansätze und ihrer methodischen Vorgehensweisen. Und es bestimmt immer noch die Auseinandersetzungen innerhalb der Frauenforschung und die Wahrnehmung und Akzeptanz durch die etablierten Sozialwissenschaften.

Das gemeinsame Ziel von Frauenbewegung und Frauenforschung war es, die soziale Emanzipation von Frauen und den Abbau des hierarchischen Geschlechterverhältnisses voranzutreiben. Die Teilhabe an Forschung und Lehre wurde in mehrfacher Hinsicht als wichtig angesehen: Es galt, selbstbewußt, d. h. aus der Perspektive von Frauen wissenschaftliche Erkenntnis für die Beschreibung und Analyse ihrer sozialen Situation zu nutzen und damit zu verhindern, daß Wissenschaft weiter zur Rechtfertigung der Unterdrückung von Frauen beiträgt. Daher wurden konkrete Lebenserfahrungen und Deutungen von Frauen, die bisher unterbelichtet oder ausgegrenzt waren, zum Forschungsgegenstand gemacht (z. B. Hausarbeit, Gewalt gegen Frauen). Frauenforschung verstand sich jedoch nie als eine bloße „Bindestrich-Soziologie", die „blinde Flecken" der Forschung „über" Frauen ausfüllt. Indem sie die Lebensbedingungen und Deutungen von Frauen zum Ausgangspunkt der Entwicklung eigener Konzepte macht, greift sie zugleich die angebliche Geschlechtsneutralität der etablierten Ansätze und Begrifflichkeiten an. Die grundsätzliche Infragestellung richtet sich darauf, daß diese allgemeine und universelle Geltung beanspruchen, obwohl sie überwiegend „männliche" Lebensweisen und Erfahrungen reflektieren (Androzentrismus). Um diese Sichtweise aufbrechen zu können, die den Mann zum „normalen Gesellschaftsmitglied" erklärt, und Frauen, wenn überhaupt, als Abweichung oder Sonderfall davon erfaßt, wurde die Forderung erhoben, daß Frauenforschung Forschung von Frauen sein muß. Frauen sind also Subjekte und Objekte der Forschung. Damit stellt sich für die Frauenforschung in ganz spezifischer Weise das Problem des Verhältnisses von Forscherin und Beforschter im Forschungsprozeß: Wissenschaftlerinnen untersuchten Frauenunterdrückung, von der sie selbst betroffen sind (z. B. auch gegenüber männlichen Wissenschaftlern), gegenüber den Beforschten haben sie jedoch die größere Definitionsmacht im Forschungsprozeß, so daß die Gefahr besteht, daß diese wiederum zu Objekten werden. Methodologische Fragen bestimmten daher anfangs mindestens ebenso stark die Debatten innerhalb der Frauenforschung wie inhaltlich- thematische Kontroversen.

Frauenforschung kann auf eine 20jährige Geschichte zurückblicken und ist bereits mit ihren eigenen Traditionen und ihrer Wirkungsgeschichte konfrontiert. Thematische Schwerpunkte bildeten zunächst Probleme, die von den Sozialwissenschaften entweder nicht oder unzulänglich aufgegriffen worden waren: Sexualität und weibliche Selbstbestimmung (Heterosexualität und Lesbianismus), Hausarbeit und Frauenerwerbsarbeit, die Mütter- bzw. Kinderfrage, Gewalt gegen Frauen. Inzwischen hat eine enorme Ausweitung und Differenzierung des Themenspektrums stattgefunden, wobei immer „Geschlecht" in das Zentrum der empirischen und theoretischen Analyse rückt. Ursachen, Formen und Folgen der sozialen Geschlechterhierarchie werden in allen Bereichen des Sozialen und auf allen Ebenen der Gescchlechterbeziehungen untersucht: auf der individuellen (z.B. Sozialisation, Moralentwicklung), der strukturellen (Arbeitsmarkt, Armut, Sozialpolitik) und der symbolischen Ebene (Weiblichkeits-/Männlichkeitsvorstellungen). Daher stellte sich für die theoretischen Analysen stets die Vermittlung zwischen diesen Ebenen als Problem.

Als eine Analyserichtung bildete sich dabei das Konzept vom „Geschlecht als sozialem Konstrukt" heraus. Die Vorstellungen von Geschlechterdifferenzen und der Höherbewertung von Männlichkeit gelten als gesellschaftlich produziert. Hier bezog sich die deutsche Frauenforschung auf die in der anglo-amerikanischen Debatte geprägte Unterscheidung von „sex" und „gender". Während „sex" die Unterscheidung und Zuordnung nach biologischen (zumeist anatomischen) Merkmalen meint, umfaßt „gender" die sozialen Normierungen, die an die Zuordnung einer Person zu einem biologischen Geschlecht fixiert sind. Wie wirkt sich das „soziale Geschlecht", die kulturellen Vorstellungen von „Weiblichkeit" und „Männlichkeit" auf die Interaktionen von als Frauen und Männern identifizierte Personen aus? Wie gehen solche Typisierungen in das Selbstbild von Frauen und Männern ein? Mit dieser Perspektive erklären sich Unterschiede zwischen den Geschlechtern aus den Bedingungen, Aufgaben und Erfahrungen, mit denen sie konfrontiert werden und den Auf- und Abwertungserlebnissen und Selbstzuordnungen, die darin begründet liegen (Bilden 1991). Davon ausgehend ergeben sich Möglichkeiten, die weibliche Entwicklung nicht nur als Abweichung von der männlichen Norm zu begreifen (z.B. für die Moralentwicklung: Gilligan 1984) oder psychodynamische Theorien kritisch zu erweitern (Benjamin 1990). Eine Gefahr differenztheoretischer Ansätze liegt darin, daß sie zur Festschreibung von Differenzen dienen können oder zur Aufwertung von „Weiblichkeit" als „besserem Geschlecht" – Gefahren, denen auch Frauenforscherinnen erlagen.

Die soziale „Konstruktion der Geschlechtlichkeit" ist immer auch eine Frage materieller Ressourcen und anderer Machtpotentiale. Der Zusammenhang zwischen Geschlecht als sozialem Kontrukt und als Strukturkategorie wurde bereits 1976 in Hausens wichtiger sozialhistorischer Untersuchung zur „Polarisierung der Geschlechtscharaktere" thematisiert, in der kulturelle Normierungen als Spiegelung der „Dissoziation von Erwerbs- und Familienleben" begriffen werden. Wie die Geschlechterhierarchie die Differenzierung von gesellschaftlichen Teilbereichen (z.B. Erwerbsarbeit und Privatleben), deren Strukturen und Beziehungsformen (z.B. Berufsschneidungen, familiale Arbeitsteilung) quasi trägt, steht im Mittelpunkt struktureller Ansätze. Ausgehend von der Frage, welche Folgen die geschlechtshierarchische Arbeitsteilung für Handlungsspielräume und Lebenschancen von Frauen und Männern hat, begreifen sie in kritischer Absetzung von (neo)marxistischen Theorien Geschlecht als eine Strukturkategorie wie z.B. Klasse. Angestoßen durch die Diskussionen der Frauenbewegung um „Lohn für Hausarbeit" wurde zunächst der enge Arbeitsbegriff der Berufs- und Industriesoziologie, für den nur „zählt, was Geld einbringt" (Kontos/Walser

1979), durch die Analyse der unentgeltlich und als Frauenarbeit institutionalisierten Haus- und Erziehungsarbeit erweitert. Erst damit besteht die Möglichkeit, die Benachteiligung von Frauen auf dem Arbeitsmarkt und in der Familie zu fassen. Hausarbeit wird als gesellschaftlich notwendige Arbeit analysiert, die nicht nach Marktgesetzen organisiert ist, aber dennoch kein Relikt vor-kapitalistischer Gesellschaften darstellt. Der industrielle Kapitalismus ist auf diese private Vor-, Zu- und Nacharbeit strukturell angewiesen.

Das Konzept des „weiblichen Arbeitsvermögens“ (Beck-Gernsheim/Ostner 1978) versucht einen Zusammenhang zwischen dem in einer Hausarbeitssozialisation erworbenen Arbeitsvermögen von Frauen und ihrem Berufswahlverhalten und ihrer Berufspraxis herzustellen. Konfrontiert mit den Anforderungen des Marktes „wählen“ Frauen eher Berufsfelder, die vom Inhalt her Nähe zur Hausarbeit signalisieren, den Betrieben jedoch die Gratisnutzung ihrer (nicht als berufsfachlich anerkannten) Hausarbeitsqualifikationen ermöglichen. Im sog. „Hannoveraner Ansatz“ wird dagegen betont, daß heute von einer grundsätzlichen Doppelorientierung der Frauen auszugehen ist. Frauen sind „doppelt vergesellschaftet“ (Becker-Schmidt 1987/Knapp 1990), als Hausarbeiterin und als Erwerbstätige. Doch dies bringt Frauen gerade keine Vorteile, sondern strukturelle Diskriminierungen in beiden Bereichen: Doppelbelastung und Vereinbarkeitsproblematik, die sich im Erwerbsbereich als Minderbewertung von Frauenerwerbsarbeit auswirkt. An diese strukturelle Analyse schließen sich Untersuchungen an, die den „Sekundärpatriarchalismus“ gesellschaftlicher Institutionen (z. B. Recht) aufdecken (Gerhardt 1990). Doppelte Vergesellschaftung und entsprechend doppelte Orientierung verlangt von Frauen die Balance widersprüchlicher Verhaltensanforderungen im Alltag und in ihrer Lebensplanung und verweist damit zurück auf die Handlungsebene. Widerspruchserfahrungen werden nicht nur als Belastung, sondern auch als ein Potential für Widerständigkeit gegen herkömmliche Zuschreibungen und Grenzziehungen und gegen eine krude Anpassung an „männliche“ Lebensmuster begriffen.

Bereits 1984 hat Hagemann-White im Anschluß an ethnologische Studien darauf aufmerksam gemacht, daß das System der Zweigeschlechtlichkeit, die Selbstverständlichkeit, daß es zwei und nur zwei Geschlechter gibt, denen Menschen eindeutig und dauerhaft zugeordnet werden können, selbst ein „soziales Konstrukt“ darstellt. Doch erst im Verlauf der 90er Jahre wurde im Zuge postmoderner Theorien innerhalb der deutschen Frauenforschung die Unterscheidung in sex und gender kritisch hinterfragt. Aus dieser Position des De-Konstruktivismus heraus werden insbesondere „differenztheoretische Ansätze“ (wie etwa der der „weiblichen Moral der Fürsorge“ oder des „weiblichen Arbeitsvermögens“) als affirmativ kritisiert, das Spiel mit Geschlechterunterschieden als „subversive Praxis“ hochgehalten. Kritikerinnen dieser Position bemängeln die Konzentration auf kulturelle Phänomene und konstatieren Ferne zur Alltagsrealität der meisten Frauen. Eher ethnomethodologisch orientierte Studien zur „Konstruktion von Zweigeschlechtlichkeit“ zeigen, wie nicht nur Personen, sondern soziale Institutionen und Kontexte mit Geschlecht konnotiert werden, also einem Prozeß des „gendering“ unterliegen: Berufe werden zu „Frauen- oder Männerberufen“ oder wechseln ihr Geschlecht; innerhalb von Professionen, in die Frauen vermehrt eindringen, bilden sich entlang von Geschlechterhierarchien „weibliche“ und „männliche“ Einsatzbereiche (Wetterer 1992).

Neue Forschungsfragen werfen die empirisch festgestellten Differenzierungen, aber auch die soziale Ungleichheit unter Frauen auf. Sie werden in zwei Richtungen weiter verfolgt: Zum einen wird gefragt, wo individuelle oder gruppenspezifische Praktiken von Frauen mit geschlechtshierarchischen Strukturen kollidieren, sie überschreiten oder stabilisieren? Und es wird erforscht, in welchem Verhältnis Geschlecht zu anderen Ungleichheiten wie Klasse (Frerichs/ Steinrücke 1993) oder Nation und Ethnie (Lenz 1995) steht.

Die methodischen Diskussionen innerhalb der Frauenforschung entzündeten sich v. a. an den methodischen Postulaten von Maria Mies (1978). Diese waren entsprechend der Prinzipien der Selbsterfahrungsgruppen der Frauenbewegung entwickelt worden: Ausgangspunkt eines verstehenden Ansatzes ist die gemeinsame Betroffenheit von Frauen. Subjektorientierung (Frauen als Expertinnen ihrer Situation), eine Sicht von unten (solidarische Haltung, Parteilichkeit) und gemeinsames Interesse an der Überwindung der Frauendiskriminierung sollten die Subjekt-Objekt-Spannung im Forschungsprozeß aufheben. Die darin angelegte Engführung von Praxis und Theorie war innerhalb der Frauenforschung immer umstritten. Entsprechend der o. g. Zielsetzungen kam es in der empirischen Frauenforschung zu einer Bevorzugung qualitativer Methoden. Quantitative Methoden werden jedoch durchaus genutzt, wenn sie dem Erkenntnisinteresse und dem Gegenstandsbereich angemessen erscheinen (z. B. bei internationalen oder intergenerativen Vergleichen). „Erfahrung mit Methode“ (Diezinger u. a. 1994) zeigt sich nicht nur in innovativer Methodenentwicklung (biographische Methode, Erinnerungsarbeit), sondern auch in der kritischen Auseinandersetzung mit dem generellen Anspruch der Betroffenheit. Um die zumeist fremde Lebensrealität von Frauen angemessen zu erfassen, wurden „selbstreflexive Verfahren“ bei der Datenerhebung, Auswertung und Darstellung erprobt, die eine Balance zwischen Nähe und Distanz zum „Forschungsobjekt“ und zum eigenen Forschungshandeln ermöglichen sollen. Diese Debatten wurden auch in die allgemeine Methodendiskussion der Teildisziplinen hineingetragen.

Für die Wirkungsgeschichte der Frauenforschung lassen sich verschiedene Gradmesser heranziehen: die wissenschaftsinterne und öffentliche Rezeption und Reputation, der Grad ihrer Institutionalisierung und nicht zuletzt die Frage, ob sie nach eigenem Ermessen die ursprünglichen Zielsetzungen (bereits) erreicht hat. Obwohl die Frauenforschung als innovative Entwicklung innerhalb der Sozialwissenschaften allmählich anerkannt wird, werden ihre Konzepte eher zögerlich und nur in wenigen Fachgebieten der Soziologie (z. B. Familiensoziologie) übernommen. So wurde z. B. die Erweiterung des Arbeitsbegriffs übernommen, ohne daß jedoch eine weitergehende Auseinandersetzung mit den strukturtheoretischen Annahmen stattfand. Das führt dann dazu, daß Hausarbeit mit anderen Formen (wie soziales Ehrenamt) unter die Rubrik „unbezahlte Arbeit“ subsumiert wird. Größere Anstrengungen für eine „geschlechtssensibilisierte“ Theoriebildung lassen sich in neueren Analysen zu sozialen Ungleichheiten finden (Frerichs/ Steinrücke 1993). Hier wie auch in gesellschaftstheoretischen Konzepten, die explizit Ergebnisse der Frauenforschung integrieren (z. B. das Konzept der Individualisierung von Beck), zeigen sich jedoch immer wieder Wahrnehmungssperren, die insbesondere darin begründet scheinen, Geschlecht als Strukturkategorie zu erfassen und nicht, wie bisher, als askriptives Merkmal. Das Ziel der Frauenforschung, nicht bloß additiv zu wirken, sondern eine Umorientierung in den Sozialwissenschaften zu bewirken, ist noch nicht erreicht. Politisch konnte die Frauenforschung Wirkung v. a. dort erzielen, wo sie empirisch bis dahin tabuisierte soziale Probleme aufdeckte (Gewalt gegen Frauen und Kinder, sexuelle Belästigung) oder Handlungsbedarf analysierte (Frauenförderung). Der Prozeß der Institutionalisierung der Frauenforschung ist weder abgeschlossen noch gesichert. Interdisziplinäre Netzwerkbildung (Sektion Frauenforschung in der DGS 1979; Verein für Sozialwissenschaftliche Forschung und Praxis für Frauen 1978) schaffte die ersten Foren für den inhaltlichen Austausch der häufig vereinzelt wirkenden Forscherinnen. Erst 1983 wurden die ersten Frauenforschungsprofessuren eingerichtet; heute gibt es mehr als 70, wobei sich ein deutliches Nord-Süd-Gefälle zeigt.

Die zunehmende Integration in die Sozialwissenschaften führte zu einer größeren Distanz zwischen Frauenforschung und Frauenbewegung. Das bisher von der Mehrheit der engagierten Forscherinnen betonte Beharren auf die Bezeichnung „Frauenforschung" (statt „Geschlechterforschung") zeigt jedoch, daß sich weiterhin das Erkenntnisinteresse darauf richtet, die bestehenden Geschlechterverhältnisse aus der Sicht von Frauen (und in ihrem Interesse) kritisch zu hinterfragen.

Lit.: Brück, Brigitte, u. a.: Feministische Soziologie. Eine Einführung, Frankfurt/M. 1992; *Diezinger, Angelika,* u. a. (Hrsg.): Erfahrung mit Methode. Wege sozialwissenschaftlicher Frauenforschung, Freiburg 1994; *Becker-Schmidt, Regina/Knapp, Gudrun-Axeli* (Hrsg.): Das Geschlechterverhältnis als Gegenstand der Sozialwissenschaften, 1995; *Treibel, Annette*: Einführungen in die soziologischen Theorien der Gegenwart, Opladen 1993; Deutsche Forschungsgemeinschaft: Sozialwissenschaftliche Frauenforschung in der Bundesrepublik. Senatskommission für Frauenforschung, Mitteilungen 1, 1994

Prof. Dr. *Angelika Diezinger,* Esslingen

freie Berufe

professions (engl.)

nicht eindeutig bestimmter Begriff für einige Berufsgruppen, die sich durch akademisches Qualifikationsniveau, wirtschaftliche Selbständigkeit, ein entwickeltes Berufsethos, soziale →Kontrolle durch eine Standesorganisation auszeichnen. Hierzu gehören vornehmlich Ärzte, Architekten, Rechtsanwälte, Wirtschaftsprüfer etc.

Freiheit

1. F. des Willens unterstellt, daß Menschen prinzipiell frei sind, sich für eine bestimmte Verhaltensweise zu entscheiden; demnach ist Verhalten nicht in irgendeiner Weise prädeterminiert;

2. die rechtliche F. des einzelnen ergibt sich aus der Einschränkung der F. der anderen, die erforderlich ist, um für alle größtmögliche F. zu erzielen;

3. die politische F. bezieht sich auf das Recht jedes einzelnen, sich politisch zu betätigen und an der politischen Willensbildung mitzuwirken, insbesondere auch an politischen Wahlen teilzunehmen;

4. die reale F. differenziert zwischen Anspruch und Wirklichkeit und fragt danach, ob die garantierte F. auch real existiert; sie ist zugleich die soziale Freiheit.

Freizeit

Freizeit ist ein sozialwissenschaftlicher Untersuchungsgegenstand, auf dessen gesellschaftspolitische Bedeutung seit den 1950er Jahren immer wieder – nicht nur in der Wissenschaft – hingewiesen wird. Der in den modernen Gesellschaften zu verzeichnende Zuwachs an arbeitsfreier Zeit ist zwar zu relativieren im Hinblick auf längere Wegstrecken zum Arbeitsplatz sowie im Vergleich zu einer andersartigen Struktur und einem – je nach Definition und Bemessung – größeren Umfang von F. in vorindustrieller Zeit; unstrittig aber ist, daß Ausmaß, Erscheinungsformen und Bedeutung von F. in gegenwärtigen und zukünftigen Gesellschaften soziologisch hochrelevante Phänomene sind. Für weite Teile der Bevölkerung in der →postindustriellen Gesellschaft werden weitere Zunahmen an arbeitsfreier Zeit und weiterer Zuwachs an finanziellen Mitteln, die für F.artikel und -aktivitäten disponibel sind, angenommen. Gleichwohl ist die Untersuchung von F. in der akademischen Soziologie eher vernachlässigt worden. Eine Ursache hierfür ist darin zu sehen, daß die Abgrenzung des Phänomens F. bzw. der Soziologie der F. gegen andere soziale und soziologische Gegenstandsbereiche problematisch ist bzw. Überschneidungen mit einer Reihe von speziellen Soziologien (Soziologie der →Lebensalter, →Kultur-, →Sport- und →Familiensoziologie) nicht auszuschließen vermag.

Definition
F.definitionen und -konzepte sind zahlreich und von außerwissenschaftlichem Vorverständnis beeinflußt. Solchen Definitionen, die F. als arbeitsfreie Zeit lediglich „negativ" fassen, stehen „positive" gegenüber; letztere verstehen F. als relativ autonomen, sinnerfüllten Lebensbereich, beziehen sich auf die Qualität von F. bzw. den Sinn, den Menschen mit F. und F.verhalten verbinden. Psychologische Ansätze untersuchen Motivation zu F.aktivitäten und deren Erlebnisgehalt, während (makro-)soziologische Ansätze die institutionellen, sozialorganisatorischen und sozialstrukturellen Determinanten und Funktionen von F. zum Gegenstand haben.

Freizeitforschung
F. ist Untersuchungsgegenstand verschiedener Fachdisziplinen. Neben Psychologie und Soziologie zählen hierzu Ökonomie, Geographie, Ökologie, Medizin, Kommunikationswissenschaft, Sozialgeschichte und Kulturanthropologie. F.forschung wird nicht nur an universitären Einrichtungen betrieben, sondern auch in Instituten, die von der Industrie unterstützt werden, sowie von Konsumforschungs- und Marketingfirmen und -abteilungen. An US-amerikanischen Universitäten existieren spezielle Institute und Studienrichtungen für Freizeitforschung („Recreation, Park and Leisure Studies"). Die Institutionalisierung interdisziplinärer F.forschung läßt sich an der Publikationstätigkeit einer Reihe von Fachzeitschriften ersehen (Journal of Leisure Research, Leisure Sciences, Leisure Studies, Loisir et Société).

Die Orientierung der F.forschung ist empirisch und pragmatisch. In der akademischen F.forschung wird daher oft das Theoriedefizit der F.forschung beklagt. Der Großteil der empirischen Untersuchungen hat mit eher konventionellen →Methoden vor allem die quantitative Bedeutung von F. untersucht; neben Zeitbudgets wurden vor allen Listen und Rangreihen ausgeübter oder angestrebter F.aktivitäten erstellt. Das Standarderhebungsinstrument der F.forschung ist der Fragebogen, mit dessen Hilfe – bestenfalls – ermittelt wird, wer was wann wie lange und wie oft mit wem zusammen an welchem Ort unternimmt. Sinn und Bedeutung der F.aktivitäten sowie Intensität des Erlebens von F. sind demgegenüber nur von wenigen Studien untersucht worden. In Anbetracht von Fakten, die ohne expliziten theoretischen Bezugsrahmen gesammelt wurden, wird in der Soziologie der F. immer wieder gefordert, den Anschluß an die allgemeine soziologische Theorie herzustellen – mit bescheidenen Erfolgen. Theoretische Anleihen werden vor allem beim →symbolischen Interaktionismus oder bei →marxistischen Ansätzen gemacht, jüngst auch bei der Figurationssoziologie und Zivilisationstheorie von Norbert Elias.

Freizeit und Arbeit
Ein Großteil soziologischer F.forschung hat den Zusammenhang von F. und →Arbeit in den Mittelpunkt gestellt. Dabei wurde F. meist als von Arbeit abhängige Variable erfaßt. Grob lassen sich F. und Arbeit als übereinstimmend (Kongruenz oder Kontinuität von A. und F.) konzipieren oder als einander entgegengesetzt (Kompensationsbeziehung oder Komplementarität). In der Diskussion der Relationen zwischen Arbeit und F.

wird allerdings nicht immer klar unterschieden, ob Arbeit und F. als Sinnbereiche, →Lebenswelten oder →Institutionen zueinander in Beziehung gesetzt werden oder ob die Arbeit-F.-Relationen auf der Ebene des →Verhaltens, der →Einstellungen, →Motive, Präferenzen, →Werte oder →„Ethiken" den Untersuchungsgegenstand bilden. Die Beschränkung der F.forschung auf die Beziehungen zwischen (Erwerbs-)Arbeit und F. erscheint als wenig sinnvolle Verkürzung der Bedeutung von Freizeit, allein schon angesichts der Tatsache, daß in modernen Industriegesellschaften wie der Bundesrepublik Deutschland weit weniger Menschen als die Hälfte der Bevölkerung erwerbstätig sind. Das auf Arbeit-F.-Relationen reduzierte F.verständnis mag mitbedingt sein durch sprachliches Vorverständnis; während das deutsche ‚Freizeit' nahelegt, F. nur als Restgröße von Arbeitszeit zu verstehen, meinen das englische ‚leisure' und das französische ‚loisir' auch ‚Muße' und ‚sinnerfüllte Tätigkeit,. Als Alternative zur Sichtweise, die auf die Abhängigkeit der F. von der Arbeit fixiert bleibt, bietet sich an, F. als relativ autonomen Lebensbereich zu konzipieren und dessen Qualität – auch mit Methoden der qualitativen Sozialforschung – zu untersuchen.

Determination der Freizeit und „selbstbestimmte" Freizeit

F. als Verhaltensbereich sowie als Teil der Kultur ist – außer durch Arbeit – von einer Reihe weiterer Bestimmungsgrößen beeinflußt. Als grobe sozialdemographische Determinanten des F.verhaltens sind Geschlecht, Alter, Familienstand, Einkommen, Beruf, Bildung und Wohnort zu nennen. Bestimmte Kombinationen der Ausprägungen dieser Variablen lassen jeweils Bündel (cluster) von F.aktivitäten mit relativer Wahrscheinlichkeit erwarten. Dabei werden vom Großteil der Bevölkerung in erster Linie eher unspektakuläre F.aktivitäten ausgeübt, wie „gemütlich zu Hause bleiben", „Medienkonsum (Fernsehen, Musikhören, Zeitunglesen)", „Freunde oder Verwandte besuchen", „Spazierengehen" und „Beschäftigung mit der Familie".

Wie auch in der →Schichtungssoziologie festgestellt wurde, scheint sich die Determinationskraft einzelner sozialdemographischer Merkmale in den fortgeschrittenen Industriegesellschaften (bzw. postindustriellen Gesellschaften) abzuschwächen. Gerade im F.verhalten verwischen sich Schicht- oder gar Klassengrenzen, bilden sich statt dessen F.- oder →Lebensstile heraus, die zueinander in keinem übersichtlichen hierarchischen Verhältnis mehr stehen und die von der Arbeits- und Berufswelt relativ abgekoppelt sind. Die empirische F.forschung zeichnet nicht das Bild einer einheitlichen „leisure class", sondern verschiedener Lebens- bzw. F.stile. Diese bestimmen sich nicht in erster Linie durch Zugehörigkeit zu Einkommens- oder Berufsgruppen, sondern durch Geschmacksformationen, symbolische Repertoires, Expressivität der Selbstdarstellungs- und Verhaltensweisen sowie subkulturelles Know-how. F. ist nicht ausschließlich (fremd-)bestimmt, sondern auch Möglichkeitsraum für →Selbstbestimmung und →Sozialität. In dem Maße, wie sich mit F. Expressivität und Kontakt, emotionale Erlebnisse und Erfahrungen, Vergnügen, Genuß und Freude verbinden, ist F. auch ein Verhaltens- und Erlebnisraum, der selbst „bestimmend" wirkt. F. ist dann nicht lediglich ein Ort der „Flucht vor", sondern auch der „Chancen für". Das schließt nicht aus, daß F. auch die Möglichkeit von Ritualisierung, Anomie und Entfremdung beinhaltet. Um der Doppelseitigkeit von F. als zugleich determiniert und determinierend, als selbstbestimmt, aber auch als ritualisiert gerecht zu werden, wendet sich die soziologische und sozialpsychologische F.forschung vermehrt Konzepten und Theorien zu wie →Lebenszyklus/-lauf, →Identität, persönliche und soziale Karrieren, →Familienzyklus, Habitus und →Subkulturen. Mit Hilfe solcher →Ansätze mittlerer Reichweite wird versucht, die identitätsprägenden, stilisierten und stilisierenden Momente von F.verhalten herauszuarbeiten und die Beziehungen von F.- oder Lebensstilen zu Kultur und sozialorganisatorischen Bedingungen zu erfassen.

Freizeit und Umwelt
In der →sozialökologisch orientierten F.forschung werden Bezüge des F.verhaltens zur →Umwelt bzw. zu Umwelten untersucht. F. kann erstens als von Umwelt(en) abhängige Variable erfaßt werden. Je nach räumlichen Bedingungen (im Haus oder außer Haus, in privaten Räumen oder auf öffentlichen Plätzen, in urbanen, suburbanen oder ländlichen Regionen, in artifiziellen oder relativ natürlichen Umwelten, unter kontrollierten oder unkontrollierten räumlichen Bedingungen) ergeben sich unterschiedliche Wahrscheinlichkeiten und Regelmäßigkeiten des F.verhaltens. Zweitens hat F. für die Umwelt(en) bestimmte Konsequenzen, die unter den Stichworten Belastung und Zerstörung von Umwelt(en) angesprochen sind. Insbesondere bei massenhafter Verbreitung von bestimmten F.verhaltensweisen werden Umweltschäden produziert. Die nicht nur „objektiven" Umweltbelastungen, sondern die auch sozialpsychologischen Bedingungen und Auswirkungen des Erlebens in Umwelten, die subjektiv als zu eng und überfüllt empfunden werden, behandelt die Forschung unter dem Stichwort „crowding". Crowding ist ein interpersoneller Prozeß, in dessen Verlauf es zu subjektiven Streßerfahrungen von Enge und Überfüllung kommt. In der F. werden einerseits crowding-Erlebnisse hervorgerufen (überfüllte Lokale und Urlaubsorte), andererseits aber auch Versuche unternommen, crowding zu bewältigen (Stadtflucht). Das mit crowding verbundene Streßerlebnis ist allerdings nicht auf „objektive" Stressoren zurückzuführen, sondern auch eine Funktion der verfügbaren Bewältigungsstrategien („coping") und der erfahrenen sozialen Unterstützung („social support"). Gemäß dieser sozialökologischen Perspektive erscheint F. als ein Verhaltensbereich, in dem ein →System (Person, soziales oder ökologisches System) mit bestimmten Stressoren konfrontiert wird. Bei positiver Verarbeitung der Streßsituation reagiert das System auf die Stressoren im Sinne einer Herausforderung („eustress"); übersteigen aber die Anforderungen die Coping-Ressourcen, kommt es zu negativen Streßerfahrungen („distress").

Anwendung
Anwendung finden Erkenntnisse der F.forschung im Marketing und in der Werbung für F.artikel; in der F.beratung, F.pädagogik und Erwachsenenbildung sowie in Planungen, die zukünftiges F.verhalten in Rechnung zu stellen haben (Bedarfs- und Angebotsplanung für F.artikel, F.einrichtungen und -infrastrukturen). In der klientenbezogenen F.beratung werden Erkenntnisse über Beschränkungen der F.möglichkeiten von Bevölkerungsgruppen mit Beratungskonzepten verbunden, die z.T. psychotherapeutischen Ansätzen entnommen sind. F.beratung besteht dann nicht im Angebot bestimmter F.artikel oder in der Animation zu bestimmten Aktivitäten, sondern ist ein Ansatz, der durch Information des Klienten und orientiert an seinen individuellen Möglichkeiten und Interessen Wege zur selbständigen Wahl und Bewertung von F.aktivitäten entwickeln soll, und zwar mit dem Ziel, eine für die jeweilige Person optimale Freizeitgestaltung zu ermöglichen.

Lit.: Elias, Norbert und *Eric Dunning:* Quest for excitement. Oxford 1986; *Kelly, John R.:* Freedom to be: a new sociology of leisure. New York 1987; *Opaschowski, Horst W.:* Psychologie und Soziologie der Freizeit. Opladen 1988; *Veal, A. J.:* Leisure and the future.

London 1987. *Vester, Heinz-Günter:* Zeitalter der Freizeit. Eine soziologische Bestandsaufnahme. Darmstadt 1988

Prof. Dr. *H.-G. Vester,* Würzburg

Freizeitverhalten

→Freizeit

Fremdbestimmung

liegt vor, wenn Menschen nicht →autonom über ihre Verhaltensweisen entscheiden und irgendwelche Dritte (z.B. Personen oder →Organisationen) diese festlegen können.

Fremder

1. eine Person, die bislang unbekannt war, weshalb über ihre soziale Herkunft, ihre Eigenschaften nichts bekannt ist, was das Verhalten ihr gegenüber erschwert, weil nur die →Rolle des F. bekannt ist. Die Rolle ist symmetrisch, weil beide sich fremd sind;

2. eine Person, die zwar als solche schon relativ bekannt ist, die aber Eigenschaften und Verhaltensweisen zeigt, die in dem sozialen Gefüge als unüblich (oder gar →abweichend) gelten und deshalb fremd sind. Daher wird dessen →Integration in die soziale →Gruppe erschwert sein.

Fremdgruppe

Außengruppe, out-group (engl.)

→Gruppe, von der man sich (im Gegensatz zur →Eigengruppe) distanziert und die als negative →Bezugsgruppe dient. Zumeist werden solche F. auch →stigmatisiert, →stereotypisiert und →diskriminiert. Diese →Sündenbockfunktion dient zugleich der Stabilisierung der Eigengruppe.

Fremdverstehen

nach *A. Schütz* in der →Phänomenologie das →Verstehen des Anderen durch das Hineinversetzen in ihn, durch das Einfühlen, was durch vorgängige Gemeinsamkeiten möglich ist. Man tut so, als würde man selbst die Handlung des Anderen vollzogen haben (alter ego=Fremd-Ich).

Frieden, sozialer

1. Abwesenheit von innergesellschaftlichen →Konflikten, die mehr oder weniger gewaltsam ausgetragen werden;

2. Abwesenheit von innergesellschaftlichen Konflikten überhaupt, weil die Gesellschaft relativ homogen hinsichtlich der sozialen Gleichheit und Gerechtigkeit ist;

3. s.F. herrscht, wenn die Tarifparteien weder Streik noch Aussperrung praktizieren.

Friedensforschung

relativ junge, interdisziplinäre Wissenschaft, die einerseits die Gründe für das Ausbrechen von Kriegen untersucht, wie sie andererseits über Bedingungen nachdenkt, unter denen ein Krieg vermieden werden kann. Die F. hat sich deswegen besonders entwickelt, weil die Gefahr einer Zerstörung der Menschheit durch Krieg immer deutlicher gesehen wurde, weil die Rüstungsausgaben permanent stiegen und die Mittel in anderen Bereichen fehlen.

Frühkapitalismus

als F. bezeichnet man jene Phase der Entwicklung des →Kapitalismus, in der sich die Produktion in Manufakturen abzuspielen begann und einzelne Bankkapitale sich entwickeln konnten; diese Phase dauerte bis zum Beginn des 19. Jahrhunderts.

Frühsozialismus

die soziale Bewegung, die sich gegen den →Kapitalismus in der industriellen Entwicklung wandte und das sozialistische Theoriengebäude formulierte. Die Formen des F. waren sehr unterschiedlich und reichen von anarchischen, revolutionären und radikalen Ideen bis zu utopischen, reformerischen Ansätzen.

Frustration

Enttäuschung, Versagung, Vereitelung

Behinderung, ein vorgestelltes Ziel zu erreichen oder diesem Ziel näher zu kommen, wobei dieses zumeist ein →Bedürfnis darstellt. →Versagung

Führer

leader (engl.)

1. in der Soziologie der →Gruppe ist das ein Gruppenmitglied, das die →Macht besitzt, in der Gruppe seine Entscheidungen durchzusetzen, weil seine Vorrangstellung – wodurch auch immer – anerkannt wird;

2. in der politischen Soziologie sind F. allgemein die Herrschenden oder die regierenden Personen, insbesondere auch die Staats-, Regierungs- und Parteichefs.

Führer, expressiver
die Person in einer →Gruppe, die eine Führungsrolle deswegen einnimmt, weil sie auf der Dimension der Beliebtheit die größte Wertschätzung erfährt und auf der Gefühlsebene Einfluß auf die Gruppe hat. Gegenteil: →instrumenteller F.

Führer, formeller
das Gruppenmitglied, dem durch irgendwelche offiziellen Akte (z.B. Wahl, Organisationsprinzip etc.) die →Führung der →Gruppe übertragen wurde. Gegenteil: →informeller F.

Führer, informeller
eine Person, die über fixierte und diesen vielleicht sogar zuwiderlaufende Organisationsstrukturen hinweg die Führungsrolle zugestanden erhält, wobei die Gründe hierfür in seiner Persönlichkeit, seinem Leistungsvermögen, seiner emotionalen Ausstrahlung etc. liegen können.

Führer, instrumenteller
das Gruppenmitglied, das auf der Dimension der Leistung als der Tüchtigste wahrgenommen und geschätzt wird. Er kann deshalb bei allen Aufgaben der →Gruppe die Führungsrolle übernehmen und bestimmt, wie diese bewältigt werden sollten. Gegensatz: →expressiver F.

Führer, isolierter
in der →Soziometrie bezeichnet man als i. F. jenes Gruppenmitglied, das eine Vielzahl von positiven Wahlen auf sich vereinigt, diese aber nicht von der Mehrheit der Gruppenmitglieder, sondern von einem Teil der →Gruppe kommt, der selbst viele Wahlen erhält. Der F. ist relativ isoliert von der Gesamtgruppe.

Führer, kosmopolitaner
eine Person, die innerhalb einer →Gruppe deswegen die Führungsrolle einnimmt, weil sie über den Horizont der Gruppe hinaus Kenntnisse und Erfahrungen hat, die geschätzt werden.

Führer, lokaler
die zuerkannte Führungsrolle ist auf einen kleinen, räumlichen Bereich begrenzt; bei dem Begriff des l. F. handelt es sich zumeist um die Perspektive vom übergeordneten auf den kleineren Raum.

Führer, natürlicher
die Führungsrolle wird – zumeist wohl durch die Persönlichkeit determiniert – in relativ unstrukturierten →Gruppen von demjenigen – quasi natürlich – übernommen, der die Initiative ergreift.

Führer, passiver
die Eigenschaft des F. wird dieser Person nicht aufgrund von irgendwelchen Aktivitäten zuerkannt; entscheidend ist vielmehr, daß er als Person Vorbild für die anderen Gruppenmitglieder ist und deswegen Anerkennung als F. erhält.

Führer, soziometrischer
erhält eine Person in einer →Gruppe im →soziometrischen Test im Hinblick auf eine oder mehrere Beurteilungsdimensionen klar die häufigsten Wahlen, so gilt er als der s. F. der Gruppe.

Führerprinzip

im politischen Bereich die autoritäre Führung des Staates durch einen →Führer, der unbedingten Gehorsam aller Bürger in allen Lebensbereichen fordert. Die personalisierte →Macht ist die dominante Kraft in der Gesellschaft und tendenziell diktatorisch. Beispiel: der Duce im →Faschismus Italiens und Adolf Hitler im Nationalsozialismus.

Führung

bezeichnet eine soziale Beziehung, bei der es eine Über- und Unterordnung derart gibt, daß eine Person gegenüber einer oder mehreren anderen verhaltensbestimmend wird. Dies kann in einem bilateralen Verhältnis ebenso geschehen wie in einer Gruppensituation oder in einer →Organisation. In eher →informellen Gruppen entsteht F. aufgrund eher emotional-personalen Kriterien, während in →formalen Gruppen die Führung normativ geregelt ist. Als Indikator für F. läßt sich die Tatsache heranziehen, daß mehr →Interaktionen von einem F. ausgehen als ihn erreichen.

Führung, autokratische
beruht sehr stark auf der Autorität des →Führers, die von den Betroffenen weitgehend anerkannt wird, weshalb seinen Anweisungen Folge geleistet wird und seine Beurteilungen akzeptiert werden.

Führung, autoritäre
massivere Form der →autokratischen Führung, die unbedingten Gehorsam und Unterwerfung fordert, Kritik nicht duldet und Abweichungen scharf →sanktioniert.

Führung, demokratische
während der →Führer seine Vorstellungen und Absichten den Geführten zwar mitteilt, haben diese aber die Möglichkeit, an deren Umsetzung durch Diskussion und evtl. Abstimmung mitzuwirken. Diesen →Führungsstil bezeichnet man daher auch als kooperativ oder partizipatorisch.

Führung, kooperative
→demokratische F.

Führung, laissez-faire
diese Form der F. überläßt es den „Geführten", selbständig die entsprechenden Entscheidungen zu treffen; der →Führer läßt seine Untergebenen gewähren.

Führung, non-direktive
→laissez-faire F.

Führung, partizipatorische
→demokratische F.

Führung, permissive
→laissez-faire F.

Führungsgruppe
→Elite

Fundamentaldemokratisierung
nach *K. Mannheim* ist dies eine Erscheinung sich entwickelnder Industriegesellschaften, die darin besteht, daß mehr und mehr Bürger sich für politische und gesellschaftliche Belange interessieren, die breiten Massen auch aktiviert werden können, was mit einer tendenziellen Angleichung der Schichten verbunden ist.

Fundamentalismus
1. ursprünglich theologische Richtung im Protestantismus, im 19. Jh. in den USA mit der Millenarismus-Bewegung (→Chiliasmus) entstanden. Konservative christliche Theologen und Laien (Fundamentalisten) versuchten, die Standards des orthodoxen Christentums gegen die durch die (Natur-)Wissenschaften begünstigte Modernisierung und Liberalisierung des Lebens zu erhalten. Weltberühmt wurde in diesem Zusammenhang das „Affen-Urteil" von 1925, durch das ein US-Lehrer wegen Verstoßes gegen das von den Fundamentalisten erwirkte Gesetz verurteilt wurde, die Evolutionstheorie Darwins in öffentlichen Schulen zu lehren (wegen angeblicher Unvereinbarkeit naturwissenschaftlicher Erkenntnisse mit der Bibel). Fundamentalistische, gegen den Modernismus gerichtete Auflehnung gab und gibt es in allen Religionen;

2. heute wird der Begriff F. auf die konservativ-dogmatischen Vertreter aller ideologischen Systeme (Religionen, politischer Ideen usw.) angewendet. Dabei ist z. B. der gegenwärig besonders aktive islamische Fundamentalismus als Abwehr gegen den Säkularismus zu verstehen: die traditionellen islamischen Vorstellungen werden revitalisiert, die Unabhängigkeit von anderen Kulturen wird betont. Beispiele aus dem politischen Leben sind: die sozialistischen Parteien, in denen fundamentalistisch orientierte Teile radikal-dogmatisch an den Lehren von Marx, Stalin, Mao usw. festhalten und entsprechende Auffassungen über die politische Praxis sowie die Funktion

ihrer Organisationen haben, und die deutsche Partei „Die Grünen", deren Mitglieder, die eine kompromißlose parlamentarische Opposition bejahen, die sog. „Fundis" (=Fundamentalisten), von den sog. „Realos" (=Realpolitikern) unterschieden werden, die zu Kompromissen mit anderen Parteien bereit sind. In den politischen und ideologischen Auseinandersetzungen besteht heute jedoch zuweilen die Tendenz, jeden nur ernsthaft und mit Nachdruck vertretenen Standpunkt vorschnell als fundamentalistisch zu diffamieren. *G. R.*

Funktion (lat.)

Tätigkeit, Verrichtung

1. alltäglich oft gleichbedeutend mit der soziologischen →Position bzw. den damit verbundenen Aufgaben gebraucht;

2. in der Mathematik bezeichnet F. eine Beziehung zwischen mindestens zwei Größen derart, daß die eine sich verändert, wenn dies die andere auch tut, z. B. x = f (y), wobei die F. durch Algorithmen spezifiziert sein kann;

3. im →Strukturfunktionalismus ist F. ein Beitrag, den ein Teil in einem integrierten Ganzen (→System) zu dessen Erhaltung und struktureller Kontinuität bzw. zu dessen Wachstum beiträgt;

4. mengentheoretisch ist eine F. die eindeutige Abbildung zweier Mengen X und Y mit der Eigenschaft, daß jedem Element x ein y zugeordnet ist: y = f (x), X ist der Definitionsbereich und Y der Wertebereich der F.

funktional

wenn ein Element oder ein Teil eines sozialen →Systems einen positiven Beitrag zur Erhaltung oder Anpassung eines Systems liefert oder wenn es einen anderen positiven Beitrag zur Realisierung irgendeines Systemziels leistet, dann ist es funktional; vgl. →disfunktional.

funktionale Differenzierung

wird als Synonym für →Arbeitsteilung gebraucht, denn gemeint ist die Spezialisierung in bestimmte →Funktionen und eine entsprechende Arbeitsaufteilung in der Gesellschaft. F. D. führt dazu, daß die jeweiligen Aufgaben eine unterschiedliche Bewertung erfahren, woraus sich dann Differenzierungen sozialer Art (z. B. Schichtzugehörigkeit) ergeben.

funktionales Äquivalent

bestimmte →Funktionen können durch sehr unterschiedliche Mechanismen, durch alternative Möglichkeiten, durch verschiedene Elemente von →Systemen wahrgenommen werden, d. h., diese sind untereinander austauschbar, äquivalent im Hinblick auf die Realisierung der Funktionen.

Funktionalismus

→strukturell-funktionale Theorie
→Funktion 3.

Funktionalismus, kultureller

insbesondere von *B. Malinowski* propagierte Position in der →Kulturanthropologie bzw. →Ethnologie, die sich gegen eine eher →phänomenologische Betrachtung von →Kultur wendet, die essentialistische Wesensaussagen versucht; statt dessen wird Kultur verstanden als die →funktionale Bewältigung von Lebensproblemen und Bedürfnisbefriedigungen.

Funktionär

eine Person, die in einer →Organisation jedweder Art wichtige →Funktionen wahrnimmt, die ihm von dieser durch eine entsprechende →Position übertragen worden sind. Ein F. erhält damit prinzipiell bestimmte Rechte und Pflichten übertragen, die er relativ selbständig wahrnimmt.

Funktionselite

alle Personen, die in einer →funktional differenzierten Gesellschaft →Positionen innehaben und →Funktionen realisieren, die einen sehr hoch bewerteten →Status haben und für die Gesellschaft wichtige Entscheidungsbefugnisse wahrnehmen.

Funktionsverlust der Familie

1. läßt sich historisch mit der Entwicklung der Industriegesellschaft leicht nachvollziehen: Wichtige Funktionen werden ausgegliedert, z. B. die →Sozialisation durch Kindergarten, Schule und Berufsausbildung, was in der Großfamilie noch intrafamilial besorgt wurde;

2. über die Definition von 1. hinaus läßt sich feststellen, daß die Bedeutung der →Familie für die →Primärbeziehungen gegenüber z. B. der →peer group deutlich abgenommen hat. Die Gestaltung des Lebens wird mehr und mehr durch extrafamiliale Agenten bestimmt.

Futurologie

Zukunftsforschung

eine interdisziplinäre Wissenschaft, die insbesondere versucht, über Einzelereignisse hinausgehend allgemeine gesellschaftliche und weltweite Entwicklungen vorherzusagen. Dabei geht es weniger um →Prognosen in einem strengen methodologischen Sinn als vielmehr um das Aufzeigen bestimmter Entwicklungstendenzen und deren Konsequenzen, um rechtzeitig Maßnahmen dagegen erarbeiten und aufzeigen zu können.

G

game theory
→Spieltheorie

Gammler
1. ursprünglich Ausdruck für →Jugendliche, die gegen die →Leistungsgesellschaft auch dadurch protestiert haben, daß sie schon durch ihr Aussehen zu erkennen gaben, sich von den →Normen der Leistungsgesellschaft distanzieren zu wollen: Sie trugen lange Haare, wirkten ungepflegt und schmutzig und betonten durch Nichtstun, von Arbeit und Disziplin wenig zu halten. Zu Beginn der 1960er Jahre konnte dies massenhaft beobachtet werden, obgleich allerdings keine organisierte Bewegung daraus entstand, weil man auch jede „Gleichschaltung" ablehnte, um sich die →Individualität zu bewahren;

2. heute wird der Begriff als abwertender gegenüber allen gebraucht, die äußerlich den G. von damals ähnlich sind, z. B. Obdachlose.

gang
Zusammenschluß mehrerer, meist →Jugendlicher aus der Unterschicht zu gemeinsamen Aktionen, wobei zwischen delinquenten, gewalttätigen und sozialen g. unterschieden werden kann. In der Regel bezeichnet g. allerdings eine jugendliche →Bande, die Straftaten begeht.

Ganzheit
→Holismus
bestimmte soziale Gebilde werden nicht nur als aggregierte Individuen begriffen, sondern sie haben ein Eigenleben, eine eigene →Identität. Deshalb wäre es unzureichend, nur die sie konstituierenden Individuen oder Beziehungen zu analysieren, nur einzelne →Variablen herauszugreifen und aufeinander zu beziehen. Die originäre und organische Einheit muß als solche betrachtet und untersucht werden.

Gastarbeiter
eine noch im Sprachgebrauch befindliche Bezeichnung für ausländische Arbeitnehmer in der BR Deutschland. Man ist derzeit bemüht, diesen negativ bewerteten Begriff durch den neutralen des ausländischen Arbeitnehmers abzulösen, damit zugleich auch der →Status als Gast geringeres Gewicht erhält. Es handelt sich um Arbeiter aus industriell geringer entwickelten Ländern (Türkei, Jugoslawien, Italien, Spanien), die – als eine große Nachfrage nach wenig qualifizierten Arbeitern bestand – angeworben wurden und arbeiteten. Entgegen einigen Erwartungen und Anreizen blieb die Mehrzahl – auch nach schlechter gewordenem Arbeitsmarkt – im neuen Land, insbesondere, weil auch die Familienangehörigen zwischenzeitlich nachgeholt wurden. Soziale Probleme entstehen aus den unterschiedlichen Sprachen, Kulturen, Religionen etc., die eine gegenseitige →Anpassung erschweren.

Gastrolle
Begriff aus der →Ethnologie; bezeichnet jene ethnische Gruppierung, die als →Minderheit – bei Beibehaltung der eigenen →Kultur – auf dem Territorium und unter Duldung der größeren Kultur lebt.

gate keeper
Pförtner
jene Personen, die innerhalb einer →Gruppe oder →Organisation insoweit eine Schlüsselstellung innehaben, als sie den Kommunikationsfluß, der von außen herangetragen wird, kontrollieren und kanalisieren; sie entscheiden darüber, welche →Informationen die Mitglieder der Gruppe oder Organisation erreichen.

Gattenfamilie
auch: konjugale →Familie
jener Familientypus, bei dem die Beziehungen der Ehegatten zueinander das dominante und die Familie konstituierende Element sind: Vor der Geburt und

nach dem Auszug der Kinder leben nur die Gatten in einem Haushalt zusammen.

Gattungswesen
ein Begriff aus dem →Marxismus: Der Mensch wird zum G., wenn er in einer klassenlosen Gesellschaft lebt, kollektiv arbeitet und dadurch die Natur als Produkt seiner Arbeit betrachten kann. Der Mensch als G. kann erst existieren, wenn die →Entfremdung aufgehoben ist.

Gauß-Verteilung
→Normalverteilung

Gebilde, soziales
allgemeinste Bezeichnung für soziale Einheiten, die durch Personen gebildet werden, die aber auch als →Systeme durch →Normen, →Werte, →Rollen, →Positionen etc. und deren Beziehungsgeflecht charakterisiert sind, also →Strukturen und →Funktionen haben. Solche s. G. sind →Organisation, →Familie, →Gruppe, →Betrieb etc. Obgleich solche G. gerade als Beziehungsgeflecht nicht unmittelbar wahrnehmbar sind, sind sie doch handlungsrelevant. Der Begriff geht auf *L. von Wiese* zurück.

Gebildelehre
der Ansatz der G. geht auf *L. von Wiese* zurück: G. und Beziehungslehre sind bei ihm die beiden Säulen der Soziologie, die sich mit dem Sozialen beschäftigen. An →Gebilden unterscheidet er hinsichtlich der Dimension der →Konsistenz (das ist das Verhältnis des Zueinander und Auseinander) →Massen, →Gruppen und Körperschaften.

Gebrauchswert
die Eigenschaft eines Gutes, eine Bedürfnisbefriedigung bei einer Person auszulösen, also einen subjektiven Nutzen zu stiften. Mit dem G. wird in der subjektivistischen Wertlehre und in der Grenznutzentheorie die Preisbildung erklärt. Der G. ist der Gegenbegriff zum Tauschwert, der sich aus Angebot und Nachfrage ergibt. Obwohl der Tauschwert als ein Element im G. enthalten ist, sagt er letztlich nichts über den Nutzen eines Gutes aus.

Geburt, sozio-kulturelle
damit wird zum Ausdruck gebracht, daß der Mensch als biologisches Wesen nicht sozial lebensfähig wäre, würde nicht durch die →Sozialisation entsprechende Verhaltenssicherheit geliefert. Erst die Kenntnis der Verhaltenserwartungen gestattet es, mit anderen gedeihlich zusammenzuleben, erst dann liegt die s. G. vor: Der Mensch hat sich als relativ instinktloses und unangepaßtes biologisches Mängelwesen zu einem handlungsfähigen Gesellschaftsmitglied entwickelt.

Geburt, embryonale
damit ist gemeint, daß der neugeborene Mensch eigentlich noch in einem embryonalen Zustand sich befindet und sich nicht selbst am Leben erhalten kann. Er ist auf die Fürsorge und Hilfe anderer angewiesen.

Geburt, zweite
→sozio-kulturelle G.

Geburtenfolge
der zeitliche Abstand zwischen den Geburten einer Frau. Sie ist neben anderen →Variablen eine wichtige Größe in der Bestimmung der Bevölkerungsentwicklung.

Geburtselite
die →Elite wird konstituiert durch die Kinder von Eliteangehörigen; es erfolgt also eine Selbstrekrutierung durch Geburt. →Geburtsprinzip

Geburtsgruppe
zu einer G. gehören alle Menschen, die in demselben Zeitraum geboren wurden.

Geburtsprinzip
die Rekrutierung zu einer irgendwie definierten und sozial bewerteten Kategorie erfolgt über Geburt. Andere Zugangsmechanismen sind traditionell und normativ ausgeschlossen (z.B. →Kaste, →Stand), so daß ein bestimmter sozialer

→Status nicht erworben, sondern nur zugeschrieben werden kann.

Gefährtenfamilie

1. eine →Familie, in der es eine Rollenverteilung nach den persönlichen Fähigkeiten gibt, die Entscheidungen gemeinsam erfolgen, die Autoritätsstrukturen von Fall zu Fall wechseln und eine starke emotionale Bindung zwischen den Ehepartnern besteht. Die G. ist ein Spezialfall der →Gattenfamilie;

2. eine Mischform im Wandel von der traditionellen, patriarchalischen Familie zur Partnerschaftsfamilie, die in etwa der G. in der Definition 1. entspricht.

Gefangenendilemma

das G. ist ein Zwei-Personen-Nicht-Nullsummenspiel aus der →Spieltheorie. Mit ihm kann Kooperations-, Konflikt- und Lernverhalten studiert werden, wenn man die Möglichkeiten der →Kommunikation zwischen den beiden Spielenden variiert. Das Prinzip ist einfach: Zwei Delinquente werden getrennt über eine Straftat verhört, woraus für sie ein Dilemma entsteht. Gestehen beide, so erhalten sie eine mildere Strafe; gesteht nur jeweils einer, so wird dieser freigelassen, während der jeweils andere bestraft wird; gestehen beide nicht, so erhalten sie wieder nur eine mildere Strafe. Wie also entscheidet sich der einzelne, wenn er mit dem anderen nicht kommunizieren kann? Er steckt in einem Dilemma.

Gefängnissoziologie

eine eng auf den Gegenstand Gefängnis bezogene Bindestrichsoziologie, die sich unter Anwendung der Erkenntnisse anderer spezieller Soziologien (z.B. →Organisation) oder →Theorien (z.B. →Subkultur) oder anderer wissenschaftlicher Disziplinen (z.B. Psychologie) mit allen Fragen beschäftigt, die die Ziele, Wege, Mittel und Erfolge oder Mißerfolge der →totalen Institution betreffen.

Gefolgschaft

1. allgemein alle Personen, die sich einem →Führer freiwillig unterordnen, diesen wegen seines →Charismas anerkennen;

2. nach *M. Weber* der Verwaltungsstab eines →charismatischen Herrschers, der dessen Anordnungen befolgt und durchsetzt.

Gefüge

mit G. ist die Gliederung eines sozialen →Systems gemeint, dessen →Struktur, also die Anordnung von einzelnen Elementen des Systems in Bezug zueinander.

Gefühl

→Emotionen

1. bezeichnet den affektiven Aspekt menschlichen Erlebens, wie Antipathie oder Sympathie, Lust oder Unlust, Freude oder Trauer etc.;

2. bei *G. C. Homans* ist G. als „sentiment", neben Aktivität und →Interaktion, ein zentraler und basaler Begriff im Rahmen seiner →Theorie der sozialen →Gruppe. Damit sind dann alle innerpsychischen Wahrnehmungen der eigenen inneren Zustände gemeint, also z.B. G. in der Definition 1. →Affekte.

Gegenelite

ein →Kollektiv oder eine Bewegung, die der →Elite entgegengesetzte Ziele formuliert und verfolgt und die in Teilbereichen der Gesellschaft diese auch durchsetzen kann.

Gegenkultur

→Kontrakultur
→Subkultur

Gegenwartsorientierung

als Auswirkung schichtspezifischer →Sozialisation wurde festgestellt, daß in den unteren Schichten sich das Verhalten an gegenwärtig relevanten Aspekten ausrichtet und der Blick in die Zukunft fehlt, während die Mittelschichtangehörigen zukunftsorientiert sind.

Geheimbünde
Vereinigungen, die sich von der Außenwelt abschirmen, ohne öffentliche →Kontrolle im geheimen arbeiten, strenge Aufnahme- und Verhaltensregeln haben und weitgehend organisiert sind mit vertikaler Differenzierung, ein sehr entwickeltes Zusammengehörigkeitsgefühl haben und für Frauen meist nicht zugänglich sind. Ziele und Tätigkeiten der G. sind sehr →heterogen und reichen von magischen über religiöse zu politischen und revolutionären Absichten; auch kriminelle Aktionen sind als Ziele denkbar. Beispiele: Freimaurer, Mafia, Ku-Klux-Klan.

Geist des Kapitalismus
von *M. Weber* geprägter Begriff, der im Zusammenhang mit der protestantischen Ethik betrachtet wird: Da der asketische Protestantismus davon ausgeht, daß bei guter Erfüllung der Arbeitspflichten eine religiöse Belohnung erfolgt, handeln die Protestanten danach: weil Gott die Arbeit gewollt hat, sind sie fleißig und sparsam, vermehren ihren Besitz und praktizieren damit eine religiös motivierte ökonomische Gesinnung, die sich im G. d. K. trifft.

Geltung
1. die Anerkennung einer →Norm, eines Verhaltensstandards durch Normsetzer und Normadressaten, also deren allgemeine Billigung in einem sozialen Gefüge. Vgl. dazu den spezifischeren Begriff des Geltungsgrades;

2. seltener in der Sozialforschung synonym gebraucht mit →Gültigkeit;

3. manchmal auch im Sinne von Bestätigung oder Nichtbestätigung (→Falsifikation) benutzt, etwa: Die →Hypothese gilt.

Geltungsgrad
Ausmaß, in dem die Normsetzer von der Sinnhaftigkeit und Notwendigkeit einer von ihnen aufgestellten Verhaltensforderung überzeugt sind.

Geltungshierarchie
ein Normensystem ist zumeist so aufgebaut, daß aus übergeordneten grundlegenden →Normen nachrangige abgeleitet werden: es entsteht eine →Hierarchie derart, daß die Legitimität von nachrangigen Normen sich quasi automatisch aus den übergeordneten ergibt.

Geltungskonsum
demonstrativer Konsum, der dazu dient, gegenüber irgendwelchen Dritten zu zeigen, daß man sich einen bestimmten Konsumartikel leisten kann. Dabei geht es oft darum, suggerieren zu wollen, einen höheren →Status (Einkommen etc.) zu haben, als man ihn tatsächlich hat.

Geltungsstreben
in einer Gesellschaft, in der es eine vertikale Differenzierung nach →Schicht und →Status gibt und den höheren →Positionen eine positivere Bewertung zuteil wird, gibt es nicht nur ein Streben nach →Mobilität, sondern gerade dann, wenn der soziale Aufstieg versagt bleibt, wird versucht, in Verhalten und →Einstellungen so zu erscheinen, als habe man einen höheren Status. Damit glaubt man, eine höhere Wertschätzung der eigenen Person erfahren zu können.

Gemeinde
1. im politischen Sinn handelt es sich bei der G. um die kleinste politische Einheit, die eine gewisse Autonomie in der Gestaltung des G.lebens besitzt und entsprechende Verwaltungsaufgaben wahrnimmt;

2. im religiösen Sinn ist die G. eine in der Konfession homogene Population, die lokal oft auch durch die Grenzen der politischen G. bestimmt ist, manchmal – gerade in der Diaspora – jedoch größer gefaßt ist und von einem zuständigen Pfarrer betreut wird;

3. im soziologischen Gebrauch meint G. eine zunächst lokal definierte Einheit mit spezifischen sozialen Bindungen der Bewohner dieses Raumes, die ein nach außen abgrenzbares Interaktionssystem haben und sich als zusammengehörig

empfinden, sich mit der G. identifizieren. Insoweit gelten für die G. alle sozialen Tatsachen, wie sie auch für größere soziale Gebilde, etwa Gesellschaften, auch zutreffen. →Stadtsoziologie

Gemeindesoziologie

eine Bindestrichsoziologie, die sich im letzten Jahrhundert entwickelt hat und als Untersuchungsgegenstand die →Gemeinde gewählt hat. Sie ist weitgehend empirisch orientiert, was wegen der leichten Überschaubarkeit verständlich ist. Sozialpolitische Probleme, Wanderungen und Wandlungsprozesse, Integration und Desintegration, Machtverhältnisse und Partizipation der Gemeindemitglieder, Strukturen und deren Entwicklung sind ihr Gegenstand. Die G. wird heute mehr und mehr von der modernen →Stadt- und Regionalsoziologie abgelöst.

Gemeindestudie

empirische Untersuchungen, die, zunächst in den USA entwickelt, nach dem zweiten Weltkrieg auch in der BR Deutschland eingesetzt wurden, die zumeist multimethodisch vorgingen (→Beobachtung und →Befragung) und versuchten, eine →Gemeinde möglichst umfassend zu beschreiben. Das implizierte, daß sie möglichst viele sozial relevante Dimensionen erfaßte: Wohnen, Arbeit, Freizeit, Bildung, Gesundheit, Kriminalität etc., aus deren Bestandsaufnahme sich soziale Probleme, aber auch entsprechende Steuerungsmöglichkeiten ergaben.

Gemeineigentum

1. jenes Eigentum, das nicht irgendwelchen Individuen zuzuordnen ist, sondern das den Mitgliedern eines →Kollektivs gemeinsam und anteilig gehört und entsprechend genutzt wird;

2. heute versteht man darunter das Eigentum des Bundes, der Länder oder der →Gemeinden.

Gemeininteresse

common interest (engl.)

eine theoretische →Kategorie, die empirisch nur schwer ermittelbar ist; trotz aller Differenzierungen zwischen den Mitgliedern eines →Kollektivs wird unterstellt, daß es so etwas wie gemeinsame →Bedürfnisse und Interessen gibt.

Gemeinschaft

→Kommunitarismus

1. Einführung des Begriffes durch *Ferdinand Tönnies.* Gemeinschaft ist angesichts der rapiden Industrialisierung im letzten Drittel des 19. Jahrhunderts zu einem zentralen Begriff der Gründungsphase der deutschen Soziologie geworden. Tönnies hat ihn bewußt als theoretischen Begriff unter Verwendung eines Terminus der Alltagssprache konzipiert. Es ist ein antagonistischer Begriff, dem sein Bezug auf den Gegensatzbegriff der „Gesellschaft" wesentlich ist. Tönnies unterscheidet sich mit seiner begrifflichen Konstruktion des Gegensatzes von Gemeinschaft und Gesellschaft vom früheren Sprachgebrauch, demzufolge beide Begriffe synonym oder genau im entgegengesetzten Sinne verwendet wurden. Erst im Laufe des späteren 19. Jahrhunderts und wesentlich durch Tönnies' theoretische Fassung dieser Terminologie (1887) hat sich die Bedeutung eines Gegensatzes von organisch gewachsenen, auf Vertrauen beruhenden Verhältnissen einerseits und von rationalen, auf Nützlichkeitserwägungen beruhenden sozialen Zusammenhängen auf der anderen Seite mit dem Begriffsdualismus Gemeinschaft und Gesellschaft verbunden. Tönnies will mit seinen Begriffen auf der Ebene der theoretischen Soziologie seiner Zeit das Fazit aus der gesamten sozialphilosophischen Tradition ziehen. Für die wissenschaftliche Transformation ursprünglich sozialphilosophischer Theoreme (Vertragsgedanke der Aufklärung – Gedanke der historischen Individualität seitens der Romantik) verwendet er seine Psychologie des Willens. Die Menschen bauen danach die soziale Wirklichkeit durch Willensakte auf, die jeweils aus zwei

Grunddispositionen hervorgehen: aus der Haltung des ganzheitlichen Wesenwillens und aus der Position des im Gegensatz dazu analytisch und zweckrational eingestellten Kürwillens. Der Wesenwille bestimmt die Gemeinschaft, der Kürwille die Gesellschaft. In beiden Fällen ist die Ratio am Werk, nur jeweils auf verschiedene Weise: das eine Mal, im Falle des Wesenwillens, als Vernunft, integriert in die allgemeinen Lebenszusammenhänge, handelnd aus der Trias „Gefallen, Gewohnheit, Gedächtnis", das andere Mal, im Falle des Kürwillens als Verstand, isoliert und von außen her vermittels der Trias „Bedacht, Beschluß, Begriff" den psychischen Apparat dirigierend. Die sozialen Verbindungen, die Tönnies als „soziale Verhältnisse" (z.B. Familie oder Geschäftspartner), „Samtschaften" (z.B. Kaste oder Klasse) und „Körperschaften" (z.B. Klan oder Aktiengesellschaft) unterscheidet, können entweder mehr zum gemeinschaftlichen oder zum gesellschaftlichen Typus tendieren. Im Rahmen der „reinen (d.i. begriffskonstruktiven) Soziologie" handelt es sich dabei um „Normalbegriffe ideeller Typen", im Rahmen der „angewandten" (d.h. vorwiegend historischen) Soziologie" dagegen – vermittelt durch den Individualisierungsprozeß „in, aus und neben den Gemeinschaften" – um empirisch wirksame Grundprinzipien, die jeweils ganze Epochen charakterisieren (so das vorwiegend gemeinschaftliche Mittelalter und die vorwiegend gesellschaftliche Neuzeit). Über der typologischen Entgegensetzung darf aber nicht übersehen werden, daß gemeinschaftliche und gesellschaftliche Verhältnisse stets gleichzeitig, wenn auch in wechselndem Mischungsverhältnis miteinander bestehen und ineinander verflochten sind. Mit der Ergänzung des zweckrationalen Willenstypus durch den mit der Gemeinschaft verbundenen Wesenwillen will Tönnies paradoxerweise gerade die moderne Aufklärungs- und Naturrechtstradition besser absichern. Auf diese Weise konnte die historisch-kulturelle Welt aus organologischen und metaphysischen Zusammenhängen gelöst werden und – da ebenfalls aus vernünftigem, wenn auch nicht zweckrationalem Handeln entstanden – prinzipiell in gleicher Weise der wissenschaftlichen Erkenntnis zugänglich gemacht werden wie die zweckrational konstruierten Systeme des Gesellschafts-Typus. So wie die Ratio in den Wesenwillen integriert ist, so findet der Mensch der Gemeinschaft die umgreifenden Traditionen als anschauliche Realität bereits vor. In diesem Sinne sind für Tönnies allein die gemeinschaftlichen Verhältnisse „real", die gesellschaftlichen dagegen „fiktiv", da sie auf Abstraktionsleistungen (besonders deutlich im Falle der Korrespondenz von Geldwirtschaft und begrifflichem Denken greifbar) oder auf fingierten Konstellationen (wie z.B. der Fiktion des Äquivalententausches im Arbeitsvertrag) beruhen. Tönnies belegt den Gegensatz mit Kategorien, die aus der politischen Ökonomie, der Rechtstheorie, der Kulturanthropologie und (z.B. bezüglich der Nominalismus-Realismus-Problematik) aus der Philosophie kommen. Gemeinschaft wird sozialgeschichtlich um das Haus zentriert (das isolierte Haus, das Bauernhaus, das städtische Haus – in Analogie dazu Dorf, Gemeinde, Stadt als „gemeinschaftlicher Organismus", jeweils auf spezifische Weise repräsentiert durch die antike Polis und die spätmittelalterliche Stadt). Alles geht aber aus vom Prototyp der Familie. Sprachgenossenschaft und Religionsgemeinschaft sind die zentralen Kulturphänomene. Sitte ist – im Gegensatz zum Instrument des formalen Rechts der Gesellschaft – das Medium sozialer Normierung in der Gemeinschaft. Die Gentilverfassung erweist sich als zentraler historischer Anwendungsfall für Tönnies' Gemeinschaftsbegriff. Die fundamentalen Relationen, wie die von Zweck und Mittel (Einheit beider im Wesenwillen; absolute Vorherrschaft des Zwecks gegenüber dem

Mittel im Falle des Kürwillens), Teil und Ganzem (das Ganze im Bewußtsein der Gemeinschaftssubjekte vorgegeben, für die Gesellschaftssubjekte als Konstruktion erkennbar) dienen Tönnies zur begrifflichen Klärung der unterschiedlichen Grundstrukturen von Gemeinschaft und Gesellschaft, Wesenwillen und Kürwillen. Er verfolgt die Auswirkungen der beiden grundsätzlichen Willensstellungen zur Welt bis in psychologische und kulturanthropologische Detailkategorien (z.B. hinsichtlich des unterschiedlichen Freiheitsbegriffes: freies Spiel der (Wesens-)Kräfte versus zweckrationales Operieren).

2. Fortentwicklung des Gemeinschaftsbegriffes in der Soziologie der 1920er Jahre. Tönnies' Dichotomie wurde in den zwanziger Jahren vor allem durch Erweiterung und Ergänzung der begrifflichen Zergliederung fortgedacht. Schmalenbach (1922) fügte zur traditionalen Gemeinschaft den charismatisch getragenen Bund als weitere Kategorie hinzu, was Tönnies als mögliche Ergänzung, nicht aber als notwendige Korrektur akzeptierte. Der Bezug zum Charisma-Begriff Max Webers war damit hergestellt, der seinerseits in Tönnies' Willenstheorie in auffälliger Weise fehlte. Max Weber (1925) selbst hat Tönnies' Dichotomie in prozessualer Umdeutung und losgelöst von ihrer Funktion als „Grundtheorem" (Tönnies) in sein Denken übernommen. Er unterscheidet „Vergemeinschaftung" und „Vergesellschaftung". Es handelt sich dabei um soziale Beziehungen, die im ersten Fall auf dem Bewußtsein affektueller oder traditionaler Zusammengehörigkeit beruhen und im letzteren Falle um soziales Handeln, das, wert- oder zweckrational bestimmt, auf Ausgleich oder Verbindung von Interessen zielt. Da Weber nicht wie Tönnies seine soziologischen Begriffe aus einer expliziten psychologisch-anthropologischen Grundlagentheorie deduziert, ist er beweglicher in der Gruppierung der Strukturmerkmale als Tönnies (was sich z.B. an der Aufdeckung der Paradoxien zeigt, daß Vergemeinschaftung sich auch aus Vergesellschaftung ergeben kann: so wenn Stammesbewußtsein mit seiner Symbolik der Blutsgemeinschaft in Wahrheit das Kunstprodukt der politischen Organisation ist). Er gibt auf diese Weise eine soziologische Kasuistik anhand der Formen von Haus-, Sippen- und Nachbarschaftsgemeinschaft, ebenso wie von Typen der religiösen Vergemeinschaftung. Eine bedeutende Rolle spielt Tönnies' Gemeinschaftsbegriff in Alfred Vierkandts Soziologie (1923). Er unterscheidet vier Arten von Gemeinschaft: (1) die „volle oder persönliche Gruppe" (Familie, Sippe, Männerbünde, Erweiterung des Ichbewußtseins, Identifikation mit der Gruppe, aber stets nur „intentional" hinsichtlich bestimmter Gegenstände oder Rollen; Idealtypus sowohl der Gemeinschaft wie auch der Gruppe), (2) die „rein persönliche Gemeinschaft" (Freundschaft, Ehe), (3) die abstrakte Gruppe (z.B. Stamm oder Nation, für den einzelnen nicht mehr als Ganzes anschaulich); (4) die „außermenschliche oder unpersönliche Gemeinschaft" (Bezug auf ein Werk, eine Idee etc.). Seelische Verbundenheit, die für die Gemeinschaft maßgebend ist, geht mit der Anerkennung gemeinsamer Ordnungen zusammen. Letztere können sich verselbständigen und damit zur Grundlage gesellschaftlicher Verbindungen werden. Das „Anerkennungs-", das „geregelte Kampf-" und das „geregelte Machtverhältnis" stellen die drei wichtigsten dieser sozialen Ordnungen dar. Vierkandts phänomenologische Differenzierungen werden erkauft mit einer Auflösung des deduktiven Zusammenhangs, den Tönnies seinerseits mit großer Energie aufrechterhalten hat.

3. Verwandte Begriffe in der außerdeutschen Soziologie. Der umfassenden Dimension von Tönnies' Dichotomie kommt unter den zeitgenössischen So-

ziologen vor allem Durkheim (1893) mit seinem Gegensatz von „organischer" und „mechanischer Solidarität" nahe. Im Unterschied zum deutschen Sprachgebrauch bezeichnet Durkheim den sozialen Zusammenhalt von traditionalen Gesellschaften als mechanisch (Ähnlichkeiten der Individuen und Bewußtseinszustände in segmentären Gesellschaften). Organische Solidarität bezieht sich dagegen auf die wechselseitige Abhängigkeit in einer arbeitsteiligen Gesellschaft. An der unterschiedlichen Terminologie zeigt sich der unterschiedliche philosophische Hintergrund beider Autoren. In der amerikanischen Soziologie seit der Jahrhundertwende finden sich starke Analogien zu Tönnies' Grundproblematik und den von ihm her kommenden deutschen Traditionen. Übereinstimmung besteht hinsichtlich der psychologischen Grundlegung der sozialen Wirklichkeit und bezüglich einer Dichotomisierung nach den Kriterien traditional – modern. In diesen Zusammenhang gehören Gegensatzpaare wie „folk – urban societies" (Redfield 1956) oder „sacred – secular societies" (Becker 1950).

4. Grundzüge der modernen Kritik am Gemeinschaftsbegriff. (1) Die geschichtsphilosophischen und kulturkritischen Beiklänge werden als störende Relikte einer vorwissenschaftlichen Phase kritisiert. (2) Desgleichen wird die mangelnde Genauigkeit und Operationalisierbarkeit der Begriffe moniert. (Im Hinblick auf Tönnies wird dabei meist irrtümlich angenommen, daß er seine Grundbegriffe substantialisiert oder gar ontologisiert habe.) (3) Schließlich wird die Dichotomie als solche zurückgewiesen. Nicht um kategoriale Entgegensetzung, sondern um eine stets im Fluß sich befindliche Mixtur der verschiedenen Sozialformen könne es sich handeln. Parsons „pattern variables" (1951) stellen aber eine Brücke dar, über die Tönnies mit der modernen soziologischen Theoriebildung in Verbindung steht. Es handelt sich dabei um fünf notwendige Alternativen für die Orientierung eines jeden Handelnden (die Parsons, durch Tönnies angeregt, formuliert hat), wobei die erste Komponente jeweils (wesenhaft-ganzheitlich vorgegebene Qualitäten enthaltend) die Handlungsdisposition der Gemeinschaft, die zweite (in verschiedener Weise analytisch instrumental und universal orientiert) die der Gesellschaft bezeichnet. Aus den Kombinationsmöglichkeiten dieser Handlungsmuster ergibt sich eine differenziertere Auffassung von Typen der Wert- und Zweckrationalität, als es durch das Festhalten an Gemeinschaft und Gesellschaft im Sinne gestalthafter Entitäten möglich wäre. Von der Tendenz her ist diese Sichtweise allerdings bereits in Tönnies' Willenstypologie enthalten. Gegenwärtig werden Versuche zur Bestimmung der besonderen Form ritueller Verbindung von Gem. und Ges. in den →neuen sozialen Bewegungen durch die Einsicht angeregt, daß Strukturen und Institutionen zur Vermittlung beider Sozialformen untauglich geworden sind (Clausen 1989). Neue Gemeinschaftsbildungen werden als instrumental in Szene gesetzte Antworten auf anthropologische Bedürfnisse aufgefaßt, wobei die Abgrenzung der funktionalen Gemeinschaftsbildungen von den regressiven und den isolationistischen zum Problem wird (Strang 1989).

Lit.: C. Schlüter u. *L. Clausen* (Hg.): Renaissance der Gemeinschaft. Berlin 1989; *R. König:* Die Begriffe Gemeinschaft und Gesellschaft bei *Ferdinand Tönnies,* in: Kölner Zeitschrift für Soziologie und Sozialpsychologie, 7, 1955, S. 348–420; *H. Schmalenbach:* Die soziologische Kategorie des Bundes, in: Die Dioskuren (Bd. 1) München 1922; *F. Tönnies:* Gemeinschaft und Gesellschaft (1887). Darmstadt 1979; *A. Vierkandt:* Gesellschaftslehre (1923), 2., völlig umgearb. Aufl. Stuttgart 1928

Dr. *C. Bickel,* Eckernförde

Gemeinschaft(en), virtuelle
→Computernetzwerke

Gemeinschaft, wissenschaftliche
scientific community (engl.)
die →Gemeinschaft der Wissenschaftler, zumeist auf die jeweilige Disziplin bezogen.

Gemeinschaftshandeln
soziales Handeln, wie es für →Gemeinschaften, also z. B. →Primärgruppen, typisch ist. Es ist eher personales und weniger politisches Handeln, eher affektiv determiniert und weniger rational geplant, läuft eher →informell als nach →formalen Kriterien ab und ist spezifisch, partikularistisch und kaum generalisierbar.

Gemeinwesen
1. nach *F. Tönnies* ein spezifischer Typ von →Gemeinschaft, der einerseits durch differenzierte →Bedürfnisse, →Interessen, Kenntnisse und Fähigkeiten der Mitglieder und andererseits durch tradierte →Sitten und Gebräuche sowie durch kodifizierte →Normen charakterisiert ist;

2. allgemeiner meint G. ähnlich wie →Gemeinde eine kleine räumlich begrenzte soziale Einheit.

Gemeinwesenarbeit
→Sozialarbeit
community organization, community development
Gemeindeorganisation oder -entwicklung
ein aus der amerikanischen Sozialarbeit stammender Begriff. G. bezeichnet den Versuch, die Mitglieder eines Gemeinwesens an der sozialen Arbeit zu beteiligen, um effektiver und mit größerer Akzeptanz arbeiten zu können: Die Mitglieder ermitteln gemeinsam ihre →Bedürfnisse und →Interessen, artikulieren diese, setzen Prioritäten, entscheiden das Vorgehen, ermitteln Ressourcen, setzen diese ein und handeln solidarisch und kooperativ. Dieser Weg wird von der Sozialarbeit initiiert, analysiert, kontrolliert und gesteuert. Zweck ist einerseits die demokratische Beteiligung der Mitglieder an den Entscheidungsprozessen und andererseits eine größere Identifikation mit den Zielen und deren Realisierung durch die Beteiligten. G. ist neben der Einzelfallhilfe (case work) und der Gruppenarbeit (group work) die dritte klassische Methode der Sozialarbeit.

Gemeinwohl
eine Handlungsmaxime des Staates; er hat sich nicht an Individualinteressen, sondern am Wohle aller in seinem Handeln zu orientieren. Staat ist nicht Selbstzweck, sondern das Mittel, um seinen Bürgern insgesamt optimale Lebens- und Entfaltungschancen zu garantieren.

Generalisation
→Generalisierung

Generalisierbarkeit
1. kann man von Stichprobenwerten auf die Parameter der Grundgesamtheit schließen? Spezialfall von 4.;

2. kann man von Teilen auf das Ganze schließen (etwa von einzelnen Merkmalen auf eine bestimmte Struktur)?

3. kann man von räumlich und/oder zeitlich eingeschränkten Aussagen auf Allgemeingültigkeit schließen?

4. kann man von einer begrenzten Zahl von Elementen auf die Gesamtheit aller Elemente einer gemeinsamen Klasse schließen? →Generalisierung 1.

Generalisierung
Generalisation, Verallgemeinerung
1. man schließt von einer begrenzten Zahl von Elementen auf die Gesamtheit aller Elemente einer gemeinsamen Klasse. Da es sich hierbei um eine →Induktion handelt, ist dieser Schluß ein hypothetischer, da man nie sicher sein kann, daß er gilt;

2. in der Vorurteilsforschung meint G. den *unzulässigen* Rückschluß von wenigen Erfahrungen mit Angehörigen einer →Minorität auf alle Mitglieder, etwa:

Mich hat ein Zigeuner betrogen, deshalb: Alle Zigeuner sind Betrüger;

3. noch spezieller bedeutet G., daß auf der Basis *einer* Eigenschaft ein Gesamturteil über eine Person oder einen Einzelgegenstand gefällt wird. Diese isolierte Eigenschaft hat einen Ausstrahlungseffekt auf alle anderen: es kommt zu →Vorurteilen. Z.B. er ist Jude, also ist er auch hinterhältig, geschäftstüchtig etc.;

4. in der →Lerntheorie die Reizg. oder die Reaktionsg. Reizg. meint, daß Reaktionen, die auf einen bestimmten Reiz erfolgen, auch von ähnlichen Reizen ausgelöst werden können. Reaktionsg. heißt, daß ein Reiz, der eine bestimmte Reaktion hervorruft, auch ähnliche Reaktionen provozieren kann. Der Gegenbegriff zu Reizg. ist →Diskrimination; der zur Reaktionsg. ist →Differenzierung.

Generalisierung, empirische
bedeutungsgleich mit →Generalisierung 1., wenn die einzelnen Elemente empirisch ermittelt wurden.

Generation
1. bevölkerungsstatistisch ist eine G. die durchschnittliche Differenz zwischen den Geburtsjahren der Eltern und der Kinder.

2. soziologisch ist eine G. die Population der etwa Gleichaltrigen (mit Schwankungsbreiten, die durch die bevölkerungsstatistische Definition einer G. begrenzt sind), die in sich homogen sind hinsichtlich ihrer →Einstellungen, Orientierungen und Verhaltensweisen und sich von anderen G. unterscheiden lassen.

Generation, skeptische
von *H. Schelsky* geprägte Bezeichnung für die →Jugend der 1950er Jahre in der BR Deutschland, die er aufgrund eher →phänomenologischer →Typenbildung, in induktiver →Generalisierung auf der Basis des Begriffs der G. gewonnen hat. Die s.G. ist zu charakterisieren durch: skeptische Betrachtung der gesellschaftlichen Verhältnisse, gepaart mit einer gewissen pragmatischen Orientierung, mangelndes Interesse an Politik, kaum ideologisch geprägt, Streben nach Qualifikation.

Generationsdynamik
1. meint die Veränderungen in der Schnelligkeit und im Umfang des Generationenwechsels, also z.B. die bevölkerungsstatistische Veränderung des Generationsalters von 25 auf 20 Jahre oder etwa in den Entwicklungsländern die quantitative Zunahme der jüngeren →Generationen;

2. bezieht sich soziologisch auf die Tatsache, daß in den jüngeren →Generationen modifizierte →Werte, →Normen und Standards entwickelt und praktiziert werden, als sie von den älteren tradiert wurden. Dieser gesellschaftliche Wandlungsprozeß ist mit G. gemeint.

Generationskonflikt
ganz allgemein alle erkannten und ausgetragenen Differenzen zwischen den →Generationen; die G. sind strukturell und definitorisch angelegt und befördern den sozialen →Wandel. Zumeist auf Jugendliche und Erwachsene angewandt, was aber nicht darauf beschränkt sein muß.

Generationswechsel
bezeichnet die Wachablösung zwischen den →Generationen: Die jüngere Generation übernimmt →Positionen und →Funktionen, die die ältere bislang wahrgenommen hatte. Dies kann für alle Lebensbereiche gelten und ist meist der Motor für strukturelle Wandlungen.

generatives Verhalten
die geschlechtliche Fortpflanzung betreffendes Verhalten. Im Rahmen der Bevölkerungssoziologie ein Sammelbegriff für alle Verhaltensweisen, die in einer Bevölkerung oder Teilen davon eine typische Kinderzahl, kulturell-normativ determiniert, hervorbringt und mithin ein entsprechendes Fruchtbarkeitsniveau erzeugt.

Genossenschaft
ein formaler Zusammenschluß von Personen (=Genossen) mit dem Ziel, gemeinsam eine stärkere Position gegenüber Mächtigeren einzunehmen. Durch die G. sollen Erwerb und Wirtschaft der Mitglieder gefördert werden; die konkreten Ziele können sich beziehen auf Absatz, Verbrauch, Bauen oder Kredit. Vom gemeinsamen Wirtschaften werden Vorteile für alle erhofft; diese Zwecksetzung hat als solche noch nichts mit der Vergesellschaftung des Eigentums zu tun. G. können über die wirtschaftlichen Ziele hinaus auch kulturell und sozial motiviert werden (z.B. Kibbuz in Israel).

Genotyp
Gattungstyp
1. alle genetischen Bedingungen eines Lebewesens, die für den Fortbestand einer bestimmten Art (=Gattung) notwendig sind, im Gegensatz zum →Phänotyp, der die darüber hinausgehende individuelle Eigenart erfaßt, die sich aus G. und Umwelteinfluß ergibt;

2. im übertragenen Sinne bezeichnet G. auch die hinter einer Erscheinung, dem →Phänotypus, stehenden und nicht unmittelbar wahrnehmbaren aber erschließbaren Strukturen.

Gentilcharisma
ein →Charisma, das nicht individuell-persönlichkeitsspezifisch ist, sondern das jemand deswegen besitzt, weil er als Mitglied einer bestimmten →Sozialkategorie das der Kategorie zugeschriebene Charisma automatisch besitzt.

gentry
1. der niedere englische →Adel, die Baronets und Knights;

2. die englische Oberschicht, die dem Großbürgertum oder dem kleinen Landadel entstammt;

3. bis zum Beginn unseres Jahrhunderts die konfuzianisch geprägte Oberschicht in China.

Geographie, soziale
→Sozialgeographie

Geometrie des Sozialen
Geometrie, soziologische
kritisch-abwertender Begriff für jene formalistische Position in der Soziologie *(G. Simmel)*, die soziale Gefüge und Strukturen ähnlich wie ein →Soziogramm zeichnet, ohne die normativen und motivationalen Orientierungen der Handelnden in die Analyse einzubeziehen. Die „objektivistische" und „formalistische" Abbildung der Relationen der Strukturen übersieht weiterhin, daß diese sich nicht aus der Summe der individuellen →Interaktionen ergeben, sondern daß diese eine eigene →Identität haben.

Geometrie, soziale
→Geometrie des Sozialen

Gerechtigkeit
schon bei Aristoteles (ausgleichende und zuteilende G.) gebrauchte normative Formel, die auch im Christentum propagiert wurde und die eine große Verbreitung als ethische Forderung gefunden hat. Tatsächlich handelt es sich um eine normative Leerformel, solange sie nicht inhaltlich gefüllt wird. Als Wertidee und Prinzip aber unbestritten, geht sie ein in das Bedürfnis nach Gleichbehandlung.

Gerechtigkeit, soziale
ein Begriff des 20. Jahrhunderts, der deutlich zu machen versucht, daß soziale Ungleichheiten im Gesellschaftlichen existieren und daß diese abgebaut werden müssen. Wird die →Gerechtigkeit als Wertidee akzeptiert, so müssen rechtliche und wirtschaftliche Rahmenbedingungen gesetzt werden, die durch das Beseitigen von Ungleichheiten zu s.G. führen.

Gerontokratie
Herrschaft der Alten
kodifizierte oder nur tatsächlich feststellbare Form der →Herrschaft, wonach die älteren Mitglieder einer Gesellschaft

oder eines kleineren sozialen Gebildes jene →Positionen besetzen, die die zentralen Entscheidungen treffen. Das Alter muß dabei nicht über das Lebensalter definiert sein, auch entsprechende Erfahrungen (die aber nicht unabhängig vom Lebensalter sind) können qualifizieren. So sind bestimmte Positionen in Politik, Wissenschaft und Wirtschaft von ihrem allgemeinen Verständnis her in der Regel Älteren vorbehalten.

Gerontologie

Altersforschung

eine recht junge Wissenschaft, die sich mit den Prozessen des Alterns und dem Alter auseinandersetzt. Die Ausrichtung der G. ist interdisziplinär (Biologie, Medizin, Psychologie, Soziologie), wobei zunehmend das Alter(n) als ein sozial definiertes Phänomen begriffen wird. Die G. wird sozial immer relevanter, weil mit zunehmender Lebenserwartung immer mehr Menschen alt werden. Als soziale Gerontologie ist sie fast deckungsgleich mit der →Alterssoziologie.

Gesamtgesellschaft

1. in der Regel wird damit eine konkrete Gesellschaft bezeichnet, die räumlich und kulturell definiert ist, also durch ein Staatsgebiet eingegrenzt ist;

2. in analytischer Betrachtung ist das das größte übergeordnete →System, das alle notwendigen Definitionselemente von Gesellschaft enthält.

Gesamtstatus

da eine Person mehrere →Positionen einnimmt, hat sie für jede Position einen eigenen →Status. Das Insgesamt aller Status (sei es als arithmetisches Mittel oder als Summe oder als Index) ergibt den Gesamtstatus.

Geschichte der Soziologie

1. *Soziologie und Geschichte:* Voraussetzung der Sozialwissenschaften war die Herausbildung des absolutistischen Staates, dem eine „Gesellschaft" mit eigenen Funktionsmechanismen gegenübergestellt wurde. Auch andere fundierende Begriffe wie „Macht", „Interaktion" usw. sind innerhalb gesellschaftlicher Entwicklungen entstanden. Ihre ursprüngliche Politiknähe verdeckte oft, daß sie durch Abstraktion zu ahistorischen Analyseinstrumenten werden und nicht mehr mit politischen Positionen identifizierbar sind. Sie öffnen unterschiedliche Erkenntnisperspektiven, die einander aber nicht widersprechen müssen. Viel wichtiger als einzelne Theoriegebäude sind in der Geschichte der Soziologie daher bestimmte Perspektiven bzw. Ansätze geworden, die sich meist auch in der weiteren Entwicklung als fruchtbar erwiesen.

2. *Ansätze des 19. Jahrhunderts:* Als „Soziologie" galt bis Ende des Jahrhunderts die *positivistische* Geschichtsphilosophie im Sinne von *A. Comte* (1798–1857) und *H. Spencer* (1820–1903). Aus heutiger Sicht sind in dieser Periode mehrere relevante Ansätze entstanden.

a. Der Ausbau des Versicherungswesens seit dem 17. Jahrhundert förderte die Bearbeitung von Bevölkerungsdaten mit Hilfe der Wahrscheinlichkeitsrechnung (*Laplace* 1749–1827). Die Konstanz von Sterbe- und Geburtenraten legte einen Begriff gesellschaftlicher Naturgesetze nahe. Nach *Comte* sollte die „Soziologie" zwar *„soziale Physik"* sein, aber erst durch den belgischen Statistiker *A. Quetelet* (1796–1874) wurde dieses Programm stringent formuliert. Methodisch ist dieser Ansatz fundierend für empirische, vor allem *makrosoziologische* Forschungen geblieben. Zu einer exakt prognostizierenden Wissenschaft wurde die Soziologie gleichwohl nicht, weil sich soziale Prozesse nicht wie im Laboratorium isolieren lassen. Sie sind immer hoher Umweltkomplexität ausgesetzt, und zu der verhält sich der Gegenstand reflexiv. Die Forschung mußte sich daher auf mittelfristige Prognosen beschränken. Ihnen werden heute *„Theorien mittlerer Reichweite"* zugeordnet *(R. K. Merton)*.

b. Demgegenüber suchte die politische Ökonomie nach abstrakt rekonstruierbaren *Mechanismen,* die in →ceteris-paribus-Modelle gefaßt wurden. Weltanschauungen, Politik, Technik usw. erschienen dann als Randbedingungen, deren Erforschung anderen Wissenschaften oblag. In diesem Sinne wurden neben *Pareto* (1848–1923) auch andere Ökonomen als Soziologen tätig. Die Kapitaltheorie von *K. Marx* (1818–1883) sollte allerdings gesellschaftliche Interessen und damit politische Entwicklungen miterklären. In Analogie zur ökonomischen Theoriebildung suchten andere Soziologen nach Grundmechanismen der menschlichen Gesellung, die nicht mehr die „Gesellschaft", sondern das *„Soziale"* konstituierten. *G. Simmel* (1858–1918) wies die Zwecke – politische, wirtschaftliche, sexuelle usw. – der empirischen Gesellschaft zu, in der die „reinen", also zwecklosen *sozialen Formen* strukturierend wirksam werden. Im 20. Jahrhundert wurde dieser Ansatz u.a. in interaktionistischen und phänomenologischen Ansätzen fortgeführt.

c. Die Aufklärung im 18. Jahrhundert thematisierte den *Fortschritt.* Historische und regionale Unterschiede wurden in Sequenzen zeitlicher Vervollkommung gestellt, an deren Spitze die westeuropäischen („zivilisierten") Gesellschaften standen. Maßstab waren v.a. Technik *(Naturbeherrschung)*, *Säkularisierung* und *Individualisierung.* Dieser Ansatz ist Rückgrat des Positivistismus *(Comte, Spencer)*, des Liberalismus und des Marxismus. *Max Weber* (1864–1920) faßte die Entwicklungsrichtung in seinem Begriff der *Rationalität* zusammen. In den *„Modernisierungstheorien"* wirkt er bis heute fort.

d. In der Romantik und dem nachrevolutionären *Konservativismus* wurde die Herausbildung der bürgerlichen Gesellschaft dagegen als Verfallsprozeß interpretiert (*Bonald* 1754–1840). Eine Gesellschaft habe nur aufgrund von Werten, die sich rationaler Begründung entziehen, Bestand. Nicht durch Interesse und Vertrag, sondern durch die *Verinnerlichung* konstitutiver Werte binde sich das Individuum und stabilisiere die Gesellschaft. Diese Sicht wurde oft mit dem Modernitätstopos sequenziell vorgeordnet. So bei *Spencer,* bei *Durkheim* (1858–1917) oder bei *F. Tönnies* (1855–1936, „Gemeinschaft und Gesellschaft"). Als theoretische Orientierung blieb die normative Konstitution der Gesellschaft bis heute einflußreich.

e. Allgegenwärtig war die Analogisierung der Gesellschaft mit dem *Organismus.* Arbeitsteilung und soziale Ungleichheit erschienen dann als gesellschaftlich *funktional.* An die Stelle einsinniger Geschichtsverläufe konnten, den Lebensaltern analog, zirkuläre Modelle treten *(Spengler, A. Weber).* Der Organismus war Ausgangsparadigma auch der Systemtheorie.

3. *Ansätze im 20. Jahrhundert:* Die Herausbildung einer eigenständigen Soziologie ist Teil einer Ausdifferenzierung der Human- und Sozialwissenschaften insgesamt, die heute noch nicht abgeschlossen ist. Nach dem zweiten Weltkrieg beschleunigte sich auch die interne Differenzierung der Soziologie in eine Fülle sog. *„Bindestrichsoziologien"* (Industriesoziologie, →Kunstsoziologie, →Rechtssoziologie usw.).

a. Unter der Annahme, menschliches Handeln sei durch Werte und Zwecke geleitet, gingen *hermeneutische* Zugänge davon aus, daß gesellschaftliche Strukturen und Prozesse von ihrem (zugeschriebenen) *Sinn* her zu verstehen seien *(Max Weber).* Dieser Ansatz wurde in der *Ideologien*forschung und der →*Wissenssoziologie* (*K. Mannheim,* 1893 bis 1947) fortgeführt. Methodologisch stehen die Kategorien des →„Sinns" und des →*„Verstehens"* auch heute noch im Zentrum der Diskussion.

b. Schon *M. Weber* und *G. Simmel* thematisierten *Interaktions-* und *Kommunikationsprozesse. G. H. Mead* (1863–1931) verstand auch größere soziale

Geschichte der Soziologie

Einheiten als Komplexe von wechselseitigen Wahrnehmungen, Handlungserwartungen und Generalisierungen. Unter dem hinzutretenden Einfluß der soziologischen →*Phänomenologie* (*A. Schütz*, 1899–1959) wurden die Regeln des Alltaghandelns zum Forschungsobjekt des →*sympolischen Interaktionismus (H. Blumer)* und der →*Ethnomethodologie (A. Cicourel, H. Garfinkel).* In der *Mikrosoziologie* sind diese Ansätze heute dominant.

b. Eine Gegenkonzeption geht von Mechanismen aus, die unabhängig vom menschlichen Willen funktionieren. *Emile Durkheim* (1858–1917) bezeichnete sie soziale Tatsachen *(faits sociaux)*: Individuelle Motive (Psychologie) und gesellschaftliche Funktion (Soziologie) seien zu unterscheiden. Eine Ausprägung dieses Ansatzes ist der *Strukturalismus* (Lévi-Strauss), dessen theoretische Quellen Sprachwissenschaft und Ethnologie sind. Er wirkte bis in den Marxismus hinein *(L. Althusser).*

c. Auch der *System*begriff geht von gesellschaftlichen Mechanismen aus. Im Unterschied zum vorherigen Ansatz nimmt er die Organismus-Analogie auf, insofern er den Beitrag der Teile (Subsysteme) zum Bestand des Ganzen untersucht oder die Mechanismen seiner Selbstreproduktion. Unter Rückgriff auf neuere Ethnologen (*B. Malinowski* 1884–1942, *A. R. Radcliffe-Brown* 1881–1955) entwickelte *Talcott Parsons* (1902–1979) den →*Strukturfunktionalismus.* Einen zentralen Platz hatte in ihm das *„Wertsystem“*, das über individuelle Verinnerlichungen eine Gesellschaft stabilisiert. Weite Anwendung fand der Systembegriff v.a. in der →Organisationssoziologie und der politischen Soziologie. Eine theoretische Neuentwicklung ist die Übernahme des biologischen Konzepts der *Autopoiesis (H. Maturana, N. Luhmann).*

4. *Institutionalisierung:* Eigene wissenschaftliche Gesellschaften und Institute entstehen in großer Zahl erst im 20. Jahrhundert. Erst nach dem zweiten Weltkrieg entwickelt sich eine umfangreiche empirische, z.T. kommerzielle Sozialforschung. Eine Pionierrolle spielt dabei die amerikanische Soziologie.

a. *Internationale Zusammenhänge: René Worms* gründete 1898 in Paris das *„Institut International de Sociologie“* (IIS) als erste internationale Soziologengesellschaft. In seiner Mitgliederschaft nach war es heterogen, in der Förderung des wissenschaftlichen Austauschs bedeutend. Nach dem II. Weltkrieg setzte sich mit der Gründung der *International Sociological Association* (ISA) im Jahre 1949 die globale Dominanz der amerikanischen Soziologie durch. In fast allen westlich orientierten Staaten wurde nun Soziologie institutionalisiert. Aber nur in jenen europäischen Ländern, die über eigene soziologische Traditionen verfügten, entstanden innovatorische Ansätze.

b. *Vereinigte Staaten von Amerika:* Von Anbeginn war die amerikanische Soziologie an konkreten →sozialen Problemen orientiert. Pioniere waren *C. H. Cooley, E. A. Ross, A. Small* und *F. H. Giddings.* Seit den zwanziger Jahren entstand eine ausgedehnte Sozialforschung, seit den 1930er Jahren auch auf kommerzieller Basis, vor allem in der Wahl- und Konsumforschung. Einer ihrer Pioniere war der aus Österreich vertriebene *P. Lazarsfeld.* Auf theoretischem Gebiet dominierte seit dem New Deal der Strukturfunktionalismus. Daneben setzten sich auch pragmatische und liberale Traditionen fort. Seit den sechziger Jahren gewann das interaktionistische Paradigma (symbolischer Interaktionismus, Ethnomethodologie) an Einfluß.

c. *Frankreich:* Der zunächst dominierende Positivismus wurde nach der Dreyfus-Affäre durch die Durkheim-Schule abgelöst, die ihre herausragende Stellung bis zur deutschen Okkupation 1939 beibehielt und auch andere Disziplinen stark beeinflußte. Nach dem II.

Weltkrieg expandierte die französische Soziologie nach amerikanischem Muster. Seit den sechziger Jahren traten eigene Ansätze in den Vordergrund, meist Fortentwicklungen des Strukturalismus *(M. Foucault, G. Bourdieu).*

d. *Großbritannien:* „Soziologie" war im 19. Jahrhundert eine durch den Fabianismus beeinflußte sozialpolitische Bewegung. Epochemachend waren um die Jahrhundertwende große Untersuchungen städtischer Sozialverhältnisse, so die von *C. Booth* (1840–1916) oder die von *Sidney* und *Beatrice Webb* (1859–1947; 1858–1943). Institutionalisiert wurde das Fach erst nach dem II. Weltkrieg. Thematisch dominierten Sozialstruktur, industrielle Beziehungen, Unterschichtenkultur und ethnische Minderheiten. Nur in England entstand eine auch empirisch belangvolle marxistische Tradition *(T. Bottomore).*

e. *Deutschland:* 1912 wurde die Deutsche Gesellschaft für Soziologie (DGS) gegründet. In den zwanziger Jahren entwickelte sich die Soziologie zu einem kleinen theoretisch und sozialphilosophisch orientierten Lehrfach. Gesellschaftliche Probleme blieben weitgehend Themen der Nationalökonomen. 1933 mußten die meisten der bedeutenden deutschen Soziologen emigrieren (u. a. *F. Oppenheimer, K. Mannheim, M. Horkheimer, Th. W. Adorno, N. Elias, Th. Geiger*). Danach wurde in verschiedenen Institutionen, oft in engem Zusammenhang mit spezifischen NS-Zielen, empirisch geforscht. Nach 1945 kehrten nur wenige der emigrierten Soziologen zurück, sie spielten jedoch eine bedeutende Rolle beim Wiederaufbau des Faches: *Horkheimer* und *Adorno* brachten mit dem Frankfurter „Institut für Sozialforschung" die →„Kritische Theorie" zurück, *R. König* machte Köln zum Zentrum der Methodenentwicklung und der Rezeption amerikanischer Soziologie. Ein Zentrum empirischer Forschung war die Sozialforschungsstelle Dortmund *(H. Schelsky).* Daneben entwickelte sich auch die kommerzielle Sozialforschung *(Allensbach, Emnid).* Philosophische Anthropologie vertraten *H. Plessner* und *A. Gehlen.* Die politischen und akademischen Umorientierungen in den 60er Jahren brachten eine rasche Professionalisierung, Diversifizierung und Ausdehnung des Faches. Sie wird allerdings seit Mitte der siebziger Jahre wieder rückgängig gemacht.

Lit.: F. Jonas: Geschichte der Soziologie, 4 Bde. Reinbek 1968; *W. Lepenies* (Hg.): Geschichte der Soziologie, 4 Bde. Frankfurt 1981; International Encyclopedia of the Social Sciences, *D. L. Sills* (Hg.), New York 1973

Prof. Dr. *E. Stölting,* Berlin

Geschichte und Gesellschaft

Der Zusammenhang von Geschichte und →Gesellschaft ist für die →Soziologie seit ihren Anfängen thematisch und prekär, was sich aus ihrer Geschichte und der Logik ihrer Begriffe und Theorien erklärt. Die frühen Sozialwissenschaftler wie *Comte, Marx* und *Spencer* haben die Soziologie als Vollendung der Historie und ‚die Gesellschaft' als Grundeinheit der Geschichte bestimmt. Damit wurde die Gesellschaftswissenschaft als professionalisiertes Forschungsunternehmen vor allem gegenüber der Historie und der Geschichtsphilosophie institutionalisiert, deren Erbe in den Versuch eingeht, die Gesetzmäßigkeiten der geschichtlichen Entwicklung zu entdecken, die aber nur innerhalb der ‚Gesellschaft' gesucht werden. Die Ursprünge dieses Konzepts liegen real-soziologisch in der Erfahrung der Entstehung der Nationalstaaten und der Beschleunigung gesellschaftlichen Fortschritts sowie geistesgeschichtlich im aufklärerischen Fortschritts- und Entwicklungsgedanken und politisch in den modernen Fortschrittsideologien. Ihre sozialen Träger entstammen vornehmlich jenen Schichten, die das Interesse an der Gestaltung der internen gesellschaftlichen Verhältnisse qua politischer Mobilisierung zum modernen Dauerprozeß verstetigten. Die Soziologie entfaltete sich so aus dem Konzept der ‚Gesellschaftsgeschichte‚, als der Annahme, daß alle Geschichte einer innerhalb der Gesellschaft angelegten Entwicklung entspringt. Das wird von *Durkheim* dahingehend maßgeblich zusammengefaßt, daß jede Gesellschaft in irgendeinem Zeitpunkt das Ergebnis ihrer selbst aus einem früheren Zeitpunkt ist. Von daher konzipiert die Soziologie ihre Begriffe und →Theorien und ihre Sicht der ‚Geschichte‚. Allerdings spielt das Thema Geschichte keine prominente Rolle in der Soziologie und fehlt durchweg in den soz. Lexika, was durch die Ausbildung eigener Forschungstechniken, die auf die gesellschaftliche Gegenwart bezogen sind, und eigener Theoriesprachen verstärkt wird.

1. Forschungslage
Dennoch verfügt die Soziologie über mehrere Strategien, Geschichte soz. kommensurabel zu machen, ohne daß hier Einigkeit herrscht. Ein allgemein akzeptierter Ausgangspunkt bildet die These, daß Historie und Soziologie ihren Gegenstand verschieden ‚konstituieren' oder sich auf verschiedene Bestandteile der →Wirklichkeit beziehen, verschiedene ‚Erkenntnisinteressen' verfolgen. →Wissenssoziologische Ansätze untersuchen im Anschluß an *Husserl* und *Schütz* die soziale Konstruktion des Zeitbewußtseins im Zusammenhang mit religiösen und kulturellen Deutungsmustern und deren sozialstrukturelle Verankerung. So ist für *Luhmann* die Geschichte die innere Kapazität von Gesellschaften, die ursprünglichen Erlebnishorizonte Vergangenheit, Gegenwart und Zukunft zu modalisieren und dadurch ihren Handlungs- und Erwartungsraum in der Zeit zu erweitern. Evolutionäre Ansätze verstehen Geschichte im strikten Sinne als Gesellschaftsgeschichte und untersuchen die inneren Faktoren und Variablen, die die gesellschaftliche Entwicklung determinieren. Hierzu gehören die Theorien des →‚sozialen Wandels‚, der →‚Modernisierung' und des →‚historischen Materialismus‚. Zudem gibt es Versuche, mittels ‚Gesellschaftstypologien' die sozialstrukturellen Voraussetzungen von Gesellschaften als Bedingungsgefüge zur Ermöglichung von Geschichte zu bestimmen. So unterscheidet *Tenbruck* ‚primitive Gesellschaften‚, die nur lokale Einheiten bilden und geringe interne Differenzierung aufweisen, ‚Hochkulturen‚, die erstmals überlokal wirkende Herrschaftsapparate und sie tragende Oberschichten etablieren, und ‚moderne Gesellschaften‚, die diese stratifikatorischen Differenzierungen wieder aufheben, um sie durch komplexe und raumunabhängige Organisations- und Kommunikationstechniken zu ersetzen. Diese Typen von Gesellschaften generieren und limitieren infolge ihrer strukturellen Bedingungen das, was ‚Geschichte' genannt wird und als bestimmender Handlungsmodus erst mit der Hochkultur gesellschaftlich relevant wird. Diese Ansätze stehen in der soz. Theorie noch unverbunden nebeneinander, während sich als herrschendes Modell, auch in der Geschichtswissenschaft, die ‚Gesellschaftsgeschichte' durchgesetzt hat.

2. Das Konzept „Gesellschaftsgeschichte"
Die Frage, wie Gesellschaften in sich beharren oder sich aus sich wandeln, bildet den Ausgangspunkt der Gesellschaftsgeschichte, die damit an die Tatsache anschließt, daß soziale Erscheinungen den Gesellschaftsmitgliedern zuerst in ihrer räumlich und zeitlich nächsten Gegenwart gegenübertreten. Dieser Ansatz bietet sich für eine empirisch verfahrende →Sozialforschung an, die die sozialen Tatsachen einer Gesellschaft feststellen will. Theoretisch liegt hier die Vorstellung zugrunde, daß es ein generalisiertes Objekt ‚Gesellschaft' gebe und daß alle sozialen Tatsachen als Teile einer Gesellschaft Produkte der gesellschaftsinternen Vorgänge der →so-

zialen Differenzierung (Arbeitsteilung) und →funktionalen Differenzierung darstellen. Objektivierung und Reifizierung des Begriffs Gesellschaft seit *Durkheim* haben dazu geführt, daß dieses ‚Ein-Gesellschafts-Modell' sich als alleinige Analyseeinheit durchgesetzt hat. Das wird deutlich an den Theorien des sozialen Wandels und der Modernisierung, die strikt an diesem Modell orientiert sind. So kennt zwar die Theorie des sozialen Wandels den Begriff des exogen induzierten Wandels, der im Kontext der →Entwicklungsländersoziologie eine maßgebliche Rolle spielt, hält aber daran fest, daß Gesellschaften sich aus sich entwickelnde Systeme sind. Ebenso erklärt die Modernisierungstheorie die Unterschiede der Gesellschaften am Modell der internen Entwicklung als verschiedene Zeitstufen einer überall gleich angelegten Entwicklungsrichtung, wenn auch, wie *Eisenstadt,* unter Einbeziehung multilinearer Möglichkeiten. So wird auch die vorbildhafte europäische Modernisierung in parallele Entwicklungen einzelner Gesellschaften dekomponiert, ohne zu fragen, ob die europäische Modernisierung nicht allein als gesamteuropäischer Prozeß in einem engen Bezugssystem von mehreren Gesellschaften möglich war. Daher spielen in der →soziologischen Theorie die Fragen der Außenlagerung von Gesellschaften und deren Beitrag zu Entwicklung und Ermöglichung von Geschichte eine nur untergeordnete Rolle, für die keine theoretische Begriffssprache wie für die Strukturprobleme vorhanden ist. Die soziologische Theorie müßte neben einer Elaborierung und Verknüpfung der o.a. Ansätze zudem eine multigesellschaftliche Perspektive einnehmen, die das Einflußgefüge mehrerer Gesellschaften aufeinander berücksichtigt. Denn die Struktur einer Gesellschaft ist zwar ihr in der sozialen Arbeitsteilung wurzelnder Binnenaufbau, aber keine bloße Binnenerscheinung, sondern durch das Verhältnis zu anderen Gesellschaften mitbedingt. Das wird die Soziologie in ihre Theorien einbeziehen müssen, wenn ihr daran liegt, die realen geschichtlichen Prozesse zu verstehen. Hier gibt es allerdings erst Ansätze, die sich auf folgende Tatsachen beziehen.

3. Geschichtspotential und raumgreifende Vergesellschaftung
Schon die räumliche Segregation primitiver Gesellschaften ist nicht naturgegeben oder Ergebnis innerer Lagen, sondern Produkt von Vorgängen wie Verdrängungen, Wanderungen oder Verschmelzungen, die eine Mehrzahl von Gesellschaften voraussetzen. Früh schon dienen Territorialdenken und Erzählungen der Sicherung der eigenen →Identität gegenüber anderen Gesellschaften, und Regeln der Begegnung mit ‚Fremden,, Gruppen und Stämmen, Verwandtschaftssystemen, Exogamieregeln, Inzestverbot und Deszendenzlinien dokumentieren bereits in frühesten Gesellschaften die Mehr-Gesellschaftlichkeit. Für die Hochkulturen ist es schon für ihre Entstehung unabdingbar, daß sie in einem gesellschaftlichen Verdichtungsraum existieren, in dem eine Abschließung des Ballungsraums durch Etablierung einer inneren Wehrverfassung und vielfältige religiöse, wirtschaftliche und herrschaftliche →‚Vergesellschaftungen' quer zu mehreren Gesellschaften eine neue Gesellschaftsstruktur mit neuen geschichtlichen Möglichkeiten eröffnen.

Primitive Gesellschaften, Hochkulturen und moderne Gesellschaften unterscheiden sich radikal in der Fähigkeit, künftige Ereignisse, Unstetigkeiten und Offenheiten zu erzeugen. Für die Soziologie ist es daher wenig sinnvoll, ‚Geschichte' als universale Dimension gesellschaftlichen Geschehens zu begreifen. Mehr Anschlußmöglichkeiten bietet ein Ansatz, der Geschichte als ungleiches Potential konzipiert, das Gesellschaften je nach ihrer Struktur zugeordnet ist. Dieses Geschichtspotential ist jedoch nicht nur durch die innere Struktur determiniert. Schon die Einrichtung überlokaler Herrschaft in Hochkulturen steht in einem Wechselverhältnis mit raumgreifenden Expansionen und intergesellschaftlichen Verbindungen. Erst in dem Maße, wie mehr Menschen in einem Gebiet durch die Koordination ihres Handelns mittels Herrschaft in größere soziale Gebilde einbezogen werden, differenziert sich auch die innere Struktur der Gesellschaft. Vermutlich ist anhaltende →Differenzierung an äußere Expansion gebunden, wie die Geschichte seit den Synoikismen, über die frühen Stadt- und Staatsbildungen, die die Selbständigkeit oft bäuerlicher Gesellschaften aufheben, über die äußere und innere Kolonisation im Mittelalter, die Kolonialreichsbildung vom 16. Jahrh. an bis zum britischen Empire und der russisch/sowjetischen Reichsbildung belegen. Die Beschleunigung und Verstetigung dieser Expansions- und Verflechtungsbewegungen wird gemeinhin mit der Ablösung des okzidentalen mittelalterlichen Staatensystems und seinen ungleichgewichtigen Außenbeziehungen durch das System von souveränen Territorialstaaten identifiziert, die bei grundsätzlicher Gleichwertigkeit in engen, stetigen Beziehungen in einem gesellschaftlichen Verdichtungsraum aneinander orientiert sind.

Alle wichtigen gesellschaftlichen Entwicklungen, also auch ‚Geschichte,, nehmen ihren Ausgang in hohen Verdichtungsgebieten. Gesellschaftliche Entwicklung und das Geschichtspotential von Gesellschaften sind nicht nur durch die innere Gesellschaftsstruktur und Gesellschaftsgeschichte zu erklären. Und steigende Differenzierung und Komplexität sind nicht das Ergebnis innerer Evolution einzelner Gesellschaften, sondern der Verflechtung und Konfrontation von aneinander orientierten Gesellschaften. Gesellschaftliche Entwicklung vollzieht sich in der Regel nicht in isolierten Gesellschaften, sondern in einer räumlich-zeitlichen Folge von Gesellschaften. So sind Geschichte und Gesellschaft fundamental aufeinander bezogen, insofern die innere Differenzierung und der innere Aufbau von Gesellschaften durch deren Außenlagen mitbestimmt werden, und die ‚gesellschaftliche Evolution‘ des Differenzierungs- und Komplexitätsgewinns realiter ein langer geschichtlicher Prozeß ist, in dem aus einer Vielzahl kleiner Gesellschaften in einzelnen Verdichtungsräumen größere Systeme und Verflechtungen entstehen. Was Geschichte heißt, ist unter dieser Perspektive jene Kette raumgreifender Vorgänge, durch die nach und nach eine Vielheit selbständiger Gesellschaften in einen durchgängigen Zusammenhang kommen, der potentiell zu einer gemeinsamen Weltgeschichte führt.

4. Aufgaben

Dennoch macht auch ein solcher Ansatz, der die Einseitigkeit der Gesellschaftsgeschichte zu korrigieren sucht, die Geschichte nicht soziologisch kommensurabel. Wie es die Soziologie mit zusammengesetzten, aggregierten Daten und deren Repräsentanten wie Gruppen, Klassen, Gesellschaften zu tun hat, besteht die Geschichte aus individuellen Ereignissen. Nun sind ereignisfreie Verkettungen aggregativer Zustände, wie sie die Modernisierungstheorie untersucht, zwar möglich, aber selten. Der Zusammenhang von Geschichte und Gesellschaft lenkt die Soziologie auf die Frage, ob und wie aggregative Gegebenheiten sich in ereignishafte Vorgänge umsetzen und diese wieder in aggregative Zustände eingehen. Gerade die →makrosoziologischen Modernisierungstheorien scheitern an ihrer theoretischen Vorstellung, daß sich mittels einer aggregativen Determinationslogik aus einem gegebenen gesellschaftlichen Zustand ein vorgegebener nächster deduzieren läßt. Dem tragen neue systemtheoretische Ansätze Rechnung, die den Gedanken gesellschaftlicher Determination zugunsten selbstgeregelter und -generierter Systeme aufgeben. Zudem bilden Weltzeit und Weltgesellschaft hier die Fluchtpunkte der Komplexitäts- und Differenzierungsgewinne des →sozialen Systems. Nicht klar ist, wie aus der Kombination hochabstrakter generalisierter Operationen, in welche die →Systemtheorie Gesellschaften zerlegt, eine Analyse des Prozesses der Weltgeschichte entsteht.

Die säkularen Globalisierungstendenzen mit ihren neuartigen informations- und organisationstechnischen Begleiterscheinungen, die politische, wirtschaftliche und kulturelle Zukunft der ‚Einen Welt' an der Schwelle zum 3. Jahrtausend fordern die Soz. heraus, wie zu Beginn des 19. Jahrh. die Entstehung der ‚modernen Gesellschaft,. Zur Analyse der intergesellschaftlichen Verbindungen, Prozesse und Vergesellschaftungen reicht der Begriffsapparat des bisherigen soziologischen Konzepts der Gesellschaftsgeschichte nicht aus.

Lit.: R. Nisbet: Social Change and History. New York 1964; *F. Tenbruck:* Geschichte und Gesellschaft. 1962; *N. Luhmann:* „Weltzeit und Systemgeschichte". 1972; *F. Tenbruck:* „Gesellschaftsgeschichte oder Weltgeschichte?". Köln 1989

Dr. *H. Homann,* Tübingen

Geschichtsauffassung

eine basale theoretische Position, die Aussagen enthält über die Prinzipien der Gestaltung und Entwicklung im historischen Verlauf. Sie versucht eine Antwort auf die Frage zu geben, wie historische Veränderungen allgemein entstehen. So geht die →materialistische Auffassung davon aus, daß der Widerspruch zwischen Produktivkräften und Produktionsverhältnissen die geschichtliche Entwicklung bedingt, während die idealistische Auffassung die →Ideen oder die Kreativität als Motor betrachtet.

Geschichtsbild

jene implizite oder explizite →Geschichtsauffassung, die einer Theorie zugrunde liegt, sie bestimmt oder ein bestimmtes Problemverständnis entstehen läßt oder die eine Person entwickelt hat und durch diese Brille die Realität (in Gegenwart oder Vergangenheit) wahrnimmt.

Geschichtsphilosophie

das Insgesamt der Überlegungen, die die Geschichte zum Gegenstand haben und mehr oder weniger spekulativ, theoretisch, hypothetisch Gedanken über das Wesen der Geschichte, die Entwicklungstendenzen oder gar -gesetzmäßigkeiten formulieren und auch die Zukunft der Geschichte z.T. prognostizieren wollen.

Geschichtssoziologie

1. diese Richtung der Soziologie betrachtet ihren jeweiligen Gegenstand als einen historisch gewordenen, weshalb in seiner →Analyse notwendigerweise ein Vergangenheitsbezug hergestellt werden muß;

2. jener Teil der Soziologie, der historische Prozesse als solche untersucht, um aus vergleichenden Analysen auf Regelmäßigkeiten zu stoßen, die eine →Generalisierung in Form allgemeiner →Theorien, z.B. des sozialen →Wandels, ermöglichen.

Geschlecht

1. eine zentrale sozialstatistische oder demographische →Variable bei praktisch allen soziologischen →Analysen, weil das G. nicht nur durch die biologischen Unterschiede bestimmt ist, sondern weil es eine soziale Definition erfährt, die in allen gesellschaftlichen Bereichen handlungsrelevant und differenzierend, manchmal auch diskriminierend, wird;

2. das Insgesamt aller Mitglieder einer →Sozialkategorie, bei denen Verwandtschaftsbeziehungen vorliegen und die aus dieser Tatsache bestimmte →Funktionen wahrnehmen und/oder einen bestimmten →Status haben (z.B. ein Herrschergeschlecht).

Geschlechterstaat
bezeichnet ein soziales →Gefüge, in dem die Zuteilung von wichtigen →Positionen und →Funktionen nur an solche Personen erfolgen kann, die einem bestimmten →Geschlecht 2. angehören.

Geschlechterverhältnis
→Sexualproportion

Geschlechtsdifferenzierung
ein wertneutraler Begriff für die gesellschaftlich determinierten Zuweisungen von verschiedenen →Positionen, →Rollen und →Funktionen – aber auch Eigenschaften – für Mann und Frau. Diese sind intrakulturell und interkulturell unterschiedlich und nur zum geringsten Teil biologisch determiniert.

Geschlechtsidentität
Geschlechtsübereinstimmung
das individuelle Selbstverständnis, das man als Mann oder Frau von sich hat. Es entwickelt sich einerseits aus der →Identifikation mit dem gleichgeschlechtlichen Elternteil und dessen Verhaltensmuster, wie es durch außerfamiliale →Sozialisation geprägt wird und letztlich von individuellen, persönlichkeitsspezifischen Bedingungen bestimmt wird.

Geschlechtsrolle
die jeweils für Mann und Frau bzw. Jungen und Mädchen unterschiedlich definierten →Verhaltenserwartungen.

Geschwisterreihe
benennt die altersmäßig gestufte Abfolge der Kinder in einer →Familie, die auch geschlechtsspezifisch differenziert betrachtet werden kann. Aus der G. werden z. T. Bedingungen für Defekte in der →Sozialisation abgeleitet.

Geselligkeit
1. alltäglich meint G. eine Eigenschaft von Personen, gerne mit anderen zusammenzusein und zu kommunizieren oder die Tatsache des Zusammenseins;

2. in der Soziologie bezeichnet man mit G. temporäre, relativ oberflächliche, unverbindliche soziale Kontakte zwischen Menschen, die sich in →Gruppen kommunizierend zusammenfinden. Wegen dieses Charakters der Beziehungen gibt es – mit Ausnahme der normativen Erwartung von G. – keine festgefügten Rollenerwartungen.

Gesellschaft
1. Begriff. Als soziologischer Grundbegriff bezeichnet G. die umfassende Ganzheit eines dauerhaft geordneten, strukturierten Zusammenlebens von Menschen innerhalb eines bestimmten räumlichen Bereichs.

2. Existentielle Bedeutung der G. Es ist für die menschliche G. existentiell bedeutsam, daß die Überlebenschancen der Menschen von stabiler sozialer Kooperation abhängen. Die G. ist damit ein notwendiges Gefüge des dauerhaften, strukturierten oder sogar bewußt organisierten Zusammenwirkens von Menschen zur Erreichung bestimmter Ziele oder Zwecke, insbesondere zur Erarbeitung von Mitteln für die Befriedigung individueller und gemeinsamer Bedürfnisse. Als Ganzheit bildet die G. jenes umfassende →soziale System, das im Verhältnis zu seiner jeweiligen Umwelt – die aus der natürlichen →Umwelt und anderen G.en besteht – ein besonders hohes Maß an relativer Autarkie und Selbstbestimmung erlangt hat. Allein schon infolge der notwendigen Befriedigung von Vital- bzw. Primärbedürfnissen ist aber jede G. auf austauschähnliche Beziehungen zu ihrer natürlichen Umwelt angewiesen.

3. Voraussetzungen der G. Aufgrund der weitgehenden „Instinktreduktion“ des Menschen *(A. Gehlen)* ist sein g.liches Zusammenleben keineswegs von Natur aus festgelegt und stabilisiert. G.lich reguliertes Zusammenwirken von Menschen kommt erst dadurch zustande, daß sich diese an gemeinsamen →Institutionen, →Werten und →Normen orientieren – erforderlichenfalls unter dem zwingenden Druck von →Sanktionen.

Der Zusammenhalt und das Überdauern einer G. hängen primär von der Herausbildung und Leistungskraft von Institutionen ab, die die Erfüllung aller g.lichen Grundfunktionen gewährleisten können. In Anlehnung an das →AGIL-Schema von *T. Parsons* handelt es sich hierbei insbesondere um die kooperative Erarbeitung der Mittel für die Bedürfnisbefriedigung, um die Reproduktion der G., um die Aufrechterhaltung innerer und äußerer Sicherheit und um das Angebot von Weltanschauungen, Wertsystemen und Sinnstrukturen.

Die durch soziokulturelle Werte sinnhaft legitimierten →sozialen Normen regulieren in Verbindung mit positiven und negativen Sanktionen (Belohnungen und Bestrafungen) das Verhalten von Menschen in den verschiedenartigen alltäglichen Situationen. Durch diese Normgebundenheit wird das →Verhalten im zwischenmenschlichen Bereich in bestimmter, situationsspezifischer Weise erwartbar, „berechenbar" und voraussagbar. Eine hinreichende Erwartbarkeit des Verhaltens zwischen Menschen (Wechselwirkungen, Interaktionen) bildet eine unerläßliche Voraussetzung für ein geordnetes g.liches Zusammenleben.

Für das Funktionieren und Überdauern einer G. ist es entscheidend, inwieweit allgemein akzeptierte Werte und Normen gegeben sind und von den nachwachsenden Individuen im Zuge ihrer →Sozialisation gelernt, möglichst verinnerlicht (Internalisierung) sowie im alltäglichen Verhalten auch befolgt werden. Der Verfall von Werten und Normen (→Anomie) beeinträchtigt hingegen die Orientierungssicherheit des sozialisierten Individuums (soziokulturelle Persönlichkeit), erschüttert die Stabilität von Kultur und G., eröffnet aber auch Spielraum für →sozialen Wandel. Infolge gegenseitiger Durchdringung (Interpenetration) bilden die →Persönlichkeit, →Kultur und G. einen interdependenten Verflechtungszusammenhang, der nur abstrakt-analytisch aufspaltbar ist.

4. Geschichte der G.sauffassungen und -analyse. →Sozialphilosophische Vorläufer der Soziologie haben Ansichten über die G. mit spekulativen Annahmen über die Grundantriebskräfte des Menschen und mit ethischen Forderungen bestimmter sozialer Verhaltensweisen sowie Lebensformen verbunden. Die griechische Sozialphilosophie, insbesondere Aristoteles, erklärte G. und Staat aus der vermeintlich ursprünglichen „g.lichen Natur" des Menschen (zoon politicon). Antikes, aber auch christliches G.sdenken des Mittelalters interpretierte die geschichtlich jeweils bestehenden, mit großer sozialer Ungleichheit und verfestigten Herrschaftsverhältnissen verbundenen G.sformen als Offenbarung von mythisch oder göttlich bestimmten Ordnungsprinzipien. Während der Epoche der Aufklärung wurden verschiedene Lehren vom →G.svertrag entwickelt, denen zufolge die Menschen in Überwindung eines unsozialen, chaotischen Naturzustandes erst durch einen bewußt gewollten Zusammenschluß G. geschaffen haben.

Seine soziologisch-theoretische Bedeutung erhielt der Begriff G. erst im Zuge der Erhebung des neuzeitlichen →Bürgertums gegen den feudal-aristokratisch-absolutistischen Staat. Unter dem Einfluß der Aufklärung und des →Liberalismus trat ein Bild von der G. hervor, wonach sich wirklich humanes soziales Dasein in Freiheit und Gleichheit realisiere. Möglichst unabhängig von staatlicher Autorität („Nachtwächterstaat") würden Menschen in einer sich selbst organisierenden „bürgerlichen G." ihre individuellen Anlagen, Bedürfnisse und Fähigkeiten zugunsten produktivitätssteigernder →Arbeitsteilung, marktwirtschaftlicher Leistungskraft, des allgemeinen Wohlstandes und des g.lichen Fortschritts entfalten können. Dieser mechanistisch-individualistischen G.sauffassung des Liberalismus wurden seit dem

Beginn des 19. Jahrhunderts organologische bzw. organizistische Interpretationen entgegengestellt, die G. in Analogie zum organischen Funktionssystem von Lebewesen als gliedhaft aufgebautes Ganzes betrachteten („sozialer Körper“, →Organismustheorie).

Nachdem bereits *C. H. de Saint-Simon* (1760–1825) den Begriff der „industriellen G.“ hervorgebracht hatte, thematisierte *A. Comte* (1798–1857) in jener Zeit des Umbruchs das verschärfte g.liche Spannungsverhältnis zwischen →Fortschritt und →Ordnung. Er sah den Anbruch eines „positiven Zeitalters“, in dem es den Menschen gelingen würde, auch die Gesetzmäßigkeiten des g.lichen Zusammenlebens erkennen zu können, und zwar zugunsten der vorausschauenden Gestaltung dieser Lebensverhältnisse.

Die Tendenz zu einer antagonistischen Klassenstruktur in der sich entfaltenden bürgerlich-kapitalistischen Industrieg. veranlaßte *K. Marx* (1818–1883) zu einer Analyse des Konfliktcharakters der G., wodurch er zugleich zum Vorläufer der soziologischen →Konflikttheorie wurde. Die Geschichte der menschlichen G. faßte er als eine Abfolge von epochal unterschiedlich ausgeprägten →Klassenkämpfen auf. Gemäß einer geschichtlichen Gesetzmäßigkeit würde nun in einer Zeit der Zuspitzung des Klassenkonflikts die ausgebeutete und zunehmend verelendete Klasse des →Proletariats in revolutionärer Weise die herrschende Klasse der →Bourgeoisie enteignen, die Produktionsmittel vergesellschaften und schließlich die Herausbildung einer „klassenlosen G.“ ermöglichen – eine dogmatisch zugespitzte Prognose utopischen Charakters, die sich bis heute nicht verwirklichen ließ.

Im epochalen Umbruch von ländlich-agrarischen zu urban-industriellen Lebensverhältnissen bezeichnete *F. Tönnies* (1855–1936) die zurückweichenden Formen des mitmenschlichen Zusammenlebens, die durch gefühlsmäßige, persönliche und innige Beziehungen gekennzeichnet sind, mit dem Begriff der →Gemeinschaft. Den Begriff der G. verengte er hingegen zur Bezeichnung jener sich ausbreitenden zweckrational organisierten Sozialgebilde, denen das Individuum in lockerer Weise aufgrund bestimmter Interessen angehört.

Auf einer breiten interdisziplinären Grundlage faßte *H. Spencer* (1820–1903) die g.liche Entwicklung als Ausdruck eines allgemeinen Gesetzes der →Evolution auf: von unzusammenhängender Gleichartigkeit zur zusammenhängenden Verschiedenartigkeit. Die ursprünglich relativ homogen ausgeprägte G. differenziert sich demgemäß im Zusammenhang mit fortschreitender Arbeitsteilung und Institutionenbildung zu einer komplexen G., in der bei stark gewachsener Ungleichartigkeit der Teile die g.liche Integration mit hoher wechselseitiger Abhängigkeit zwischen jenen Teilen verbunden ist. Ebenso hat auch *V. Pareto* (1848–1923) die G. bereits als ein →System voneinander abhängiger Teile aufgefaßt, in dem jede Veränderung eines Teils die anderen und das Ganze beeinflußt, die jedoch in ihren Bewegungen insgesamt immer wieder einen vorübergehenden Zustand des sozialen Gleichgewichts herbeiführen. Diese Dynamik hängt besonders eng mit der „Zirkulation der →Eliten“ zusammen. *E. Durkheim* (1858–1917) hob die mit zwingender Macht persönlichkeitsprägend und verhaltenssteuernd wirkenden „sozialen Tatsachen“ hervor, die eine größere Anzahl von Individuen zu einer G. zusammenhalten. Entscheidend ist hierbei die Existenz eines g.lich-überindividuellen Kollektivbewußtseins, das sich in →Religion, →Moral und Normen ausdrückt und sich im Zuge der →Sozialisation im Individuum niederschlägt. In Verbindung mit fortschreitender Bevölkerungsverdichtung und Arbeitsteilung wird der wenig gegliederte G.styp („mechanische Solidarität“) durch einen mannigfaltig differenzierten G.styp („organische Solidarität“) abgelöst. Infolge beschleunigter g.lich-wirtschaftlicher Wandlungsprozesse beinhaltet die Erschütterung überkommener Moral, Normen und Ordnung eine Tendenz zur →Anomie (Regellosigkeit, Verfall der g.lichen Ordnung, Orientierungslosigkeit).

Nach *G. Simmel* (1858–1918) ist die G. eine dem organischen Körper ähnliche Einheit aufgrund der Wechselwirkungen zwischen Individuen, die damit bestimmten Antrieben folgen oder bestimmte Zwecke erreichen wollen. Zur Begründung seiner →formalen Soziologie versuchte er, in diesen Beziehungen übergreifende soziale Formen (Konkurrenz, Freundschaft, Über- und Unterordnung) zu finden, und zwar unter Ausblendung ihrer geschichtlich-kulturell unterschiedlich ausgeprägten Inhalte. Mit seiner Analyse des Streites beleuchtete er den Konfliktcharakter des g.lichen Zusammenlebens. *M. Weber* (1864–1920) faßte G. in enger Verflechtung mit Kultur als einen „endlichen Ausschnitt aus der sinnlosen Unendlichkeit des Weltgeschehens“ auf, der erst durch Menschen mit →Sinn und Bedeutung bedacht wurde. Unter Ablehnung jeglicher Substantialisierung des Sozialen und der sozialen Gebilde führte *Weber* G. auf das soziale, wechselseitig orientierte →Handeln der Individuen zurück. Indem sich Menschen soziale Gebilde und Ordnungen als etwas Seiendes oder Seinsollendes vorstellen, beeinflussen und regulieren diese Vorstellungen das tatsächliche →Handeln. Während „Vergemeinschaftung“ durch „subjektiv gefühlte Zusammengehörigkeit der Beteiligten“ gegeben ist, zeichnet sich „Vergesellschaftung“ durch Interessen und →rationales Handeln aus. Die sich geschichtlich-individuell ausprägenden g.lich-kulturellen Erscheinungen, Ereignisse und Wirkungszusammenhänge können in ihrer jeweiligen Einmaligkeit nicht auf „Gesetze“ im naturwissenschaftlichen Sinne zurückgeführt werden, sondern lassen sich allenfalls mit Hilfe gedanklich konstruierter →Idealtypen theoretisch-systematisch analysieren. In weltgeschichtlich einmaliger Weise hat sich im Gegensatz zu anderen Hochkulturen nur im Okzident (Abendland) ein fortschreitender Prozeß der →Rationalisierung aller Bereiche von Kultur und G. ergeben. Dieser Entwicklungsprozeß vergrößert die Gestaltungsmöglichkeiten der Menschen, bedroht aber zugleich die Freiheit und →Autonomie des Individuums.

Vor allem in Anlehnung an *Durkheim* und *Weber* hat *T. Parsons* (1902–1979) im Rahmen der von ihm geschaffenen →strukturell-funktionalen Theorie G. und soziales Zusammenleben system- und handlungstheoretisch analysiert: →Soziale Systeme und damit auch G. insgesamt funktionieren durch das Handeln von Rollenträgern, in deren Motivationen internalisierte Werte, Normen und Erwartungen bzw. normative Handlungsmuster verankert sind. Unter Vernachlässigung des menschlichen Individuums stehen bei dieser Analyse die funktional spezifischen Handlungen (Leistungen, Funktionsbeiträge) der Rollenträger im Vordergrund, und zwar zugunsten des Funktionierens, des Gleichgewichts, der Integration und des Überdauerns sozialer Systeme, einschließlich der G. Da gemäß des Konservativismusvorwurfs in diesem Gleichgewichts-, Integrations- bzw. Harmoniemodell von der G. die g.lichen Dimensionen der →Macht, →Herrschaft, des Konflikts und Wandels unterbelichtet bleiben, wurde von konflikttheoretisch orientierten Soziologen wie insbesondere *L. Coser* (geb. 1913) und *R. Dahrendorf* (geb. 1929) zur realitätsgerechten Ergänzung ein Zwangs- und Konfliktmodell von der G. entwickelt. *Dahrendorf* stellte die vor allem aus Herrschaft und →Ungleichheit resultierenden sozialen Konflikte als Motor des sozialen Wandels heraus.

Im Gegensatz zu theoretischen Ansätzen einer einseitig gegenwartsbezogenen „Zustandssoziologie" des 20. Jahrhunderts hat *N. Elias* (1897–1990) im Hinblick auf das Abendland G. im Zusammenhang langfristiger geschichtlicher Prozesse untersucht. In Überwindung des theoretisch zugespitzten Gegensatzes von →Individuum und Gesellschaft ist er von Verflechtungszusammenhängen bzw. „Figurationen interdependenter Menschen" ausgegangen, die sich im Verlaufe der Geschichte verändern. Im Zuge dieser Prozesse bedingen sich die Soziogenese (Transformation der G.s-strukturen) und die Psychogenese (Transformationen der Persönlichkeitsstrukturen) gegenseitig. Mit diesem weitgesteckten Ansatz einer Figurations- und Prozeßtheorie hat Elias den „Prozeß der Zivilisation" im Abendland untersucht, und zwar unter besonderer Berücksichtigung der Wandlungen des Verhaltens in den weltlichen Oberschichten. Wesentliche Aspekte dieses g.lichen Entwicklungsprozesses waren die Staatenbildung, zunehmende Funktionsteilung, wechselseitige Abhängigkeit und g.liche Integrierung, Wandlungen der Affekt- und Kontrollstrukturen (Zurückdrängen spontan ausgelebter Affekte und der Fremdzwänge, Vorrücken der Scham- und Peinlichkeitsschwelle, der individuellen Selbstkontrolle). Hinsichtlich der gegenwärtigen G. vertrat Elias die Ansicht, daß noch nicht der Gipfel der Zivilisation erreicht worden ist. Es kann auch Entzivilisationsschübe geben. Ein solcher Schub äußert sich gegenwärtig in einer Abnahme von mitmenschlichem Respekt (vor allem gegenüber Autoritätspersonen und älteren Menschen), einem Absinken der Scham- und Peinlichkeitsschwelle, einer Zunahme von Aggressivität, Gewalt und Kriminalität, die den fortschreitenden Ausbau der äußeren sozialen Kontrolle mit gesetzlichen Muß-Normen und negativen Sanktionen bedingt.

Auf der Grundlage einer methodischen Einheit von Natur- und Sozialwissenschaften setzte sich *K. R. Popper* (1902–1994) als Begründer des →„Kritischen Rationalismus" bzw. des „Logischen Empirismus" für eine Analyse g.licher Probleme ein, die spekulativ-dogmatisch ausgeprägte geschichtsphilosophische Thesen über „notwendige" Geschichtsverläufe und angebliche „gesetzmäßige" Entwicklungen zu determinierten menschlich-g.lichen Endzuständen zurückweist und sich statt dessen auf falsifizierbare, d.h. durch empirische Überprüfungen widerlegbare →Hypothesen und auf erfahrungswissenschaftlich haltbare →Theorien beschränkt. Unter besonderer Berücksichtigung des sozialphilosophischen Denkens von *Platon, Aristoteles, Hegel* und *Marx* befaßte sich *Popper* kritisch mit der „geschlossenen G.", die durch Magie, Stammesgebundenheit und →Kollektivismus sowie durch eine absolute Autorität des bloß Traditionellen und Vorhandenen gekennzeichnet ist. Die Institutionen einer solchen G. sind sakrosankt und tabu bzw. unantastbar. Zumindest für die Herrschenden sind Sklaverei, Kasten- und Klassenherrschaft „natürlich", so daß diese g.lichen Lebensverhältnisse auch nicht in Frage gestellt werden können. Vor allem durch die Entwicklung von Seeverbindungen, durch Überseehandel, durch enge Kontakte mit fremden Kulturen, durch die Herausbildung einer neuen Sozialschicht der Händler und schließlich durch die „Erfindung der kritischen Diskussion" ist die „geschlossene G." zusammengebrochen – zum Nachteil von Gewißheit und des Gefühls der Sicherheit. Der Übergang von der „geschlossenen" zur „offenen G." – beide Begriffe stammen von *H. Bergson* – bildet eine der größten, keineswegs bewußt herbeigeführten Revolutionen der Menschheit. Die „offene G." ist vorrangig durch eine freiheitliche Ordnung charakterisiert, die dem Individuum, der individuellen Unabhängigkeit, Selbstbehauptung und Initiative, dem Wettstreit um soziale Positionen und der rationalen Kritik große Entfaltungsspielräume gewährt. In biologisch-organisch orientierten Theorien von der G. und des Staates kommt hingegen die Tendenz zum Ausdruck, zu einer „geschlossenen G." zurückzukehren, die im 20. Jahrhundert vor allem in Verbindung mit einer totalitären Herrschaftsordnung eine extreme Ausprägung erfahren hat. Im Rahmen einer „offenen G." und zugunsten ihrer weiteren Entfaltung ist der Kritische Rationalismus zur maßgeblichen wissenschaftstheoretischen Grundlage für die erfahrungswissenschaftliche Erforschung der g.lichen Lebensverhältnisse geworden.

Im sogenannten →„Positivismusstreit" innerhalb der deutschen Soziologie ergab sich vor allem hinsichtlich g.sbezogener Forschungsziele eine kontroverse Diskussion zwischen dem Kritischen Rationalismus und der →Kritischen Theorie (dialektisch-kritische Theorie der →„Frankfurter Schule"), die durch *M. Horkheimer* (1895–1973) und *Th. W. Adorno* (1903–1969) begründet worden war und insbesondere durch *H. Marcuse* (1898–1979) und *J. Habermas* (geb. 1929) weitergeführt worden ist. Unter Abhebung von der naturwissenschaftlichen Methodik wurde wieder eine Synthese von Philosophie und Soziologie praktiziert. In enger Verbindung mit dem →Marxismus und der Psychoanalyse erstrebt die Kritische Theorie über G. mehr Aufklärung als nur Gesetzes-Aussagen über das, „was regel-gerecht und ohnehin geschieht". Die Kritische Theorie ist nicht nur auf erfahrungswissenschaftliche Analyse, sondern darüber hinaus verstärkt auf g.liche Veränderung hin angelegt. Sie geht von einem Totalitätsbegriff aus, der G. als ein Ganzes auffaßt, das sich über seine Elemente dialektisch vermittelt. Die Theorie muß den antagonistischen Charakter der G. berücksichtigen. Es wird analysiert, wie die jeweils geschichtlich-spezifische G. auf die Individuen einwirkt, welche Prozesse der →Entfremdung und →Manipulation freiheitlich-humane Lebensmöglichkeiten einschränken, inwieweit Herrschaft und →Repression entwicklungsgeschichtlich überholt sind und überwunden werden können. G. wird an dem gemessen, was sie für ihre Angehörigen zu sein und zu leisten vorgibt. Das Aufzeigen von vorstellbaren Möglichkeiten des besseren Lebens durch Nutzung des wissenschaftlichen Fortschritts und durch Kritik repressiver g.licher Verhältnisse kennzeichnet die Praxisverpflichtung der Kritischen Theorie. Nach *Habermas* läuft die vom Kritischen Rationalismus geleitete G.sanalyse auf eine Spiegelung der objektiv gegebenen, durch Herrschaft und Entfremdung bestimmten g.lichen Lebensverhältnisse hinaus. Im Rahmen seiner kritisch-theoretischen Analyse von Sprache, sozialer Kommunikation, des Handelns und der g.lichen Evolution plädiert *Habermas* für einen möglichst herrschaftsfreien Diskurs bzw. Dialog räsonierender Bürger, und zwar zum Gelingen selbstreflexiver Aufklärung, allgemeiner →Emanzipation sowie eines Konsens über neue umfassende Zielorientierungen.

Auf →systemtheoretischer Grundlage faßt *N. Luhmann* (geb. 1927) G. im Sinne einer evolutionär herausgebildeten Weltg. als das umfassende Sozialsystem (Gesamtsozialsystem) auf, das alles Soziale in sich einschließt und damit auch keine soziale Umwelt aufweist. Die elementaren Einheiten der G. sind Kommunikationen. Diese gibt es nur innerhalb der G., die insofern auch nicht mit ihrer Umwelt kommunizieren kann. G. ist damit im Unterschied zu anderen →sozialen Systemen „ein vollständig und ausnahmslos geschlossenes System". Die G. ist zugleich in besonders ausgeprägtem Maße ein autopoietisches Sozialsystem: die Elemente dieses Systems – nämlich Kommunikationen – werden durch Elemente des Systems produziert. Die Umwelt des Systems enthält hingegen keinerlei Elemente dieser Art. Die G. konstituiert also selber die Elemente, aus denen sie besteht und durch die sie funktioniert. G. kann auch als eine selbstsubstitutive Ordnung bezeichnet werden. Aufgrund ihrer Selbstgeschlossenheit ist die G. ein System mit Grenzen in einer Umwelt, wobei diese Grenzen Kommunikation von allen nichtkommunikativen Sachverhalten und Ereignissen trennen. Als Ergebnis von Evolution gibt es schließlich nur noch die Weltg., die alle Kommunikationen umschließt und dadurch völlig eindeutige Grenzen besitzt. Die evolutionäre Herausbildung der modernen G. ist vor allem durch die Ausdifferenzierung funktionaler Subsysteme mit spezifischen Kommunikationsmedien und gesteigerter Leistungsfähigkeit gekennzeichnet. So hat sich z.B. die Wirtschaft als ein g.liches Subsystem bzw. als ökonomisches System der G. entfaltet, das zugleich durch spezifische, selbst produzierte und reproduzierte Elemente – nämlich Zahlungen – zu einem autopoietischen und insofern geschlossenen System geworden ist (so insgesamt Auffassungen von *Luhmann*). Nach *R. Münch* (geb. 1945) ist die Entstehung der modernen okzidentalen G. nicht allein auf die Ausdifferenzierung funktionaler Subsysteme der G. zurückzuführen; mitentscheidend war darüber hinaus die Interpenetration (gegenseitige Durchdringung) jener Subsysteme. Im Gegensatz zu G.en anderer Hochkulturen ist diese Vereinigung des Gegensätzlichen ein wesentliches Spezifikum des Okzidents.

Aus der Sicht der insbesondere von *G. C. Homans* (1910–1989) begründeten →verhaltenstheoretischen Soziologie und →Austauschtheorie erscheint das g.liche Zusammenleben als ein Interaktionsgeschehen, wobei das Zustandekommen und die Verlaufsformen des sozialen Verhaltens von Interaktionspartnern in reduktionistischer Weise mit Hilfe psychologischer Lerntheorien sowie ökonomischer Begriffe (z.B. Kosten, Nutzen, Gewinn) und Modelle erklärt werden. Im Gegensatz zur grundlegenden Forderung von *Durkheim* wird also in diesem Forschungsprogramm Soziales nicht auf Soziales, sondern auf psychologisch und ökonomisch relevante Faktoren zurückgeführt – zu Lasten der gesamtg.lichen Analyse. In ähnlicher und z.T. übersteigender Weise werden in theoretischen Ansätzen der Neuen Politischen Ökonomie und des methodologischen Individualismus g.liche Vorgänge – unter Vernachlässigung soziokultureller Lebensbedingungen – mit Aussagen über Verhaltensweisen, →Motivationen und rationale Kalküle des →Individuums erklärt. In extremen Ausprägungen tragen solche →reduktionistischen Erklärungsmodelle zur wissenschaftlichen Legitimation eines egozentrischen, individualistisch-rationalen Verhaltensstils bei, der zwangsläufig g.licher Integration und dem gemeinschaftlichen Zusammenleben entgegenwirkt (Tendenz g.licher Auflösungserscheinungen).

Im Gegensatz zu abstrakt-formalen system- und strukturtheoretischen Konstrukten – die in starkem Maße von der g.lichen Wirklichkeit abgehoben sind – wird unter dem Einfluß der von *A. Schütz* (1899–1959) begründeten →Phänomenologischen Soziologie und des auf *G. H. Mead* (1863–1931) zurückgehenden →Symbolischen Interaktionismus in akteurtheoretischen Forschungsansätzen die G. als ein Teil der alltäglichen →Lebenswelt verstanden. G. ist aus dem konstruktiven Handeln sinnorientierter und intersubjektiv miteinander verbundener Menschen hervorgegangen. Die realitätsgerechte Analyse des g.lichen Zusammenlebens erfordert eine verstärkte Berücksichtigung alltäglicher, selbstverständlich erscheinender Interaktionsvorgänge, Sinnzusammenhänge, Symbolsysteme sowie des Alltagsbewußtseins und -wissens, das jeweils bestimmte G.sbilder beinhaltet.

5. Gegenwärtige Entwicklungstendenzen der G. In Verbindung mit dem beschleunigten wissenschaftlich-technischen Fortschritt, dem Wirtschaftswachstum, der Wohlstandszunahme und Veränderungen im Bereich der →Arbeit und Berufe (Verschiebungen zugunsten neuer Berufe, Steigerung der Qualifikationsniveaus) ist eine weitgehend auf dem Leistungsprinzip beruhende, dynamische, mannigfaltig geschichtete, relativ mobile (verstärkte vertikale Mobilität bzw. Aufstiegs- und Abstiegsprozesse) Leistungs- und Wohlstandsg. entstanden. In den vergangenen Jahrzehnten wurde diese G. vorrangig als moderne Industrieg. bezeichnet. Die politischen Parteien, Interessenverbände und Großunternehmungen, die Bürokratisierung und der Sozialstaat geben dieser G. zugleich das Gepräge einer „organisierten Masseng." Die g.sprägende Wirkung des →Leistungsprinzips und rationaler Organisation wird allerdings auch in dieser modernen G. durch „Menschlich-Allzumenschliches" eingeschränkt: Sympathie und Antipathie, informell-persönliche Beziehungen, wechselseitige Gefälligkeiten, Nepotismus (Vettern- und Günstlingswirtschaft), Korruption und Ausbeutung. Das g.liche Zusammenleben unterliegt nicht nur dem Einfluß neuzeitlicher Ideal- bzw. Grundwerte wie Freiheit, Gerechtigkeit und →Solidarität, gesteigerter Moralansprüche und verschiedenartiger Formen des prosozialen Verhaltens wie Vertrauen, Verantwortung, Mitleid, Anteilnahme, Hilfsbereitschaft und Altruismus, sondern weiterhin auch der verhaltenssteuernden Kraft von Egoismus, Neid und Mißgunst, Geltungs- und Machtstreben, Vorurteilen und Aggressivität – wobei eine wirtschaftlich-materialistisch ausgeprägte individuelle oder gruppenspezifische Interessenorientierung zunehmend verhaltensbestimmend und g.sgestaltend geworden ist.

Unter dem verstärkenden Einfluß der Wirtschaftswerbung führt die gegenwärtige Ausbreitung des Hedonismus, der Konsum- und Freizeitorientierung sowie des hochbewerteten Strebens nach individueller Persönlichkeitsentfaltung zu einer Relativierung und Abschwächung der überkommenen, protestantisch geprägten Arbeits- und Leistungsethik und somit zu einer Unterminierung der moralisch-motivationalen Grundlagen der industriellen Leistungs- und Wohlstandsg. Das Funktionieren dieser G. wird auch durch starke Interessenverbände und erstarrte Verteilungsstrukturen gefährdet, die den marktwirtschaftlichen Leistungswettbewerb und ökonomische Entwicklungskräfte einengen und abwürgen. Die weitgehende sozial- und wohlfahrtsstaatliche Gestaltung der modernen G. hat zwar das gestiegene Verlangen nach Gerechtigkeit und Gleichheit aufgefangen und die g.liche Integration sowie den sozialen Frieden gefestigt, ist aber zugleich an Finanzierungsgrenzen gestoßen, die sich nur noch durch weitere Abgabenerhöhungen und leistungsfeindliche Umverteilungen zu Lasten der wirtschaftlichen Dynamik ausweiten lassen – mit zunehmender Gefahr eines Zusammenbruchs des gesamten sozioökonomischen Systems. Die Einschnürung der wirtschaftlichen Dynamik hat bereits zu einer Massenarbeitslosigkeit beigetragen, die diese Gefahr in starkem Maße erhöht. Marktwirtschaftlich orientierte Eliten versuchen, durch Deregulierung, partiellen Rückbau des Sozialstaates, Verringerung der Abgabenlast und durch Förderung unternehmerisch-innovativer Kräfte der wirtschaftlichen Dynamik wieder Auftrieb zu gewähren und damit die ökonomische Grundlage der Wohlstandsg. zu sichern. Die mit der Entfesselung des Leistungswettbewerbs auftretende Tendenz zum Sozialdarwinismus kann durch eine soziale Marktwirtschaft und durch einen finanzierbaren Sozialstaat aufgefangen werden. Letztlich werden die g.liche Integration und der soziale Frieden nicht durch notwendige Maßnahmen zugunsten einer sozial- und umweltverträglichen Wirtschaftsentwicklung gefährdet, sondern durch politische Kräfte, die eine Überwindung leistungsfeindlicher Verteilungsstrukturen verhindern wollen.

Die vor allem wirtschaftlich bedingte globale Ausbreitung der modernen G. führt gegenwärtig dazu, daß Naturvölker ihre althergebrachte G.sordnung und Kultur verlieren. Die relativ kleinen, bisher räumlich abgegrenzten und subsistenzwirtschaftlich funktionierenden, statisch-traditionsgeleiteten G.en, in denen die Sippe und der Stamm (Stammes-G.) von großer Bedeutung waren, brechen unter dem Druck wirtschaftlicher Wachstumsinteressen, der →Bevölkerungsvermehrung und akkulturativer Einflüsse zusammen. Im Streben nach soziokultureller Identität ist in G.en von Entwicklungs- und „Schwellenländern" mittlerweile ein tiefgreifender Konflikt zwischen →Modernisierung der G. einerseits und Bewahrung traditioneller Kulturelemente andererseits entstanden.

In Ländern, die vom islamischen Fundamentalismus beherrscht werden, wird versucht, die Modernisierung auf den technischen Fortschritt und die wirtschaftliche Entwicklung zu beschränken. Ansonsten soll die eigene G. rigide gegenüber Einflüssen der westlichen Kultur auf Weltanschauung, Wertsystem, Sozialstruktur und Lebensstil abgeschottet werden.

Das wirtschaftliche Scheitern der mit einer totalitären Herrschaftsordnung verbundenen Zentralverwaltungswirtschaft hat zu einer Umformung oder sogar zu einer Überwindung der staatssozialistischen G.ssysteme geführt. Trotz der Abschaffung des Privateigentums an Produktionsmitteln hatte sich in diesen Systemen keine „klassenlose G." herausgebildet. Vielmehr hatte sich eine neue Klassenstruktur ergeben: an die Stelle der Bourgeoisie war die totalitäre Herrschaft von Parteifunktionären, Bürokraten und Militärs getreten. Der wirtschaftlich bedingte Zwang zur g.lichen Umstaltung (russ. Perestroika) hat die Öffnung gegenüber den pluralistischen G.en des Westens, die marktwirtschaftliche Umorientierung, Liberalisierungs- und Demokratisierungsmaßnahmen ausgelöst.

Die fortschreitende →Differenzierung der modernen westlichen G. und der beschleunigte →soziale Wandel haben im Rahmen liberal-demokratischer Herrschaftsverhältnisse eine pluralistische, z. T. permissive G. entstehen lassen, in der die überkommene Mehrheitskultur (dominante Kultur) immer mehr durch →Sub- und Kontrakulturen, durch Rand- und Problemgruppen eingeengt sowie durch →neue soziale Bewegungen (Jugend-, Frauen-, Friedens-, Umweltschutz- und Alternativbewegung) und mannigfaltige Lebensstilorientierungen transformiert wird. Traditionelle Autoritäts-, Herrschafts- und Ausbeutungsverhältnisse, insbesondere die bisherige →Diskriminierung und Unterdrückung der →Frau, werden durch rationale Legitimationsforderungen und g.sveränderndes Streben nach →Gleichheit, →Emanzipation und →Partizipation zurückgedrängt. Soziale Strukturen und Gemeinschaftsbindungen werden durch einen verstärkten Drang zur Individualisierung aufgelockert. Dementsprechend verstärken sich auch die pluralistisch-dynamischen Züge der vertikalen →Sozialstruktur.

Mittlerweile ist die Individualisierung in der modernen G. schon so weit vorangeschritten, daß diese als „Ego- und Ellenbogeng." charakterisiert wird. Mit zunehmender Selbstbezogenheit und gesteigertem Streben nach individueller Nutzen- und Genußmaximierung wächst die Bindungsscheu (Zunahme von Single-Haushalten), lösen sich soziale und institutionelle Bindungen auf, schwächen sich bürgerliche Tugenden (Bürgersinn, Pflichtgefühl, Disziplin, Verantwortung, Dienst an der Gemeinschaft) und das (nationale) Kollektivbewußtsein ab, breiten sich Egoismus, Trittbrettfahrermentalität, Rivalität und Rücksichtslosigkeit aus. Dementsprechend verschlechtern sich die Qualität der mitmenschlichen Beziehungen und der Grad g.licher Integration (Tendenz zur „Atomisierung" der G.). Diese Prozesse des g.lichen, kulturellen und moralischen Verfalls bilden maßgebliche Ursachen für den Niedergang der Geburtenrate auf ein Niveau, das für die Bestandserhaltung der angestammten Bevölkerung vieler moderner G.en unzureichend ist. Diese unterliegen somit der wachsenden Gefahr einer Selbstzerstörung. Inzwischen sind Gegentendenzen aufgetreten, die durch Kirchen und konservative Kreise repräsentiert werden. In den USA ist insbesondere eine von *A. Etzioni* (geb. 1929) angetriebene Kommunitarismus-Bewegung entstanden, die sich für eine neue moralische, soziale und öffentliche Ordnung, für die Wiederbelebung bürgerlichen Gemeinsinns und für die Stärkung so wichtiger Institutionen wie Familien, Nachbarschaften und Vereine einsetzt.

Die Ausbreitung der Wissenschaften, die Produktivitätssteigerung durch betriebliche Rationalisierung, der beschleunigte Fortschritt der Informations- und Kommunikationstechniken, die Ausweitung des Dienstleistungssektors und die Zunahme der →Freizeit lassen an die Stelle der Industrieg. eine →post- bzw. nachindustrielle G. treten, in der sich zugleich →post-moderne Tendenzen bemerkbar machen. Dieser neue Entwicklungstyp von G. wird nicht nur als Dienstleistungsg., sondern zunehmend auch als Informationsg. bezeichnet. Gemeint sind damit die hochentwickelten G.en der Gegenwart, in denen mit Hilfe ständig verbesserter Informations- und Kommunikationstechniken eine gewaltige Zunahme der Informationsproduktion, -verteilung und -vernetzung in wachsendem Maße das Leben des Individuums, die sozialen Beziehungen, das Wirtschaftsgeschehen, die Ausprägung von Kultur und Gesellschaft sowie – stark beschleunigend – den sozialen Wandel beeinflußt. Die rasante Entwicklung der Informations- und Kommunikationstechniken hat in vielen Bereichen des Dienstleistungssektors so große Rationalisierungseffekte ermöglicht, daß die im primären (Landwirtschaft) und sekundären Sektor (industrielle Produktion) freigesetzten Arbeitskräfte keineswegs in ausreichendem Maße absorbiert werden konnten. Hier liegen wesentliche Ursachen für die Massenarbeitslosigkeit und „neue Armut" in der Dienstleistungs- und Informationsg.

Infolge zunehmender internationaler Austauschprozesse, Verflechtungen und Interdependenzen (Welthandel, verstärkte akkulturative Prozesse, Wanderungsbewegungen, Bündnissysteme, internationale Krisenbekämpfung u. a. m.) wird es gegenwärtig schwieriger, Grenzen einer einzelnen G. zu erkennen. Die überkommenen nationalstaatlich abgegrenzten G.en verlieren dementsprechend die Eigenarten relativ autarker, selbständiger sozialer Systeme. Mit der Abschwächung des bisher vorherrschenden G.sverständnisses, das unter Ausrichtung auf eine anzustrebende Identität von Volk, Kultur, Nation, Volkswirtschaft und Staat dem Zeitalter der National- und Territorialstaaten entstammt, wird der G.sbegriff komplexer, diffuser und speziell in der Soziologie schwerer anwendbar. So ist die gegenwärtige g.liche Entwicklung zunehmend dadurch gekennzeichnet, daß sich einerseits Bestrebungen zu einer →„Weltg." bzw. Menschheitsg. ausbreiten, während sich andererseits zugleich Tendenzen zur Wiederbelebung und Erhaltung regional- und nationalkultureller Identität verstärken.

Mit den zunehmend umweltbelastenden und naturzerstörerischen Prozessen der weltweiten Industrialisierung, des quantitativen Wirtschaftswachstums und der Konsumdynamik ist eine Risikog. (*U. Beck*, geb. 1944) entstanden, in der Risiken die Dimension einer globalen Gefährdung des Lebens erreicht haben und zunehmend die g.lichen Verhältnisse und Entwicklungsprozesse beeinflussen. Angesichts dieser bisher geschichtlich einmaligen Bedrohung kann die Zukunft der G. bzw. der Menschheit nur durch große Anstrengungen in Richtung auf die beschleunigte Herausbildung einer →Überlebensgesellschaft (*K.-H. Hillmann,* geb. 1938) gesichert werden.

Mit der Ausweitung rationalen, sozialwissenschaftlich beeinflußten Wissens wird G. immer weniger als eine vermeintlich „natürliche", „gottgewollte", „selbstverständliche" und somit unveränderbare Ordnung empfunden und akzeptiert. Vielmehr setzt sich das Bild von einer „aktiven G." *(A. Etzioni)* durch. G. wird immer mehr als etwas von Menschen Hervorgebrachtes, als etwas Wandelbares und bewußt-intelligent Gestaltbares aufgefaßt. Dieser grundlegende Einstellungswandel zugunsten wachsender Reflexivität und Gestaltungsmöglichkeiten erleichtert G.skritik und -reformen oder sogar revolutionäre Umwälzungen. „Die Eroberung der G. wird" – so *R. Linton* (1893–1953) – „der größte Triumph in der Laufbahn des Menschen sein" (Stuttgart 1979).

Lit.: T. W. Adorno u. a.: Der Positivismusstreit in der deutschen Soziologie. Neuwied 1969; *U. Beck:* Risikogesellschaft. Frankfurt a. M. 1986; . *L. Berger / T. Luckmann:* Die gesellschaftliche Konstruktion der Wirklichkeit. Frankfurt a.M. 1969 (New York 1966); *N. Elias:* Über den Prozeß der Zivilisation. 2 Bde., Bern 1969 (1939); *G. C. Homans:* Elementarformen sozialen Verhaltens, 2. Aufl. Opladen 1972 (New York 1961); *D. Käsler* (Hg.): Klassiker des soziologischen Denkens. 2 Bde. München 1976/78; *T. Parsons:* The Social System. New York 1964 (1951); *K. R. Popper:* Die offene Gesellschaft und ihre Feinde. 2 Bde., Bern 1957/58 (London 1945); *A. Schütz:* Der sinnhafte Aufbau der sozialen Welt, 2. Aufl. Frankfurt a.M. 1981 (Wien 1932); *M. Weber:* Wirtschaft und Gesellschaft, 5. Aufl. Tübingen 1972 (1921)

Prof. Dr. *K.-H. Hillmann,* Würzburg

Gesellschaftsbild

das Insgesamt der Vorstellungen, die die Gesellschaftsmitglieder von den die Gesellschaft strukturierenden Prinzipien haben. Zu diesen gehört das Bild von der inneren Struktur, dem Aufbau der Gesellschaften, von den Ordnungsprinzipien, von den Wandlungen in Vergangenheit und Zukunft, von Sinn und Zweck gesellschaftlicher Organisation und von G. überhaupt. Dieses Bild ist nicht einheitlich; es variiert in Abhängigkeit von bestimmten sozialstrukturellen Bedingungen.

Gesellschaftsbild, dichotomes

das Bild von Gesellschaft ist ein vertikal zweigeteiltes; wie der →Marxismus in den →Klassen der Produktionsmittelbesitzer und der Arbeitenden ein antogonistisches Verhältnis sah und damit ein d. G. beschrieb, so fand *H. Popitz* in den 1950er Jahren, daß die Arbeiter die Gesellschaft – allerdings ohne Bezugnahme auf Klassen – als in ein Oben und Unten geteilt wahrnehmen und sich dem Unten zurechnen. Diese Kluft ist nach ihrer Auffassung prinzipiell und nicht überwindbar. Die Angestellten hingegen haben ein →hierarchisches G.

Gesellschaftsbild, hierarchisches

die Angestellten sehen nach der Studie von *H. Popitz* in den 1950er Jahren die Gesellschaft als hierarchisch aufgebaut: Sie selbst befinden sich in der Mitte und sehen über und unter sich andere Personen und Schichten. Selbst innerhalb ihrer eigenen „Schicht der Mitte" nehmen sie Differenzierung wahr. Die Angestellten haben deshalb ein anderes G. als die →Arbeiter, die ein →dichotomes G. besitzen.

Gesellschaftsformation

im →Marxismus gebrauchter Begriff; meint das Ingesamt der gesellschaftlichen Verhältnisse, wie sie durch die Produktivkräfte und Produktionsverhältnisse determiniert als Entwicklungsstufe der jeweiligen Gesellschaft zu einem konkreten Zeitpunkt existieren. Die Produktionsweise ist also ausschlaggebendes Kriterium für die je spezifische G.

Gesellschaftsgeschichte
→Geschichte und Gesellschaft
→Sozialgeschichte

Gesellschaftshandeln
meint im Gegensatz zum →Gemeinschaftshandeln ein solches, das wenig personal und eher positional bestimmt ist. Das Verhalten ist orientiert an den →Erwartungen an die →Rollen, ist wenig emotional-affektiv und erfolgt weniger in →Primärgruppen als in Sekundärgruppen. Es handelt sich also um relativ unabhängig von Personen kalkulierbare Verhaltensweisen.

Gesellschaftskritik
ist Sozialkritik, die sich aus unterschiedlichen Quellen und Überzeugungen speist: Einmal können gesellschaftliche Verhältnisse unter Bezugnahme auf theoretische und →idealtypische Vorstellungen kritisiert werden, zum anderen können sie mit den propagierten Zielvorstellungen verglichen werden. Während im ersten Falle es sich um G. von außen handelt, ist die zweite Form eine immanente G. Während die erste zumeist radikaler auf Überwindung der Gesellschaftsform aus ist, bemüht sich letztere, die Verhältnisse bei grundsätzlicher Beibehaltung der Gestaltungsprinzipien von Gesellschaft diese zu verbessern. →Revolution und Reformierung kennzeichnen die unterschiedlichen Standpunkte.

Gesellschaftslehre
1. als Lehre von der Gesellschaft synonym mit Soziologie gebraucht;

2. als G. gelten alle theoretischen Aussagen über Gesellschaft, soweit sie diese in ihren zentralen, sie konstituierenden Elementen und Strukturen beschreibt und möglicherweise erklärt. →Gesellschaftstheorie 1.;

3. als G. gelten weiterhin alle →Aussagen über Gesellschaft, soweit sie normativ gefaßt sind und deren Gestaltungsnotwendigkeiten beschreibt und fordert.

Gesellschaftslehre, christliche
ein auf christlichen Prinzipien und Maximen beruhende, normative Theorie darüber, wie gesellschaftliches Leben zu gestalten ist. Als wichtige Elemente ch. G. können die →Solidarität und →Subsidiarität – religionsübergreifend – etwa aus dem Prinzip der Nächstenliebe abgeleitet werden.

Gesellschaftslehre, formale
1. unter Bezugnahme auf →Gesellschaftslehre 1. wird *G. Simmels* Soziologie als formale Soziologie bezeichnet, weil er die Formen der →Vergesellschaftung und der sozialen Wechselwirkungen betont. →formale Soziologie

2. Gesellschaft wird nach *G. Simmel* als Gegenstand der →Soziologie durch die Wechselwirkungen zwischen Personen konstituiert, die dadurch bestimmte Formen der →Vergesellschaftung schaffen. Zu diesem empirisch feststellbaren Aspekt von Gesellschaft kommt das Gesellschaftsbewußtsein der Mitglieder und die Sinnkomponente von Gesellschaft für die Mitglieder.

Gesellschaftslehre, statistische
1. auf die politische Arithmetik zurückgehende und in der Kieler →Schule der Soziologie von *G. Mackenroth* vertretene Position, wonach biologische und soziale Faktoren das →generative Verhalten determinieren, was sich empirisch-statistisch feststellen läßt. Neben dieser →bevölkerungssoziologischen De- finition gibt es noch eine allgemeinere:

2. aus irgendwelchen, empirisch festgestellten Regelmäßigkeiten im Verhalten der Gesellschaftsmitglieder wird auf statistische Gesetzmäßigkeiten geschlossen, die die scheinbar unabhängig voneinander praktizierten Handlungen bestimmten.

Gesellschaftsordnung
die sich aus gesellschaftlichen Strukturen (nach →marxistischer Sicht: dem Entwicklungsstand) und den davon abhängigen subjektiven Gestaltungswünschen und Ordnungsprinzipien der Gesellschaftsmitglieder ergebenden je konkreten Ausprägungen der sozialen Beziehungen in einer Gesellschaft. Die G. wird dabei durch das soziale Gefüge von Über- und Unterordnungen (→Schicht), durch die Prinzipien der Verteilung von Rechten und Pflichten, durch die ökonomischen Austauschregelungen etc. bestimmt.

Gesellschaftsprognostik
→Futurologie

Gesellschaftsschicht
1. alltäglich sind das die eine →Sozialkategorie bildenden Personen, die innerhalb einer Gesellschaft im Hinblick auf bestimmte Kriterien sich ähnlich sind, wobei die Kriterien selbst vertikal nach Wertschätzung differenziert sind, z.B. die Arbeiterschicht, die Akademikerschicht, der Geldadel etc.;

2. nach *Th. Geiger* wird eine G. durch alle Personen in einer Gesellschaft konstituiert, die sich in einer objektiv gleichen Lage befinden, dies wissen und sich deshalb solidarisch fühlen und analog handeln.

Gesellschaftssystem
→System, soziales

Gesellschaftstheorie
1. alle Aussagensysteme zum Gegenstand Gesellschaft, soweit sie begrifflich, theoretisch-abstrakt gefaßt sind;

2. die →kritische Theorie der →Frankfurter Schule ist insoweit eine G., als sie sich in ihren →Aussagen auf das makrosoziologische Phänomen Gesellschaft bezieht, daher wird sie – wie auch der →Marxismus, der als →historischer Materialismus als →Wissenschaftstheorie begriffen werden kann – auch als G. bezeichnet.

Gesellschaftsverfassung
zur G. gehören alle kodifizierten Elemente des gesellschaftlichen Systems und seiner Subsysteme, also z.B. die Rechtsordnung, Sozialordnung etc.

Gesellschaftsvertrag
→contrat social

Gesellschaftswissenschaften
1. manchmal synonym mit Sozialwissenschaften gebraucht;

2. in der Regel heben sich die G., zu denen Soziologie, Politikwissenschaften und politische Ökonomie gehören, von den Sozialwissenschaften dadurch ab, daß man eine makrostrukturelle Perspektive hat, →verhaltenstheoretische Ansätze ablehnt, eine historische und ganzheitliche Betrachtung einer zeitlosen und partikularisierten und wissenschaftstheoretisch eher eine →kritisch-theoretische oder →marxistische Anschauung einer →kritisch-rationalen vorzieht.

Gesellung
bezeichnet die Intention, sich mit anderen Menschen gegen die Isolation zusammenzutun, ohne bereits irgendwelche sozialen Verpflichtungen einzugehen (also kein Zusammenschluß zu →Gruppen oder →Organisationen).

Gesetz
1. in der Logik ist ein G. eine →Aussage, die unabhängig von der jeweiligen Erfahrung wahr ist;

2. in der Wissenschaftstheorie ist ein G. eine →Aussage, die ohne räumliche und zeitliche Einschränkung empirisch wahr ist; eine sog. Allaussage (→Quasi-Gesetz);

3. im Recht ist ein G. eine kodifizierte →Norm als Verhaltensvorschrift, die eine Abweichung davon mit →Sanktionen bedroht;

4. als G. werden in der Soziologie auch solche Verhaltensvorschriften bezeichnet, die auch ohne explizite Kodifizierung eingehalten werden müssen

(→Mußnorm); Abweichungen werden →sanktioniert;

5. im Sinne von 4. sind G. auch alle ethischen und moralischen →Normen, die ausnahmslos für alle Menschen gelten;

6. als G. bezeichnet man auch alle Regelmäßigkeiten, die in der Natur zu beobachten sind (→empirisches G.).

Gesetz, deterministisches
die in dem d. G. enthaltenen Aussagen treten ohne Ausnahme in jedem Falle, also immer ein. D. G. sind notwendige Voraussetzung für Deduktion.

Gesetz des Effektes
→Effektgesetz

Gesetz, ehernes der Oligarchie
von *R. Michel* aufgestellte →Theorie, die besagt, daß im politischen →System einer Gesellschaft, selbst wenn die politischen →Institutionen demokratisch sind, immer kleine →Minoritäten die Entscheidungen treffen. Die überwältigende Majorität hat keine Chancen, weil die Minorität für ihre eigene Machterhaltung sorgt.

Gesetz, empirisches
das G. kommt aufgrund einer beobachteten Regelmäßigkeit in der Realität der Natur zustande.

Gesetz des evolutionären Potentials
mit diesem Gesetz wird vermutet, daß die →Evolution nicht linear erfolgt: Gerade die besonders weitgehende →Anpassung an Umweltbedingungen durch Spezialisierung wird in nur geringerem Ausmaß weitergegeben.

Gesetz des geringstmöglichen Aufwandes
law of least effort
damit bezeichnet man die Tatsache, daß Lebewesen aus der Vielzahl denkbarer Reaktionen auf bestimmte Sachverhalte immer jene auswählen, die bei entsprechenden Erfahrungen mit möglichst geringem Einsatz erfolgversprechend erscheinen.

Gesetz der großen Zahl
im Rahmen der Stichprobentheorie bedeutsames G. nach *Poisson.* Es besagt, daß mit zunehmender Stichprobengröße es immer unwahrscheinlicher wird, daß die Stichprobenwerte (= Statistics) von den →Parametern der Grundgesamtheit abweichen werden. Man beachte aber, daß dies trotz geringer Wahrscheinlichkeit aber jederzeit eintreten kann.

Gesetz, historisches
mit h. G. bezeichnet man sog. Entwicklungsgesetze, wie sie etwa im →Historizismus gesucht werden. Man geht davon aus, daß es in der Abfolge von bestimmten Entwicklungsstufen gewisse Regelmäßigkeiten gibt, die man in die Form h. G. kleiden kann.

Gesetz, ideomotorisches
das ist der sog. Carpenter-Effekt, der die Tatsache bezeichnet, daß wahrgenommene oder vorgestellte Bewegungen unwillkürlich selbst praktiziert werden. Man geht davon aus, daß das i. G. auch im Rahmen der →Sozialisation von Kindern bedeutsam ist

Gesetz der Kapitalakkumulation
→Akkumulation

Gesetz des kategorischen Urteils
law of categorial judgement
hierbei geht es um die →Skalierung von →Stimuli, die eindimensional und abgestuft sein sollen. *Thurstone* entwickelt die Abstufungen (obwohl die zu messende Dimension als Kontinuum begriffen wird) aus den Zuordnungen der Items zu entsprechenden kategorialen Grenzen.

Gesetz, kausales
das sind →Aussagen, die als Ursache-Wirkungs-Relationen gedacht sind und dabei nach alltäglicher Auffassung, die durchaus auf die wissenschaftliche Betrachtung als vorgängige übertragbar erscheint, folgende Bedingungen erfüllen muß: Sie muß deterministisch, aufeinanderfolgend, irreversibel, notwendig und hinreichend sein.

Gesetz der Klassifikation
→Klassifikation, Gesetz der

Gesetz der Konzentration
nach der →Theorie des →Marxismus wird sich das Kapital langfristig auf ei-

nige wenige Großbetriebe beschränken, da diese durch Konkurrenz die kleineren Produzenten „schlucken" werden. Rationellerer Kapitaleinsatz und schnellere →Akkumulation führen zur Übermacht und vernichten die kleineren Betriebe, die zum →Proletariat hinzustoßen.

Gesetz der kulturellen Beschleunigung
es wird mit den G. d. k. B. angenommen, daß – historisch betrachtet – die Fähigkeit der Menschen immer schneller wächst (etwa durch wissenschaftlichen und technischen Fortschritt), die jeweiligen gesellschaftlichen Zielsetzungen zu realisieren.

Gesetz der logarithmischen Wellen
dieses G. vermutet, daß die Realisierung gesellschaftlicher Ziele wellenförmig aufsteigend erfolgt; während zunächst der Anstieg eher schwächer ist, wird er dann immer steiler, bis er seinen Gipfelpunkt erreicht, um dann wieder flacher zu werden und später wieder steiler usw.

Gesetz der natürlichen Auslese
nach *Ch. Darwin* gibt es einen permanenten Kampf ums Dasein, bei dem nur die Stärkeren überleben (→„survival of the fittest") und sich fortpflanzen können, weshalb langfristig die am besten an die Lebensbedingungen Angepaßten überleben werden, während die anderen zum Aussterben verurteilt sind.

Gesetz, normatives
→Gesetz 3., 5.

Gesetz der sozialen Gravitation
in sozialen →Gruppen gibt es horizontale und vertikale Differenzierungen, die letztlich dazu führen, daß sich unterschiedliche Gruppen voneinander abkapseln; diese entwickeln eine Art Introversion, die allerdings auch nach außen zu Aggressivität führen kann. Innere Anziehunge und äußere Abstoßung sind Elemente des G. d. s. G.

Gesetz, soziodynamisches
genauer: G. des soziodynamischen Effekts von *J. L. Moreno*
es besagt, daß im →soziometrischen Test immer einige Personen gewählt und einige isoliert bleiben, auch wenn man die Zahl der möglichen Wahlen erhöht. Die zusätzlichen Wahlen fallen eben nicht auf die Isolierten, sondern auf schon vorher (zumeist mehrfach) Gewählte.

Gesetz des soziodynamischen Effekts
→soziodynamisches G.

Gesetz, soziogenetisches
nach *J. L. Moreno* wachsen mit der individuellen Reife nicht nur die →Intelligenz und das Gefühlsleben, sondern auch die sozialen Fähigkeiten eines →Individuums. Analog zum biogenetischen G., wonach sich höhere Tiere aus den einfacheren entwickelt haben, sind höhere und differenziertere Gruppenformen aus einfacheren hervorgegangen. Das s. G. bezieht er auch darauf, daß jüngere Menschen unabhängig vom Wahlkriterium immer die gleichen Personen wählen, während ältere hier klar differenzieren (also z.B.: als Freund möchte ich den X, aber als Mitarbeiter den Y).

Gesetz, statistisches
ein s. G. bezeichnet Wahrscheinlichkeitsbeziehungen zwischen den im G. benannten Sachverhalten; in einem strengeren Sinne werden diese Wahrscheinlichkeiten auch als invariant angesehen.

Gesetz des steigenden Surplus
nach dem →Marxismus nimmt die Ausbeutung des Arbeiters ständig zu (etwa durch Verlängerung der Arbeitszeit oder Intensivierung der Arbeit), weshalb sich der Kapitalist den steigenden Mehrwert aneignen kann.

Gesetz des tendenziellen Falls der Profitrate
der →Marxismus behauptet: Da die Profitrate sich definitionsgemäß aus dem Verhältnis Mehrwert zu dem variablen und konstanten →Kapital zusammensetzt, ist sie bei gleicher Mehrwertrate vom konstanten Kapital abhängig. Da weiter die kapitalistische Produktion zu einer laufenden Erhöhung des konstanten Kapitals führt, nimmt die Profitrate tendenziell ab.

Gesetz des vergleichenden Urteils
law of comparative judgement
auf *Thurstone* zurückgehendes Verfahren zur Konstruktion einer Intervallskala durch Paarvergleich verschiedener Items.

Gesetz der Wirkung
→Effektgesetz

Gesetze, materielle
im →Marxismus werden damit jene G. bezeichnet, die bestimmte historische Gesellschaftsformen unabhängig von sozialen Determinanten bestimmen, die aber abhängig sind von der Produktion.

Gesinnungsethik
von *M. Weber* im Gegensatz zur →Verantwortungsethik gebrauchter Begriff, der die Entscheidung für ein bestimmtes →Handeln aus ethisch moralischen Überzeugungen ableitet und sich nicht von den zu erwartenden Konsequenzen leiten läßt.

Gesinnungsterror
G. liegt vor, wenn irgendwelche Herrschenden auf Andersdenkende starken sozialen Druck ausüben, um diese zur →Konformität mit ihrer →Ideologie zu zwingen: Andere Gesinnungen werden durch physische und/oder psychische Gewalt auszumerzen versucht.

Gesinnungstheorie
ein von *G. Mackenroth* gebrauchter Begriff in der Bevölkerungssoziologie, um deutlich zu machen, daß das →generative Verhalten weniger von ökonomischen Bedingungen (Armut oder Wohlstand), sondern eher von den sozialen →Einstellungen zu →Familie und Kindern abhängt.

Gestalt
das Ganze, die Totalität sind Synonyme für G. Der Begriff meint, daß irgendein soziales →Gebilde, das sich aus einzelnen Teilen zusammensetzt, deren gegenseitige Abhängigkeiten das Gebilde ausmachen, Eigenschaften hat, die keinem der einzelnen Teile eigen sind. Das ganze soziale Gebilde erfährt also eine eigene Qualität, eine eigene →Identität. Solche Eigenschaften, die nur dem integrierten Ganzen, nicht aber den einzelnen Elementen allein oder gemeinsam zukommen, sind Gestaltqualitäten.

Gestaltpsychologie
eine theoretische Auffassung in der Psychologie, wonach weder die einzelnen Elemente allein noch deren Summe zur Beschreibung und Erklärung von Erleben, Wahrnehmen und Verhalten zureichen. Vielmehr kommt es auf die Ganzheit und damit auf die Beziehungsstrukturen zwischen den einzelnen Elementen an. Die G. ist von der →Phänomenologie *E. Husserls* beeinflußt und hat andere theoretische Ansätze (etwa die Feldtheorie *K. Lewins*) beeinflußt.

Gewalt
Die sprachliche Determination allen Erkennens in den Sozialwissenschaften zeigt sich besonders im Begriff der Gewalt, der extrem heterogen, unscharf und deshalb gelegentlich auch ideologisch besetzt gebracht wird. Je nach Reichweite der Definition des Gewaltbegriffes ergeben sich unterschiedliche Gewaltszenarien, die Gewalt einmal als marginale Größe, andernfalls jedoch als ein alles durchdringendes und bedrohendes Interaktionsmuster erscheinen lassen. Aus interaktionistischer Perspektive bildet Gewalt daher auch keine unmittelbar gegebene Realität, sondern wird als Sachverhalt erst definiert, weshalb (gerade auch) für Wissenschaftler das Risiko existiert, zu Definierern, nicht jedoch zu Analytikern von Gewalt zu werden (vgl. Peters 1995, S. 29; S. 32).

1. Gewalt in der Gesellschaft
Die Einschätzung dessen, was Gewalt ist, wird zum einen von gesellschafts- oder kulturspezifischen Werten und Normen bestimmt, die mehr oder weniger explizit (anthropologische) Annahmen über die Natur des Menschen enthalten. Willems (1993) beschreibt fünf Felder, in denen Gewalt ein geradezu

konstitutives Definitionselement darstellt: 1. Krieg bzw. Abschreckung, 2. politisch motivierte Gewalt (als Terrorismus, als Gewalt gegen Fremde, gegen „konstruierte Andere"), 3. (massenmediale) Gewaltdarstellungen und ihre Verhaltensfolgen, 4. Gewalt in persönlichen Beziehungen sowie 5. Gewalt von und zwischen Jugendlichen, wobei die politisch motivierte bzw. die Jugendgewalt in der öffentlichen Perzeption als dominant gesehen werden, was sich auch an der zum Teil einseitigen massenmedialen Aufbereitung zeigt.

Wenn von „neuen" bislang unbekannten Gewaltqualitäten und -quantitäten die Rede ist, die besonders unter (Post-)Adoleszenten Ausbreitung findet, dann wirkt ein sozialhistorischer Blick relativierend und indiziert, daß dahinter eine spezifische zivilisationstheoretisch geprägte Wirklichkeitskonstruktion steht: Physische Gewalt – etwa von Jugendlichen und Heranwachsenden – ist ein Phänomen, das sozialhistorisch keineswegs neu ist und nicht nur gegenwärtig in der Generationenfolge fast immer zu erheblichen Verunsicherungen geführt hat. So bilden milieu- oder quartiergebundene Jugendbanden (etwa die „Halbstarken") mit ihren action-orientierten, durchaus auch gewaltförmigen „Handlungsstrategien" ein Phänomen, das seit der Jahrhundertwende geläufig ist und stets für negative öffentliche und massenmediale Aufmerksamkeit sorgte, die dann ihrerseits auch als self-fulfilling prophecy wirken konnte (vgl. Baacke 1993, S. 28 ff.).

Gewalt ist in biographischer Perspektive – im Lebenslauf – allerdings ein eher passageres Phänomen (vgl. Fuchs/Lamnek/Luedtke 1996), das seine weiteste Verbreitung gerade in der Phase der Adoleszenz und zum Teil auch noch in der Postadoleszenz aufweist. Ein Zusammenwirken dreier Momente – die zivilisationstheoretische Annahme einer (durchgängigen) Gewaltminderung, die formale und teilkulturelle Ausdifferenzierung von Jugend als eigenständige (Er-)Lebensphase sowie die Durchgängigkeit einer biographisch relativ erhöhten Gewaltneigung in diesem Stadium – bewirkt eine selektiv er- und überhöhte Gewaltwahrnehmung.

Tatsächlich sind auch Gesellschaften einer (nach)industriellen Moderne durch das Vorhandensein von Gewalt gekennzeichnet, denn die „Parzifizierung der Gesellschaft, auf die sich das staatliche Gewaltmonopol so viel zugute hält, (bedeutet) noch lange nicht Befreiung von Gewalt" (Honig 1990, S. 348). Fundiert formuliert: „Sollten die Ursachen der Gewalt (...) insgesamt gesellschaftlich bedingt sein und eliminiert werden, müßte man die Gesellschaft ändern oder abschaffen" (Weis, 1995, S. 223).

Soziale Gewalt in Gesellschaften kann sich – handlungstheoretisch betrachtet – auf alle sozialen Einheiten beziehen. Beginnend mit einer dyadischen Paarbeziehung über (Klein-)Gruppen bis hin zu Organisationen auf der gesellschaftlichen Makroebene. Selbstverständlich kann auch der individuelle Akteur betrachtet werden, allerdings weniger in seiner psychischen Verfaßtheit als vielmehr aus der soziologischen Perspektive von Identität, Handlungsmotivation und deren sozial bedingtem Zustandekommen.

2. Verschiedene Gewaltbegriffe

Wenn Gewalt soziologisch als eine spezifische Form von sozialem Handeln verstanden wird, dann kann man sie nach Situation, Motivation und den normativen Verhaltenserwartungen von Interaktionspartnern differenzieren. Die interaktionistische Perspektive bezieht insbesondere auch den prozessualen, dynamischen Charakter von Gewalt ein. Somit würde ein Verständnis von Gewalt als sozialem Handeln auch erlauben, die Max Weberschen Motivzuschreibungen für Handeln zu verwenden, nämlich: affektuell, traditional, wertrational und zweckrational (vgl. Weber 1980).

Diese Handlungsorientierungen finden sich partiell und implizit auch in der Unterscheidung nach *instrumenteller* und *expressiver* Gewalt (Heitmeyer et al. 1995). Instrumentelle Gewalt ist zielgerichtet, geplant und findet auch auf der Basis von Lernerfahrungen statt. Hier wird Gewalt als Mittel zum Zweck verstanden, so daß eher das zweckrationale und auch das wertrationale Moment zum Tragen kommen. Mit der expressiven Gewalt – der Gewalt als Selbstzweck – sind situative, episodenhafte und spontane Momente angesprochen, die eher in die Richtung des affektuellen und auch traditionalen Motivs gehen.

Gewalt könnte sehr nominalistisch über das Vorliegen eines Gesetzesverstoßes definiert werden. Bei diesem eher *rechtspositivistischen* Gewaltverständnis treten allerdings Probleme auf: Einerseits könnten Handlungen, die keinen Gesetzverstoß beinhalten (z.B. Formen verbaler Attacken) von Betroffenen und nicht Betroffenen durchaus als Gewalt empfunden und bewertet werden (undercoverage). Andererseits werden vielleicht Handlungen, die qua Gesetz als Gewalt definiert werden, aufgrund ihrer teil- oder subkulturellen normativen Orientierung noch als legitim und angemessen betrachtet (overcoverage).

Willems (1993) trennt in drei Gewaltbegriffe mit unterschiedlicher Reichweite: Der restriktive Gewaltbegriff beinhaltet *physisches* Einwirken sowie die Drohung damit und ist intersubjektiv gut operationalisier- und erfaßbar. Bei der Erweiterung nach *psychischer* Gewalt (Drohung, Nötigung) ist die intersubjektive Prüfung erschwert, da die Einschätzung als psychische Gewalt von der subjektiven Wahrnehmung abhängt. Den weitesten Gewaltbegriff impliziert die *strukturelle* Gewalt von Galtung (1975); mit diesem Gewaltbegriff erfolgt eine unmittelbare Koppelung an die gesellschaftlichen Verhältnisse. Strukturelle Gewalt ist bei jeder objektiv vermeidbaren Einschränkung der potentiellen Möglichkeiten, Handlungen bzw. Ziele zu realisieren, aufgrund der strukturellen Verhältnisse gegeben. Damit ist Gewalt aber ein ubiquitär gesellschaftliches und unvermeidbares Phänomen, bei dem nur das jeweilige Ausmaß diskutiert werden kann.

Ein relativ eng gefaßter Gewaltbegriff findet sich bei Schwind et al. (1990): Hier wird vergleichsweise stark auf die *öffentlichsichtbare* Gewalt bzw. Gewalt in *öffentlichen Räumen* abgehoben.

Eine häufig vorgenommene Differenzierung besteht insbesondere, wenn die Gewalt empirisch untersucht wird, in *verbaler, psychischer, physischer* Gewalt sowie Gewalt gegen *Sachen.*

Hinsichtlich der verschiedenen Gewaltbegriffe ist jeweils zu bedenken, daß Gewalthandlungen zumeist prozeßartig – sich steigernd ablaufen und folgende Bedingungen implizieren: Der Gewalt*akzeptanz* folgt die Gewalt*bereitschaft* und erst dann die Gewalt*tätigkeit.*

3. Motive für Gewalt

Gewalt als *Abschreckung* umfaßt (neben dem außenpolitisch-militärischen) auch nach innen gerichtete Aspekte, nämlich die staatlich legitimierte strukturelle Gewalt als Spezial- bzw. Generalprävention. Die *Spezialprävention* sieht das staatliche Strafen als bewußte Gewaltzufügung an den Straftäter vor, um diesen vor der Begehung weiterer Straftaten abzuhalten. Dazu kommt das (in seinem Erfolg höchst umstrittene) Moment der Resozialisierung als bedingungsmodifizierende Komponente, mit der Lebens- bzw. Handlungsziele verändert werden sollen. Die *Generalprävention* setzt auf die generelle Abschreckung aller durch die strafrechtliche Sanktionsbewährung von Handlungen (Abschreckungsgeneralprävention), strebt aber auch eine Verstärkung der Normbindung und Loyalität bei den Nichtstraftätern an (Integrationsgeneralprävention) (vgl. Lamnek 1994).

Politisch motivierte Gewalt oder „Gewalt aus zeitgeschichtlicher Perspektive“ (Hornstein 1996) ist im Regelfall ein Phänomen von (Post-)Adoleszenten (vgl. Kaase/Neidhardt 1990). Politische Gewalt hat in der Bundesrepublik im wesentlichen bislang zwei Ausformungen erfahren: In der Gestalt des Linksterrorismus trat sie Ende der 60er, Anfang der 70er Jahre durch die RAF in zunehmendem Maße durch Mordanschläge auf Repräsentanten von Staat, Politik und Wirtschaft in Erscheinung, konnte jedoch gegen Ende der 70er Jahre relativ erfolgreich eingedämmt werden. In dieser Periode waren Gewaltbilligung und Gewaltbereitschaft eher bei „linken Orientierungen“ zu finden, wohingegen eher „rechte“ für Sicherheit, Ordnung und staatliche Gewalt eintraten.

Mit dem Beginn der 90er Jahre trat eine deutliche Wende ein (Eckert/Willems 1996). Gerade im Verein mit (vorübergehenden) Wahlerfolgen rechtsradikaler und -extremer Parteien trat vermehrt politische Gewalt aus dem rechten Lager auf. Mit den Ausschreitungen gegen Ausländer (Asylanten) erlangte die fremdenfeindliche, rechtsextreme Gewalt einen (traurigen) Höhepunkt und zugleich aber ein Höchstmaß an sozialer Aufmerksamkeit. Bemerkenswert und paradox ist dabei, daß in den 80er und 90er Jahren keine Zunahme fremdenfeindlicher Einstellungen gemessen werden konnte, sondern in den 90er Jahren eher ein Rückgang vor allem extremer ethnophober Positionen zu registrieren war (vgl. Eckert/Willems 1996, S. 45 ff.).

Fremdenfeindliche Gewalt weist in hohem Maße Situationscharakter auf: Die Taten sind gruppengestützt und werden oft in kleinstädtischer oder ländlicher Umgebung zumeist von Personen aus dem lokalen bzw. regionalen Umfeld verübt. Eckert/Willems (1996) beschreiben in einem zeitlichen Entwicklungsmodell die gesellschaftliche Entfaltung rechtsextremer fremdenfeindlicher Gewalt: Einerseits ergibt sich eine „neue“ Tätergruppe aus männlichen Adoleszenten unter 20 Jahren, bildungsfern mit einer allgemein hohen Gewaltbereitschaft, die durch ethnophobe Gewalt persönliche Anerkennung aus einem durch die Konkurrenz mit Asylbewerbern (z. B. auf dem Wohnungsmarkt) verunsicherten sozialen Umfeld erhofft. Auf der anderen Seite weisen rechtsextreme Gewalttäter eine erschreckende „Normalität“ (Hornstein 1996) auf. Gewisse Erfolgserlebnisse – auch aufgrund unzureichender staatlicher Kontrolle – bestärken die rechtsextremen Kreise. Zudem erfuhren sie „Aufmerksamkeitsprämien für ihre Gewaltanwendung“ durch die massenmediale Berichterstattung, was auch zur subkulturellen Aufwertung der Akteure führte. Nicht zuletzt fand auch eine Generalisierung der Gewalt durch Ausweitung der Opfergruppen statt – ein Prozeß, der auch auf das Feld von „Gewalt um den Sport“ übergriff (Weis 1995). Der Weg führte von der politisch legitimierten, präjudizierenden Ablehnung von „Scheinasylanten“ zu einer allgemeineren Fremdenfeindlichkeit, die von einem sich dadurch isolierenden und brutalisierenden harten rechten Kern vollzogen wurde, wobei die Opfergruppen mehr oder weniger austauschbar wurden.

Dieses Phänomen wird von Heitmeyer et al. (1995) auch unter der Perspektive „Schattenseiten der Individualisierungsprozesse“ diskutiert. Sie rechnen zu den negativen Folgen der Individualisierung, die Desintegration, die sich als kulturelle (bei Werten, Normen und sozialen Beziehungen) sowie als strukturelle Desorganisation (bezüglich der Teilnahme an Institutionen und an sozialen Beziehungen) äußert. Zusätzlich zur Ziel-Mittel-Diskrepanz sind Ambivalenzprobleme entstanden, die Eskalationen in Form von Ausgrenzung, Aufspaltung und Auflösung mit sich bringen (1995, S. 56 ff.).

4. Kontexte von Gewalt

4.1. Gewalt in und um Schulen

Nachdem Gewalt offenbar ein entwicklungsphasenspezifisches Phänomen ist, nimmt es nicht wunder, daß gerade an Schulen die Diskussion um Gewalt besonders heftig geführt wird. Dieser Themenbereich erlangt in den 80er Jahren verstärkte Aufmerksamkeit, besonders unter dem Einfluß massenmedial transportierter (Einzel-)Berichte, in denen Befürchtungen geweckt wurden, deutschen Schulen stünden angesichts zunehmend gewaltbereiter und gewalttätiger Schüler US-amerikanische Verhältnisse ins Haus. Während bis in den Anfang der 80er Jahre hinein eine überwiegend pädagogisch und psychologisch ausgerichtete Forschung (insbesondere hinsichtlich Intervention und Prävention) dominant war, entstand Ende der 90er Jahre ein weiteres inter- bzw. transdisziplinäres Spektrum von Forschungen zu diesem Gegenstand (Schubarth/Melzer 1994; Schubarth/Kolbe/Willems 1996, Schwind 1995, Funk 1995, Euler et al. 1995, Engel/Hurrelmann 1994, Fuchs/Lamnek/Luedtke 1996).

Diese jüngeren Gewaltstudien über Schulen und ihr Umfeld weisen zumeist eine relativ übereinstimmende Tendenz auf: Gewalt ist an Schulen zweifelsohne vorhanden; auch treten schwerere Formen von Gewalt auf, die aber nicht die Regel sind. Es gibt ein geringes Potential (ca. 3%) von besonders gewalttätigen Schülern. Am häufigsten sind jedoch Formen verbaler Gewalt. Massenmediale Horrorberichte lassen sich damit nicht bestätigen bzw. generalisieren. Durchgängig werden jedoch geschlechtsspezifische Unterschiede ermittelt: Männliche Jugendliche sind deutlich gewaltbereiter und gewaltaktiver als weibliche. Elternhäuser mit gewaltförmiger Konfliktbearbeitung und der Konsum von (fiktiver) massenmedialer Gewalt – insbesondere durch Videos – sind nicht zu unterschätzende Einflußfaktoren, die allerdings auch nicht monokausal interpretiert werden dürfen (vgl. Lamnek 1995, Funk 1995, Euler et al. 1995, Fuchs/Lamnek/Luedtke 1996).

4.2. Sport und Gewalt

Das Feld Sport und Gewalt läßt sich nach Gewalt *im* Sport, Gewalt *um* den Sport herum und Gewalt *als Werbung* für den Sport (Weis 1995) differenzieren. Sehr augenfällig und öffentlichkeitswirksam ist die Gewalt um den Sport herum - besonders der Hooliganismus. Diese Form der Gewalt hat sich durch intensivere und erfolgreichere polizeiliche Kontroll- und Abdrängungsstrategien bzw. einen besseren Schutz für die Stadien als Arenen der ritualisierten Auseinandersetzung zunehmend in stadienferne Bereiche verlagert. Die bei Weis (1995) postulierte Entwicklung – weg von den Stadien und auch hin zu neuen ungeschützten Opfergruppen – weist auch durch die rechtsextremistischen Parolen der Gewalttätigen auf Überschneidungen mit der allgemeinen Entwicklung der politisch-motivierten Gewalt Rechtsextremer auf (vgl. Eckert/Willems 1996).

4.3. Gewalt in den Massenmedien

Sowohl die Berichte über reale Gewalt als auch Sendungen mit gewalttätigem Inhalt (Spielfilme, Videos etc.) sind in den letzten Jahren mit der Veränderung der Struktur des Fernsehens deutlich angestiegen. Ob damit unmittelbar oder mittelbar auch ein Anstieg der tatsächlichen Gewalt einhergeht, ist in der Literatur umstritten. Ein direkter bilateraler Zusammenhang dürfte wohl kaum existieren, doch mehren sich die Stimmen, die von einem mindestens indirekten, Gewalt freisetzenden oder verstärkenden Mechanismus ausgehen. Die Katharsisthese, die einen solchen Einfluß bestreitet, gilt jedenfalls weitgehend als widerlegt und obsolet. Besonders der exzessive Konsum von Horror, Kriegs- und vor allem auch Sexfilmen steht bei Jugendlichen in einem deutlichen korrelativen Zusammenhang mit einer erhöhten Gewaltausübung gegen Personen und Sachen (Lamnek 1995, S. 253).

4.4. Gewalt in persönlichen Beziehungen – insbesondere in der Familie
Zur Gewalt im Kontext persönlicher Beziehungen gehören Gewaltaktionen zwischen enger verbundenen Personen, in Partnerschaften und in der Familie. Ein besonders gewichtiger Aspekt von Gewalt in Partnerschaften, nämlich die Vergewaltigung in der Ehe, die bislang nur über den Tatbestand der Nötigung sanktioniert werden konnte, wird nun eigenständig kodifiziert, d.h., hier ereignete sich eine Veränderung in der Wahrnehmung, die das tradierte Stereotyp einer patriarchalen „Verfügungsgewalt" aufgibt.

Gerade Gewalt in der Familie konstituiert ein Phänomen, zu dem in Wissenschaft und Praxis keine einheitliche Abgrenzung bzw. Definition besteht (vgl. Schneider 1990, S. 506; Honig 1990, S. 345). In Abhängigkeit von der Struktur der Familie lassen sich doch relativ einheitlich als (horizontale) Tätlichkeitsfelder unterscheiden (vgl. Schneider 1990, S. 508): Konflikte mit gewalttätigen Auseinandersetzungen

– zwischen den (Ehe-)Partnern, wobei beide Geschlechter Täter und Opfer sein können (Partnergewalt);

– zwischen Eltern und Kindern, wobei auch hier beide Seiten sowohl Täter als auch Opfer sein können (Eltern-Kind-Gewalt bzw. Kind-Eltern-Gewalt), allerdings häufiger die Kinder Opfer sein werden;

– zwischen Geschwistern bzw. Kindern und Jugendlichen, die wie Geschwister aufwachsen (Geschwistergewalt) und die letztlich nur eine Fortsetzung der Eltern-Kind-Gewalt darstellen (vgl. Markefka/Billen-Klingenbiel 1989, S. 351);

– mit alten Menschen als Opfern, die im Haushalt von jüngeren Angehörigen leben und von diesen attackiert werden (Gewalt gegenüber alten Menschen spielt auch bei deren Unterbringung in betreuenden Organisationen eine Rolle). Familie als Vereinigung verschiedener Geschlechter und Generationen sowie die sehr starke Emotionalisierung der Beziehungen führen bei eskalierenden Konflikten sehr leicht zu Gewalttätigkeiten, da gerade die „Privatheit der Familie ihre soziale Kontrolle mindert" (Schneider 1993, S. 27). Familie ist also strukturell und substantiell eine durch langzeitiges Zusammenleben und Intimität gekennzeichnete potentiell konflikt- und gewaltanfällige Institution. Diese prinzipiell „konfliktgeneigte Familienstruktur" wird verstärkt durch (informelle) gewaltbegünstigende Familiennormen, die das Züchtigungsrecht als legitimes Mittel bei der Kindererziehung propagieren oder nach denen Gewalt unter Ehepartnern als eine „läßliche Sünde" zu betrachten sei.

Die Wirkung innerfamilialer Normen für die Konfliktbearbeitung wird verstärkt durch die lange Zeit bestehende Rechtssituation, nach der die Familie als ein weitgehend dem staatlichen Zugriff entzogener Schutzraum galt, in dem für Eltern die Möglichkeit bestand, nach relativ freier Entscheidung über die eigenen Kinder zu verfügen (vgl. Frehsee 1992, Schneider 1990, Schneider 1987). Verhaltensregulierend bzw. -inhibierend waren letztlich nur die Tabuvorschriften der Verwandtschaftsbeziehungen.

Ein punitives – also mehr oder weniger von Gewalt bestimmtes – Erziehungsverhalten kann einen Prozeß initiieren, in dem die Kinder lernen, daß Gewalt als subjektiv erfolgreiche Konfliktlösungs- oder zumindest -bewältigungsstrategie für viele Lebenssituationen dienen kann, wobei das väterliche Sanktionsverhalten vor allem die Gewalttätigkeit von Jungen als Tätern (vgl. Bandura 1962) und Mädchen und später Frauen als Opfer beeinflußt.

5. Theoretische Ansätze zur Gewalt
Die Frage nach Ursachen von und Hintergründen für Gewalt bzw. Gewaltanwendung wird von einer Vielzahl soziologischer, kriminologischer, psychologi-

scher etc. Theorien behandelt, wovon hier nur einige Ansätze exemplarisch benannt werden sollen:

Heitmeyer et al. (1995) differenzieren vier Arten von Gewaltmodellen: *Aktionsmodelle,* die von einer angeborenen instinktanalogen Aggressionsbereitschaft ausgehen, *Reaktionsmodelle,* nach denen Gewalt als Reaktion auf Umweltreize entsteht, *Strukturmodelle,* bei denen die Verhältnisse selber, nicht konkrete Akteure, Gewalt ausüben, und *Interaktionsmodelle,* die eine Verbindung von subjektiver sozialer Erfahrung unter objektiv vorhandenen Strukturen bei gegebener produktiver, mitverantwortlicher, Alternativen einbeziehender Handlungskompetenz der Akteure anstreben.

Da (illegitime) Gewalt allgemein unter die Formen abweichenden Verhaltens zu subsumieren ist, kann sie auch mit (kriminal)soziologischen Theorien zu abweichendem Verhalten beschrieben und analysiert werden. Dazu gehören traditionell die *Anomietheorie,* die *Subkulturtheorie,* die *Theorie des differentiellen Lernens* sowie der *Labeling Approach* (vgl. Lamnek 1993).

Von Gottfredson/Hirschi (1990) wurde die *Kontrolltheorie* entwickelt, mit der eine Kritik an den bisherigen Ansätzen zu Devianz und Konformität verbunden war. Basis der Kontrolltheorie ist das Selbstkontrollkonzept. Hiernach wird der Mensch als ein rational handelndes Wesen gesehen, das an Bedürfnisbefriedigung orientiert ist. Alle Formen von Devianz und Kriminalität und – damit auch Gewalt - resultieren aus einer niedrigen Kompetenz in der Selbstkontrolle. Dies bedeutet, daß eine starke Augenblicksorientierung, das Streben nach sofortiger Belohnung (und eben nicht nach deferred gratification patterns) und eine geringe Fähigkeit zu langfristigen Kosten-Nutzen-Kalkulationen besteht.

Die *Frustrations-Aggressionsthese* geht davon aus, daß mit erfahrener Frustration sich die Wahrscheinlichkeit einer gewaltförmigen Reaktion erhöht. Die je individuell erfahrene Frustrationstoleranz und die erlernten – auch nicht gewalttätigen - Reaktionsweisen auf Frustrationen sind Bedingungen, die das Aggressionspotential steuern.

Die *ethologische Aggressionstheorie* ist eine Instinkttheorie, die aufgrund von Tierbeobachtungen von einem angeborenen Aggressionstrieb des Menschen ausgeht. Revier- und Konkurrenzverhalten – insbesondere bei räumlicher Enge – führen quasi automatisch zu aggressivem Konfliktverhalten. Verhaltensforscher führen daher z.B. auch fremdenfeindliche Gewalt auf diesen Mechanismus zurück. Die Übertragbarkeit tierethologischer Überlegungen auf das menschliche Verhalten erscheint aber – insbesondere durch die kulturelle Überformung beim Menschen – fragwürdig.

Lit.: Fuchs, M./Lamnek, S./Luedtke, J. (1996): Gewalt an Schulen. Realität und Wahrnehmung. Opladen; *Heitmeyer, W., et al.* (1995): Gewalt – Schattenseiten der Individualisierung bei Jugendlichen aus unterschiedlichen Milieus. Weinheim; *Kunczik, M.* (1994): Gewalt und Medien. Köln; *Lamnek, S.* (Hrsg.) (1995): Jugend und Gewalt. Devianz und Kriminalität in Ost und West. Opladen; *Schneider, H.-J.* (1994): Kriminologie der Gewalt. Stuttgart; *Schwind, H. D., et al.* (1990): Ursachen, Prävention und Kontrolle von Gewalt. Analysen und Vorschläge der unabhängigen Regierungskommission zur Verhinderung und Bekämpfung von Gewalt (Gewaltkommission), Berlin

Prof. Dr. *S. Lamnek,* Eichstätt

Gewalt, strukturelle

Form der indirekten Gewalt bei J. Galtung (1969), von ihm auch als „soziale Ungerechtigkeit" bezeichnet. Damit ist gemeint, daß die sozialen Verhältnisse einer Gesellschaft so geartet sind, daß aus ungleichen Macht- und Eigentumsverhältnissen auch unterschiedliche Lebenschancen resultieren, welche die davon Betroffenen nicht wollen und welche auch nicht sein müßten. D.h., gesellschaftliche Strukturen führen zu unfreiwilliger und erzwungener Ungleichbehandlung.

G.R.

Gewaltenteilung

von *Montesquieu* erarbeitetes Prinzip der Gestaltung einer demokratischen Grundordnung, um einerseits die Freiheitsrechte der einzelnen zu garantieren und andererseits die Konzentration politischer →Macht und damit deren denkbaren Mißbrauch zu verhindern. Im Parlamentarismus nordamerikanischer und kontinental-europäischer Prägung ist der Grundsatz der G. dadurch realisiert, daß die Machtbefugnisse institutionell differenziert verteilt sind auf die Legislative, die Exekutive und die Judikative, die sich gegenseitig kontrollieren. Diese gedachte Funktion der so vorgenommenen Gewaltenteilung hat heute an Bedeutung eingebüßt: Während die politische Willensbildung vornehmlich durch Parteien und Interessenverbände sowie die Medien gesteuert wird, übernehmen die Medien zusätzlich die wichtige Aufgabe politischer →Kontrolle.

Gewaltfreiheit

ein politisches und soziales Prinzip, wonach alle Zielsetzungen ohne den Einsatz von →Gewalt (gegen Personen und Sachen) verfolgt werden sollen. Gewaltanwendung würde als →abweichendes Verhalten perzipiert werden. Es gibt allerdings gesellschaftliche Gruppierungen, die ihre Vorstellungen nicht mit legitimen Mitteln durchsetzen konnten und können und deshalb zur Gewalt greifen, z.B. Terrorismus. Ausnahmen von der G. sind rechtlich geregelt in der →Gewaltordnung, die dem Staat unter bestimmten Voraussetzungen Gewalt als Mittel zugesteht.

Gewaltordnung

die G. regelt in einem Gemeinwesen, unter welchen rechtlich kodifizierten Voraussetzungen der Einsatz von →Gewalt →legitim ist. Grundsätzlich ist jedoch die Gewaltanwendung für einzelne Personen oder Organisationen ausgeschlossen, da der Staat das Gewaltmonopol besitzt.

Gewerkschaften

auf der Basis der grundgesetzlich garantierten Koalitionsfreiheit haben sich Arbeitnehmer zum Zwecke ihrer Interessenvertretung und -durchsetzung freiwillig zu G. zusammengeschlossen. Sie kümmern sich um eine Verbesserung der Arbeitsbedingungen, um Mitsprache bei der Arbeits(platz)gestaltung, um Lohn- und Gehaltsbedingungen, um Urlaubsregelungen, Arbeitszeitgestaltung etc. Die G. sind der legitime Verhandlungspartner der Arbeitgeberverbände bei Tarifverhandlungen, sie vertreten aber auch gegenüber der Öffentlichkeit die →Interessen der Arbeitnehmer. Die G. sind in der Bundesrepublik nach dem →Industrieverbandsprinzip gegliedert und im Deutschen Gewerkschaftsbund zusammengefaßt.

Gewinnstreben

ein handlungsleitendes ökonomisches Prinzip, dessen Realisierung im wirtschaftlichen Handeln zu einer Gewinnmaximierung führen soll. Diese Überlagerungen wurden teilweise in soziologische Theorien (→Verhaltenstheorie, →Theorie rationalen Handelns, →Austauschtheorie) übernommen und zu einem allgemeinen Prinzip sozialen Handelns erhoben. Demnach ist *alles* Verhalten von einer Kosten-Nutzen-Abwägung getragen: Von der Verhaltensweise, die letztlich realisiert wird, erwartet man den höchsten Gewinn als Differenz aus Belohnung und Kosten.

Gewissen

das G. (vgl. →Über-Ich) ist das Insgesamt an →Werten und →Normen, das durch →Sozialisation vermittelt →internalisiert und so zu einem integralen Bestandteil der Person wurde und damit das Handeln dieser Person im Sinne dieser Werte und Normen als konformes steuert.

Gewißheit, soziale

soziales Handeln ist nur dann sinnvoll möglich, wenn der Handelnde davon ausgehen kann, daß einerseits seine Annahmen über die Realität sicher sind und andererseits die Realität für den für das Handeln relevanten Zeitraum unverändert bleibt.

Gewohnheit

1. meint in einem psychologischen Sinne ein weitgehend automatisiertes, motorisches Verhalten, das sich durch vielfaches Praktizieren eingestellt hat;

2. im soziologischen Sinne meint G. solche Verhaltensmuster, die in ähnlichen Situationen von *verschiedenen* (im Gegensatz zu 1.) Individuen immer wieder praktiziert werden, ohne normativ gefordert zu sein und sanktioniert zu werden.

Gewöhnung

1. bei ständiger Wiederholung einer Verhaltensweise tritt ein Gewöhnungseffekt derart ein, daß dieses Verhalten immer leichter praktiziert wird; es erfolgt dann automatisch, ohne darüber nachdenken zu müssen;

2. die wiederholte Darbietung eines Reizes führt zu einer gewissen Abstumpfung, weil die Bereitschaft, darauf zu reagieren, nachläßt, wie auch die Wahrnehmungsbereitschaft zurückgeht; man hat sich daran gewöhnt.

Ghetto

„Gießerei"

ein relativ abgeschlossener, abgekapselter Teil einer Stadt, in dem eine bestimmte homogene Bevölkerungsgruppe relativ isoliert von der Außenwelt lebt. Die Außenkontakte sind auf ein Minimum reduziert. Dieser Zustand kann freiwillig oder erzwungen sein. Prototypisch über Jahrhunderte die G. der Juden. Daraus ist der soziologische Begriff des G. abgeleitet, der eine Generalisierung darstellt: Alle →Minoritäten, die räumlich und/oder sozial in bestimmten städtischen Gebieten leben und einer gewissen →Diskriminierung der Umwelt ausgesetzt sind (z.B. Gastarbeiter), konstituieren ein G.

Gildensozialismus

eine in England um die Jahrhundertwende festzustellende Strömung, die sich gegen die als negativ empfundenen Folgen der Industrialisierung wandte und in einer eher sozialromantischen Art eine Umkehr forderte: Man wollte weg von dem Fabriksystem, zurück zu Handwerk und (Kunst)Gewerbe und weg von dem Gegensatz zwischen Kapital und Arbeit, weg von der Lohnarbeit, hin zu einem demokratischeren Produktionssystem in Gilden. Die Gilden waren als sozialistische Formen der Arbeitsgestaltung gedacht, die Fabriken sollten in den Besitz der organisierten Arbeiterschaft übergehen. Die genossenschaftliche →Organisation sollte die soziale Situation der Arbeiter verbessern.

Gleichaltrigengruppe

→peer group (engl.)

die gleichaltrigen Kinder und Jugendlichen, die in Spiel, Sport, Schule, Freizeit interagieren und für die →Sozialisation eine wichtige →Funktion haben: Sie setzen die Primärsozialisation durch die →Familie fort und beginnen die Ablösung von ihr zu erproben, indem sie einerseits eigene, jugendspezifische →Werte und →Normen vermitteln, andererseits aber auf das gesellschaftliche Leben außerhalb der Familie vorbereiten.

Gleichberechtigung

ein im Grundgesetz der Bundesrepublik Deutschland verankertes Prinzip, das über Jahrhunderte hinweg erst erkämpft werden mußte, da es in früheren Gesellschaftsordnungen weder normativ verankert noch realisiert war. G. meint die formale Gleichbehandlung vor dem Gesetz und den Ausschluß von Benachteiligungen (und damit auch Privilegien) aufgrund von Geschlecht, Hautfarbe, Glauben, sozialer Herkunft etc.

Gleichheit
égalité (frz.)
1. ein in der Französischen Revolution gefordertes Prinzip, das sich gegen die Privilegien des Feudalismus wandte und für alle Bürger die gleichen Rechte forderte;

2. G. in sozialen Beziehungen ist dann realisiert, wenn zwischen den Personen, →Gruppen, →Organisationen etc. keine sozial relevanten Unterschiede existieren. Dies ist allerdings eine →Utopie, denn schon bestimmte biologische Unterschiede, die sozial bewertet werden, führen zu Ungleichheiten;

3. G. wird heute in der Soziologie häufiger auf die der Lebenschancen oder Zugangschancen bei durchaus ungleichen Merkmalen als Forderung für eine gerechte Gesellschaft bezogen.

Globalgesellschaft
nicht mehr sehr gebräuchliche Bezeichnung für →Gesamtgesellschaft.

go-in
→sit-in
eine studentische und später allgemeinere Form des Protestes; die Protestierenden begeben sich – ohne regulären Zugang zu haben – in Sitzungen, Versammlungen, Veranstaltungen etc., um durch ihre lautstarke Präsenz zu demonstrieren und zu provozieren.

Graduation
Steigerung, stufenweise Erhöhung
mit G. bezeichnet *Ossowski* – in Absetzung von einem dichotomen Modell sozialer →Klassen – die vertikale soziale Differenzierung einer Gesellschaft in →Schichten, zwischen denen kein Abhängigkeitsverhältnis, aber eine evaluative →Rangordnung besteht. Die einfache G. beruht auf der Differenzierung der Schichten nach einem einzigen Merkmal, während die synthetische sich aus einer Kombination von Variablen, z. B. zu einem →Schichtindex, ergibt.

grand theory
1. von *C. W. Mills* kritisch-ironisch gemeinte Charakterisierung solcher Theorien, die im wesentlichen im Begrifflichen verhaftet bleiben, wie etwa der →Strukturfunktionalismus;

2. in der qualitativen Sozialforschung wird z. B. in dem Modell von *B. G. Glaser* und *A. L. Strauss* von der grounded theory über induktive Verallgemeinerung und substantive theories zu formal theories vorzustoßen, die den höchsten Generalisierungsgrad haben. Dabei haben die formalen Theorien gleichwohl den Charakter von middle-range-theories; sie erheben nicht den Anspruch *allgemeinste Gesellschaftstheorie* als g. th. zu sein (→Theorien mittlerer Reichweite).

Gratifikation
Belohnung, Entschädigung, Gefälligkeit
bezeichnet die Befriedigung, die ein Handelnder aus einer bestimmten Handlung bezieht, z. B. die positive →Sanktion, die darauf erfolgt.

Gratifikation, relative
ob eine G. als solche wirkt, hängt von den subjektiven Vorstellungen über die erwartete Höhe einer Belohnung ab. Eine tatsächliche G. mag am Erwartungshorizont des einzelnen gemessen zu gering erscheinen.

Grenzaustausch
meint den Sachverhalt, daß zwischen →Systemen oder Subsystemen oder zwischen Systemen und deren Umwelt die Grenzen überschritten werden können und ein Austausch stattfinden kann.

Grenzen des Systems
jedes →System läßt sich von einem anderen dadurch unterscheiden, daß es in sich →homogener ist und daß zwischen beiden eine →Heterogenität existiert, womit eine Grenze geschaffen ist. Die Definition eines Systems erfordert eben die theoretische und empirische Abgrenzung. Die Systemgrenzen sind relativ unverrückbar, können aber überwunden werden (→Grenzaustausch).

Grenzmoral

Begriff aus der →Industrie- und Betriebssoziologie nach *G. Briefs,* der die Tatsache beschreibt, daß die Gemeinschaftsmoral und die individuellen →Interessen (etwa auch in der Auseinandersetzung zwischen →Gewerkschaften und →Arbeitgebern) auseinanderlaufen, daß es aber einen Minimalkonsens darüber gibt, wo die Individualinteressen ihre Grenze finden.

Grenznutzen

Gossen hat in den nach ihm benannten beiden Gesetzen wichtige Grundlagen für ökonomische →Theorien über Nachfrage und Konsum geliefert. G. ist der Zuwachs an Nutzen, wenn zu dem vorhandenen Bestand eines Gutes eine weitere Einheit hinzukommt. (Der Grenznutzen einer Tafel Schokolade ist geringer, wenn ich schon fünf besitze, als wenn ich keine habe.) Das 1. *Gossen*sche Gesetz besagt, daß der G. mit zunehmendem Bestand bzw. mit zunehmender Bedürfnisbefriedigung abnimmt. Das 2. Gesetz bedeutet, daß bei gegebenen Einkommen dieses so auf die zu erwerbenden Güter verteilt wird, daß deren G. gleich ist.

Grenznutzenanalyse

Die G. erklärt mit Hilfe der *Gossen*schen Gesetze das Nachfrageverhalten der privaten Haushalte für Konsumgüter. Zur Berechnung des Nutzens eines Gutes verwendet man heute die sog. opportunity costs, indem man die entgangenen Vorteile einer anderen Verwendung der Kosten für das konsumierte G. bestimmt (→Grenznutzen).

Grenznutzenschule

darunter sind alle theoretischen Ansätze zu subsumieren, die den Wert eines bestimmten Gutes von seinem individuellen Nutzen und seiner relativen Verfügbarkeit ableiten. Sein Preis bemißt sich also nicht etwa nach der investierten Arbeit, sondern ausschließlich nach dem individuellen zusätzlichen Nutzen.

Großfamilie

im Gegensatz zur →Kleinfamilie eine →Familie, in der gleichaltrige erwachsene Verwandte mit deren jeweiligen Kindern zusammenleben. Je nach →matrilinealer oder patrilinealer Organisation gehören die Großeltern mütterlicherseits oder väterlicherseits dazu.

Großforschung

hierbei handelt es sich um institutionalisierte Forschung mit erheblichem personellem, apparativem und materiellem Mitteleinsatz, wie er für die Forschung normalerweise nicht verfügbar wäre; oft auch als Verbund von einzelnen Instituten und Finanzierung in solchen Bereichen, die als gesellschaftlich besonders wichtig gelten.

Großgrundbesitz

1. im Feudalismus jene →Sozialkategorie, die durch Besitz von Ländereien einerseits Rechte gegenüber den Bewohnern und Arbeitern ausgeübt, aber auch Pflichten gegenüber dem Landesherrn hatte. Der G. konstituierte eine eigene Statusgruppe;

2. in den Industriegesellschaften jene Gruppierung, die durch ihren Grundbesitz ein arbeitsloses Einkommen bezieht und eine gewisse gesellschaftliche Gestaltungsmacht aufgrund des Eigentums an Grund und Boden hat.

Großgruppe

im Gegensatz zur →Kleingruppe – und zu dem Begriff der sozialen →Gruppe überhaupt – handelt es sich bei der G. um ein soziales Gebilde, dem eine Vielzahl von Personen angehört, deren Kontakte untereinander jedoch stark positional und formalisiert sind, deren Zusammenarbeit zweckgerichtet organisiert ist. G. sind daher z. B. Betriebe, Vereine, Gewerkschaften etc.

Großorganisation

1. unter Bezugnahme auf die Mitgliederzahl und/oder das Personal eine →Organisation, die die durchschnittliche Größe erheblich übersteigt;

2. eine →Organisation, die wegen ihrer räumlichen Streuung eine komplexe und differenzierte Organisationsstruktur aufweist, z.B. Militär, Kirche.

grounded theory
datenbasierte →Theorie
ein Ansatz der qualitativen Sozialforschung nach *B. G. Glaser* und *A. L. Strauss:* Die Theorie entsteht (emerges) aus der →Beobachtung der sozialen Realität durch Induktion. Da die Theorie aus der Realität entstammt, ist sie quasi automatisch besser als eine deduktiv hergeleitete. Mithin erhält auch die Entwicklung von Theorien Priorität vor der Überprüfung.

group dynamics
→Gruppendynamik

Grundherrschaft
eine →Herrschaft, die aus dem Besitz an Grund und Boden resultiert. Der Grundherr ließ seinen Besitz bewirtschaften, erzielte damit einerseits einen Gewinn und hatte andererseits als Besitzer Verfügungsmacht über die „Pächter“.

Grundklassen
im →Marxismus jene →Klassen, die sich diametral gegenüberstehen und die durch diesen Antagonismus die Gesellschaftsstruktur determinieren, also z.B. Kapitalisten versus Arbeiterklasse, Feudalherren versus Leibeigene.

Grundlagenforschung
G. ist selten, wird aber zum Teil in sog. Sonderforschungsbereichen durch die Deutsche Forschungsgemeinschaft finanziert. G. ist freie und reine wissenschaftliche Forschung, die nicht an Anwendung oder Umsetzung orientiert ist. Sie ist einzig darauf aus, wissenschaftliche Erkenntnisse zu produzieren, um den wissenschaftlichen Fortschritt voranzutreiben. Damit werden – zunächst losgelöst von Verwertungsinteressen – die Voraussetzungen für eine spätere Verwertung geschaffen. G. ist bei der Entwicklung von →Theorien oder →Methoden gut vorstellbar.

Grundsozialisation
alle Maßnahmen, die dazu führen sollen, daß ein Kind gesellschaftsfähig wird, indem es eine soziokulturelle Basispersönlichkeit durch Erziehung entwickelt, die eine soziale Anpassung ermöglicht. Da die G. in den ersten Lebensjahren erfolgt, sind soziale Differenzierungen kaum zu erwarten; die G. ist für alle Gesellschaftsmitglieder daher relativ ähnlich.

Grundwerte
→Normen leiten sich aus übergeordneten →Werten ab, die möglicherweise selbst in eine hierarchische Ordnung gebracht werden können. Danach gibt es übergeordnete, höchste und wichtigste Werte in einer Gesellschaft, die die nachgeordneten bestimmen. Sie setzen Prinzipien fest, die einen hohen Verbindlichkeitscharakter haben. G. können z.B. die Freiheit, die Gleichheit, das Recht auf Leben sein.

Gruppe
→Gruppensoziologie
1. ein soziales →Gebilde, bestehend aus zwei oder mehr Personen (sicher nicht mehr als 20), wobei in den meisten Definitionen weiterhin davon ausgegangen wird, daß es sich um

– regelmäßige und zeitlich überdauernde Beziehungen (im Gegensatz etwa zum Mob),

– Zusammengehörigkeitsbewußtsein der Mitglieder (→Wir-Gefühl) (im Gegensatz zur →Sozialkategorie z.B. der Straffälligen),

– Vorhandensein eines gemeinsamen Zieles, gemeinsamer →Normen, differenzierter →Rollen handelt.

Häufig tritt als weiteres Definitionsmerkmal hinzu, daß direkte Interaktionsbeziehungen (→face-to-face-Kontakte) zwischen den Mitgliedern möglich sein müssen (→Kleingruppe);

2. neben dem eigentlich soziologischen Gruppenbegriff nach 1. wird G. oft unscharf als Synonym für →Sozialkategorie verwendet, also z.B. die Gruppe der alten Menschen, der Angestellten etc.

Hier würde die G. nur durch ein oder mehrere gemeinsame Merkmale konstituiert, woraus sich auch tendenziell gleichartige Verhaltensweisen ergeben mögen. Die engeren Definitionselemente der sozialen G. fehlen jedoch;

3. gelegentlich auch Synonym für →Bezugsgruppe gebraucht; gemeint ist damit dann eine Gruppierung, mit der man sich identifiziert oder deren Mitgliedschaft man anstrebt, bei negativen Bezugsgruppen eben das Gegenteil.

Gruppe, autonome
auf *G. C. Homans* zurückgehender Begriff, der solche G. bezeichnet, die in ihren →Werten und →Normen, Verhaltensmustern und Handlungen Standards haben, die unabhängig von der Umgebung der G. in dieser entwickelt und praktiziert werden.

Gruppe, demographische
→Sozialkategorie

Gruppe, formale
auch formelle G.
die Interaktionen in der G. sind durch formelle Regelungen und Verhaltenserwartungen bestimmt, die eher rational organisiert sind und spezifische Zwecksetzungen verfolgen, z. B. eine Arbeitsgruppe im Betrieb, die gemeinsam ein Produkt herstellt.

Gruppe, informelle
die Beziehung zwischen den Mitgliedern sind persönlich, eher freundschaftlich, nicht formal geregelt, können von daher offen gestaltet werden, sind für die Beteiligten befriedigend und werden gerne gepflegt (→Primärgruppe). Sie entstehen oft neben →formalen G. und können diese überlagern.

Gruppe, intermediäre
das sind solche G., die eine Vermittlungsinstanz zwischen dem →Individuum und einem größeren sozialen →System (z. B. Gesellschaft) bilden, z. B. der Ortsverband einer Partei.

Gruppe, intime
→Intimgruppe

Gruppe, konsensuelle
in dieser G. entsteht der Zusammenhalt durch →Konsens auf der Basis der Gleichartigkeit der Mitglieder; vgl. symbolische G.

Gruppe mit direktem Kontakt
face-to-face-G.
eine kleine G., deren Mitglieder untereinander in direktem Kontakt stehen, sich also von Angesicht zu Angesicht gegenüberstehen und kommunizieren.

Gruppe, primäre
→Primärgruppe

Gruppe, psychologische
→informelle G.

Gruppe, symbiotische
der Zusammenhalt und die Stabilität der G. resultieren daraus, daß sich die Mitglieder gegenseitig ergänzen, eine wechselseitige Bedürfnisbefriedigung durch →Komplementarität der Merkmale betreiben (→konsensuelle G.).

Gruppe, synthetische
in der experimentellen Kleingruppenforschung die Kontrollgruppe, die dazu dient herauszufinden, welche spezifischen Leistungen eine echte Gruppe mit face-to-face-Kontakten bei der Aufgabenbewältigung erbringen kann. Die s. G. besteht aus Einzelpersonen, die keinen Kontakt haben und die nachträglich so behandelt werden, als handelte es sich um eine G., wenn die Summe der Leistungen denen der echten Gruppe gegenübergestellt wird.

Gruppenabsolutismus

ähnlich dem Phänomen des →Ethnozentrismus geht eine →Gruppe davon aus, daß ihre Maßstäbe die einzig gültigen sind, und beurteilt andere danach.

Gruppenbewußtsein

→Kollektivbewußtsein
→Wir-Bewußtsein
der →Gruppengeist, also alles, was in der →Gruppe gemeinsam an →Handlungsmustern oder Denkstilen verfügbar ist, das nicht individuell, sondern nur durch die Gruppe erklärbar ist, wozu

insbesondere das Zusammengehörigkeitsgefühl gehört.

Gruppendiskussion
eine spezielle Form des Gruppeninterviews mit zumeist explorativer Funktion, wobei in der qualitativen Sozialforschung mehr und mehr mit dieser →Methode gearbeitet und die Exploration verlassen wird. Das Verfahren ist einfach: Einer (zumeist nicht →repräsentativ, also nicht zufällig ausgewählten) →Gruppe wird durch den Diskussionsleiter (Moderator) ein Thema (→Stimulus) vorgegeben, und die Anwesenden diskutieren darüber. Der Diskussionsleiter greift nur ein, um die Diskussion nicht enden zu lassen und damit der eigentliche Gegenstand nicht verlassen wird.

Die Funktion der G. besteht darin, einerseits Individualmeinungen in der Gruppe zu erfahren, Gruppenmeinungen festzustellen, die Gruppenprozesse zwischen den Diskutierenden zu beobachten, Gruppenstrukturen und →Gruppendynamik zu analysieren.

Die Befunde sind bei G. sicher nicht generalisierbar, doch liefern sie wichtige Erkenntnisse über prinzipielle Auffassungen (sofern die Gruppe nicht zu homogen ist), können die Theoriebildung befördern und Hilfen zur Typenbildung liefern.

Gruppendruck
Gesamtheit der Einflüsse einer →Gruppe auf die einzelnen Mitglieder, die diese zur →Konformität veranlassen. Der G. kann dabei die Bereitschaft zur Deliktbegehung hervorrufen bzw. fördern, wenn die Gruppe abweichende →Normen besitzt. G. ist eine Form →sozialer Kontrolle.

Gruppendynamik
1. von *K. Lewin* begründete Forschungsrichtung, die die Arten und Formen der Entstehung und Funktion von sozialen →Gruppen zum Gegenstand hat, wobei auch die Veränderungen in den Gruppenstrukturen oder den Verhaltensweisen der Gruppenmitglieder zur G. gehören. Im einzelnen geht es um Sympathie, Kontaktfähigkeiten, Führungspositionen, Rollendifferenzierung, Gruppenleistung etc., jeweils in Abhängigkeit von Gruppenstrukturen;

2. mit G. werden gelegentlich auch spezielle Techniken bezeichnet, die es ermöglichen sollen, in Teamarbeit oder Trainingsprogrammen bessere Ergebnisse hinsichtlich der menschlichen Beziehungen zu erzielen, um diese dann in entsprechenden Situationen (Diskussionen, Konferenzen, Lehrprogramme) umsetzen und anwenden zu können;

3. mit G. wird auch die Auffassung bezeichnet, daß im politischen Bereich eine Demokratisierung auch dadurch erreicht werden könne, wenn soziale →Gruppen und deren Mitglieder in den Entscheidungsprozeß stärker einbezogen werden. Damit würden politische Entscheidungen akzeptabler;

4. die in einer →Gruppe ablaufenden Prozesse gegenseitiger Beeinflussung.

Gruppeneigenschaft
→Kollektivmerkmale

Gruppengeist
1. Synonym für →Gruppenbewußtsein, →Wir-Bewußtsein, →Kollektivbewußtsein;

2. esprit de corps (frz.)
Zusammengehörigkeitsgefühl, Loyalität und Solidarität sind kennzeichnend; die →Gruppe stellt sich schützend vor die Mitglieder.

Gruppenidentität
das Insgesamt der Vorstellungen, das Selbstbild der →Gruppe, das ein integriertes Ganzes ist und sich nicht als Summe von Eigenschaften der einzelnen Mitglieder ergibt. Es ist dies der Komplex von Zielen, →Normen, →Werten und Verhaltensmustern, die in der Gruppe als solcher existent sind und sie wesentlich konstituieren.

Gruppenideologie
das Insgesamt an →Werten, →Normen, →Einstellungen und Überzeugungen,

die in einer →Gruppe als gemeinsam von den Mitgliedern geteilt und gelebt werden.

Gruppenkonflikt

1. inter-G. besteht, wenn zwischen den →Gruppen Differenzen existieren und/ oder ausgetragen werden;

2. intra-G. besteht, wenn innerhalb der →Gruppe, also zwischen deren Mitgliedern, Differenzen bestehen und/oder ausgetragen werden.

Gruppenkultur

das Insgesamt der materiellen und immateriellen Bestandteile des Gruppenlebens, die zumeist tradiert sind und der Verfolgung der Gruppenziele dienen können. Hierzu gehören die →Normen und →Werte ebenso wie die Fähigkeiten und Fertigkeiten der Gruppenmitglieder.

Gruppenmoral

1. allgemein die →Werte und →Normen, die in einer →Gruppe gemeinsam geteilt werden;

2. die Einschätzung der →Gruppe daraufhin, inwieweit sie Anfechtungen von innen oder außen bei Erhaltung der Gruppe ertragen und bewältigen kann, also ein weitgehendes Zusammengehörigkeitsgefühl und -bedürfnis.

Gruppennorm

1. →Normen als Verhaltenserwartungen, die in einer →Gruppe gelten;

2. Beschreibung von Regelmäßigkeiten oder Gleichförmigkeiten innerhalb einer →Gruppe, die als „Durchschnitt" oder „Modus" die statistische Norm abgeben. Dies ist der Gruppenstandard;

3. eine im Verhalten der Gruppenmitglieder wirksame Komponente, die aber nicht als explizite →Norm das Verhalten bestimmt, sondern eher unbewußt und instinktiv wirkt und vom Forscher ex post als hypothetisches →Konstrukt zur Erklärung herangezogen wird.

Gruppensoziologie

→Gruppe

Begriff. Der Begriff „Gruppe" ist ein wesentlicher Bestandteil des kategorialen Gerüsts soziologischen Denkens. Die Versuche, Gruppenphänomene (Familie, Schule, Arbeit, Gleichaltrige, Freizeit, Sport, Nachbarschaft, Cliquen, Wohnen, Beratung, Selbsthilfe, Geselligkeit) begrifflich zu bestimmen, sind in der soziologischen Literatur sehr vieldeutig und verwirrend. Es existiert eine Fülle von (Sekundär-)Kriterien zur Definition von Gruppen, die in konkreten Untersuchungen durchaus Bedeutung gewinnen, die aber auf der Suche nach einem gemeinsamen Nenner, mit dessen Hilfe empirische Daten erst vergleichbar werden, wenig hilfreich sind. Die notwendigen wie auch hinreichenden Elemente, die das soziale Phänomen Gruppe idealtypisch eindeutig charakterisieren und von anderen sozialen Erscheinungen gedanklich trennscharf abgrenzen, sind: Unmittelbarkeit, Diffusität und Dauerhaftigkeit der Gruppenbeziehungen. „Gruppe" kann dann als →soziales System definiert werden, dessen „Sinnzusammenhang durch unmittelbare und diffuse Mitgliederbeziehungen sowie durch relative Dauerhaftigkeit bestimmt ist" *(F. Neidhardt)*. Je nach Ausprägung dieser Gruppenmerkmale lassen sich unterschiedliche Gruppierungsgrade feststellen, wobei sowohl in Richtung flüchtiger Begegnungen („encounters" bei *E. Goffman*) als auch in Richtung „Organisationen" eine klare Abgrenzung möglich wird, wenn sicher auch in Grenzbereichen Überschneidungen auftreten und sich Mischtypen bilden. Die Gruppenkriterien verweisen in ihrer Wechselwirkung auf den Aspekt des Persönlichen, der für die Konstitution von Gruppen zentral ist. In unmittelbarer →Interaktion und →Kommunikation entwickeln sich über einen längeren Zeitraum hinweg – ohne daß die Gruppe ständig zusammensein müßte – Gruppenstrukturen (Interaktionsketten, Kohäsionsgrad, Rollenmuster), Gruppenregeln einschließlich der Konfliktregelung, Gruppenziele, Organisationsmuster, Grenzen nach innen und nach außen und insgesamt, als die wohl bedeutsamste Gruppenleistung, so etwas wie ein „Wir-Gefühl", das →Solidarität, Zusammengehörigkeit und Zugehörigkeit als das „tragende Prinzip" *(H. Tyrell)* der Gruppenentwicklung bezeichnet. Vor diesem Hintergrund wird eine rein quantitative Teildefinition bezüglich der Mitgliederzahl sinnlos, wenn es sicherlich auch Quantitätsgrenzen gibt (nach unten eindeutig: Zweiergruppe, nach oben etwa 25 Mitglieder).

Entwicklung der Gruppensoziologie. Bis weit ins 19. Jh. hinein wurde der Begriff „Gruppe" in der Soziologie als noch sehr undifferenzierte Bezeichnung für soziale Phänomene aller Art bis hin zu so umfassenden wie ganze Gesellschaften oder die Menschheit überhaupt verwendet (z.B. von *A. F. Ferguson, H. von Treitschke, F. Tönnies* wie auch bei *A. Comte*). Für *L. Gumplowicz* ist die Menschheit nicht mehr eine Großgruppe, sondern setzt sich aus einer Vielzahl von heterogenen Gruppen zusammen, die den primären Gegenstand der Soziologie bildet. Diese Gruppen bestimmen in ihrer Auseinandersetzung den sozialen Prozeß, Solidarität führt zur Lösung der sozialen Probleme. In seinem Werk „Le Suicide" von 1897 beschäftigt sich *E. Durkheim* mit den Kohäsionsphänomenen in Gruppen als Folge kontinuierlichen Gruppenwirkens (→„Kollektivbewußtsein") und mit der Prägung individuellen Verhaltens durch die sich entwickelnden normativen Bindungen in (Familien-)Gruppen.

In *Deutschland* sind es neben *F. Oppenheimer* und *Th. Geiger* vor allem *G. Simmel* und *L. von Wiese,* die wesentliche Beiträge zur Entwicklung eines soziologischen Konzepts von Gruppe liefern. Vor allem *Georg Simmel* hat eine große Fülle interessanter und grundlegender Thesen formuliert (versch. Aufsätze in „Soziologie" 1908), so hat er – um einige herauszugreifen – auf die Bedeutung der Symbolidentifikation in Gruppen für die „Selbsterhaltung der sozialen Gruppe", für die Kontinuität und das Zusammengehörigkeitsgefühl verwiesen, hat sich mit der „quantitativen Bestimmtheit der Gruppe" befaßt, aber nicht im Sinne einer Additionsrechnerei, wo es um Quantenzahlen geht, sondern in dem Sinne, daß ein zahlenmäßiger Wandel zu einem je neuen „Ganzen" führt (Gliedzahl), und er hat die Bedeutung der Gruppenzugehörigkeit für die Individualität des Menschen derart betont, „daß jede neu hinzukommende ihn genauer und unzweideutiger bestimmt". *Leopold von Wiese* unterscheidet in einer sehr umfangreichen und differenzierten Auseinandersetzung drei Gruppen-Typen (das Paar, die kleine Gruppe und die große Gruppe) und nennt eindeutige „Merkmale des →Idealtypus, der Gruppe" (relative Dauer/Kontinuität, Vorstellungen von der Gruppe bei den Gruppenmitgliedern, Traditionsbildung, Wechselbeziehungen zu anderen sozialen Gebilden u.a.). *Alfred Vierkandt* dagegen geht in einer lebensphilosophischen Überbetonung der Gruppe als „Urphänomen", als „objektives Gebilde", dem die Person gegenübersteht, eigentlich hinter die Entwicklung der Gruppensoziologie, wie sie sich in Deutschland, vor allem aber in den USA zur gleichen Zeit bereits entwickelt hatte, zurück.

Nach 1945 war die Beschäftigung mit der Soziologie der Gruppe zunächst durch Rezeptionsbemühungen bezüglich der Forschungsergebnisse aus den USA gekennzeichnet und später durch eine eigenartige Zurückhaltung der Soziologen diesem zentralen Gegenstand soziologischen Denkens gegenüber. Ausnahmen bilden hier *D. Claessens* und bezüglich einer →systemtheoretisch orientierten Gruppenanalyse vor allem *F. Neidhardt* (Themen: „Das innere System sozialer Gruppen", „Außenweltbedingungen der Gruppe", „Gefühle als Steuerungsmedien", „Gesellschaftliche Wirkungen von Gruppen" u.a.)

In den *USA* leistet *Charles H. Cooley* mit seiner berühmten Gruppentypologie, in der Primär- und Sekundärgruppen unterschieden werden, vor allem in der Ausarbeitung des ersten Typs einen grundlegenden und weitreichenden Beitrag zur Gruppensoziologie. Primärgruppen sind jene →Kleingruppen wie Familie, Kinderspiel- oder Nachbarschaftsgruppen, die über persönliche, direkte (face-to-face) Beziehungen ein ausgeprägtes „Wir-Gefühl" vermitteln und grundlegend für die Persönlichkeitsbildung sind, die also eine hohe Sozialisationsrelevanz (vor allem auch in der Kindheit) besitzen. Sekundärgruppen sind dagegen durch relativ unpersönliche und spezifische Beziehungen geprägt. In ihnen sind Zweckorientierung und rationale Organisation vorrangig. Die Bedeutung von Primärgruppen wurde in einigen sehr bekannten Forschungsprojekten weiter untersucht: *W. I. Thomas* und *F. Znaniecki* erforschten die Bedeutung der Auflösung von Primärgruppen-Beziehungen für das Leben von Emigranten, *R. E. Park* beschreibt, wie es im Verstädterungsprozeß sowohl zu einer Stärkung als auch zur →Desorganisation von primärgruppenhaften (Familie-)Beziehungen kommt, und *S. N. Eisenstadt* verweist auf die besondere Bedeutsamkeit von primärgruppenhaften Beziehungen in (jugendlichen) Gleichaltrigengruppen für die →Sozialisation in modernen Gesellschaften.

Neben diesen Arbeiten vollzieht sich in den USA die Entwicklung vor allem in den folgenden drei Bereichen. Die →Human-Relations-Forschung hat ihre Basis in den Untersuchungen in den Hawthorne-Werken (*E. Mayo, F. J. Roethlisberger* und *W. J. Dickson* u.a.). Hier wurde das Phänomen erforscht, daß sich im Rahmen von Betriebsorganisationen neben zweckrational geplanten Gruppenbildungen (formelle Gruppen) über persönliche Beziehungen primärgruppen-nahe informelle Gruppen herausbilden, die u.U. die Zielsetzungen der Organisation unterlaufen. Die informellen Gruppen sind sowohl für das Befinden der Mitglieder wie für die Arbeitsleistung von größter Bedeutung. Weitere Untersuchungen zur Bildung informeller Gruppen fanden im Rahmen militärsoziologischer Projekte statt, wobei u.a. deren große Bedeutsamkeit für das Verhalten vor allem in Grenzsituationen bestätigt wurde (*M. Janowitz, E. A. Shils* und *S. A. Stouffer*).

Die →Soziometrie wurde von *J. L. Moreno* zur „Neuordnung der Gesellschaft" vorgestellt (1934). Im Rahmen des soziometrischen Gesamtwerkes hat er Teilverfahren (soziometrischer Test, Soziogramm) entwickelt, die sich gut dazu eignen, die sozio-emotionale Tiefenstruktur von Gruppen (Betriebe, Schulklassen, Psychotherapiegruppen u.a.) zu untersuchen und in der Folge dieser Analyse die Oberflächenstrukturen angemessen zu verändern.

Einer der ganz wesentlichen Initiatoren der (experimentellen) →Kleingruppenforschung war *K. Lewin,* der die Prinzipien der Gestaltpsychologie auf Gruppen übertrug und zusammen mit seinen Mitarbeitern u.a. Führungsstile in Kleingruppen erforschte. Bedeutende Kleingruppenforscher sind: *S. Asch, R. F. Bales, D. Cartwright, R. S. Crutchfield, L. Festinger, H. H. Kelley, S. Milgram, S. Schachter, M.* und *C. W. Sherif, J. W. Thibaut* u.v.a. Seit den 1940er Jahren wurde eine große Fülle interessanter (Labor-Gruppen-)Untersuchungen vorgelegt: zur Konstitution von Gruppen (z.B. Kosten-Nutzen-Gesichtspunkt, Bedrohung, Attraktivität, Ähnlichkeit, Sympathie), zur Entwicklung von Gruppen (Phasenmodelle), zur Konformität in Gruppen (z.B. Geschlecht, Status in der Gruppe, kulturelle Zugehörigkeit, Gruppengröße), zur Gruppenleistung (z.B. Zusammensetzung der Gruppe, Risikobereitschaft, Anspruchsniveau, kulturelle Werte), zur Gruppenkommunikation (z.B. Beziehungsnetze, verbale und nicht-verbale Kommunikation), zur Gruppenstruktur (z.B. Rollendifferenzierung, Macht, Führung, Führungsstile, affektive Beziehungen) und zu Beziehungen zwischen Gruppen (z.B. Urteile über Eigen- und Fremdgruppen, Konflikte und Verhandlungen zwischen Gruppen).

Parallel zu dieser Entwicklung, teilweise auch in Überschneidungen damit, wurden in den USA – neben der Beschäftigung mit konkreten Gruppen wie Kernfamilie, Gleichaltrigengruppen, Gruppen im Sport, Therapiegruppen u.a., allerdings dann unter der Rubrik Familiensoziologie, Jugendsoziologie usw. – vor allem zwei weitere wichtige Konzepte entwickelt: die →Bezugsgruppentheorie und die auch in Deutschland sehr bekannte behavioristisch-interaktionistische Gruppentheorie von *Homans.* Die Bezugsgruppentheorie hat Gruppierungen zum Gegenstand und untersucht deren Wirkungen auf das Handeln von Menschen, die als Orientierungspunkte für einen Vergleich dienen *(H. H. Hyman)* oder denen man angehören wünscht („antizipatorische Sozialisation"; *H. H. Kelley*) bzw. auf keinen Fall angehören möchte oder deren Perspektiven als Bezugsrahmen für das eigene Handeln übernommen werden (*T. Shibutani*). In „The Human Group" von 1950 versucht *George C. Homans* (geb. 1910) eine allgemeine Theorie der sozialen Gruppe zu entwerfen, indem er mit Hilfe von fünf Variablen, den Verhaltenselementen Aktivität, Gefühl, Interaktion, Normen und Werte sehr differenzierte Thesenkomplexe zum „äußeren System" (Anpassung an die Umwelt) und zum „inneren System" von Gruppen (innere Gruppenstruktur) sowie der wechselseitigen Einwirkung dieser beiden Systeme formuliert, die er mit Hilfe bereits vorliegender Untersuchungen veranschaulicht.

Gruppenmodelle. Die in den verschiedenen Untersuchungen zur Gruppe implizit enthaltenen Modelle lassen sich zusammenfassend beschreiben (nach *Theodor M. Mills*): als „quasi-mechanisches Modell" (die Gruppe gleicht einer Interaktionsmaschine, die universalen Gesetzen folgt), als „Organismusmodell" (die Gruppe durchläuft bestimmte natürliche Reifephasen), als „Konfliktmodell" (die Gruppe ist unter den Bedingungen des Mangels der Schauplatz von endlosen Konflikten), als „Gleichgewichtsmodell" (die Gruppe bildet ein System im Gleichgewicht und alle Aktivitäten richten sich bei Störungen auf die Wiederherstellung des Gleichgewichtszustandes), als „struktur-funktionales Modell" (die Gruppe ist ein zielorientiertes und seinen Bestand erhaltendes System, wobei im Prozeß der Zielerreichung Risiken für den Gruppenbestand entstehen, die Wandlungsprozesse initiieren und immer wieder erhebliche Integrationsleistungen erfordern) und als „kybernetisches Wachstumsmodell" (Gruppen sind informationsspeichernde und -verarbeitende Systeme, die dadurch ihre Kapazitäten erhöhen und zu immer komplexeren Anforderungen fähig werden).

Forschungsmethoden. Neben den in der Soziologie allgemein praktizierten Forschungsmethoden, wie Fallstudien, Inhaltsanalysen, teilnehmender Beobachtung usw., die auch bei der Untersuchung von Gruppen Verwendung finden, gibt es eine Reihe gruppenspezifischer Verfahren wie den „soziometrischen Test" nach *J. L. Moreno,* die „Interaktions-Prozeß-Analyse" nach *R. F. Bales,* die „Interaktionsmatrix" nach *F. W. Hill,* den „Gruppenfertigungsversuch" nach *Th. Scharmann,* verschiedene Verfahren im Rahmen von „Gruppenexperimenten, -interviews und -diskussionsverfahren" und „Netzwerkanalysen", die für die Untersuchung der Umweltbeziehungen von Gruppen besonders bedeutsam sind.

Der Überblick über die soziologischen Gruppentheorien zeigt, daß es viele Einzeltheorien gibt, die im Bereich von →ad-hoc-Theorien und →Theorien „mittlerer Reichweite" angesiedelt sind. Eine umfassende soziologische Theorie der Gruppe fehlt bisher. Die neueren systemtheoretischen Entwicklungen könnten hierzu einen Weg weisen. Allgemein kann heute ein relativ ausgeprägtes Desinteresse an der soziologischen Gruppentheorie festgestellt werden. Dem steht allerdings ein Interessen-Boom gegenüber, der sich auf die Bereiche →„Gruppentherapie“ und →„Gruppendynamik“ (hier verstanden als Sammelbegriff für eine Vielzahl von Methoden und Techniken im Rahmen von Selbsterfahrungs- und Therapiegruppen) erstreckt, beides Bereiche, deren Initiatoren *J. L. Moreno* und *K. Lewin* waren.

Lit.: Th. M. Mills: Soziologie der Gruppe. München 1969; *F. Neidhardt* (Hg.): Gruppensoziologie. Opladen 1983; *B. Schneider* (Hg.): Einführung in die Gruppensoziologie. Heidelberg 1980; *H.-D. Schneider:* Kleingruppenforschung. Stuttgart 1985

Prof. Dr. *F. Stimmer,* Lüneburg

Gruppentherapie

Sammelbezeichnung für eine Reihe von therapeutischen Maßnahmen, z.B. Soziodrama oder Psychodrama, bei denen ein Therapeut mit wenigen Patienten zusammentrifft, um über die sozialen Kontakte in der →Gruppe, durch →Kommunikation und →Interaktion die Chancen einer Therapie zu verbessern. Durch freie Rollenspiele kann es gelingen, Symptome und Ursachen für psychische Erkrankungen zu entdecken und anzugehen.

Gruppenzusammenhang, dynamischer

bei *K. Lewin* der Zusammenhang unterschiedlicher Gruppenmitglieder im Sinne von →symbolischer Gruppe, als gegenseitiges Komplementaritätsverhältnis, z.B. von Eltern und Kindern, Mann und Frau.

Gruppenzwang

→Gruppendruck

Gültigkeit

G. meint die Frage, inwieweit ein Meßverfahren das mißt, was es eigentlich – vom Forscher beabsichtigt – messen soll. Da die zu untersuchenden →Variablen wie z.B. kriminelles Verhalten, Häufigkeit und Intensität von Kontakten mit kriminellen Verhaltensmustern, Zugehörigkeit zu →Subkulturen, sekundäre →Devianz etc. nicht direkt beobachtbar sind, müssen sie in Forschungsoperationen (→Operationalisierung) übersetzt werden, z.B. „kriminelles Verhalten“ als „Verstoß gegen Bestimmungen des StGB“, „Zugehörigkeit zu einer kriminellen Subkultur“ als „Akzeptierung (bestimmter) subkultureller →Werte und →Normen“ etc. Diese Übersetzung kann nun mehr oder weniger „stimmen“, d.h., der theoretisch gemeinte und der tatsächlich erfaßte Sachverhalt können voneinander abweichen – im Idealfall sollte Deckungsgleichheit bestehen. G. setzt →Zuverlässigkeit voraus.

Gültigkeit, externe

1. in der qualitativen Sozialforschung: Realitätsgehalt der Daten, die unter bestimmten Erhebungssituationen gewonnen werden;

2. in der quantitativen Sozialforschung: Übereinstimmung von →Operationalisierung und tatsächlicher Realitätserfassung;

3. beim Experiment: soweit interne G. gegeben ist, die Frage, ob die Ergebnisse des Experiments über diese hinaus generalisiert werden können.

H

Habitualisierung

Prozeß, in dem ein bestimmtes Verhalten zur Gewohnheit wird, was eine Entlastung von dauernden Entscheidungen bedeutet. Habitualisierungsprozesse können der Entstehung von (informellen) →Normen vorausgehen.

Habitus

Gehabe, Erscheinung, Haltung, →Gewohnheit

1. das äußere Erscheinungsbild eines Menschen als dessen Besonderheit in Kleidung, Sprache etc., von dem man auf seine →Einstellungen, Verhaltensweisen und →Gewohnheiten schließt;

2. das Insgesamt der →Einstellungen, Verhaltensweisen und →Gewohnheiten, die eine Person charakterisieren.

Habitus, politischer
das Insgesamt der →Einstellungen, Verhaltensweisen und →Gewohnheiten, die sich auf den politischen Sektor beziehen.

Hackordnung

in der Tierhaltungsforschung zuerst an Hühnern beobachtetes Phänomen, daß bestimmte Hennen auf andere „einhakken" dürfen, andere jedoch nicht. Daraus läßt sich eine Ordnung als →Hierarchie, als Rangordnung unter den Hennen ermitteln. Auch bei anderen Tierarten hat man ähnliches als Beißordnung oder Begattungsordnung festgestellt. Im übertragenen Sinne spricht man von H. auch beim Menschen, wenn einige gegenüber anderen sich etwas leisten können, was diese nicht dürfen.

Halt-Theorie

danach ist das Auftreten →abweichenden Verhaltens vom Versagen innerer bzw. äußerer →Kontrollen abhängig. Äußere Kontrollen (bzw. äußerer Halt) sind z. B. Rollenstruktur, Gelegenheiten, →Status zu erreichen, soziale Bindungen etc. Elemente des inneren Halts sind u. a. hohe Frustrationstoleranz, „Innenlenkung", starke →Internalisierung gesellschaftlicher →Werte und →Normen, starkes →Ich und →Über-Ich. Personen mit starkem inneren und äußeren Halt sind sehr wenig delinquenzgefährdet, im Gegensatz zu solchen etwa, die nur äußeren Halt (z.B. Berufsposition), aber kaum inneren Halt, oder zu solchen, die weder äußeren noch inneren Halt besitzen; letztere sind den Zug- und Druckfaktoren mehr oder weniger schutzlos ausgesetzt. Zugfaktoren, d.h. Kräfte, die vom abweichenden Verhalten ausgehen, also zu diesem hinziehen, sind z.B. enge Beziehungen zu Kriminellen, Vertrautheit mit delinquenten →Subkulturen, Propaganda etc.; Druckfaktoren üben dagegen, aus der nichtdelinquenten Umgebung kommend, einen Druck zu kriminellem Verhalten aus, z.B. Armut, Arbeitslosigkeit etc.

Handeln

1. alltäglich jedes menschliche Verhalten in Mimik, Gestik, Sprache;

2. soziologisch betrachtet, sind dies alle menschlichen Verhaltensweisen, soweit sie sinnhaft, intentional und motivational sind und sich teleologisch (=zielgerichtet) auf äußere Dinge richten, um diese zu beeinflussen. Dabei kann die Unterlassung einer Verhaltensweise auch Handeln sein.

Handeln, affektuelles
nach *M. Weber* ein H., das primär gefühlsbetont erfolgt, das emotional orientiert ist.

Handeln, kollektives
dabei handelt es sich um ein gleichartiges Verhalten mehrerer Personen in einer spezifischen Situation, das eher durch die situativen Bedingungen als durch Orientierung an →Normen und →Werten determiniert wird, z.B. Panik. Man sollte hier besser von →kollektivem Verhalten sprechen.

Handeln, kommunikatives
eine Kategorie nach *J. Habermas,* die sich auf den Austausch von →Informa-

tionen bezieht, bei dem Konsens über →Normen und →Werte zwischen den Interagierenden besteht. Gibt es darüber einen Dissens, so handelt es sich nicht um k. H., sondern um einen Diskurs.

Handeln, politisches
jedes Handeln, das sich den →Intentionen nach auf den Bereich der Politik bezieht, also Vermittlung politischer Ideen, Setzen politischer Ziele etc.

Handeln, rationales
1. H. ist dann r., wenn die Zielsetzung bei Abwägung aller Aspekte unter geringstmöglichem Mitteleinsatz erfolgt. R. H. ist dann ökonomisches H.;

2. wenn ein individuelles H. in seiner Zielsetzung mit den allgemeinen gesellschaftlichen Zielen harmoniert, also das individuelle H. nicht negativ sanktioniert wird.

Handeln, sinnhaftes
soweit der Handelnde mit dem H. einen subjektiven →Sinn verbindet, liegt s. H. vor. Die Sinnhaftigkeit ergibt sich dabei aus der je indidivuellen Deutung, die einem Handeln zugrunde liegt, die keineswegs allgemein vorgeschrieben oder geteilt sein muß. S. H. ist nach *M. Weber* verstehbar durch den rationalen Nachvollzug.

Handeln, soziales
liegt vor, wenn eine Handlung die allgemeinen Kriterien des →Handelns erfüllt und sie sich zusätzlich auf andere Personen oder →Gruppen richtet, wenn es seinem Sinne nach auf andere bezogen ist. „Handeln, welches seinem von dem oder den Handelnden gemeinten Sinn nach auf das Verhalten anderer bezogen wird und daran in seinem Ablauf orientiert ist.“ *(M. Weber)*
→Handeln (in soziologischem Sinne)

Handeln, traditionales
jenes Handeln, das sich an überlieferten, althergebrachten Traditionen orientiert, die quasi unbesehen als Richtschnur des H. akzeptiert werden.

Handeln, wertrationales
H., das sich nach *M. Weber* an →Werten – gleich welcher Art – orientiert, ohne sich von anderen situativen oder motivationalen Bedingungen leiten zu lassen. Das H. erfährt eine eigenständige Wertschätzung unabhängig davon, ob ein Erfolg mit ihm erzielt wird. →zweckrationales H., →wertrationales H.

Handeln, zweckrationales
nach *M. Weber* jenes H., das ausschließlich an dem damit verfolgten Ziel oder Zweck orientiert ist. Z. H. ist die rationale Abwägung, welche Mittel im H. eingesetzt werden, um den Zweck möglichst einfach zu erreichen. →wertrationales H., →affektuelles H.

Handeln (in soziologischem Sinne)
Handeln bezeichnet jene menschlichen Verhaltensäußerungen, die intendiert sind. Damit wird einerseits von tierischem Verhalten unterschieden, andererseits von jedem eher instinktiven, automatischen, unbewußten menschlichen Verhalten differenziert. Handeln ist also spezifisch menschlich und innerhalb der Bandbreite menschlicher Verhaltensmöglichkeiten nicht zufällig, sondern mit Sinn erfüllt und auf ein Ziel gerichtet. Die anthropologische Prämisse, die den Menschen als soziales Wesen definiert, das seine gattungsbedingten Defizite erst innerhalb sozialer Beziehungen kompensieren kann, läßt die Soziologie Handeln im engeren Sinn, als auf andere Individuen oder Gefüge von Personen bezogen definieren. Es ist dann von *sozialem Handeln* die Rede. Da sich Gesellschaft erst durch die Bezogenheit individuellen Handelns auf andere Individuen konstituiert, ist es folgerichtig, wenn Max Weber diese Form des Handelns zum Forschungsgegenstand der Soziologie erklärt hat. Die Ausrichtung von sozialem Handeln auf andere Personen bedarf einer Orientierung an – innerhalb eines spezifischen kulturellen und zeitlichen Rahmens – universalgültigen Leitlinien. Soziales Handeln ist deshalb immer wertbestimmt und grundsätzlich normengeleitet. →Werte und →Normen sind Ausdruck der gesellschaftlichen Vermitteltheit und Be-

zogenheit von sozialem Handeln. Wenn folglich soziales Handeln als Objektivation des vergesellschafteten Menschen verstanden werden kann, wird doch von der Soziologie heute nicht behauptet, daß es psychologisch oder biologisch-genetisch bedingten spezifischen Ausformungen keinen Raum böte. Vielmehr unterscheidet sich soziales Handeln von anderen Verhaltensäußerungen dadurch, daß subjektive Sinngebungen gesellschaftlich vermittelt sind. In sozialem Handeln spiegeln sich deshalb gesellschaftliche Strukturen wider, wie solche →sozialer Ungleichheit oder Herschaft, die zum Teil über Generationen fortbestehen. Gesellschaftliche Strukturen, die einerseits aus sozialem Handeln entstehen, andererseits dieses präformieren, sind also relativ stabil. Sie unterliegen jedoch zugleich dem Wandel und sind vom Individuum in begrenzter Weise veränderbar.

In der soziologischen Theorie wird dem sozialen Handeln seit Marx besondere Beachtung gewidmet. Der →historische Materialismus sieht in der jeweiligen Stellung des Menschen im Produktionsprozeß die gesellschaftlichen, d.h. hier: objektiven Bedingungen des Handelns. Diese Bedingungen sind trotz ihres Charakters der Unentrinnbarkeit nicht historisch festgeschrieben, vielmehr unterliegen sie einem naturnotwendigen Zwang zur Veränderung. Durkheim dagegen ging es um eine Abgrenzung sozial bedingten Handelns von psychisch bedingtem. Sein Begriff des →„Kollektivbewußtseins“ bezeichnet eine →„soziale Tatsache“ als determinierenden Verursachungsfaktor für Handeln. Max Weber lieferte mit seiner am Individuum beobachteten Regelmäßigkeit des auf kulturellen Gegebenheiten (Brauch, Sitte, Konvention, Recht usw.) basierenden sozialen Handelns den Boden einer komplexen soziologischen Handlungstheorie. Während Weber je nach individueller Orientierung des sozialen Handelns idealtypisch zwischen →„traditionalem“, →„wertrationalem“, →„affektuellem“ und →„zweckrationalem“ unterschied, entwickelte die →strukturfunktionale →Systemtheorie durch Parsons und seine Nachfolger ein umfassendes Handlungsschema, das die Ergebnisse der Psychoanalyse berücksichtigen sollte. Es wird dabei nicht mehr von der Annahme ausgegangen, daß soziales Handeln von einzelnen Ursachen geleitet würde, sondern nach ganzen Verursachungsprozessen gefragt. Parsons unterscheidet zwischen fünf Variablen-Paaren (→pattern variables), die jeweils gegensätzliche Orientierungen beinhalten: 1. Ist soziales Handeln eher gefühls- oder sachlich bedingt; 2. ist es eher individuell oder kollektiv ausgerichtet; 3. eher →partikularistisch oder →universalistisch orientiert; 4. schließt es eher eine besondere oder allgemeine Zielsetzung ein und 5. ist es eher an Leistung oder Tradition festgemacht. Die →Rollentheorie zergliedert das Individuum in den Träger mehrerer unterschiedlicher sozialer Rollen. Der Rollenträger muß jeweils den gesellschaftlich innerhalb eines →Sozialisationsprozesses vermittelten →Rollenerwartungen entsprechen (Linton, Dahrendorf). Die umfangreichen Vermittlungsprozesse zwischen →Individuum und Gesellschaft stehen ebenfalls im Mittelpunkt der vom →Behaviorismus ausgehenden →Verhaltenstheorie. Hier wird jedoch die individuelle Entscheidungskomponente stärker betont und dabei auf Umwelteinflüsse und Lernen geachtet (Thorndike, Skinner). Der →symbolische Interaktionismus trennt die natürliche von einer symbolisch (= kulturell) vermittelten Umwelt (z.B. Sprache). Innerhalb eines symbolvermittelten Prozesses erlernt das Individuum die Sozialorientierung und damit Erwartungen und mögliche Reaktionen des Handlungspartners einschätzen. Dabei antizipiert es diese und orientiert seine Handlungen sinnhaft daran (A. Schütz). Anders als der →Strukturfunktionalismus und behavioristisch beeinflußte Handlungstheorien betont die →Ethnomethodologie den Primat von spezifischen Kulturen gegenüber Individuen und damit den Einfluß von Lebenswelten auf das soziale Handeln. Es wird davon ausgegangen, daß „Vernünftigkeit" kulturell vermittelt ist und die Kompetenz der Individuen innerhalb von Interaktionen durch den Grad der Aufnahme von Alltagswissen bestimmt wird. Die Sinnfrage im Zusammenhang sozialen Handelns wird also in Abhängigkeit einer kulturbedingten Ausformung von Vernünftigkeit gestellt. Die Ethnomethodologie will sich dabei abgrenzen von deterministischen und →reifizierenden Modellen zur Erklärung sozialen Handelns, aber auch von solchen, die das Individuum als relativ passiv reagierenden Rollenträger definieren.

Handeln im soziologischen Sinn kann aber auch →kollektives Handeln sein. Im Unterschied zum sozialen Handeln umreißt es jenen Handlungsbereich, der nicht aus Werten und Normen ableitbar ist, sondern von gemeinschaftlich erlebten Erfahrungen, Eindrücken und Einflüssen bestimmt wird.

J. Habermas definiert innerhalb seiner Handlungstheorie *kommunikatives Handeln* als Ebene des Informationsaustausches zwischen gesellschaftlichen Individuen, auf der die Fragen nach Sinnzusammenhängen und Legitimität nicht gestellt werden. Jene Klärung wird auf einer – nur analytisch zu trennenden – zweiten Ebene, dem Diskurs, herbeigeführt.

Lit.: Habermas, J., Theorie des kommunikativen Handelns, 2 Bde, 1981; *Parsons, T.,* The Structure of Social Action, 1937; *Ronneberger* u.a. (Hg.), Autonomes Handeln, 1980; *Sack, F.* u. *J. Schenkein* (Hg.), Ethnomethodologie, 1976; *Weber, M.,* Wirtschaft und Gesellschaft, Grundriß der verstehenden Soziologie, 3 Bde, 5/1976 (1921); *Wiesenthal, H.,* Rational Choice. Ein Überblick über Grundlinien, Theoriefelder und neuere Themenakquisition eines wissenschaftlichen Paradigmas. In: Zeitschrift für Soziologie, Jg. 16, H. 6, S. 434–449

Dr. *F. Thieme,* Bochum

Handeln, kollektives
→kollektives Handeln
→soziale Bewegungen

Handeln, rationales
→rationales Handeln

Handeln, rituelles
→Ritual

Handeln, soziales
→Handeln (in soziologischem Sinne)

Handlung
→Handlungstheorie
die Überführung eines Zustandes in einen anderen ist eine H.; diese unterliegt als Handeln einer normativen, situativen und motivationalen Determination.

Handlung, logische
ein Begriff nach *V. Pareto,* der, im Unterschied zu *M. Weber*s →rationalem Handeln, nicht von dem subjektiv gemeinten Sinn als Maßstab ausgeht, sondern nur dann eine l.H. als gegeben sieht, wenn die subjektive Rationalität des Handelnden mit der objektiven übereinstimmt. Wird also die vom Handelnden gedachte Zweck-Mittel-Relation im Handeln auch von der Umwelt als solche gesehen, so ist die H. l.

Handlung, nicht-logische
Kategorie nach *V. Pareto,* die das Auseinanderfallen von den subjektiv gedachten und den objektiv möglichen Zielorientierungen bezeichnet. Gleichwohl können n.-l. H. nützlich sein.

Handlung, unerledigte
unerledigte Aufgaben, die auf →Interesse stoßen, bleiben besser im Gedächtnis haften als erledigte Aufgaben.

Handlungsalternativen
→pattern variables

Handlungsforschung
→Aktionsforschung

Handlungskompetenz
Fähigkeit, in einer Vielzahl von Situatio-

nen angemessen und überlegt zu handeln. Viktimogene Situationen sind z.B. dadurch charakterisiert, daß der Verhaltensspielraum des Opfers stark eingeschränkt ist. Opfer, die über eine größere H. verfügen, sind anderen Opfern überlegen. H. ist eine Kategorie des →symbolischen Interaktionismus und versucht, Handlungsstrategien und Legitimationsstrategien zu erklären.

Handlungsmuster
eine bestimmte Art des Handelns aufgrund einer spezifischen Kombination von Merkmalen; H. sind stets vor dem sozial-kulturellen (d.h. vor dem je spezifischen Werte-)Hintergrund zu sehen.
G. R.

Handlungsorientierungen
verhaltenssteuernde Aspekte beim →Handeln gegenüber Subjekten oder Objekten.

Handlungssystem
wird im →Strukturfunktionalismus nach *T. Parsons* durch die drei Subsysteme Persönlichkeitssystem (=die individuellen →Motivationen), soziales System (=→Rollen) und kulturelles System (=→Normen und →Werte) konstituiert. Jede konkrete Handlung entsteht durch das Zusammenwirken dieser drei →Systeme, die sich in entsprechenden →Handlungsorientierungen niederschlagen. →Internalisation, →Sozialisation und →Institutionalisierung sind die Mechanismen, die die Wirksamkeit der Subsysteme garantieren.

Handlungstendenz
meint die Disposition eines →Individuums, gegenüber einem Objekt, einer Situation, einem Verhalten in einer spezifischen Weise zu handeln. Dabei spielt die →Einstellung gegenüber dem Handlungsgegenstand mit der →kognitiven und →affektiven Komponente eine wichtige Rolle.

Handlungstheorie
„Handlung" ist heute ein Schlüsselbegriff der Philosophie und fast aller Wissenschaften, die sich mit dem Menschen befassen. Der Zusammenhang der Handlungstheorien der verschiedenen Disziplinen ist aber keineswegs hergestellt. Als Schlüsseltext soziologischer Handlungstheorie gelten zunächst die *Definitionen,* die *Max Weber* im Rahmen seiner „Soziologischen Grundbegriffe" vorgelegt hat. Die Soziologie wird von Weber als „Wissenschaft vom sozialen Handeln" definiert. „‚Handeln' soll dabei ein menschliches Verhalten (einerlei ob äußeres oder innerliches Tun, Unterlassen oder Dulden) heißen, wenn und insofern als der oder die Handelnden mit ihm einen subjektiven →*Sinn* verbinden. ‚Soziales' Handeln aber soll ein solches Handeln heißen, welches seinem von dem oder den Handelnden gemeinten Sinn nach auf das Verhalten *anderer* bezogen ist und daran in seinem Ablauf orientiert ist." (Weber 1973, S. 542) Diesen Definitionen liegt ein Begriff des *subjektiven Sinns* und eine Einschränkung des sozialen Charakters des Handelns auf die *direkte* Orientierung an Handlungspartnern zugrunde, welche in der Folgezeit nicht unumstritten blieben. Auch Webers Handlungstypologie wurde zum Gegenstand interpretatorischer und theoretischer Kontroversen. Weber unterschied in ihr vier Bestimmungsgründe sozialen Handelns: „Wie jedes Handeln kann auch das soziale Handeln bestimmt sein 1. →*zweckrational:* durch Erwartungen des Verhaltens von Gegenständen der Außenwelt und von anderen Menschen und unter Benutzung dieser Erwartungen als „Bedingungen" oder als „Mittel" für rational, als Erfolg, erstrebte und abgewogene eigene *Zwecke,* – 2. →*wertrational:* durch bewußten Glauben an den – ethischen, ästhetischen, religiösen oder wie immer sonst zu deutenden – unbedingten *Eigen*wert eines bestimmten Sichverhaltens, rein als solchen und unabhängig vom Erfolg, – 3. →affektuell, insbesondere *emotional:* durch aktuelle Affekte und Gefühlslagen, – 4. →*traditional:* durch eingelebte Ge-

wohnheit." (Weber, ebd., S. 565) Selbst innerhalb von Webers Werk ist nicht klar, ob diese Handlungstypologie für die begriffliche Erfassung von Phänomenen, die Weber stark betonte (z.B. charismatische Neuerungen), besonders geeignet ist.

Der eigentliche Klassiker der soziologischen Handlungs*theorie* ist Talcott Parsons' „The Structure of Social Action" von 1937. Parsons behauptete darin, daß sich in Webers Theorie ebenso wie in Ansätzen von Émile Durkheim und Vilfredo Pareto sowie in immanenten Tendenzen der utilitaristischen Moral- und →Sozialphilosophie ein gemeinsamer Grundansatz herausschäle, der der Soziologie als theoretisches Grundgerüst dienen könne. Diese *Konvergenz* verschiedener Theorieentwicklungen sei um so eindrucksvoller, als die genannten Theorien ohne wechselseitige Beeinflussung und aus dem Hintergrund höchst unterschiedlicher nationaler Theoriemilieus heraus sich entwickelt hätten. Für Parsons besteht der *gemeinsame Handlungsbezugsrahmen* („action frame of reference") aus (1) dem Handelnden, (2) dem Ziel oder Zweck des Handelnden, (3) der Situation, in der zwischen Bedingungen als unkontrollierbaren und Mitteln als kontrollierbaren Bestandteilen unterschieden wird, und (4) der normativen Orientierung des Handelnden, die für die Wahl zwischen →Handlungsalternativen den Ausschlag gibt (Parsons 1937, S. 43). Parsons' wesentliches Anliegen war es dabei, den Begriff des Handelns vor idealistischen und kausaldeterministischen Reduktionen zu retten und gegen das in der Ökonomie vorherrschende Modell des →rationalen Handelns die *normative Dimension des Handelns* und aller stabilen sozialen Ordnung zu betonen. Parsons' Lebenswerk bestand in einer äußerst komplizierten Ausfaltung dieses Handlungsbezugsrahmens und einem ständig erneuerten Versuch, den handlungstheoretischen Ansatz mit der Rezeption →funktionalistischer Ordnungsmodelle zu synthetisieren. Empirisch einflußreich wurde seine Typologie von Orientierungsalternativen des Handelns, der sogenannten →*„pattern variables"* (in der Frühfassung: Selbstorientierung vs. Kollektivitätsorientierung; Diffusität vs. Spezifität; Affektivität vs. Neutralität; →Partikularismus vs. →Universalismus, Zuschreibung vs. Leistungsorientierung). Die Kontroverse zwischen Modellen des rationalen und des normativ orientierten Handelns bezeichnet weiterhin einen wichtigen Teil des Spektrums soziologischer Handlungstheorien. Im vergangenen Jahrzehnt kam es hier sowohl zu einer Neufassung der Rationalmodelle (z.B. bei Jon Elster) wie zu einer verbessernden Wiederaufnahme der Parsons-Tradition (bei Jeffrey Alexander und Richard Münch). Vor allem Alexander hat dabei herausgearbeitet, daß jede →Gesellschaftstheorie explizite oder implizite handlungstheoretische Annahmen enthält und deshalb die Alternative von Handlungstheorie *oder* Gesellschaftstheorie ein Mißverständnis darstellt.

Die soziologische Handlungstheorie entwickelte sich in Auseinandersetzung mit der ökonomischen Theorie →rationalen Handelns und damit mit der →grenznutzentheoretischen Revolution der Ökonomie. Das Vorbild wurde dabei keineswegs einfach nachgeahmt; es durchdringt aber die Soziologie insofern, als deren Handlungstheorie Typen des Handelns als Stufen der Abweichung vom vollen Begriff der →Rationalität erfaßt. Dabei zwang die Geistesgeschichte die Handlungstheorie keineswegs in diese Enge hinein. Von der alten praktischen Philosophie über die deutsche ausdrucksanthropologische Tradition, die von Herder und Humboldt und der Romantik einerseits zu Marx, andererseits zu Diltheys Hermeneutik und zur →„philosophischen Anthropologie" führt, den amerikanischen →Pragmatismus und die Psychoanalyse standen eine

Fülle anderer Handlungsmodelle bereit, die in die Soziologie aber nur vereinzelt und verstreut Eingang hatten. Besonders die Schriften von Alfred Schütz und George Herbert Mead verwiesen deutlich auf andere Möglichkeiten, Sinnkonstitution und Sozialität zu denken. Der an Mead anknüpfende →symbolische Interaktionismus und die →Ethnomethodologie klärten theoretisch und empirisch die Prozesse der *intersubjektiven* Konstitution von Handlungssinn, der *Beziehungsdefinition* und *Situationsbewältigung*. Innerhalb des Marxismus kam es unter den Titeln „Praxisphilosophie" und „Tätigkeitstheorie" (Wygotski) zu weitläufigen Debatten über die handlungstheoretischen Voraussetzungen des →historischen Materialismus (Lukács, Korsch, Gramsci).

In der unmittelbaren Gegenwart werden von verschiedenen Autoren Versuche unternommen, diese Denkmöglichkeiten und diese Traditionsvielfalt in einer neuen Synthese zusammenzuführen. Hier ragt zunächst Jürgen Habermas' „Theorie des kommunikativen Handelns" (1981) hervor, in der das kommunikative Handeln als Gegenbegriff zum instrumentellen (und strategischen) Handeln energisch akzentuiert ist. Habermas lotet dabei das Potential des Begriffs *„kommunikatives Handeln"* für die Frage nach einem sinnvollen Begriff der Rationalität von Handlungen, Personen oder Lebensformen, für die Kritik anderer Handlungsmodelle, für die Weiterentwicklung der Gesellschaftstheorie und für eine Zeitdiagnose aus. Ein anspruchsvoller Versuch liegt auch in den Schriften von Anthony Giddens vor, der sich durch eine soziologische Transformation von Motiven der Praxisphilosophie um die handlungstheoretische Begründung einer nicht-funktionalistischen Gesellschaftstheorie bemüht. Ich selbst habe mich in „Die Kreativität des Handelns" (1992) darum bemüht, die kreative Dimension des Handelns mit der normativen und (zweck-)rationalen Dimension zu verbinden und das Verhältnis der Kreativität des Handelns zum kommunikativen Charakter menschlicher Sozialität zu klären.

Lit.: Cornelius Castoriadis, Die imaginäre Institution der Gesellschaft. Frankfurt/M. 1984. – *Anthony Giddens,* Die Konstitution der Gesellschaft. Grundzüge einer Theorie der Strukturierung. Frankfurt 1988. – *Jürgen Habermas,* Theorie des kommunikativen Handelns. 2 Bde. Frankfurt/M. 1981. – *Hans Joas,* Die Kreativität des Handelns. Frankfurt/M. 1992, 1996[2]. – *Talcott Parsons,* The Structure of Social Action. New York 1937. – *Max Weber,* Gesammelte Aufsätze zur Wissenschaftslehre. Tübingen 1973[4].

Prof. Dr. *H. Joas,* Berlin

Handlungswissenschaften

all jene wissenschaftlichen Disziplinen, die sich auf menschliches →Handeln als ihrem Objektbereich berufen und/oder mit →Handlungstheorien arbeiten.

happening

Ereignis, Schauspiel

1. eine künstlerische Veranstaltung, die wenig vorgeplant ist, unter Einbeziehung des Publikums abläuft und vor allem überraschen, manchmal auch schockieren möchte; ein für alle Beteiligten künstlerisches Erlebnis;

2. im politischen Bereich in Entlehnung aus dem Künstlerischen oft dann spontan eingesetzt, wenn rationale Argumente verhallen, wenn politische Auffassungen mit Nichtbeachtung gestraft werden: h. sind dann mit außergewöhnlichen Mitteln inszenierte Protestveranstaltungen, um die etablierten Autoritäten aus der Reserve zu locken und die Bevölkerung zum Nachdenken zu bringen. Diese Ziele werden jedoch nicht immer erreicht.

Harmonie

Übereinstimmung, Eintracht, Einklang

das Gegenteil von →Konflikt und daher oft synonym für →Integration gebraucht; dem H.begriff liegt ein gedachtes Balancemodell zugrunde, Gegensätze und Widersprüchliches sind ausgeschlossen.

Harmonisierung, soziale
meint vor allem eine Vereinheitlichung, eine „Angleichung" im sozialen und politischen Bereich; oft auch mit dem Abbau von Privilegien verbunden.

Harzburger Modell
wurde von *R. Höhn* in Harzburg entwikkelt; es ist ein Führungsmodell für Mitarbeiter in Unternehmen und ist kooperativ. Zentrale Kennzeichen sind →Delegation von Verantwortung durch Zuweisung von Kompetenzen und Zielgestaltung. Initiative, Selbständigkeit und Mitarbeit sollen damit angeregt werden. Insgesamt soll das H. M. für das Unternehmen →funktional sein.

Haß, sozialer
nach *G. Simmel* die gegen all das gerichtete Ablehnung und Verdammung, was den Zusammenhalt und Bestand einer sozialen →Gruppe gefährden könnte. Die Einigkeit im s. H. fördert den Gruppenzusammenhalt und das →Wirbewußtsein.

Haushalt
1. die Wirtschaftsgemeinschaft einer →Familie oder einer sonstigen Lebensgemeinschaft, als privater H.;

2. der Etat, das Budget einer öffentlichen Gebietskörperschaft für einen Zeitabschnitt (zumeist 1 Jahr), als öffentlicher H. Er enthält die geschätzten Einnahmen und die geplanten Ausgaben und hat Gesetzescharakter.

Hauskommunismus
nach *M. Weber* das gemeinschaftliche Zusammenleben (→Vergemeinschaftung), das auf affektuell oder traditional begründeter Solidarität mit gemeinsam erwirtschafteten Vorräten und rechnungsfremdem Konsum beruht.

Hawthorne-Effekt
ein Erwartungseffekt, der auch als Versuchskaninchen- oder Meerschweincheneffekt bezeichnet wird. Bei den →H.-Experimenten konnte dieser relative Effekt der Versuchspersonen nachgewiesen werden. Allein die Tatsache, als Versuchsperson in das Experiment einbezogen worden zu sein, führte zu einer besseren Arbeitsleistung der Arbeiterinnen (und war nicht durch die variierten Arbeitsbedingungen verursacht), weil sie eine verstärkte Aufmerksamkeit bei der Betriebsleitung vermuteten. Hätte man die Produktionssteigerung auf die veränderten Arbeitsbedingungen bezogen, wäre man einem Trugschluß erlegen.

Hawthorne-Experimente
klassische Studie der Betriebssoziologie, von *E. Mayo* und *F. J. Roethlisberger* in den Hawthorne-Werken (Elektroindustrie), mit der einerseits der →Hawthorne-Effekt nachgewiesen werden konnte, und mit der andererseits gezeigt wurde, daß die Arbeitsleistung nicht nur von der Arbeits- und Lohnzufriedenheit abhängt, sondern sehr stark von der Struktur der Arbeitsorganisation, insbesondere aber von den →informellen Beziehungen im Betrieb.

Hedonismus
eine Auffassung, nach der der individuelle Genuß oder Lustgewinn handlungsleitend ist bzw. sein soll. Nur solche Handlungen werden praktiziert, die frei von →Frustration und Leid, hingegen voll von der Befriedigung individueller →Bedürfnisse sind.

Hegemonie
Oberbefehl, Vorherrschaft
bei formaler Gleichheit von Elementen in einem sozialen →System bezeichnet H. den Anspruch einer tatsächlichen oder rechtlichen Überordnung, einer entscheidenden höheren →Position durch ein Element, z. B. einen Staat. Die faktische oder anvisierte H. ist dabei nicht formalrechtlich abgesichert; vielmehr wird eher versucht, sie zu verschleiern oder abzuschwächen, dem Unterlegenen eher das Gefühl des gleichbe-

rechtigten Partners zu geben. Beispiel: Der Führungsanspruch eines Staates in der EG oder im Warschauer Pakt.

Heimat
ein geographisches Gebiet, meist auf den Staat bezogen, mit dem jemand sich emotional besonders verbunden fühlt. In der Regel ist das →Individuum dort geboren, wobei aber für das Heimatgefühl eher die →Sozialisation in Kindheit und Jugend in dieser Region, deren Traditionen und Lebensbedingungen entscheidend sind. Das H.bild ist sehr stark positiv besetzt und gerade dann, wenn die Lebensumstände zum Verlassen der Heimat gezwungen haben, in der Erinnerung verklärt und überzeichnet.

Heiratsbeschränkung
alle Restriktionen, die vor einer Heirat aus dem Weg geräumt werden müssen, z.B. Altersgrenze oder für Ausländer eine Bescheinigung der Heiratsfähigkeit. H. sind heute als formale kaum mehr existent, während informelle (z.B. sog. „standesgemäße" Heirat) durchaus wirksam sind. →Endogamie, Heiratskreise

Heiratsfamilie
bezeichnet Familien, für die spezifische Beziehungen, gefühlsmäßige Bindungen zwischen den Ehepartnern entscheidend sind.

Hemmschwelle
im Verlauf des Sozialisationsprozesses erworbene innere Barriere gegen die Begehung delinquenter Akte. Die Verfügbarkeit von Neutralisationstechniken kann zur Senkung der Hemmschwelle beitragen.

Herdeninstinkt
Herdentrieb
1. meint die Beobachtung, daß viele Tierarten ein Zusammenleben in größeren Verbänden praktizieren (Rudel, Herde), wobei auch Arbeitsteiligkeit und hierarchische Organisationen festgestellt werden konnten;

2. manchmal gebrauchte Vermutung, daß Menschen sich in Analogie zum tierischen H. zu →Gruppen zusammenfinden; nach heutigen Erkenntnissen dürften aber nicht →Triebe oder →Instinkte, sondern kulturelle und sozialstrukturelle Faktoren (z.B. →Arbeitsteiligkeit) entscheidend sein;

3. kulturkritischer Begriff für ein unkritisch sich an die Mehrheit anpassendes Verhalten des einzelnen.

Herdentrieb
→Herdeninstinkt

Herkunft
bezeichnet unter Bezugnahme auf den gegenwärtigen Standort (nach jeweils festzulegenden Dimensionen) den vorausgegangenen Standort.

Herkunft, regionale
der frühere lokale Standort in bezug zum gegenwärtigen Standort als eine räumliche Wanderungsbewegung (z.B. Emigration, Immigration, Binnenwanderung, Nord–Süd, Stadt–Land etc.).

Herkunft, soziale
1. im biographischen Sinne der →Status, der bei der Geburt durch die elterliche Zugehörigkeit zu einer bestimmten →sozialen Schicht determiniert wird. Vergleicht man den Geburtsstatus (als Elternstatus) mit dem gegenwärtigen Status und sind Differenzen ermittelbar, so handelt es sich um →inter-Generationenmobilität;

2. betrachtet man die verschiedenen sozio-ökonomischen →Status einer Person im Zeitablauf, so ist die Differenz zwischen ursprünglicher s.H. und dem gegenwärtigen Status ein Maß für die Intra-Generationenmobilität.

Herkunftsfamilie
1. die →Familie, von der man biologisch abstammt;

2. die Familie, aus der die Nachkommen unter Bezugnahme auf die sozio-ökonomische Schichteinordnung sozial abstammen. Zwar ist die genetische Abstammung der Regelfall, doch ist auch →Adoption etc. denkbar.

Hermeneutik

Kunst der Auslegung, der Interpretation, der Erklärung nach *Hermes,* dem Götterboten, der zwischen Göttern und Menschen vermittelte. Es ist eine Lehre zur Interpretation von Kommunikationsinhalten, insbesondere von Texten, aber auch von anderen kulturellen Manifestationen. Neben der H. in der Theologie (Bibelexegese), der Jurisprudenz (Kommentare) und der Geschichte (Interpretation von Zeugnissen) gibt es die H. in der Philosophie und in den Sozialwissenschaften. Je nach Betrachtungsweise kann die H. auf verschiedene andere theoretische Richtungen bezogen werden: →Phänomenologie, Existentialismus, Kritische Theorie, Sprachphilosophie etc.

Der H. geht es in Absetzung von der →positivistischen →Methodologie um die Erfassung des gemeinten →Sinnes, also die Interpretation von Inhalten nach den Intentionen des Kommunikators. Das unterscheidet die H. von dem eher naturwissenschaftlichen Verständnis sozialer Tatsachen im →kritischen Rationalismus. Die H. versucht insbesondere, einen Text und seine Bedeutung zu verstehen auf der Basis der Zeit, in der er entsteht, der Situation, der Motivation und der Interpretation des Verfassers. Dabei geht man über das alltägliche, intuitive Sprachverstehen hinaus, indem man systematisch-wissenschaftlich nach anzugebenden Methoden vorgeht. →hermeneutischer Zirkel

hermeneutischer Zirkel

beim Prozeß des Verstehens von Texten, als dessen Interpretation, so wie sie der Produzent gemeint hat (→Hermeneutik), gibt es zwei Hilfen, die Interpretation auch wissenschaftlich zu kontrollieren: die h.Z. I. und II. Der h.Z. I beschreibt die Tatsache, daß ein Verstehen eines Textes nur möglich ist, wenn ein gewisses Vorverständnis bereits vorliegt. Dieses wird durch den Text erweitert und korrigiert; damit wird der Text erneut gelesen und interpretiert usw., bis der Text annähernd (hermeneutische Differenz) so verstanden wird, wie ihn der Produzent gemeint hat. Der h.Z. II beschreibt das Verfahren, daß Einzelelemente von →Aussagen durch die Gesamtaussage verständlich werden, wie die Gesamtaussage erst durch die einzelnen Elemente verständlich wird. Es ist eine →Interdependenzrelation zwischen den Teilen und dem Ganzen oder dem Besonderen und dem Allgemeinen.

Herrschaft

1. allgemein jede soziale Über- und Unterordnung, die für die Betroffenen Anordnungsbefugnisse und Befolgungszwänge mit sich bringen;

2. manchmal gleichgesetzt mit →Macht; so z. B. im →Marxismus, wo die H. einer →Klasse über eine andere Gegenstand der Überlegungen ist;

3. nach *M. Weber* eine spezielle Form legitimer →Macht, bei der die Ausübung von H. durch die davon als ausführenden Betroffenen als legitim anerkannt ist; die Rechtmäßigkeit der Gehorsamserwartung wird von den Gehorsam Leistenden akzeptiert.

Herrschaft, bürokratische

Spezialfall von →H. nach *M. Weber,* deren →Legalität sich b. begründet mit Hilfe eines Verwaltungsstabes.

Herrschaft, charismatische

Spezialfall von →Herrschaft nach *M. Weber*, deren →Legalität sich auf den Glauben an die außergewöhnlichen Fähigkeiten des →Führers gründet.

Herrschaft der Verbände

H. d. V. (→Verbändeh.) macht darauf aufmerksam, daß →Verbände (Industrie, →Gewerkschaften, Kirchen etc.) einen sehr starken (manchmal entscheidenden) Einfluß auf die Entscheidungen von Regierung und Parlament ausüben.

Herrschaft, legale

1. H. liegt dann vor, wenn sie von den Beherrschten anerkannt wird und die H.befugnisse formal korrekt gesetzt sind.

Herrschaft, patriarchalische
1. eine Form der →traditionalen H., die entstanden ist aus der H. von Patriarchen, die ihre H.recht vererbt haben, so daß es einzelne waren, die H. ausübten;
2. heute auf seiten der Emanzipationsbewegung ein Begriff, der die Dominanz des Mannes gegenüber der Frau in fast allen Lebensbereichen herausstellt.

Herrschaft, personale
im Gegensatz zur positionalen H., die auf der formellen →Position beruht, bezeichnet p.H. jene, die von einzelnen Personen ausgeübt wird und auch unabhängig von der Position sein kann.

Herrschaft, rationale
liegt vor, wenn eine formal korrekte Satzung existiert und das →Handeln der Herrschenden durch rationale Ordnung geleistet wird. Nach *M. Weber* werden zwei Formen der →Rationalität unterschieden: Wertrationalität, d.h., Überzeugungen und →Werte sind Richtschnur des Handelns, während Zweckrationalität durch die Ziel-Mittel-Relation gegeben ist.

Herrschaft, ständische
eine Form →traditionaler Herrschaft; der Verwaltungsstab ist den Herrschenden loyal verpflichtet und zu Diensten.

Herrschaft, totalitäre
bezeichnet jene Staatsform, bei der ein einzelner (z.B. Diktator) oder eine Partei (→Sozialismus) das gesamte gesellschaftliche Geschehen determinieren, die Freiheit der Gesellschaftsmitglieder unzumutbar einschränken und eine →Kontrolle der →Macht nicht erfolgt.

Herrschaft, traditionale
nach →*M. Weber* ist t.H. durch den Glauben an das Überkommene, an das in der Vergangenheit Gültige, an das Überlieferte legitimiert.

Herrschaftselite
die →politische Elite, die gesamtgesellschaftlich relevante Entscheidungen zu treffen legitimiert ist.

Herrschaftsideologie
alle Verschleierungs- und Kaschierungsmechanismen, die als →Ideologie dazu angetan sind, die Herrschaftsverhältnisse zu stabilisieren und zu erhalten und durch die Ideologie eine Diskussion über die →Legitimität der →Herrschaft zu verhindern.

Herrschaftsinteresse
ein Begriff aus der →Kritischen Theorie, der die Tatsache bezeichnet, daß die Theoriebildung in den →Sozialwissenschaften nicht frei von →Erkenntnisinteressen und H. erfolge. Mit den H. werden – bewußt oder unbewußt – bestehende Herrschaftsverhältnisse stabilisiert.

Herrschaftsordnung
benennt Strukturen, Formen und Relationen der Herrschaftsverhältnisse in einer Gesellschaft.

Herrschaftssysteme
die →Herrschaftsordnung in einer Gesellschaft, die sich nach verschiedenen Kriterien charakterisieren läßt; aus der Kombination der Kriterien ergeben sich die H., (z.B. der Vergleich zwischen der Herrschaftsordnung im Wirtschaftssektor, der Sozialstruktur und dem staatlichen Bereich.

Herrschaftswissen
1. nach *M. Scheler* gibt es drei Formen des Wissens: das individuelle Bildungswissen, das Erlösungswissen, das sich auf Sinnstiftung bezieht, und das H. oder Leistungswissen, das der Beherrschung und Gestaltung der Welt dient;
2. heute versteht man unter H. eher ein Wissen, das nicht allen zugänglich ist und manchen vorenthalten wird, um diese in Abhängigkeit und Beherrschung zu halten.

Heterogamie
Fremdheirat
mit H. wird verlangt, daß sich die Gatten – je nach sozialer Nomierung – im Hinblick auf bestimmte Merkmale voneinander unterscheiden müssen: z.B. Stammeszugehörigkeit (→Exogamie),

Schichtzugehörigkeit, Alter, Bildung etc. Gegenteil: →Homogamie.

Heterogenität

1. Verschiedenartigkeit, Unterschiedlichkeit im Gegensatz zur →Homogenität, z. B. von (Teil-)Populationen;

2. aus verschiedenen Teilen zusammengesetzt;

3. im soziologischen Sinne meint H. die Herausbildung von differenzierten →Strukturen, von sozialer Komplexität mit der Entwicklung der Gesellschaft von einer einfachen, mit vielen gleichartigen Elementen zu einer vielgestaltigen →Industriegesellschaft moderner Prägung;

4. zwei oder mehr Varianzen sind dann h., wenn sie sich überzufällig voneinander unterscheiden, was man mit statistischen Tests, z. B. dem F-Test, überprüft.

Heteronomie

Fremdgesetzlichkeit

innerhalb eines sozialen →Systems gelten →Werte und →Normen, die sich die Mitglieder des Systems nicht selbst gegeben haben, sondern die ihnen von außen aufgezwungen wurden.

Hierarchie

heilige Herrschaft

1. zunächst in der Kirche die von dem Religionsstifter vorgesehene Ordnung, die die Befugnisse der einzelnen Instanzen regelt;

2. in der Soziologie meint H. die Über- und Unterordnungsverhältnisse in jeglichen sozialen Beziehungen, die zumeist mit →Herrschaft verbunden sind: →Organisationssoziologisch betrachtet denkt man dabei zumeist eine Pyramidenstruktur mit: einige wenige Übergeordnete bestimmen viele Nachgeordnete. Der Begriff der H. wird auch auf gesamtgesellschaftliche Verhältnisse angewandt, etwa das Schichtgefüge.

Hierarchie, bürokratische

bezeichnet die Über- und Unterordnungsverhältnisse in einer Verwaltung, bei der der Kommunikationsfluß von oben nach unten verläuft, indem einige wenige Vorgesetzte jeweils vielen Untergebenen gegenüber weisungsberechtigt sind.

Hierarchie, multiple

sind die Über- und Unterordnungsverhältnisse im Hinblick auf mehrere Dimensionen heterogen, so können Vorgesetzte und Untergebene zwischen den einzelnen Dimensionen wechseln. Treten solche Verhältnisse auf, so gibt es Verhaltensunsicherheiten, und die H. wird oft durchbrochen.

Hierarchie, soziale

ein Über- und Unterordnungsverhältnis, das sich auf die sozialen und gesellschaftlichen Beziehungen richtet.

Hierarchisierung

der Prozeß der Bildung von →Hierarchie, wenn vorher nicht-hierarchische (auf gleicher Ebene und z. B. kooperative) Verhältnisse vorlagen. Mit der H. erhofft man sich klarere →Strukturen, einen besseren Kommunikationsfluß und eine Optimierung der Kontrolle und der Arbeitsleistung.

Hierokratie

Priesterherrschaft

eine Staatsform, in der der →Klerus auch die Entscheidungsgewalt über weltliche Angelegenheiten besitzt; prototypisch: der Vatikan.

high snobiety

nach einem berühmten Film bezeichnet man die Personen als der h.s. zugehörig, die der →high society nicht ganz angehören, ihr gerne angehören würden, sich deshalb so (oder sogar übersteigert) verhalten und sich überheblich von den vermeintlich Nachrangigen abzuheben versuchen.

high society

die Gesellschaftsmitglieder, die in der →Schichtstruktur ganz oben angesiedelt sind, die durch Einkommen und Vermögen, durch künstlerische oder politische Leistungen die Zuordnung „verdient" haben und sich in einem →in-group-Verhalten tendenziell von den anderen abschotten. Zugleich ist aber die h.s. für die Nichtangehörigen eine wichtige →Bezugsgruppe, an deren Verhaltensmustern man sich gerne orientiert.

Hippie
der Begriff stammt aus dem Sprachschatz amerikanischer Jazzmusiker; hip heißt erfahren oder aus Erfahrung klug. Mit H. bezeichnete man jene jugendlichen Anhänger einer Protestbewegung Mitte der 1960er Jahre in den USA, die sich gegen das Konsum- und Leistungsdenken dieser Gesellschaft richtete. Die zumeist der Mittel- und Oberschicht entstammenden Jugendlichen wollten friedvoll, natürlich, egalitär und frei zusammenleben und sich den gesellschaftlichen Zwängen entziehen.

Hirtenkultur
bezeichnet jene einfachen Gesellschaften, die wenig differenziert sind und deren Ökonomie sich aus der Nutzung von Weidetieren ergibt, die sie als Hirten halten. Auch die Jagd ist zentrales Element einer H.

historischer Materialismus
1. Einordnung des Begriffs. Der historische Materialismus ist der geschichtstheoretische Teil des philosophischen Materialismus, der Mitte des 19. Jh. von Karl Marx und Friedrich Engels begründet wurde. Zweiter Hauptbestandteil dieser Philosophie ist der dialektische Materialismus. In Fortführung und Erweiterung des bürgerlichen Materialismus und der klassischen deutschen Philosophie wurden materialistische Positionen, wie sie beispielsweise Spinoza und Diderot vertraten, mit der dialektischen Methode Hegels zusammengeführt. Der philosophische Materialismus versteht sich als kritische, objektive Wissenschaft, die – laut Engels – die allgemeinsten Bewegungs- und Entwicklungsgesetz der Natur, der Menschengesellschaft und des Denkens untersucht. Ihr erkenntnistheoretisches Kernstück bildet die Abbild- oder Widerspiegelungsthese, die die prinzipielle Erkennbarkeit der Welt beinhaltet. Im Gegensatz zum philosophischen Idealismus ist es Grundsatz des Materialismus, bei allen philosophischen Analysen von der letztlich materiellen Verfaßtheit der Welt und ihrer vom menschlichen Erkennen unabhängigen Existenz auszugehen.

2. Methodologie und Gegenstand. Innerhalb des marxistischen philosophischen Materialismus befaßt sich der historische Materialismus mit den menschlichen Gesellschaften und erkundet die Gesetzmäßigkeiten ihrer Entwicklungen. Bei diesen Analysen geht er, wenn er nicht ideologisch legitimatorisch oder in anderer Weise mißbraucht wird, objektiv und kritisch vor. Er folgt dabei den Erkenntnissen von Marx, die dieser in Auseinandersetzung mit der Hegelschen Rechtsphilosophie gewonnen hat und die darin münden, daß Rechtsverhältnisse und Staatsformen weder aus sich selbst noch aus der allgemeinen Entwicklung des menschlichen Geistes zu verstehen sind, sondern in materiellen Lebensverhältnissen wurzeln. Aufschwung und Entwicklungen, die Hegel in der von ihm so genannten „bürgerlichen Gesellschaft“ feststellt, resultieren nicht aus der „absoluten Idee“ oder dem „Weltgeist“, sondern aus der Dynamik der fortschrittlichen kapitalistischen Produktion. Sie bedingt die von feudalistischen Fesseln freien unternehmerischen Entfaltungsmöglichkeiten und den von der Leibeigenschaft befreiten Arbeiter; diese sozialökonomische Struktur war der letztlich bestimmende Faktor der gesamten Entwicklung des bürgerlich-kapitalistischen, heute weltweiten Gesellschaftssystems. Im Vorwort zur „Kritik der Politischen Ökonomie“ (1859) hat Marx seinen „Leitfaden“ beim Studium dieser Gesellschaft kurz formuliert: „In der gesellschaftlichen Produktion ihres Lebens gehen die Menschen bestimmte, notwendige, von ihrem Willen unabhängige Verhältnisse

ein, →Produktionsverhältnise, die einer bestimmten Entwicklungsstufe ihrer materiellen Produktivkräfte entsprechen. Die Gesamtheit dieser Produktionsverhältnisse bildet die ökonomische Struktur der Gesellschaft, die reale Basis, worauf sich ein juristischer und politischer Überbau erhebt und welcher bestimmte gesellschaftliche Bewußtseinsformen entsprechen. Die Produktionsweise des materiellen Lebens bedingt den sozialen, politischen und geistigen Lebensprozeß überhaupt. Es ist nicht das Bewußtsein der Menschen, das ihr Sein, sondern umgekehrt ihr gesellschaftliches Sein, das ihr Bewußtsein bestimmt..." Die materielle Produktion und Reproduktion des Lebens ist, wie Engels (1890) herausstellte, „das in letzter Instanz bestimmende Moment" gesellschaftlicher Prozesse, niemals das einzige; Ideen können eigenes Gewicht und eigene Dynamik entwickeln, stehen jedoch mehr oder weniger vermittelt im Bezug zur sozialökonomischen Basis.

Entsprechend den wesentlichen Unterschieden in den ökonomischen Strukturen wird die Geschichte in fünf Gesellschaftsformationen eingeteilt: Urgesellschaft, Sklavenhaltergesellschaft, Feudalismus, Kapitalismus und Kommunismus. Diese Phasen werden nicht als strenge, auf ein Ziel hin verlaufende Gesetzmäßigkeiten verstanden, sondern als eine Tendenz mit Brüchen, die – die Vernunft und das daraus resultierende zielstrebige Handeln der gesellschaftlichen Subjekte, vor allem der Nichtbesitzer von Produktionsmitteln vorausgesetzt – auf eine Überwindung der Klassenantagonismen hinauslaufen kann. Die Ablösung einer Gesellschaftsformation erfolgte in der Geschichte bisher dann, wenn die materiellen Produktivkräfte (Produktionstechnik, Technologie, menschliche Arbeitskraft) in ihrer Entwicklung durch die Produktionsverhältnisse, d.h. die Eigentumsverhältnisse, gehemmt wurden. Da die Produktionsverhältnisse, die die Art und Weise des Vollzugs der realen Produktion disponieren, flexibel sind, gewährleisten sie Kontinuität und kompensieren über lange Zeit auch tiefe soziale Widersprüche; sofern diese Wirksamkeit sich als unzureichend erwiesen hat, ist in der bisherigen Geschichte stets versucht worden, revolutionäre Bestrebungen durch politische Machtmittel zu unterdrücken. Unabhängig jedoch vom subjektiven, konservativen Willen der jeweils herrschenden Klasse bildeten sich innerhalb der den Entwicklungsmöglichkeiten und Bedürfnissen nicht mehr entsprechenden Produktionsverhältnisse bedeutende materielle und ideelle Grundlagen der neuen Gesellschaftsformation heraus.

Bis in die Mitte des 20. Jh. waren die gesellschaftlichen Widersprüche in allen auf Klassenteilung beruhenden Gesellschaften hauptsächlich charakterisiert durch die Interessengegensätze zwischen den Produktionsmittelbesitzern und deren vollziehenden Gehilfen einerseits und den Abhängigen (Sklaven, Leibeigene, Lohn- und Gehaltsempfänger) andererseits. Diese Gegenstände führten zu permanenten Auseinandersetzungen, so daß der historische Materialismus konstatieren konnte: Alle bisherige Geschichte ist die Geschichte von Klassenkämpfen. Diese Kämpfe führten im äußersten Fall zur wirtschaftlichen Vernichtung der herrschenden Klasse, eines Teils der jeweiligen Gesellschaft (manchmal auch zu ihrer physischen Dezimierung, wie beispielweise im Fall der Feudalaristokratie in der bürgerlichen Revolution am Ende des 18. Jh. in Frankreich), nie aber zur Vernichtung der ganzen Gesellschaft. Seit der Entdeckung der Kernspaltung und der massenhaften Produktion atomarer Waffen ist jedoch ein gesellschaftlicher Antagonismus neuer Art und Wertigkeit dominant: Die physische Existenzgefährdung aller Klassen und Schichten. Diese historische Novität konstituiert neuartige Linien der Auseinandersetzungen in der menschlichen Gesellschaft. Zum Zeitpunkt der Herausbildung des historischen Materialismus waren diese Entwicklungen – wie auch andere – nicht erkennbar, sind folglich auch nicht in die politische Praxis eingegangen. In begrenztem Umfang und unzureichend hat sich der historische Materialismus mit diesem Phänomen befaßt. Seit der Implosion des „sozialistischen Lagers“ um 1990 spielt der historische Materialismus keinerlei Rolle mehr in der praktischen Gestaltung gesellschaftlicher oder staatlicher praktischer Politik.

3. Zur Rolle in der sozialen Wirklichkeit. Der historische Materialismus ist, da er Geschichte als eine Einheit von Widersprüchen auffaßt, die die Menschen durch ihre produktiven, alimentären, gesellschaftlich ausgeführten Tätigkeiten selbst hervorbringen und aufheben, der Möglichkeit nach auch immer eine theoretische Basis für politisches Handeln. Das entspricht Marx' Intentionen, der die Auffassung vertrat, es genüge nicht, daß die Philosophen die Welt interpretieren, sondern es käme darauf an, sie zu verändern. Zusammen mit der „Kritik der Politischen Ökonomie“ des Kapitalismus von Marx bilden der dialektische und historische Materialismus eine sozialistische Gesellschaftslehre. Sie wird – entgegen dem Willen von Marx – als Marxismus bezeichnet. Die Begründer selbst wirkten auf der Basis ihrer Theorien praktisch-politisch und gaben mit dem kommunistischen Manifest der internationalen Arbeiterbewegung erste Zielrichtungen. Im letzten Drittel des 19. Jh. entwickelte sich die deutsche Sozialdemokratie, wesentlich beeinflußt von diesen Theorien, zur bedeutendsten Kraft der Arbeiterbewegung; ihr wesentliches Defizit war die fehlende revolutionäre Strategie. Die intensivste Umsetzung der materialistischen Geschichtstheorie wurde von Lenin und Genossen betrieben. Das Kernstück bildete eine streng hierarchisch gegliederte „Partei neuen Typus“, deren Leitungsprinzipien vom sogenannten demokratischen Zentralismus bestimmt sein sollten. Die Leninsche Theorie bildete die Grundlage für die russische Oktoberrevolution von 1917, in deren Gefolge die Sowjetunion entstand. Hatten schon Lenins Thesen partiell nicht mit den ursprünglichen Theorien übereingestimmt (wobei zu erwähnen ist, daß Marx und Engels nur elementare Linien der ersten Phase einer sozialistischen Entwicklung behandelt haben, z.B. in der „Kritik des Gothaer Programms“), so kam es unter der Diktatur Stalins zu zahlreichen theoretischen und politischen Pervertierungen. An die Stelle der Aufhebung der Entfremdung des Menschen durch die Entfaltung der Selbstbestimmung trat ihre Unterordnung unter zentralistische, bürokratische Weisungen, statt umfassender Demokratisierung und der Gewährleistung politischer Freiheiten und Menschenrechte installierten Stalin und seine Helfer geistigen und physischen Terror und massenhafte, oftmals vernichtende Zwangsarbeit. Innerhalb der angeblichen weltanschaulich-theoretischen Grundlagen des Sowjetstaates wurden der dialektische Materialismus formalisiert und Erkenntnisse der materialistischen Geschichtstheorie entsprechend den Herrschaftsbedürfnissen manipuliert und zu Dogmen erhoben. Unter der Bezeichnung Marxismus-Leninismus (seit 1938) diente diese Ideologie sowohl der Verschleierung der diktatorischen Machtausübung als auch ihrer Legitimation. Gleichzeitig war es Aufgabe dieses Konstrukts, eine einheitliche internationale Lehre zu begründen, die alle kommunistischen und Arbeiterparteien zu akzeptieren hatten. (Die politische Unterwerfung wurde mit Hilfe der Komintern vollzogen.) Alle „Abweichungen“ von dieser Lehre, wie beispielsweise die von Trotzki, Bucharin, Lukacs, Korsch oder Gramsci, wurden unerbittlich verfolgt und zum Teil mit physischer Vernichtung (Trotzki, Bucharin) geahndet. Die erste staatliche Sanktion auf dieser Basis war die Äch-

tung des Selbstverwaltungssozialismus, des „Titoismus“, und des jugoslawischen Staats durch die UdSSR kurz nach dem II. Weltkrieg. Weitere massive Eingriffe auf Grund eigenständiger Wege erfolgten später in Polen, Ungarn und der Tschechoslowakei. Erst die sowjetische Politik unter Gorbatschow billigte den Staaten des „real existierenden Sozialismus“ nicht nur verbal, sondern tatsächlich eigene Wege der gesellschaftspolitischen Entwicklung zu.

Seine Funktion als gewichtiger Teil einer Staatsideologie und die dadurch unvermeidliche umfassende Abhängigkeit haben den historischen Materialismus in jenen Ländern, insbesondere also seine „marxistisch-leninistische“ Variante, deformiert und seiner Wirksamkeit beraubt. Da er – in fast all diesen sogenannten sozialistischen Staaten – nicht in theoretischen Gegensatz zu den Beschlüssen der herrschenden Partei kommen durfte, konnte er seine originäre Fähigkeit der tiefgreifenden Analyse nicht mehr verwirklichen, denn unerläßliche Voraussetzung für die wissenschaftliche Wirksamkeit des historischen Materialismus ist die uneingeschränkte und objektive Anwendung seiner Methoden sowie deren ungestörte Weiterentwicklung.

4. Zur Kritik am historischen Materialismus. Der dialektische deterministische Rationalismus dieser Geschichtsphilosophie, die tief in der europäischen Geistesgeschichte wurzelt, bewirkte von Anfang an heftige Diskusionen mit anderen Philosophien, vor allem aber auch innerhalb der eigenen Richtung. Marx und Engels setzen sich mit der Hegelschen Linken auseinander, wobei es insbesondere um die Materialität der Welt ging. Weitere Einwände sind gegen Methodologie und Anspruch dieser Theorie gerichtet, letztliche Ursachen für die Geschichte darin zu finden, in welcher Weise die Menschen ihren Lebensunterhalb produzieren. Neben der (logischerweise) nicht über den Entwicklungsstand ihrer Zeit hinausgehenden Analyse und dem partiell anderen als prognostizierten Verlauf der kapitalistischen Entwicklung boten und bieten (natürlicherweise) subjektive Urteile und Zielsetzungen von Marx und Engels im niemals wertfreien politischen Raum Anlässe für kontroverse Auseinandersetzungen. Gegenwärtig befindet sich der historische Materialismus in einer tiefgreifenden theoretischen Krise, verursacht vor allem durch den Zusammenbruch des „realexistierenden Sozialismus“, dem er in dogmatisierter oder auch verfälschter Form Grundlagen des Handelns geliefert hatte. Daran ändert auch die Validität der Marxschen Grunderkenntnis, die letztlich materielle Basis des menschlichen gesellschaftlichen Lebens, nichts.

Lit.: K. Marx: Zur Kritik der Politischen Ökonomie, MEW, Bd. 13. Berlin (Ost) 1961; Grundlagen des historischen Materialismus. Berlin (Ost) 1976; *L. Kolakowski:* Die Hauptströmungen des Marxismus. München 1977; *W. Leonhard:* Die Dreispaltung des Marxismus. Düsseldorf–Wien 1970; *U. Jaeggi, A. Honneth* (Hg.): Theorien des Historischen Materialismus. Frankfurt 1977

Dr. *H. Laatz,* Bochum

Historismus

1. philosophische Richtung, die das Wesen der menschlichen Existenz in der Geschichtlichkeit sieht und die geschichtliche Herkunft und Wandlung von →Institutionen und →Ideen hervorhebt;

2. im wissenschaftstheoretischen Sinne meint H. die Ablehnung der Suche nach historischen invarianten Gesetzmäßigkeiten, nach räumlich und zeitlich uneingeschränkt geltenden nomologischen Aussagen. Vielmehr müsse der →Individualität der einzelnen Situationen, Verhaltensweisen und Handelnden Rechnung getragen werden, die allesamt zeitbezogen sind. Es kommt darauf an, gerade in der Einzigartigkeit das Wesen der Dinge zu entdecken, das mit den

→Methoden der →Hermeneutik, des →Verstehens, der Intuition erschlossen werden kann.

Historizismus
Auffassung, wonach es historische Entwicklungsgesetze gibt, die sich für die Vorhersage und Gestaltung der Zukunft nutzen lassen (z.B. →historischer Materialismus). *K. R. Popper* hat den Begriff des H. benutzt, um die Ansicht zu kritisieren, aus geschichtlichen Abläufen ließen sich gesellschaftliche Entwicklungstendenzen der Zukunft entdecken. Die zweite Stoßrichtung seiner Kritik bezieht sich auf historisch begründeten Gesellschaftsradikalismus, wie er in ganzheitlichen und utopischen Gesellschaftsformen zum Ausdruck kommt.

Hobby
Steckenpferd
eine in der Freizeit ausgeübte Beschäftigung, die man freiwillig, sehr gerne und mit großer →Befriedigung betreibt.

Hochkultur
eine Gesellschaft, die im Gegensatz zu sog. primitiven Kulturen eine sehr weitgehende →Arbeitsteiligkeit besitzt, in sich sehr heterogen ist, eine komplexe →Sozialstruktur aufweist, weitgehend durch vertikale Gliederungen und Herrschaftsstrukturen gekennzeichnet ist, urbane Lebensformen praktiziert und hoch entfaltete Technologien und Produktionsweisen besitzt. Allgemein kann man H. durch sehr weitgehend entwickelte Formen der Naturbeherrschung charakterisieren.

Holismus
ausgehend von dem Satz, daß das Ganze mehr ist als die Summe seiner Teile, wird die Reduktion auf einzelne Eigenschaften oder Variablen eines Untersuchungsobjekts abgelehnt. Vielmehr kommt es darauf an, das Phänomen als Ganzes zu sehen, zu beobachten und zu erklären. Diese Position wird vor allem in der qualitativen Sozialforschung eingenommen, während die quantitative Auffassung eher partikularistisch oder atomistisch vorgeht.

holistisch
ganzheitlich

homme moyen
nach dem belgischen Statistiker *A. Quetelet* (Mitte des letzten Jahrhunderts) die durch das arithmetische Mittel einer Verteilung beschriebene Person. Obwohl es diese Person faktisch nicht gibt, ist sie Richtschnur für politische Entscheidungen. Diese Personifikation des Mittelwertes als gedachte Größe ist für die Feststellung von statistischen Regelmäßigkeiten gesellschaftlicher Phänomene von Bedeutung.

Homogamie
normative oder faktische Regelmäßigkeiten im Heiratsverhalten, die darauf gerichtet sind, Ähnlichkeiten oder Gleichheit der Heiratspartner in jeweils entscheidenden Dimensionen (z.B. Charakter, Wertvorstellungen, Schichtzugehörigkeit etc.) zu realisieren. Dahinter steht die Vermutung, daß solche Beziehungen stabiler sind („gleich und gleich gesellt sich gern“) als heterogame Ehen („Gegensätze ziehen sich an“). Vgl. →Endogamie.

Homogenität
Gleichartigkeit, aus Gleichem zusammengesetzt, gleichmäßiger Aufbau, Einheitlichkeit

1. in der Soziologie ist H. eine Dimension zur Kennzeichnung von sozialen →Systemen, z.B. Gesellschaften. Sie sind durch einfache, gleichartige soziale Bindungen, durch geringe Arbeitsteiligkeit, durch ähnliche Konstellationen von Interessen, durch wenig differenzierte →Normen gekennzeichnet;

2. in der Statistik meint H. im allgemeinsten Sinne, daß ein Merkmal nur eine geringe Varianz bzw. Standardabweichung aufweist. Im Extremfall absoluter H. sind beide Werte gleich Null;

3. im spezielleren Sinne wird H. in der Statistik auch gebraucht, um Aussagen

darüber zu machen, ob zwei →Stichproben oder eine Stichprobe und die →Grundgesamtheit sich hinsichtlich bestimmter Lage- oder Streuungsparameter ähnlich oder gleich sind.

homo oeconomicus

der Wirtschaftsmensch

in der ökonomischen Theorie wird der →Idealtypus eines rational und ökonomisch handelnden Menschen unterstellt, der nach dem Minimaxprinzip vorgeht: Minimierung des Mitteleinsatzes, Maximierung des Nutzens. Dies setzt allerdings vollständige Information über den Markt voraus, die ebensowenig gegeben ist wie die →Rationalität des Handelns. Insoweit ist der h. o. ein Modell, das sicherlich heuristisch wertvoll ist, im Alltagshandeln aber nur selten eingelöst wird. Der Begriff geht auf *J. Mill* zurück.

homo sociologicus

in Anlehnung an den →homo oeconomicus von *R. Dahrendorf* geprägter Begriff, der →idealtypisch den soziologischen Menschen bezeichnet. Dieser ist in der konkreten Handlung nicht eine bestimmte Person, sondern ein Träger verschiedener →Rollen auf der Basis von ihm eingenommener →Positionen. Soziale Gefüge entstehen – gerade auch in der Allgemeinverbindlichkeit von →Normen, →Werten und Verhaltenserwartungen – durch die Schnittstellen, wo sich die Rollen und die damit verbundenen Erwartungen begegnen, die in konkreten Situationen von einzelnen Personen besetzt werden. Der h. s. ist also die abstrakte, gedachte Personifikation von sozial determinierten Rollen.

Honoratioren

1. besonders angesehene und geschätzte Bürger in einem sozialen Gemeinwesen, wie etwa Staat, →Stadt oder →Gemeinde. Normalerweise ist der Begriff auf sehr kleine Gemeinwesen, also Gemeinde, Dorf etc., bezogen;

2. Personen, die in →Organisationen, Vereinen, Verbänden unentgeltlich Verwaltungsaufgaben wahrnehmen. Da diese Personen unabhängig von dieser Tätigkeit schon einen hohen →Status haben, der durch diese vielleicht noch erhöht wird, haben sie einen nicht zu unterschätzenden Einfluß, obgleich keine →Macht dahintersteht.

Honoratiorendemokratie

die demokratisch gewählten Politiker üben ihre politischen Ämter unentgeltlich (oder nur mit minimalen Aufwandsentschädigungen, die eher symbolischen Charakter tragen) aus, was voraussetzt, daß sie ökonomisch abgesichert sind. Während dies im Deutschland des 19. Jahrhunderts durchaus üblich war und deshalb die Rekrutierung der Politiker fast ausschließlich aus dem Besitz- und Bürgertum erfolgte, gilt dies heute praktisch nur mehr für kleinere Gemeinden, deren Gemeinderäte aus allen gesellschaftlichen Schichten stammen.

Honoratiorenpartei

eine politische Partei, deren Mitglieder vornehmlich aus →Honoratioren bestehen; sie ist nicht straff organisiert und läßt durchaus unterschiedliche Auffassungen zu, was aus der ökonomischen und sozialen Unabhängigkeit der Mitglieder resultiert.

Horde

1. im Tierbereich bezeichnet man mit H. einen Verband zusammenlebender Tiere, der im Vergleich zur Herde oder zum Rudel bereits ein differenzierteres Sozialleben aufweist, weshalb H. nur bei höheren entwickelten Tieren auftritt;

2. eine relativ unorganisierte Menge von Menschen, die über relativ längere Dauer zusammenleben. In der →Anthropologie wird hierzu angenommen, daß es sich dabei um die Primärform menschlicher →Gemeinschaft handelt, aus der sich dann die höheren, komplexeren und organisierten Formen des Zusammenlebens und der Zusammenschlüsse entwickelt haben, also soziale →Gruppen im engeren Sinne, Gesellschaften.

Hörigkeit

1. bezeichnet ein soziales Abhängigkeitsverhältnis im →Feudalismus: Wenn jemand von einem Grundbesitzer Land zur Bewirtschaftung erhielt, so durfte er dieses nicht verlassen. Diese weitestgehende Abhängigkeit bezeichnet man mit dem Begriff der H.;

2. heutzutage wird H. in dem Sinne verwandt, daß jemand auf sexuellem Gebiet von einem anderen abhängig ist, daß er auf diesen Menschen nicht verzichten zu können glaubt. Diese Form der H. strahlt auf alle anderen Lebensbereiche aus, so daß oftmals wegen dieser Abhängigkeitsbeziehung auch Handlungen verlangt und ausgeführt werden, die normalerweise abgelehnt werden würden (z.B. Straftaten, Prostitution etc.).

horizontale Mobilität

→soziale Mobilität

horizontale soziale Differenzierung

In ideengeschichtlichen Texten wird der Einsatz dieser Fragestellung gewöhnlich bei *H. Spencers* (1820–1903) Aussage gesehen, die Gesellschaftsdifferenzierung verlaufe in einem Trend von „unzusammenhängender Homogenität zu zusammenhängender Heterogenität“. Darauf folgt gewöhnlich die Begrifflichkeit seines Antipoden *E. Durkheim* (1858–1917), der Arbeitsteiligkeit in Verbindung mit wachsender Bevölkerungsverdichtung sieht und einen Trend von „mechanischer“ zu „organischer“ Solidarität feststellt. Um solche empirisch unprüfbaren, letztlich ideologischen Verallgemeinerungen auszuschalten, ist ein systematischer Ansatz zeitgenössischer Soziologie erforderlich.

Hondrich hat (1982) einen solchen in 13 „Thesen zu einer Theorie sozialer Differenzierung“ vorgestellt; nämlich: Empirisch prüfbare Gesetzeshypothesen. Er berücksichtigt die Subsysteme Politik, Arbeit und Familie anhand der drei Differenzierungsdimensionen Leistung, Größe und Regelungsmechanismen, vernachlässigt allerdings die räumliche und zeitliche Dimension.

1. Gesetz der Einheit von Differenzierung und Integration: Eine Leistung (Funktion) wird aus einem Sozialsystem ausdifferenziert (z.B. Arbeit aus familia) und zu einem System integriert (Arbeit als Leistungszusammenhang).

2. Gesetz von der Instrumentalisierung von Leistungen – es besagt: Übergang von traditionalen zu zweckrationalen Sozialbeziehungen (Familienmitglied als Arbeiter, politischer Schutzherr als Marktpartner).

3. Gesetz von der Leistungsverstärkung durch -verengung: Gemeint ist Spezialisierung auf eine Leistung durch eine Entlastung von anderen (z.B. Produktivitätssteigerung durch Arbeitsteilung), um Effektivität/Effizienz zu steigern.

4. Gesetz von der Anziehungskraft spezialisierter Teilsysteme: Diese zeigt sich in zwei Komponenten, nämlich in der Konkurrenz von geringerem Preis und höherer Belohnung bzw. Entlastung der Mitglieder.

5. Gesetz von der strukturellen Ansteckung spezialisierter Sozialsysteme: Hier geht es um stetigen Differenzierungsdruck zwischen funktional äquivalenten Systemen.

Es folgen vier Gesetze zur Größendifferenzierung sozialer Systeme:

6. Gesetz zur Vergrößerung instrumentaler Sozialsysteme: Politisches wie Arbeitssystem differenzieren sich so aus „Ganzem Haus“ oder „familia“, daß sie Funktionen von Schutz und Einsatz knapper Mittel zur Bedürfnisbefriedigung für größeren Personenkreis erbringen.

7. Gesetz der Verkleinerung expressiver Sozialsysteme: Nicht zweck-, sondern wertrationale Leistungen werden intensiver, je weniger Personen beteiligt sind (Liebespaar, Ehe, Familie). Aus der Mikrosoziologie bekannt ist das

8. Gesetz der „kritischen Gruppe“: Alle funktional-spezialisierten Teilsysteme

horizontale soziale Differenzierung

haben eine als Kopfzahl angebbare Grenze (Team, Kommission usw.).

9. Gesetz der Segmentierung des Größenwachstums: Dies meint, daß gleichartige Leistung(en) von parallelen, relativ unabhängigen Teilsystemen erbracht wird (Organisation, Betrieb).

Die letzten drei Gesetze betreffen die Macht-Differenzierung in sozialen Systemen, nämlich

10. Gesetz vom relativen Machtzuwachs des Familiensystems gegenüber Politik und Arbeit: *Hondrich* begründet diese These mit der zentralen Leistung der Sozialisation, die die Familie ja für diese und fast alle anderen wichtigen Teilsysteme erbringt.

11. Gesetz der „funktionalen Hierarchisierung": Gemeint ist, daß in großen, nach außen abgegrenzten Sozialsystemen funktionale Differenzierung zu Ebenenbildung innerhalb des Systems führen muß (Organisation, Betrieb).

12. Gesetz der „segmentären Hierarchisierung": Innerhalb komplexer Sozialsysteme entstehen Segmente aus der parallel erbrachten, gleichartigen Leistung (zwei Stahlproduzenten als Segmente des ökonomischen Systems; „schlechtere" neben „besseren" Studenten).

Das 13. Gesetz, Leistungsausschluß durch funktionale Differenzierung und Konkurrenz, weist zwei Aspekte auf: Einmal den Ausschluß von Systembestandteilen, z.B. Personen aus einem Leistungsprozeß (selbststeuernde Walzstraßen, computerisierte Datenverarbeitung); zum anderen den Ausschluß eines Segments mit schlechteren Leistungen durch erfolgreichere Konkurrenz.

Der analytische Soziologe wird dieser Gesetzesauflistung – vorbehaltlich ihrer empirischen Überprüfung – sicherlich zustimmen. Als Kernaussage dürfte er ein allgemeines „Gesetz der Spezialisierung" formulieren wollen, das für alle Sozialsysteme eine stetig fortschreitende Ausgliederung von Leistungen bzw. eine Verstärkung einzelner Funktionen besagt. Im Gegensatz zu sozialer Differenzierung, die (1. Gesetz) gleichzeitig integrierend wirkt, weist Spezialisierung als Elementarprozeß von → Arbeitsteiligkeit diesen Effekt eben nicht auf.

HsD erfolgt naturgemäß in allen gesellschaftlichen Teilsystemen, sofern man sozialen Wandel als universelles Attribut von Teilbereichen betrachtet. Eine Ausnahme scheint → Verwandtschaft zu bilden. Bedenkt man, wie viele Kinder heute ohne Onkel und Tanten, Nichten und Neffen aufwachsen, so scheint hier eine Kontraktion dieses traditionellsten Teilsystems vorzuherrschen. Berücksichtigt man jedoch andererseits, daß in immer mehr Familien Wiederverheiratete Kinder unterschiedlicher Ehen leben, daß ferner (besonders in Nordamerika) sog. Leihmütter eine ebenso wachsende Rolle spielen wie die „heterologe Insemination" aus Samenbanken, so belegt dies auch im Verwandtschaftssystem hsD.

Üblicherweise stößt man in Lehre und Fachpublizistik bei hsD zunächst auf →Arbeit und Beruf, nämlich auf Technisierung als augenfälligste Funktion von Arbeitsteilung – eben stetige Mechanisierung und Rationalisierung von Leistungsprozessen. Indessen liegen derzeit deutschsprachige Forschungsergebnisse aus weiteren Bereichen vor: →Beziehung, →Familie, →Freizeit, →Gruppensoziologie, →Organisation, →Medizinsoziologie, →Religionssoziologie, →Wissenschaftssoziologie, →Sexualität und Liebe, →Sport, →Politische Soziologie, →Technik usw.

Aus den werbungsfinanzierten Massenmedien ist selbst dem soziologisch Ungebildeten die geradezu stürmische Differenzierung in Familie, Sexualität und Liebe bekannt: Von „Verhandlungsehe" (Beck/Beck-Gernsheim) über nichteheliche Lebensgemeinschaften bis zum Single, „one-night stand" Telefon-Sex und Cyber-Sex. Der Fragebogen von Partnerschaftsvermittlungen unterscheidet zwischen derartigen Kategorien, bietet aber auch „geistig-seelische Liebe“ an, was man früher als „platonische Beziehung“ bezeichnet hat.

Aus der industriellen Arbeitswelt weiß jedes Mitglied einer industrialisierten Gesellschaft von Gruppenmontage statt Fließbandarbeit und individueller Qualitätskontrolle („Kaizen“) als jüngster, zunächst japanischer Errungenschaft. Jedem Wähler ist politischer Wandel von der Stammwähler- zur Wechselwählerpartei ebenso vertraut wie das Aufsprießen immer neuer, aktueller Bürgerinitiativen sowie das Anwachsen →neuer sozialer Bewegungen. Daß ständig neue Facharztausbildungen (den Urologen gibt es erst seit 1962) entstehen, ist ein weiteres Beispiel für hsD. Hier sollen als wenig bekannte Beispiele hD des gesellschaftlichen Subsystems „Wissen“ jüngste Einsichten der Teilbereiche „Neue Religiöse Bewegungen“ und „Wissenschaft“ skizziert werden.

Den im Jahrbuch der Vereinten Nationen verzeichneten 400 Bekenntnissen stehen tatsächlich erfaßte 3000 Religionen gegenüber. Das quantitative Anwachsen ideologischer Systeme erklärt sich aus der hD infolge sich immer stärker individualisierender Bedürfnisse nach Orientierung und Sinndeutung eben hochdifferenzierter, keineswegs „nur westlicher“ Gesellschaften. Aus der kleinen Zahl der Hochreligionen differenzier(t)en sich zunächst →Sekten christlicher wie asiatischer Provenienz, die heute nicht nur aus steuerlichen Gründen Ansprüche auf Kirchengeltung erheben. Manche weisen Millionen Mitglieder auf, so Scientology, eine Organisation, die zugleich Gewerbe, Science Fiction und Lebenshilfe darstellt und von ihrem Gründer mit universalem Anspruch („Hubbardismus“) seit Anbeginn propagiert wurde. Den kirchlichen Berufspriesterschaften wurden hier nicht nur Laienpriester, sondern scientistische Seelsorger („Auditoren“), aber auch nebenberuflich-teilzeitliche Anwerber, entgegengestellt. Galten früher Studenten als besondere Interessenten von Scientology, so scheint es sich heute eher um Aufstiegswillige und Frustrierte mittlerer Jahrgänge zu handeln.

Scientology und daraus entstandene Organisationen wurden insbesondere von kirchlichen Sektenbeauftragten als Psychosekten bezeichnet. Experten halten viele andere Vereinigungen für vergleichbar mit Scientology; jedoch wird neuerdings darauf hingewiesen, daß es sich bei derartigen Organisationen nicht um Religionsgemeinschaften oder gar „geheime Verführer“ handle, sondern um Angebote der Lebenshilfe und -beratung. Ihre Methoden und Zielsetzungen sollten daher nüchtern wissenschaftlich geprüft werden, um Leistungen und Mitarbeiterqualifikation objektivieren und prüfen zu können.

Andere neue Religionen entstanden eklektizistisch aus asiatischen und christlichen Bekenntnissen, wie die frühere Moon-Sekte, die heute den Anspruch einer „Vereinigungs-Kirche“ erhebt und außer herkömmlichen Ritualen Massentrauungen, aber auch internationale Religionskongresse, zielgruppenorientierte Zeitschriften u.a. anbietet. Wieder andere Religionen existieren zwar regional begrenzt, erheben aber lokal wie massenmedial auf neue Offenbarungen einer Prophetin gestützte Ansprüche eines „Universellen Lebens“, etwa verbunden mit der Gründung allgemeinbildender Schulen, so in Würzburg.

Aus traditionellen →Geheimbünden wie den heute in Deutschland gesellschaftlich bedeutungslosen Freimaurern und den früher elitären mitteleuropäischen Rosenkreuzern sind international operierende Konzerne geworden; der in Nordamerika zentralisierte AMORC betreibt weltweit Fern- und Seminarkurse, in denen die Erweckung paranormaler Fähigkeiten, aber auch der Erwerb von Hochschulgraden (AMORC betreibt eine Privatuniversität in den USA), gestützt auf eigene Verlage, versprochen wird. Neben den klassischen Logen existieren in Deutschland und in der Schweiz esoterische Geheimgemeinschaften von neuheidnischen Orden bis zu modischen satanistischen Kleinstbünden.

Mit der Tatsache, daß neben staatlichen und privaten Universitäten heute in allen mitteleuropäischen Hauptstädten esoterische Privatuniversitäten entstanden sind, Grade bis zum Doktortitel auf unterschiedlichen Wegen erworben werden können, sind wir beim gesellschaftlichen Teilsystem „Wissen“ angelangt. War früher in wissenschaftlichen Hochschulen nur eine begrenzte Zahl herkömmlicher Fächer vertreten, so existiert heute auch eine kaum mehr überschaubare Fülle von Parawissenschaften →Anomalistik. Sie sind inbesondere in Berufsverbänden und Vereinigungen (von Alchemie bis zu Zoologie fabelhafter Tiere) institutionalisiert und treten den Schulwissenschaften immer stärker mit Gleichberechtigungsansprüchen gegenüber. (Beispiel: Da das Land Hessen einen Astrologenverband anerkennt, dürfen sich dessen Mitglieder als „staatlich geprüfte Astrologen“ bezeichnen, und sie fordern einen Lehrstuhl.)

Am augenfälligsten wird hD am Wandel der philosophischen Teildisziplinen sichtbar: Logik gehört (mit Mathematik, →Spiel-, →Entscheidungstheorie u. a.) zu den sog. Formalwissenschaften; Ethik hat sich zu einer umfassenden Wertwissenschaft Axiologie ausdifferenziert, wozu Ästhetik teilweise gehört; der Großteil von deren Problemen ist indes – als Produktions- und Rezeptionsästhetik – in zwei empirische Teildisziplinen ausdifferenziert worden. Gleiches gilt für die Pädagogik. Berücksichtigt man, daß Ontologie und Metaphysik in der Perspektive analytischer Philosophie zu Wissenschafts- und Metatheorien der Einzelwissenschaften geworden sind, so wird Poppers ironische Formulierung verständlich, Philosophie könne nur noch „Philosophologie“, also die Kunde von ihrer eigenen Strukturentwicklung sein.

Dieser Prozeß hD der Philosophie veranschaulicht den allgemeinen Prozeß der Differenzierung von Einzelwissenschaften in immer neue Spezial- und Teildisziplinen, deren Integration wohl nur noch wissenschaftstheoretisch vorstellbar sein dürfte.

*Lit.: D. Bertram (*Hg.): Das Individuum und seine Familie. Opladen 1995; *H. O. Hondrich* (Hg.): Soziale Differenzierung. Frankfurt/New York 1982; *N. Luhmann* (Hg.): Soziale Differenzierung. Opladen 1983; *R. Mayntz u. a.*: Differenzierung und Verselbständigung. Frankfurt/New York 1988

Prof. Dr. phil. *G. Eberlein,* München

Hospitalismus

bezeichnet nach *R. Spitz* die physischen und psychischen Folgen, die nach längerem Aufenthalt in mehr oder weniger totalen Institutionen, wie Krankenhäusern und Heimen, auftreten können. Weil in diesen die persönliche, emotionale und dauerhafte Zuwendung einer Bezugsperson fehlt und weil die Variabilität der Handlungschancen eingeschränkt ist, ergeben sich die Phänomene des H. als zurückgebliebene körperliche und geistige Entwicklung, Kontaktscheue, Antriebsschwäche, Krankheitsanfälligkeit u. a. m.

human capital

Humankapital, menschliches Kapital

ein der Ökonomie entlehnter Begriff, der insbesondere in der Bildungsökonomie und -planung eine entscheidende Rolle spielt: Er geht davon aus, daß der Mensch Träger von wirtschaftlich einsetz- und nutzbarer Bildung ist bzw. über Bildung entsprechend geformt werden kann. Bildung ist damit einerseits in den Menschen investiertes Kapital, wie der gebildete Mensch andererseits dadurch zu menschlichem Kapital wird.

human ecology

→Humanökologie

→Sozialökologie

Humanisierung der Arbeit (HdA)
das Insgesamt der Anstrengungen in Wissenschaft, Politik und der Praxis (→Gewerkschaften und Unternehmen), unter Rekurs auf wissenschaftliche Erkenntnisse der interdisziplinär ausgerichteten Arbeitswissenschaft, solche Arbeitsbedingungen zu realisieren, die eine menschengerechte Arbeit ermöglichen und damit eine verbesserte Lebensqualität schaffen. Der Mensch steht im Vordergrund der Überlegungen, weshalb die Maschinen und Arbeitsplätze nach seinen Bedürfnissen zu konstruieren und zu planen sind und nicht mehr der Mensch sich an die Bedingungen anpassen muß.

Humanökologie
→Umwelt
→Sozialökologie
Untersuchungsbereich der H. als eines Spezialgebiets der Ökologie sind die besonderen Beziehungen zwischen dem Menschen und seiner Umwelt, zwischen Gesellschaft und Natur. Natur im Sinne einer Eigengesetzlichkeit ohne Einwirkungen des Menschen gibt es heute weltweit kaum mehr; wenige Ausnahmen, wie naturbelassene Restgebiete am Amazonas, bestätigen diese Regel. Was heute (vgl. „Bio"-Welle) als „Natur" oder „natürlich" verstanden wird, ist schon seit langem kulturell überformt bzw. sozial konstruiert (→soziale Konstruktion der Wirklichkeit) worden. Historisch lehnt sich die Definition von H. an die klassische Ökologiedefinition von Ernst Haeckel aus dem Jahre 1866 an, der Ökologie als „die gesamte Wissenschaft von den Beziehungen des Organismus zur umgebenden Außenwelt" faßte.

Bei der in der H. thematisierten Mensch-Natur-Problematik kommt die sozialwissenschaftliche Sicht zum Tragen, daß der Mensch nicht nur ein vernunftbegabtes Wesen ist, das sich die Mittel zur Ausbeutung der Natur schaffen konnte, sondern v.a. auch ein soziales Lebewesen, dessen Umgang mit der Naturumwelt gesellschaftlich bestimmt ist, d.h. über technische und ökonomische, aber auch über kulturelle und wissenschaftliche Prozesse vermittelt wird. Diese Prozesse haben mittlerweile zur Ausbeutung der Natur in einem Maße geführt, daß dadurch die Lebensgrundlage des Menschen in bedrohlicher Weise gefährdet ist. Als Grundlagendisziplin zwischen Natur- und Sozialwissenschaft untersucht die sozialwissenschaftlich orientierte H. insbesondere den Ausgangspunkt der Umweltzerstörung durch die Gesellschaft (insofern ist sie vorwiegend „politische Ökologie") und befaßt sich dabei v.a. mit den jeweils vorfindbaren Produktionssystemen. Mit Hilfe der technisch organisierten Produktionssysteme greift der Mensch ausbeutend und zerstörend in die Natur ein; auf der Grundlage der Erkenntnisse der H. sollen neuartige (umwelt- bzw. menschenverträgliche) Strategien des Wirtschaftens entwickelt werden. Dem umfassenden Anliegen gemäß ist das Konzept der H. multidimensional und erfordert die Beschäftigung mit den Bereichen Wirtschaft, Gesellschaft/Kultur und Ökologie.

Mit den theoretischen Grundlagen, den ethischen Begründungszusammenhängen und der Umsetzbarkeit humanökologischer Überlegungen beschäftigt sich in Deutschland schwerpunktmäßig u.a. das WZB, Abteilung „Normbildung und Umwelt" des Forschungsschwerpunkts Technik-Arbeit-Umwelt.

Lit.: Glaser, Bernhard (Hg.): Humanökologie – Grundlagen präventiver Umweltpolitik. Opladen 1989

G. R.

human relations
seit den →Hawthorne-Experimenten ist bekannt, daß in Industriebetrieben die informellen Beziehungen der Mitarbeiter in den →informellen Gruppen, die neben der formalen Betriebsorganisation existieren, für das Betriebsklima und besonders für die Arbeitsleistung entscheidend sind. H.r. bezeichnet nun

die zwischenmenschlichen Beziehungen der Mitarbeiter, die nicht durch die formale →Organisation festgelegt sind. Daraus entwickelte sich das h.r.-Prinzip, d.h., solchen informellen Beziehungen wurde besonderes Augenmerk geschenkt, sie wurden gezielt gefördert und genutzt, um die Effektvität zu steigern. H.r. wurde zu einem Führungsprinzip.

human relations area file
in der →Kulturanthropologie von *G. P. Murdock* entwickeltes Schema von Kategorien, das es erlaubt, verschiedene Gesellschaften hinsichtlich verschiedener Dimensionen zu vergleichen. In dem h.r.a.f. sind eine Vielzahl von kulturanthropologischen, historischen und soziologischen Daten für einfache und entwickelte →Kulturen gesammelt.

Humanwissenschaften
darunter sind alle wissenschaftlichen Disziplinen zu subsumieren, die sich mit dem Menschen befassen, also Medizin, Anthropologie, Psychologie, Soziologie, Pädagogik etc.

Hypothese
eine Aussage als Vermutung über die Realität, deren Richtigkeit noch nicht feststeht, die aber mit dem Anspruch – im Gegensatz zu einer These – formuliert ist, logisch und empirisch geprüft zu werden.

Hypothese, aufeinanderfolgende
die beiden →Variablen stehen in zeitlicher Abfolge zueinander: Wenn a, dann *später* b.

Hypothese, bedingte
bei dieser H. tritt eine Beziehung zwischen zwei →Variablen nur dann auf, wenn eine weitere Bedingung erfüllt ist: Wenn a, dann b, aber nur dann, wenn *auch* c oder *unter der Bedingung von* c.

Hypothese, deterministische
eine H., die einen Zusammenhang zwischen zwei →Variablen als immer auftretend unterstellt: Wenn a, dann *immer* b.

Hypothese, heuristische
eine H., die nur dem Zweck dient, weitere Gedanken und Überlegungen zu evozieren, die also nicht notwendigerweise empirisch geprüft werden soll.

Hypothese, hinreichende
eine H. ist hinreichend, wenn die in ihr formulierte Beziehung zwischen zwei →Variablen auftritt, gleichgültig, was sonst vorliegt: Wenn a, dann b, *ungeachtet alles anderen.*

Hypothese, irreversible
die in der H. formulierte Beziehung ist nicht umkehrbar: Wenn a, dann b; aber wenn b, dann nicht a.

Hypothese, kausale
hier wird eine Ursache-Wirkung-Relation unterstellt, was für Sozialwissenschaften kaum zutreffen wird.

Hypothese, koexistente
hier wird unterstellt, daß beide →Variablen gleichzeitig auftreten: Wenn a, dann *gleichzeitig* b.

Hypothese, nomologische
das ist eine Gesetzesh., die eine räumlich und zeitlich nicht beschränkte Aussage macht.

Hypothese, notwendige
die eine →Variable ist unabdingbare Voraussetzung für das Auftreten der anderen: Wenn (*und nur dann,* wenn) a, dann b.

Hypothese, probabilistische
eine H., die sich in ihrer Aussage auf Beziehungen stützt, die nicht immer, sondern nur mit Wahrscheinlichkeit auftreten: Wenn a, dann *wahrscheinlich* b. →stochastische H., →statistische H.

Hypothese, reversible
der in der H. behauptete Zusammenhang ist umkehrbar: Wenn a, dann b; aber wenn b, dann auch a.

Hypothese, statistische
→probabilistische H.
→stochastische H.

Hypothese, stochastische
→probabilistische H.
→statistische H.

Hypothese, substituierbare
die in der H. behauptete Beziehung kann durch eine andere ersetzt werden: Wenn a, dann b; aber wenn c, dann auch b; also die →Variable a kann durch die Variable c ersetzt werden.

I

I

nach *G. H. Mead* entwickelt sich die →Identität eines →Individuums (→Selbst) durch →Interaktion, wobei zwei Elemente bedeutsam werden: das Me und das I. Während das Me die Vorstellung des Individuums davon beinhaltet, wie die Interaktionspartner es sehen und welche Erwartungen an es gerichtet werden, ist das I der persönliche Aspekt, der sich mit den Anforderungen des Me auseinandersetzt, die Erwartungen und Bilder der anderen mit sich selbst in Einklang zu bringen sucht.

Ich

ego (lat.)

1. das Selbstbild eines Menschen im Sinne von Autostereotyp;

2. das Selbstbild eines Menschen im Sinne von →Identität;

3. der handelnde Mensch als Subjekt, das intentional und bewußt tätig wird, das Organisationsprinzip, das die Handlungen steuert;

4. in der Persönlichkeit eines Menschen die innerste Schicht der Person, der Kern;

5. in der Psychoanalyse die Instanz der Person, die zwischen Es und →Über-Ich vermittelt, die versucht, eine Balance derart herzustellen, daß Triebe und deren soziale →Kontrolle ohne Beschädigung der Persönlichkeit möglich werden.

Ich-Identität

→Identität

in Psychoanalyse und →Sozialpsychologie gebrauchter Begriff, der als Ergebnis eines Prozesses der →Sozialisation den je spezifischen und individuellen Gleichgewichtszustand zwischen den eher personalen Erfahrungen und Charakteristika und den sozialen →Erwartungen und →Rollen, die von außen und ohne besondere Berücksichtigung der Individualität an den einzelnen herangetragen werden, darstellt. Eine gefestigte I.-I. ermöglicht einerseits reflektierte →Identifikation mit diesen, ohne die Individualität aufgeben zu müssen.

Ideal

Muster, Vorbild, Vollkommenheit

1. oft als Vorbildfunktion für Verhalten;

2. in der Soziologie oft als Bezeichnung für etwas von der Realität Abgehobenes, das in der Perfektion nicht erreicht werden kann.

Idealfaktoren

nach *M. Scheler* werden I. von Realfaktoren unterschieden. Erstere sind zeitlos gültige Bedingungen, letztere sind die in je konkreten historischen Situationen wirkenden. I. sind die Faktoren des →Überbaus, des →Bewußtseins, die z.B. als Religion, Wissenschaft oder Kunst unabhängig von den tatsächlich gesellschaftlichen Verhältnissen relevant sind.

Idealismus

1. im Alltag jede Orientierung des Verhaltens, der →Einstellungen und Vorstellungen an →Idealen, die als besonders wertvoll angesehen werden; manchmal auch mit einem belächelnden Unterton;

2. Bezeichnung für alle anderen theoretischen Grundpositionen, die sich nicht auf die Realität, das Materialistische beziehen;

3. im engeren Sinne jene theoretische Position, die sich letztlich auf Ideen gründet, d.h., diese Philosophie bezieht ihre Erkenntnis aus den Ideen. Das Beobachtete, Wahrgenommene ist nur durch die dahinterstehenden Ideen begreifbar: es gibt eine geistige Wirklichkeit.

Idealismus, erkenntnistheoretischer

diese philosophische Position geht davon aus, daß die Umwelt nicht an sich existiert, sondern daß sie nur erkannt und beschrieben werden kann auf der

Basis von Bewußtsein, Denkstrukturen und Interessen, d.h., durch das erkennende Subjekt werden die Gegenstände der Umwelt (mit)konstituiert.

Idealismus, formaler
→historischer I.

Idealismus, historischer
nach *I. Kant* sind die Phänomene der Realität eben nur Phänomene, Erscheinungen nicht jedoch die Tatsachen an sich, die Dinge selbst. →formaler I.; →transzendentaler I.

Idealismus, metaphysischer
eine philosophische Position, die davon ausgeht, daß die realen Dinge nur in der Idee existieren. Das reale Sein ist vom idealen zu trennen, obgleich beide aufeinander bezogen sind: das Reale wird durch das Ideale erst erkennbar.

Idealismus, transzendentaler
→historischer I.

Idealnorm

1. eine →Norm, deren Geltungsgrad, Wirkungsgrad und Sanktionsbereitschaft äußerst hoch sind. Geltungsgrad meint dabei, daß die Norm allgemein anerkannt und akzeptiert ist; Wirkungsgrad meint, daß man sich an die Norm im Verhalten hält. Beispiel: Mord;

2. eine →Norm, die eine bestimmte Verhaltensweise vorschreibt, deren exakte Einhaltung jedoch praktisch unmöglich ist.

Idealtypus

eine vor allem von *M. Weber* entwickelte Form zur begrifflichen Erfassung sozialer Phänomene, indem man durch Absehen von Zufälligkeiten und peripheren Merkmalen sowie durch Konzentration und einseitige Übersteigerung als wichtig angesehener Elemente zu einer Abstraktion gelangt, die als Hilfsmittel zur Theoriebildung dient (selbst aber noch keine Theorie ist). Im Vergleich zwischen I. und realen Phänomenen lassen sich die Besonderheiten herausarbeiten; der allgemeine Begriff erfährt eine Konkretion. Soweit in dem I. auch Vermutungen über Zusammenhänge, Relationen etc. enthalten sind, können sie zur →Erklärung der Phänomene herangezogen werden. Der I. ist einerseits eine →Methode der →verstehenden Soziologie, wie er aber andererseits auch in der allgemeinen →Methodologie für Begriffsdefinition und Modellbildung verwandt wird.

Ideation

1. der Weg, der zur Entwicklung und Entstehung einer →Idee führt;

2. der Prozeß von einem konkreten, realen Sachverhalt zu einer daraus abgeleiteten, durch →Abstraktion gewonnenen und allgemeineren →Idee;

3. in der →Phänomenologie die Spezifikation von 2.: Das Besondere an einem realen, zeitlich und räumlich eingegrenzten Sachverhalt wird aus der Begrenzung herausgehoben und zu einer zeitlosen, invariablen, von der Konkretion gelösten →Idee, die das Phänomen der Realität charakterisiert.

Idee

1. jeder geistige Gehalt von Gegenständen, der im Denken erscheint;

2. die Vorstellung von etwas noch zu Realisierendem; ein Plan, der noch umgesetzt werden muß;

3. alles Denken und Vorstellen, das nicht unmittelbar auf Sinneswahrnehmungen beruht.

Identifikation

Gleichsetzung, Wiedererkennen
→Identifizierung

1. allgemein das Wiedererkennen von Tatbeständen im Verlaufe des Erinnerns;

2. in der Psychoanalyse die Tatsache, daß ein Individuum sich in die Lage eines anderen Menschen versetzt, daß es so zu denken und zu handeln versucht, wie dieser. Diese →Bezugsperson ist meist unbewußt und aus starker emotionaler Abhängigkeit gewählt worden. Die Dauer der I. kann sehr unterschiedlich sein. →Ich-Identität;

3. in der Ökonometrie meint I., ob die empirisch festgestellte Konstellation

von intervenierenden →Variablen die in einem Modell angenommene →Struktur trifft, ob sich das Modell in der Realität identifizieren läßt;

4. (unbewußte) Übernahme von Verhaltenstendenzen und →Einstellungen anderer durch 2.

Identifikation, politische
die Selbstzuordnung eines Menschen zu einer politischen →Idee oder Partei, zu der er auch steht, weil deren Absichten und Vorstellungen den seinen entsprechen.

Identifikation, primäre
kindliche Form der I. in der Bedeutung von 2., die an der oralen Beziehung zur Mutter orientiert ist.

Identifikation, sekundäre
eher rationale, nicht libidinöse, in höherem Lebensalter erfolgende I. in der Bedeutung von 2.

Identifikationsgruppe
eine besondere →Bezugsgruppe, zu der man sich emotional und/oder rational hingezogen oder zugehörig fühlt. Man ist oder möchte Teil derselben sein.

Identität
Die elementarste Definition von Identität ist folgende: Identität ist das Gesamt der Antworten auf die Fragen: Wer bin ich? Wer sind wir? *Erikson* betont dabei die Erfahrung von Kontinuität, wie aus seiner Definition hervorgeht: „Identität ist das dauernde innere Sich-selbst-Gleichsein, die Kontinuität des Selbsterlebens eines Individuums" (1963). Identitätsbildung findet namentlich während der Pubertät und Adoleszenz statt.

Der Identitätsbegriff in der soziologischen Tradition. Die Grundlagen der soziologischen Theorien über Identität oder das Selbst finden wir in dem Gedankengut amerikanischer Autoren wie *G. H. Mead* (1863–1931), *C. H. Cooley* (1854–1929) und *W. I. Thomas* (1863–1947). Ihren Theorien über Identität (Self) ist die Idee gemeinsam, daß Identität auf Grund von Wirklichkeitsdefinitionen und Wirklichkeitskonstruktionen der an sozialen Interaktionen Beteiligten zustandekommt. Somit bringen sie im Begriff der Identität theoretisch →Individuum und Gesellschaft zueinander in Beziehung.

In seiner Kritik am →Behaviorismus geht *Mead* davon aus, daß Sinnerfahrung, Bewußtsein, Geist und Identität (Self) keine →a priori menschlichen Verhaltens sind, sondern Eigenschaften, die gerade durch soziale Interaktionen erzeugt werden und wieder auf sie zurückwirken. Das Selbst, die Ich-Identität, ist sowohl Ursache bzw. Auslöser sozialer Interaktionen als auch deren Folge bzw. Produkt.

Cooley hatte schon erkannt, daß die Selbst-Erfahrung über andere zustandekommt. Das Selbst ist ein soziales Selbst, ein looking-glass-self, womit er sagen will, daß das Individuum seine Identität den Vorstellungen entnimmt, die seiner Meinung nach andere von ihm haben. Das Individuum betrachtet sich selbst aus der Sicht der anderen.

Mead arbeitete diesen Standpunkt aus, indem er zwei Komponenten des Selbst unterschied: Erstens ein gesellschaftlich kulturell vorgebildetes Mich bzw. Mir. Dieser Teil vom Selbst (‚me,) verkörpert die →sozialen Rollen und die →Erwartungen der anderen an mich. Indem diese während Interaktionen internalisiert werden, entsteht der Teil der Identität, den man das soziale Selbst nennt. Bei der Bildung des sozialen Selbst durch Internalisierung ist das Sich-hineinversetzen-Können in die Rolle des anderen (taking the role of the other) von entscheidender Bedeutung. Der andere Teil des Selbst, der Individuen in den Stand setzt, aktiv Rollen zu internalisieren, und der Selbstreflexion ermöglicht, wird von *Mead* das spontane, aktive Selbst, das ‚I' genannt; dieser aktive Teil des Selbst ist Vorbedingung für Identifikation mit und Internalisierung von sozialen Rollen, aber er ermöglicht gleichzeitig kritische Distanzierung vom sozialen Selbst.

Der Identitätsbegriff im →symbolischen Interaktionismus. Die Auffassung, daß im Identitätsbegriff das Selbst und der Andere miteinander verknüpft sind, ist in der Theorie der symbolischen Interaktion fortgeführt und weiter ausgearbeitet worden. Einige Autoren (u.a. *Goffman, Becker*) haben sich vor allem in das ,me' oder das soziale Selbst vertieft und so einen Weg zu einer Verbindung zwischen dem symbolisch interaktionistischen Identitätsbegriff und der soziologischen →Rollentheorie eröffnet, die sich mehr einer →strukturell-funktionalen Betrachtungsweise der sozialen Wirklichkeit anschließt. Die ,I,-Komponente steht im Mittelpunkt der Arbeit von *Blumer* und ist in der der →phänomenologischen Soziologie von *Schütz* verwandten →Ethnomethodologie von *Garfinkel* und *Cicourel* weiter erforscht worden.

Identitätsbildung als Kennzeichen des Sozialisationsprozesses steht im Mittelpunkt der Arbeit von *P. L. Berger* und *T. Luckmann:* „The Social Construction of Reality" (1966). Das Ich-Bewußtsein oder Selbst entsteht während sozialer Interaktionen auf Grund von Rolleninternalisierung aus der Dialektik der Identifikation von anderen und der Eigenidentifikation. Dieser dialektische Prozeß, in dem objektiv erteilte und subjektiv angeeignete Identität miteinander verwoben werden, ist nach diesen Autoren eine Spezifizierung der allgemeinen Dialektik der Gesellschaft als subjektiver und objektiver Wirklichkeit.

Im Anschluß an *Eriksons* Definition umschreibt *Goffman* Identität als „the subjective sense of his own situation and his own continuity and character that an individual comes to obtain as a result of his various social experiences". Er unterscheidet dabei zwischen persönlicher und sozialer Identität. Persönliche Identität bezieht sich auf die Einmaligkeit eines jeden →Individuums, die mit seiner Biographie verbundenen Handlungsweisen und Interaktionen, früher und heute. Die soziale Identität umfaßt die Rollen und Rollenerwartungen, die das Individuum in aktuellen Interaktionen vorfindet. Beide Seiten der Identität konfrontieren das Individuum mit Erwartungen: es selbst zu sein und den sozialen Rollen zu entsprechen. Im Rollenspiel mit seinen vielen Techniken und Taktiken von Selbstdarstellung – *Goffman* verwendet dazu die Bühne als Metapher fürs alltägliche Interaktionsritual – halten sich persönliche und soziale Identität erfolgreich oder gerade nicht erfolgreich im Gleichgewicht. Durch die wachsende Komplexität von Interaktionen in der modernen Gesellschaft, so *Goffman,* gewinnt die Akzentuierung des Selbst an Bedeutung. Wegen der immer wechselnden sozialen Interaktionen spielen Menschen ihre Rollen oft in doppelter Hinsicht, indem sie sich in Interaktionen nicht völlig mit ihren Rollen identifizieren: Rollendistanz und Reflexion sind denn auch für die moderne Identität bezeichnend.

Indem er normale und anormale Interaktionen miteinander verglich, versuchte *Goffman,* die Erkenntnis über die Art und Weise, wie Menschen sich im →Alltagsleben erleben und darstellen, zu vergrößern. So erforschte er soziale Interaktionen von Individuen mit einer verletzten Identität (Stigma), zum Beispiel psychiatrische Patienten, deren Verhalten von der vorausgesetzten sozialen Identität abwich.

Der Theorie von *Goffman* verwandt ist die →Labeling-Theorie von *Becker* als eine Erklärung von →abweichendem Verhalten. Laut seiner Theorie spielen Wirklichkeitsdefinitionen im Prozeß der Identitätsbildung eine wichtige Rolle. Andere, Außenstehende, bezeichnen jemandes Verhalten als abweichend; diese →Etikettierung wirkt auf das Selbstbild und die soziale Identität der betreffenden Person ein, die sich dann diesem Etikett gemäß verhält. Auf diese Weise führt Etikettierung zu einer „self-fulfilling identity". Menschen haben in sozialen Beziehungen nicht ohne weiteres immer die richtige Einsicht in die Identität des anderen. Strategien von role-playing und role-taking in Interaktionen, die immer in einem größeren institutionellen Kontext stattfinden, führen zu einer Veränderung der Einsicht in die Identität des anderen. *Glaser* und *Strauss* sprechen in diesem Zusammenhang von dem Bewußtseinskontext sozialer Interaktionen. Darunter verstehen sie „the total combination of what each interactant in a situation knows about the identity of the other and his own identity in the eyes of the other".

Dadurch daß man Identität als Rollenidentität auffaßt, werden das Selbst und die →Sozialstruktur bzw. das Totalfeld institutionalisierter und organisierter Rollen – anstatt das Selbst und Interaktionen – zueinander in Beziehung gebracht. Rollenidentität verweist auf eine bestimmte Position oder einen bestimmten Status in einem →sozialen System. Autoren wie *Merton* (→Bezugsgruppentheorie), *Strijker, Turner* und *Rosenberg* kombinieren in ihrer Forschung den symbolisch interaktionistischen Identitätsbegriff mit Elementen der (strukturell-funktionalen) Rollentheorie. Viele Forschungen zur Bildung und Evaluation von Rollenidentität beziehen sich auf sexuelle, ethnische, professionelle und Gruppenidentität.

Kollektive Identität. Selbstbild und Selbsterfahrung sind stark mit dem Gruppenbewußtsein bzw. dem Wir-Gefühl verbunden. Die eigenen Gruppenwerte und Gruppennormen, die Rollenerwartungen und Rollenverpflichtungen geben den Gruppenmitgliedern ein kollektives Identitätsbewußtsein (dem Begriff „conscience collective" von *Durkheim* verwandt). Eine besondere Form von kollektiver Identität, auf Zusammengehörigkeitsgefühlen beruhend, entwickelte sich mit der Bildung nationaler Staaten (vgl. *Gellner*). Die nationale Identität umfaßt nicht nur ein Selbstbild, sondern meistens auch ein Bild des anderen, ein Feinbild. Ein starkes kollektives Identitätsbewußtsein kann sich als Ethnozentrismus, Diskriminierung, Intoleranz, selbstgesuchte Isolierung oder in der Form von Konflikten äußern. Kulturelle Merkmale, wie Bluts- und Stammesverwandtschaft, Religion, Sprache und eigene Geschichte, bestimmen die Bildung einer kollektiven Identität am stärksten.

Für moderne Gesellschaften ist es bezeichnend, daß die Ich-Identität stärker betont wird als die Wir-Identität. Nach *Elias* ändert sich das Gleichgewicht zwischen Ich- und Wir-Identität in einem langfristigen Verfahren infolge Veränderungen in den zwischenmenschlichen Beziehungen insbesondere auf eine höhere Integrationsebene zu. Besonders in Übergangssituationen stellt sich die Identitätsfrage, weil Gruppenbildung auf einer höheren Ebene ein noch ungenügendes Wir-Gefühl schafft, während das Wir-Gefühl der vorangegangenen Gruppenform bereits sehr abgeschwächt worden ist.

Anwendungsbereiche und aktuelle Forschungsthemen. Die soziologische Identitätstheorie hat zur Theoriebildung über Rollenverhalten, Sozialisation, abweichendes Verhalten, →Bezugsgruppen usw. beigetragen. Aktuelle Forschungsbereiche sind die Veränderung des Rollenverhaltens zwischen Mann und Frau, das Selbstbild und die Rollenidentität von Mann und Frau; Identitätsbildung und Emanzipationsbewegungen. Zum Minderheitenproblem in einer pluralistischen Gesellschaft gehört in zunehmendem Maße das Problem der Gruppenidentität ethnischer →Minderheiten. Weil infolge der wachsenden →Komplexität die persönliche und soziale Identität in einer pluralistischen Gesellschaft vielgestaltiger und unklarer geworden sind, haben sich die Chancen vergrößert, daß Unsicherheit und folglich Identitätsprobleme beim Individuum zunehmen.

Viel neuere Literatur handelt über Diagnose und Therapie individueller Identitätsprobleme (Identitätskrise und Identitätsverlust). Im Rahmen der internationalen Integrationsprozesse wächst das Interesse an der Frage der kulturellen Identität von Ländern und Bevölkerungsgruppen, die an diesen Prozessen beteiligt sind.

Lit.: G. H. Mead: Mind, Self and Society. Chicago 1934; *E. Erikson:* Childhood and Society. New York 1963 (1950); *E. Goffman,* The Presentation of Self in Everyday Life. Garden City/USA 1959; *B. Glaser* and *A. Strauss:* Awareness of Dying. Chicago 1965; *N. Elias:* Die Gesellschaft der Individuen. Kapitel 3: Wandlungen der Wir-Ich-Balance. 1987

Dr. *A. M. Bevers,*
Le Tilburg/Niederlande

Identitätsverlust

eine ursprünglich vorhandene →Identität geht verloren; das Selbstbild wird massiv gestört oder beschädigt. Ein I. tritt häufig bei gravierenden Veränderungen in den sozialen Bezügen auf: etwa ungewollte Scheidung, Verlust des Arbeitsplatzes, Scheitern bei akademischer Abschlußprüfung.

Ideologie

Der Begriff „Ideologie" wird in allen Abschattungen von individueller und kollektiver Selbsttäuschung bis hin zur Inszenierung von Herrschaftsinteressen gebraucht, die als „Allgemeininteresse" firmieren. Er oszilliert zwischen einer positiven (so bei *N. Luhmann, E. Lemberg* und in der marxistischen Philosophie), einer pejorativen (→Kritische Theorie, →Positivismus, →Neomarxismus u.a.) und einer wertneutralen Bedeutung (→Wissenssoziologie).

Kritik der Mythologie und der Religion. Das Ideologieproblem als systematische Fragestellung tauchte zu Anfang des 17. Jahrhunderts in England auf. *Francis Bacon* (1561–1626) wies als erster auf die Ideologiehaftigkeit des Denkens als einem der Vernunft schlechthin anhaftenden Merkmal hin. Für ihn ist der Mensch in jeder Gesellschaft bestimmten →Idolen ausgeliefert. Dem sei allein durch eine spezifische, d.h. empirisch fundierte, induktive Erkenntnismethode zu begegnen. *Bacons* Kampf gegen die Idole enthält bereits ein wesentliches Merkmal der späten →Gesellschaftskritik. Aus der Parteinahme für die wahre Erkenntnis entsteht der Kampf gegen religiöse →Vorurteile und schließlich gegen die pseudoreligiösen Interessen des geistlichen Standes.

Der europäischen Aufklärung bis hin zu *Marx* ging es vor allem darum, durch die Analyse der Ideologiequellen einer Überwindung der das Denken hemmenden Faktoren vorzuarbeiten, um so Vorurteile und Ideologien eliminieren zu können. Beruht die Wirkmächtigkeit von Vorurteilen darauf, daß der Mensch beherrscht wird vom Begehren *(Hobbes)*, von Imagination *(Lamettrie)*, →Interessen und Leidenschaften *(Condillac, Helvetius)*, so soll die Befreiung des Denkens von →Emotionen der →Vernunft die Möglichkeit geben, unbefangen die gesetzmäßigen Zusammenhänge in der äußeren und inneren Natur und die sozialen Prozesse zu begreifen, um dadurch ein ihnen gemäßes →Handeln zu ermöglichen. Leidenschaften gelte es weniger zu bekämpfen, als für geistige Tätigkeiten fruchtbar zu machen.

Das zentrale Thema der Enzyklopädisten *Holbach* (1723–1789) und *Helvetius* (1715–1771) war die Frage nach der Abhängigkeit der Ideen von gesellschaftlichen Umständen. Die französischen Aufklärer gehen dabei von einer kausalen und geradlinigen Abhängigkeit des Bewußtseins vom sozialen Sein aus. Der Mensch wird begriffen als das Produkt seiner sozialen und geistigen Umwelt, in der er sich jeweils vorfindet.

Das Werk der französischen Aufklärungsphilosophie gipfelt in dem Nachweis, daß jene die menschliche Vernunft störenden Vorurteile von den →Herrschaftsinteressen einiger Mächtiger erzeugt und befestigt werden, um so die

Erhaltung der bestehenden gesellschaftlichen Zustände zu garantieren (Priestertrugstheorie). Das Motiv zur Ideologiebildung gilt hier als ein primär psychisches: die Machtgelüste der Priester und Monarchen. Diese Theorie vom Priestertrug ist einer der wesentlichen Bestandteile der gegen das Ancien Regime gerichteten Ideologiekritik.

Die Aufklärungsphilosophie weist jedoch bereits ein Spannungsverhältnis im Ideologischen auf: Da ist zum einen die Ideologie, die ihrer →Funktion wegen gewollt wird, zum andern jedoch das nicht durchschaute mythische Denken.

Marx. In der Marxschen Ideologiekritik wird die vordem eher schematisch gebliebene Zuordnung von gesellschaftlichem Sein und Bewußtsein der vergesellschafteten Menschen ihres statischen und ahistorischen Charakters entkleidet. D.h., die objektive, gesellschaftlich bedingte Notwendigkeit ideologischer Bewußtseinsformen im Sinne des ‚gesellschaftlich notwendigen Scheins' bildet den Gegenstand dieser klassischen Form ideologiekritischer Analysen. Unter Ideologie begreift *Marx* (1818–1883) im wesentlichen zweierlei: Zum einen (vor allem in den Frühschriften) den von aller →Praxis losgelösten, metaphysischen Gedanken, der sich auch als „kritischen" verstehen kann; zum andern wird Ideologie als Ausdruck der Verselbständigung der Warenwelt in der kapitalistischen Gesellschaft („Versachlichung", →„Verdinglichung") und ihrer Auswirkungen auf das →Bewußtsein beschrieben, so daß Ideologie und falsches Bewußtsein identisch werden. Bezeichnet die erste Form Verselbständigungsphänomene des Denkens von der gesellschaftlichen Lebenspraxis, so ist die zweite an die ökonomische Struktur kapitalistischer Gesellschaften gebunden und erscheint als Kritik der politischen Ökonomie des Liberalismus. Doch auch die bürgerliche Gesellschaftsformation produziert neben dem falschen Bewußtsein als →Warenfetischismus noch Ideologien des ersten Typs. Da die Ideologiehaftigkeit des Denkens für *Marx* kein unabänderliches Merkmal der menschlichen Vernunft, sondern das Ergebnis der aus der →Klassenstruktur sich reproduzierenden →sozialen Widersprüche bildet, sind die entfremdeten Bewußtseinsformen der gesellschaftlich notwendige Schein, dessen das kapitalistische System auf einer bestimmten Entwicklungsstufe zu seinem Fortbestand bedarf. An dieser ideologischen Scheinwelt partizipieren Kapitalisten und Proletarier. Während die einen als personifiziertes Kapital und Exponenten der verdinglichten Warenwelt fungieren, stehen die anderen unter dem fortwährenden Druck entfremdeter Arbeitsbedingungen. Als ideologisch gilt *Marx* vor allem jenes Denken, dem die Fähigkeit zur Einsicht in den unauflöslichen Zusammenhang seiner eigenen Bewegungen mit denen der sozialen Kräfte abgeht. Das Gemeinsame an allen Formen der →Entfremdung, der ökonomischen wie der ideologischen, ist das Verschwinden des gesellschaftlichen Zusammenhangs der sich den Menschen gegenüber verselbständigenden Produkte ihrer eigenen Tätigkeit, weil die Individuen unabhängig voneinander produzieren. Damit gerinnen diese Produkte zu Naturformen, d.h. scheinbar schicksalhaften und damit unveränderbaren, dem Zutun der beteiligten Individuen entzogenen Phänomenen. Sind die ideologischen Formen des Bewußtseins somit die in Gedanken gefaßten herrschenden materiellen Verhältnisse („Bewußt-sein" im Sinne bewußt gewordenen gesellschaftlichen Seins), so besteht für die Ideologen der herrschenden →Klasse doch zugleich die Notwendigkeit, von ihrer Praxis in dem Sinne zu abstrahieren, daß die über sie hinaustreibenden gesellschaftlichen Antagonismen von Kapital und Arbeit (Revolution) verschleiert werden. Ideologie dient zur Absicherung des einmal Gewordenen gegenüber dem neu Werdenden. Sie drängt daher auf Verewigung historisch bedingter Machtverhältnisse.

Neomarxismus. Gegen die im →Vulgärmarxismus vorherrschende unterschiedslose Verdächtigung eines jeden Gedankens als bloßer Ideologie tritt die bedeutsame Rolle der menschlichen Aktivität in der geschichtlichen Entwicklung in den Blick. Gegenüber der Vorstellung, daß die →soziale Bewegung allein durch die Macht der massiven →Produktivkräfte und →Institutionen zustande komme, wird im 20. Jahrhundert die Rolle des ‚subjektiven Faktors' wiederentdeckt. →Klassenbewußtsein wird hier als das Resultat theoretischer und politischer Arbeit begriffen. Für die Neomarxisten (*Ernst Bloch, Georg Lukacs, Karl Korsch* u. a.) ist der Marxismus keine abgerundete Weltanschauung (wie noch für die Sozialdemokraten um die Jahrhundertwende), sondern selbst Teil der geschichtlichen Realität; seine Wahrheit könne nicht abstrakt behauptet werden, sondern müsse sich in der gesellschaftlichen Praxis bewähren. Sie sei ferner eine revolutionäre Lehre, die gerade im Bewußtsein die unerläßliche Voraussetzung für die praktischen Veränderungen der sozialen Lebensbedingungen erblickt.

Selbstkritik der Vernunft. Von *Arthur Schopenhauer* (1788–1860) und *Friedrich Nietzsche* (1844–1900) werden ideologiekritische Impulse der französischen Aufklärungsphilosophie wieder aufgenommen. *Schopenhauer* geht davon aus, daß der menschliche Intellekt, obzwar dem blinden ‚Willen zum Leben' entsprungen, sich prinzipiell doch aus dem Bann seines Ursprungs lösen könne. *Nietzsche* hingegen radikalisiert die Destruktion des traditionellen Wahrheitsbegriffs der Philosophie derart, daß dieser nur mehr als Instrument des ‚Willens zur Macht' erscheint. Für beide wie für die Derivationenlehre *Vilfredo Paretos* (1848–1923) gilt: Die Triebschicht (das Leben, der Drang, die Residuen usw.) wird zur entscheidenden Reduktionsbasis aller geistigen Regungen des Menschen. Besitzen bei *Nietzsche* die aus dem „Willen zur Macht" erwachsenden Ressentiments und „Wertschätzungen" noch eine historische Komponente, so bilden für *Pareto* die Residuen, aus denen die menschlichen →Handlungen und die ihnen korrespondieren Derivationen entspringen, relativ konstante Triebkonglomerate, die sich in den verschiedenen geschichtlichen Epochen kaum wandeln. Der instinktartig-alogische Kern des Menschen garantiert eine gewisse Gleichförmigkeit des →Verhaltens, die das Korrelat und zugleich die unerläßliche Bedingung der am naturwissenschaftlichen Wissenschaftsideal orientierten →Methodik *Paretos* darstellen.

Positivistische Ideologielehre. *Theodor Geiger* (1891–1952) hat *Paretos* Begriff der Derivation dahin erweitert, daß er darunter die theoretische Rechtfertigung affektiver und vitaler Engagements schlechthin faßt. Zugleich erhalten die Residuen den sozialpsychologisch bestimmten Charakter milieubedingter seelischer Dispositionen, die *Geiger* als „Mentalität" bezeichnet. Durch seine Forderung der →Wertfreiheit soziologischer Urteile kommt die seit Jahrzehnten geführte Werturteilsdiskussion in eine enge Beziehung zum Ideologieproblem. Weder die soziale →Wirklichkeit als solche noch die sich auf diese beziehende Bewußtseinsstruktur könnten Gegenstand ideologiekritischer Analysen sein. Vielmehr sei allein das wissenschaftliche Einzelurteil daraufhin zu befragen, ob und inwieweit es mit der empirisch erfaßten, raumzeitlichen Wirklichkeit übereinstimme. Für *Geiger* stellt die in den ideologischen Analysen vorliegende Vermengung von Wertideen und Sachaussagen ein Symptom der Befangenheit des urteilenden Individuums in außertheoretischen Faktoren dar. Sein Interesse gilt vorwiegend der Reinheit wissenschaftlicher →Theorie, die am Modell der traditionellen Logik gemessen wird.

Der →Neopositivismus knüpft an *Geigers* Unterscheidung von Sach- und Werturteil an. Die Beantwortung der Frage der Wissenschaftlichkeit bzw. Ideologiehaftigkeit erfolgt mittels des Wahrheitsbegriffs empirischer Wissenschaft. Werturteile sind demnach insofern unwissenschaftlich und ideologisch, als sie allgemeine Anerkennung beanspruchen. Kennzeichnend für den neopositivistischen Ideologiebegriff ist die Trennung von wissenschaftlichen Tatsachenerkenntnissen und politisch-weltanschaulichen Wertungen. Der empirisch-szientistischen Grundausrichtung entsprechend liegen Wertungen nicht im Bereich der Erkenntnissphäre, sondern sind irrationaler Natur, Ausdruck von Gefühlen, Stimmungen und des Wollens.

Kritische Theorie. Die Kritische Theorie, wie sie besonders von *Max Horkheimer* (1895–1973) und *Theodor W. Adorno* (1903–1969) formuliert wurde, kennt keine ontische Trennung von gesellschaftlicher Realität und ideologischem Überbau mehr. Vielmehr besitzt die gesellschaftliche Totalität, als welche die „verwaltete Welt" sich darstellt, eine Universalität und Durchschlagskraft, die eine solche Trennung obsolet werden läßt. Die Reproduktion der Gesellschaft vollzieht sich durch das Handeln und Denken der Individuen hindurch, so daß in der Gestalt des vorherrschenden Bewußtseins sich die Gesetzmäßigkeit der Gesellschaft nur verdoppelt, wodurch Ideologie sich im Funktionieren dieses Prozesses der Vermittlung von selber herstellt. Der Schein des Ideologischen wird vom System der Gesellschaft mitproduziert; die Individuen werden zu dessen Agenten. Ideologie ist der Kritischen Theorie zufolge alles das, was die reibungslose Anpassung an die herrschenden Strukturen der Gesellschaft befördert und Reflexion über die bestehenden Verhältnisse behindert. Die Ideen dieser Gesellschaft sind samt und sonders dieser Gesellschaft immanent, verweisen auf keinen anderen, sondern nur auf einen perfekteren Zustand. Daß die nahezu überall total werdende Lenkung aller individuellen Bereiche und die damit einhergehende Liquidierung alles dessen, was mit der wenn auch relativen →Autonomie des einzelnen zusammenhing, nicht ein Zufall, sondern Symptom eines Entwicklungsganges der industriell-technisch organisierten Gesellschaften selber ist, gehört zu den Axiomen der →Kritischen Theorie.

Lit.: Barth, H.: Wahrheit und Ideologie. Erlenbach, Zürich, Stuttgart 2. A. 1961; *Lenk, K.* (Hg.): Ideologie, Ideologiekritik und Wissenssoziologie, Frankfurt/M. 9. A. 1984; *Lieber, H. J.* (Hg.): Ideologie – Wissenschaft – Gesellschaft. Darmstadt 1986; *Ders.:* Ideologie. Eine historisch-systematische Einführung. Paderborn 1985; *Meja, V./Stehr, N.* (Hg.): Der Streit um die Wissenssoziologie. 2 Bde., Frankfurt/Main 1982; *Pelinka, A.* (Hg.): Ideologien im Bezugsfeld von Geschichte und Gesellschaft, Innsbruck 1981

Prof. Dr. *K. Lenk*, Erlangen

Ideologiefabrik

als I. werden diejenigen gesellschaftlichen →Institutionen und →Organisationen bezeichnet, die die Herrschaft stabilisierende und verschleiernde Vorstellungen und Überzeugungen produzieren und/oder verbreiten, die es dem einzelnen verunmöglichen, die Verhältnisse kritisch zu beleuchten.

Ideologiekritik

1. dient dem Zweck nachzuweisen, daß →Ideologie Herrschaftsverhältnisse stabilisiert; dieses aufzuzeigen und bewußt zu machen und die Ideologie als solche zu entlarven, also: Argumentation gegen Verdunkelungs- oder Immunisierungsstrategien;

2. im →Marxismus will I. die bürgerliche Ideologie als interessendeterminiert und falsch nachweisen und aufzeigen, daß sich das falsche →Bewußtsein unab-

dingbar aus der sozialen Lage der →Bourgeoisie ergibt.

ideologische Legitimität
eine Rechtfertigung von Tatsachen, Vorstellungen, Überzeugungen etc., die von den →Interessen des Rechtfertigers ökonomisch, politisch, religiös geprägt ist.

Idol
1. in Abhebung vom →Ideal eine Person, mit der man sich →identifiziert und der man in Überzeugungen und Handeln nacheifert;

2. manchmal negativ wertende Bezeichnung für 1., wenn das I. von vielen für nicht nachahmens- und erstrebenswert gehalten wird.

Illegitimität
darunter fallen jene Handlungen und Zustände, die gegen →Normen und →Werte einer Gesellschaft verstoßen, nicht aber gegen explizit formulierte →Gesetze.

Image
Bild, vorgestelltes Bild, Vorstellung
1. das I. umfaßt alle Vorstellungen, →Einstellungen, →Emotionen (Vorurteile), die ein oder mehrere Individuen in bezug auf irgendeinen Gegenstand entwickelt haben. Gegenstände können Personen, Verhalten, Einstellungen, →Rollen, Objekte usw. sein. Solche I. sind für das Handeln hilfreich, weil sie Generalisierungen enthalten, die das konkrete Handeln erleichtern;

2. bei *E. Goffman* das Selbstbild (Autostereotyp), das ein Handelnder von sich hat und das von den Handlungspartnern anerkannt wird.

Imitation
→Nachahmung

Immunisierung
unempfindlich machen
→Hypothesen oder →Theorien werden so formuliert (z.B. durch →ceteris-paribus-Bedingungen), daß sie (logisch und/oder empirisch) nicht widerlegt werden können. Die I. kann auch unabhängig von den konkreten Hypothesen durch übergeordnete →wissenschaftstheoretische Auffassungen z.B. im →Konstruktivismus der Psychologie oder dem Modell-Platonismus der Ökonomie erfolgen.

Imperialismus
Weltreich, Kaiserreich, Oberbefehl
1. bezeichnet die Politik einiger Großmächte, den Herrschaftsbereich durch die Kolonialisierung von weniger entwickelten Ländern zumeist in anderen Kontinenten auszuweiten. I. bezeichnet den Expansionsdrang;

2. mit I. wird die geschichtliche Epoche bezeichnet, in der der I. nach 1. besonders ausgeprägt war (Ende 19. Jahrhundert);

3. im →Marxismus jene Phase des →Kapitalismus, in der in Ländern mit dieser Gesellschaftsstruktur kein ausreichender Markt mehr vorgefunden wird und deshalb sich einerseits Monopole bilden und andererseits neue, ausländische Märkte (Kolonialisierung) gesucht werden. In diesem Zustand des Kapitalismus könnte dieser durch den →Sozialismus abgelöst werden.

Implementation
1. im Bereich der Politik meint I. die Einsetzung, Anwendung und Durchführung politischer Programme und/oder staatlicher Verordnungen und Gesetze, um bestimmte Zielsetzungen zu realisieren;

2. in der EDV bezeichnet I. die Installierung von Computerprogrammen an einem Rechner, so daß der Benutzer darauf zugreifen kann.

Imponiergehabe
Imponierhaltung, -gebaren; Eindruck machen
Begriff aus der →Ethologie für gestische, mimische, akustische, optische Verhaltensweisen oder Ausdrucksmerkmale, die das jeweilige Gegenüber besonders beeindrucken sollen, z.B. in die Flucht schlagen oder paarungsbereit machen. Während es im Tierreich dabei In-

stinkthandlungen sind, sind beim I. des Menschen bestenfalls noch Residuen davon erkennbar; zumeist sind es erlernte Verhaltensweisen.

incentives

1. Antriebe, Anreize; →Stimuli, die bestimmte Reaktionen hervorrufen sollen;

2. im engeren Sinne der Betriebsführung handelt es sich dabei um zusätzliche Anreize, die zu erhöhter Arbeitsleistung anspornen sollen. Heute werden neben Prämien oft größere Flugreisen als Preise ausgesetzt, wenn ein bestimmter Umsatz überschritten wird.

Indeterminismus

Nichtbestimmbarkeit, Unbestimmtheit, Nicht-Abgrenzbarkeit

1. in einem allgemeineren soziologischen Sinne die Auffassung, daß menschliches Handeln individuell-subjektivistisch ist und deshalb keine allgemeineren Gesetzmäßigkeiten zugrunde gelegt werden können;

2. in einem engeren soziologischen Sinne meint I., daß der Mensch in seinem Handeln prinzipiell sich von äußeren – z. B. situativen und normativen – Einflüssen und Bedingungen lösen kann und dieses nur von seinem freien Willen bestimmt wird.

Indexikalität

Begriff aus der →Ethnomethodologie, der die gegenseitige Beziehung zwischen den interpretierten Handlungen und den Mustern, die selbst durch die →Interpretation von Handlungen bestimmt werden, bezeichnet. Während in der herkömmlichen Soziologie Begriffe durch allgemeine Definitionen in ihren Vorstellungsinhalten festgeschrieben werden, ergibt sich der gemeinte →Sinn indexikalischer Ausdrücke aus dem Kontext, in dem sie gebraucht werden; sie beziehen sich nur auf konkrete Einzelerscheinungen und sind deshalb nicht generalisierbar. Jede Bedeutung ist kontextgebunden und jedes Zeichen ist Index eines umfassenderen Regelwerkes. Damit verweist jede Bedeutung reflexiv auf das Ganze und wird nur durch den Rekurs auf den symbolischen oder sozialen Kontext seiner Erscheinung verständlich.

Indifferenz

Gleichgültigkeit, Unentschiedenheit

wie einige Soziologen vermuten, sind moderne Industriegesellschaften dadurch gekennzeichnet, daß ihre Mitglieder – wegen der weitgehenden Differenziertheit und Unüberschaubarkeit – eine Mentalität zeigen und entwickeln, die durch mangelndes Engagement und Teilnahmslosigkeit bestimmt wird.

Indikator

→soziale Indikatoren

Anzeiger

direkt beobachtbare Phänomene (Repräsentanten oder Stellvertretergrößen), die es gestatten, begründet auf nicht unmittelbar wahrnehmbare Sachverhalte zu schließen. Z. B.: Berufsposition als I. für →Schicht; Anzahl der Verstöße gegen das StGB für kriminelle Belastung; Häufigkeit der Kontakte zu Kriminellen für Zugehörigkeit zu einer kriminellen →Subkultur. Wie besonders das letzte Beispiel deutlich macht, bemißt sich die Güte eines I. nach dessen →Gültigkeit (Validität), d. h. danach, ob er das mißt, was er messen soll. Problematisch ist dabei, daß die Gültigkeit von theoretischen Vorannahmen bestimmt wird, deren Richtigkeit nicht ohne weiteres erwiesen ist, und daß I. selektiv und unvollständig sein können. Komplexere →Variablen, Konstrukte und theoretische Begriffe können zumeist nicht über einen einzigen I. →operationalisiert werden, sondern mehrere I. werden zu einem Index zusammengefaßt.

Indikator, definitorischer

ergeben sich die I. aus den Vorstellungsinhalten des theoretischen Begriffs, so wie er definiert wurde, so handelt es sich um d. I., zumeist bei eindimensionalen →Variablen.

Indikator, korrelativer

bei mehrdimensionalen →Variablen lassen sich empirische Korrelationen zwischen diesen und anderen Variablen feststellen. Man wählt solche Variablen dann als I. für den eigentlich interessierenden Sachverhalt. Dabei repräsentieren die gewählten I. diesen nicht vollständig.

Indikator, schlußfolgender
das sind solche, bei deren Vorliegen auf Konstrukte oder theoretische Begriffe geschlossen wird, die sich selbst jeder Beobachtung entziehen.

Individualismus

1. eine Auffassung, die dem →Individuum und seinen Interessen und Bedürfnissen Vorrang vor denen der Gemeinschaft zugesteht;

2. in der Soziologie meint I., daß →soziales Handeln, Beziehungen, →Systeme, also das Soziale, keine eigene →Identität haben; die Existenz der →faits sociaux wird geleugnet.

Individualismus, methodologischer
präzisierte Form des →Individualismus (2.), die sich auf die →Methodologie bezieht: Aussagen über soziale Sachverhalte sind letztlich rückführbar auf Aussagen über →Individuen. Das individuelle Handeln (besser in diesem Kontext: Verhalten) läßt sich nicht aus sozialen Faktoren erklären; vielmehr ergibt sich das Soziale aus einzelnen, an Individuen bestimmbaren →Bedürfnissen, →Motiven und →Handlungen.

Individualität

1. Einzigartigkeit, Eigenartigkeit, persönliche Eigenart;

2. Persönlichkeit

Individualitätsmuster

spezifische, individuelle Verhaltensweisen, die aber gleichwohl generalisierbar oder typisierbar sind und die über das von der →Rolle erwartete Verhalten hinausgehen, quasi die individuelle Note des Rollenverhaltens, oft als Versuch der Rollendistanz.

Individualpsychologie

1. Teilgebiet der Psychologie, das individuelle Differenzen in →Individualmerkmalen untersucht;

2. in Abhebung von der →Sozialpsychologie geht die I. davon aus, daß menschliches Denken, Fühlen und Handeln von individual-psychischen Faktoren bestimmt wird und Erklärungen hierfür, die sich aus sozialen Strukturen ergeben, irrelevant sind;

3. in einem spezifischen Sinne die Bezeichnung nach *A. Adler;* bei einer psychoanalytischen Grundorientierung werden insbesondere die Prozesse der →Sozialisation in die I. einbezogen.

Individualsoziogramm

graphische Darstellung der Beziehungsstruktur eines →Individuums in einer Gruppe auf der Basis der →Soziometrie, wobei nur die erhaltenen und gegebenen Wahlen des Individuums, nicht jedoch die anderen Gewählten oder Wählenden, eingezeichnet werden.

Individuation

Individuisierung, Vereinzelung
während durch →Sozialisation die Gesellschaftsmitglieder an die gesellschaftlichen Verhältnisse angepaßt werden sollen (z. B. Erlernen von →Normen), ist I. das Gegenteil davon. I. bezeichnet den Prozeß, in dem ein →Individuum autonom, eigenverantwortlich, persönlich gefärbt und bewußt handelt, evtl. auch gegen die soziale Norm. I. meint also die reflektierte Distanz von gesellschaftlichem Druck und intendierte →Individualität.

Individuum

→Subjekt(-ivität)
das Unteilbare
der Mensch als Einzelwesen, das in seiner Existenz einmalig ist, eine Ganzheit darstellt und sich insoweit prinzipiell von allen anderen unterscheiden läßt, das aber nach soziologischer Auffassung durchaus durch seine Raum-Zeit-Bezogenheit auch sozial determiniert ist.

Individuum und Gesellschaft

Das →Individuum (lat.), das „Unteilbare“, hier: das menschliche Einzelwesen, lebt aufgrund seiner artspezifischen Besonderheiten in Gesellschaften. Erst innerhalb gesellschaftlicher Beziehungen kann es seine gattungsbedingten Defizite *(Gehlen)* absorbieren und „Menschsein“ realisieren. Das menschliche Individuum gilt als selbständiges, vernunftbegabtes und willensfähiges Wesen, das sich gegenüber anderen durch nennbare Merkmale unterscheidet.

Die →Soziologie geht heute im allgemeinen davon aus, daß es diese Merkmale nicht außerhalb der Eingebundenheit ständig wechselnder, aber auch stabiler gesellschaftlicher Beziehungen entfalten kann, wie andererseits das Individuum auf die konkreten gesellschaftlichen Beziehungen und ihren Wandel permanent einwirkt. Diese Auffassung steht im Gegensatz zur älteren Philosophie (Scholastik; Liberalismus; *Kant*),die – hierin Vorläuferin der Soziologie – das Individuum in einen Gegensatz zur →Gesellschaft stellte. Die Profanierung dieser These zum →Psychologismus sieht in der Einzelpersönlichkeit die „eigentliche“ Wirklichkeit und durch sie gesellschaftliche und historische Prozesse angetrieben. Die anthropologische Prämisse, die vom Menschen als einem Sozialwesen ausgeht, ist nicht gleichzusetzen mit der in Teilen der älteren Soziologie vertretenen Auffassung, individuelles Menschsein werde ausschließlich durch gesellschaftliche Bedingungen determiniert. Diese soziologistische Sichtweise war u. a. innerhalb evolutionistischer, sozialdarwinistischer und organizistischer Gesellschaftstheorien (*Gumplowicz; von Lilienfeld; Schäffle; Spencer* u. a.) seit der zweiten Hälfte des 19. Jahrhunderts vertreten worden. Ebenfalls war, unter Anlehnung oder Gleichsetzung menschlicher Gesellschaft an bzw. mit biologischen Organismen, das Einzelne stets als Teil des Ganzen angesehen worden, in dem Sinn, daß ein Teil ohne das Ganze nicht lebensfähig sei. Schließlich wurde und wird in der Nachfolge von *Marx* das Individuum ausschließlich bestimmt gesehen von den „materiellen Lebensverhältnissen“ in Gestalt der →Produktionsverhältnisse und des →„Überbaus“ als gesellschaftlichen Bedingungen, aus denen es kein Entrinnen gäbe. Diese Position hat eine gewisse Parallele in der These *Durkheims,* der von der Gegebenheit „sozialer Tatsachen“ ausgeht. Maßgeblich beeinflußt durch *Simmel* und *Max Weber,* hat die neuere Soziologie die Einseitigkeit jeweiliger Determinierungen aufgegeben und die „Wechselwirkungen“ zwischen Individuum und Gesellschaft als wesentlich und zum soziologischen Forschungsgegenstand erklärt. Für *M. Weber* ist →„soziales Handeln“ jenes Handeln des Individuums einschließlich des Unterlassens, welches am Handeln anderer Personen, Gruppen, Organisationen, Institutionen etc. sinnhaft orientiert ist. Hierauf haben sowohl die →strukturell-funktionale Systemtheorie und die →Rollentheorie als auch der →symbolische Interaktionismus teilweise aufgebaut. Der Strukturfunktionalismus (*Parsons* u. a.) sucht die gesellschaftlichen Strukturen aus der Wechselseitigkeit sozialen Handelns zu erklären. Darauf aufbauend sieht die Rollentheorie *(Linton; Dahrendorf)* das Individuum als Träger verschiedener gesellschaftlich vermittelter →Rollen. Der symbolische Interaktionismus definiert das Individuum als sozialaktive Persönlichkeit erst durch den Vollzug eines Prozesses des Erlernens von gesellschaftlich vermittelten Symbolen und Rollen *(G. H. Mead).* Individualität als scheinbare Losgelöstheit und vermeintliche Unabhängigkeit von der Masse und gesellschaftlichen Zwängen ist allein möglich auf dem Fundament gesellschaftlicher Eingebundenheit. Die mehr oder weniger weit gehende Unabhängigkeit von sozialen Vermittlungen und Zwängen, somit eine Befreiung hiervon, sieht sich im →Individualismus realisiert. Auf diesen Gedanken basierende philosophische Strömungen, ausgehend von der Antike über die Aufklärung und Renaissance bis zum Liberalismus der schottischen Moralphilosophie, waren Vorläufer und Voraussetzung bürgerlichen Rechtsdenkens, verfassungsrechtlich garantierter Gleichheit und damit Grundlage moderner, freiheitlicher Gesellschaften. Da die Eingebundenheit des Individuums in soziale Beziehungen in den traditionalen Gesellschaften regelmäßig zwingenden und unausweichlichen Charakter hatte, öffnete der Liberalismus ständische und autoritär bedingte Strukturen, freilich ohne damit die o.g. anthropologischen Prämissen außer Kraft zu setzen. Im Zug der Liberalisierung der Gesellschaften ist beim Übergang zur Moderne deshalb auch eine rückläufige Bedeutung „gemeinschaftlich" organisierter Strukturen feststellbar. Die Soziologie der Jahrhundertwendezeit in Deutschland hatte einen Gegensatz von →Gemeinschaft und Gesellschaft ermittelt und Gemeinschaft als die überschaubare, bezüglich ihrer Regeln unbedingt verbindliche Form von Sozialleben definiert, während Gesellschaft unüberschaubar, vom Zweck-Mittel-Denken beherrscht und von verbindlichen Regeln immer mehr gelöst ist *(Tönnies)*. Diese als durchaus problematisch erkannte, aber für zwangsläufig gehaltene Entwicklung wird auch in Frankreich gesehen und der Verlust verbindlicher Regelhaftigkeit als →Anomie und Gefahr für den einzelnen wie für die Gesellschaft bezeichnet *(Durkheim)*. Die Entwicklung zu immer stärkerer Individualisierung, gleichbedeutend mit vergrößerten persönlichen Entfaltungsmöglichkeiten, die das Phänomen der Wechselwirkung zwischen Individuum und Gesellschaft allerdings nicht aufheben, erfolgt analog zum Verschwinden traditionaler gesellschaftlicher Strukturen. Dies ist nach *Simmel* typisch für den Wandel zur Moderne. Dieser Prozeß ist keineswegs beendet, noch ist er konfliktfrei. Vielmehr setzt er sich in der jüngsten Gegenwart fort. Es läßt sich ein weiterer Rückzug hergebrachter kollektiver sozialer Bezüge, z.B. traditionaler →sozialer Klassen und →Schichten, →Familie u.a., feststellen, einhergehend mit einer Individualisierung von Lebensschicksalen und Chancen, was – auf der Negativseite – auch gleichbedeutend ist mit einer Zunahme von persönlich zu tragenden Risiken *(Beck)*.

Während das Verhältnis von Individuum und Gesellschaft in der früheren Soziologie als Zwang „sozialer Tatsachen" *(Durkheim)* definiert wurde, hat die spätere Soziologie – maßgeblich beeinflußt durch *Simmel* und *Max Weber* – die Einseitigkeit jeweiliger Determinierungen aufgegeben und die „Wechselwirkungen" *(Simmel)* zwischen Individuum und Gesellschaft als wesentlich erklärt. Doch während Makrotheorien (→Systemtheorien, →Rollentheorie u.a.) i.d.R. die Orientierung des Individuums an gesellschaftlich vermittelten Normen und Werten für substantiell halten, räumen Mikrotheorien (→Symbolischer Interaktionismus/Ethnomethodologie u.a.) der sinnfindenden (→Sinn) Gestaltungskraft des Individuums größeren Raum ein. Ungelöst sind seitens makrotheoretischer Ansätze die Fragen nach dem →Konfliktpotential von Interaktionsprozessen sowie nach dem Zusammenhang von Herrschaft und gesellschaftlich vermittelten Werten. Unentschieden ist schließlich der methodische Streit zwischen den Makro- und den Mikrotheoretikern. Welche Forschungsperspektive die ergibigere ist, jene der Mikroebene, die eine Untersuchung von Entscheidungsprozessen des Individuums als am Tausch interessierten, dabei nach Kosten und Nutzen Abwägenden, fokussiert (→Ration al Choice), oder jene der Makroebene, die Strukturen und Funktionen gesellschaftlicher Großgebilde (→Organisationen, Institutionen, →Klassen, Schichten) untersucht, füllt derzeit eine Debatte, die theoretischen Zugewinn erhoffen läßt.

Lit.: Beck, U.: Risikogesellschaft, Auf dem Weg in eine andere Moderne, 1986; *Durkheim, E.,* Über die Teilung der sozialen Arbeit, Frankfurt/Main 1988 (1893); *Etzioni, A.,* Die Entdeckung des Gemeinwesens, Stuttgart 1995; *Parsons, T.:* The Structure of Social Action, 1937; *Simmel, G.:* Soziologie, 1968 (1908); *Vanberg, V.,* Die zwei Soziologien, 1975; *Weber, M.:* Wirtschaft und Gesellschaft, Grundriß der Verstehenden Soziologie, 3 Bde., 1976 (1921)

Dr. *F. Thieme,* Bochum

Industrialisierung

bezeichnet den Wandel von einer agrarischen Gesellschaft zu einer Industriegesellschaft. Industrielle Produktion von nicht-agrarischen Gütern und deren Verteilung im England des 18. Jahrhunderts waren der Ursprung der I., deren Weiterentwicklung bis in unser Jahrhundert hineinreicht. Kennzeichnende Prozesse und Strukturen sind: kapitalistische Wirtschaftsordnung und Konkurrenz, von der statischen zur dynamischen Gesellschaft, Automation und Technologie, Wachstum und →Leistungsgesellschaft.

Industrialismus

bezeichnet eine relativ egalitäre, pluralistische Gesellschaftsstruktur mit vertikaler Mobilität, abnehmenden schichtspezifischen Differenzen, mit dem →Leistungsprinzip, gestiegenen Bildungschancen und wirtschaftlichem Wachstum, die sich aus der →Industrialisierung so entwickelt hat. Dabei wird im Sinne der →Konvergenztheorie davon ausgegangen, daß der I. relativ unabhängig von der konkreten Wirtschaftsform durch die technologischen und wirtschaftlichen Bedingungen für alle Gesellschaften mit dieser Entwicklung kennzeichnend ist.

industrial relations

Industriebeziehungen, industrielle Beziehungen

sie umfassen die Regelungen von strukturellen →Konflikten, die über den einzelnen Betrieb hinausreichen und die am Produktionsprozeß beteiligten →Gruppen betreffen. Insbesondere werden die Beziehungen zwischen Arbeitnehmern und Arbeitgebern vertraglich bestimmt (z.B. Lohnverhandlungen).

Industrie und Betrieb

1. Begriffe

1.1 Betrieb ist die räumliche, sachlich-technische, organisatorische und soziale Einheit zur Erstellung von Gütern und Dienstleistungen. Im Unterschied dazu ist Unternehmen die rechtliche und wirtschaftlich-finanzielle Einheit in einer Wirtschaftsordnung. Es ist zu beachten, daß ein Unternehmen mehrere räumlich getrennte Betriebe umfassen kann und daß es Betriebe gibt (z.B. Behördenverwaltungen), die nicht Teil von Unternehmen sind. Als räumliche Einheit ist Betrieb mit Arbeitsstätte gleichzusetzen (Ort, an dem ein Arbeitnehmer arbeitet im Arbeitsrecht; Zähleinheit der amtlichen Statistik). Als sachlich-technische Einheit umfaßt Betrieb die Betriebsmittel (z.B. Gebäude, Werkzeuge, Maschinen, Einrichtungen). Als organisatorische Einheit ist Betrieb die Kombination von Menschen, Betriebsmitteln, Rohstoffen, Energie und Informationen. Betrieb ist jedoch mehr als die →Organisation von Mensch und Mittel, er ist auch soziale Einheit. In diesem Falle treten die Aspekte Arbeitsteilung und Kooperation, formelle und informelle Organisation, Macht und Gegenmacht und Statusorganisation in den Vordergrund. Darüber hinaus ist der Betrieb Lebensraum von Menschen, die bei ihrer Arbeit beeinflußt, verändert, verletzt und geschädigt werden können, die ihrerseits Kenntnisse und Erfahrungen, Erwartungen, Bedürfnisse und Interpretationen einbringen und betriebliche Verhältnisse gestalten. Betrieb ist ein Ort der Austragung von Konflikten und Interessengegensätzen. Betriebliche Verhältnisse werden auch von der Betriebsumwelt beeinflußt. Interessenverbände wie Gewerkschaften und Arbeitgeberverbände wirken auf das betriebliche Geschehen ein und regeln

Industrie und Betrieb

durch Verträge (Tarifverträge) und Abkommen betriebliche Verhältnisse. Gewerkschaften haben eigene Organisationsformen der betrieblichen Interessenvertretung herausgebildet (z. B. gewerkschaftliche Vertrauenskörper). Der Staat wirkt direkt und indirekt auf den Betrieb ein: durch Gesetze und Verordnungen (z. B. Arbeitsstättenverordnung), durch staatliche und öffentlich-rechtliche Organisationen (z. B. Gewerbeaufsichtsämter, Berufsgenossenschaften), durch staatliche Förderung (z. B. durch das Programm Humanisierung des Arbeitslebens). Die betrieblichen Beziehungen von Arbeitgebern und Arbeitnehmern sind verfaßt, Konfliktaustragungen werden häufig institutionell geregelt. Das Betriebsverfassungsgesetz regelt z. B. die Rechte der Mitbestimmung, Mitwirkung und Anhörung von gewählten Interessenvertretungen der Arbeitnehmer (Betriebsrat) und Informationsrechte der Arbeitnehmer selbst.

1.2 Industrie im weitesten Sinne ist die gewerbliche Gewinnung von Rohstoffen sowie die mechanische Be- oder Verarbeitung von Rohstoffen und Halbfabrikaten in Fabriken. In der amtlichen Statistik der Bundesrepublik wird die Industrie gegliedert in: 1. Bergbau, 2. verarbeitende Industrie, 3. Energiewirtschaft, 4. Bauindustrie. Bedingt durch seine Entstehungsgeschichte und seinen aktuellen Gebrauch ist der Begriff unscharf. Deshalb ist es angezeigt, den jeweiligen Kontext zu berücksichtigen. Historisch gesehen entsteht Industrie im 19. Jahrhundert in Konkurrenz zur Manufaktur und als deren Weiterentwicklung. Bereits in der Manufakturproduktion entwickelten sich: Teilung und Zerlegung der Arbeit, Kombination verschiedener Handwerke, einheitliche Zeitdisziplin, Konzentration von Produktionskapital, Konzentration abhängiger Lohnarbeit, Trennung von Produktion und Reproduktion. In der Industrie setzte sich diese Entwicklung fort: durch Anwendung naturwissenschaftlicher Methoden auf die Entwicklung der Produktionsmittel und -verfahren und deren Zusammenfassung zu Maschinensystemen sowie durch Anwendung von „Methoden wissenschaftlicher Betriebsführung" *(Taylor)* auf die Organisation der Arbeit (z. B. Trennung von planender, steuernder und ausführender Arbeit), auf den Wirkungsgrad der Arbeit (z. B. durch Zeit- und Bewegungsstudium) und die Leistungserbringung (z. B. Arbeits- und Leistungsbewertung, Lohnanreiz). Folgen dieser Entwicklung sind Kapitalkonzentration, Ballung industrieller Betriebsstätten, Entstehen großer →Gruppen abhängiger Lohnarbeiter, Arbeitskämpfe und soziale Konflikte, Entstehen von Gewerkschaften und →sozialen Bewegungen, wachsender gesellschaftlicher Reichtum, aber auch wachsende Zerstörung der Natur. Industrie wird zum dominierenden Wirtschaftssektor der sogenannten →Industriegesellschaften. Die Methoden industrieller Produktionsweisen werden auch in anderen Wirtschaftssektoren angewandt. In diesem Sinne kann z. B. von einer Industrialisierung der Landwirtschaft gesprochen werden. In einer anderen Betrachtungsweise ist Industrie dominierender Wirtschaftssektor einer bestimmten Phase gesellschaftlicher Entwicklung. Die von *Fourastié* (1954) wesentlich beeinflußte Theorie des Wandels von der Industrie- zur Dienstleistungsgesellschaft unterscheidet drei Wirtschaftssektoren: Landwirtschaft, Industrie und Dienstleistungen. Sie unterstellt, daß alle sich modernisierenden Gesellschaften die gleichen Entwicklungsstadien durchlaufen: im ersten Stadium dominiert der landwirtschaftliche Sektor, im zweiten Stadium der industrielle und im dritten der Dienstleistungssektor. Nach dieser Interpretation befindet sich unsere Gesellschaft in der Phase des Übergangs von der industriellen zur Dienstleistungsgesellschaft.

1.3 Industriebetrieb ist die räumliche, sachlich-technische, organisatorische und soziale Einheit der Industrie. Industriebetriebe erzeugen Sachgüter im Unterschied zu Dienstleistungsbetrieben, die Informations- und Finanzleistungen sowie Verrichtungen anbieten. Die Abgrenzung zu Handwerksbetrieben ist nicht eindeutig. Sie kann nach institutionellen Kriterien erfolgen (Zugehörigkeit zur Handwerkskammer).

2. Betrieb als soziale Organisation
2.1 Die formelle Organisation des Betriebes umfaßt die Planung, Gestaltung und Regelung von Arbeitssystemen und kann mit den Begriffen Aufbau- und Ablauforganisation bzw. Arbeitsorganisation beschrieben werden. Aufbauorganisation ist die Zusammenfassung von Aufgabenkomplexen zu Stellen und die Strukturierung von Stellen nach Zuständigkeiten und Instanzen. Stelle grenzt als kleinste Einheit den Inhalt und Umfang der Aufgaben, die Kompetenzen und Pflichten und deren Spielraum ab. Dabei kann bei aller Formalität nicht darauf verzichtet werden, der Stellenbildung zumindest eine gedachte Person zugrunde zu legen. Die Über- und Unterordnung von Stellen nach Entscheidungs- und Weisungskompetenz wird als Hierarchie bezeichnet. Es lassen sich große oder geringe Hierarchietiefen unterscheiden. Stäbe sind unterstützende oder beratende Stellen ohne Weisungskompetenz. Die Aufbauorganisation kann nach verschiedenen Prinzipien strukturiert werden, z.B. als Funktionalorganisation (gleichartige Funktionen werden in Abteilungen zusammengefaßt), als Spartenorganisation (alle für ein Produkt oder eine Produktgruppe wichtigen Stellen werden zusammengefaßt) oder als Matrixorganisation (Entscheidungskompetenzen werden aufgespalten und auf mehrere Einheiten verteilt). Ablauforganisation ist die zeitliche (z.B. sequentielle oder parallele) und räumliche (z.B. zentrale oder dezentrale, lineare oder nesterförmige) Gliederung von Arbeitsprozessen. Die Gliederung kann orientiert sein an Verrichtungen oder Personen (z.B. Werkbankfertigung), am Fertigungsobjekt (z.B. Baustellenfertigung), an Funktionen oder Operationen (z.B. Werkstattfertigung) oder an Abläufen (z.B. Fließfertigung). Weitere Kombinationen und Mischformen können z.B. Inselfertigung (produktorientierte Zusammenfassung von Personen und Verrichtungen), Gruppenfertigung (funktionsorientierte Zusammenfassung von Personen und Verrichtungen) oder Zellenfertigung (Zusammenfassung mehrerer Verrichtungen) sein. Die arbeitsbezogene Integration von Aufbau- und Ablauforganisation wird in der Arbeitsorganisation vollzogen. Sie ist die Kombination von Menschen, Betriebsmitteln, Rohstoffen, Energie und Informationen zur Erfüllung von Arbeitsaufgaben. Grundeinheit der Arbeitsorganisation ist das Arbeitssystem. In ihm wirken Mensch und Arbeitsmittel mit der Eingabe (Rohstoffe, Energie, Information) unter Umwelteinflüssen zur Erfüllung einer Aufgabe zusammen. Die Arbeitsorganisation ist strukturiert durch große oder geringe Arbeitsteilung, Hierarchietiefe, Verkettung, Autonomie, durch Einzel- oder Gruppenarbeit, Ein- oder Mehrstellenarbeit.

2.2 Die informelle Organisation des Betriebes ist seit den →Hawthorne-Experimenten *(Roethlisberger, Dickson)* Thema der Organisationsdiskussion. Sie ist ein Netz persönlicher und sozialer Beziehungen, das nicht von der formellen Organisation festgelegt oder abhängig ist, eigenen Regeln folgt und eigene Strukturen entwickelt. Zum Verständnis informeller Organisationen muß von einem erweiterten Modell von Struktur, Prozeß und Regelung ausgegangen werden. Strukturen können spontan entstehen, sich schnell ändern und auflösen. Kommunikationsprozesse können nach permanent sich ändernden oder ohne feste Regeln ablaufen. Die schnelle Verbreitung von Gerüchten, die Ausbreitung eines spontanen Streiks lassen sich nur im Rahmen eines Wahrscheinlichkeitsmodells von Interaktion und Kommunikation erklären. Informelle Organisationen können Arbeitsgruppen, Statusgruppen und Cliquen als Basis haben und lassen sich insofern durch Gruppenverhalten und -normen erklären. Darüber hinaus bestehen vielfältige Beziehungen, deren Vernetzung durch betriebliche und außerbetriebliche Kommunikationen konstituiert ist. Informelle Organisationen können auch gegen betriebliche Herrschaft gerichtet sein und neben den formellen Interessenvertretungen Interessen zusammenfassen und mobilisieren.

3. Betrieb als Strategie
Das betriebsstrategische Konzept (*Altmann/Bechtle* 1971, *Bechtle* 1980) definiert Betrieb nicht nur als Organisation oder Institution, sondern als Prozeß permanenter Auseinandersetzung mit inneren und äußeren Bedingungen: Absatz- und Beschaffungsmärkte, Verfügbarkeit von Arbeitskräften und Techniken, staatliche Auflagen. In der kapitalistischen Wirtschaftsordnung geschieht dies unter den Voraussetzungen der Verwertungsinteressen des Einzelkapitals. Die Verfügungsgewalt über den Produktionsprozeß ist von strategischer Bedeutung. Sie kann eine größtmögliche Autonomie bei der Gestaltung der Produktionsprozesse gewährleisten sowie die Möglichkeit, externe und interne Abhängigkeiten zu beherrschen bzw. auf Veränderungen zu reagieren. Unter der Bedingung der Konkurrenz führt das zur permanenten Mobilisierung der Ressourcen und Veränderung der Strukturen. So können Nachfragedifferenzierungen und beschleunigte Produktinnovationen zu Strategien der Flexibilisierung von Technik und Organisation führen, die ihrerseits wiederum Auswirkungen auf den Einsatz und die Qualifikation von Arbeitskräften haben. Quantitative und qualitative Veränderung des Arbeitskräfteangebots und veränderte Ansprüche der Beschäftigten können ihrerseits zu Strategien der menschengerechteren Gestaltung von Organisation und Technik führen. Unter diesen Voraussetzungen ist „technischer Fortschritt" weder naturgesetzlicher Ablauf noch Verwirklichung eines allgemeinen Prinzips, sondern Resultat des Zusammenwirkens verschiedener Faktoren, gesteuert durch betriebliche Strategien.

Lit.: Bechtle, G.: Betrieb als Strategie. Vorarbeiten zu einem industriesoziologischen Konzept. Frankfurt/M. 1980; *Dahrendorf, R.:* Sozialstruktur des Betriebes. Wiesbaden 1959; *Grochla, E.:* Unternehmung und Betrieb, in: Handwörterbuch der Sozialwissenschaften. Stuttgart, Tübingen, Göttingen 1959; *Kern, H./Schumann, M.:* Das Ende der Arbeitsteilung. Rationalisierung in der industriellen Produktion. München 1984; *Miller, D. C./Form, W. H.:* Industrial Sociology. An Introduction to the Sociology of Work Relations. New York 1951

Prof. Dr. *W. Pöhler,* Bochum

Industriebürokratie
1. die bürokratisch organisierte Verwaltung eines Industriebetriebes;

2. die →Positionen und Tätigkeiten der Angestellten in einem Industriebetrieb oder einer Verwaltung, die von fortschreitender Technisierung der Büroarbeit betroffen sind. In der Bürokratie herrschen quasi industrielle Bedingungen.

Industriefeudalismus
bezeichnet den Sachverhalt, daß Industriebetriebe und Unternehmen durch eine entsprechende Sozialpolitik die Mitarbeiter so stark an sich binden, daß quasi feudale Verhältnisse existieren. Die Mitarbeiter sind z. B. durch Sozialwohnungen, zusätzliche betriebliche Altersversorgung, betriebliche Kredite etc. kaum mehr in der Lage, sich von dem Arbeitgeber zu lösen.

industrielle Reservearmee
aus dem →Marxismus stammender Begriff, der die Arbeiter bezeichnet, die

durch kapitalistische Wirtschaftsweise arbeitslos geworden, aber auf Arbeit angewiesen sind, dem Arbeitsmarkt zur Verfügung stehen und durch ihre Nachfrage nach Arbeit in Konkurrenz zu den beschäftigten Arbeitern treten, dadurch deren Chancen auf verbesserten Lohn reduzieren, weshalb diese über das notwendige Existenzminimum kaum hinauskommen. Als eine besondere i. R. werden oft die Frauen betrachtet.

industrielle Revolution
mit i. R. bezeichnet *A. Toynbee* all jene Prozesse und Veränderungen, die die agrarisch-feudalen und handwerklich organisierten Sozialstrukturen durch die →Industriegesellschaft abgelöst haben. Da die Veränderungen nicht kontinuierlich und langsam, sondern abrupt und schnell kamen, ist der →Begriff der Revolution angemessen. Die „Revolution" läßt sich aber gleichwohl in verschiedene Stufen einteilen, die durch einen dominanten Faktor zu charakterisieren sind: Zunächst war die Technik die Basis für die Entwicklung neuer Produktionsmethoden (Dampfmaschine, Webstuhl), die dann entsprechende sozialökonomische Auswirkungen zeitigte, die auch die gesamte gesellschaftliche Kultur veränderten (soziale Frage). Mitte des 20. Jahrhunderts setzt eine sog. 2. i. R. durch Automation, Computer, Roboter ein, deren Auswirkungen noch anhalten und deren Entwicklung noch weitergeht.

industriels
bei *C.-H. de St. Simon* der Gegensatz zur →Bourgeoisie; i. umfaßt alle, die an der gesellschaftlichen Produktion oder Verteilung von Gütern beteiligt sind.

Industriesoziologie
→Industrie und Betrieb
eine spezielle Soziologie, die sich in ihrem Gegenstand auf alle gesellschaftlichen Bedingungen, Relationen und Auswirkungen bezieht, die mit der Industrie, →Industrialisierung verbunden sind. Zunächst entstanden aus der kritischen Betrachtung der Konsequenzen industrieller Produktion, beschäftigt sie sich heute – je nach theoretischer Ausrichtung mit unterschiedlichen Prioritäten – auch mit allgemeineren Fragen Industrie–Gesellschaft, Industrie–Betrieb, Industrie–Wirtschaft.

Industrieverbandsprinzip
wichtiger Gestaltungs- und Ordnungsaspekt gewerkschaftlicher Arbeit: Die Arbeitnehmer werden nicht nach dem ausgeübten Beruf den einzelnen Gewerkschaften zugeteilt – was einerseits deren Vereinzelung zur Folge haben könnte und andererseits wie in Großbritannien dazu führt, daß eigentlich nicht betroffene Unternehmen bestreikt und lahmgelegt werden können –, sondern daß die Zugehörigkeit zu einem Unternehmen, das selbst einem Verband angehört, entscheidend für die Mitgliedschaft in einer Gewerkschaft ist. (So ist z. B. der Lackierer bei BMW nicht bei der IG Farben, sondern bei der IG Metall.)

Inferiorität
Unterlegenheit, Minderwertigkeit, untergeordnete →Position

Inferioritätskomplex
→Minderwertigkeitskomplex

Information
Unterrichtung, Belehrung, Anweisung, Nachricht

1. Kenntnisse, Wissen;

2. der Prozeß der Verbreitung, des Austauschs von Kenntnissen, Wissen, Nachrichten;

3. die – je nach theoretischen Voraussetzungen und Erkenntniszielen unterschiedlich bestimmbare – kleinste Einheit innerhalb des Prozesses der Verbreitung von Nachrichten, von Kommunikationsinhalten;

4. wählt man nach den theoretischen Interessen die kleinste Einheit zur Basis, so wird jedes Zeichen, jedes einzelne Symbol (z. B. O, +, :, A) zur I., soweit das Zeichen für Kommunikator und vor allem Kommunikant verstehbar ist;

5. gelegentlich wird als I. jedes empfangene Signal oder Zeichen verstanden, das von einem Rezipienten aufgenommen wird, gleichgültig ob es einen Kommunikator gibt und/oder der Rezipient das Zeichen deuten kann (z.B. ein Schriftzeichen in Hindi).

Information, abweichende
erreichen ein →Individuum I., die nicht seinen →Erwartungen oder Auffassungen entsprechen, so sind diese abweichend. Solche I. werden zumeist ungern wahrgenommen, abgewehrt, verdrängt oder umgedeutet. →discrepant i.

Information, äußere
von außen auf ein →System, eine Organisation, eine →Gruppe, eine Person herangetragene I. →externe I.

information, discrepant
→abweichende I.

Information, externe
→äußere I.

Information, innere
aus dem Inneren eines →Systems, einer →Gruppe, einer →Organisation, einer Person stammende I. →interne I.

information input
→Informationseingabe

Information, interne
→innere I.

information feed-back
Rückkoppelung einer I.

Information, gespeicherte
eine früher empfangene I., die auf irgendeinem Medium (Gehirn, Papier, Magnetband, Diskette etc.) gespeichert, verfügbar und abrufbar ist.

information output
→Informationsausgabe

information overload
→Informationsüberlastung, die dazu führt, daß nicht alle I. – wegen der mangelnden Kapazität – aufgenommen werden können.

information processing
→Informationsverarbeitung

Information, übertragene
die Menge an I., die den intendierten Empfänger erreicht.

Informationssystem
die Summe aller →Elemente und Strukturen in einer Gesellschaft, →Organisation oder →Gruppe, die sich mit der Sammlung und Verbreitung von →Information beschäftigen.

Informationstheorie
1. eine mathematisch ausgerichtete →Theorie, die sich mit den Regel- oder Gesetzmäßigkeiten der Nachrichtenformulierung und -übermittlung beschäftigt. Die Nachrichten enthalten unterscheidbare Elemente, die diese extra als verstehbare konstituieren, die →Information. Gegenstand der I. sind auch die →Codierung und die Übertragung von Informationen, die Informationskanäle, die Sender und Empfänger, um so einen optimalen →Informationsfluß, Informationsmenge und Informationsaufnahme garantieren zu können;

2. in Anwendung der I. auf Soziologie, Psychologie, Kommunikationswissenschaft wird der Gegenstandsbereich zunehmend erweitert um die Fragestellungen der Syntax (= Strukturen der Zeichensysteme), Semantik (= Bedeutung der Zeichen) und Pragmatik (= die intendierten sozialen Funktionen).

informell
alles Spontane und Ungeplante, wenig Organisierte und Normierte im Interpersonalen.

informelle Gruppen
solche →Gruppen, die in einer losen, ungeplanten, zwanglosen Beziehung zueinander stehen, die sich spontan entwickeln und weitgehend emotional-affektive →Bedürfnisse befriedigen. Zumeist entstehen sie neben →formellen Gruppen oder →Organisationen, überlagern diese und können sie auch gefährden. Ein Spezialfall von i. G. ist die →Clique.

informelle Sanktionen
→Sanktionen, die nicht von speziell mit der Bestrafung →abweichenden Verhaltens beauftragten Agenten (Polizei, Ge-

richt) ausgehen bzw. deren Verabreichung nicht ausdrücklich (wie z. B. in Schul- oder Betriebsordnungen) geregelt ist. Beispiel: Isolieren des Abweichers.

in-group
→Eigengruppe
→Wir-Gefühl

Initiation
meist durch spezifischen Brauch geregelte Aufnahme eines →Individuums in eine bestimmte soziale →Gruppe, ein →Kollektiv, einen →Stand, eine Altersgemeinschaft, eine Religion, einen Geheimbund etc. Der Brauch legt die Zeremonien fest, durch die der neue →Status erworben oder zuerkannt wird (z. B. Konfirmation, Beschneidung).

Initiationsriten
jene durch Brauch geregelte Zeremonien, durch welche die Übernahme eines neuen sozialen →Status als Mitglied einer spezifischen →Sozialkategorie erfolgt. →Ritual

Inkompatibilität
Unvereinbarkeit, Unverträglichkeit
im politischen →System das aus der Gewaltenteilung abgeleitete Prinzip der Unvereinbarkeit der Wahrnehmung zweier politischer Ämter in den unterschiedlichen staatlichen Gewalten (Legislative, Exekutive, Judikative), z. B. Richter und Parlamentsmitglied.

Inkonsistenz
Unbeständigkeit, Widersprüchlichkeit, Zusammenhanglosigkeit
→Konsistenz

Inkonsistenztheorien
→Konsistenztheorien

inmate-culture
bezeichnet jene Verhaltensmuster und -regeln, die sich typischerweise in totalen Institutionen (Gefängnis, Heim, Psychiatrische Anstalt) herauskristallisieren, weil der Kontakt zur Außenkultur fehlt bzw. minimiert ist. Sie unterscheiden sich von den üblicherweise praktizierten Verhaltensweisen und können so zur →Subkultur oder →Kontrakultur werden. →Insassenkultur

Innenleitung
→Innenlenkung

Innenlenkung
wenn sich soziales Handeln an den je individuellen, internalisierten Vorstellungen und Standards der Persönlichkeit, des Charakters ergeben, wenn also eigene Überzeugungen handlungsleitend werden und nicht die hinter den →Normen drohenden →Sanktionen das Verhalten bestimmen, dann liegt I. vor. Durch die →Sozialisation wird versucht, eine →Internalisierung der Normen derart herbeizuführen, daß man sie aus Überzeugung als gerecht und notwendig beurteilt, weshalb eine quasi automatische, unbewußte Normorientierung im Verhalten vorliegt. Das Gegenteil von I. ist →Außenlenkung. Die Begriffe stammen von *D. Riesman.*

innerweltliche Askese
→Askese

Innovation
Erneuerung, Einführung von etwas Neuem
1. neue technische, wissenschaftliche, ökonomische →Ideen werden eingeführt und erweisen sich den vorhandenen gegenüber als überlegen;

2. I. als →Norm verlangt nach permanenter Suche neuer Ideen, Erfindungen und Entwicklungen, um den Fortschritt voranzutreiben und gesellschaftliche (insbesondere ökonomische) Probleme lösen zu können.

Innovator
1. Personen, die durch →Innovation den technischen Fortschritt beflügeln, den →sozialen Wandel vorantreiben oder die Innovation selbst unterstützen und befördern;

2. jene Menschen, die in Anpassung an konfligierende situative Bedingungen neue Wege der Zielerreichung beschrei-

ten, die (noch) als illegitim angesehen werden. →Anomietheorie

input-output-Modell
eine komplexe theoretische Vorstellung, nach der soziale →Systeme, soweit sie offen sind, sich mit anderen Systemen oder allgemein der Umwelt austauschen. Informationen, Güter, Dienstleistungen wechseln die Systemgrenzen und verändern so permanent den Zustand der Systeme, soweit dies von diesen nicht normativ unterbunden wird.

Instinkt
allgemeine Bezeichnung für eine Vielzahl von Verhaltenstendenzen oder Handlungsdispositionen, die angeboren und nicht erlernt sind, die unbewußt ablaufen, jeweils artspezifisch sind, die sich als biologisch sinnvoll und zweckmäßig herausgebildet haben und die durch äußere Reize ausgelöst werden. Hierzu gehören z.B. Fluchtreaktionen, Unterwürfigkeitsgesten, Nestbau und Brutpflege. Für das menschliche Verhalten werden heute kaum noch I. zur Erklärung herangezogen; der Mensch ist ein (fast?) instinktloses Wesen.

Instinkt, kollektiver
nach *A. Smith* hat der Mensch einen natürlichen →Trieb zur →Innovation, der der Vereinfachung und Erleichterung menschlichen Lebens entspringt.

Instinktreduktion
nach *A. Gehlen* hat der Mensch im Verlaufe seiner Entwicklung viele angeborene Verhaltensformen verloren, die im Tierreich nach wie vor (z.T.) existent sind. So wird in der Regel der Artgenosse von Tötung verschont, was beim Menschen als hemmender →Instinkt weggefallen ist. Allerdings sind nach *Gehlen* noch Instinktresiduen beim Menschen vorhanden.

Institution
1. Begriffsbestimmung. I. ist eine soziale Einrichtung, die →soziales Handeln in Bereichen mit gesellschaftlicher Relevanz dauerhaft strukturiert, normativ regelt und über Sinn- und Wertbezüge legitimiert. Der Prozeß der Institutionalisierung, d.h. die Entstehung oder Schaffung einer I., entzieht einerseits dem individuellen Handeln ein Stück →Autonomie (Aspekt der Reglementierung), andererseits eröffnet er neue →Handlungsalternativen (Aspekt der soziokulturellen Innovation). Grundidee war und ist die begriffliche Fassung objektiver, soziokultureller, nicht auf „Natur" oder individuelle, psychische Merkmale reduzierbarer Einflüsse auf soziales →Verhalten (vs. →Reduktionismus). Die Begriffsbestimmung folgt dieser Grundidee und einem üblichen soziologischen Sprachgebrauch. Die Bedeutung ist ansonsten abhängig vom jeweiligen theoretischen Kontext. In Gesellschafts- und →Systemtheorien nehmen I. als strukturelle oder funktionale Elemente i.d.R. eine Schlüsselrolle ein. →Handlungs- und Interaktionstheorien beschreiben schon die Emergenz →sozialer Normen im Interaktionsprozeß als Institutionalisierung, womit jedes soziale Phänomen als I. im weitesten Sinne anzusehen ist. In beiden Fällen gehört I. zu den Grundbegriffen, die für den Gegenstandsbereich konstitutiv sind. Einen weniger zentralen Stellenwert erhalten I. als Effekt der Verfestigung von Verhaltensregelmäßigkeiten oder als Randbedingungen →rationalen Handelns in →Verhaltens- bzw. →Entscheidungstheorien. Der Begriff hat zudem Eingang in die Umgangssprache und andere Disziplinen gefunden, deren unterschiedliche Verwendung des Konzepts in die Soziologie zurückwirkt und Unklarheit stiftet.

2. Begriffselemente. Typische Begriffselemente (s.o.) sind: (a) Die *Relevanz* oder strategische Bedeutung der Funktion der I. Besonders hervorgehoben werden i.d.R.: die generative Reproduktion in Ehe und Familie; die Sozialisation im Erziehungssystem; die Güterversorgung durch die Wirtschaft; die innere und äußere Ordnung durch Politik

und Recht; die Sinn- und Wertorientierung über Deutungssysteme wie Wissenschaft und Religion („Basis-Institutionen") (Aspekt der Relevanz). (b) Ein geordneter Komplex sozialer Normen, der die Interpretation sozialer Situationen und Aktivitäten steuert, durch →soziale Kontrolle gegen →abweichendes Verhalten stabilisiert und der in unterschiedlichem Maße explizit formuliert und formalisiert wird. I. implizieren nicht notwendig (z. B. Umgangssitten, Eigentumsrecht) soziale Strukturen vom Typ der Gruppe, Organisation oder Assoziation und auch nicht den Gebrauch materieller Kulturgüter. Als Normenkomplexe sind I. nicht mit den konkreten Strukturen, Personen und Objekten gleichzusetzen, in denen sie realisiert werden (z. B. Gericht), oder mit den symbolischen Medien (z. B. Sprache, Schrift, Verhalten, materielle Kultur), mit deren Hilfe sie tradiert werden. Allerdings ist die Bedeutung von Normen abhängig von den konkreten Kontexten ihrer Anwendung, wodurch z. B. Veränderungen der →Sozialorganisation oder technologische Innovationen Einfluß auf den Sinn und die Funktion von I. haben. I. sind theoretische Begriffe; sie bezeichnen eine objektive Sinnstruktur, deren Existenz – analog den Regeln der Sprache – zunächst unabhängig davon unterstellt wird, ob ihre Normen den Akteuren jeweils bewußt sind. Verhaltenswirksam werden I. über die Internalisierung der Normen im →Sozialisationsprozeß. Die Begriffe spezifischer I. lassen i. d. R. historische sowie inter- und intrakulturelle Variationen zu (z. B. Familie). Zu unterscheiden ist auch die I. von ihren Anwendungsfällen (z. B. Ehe vs. Ehen). Hier kann differenziert werden zwischen institutiven Regeln, die die Existenzbedingungen festlegen (z. B. Heirat), konsequentiellen Regeln, die die Verpflichtungen und →Sanktionen spezifizieren (z. B. Treue), und terminativen Regeln, die die Auflösungsbestimmungen enthalten (z. B. Scheidung) (Aspekt der normativen Regelung).

(c) Der Bezug auf ein *Sinn- und Wertsystem,* durch den institutionalisiertes Handeln als richtig bzw. legitimiert erscheint. Der Aspekt legt die Unterscheidung von gewachsenen und geschaffenen *(Sumner)* oder primären und sekundären I. nahe. Als Normenkomplexe enthalten I. grundsätzlich einen Wertbezug. Auf der Ebene primärer Habitualisierungen oder Typisierungen von Handlungen oder im sozialen Wandel kann diese Legitimationsbasis implizit bleiben. Eine sekundäre →Legitimation durch den Bezug auf Sinn- und Wertsysteme wird erst notwendig, wenn die Sinnhaftigkeit der primären I. an selbstverständlicher Geltung verliert und eine explizite Formulierung der →Normen und ihrer Legitimationsbasis erforderlich wird *(Berger/Luckmann).* Ein Begriff der sekundären I., der eine solche explizite Legitimation voraussetzt, eignet sich besonders zur Beschreibung institutioneller Innovationsprozesse, d. h. wenn im sozialen Prozeß selbst in Frage steht, *ob* ein soziales Muster eine I. ist oder sein soll. In modernen Gesellschaften existiert zudem nicht nur *ein* Wertsystem, Legitimationen werden nach Bedarf geschaffen und beschafft, und die Legitimationsbasis besteht in der antizipierten Chance eines Konsens. I. werden deshalb besser über ihre Funktion verstanden, Prozesse der Konsensunterstellung und erfolgreicher Legitimationsbeschaffung zu strukturieren, als über einen inhaltlichen Bezug auf ein bestimmtes Wertsystem *(Luhmann)* (Aspekt der Legitimation).

(d) Die *Dauerhaftigkeit* oder relative Stabilität von I., d. h. ihre verläßliche (Re-)Produktion im Traditionszusammenhang. Sozialer Wandel vollzieht sich insbesondere als Wandel von und zwischen I. Die Stabilität der I. bzw. der Grad der Institutionalisierung spiegelt das investierte soziale und kulturelle „Kapital" *(Bourdieu).* Veränderungen sind aufwendig und folgenreich, weil I. als „Funktionssynthesen“ *(Schelsky)* anzusehen sind, d.h., sie regeln nicht nur einzelne Funktionen, sondern strukturieren multifunktionale Lebensvollzüge und sind abgestimmt mit anderen institutionellen Kontexten. Multifunktionale, wandlungsfähige Strukturen (z.B. Familie) werfen allerdings die Frage auf, ob sie oder nur ihre relativ stabilen Teilstrukturen (z.B. Ehe) als I. anzusehen sind (Aspekt der relativen Stabilität).

3. Begriffsgeschichte. Erste einflußreiche und systematische Verwendungen in der soziologischen Theorie findet der Begriff bei *Durkheim* und *Spencer.* Bei *Durkheim* stehen ontologisch-methodologische Fragen und das Problem sozialer Integration im Vordergrund. I. haben für ihn paradigmatischen Charakter für die objektive, nicht-reduzierbare Realität „sozialer Tatsachen“, so daß er die Soziologie als die Wissenschaft von den I. definiert. Über I. wird individuelles Handeln durch „kollektive Ideen“ reglementiert und soziale Integration im Gegensatz zur Anomie möglich. *Spencer* überträgt die →Evolutionstheorie von Darwin auf die Soziologie und betrachtet I. als die „Organe“ der Gesellschaft. Sie erfüllen zentrale Funktionen in der Befriedigung von „basic needs“ und gehen in die Definition des Gesellschaftsbegriffs ein („Basis-Institutionen“). In der amerikanischen Soziologie *(Cooley, Sumner)* und der →Kulturanthropologie *(Malinowski)* wird dieser Ansatz weiter differenziert über eine Hierarchie institutioneller Einbindungen und Überformungen der „basic needs“ in Brauchtum, Sitte, Moral und Recht einer Kultur und ihrer funktionalen Organisation. *Weber* steuert insbesondere den Aspekt der Legitimation bei, einen zentralen Stellenwert erhält der Begriff selbst in seiner →verstehenden Soziologie aber nicht. Mit *Freud* werden die Mechanismen der →Identifikation und →Internalisierung theoretisch verfügbar und damit die Verankerung der I. in der Persönlichkeit verständlich. Eine erste geschlossene Formulierung erfahren diese Ansätze in der →Systemtheorie von *Parsons,* wobei der Begriff der I. nicht mehr auf „basic needs“ der Individuen oder einen Gesellschaftsbegriff, sondern auf allgemeine Funktionserfordernisse sozialer Systeme bezogen wird. *Gehlen* steht für einen einflußreichen Versuch, die Institutionentheorie auf der Basis der Biologie und Kulturanthropologie weiterzuentwickeln und I. als kulturelles, funktionales Äquivalent zur Orientierungsleistung der Instinkte zu begreifen. Das Spannungsverhältnis von individueller Freiheit und institutioneller Ordnung durchzieht im übrigen die gesellschaftskritische Diskussion über den Begriff. Vertreter institutionstheoretischer Ansätze sahen sich immer wieder (zu Recht oder zu Unrecht) der Kritik ausgesetzt, konservative oder restaurative Gesellschaftstheorien zu entwerfen, den →sozialen Wandel nicht gebührend zu berücksichtigen und die autoritäre, repressive Funktion der I. gegenüber einem spontanen, rationalen oder sich emanzipierenden Subjekt zu übersehen (→kritische Theorie).

4. Neuere Entwicklungen. Seit *Durkheim* wird der Prozeß der Modernisierung als Prozeß der Individualisierung von Lebenslagen und -verläufen und der Rationalisierung sozialer Strukturen und kultureller Deutungssysteme beschrieben, d.h. auch als Prozeß der De-Institutionalisierung oder der Auflösung tradierter I. Die Schwierigkeiten dieser Entwicklungen für eine Theorie der I. spiegeln sich in den Problemverschiebungen in der Behandlung der Begriffselemente. Generell verlagert sich der Fokus von I. als Strukturen auf Prozesse der Institutionalisierung, insbesondere auf Sozialisationsprozesse und die institutionellen Aspekte des Lebenslaufs *(Kohli),* durch die individuelle Persönlichkeitssysteme zur Teilnahme an wechselnden Sozialsystemen und zur

(Re-)Konstruktion ihrer Biographie befähigt werden. An die Stelle der „Basis-Institutionen" tritt die Institutionalisierung der (Selbst-)Steuerung sozialer Systeme über Interaktionsmedien wie Geld, Macht, Wertbindungen oder Einfluß *(Parsons)*. Normenkomplexe werden wissenssoziologisch als pluralistische Konstruktionen sozialer Wirklichkeit thematisiert *(Berger/Luckmann)* und die kognitive Struktur normativen, speziell moralischen Handelns näher analysiert *(Kohlberg)*. Das Verhältnis von objektiver Sinnstruktur und subjektiver Kompetenz bzw. von Handlung als Strukturelement und als Ereignis ist insbesondere Thema der Kontroverse in der französischen Soziologie zwischen →Strukturalismus und →Phänomenologie.

„Rational-Choice"-Theorien versuchen, die Entstehung von I. in Entscheidungssituationen zu erklären, oder rekonstruieren *Durkheims* Ausgangsfrage nach den sozialen Voraussetzungen rationaler Verträge als Frage nach den institutionellen Bedingungen strategischer, kooperativer und kollektiver Entscheidungen *(Olson, Schelling, Elster)*. Tradierte Wertbezüge werden ersetzt durch Mechanismen der Konsens- und Legitimationsbeschaffung *(Luhmann)*. Die Produktion von Institutionen und die Rolle von Eliten in der institutionellen Innovation *(Eisenstadt)* werden Thema angesichts des Bedarfs an neuen, flexibleren I. in allen Bereichen (z.B. Ehe- und Familienrecht angesichts individualisierter Lebensverläufe; Eigentumsrecht bei wachsender Bedeutung der Kollektivgüter; institutioneller Rahmen der „Weltgesellschaft"; institutionalisierte Technikbewertung und Wissenschaftskontrolle; „institutionelle Ethik" in Bürokratien, ökologische Ethik). Schließlich wird in der Theorie selbstorganisatorischer und →autopoietischer Systeme der eindimensionale Zeitbegriff institutioneller Dauerhaftigkeit aufgegeben. Statt dessen werden Prozesse der (Re-)Produktion sozialer Strukturen auf hierarchischen Ebenen und in thematisch differenzierten Bereichen betrachtet, in denen Prozesse mit größeren Zeithorizonten relativ stabile, institutionelle Rahmenbedingungen für kurzfristigere Steuerungsprozesse setzen *(Giddens, Schülein)*. Dem „institutionalisierten Individualismus" *(Parsons)* entsprechen nicht nur steigende Anforderungen an die institutionellen Strukturen einer „Risikogesellschaft" *(Beck)*. Es entstehen offenbar auch neue Formen anomischer Orientierungsunsicherheit (z.B. ökologische Gefahren, Arbeitsmarktrisiken) und Bereiche der institutionellen Entmündigung (z.B. in Bürokratien und der professionalisierten, psychosozialen und medizinischen Versorgung) oder „totale Institutionen" *(Goffman)* wie Gefängnisse und Intensivstationen.

Lit.: P. L. Berger, T. Luckmann: Die gesellschaftliche Konstruktion der Wirklichkeit. Frankfurt/M. 1970; *T. Parsons:* Zur Theorie sozialer Systeme. Opladen 1976; *H. Schelsky* (Hg.): Zur Theorie der Institution. Düsseldorf 1970; *J. A. Schülein:* Theorie der Institution. Opladen 1987; *T. Voss:* Rationale Akteure und soziale Institutionen. München 1985

Prof. Dr. *R. Pieper,* Bamberg

Institutionalisierung

mit I. bezeichnet man den Prozeß der Verfestigung von regelmäßig praktizierten Verhaltensmustern, so daß diese generalisiert und typisiert werden können und als →habitualisierte Verhaltensweisen allgemein handlungsleitend werden. Die Auflösung solcher Verhaltensmuster – etwa im personalen und nicht-öffentlichen Bereich – heißt Entinstitutionalisierung.

Institutionalisierung, sekundäre

in Teilbereichen einer Gesellschaft entwickeln sich teilweise unterschiedliche Verhaltensmuster im Vergleich zur Gesamtgesellschaft, die von dieser zwar als abweichend deklariert, aber zugleich toleriert werden (z.B. Jugendkultur). Damit gelingt es, einerseits auf die Geltung der →Norm zu verweisen, andererseits durch die geübte Toleranz auch Loyalität und Solidarität mit dem übergeordneten System zu erzielen.

Institutionalismus

diese theoretische Richtung geht davon aus, daß der Mensch in seinem Verhalten weniger durch seine biologische Veranlagung als vielmehr von den sozialen →Institutionen geprägt wird, die auch seine →Einstellungen, sein Denken und Fühlen beeinflussen. Institutionen sind in diesem Ansatz zweckmäßige, durch →Evolution herauskristallisierte und nicht notwendigerweise moralisch begründete, aber erwartbare Verhaltensmuster, die sich in der Anpassung an die je konkreten Bedingungen entwickelt haben.

Institutionenlehre, politische

in der Behandlung der Sozialstruktur einer Gesellschaft oder allgemeiner in der Politikwissenschaft die Darstellung der durch die Verfassung legitimierten politischen →Institutionen (Regierung, Justizsystem etc.)

instrumental, instrumentell

zweckdienlich; als Mittel zum Zweck eingesetzt

in der Soziologie sind all jene Verhaltensweisen i., die der Erreichung eines vorgegebenen Zieles oder Zweckes dienen, im Gegensatz zu den expressiven Verhaltensweisen, denen die Zielorientierung fehlt, die nur unmittelbar ihre Gefühle und →Bedürfnisse ausdrücken wollen. Bei *T. Parsons* handelt es sich nur um ein Gegensatzpaar, das alternative Handlungsorientierungen charakterisiert.

Instrumentalismus

1. philosophischer Ansatz, der davon ausgeht, daß wissenschaftliche Erkenntnis lediglich als Mittel zum Zwecke der besseren Naturbeherrschung, der besseren Lebensgestaltung des Menschen dient;

2. erkenntnistheoretischer Ansatz, nach dem →Theorien und Begriffe keine Aussagen über die Realität an sich machen; sie werden erst dadurch zu brauchbaren Instrumenten, daß sie in praktisches Handeln umsetzbar, daß sie verwertbar werden;

3. als ein dominantes Element des Arbeiterbewußtseins bezeichnet I. die Tatsache, daß alle mit der konkreten Arbeit zusammenhängenden Aspekte aus der Perspektive der finanziellen Gratifikation (Lohnhöhe) betrachtet und bewertet werden. Die Arbeit ist Mittel zum Zweck; andere positive Funktionen werden kaum gesehen.

instrumentelle Arbeitsorientierung

→Instrumentalismus 3.

Integration

1. Einbeziehung, Eingliederung in ein übergeordnetes Ganzes;

2. Vervollständigung, (Wieder-)Herstellung einer Einheit;

3. die Eingliederung eines →Individuums in eine soziale →Gruppe bei gleichzeitiger Anerkennung als Mitglied;

4. bei →strukturfunktionalistischer oder →systemtheoretischer Betrachtung bezeichnet I. die Aufnahme eines Elementes in das System, so daß dieses zu einem wesentlichen Bestandteil wird, daß dieses konsensuell anerkannt und nicht →disfunktional empfunden wird, wenn seine →Position – vertikal und horizontal betrachtet – und seine →Funktionen definiert und allseits akzeptiert sind;

5. die mathematische Operation der Berechnung eines Integrals.

Integration, funktionale

wenn einzelne und verschiedene Elemente eines Systems so zusammenwirken, daß sie in gegenseitiger Ergänzung alle für das übergeordnete Ziel des Ganzen arbeiten, dann sind die Elemente funktional integriert.

Integration, normative

1. im Gegensatz zur faktischen I. ist diese nur gefordert;

2. wenn →Normen und →Werte eines sozialen Systems durch →Sozialisation vermittelt →internalisiert sind, dann liegt eine n. I. vor.

Integration, politische

1. der durch die Politik angestrebte Versuch, unterschiedliche gesellschaftliche Strömungen oder →Gruppen in das gesamtgesellschaftliche Gefüge einzubinden, Differenzen faktischer und normativer Art aufzuheben;

2. gezielte Kanalisierung unterschiedlicher gesellschaftlicher →Interessen, um gesellschaftliche Gegensätze zu verschleiern und den Zustand von →sozialer Ungleichheit zu erhalten.

Integration, soziale

durch die Zuweisung von →Positionen und →Funktionen in einem sozialen Gebilde sollen dessen Elemente aufeinanderbezogen, funktional aufeinander angewiesen sein und sich damit zu einem Ganzen konstituieren (Zusammengehörigkeitsgefühl, →Wir-Bewußtsein, Geschlossenheit, Solidarität, →Identifikation etc.).

Integrationsfunktion

jede Gesellschaft hat als soziales System die Aufgabe, →Positionen und →Funktionen, Ressourcen und Gratifikationen so zu verteilen, daß der Verteilungsprozeß und das Verteilungsergebnis mehrheitlich gebilligt und verteidigt wird. Wäre dies nicht der Fall, würde ein Kampf um die Verteilung einsetzen, der der I. zuwiderläuft.

Intellektualisierung

1. bezeichnet den feststellbaren Prozeß, daß zunehmend mehr Lebensbereiche einer intellektuellen, rationalen und wenig emotionalen Betrachtung unterzogen werden;

2. meint gelegentlich auch die Tendenz in fortgeschrittenen →Industriegesellschaften, das Bildungsniveau immer weiter zu steigern, weshalb der Akademikeranteil gestiegen ist;

3. im engeren Bereich der Soziologie das Phänomen, daß die komplexer gewordene Gesellschaft immer unüberschaubarer wird und deswegen nur noch „verwissenschaftlicht" betrachtet werden kann. Gesellschaftliche Mechanismen sind nicht mehr intuitiv-emotional zu begreifen, wie dies in kleinen →Gemeinschaften möglich war; jetzt ist Rationalität gefordert. Nicht mehr tradierte →Normen und Primärerfahrungen, sondern sachlich-abstrakte →Analyse und Orientierung sind hilfreich.

Intellektualismus

1. die theoretische Auffassung, daß die rationale Durchdringung und Erfassung der Phänomene Basis für die Erkenntnis ist;

2. kritische Bezeichnung für die Position, die bei der Erkenntnisgewinnung die menschlichen →Emotionen und Affekte, seine unbewußten Motive, die Triebe und Bedürfnisse vernachlässigt und sich auf den Rationalismus reduziert.

Intellektuelle

Künstler, Wissenschaftler, Schriftsteller, Publizisten etc.), also Personen, die neben ihrer meist akademischen Bildung sich dadurch auszeichnen, daß sie über ihren Beruf hinaus sich kritisch mit gesellschaftlichen Zuständen beschäftigen. Sozialkritik und kreative berufliche Tätigkeit sind die zwei zentralen Definitionselemente.

Intelligentia

1. manchmal synonym mit der →Sozialkategorie der →Intelligenz;

2. zumeist jedoch auf die Intelligenzschicht im zaristischen Rußland bezogen.

Intelligenz / Intellektuelle

Die Begriffe Intellektuelle und Intelligenz sind sehr jung und vieldeutig. Sie kamen auf, als sich die Deutung der Wirklichkeit im 18. Jh. von der geistigen Bevormundung durch die Religion loslöste und im Glauben an die Macht der menschlichen Ratio Natur, Gesellschaft und Geschichte auf eine innerweltliche

Ordnung zurückführte, auf deren Grundlage sie dann die Legitimation für die säkulare Neuordnung von Staat und Gesellschaft zu liefern beanspruchte. Seither haben sie sich in der Wissenschaft wie in der gebildeten Sprache durchgesetzt.

I. Der soziologische Gebrauch der beiden Begriffe

1. Vornehmlich in diesem älteren Sinn wird fortan der Begriff Intellektuelle innerhalb der politischen *(Michels, Aron)*, Wissens- *(Mannheim, Coser)* und Kultursoziologie *(v. Martin)* für die moderne Gesellschaft verwendet und dabei durch folgende Merkmale bestimmt: Stiftungen säkularer Weltbilder und Engagement für Gerechtigkeit und Wahrheit. 2. Erweitert steht er bei *M. Weber* für die Träger des aus innerer oder äußerer Not entstandenen Bedürfnisses, „die Welt als einen sinnvollen Kosmos" zu erfassen, und dient so in seiner Religionssoziologie zur Angabe der für die „Durchrationalisierung des Weltbildes und der Lebensführung" maßgeblichen, nach Schichtzugehörigkeit wie Erwerbstätigkeit gekennzeichneten Gruppen. In dieser Erweiterung auf religiöse Sinndeutungen und vormoderne Gesellschaften steht er im Zentrum neuerer Analysen sozialer Transformationsprozesse, wie sie vom Strukturfunktionalismus aus *Eisenstadt* an den Revolutionen der Achsenzeit entwickelte, und kommt er innerhalb der politischen Soziologie zur Anwendung in historisch-vergleichenden Arbeiten zu modernen Revolutionen *(Michels, Aron, Shils)*. Er dient ferner bei *Mannheim* zur Bestimmung der „Seinsgebundenheit" handlungsführender Weltbilder, erhält auch bei *Scheler* seinen systematischen Ort im Rahmen der Analyse der von „Realfaktoren" vorgegebenen Wirkungsmöglichkeiten „künstlicher Weltanschauungen" und nimmt innerhalb der Kultursoziologie eine zentrale Stelle bei historisch-vergleichenden Arbeiten zu säkularen Auslegungsinstanzen der Modernisierung *(Tenbruck)* ein. So gefaßt, bezieht sich der Begriff Intellektuelle auf sozialstrukturell freigesetzte, höchst heterogene Träger des Bedürfnisses, die Welt unter Beachtung der jeweils gültigen Evidenzkriterien als „sinnvollen" Kosmos zu ordnen und sie in Ritual und Kult, Kunstwerken und Musik sowie in Sprache und Schrift darzustellen und mitteilbar zu machen. 3. Rücken sie dabei als soziale Schichten oder Klasse ins Zentrum, so werden sie häufig, aber nicht einheitlich als Intelligenz thematisiert. Der Begriff Intelligenz erweitert sich häufig durch den Einschluß der produktiven Trägerschichten des technisch-organisatorischen Fachwissens. Zum großen Teil folgt er aus der umstrittenen Wahl äußerer, mehrdeutiger Indikatoren wie Bildungsabschluß und Berufsrolle (*Lipset*). Häufig wird er auch aufgrund bestimmter Annahmen über Aufbau und Schaffung der spezifischen Wissensformen vorgenommen. Im letzteren Fall wird er meist kontrovers begründet; mal stützt er sich auf die Gemeinsamkeit der Konstruktion jenseits unmittelbarer Erfahrungen liegender und symbolisierbarer Ordnungen (*Shils*), mal folgt er aus dem modernen „westlichen" Vorverständnis eines sowohl die Sinndeutung wie das Fachwissen erzeugenden Prozesses permanenter diskursiver Überprüfung *(Gouldner)*. 4. Gleichwohl bleibt dabei der fundamentale Unterschied zwischen Nutz- und Bedeutungswissen beachtet, und er findet sich meist in der Thematisierung der „Spannungen" wieder, die sich zwischen Sinndeutungen und formaler Rationalisierung aufzubauen pflegen. Es kommt dabei innerhalb der westlichen Soziologie zur Tendenz, die Intellektuellen zwar auf der Seite der „materialen Rationalität" (nach *M. Weber*) anzusiedeln, aber der Begriff ist dann selbst nicht immer frei vom ursprünglichen Selbstverständnis der sich seit dem 18. Jh. in diesem Begriff identifizierenden westeuropäischen (und später auch anderen) Gruppen. Anders wird diesem Unterschied innerhalb

Intelligenz / Intellektuelle

des Marxismus-Leninismus Rechnung getragen, wo sich die Stiftung von Weltbildern und die Entwicklung des Fachwissens unterschiedslos den Leistungen der durch Arbeitsteilung freigesetzten Intelligenz zugeordnet finden *(Assmann, Kuczynski)*.

II. Frühe Existenzbedingungen

Als soziale Schicht treten I. in der Regel überall da zuerst auf, wo deren mehr denn nur gelegentliche Freisetzung aufgrund eines gewissen Grades an Arbeitsteilung und heterogener Wissensverteilung sowie durch differenzierte Wissensbewertung garantiert ist. Wenn auch die Herausbildung früher berufsmäßiger Träger, vor allem des in geheimen Verbindungen organisierten Zauberers und in Kultgemeinschaften und Schulen tätigen Priesters *(Znaniecki)*, von soziokulturellen Voraussetzungen abhing, spielten die I.n ihrerseits nicht selten durch ihre Angebote neuartiger Weltbilder eine erhebliche Rolle beim Übergang kleiner ethnischer und territorialer Stammesverbände zu überlokal organisierten frühen Staaten von höherer sozialer Differenzierung. Diese neuen Ordnungen schufen einerseits größeren Bedarf an I.n und eröffneten ihnen zugleich Zugänge und Zuständigkeiten in teils überlokal tätigen, teils überlokal verbundenen Verwaltungskörpern. Dies sicherte andererseits den institutionellen Rahmen sowohl für die gedankliche und symbolische Neuordnung ehedem unbekannter, jenseits der Lokalgruppen eröffneter Erfahrungshorizonte als auch für von hier aus mögliche Umdeutungen der erweiterten Herrschaft und des in lokalen Untereinheiten geltenden Weltverständnisses *(Eisenstadt, Shils, Tenbruck)*. Diese Konstellationen hat die Soziologie, gestützt auf die Ergebnisse der historischen Kulturwissenschaften, unter dem Gesichtspunkt der Herausbildung der „Hochkulturen" *(Shils)*, der „Kulturen der Achsenzeit" *(Eisenstadt)*, der „Bildungsweltanschauungen" *(Scheler)* oder der „repräsentativen Kultur" *(Geiger)* für die frühen Existenzbedingungen der I.n als soziale Schichten in Anschlag gebracht. Gleichwohl ist es immer wieder zur Tendenz gekommen, einseitig nur auf die mit politischen Eliten verbundenen I.n zu achten. Davon ausgenommen sind auch nicht marxistisch-leninistische Ansätze, die zwar die Aufspaltung der I.n nach den Hauptklassen der jeweiligen Gesellschaftsformation in den Blick rücken, aber konsequenterweise die Bedeutung von herrschaftsfremden und -losen I.n für frühere Entwicklungsformen unterschätzen *(Kuczynski)*. Dieser Aspekt hat dagegen im Kontext der Religionssoziologie von *M. Weber* Beachtung gefunden. Es werden dabei die in den frühen Existenzformen angelegten Differenzierungen der I.n nach Nähe oder Distanz zur Herrschaft und nach Art und Intensität der (ihrerseits für Ausmaß und Richtung der späteren Rationalisierungen entscheidenden) „Spannungen zur Welt" vornehmlich als „Heteronomie" und „Heterodoxie" thematisiert *(Eisenstadt)*.

III. Die Herausbildung und Dynamik moderner I.nschichten

Die neuartigen Existenzgrundlagen moderner I.nschichten sind soziostrukturell wie ideengeschichtlich weitgehend geklärt, wenngleich eher bei den als „Zentren" *(Shils)* behandelten europäisch-westlichen Ursprungsstätten denn für die „Peripherien". Kultur- und wissenssoziologische Ansätze siedeln sie teils im Kontext der Säkularisierung und der mit ihr verbündeten neuzeitlichen Staatenbildung an *(Geiger, v. Martin, Tenbruck, Eisenstadt, Coser)*, teils in den Aufspaltungen der für das Deutungsmonopol zuständigen kirchlichen und religiösen Organisationen *(Mannheim)*. Ansätze innerhalb der politischen Soziologie untersuchen sie vornehmlich im Rahmen des – mit dem Aufkommen moderner kapitalistischer Wirtschaftsordnungen und mit der Gründung moderner Staaten – neu aufbrechenden Kampfes um die Ressourcenverteilung und politische Herrschaft *(Michels, Shils)*. Marxistisch-leninistische Ansätze ermitteln sie vornehmlich im Bündnis zwischen der – in der Renaissance lozierten – säkularen Wende der Wissenschaften und dem – zum Kampf gegen den Feudalismus bestimmten – Bürgertum.

Die aus dieser neuartigen Ausgangslage folgende Eigendynamik wird als innergesellschaftliche wie transnationale behandelt. Gleichwohl ist letztere erst spät ins Blickfeld gerückt. 1. Für die Zunahme der binnenstrukturellen Dynamik haben frühere Ansätze zwei Größen in Anschlag gebracht. Einerseits hat die politische Soziologie die mit der Los-von-Rom-Bewegung eingeleitete territorialstaatliche Besonderung innerhalb der universalistisch ausgerichteten I.nschichten hervorgehoben *(Michels)*. Andererseits hat die Kultursoziologie die mit dem aufgeklärten Absolutismus beginnende territorialstaatliche Institutionalisierung säkularer, untereinander relativ unorganisierter I.nschichten berücksichtigt *(Geiger)*. 2. Die parallel dazu verlaufende Differenzierung nach säkularen Sinndeutungen und praktischem Nutzwissen bildet den Gegenstand verschiedener Typologien. Diese zeigen jedoch die Tendenz, in Anlehnung an *M. Webers* Verständnis des „Intellektualismus" davon die Träger des Fachwissens auch da auszuschließen, wo sie sich bewußt in den Dienst säkular gedeuteter Ordnungen stellen *(v. Martin, Aron, Coser, Michels, Mannheim)*. 3. Die säkularen Sinndeutungen gewinnen infolge der Aufklärung an Eigendynamik. Die Schaffung der „öffentlichen Meinung" durch moderne Vereinsformen wie die politische Presse und die relativ geringe Organisation säkularer I.n untereinander wird vornehmlich unter dem Gesichtspunkt der Konkurrenz und der gegenseitigen Hervortreibung säkularer Sinndeutungen vor einem ständig erweiterten Publikum thematisiert *(Geiger, Coser, Tenbruck)*. Derselbe Aspekt bildet nun ein allgemeines Kriterium zur Kennzeichnung der gegenwärtigen „westlichen" I.n *(Gouldner)*. 4. Dabei ist der gleichzeitige Fortbestand der traditionell-religiösen I.n und deren Spannungen zu den säkularen I.n kaum für die weitere Dynamik in Anschlag gebracht worden. Wo diese Gemengenlagen und Überschichtungen jedoch beachtet und in ihrer Auswirkung bis zum „Weltanschauungskampf" *(Tenbruck)* verfolgt werden, dienen vornehmlich Spielarten des Positivismus zur Exemplifizierung *(Aron, Gouldner, Coser, Plé)*. 5. Die Ausweitung dieser Dynamik auf die Arbeiterbewegung und andere wirtschaftliche Interessensvertretungen einerseits und auf die politischen Massenparteien andererseits bildet nicht nur ein beherrschendes, zum Gegenstand der politischen Soziologie erhobenes Faktum des 19. Jahrhunderts *(Michels, Gramsci)*, sondern führt auch mit *Sorel* und *Pareto* in die Selbstkritik und -relativierung der modernen I.n, was wiederum auf dem Wege der Selbstreferenz bei *Michels* zur Begründung der politischen Soziologie, bei *Mannheim* zum Motiv seiner Wissenssoziologie und bei *Pareto* sogar zur Begründung der Sozialwissenschaften geführt hat. 6. Von den Letztgenannten wurden auch systematische Zugänge zur Analyse der I.n entwickelt. *Michels* behandelt die durch die Tendenz zur „Oligarchie" bedingte doppelte Spannung zwischen I.n und Funktionären einerseits und zwischen Organisationen und Masse andererseits. *Mannheim* zielt auf das Forum einer „freischwebenden Intelligenz" durch die bewußte Kontrolle der „Seinsgebundenheit". Und *Pareto* untersucht als „Derivation" das durch „istinti delle combinazioni" bedingte Streben der I.n nach einheitstiftenden Weltbildern (Compendio di Sociologia, § 158, Abs. 384).

IV. Transkulturelle Beziehungen und wandernde Zentren.

Neuen Anlaß zum Nachweis bestehender Interdependenzen von innergesellschaftlichen Dynamiken moderner I.nschichten und deren transnationalen Beziehungen haben die Entwicklungsländer gegeben. Dazu haben ferner das neue Interesse für die russische Intelligentsia, jüngste grenzenübergreifende Wanderungen moderner I.n, wiederholte Wellen der Vereinheitlichung ehemals nationaler Kulturen und *Gouldners* Thesen über die Herausbildung einer internationalen „Klasse" universalistisch ausgerichteter und durch die Kultur des kritischen Diskurses verbundener „westlicher" I.n geführt. Insbesondere kommt dabei das Konzept von „Zentrum und Peripherie" zur Anwendung *(Shils)*, doch verspricht es eine größere Verallgemeinerbarkeit und sozialhistorische Anwendbarkeit auf frühere Modernisierungsvorgänge von anderen und inzwischen abgelösten „Zentren" aus und eignet sich auch zur Analyse vormoderner und vorneuzeitlicher Prozesse kultureller Diffusion durch I.nschichten. Weitere Vertiefung verdienen künftig die infolge transkultureller Beziehungen und wandernder Zentren geschaffenen Konstellationen verschiedenartiger, miteinander um Geltung konkurrierender und Überschichtungsverhältnisse und Gemengenlagen bildender I.n, welche, lokal oder international orientiert, religiös oder säkular ausgerichtet, entfremdet oder integriert, jeweils spezifische „Spannungen" sowohl untereinander als auch zu sozialen Ordnungen wie Kulturen aufbauen können.

Lit.: T. Geiger: Aufgaben u. Stellung der Intelligenz in der Gesellschaft. Stuttgart 1949; *A. Gramsci:* Gli intellettuali e l'organizzazione della cultura. Roma 1971; *A. Gella* (Hg.): The Intelligentsia and the Intellectuals. London 1976; *A. W. Gouldner:* Die Intelligenz als neue Klasse. Frankfurt/M. 1980; *B. Plé:* Die „Welt" aus den Wissenschaften. Der Positivismus in Frankreich, England und Italien von 1848 bis ins zweite Jahrzehnt des 20. Jahrhunderts. Eine wissenssoziologische Studie. Stuttgart 1996; *E. Shils:* The Intellectuals and the Powers and other Essays. Chicago 1983; *F. H. Tenbruck:* Die kulturellen Grundlagen der Gesellschaf: der Fall der Moderne. Opladen 1989

PD Dr. Dr. *B. Plé,* Bayreuth

Intelligenztheorie

jene Gedankengebäude, die das Phänomen →Intelligenz zu beschreiben und zu erklären versuchen. Tatsächlich gibt es unterschiedliche Theorien, die auf unterschiedlichen Definitionen der Intelligenz beruhen. Allgemein geht es immer darum, die Fähigkeiten von Personen zu ermitteln, die sie zur Realisierung von Lern- und Denkaufgaben benötigen. Dabei kann Schnelligkeit und/oder Qualität der Aufgabenlösungen beurteilt werden (Speed- oder Niveautest). Die unterstellten theoretischen Modelle lassen sich im Prinzip in zwei Gruppen teilen: die einen gehen von einem Generalfaktor und einigen spezifischen Gruppenfaktoren aus *(Spearman)*, während die anderen mehrere relativ unabhängig voneinander existierende Primärfaktoren als konstitutiv für Intelligenz ansehen (*Thorndike* oder *Thurstone*). Als Faktoren werden genannt: Gedächtnis, Sprachvermögen, Rechenfähigkeit, räumliches Vorstellungsvermögen, Wahrnehmungsschnelligkeit und schließendes Denken. I. unterscheiden sich wieder danach, ob man glaubt, Intelligenz sei angeboren oder erlernt.

Intensivinterview

offene, nicht-standardisierte mündliche Befragung. Die →Interaktion zwischen Interviewer und Befragtem ist frei von Antwortvorgaben und einer festen Abfolge der Fragen, bestenfalls liegt ein Interviewerleitfaden vor. Mit dem I. will man sehr genaue, tiefe, umfassende Informationen erhalten. Dies setzt voraus, daß der Interviewer einerseits gewisse Vorkenntnisse zum zu erfragenden Gegenstand hat, daß er besonders geschult ist und daß der Befragte eine entsprechende Bereitschaft zur Mitarbeit hat und ein weitgehendes Verbalisierungsvermögen besitzt. Besonders wichtig ist ein Vertrauensverhältnis zwischen Interviewer und Interviewtem. Ein solches I. dient weniger der →Hypothesenprüfung als eher der Hypothesenfindung und der Beschreibung des Falles.

Intention

Absicht, Vorhaben

Intention, kommunikative
der Grund für die Aufnahme einer →Kommunikation, die mit ihr verbundene Absicht.

Intentionalismus

bezeichnet die durch die Phänomenologie vertretene →Theorie, die die →Intentionalität der geistigen Prozesse und des Erlebens annimmt.

Intentionalität

im Gegensatz zur →Verhaltenstheorie des →Behaviorismus betonen die →Handlungstheorien und die Phänomenologie die Zielgerichtetheit des Handelns. In der phänomenologischen Position *E. Husserls* meint I. die Objektbezogenheit des →Bewußtseins, das Gerichtetsein des Erlebens oder das Gerichtetsein auf einen Gegenstand.

Intentionalitätserwartung

in der Theorie der kommunikativen Kompetenz von *J. Habermas* angenommene Erwartung eines Kommunikationspartners, daß die Kommunikationsinhalte des anderen so gemeint sind, wie sie gesagt werden. Ohne diese prinzipielle Annahme, die natürlich im Einzelfall nicht zutreffen muß, wäre →Intersubjektivität nicht möglich.

Interaktiogramm

eine von *P. Atteslander* entwickelte Technik zur standardisierten und quantitativen Erfassung von →Interaktionen in betrieblichen Arbeitsgruppen. Im einzelnen werden Inhalt und Dauer, Reihenfolge und Häufigkeit der Interaktionen, die Interaktionspartner, die Zeit und der Ort festgehalten.

Interaktion

Wechselwirkung, Wechselbeziehung

1. soziologischer Grundbegriff für den Sachverhalt, daß sich →Individuen oder →Gruppen durch ihr aufeinander bezogenes Handeln gegenseitig beeinflussen. I. liegt dann vor, wenn ein Handelnder sich gezielt an den →Erwartungen des anderen orientiert, dessen situative Beurteilung antizipiert und diese wechselseitig erfolgt. →soziale I.

2. die →verhaltenstheoretische Position bezeichnet mit I. schlicht den Fall, daß das Verhalten, die Aktion des einen ein Verhalten als Reaktion bei dem anderen provoziert.

Interaktion, kulturelle
bezieht den Interaktionsbegriff auf die wechselseitige Beeinflussung von →Kulturen.

Interaktion, laterale
bezeichnet die I. zwischen Personen in einer vertikal-hierarchischen →Organisation, die auf der gleichen hierarchischen Ebene, also ohne Unterstellungsverhältnisse, erfolgen. Gegensatz: skalare I.

Interaktion, nicht zentrierte
bei *E. Goffman* jene I., die keinen vorher fixierten spezifischen Gegenstand zum Inhalt hat, bei der I.partner sich aufeinander beziehen, um die Erwartungen, die gegenseitigen Wahrnehmungen und die Personen kennenzulernen.

Interaktion, skalare
meint Handlungen zwischen Personen in einer →Organisation, zwischen denen es Unterstellungsverhältnisse gibt.

Interaktion, soziale
1. die gegenseitig aufeinander bezogenen Handlungen als →Kommunikationen zwischen Personen und/oder →Gruppen, die mit einem gemeinten →Sinn verbunden sind und die sich gegenseitig in ihren →Erwartungen und Handlungen beeinflussen;

2. im →Strukturfunktionalismus bei *T. Parsons* bezeichnet I. das aufeinander bezogene Handeln von Ego und Alter, das sich an den komplementären →Er-

wartungen orientiert. Dieses Handeln ist durch die definierten sozialen →Rollen determiniert und an den gemeinsamen →Normen des →Systems orientiert;

3. im →symbolischen Interaktionismus wird auf das Vorhandensein gemeinsamer →Symbole als Voraussetzung für I. abgestellt und betont, daß die Handelnden die denkbaren Reaktionen auf ihr Handeln antizipieren und ihr eigenes Handeln daran ausrichten.

Interaktion, statistische
in der Statistik jener Anteil der →Varianz, der sich nicht auf eine einzelne unabhängige →Variable zurückführen läßt, sondern sich aus der gemeinsamen Variation von zwei oder mehreren unabhängigen Variablen ergibt. →Varianzanalyse.

Interaktion, symbolische
Handlungen, die auf der Basis gemeinsamer →Symbole (mit gleicher Bedeutung), in wechselseitiger Orientierung an den gedachten Handlungen des Interaktionspartners erfolgen.

Interaktion, zentrierte
nach *E. Goffman* eine I., bei der vorher ein gemeinsames Thema, ein Gegenstand für die I. festgelegt wurde und alle Handlungen darauf ausgerichtet werden. Abweichungen davon werden →sanktioniert.

Interaktion, zirkuläre
eine →interdependente Beziehung zwischen Menschen, bei der ein Verhalten der einen Person eine spezifische Reaktion der anderen hervorruft, diese wieder das ursprüngliche Verhalten verstärkt, dieses dann wieder die Reaktion verstärkt usw.: ein gegenseitiger Aufschaukelungsprozeß.

Interaktionismus, symbolischer
→symbolische Interaktion

Interaktionsanalyse
ein standardisiertes Verfahren nach *R. F. Bales* zur Analyse von Interaktionsprozessen in →Kleingruppen. Dabei werden die →Interaktionen nach einem vorher festgelegten Kategorieschema beurteilt und im Zeitverlauf auf dem Erfassungsbogen festgehalten. Daraus lassen sich typische Interaktionsstrukturen für →Kleingruppen gewinnen.

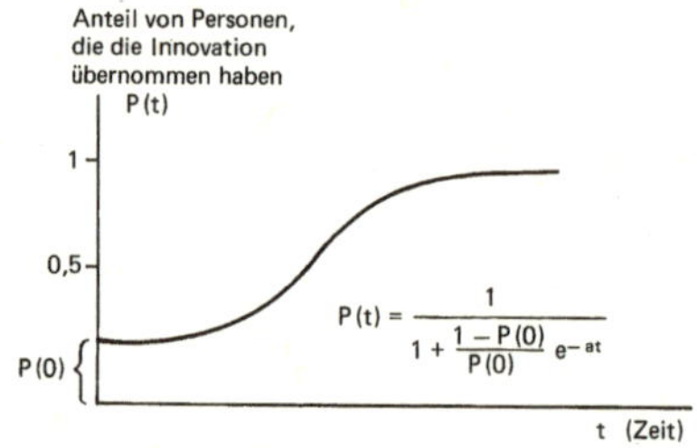

Interaktionsmedien
bei *T. Parsons* alle Mittel, wie Geld, Macht, Prestige, welche die →Interaktionen steuern und sichern.

Interaktionsmuster
1. die typischerweise in ähnlichen oder gleichen Situationen wiederkehrenden und allgemein praktizierten Verhaltensweisen;

2. spezifischer: die normativ geregelten, sanktionsbewehrten und erwartbaren Verhaltensweisen spezifischer Rollenträger in spezifischen Situationen.

Interaktionsritual
nach *E. Goffman* handelt es sich dabei um standardisierte und normativ geforderte Verhaltensweisen, die als Kompensation für frühere →Handlungen gedacht sind und gleichzeitig dazu dienen, den Handelnden zu entlasten. Typischerweise sind dies Entschuldigungen.

Interaktionssystem
wird durch die wechselseitig bezogenen Handlungen von zwei oder mehr Interaktionspartnern konstituiert, soweit eine gegenseitige Übereinstimmung in →Erwartungen und →Handlungen erzielt werden kann. Nur unter dieser Voraussetzung entsteht eine Ordnung, die stabil genug ist, um von einem →System sprechen zu können.

Interdependenz
wechselseitige Abhängigkeit, gegenseitige Beeinflussung, Wechselwirkung

Interdependenz, funktionale
die wechselseitigen Beziehungen von Elementen eines sozialen →Systems, die gegenseitig und füreinander spezifische Aufgaben erfüllen, →Funktionen wahrnehmen.

Interdependenz, soziale
nach *Th. Geiger* wird damit die Tatsache bezeichnet, daß Menschen als soziale Wesen aufeinander angewiesen und voneinander abhängig sind.

Interdependenzanalyse
→Dependenzanalyse

Interdisziplinarität
1. Bezogenheit auf mehrere Fächer. So bezieht sich z.B. →Viktimologie unter anderem auf →Kriminologie, Psychologie, Rechtswissenschaft, Soziologie; eine wissenschaftliche Disziplin wird durch andere konstituiert;

2. bei der Untersuchung eines sozialen Phänomens werden mehrere theoretische Ansätze oder verschiedene Wissenschaftsdisziplinen herangezogen, um dem Gegenstand eher gerecht werden zu können;

3. als normative Forderung; weil das Soziale so vielschichtig ist, müssen sich notwendigerweise verschiedene Wissenschaftsdisziplinen mit unterschiedlichen Perspektiven mit diesem Gegenstand beschäftigen.

Interesse
Aufmerksamkeit, geistige Anteilnahme, Neigung, Vorliebe
1. in der Psychologie bezeichnet I. allgemein die Tendenz, auf bestimmte Dinge besonders zu achten (selektive Wahrnehmung), ihnen eine gesteigerte Aufmerksamkeit zu widmen, große, emotionale Anteilnahme zu entwickeln und die mit ihnen bestehenden Zusammenhänge zu beobachten. Das I. wird durch →Einstellung und Erwartungen gesteuert, besteht also schon gedanklich, bevor es sich äußert;

2. mit I. werden in der Soziologie solche →Intentionen bezeichnet, die Personen oder →Gruppen entwickeln, um aus deren Realisierung Vorteile zu ziehen;

3. in einem eher makrosoziologischen Sinne bezeichnet I. das in einer →Sozialkategorie oder einem →Kollektiv gemeinsam geteilte und vorhandene Insgesamt an Vorstellungen zur konkreten Lebenssituation und -gestaltung, die auf der Basis gemeinsamer Bedürfnisstrukturen determiniert sind.

Interesse, erkenntnisleitendes
→Erkenntnisinteresse

Interesse, materielles
1. bezieht sich auf Lohn, Gehalt, Gewinn, ist also pekuniär orientiert; im →Marxismus als Gegenpol zum →moralischen I.;

2. im weiteren Sinne des →Marxismus ist m. I. alles, was sich als →Bedürfnis aus der materiellen Situation, also aus Arbeitssituation, Lebenslage, Klassenzugehörigkeit etc., ergibt.

Interesse, moralisches
im →Marxismus wird zwischen dem →materiellen I. und dem m. I. unterschieden; letzteres meint die Vorstellung, die menschlichen Beziehungen in sozialistischer Weise gestalten zu sollen.

Interessen, antagonistische
1. alle Triebe und Motivationen menschlichen Handelns, die sich gegensätzlich und unvereinbar gegenüberstehen;

2. spezieller im →Marxismus: die I. der Lohnarbeiter und der Besitzer der Produktionsmittel stehen sich unversöhnlich gegenüber.

Interessen, latente
solche I., die beabsichtigt, aber noch nicht artikuliert oder in Handeln umgesetzt sind. Gegenteil: →manifeste Interessen

Interessen, manifeste
I., die artikuliert sind und sich in konkreten Handlungen niedergeschlagen haben. Gegenteil: →latente Interessen.

Interessen, objektive
die tatsächlichen I. von Personen oder

→Gruppen, die diesen zugute kommen, aber von diesen nicht als solche erkannt und wahrgenommen werden.

Interessen, organisierte
wenn gemeinsame →Intentionen und →Bedürfnisse vorliegen und diese Personen sich zum Zwecke der Interessensverfolgung zusammenschließen, so sind dies o. I. und lassen sich in der Regel leichter realisieren.

Interessen, partikulare
im Gegensatz zu den I. der Allgemeinheit solche, die nur für Teile zutreffen und daher egoistisch sind.

Interessen, subjektive
jene I., die einerseits von Subjekten geäußert werden, die andererseits aber vordergründig und oberflächlich sind und den →objektiven I. zuwiderlaufen.

Interessenaggregierung
in den politischen Parteien werden teils unterschiedliche, teils gleiche →Interessen festgestellt, beschrieben und programmatisch aufgenommen.

Interessenartikulation
im Gegensatz zu →latenten Interessen jene, die mitgeteilt werden als →manifeste Interessen, damit bekannt sind, handlungsrelevant sind und eventuell durchgesetzt werden können.

Interessengruppe
→pressure group (engl.)
gesellschaftliche Teile, die sich organisiert haben, um ihre →partikularen Interessen gegenüber der Politik leichter durchsetzen zu können. →Interessenverbände

Interessengruppentheorie
dieser Ansatz beschreibt den Funktions- und Autonomieverlust des Parlaments durch die vielfältigen Verflechtungen und Abhängigkeiten der Abgeordneten mit und von →Interessengruppen, die ihren Einfluß auf die Politikgestaltung geltend machen.

Interessenkonflikt
I.e entstehen, wenn intra- oder interpersonal bzw. in oder zwischen →Gruppen widerstreitende →Interessen entstehen, die ausgetragen werden.

Interessenlage
das Insgesamt der →Interessen, die eine Person oder eine →Gruppe geltend machen.

Interessenpartikularismus
Einzelinteressen
Teilinteressen einzelner Gruppierungen, die unterschiedlich sind, treffen als widerstreitende aufeinander und werden als →Interessenkonflikt ausgetragen, ohne auf übergeordnete →Interessen Rücksicht zu nehmen.

Interessenverbände
→Interessengruppe
→pressure group

inter-Generationen-Mobilität
→soziale Mobilität

interindividuell
als i. werden →Variablen bezeichnet, die sich auf mehrere →Individuen beziehen, die also den Vergleich zwischen diesen ermöglichen.

interkultureller Vergleich
eine besonders in der →Ethnologie praktizierte →Methode, um Gemeinsamkeiten und Unterschiede verschiedener →Kulturen zu beschreiben und zu erklären.

Internalisierung
Prozeß, in dessen Verlauf eine Person →Einstellungen, →Werte, →Motive, →Normen und →Erwartungen anderer Personen (Eltern, Lehrer, Freunde etc.) bzw. über diese vermittelt gesellschaftliche →Verhaltensmuster übernimmt, die dann Bestandteil der eigenen →Persönlichkeit werden. Normen, Werte etc. werden verinnerlicht. Das Handeln richtet sich nicht an den für Abweichungen angedrohten →Sanktionen aus, sondern es ist →konform durch Überzeugung.

Interpenetration
gegenseitige Durchdringung
bezeichnet im →Strukturfunktionalismus die wechselseitige Durchdringung,

das gegenseitige Aufeinanderbezogensein einzelner Subsysteme in der Gesellschaft. So durchdringen sich die Subsysteme →Persönlichkeit, →Kultur, →Soziales gegenseitig, um letztlich das Handlungssystem zu bestimmen. I. ist Voraussetzung für →Institutionalisierung, →Lernen und →Internalisation.

interpretatives Paradigma
ein in Absetzung vom normativen Paradigma (das von objektiv gegebenen, uninterpretierten Verhältnissen ausgeht) entwickelter Ansatz, der im →symbolischen Interaktionismus, der →Phänomenologie und der →Ethnomethodologie, der →verstehenden Soziologie und in der qualitativen Sozialforschung zu Hause ist. Soziale Beziehungen sind interpretative Prozesse insoweit, als die Handelnden dem →Handeln einen →Sinn unterstellen und das Handeln seinem Sinn nach auf andere Handelnde bezogen ist. Handeln setzt daher die interpretative Rekonstruktion der im Handeln enthaltenen Interpretationen voraus.

inter-Rollen-Konflikt
das ist ein →Konflikt zwischen zwei oder mehr verschiedenen →Rollen einer Person, die mehrere →Positionen wahrnimmt, z.B. der Lehrer, der gleichzeitig Vater eines Schülers ist. Dieser Konflikt ist belastend und muß in irgendeiner Weise gelöst werden.

Intersubjektivität
gleiche Auffassung zwischen verschiedenen Personen
1. in der →empirischen Sozialforschung meint I. die Nachprüfbarkeit empirischer Ergebnisse unter gleichen Bedingungen, wobei die gleichen Ergebnisse auftreten sollten. Diese Forderung beinhaltet, Einflüsse des Forschers und des Erhebungsinstruments weitestgehend auszuschalten. Qualitative Sozialforscher betonen dagegen, daß die Involviertheit des Forschers eine notwendige Bedingung des Forschungsprozesses sei;

2. in der →Hermeneutik ist I. eine notwendige Voraussetzung für Verstehen (gemeinsame Kultur) und im Wesen der Untersuchungsobjekte liegend.

Interventionismus
1. die ökonomische Auffassung, wonach der Staat gestalterisch in die Wirtschaftsordnung einer Gesellschaft eingreifen soll, in Gegensatz zum →Liberalismus, der dies ablehnt. Solche Interventionen können dazu dienen, die Marktwirtschaft aufrechtzuerhalten oder in sie einzugreifen, um sozial unerwünschte Effekte zu verhindern;

2. die Zeit, beginnend etwa 1870 und reichend bis zum Ende des 2. Weltkrieges, in der nicht nur in Deutschland weitgehende staatliche Interventionen praktiziert wurden.

Interview
Befragung zumeist prominenter Personen in Rundfunk oder Fernsehen (Spezialfall der →Befragung)
1. sozialwissenschaftliche Forschungsmethode, bei der ein Interviewer (als Agent des Forschers) im direkten Kontakt mit einem zu Interviewenden (Probanden) Fragen stellt, um unter kontrollierten Bedingungen Informationen zu erhalten.

In der theoretischen Vorbereitung werden die Fragen als Operationalisierung der theoretischen Begriffe so formuliert und so angeordnet, daß der Zweck der Informationsgewinnung erreicht wird. Beim Interview lassen sich eine Vielzahl von Varianten unterscheiden:

Interview, analytisches
auf der Basis theoretischer Überlegungen, die mit dem I. einer empirischen Überprüfung zugeleitet werden sollen, wird das I. durchgeführt.

Interview, diagnostisches
hier dient das I. dazu, die individuelle Merkmalskombination bei dem Befragten zu ermitteln, um aus der Beschreibung eine Diagnose (durchaus auch klinisch gemeint) abzuleiten.

Interview, ermittelndes
der Befragte wird hier als Informant betrachtet; Zweck des I. ist es, an ent-

sprechende →Informationen zu gelangen.

Interview, fokussiertes
→zentriertes I.

Interview, freies
ein ohne jegliche Vorschriften hinsichtlich der Gestaltung durchzuführendes I.

Interview, gelenktes
es gibt einen Leitfaden für den Interviewer, der aber frei ist, die Fragen in eigener Formulierung und selbst gewählter Folge zu stellen.

Interview, halbstandardisiertes
es ist irgendwo auf dem Kontinuum zwischen standardisiertem und nicht standardisiertem angesiedelt; seine Lokalisierung ergibt sich erst anhand des konkreten Erhebungsinstrumentes; ähnlich dem →gelenkten I. oder Leitfaden.

Interview, hartes
dieser Begriff bezieht sich auf die Technik der Durchführung: Der Interviewer soll den Befragten herausfordern, Skepsis zeigen und so verhindern, daß gelogen wird oder Antworten verweigert werden („Verhörtechnik").

Interview, individuelles
hier ist auf die Interviewsituation abgestellt: i. I. bezeichnet ein mit einer einzelnen Person allein durchgeführtes I. →persönliches I. 1.

Interview, informatorisches
es dient schlicht der Erfassung der Informationen; es hat deskriptiven Charakter

Interview, klinisches
ähnlich dem Tiefeninterview mit dem Gegenstand, Ursachen für irgendwelche Erkrankungen (Alkohol, Drogen, Kriminalität) herauszufinden.

Interview, narratives
Form des Interviews, das darauf abzielt, den Befragten seine selbsterlebten Erfahrungen erzählen zu lassen, wobei es besonders auf die Erfassung seiner Relevanzgesichtspunkte ankommt. Der Interviewer soll dabei möglichst wenig, besonders in der Phase der Haupterzählung, eingreifen.

Interview, neutrales
die Technik der Vorgehensweise liegt zwischen hartem I. und weichem I. und ist die am häufigsten praktizierte, weil sie die wenigsten Verzerrungen verursacht; es ist sachlich und distanziert, freundlich und unpersönlich.

Interview, offenes
ein nicht-standardisiertes I., bei dem der Interviewer flexibel auf die Interviewsituation und die gegebenen Antworten reagiert und danach seine Fragen ausrichtet.

Interview, persönliches
1. ein I. mit nur einer einzigen Befragungsperson; →individuelles I.

2. ein I. von Angesicht zu Angesicht.

Interview, postalisches
Spezialfall der schriftlichen Befragung, wo der Fragebogen per Post zugestellt wird. Da der Interviewer fehlt, dürfte es eigentlich nicht I. heißen.

Interview, schriftliches
der Interviewer liest die Fragen vor, die aber zugleich auch dem Befragten zum Mitlesen vorliegen. Manchmal verwechselt mit der schriftlichen Befragung, bei der kein →Interviewer anwesend ist.

Interview, standardisiertes
eine mündliche →Befragung, bei der Frageformulierung und Abfolge der formulierten Fragen genau vorgeschrieben werden. Abweichungen durch den Interviewer sind nicht gestattet, weil mit der Standardisierung gleiche Situationen für alle angestrebt werden, um eine maximale Vergleichbarkeit zu erzielen.

Interview, strukturiertes
unglücklicher Begriff für →standardisiertes I., weil jedes I. irgendeine →Struktur aufweist.

Interview, telefonisches
als Medium der Informationsübertragung wird das Telefon eingesetzt; wird immer beliebter.

Interview, weiches
der Interviewer greift möglichst wenig in den Ablauf ein; die Situation wird

vornehmlich durch den Befragten bestimmt, Sympathie kennzeichnet das Vertrauensverhältnis zwischen beiden.

Interview, zentriertes
ein Spezialfall des halb-standardisierten I., bei dem der Leitfaden und besonders die zusätzlich gestellten Fragen in besonderer Weise das Augenmerk auf einen speziellen Gegenstand richten.

Interviewerkontrolle
ist notwendig, um verzerrende Einflüsse durch den Interviewer feststellen und teilweise oder ganz gefälschte →Interviews ausschließen bzw. um Ungenauigkeiten beim Interpretieren und Notieren der Antworten ermitteln zu können. Hierzu wurden verschiedene Techniken entwickelt, wie etwa →Korrelationsanalysen (die Antworten werden nach den Interviewern ausgezählt), Tölpeladressen, fiktive Adressen, Nachinterviews usw.

Intimgruppe
eine →Kleingruppe, in der die sozialen Beziehungen freiwillig (Freundschaft, Ehe) oder erzwungen (→Familie) besonders eng und vertraut, emotional begründet sind und eher personal als positional determiniert sind. Ähnlich zu →Primärgruppe.

intra-Generationen-Mobilität
→soziale Mobilität

intra-Rollen-Konflikt
widersprüchliche Erwartungen an ein und dieselbe →Rolle eines Rollenträgers durch verschiedene Interaktionspartner. Der Student erwartet vom Dozenten (vielleicht) Großzügigkeit, der Kollege erwartet die Einhaltung von Standards.

Intuition
1. eine Erkenntnis, die nicht durch gezielte rationale Reflexion nach langem Nachdenken über ein Phänomen eintritt, sondern unmittelbar und plötzlich da ist;

2. Eingebung, ein (vor)ahnendes Erfassen eines Sachverhalts, die Vorahnung eines Ereignisses;

3. in der →Phänomenologie die ganzheitliche und nicht analytisch differenzierte Erfassung eines Phänomens, das man unmittelbar auf sich einwirken läßt und gedanklich und/oder emotional zu durchdringen versucht, um so zu seinem Wesen vorzudringen.

invisible hand

unsichtbare Hand
nach *A. Smith* ist dies das Prinzip, daß individuelle, partikulare Interessen und →Bedürfnisse im wesentlichen mit den gesamtgesellschaftlichen →Normen und →Institutionen in Einklang stehen, daß sie sich gegenseitig – von einer unsichtbaren Hand gesteuert – aneinander anpassen.

Inzest

Inzucht
(unerlaubte) sexuelle Beziehungen zwischen anderen Mitgliedern der →Kernfamilie als dem Gattenpaar.

Inzesttabu

das soziale Verbot, heterosexuelle Beziehungen innerhalb einer näher definierten Verwandtschaftsgruppe aufzunehmen und zu unterhalten; zumeist auf die →Kernfamilie bezogen, also auf Verwandte 1. Grades. Gilt nicht generell für Blutsverwandte. Oft als Beispiel für die universelle Gültigkeit dieses Verbotes in der →Ethnologie gebraucht.

Das I. hat in der Psychoanalyse *S. Freuds* einen zentralen Stellenwert.

J

Janowitz-Modell

in seiner Studie über die „Schichtung und Mobilität in Westdeutschland" untersuchte *M. Janowitz* die →Intragenerationen- und →Intergenerationenmobilität berufsbezogen. Durch Erhebung der Berufsbezeichnung des Haushaltsvorstandes und deren →Klassifikation in entsprechende Kategorien kam er zu einer Schichteinteilung, deren Veränderungen von 1939–55 die berufliche →Mobilität darstellte.

Japan (Soziologie in –)

I. Geschichte

In Japan begann seit der Meiji-Restauration (1868) die Modernisierung des Landes. Um mit westlichen Mächten konkurrieren zu können und die Macht des Staates zu verstärken, wurden die westlichen Wissenschaften eingeführt. Auch die →Soziologie wurde sogleich neben Wirtschafts- und Rechtswissenschaft eingerichtet, und schon 1903 wurde an der Universität Tokio der erste Lehrstuhl für Soziologie errichtet.

Die Soziologie, die man in dieser Zeit rezipierte, war eine synthetische Soziologie, die mit Hilfe der Organismuslehre oder des sozialen →Evolutionismus die statischen und dynamischen Allgemeingesetze der Geschichte zu entdecken versuchte. Die Ideen von *A. Comte, L. Gumplowicz, T. Buckle, H. Spencer* wurden nacheinander durch Übersetzungen bekanntgemacht, wobei der Einfluß *Spencers* am größten wurde. Der Grund dafür, daß sich bei der Rezeption der Soziologie der Organismus- und der →darwinistische Ansatz besonderer Beliebtheit erfreuten, liegt darin, daß sie geeignet waren, das *Tenno*-System ideologisch zu rechtfertigen. Daher wurde der andere Ansatz der individualistisch orientierten →Industriegesellschaft der frühen westlichen Soziologie, zumindest in der akademischen Orthodoxie Japans, ignoriert.

Aber diese Tendenz in der Meiji-Zeit (1868–1912) wandelte sich in der Taisho-Zeit (1912–1926), als die demokratischen Tendenzen Aufschwung nahmen, in die →liberalistische, nach der reinen Wissenschaft strebende Richtung um. In dieser Zeit wurden die neuen Lehren von *F. Giddings* in den USA, *G. Tarde, E. Durkheim* in Frankreich und *G. Simmel, A. Vierkandt, L. v. Wiese* in Deutschland nacheinander eingeführt. Besonders einflußreich war die deutsche Soziologie, und an Stelle der synthetischen Soziologie setzte sich auch in Japan die →formale Soziologie durch, die als ein Sonderzweig die Formen der sozialen Wechselwirkungen psychologisch und individuell untersuchte. Daran orientierte sich die Theorie von *Yasuma Takada* (1883–1972), des hervorragendsten Soziologen in Japan. Indem er das Wesen der Gesellschaft als „gewolltes Zusammenleben" verstand, versuchte er die Formen der sozialen Bindungen und Beziehungen theoretisch zu fassen. *Takadas* Theorie der Gruppe, der Klasse, der sozialen Struktur und des sozialen Wandels war sehr genau und systematisch und übertraf das Niveau der damaligen westlichen Soziologie.

Aber *Takadas* große Leistung war eine Ausnahmeerscheinung. Im allgemeinen konnten sich die meisten Soziologen nicht über die bloße Übernahme der westlichen, vor allem deutschen Soziologie erheben. Und zwar führte man selbst das von *Takada* ausgelöste Interesse an der reinen Theorie nicht weiter. Doch die Zeiten änderten sich: Seit Beginn der *Showa*-Zeit (1926–1989) nahmen als Folge des wirtschaftlichen Tiefstands Armut und soziale Unruhen zu, was das Interesse für diese Realitäten verstärkte. Infolgedessen begann man, die Wirklichkeitsfremdheit der →formalen Soziologie stark zu kritisieren. Auf Grund der realistischen Strömung wurden einerseits die Lehren der deutschen

→Kultursoziologie eingeführt; andererseits fing die Kritik an der Soziologie auf der Basis des →Marxismus an, der seit den 1930er Jahren sehr großen, teilweise dominierenden Einfluß auf die japanischen Sozialwissenschaften ausübte.

Zugleich weckte diese Strömung auch die sich an der japanischen Wirklichkeit orientierenden →empirischen Forschungen über Bauerndörfer, Familie usw. Die Struktur der Dorfgemeinschaft wurde zum Hauptthema der empirischen Forschung in Japan. Denn Japan war damals noch ein Ackerbaustaat, und auch die zwischenmenschlichen Beziehungen in den Städten hatten ländlichen Charakter. In diesem Sinne zeigten die sozialen Beziehungen in den Bauerndörfern in typischer Weise die besonderen Merkmale der japanischen Gesellschaft. Aus diesen Forschungen über Bauerndörfer wurden die wichtigsten Ergebnisse, d. h. *Eitaro Suzukis* (1894–1966) Analyse der Dorfgemeinschaft und *Kizaemon Arigas* (1897–1979) Forschung der einsippigen Gruppen, in die japanische Soziologie eingebracht. Aber diese realistische Orientierung, ausgenommen die marxistische Kritik an der Soziologie, war wehrlos gegen die →Ideologie des Ultranationalismus oder eigentlich sogar verwandt damit. Als Folge davon wurde die Soziologie schließlich von den Wellen des immer mehr zum →Faschismus neigenden Militarismus verschlungen. Die Soziologie unter dem →Militarismus war nur eine Lehre über Staatskörper (kokutai), Volk und Rasse. Mangels schöpferischer Freiheit kam sie schließlich zum Stillstand.

II. Gegenwart

Die Niederlage im zweiten Weltkrieg und die daran anschließenden demokratischen Reformen befreiten die Wissenschaftler von der Ideologie des *Tenno*-Systems und brachten die überwältigenden Einflüsse der amerikanischen Kultur. Alle Soziologen schrieben nun die →Demokratie auf ihre Fahne, und nunmehr wurde das Vorbild in der US-amerikanischen anstatt in der deutschen Soziologie gesucht. Durch die Reform des Hochschulwesens nach 1945 nahm die Zahl der Universitäten erheblich zu, und dadurch auch die Zahl der Soziologen.

(1) Empirische Forschung

Die bedeutendste Tendenz der japanischen Soziologie nach dem zweiten Weltkrieg liegt darin, daß die empirische Forschung einen sprunghaften Aufschwung erlebte, der durch den Einfluß der amerikanischen Soziologie ausgelöst wurde. Viele Forscher übten nämlich Kritik an dem Übermaß an Spekulation vor dem Krieg aus und betonten die Wichtigkeit der empirischen Forschung.

Die Forschung über Bauerndörfer wurde auch nach dem Krieg fortgesetzt. Besonders das Thema der einsippigen Gruppe, als wesentlicher Grundzug der sozialen Beziehung im →Dorf, wurde zum Gegenstand lebhafter Diskussionen, und zwar wurde diese Forschung auch auf die Analyse der allgemeinen sozialen Beziehungen in Japan angewandt und beeinflußte auch die japanische Managementlehre sowie weiterhin die Lehre von der japanischen Kultur bedeutend.

Aber durch das drastische Wirtschaftswachstum und die dadurch verursachte rasche Industrialisierung und Urbanisierung mußten solche alten Themen allmählich modifiziert werden. Denn die traditionellen Dörfer waren zusammengebrochen und die klare Grenze zwischen Dorf und →Stadt verschwommen. Entsprechend diesen Verhältnissen erweiterte man das Thema der Dorfstruktur zur Erforschung der →„community", die Dörfer und Städte unterschiedslos umfaßt. Andererseits suchten die Soziologen, die nach dem alten Modell des Dorfs forschten, ihren Gegenstand in der asiatischen Welt. Auch die →Familiensoziologie, die früher ihre Aufmerksamkeit hauptsächlich auf die Bauernfamilie lenkte, rückte ihren Blickpunkt beson-

Japan (Soziologie in –)

ders auf die Familie in der Stadt, wo die Zahl der →Kleinfamilien schnell stieg. Zugleich weckte die Industrialisierung das Interesse für mannigfaltige neue Themen, die man bisher kaum in Betracht gezogen hatte: →Wirtschaft, →Industrie, →Arbeit, →Organisation, Politik, →soziale Schichtung und →Mobilität, →Massenmedien usw. Außerdem erzeugte die rasche Industrialisierung nicht nur neue Erscheinungen, sondern auch neue →soziale Probleme: die ernsthaften Probleme der Städte, Verlust an Weltanschauung, übermäßiger Erziehungseifer, Verbrechen, die Zerstörung der Natur und die Emanzipation der Frauen usw. Deshalb wurden sehr viele empirische Untersuchungen über die vielfältigen sozialen Probleme vorgenommen. Die Soziologen von heute interessieren sich in der Mehrzahl nicht für das traditionelle Dorf, sondern für die Modernisierung mit ihren neuen Erscheinungen und →Widersprüchen.

(2) Theorie

Die Soziologie nach dem zweiten Weltkrieg suchte die Theorie als erklärendes Modell auf der Grundlage der empirischen Forschung, und zwar der Erforschung der japanischen Wirklichkeit. Aber in Wirklichkeit erhob man sich ebenso wenig über die oberflächliche Einführung der westlichen Lehren wie vor dem Krieg.

Es war *Talcott Parsons'* →Struktur-Funktionalismus, der als Theorie am meisten die Aufmerksamkeit auf sich zog. Daran übten vor allem →marxistische Soziologen Kritik. Doch das marxistische Lager konnte trotz der großen Zahl der Anhänger nicht irgendeine überzeugende Gegentheorie vorlegen. Nicht weil die →strukturell-funktionale Theorie besonders hohe Erklärungsfähigkeit od. heuristische Bedeutung für die Analyse der japanischen Gesellschaft hatte, sondern weil es keine zur Geltung kommende Gegentheorie gab, bekam sie die führende Position. Aber seit den 1970er Jahren, wie in Westeuropa und Nordamerika, fing man ihren konservativen Charakter an zu kritisieren, daß sie den Schwerpunkt auf die Integration des →sozialen Systems legte und das Moment der →Subjektivität geringschätzte. Nun wurden verschiedene neue Strömungen nebeneinander eingeführt: die →phänomenologische Soziologie, der →symbolische Interaktionismus, die →Ethnomethodologie und die Ideen der →Frankfurter Schule usw. Diese Richtungen finden in der Gegenwart besonders unter den Soziologen der jüngeren Generation, die danach streben, das →soziale Handeln des einzelnen zu erfassen, lebhafte Unterstützung. Damit brach, könnte man zumindest sagen, die monistische Überlegenheit von *Parsons'* Theorie zusammen.

Eine andere bedeutsame Nachkriegstendenz ist die Zunahme des Interesses an *Max Webers* Soziologie. Vor dem Krieg diskutierte man *Webers* Theorie nicht so sehr. Wenn man auch seine Blicke darauf richtete, so behandelte man die →Methodologie *Webers* doch nur getrennt von seinen gesamten Gedanken. Ebenso verfuhr man vor allem mit dem Problem der →„Wertfreiheit", und hier war die negative Einschätzung als „bürgerlicher Soziologe" vom Standpunkt des Marxismus aus im allgemeinen üblich. Aber nach dem Krieg dagegen begannen viele Leute, „Wertfreiheit" als eine notwendige ethische Voraussetzung des Wissenschaftlers zu bewerten, und dementsprechend wurde das Interesse an *Webers* Methodologie vertieft und auf seine Ideen über Modernisierung und →Rationalisierung erweitert. *Webers* historische Soziologie behandelt die konkreten Themen →Bürokratie, →Herrschaft, →Recht, →Religion usw. und führt zu einer allgemeinen vergleichenden Theorie der →Modernisierung, einschließlich der orientalischen Welt, und stellt ihr eine umfassende Konzeption und Perspektive der unübersehbaren individuellen Vielfalt gegenüber. Damit hat *Webers* Lehre großen Einfluß auf die Soziologie in Japan, und zwar in Theorie und Empirie, ausgeübt.

III. Probleme der japanischen Soziologie Die Soziologie in Japan existiert nicht so lange wie in Europa und Amerika. Vor dem zweiten Weltkrieg gab es im Grunde nur wenige bedeutende Leistungen, abgesehen von *Takadas* Theorie und den Dorfstudien. Der Grund liegt darin, daß der größere Teil der wissenschaftlichen Bemühungen der japanischen Soziologen auf die oberflächliche, modischen Launen folgende Einführung der westlichen Lehren verwendet wurde. Die Überschwemmung mit rezipierten (übersetzten) Abhandlungen bewirkte einen Mangel an spontanem fortdauerndem Problembewußtsein und an Problematisierung. Zugleich schuf sie die beiden unfruchtbaren Gegensätze zwischen westlicher und einheimischer Schule sowie zwischen Theorie und Empirie.

Das wichtigste Merkmal der Nachkriegszeit ist die rasche Entwicklung der empirischen Forschung. Im Hinblick auf die Mannigfaltigkeit der Themen, die Quantität der Leistungen, den Fortschritt der Methode für die Sozialforschung erreicht die japanische empirische Forschung bereits hohes Niveau. Dadurch wurde gewiß die Armut der empirischen Forschung der Vorkriegszeit überwunden. Aber im Vergleich dazu stehen die theoretischen Leistungen auf nicht so hohem Niveau, die zum Teil vortrefflichen Ergebnisse in bezug auf Modifikationen der Theorie von *Talcott Parsons* und der Forschungen von *Max Weber* ausgenommen. Die Unausgeglichenheit zwischen der empirischen Forschung und der Theorie führt zu Trivialismus bei der ersten und zu Mangel an theoretischer Erklärung der Gesamtgesellschaft.

Dazu kommt noch ein weiteres ernstes Problem: Die Soziologie der Nachkriegszeit versuchte wegen des kritisierten Übermaßes an Spekulation in der Soziologie der Vorkriegszeit und unter dem Einfluß der amerikanischen Soziologie jedes philosophische Moment aus dem soziologischen Denken zu verdrängen. So wurden die →Methodologie, die →Sozialphilosophie und sogar die →Geschichte der Soziologie aufs äußerste zurückgewiesen. Aber Empirie ohne methodologische, philosophische und geistesgeschichtliche Reflexion entbehrt der Selbstkontrolle, der Konzeption und der Phantasie. Demnach besteht die Aufgabe der künftigen japanischen Soziologie, unter der Voraussetzung, daß man sich über die naive Einführung der westlichen Lehren erheben will, darin, erstens eine balancierte, vermittelnde Beziehung zwischen empirischer Forschung und Theorie sowie zweitens eine gegenseitige und zugleich sich ergänzende Beziehung zwischen Empirie, Philosophie und Geschichte der Soziologie herzustellen.

Lit.: Daido, Yasujiro: „Die Entstehung der japanischen Soziologie" (japan.). Kyoto 1968; *Ishida, Takeshi:* „Die Sozialwissenschaft in Japan". Tokyo 1984 (japan.); *Kawamura, Nozomu:* „Die Forschung über die Geschichte der japanischen Soziologie", 2 Bde. (japan.). Tokyo 1973–1975; *Tominaga, Ken'ichi:* „Soziologie", in: „Japan-Handbuch". Wiesbaden 1981 (Hg.: H. Hammitzsch)

Prof. *S. Cho,* Kobe/Japan

Job

ist die eher saloppe Ausdrucksweise für einen Arbeitsplatz, der vornehmlich als Mittel zum Gelderwerb gesehen wird, mit dem man sich kaum identifiziert, den man auch leicht und schnell wechselt und der zumeist ohne besondere Qualifikation ausgefüllt werden kann. In J. kommt die deutlich reduzierte Berufsorientierung, insbesondere auch durch den temporären Charakter des Beschäftigungsverhältnisses, zum Ausdruck.

job enlargement

Arbeitsplatzausweitung

job rotation

Arbeitsplätze werden nicht „auf Ewigkeit“ von ein und derselben Person eingenommen; dies würde – gerade bei weitgehender →Arbeitsteiligkeit und Arbeitszerlegung – zu psychischen und sozialen Belastungen führen. Daher wird →a priori ein Wechsel der Arbeitsplätze in einem bestimmten Rhythmus eingeplant. Dieser Wechsel kann innerhalb oder zwischen Arbeitsgruppen, Abteilungen oder Betrieben erfolgen. J. verfolgt neben der Vermeidung lang andauernder monotoner Arbeitsverläufe evtl. auch das Ziel, die berufliche Qualifikation zu fördern und breiter zu gestalten.

job satisfaction
Arbeitszufriedenheit

job-sharing
ein Vollzeitarbeitsplatz wird von zwei oder mehr Stelleninhabern wahrgenommen. Dabei werden Aufgaben, Rechte und Pflichten, insbesondere aber auch die Arbeitszeit, von den Teilzeitbeschäftigten eigenverantwortlich und kooperativ wahrgenommen und eingeteilt. Vor- und Nachteile werden sowohl auf seiten der Arbeitgeber wie auch der Arbeitnehmer gesehen.

Jugend
→Lebensalter

1. Strukturwandel der Jugendphase. Innerhalb des Ablaufs der durchschnittlichen →Biographie wurde die Jugendphase traditionell als „Statuspassage“ von der Kindheit in die „sozial generell und endgültig gedachte Rolle des Erwachsenen“ (*Schelsky* 1957) verstanden. Dem entsprach ein jugendtheoretisches Konzept, das die Jugendphase zugleich als „Moratorium“, als Schonraum zur Selbstfindung und Selbsterprobung (*Spranger* 1924; *Erikson* 1974), wie auch als Sozialisationsabschnitt, als Lern- und Vorbereitungszeit auf die Rolle und Aufgaben des Erwachsenseins, interpretierte.

Durch den gesellschaftlichen →Wandel insgesamt und die strukturellen Veränderungen der gesellschaftlichen Bedingungen des Aufwachsens im besonderen sind aber diese traditionellen Bestimmungen der Jugendphase fragwürdig und historisch relativiert worden. Durch die zeitliche Dehnung der Jugendphase ist ihre Abgrenzung sowohl von der Kindheit wie von der Erwachsenenrolle unscharf geworden. Angesichts der Verlängerung der durchschnittlichen Jugendzeit läßt sie sich auch nicht mehr als „Übergangsphase“ begreifen, sondern muß als eigenständige Lebensphase thematisiert werden. Die in der Jugendphase bereits sichtbaren und alltagspraktisch wirksamen Probleme der Lebensbewältigung lösen das Verständnis von Jugend als einem Schonraum auf. Angesichts der Universalisierung des Zwangs zum Lernen und Umlernen, zur Weiterbildung und Umschulung, der für immer mehr Erwachsene zutrifft, sind Lern- und Vorbereitungsphasen nicht mehr lebensaltersspezifisch auf die Jugendphase konzentriert.

Jugendtheoretiker sprechen deshalb von einem Strukturwandel der Jugendphase *(Hornstein, Zinnecker, Fend)*, von der Entstrukturierung und Destandardisierung der Jugendphase *(Olk)* oder gar vom „Ende der Jugend“ *(Gillis, von Trotha)* in ihrem traditionellen Verständnis. Und die Befunde der neueren empirischen Jugendforschung geben Anstöße zu einer Reformulierung der klassischen jugendtheoretischen Konzepte.

2. Die Verlängerung der Schulzeit: Jungsein heißt heute Schüler sein. Historisch betrachtet war eine Jugendphase als Zeit des Lernens, der →Bildung und Vorbereitung bis in unser Jahrhundert ein Privileg der Jugend der gehobenen Schichten. Für die Mehrheit der jungen Generation war Jugend eine relativ kurze Phase – eben eine „Übergangsphase“ – zwischen Schulabschluß und endgültiger Einmündung ins Erwerbsleben. Diese „Kontrollücke zwischen Schulbank und Kasernentor“ *(Peukert)* war auch der historische Ausgangspunkt für die Entwicklung einer eigenen Jugendpädagogik.

Die sukzessive Ausweitung der Bildungsbeteiligung, insbesondere die Anstrengungen der Bildungsreformbewegung in den 1960er und 1970er Jahren, haben das Bildungsprivileg der gehobenen Schichten durchbrochen und eine Jugendzeit im Sinne einer verlängerten Schulzeit weitgehend für alle Jugendlichen realisiert. Im Jahr 1970 verdienten 44% der 15- bis 19jährigen bereits ihren Lebensunterhalt durch eigene Erwerbstätigkeit, und weitere 40% waren als Auszubildende beschäftigt. 1982 dagegen waren 72% dieser Altersjahrgänge noch in Einrichtungen des Schul- und Hochschulsystems, nur noch 5,6% waren erwerbstätig und 17,3% Auszubildende. Nach den Grund- und Strukturdaten zum Bildungswesen (1988) waren im Jahr 1986 von allen 18jährigen Jungen 85%, von den 18jährigen Mädchen 77% in Einrichtungen des Bildungswesens (inclusive Ausbildungswesen); bei den 20- bis 21jährigen waren es noch 34% bzw. 37%. Zumindest bis zum Erreichen des Volljährigkeitsalters heißt deshalb Jungsein für die weitaus meisten Jugendlichen: „Schüler sein“.

3. Die Verlängerung und Komplizierung der Berufseinmündung: Soziokulturell selbständig – ökonomisch abhängig. Im dritten Lebensjahrzehnt ist Jungsein heute belastet mit den Orientierungsproblemen und Erschwernissen des Einstiegs in das Beschäftigungssystem, insbesondere an der sog. „zweiten Schwelle“, also beim Übergang von der Berufsausbildung bzw. dem Studium in den Erwerbsbereich. Während sich die Situation bei der Versorgung mit Berufsausbildungsplätzen seit einigen Jahren jedenfalls rein quantitativ entspannt hat, sind die Probleme an der zweiten Schwelle geblieben – wie ein Blick z. B. auf die Statistik der Arbeitslosigkeit zeigt. Von 1985 bis 1987 ist der Anteil arbeitsloser junger Menschen unter 20 Jahren von 8,1% auf 6,2% gesunken, bei den 25- bis 30jährigen jedoch bei 15,5% konstant geblieben. Der Berufseintritt vollzieht sich heute kaum noch „gradlinig“, sondern häufig über Umwege, Zwischenschritte, Umschulungen und Weiterqualifizierungen verschiedenster Art sowie durch die oft zitierten Warteschleifen hindurch. Inzwischen gibt es ein durch die Arbeitsverwaltung, das berufliche Bildungswesen, durch Schule, Jugendhilfe und kommunale Stellen komplex ausgebautes „Angebot“ an Auffang-, Ausbildungs-, Orientierungs- und Betreuungsmöglichkeiten, die die destabilisierten Übergänge ins Erwachsenen- und Erwerbsleben „flankierend“ oder „kompensatorisch“ stützen sollen.

Obwohl die jungen Menschen in dieser biographischen Phase längst sozio-kulturell selbständig und damit keine Jugendlichen im traditionellen Sinne mehr sind, bleiben sie dennoch in einem →Status ökonomischer Abhängigkeit. Wie *Bonfadelli* und *Saxer* (1986) festgestellt haben, erreichten von den von ihnen repräsentativ befragten jungen Erwachsenen im Alter von 26 bis 27 Jahren nur 50% schon ein eigenes Einkommen von DM 1500 oder mehr (netto); die anderen 50% blieben unterhalb dieses Betrages und damit tendenziell ökonomisch noch nicht selbständig in einem vollen Sinn.

Für diese Zwischenphase zwischen klassischer Jugend und Erwachsensein hat die Jugendforschung den Begriff „Postadoleszenz“ geprägt und deutlich gemacht, daß jugendtypische Verhaltensweisen und →Lebensstile in dieser Phase weiter beibehalten werden. Dennoch müssen sich diese älteren Jugendlichen / jungen Erwachsenen mit Problemen der Lebensbewältigung auseinandersetzen, die ehedem als für das Erwachsenenleben gültig galten und von denen Jugend entlastet sein sollte: wie man Einkommen, Wohnung und beruflichen Aufstieg sichert und alltäglich über die Runden kommt. Aufgaben des Lernens und der Vorbereitung sowie der (möglichst selbständigen) →Reproduktion vermischen und durchdringen sich.

4. Mädchen und der Wandel der weiblichen Biographie. Eine Jugendphase als Zeit des Lernens, der Vorbereitung und Qualifizierung für die Erwerbsarbeit war lange Zeit vor allem der männlichen Jugend zugestanden worden. In der Mitte der 60er Jahre, also am Beginn der Bildungsreformbewegung, galten die Mädchen (allen voran das „katholische Arbeitermädchen auf dem Lande") als im Bildungsbereich besonders benachteiligte Problemgruppe.

Seither hat sich sehr vieles geändert: Zunächst ist festzustellen, daß die Mädchen im Bildungswesen aufgeholt, daß sie in manchen Bereichen die Jungen sogar überholt haben. 1984 waren 53% aller Realschüler und 51% aller Gymnasiasten der Klassen 5 bis 10 Mädchen. In der gymnasialen Oberstufe hatten die Mädchen 1960 nur einen Anteil von 36,5%; 1984 dagegen stellen sie mit 50% genau die Hälfte der Schüler.

Diese gestiegene Bildungsbeteiligung der Mädchen verweist auf geänderte biographische Optionen, nach denen im weiblichen Lebenslauf Erwerbsarbeit und Mutterschaft integriert werden sollen (*Burger/Seidenspinner* 1982). Allerdings bieten die derzeitigen Bedingungen des →Arbeitsmarktes noch wenig Unterstützung für die Realisierung dieser Perspektiven. Noch immer werden Mädchen und junge Frauen im Wettbewerb um Ausbildungs- und Arbeitsplätze benachteiligt und auf den engen Bereich der sog. „Frauenarbeitsplätze" kanalisiert.

Neuere Studien über familienarbeitsbezogene Einstellungen und Verhaltensweisen junger Männer lassen auch die Chancen auf eine reale, gleichgewichtigere Verteilung von Haus- und Erwerbsarbeit zwischen jungen Frauen und ihren Ehemännern trotz gewisser Fortschritte im ganzen noch eher skeptisch beurteilen. Die biographischen Orientierungsprobleme von Mädchen und jungen Frauen (zwischen der traditionellen →Rolle der Familienhausfrau und dem modernen Leitbild der erwerbstätigen Mutter) stehen deshalb unter größerem Realitäts- und Anpassungsdruck als bei jungen Männern.

5. Jugend als Sozialisationsphase wird uneindeutig: Individualisierungs- und Pluralisierungstendenzen. Für Jugendliche stellen sich die Pluralisierungs- und Individualisierungstendenzen der gegenwärtigen Gesellschaftsentwicklung in einer besonderen strukturellen Konstellation: sie bekommen die Gleichzeitigkeit von kulturellen Spielraumerweiterungen und sozio-ökonomischen Möglichkeitsverengungen leidvoll zu spüren. Die auch für Jugendliche vorhandenen erweiterten Spielräume, Lebensziele und Lebensstile zu entwerfen, stoßen sich an den schlechter und eingeschränkter gewordenen Bedingungen v.a. im Ausbildungs- und Erwerbsbereich.

V.a. letzteres zeigt die →Ambivalenz zwischen gewachsenen Möglichkeiten und gestiegenen Orientierungsproblemen der heutigen Jugendphase an: Das Wählen-Können, ja sogar Wählen-Müssen hat biographisch seinen Höhepunkt im Jugendalter. Je stärker die familiale und →soziale Kontrolle persönlicher und intimer Beziehungen abgenommen hat, je deutlicher etwa die traditionelle Tabuisierung vorehelicher →Sexualität zusammengebrochen ist, desto mehr wird der Freiraum erweitert, den Jugendliche vorfinden. Allerdings bedeutet das eben nicht nur persönliche Freiheit für sie, sondern auch erhöhte interindividuelle Konkurrenz. Die Stilisierung und Ausformung der eigenen Persönlichkeit wird in dieser Konkurrenzsituation zu einer wichtigen Aufgabe.

Junge Menschen finden heute angesichts des →sozialen Wandels immer weniger Muster der Lebensführung vor, die tragfähig für die Zukunft erscheinen und an denen sie sich orientieren können. Vielmehr müssen sie „selbst etwas aus sich machen". Die Szenen und →Gruppen der Gleichaltrigenkultur werden so zu

Orten, an denen Jugendliche ihre Möglichkeiten erproben und expressiv verwirklichen.

Wegen der Verlängerung der Jugendzeit, wegen dem Auseinandertreten von soziokultureller Selbständigkeit und Erreichen der ökonomischen Unabhängigkeit, erhält die Jugendphase einen neuen Zuschnitt: Sie ist nicht mehr einfach eine Sozialisations- und Lernphase innerhalb eines biographischen Übergangs, sondern sie verselbständigt sich, wird eine eigenständige Lebensphase mit eigener Prägung und spezifischen Möglichkeiten und Belastungen der Lebensführung.

→Sozialisation im Jugendalter bedeutet deshalb nicht mehr ausschließlich „Integration in die Arbeitsgesellschaft". Sie muß vielmehr jene pluralen Formen der Lebensführung außerhalb der Lohnarbeiterexistenz in Rechnung stellen und zumindest als temporär unvermeidliche stabilisieren. Gelingende Sozialisation erweist sich demnach nicht mehr allein an der Realisierung des Erwerbsstatus, sondern auch an den Fähigkeiten, situative Chancen außerhalb der konventionellen Karrieremuster und Statuspassagen offenzuhalten und zu nutzen.

Lit.: Deutsches Jugendinstitut (Hg.): Immer diese Jugend! Ein zeitgeschichtliches Mosaik 1945 bis heute. München 1985; *Fend, Helmut:* Sozialgeschichte des Aufwachsens. Bedingungen des Aufwachsens und Jugendgestalten im zwanzigsten Jahrhundert. Frankfurt a. M. 1988; *Seidenspinner, Gerlinde / Burger, Angelika:* Mädchen '82. Eine repräsentative Untersuchung über die Lebenssituation und das Lebensgefühl 15- bis 19jähriger Mädchen in der Bundesrepublik im Auftrag der Zeitschrift Brigitte. Hamburg und München 1982; *Zinnecker, Jürgen:* Jugendkultur 1940–1985. Opladen 1987

Dr. *R. Münchmeier,* München

Jugendbanden

→gang

Jugendbewegung

1. allgemein jede →soziale Bewegung junger Menschen, die sich durch bestimmte →Organisations- und/oder Aktionsformen auf der Basis gemeinsamer →Einstellungen gegen →Normen und →Verhaltenserwartungen der Erwachsenen richten. Dies kann durch Rückzug, aber auch durch Rebellion oder Innovation geschehen;

2. sozialgeschichtliche Bezeichnung für die Bemühungen einer →Emanzipation der deutschen →Jugend als Folge der Befreiungskriege von 1848;

3. zu Beginn des 20. Jahrhunderts sich entwickelnde eigene →Jugendkultur, die sich gegen Entwicklungen der Industriegesellschaft, gegen die Vormachtstellung der Erwachsenen und gegen bestimmte Formen der Zivilisation richtete und sich für Eigenständigkeit der →Jugend, für eigene Lebensformen und für ein „Zurück zur Natur" aussprach.

Jugenddelinquenz

Jugendkriminalität

da →Jugendlichen bei der Begehung von Straftaten oft die kriminelle Absicht und das kriminelle →Bewußtsein fehlt – was mit →Kriminalität allgemein verbunden wird –, gebraucht man den gegenüber →Jugendkriminalität schwächeren, weil weniger evaluativ belasteten Begriff der J.

Jugendkriminalität

jene Verhaltensweisen der 14- bis unter 18jährigen, die gegen die →Normen des Strafrechts verstoßen. Die →Jugendlichen haben die höchsten Kriminalitätsbelastungsziffern (KBZ). Aus der Tatsache, daß die KBZ bei den Erwachsenen geringer werden, läßt sich schließen, daß J. nur ein vorübergehendes Phänomen darstellt. Auch die Art der →Delikte ist jugendspezifisch. Zu den Ursachen der J. gibt es verschiedene →Kriminalitätstheorien.

Jugendkultur

1. meint die →Normen, →Werte, Vorstellungen und daraus resultierende

→Verhaltensweisen, die sich von denen der Erwachsenen systematisch und typisch unterscheiden. Elemente einer J. sind Moden, Musik etc.;

2. unter J. versteht man auch auf der Basis von 1. die spezifischen Formen der Organisation der sozialen Kontakte, z. B. in →gangs, →Cliquen oder anderen Konfigurationen, die eine eigene →soziale Kontrolle ausüben.

Jugendliche
im Rahmen des Strafrechts die Altersgruppe der 14- bis unter 18jährigen, die nach dem Jugendgerichtsgesetz behandelt werden.

Jugendsekte
sind solche religiös motivierten →Jugendkulturen oder →Jugendbewegungen, die für deren →jugendliche Anhänger insoweit sinnstiftend wirken, als durch die religiöse Orientierung, durch eine starke Führerbindung (→Charisma), durch Einbindung in die soziale →Gruppe die Flucht aus der als Belastung empfundenen Gesellschaft erleichtert und positiv bewertet wird.

Jugendsoziologie
→Jugend
eine →Bindestrichsoziologie, die sich dem Gegenstand →Jugend widmet und dabei alle für dieses Entwicklungsstadium der Menschen relevanten Erscheinungen theoretisch und/oder empirisch zu beschreiben und zu erklären versucht. Insbesondere geht es um →Jugendkulturen, →Jugendbewegungen, familiale und berufliche →Sozialisation, →Jugendkriminalität, den gesellschaftlichen →Status der →Jugendlichen, ihre sozialstrukturelle Einbettung, →Initiationsriten usw.

Jugendweihen
→Initiationsriten

Jurisprudenz, soziologische
beschreibt den Sachverhalt, daß in Gesetzgebung und Rechtsprechung zwar juristischer Sachverstand gefordert ist, dieser allein aber nicht hinreicht, den Verhältnissen der Realität gerecht zu werden. Vielmehr muß die soziologische Kompetenz herangezogen werden, um die sozialen Bedingungen und Umstände – neben der juristischen Subsumption – zureichend zu würdigen.

Juristenmonopol
1. allgemein die Tatsache, daß in vielen beruflichen Positionen juristisch ausgebildete Personen tätig sind, obgleich sie die spezifisch hierfür eigentlich erforderliche Qualifikation (etwa Wirtschaftwissenschaften) nicht haben;

2. das Phänomen, daß im öffentlichen Dienst der Bundesrepublik Deutschland die Majorität der höheren →Positionen mit Juristen besetzt sind, mit der Folge, daß das Einrücken anderer Wissenschaftsdisziplinen erschwert oder verunmöglicht und die juristische →Bildung idealisiert und ideologisiert wird.

K

Kader
1. eigentlich der Stammbestand der Streitkräfte;

2. allgemein die Summe der Mitglieder einer Organisation, die in dieser Leitungs- und Lenkungsfunktionen wahrnehmen;

3. heutzutage zumeist im Sinne von 2. auf die Leitungsgremien jener Organisationen angewandt, die als sozialistische oder kommunistische Parteien sich bezeichnen, wie aber auch für jene in Staat und Wirtschaft in sozialistischen Staaten.

Kaderpartei
eine sozialistische oder kommunistische Partei, die durch →Kader in entscheidender Weise determiniert ist. Die Funktionäre haben als Kader das Sagen.

Kampf ums Dasein
→Sozialdarwinismus
→Evolutionismus

Kanalisierung
1. zunächst unspezifische →Bedürfnisse und →Motive werden im Verlaufe der kindlichen →Sozialisation auf bestimmte Objekte oder Befriedigungsformen gelenkt;

2. jede Art der Beeinflussung von →Einstellungen, die eine Veränderung derselben bewirken sollen, sei es als Verhinderung einer Ausuferung (ungezügeltes Ausleben) oder als Umleitung zu anderen Einstellungen. K. ist also das Lenken von Einstellungen in bestimmte Bahnen.

Kann-Erwartung
→Erwartung
→Norm
→Rolle

Kapital
1. im Alltag meint man mit K. die Vermögensgegenstände eines Haushalts, deren jeweiliger Wert über alltägliche Werte hinausgeht;

2. K. und Vermögen sind betriebswirtschaftlich zwei Seiten einer Medaille; das K. steht auf der Passivseite, das Vermögen als Äquivalent auf der Aktivseite der Bilanz;

3. volkswirtschaftlich ist K. einer der →Produktionsfaktoren neben →Arbeit und Boden;

4. soziologisch ist K. das Eigentum an Produktionsmitteln, woraus Verfügungsgewalt über Personen und Sachen resultiert;

5. in der marxistischen Auffassung ist das K. jene →Klasse im →Kapitalismus, die über das Produktivvermögen verfügt.

Kapitalherrschaft
nach *M. Weber* ist K. unpersönliche Herrschaft, weil das Verhalten der einzelnen weniger durch personale Variablen determiniert ist, als es vielmehr von den ökonomischen Bedingungen der kapitalistischen →Produktionsverhältnisse dominiert wird.

Kapitalismus
1. am häufigsten wird K. in der Soziologie in dem Sinne gebraucht, daß damit eine Wirtschafts- und Gesellschaftsordnung gemeint ist, die sich mit dem Ende des Mittelalters und der →Industrialisierung in westlichen Industrieländern durchgesetzt hat. Kennzeichen des K. sind der private Besitz an Produktionsmitteln, dabei die – Dichotomisierung der Gesellschaft in die quantitativ sehr ungleichen Teile derer, die Produktionsmittel besitzen bzw. nicht besitzen; Triebfeder wirtschaftlichen Handelns ist die Gewinnorientierung;

2. im Marxismus kennzeichnet K. jene Gesellschaftsordnung, in der die Kapitalbesitzer durch Kapitalverwertung immer mehr Kapital akkumulieren, durch dessen Einsatz sowie durch den von fremder Arbeit und Mehrarbeit →Mehrwert bilden, den sich die Eigentümer der →Produktionsmittel privat aneignen;

3. K. wird als negativ bewerteter Kampfbegriff gebraucht, der darauf verweist, daß – nach sozialistischer Auffassung – der K. durch Abschaffung der Kapitalverhältnisse aufgelöst werden muß;

4. nach *M. Weber* gehört zum K. nicht nur Gewinnstreben, sondern auch die freie Lohnarbeit, der Einsatz (natur)wissenschaftlicher Erkenntnisse und wirtschaftswissenschaftlicher Gestaltung der Produktion und deren Kontrolle sowie die rationale Verwaltung der wirtschaftlichen Prozesse;

5. heute meint K. zumeist das Wirtschaftssystem westlicher Industriegesellschaften, synonym gebraucht mit Marktwirtschaft, das durch das (freie) Spiel der Kräfte in Konkurrenz zueinander die optimale wirtschaftliche Entwicklung einer Gesellschaft garantiert. Der Kapitaleinsatz dient der Gewinnerzielung, die unmittelbar dem Kapitaleigner zugute kommt, mittelbar aber auch der Gesellschaft.

Kapitalismus, organisierter
durch Konzentration und Zentralisierung entstehen wirtschaftliche Bedingungen, die die freie, anarchische Wirtschaftsentwicklung durch →Konkurrenz deswegen behindern, weil planerische Elemente in den Markt eingreifen. Nicht mehr der einzelne Kapitaleigner entscheidet, sondern das entstandene Finanzkapital lenkt und organisiert das wirtschaftliche Leben.

Kapitalismus, staatsmonopolistischer
(„Stamokap"); Probleme des K. lassen sich nach marxistischer Auffassung nur dadurch lösen, daß der Staat in die wirtschaftlichen Krisen lenkend eingreift, sich dabei aber mit dem Monopolkapital arrangiert. Dies hat einen Verlust an Demokratie zur Folge, weil nur die Interessen der kleinen Gruppe der Kapitalbesitzer verfolgt werden.

Kapitalkonzentration

1. im →Marxismus ist die K. notwendige Folge des →Kapitalismus, die sich in der Verdrängung kleiner Betriebe durch wenige große äußert;

2. die Übernahme kleiner Unternehmen durch große Unternehmen (evtl. multinationale Konzerne); zumeist in der Absicht, →Konkurrenz auszuschalten, Monopole zu bilden, mindestens aber marktbeherrschende Stellung zu haben, und politischen und wirtschaftlichen Einfluß nehmen zu können.

Kapitalverhältnis
bezeichnet im →Marxismus die Tatsache, daß Mehrarbeit leistende Arbeiter und sich Mehrwert aneignende Produktionsmittelbesitzer eben durch diesen Sachverhalt gesellschaftlich ungleich gegenüberstehen.

Kapitalzentralisation
die Vereinigung vieler Kapitale in Händen eines oder einiger weniger Kapitalbesitzer.

Kapitalzirkulation
bezeichnet im →Marxismus den Kreislauf des →Kapitals, seine „Metamorphosen": vom Geld zum Produktionskapital, dann die Warenform und letztlich wieder Geld usw. Zweck der K. ist letztlich die Vermehrung des Kapitals durch den produzierten Mehrwert.

Karriereelite
berufliche →Positionen können danach klassifiziert werden, wieviel Macht oder →Prestige mit ihnen verbunden ist. Da man besonders hohe Positionen nicht von vorneherein erhält, klimmt man die Stufenleiter (durchaus mit Überspringen einiger Sprossen) nach oben. Hat man die am höchsten bewerteten Positionen erreicht, so gehört man zur K.

Kaste

1. der strenge Begriff der K. bezeichnet Personen, die einen bestimmten sozialen →Status haben, in den sie hineingeboren wurden und den sie nicht verlassen können. Dieser Status ist religiös motiviert und unterliegt der Heiratsbeschränkung, da Endogamie gefordert ist. Zumeist ist mit der Zugehörigkeit zu einer K. auch

die Zuweisung bestimmter gesellschaftlicher Funktionen (Berufsausübung etc.) verbunden;

2. in einer eher oberflächlichen Anwendung und sehr weit definiert wird K. auf deprivilegierte Bevölkerungsteile angewandt, etwa die Schwarzen in Südafrika, um die Statusdiskriminierung zum Ausdruck zu bringen;

3. manchmal werden – zumeist beruflich konstituierte – Kollektive, wie etwa Ärzte, Juristen usw., als K. bezeichnet, weil sie sich ständisch organisieren und durch die hohe Professionalisierung subjektiv als →Stand fühlen.

Kastengesellschaft

ist die →Sozialstruktur einer →Gesellschaft durch →Kasten determiniert, so spricht man von einer K. Prototypisch hierfür wird Indien genannt, das trotz offizieller Abschaffung der Kasten nach wie vor von diesen beherrscht wird. Die religiöse Motivierung der Kasten mit dem Verweis auf eine Wiedergeburt in einer höheren Kaste führt zu einer fatalistischen Hinnahme und implizitem Festhalten an der Kastenstruktur.

Katastrophe

I. Begriff und Begriffskritik.

K.n sind eine Extremform →sozialen Wandels, d.h. eines besonders gründlichen (radikalen), beschleunigten (rapiden) und magisierten (auf nichtwissenschaftliche →Rituale der Ursachensuche einleuchtend verwiesenen) Wandels. Diese soziologische Begrifflichkeit (erstmals in *L. Clausen,* Tausch, 1978) muß sich angesichts von Alltagsansätzen bewähren (magisch-kausale Vorstellungen à la „Des-Aster"/Unstern oder entsetzenbetonende wie „Kata-Strophe"/Wendung hinab), d.h. eine Spannweite zulassen, daß objektivierbare Ansätze möglich werden, ohne daß sozialer Schrecken definitorisch ausgeblendet wird. In diesem Dilemma wird der Begriff „K." in den (noch sehr seltenen) k.nsoziologischen Theorien auch gerne historisiert (i.S. des Wissenschaftlichen Sozialismus: *W. Jäger*) oder rein ideologiekritisch aufgelöst *(W. R. Dombrowsky).* Ferner konkurriert er mit mathematischen „K.n"-Konzepten (zu deren soziologischer Übertragbarkeit hochskeptisch *J. Nagy/Ch. Heger,* positiv und „Anastrophen" einbeziehend *H. L. Bühl*); sowie mit gesetzlichen und behördlichen Definitionen, die soziologisch irreführen – da enumerativ („K." als Aufzählung von Ausnahmen, die zur Normalität zurückführbar sind), oder da problemeinengend (als Ressortproblem des „Katastrophenschutzes", i.R. des „Zivilschutzes", i.R. der „Zivilverteidigung"), oder da problemüberdehnend („K." als alles, was Verwaltungen ohnmächtig läßt – typisch dann: „Panik" als Hauptproblem), oder da kontradiktorisch (das Unbewältigbare, das bewältigt werden kann). Die meisten k.nsoziologisch Forschenden (Pionier in den USA: *E. L. Quarantelli*) waren an Beratungspraxis orientiert und mieden Ansätze, die über Typenkunden oder Taxonomien hinausgingen. Die →Typologien sind unterschiedlich anspruchsvoll (etwa *R. R. Dynes* 1976 nach 5 Auslöse-Reaktions-Typen: Einzelauslösungen (a) ohne, (b) mit Vorwarnung, (c) wiederholte Auslösungen mit zunehmender Bedrohung, (d) langanhaltende Auslösungen dto., (e) Kombinationsschäden; das wären z.B. (a) Schlagende Wetter, (b) Heuschrecken, (c) Sabotagewellen, (d) Ölpest, (e) Dürre mit Seuche). Einfachere Aufstellungen (z.B. nach Ablaufphasen) reichen bis zur enthistorisierten Alltagsstereotypen (Naturk.n – technische K.n – Krieg – Menschliches Versagen). Typisch für ablaufvergessenes Denken (wo doch eine bedeutend autorisierte Prozeßdarstellung vorlag) ist die nur mehr aufzählend-abhakende Glosse *Luthers* von 1545 zu den Apokalyptischen Reitern: Die Abfolge (in Apc 6) Eroberung, dann Bürgerkrieg, dann Teuerung, dann Großes Sterben wird zu Verfolgung der Tyrannen (sic), Krieg, Teuerung, Pestilenz. Doch sind ernsthafte makrosoziologische Anstrengungen unabweisbar, da K.n das „Scheitern ganzer Gesellschaft(sformation)en" *(W. Jäger)* thematisiert: Sturmflut ist soziokulturell nicht gleich Sturmflut.

II. Die Prozeßeinbettung von K.n als Forschungsproblem.
Wenn hohe Gründlichkeit, Beschleunigung und Magisierung des sozialen Wandels „K.n" definieren, so sind schwere, aber die →Gesellschaft in ihrer Basis nicht verwandelnde Schäden noch keine „K.n", wenn diese Schäden als begrenzbar eingeplant wie auch als unüberraschend wie auch als kausal kraft verwissenschaftlichter Erfahrung antizipierbar erscheinen, z.B. verlorene Schlachten. Denengegenüber fordern „K.n" eine ganze Gesellschaft, genauer: ihre Abstraktionsweisen und -zusammenhänge, als unzureichend heraus. Mithin bleibt das ‚Schlagende' an K.n unerforschbar, sofern nicht historisch-soziologisch die Genese wirksamer Abstraktionen miterforscht wird, sowie die langfristig abstrahierende Verarbeitung „k.n"-verdächtigen Wandels. Denn Lehren (Abstraktionen) nach K.n führen ggf. zu neuen K.n. Somit sind K.n als prozeßinhärent zu untersuchen. Demgemäß muß jede →Makrosoziologie, die sozialen Wandel behandelt, auch eine „K.n"-Theorie leisten. Ohne diese trüge sie zum Irrtum bei, es gäbe eine Soziologie A für ‚normale' Verhältnisse und eine Extrasoziologie ¬A für K.n. Solch Fehlkonzept bleibt verdeckt, solange nur kurzfristige Abläufe durch praxisorientierte Mikrosoziologen erforscht werden; es ist also riskant. Ohne inaktuelle Züge kommt somit eine K.ntheorie nicht aus.

Führen „K.n" das Abstraktionsgefüge ganzer Gesellschaften ad absurdum, so kann man sie mit *W. R. Dombrowsky* als „Falsifikationen ganzer Gesellschaften" fassen. Wer nun „Gesellschaften" als sinnhafte →soziale Systeme annimmt, dem falsifizieren „K.n" die Sinn-Konzepte ihrer „Umwelt"-Abgrenzung (ihre Vereinfachbarkeitsregeln); wer Gesellschaften als zwar strukturiert, jedoch sinnlos sieht, dem falsifizieren K.n antizipatorische Sanktionskonzepte (Spielregeln) aller Akteure. Da zudem das Warnen vor K.n im Erfolgsfalle eine verifikationszerstörende Prognose ist, wäre eine sozialwissenschaftliche Theorie, die nicht noch diesen Effekt berücksichtigt, unzureichend.

Noch liegt kein rein durchgeführter strukturfunktionalistischer oder systemtheoretischer k.ntheoretischer Ansatz vor, der Langfristprozesse einbezieht. Die diesem Paradigma verpflichteten Forscher kümmerten sich praktisch (oft auch begrifflich) kaum darum. Faktisch gingen alle anwendungsbezogenen K.n(schutz)soziologen hermeneutisch (und in den USA stark induktiv) vor. So entstanden (meist auf lokaler oder regionaler Ebene) beachtenswerte Untersuchungen zu S&R-(Search-and-Rescue-)Aktivitäten, zu improvisierten Gruppenbildungen oder zu EMON (entstehenden Mehr-Organisationen-Netzwerken, emergent multi-organizational networks) und zu Helfermotivationen; ferner zu Warnfolgeverhalten (auch von Minoritäten, Spekulanten u.a.) und Spezialgefahren. Tiefergehende Ansätze *(G. A. Kreps)* stoßen u.a. auf das Dilemma, daß ein „System", das sich selbst warnend in Frage stellen soll, insoweit eine Theorie zumindest partieller „notwendiger Desinformation" und systematische Entscheidungen darüber braucht, wie in ihm man notwendige Desinformation von notwendiger Information differenzieren will (vgl. *B. de Marchi*). Die hier folgende Stadientheorie ist tausch- und konfliktsoziologisch angelegt. Konkurrierende Theorien kommen an Kulturanalytikern wie *E. Rosenstock-Huessy* oder *F. Borkenau* (mit Vorläufern in *Toynbee, Spengler, Tönnies, Vico* bis *Ibn Khaldûn*) und Imperialismustheoretiker wie *J. Kuczynski* oder *M. W. Doyle* (mit Vorläufern in *Luxemburg, Hobson, Engels* bis *Polybios* und *Thukydides*) nicht vorbei.

III. Ein Langfristansatz.
Wenn Gesellschaften (a) als „Figurationen“ *(N. Elias),* also Strömungs-Strukturen, die keiner gewollt hat, angesehen werden, und wenn (b) „K.n“ langfristig wirksame gemeingesellschaftliche Abstraktionsfehler gegenüber konkreten Gefahren(potentialen) falsifizieren, und wenn (c) keine Abstraktion, so überlebensnotwendig sie auch sei, als langfristig risikolos angenommen werden soll, so ist jede Gesellschaft k.ngefährdet – selbst wenn (a) keiner K.n will und (b) sie lange ausbleiben, da und insoweit (c) Nichtabstraktion menschenunmöglich ist *(D. Claessens).*

Das hier skizzierte Langfrist-Modell FAKKEL (s. *Clausen* 1994) unternimmt, K.n als unvermeidliche Gefahr (nicht: als unvermeidliche Gewißheit) abzuleiten. Zu Diagnose-, aber auch zu Prophylaxezwecken ist es auf 6 *Stadien* vereinfacht: Friedensstiftung, Alltagsbildung, Klassenformation, Katastropheneintritt, Ende kollektiver Abwehrstrategien, Liquidation der Werte (=FAK$_1$K$_2$EL). Es geht bei F nullhypothetisch von einer Situation aus, in der K.n pessimale Chancen haben sollten. Diese 6 Stadien folgen nicht notwendig aufeinander. Es gibt vorhersagbare Querverbindungen und vor allem Rückkehren. Die 3 Definitionsmerkmale k.n Wandels werden auf voneinander unabhängigen 3 Dimensionen verortbar angenommen: auf einer Radikalitätsdimension (mit den Polen gründlich wirksamer/ganz vereinzelter Ereignisse), einer Rapiditäts-Dimension (mit den Polen hochbeschleunigten/-verlangsamten Wandels) und einer Ritualitäts-Dimension (mit den Polen magisch-kausaler/säkularisiert-kausaler Erklärungen). Es werden endogene K.nrisiken analysiert (wie nach den Voraussetzungen zu verlangen); untersucht man Ausschnitt-Kollektive, so werden zu praktischen Zwecken „exogene“ K.n einzubeziehen sein.

● (F) Friedensstiftung benennt ein Stadium, in dem gerade eine große Gemeingefahr überwunden wurde, z. B. eine Seuche erfolgreich bekämpft, die Utopie einer „Leistungsgesellschaft“ also wirklich. Hier wäre die – in folgenden als k.ngenetische Schlüssel-Frontbildung behandelte – Differenz zwischen Helfern und Erretteten (bei ebendieser Problemlösung) ganz unproblematisch: Ruhm bleibt neidlos, Berühmte leisteten Selbstverständliches, in einer Notgemeinschaft wechselseitigen Tauschs positiver Sanktionen: Ein sozialer Wandel, der sehr gründlich, geschwind, aber hochsäkularisiert-kausal (erfolgsverifiziert) wirkt. ● (A) Das Stadium der Alltagsbildung folgt darauf, oft sehr langfristig (ggf. unterteilbar), während dessen die (auf die überwundene K. hin bezogenen) „Experten“ und „Hilfenehmer“ (als hilfeverprechende Fachelite gegenüber sie subsidiierenden Schutzlaien) auseinandertreten. Beide werden, da die Gefahr ‚gebannt‘ ist, erfahrungsarm. Die Fachelite bearbeitet dies durch standesbewußtes Lernen, Kooptation, Verkastung, die Laien aber verlernen alte Überlieferungen und werden hilfloser als vor der alten K. (zu Sekundären Laien). Zwischen Fachelite und Schutzlaienschaft wird der Machtaspekt merklich. Nebenfolgen und Folgerisiken der friedensstiftenden Problemlösung werden bagatellisiert oder definitorisch weggedrückt (vergeheimnist): Ein sozialer Wandel also, der bedrohliche Ereignisse abisoliert (vereinzelt), sich verlangsamt und Erklärungen magisiert. ● (K$_1$) Klassenformation folgt (a. M.: *U. Beck*). Die Facheliten sparen an Begründungen, immunisieren sich gegen Kritik, beuten die Schutzlaien aus, schaffen sich fürs Grobe eine Dienstklasse. In Elite wie Laienschaft entstehen Kritiker (reformerische Experten, sektiererische Laien), zwischen beiden Feindseligkeiten (Spott, Verachtung, Haß): Die Radikalisierung steigt, doch bleibt der Wandel verlangsamt, seine Behandlung ideologisch (magisiert). ● (K$_2$) Endlich das Stadium des Katastropheneintritts, weil bei kalmierenden Facheliten, die sich mittlerweile über ihr eignes Problemlösungspotential täuschen, und bei mit ihren konkreten Sorgen abgetanen Laien die Nebenfolgen und Folgerisiken des Stadiums F (etwa Bevölkerungswachstum dank Seuchenbekämpfung) als Gefahrenquelle keinen glaubhaften Warner mehr finden. Jetzt spätestens werden Machteliten herangerufen (‚Katastrophen-Sheriffs,), von denen man am liebsten (und sehr unrealistisch) Direktrückkehr zum Stadium F, also charismatische Lösungen, erwartet. Der Wandel wird gründlich, viel zu schnell, nur noch hochmagisiert erklärbar. ● (E) Ende kollektiver Abwehrstrategien: Aus gegenseitiger Ungläubigkeit, aus Unwirksamkeit von Maßnahmen folgen „Rette-sich-wer-kann"-Strategien. Fachleute desertieren, Laien leiden. (Spätestens jetzt Zusammenbruch von Außensicherungen, Interventionen anderer Gesellschaften.) Destruktive Aktionen überwiegen; Hilflosigkeit vernichtet gegenseitige und Selbstachtung; Ausschweifungen werden auffällig. Zum Wandel: Auch schlimmste Ereignisse lassen gleichgültig, verlieren gesamtgesellschaftlichen Bezug (Entradikalisierung), alles ‚passiert so schnell', Aberglauben (Pogromneigung) obwaltet. ● (L) Liquidation der Werte resultiert, eine allgemeine Anomie; Widerstand gegen Ausrottung erlischt, oder Völkertod tritt auf, oder auch ‚gesinnungsloses' Überlaufen zu anderen Gesellschaften; jedenfalls endet (wenn jetzt keine neue Friedensstiftung = adäquate Problemlösung gelingt) diese Gesellschaft. Alle Ereignisse wirken vereinzelt, das Tempo des Wandels sinkt (Fellachisierung), keiner ‚macht sich mehr was vor' (konkrete Säkularisierung = Entmagisierung).

Vorhersagbare Abweichungen vom Ablauf F→A→K→K→E→L sind Modellbestandteil: Im Stadium K_1 („Klassenformation") ist eine Rückkehr nach A („Alltagsbildung") ableitbar, d. s. reformierende Lösungen; aber auch das Herstellen von Katastrophenfolgen unter Umgehung der Katastrophe selbst, also der Sofortübergang nach E („Ende kollektiver Strategien"), ingestalt von Gewaltkuren unter Opferung Hilfloser, die antagonistischen Lösungen. Im Stadium K_2 („K.neintritt") haben Übergänge nach A – äquivalente Lösungen – oder nur nach K_1 – restaurative Lösungen – ableitbar bessere Chancen als andere (denkbare) Übergänge. Vom Stadium E aus können versagende antagonistische Lösungen unschwer nach K_2 zurückführen: suizidale Lösungen.

Kürzerfristig angelegte *Phasen*modelle in k.nschützerischer Absicht sind häufiger entworfen worden (und setzen dann im Stadium K_2 ein); sie zielen auf äquivalente, zumindest aber restaurative Lösungen. Sie können sowohl in Verwaltungspläne als auch Selbstschutzhandeln der Bevölkerung eingefügt werden, als sie auch erlauben (z. B. in Kopabilitätsprofilen, copability profiles) zu messen, wieweit etwa Verwaltungen, Bevölkerungsgruppen (Schutzlaien) und Betriebe sich phasenverschoben oder -gleich zueinander verhalten und disparate Chancen haben. Brauchbar erscheint hier *Dombrowskys* LIDPAR-Modell (*Clausen/Dombrowsky* 1983: 81 ff.), das 6 *Phasen* umfaßt: (L) Latenzphase („Rufbereitschaft"); (I) Identifikationsphase („Bereitschaftsdienst"); (D) Definitionsphase („Lageerstellung"); (P) Personifikationsphase (sehr wichtig: „Helfer" und „Opfer", Experten und Schutzlaien, definieren einander als solche, Ressourcen werden zugeteilt, mit Sichtungs-(Triage-)Effekten); (A) Aktionsphase; (R) Rückkoppelungsphase (Lernen für die Zukunft).

IV. Ausblick.

Die aus den Magisierungsprozessen deduzierbare verschwiegene Ungleichheit der Gefahrenkenntnis, die eine (ggf. niemandem bekannte) Ungleichverteilung schwerer Gefahren verstärkt, erlaubt die Zuspitzung, daß K.nschutz (Zivilschutz) die →Soziale Frage neu stelle.

Die Soziologie selbst bedarf außerdem einer anspruchsvolleren Wissenschaftslogik, die ein erfolgreiches Warnen (self-destroying prophecy) ebenso wie die Herbeiwarnung einer Katastrophe (→self-fulfilling prophecy) einbezieht. Dafür sind (*Clausen* 1994) die mehrwertigen Logiken (Güntherlogik und Modallogik) vorgeschlagen worden. Die ergo zu verbindenden Praxisnähe und Abstraktionshöhe sind ohne (auch soziologieübergreifende) Institutionalisierung kaum leistbar. Befände sich eine Gesellschaft (nicht nur im ABC-Bereich) bereits im Stadium K_2, so wären solche →Institutionen leichtlich legitimationsgefährdet oder Sündenböcke.

Lit.: Lars Clausen: Krasser sozialer Wandel, Opladen 1994; *Lars Clausen/ Wolf R. Dombrowsky:* Einführung in die Soziologie der Katastrophen. Bonn 1983. [Bibliographie!]; Dieselben: Katastrophen. In: *D. Nohlen* (Hg.): Pipers Wörterbuch zur Politik, Bd. 6: Dritte Welt. München 1987: 264–269; *Wolf R. Dombrowsky:* Katastrophe und Katastrophenschutz. Wiesbaden 1989; *Russel R. Dynes/Bruna de Marchi/Carlo Pelanda* (Hg.): Sociology of Disasters. Mailand 1987. Vgl. a. Veröffentlichungen der Katastrophenforschungsstelle (KFS), Universität Kiel

Prof. Dr. *L. Clausen,* Kiel

Katastrophentheorie

1. meint die Auffassung, wonach die Menschheit bei historischer Betrachtungsweise immer wieder durch Naturereignisse mit Katastrophencharakter erheblich dezimiert wurde;

2. ein abschätzig gebrauchter Begriff für die hypothetisch-prognostische Aussage von *K. Marx,* wonach durch die Verelendung der Massen das kapitalistische System notwendig zusammenbrechen und eine sozialistische Gesellschaftsordnung revolutionär entstehen werde;

3. in der Mathematik/Statistik ein wahrscheinlichkeitstheoretisch orientierter Ansatz.

Kategorie

1. im allgemeinsten Sinne die Einteilung von Phänomenen in Gruppen gleicher und von anderer unterscheidbarer Eigenschaft;

2. in der Philosophie werden oft Grundbegriffe, essentielle Bedingungen und Sachverhalte bei den Phänomenen oder den Erkenntnisvorgängen als K. bezeichnet;

3. in der →Empirie die über →Klassifikation gewonnenen Zusammenfassungen gleicher oder ähnlicher Elemente zu einer übergeordneten Bezeichnung. Diese K. können theoretisch und vorab (→a priori) als Antwortalternativen bei geschlossenen Fragen konstruiert oder nachträglich (→a posteriori) auf der Basis von Antworten auf offene Fragen entwickelt werden.

Kategorie, soziale
im Gegensatz etwa zur →Gruppe eine Menge von →Individuen, die im Hinblick auf bestimmte Merkmale gleich sind, aber nicht miteinander interagieren. Solche Merkmale sind zumeist sozial bedeutsame Variablen, wie Alter, Beruf etc. So spricht man umgangssprachlich von der „Gruppe der Arbeitslosen", meint aber die K.

Kategoriensystem

bei der Konstruktion von Erhebungsinstrumenten wie bei der Auswertung empirischer Daten ist man darauf angewiesen, komplexere Sachverhalte in →Kategorien zu →klassifizieren. Die Summe der Kategorien ergibt das K. Bei der Entwicklung eines K. sind folgende Regeln zu beachten: Die Reduktion der tatsächlichen Verhältnisse auf ein K. soll mit Informationsgewinn durch Systematik und Analyse verbunden sein. Das K. muß eine strukturtreue Abbildung der Realität bleiben. Die Kategorien müssen trennscharf formuliert sein, damit die Subsumtionsproblematik eindeutig gelöst werden kann; das K. soll erschöpfend sein, damit alle Tatbestände unter die Kategorien subsumiert werden können.

Kathedersozialismus
ironische Bezeichnung der Position der Nationalökonomie, die sich gegen den →Liberalismus wandte, um mehr Gerechtigkeit zu erzielen. Diese sozialreformerischen Gedanken wurden in der zweiten Hälfte des vorigen Jahrhunderts (etwa von *G. Schmoller*) vertreten. Sie bestanden im wesentlichen darin, die kapitalistische Ordnung beizubehalten, forderten aber gleichwohl mehr Staatsintervention zum Ausgleich der Klassengegensätze.

Kausalität
bezeichnet solche Relationen zwischen →Variablen, bei denen die eine Ursache und die andere Variable Wirkung ist. Dabei wird zumeist eine aufeinanderfolgende, irreversible, deterministische, notwendige und hinreichende Beziehung unterstellt. Da →Gesetze kausal verstanden werden, strebt man diese Form von Aussagen an, obgleich wir statistisch nicht in der Lage sind, kausale Zusammenhänge als solche zu prüfen.

Kernfamilie
Kleinfamilie, Nuklearfamilie
→Familie

Personenverband, bestehend aus einem Gattenpaar und dessen unverheirateten, unmündigen Kindern.

Kerngemeinde
meint den zumeist eher kleinen Kreis einer Kirchengemeinde, der eng mit dem kirchlich-gemeindlichen Leben verbunden ist, möglicherweise offizielle Funktionen wahrnimmt (Kirchenvorstand) und das Bild der Gemeinde bestimmt.

Kernkultur
die Elemente einer →Kultur, die praktisch von allen Mitgliedern einer →Gesellschaft akzeptiert werden; zumeist handelt es sich dabei um sehr basale und die Kultur konstituierenden Teile.
→Grundwerte

Keynesianismus
auf *J. M. Keynes* basierende Auffassung zur Wirtschaftspolitik. Sie geht davon aus, daß die (neo)klassische Ökonomie mit der Annahme der Selbstregulierung der Wirtschaft – wie die Weltwirtschaftskrise zu Beginn der 1930er Jahre gezeigt hat – versagt, weil sie die Depression nicht überwinden kann. Vielmehr müsse der Staat eingreifen, um die Nachfrage global zu steuern, etwa durch öffentliche Aufträge, Krediterleichterungen, deficit spending usw. Die Gefahr des K. wird in permanenter Inflation und Stagflation gesehen, also Inflation plus Stagnation des Wachstums.

Kibbuz
eine in Israel praktizierte Gemeinschaftsform bei der sich ein →Kollektiv freiwillig in dorfähnlicher Form zusammenschließt, um bestimmte Absichten zu realisieren: gemeinschaftliche Kindererziehung, gemeinsame Güterproduktion ohne individuellen Besitz an Produktionsmitteln, gemeinsame Verteidigung nach außen, gemeinsame Entscheidungen über Organisation des täglichen Lebens. Rotation von →Funktionen, Abbau von Privilegien mit dem Ziel der Gleichheit usw.

Kindheit
→Lebensalter
die mit der Pubertät abschließende Lebensphase, in der durch →Sozialisation die →basic personality ausgeprägt wird. Juristisch endet die K. mit der Vollendung des 14. Lebensjahres. Zu diesem Zeitpunkt sollten die →Normen des Strafrechts →internalisiert sein, um →Delinquenz und nachfolgende staatliche →Sanktionen zu vermeiden.

Kirche
1. das Gebäude, in dem christliche Religionsgemeinschaften ihre Gottesdienste abhalten;

2. eine Religionsgemeinschaft, die gesellschaftlich allgemein anerkannt und integriert ist, die bestimmte Privilegien genießt (z.B. staatlichen Schutz), sich eine Organisationsform gegeben hat, gesellschaftlichen Einfluß ausübt und sich

in ihren Handlungen an der zugrundeliegenden Theologie orientiert;

3. unter K. im engeren Sinne versteht man die unter 2. angegebenen Definitionselemente unter Ausschluß der Gläubigen, also nur die „Funktionäre".

Kirchensoziologie

eine Teildisziplin der Soziologie, die sich mit der →Organisation der →Kirche, den inneren und äußeren Beziehungen, den gegenseitigen Beeinflussungsprozessen von Kirche und →Gesellschaft, der Einbettung von Kirche in →Kultur, dem Verhältnis von Klerus und Laien usw. beschäftigt.

Kirchlichkeit

1. liegt vor, wenn Mitglieder von →Kirchen eine weitgehende →Konformität mit den →Normen der Kirchen praktizieren;

2. K. meint unabhängig von 1. die Einflußnahme der →Kirchen auf gesellschaftliche →Normen und →Werte derart, daß bestimmte →Einstellungen und Verhaltensweisen ohne den impliziten oder expliziten kirchlichen Einfluß so nicht möglich wären. K. ist ein Syndrom von wirksamen Mechanismen der gesellschaftlich zugelassenen und kirchlich angewandten Mitgestaltung von gesellschaftlichem Zusammenleben.

Kirchlichkeit, distanzierte

damit wird das Phänomen bezeichnet, daß einerseits eine gewisse Distanz zur Religion gepflegt wird, andererseits aber die formale Zugehörigkeit zur Religionsgemeinschaft beibehalten wird und die der Kirche zugestandenen Rechte gestützt werden.

Klan

clan (engl.)

1. bezeichnet unilineale Abstammungsgruppen, dabei früher noch geschlechtsspezifisch differenziert nur auf matrilineare Abstammung bezogen;

2. alltagssprachlich meint K. jene →Familien, die untereinander ein großes Zusammengehörigkeitsgefühl haben, sich gegenseitig wirtschaftlich und politisch stützen, dabei meist Macht ausüben und, um diese in der Familie zu erhalten, Familienmitglieder in politische →Positionen und Ämter bringen.

Klasse

1. in Logik und Mengenlehre benutzter Begriff für alle Gegenstände, die ein Merkmal gemeinsam haben: Die Gegenstände sind dann Elemente der K.;

2. im Rahmen einer dichotomen Betrachtung von →Gesellschaft jene Menschen, die durch ein bestimmtes soziales Merkmal gekennzeichnet sind, denen die gegenüberstehen, die das diametral entgegengesetzte Merkmal haben, z.B. Arme – Reiche. Diese Definition von K. ist daher eine relative, relationale, weil es keinen absoluten Maßstab gibt;

3. allgemein eine Sozialkategorie, die durch bestimmte ökonomische Merkmale definiert ist, z.B. Eigentümer an Grund und Boden bzw. an Kapital;

4. im →Marxismus ist K. ein Spezialfall aus 1. und 2.: Die entscheidende Dimension für die Einteilung einer Gesellschaft in K. ist der Besitz an Produktionsmitteln: Den Proletariern stehen die →Kapitalisten mit sich ausschließenden Interessen gegenüber;

5. nach *M. Weber* wird eine K. durch die gleiche →Klassenlage konstituiert;

6. oft wird K. synonym für →Schicht gebraucht, weil im Englischen „class" häufiger verwandt wird als „stratification";

7. manchmal wird K. im Englischen auch synonym mit →Status gebraucht, was in unserem Sprachraum aber unüblich ist;

8. selten wird K. auch als Bezeichnung für eine durch die Berufszugehörigkeit determinierte Sozialkategorie benützt;

9. manchmal wird als Synonym für Stand auch K. gesagt.

Klasse an sich

im →Marxismus die K., die noch nicht das →Bewußtsein entwickelt hat, ihre eigene Interessenlage zu erkennen und zu begreifen, obgleich die Angehörigen der K. in der objektiv gleichen →Klassenlage sich befinden. →Klasse für sich

Klasse, besitzende
jene K., die dadurch ausgezeichnet ist, daß alle Mitglieder Eigentum haben und dieses für die Entstehung der K. und deren Weiterexistenz konstitutiv ist. Im →Marxismus synonym mit →herrschender K.

Klasse, disponible
das sind die Eigentümer an Grund und Boden, die der →produktiven K. es ermöglichen, →Mehrwert zu produzieren.

Klasse für sich
gemäß dem →Marxismus genügt es nicht, eine objektiv gleiche →Klassenlage zu haben (→Klasse an sich), sondern diese muß subjektiv bewußt werden. Nur dann entwickelt das →Proletariat ein revolutionäres Potential, um die kapitalistische Wirtschaftsverfassung aus den Angeln zu heben.

Klasse, herrschende
1. unter Rekurs auf den Klassenbegriff 2. bezeichnet man damit alle, die als Minorität Macht oder Herrschaft gegenüber einer Majorität ausüben, also alle →Eliten;

2. jene K., die die ökonomische und damit auch politische Macht besitzt und gegenüber den anderen ausübt. Im →Marxismus wird die h. K. durch das Eigentum an →Produktionsmitteln konstituiert. →kapitalistische K.

Klasse, kapitalistische
im →Marxismus die K., die Eigentümer der →Produktionsmittel sind und die Verfügungsgewalt darüber ausüben, die die Arbeiterklasse dadurch ausbeuten, daß sie sich den produzierten Mehrwert aneignen.

Klasse, neue
1. jene Personengruppe in sozialistischen Ländern, die aufgrund ihrer beruflichen Position ein deutlich höheres Einkommen erzielt als das Gros der Bevölkerung; hierzu gehören die Funktionäre in Staat und Betrieben, die Akademiker;

2. obgleich es im →Sozialismus im Prinzip kein Privateigentum an Produktionsmitteln gibt, gibt es die n. K. derer, die Verfügungsmacht über diese haben. Im kapitalistischen System wären dies die Manager;

3. da es die im →Marxismus konstatierten K. des →Proletariats und der →Bourgeoisie in dieser Form in unseren westlichen Industriegesellschaften nicht mehr gibt, gebraucht man den Begriff der n. K. für die leitenden Angestellten und Manager.

Klasse, politische
→Elite; die definitionsgemäß kleine →Gruppe, die die politischen Führungspositionen in einer →Gesellschaft einnehmen.

Klasse, produktive
darunter subsumiert man die Gesamtheit der Inhaber von Berufspositionen, die Nahrungsmittel produzieren und Rohstoffe gewinnen. Gegensatz: →sterile K.

Klasse, soziale
1. Klasse in verschiedenen Bedeutungsvarianten;

2. nach *M. Weber* die Klassenlagen, zwischen denen ein Wechsel als Intra- oder Intergenerationenmobilität unschwer möglich ist und üblicherweise stattfindet.

Klasse, sterile
all jene Berufsgruppen, die nicht zur →produktiven K. gehören, die also keinen →Mehrwert produzieren, z. B. Kaufleute. →unproduktive K.

Klasse, unproduktive
→sterile K.

Klassenanalyse
mit K. versucht der →Marxismus eine Gesellschaft daraufhin zu untersuchen, ob im Hinblick auf den Besitz an →Produktionsmitteln in sich homogene und nach außen heterogene Gruppen festzustellen sind, die sich dichotom-antagonistisch gegenüberstehen. Diese Feststellung der realen Verhältnisse muß ergänzt werden durch die Analyse der subjektiven Interessenlagen und des Bewußt-

seinstandes der so differenzierten →Klassen (→Klasse an sich und →Klasse für sich).

Klassenantagonismus
der Grundwiderspruch zwischen den Klassen des Proletariats und der Bourgeoisie, der sich auf den Besitz bzw. Nichtbesitz an Produktionsmitteln zurückführen läßt und in dem der gesellschaftliche Konflikt strukturell angelegt ist.

Klassenbegriff, objektiver
bezeichnet die Zuordnung von Personen zu einer →Klasse aufgrund objektiv feststellbarer Merkmale, gleichgültig, ob diese Zugehörigkeit auch so empfunden wird und bewußt ist. Vgl. →Klasse an sich.

Klassenbegriff, subjektiver
bezeichnet die Zuordnung von Personen zu einer →Klasse aufgrund subjektiver Merkmale, also solcher, die keine objektive, faktische Basis haben müssen, sondern subjektiv im einzelnen sind (im wesentlichen Einschätzungen, Bewußtsein und Beurteilungen). Vgl. →Klasse für sich.

Klassenbewußtsein
auf der Basis gemeinsamer sozio-ökonomischer Verhältnisse entwickelt sich ein Bewußtsein dieser Situation, das Erkennen der gemeinsamen und gleichen Situation. Sobald die objektiven Bedingungen subjektiv erfahren und beurteilt werden, gelangen sie in das Bewußtsein. Die →Klasse an sich wird zur →Klasse für sich. Da die herrschende →Klasse auch das gesellschaftliche Bewußtsein beherrscht, kann das K. erst durch den →Klassenkampf, in dem die →Interessen artikuliert werden, entstehen.

Klassenegoismus
die Klassen als einzelne Teile oder Elemente der Gesellschaften entwickeln eigene →Interessen, die den objektiven Interessen der (Gesamt-)Gesellschaft zuwiderlaufen.

Klassengegensatz
ist der durch →Klassen gesamtgesellschaftlich verursachte Unterschied in ökonomischen und sozialen Voraussetzungen und den daraus folgenden →Interessen, die sich diametral gegenüberstehen. →Klassengesellschaft.

Klassengesellschaft
1. im Marxismus sind K. – im Gegensatz zu den klassenlosen Gesellschaften – alle, die eine Klasseneinteilung derart ermöglichen, daß die →Klassen sich antagonistisch gegenüberstehen. Die Klassenverhältnisse können dabei durchaus auf unterschiedlichen Kriterien beruhen: etwa Ökonomie, Recht, Religion;

2. allgemein sind K. solche, die sich durch soziale Klassen grundsätzlich und treffend charakterisieren lassen. Dabei rekurriert man häufig auf den englischen Begriff der social class, der eher dem deutschen Begriff der →Schicht als dem der Klassen entspricht.

Klassenhandeln
liegt dann vor, wenn das →Handeln primär durch die →Klassenlage oder das →Klasseninteresse determiniert wird.

Klassenherrschaft
gelingt es einer →Klasse, Herrschaft über eine andere Klasse oder die gesamte Gesellschaft auszuüben, so spricht man von K. Dabei wird die K. so ausgeübt, daß die Herrschaftsverhältnisse stabilisiert und erhalten bleiben.

Klasseninteresse
bezeichnet die auf der Basis der sozioökonomischen Bedingungen der →Klassen sich entwickelnden (nicht notwendigerweise auch immer artikulierten) →Bedürfnisse der Klassenangehörigen.

Klassenjustiz
1. in marxistischer Terminologie das aus der →Klassengesellschaft resultierende Klassenrecht, das den →Interessen der →Klassenherrschaft dient. Dabei ist Klassenrecht zweifach zu verstehen: Einmal meint es die gesetzlichen Grundlagen, die im Sinne der Stabilisierung

der Klassenherrschaft formuliert sind. Zum anderen meint es die Justiz, die in analoger Weise Recht spricht;

2. in „moderner“ und kritischer Weise bezieht sich K. auf die Tatsache, daß trotz formaler Gleichheit vor dem Gesetz durch den Ermessensspielraum des Richters in rechtlicher und tatsächlicher Würdigung eines Falles Ungleichheiten in der Rechtsprechung dadurch entstehen, daß sich die gesellschaftlichen Klassengegensätze in den Urteilen widerspiegeln: Angehörige unterer sozialer →Schichten werden unter →ceteris-paribus-Bedingungen schärfer bestraft. (Ähnliche Annahmen finden sich auch in der →Klassenmedizin.)

Klassenkampf

sind die Aktionen, die →Klassen praktizieren, um sich gegenüber der jeweils gegenüberstehenden Klasse derart durchzusetzen, daß man die Oberhand gewinnt, um dann Herrschaft in einer Gesellschaft ausüben zu können.

Klassenkampf, demokratischer
ein K., der den Prinzipien der Demokratie gehorcht, also etwa durch repräsentative Wahlen betrieben wird.

Klassenkampf, ideologischer
im →Marxismus wird damit die Anpassung des Überbaus an die durch vorausgehenden ökonomischen und/oder politischen K. entstandene neue Situation bezeichnet.

Klassenkampf, ökonomischer
das sind jene Maßnahmen, die dazu dienen sollen, die ökonomischen Benachteiligungen – etwa Nichtbesitz an Produktionsmitteln – zu überwinden.

Klassenkampf, politischer
der K. wird zum p. K., wenn die Angehörigen einer →Klasse sich ihrer gemeinsamen Situation bewußt werden (→Klasse für sich), interne Differenzen hintanstellen und sich in gemeinsamen →Klasseninteressen solidarisieren, um in p. Aktionen (etwa als p. Partei) die Herrschaft zu erringen.

Klassenkonflikt

wird konstituiert durch die Unterschiede im Besitz an →Produktionsmitteln und äußert sich in den Klassenauseinandersetzungen. Der K. ist notwendige Voraussetzung für die Entstehung der →Klasse für sich, die selbst wieder für den →Klassenkampf notwendig ist.

Klassenkultur

jene spezifischen Ausprägungen einer →Kultur, die für eine bestimmte →Klasse typisch ist; sie ist geprägt durch das Klassenmerkmal, das den Kulturschaffenden gemeinsam ist.

Klassenlage

1. im →Marxismus die soziale Stellung eines Klassenangehörigen, die sich aus der Klassenzugehörigkeit und damit aus dem Besitz an Produktionsmitteln ergibt;
2. in einem weiteren Sinne versteht man unter K. jede soziale →Position, die sich durch andere Bestimmungselemente beschreiben läßt, also etwa die K. durch Abstammung, durch Zugehörigkeit zu einer →Kaste, durch Macht, durch →Prestige etc.;

3. bei *M. Weber* sehr differenziert alle Voraussetzungen, die zum Erwerb von Einkommen bei einer bestimmten Wirtschaftsverfassung dienen. Hierzu gehören: Qualifikationen, Leistungen, Verfügungsmacht über Güter, persönliche Überzeugungen etc.

klassenlose Gesellschaft

Endziel des →Marxismus ist eine k. G., in der →Kommunismus (über das Zwischenstadium des →Sozialismus) als Gesellschaftsordnung vorliegt. Eine k. G. ist dadurch ausgezeichnet, daß es keine Herrschaft von Menschen über Menschen mehr gibt, in der die einzelnen Gesellschaftsmitglieder sich frei entwikkeln und entfalten können und mithin auch die Gesellschaft eine freie ist.

Klassenmedizin

1. meint ursprünglich, daß die Zugehörigkeit zu einer sozialen →Klasse die

Qualität der Heilbehandlung determiniert, woraus für die niedrigeren Klassen eine essentielle Benachteiligung resultiert;

2. bezieht sich später auf das Krankenhaussystem, wonach es in Unterbringung (Behandlung und Pflege) Unterschiede zwischen den drei Klassen (1., 2. und 3.) gebe;

3. bezeichnet heute auch die in der Honorierung medizinischer Leistungen auftretenden Unterschiede zwischen Privat- und Kassenpatienten. Da Privatkassen das 2,3fache des Satzes der Gebührenordnung bezahlen, werden Privatpatienten bevorzugt behandelt.

Klassenorganisation
wird die Benachteiligung durch die Zugehörigkeit zu einer →Klasse bewußt, so entsteht die →Klasse für sich. Um die nun bewußt gewordenen →Klasseninteressen wirksam werden zu lassen, bedarf es bestimmter Maßnahmen, Regelungen etc., eben der K.

Klassenpartei
1. politische Parteien, die die →Interessen einer bestimmten sozialen →Klasse vertreten und sich ideologisch damit identifizieren;

2. politische Parteien, die ihre Mitglieder und/oder Wähler vornehmlich in einer bestimmten sozialen Klasse haben, im Gegensatz etwa zur Volkspartei.

Klassenrevolution
erfolgt ein grundlegender und abrupter gesellschaftlicher →Wandel derart, daß ursprünglich vorhandene →Klassengegensätze aufgehoben werden, und war der äußere Anlaß hierfür die →Klassenstruktur, dann handelt es sich um K.

Klassenschichtung
wird bei einer vertikalen Einteilung einer Gesellschaft in →Schichten diese dominant auf der Basis der Zugehörigkeit zu den entsprechenden →Klassen vorgenommen, dann spricht man von K. →Klassenstruktur.

Klassensolidarität
ist Voraussetzung für →Klassenorganisation, während →Klassenlage und →Klassenbewußtsein Voraussetzungen für K. sind. K. ist das Gefühl der Zusammengehörigkeit und das Zusammenhalten von Klassenangehörigen – gerade auch in Absetzung und Abhebung von anderen →Klassen.

Klassenstaat
1. ist der Staat in →Klassengesellschaften;

2. im engeren Sinne des →Marxismus der Staat, der als Gesamtkapitalist auftritt (und somit quasi eine eigene →Klasse darstellt), um „übergeordnete" Funktionen wahrzunehmen, die wegen der →Konkurrenz der Einzelkapitale untereinander von diesen nicht realisiert werden können.

Klassenstruktur
läßt sich eine Gesellschaft hinsichtlich ihrer vertikalen Gliederung in →Klassen beschreiben und analysieren, wobei die Einteilung in Klassen und die für die Klassen relevanten sozialen Aspekte zentrales Charakteristikum dieser Gesellschaft sein müssen, so liegt eine K. vor. →Klassenschichtung

Klassentheorie
1. alle Aussagensysteme, die sich zentral auf den Begriff der (sozialen) →Klasse berufen, sind K.;

2. im engeren Sinne die marxistische K., die den Weg von der →Klassengesellschaft in die →klassenlose Gesellschaft beschreibt.

Klassifikation
Einteilung
nach bestimmten, theoretisch determinierten Kriterien werden Objekte so in Klassen ein- oder diesen zugeteilt, daß jedes Objekt nur einer Klasse subsumiert wird. Nicht immer werden Objekte oder Elemente Klassen zugeteilt; gerade in der empirischen Sozialforschung werden auch Merkmale den Objekten zugewiesen. Wichtige Forderun-

gen an K. sind: Eindeutigkeit, Vollständigkeit und Ausschließlichkeit. Eindeutigkeit heißt, daß jedem Objekt eine Merkmalsausprägung zugeordnet werden kann. Vollständigkeit liegt vor, wenn alle Objekte mit Merkmalsausprägung versehen sind, und Ausschließlichkeit meint die Zuordnung von jeweils nur einer Merkmalsausprägung zu einem Objekt.

Klassifikation, Gesetz der

loi de classification (frz.)

von *A. Comte* aufgestellte →Klassifikation der Wissenschaften. Kriterium der K. sind die Gegenstände und die →Methoden in systematischer und geschichtlicher Betrachtung. Im Hinblick auf die Allgemeinheit und Kompliziertheit der Wissenschaftsgegenstände steht die Mathematik an der Spitze, die Soziologie z. B. am Ende der Skala. Methodisch reicht die Skala von formallogischen Schlüssen über das Experiment bis zum historischen Vergleich.

Kleinbürger

1. jene städtischen Bürger im Vor- und Frühindustrialismus, die nur mäßigen Kapital- und Grundbesitz und ebensolche politische Einflußmöglichkeiten hatten und auch in ihrem Bildungsniveau reduziert waren;

2. heute bezeichnet K. abschätzig Menschen, die anpasserisch, konformistisch, unkritisch, ja unpolitisch sind und zugleich sich mit den politischen und sozialen Zuständen abfinden, weil sie selbst bei nicht übermäßiger Bildung eine gesicherte, als überdurchschnittlich perzipierte Existenz haben. Die vielleicht vorhandene Aufwärtsorientierung ist so dominant, daß alles unterlassen wird, was ihr potentialiter schaden könnte.

Kleinfamilie

Kernfamilie

→Familie;

umfaßt die Gemeinschaft von Eltern und wenigen (in der Regel nicht mehr als 2–3) Kindern. Sie ist der in Industrienationen vorherrschende Familientypus.

Kleingruppen

soziale →Gruppen, deren Mitglieder →face-to-face-Kontakte haben, miteinander →interagieren, deren Zahl aber zwischen zwei und maximal etwa zwanzig liegt. (Die Definitionen werden in der Literatur z. T. sehr unterschiedlich vorgenommen.)

Kleingruppenforschung

in der →Mikrosoziologie bzw. der Sozialpsychologie (vornehmlich in den USA) betriebene Forschung, die sich →Kleingruppen zum Gegenstand gemacht haben. Als →Methoden werden zumeist die Beobachtung und das Experiment eingesetzt, um die →Interaktionen in den →Gruppen zu untersuchen. Es geht dabei um die Ermittlung von Kommunikationsstrukturen, von sozialen →Rollen, von Integration und Konflikt, von Solidarität, von Außenbeziehungen, von →Wirbewußtsein usw.

Klerikalismus

bezeichnet jeden Einfluß der Kirchen auf andere Bereiche des gesellschaftlichen Lebens, sei dieser intendiert oder realisiert, direkt oder indirekt. Der Klerus (= Priesterstand) glaubt durch die religiös-moralische Fundierung legitimiert zu sein, überall in Kultur, Politik, Wissenschaft etc. dann mitreden zu dürfen, wenn andere als seine Werte propagiert und andere Ziele verfolgt werden. Die Dominanz der kirchlichen Ethik vor allen anderen handlungsleitenden Prinzipien gesellschaftlichen Handelns wird aber nicht immer und in gleicher Weise geteilt, weshalb es zu einer geringeren faktischen Einflußnahme, zu einer →Säkularisierung gekommen ist.

Klientilismus-Beziehung

Beziehung, in der mehrere Abhängige gegen die Gewährung von Schutz und Hilfe durch einen Patron zu Abgabe- und Dienstleistungen verpflichtet sind.

Klimatheorie
soziale Tatbestände werden durch klimatische Bedingungen erklärt. Die klimatischen Verhältnisse wirken auf den menschlichen Organismus ein, weshalb dieser sich in spezifischer Weise verhält. Diese biologische Erklärung von menschlichen Handlungen ist heute nicht weit verbreitet, doch wirkt sie alltäglich fort: „Der faule Südländer".

Klischee
Abklatsch
1. in der Drucktechnik der Druckstock, die Prägeplatte;
2. in Soziologie und Sozialpsychologie – ähnlich dem alltäglichen Sprachgebrauch – eine relativ fest eingefahrene, verkürzte, selektive Vorstellung von einem sozialen Phänomen (vgl. auch →Stereotyp, →Vorurteil);
3. nach *A. Lorenzen* die →Interaktionen, die „entsymbolisiert" sind, d. h., wo mit bestimmten Interaktionen keine Sprachfiguren verbunden werden, wie das normalerweise durch →Sozialisation geschieht, oder die durch Defekte verlorengegangen sind.

Klosterkommunismus
bei *M. Weber* eine religiös motivierte Vergemeinschaftung durch →Charisma und →Solidarität bei ökonomischer Versorgung der Mitglieder durch die →Gemeinschaft.

Klub
aus England stammende Bezeichnung für eine sich nach außen abschließende, nur für definierte Personen zugängliche soziale Vereinigung, die sich meist einer dominanten Zielsetzung verpflichtet fühlt und sich →Normen gibt, die das Verhalten der Mitglieder nach innen und außen regeln. Der Zugang erfolgt zumeist homogen aus einer sozialen →Schicht, die →Kontrolle der Mitglieder erfolgt durch den K. auch in den Außenbeziehungen, wie auch durch die →Solidarität und das z. T. elitäre →Wirbewußtsein gegenseitige Stützungen und Förderungen erfolgen.

Klumpenauswahl
= cluster sampling (engl.)
eine Grundgesamtheit wird in einzelne, möglichst kleine Teileinheiten zerlegt, die selbst noch so viele (unterschiedliche) Elemente enthalten, daß sie jeweils in etwa die Population repräsentieren können. Aus diesen Klumpen werden dann einzelne Klumpen zufällig ausgewählt und alle Elemente in diesen untersucht. Beispiel: Aus der Bevölkerung Münchens werden viele kleine regionale Bezirke gebildet, davon wird eine bestimmte Anzahl ausgewählt und alle Haushaltsvorstände in diesen Bezirken befragt. Das Prinzip der K. besteht also darin, innerhalb der Klumpen eine maximale Varianz (etwa die der Grundgesamtheit) und zwischen den Klumpen eine minimale Varianz (also ähnliche Klumpen) zu haben. Der Vorteil besteht darin, daß die Befragungspersonen in den Clustern nahe beieinander wohnen und unter →ceteris-paribus-Bedingungen die →Stichprobe kleiner sein kann als bei reinen →Zufallsauswahlen (also doppelt Kosten gespart werden).

Koalition
Vereinigung, Bündnis
1. befristeter Zusammenschluß von Personen, →Gruppen, →Organisationen, Parteien etc. zur Realisierung der Ziele, derentwegen die K. geschlossen wurde;
2. im engeren Sinne der Politik und politischen Soziologie meint K. den für (zumeist) eine Legislaturperiode erfolgten Zusammenschluß von Parteien, um eine Regierung zu bilden und zu stützen;
3. in der →Spieltheorie sind K. die Zusammenschlüsse von beteiligten Personen: Bei n Personen gibt es 2nn K. Für jede K. existiert eine bestimmte Auszahlungsfunktion als Gewinn oder Verlust.

Kode
code (engl.)
Regeln der Zuordnung von Symbolen (zumeist Ziffern) zu Informationen (Daten als Werte von Variablen), die den Regeln des Messens genügen müssen.

Kode, elaborierter
in der Sprachsoziologie von *B. Bernstein* entdeckter Sachverhalt, wonach Mittel- und Oberschichtangehörige einen entwickelteren und diffizileren Wortschatz haben als Unterschichtangehörige und die Sprache als Folge der →Sozialisation eher formal erfassen und gebrauchen. Gegensatz →restringierter Kode

Kode, restringierter
von *B. Bernstein* so bezeichnete Tatsache, daß Unterschichtangehörige wegen mangelnder Sozialisationsleistung sprachlich benachteiligt sind, einen geringeren Wortschatz haben und die Sprache eher dazu benutzen, Solidarität zu bekunden. Den →elaborierten K. Sprechende verstehen auch den r.K., aber nicht umgekehrt.

Kodierung
meint den Prozeß der Transformation der Informationen in Symbole nach dem Kodierplan auf ein Kodierblatt. Heutzutage erfolgt die K. zumeist durch direkte Übertragung der Primärdaten (etwa eines vorab allgemein kodierten Fragebogens, der damit zugleich Kodierplan und Kodierblatt ist) in den Rechner. Die Kodierung ist dabei unabhängig vom Meßniveau der Daten.

Kognation
meint die Akzeptierung einer Verwandtschaftsbeziehung bei einem gemeinsamen Vorfahren unabhängig von dessen Geschlecht. Gegenteil: Agnation

kognitiv
erkenntnismäßig; die Erkenntnis, das Wahrnehmen, das Wissen betreffend.

Kognition
1. meint den Prozeß, den Weg, durch den Kenntnisse über die Realität durch den einzelnen erworben, d.h. aufgenommen, verarbeitet, gespeichert, reproduziert werden. Dazu gehören all jene Handlungen, die nicht emotional und volontional sind, also Wahrnehmung, Denken, Lernen, Urteilen, nicht aber Fühlen und Wollen;

2. bezeichnet das Produkt des Prozesses aus 1., also z.B. das Wissen um einen Sachverhalt, das Wahrgenommene eines Phänomens.

Kognition, dissonante
→kognitive Dissonanz

Kognition, irrelevante
ein im Hinblick auf eine kognitive Dissonanz neutrales kognitives Element, das diese weder befördert noch reduziert.

Kognition, konsonante
eine mit anderen kognitiven Elementen harmonierende, übereinstimmende, problemlose K.

Kognition, soziale
zumeist auf die Wahrnehmung bezogene K., die einerseits sozial determiniert ist, wie sie sich auch auf Soziales beziehen kann.

kognitive Dissonanz
eine von *L. Festinger* aufgestellte Theorie, wonach eine erkenntnismäßige Nichtübereinstimmung von Überzeugungen, →Einstellungen etc. als belastend empfunden wird, weshalb man auf Beseitigung dieses Zustands aus ist oder solche Zustände →a priori zu vermeiden sucht.

kognitive Komplexität
bezeichnet die individuellen Unterschiede bei der kognitiven Informationsverarbeitung durch Wahrnehmung, Denken usw. Die k.K. kann in der Analyse durch die Dimensionen der Differenzierung, Diskriminierung und Integration reduziert werden, die aber realiter zusammenfallen. Differenzierung meint die Fähigkeit, eine Information nach unterschiedlichen Kriterien bewerten zu können, während Diskriminierung eine Differenzierung der einzelnen Kriterien, deren Ausprägung bezeichnet und Integration diese wieder aufeinander bezieht.

kognitive Motivorientierung
im →Strukturfunktionalismus steht vor der einzelnen Handlung die Bewertung, Auswahl und Entscheidung, davor jedoch immer die →Definition der Situation. Erst wenn die Situation wahrgenommen, aufgenommen und eingeordnet ist, was mittels der k.M. erfolgt, kann eine sinnvolle Handlung erfolgen.

kognitive Struktur
die Summe der individuellen und inneren Verhaltensbedingungen, die die Möglichkeiten und Ausprägungen der →Kognitionen steuern. K.S. ist somit das innere Bild der in einer spezifischen Weise erkannten Außenwelt.

Kognitivismus
eine erkenntnis- oder wissenschaftstheoretische Position, die den →Behaviorismus mit seinem einfachen →Reiz-Reaktions-Schema durch das Einfügen der →Kognition abgelöst hat. Dem Menschen wird neben behavioristisch verstandener Reaktion nun Rationalität, Einsichtsfähigkeit, Vernunft und antizipatorisches Denken zugestanden.

Kohäsion
1. allgemein der innere Zusammenhang der Teilelemente eines übergeordneten Ganzen, der Zusammenhalt;

2. in der Soziologie meint K. den inneren Zusammenhalt von Mitgliedern eines sozialen Gebildes, das damit gegenüber von außen kommenden, nicht akzeptierten Einflüssen relativ resistent ist. Mit K. ist also hier auf die Gruppenmitglieder, die Individuen in ihrem Verhältnis zueinander abgestellt;

3. manchmal ist mit K. aber auch die Relation zwischen den einzelnen Gruppenmitgliedern und der →Gruppe als solcher gemeint, die eine große Attraktivität für die einzelnen ausübt. In der Feldtheorie äquivalent zur Gruppenvalenz;

4. in der →Soziometrie ist K. operational definiert als die Zahl der tatsächlichen gegenseitigen Wahlen (auf der Basis von Sympathie), bezogen auf die Zahl der möglichen gegenseitigen Wahlen. K. ist damit eine Maßzahl für den Gruppenzusammenhalt.

Kohorten
1. Schar, →Gruppe von gemeinsam handelnden Personen;

2. bei den Römern der 10. Teil einer Legion;

3. eine nach spezifischen Kriterien ausgewählte Population, deren Entwicklung in der Zeitdimension analysiert wird. →Kohortenanalyse

Kohortenanalyse
Untersuchung von Populationen, die gleiche, interessierende Merkmale zeitlicher Art haben, in der zeitlichen Entwicklung und Veränderung anderer Merkmale. →Kohorten sind meist durch das Geburtsjahr definiert; es werden aber auch Alterskohorten, Scheidungskohorten usw. untersucht. Die einfache K. besteht in der Untersuchung einer Kohorte zu zwei verschiedenen Zeitpunkten (= Intrakohortenanalyse), ist also dann ein Spezialfall eines →Panels. Hat man mehrere Kohorten zu mehreren Zeitpunkten herangezogen, so können auch Interkohortenanalysen angestellt werden. Der Vorteil der K. besteht darin, daß Alters-, Zeit- und Kohorteneffekte isoliert werden können.

Kollegen
1. alltäglich und organisationssoziologisch die Personen, die der gleichen →Organisation (z.B. Betrieb) angehören;

2. berufssoziologisch sind K. die Inhaber gleicher oder ähnlicher beruflicher →Positionen;

3. in Kombination aus 1. und 2. können solche Mitarbeiter in einer →Organisation gemeint sein, die nicht in einem Über- oder Unterordnungsverhältnis zueinander stehen.

Kollegialitätsprinzip
nach *M. Weber* beschränkt das K. die Herrschaft einzelner durch die →Kontrolle von Instanzen oder durch die Ent-

scheidung von mehreren Personen nach Abstimmung.

Kollegialprinzip

Gegensatz zum Direktorialprinzip. Beim K. werden Entscheidungen in Gremien durch deren Mitglieder gemeinsam oder nach bestimmten Regeln mehrheitlich getroffen. Vorteil: Die Entscheidungen werden gemeinsam getragen und sind durch Austausch von Argumenten vieler realitätsgerechter.

Kollektiv

→Gemeinschaft
→Gruppe

1. relativ allgemein als Synonym für Gruppe, soziales Gebilde, Personenansammlung;

2. nach *F. Tönnies* eine Vielzahl von Personen, die sich durch Gemeinsamkeiten in →Interessen und Auffassungen verbunden fühlen, die aber nicht organisatorisch zusammengeschlossen sind, weshalb daraus auch keine gemeinsamen Aktionen resultieren;

3. nach *L. von Wiese* sind dies →Körperschaften (etwa →Kirche) und →Organisationen, die als soziale Gebilde überpersönlich existieren und Werte langfristig garantieren;

4. im →Sozialismus die Basisform menschlicher Arbeit in Kooperation. Ziele, Arbeit, Organisation werden von den gleichberechtigten Angehörigen des K. bestimmt;

5. im engeren soziologischen Sinne bezeichnet K. eine nicht näher definierte Zahl von Personen, die gemeinsam bestimmte Werte und Normen haben (also im Gegensatz zur →Sozialkategorie) und die ein →Wirbewußtsein, ein Zusammengehörigkeitsgefühl besitzen, die aber gleichwohl nicht miteinander interagieren, also keine →Gruppe im soziologischen Sprachgebrauch darstellen.

Kollektivbedürfnisse

über die →Bedürfnisse der →Individuen hinaus können sich solche entwickeln, die für die →Kollektive typisch sind. Kollektive entwickeln sozusagen ein Eigenleben mit eigenen Erwartungen. Sie sind also nicht die Summe der Individualbedürfnisse.

Kollektivbewußtsein

1. „die Gesamtheit der gemeinsamen religiösen Überzeugungen und Gefühle im Durchschnitt der Mitglieder einer gleichen Gesellschaft bildet ein bestimmtes →System, das sein eigenes Leben hat; man könnte es das gemeinsame oder Kollektivbewußtsein nennen" (*Durkheim* 1977, S. 121). Das K. tritt dem einzelnen Menschen mit einer zwingenden, normativen Kraft gegenüber, es drängt sich ihm in den Prozessen der →Enkulturation und →Sozialisation auf und läßt ihn so erst zum sozialen Wesen werden;

2. nach *A. Vierkandt* synonym mit →Wirbewußtsein. In Gruppenangelegenheiten entwickeln die Mitglieder ein Gruppenbewußtsein, indem sie sich nicht mehr als →Individuum, sondern als integraler Teil der →Gruppe begreifen. Die Gruppe erhält eine eigene →„Identität". Das „Ich" wird durch das „Wir " ersetzt;

3. wie das →Individuum durch sein →Bewußtsein (mit)bestimmt ist, so bestimmt das K. das Verhalten des Kollektivs. Das Kollektiv wird als Organismus, als sozialer Körper in Analogie zum Individuum betrachtet, weshalb dann auch eine Kollektivseele angenommen wird.

kollektives Handeln

→soziale Bewegungen

kollektives Unbewußtes

bezeichnet nach *C. G. Jung* in der Psychoanalyse diejenigen psychischen Bedingungen und Verhaltensdeterminanten, die unabhängig von individuellen oder kulturellen Variationen in allen Menschen ubiquitär wirken. Welche Faktoren dies sind, versucht man durch interkulturelle Analyse von Märchen und Mythen herauszufinden.

kollektives Verhalten

→soziale Bewegungen/kollektives Handeln

ein solches Verhalten, das von einer Mehrzahl von Personen in gleichen Situationen in gleicher Weise praktiziert wird, ohne daß hierüber →Interaktionen oder konkrete Absprachen vorliegen. Phänomene k. V. sind Mode, Panik, Gerücht, Mob, Masse. K. V. ist ähnliches, aber nicht organisiertes Verhalten in Massensituationen, die durch äußere Ereignisse ausgelöst werden.

Kollektivierung

Vergemeinschaftung

die Transformation von Privateigentum an Produktionsmitteln in Gemeinschaftseigentum wird im →Sozialismus als K. bezeichnet.

Kollektivismus

1. ein Ansatz, der die →Interessen des →Kollektivs höher bewertet als die des einzelnen; Allgemeinwohl vor Individualwohl;

2. im →Sozialismus die Ansicht, daß der grundsätzliche Widerspruch zwischen Individualinteressen und Gesellschaftsinteressen durch eine kommunistische Ordnung (Kollektiveigentum) aufgelöst werden könne.

Kollektivismus, methodologischer

Gegenteil: →Individualismus, methodologischer

1. extremtypisch ist der m. K. dadurch zu charakterisieren, daß er unterstellt, individuelles Verhalten wäre durch gesellschaftliche Faktoren determiniert, während aber Gruppenverhalten nicht durch individuelles Verhalten erklärt werden könne;

2. in Abwandlung der rigiden Vorstellung von 1. meint m. K., daß Aussagen über Gruppenphänomene nicht *vollständig* in Aussagen über Individuen transformiert werden können, daß sie aber in solche übergeführt werden sollten, um sie empirisch prüfen zu können.

Kollektivmerkmale

Eigenschaften von →Kollektiven im Gegensatz zu →Individualmerkmalen. Bei K. unterscheidet man analytische oder aggregative Merkmale, die auf der Basis individueller Eigenschaften gewonnen werden, z. B. Durchschnittsalter oder Anteil der Angestellten, und globale oder integrale Merkmale, die die Kollektive an sich charakterisieren, also etwa die Herrschaftsstruktur einer Gesellschaft.

Kollektivorientierung

im →Strukturfunktionalismus eine der →pattern variables als Wertorientierung des →Handelns; Gegensatz: Selbstorientierung. K. meint die Tatsache, daß in spezifischen Situationen als Verhaltenserwartung im Handelnden nicht individuelle, sondern kollektive Ziele dominant werden.

Kollektivschuld

bezeichnet die Ansicht, daß nicht nur diejenigen, die geächtete Taten begangen haben, Schuld tragen, sondern auch die, die demselben →Kollektiv wie die Täter angehören. Zumeist geht es nicht um irgendwelche einzelnen Täter, sondern um Regierungen, Eliten, Führer, deren Schuld auf den Staat, das Volk oder die Gesellschaft übertragen werden. Gelegentlich wird die K. auch auf solche Kollektivmitglieder ausgedehnt, die zum Zeitpunkt der Taten noch nicht geboren oder Kinder waren (Intergenerationenk.). Beispiel: Nationalsozialismus mit Judenverfolgung und Krieg.

Kollektivverhandlungen

Verhandlungen, die von den Delegierten eines →Kollektivs geführt werden, wobei die Verhandlungsführer und die Verhandlungsziele vom Kollektiv bestimmt werden. Prototypisch die Gewerkschaftsverhandlungen mit den Arbeitgeberverbänden bei Arbeits- und Tarifverträgen.

Kommune

1. eine selbständige Gemeinde oder Verwaltungsgemeinschaft aus mehreren Gemeinden;

2. die Einwohner einer Gemeinde, eines Ortes;

3. im →Anarchosyndikalismus propagierte Form des Zusammenlebens in Lebens-, Wohn- und Produktionsgemeinschaft;

4. eine Wohngemeinschaftsform, die Mitte der 1960er Jahre aus den Studentenunruhen entstanden ist und im kleinen Bereich eine emanzipierte Gemeinschaft darstellt. Oft auch negativ bewertend gemeint, mit Unordnung, sexuellen Ausschweifungen etc. assoziiert;

5. die revolutionär-sozialistische Bewegung und Regierung im Pariser Aufstand 1871;

6. eine politische Strömung mit der Intention einer Dezentralisierung in der 3. Republik Frankreichs nach 1870.

Kommunikation

1. allgemein Bezeichnung für den Prozeß der Übermittlung jedweder Informationen;

2. in der Kommunikationssoziologie die Übermittlung von K.inhalten von einem oder mehreren Kommunikatoren zu einem oder mehreren Kommunikanten;

3. informationstheoretisch der Austausch von Informationen zwischen (Teil-)→Systemen, wobei diese registriert, gespeichert und/oder transformiert werden. Der Austausch erfolgt zwischen Sender und Empfänger;

4. in der allgemeinen (nicht soziologischen) →Systemtheorie meint man damit die Balance von Output und Input derart, daß der Output eines (Teil-)Systems zugleich der Input für ein anderes (Teil-)System ist;

5. in einer →verstehend-soziologischen Position bezeichnet K. über die bloße Registrierung der K. hinaus die Aufnahme des gemeinten →Sinns, der für das →Verstehen und die zwischenmenschliche Verständigung notwendig ist.

Kommunikation, bidirektionale
hier sind Kommunikator und Kommunikant in den jeweiligen Kommunikationspartnern zugleich präsent und angesprochen.

Kommunikation, bilaterale
gegenseitige, zweiseitige K.

Kommunikation, direkte
1. personale K. in face-to-face-Situationen;

2. jene K., bei der keine technischen →K.medien eingesetzt werden, die K. also über Sprache, Mimik, Gestik unmittelbar erfolgt, und die Wirkung der K. beim Kommunikanten durch den Kommunikator direkt feststellbar ist;

3. im Gegensatz zu 2. nur die sprachliche K.

Kommunikation, einseitige
die Rollen als Kommunikator oder Kommunikant sind festgelegt, der eine Partner gibt Informationen, der andere nimmt sie nur auf. →gegenseitige K.

Kommunikation, expressive
die K. erfolgt mittels Gefühlen, Affekten, Einstellungen, die die entsprechende Information beinhalten. Gegenteil: →instrumentale K.

Kommunikation, fiktive
es fehlt der K.partner, er ist nur vorgestellt, z. B. Beten, Selbstgespräche.

Kommunikation, gegenseitige
die Rollen von Kommunikator und Kommunikant werden wechselseitig ausgeübt; jeder K.partner gibt und empfängt Informationen. →einseitige K.

Kommunikation, gestaffelte
der mit einer K. angesprochene K.partner wird – wegen räumlicher und/oder zeitlicher Distanz – nicht direkt und unmittelbar, sondern über einen oder mehrere Mittler erreicht, z. B. Anordnungen in hierarchischen Systemen.

Kommunikation, horizontale
eine K., die zwischen Statusgleichen ohne formal geregelte K.kanäle fließt; Gegensatz: →vertikale K.

Kommunikation, indirekte
1. K., die nicht in einer face-to-face-Situation abläuft;

2. K., die über den Einsatz von K.medien erfolgt, um die Adressaten zu errei-

chen; technische Hilfsmittel werden eingesetzt;

3. die nichtsprachliche, nonverbale K.

Kommunikation, instrumentale
sachliche, emotionslose, affektfreie K., deren Inhalt sich auf „objektive" Sachverhalte bezieht; Gegenteil: →expressive K.

Kommunikation, kooperative
→gegenseitige K.

Kommunikation, mediale
→indirekte K.

Kommunikation, nonkooperative
→einseitige K.

Kommunikation, partiale
eine K., deren K.inhalte nicht vollständig beim Kommunikanten ankommen, was häufiger für →indirekte K. über K.medien und K.mittler als für →direkte, →personale K. zutrifft.

Kommunikation, personale
→direkte K.

Kommunikation, symbolische
K., die mittels Symbolen Informationen vermittelt (also etwa Sprache oder Gegenstände als Bedeutungsträger (z.B. Flagge)).

Kommunikation, unilaterale
→einseitige K.

Kommunikation, vertikale
dies ist eine asymmetrische K., bei der die Informationen in hierarchischen Strukturen (etwa als Befehle) von oben nach unten laufen.

Kommunikation, wechselseitige
→gegenseitige K.

Kommunikationsmedien

1. im weiteren Sinne alle Vehikel, die Kommunikation ermöglichen, indem Information vermittelt wird, also Sprache, Gestik, Mimik, aber auch Telefon, Rundfunk etc.;

2. im engeren Sinne alle technischen Möglichkeiten des Informationstransports, insbesondere im Bereich der Massenmedien, also z.B. Zeitung, Rundfunk, Fernsehen, Computer etc.

Kommunikationsmittel
→Kommunikationsmedien

Kommunikationssoziologie

1. „Kommunikation" ist ein Thema oder Gegenstand von derartiger Komplexität, daß sich inzwischen eine ganze (sozialwissenschaftliche) Disziplin damit eigenständig beschäftigt: die Kommunikationswissenschaft, die in der Nachfolge einer mehr geisteswissenschaftlich-phänomenologischen Publizistik steht (*Noelle-Neumann/Schulz/Wilke 1994*). Dieser wissenschaftliche Ausdifferenzierungsvorgang provoziert natürlich die Frage, was dann im disziplinären Herkunftsbereich – der Soziologie – noch vom „ausgewanderten", verselbständigten Thema verbleibt. (Eine ganz parallele Konstellation besteht übrigens für die Politikwissenschaft und die Politische Soziologie.)

Die Sache wird noch komplizierter dadurch, daß für eine einflußreiche konzeptionelle Richtung der Soziologie „Kommunikation" als basales Element des Sozialen und von Gesellschaft gilt. *Niklas Luhmann* hat ganz prononciert die älteren soziologischen Element-Konzepte der Handlung oder der Interaktion (und erst recht des Menschen) durch das Element der Kommunikation ersetzt und radikalisiert (1984, 191 ff.). Derart aufgefaßt, ergäbe eine *spezielle* Soziologie für Kommunikation keinen Sinn.

Mit einem Verständnis von Kommunikation als soziologischer Basiskategorie entlastet man sich vor allem von Bezügen technikwissenschaftlichen Ursprungs: Bezügen etwa zur Nachrichtentheorie oder zur allgemeinen Kybernetik, wie sie in der kommunikationswissenschaftlichen Erforschung der Massenkommunikation bis in die Terminologie hinein (Sender, Empfänger, Information, Nachricht) naheliegenderweise deshalb aufrechterhalten werden, weil diese medial – und dabei zum Teil und zunehmend technisch („elektronisch") – vermittelt wird und dies für ihren Charakter (ihre Direktionalität, Rezeption,

Kommunikationssoziologie

Wirkungen usw.) auch nicht unwesentlich, sondern mitbestimmend ist.

Die (oder eine) „Kommunikationssoziologie" steht demnach – etwas verloren – zwischen einer „ausgewanderten", verselbständigten Kommunikationswissenschaftsdisziplin auf der einen und einer Paradigmatisierung der ganzen (allgemeinen) Soziologie auf der Basis von Kommunikation als ihrer elementaren Kategorie auf der anderen Seite.

Eine mögliche Lösung des Dilemmas besteht – wie häufig in solchen Fällen – darin, daß sich die verbleibende Bindestrich-Soziologie, statt Spezielle Disziplin für einen ausgewählten sozialen „Gegenstand" (wie z.B. Jugend, Familie, Organisation, Industrie etc.) zu sein, auf Grundlagen, d.h. auf einen Ausschnitt der Grundlagen der Soziologie, beschränkt, und dies in einer Weise, mit der der Anschluß an andere Themen und „Gegenstände" der Soziologie insgesamt erhalten oder hergestellt wird.

2. Beide Theorie-Protagonisten der deutschen Soziologie der letzten Jahrzehnte – *Niklas Luhmann* und *Jürgen Habermas* – haben die Kategorie der Kommunikation prominent herausgestellt: Was beweist diese Übereinstimmung? Und inwiefern unterscheiden sich die beiden Konzepte?

Von der sozialen/soziologischen Elementarkategorie Kommunikation ausgehend – Gesellschaft ist Kommunikation (und nichts sonst) – interessiert sich *Luhmann* für den evolutionären Entwicklungsvorgang der (Aus-)Differenzierung und (Funktions-)Spezialisierung von sozietalen Kommunikations„systemen". Auf der Ebene der Kommunikation geschieht dies durch Codierung, wodurch sich so etwas wie systemspezifische Spezialsprachen ergeben (haben). Jedes ausdifferenzierte sozietale (Sub-)System hat und entwickelt seine eigene Sprache, die sich von den Sprachen der anderen Systeme unterscheidet. Die in der Regel sehr einfache, zweiwertige Codierung erzeugt für jedermann deutlich markierte Sprach- und Systemgrenzen: sie differenziert, was „dazu gehört" und was nicht. So „geht es" in der Wissenschaft um Wahrheit (wahr/unwahr oder empirisch – richtig/falsch), in der Politik um Macht (Machtzuwachs/-verlust), in der Wirtschaft um (Geld-)Zahlungen, im Recht um erlaubtes/unerlaubtes Handeln usw.

Auf der Basis derart – systematisch differenziert – vorhandener Kommunikationscodierungen können die Menschen, in systemischen Rollenkontexten, einander schneller und eindeutiger „verstehen" und ihr Handeln erfolgreich aufeinander abstimmen. Hier zeigt sich zugleich die Basalität (für die Soziologie), um die es *Luhmann* mit der Kommunikationskategorie geht. Kommunikation ist in seiner Soziologie das (Letzt-)Element sozialer Systeme, deren allgemeinsten Zusammenhang das „Kommunikationssystem Gesellschaft" darstellt.

Wenn *Habermas* von „kommunikativem Handeln" spricht, unterstellt er solches, basales Verstehen, um darauf aufbauend, aber auch „quer" zu den Systemen und Codierungen, nach der Möglichkeit – und weiter: nach den Bedingungen der Möglichkeit – der „Verständigung" (unter Menschen) über gemeinsame Werte, Ziele, Wahrheiten und Programme zu fragen. Das *Habermas'sche* Interesse und Anliegen gilt dabei gerade jenen Prozessen „kommunikativen (verständigungsorientierten) Handelns", die jenseits der (großen Funktions-)Systeme, und diese sogar kritisierend, erfolgen: in der lebensweltlichen Praxis.

Die beiden genannten kommunikationstheoretischen Ansätze unterscheiden sich auch als einmal eher makro-, im anderen Fall eher mikrosoziologisch ausgerichtet. Das Schwergewicht liegt bei Luhmann auf der Ebene der Systeme mit ihren jeweiligen codierten Spezialsprachen. Diese sind den einzelnen konkreten Kommunikationen vorgegeben, determinieren sie grundsätzlich, geben ihnen – und erschlüsseln ihren – Sinn.

Das konzeptionelle Pedant zum *Luhmannschen* System ist bei *Habermas* der – notwendig „kleine" – Diskurs (von Teilnehmern).

Im Argumentationsprozeß von Diskursnen wird, so die These, unter Bedingung von „Herrschaftsfreiheit", mit mehr oder weniger Gesetzmäßigkeit Verständigung (mit dem schönen Grenzfall des „Konsenses") erzielt.

3. Aus einem traditionellen, ja klassischen Interesse heraus wird Kommunikation im soziologischen Zusammenhang immer auch unter dem Aspekt – kritisch – betrachtet, ob bzw. daß sie asymmetrisch strukturiert erfolgt und Macht- und Herrschaftsverhältnisse begründet, stabilisiert und befördert.

Kommunikative Assymmetrien ergeben sich z. B. durch unterschiedlich „elaborierte" Sprachfertigkeit und Sprachcodes (und zeigen sich darin), die ihrerseits mit sozialer Schichtung einhergehen, diese ausdrücken und stabilisieren können und sozialisatorisch erworben werden. Auch „Definitionsmacht" – z. B. der Wissenschaft oder des Rechts – oder „das letzte Wort", das der Journalist „auf Sendung" im Interview hat (und gerne nutzt), implizieren Asymmetrien der Kommunikation.

Ob, wie etwa in diktatorischen oder auch in feministischen und ethnizistischen Kontexten oft geglaubt, „soziale Definitionsmacht" auch, in relevanter Erheblichkeit, von der bloßen Terminologie abhängt (z. B. Weihnachtsfeiern ihre christliche Reminiszenz verlieren, wenn man sie zu Jahresabschlußfeiern umbenennt; das Patriarchat am „man" – ohne „frau"-Pedant – hängt; „Zigeuner" weniger diskriminiert werden, wenn man sie als Sinti oder Roma bezeichnet), dürfte allerdings fraglich sein. Derartige Hoffnungen und Bestrebungen gibt es freilich immer wieder. Die zur Zeit im Westen verbreitete „political correctness"-Bewegung etwa ist primär sprachpolitischer Art, will über die Sprache (Wortwahl) die soziale Kommunikation und schließlich die sozialen Beziehungen und Verhältnisse verändern.

Den sicherlich bedeutsamsten Gegenstand von Kommunikationskritik unter Macht- und Herrschaftsaspekten bilden die Massen(kommunikations)medien. Zwei zentrale Fragestellungen betreffen dabei (1) die „Einseitigkeit" der medialen Kommunikation, die die eine Seite der Kommunikations„partner" zu bloßen „Rezipienten" und „Wirkungs"-Betroffenen werden läßt, wobei gleichwohl – und relativ erfolgreich – seitens der Medien kommunikative Wechselseitigkeit zu suggerieren versucht wird; (2) das Verhältnis von Massenmedien und Politik, in dem sich die Akteure jeweils gegenseitig die wichtigere – und sich selbst die abhängige oder opferbestimmte – Rolle zuschreiben.

Sowohl die Bedeutsamkeit der Massenkommunikation für die moderne Gesellschaft als auch die Problematik einer sensiblen Balance zwischen Medien(freiheit) und Politik(gestaltung) der Medienordnung in ihr reflektieren sich in Deutschland in folgender Spannung: starker, grundrechtlicher Schutz von Meinungs- und Pressefreiheit (Art. 5 GG) auf der einen, Mediengesetzgebung (der Länder, wegen entsprechender staatlicher Kompetenzverteilung) mit Regelungen für staatsfern-öffentlichrechtlichen sowie privatrechtlichen Rundfunk auf der anderen Seite.

4. Eine wesentlich veränderte Konstellation für Kommunikation ergibt sich heute durch die Entwicklung von (über Telefonleitungen und Satelliten-Funk) weltweit vernetzter, privat erschwinglicher Elektronik (digitale Datenübertragung). „Internet", „worldwide web" (www) und „electronic mail" (e-mail) sind die schon terminologisch aufschlußreichen Stichworte dafür. *„Tele-Kommunikation"* heißt Austausch von Daten aller Art zu allen möglichen Zwecken (Telebanking, -arbeit, -medizin usw.) über alle erdenklichen Wege; sie erzeugt die globale Kommunikationsvernetzung. Digitale Tele-

kommunikation gewinnt in den kommenden Jahren – im Verhältnis zu den konventionellen Modi von Brief- und Telefonverkehr – eine in ihren Auswirkungen auf Leben und Gesellschaft kaum zu überschätzende Bedeutung. Tendenziell wird jedermann – auf der ganzen Welt – zum Autor und Adressaten von Kommunikation und Publikation gleichermaßen. Dies hebt die angesprochene Asymmetrie zumindest teilweise auf, bewirkt eine kommunikative Demokratisierung; „teilweise" deshalb, weil die herkömmlichen Massenmedien (insbesondere das Fernsehen) ja dabei nicht verdrängt, sondern nur durch ein Medium ganz eigener Art ergänzt werden. Politisch restringierte Massenmedien-Kommunikation in Diktaturen (wie z. B. in China) kann mittels Internet leicht und erfolgreich unterlaufen werden. Die staatliche Überwachung der digitalen Kommunikation – und sei es zu so legitimen Zwecken wie die Verbrechensbekämpfung – wird erheblich schwieriger als z. B. im Telefonverkehr.

5. Daß es neben sprachlicher/verbaler auch „nonverbale" Kommunikation gibt (Mimik, Gestik u. a.), darauf – und auf deren Bedeutung – haben insbesondere Psychologen hingewiesen. Sie kann eigenständig erfolgen oder auch in Ergänzung von Verbalität. Am bekanntesten ist dabei für die Soziologie die Erkenntnis bzw. der Umstand geworden, daß jede kommunikative Mitteilung zugleich einen „Beziehungsaspekt" aufweist, der ihr sozusagen unterliegt oder aufgesattelt wird. Manche Kommunikation dient praktisch allein der Beziehungsfrage.

In der modernen Sprachwissenschaft werden die komplexen Assoziationen und Bedeutungskonnexe gesehen, die sich an der „puren" Sprache und Kommunikation festmachen und die gute Übersetzungen zwischen Sprachen so schwierig machen. Allemal aber bleibt dabei die Sprache, die sprachliche Mitteilung, der „Sprechakt", im Zentrum der kommunikativen Sache wie der Betrachtung. Dies reflektiert den zutiefst sprachlichen – und, als Subdimension, auch schriftlichen – Charakter unserer „westlichen" Zivilisation. „Die Sprache ist natürlich (sic!) der primäre, unentbehrliche Modus des kommunikativen Austauschs. Sie hat uns zu Menschen gemacht und läßt uns Menschen bleiben, sie definiert geradezu, was *humanitas* bedeutet." (*Postman* 1985, 19) Ausnahmen – wie Musik, darstellende und bildende Kunst, Sport, schrift- und wortabgelöste religiöse Spiritualität, Liebe u. a. m. – bestätigen die Regel: nicht dadurch, daß sie nur selten vorkämen oder keine Wertschätzung erführen, sondern insofern, als sie nicht im Kern unserer gesellschaftlichen Reproduktion stehen, sondern, von dieser her gesehen, eher peripher (z. B. privat) sind.

Diese Konstellation steht freilich zur Zeit „auf der Kippe". *N. Postman* hat eindringlich auf den erfolgenden paradigmatischen Wechsel des kulturellen Kommunikationsmediums hingewiesen, der hauptsächlich durch die Dominanz des, und die Gewöhnung ans Fernsehen, aber auch durch die Bildgestalt der Computer-Elektronik verursacht wird: „Wir gehören heute einer Kultur an, deren Informationen, deren Ideen und deren Epistemologie vom Fernsehen und nicht vom gedruckten Wort geformt werden." (1985, S. 41) Das Bild verdrängt die Schrift; das Sehen das Lesen; die nonverbale Bild- ersetzt die sprachliche Wortkommunikation. Die Medienfunktionen (z. B. des öffentlich-rechtlichen Rundfunks) von Information und Bildung werden durch diejenige der Unterhaltung verdrängt. Die Auswirkungen solchen „kulturellen" Wandels sind weitreichend; man denke nur an das Problem der Erzielung von „Wahrheit" (Sätze, Aus„sagen", Argumentation) oder von „Übereinstimmung" (Verträge). Für die Vorstellung einer rationalen „Diskurs-Kultur" bedeutet die Ersetzung von Wort/Schrift/Lesen durch Bild/Sehen einen folgenreichen Schlag.

Einen treffenden Ausdruck findet dieser Vorgang der „Wanderung der Kommunikation ins Bild" auch im Gebrauchsdesign und dessen heutiger Konjunktur. Designer tragen den Begriff der Kommunikation sozusagen ständig auf der Zunge; ihre Bilder wollen und sollen etwas „kommunizieren", z.B. Werbebotschaften. Bilder transportieren in diesen Botschaften viel mehr an Sinn, Erlebnis, Projektion usw. als Worte. Und vor allem schließen sie viel stärker denn Worte – über das Kognitive hinaus – die emotionale Dimension ein. Es gibt inzwischen akademische Studiengänge, die sich offiziell „Kommunikationsdesign nennen; Design ist Kommunikation, bildet die tendenzielle Kommunikationsgestalt der Moderne.

Designer sind jedoch nur Helfer des Marketing von Unternehmen (und anderer für sich „werbender" sozialer Institutionen). Auch in diesem Zusammenhang hat inzwischen der Terminus der Kommunikation hohe Konjunktur: Unternehmen „kommunizieren" Botschaften an ihre Kunden. Für den erhofften „kommunikativen Gegenstrom" ist diese Vokabel allerdings weniger treffend: der adressierte Kunde soll kaufen, zahlen – was als „Antwort" freilich durchaus wirtschaftssystemspezifische Kommunikation darstellt. Hier treffen also zwei Konzepte der Kommunikation aufeinander: ein konventionelles und ein systemtheoretisches.

Lit.: *J. Habermas,* Theorie des kommunikativen Handelns, Frankfurt/M. 1981. *N. Luhmann,* Soziale Systeme, Frankfurt/M. 1984. *F. Marcinkowski,* Publizistik als autopoietisches System, Opladen 1993. *E. Noelle-Neumann/W. Schulz/J. Wilke* (Hrsg.), Das Fischer Lexikon Publizistik/Massenkommunikation, Frankfurt/M. (Neuausgabe) 1994. *N. Postman,* Wir amüsieren uns zu Tode, Frankfurt/M. 1985

Prof. Dr. *V. Ronge,* Wuppertal

Kommunismus

1. eine Gesellschaftsordnung, die sich nach dem →Marxismus konsequent aus dem →Sozialismus entwickelt. Kennzeichnend für sie sind die soziale Gleichheit der Bürger, fehlende Entfremdung in der Arbeit und gemeinsamer Besitz der Produktionsmittel;

2. K. ist alles, was dazu angetan erscheint, die kapitalistische Wirtschaftsordnung aufzuheben. Insoweit werden manchmal auch Bewegungen, die diese in Teilen kritisieren, als K. verteufelt;

3. nach *R. K. Merton* eine Handlungsmaxime im wissenschaftlichen Forschungsbetrieb, die besagt, daß wissenschaftliche Erkenntnisse veröffentlicht werden sollen, um sie allgemein zugänglich zu machen. Geheimhaltung würde die wissenschaftliche →Kommunikation unterbinden und den Fortschritt hemmen.

Kommunismus, urwüchsiger
Urkommunismus
im →Marxismus unterstellte Urform menschlichen Zusammenlebens ohne die Phänomene des →Kapitalismus, wie →Klassen, Ausbeutung, Mehrwert etc.

Kommunismus, utopischer
die idealtypische Vorstellung absoluter individueller Eigentumslosigkeit bei allgemeinem Gemeinschaftsbesitz aller Güter.
→Revolution von 1989/90

Kommunitarismus

→Gemeinschaft
von dem US-amerikanischen Soziologen Amitai Etzioni (geb. 1929 in Köln) 1984 entwickeltes Konzept, das in den USA eine breite →neue soziale Bewegung mit eigenem →Netzwerk ausgelöst hat.

Nach den Ursachen für den rapiden Zerfall der US-Gesellschaft („moralische Anarchie") suchend, ist Etzioni der Meinung, daß der Krise der Gesellschaft nur durch die Wiederbelebung des Sinnes für Gemeinschaft („community") begegnet werden könne. Die Anhänger seiner Idee (Kommunitarier) wenden sich sowohl gegen den rücksichtslosen Individualismus als auch gegen die Überforderung des Wohlfahrtsstaates und definieren sich selbst als „eine Bewegung für eine bessere moralische, soziale und politische Umwelt". In ausdrücklicher Anlehnung an seinen Philosophen-Lehrer Martin Buber spricht Etzioni von der „Ich+Wir-Sichtweise". Die Menschen müßten wieder das Gefühl persönlicher und sozialer Verantwortung entwickeln bzw. das Bewußtsein, daß sie neben Rechten auch Pflichten hätten; der Staat jedoch dürfe sich gleichwohl nicht aus dem Sozialwesen zurückziehen.

Lit.: Amitai Etzioni: Jenseits des Egoismus-Prinzips. Ein neues Bild von Wirtschaft, Politik und Gesellschaft. Stuttgart 1994 (Übers.); *ders.:* Die Entdeckung des Gemeinwesens. Ansprüche, Verantwortlichkeiten und das Programm des Kommunitarismus. Stuttgart 1995 (Übers.) *G. R.*

Kompatibilität

Vereinbarkeit, Übereinstimmung, Zusammenpassen, Verträglichkeit.

kompensatorische Erziehung

ausgleichende Erziehung

es wird versucht, die bekannten Benachteiligungen der Unterschichtkinder – durch mangelnde familiale →Sozialisation auf der Basis gesellschaftlicher Unterschiede – in den außerfamilialen Sozialisationsinstanzen aufzufangen, um annähernd gleiche Möglichkeiten des Lernens und der Bildung zu schaffen. Dieser angestrebte Ausgleich beläßt die basalen gesellschaftlichen Ungleichheiten und kuriert nur die Symptome, so die Kritik an diesem Ansatz.

Kompetenz

1. Fähigkeit, Vermögen

2. Zuständigkeit, Befugnis, die Zuweisung von Aufgaben und Funktionen an Inhaber von Positionen, die alle Vollmachten beinhalten, die zur Realisierung der mit der Position verbundenen Ziele notwendig sind.

Kompetenz, kommunikative

von *J. Habermas* geschöpfter Begriff, der die linguistisch betrachtete Sprachkompetenz ergänzt, indem darauf verwiesen wird, daß für eine intersubjektive Verständigung die grammatische Kompetenz nicht zureichend ist. K. K. ist daher notwendige Voraussetzung für dialogische →Kommunikation, sie beinhaltet das Vermögen, die universalen Regeln menschlicher Verständigung anzuwenden, die mit dem Erlernen der Sprache automatisch mitgelernt werden.

Komplementarität

1. allgemein voneinander abhängige Größen, die zueinander in ergänzender Beziehung stehen;

2. in der Soziologie oft für zwei oder mehr →Rollen gebraucht, die zueinander in ergänzender Beziehung stehen, also etwa Dozent–Student. Die Rechte des einen sind die Pflichten des anderen und umgekehrt.

Komplexität

1. Vielschichtigkeit, die Gesamtheit aller Merkmale, die ein Phänomen ausmachen, ist seine K.;

2. in einem sozialen →System die Vielfältigkeiten und Häufigkeiten von Relationen zwischen den einzelnen Systemelementen; je differenzierter ein System ist, desto komplexer ist es auch. Eine fortgeschrittene Industriegesellschaft ist hochkomplex durch Arbeitsteiligkeit, Organisationsprinzipien, funktionale Differenzierungen etc.

Komplexitätsgrad der Umwelt

für eine optimale Verarbeitung einer Information ist einerseits die →kognitive Struktur des Individuums, andererseits aber auch der K. d. U. bedeutsam, wobei zwischen beiden eine umgekehrt U-förmige Beziehung angenommen wird. Ein mittlerer K. d. U. wird als optimal betrachtet.

Konditionierung

aus der →Verhaltenstheorie bzw. →Lerntheorie stammende Bezeichnung für die Herstellung bedingter (konditionierter) Reaktionen. Der hierfür verantwortliche Mechanismus kann sowohl im Laborexperiment als auch in der natürlichen Lebenswelt beobachtet werden. Dabei wird zwischen →instrumenteller K. (verstärkter Reiz (Belohnung) erst nach erfolgter Reaktion) und →klassischer K. (ursprünglich neutraler Reiz wird durch gemeinsame Darbietung mit reaktionsauslösendem Reiz selbst zum reaktionsauslösenden Reiz) unterschieden. Die Verhaltenstheorie unterstellt, daß die K. allen Verhaltensmodifikationen zugrunde liegt.

Konditionierung, instrumentelle
die bedingte Reaktion wird dadurch erzeugt, daß eine bestimmte Verhaltensweise nach ihrem Auftreten belohnt wird. Die Belohnung wirkt als Verstärker, so daß das gezeigte Verhalten danach häufiger auftreten wird. Das Verhalten dient zukünftig dazu, die Belohnung zu erhalten.

Konditionierung, klassische
auf *J. Pawlows* Versuche zurückgehende Bezeichnung für eine bestimmte Form bedingter Reaktion: Wird bei Auftreten eines unbedingten Reizes gleichzeitig und mehrfach irgendein neutraler Reiz angeboten, so wird letzterer zu einem bedingten: seine Darbietung allein reicht aus, die sonst beim unbedingten Reiz auftretende Reaktion hervorzurufen.

Konditionierung, operante
Lernen am Erfolg
bei der o. K. erfolgt ein bestimmtes Verhalten, durch den Organismus determiniert, das dann Konsequenzen zeigt, die positiv bewertet sind. Diese Konsequenzen beeinflussen als Erfolg das Auftreten dieses Verhaltens in der Zukunft.

Konditionierung, sensorische
Assoziationskonditionierung
zwei oder mehrere neutrale sensorische Reize werden mehrfach gemeinsam angeboten; bildet sich dann auf einen dieser Reize eine Reaktion aus, so tritt diese bedingte Reaktion auch bei dem oder den anderen Reizen auf.

Konfiguration

Gestalt, Gestaltung
bei der Untersuchung sozialer →Gruppen und →Systeme nach bestimmten Kriterien ergeben sich bestimmte, typische →Strukturen zwischen Gruppenmitgliedern oder Systemelementen, die

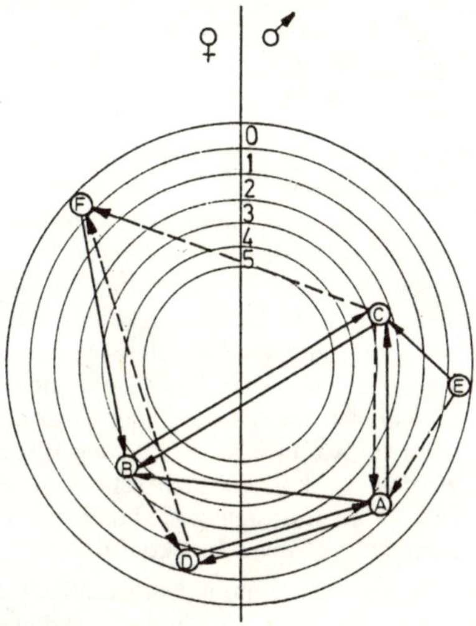

Legende:
- - - Ablehnung
—— Wahlen
0–5 Anzahl der erhaltenen Wahlen
♀ weibliche Gruppenmitglieder
♂ männliche Gruppenmitglieder
Beim Target-Soziogramm (= Schießscheibensoziogramm) wird versucht, eine Struktur in das Soziogramm zu bringen, indem je nach Häufigkeit der Wahlen die Gruppenmitglieder auf den Ringen der Scheibe plaziert werden.

Die Gruppe besteht aus drei weiblichen (F, B, D) und drei männlichen (C, A, E) Gruppenmitgliedern.
D, A, B, C bilden eine Kette.
F erhält nur Ablehnungen, während E weder gewählt noch abgelehnt wird. Beide sind in der Gruppe isoliert.
D und A wählen sich gegenseitig, erhalten aber durch andere Gruppenmitglieder keine Wahlen, sondern nur Ablehnungen.
Man kann A und D als Paar bezeichnen.
B und C erhalten die meisten Wahlen (je drei) und keine Ablehnungen.
Sie wählen sich gegenseitig, aber keine anderen Gruppenmitglieder.
Die weiblichen Gruppenmitglieder sind untereinander ebenso wenig verbunden wie die männlichen.
Die Gruppe wird durch B und C zusammengehalten.
(RATHGEBER, Walter (Hg.), Medizinische Psychologie, München 1977, 2. Aufl.)

Ausdruck der Beziehungen zwischen diesen sind.

Konfiguration, soziometrische
die im soziometrischen Test gefundenen Beziehungskonstellationen können graphisch als Ketten, Kreise, Sterne, Dreiecke usw. dargestellt werden; diese K. sind charakteristische Figuren für Gruppenbeziehungen.

Konflikt
Zusammenstoß
1. ein K. liegt vor, wenn sich widerstreitende →Bedürfnisse und Interessen ergeben und aufeinandertreffen. Allgemeiner Begriff für Streitigkeiten, Auseinandersetzungen zwischen Personen und/oder →Gruppen, die sehr unterschiedliche Stärke und Dauer erreichen können. K. müssen nicht ausgetragen werden, sie können auch schwelen. K. bzw. deren Austragung sind meist sozial normiert, vgl. etwa Tarifkonflikte;

2. K. kann auch intrapersonal auftreten, wenn zwei widerstreitende Verhaltensmöglichkeiten existieren, die sich gegenseitig ausschließen. Die notwendige Entscheidung für eine Alternative wird als psychische Belastung empfunden;

3. in der Psychoanalyse: widerstreitende intrapersonale Forderungen und Prinzipien – etwa Lust versus Realität –, die innerhalb oder instanzenübergreifend lokalisiert sind. Bleiben sie unbewußt und ungelöst, so entstehen Neurosen;

4. die →konflikttheoretischen Ansätze in der Soziologie sprechen dann von einem K., wenn in einer sozialen Beziehung zwischen jeglichen sozialen Elementen Gegensätze existieren, etwa die →Klassen im →Marxismus.

Konflikt, antagonistischer
unversöhnlich und kompromißlos stehen sich die widerstreitenden Gegner gegenüber; die Gegnerschaft ist nicht aufzulösen, außer durch Abschaffung der einen Auffassung. Beispiel: Der Interessengegensatz der →Klassen nach →marxistischer Auffassung.

Konflikt, auflösender
tritt ein solcher K. in einem sozialen →System auf, so führt er zu desen (partieller) Auflösung, weil der K. an sich nicht gelöst werden kann, das soziale System wird desintegriert.

Konflikt, dysfunktionaler
solche, die den Bestand eines sozialen →Systems gefährden, die möglicherweise zu einem auflösenden K. werden. Solange die Konfliktregelungen normativ geregelt sind, werden K. kaum d. werden.

Konflikt, echter
dient der K. als Mittel zum Zweck, um also ein bestimmtes Ziel zu realisieren, und ist er nicht zum Selbstzweck degeneriert, dann ist er ein e. K. Gegenteil: →unechter K.

Konflikt, industrieller
eine weniger vorbelastete Bezeichnung für den strukturellen Gegensatz zwischen Unternehmen und Arbeitern, der größere Offenheit und Kompromißbereitschaft signalisiert, als es der →antagonistische der →Klassen im →Marxismus tun kann.

Konflikt, informeller
ist nicht durch formale Regeln kanalisiert und normiert, weshalb der Mitteleinsatz bei der Konfliktaustragung kaum abschätzbar ist. Die K.parteien können die Austragung relativ frei gestalten.

Konflikt, institutionalisierter
solche K., die in ihrer Notwendigkeit anerkannt sind, in ihrer Zielsetzung akzeptiert und im Hinblick auf den Einsatz der Mittel bei der K.austragung normiert sind. Beispiel: Tarifk.

Konflikt, latenter
ein nicht unmittelbar erkennbarer K., weil er nicht oder nicht offen ausgetragen wird. Wird er verdeckt geführt, so werden zumeist illegitime Mittel eingesetzt. Gegensatz: →manifester K.

Konflikt, manifester
ein K., der wegen der K.austragung oder wegen seiner offenen Artikulation für die K.parteien und/oder die Öffentlich-

keit als solcher erkennbar ist. Gegensatz: →latenter K.

Konflikt, umgeleiteter
kann ein K. – aus welchen Gründen auch immer – nicht ausgetragen werden, so ist denkbar, daß man das „Schlachtfeld" auf andere K.bereiche verlagert, für die es eine Austragungschance gibt.

Konflikt, unechter
der K. degeneriert zum Selbstzweck; nicht der Gegenstand oder das Ziel des K. ist wichtig, sondern der K. überhaupt. Damit ist der K.partner beliebig austauschbar. (Auf psychologischer Ebene: der Querulant), Gegenteil: →echter K.

Konflikt, unterdrückter
in bestimmten sozialen Situationen können K. nicht ausgetragen und ausgelebt werden, weil dies gegen übergeordnete →Normen verstoßen würde. Der K. muß – will man keine →Sanktionen hinnehmen, die auch einer K.lösung im Wege stehen – unterdrückt werden.

Konfliktmodell
da der →Strukturfunktionalismus von einem harmonischen Gleichgewichtsmodell der Gesellschaft ausgeht, was nach den →Konflikttheorien nicht zutreffend ist, wird ein K. entwickelt, das realistischer ist, weil es →Konflikt, Kampf, Zwang und →Wandel in seine Überlegungen einbezieht. Es kommt dem Pluralismus moderner Industriegesellschaften näher.

Konflikttheorien
1. Soziale Konflikte entstehen durch Intessengegensätze und miteinander unvereinbare Aktivitäten von Personen, Gruppen oder Staaten. Weil die Interessen von Interaktionspartnern nur in Ausnahmefällen völlig identisch sind, muß davon ausgegangen werden, daß soziale Beziehungen fast immer auch mit Konflikten belastet sind. Wenn Personen miteinander Güter tauschen wollen, dann haben sie zwar ein gemeinsames Interesse daran, sich zu einigen, aber jeder hat auch ein nur gegen den anderen zu realisierendes →Interesse an möglichst günstigen Tauschbedingungen. Wenn Arbeitnehmer sich zu einer Gewerkschaft zusammenschließen, um höhere Löhne und bessere Arbeitsbedingungen durchzusetzen, dann bringt sie das in einen Interessengegensatz zu den betroffenen Unternehmern. Aber der Interessengegensatz ist nicht total. Denn Arbeitnehmer und Arbeitgeber bleiben zumindest an der Vermeidung von solchen Arbeitskämpfen interessiert, die die betroffenen Unternehmen ruinieren. Wenn miteinander interagierende Menschen in den Genuß einer staatlichen Ordnung kommen wollen, haben sie insoweit ein gemeinsames Interesse. Bei der Frage, wer den Staatsapparat zu welchen Zwecken kontrolliert oder wer die Regierung bildet, aber werden Interessengegensätze entstehen. Oder wenn Staaten in einer nuklear gerüsteten Welt einander mit Vergeltungsschlägen für konkrete, als aggressiv empfundene Maßnahmen bedrohen, dann liegt nicht nur ein Interessengegensatz vor, sondern auch ein gemeinsames Interesse an der Vermeidung des Atomkrieges und gegenseitiger Zerstörung. Es ist folglich davon auszugehen, daß soziale Beziehungen auf jedem Aggregationsniveau durch partielle Gemeinsamkeit der Interessen gekennzeichnet sind, daß reine Interessengegensätze oder Harmonie nur sehr selten auftretende Grenzfälle sind. Soweit →Gruppen oder →Gesellschaften (und nicht nur →Individuen) einander im Konflikt gegenüberstehen, setzt der Konflikt die interne Kooperation innerhalb der Konfliktparteien geradezu voraus. Aus den genannten Gründen ist eine klare Abgrenzung von Konflikttheorien und anderen Gesellschaftstheorien nicht möglich.

2. Biologische und psychologische Konflikttheorien unterstellen oft ein angeborenes Aggressionsbedürfnis. Ohne diesen Gedanken verwerfen zu müssen, kann man aber sagen, daß mit derartigen Aussagen für soziologische Konflikttheorien wenig gewonnen ist, solange

unklar bleibt, unter welchen Bedingungen Konflikthandeln gegen wen gerichtet wird, wer unter welchen Bedingungen die besten Durchsetzungschancen in Konflikten hat.

Frustrations-Aggressions-Theorien unterstellen, daß aggressives Verhalten weitgehend aus Frustrationen oder verhinderter Bedürfnisbefriedigung resultiert. Obwohl derartige Theorien (mit einer gewissen zeitlichen Verzögerung) aus der Psychologie in die Soziologie übertragen worden sind, muß darauf hingewiesen werden, daß die moderne Psychologie in Frustrationen weder eine notwendige noch eine hinreichende Bedingung für aggressives Verhalten sieht. Denn aggressives Verhalten kann sich lohnen und einfach deshalb ausgeführt werden. Denn aggressives Verhalten kann, etwa aus Angst vor Strafe, trotz vorhandener Frustrationen unterbleiben. Bei der Anwendung von Frustrations-Aggressions-Theorien auf soziale Aggregate muß außerdem wieder offenbleiben (oder anders erklärt werden), warum Frustrationen gerade zu diesem und nicht zu jenem Konflikthandeln führen, gegen diesen oder jenen Konfliktgegner gerichtet werden.

3. Die →marxistische Gesellschaftstheorie ist weitgehend auch eine Konflikttheorie, weil die Geschichte als Abfolge von Klassenkämpfen verstanden wird. Für bürgerliche oder kapitalistische Gesellschaften besteht der konflikttheoretische Ausgangspunkt in einem prognostizierten Verelendungstrend, wonach im Laufe der Zeit in den Industrieländern immer mehr Arbeiter immer weiter ins Elend getrieben werden. Mit der Verelendung einhergehen soll die Zweiteilung der Klassenstruktur, d. h., alle Zwischenschichten sollen verschwinden, so daß sich schließlich nur noch eine überwältigende Mehrheit von verarmten Proletariern und wenige reiche Kapitalisten gegenüberstehen. Dann kommt es zur Revolution, zur Diktatur des Proletariats und zu klassenlosen Gesellschaft. Offensichtlich hat der Verlauf der Geschichte die Mitte des 19. Jahrhunderts entwickelte marxistische Theorie falsifiziert. Es ist nicht zur Verelendung, nicht zur Zweiteilung der →Klassenstruktur, nicht zur proletarischen Revolution in den fortgeschrittenen Industrieländern und nicht zur klassenlosen Gesellschaft nach nominell marxistischen Revolutionen gekommen. Aber die marxistische Theorie leidet nicht nur an falschen Prognosen, sondern auch an anderen grundsätzlichen Mängeln: a. Der Einfluß des unvorhersehbaren Erkenntnisfortschritts auf die Geschichte wird implizit verneint. b. Die Rolle des Staates bzw. seine Autonomie von den ökonomisch herrschenden Klassen wird nur unzureichend analysiert. c. Die Anreize, die eine verelendete proletarische Masse zur →Revolution treiben sollen, bleiben unklar.

4. Die moderne Diskussion über Konfliktursachen wird vor allem von der Kontroverse zwischen den Deprivationstheoretikern einerseits und den Theoretikern des →rationalen Handelns, der Ressourcenmobilisierung und der Machtpolitik andererseits beherrscht. Deprivationstheoretiker knüpfen entweder an Verelendungstheorien oder an Frustrationstheorien an. Dabei kann subjektive bzw. relative oder objektive bzw. absolute Deprivation im Vordergrund stehen. Um zu überprüfbaren Aussagen zu kommen, sind immer zusätzliche Annahmen über die Messung von →Deprivation notwendig. In der Umfrageforschung fragt man etwa nach der Beteiligung an Protestdemonstrationen und illegalen politischen Aktivitäten und meist subjektiven und relativen Deprivationen. In der international vergleichenden Forschung setzt man denkbare Hintergrundbedingungen von Deprivation in Beziehung zur Häufigkeit von Protest, Gewalt und Rebellion innerhalb von Gesellschaften. Beispiel für derartige Hintergrundbedingungen sind eine Diskrepanz zwischen sozialer Mobili-

sierung (Indikatoren: Medienkonsum, Einschulungsquoten, manchmal Verstädterung) und Durchschnittseinkommen, eine ungleiche Land- oder Einkommensverteilung oder eine Aufschwung-Abschwung-Sequenz bei der wirtschaftlichen Entwicklung. Obwohl es eine Vielzahl mikro- und makrosoziologischer Studien gibt, die beanspruchen, Deprivationseffekte aufzuzeigen, gibt es dennoch kaum robuste und replizierbare Zusammenhänge im Sinne der Deprivationstheorie.

Von der Theorie des rationalen Handelns und der Nutzenmaximierung ausgehend ist nicht einzusehen, warum die Deprivierten rebellieren sollten. Denn das Resultat von Protest und Rebellion soll eine ‚bessere„ beispielsweise egalitärere Gesellschaft sein. In einer großen →Gruppe aber kann sich jedes rationale →Individuum sagen, daß nicht sein persönlicher Beitrag, sondern die Beiträge der anderen über das Erreichen des Ziels entscheiden. Damit entstehen Anreize zum Trittbrettfahren und zu unpolitischer Apathie statt zur Mobilisierung sozialer Ressourcen im Dienste übergeordneter Ziele. Außerdem ist nicht einzusehen, warum die Deprivierten, die ja nicht über große Ressourcen verfügen, aufbegehren sollten, wo doch ihre Niederlage gegen die gerade herrschenden Machthaber das wahrscheinlichste Ergebnis einer Rebellion der Deprivierten ist.

Die Theorien der Deprivation und des rationalen Handelns leiden an unterschiedlichen Mängeln. Erstere werden durch eine Vielzahl quantitativer Studien in Frage gestellt, zu letzteren gibt es – vor allem auf der Makroebene – viel weniger Studien. Deprivationstheorien leiden generell an der Schwierigkeit zu erklären, warum die Verelendeten sich so selten wehren, warum Massenelend und politische Stabilität überhaupt jemals kompatibel sein können. Theorien des rationalen Handelns, der Ressourcenmobilisierung und von Machtkämpfen leiden daran, kaum erklären zu können, wie es jemals zu Massenrebellionen kommen kann. In Anbetracht der Seltenheit derartiger Ereignisse hat die Theorie des rationalen Handelns rein quantitativ mit dem kleineren Problem zu tun. Sie kann zwar nicht ohne weiteres erklären, warum es bei wenigen großen Revolutionen zur Massenbeteiligung kommt, aber sie kann leicht erklären, warum eliteninterne Konflikte, und vor allem militärische Machtergreifungen, so viel häufiger als Massenaufstände sind – und zwar auch in Gesellschaften mit unübersehbarem (objektiven, absoluten) Massenelend.

5. Etliche Hypothesen über die Entstehung von Konflikten sind weit verbreitet und können sowohl in einen deprivationstheoretischen als auch in den Erklärungsansatz des rationalen Handelns integriert werden. Mobilitätsbarrieren gelten allgemein als zur Intensivierung und Gewaltsamkeit von Konflikten beitragende Bedingungen. Für den Deprivationstheoretiker erhöhen Mobilitätsbarrieren die Unzufriedenheit, für den Theoretiker des rationalen Handelns senken sie die Opportunitätskosten der Rebellion.

Die gegenseitige Verstärkung von Interessengegensätzen erhöht die Intensität und Gewaltsamkeit von Konflikthandeln, während die Unabhängigkeit verschiedener Konfliktfronten voneinander auf die weitgehende Neutralisierung der Konflikte durcheinander hinauslaufen kann. Wo etwa die Angehörigen der Unterklasse auch einer anderen Rasse und Religion als die Angehörigen der herrschenden Klasse angehören, verschärfen ökonomische, rassische und religiöse Konflikte einander. Deprivationstheoretisch kann man das so sehen: Wer sich auf mehreren Dimensionen (wie Klasse, Rasse, Religion) gleichermaßen depriviert fühlt, neigt deshalb besonders zu Rebellion. Aus der Perspektive des rationalen Handelns kann man denselben Zusammenhang auch so sehen: Bei der gegenseitigen Verstärkung von Konfliktfronten gibt es auf beiden Seiten schon unabhängig von und vor dem Konflikt organisierte Gruppen, wie Stammesverbände in ethnisch heterogenen Gesellschaften, religiöse Gemeinden oder Gewerkschaften, Arbeitgeberverbände und Mittelstandsvereinigungen, die aber wegen ihrer Interessenhomogenität im großen Konflikt nur noch für diesen mobilisiert werden müssen. Anders ausgedrückt: Bei sich gegenseitig verstärkenden Konfliktfronten ist oft die Rekrutierung großer Gruppen und →Organisationen für den umfassenden Konflikt möglich, während die bloße Konstituierung von Konfliktparteien auf der Basis individueller Rekrutierung oder der Kleingruppenrekrutierung eine zeitraubende und mühselige Angelegenheit ist.

6. Bei internationalen Konflikten sind konfliktfähige Akteure immer schon gegeben. In der sicherheitspolitischen und strategischen Diskussion überwiegt dabei die meist implizite Unterstellung des rationalen Handelns und der Nutzenmaximierung. Die spezifische Problematik der internationalen Politik entsteht aus dem Nebeneinander konflikt- und kriegsfähiger Staaten, die Souveränität beanspruchen, d. h. keine effektive übergeordnete Instanz anerkennen und mit den nötigen Ressourcen zur Durchsetzung auch gegen den Widerstand von Großmächten ausstatten. Unter diesen Bedingungen gilt das Prinzip der Selbsthilfe. Das Sicherheitsdilemma besteht darin, daß jede Stärkung der nationalen Sicherheit notwendigerweise eine Verringerung der nationalen Sicherheit anderer Staaten impliziert. Dennoch haben vor allem Großmächte immer wieder eine Politik des „Friedens durch Stärke“ oder der „Sicherheit durch Überlegenheit“ versucht. Neben dem Sicherheitsdilemma sind auch territoriale Interessengegensätze eine wichtige Hintergrundbedingung des Krieges.

Wie bei anderen Konflikten auch, sollte man in der internationalen Politik nicht vorschnell von Interessengegensätzen auf die Gefahr kriegerischer Auseinandersetzungen schließen. Denn innerhalb der Einflußzonen von Großmächten werden kleinere, nominell souveräne Staaten faktisch ‚ihren‘ vorgesetzten Großmächten untergeordnet, so daß imperialer Frieden entstehen kann. Außerdem kann jedenfalls im Atomzeitalter auch die Gefahr gegenseitiger Vernichtung zur Kriegsverhütung beitragen. Generell ist aus der Perspektive rationalen Handelns zu erwarten, daß Initiative und Bereitschaft zum Krieg von den perzipierten Durchsetzungschancen abhängen.

Für manche Zwecke reicht es aus, so zu tun, als ob Staaten einheitlich handelnde Akteure mit konsistenten und stabilen Präferenzen wären. Aber gerade bei pluralistischen Demokratien mit einer Vielzahl von Interessengruppen, die keine Verteidigungslasten tragen wollen, kann diese Annahme problematisch sein. Mit der Art der demokratischen Entscheidungsprozeduren zusammenhängen dürfte der Befund aus der quantitativen Forschung, daß Demokratien zwar (fast) nie gegeneinander Krieg führen, aber dennoch genauso häufig wie andere Staaten in Kriege verwickelt werden.

7. Verschiedene Arten des Konflikts können einander beeinflussen. Oft wird die Auffassung vertreten, daß herrschende Politiker zur Externalisierung interner Konflikte neigen. Empirisch läßt sich ein allgemeiner Zusammenhang zwischen interner und daraus resultierender externer Konfliktverwicklung allerdings nicht belegen. Besser abgesichert sind zwei andere Zusammenhänge zwischen internen und externen Konflikten: Massenrebellionen und Revolutionen treten oft als Folge von militärischen Auseinandersetzungen und Niederlagen auf. Außerdem locken interne Konflikte und Bürgerkriege oft die Einmischung anderer Staaten an.

Sogar Klassenkonflikte und Verteilungskämpfe können – wenn auch sehr indirekt – das externe Konfliktgeschehen beeinflussen. Denn interne Verteilungskämpfe können die nationale Machtposition schwächen und damit die sicherheitspolitischen Kalküle der eigenen wie fremder Regierungen beeinflussen. Umgekehrt wirken auch militärische Risiken, Auseinandersetzungen und Niederlagen auf die inneren Konflikte von Gesellschaften zurück. Wo die herrschenden Eliten Wehrpflichtige aus allen Schichten benötigen, werden sie eher als anderswo zu verteilungspolitischen Zugeständnissen bereit sein. Wo Interessengruppen und Verteilungskoalitionen eine Volkswirtschaft in die Stagnation getrieben haben, kann gerade die militärische Niederlage (weil mit der Schwächung der etablierten Verteilungskoalitionen verbunden) ein späteres Wiederaufblühen der Wirtschaft einleiten.

Lit.: W. L. Bühl: Konflikte und Konfliktstrategie. 2. A. München 1973; *T. R. Gurr* (ed.): Handbook of Political Conflict. New York 1980; *K. N. Waltz:* Theory of International Politics. Reading, MA 1979; *E. Weede:* Konfliktforschung. Opladen 1986; *E. Zimmermann:* Krisen, Staatsstreiche und Revolutionen. Opladen 1981

Prof. Dr. *E. Weede,* Köln

konformes Verhalten

unter k. V. versteht man Handlungen, die mit den Verhaltensweisen und/oder den Verhaltenserwartungen der sozialen Umwelt übereinstimmen. K. V. zeigt sich durch Befolgung der →Normen und →Werte sowie durch Übernahme von Gewohnheiten, Verhaltensmustern und Meinungen. K. V. kann auf unterschiedlichen Gründen beruhen: 1) Es werden Verhaltensweisen der näheren sozialen Umgebung schlicht nachgeahmt *(Tarde).* 2) K. V. kann aber auch durch →soziale Kontrolle, durch negative →Sanktion →abweichenden Verhaltens erzwungen werden (Gruppendruck; *Durkheim*). 3) Die Akzeptierung von Werten und Normen und deren Internalisierung durch Sozialisation ist eine weitere Möglichkeit, →Konformität zu zeigen *(Parsons).* 4) Konformität kann als akzeptierter Selbstwert zu entsprechendem Verhalten führen, wie auch 5) Anpassung an andere Gruppenmitglieder eine Rolle spielen mag.

Sozialpsychologische Experimente belegen, daß sich Menschen unabhängig von den kulturellen Bedingungen in ihrem Verhalten nach den in ihrer Umwelt überwiegenden oder normativ geforderten Formen richten. Individuelle Auffassungen und Einschätzungen konvergieren mit den Gruppenbeurteilungen: die ursprüngliche Variabilität wird zu größerer Homogenität reduziert. Menschen tendieren gerade in normativ nicht eindeutig geregelten Situationen dazu, sich gegenseitig anzupassen und an dem mehrheitlich praktizierten Verhalten auszurichten.

K. V. entsteht aus dem Bedürfnis nach Sicherheit und Anerkennung durch Bezugspersonen oder -gruppen; es impliziert jedoch nicht notwendigerweise die tatsächliche Akzeptanz von Normen: das Individuum kann auch dann k. V. praktizieren, wenn es lediglich normgemäß agiert, um die Zustimmung der Bezugspersonen zu erfahren, etwa weil dem k. V. ein Selbstwert zugeschrieben wird oder weil →abweichendes Verhalten negativ sanktioniert würde. Der Selbstwert wird um so höher veranschlagt, je stärker der Gruppenzusammenhalt und die →soziale Kontrolle sind. Die →Kleingruppenforschung hat festgestellt, daß ein erhebliches Maß an k. V. mit hohem zugeteiltem Status belohnt wird. In unserer differenzierten Gesellschaft existieren aber viele unterschiedliche →Gruppen, weshalb k. V. in der einen Gruppe abweichendes Verhalten in einer anderen Gruppe bedeuten kann.

Je nach dem Grad des sozialen Einflusses kann Konformität von oberflächlicher Anpassung bis zur Verinnerlichung der soz. Normen und Werte reichen. Wird k. V. von der Umwelt explizit gefordert, basiert das Verhalten eher auf

Gehorsam und weniger auf dem eigenen Wunsch nach →Konformität.

In dem Maße, wie das Individuum sein Verhalten an dem seiner Umwelt orientiert, nimmt seine Selbstbestimmung ab, auch wenn es die Normen verinnerlicht hat und sie deshalb als seine eigenen empfindet; das Verhalten ist von „außen“ gelenkt.

K. V. ist eine wichtige Voraussetzung für die Stabilität →sozialer Systeme, da eine Orientierung an gemeinsamen Normen und Verhaltenserwartungen nötig ist, um funktional und sicher interagieren zu können.

Lit.: Fend, Helmut: Konformität und Selbstbestimmung, 1. Aufl., Weinheim 1971; *Wiswede, Günter:* Soziologie konformen Verhaltens, 1. Aufl., Stuttgart 1976

Prof. Dr. *S. Lamnek*, Eichstätt

Konformismus

eine verhaltensrelevante →Einstellung, die im Sinne von →Konformitätszwang immer bemüht ist, sich anzupassen und nicht aufzufallen, die eigene Auffassungen verleugnet, situationsspezifisch modifiziert und an die vermuteten Erwartungen des jeweiligen Gegenüber angleicht.

Konformität

1. im weitesten Sinne bedeutet K. die Verringerung von Verschiedenheit durch soziale Einflüsse. Sie ist ein Ergebnis erfolgreicher sozialer Beeinflussung; doch wäre es einseitig, sie nur unter dem Aspekt des Gruppendruckes zu sehen, da sie sowohl der Orientierungshilfe und Orientierungserleichterung dient als auch ein Mittel zu Erreichung individueller und kollektiver Ziele darstellt (z. B. Anerkennung oder Erreichung von Gruppenzielen). K. im engeren Sinne meint die Befolgung von →Normen, Verhaltensmustern und Erwartungen einer →Gruppe durch die Mitglieder;

2. eine Gegenüberstellung von K. und Non-K. scheint nicht ausreichend; so muß zum einen danach unterschieden werden, ob konformes Verhalten rein äußerlich bleibt und auf Zwang oder Belohnung beruht oder ob echte K. vorliegt, d. h., ob die Gruppennormen verinnerlicht wurden (→Internalisierung), zum anderen, ob nonkonformes Verhalten aus Unabhängigkeit von der →Norm resultiert oder Ausdruck von Antikonformität darstellt, der Normbruch also um seiner selbst willen begangen wird.

Konformität, zwanghafte
nach *T. Parsons* ein intrapersonaler →Konflikt, der dadurch entsteht, daß gegenüber einem Interaktionspartner einerseits negative →Gefühle existieren, andererseits aber auch die Beziehung so wertvoll erscheint, daß sie dadurch nicht gefährdet werden sollte, und der Konflikt dadurch gelöst wird, daß alle Verhaltenserwartungen des Partners in z. K. realisiert werden.

„konkrete“ Soziologie

→marxistische Soziologie
Bezeichnung für die empirische Forschung in der marxistischen Soziologie. Zwar ist die →marxistische Soziologie lediglich ein Bestandteil des philosophischen Systems des dialektischen Materialismus; aber trotz des zentralen erkenntnistheoretischen Anliegens der marxistischen Theorie und Methodologie, nämlich des „Aufsteigens vom Abstrakten zum Konkreten“, erlebte die konkret-soziologische (empirische) Tätigkeit z. B. in der ehem. DDR erst seit etwa 1965 einen Aufschwung. Dabei ist „die von Marxisten betriebene Empirie vom Empirismus der bürgerlichen Soziologie deshalb zu unterscheiden, weil sie darum bemüht ist, die Einheit von Theorie und Praxis … aufrechtzuerhalten … (und) … der wahrheitsgetreuen Wiedergabe der objektiven Realität in ihrer Komplexität zu genügen“. Darüber hinaus diene die konkrete (marxistische) Soziologie dazu, „die Politik vom Interessenstandpunkt der Allgemeinheit (des Volkes) aus positiv zu beeinflussen“ (*G. Kiss* 1971).

G. R.

Konkubinat

eine eheähnliche Gemeinschaft zwischen Mann und Frau, die sozial nicht anerkannt ist, weshalb in dem Begriff eine negative Bewertung mitschwingt. Eigentlich veraltete Bezeichnung, die nur noch im katholischen Kirchenrecht (Nichtanerkennung von nicht kirchlich geschlossenen Ehen) eine Rolle spielt.

Konkurrenz

Wettbewerb

1. gibt es überall dort, wo gleiche Ziele von verschiedenen Personen, →Gruppen oder →Organisationen verfolgt werden. Zumeist ist dabei die K. sozial geregelt und die Einhaltung der →Normen →sanktioniert;

2. in der Ökonomie tritt K. auf, wenn zwei oder mehr Anbieter ein gleiches oder ähnliches Produkt auf dem Markt anbieten.

Konkurrenz, freie

existieren auf dem Markt keinerlei Restriktionen für den Zugang von Anbietern und Nachfragern, so liegt f. K. vor.

Konkurrenz, monopolistische

eine Form der →unvollkommenen K. Es gibt viele Anbieter auf dem Markt, die jedoch z. B. durch Produktionsdifferenzierung einen erheblichen Spielraum in der Gestaltung des Preises haben, weil die Nachfrager keinen direkten Produkt- und damit Preisvergleich haben.

Konkurrenz, reine

sie liegt vor, wenn viele Anbieter ein vergleichbares Produkt auf dem Markt haben und viele Nachfrager einen direkten Preisvergleich anstellen können. In dieser Situation regelt der Markt über Angebot und Nachfrage den Preis; die Anbieter können ihre Preise nicht frei gestalten.

Konkurrenz, unvollkommene

sie ist immer dann gegeben, wenn kein echter Markt vorliegt, weil etwa durch Produktionsdifferenzierung oder durch fehlende Markttransparenz kein echter Preisvergleich möglich ist.

Konkurrenz, vollkommene

überall dort, wo die Preise über Angebot und Nachfrage auf dem Markt geregelt werden.

Konkurrenzkapitalismus

meint jenen Zustand, bei dem die einzelnen Kapitalien nach den Prinzipien des Marktes, also der kapitalistischen Produktionsweise, wirken. Dabei wurde unterstellt, daß die der →Konkurrenz zugrundeliegenden Eigeninteressen des jeweiligen →Kapitals – letztlich und insgesamt gesehen – dem Gemeinwohl zugute kommen.

Konnotation

1. die Bedeutung, die ein bestimmtes Wort allgemein hat, also der damit verbundene Vorstellungsinhalt;

2. die mit bestimmten Wörtern einstellungsmäßig verbundenen oder gefühlsbetonten Gehalte, die aber nicht individuell, sondern sozialstrukturell determiniert ähnlich sind.

Konnubium

Ehegemeinschaft zwischen vormals antagonistisch sich gegenüberstehenden Menschen, also etwa Herrscher und Beherrschter oder Einheimische und Fremde. Durch das K. werden Anpassungs- und Integrationsprozesse beschleunigt, sozialer →Wandel erleichtert.

Konsens

1. allgemein Übereinstimmung jedweder Art;

2. in jeder Gesellschaft gibt es einen Grundk. über →Werte und →Normen, über Mechanismen der Regelung von →Konflikten etc. als Basis menschlichen Zusammenlebens in kleinen und großen sozialen Gebilden.

Konservatismus

Bewahren, Erhalten

eine Auffassung, die im Handeln an Traditionen, an Überliefertem, an Bestehendem und Hergebrachtem – weil (scheinbar) Bewährtem – orientiert ist und daran festhält.

Konsistenz

1. Widerspruchslosigkeit; Aussagen, die in sich widerspruchsfrei sind, sind stimmig, sie haben K.;

2. in der Logik sind Aussagen k., wenn kein Widerspruch als Kontradiktion vorliegt oder wenn Aussagen formallogisch korrekt abgeleitet sind.

Konsistenz, affektiv-kognitive
hier geht man davon aus, daß bei →Attitüden die affektive und die kognitive Komponente in Einklang stehen müssen. Es wird unterstellt, daß man nach a.-k. K. im Sinne eines Gleichgewichts strebt.

Konsistenz, kognitive
die →Sozialpsychologie nimmt an, daß die intrapersonalen →Kognitionen miteinander vereinbar sein müssen; sind sie untereinander widersprüchlich, so versucht das →Individuum, sie ausgewogen stimmig zu machen. →kognitive Dissonanz

Konsistenz, logisch-affektive
hier wird angenommen, daß die Wunschvorstellungen einer Person mit den vorhandenen Überzeugungen logisch widerspruchsfrei zu vereinbaren sind. Die logische Widerspruchsfreiheit ist so dominant repräsentiert, daß bei ihrem Fehlen die inhaltlichen Elemente modifiziert werden.

Konspirationstheorie

Verschwörungstheorie
die K. wird als Entlastung herangezogen, um Versäumnisse, eingetretene Mißstände oder unangenehme Folgen von Aktionen nicht selbst verantworten zu müssen. Es wird irgendwelchen Dritten die Schuld an diesen Zuständen gegeben. Dabei wird meist nicht konkret jemand der Schuld bezichtigt, als vielmehr floskelhaft und nebulös „argumentiert".
→Sündenbock

Konstrukt, theoretisches

1. im Gegensatz zu den Beobachtungsbegriffen, die sich auf direkt beobachtbare Sachverhalte beziehen, sind K. den theoretischen Begriffen ähnlich. K. lassen sich nicht auf direkte oder indirekte Beobachtungen zurückführen, doch setzen sie solche zueinander in Beziehung. Z. B. ergibt sich aus den verschiedenen →Status zu unterschiedlichen Zeitpunkten das K. der vertikalen →Mobilität;

2. theoretisch-hypothetische Kategorien oder Begriffe zur Deskription und/oder Erklärung von Verhalten im Kontext eben dieser Theorien.

Konstruktion (soziale – der Wirklichkeit)

→soziale Konstruktion der Wirklichkeit

Konstruktivismus

→wissenschaftstheoretische Richtung *(Holzkamp),* die die vom Forscher ermittelten Daten nicht unabhängig von ihm, sondern durch seine Theorie und seine Meßinstrumente konstruiert betrachtet, d. h., daß die Daten keine unabhängige Prüfinstanz für die Theorie sein können. Daher gilt auch das →Falsifikationsprinzip nicht. Widersprechen die Daten der Theorie, so wird nach Gründen hierfür, nach Störvariablen, gesucht, die Theorie wird aufrechterhalten. Es besteht dabei die Gefahr, daß Theorien grundsätzlich gegen jede Kritik immunisiert werden.

Konsum

Begriff
Mit Konsum werden jene Verhaltensweisen bezeichnet, die auf die Erlangung und private Nutzung wirtschaftlicher Güter und Dienstleistungen gerichtet sind (*Wiswede* 1972). Konsum bezieht sich demnach sowohl auf den Vorgang der Einkommensverwendung, den Kauf von Gütern (Marktentnahme), als auch auf den Prozeß der Nutzung, d. h. den Ver- oder Gebrauch dieser Güter durch Haushalte.

Konsumtion und Produktion lassen sich nicht immer eindeutig voneinander abgrenzen. So sind Haushalte nicht nur als konsumierende, sondern auch als produzierende Einheiten aufzufassen. Haushalte „investieren" beispielsweise in hochwertige technische Geräte, verarbeiten Güter weiter und verrichten selbst Dienstleistungen.

Konsum als Gegenstand soziologischer Forschung
Im Vergleich zu soziologischen Analysen über das Feld der Produktion (→Arbeit, Beruf, Betrieb) hat sich die →Wirtschaftssoziologie dem Konsumsektor erst relativ spät und bislang nur mit unzureichender empirisch-theoretischer Fundierung zugewandt (*Kutsch/Wiswede* 1986).

Die soziologische Konsumforschung versteht sich als notwendige Ergänzung und Korrektur ökonomischer Konsumtheorien. Vor allem die am Leitbild des →„homo oeconomicus" orientierte Haushaltstheorie wird wegen ihres formalistischen Modelldenkens kritisiert, da sie von einem rationalen Verbraucherverhalten ausgehe und gerade die das Konsumverhalten möglicherweise beeinflussenden Faktoren, wie die Entstehung von →Bedürfnissen, Entstehung und Wirkung von Konsumnormen, soziale Formung von Verbrauchereinstellungen und -gewohnheiten, Gruppeneinflüsse auf das Verbraucherverhalten usw., ausblende (*Kutsch/Wiswede* 1986). Demgegenüber hat die Marketing-Forschung die Analyse des Konsumentenverhaltens bereits um psychologische, soziologische und vor allem sozialpsychologische Erklärungsansätze erweitert.

Die Konsumsoziologie befaßt sich speziell mit den kulturellen und sozialen Dimensionen des Konsumverhaltens, dies sowohl im Rahmen →mikrosoziologischer Ansätze (→Gruppensoziologie, Theorie der →Bezugsgruppen, Informationsverhalten des einzelnen – insbesondere die Wirkung der Massenmedien –, Einfluß der sozialen Schichtzugehörigkeit und des Familienzyklus auf das Konsumentenverhalten) als auch aus einem →makrosoziologischen Blickwinkel heraus. Entwicklungen und Probleme der Konsumgesellschaft werden hier zumeist unter einer kultur- bzw. gesellschaftskritischen Perspektive analysiert.

Soziale Aspekte des Konsumverhaltens
Wiswede (1983) systematisiert die sozialen Einflüsse auf das Konsumentenverhalten nach kulturellen, gesellschaftlichen und gruppenspezifischen Kontexten.

a) *Kultureller Kontext:*
Das Individuum folgt in seinem Konsumverhalten bzw. in seinem Konsumstil mehr oder weniger allgemeinverbindlichen Grundmustern „wertbezogenen" Verhaltens, die mit kulturellen Wertsystemen zusammenhängen. Neben interkulturellen Unterschieden im Lebensstil und im Konsumverhalten (zwischen verschiedenen Kulturkreisen, Gesellschaften oder Nationen) ist von intrakulturell differierenden Verhaltensmustern (z. B. bei ethnischen Minderheiten, Angehörigen gleicher Alters-, Konfessions-, Berufsgruppen oder sozialen Schichten) auszugehen. Konsummuster unterliegen zudem einem soziokulturellen Wandel sowie modischen Strömungen.

b) *Gesellschaftlicher Kontext:*
Konsumgüter symbolisieren einen bestimmten Konsumstil, z. B. materiellen Erfolg, ästhetischen Geschmack oder gesellschaftlichen →Rang. Dieser ist Ausdruck des jeweiligen Lebensstils und erfüllt soziale Funktionen der Egalisierung und Differenzierung (*Scherhorn* 1977).

Zum Zusammenhang zwischen sozialer Schichtung und Konsumverhalten läßt sich feststellen, daß Konsummuster einerseits von der →Schichtzugehörigkeit abhängen, andererseits aber auch selbst eine stratifizierende Funktion ausüben können (*Wiswede* 1983). Schichtunterschiede zeigen sich weniger im Entscheidungs- und Kaufverhalten als in der Art der Verwendung der Güter in der Lebenswelt. Unterschiedliche Konsumschichten finden sich heute eher auf der horizontalen als auf der vertikalen Ebene der →Sozialstruktur. Die Studien von *Bourdieu* über die „feinen Unterschiede" weisen auf diese neuen Dimensionen des Kulturkonsums hin.

Gleichwohl kann Konsum die Funktion einer Kompensation für fehlende →soziale Mobilität und Anerkennung einnehmen.

c) *Gruppenkontext:*
Aus einer handlungstheoretischen Perspektive ist das Verbraucherverhalten als eine Unterkategorie sozialen Handelns zu verstehen, das auf andere Personen ausgerichtet ist (*Kutsch/Wiswede* 1986). Das Individuum, eingebunden in konsumrelevante Regelungssysteme mit Verbindlichkeits- und Erwartungscharakter (Konsumnormen), orientiert sich in seinem Kauf- und Verwendungsverhalten in starkem Maße an →Bezugsgruppen.

Die Prägung zentraler Einstellungen zum Konsumstil, Verwendungsverhalten, Sparverhalten etc. erfolgt in einem lebenslangen →Sozialisationsprozeß mit unterschiedlichen Rollenstadien innerhalb des Lebenszyklus (Aufwachsen in der Herkunftsfamilie, Verlassen des Elternhauses, Heirat, Kinder, Berufsabbruch). Während instrumentelle Aspekte des Konsumverhaltens insbesondere im Elternhaus erlernt werden, sind für die Ausprägung expressiver Muster und Modelle des Konsumverhaltens für die Heranwachsenden vor allem →Gruppen Gleichaltriger („peers") von Bedeutung (*Wiswede* 1983). Daneben gelten Schule, Arbeitsplatz und Massenmedien – und hier besonders die Werbung – als Sozialisationsinstanzen für das Verbraucherverhalten.

Die konsumsoziologische Literatur weist zudem auf die Haushaltsbezogenheit des Konsums hin. Konsum ist demnach als ein Gemeinschaftsakt im Haushalt aufzufassen, der je nach Rollenverteilung und -verständnis unterschiedliche Beteiligungen und Ausprägungen erfahren kann. Die ökonomische Rationalität ist im Binnensystem des Haushalts stark reduziert, da nicht eine abstrakte technische oder ökonomische Nutzenmaximierung im Vordergrund steht, sondern das subjektive Wohlbefinden der Haushaltsmitglieder.

Position des Konsumenten im Markt
Das Konzept der Konsumentensouveränität, demzufolge die Produzenten ihre Produktionsentscheidungen ausschließlich an den Präferenzen der Konsumenten ausrichten, wird von der Konsumsoziologie als nicht haltbar zurückgewiesen. Es sei vielmehr von einem strukturellen Ungleichgewicht zwischen Produzenten und Konsumenten auszugehen, das dazu führe, daß sich in der Regel die Interessen der Produzenten (und der Händler) im Markt stärker durchsetzen könnten (*Scherhorn* 1977).

Neben Fragen der Marktmacht ist vor allem das Informationsverhalten von Verbrauchern intensiv untersucht worden. Die vorliegenden empirischen Studien weisen auf alters-, bildungs- und schichtspezifische Einflüsse hin, aber auch auf die Abhängigkeit des Informationsverhaltens vom Entscheidungsgegenstand (Preis-Einkommensverhältnis), von der Situation (Überschaubarkeit der Situation, Kaufrisiko) sowie vom Informationsangebot (Art der Informationsquelle, Preis ihrer Benutzung, Prestige) (*Kutsch/Wiswede* 1986). Die Tendenz zu einem kritischen Verbraucherverhalten bzw. zum „mündigen" Verbraucher wird mit der steigenden Nutzung von Informationsquellen (Testzeitschriften), größerer Skepsis gegenüber der Werbung und Aussagen des Verkaufspersonals, wachsendem Preiswiderstand, geringerer Marken- und Geschäftsloyalität, wachsender Konsumkenntnis und Konsumerfahrung und damit wachsendem Qualitätsbewußtsein sowie der selbstbewußten Wahrnehmung von Rechten durch Verbraucher belegt. Obgleich die aktive Informationssuche der Konsumenten allgemein zugenommen hat, erweist sich der Bildungsgrad aber nach wie vor als zentraler Einflußfaktor auf das Informationsverhalten. Maßnahmen der Verbraucheraufklärung und -information werden vor allem von Personen genutzt, die bereits einen hohen Informationsstand oder auch informelle Bezugsquellen für ihre Güter haben, weniger jedoch von jenen, die sie eigentlich am stärksten benötigen würden (*Kutsch/Wiswede* 1986).

Konsumwandel
Veränderungen der Verbrauchergewohnheiten und des Konsumstils werden u. a. vor dem Hintergrund eines gesellschaftlichen Wertewandels erklärt. So bewirkt die Tendenz zur unmittelbaren Bedürfnisbefriedigung sowie die Betonung des Erlebens und die ständige Suche nach Erregung eine zunehmende Freizeit- und Konsumorientierung und läßt puritanische Arbeitshandlungen in den Hintergrund treten. Konsumgüter dienen über die Befriedigung elementarer Bedürfnisse und soziale Positionierungen hinaus als Medium der individuellen Selbstdarstellung und Lebensgestaltung. Aufgrund ihrer universellen Verbreitung in nahezu allen Konsumschichten verlieren sie in ihrer sozialen Funktion als Prestigeobjekte und Statusindikatoren an Bedeutung. In höheren Sozialschichten läßt sich beobachten, daß an die Stelle des „demonstrativen Konsums" *(Thorstein Veblen)* teilweise der demonstrative Nicht-Konsum bzw. eine „demonstrative Vernunft" tritt (*Wiswede* 1972; 1983).

Darüber hinaus wird die quantitative und qualitative Ausweitung des Konsumgüterangebotes sowie die damit einhergehende zunehmende →Komplexität und Unüberschaubarkeit des Marktes als Problem der heutigen Konsumgesellschaft benannt. Immer mehr Verbraucher stellen sich die Frage nach dem tatsächlichen Nutzen einzelner Güter sowie nach den Folgen für die →Umwelt und ihre eigenen Konsumgewohnheiten. Wachsender Widerstand gegen gesundheits- und umweltschädliche Auswirkungen von Produktion und Dienstleistungen sei Ausdruck dieser verbraucherkritischen Haltung (*Scherhorn* 1977). Die Sättigung von Märkten, z.B. im Bereich der Grundausstattung der Haushalte, seltener werdende „echte" Innovationen, schrumpfende Realeinkommen usw. zeigen zudem die Grenzen des Wachstums im Konsumgütermarkt auf (*Kutsch/Wiswede* 1986).

Im Bereich des Haushaltes sind Veränderungen hin zu aktiveren Formen der Freizeitgestaltung zu verzeichnen. Zudem ist eine (Wieder-)Zunahme der haushaltlichen Eigenproduktion angesichts teurer Dienstleistungen und Güter sowie im Rahmen alternativer Lebensformen festzustellen. Die Grenzen zwischen Konsum und Arbeit verschwinden somit immer mehr.

Lit.: Th. Kutsch/G. Wiswede: Wirtschaftssoziologie. Kapitel K: Soziologie des Konsums. Stuttgart 1986, S.207–226; *G. Scherhorn:* Konsum, in: *R. König* (Hg.): Handbuch der empirischen Sozialforschung. Band 11: Freizeit – Konsum. Stuttgart 1977[2], S.193–265; *G. Wiswede:* Soziologie des Verbraucherverhaltens. Stuttgart 1972; *G. Wiswede:* Marktsoziologie. In: *M. Irle:* Marktpsychologie. Handbuch für Psychologie, Band 12. Göttingen 1983, S.151–224

Dr. *M.-L. Klein,* Bochum

Konsum, demonstrativer
conspicous consumption (engl.)
von *T. Veblen* geprägter Begriff zur Charakterisierung jenes Verhaltens, das durch zur Schau gestellten und für jedermann erkennbaren Konsum den sozialen →Status zum Ausdruck bringen will. D.K. gilt vornehmlich für die oberen →Schichten.

Konsumdynamik
im Konsum zeigen und durch den Konsum ergeben sich Wandlungsprozesse gesellschaftlicher und sozialer Art, die sich in veränderten Aspirationsniveaus, in Moden, in Prestigeverschiebungen, in technischen Innovationen usw. äußern. Solche Phänomene sind durch K. gemeint.

Konsumelite
jener Personenkreis, der im Hinblick auf den Konsum Vorbild- und Vorreiterfunktion hat, an dem sich die anderen Gesellschaftsmitglieder orientieren. Etwas moderner könnte man die K. als die Trendsetter bezeichnen.

Konsumkultur
kritisch gemeinte Bezeichnung für eine Gesellschaft, in der praktisch alle Lebensbereiche – insbesondere auch Elemente der Kultur – durch die Dominanz der Orientierung am Konsum bestimmt werden. Nur das zählt, was sich in Konsum ausdrücken läßt.

konsummatorisch
dasjenige Verhalten, bei dem eine unmittelbare Bedürfnisbefriedigung eintritt, das angestrebte Ziel durch das Verhalten direkt realisiert wird. Das Essen eines Kuchens ist k., nicht jedoch das Backen.

Konsumprestige
das →Prestige, das einer Person aus dem Konsum zuwächst. Der soziale →Status wird danach bestimmt, welche Güter man verbrauchen kann oder tatsächlich verbraucht. →Statussymbol

Konsumsoziologie
→Konsum
als Teilgebiet der →Wirtschaftssoziologie eine →Bindestrichsoziologie, die sich mit allen Formen des →Konsumverhaltens, seinen Ursachen und Entwicklungen beschäftigt.

Konsumverhalten
Verhalten der Käufer beim Erwerb von Gütern, das Verbrauchsverhalten. Hierzu gehören die durch Werbung geweckten Wünsche ebenso wie die Wahl eines Kaufhauses, die Auswahl des Kaufobjektes, die Kaufentscheidung, die Art der Bezahlung etc.

Kontakt, sozialer
Berührung
jede Form einer sozialen Beziehung zwischen Menschen und/oder →Gruppen und/oder →Organisationen. S.K. lassen sich nach Häufigkeiten, Intensitäten, Relationen und →Konfigurationen bestimmen.

Kontakte, kategoriale
soziale K., die vornehmlich aufgrund positionaler Rollenzuweisung erfolgen und nicht primär an dem Rollenträger selbst orientiert sind. Der Interaktionspartner ist wechselseitig und positional bestimmt: Dozent und Student handeln als Angehörige der →Kategorie, nicht als Herr Meier und Herr Müller.

Kontergesellschaft
Gegengesellschaft
meist im Englischen gebrauchter Begriff der counter society, im Deutschen zumeist durch die →Kontrakultur begrifflich gefaßt: Teile einer Gesellschaft vertreten →Werte und →Normen, die sich gegen die Gesamtgesellschaft richten. Wird zur Erklärung →abweichenden Verhaltens benutzt.

Konterrevolution
Gegenrevolution
durch →Revolution an die Macht Gelangte sehen sich einem revolutionären Kampf der ehemaligen, durch die Revolution abgelösten Machthaber oder einem solchen neuer revolutionärer →Gruppen gegenüber.

Kontext
bezeichnet das für einen Forschungsgegenstand, für eine empirische Untersuchung oder für eine bestimmte, herausgegriffene →Variable (z.B. Verhalten) relevante Umfeld, das in die →Analyse einbezogen oder davon ausgeschlossen werden kann.

Kontext, normativer
soziales →Handeln ist an →Normen orientiert; diese konstituieren den n.K.

Kontext, situativer
soziales →Handeln ist an der jeweiligen Situation orientiert, die durchaus die →Normen relativieren oder modifizieren kann; Handeln erfolgt immer unter konkreten situativen Bedingungen, dem s.K.

Kontextanalyse
1. jede Untersuchungsmethode, die das für den Untersuchungsgegenstand relevante und wichtige Umfeld in die →Analyse einbezieht. Das bedeutet z.B., daß Individualmerkmale im Kontext von →Gruppen, →Kollektiven, räumlichen Strukturen, →Organisationen etc. gesehen und in Abhängigkeit davon betrachtet werden;

2. als Spezialfall von 1. in der Mehrebenenanalyse praktiziert, wenn unterschiedliche Aggregatebenen (z.B. Mikro-/Makroebenen) aufeinander bezogen werden;

3. speziell in der Inhaltsanalyse praktizierte Untersuchungsform, bei der einzelne Wörter, Sätze etc. nicht isoliert, sondern im Kontext übergeordneter Analyseeinheiten beleuchtet werden, also z.B. Wort im Satz, Satz im Absatz, Absatz im Kapitel usw.

Kontextualität
bezeichnet die Auffassung, daß der →Kontext bei der →Analyse tatsächlich gewichtiger ist als die einzelnen Elemente, die im Kontext stehen, weil ihre Bedeutung sich erst aus dem Kontext ergibt.

Kontiguitätsprinzip
→Sanktionen, gleichgültig ob Lohn oder Strafe, sollen unmittelbar auf das jeweilige Verhalten erfolgen, damit sie als zusammengehörig interpretiert werden und als positive oder negative Verstärker für das Verhalten wirken können.

Kontiguitätstheorie
→Kontiguitätsthese

Kontiguitätsthese
die dem →Kontiguitätsprinzip zugrundeliegende Annahme der →Lerntheorie, daß sich durch Reiz und Reaktion bzw. durch Aktion und →Sanktionen, wenn sie unmittelbar aufeinanderfolgen, Assoziationen herausbilden, die den Lernprozeß ermöglichen.

Kontingenz
1. Synonym für Zusammenhang;

2. in der Statistik ein Spezialfall der Korrelation, die sich auf nominalskalierte Variablen bezieht;

3. in der →empirischen Sozialforschung die Beurteilung einer →Hypothese danach, ob sie empirisch wahr oder falsch ist. →Falsifikationsprinzip

Kontingenz, doppelte
meint die gegenseitige Abhängigkeit der Interaktionspartner in →Interaktionen derart, daß Belohnungen und Bestrafungen als →Sanktionen wechselseitig ausgetauscht und damit entsprechende →Erwartungen an das Verhalten entwickelt werden.

Kontingenzanalyse
von *Ch. Osgood* entwickeltes Verfahren bei Inhaltsanalysen, um Zusammenhänge zwischen Textelementen herauszufiltern. Man vergleicht die beobachteten Häufigkeiten des gemeinsamen Auftretens von Analysekategorien mit den bei Zufälligkeit zu erwartenden Häufigkeiten. Überzufällige Zusammenhänge werden als Assoziationen beim Textproduzenten bezeichnet, während „unterzufällige" als →Dissoziationen interpretiert werden.

Kontinuität
Stetigkeit
wenn relativ längere Zeiträume soziale →Strukturen gleichbleiben, kein qualitativer Sprung oder plötzliche Veränderungen eintreten, dann handelt es sich um K.

Kontinuum
1. etwas, das stetig und nicht unterbrochen ist;

2. in der →Sozialforschung die Spannweite zwischen zwei entgegengesetzten, auf einer Dimension liegenden Extremwerten, wobei einzelne Punkte zwischen den Extremen nicht eindeutig bestimmbar sind; sie gehen ineinander über. Beispiel: das K. zwischen reinen Beobachtungsbegriffen und theoretischen Begriffen.

direkte Beobachtungsbegriffe |———————| theoretische Begriffe

Kontraktgesellschaft
eine Gesellschaft, in der die sozialen Beziehungen dominant durch formelle Regelungen strukturiert sind.

Kontraktion
Zusammenziehen, Schrumpfen
soziale →Systeme können im Hinblick auf die quantitativen Beziehungen, etwa auf die Teilsysteme etc., kleiner werden; in diesem Fall liegt K. vor.

Kontraktion der Familie
nach *E. Durkheim* der Prozeß der Verkleinerung der Verwandtschaft und speziell der →Familie in der historischen Entwicklung auf die →Kernfamilie, wobei zugleich ein Funktionsverlust der Familie eintritt.

Kontraktionsgesetz
der in der →Kontraktion der Familie unterstellte räumlich und zeitlich unbegrenzte Mechanismus der Verkleinerung der →Familie, für den Gesetzescharakter angenommen wird.

Kontraktualismus
bezeichnet die Vorstellung von einem impliziten Gesellschaftsvertrag. Bei *Hobbes* oder *Rousseau* zu findende Auffassung, wonach sich die Menschen als vernünftige, freie und gleiche Wesen über Vertrag zusammenschließen, individuelle Rechte (etwa Freiheit und Macht) aufgeben, um in der Gesellschaft gemeinsame Sicherheit, Fortschritt und Stabilität zu finden.

Kontrakultur
Gegenkultur
ein Spezialfall der →Subkultur, die eigene →Werte und →Normen aufweist, die sich explizit gegen diejenigen der übergeordneten Gesamtkultur richten. Der Begriff geht auf *Yinger* zurück und bezeichnet Subkulturen, in denen das Konfliktelement zur Gesamtkultur zentral ist, in denen die Gruppennormen eine (negative) Reaktion auf die Normen der Gesamtgesellschaft darstellen und in denen bestimmte Persönlichkeitsvariablen bzw. deren Ausprägung unmittelbar bestimmend sind für die Wahl des „Themas" dieser Kultur.

Kontrolle
Überwachung von Vorgängen

Kontrolle, politische
1. gesellschaftliche →Institutionen des politischen Bereichs kontrollieren und überwachen andere, z.B. das Parlament die Regierung oder der Bundesrechnungshof die Verwaltung des Bundes, die Massenmedien die Parteien etc.;

2. die wahlberechtigten Bürger üben p.K. durch die Wahlen aus.

Kontrolle, primäre
die durch →Primärgruppen ausgeübte soziale →Kontrolle, die zumeist im Nahbereich und eher informell erfolgt und deren Sanktionscharakter meist nicht so massiv ist. Gegenteil: →sekundäre K.

Kontrolle, sekundäre
die durch Sekundärgruppen ausgeübte →soziale Kontrolle durch staatlich legitimierte →Institutionen, wie etwa Polizei, Gericht etc., deren Einschreiten zumeist schwerwiegende Folgen hat.

Kontrolle, soziale
alle Maßnahmen und Mechanismen, die dazu dienen sollten, →konformes Verhalten zu erzielen oder zu erhöhen und →abweichendes Verhalten zu verhindern oder zu reduzieren. Mit der s.K. werden →Normen und Verhaltenserwartungen durchgesetzt, indem Abweichungen mit →Sanktionen bedroht und geahndet werden.
→soziale Kontrolle

Konvention
1. →Normen, bei deren Nichteinhaltung nur schwache →Sanktionen erfolgen, etwa nur Mißbilligung des gezeigten Verhaltens;

2. nach *M. Weber* ist K. eine äußerlich garantierte Verhaltensregelmäßigkeit, die dadurch zustande kommt, daß eine Abweichung von ihr mißbilligt würde;

3. eine gemäß Erfahrung oder Übereinkunft festgesetzte und regelmäßig praktizierte →Norm, z.B. das in den Sozial-

wissenschaften auf 0,05 festgesetzte Signifikanzniveau bei statistischen Tests.

Konventionalisierung

eine massive Orientierung des Verhaltens an →Konventionen, die sehr schematisch und unreflektiert erfolgt.

Konventionalismus

→wissenschaftstheoretische Auffassung, die davon ausgeht, daß alle wissenschaftlichen Erkenntnisse letztlich durch konventionelle Festsetzung der Wissenschaftler determiniert sind: Nicht die sozialen Realitäten bestimmen unsere Begriffe und Aussagen, sondern unsere begrifflichen und theoretischen Vorstellungen determinieren die Erkenntnismöglichkeiten. Mithin sind Realität und Aussagen über diese nicht dekkungsgleich. Aber durch die von der →scientific community geteilten wissenschaftlichen →Konventionen, die als zweckmäßig angesehen werden, sind →Kommunikation und Beurteilung der Erkenntnis möglich.

Konvergenz

Angleichung, Annäherung, Zusammenstreben

Konvergenz, kulturelle

1. verschiedene Elemente einer →Kultur passen sich aneinander an, z. B. Technik und Kunst;

2. verschiedene soziale →Kulturen passen sich aneinander an, ohne daß dies intentional geschähe.

Konvergenzthese

besagt, daß sich die Gesellschaftssysteme des →Kapitalismus und →Sozialismus annähern, weil sie trotz unterschiedlicher →Ideologie beide moderne Industriegesellschaften sind, in denen die →Technik alle Lebensbereiche so stark beeinflußt, daß die Ähnlichkeiten die Gegensätze überwiegen. Gegen die K. wehren sich die „Ideologen“ beider Seiten.
→Revolution von 1989/90

Konversion

1. der Wechsel von einer Auffassung zu einer anderen;

2. im engeren Sinne der Wechsel von einer Religion zu einer anderen;

3. in der Psychoanalyse bezeichnet man damit unbewußte, verdrängte Triebe, die sich körperlich so umsetzen, daß man unfähig wird, den Trieben zu folgen.

Konzeptualisierung

mit der K. eines Forschungsprojektes wird das Untersuchungsdesign festgelegt, das geeignet sein soll, das Untersuchungsziel zu realisieren. K. ist ein Schritt im →Begründungszusammenhang der Forschungsprozesse, nachdem im →Entdeckungszusammenhang die theoretischen Vorarbeiten geleistet wurden.

Kooperation

Zusammenarbeit

1. drückt die Abhängigkeit der Arbeitenden voneinander aufgrund von →Arbeitsteiligkeit aus; ohne K. gäbe es nur wenige Güter und Dienstleistungen;

2. Gegenbegriff zu →Konflikt oder →Konkurrenz in der →formalen Soziologie, der die Zusammenarbeit als positiv herausstellt;

3. meint aber auch solche Produktionsformen, die durch solidarisches Handeln K. werden.

Kooperation, antagonistische

es erfolgt eine Zusammenarbeit von an sich in Gegnerschaft stehenden Parteien (z. B. Gewerkschaften und Arbeitgeberorganisationen), um wichtige Ziele (z. B. Abbau der Arbeitslosigkeit) gemeinsam und besser zu verfolgen.

Kooperation, arbeitsteilige

die durch →Arbeitsteilung notwendig gewordene Zusammenarbeit bei der Herstellung von Gütern durch die Produzenten der einzelnen Produktteile.

Kooperation, einfache

die Zusammenarbeit (nach *K. Marx*) von Menschen in einem Raum bei Überwachung bzw. Leitung durch einen Kapitalisten zum Zwecke der Güterherstellung.

Kooperation im Gefüge
arbeitsteilig bestimmte Zusammenarbeit, bei der die K. durch die maschinellen Arbeitsabläufe determiniert ist.

Kooperation im Team
eine →Gruppe von Mitarbeitern arbeitet an einem gemeinsamen Gegenstand (z. B. Flugzeug oder Forschungsarbeit) an verschiedenen Aufgaben bei gegenseitiger Abstimmung und Unterstützung.

Kooptation
Zuwahl
eine →Gruppe wählt aus Nichtmitgliedern Personen aus, die damit zu Mitgliedern werden. Da nur die gewählt werden, von denen angenommen wird, daß sie in die Gruppe passen, sind der Gruppenentwicklung, dem →Wandel Grenzen gesetzt.

Körperschaft
treten soziale Gebilde gegenüber ihrer Umwelt mit einem einheitlichen Willen auf, so handelt es sich nach *F. Tönnies* um K. Dies bedeutet, daß in der K. dieser Wille allgemein anerkannt ist.

Korrelation
gemeinsames Auftreten oder gemeinsames (gleich- oder gegensinniges) Variieren von zwei oder mehr Merkmalen bzw. →Variablen, wie z. B. Körpergröße und Gewicht oder Schichtzugehörigkeit und Häufigkeit der Kontakte mit kriminellen Verhaltensmustern. Die K. von Merkmalen läßt keine Aussagen über kausale Zusammenhänge zu. Dies ist Aufgabe der →Theorie und/oder weitergehender →Analysen und Interpretationen. Während es der K. um die Stärke der Beziehung zwischen zwei oder mehr Variablen geht, gibt der →Signifikanztest an, ob überhaupt eine Beziehung statistisch gesichert vorliegt.

Korrelation, bedingte
→partielle K.

Korrelation, kanonische
eine Maßzahl für den Zusammenhang zwischen zwei Gruppen von →Variablen, die jeweils intervallskaliert sind. Die k. K. wird bei der →Faktorenanalyse eingesetzt, um die Faktoren so zu bestimmen, daß K. zwischen den Variablen und Faktoren maximal wird.

Korrelation, multiple
eine Maßzahl für den Zusammenhang einer abhängigen →Variablen mit einer Gruppe von unabhängigen Variablen für intervallskalierte Daten. Die m. K. ist identisch mit der Produkt-Moment-Korrelation, wenn die Gruppe der Variablen auf eine Variable schrumpft.

Korrelation, partielle
das ist die Produkt-Moment-Korrelation für mehr als zwei mindestens intervallskalierte →Variablen, zu der sich mindestens eine Drittvariable hinzugesellt, um deren gegenseitige Wirkungen abschätzen zu können. Durch das Konstanthalten des Drittfaktors wird seine Wirkung herauspartialisiert, so daß das Beziehungsgefüge der Variablen erkennbar wird. Die p. K. dient dazu, Scheinkorrelationen, Interventionen und Spezifikationen in der Variablenstruktur zu entdecken.

Kosmopolitismus
1. Weltbürgertum, nicht an lokale Grenzen gebunden, überall zu Hause;

2. negative Bezeichnung von kommunistischer Seite für das Streben des Imperialismus nach Weltherrschaft mit dem vorgeschobenen Argument, das Nationalstaatliche sei nicht zeitgemäß.

Kosten
Begriff aus der →Austauschtheorie; danach sind K. die von einem Handelnden negativ bewerteten Erwartungen von Handlungsfolgen, die sein →Handeln leiten. Hierzu gehören nicht nur die unmittelbaren Konsequenzen, sondern gerade auch die durch Verzicht auf eine andere Handlung möglicherweise zu erzielenden Vorteile (= opportunity costs). Nach der Austauschtheorie erfolgen die Handlungen nach Abwägung von K.

und Nutzen von (auch alternativen) Handlungen.

Kosten, soziale
→Sozialkosten

Krankenhaussoziologie
ein Teilbereich der →Medizinsoziologie, der sein Augenmerk auf die →Institution Krankenhaus unter berufs- und organisationssoziologischem Blickwinkel richtet. Insbesondere die →Rollen von Ärzten, Pflegepersonal und Patienten werden kritisch durchleuchtet.

Krankenrolle
die Erwartungen, die an einen Kranken seitens der Interaktionspartner gerichtet werden, die insbesondere *T. Parsons* herausgearbeitet hat. Die Krankheit muß unverschuldet und darf nicht vorsätzlich herbeigeführt worden sein, der Kranke muß sich in ärztliche Behandlung begeben, er muß Genesungswillen zeigen, also zur Normalität zurückkehren wollen, dann wird ihm auch ein temporärer Ausstieg aus den alltäglichen Rollenverpflichtungen zugestanden.

Krankheit
all jene Phänomene, die von einer gedachten und definierten physischen und/oder psychischen Normalität (als Durchschnittswert oder häufigstem Wert) abweichen. Während im somatisch-medizinischen Bereich die Definition der Normalität bzw. K. noch relativ einfach erscheint, ist sie im psychischen Bereich (insbesondere auch durch die starke soziale Komponente der Definition) problembehaftet. K. ist als →Abweichung zwar negativ bewertet, doch ist die Hilfe zur Rückkehr in die Normalität weitgehend normativ geregelt und positiv →sanktioniert. Die früher oft religiös motivierte K. („Strafe Gottes") hat einer sachlich-helfenden Betrachtung weichen müssen, wie die Analyse der →Krankenrolle zeigt.

Kreativität
bezeichnet das Vermögen von Menschen, über alltägliche und übliche Gedanken und Perspektiven hinaus Problemlösungen zu entwickeln und Ideen zu produzieren, die als neu, originell und einmalig angesehen werden. K. ist unabhängig von →Intelligenz zu sehen und sehr stark individuell geprägt.

Kreis
ein Begriff, der von *G. Simmel* in die Soziologie eingeführt wurde.

Kreis, abstrakter
wird eine →Gruppe von ihrer Mitgliederzahl her so groß (daher auch →großer K.), so erhält sie eine eigene Qualität, eine eigene →Identität, die sich nicht mehr nur von den Mitgliedern her definiert. Diese eigene Identität der Gruppe wird von den Mitgliedern so wahrgenommen, sie handeln gegenüber der Gruppe nach spezifischen →Normen, die objektiv, allgemein und abstrakt sind.

Kreis, großer
→abstrakter K.

Kreis, kleiner
→konkreter K.

Kreis, konkreter
nach *G. Simmel* eine kleine →Gruppe, in der jeder mit jedem interagieren kann, die wenig differenziert ist, in der es →face-to-face-Kontakte gibt.

Kreislauf der Eliten
→Zirkulation der Eliten

Kreuzung sozialer Kreise
auf *G. Simmel* zurückgehender Begriff, der den Tatbestand beschreibt, daß jedes →Individuum Mitglied mehrerer sozialer →Kreise ist. Da diese partiell unterschiedliche →Werte und →Normen haben können, sind darin →Konflikte strukturell angelegt, wie andererseits die „Schnittmenge" der Kreise die →Identität des Individuums ausmacht.

Kriminalisierung
1. durch die Entdeckung, Verfolgung und →Sanktionierung von →Delinquenz eingeleiteter Prozeß, aus dem unter bestimmten Bedingungen eine kriminelle Karriere resultieren kann. Zugrunde lie-

gen eine Definition einer Handlung als kriminell, die Feststellung und Registrierung einer solchen Handlung und deren Etikettierung. Zentral ist dabei, daß nicht die Handlungen an sich kriminell sind, sondern sie werden durch spezifische Machtkonstellationen so definiert und etikettiert;

2. die Festsetzung von →Normen des Strafrechts, die bestimmte Verhaltensweisen, die bislang nicht pönalisiert waren, unter Strafe stellen;

3. die Subsumtion von Handlungen unter Tatbestände des Strafrechts durch die Instanzen der Strafverfolgung, z. B. Polizei, Staatsanwaltschaft;

4. gemeinsam mit oder unabhängig von 1. und 2. kann das Anzeigeverhalten der Bevölkerung als K. bezeichnet werden;

5. jemanden bewußt oder unbewußt in eine solche Lage bringen, daß er gegen Strafrechtsnormen verstößt. Dies kann objektiv und materialiter oder durch die Erwartung einer kriminellen Handlung geschehen. In diesem Sinne ist sekundäre Devianz nach *Lemert* K.

Kriminalität

1. der Spezialfall →abweichenden Verhaltens, das gegen →Normen des Strafrechts verstößt;

2. die Gesamtheit bekanntgewordener strafrechtlich relevanter Handlungen (→Delikte) innerhalb eines räumlich und zeitlich eingegrenzten →Kollektivs;

3. manchmal auch für bestimmte Verhaltensweisen als wünschenswert erachtete Strafrechtsnormen, die noch straffreies Verhalten pönalisieren sollen: „Das ist doch kriminell!"

Kriminalitätskonkordanz

bei ein- und zweieiigen Zwillingen wurden Untersuchungen zur →Kriminalität angestellt, um auf evtl. vererbte Faktoren der Kriminalitätsverursachung zu kommen. Treten Übereinstimmungen zwischen den Zwillingen auf, so liegt K. vor.

Kriminalitätstheorien

Soziologische K. können sich auf die Entstehung der →Kriminalität wie auch auf die →Kriminalisierung, d. h. die Verfolgung von Straftaten, beziehen. Im Regelfall meint man mit K. solche Ansätze, die versuchen, kriminelle Verhaltensweisen zu erklären. Soziologische K. lassen sich vielfach klassifizieren, wobei durchaus Überlappungen auftreten können:

- ätiologische vs. interaktionistische Ansätze
- factor approach vs. labeling approach
- „alte" und „neue" Kriminologie
- soziologische vs. sozialpsychologische Ansätze
- makro-soziologische vs. mikro-soziologische Ansätze
- individualistische vs. kollektivistische Theorien
- multikausale oder monokausale Theorien
- Mehrfaktoren- und Einfaktorenansätze
- multiple factor approach vs. grand theory approach
- kausale und funktionale Erklärungsansätze
- normative vs. interpretative Theorien

Für unsere Darstellung der K. verwenden wir die auf Seite 367 abgebildete Klassifikation.

Die Anomietheorie ist die älteste der hier behandelten soziologischen K. Der Begriff der →Anomie (den man grob als Regellosigkeit oder Normlosigkeit fassen kann) wurde von *Durkheim* zur Erklärung sozialer Desintegrationserscheinungen im Gefolge der →Arbeitsteilung eingeführt. Er meint, daß Dauerhaftigkeit und „Intimität" der Beziehungen der Gesellschaftsmitglieder untereinander nur noch unzureichend sind, weshalb sich daraus kein gemeinsames Regelsystem entwickeln kann.

In Fortführung der Überlegungen *Durkheims* erweiterte *Merton* dieses Konzept in vielfacher Hinsicht: Er bezieht explizit sozialstrukturelle Elemente der

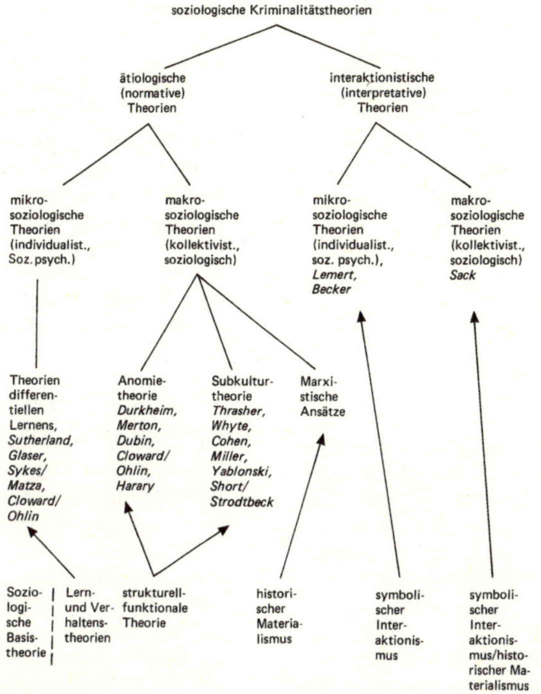

Abb.: Klassifikation soziologischer Erklärungsansätze abweichenden Verhaltens

Gesellschaft in die Erklärung →abweichenden Verhaltens mit ein und trifft die wichtige Unterscheidung zwischen Anomia, die sich auf Individuen bezieht, und Anomie, die gesellschaftlich zu sehen ist. Anomie ist dabei das Ergebnis des Auseinanderklaffens von allgemein verbindlichen, kulturellen Zielen und der sozialstrukturell determinierten Verteilung der legitimen Mittel, die der Zielerreichung dienen sollen. Eine geringe Integration von Zielen und Mitteln, d.h. deren unzureichende Kongruenz, führt zu einer Desorientierung für das einzelne Gesellschaftsmitglied. Diese erfordert eine Lösung, weil das Individuum nicht permanent mit den durch die Desorientierung verursachten →Konflikten leben kann. Je nach individueller Einstellung gegenüber den kulturellen Zielen und institutionalisierten Mitteln der Zielerreichung (dichotomisiert in Zustimmung oder Ablehnung) ergeben sich Typen der Anpassung als Lösungsformen der Desorientierung: Innovation,

Typen der Anpassung nach *Merton* (vgl. *Merton* 1951, S. 133ff.)

Anpassungstyp	Einstellung zu kult. Zielen	Einstellung zu institutionalisierten Mitteln
Konformität	+	+
Innovation	+	–
Ritualismus	–	+
soz. Rückzug	–	–
Rebellion	±	±

(+ = Akzeptierung; – = Ablehnung; ± = Substitution)

Rebellion, Ritualismus und Rückzug. Kriminalität entsteht zumeist nach dem Typus der Innovation, wonach die gesellschaftlichen Ziele (etwa hohes Einkommen) geteilt werden, aber zur Zielerreichung keine konformen Mittel praktiziert werden (etwa Einbruch).

Cloward und *Ohlin* (1960) machen geltend, daß neben der Dissoziation von kulturellen Zielen und institutionalisierten legitimen Mitteln der Zielerreichung sozialstrukturell differentiell verteilte Zugangschancen zu illegitimen Mitteln zu berücksichtigen sind.

Nach einigen anderen Versuchen, die Anomietheorie zu explizieren oder zu modifizieren, beschäftigt sich auch *Opp* mit ihr. Seine Absicht besteht in einer Präzisierung und Erweiterung durch die Explikation der Inhalte der Anomietheorie, die er für „eine der fruchtbarsten Theorien →abweichenden Verhaltens“ hält (*Opp* 1974, S. 156). Mit dieser Präzisierung will er vor allem von der doch engen begrifflichen Orientierung der bisherigen anomietheoretischen Ansätze, die er tendenziell als →Taxonomien ansieht, zu einer empirisch nachprüfbaren Theorie als einer Menge von Wenn-dann-Aussagen, die ohne raumzeitliche Begrenzung sind und in denen einer unendlichen Menge von Objekten Merkmale zugeschrieben werden können, gelangen.

Der Ansatz der →Subkultur geht davon aus, daß in größeren komplexen sozialen Gebilden →Normen, →Werte und Symbole nicht für alle Elemente dieses sozialen Systems (konkret: alle Gesellschaftsmitglieder) gleich gelten oder gleiche Bedeutung haben. Vielmehr sind große soziale →Konfigurationen in sich strukturiert durch verschiedene Subsysteme, die sich untereinander nicht zuletzt auch dadurch unterscheiden können, daß in ihnen unterschiedliche, differenzierte, nuancierte →Werte und →Normen gelten können. Diese können selbst mehr oder weniger mit den Normen des übergeordneten Ganzen übereinstimmen, sich aber auch relativ stark von diesen abheben. Andererseits gibt es immer einige Basiswerte und -normen, die von der dominanten und übergeordneten →Kultur übernommen werden, was die Zugehörigkeit zum Gesamtsystem ausmacht. Subkulturen übernehmen also einige Normen der dominanten Kultur, unterscheiden sich jedoch in anderen Werten und Normen von dieser. Aus dieser Wert- und Normdifferenzierung lassen sich Erklärungen für abweichende Verhaltensweisen ableiten. Die Subkultur wird zu einem soziologischen Konzept der Erklärung kriminellen Verhaltens. Prototypisch die jugendlichen Banden (→gang) in den USA.

Aus dem recht extensiven Gebrauch des Begriffes der Subkultur, der in soziologischen Analysen von Phänomenen der →Delinquenz und Statusstrukturen ebenso herangezogen wird wie von solchen der Berufsdifferenzierung oder religiöser Minderheiten, erwächst die Kritik *Yingers* an dem Konzept der Subkultur. Bei so vielfältigem Einsatz kann es nicht ausbleiben, daß der Begriff implizite und explizite Bedeutungsveränderungen erfährt. Der unpräzisen und vieldeutigen Verwendung entspringt eine →Klassifikation, die drei Hauptbedeutungen des Subkulturbegriffs enthält: Subkultur einmal im Sinne von Präkultur, dann als normatives Teilsystem einer größeren Einheit und drittens als Produkt eines Konflikts einer Gruppe mit der Gesamtgesellschaft. Aus dieser Differenzierung heraus plädiert *Yinger* für die Verwendung des Subkulturbegriffs in der zweitgenannten Version. Für den Inhalt der dritten „Definition“ schlägt er den Begriff der →Kontrakultur vor. Dabei geht er davon aus, daß es Verwandtschaften zwischen den beiden Begriffen gibt, daß evtl. Kontrakulturen aus Subkulturen hervorgehen, daß sich beide aber analytisch sinnvoll trennen lassen.

Die Theorie der differentiellen Assoziation ist wie die Subkulturtheorie aus der sog. →Chicagoer Schule hervorgegangen. Sie wurde erstmals von *Sutherland* 1939 formuliert. Mit der Theorie der differentiellen Assoziation, die auch Theorie der differentiellen Kontakte oder Theorie der differentiellen Lernstrukturen genannt wird, zielt *Sutherland* zum einen auf die Erklärung der unterschiedlichen Verteilung der Kriminalitätsraten (z.B. in den verschiedenen Schichten) und zum andern auf die Herausarbeitung des Lern- und Prozeßcharakters kriminellen Verhaltens (etwa im Gegensatz zur Anomietheorie, die statischer ist) ab. Differentielle Assoziation meint dabei die Kontakte mit abweichenden und nicht-abweichenden (= differentiellen) Verhaltensmustern, die für deren Übernahme entscheidend sind, wobei sie nicht allein durch persönliche Kontakte vermittelt werden, auch wenn diese einen besonderen Stellenwert einnehmen. Die zentrale These lautet, daß eine Person dann delinquent wird, wenn Gesetzesverletzungen begünstigende →Einstellungen gegenüber den Einstellungen, die Gesetzesverletzungen negativ bewerten, überwiegen.

Die Theorie der differentiellen Gelegenheiten baut auf der Anomietheorie *Mertons,* der Theorie der kulturellen Überlieferung, der Theorie der differentiellen Assoziation *(Sutherland)* und der Subkulturtheorie auf. Im Gegensatz zu *Cohen* und in Übereinstimmung mit *Merton* erscheint den Autoren Kriminalität als rationale Lösung des Anpassungsproblems in einer durch Widersprüche gekennzeichneten Gesellschaft, weswegen die verschiedenen Subkulturen unter utilitaristischen Gesichtspunkten gesehen werden. In Fortführung des Anomiekonzepts weisen die Autoren darauf hin, daß →Motivation und Druck zwar notwendige, aber keineswegs hinreichende Bedingungen für delinquentes Verhalten darstellen, denn der einzelne muß darüber hinaus auch Zugang zu illegitimen Mitteln haben, soll er sich abweichend verhalten können; der Kriminelle kann als Positionsträger einer „illegitimen Gelegenheitsstruktur“ in bezug auf die Mittelwahl betrachtet werden. Demnach gibt es für jeden eine doppelte und milieugebundene Chancenstruktur: einmal für legales und zum anderen für illegales Verhalten.

Glaser versteht seinen Beitrag als Erweiterung des Sutherlandschen Assoziationsprinzips. Seine Theorie besagt, daß Personen kriminelle Handlungen um so eher ausführen werden, je mehr sie sich mit Personen identifizieren, aus deren Sicht kriminelles Verhalten positiv bewertet wird. Neben Berührungspunkten mit dem →Bezugsgruppenkonzept ergeben sich solche mit der Theorie der Neutralisierungstechniken, da die Auswahl von Modellen für die Identifikation mit kriminellen Mustern entsprechende →Rationalisierungen erfordern kann.

Tannenbaum gilt als der „Urvater“ des Etikettierungs- oder Reaktionsansatzes; sein Einfluß auf die weitere Forschung blieb allerdings relativ gering. Als entscheidende Ursache für das Auftreten abweichenden Verhaltens sah er die sozialen Reaktionen der Umwelt auf dieses an: „The young delinquent becomes bad, because he is defined as bad“ (*Tannenbaum* 1953). „‚Böses Tun‘ (als solches irgendwie definiert) ist nicht im einzelnen angelegt, wo es durch physiologische oder psychologische Faktoren erklärt werden kann, sondern es wird vielmehr durch die Umweltreaktionen provoziert“ (*Rüther* 1975).

Auf *Lemert* geht die Unterscheidung von primärer und sekundärer →Devianz zurück, wobei die sekundäre Devianz im Rahmen der labeling-Perspektive von größerer Bedeutung ist. Sekundäre Abweichung beruht, im Gegensatz zu primärer, die durchaus auf solche Ursachen zurückgeführt werden kann, die in den bisher benannten Theorien des →ätiologischen →Paradigmas genannt wurden (*Lemert* 1975), auf einer in der Folge eines bestimmten Verhaltens vorgenommenen Rollenzuschreibung seitens der sozialen Umwelt als Abweicher.

→Abweichendes Verhalten besteht nach *Becker* zunächst im Verstoß gegen von der Gesellschaft geschaffene Regeln, wobei in der Regelsetzung der Machtaspekt und →soziale Ungleichheiten betont werden. Abweichendes Verhalten ist aber „keine Qualität, die im Verhalten selbst liegt, sondern (die) in der Interaktion zwischen einem Menschen, der eine Handlung begeht, und Menschen, die darauf reagieren" (*Becker* 1973), geschaffen wird. Wie *Lemert* weist auch *Becker* auf die Bedeutung der Selektivität und den Prozeßcharakter von Abweichung hin: mittels Etikettierung werden Mechanismen der →self-fulfilling prophecy wirksam; der als abweichend Bezeichnete wird sich abweichend verhalten. Das Hauptgewicht des Erkenntnisinteresses liegt klar bei der sekundären Devianz, obgleich *Becker* auch die primäre in seine Überlegungen einbezieht. *Becker* gilt als „gemäßigter" Vertreter des →labeling approach, weil auch die Art des zugrundeliegenden Verhaltens (primäre Devianz) bzw. die psychische Struktur von Personen und entsprechende soziale Ursachen als Bestimmungsfaktoren für Etikettierungsprozesse nicht ganz vernachlässigt werden (*Rüther* 1975).

Becker charakterisiert seine Position des labeling approach: „Abweichendes Verhalten wird von der Gesellschaft geschaffen. Ich meine das nicht in der Weise, wie es gewöhnlich verstanden wird, daß nämlich die Gründe abweichenden Verhaltens in der sozialen Situation des in seinem Verhalten abweichenden Menschen oder in den ‚Sozialfaktoren' liegen, die seine Handlung auslösen. Ich meine vielmehr, daß gesellschaftliche Gruppen abweichendes Verhalten dadurch schaffen, daß sie Regeln aufstellen, deren Verletzung abweichendes Verhalten konstituiert, und daß sie diese Regeln auf bestimmte Menschen anwenden, die sie zu Außenseitern stempeln" (*Becker* 1973).

Lit.: Becker, H. S.: Außenseiter. Zur Soziologie abweichenden Verhaltens. Frankfurt/M. 1973 (original: Outsiders. Studies in the Sociology of Deviance, New York 1963); *Cloward, R. A., Ohlin, L. E.:* Delinquency and Opportunity. A Theory of Delinquent Gangs. New York 1960; *Lamnek, S.:* Theorien abweichenden Verhaltens. München 1988[3]; *Merton, R. K.:* Social Theory and Social Structure (2). Glencoe, Ill. 1951; *Opp, K.-D.:* Abweichendes Verhalten und Gesellschaftsstruktur. Darmstadt/Neuwied 1974; *Rüther, W.:* Abweichendes Verhalten und labeling approach. Köln, Berlin 1975

Prof. Dr. *S. Lamnek,* Eichstätt

Kriminalsoziologie

Teilbereich der Soziologie zur Deskription, Erklärung, Prognose und Prävention kriminellen Verhaltens als Teilklasse des →abweichenden Verhaltens, wobei kriminalitätsverursachende und kriminalitätsdefinierende soziale Ursachen im Vordergrund der Betrachtung stehen. K. ist insoweit ein Spezialfall der →Kriminologie, weil in der K. nur soziologisch relevante Aspekte behandelt werden.

→Viktimologie

Kriminologie

→Kriminalsoziologie

interdisziplinär orientierte empirische Wissenschaft von den Ursachen, Erscheinungsformen und Wirkungen des Verbrechens in der Gesellschaft sowie dessen Bekämpfung (Prozesse der →sozialen Kontrolle). Dazu bedient man sich der Beiträge verschiedener Einzelwissenschaften wie Biologie, Humangenetik, Psychologie, Sozialpsychologie, Soziologie, Jurisprudenz, Wirtschaftswissenschaften etc., was Probleme der Integration der verschiedenen Disziplinen (unterschiedliche Begriffe, Methoden, Theorien) aufwirft.

→Viktimologie

Krise

1. plötzliches Auftreten massiver Probleme, die nicht ohne größere Schwierigkeiten gelöst werden können;

2. nach *Th. Kuhns* Phasenlehre des Paradigmenwechsels in der Wissenschaftsentwicklung nach der Proto-Wissenschaft und der normalen Wissenschaft jene Phase, in der sich das →Paradigma der normalen Wissenschaft als unzureichend herausstellt;

3. in der Ökonomie jene Situation im Zyklus der Konjunktur, wenn nach einem Hoch ein Tief mit Absatzreduktion, Preisverfall, Arbeitslosigkeit etc. einsetzt.

Krisentheorie

1. im →Marxismus die Auffassung, daß wegen des Grundwiderspruchs zwischen gesellschaftlicher Produktion und privater Aneignung der →Kapitalismus notwendig zusammenbrechen müsse;

2. kennzeichnet allgemein die ökonomische Entwicklung kapitalistischer Gesellschaften (tendenziell, wenn auch nicht mit so gravierenden Ausschlägen, auch sozialistischer) in Konjunkturzyklen: Nach einem Aufschwung folgt die Konjunktur, dann die Krise, die Depression, und die Spirale beginnt von neuem mit dem Aufschwung.

Kriterium

Prüfstein, unterscheidendes Merkmal in der →empirischen Sozialforschung eine →Variable, die als →Indikator für einen Sachverhalt steht oder die geeignet ist, einen Sachverhalt zu beschreiben oder vorherzusagen.

kritische Theorie

Schon mit dem Namen beginnen die Schwierigkeiten. Programmatisch wird dieser Begriff von *Max Horkheimer* (1895–1973) im Titel eines Aufsatzes („Traditionelle und kritische Theorie") erst 1937 erwähnt. *Horkheimer* versteht sein Projekt von Sozialforschung in der Tradition der kritischen →Gesellschaftslehre von *Marx,* die er abgrenzt von allen traditionellen wissenschaftlichen Theorien, die ein →apologetisches Verhältnis zur gesellschaftlichen Wirklichkeit haben. *Horkheimer* und sein Mitarbeiter *Herbert Marcuse* betonen in „Philosophie und kritische Theorie" (1937) den philosophischen Kern der Marxschen Kritik der politischen Ökonomie, um sich von ökonomistischen Traditionen abzusetzen.

Der Erfolg der russischen Oktoberrevolution und die Erfahrung der gescheiterten Novemberrevolution 1918 gaben die entscheidenden Impulse zur theoretischen Erneuerung des →Marxismus. *Felix Weil* versuchte seit 1919 mit dem Geld und Einfluß seines Vaters, des Getreidehändlers *Hermann Weil,* an der Frankfurter Stiftungsuniversität ein parteiunabhängiges marxistisches Forschungsinstitut zu etablieren. Für diese Pläne gewann er vor allem *Friedrich Pollock, Max Horkheimers* engsten Freund. 1923 kam es zu einem Kompromiß zwischen *Weil,* der Universität und dem preußischen Kultusministerium: Ein „Institut für Sozialforschung", getragen von einer unabhängigen „Gesellschaft für Sozialforschung", sollte der Frankfurter Universität angegliedert und in Personalunion von einem an die Universität zu berufenden Professor geleitet werden.

1924 übernahm der bekannte Austromarxist *Carl Grünberg* dieses Amt, dessen Zeitschrift „Archiv für die Geschichte des Sozialismus und der Arbeiterbewegung" allgemeine Anerkennung in akademischen wie politischen Kreisen genoß. *Grünberg* fühlte sich der „materialistischen Geschichtsauffassung", dem Marxismus der 2. Internationale, verpflichtet; der krisenhafte Zusammenbruch des →Kapitalismus, den *Kautsky* im Gefolge von *Marx* wie ein Naturgesetz prognostiziert hatte, schien sich zu Beginn der zwanziger Jahre abzuspielen; aber man mußte ihn erforschen, ebenso revolutionäre Wege, ökonomische Auswege und andere Produktionsweisen. Bis Ende der zwanziger Jahre entstanden im Institutszusammenhang *Fritz Sternbergs* Imperialismusstudie, *Herryk Grossmanns* große Arbeit über „Das Akkumulations- und Zusammenbruchsgesetz des kapitalistischen Systems“, *Friedrich Pollocks* „Die planwirtschaftlichen Versuche in der Sowjetunion 1917–1927“ und *Karl-August Wittfogels* erste Studien zur asiatischen Produktionsweise, zum chinesischen Gesellschaftssystem.

1930 übernahm *Max Horkheimer* das Direktorat des Instituts und eine Professur für Sozialphilosophie an der Frankfurter Universität. *Horkheimer* entwikkelt ein Forschungsprogramm, das der veränderten Wirklichkeit des Kapitalismus Rechnung tragen soll. Empirisch werden die Klassenverschiebungen, die Lage der Arbeiter und Angestellten, untersucht; theoretisch fällt schon 1930 die Betonung der Psychoanalyse auf, die den Vermittlungsmechanismus zwischen ökonomischen Prozessen und Bewußtseinsformen aufdecken soll. 1932 erscheint erstmalig die „Zeitschrift für Sozialforschung“, deren letzter Band 1941 als „Studies in Philosophy and Social Science“ im amerikanischen Exil erscheinen wird. *Horkheimers* Auffassung der Marxschen Theorie als einer kritischen Gesellschaftstheorie setzt sich eindeutig vom Weltanschauungsmarxismus der 2. und 3. Internationale ab, der im Schematismus von →Basis und Überbau zu ersticken drohte. Die akademische Wissenschaft, später traditionelle Theorie genannt, wird am Vorabend des →Faschismus in einer tiefen Krise gesehen; Aufgabe einer kritischen Gesellschaftstheorie besteht im Begreifen der gegenwärtigen gesellschaftlichen „allgemeinen Krise“. Die Krise wird aber anders als im Weltanschauungsmarxismus nicht eng ökonomisch aufgefaßt, sondern die kritische Gesellschaftstheorie will die Vermittlungen von ökonomischer Krisenerscheinung und Bewußtsein erfassen. *Horkheimers* „Geschichte und Psychologie“ wirkt programmatisch 1932, *Erich Fromm* steuerte gleich zwei Beiträge zur analytischen Sozialpsychologie bei. *Adornos* „Zur gesellschaftlichen Lage der Musik“ und *Leo Löwenthals* „Zur gesellschaftlichen Lage der Literatur“ bilden keine feuilletonistischen Anhängsel des Heftes, sondern stehen gleichrangig neben *Grossmanns* und *Pollocks* Untersuchungen ökonomischer Krisenerscheinungen.

Größe und Grenzen dieses Konzepts durchzieht alle Bände der „Zeitschrift für Sozialforschung“, aber auch die erste große gemeinsame Studie „Autorität und Familie“ (1936). Zu einer wirklichen Integration kommt es zwischen den theoretischen Teilen und dem empirischen Teil nicht. Äußeres Zeichen dieser Problematik wird die Trennung von *Erich Fromm* (1900–1980) sein.

Die desintegrierenden Wirkungen der Arbeitsteilung werden durch das Exil verstärkt; schon bald nach der Machtergreifung wurde das Institut aus Deutschland verjagt. *Horkheimer* und *Pollock* versuchten das Institut in den USA zu reorganisieren, den Zeitschriftenbetrieb aufrechtzuerhalten und auch in der Emigration die ökonomische und politische Unabhängigkeit zu wahren. Wegen der sich stetig verschlechternden Lage mußte man sich nach neuen Finanzierungen umsehen. Als zentrales Projekt dieser Jahre muß man das „Antisemitismus“-Projekt ansehen, das 1941 in der „Zeitschrift“ erstmals der Öffentlichkeit vorgestellt wurde. Die Buchreihe „Studies in Prejudice“ (1949f) veröffentlichte die Resultate dieser Arbeit, als deren bekanntestes die Gemeinschaftsstudie „The Authoritarian Personality“ von *Theodor W. Adorno* u.a. angesehen wird. Die „Studien zum autoritären Charakter“ beschränken sich darauf, die psychologischen Wirkungen einer veränderten gesellschaftlichen Objektivität zu analysieren.

Der Tod *Walter Benjamins* auf der Flucht vor der Naziherrschaft wurde für *Horkheimer* zum Anlaß, die kritische Gesellschaftstheorie neu zu fassen. 1942 erschien „*Walter Benjamin* zum Gedächtnis“ hektographiert; es enthielt

Benjamins geschichtsphilosophische Thesen, eine Arbeit über *„George* und *Hofmannsthal"*, zwei Aufsätze *Horkheimers:* „Vernunft und Selbsterhaltung" und „Autoritärer Staat". Die Arbeiten deuten den veränderten Begriff von Geschichte und →Ideologie an, der Ausgangspunkt der „Dialektik der Aufklärung" sein wird. Das mit *Leo Löwenthal* gemeinsam begonnene Schlüsselwerk kritischer Theorie erschien 1944 in Amsterdam, wurde erst durch die Raubdrucke Anfang der sechziger Jahre wiederentdeckt. „Dialektik der Aufklärung" will Aufklärung vor ihrer Selbstdestruktion durch Selbstreflexion bewahren – zu einem geschichtlichen Zeitpunkt, der keine sozialrevolutionäre Veränderung als Befreiung mehr erwarten läßt. Im Gegensatz zum traditionellen linken Fortschrittsbegriff wird →Gesellschaftsgeschichte als →Dialektik von Kultur und Barbarei entwickelt, als Befreiung und Fessel zugleich.

Die Erfahrung einer veränderten gesellschaftlich-geschichtlichen Konstellation wurde von den Protagonisten der kritischen Theorie geteilt. Die Arbeiten von Autoren wie *Horkheimer, Pollock, Löwenthal, Marcuse, Adorno* nach 1944 sind von dieser Erfahrung geprägt, auch wenn sie sich unterschiedlicher Sujets annahmen. Die organisatorische Einheit des Institutszusammenhanges hatte sich schon in den vierziger Jahren nicht mehr halten lassen; nach 1945 taten sich unterschiedliche Lebens- und Arbeitsperspektiven auf. *Horkheimer* suchte sich mit *Pollock* eine Doppelexistenz als Hochschullehrer in den USA und Frankfurt, mit Wohnsitz in der Schweiz. Nachdem *Adorno* unter großen Mühen einen Doppellehrstuhl für Soziologie und Philosophie erhalten hatte, konnte eine Arbeit beginnen, der man den Namen →„Frankfurter Schule" gegeben hat. 1951 wurde das „Institut für Sozialforschung" wieder eröffnet. Schon in der Emigration hatte *Horkheimer* seine „Eclipse of Reason" (1947) – eine kritische Darstellung der Instrumentalisierung von Vernunft im Wissenschaftsbetrieb – abgeschlossen. Argumentativ nimmt *Horkheimer* die Positionen *Adornos* im →„Positivismusstreit" vorweg. Dem Selbstverständnis der „Frankfurter Schule" entsprach eine positivismuskritische Sozialforschung. Das von *Friedrich Pollock* herausgegebene „Gruppenexperiment" (1952), das an „Authoritarian Personality" anschließt, entspricht noch am ehesten diesem Selbstverständnis.

Horkheimer entfaltete nach 1950 als Figur des öffentlichen Lebens und als Hochschullehrer eine große Aktivität, seine theoretischen Bemühungen erhielten bewußt fragmentarischen Charakter („Notizen"). *Adorno* entwickelte diese Theorieform in den „Minima Moralia. Reflexionen aus dem beschädigten Leben" (1951) zur Meisterschaft des soziologischen Aphorismus. Mit seiner Musikphilosophie knüpfte er an Motive der dreißiger Jahre an, seine Essayistik (Prismen, Noten zur Literatur, Eingriffe, Stichworte) führte den Ansatz der Kulturindustriekritik aus der „Dialektik der Aufklärung" als Gegenwartsanalyse weiter. Sein letztes großes Werk „Negative Dialektik" (1967) nimmt den geschichtlichen Punkt „nach Auschwitz" von 1944 wieder auf, versucht aber die Motive der Erkenntniskritik zu aktualisieren, die *Adorno* schon in philosophiekritischen Einzelstudien über *Kierkegaard, Hegel, Husserl* und *Heidegger* angedeutet hatte. Mit den Mitteln immanenter Kritik wollte *Adorno* das barbarische Moment der höchsten kulturellen Objektivationen freilegen.

Auch *Leo Löwenthal* und *Herbert Marcuse* teilten die Einsichten der „Dialektik der Aufklärung". Als Analytiker der Kulturindustrie, Kritiker der autoritären Ideologie und Mitarbeiter am Antisemitismus-Projekt hatten sie an der Erarbeitung der theoretischen Position von „Dialektik der Aufklärung" teilgenommen. *Marcuse* war über den Umweg einer Assistentenzeit bei *Heidegger* zur

Frankfurter Gruppe gestoßen; er begann als phänomenologischer Marxist, wurde zum Kritiker der Ontologie und der antiliberalen staatsphilosophischen Theorie. Ab 1936 gab es zwischen den Autoren der kritischen Theorie eine stillschweigende Übereinkunft, daß die sowjetische Entwicklung sich als Fehlentwicklung erwiesen habe. Die Bedeutung der Revolution hatte *Marcuse* schon 1941 erneut reflektiert, als er der faschistischen Hegelaneignung eine kritische entgegensetzte; die Kritik an der gescheiterten Oktoberrevolution legte er 1958 als Kritik des Sowjetmarxismus vor. Noch zu Zeiten der „Zeitschrift" hatte er die technologischen Aspekte der modernen Herrschaft diskutiert, alle zentralen politischen Motive aus der Endphase der Zeitschrift erschienen 1964 in *Marcuses* politischer Gegenwartsanalyse Amerikas „One Dimensional Man". Die soziologische Bedeutung der Psychoanalyse reformulierte *Marcuse* als Zusammenhang von „Psychoanalyse und Politik" (1968). Seine kulturkritische Interpretation der Freudschen Fragestellungen (Eros und Civilisation, 1955) hatte ihm weit über die wissenschaftliche Welt hinaus ein Publikum verschafft. Viele Autoren haben Wichtiges zur kritischen Theorie beigetragen, ohne daß sie direkt zum *Horkheimer*-Kreis zu zählen sind: *Walter Benjamin, Siegfried Kracauer.* Im politisch-rechtstheoretischen Bereich hat *Franz Neumann* Positionen repräsentiert, die zur Faschismusanalyse unentbehrlich waren (Behemoth). Es ist umstritten, ob die kritische Theorie als „Frankfurter Schule" weiterwirkt. Die theoretischen Ansätze von *Jürgen Habermas* und seiner Schüler scheinen eher eigenständig, unabhängig von den Motiven der alten kritischen Theoretiker. Über den akademischen Bereich hinaus hat die kritische Theorie – nicht nur in Deutschland, sondern vor allem in den USA – gewirkt, so daß man trotz der anwachsenden historischen Literatur über sie die kritische Theorie selbst noch nicht als bloßen Gegenstand der Geschichte betrachten sollte.

Lit.: Martin Jay: Dialektische Phantasie. Frankfurt/M. 1976; *Rolf Wiggershaus:* Die Frankfurter Schule. München, Wien 1986

PD Dr. *D. Claussen,* Duisburg

kritischer Rationalismus

wissenschaftstheoretische Position, die von einer grundsätzlichen Skepsis gegenüber als absolut behaupteten Wahrheiten (wie z. B. religiösen Heilslehren oder politischen Doktrinen) ausgeht und Aussagen über die Realität nur dann als sinnvoll anerkennt, wenn sie so formuliert sind, daß sie prinzipiell durch die Erfahrung widerlegt werden können (→Falsifizierbarkeit), was die Forderung nach intersubjektiver Überprüfbarkeit und Wertfreiheit einschließt. Der k. R. ist eine Weiterentwicklung des klassischen Rationalismus (etwa *Descartes* oder *Leibnitz*), der ebenfalls von →a priorischen Erkenntnissen und der logischen Ableitung empirischer Aussagen ausging. *K. R. Popper* geht als Begründer des k. R. davon aus, daß auf deduktiv gewonnenen Aussagen über die Realität als →Hypothesen deren empirisch-kritische Prüfung zu folgen hat. Oberste Prüfinstanz ist also die Realität, die die Hypothesen oder →Theorien falsifizieren kann. Tut sie dies nicht, dann gelten die Aussagen als vorläufig bestätigt, weil eine endgültige Bestätigung als →Verifikation nicht möglich ist. Durch die Deduktion grenzt sich der k. R. klar vom logischen →Positivismus ab.

Kritizismus

1. im Englischen meist synonym mit →kritischer Rationalismus;

2. erkenntnistheoretische Position *I. Kants,* die zwischen dem →Empirismus und Rationalismus zu vermitteln trachtet.

Kult

1. fixierte Formen der Ausübung von religiösen Handlungen;

2. übersteigerte Formen der Verehrung von Personen oder Gegenständen.

Kultgemeinde
ein Kollektiv von Menschen, das sich regelmäßig nach bestimmten Vorschriften und nach Anweisungen eines religiösen Führers (Priesters) solchen Handlungen widmet, die die Verehrung eines Gottes oder Kultgegenstandes ausdrücken.

Kultur
1. Erziehung, Bildung, Lebensart;

2. Pflege und Nutzung von Ackerboden, Anbau;

3. Bestand junger Pflanzen;

4. Zucht von Lebewesen auf Nährboden;

5. im soziologischen Sinne meint K. das gesamte soziale Erbe, bestehend aus dem Wissen, den Glaubensvorstellungen, den Sitten und Gebräuchen und den Fertigkeiten, die ein Mitglied einer Gesellschaft übernimmt;

6. manchmal versteht man unter K. nur Wissen, Kunst, Religion, also alle nicht-materiellen Errungenschaften einer Gesellschaft. Die materiellen Dinge sind dann Zivilisation;

7. seltener bedeutungsgleich mit sozialer Struktur oder sozialem →System.

Kultur, adaptive
A. K. umfaßt die nicht-materiellen Elemente der K., die sich auf die Aneignung oder Entwicklung der materiellen Elemente richten.

Kultur, apollinische
die K. ist dominant auf Ordnung, Sitte, Tradition ausgerichtet und läßt wenig Raum für lustvolle Lebensgestaltung. Gegensatz: →dionysische K.

Kultur, archaische
frühzeitliche, altertümliche, rückständige, wenig entwickelte K.

Kultur, dionysische
eine wenig restriktive, offene, lebensbejahende und flexibel gestaltbare K. Gegensatz: →apollinische K.

Kultur, explizite
jene Elemente einer K., die von den Mitgliedern als solche erkannt, die ihnen bewußt sind und die artikuliert werden können. Gegensatz: →implizite K.

Kultur, geschlossene
eine K., die durch räumliche Bedingungen isoliert ist und deshalb keine fremden Kulturelemente übernommen hat. Die erzwungene oder freiwillige Abschottung nach außen erhält die K. rein.

Kultur, immaterielle
jene Kulturelemente, die nicht-materiell sind, also gesellschaftliche →Institutionen, →Normen, →Werte, →Ideen, Wissen. Gegensatz: →materielle K.

Kultur, implizite
die Elemente einer →Kultur, die zwar praktiziert werden, die aber zugleich so selbstverständlich sind, daß sie nicht bewußt und nicht artikuliert werden können. Gegensatz: →explizite K.

Kultur, industrielle
alle Elemente einer K., die durch die Industriegesellschaft hervorgebracht wurden, also z. B. Automation, Arbeitsteiligkeit, Technisierung usw.

Kultur, materielle
alle von früheren Generationen ererbten materiellen Elemente einer K., wie etwa Werkzeuge, Meßinstrumente, wie alle Produkte menschlicher Arbeit. Gegensatz: →immaterielle K.

Kultur, politische
die Summe aller positiv gewerteten →Normen und Vorstellungen, die das politische Leben einer Gesellschaft gestalten. Dabei mag es einen Unterschied in den Auffassungen zwischen den Politikern und dem Volk geben.

Kultur, primitive
kein evaluativer Begriff; p. K. sind einfache K. im Vergleich zu der Entwicklung moderner Industriegesellschaften; gleichwohl können sie eine sehr komplexe →immaterielle K. haben. P. K. sind vornehmlicher Untersuchungsgegenstand der →Ethnologen und →Kulturanthropologen.

Kulturanalyse
die Untersuchung von primitiven oder entwickelten, fremden oder bekannten

Kulturen mit wissenschaftlichen Methoden zum Zwecke der Deskription und Erklärung von Aufbau, Differenzierung, Integration, Leistung etc.

Kulturanthropologie

1. Begriff. Verschiedene Geistes- und Sozialwissenschaften reklamieren die griechisch-lateinische Wortschöpfung K. für Teildisziplinen, die sich der „Lehre vom Menschen in seiner kulturellen Umwelt“ annehmen. Genaugenommen aber ist der Begriff K. im deutschsprachigen Raum inhaltlich und wissenschaftshistorisch belegbar von einer Schule der Philosophie besetzt, die aus den empirisch vielfältigen Erscheinungsformen von Kultur ihre Erkenntnisse über den Menschen schöpft. Diese spezifische Form der philosophischen Reflexion der kulturellen Daseinsweise des Menschen wird – synonym mit K. – auch als philosophische Anthropologie bezeichnet. Dieser Konvention ungeachtet ist heute mit K. hauptsächlich, aber keineswegs darauf beschränkt, eine →Ethnologie (oder Völkerkunde) bzw. eine →Ethnographie gemeint, die sich von der partikular-historisch ausgerichteten „Museumswissenschaft“ zur modernen Sozialwissenschaft hin entwikkelt hat, die über exotisch-bunte Einzelfalldarstellungen hinausgeht und Grundsätzliches zum Thema „Mensch und Kultur“ hervorbringt. Zudem ist es, im Versuch der Anpassung an den internationalen Sprachgebrauch, in Mode gekommen, generell die Ethnologie und die ihr nahverwandten Gebiete nun K. zu nennen. Dabei geht mit der Übertragung des Begriffs Cultural Anthropology (C. A.) ins Deutsche nicht unbedingt auch die vollständige Übernahme der Eigenarten dieser spezifisch nordamerikanischen Disziplin einher, die sich seit Anfang dieses Jahrhunderts in den USA (und in Kanada) als sozialwissenschaftlicher Zweig der Anthropologie mit dem Anspruch, Integrationswissenschaft für alle Wissenschaften vom Menschen zu sein, als hochambitioniertes Äquivalent zur inhaltlich viel enger gefaßten europäischen Ethnologie herausgebildet hat. Aus dem dezidierten Ziel der C. A., den Menschen aus seiner kulturell determinierten Lebensweise heraus zu begreifen, ergeben sich fließende Übergänge zum Ansatz der philosophisch fundierten K., aus der Kenntnis vielfältiger Lebensformen heraus den Menschen als Kulturwesen zu reflektieren, wobei freilich der Gegenstand der C. A. (wie der Ethnologie) bevorzugt die schriftlosen Kulturen – früher auch Primitivgesellschaften oder Naturvölker genannt – sind, während die eigentliche K. auch und vor allem die hochkulturellen Traditionen der westlichen Zivilisation vor dem Hintergrund anderer Lebensformen thematisiert.

2. Geschichte. Die Anthropologie als eigenständige Lehre vom Menschen ist bereits in der Renaissance aufgekommen, als Gegenposition zum seinerzeitigen Deutungsmonopol der Theologie. Ursprünglich dem Leib und der Seele gleichermaßen zugewendet, reduzierte sich das Interesse der A. nach und nach auf die physiologische Vielfalt des Menschengeschlechts, gleichsam als menschenwissenschaftliche Ergänzung zur Zoologie. In der geistesidealistischen Schule der deutschen Philosophie um *Kant, Herder* und *Humboldt* bildete sich dann aber im Gegenzug zur spezialisierten Fortentwicklung der A. ein vom Humanismus geprägter Zweig der Philosophie heraus, dem das Studium der seinerzeit aufkommenden ethnographischen Literatur als Quelle der Erkenntnis über die gesellschaftliche Natur der menschlichen Existenz diente. Danach fielen auch in der Philosophie Kulturforschung und Menschenforschung – vorübergehend – auseinander, „die Beziehungen der Hermeneutik zum ethnographischen Material“ rissen ab *(Mühlmann).* In den Jahren vor dem 2. Weltkrieg bahnte sich, über die Rezeption der Phänomenologie, eine Neubegegnung zwischen Philosophie und eth-

nographischem Material an. Die spezifisch deutsche K., die sich daraus entwickelte, blieb dann auch bis in die Gegenwart ein Zweig der modernen Philosophie, für den heute insbesondere Namen wie *Cassirer, Gehlen, Plessner* und *Scheler* stehen. Mit dem Zerfall der A. in differenzielle Einzelaspekte begann sich allerdings auch die Ethnologie von der naturwissenschaftlich dominierten Menschenkunde als eigenständige Wissenschaft zu emanzipieren. So war dann auch im ausgehenden 19. Jahrhundert neben der philosophisch verankerten K. der Weg für eine ethnologisch orientierte K. bereitet. Als deren Gründer wird oft *E. B. Tylor* genannt, der 1871 mit seiner Arbeit über „Primitive Culture" den bislang vorherrschend normativ gebrauchten Kulturbegriff nunmehr bloß registrierend verwendete und das pejorative Adjektiv „primitiv" lediglich noch für die technische Ausstattung einer Gesellschaft, aber eben nicht mehr für ihr kulturelles Niveau gebrauchte, im Gegensatz zu den evolutionistischen Gesellschaftstheoretikern, deren Umfeld *Tylor* entstammt. Als eigentlicher Vater der C.A. gilt jedoch *F. Boas,* der, 1887 aus Deutschland ausgewandert, diese junge Wissenschaft in den Vereinigten Staaten als Gegenstück zur europäischen Ethnologie institutionalisierte, die damals noch den weiten Weg von der quasi Kolonialwissenschaft zu einer dem Humanismus verpflichteten Sozialwissenschaft vor sich hatte. Zweifellos hat *Boas* die amerikanische K. entscheidend geprägt, die ja auch lange synonym mit „American school of anthropologists" als „Boas school" bezeichnet wurde, bevor sich dann in den 1930er Jahren die Bezeichnung „Cultural Anthropology" durchsetzte. Zur beispiellosen Popularisierung der C.A. von einem Zweig der Humanwissenschaften zu einem Massenfach, das mit dem Anspruch, allgemeine Aufklärungslehre und akademisch fundierte Integrationswissenschaft gleichermaßen zu sein, mitunter weltanschauliche Züge annahm, haben insbesondere die Arbeiten von *R. Benedict* und *M. Mead* beigetragen.

3. Paradigmen. Die genuin deutsche K. mit ihrer philosophischen Basis strebt die Überwindung von Antithesen wie Geist/Leib, Materialismus/Idealismus an, will über ganzheitliche Kategorien wie Symbol oder Handlung die in die Geschichte eingebundene Natur des Menschen im Kontext der jeweiligen Kultur erkennen und erklären. Auch die ethnologisch fundierte K., insbesondere aber die C. A., hat sich einer holistischen Erkenntnissuche und Deutung verpflichtet. Daher gehört die Interdisziplinarität, die von der europäischen Ethnologie mit ihrer Professionalisierung Ende des 19. Jh. aufgegeben worden war, zu den grundlegenden Paradigmen der K., die ihren Auftrag darin sieht, gewissermaßen stellvertretend für das Studium der Menschheit an sich, traditionale Gesellschaften zu erforschen. Neben der Ethnologie als Kernwissenschaft nimmt die K. nordamerikanischer Prägung insbesondere die Linguistik, daneben aber noch die Archäologie, die →Soziologie und die →Sozialpsychologie für ihre ganzheitliche Erkenntnissuche in Anspruch, zumindest theoretisch. Praktisch erwies es sich jedoch immer als schwierig, mit diesem Fächerkanon zu arbeiten, weil dieser weder in der modernen universitären Ausbildung noch in der Person des (Kultur-)Anthropologen mit der nötigen Tiefe zu plazieren war. Nicht ganz zu Unrecht sehen sich die nordamerikanische K. – wie auch die europäische Ethnologie bzw. Ethnographie – dem Vorwurf der Theorielosigkeit ausgesetzt, nicht zuletzt weil sie von kulturphilosophischen und wissenschaftstheoretischen Selbstreflexionen weitgehend unberührt blieben. Gefragt sind im allgemeinen eher enger begrenzte Aussagen über einzelne Kulturen als großangelegte theoretische Synthesen. Andererseits hat aber gerade die nordamerikanische C.A. in mancher Hinsicht sehr deutliche Positionen bezogen: Was

ihren Gegenstand anbelangt, so versteht die K. Kultur als lebendigen Organismus von komplexer Gestalt (Kulturmorphologie) im Gegensatz zur traditionellen Ethnologie mit ihrer Tendenz zur fragmentierenden Perspektive. Zu Zeiten von *Boas* kennzeichnete die C.A. ein ausgeprägter Antievolutionismus, seinerzeit eine scharfe Gegenposition zu den akademisch, politisch und öffentlich konkurrierenden Ansichten der Humanbiologen, →Sozialdarwinisten und Eugeniker. Eine Reihe von Forschungsarbeiten, insbesondere zu Fragen der Heranreifung Jugendlicher, wurden als Beleg für die Milieutheorie der C.A. präsentiert, wonach die spezifischen Umweltbedingungen und die Erziehung – das heißt: das kulturelle Milieu – den prinzipiell unendlich plastischen Charakter von Personen und Gesellschaften formen und eben nicht das genetische Erbgut. Neben diesem scharf pointierten Paradigma, das die C.A. in eine gewisse Nähe zum lerntheoretisch begründeten Behaviorismus brachte, heute aber unter dem Druck einer neo-evolutionistisch orientierten C.A. (und anderer Weiterentwicklungen wie der kognitiven A. und dem Kulturmaterialismus) an seiner früheren Eindeutigkeit verloren hat, führte der für die C.A. typische Kulturrelativismus zu anhaltenden Kontroversen. Der damit vertretene, jedweden Ethnozentrismus durchbrechende Standpunkt, alle Kulturen seien im Prinzip gleichwertig und entzögen sich somit qualitativen Bewertungen, ist trotz seines auf die multikulturelle Struktur der USA bestens zugeschnittenen Toleranzgebotes auch innerhalb der C.A. nicht unumstritten, etwa wenn es um die Diskussion von Menschenrechten geht, die ja – kulturrelativistisch gesehen – nur im jeweiligen sozio-kulturellen Kontext zu beurteilen sind und somit keine universellen verbindlichen Standards sein können.

4. Methoden. Da die ethnologisch orientierte K. sich als empirische Wissenschaft versteht, sind alle gängigen Methoden der Datenerhebung in Gebrauch. Traditionell, und vom Gegenstand her bestimmt, ist die teilnehmende Beobachtung im Feld die wichtigste und am häufigsten angewendete Methode, während sich die von *Franz Boas,* dem entschiedenen Verfechter exakter Erhebungsverfahren, eingeführten „Biometrics" mit ihrem naturwissenschaftlich-mathematischen Aufbau angesichts der Komplexität der Feldstrukturen und auch wegen der umfassenden Erkenntnisziele der K. nicht durchsetzen konnten. K. ohne Feldforschung ist kaum vorstellbar. Der Aufenthalt im Feld hat für Kulturanthropologen geradezu den Stellenwert einer Initiation in die Zunft. Interessanterweise haben von der K. abgeleitete Modifikationen der Erhebungsverfahren, etwa die →Ethnomethodologie oder der ebenfalls in der Soziologie wichtig gewordene interkulturelle Vergleich, keinen Weg zurück in die K. gefunden.

5. Verwandte Gebiete. Neben den vom Gegenstand her nahe bei der K. liegenden und zum Teil von ihr abgedeckten Gebieten der Ethnologie und Ethnographie, die ihrerseits hin und wieder für sich den Begriff K. reklamieren, haben sich insbesondere die →Ethnosoziologie und die →Kultursoziologie (K.S.) als moderne, stärker sozialwissenschaftlich akzentuierte Weiterentwicklungen der K. zu etablieren versucht, mit jeweils differenzierten Schwerpunkten: Die Ethnosoziologie versteht sich als eine mehr an Institutionen von traditionalen Gesellschaften interessierte Variante der K., während die Kultursoziologie der philosophisch fundierten K. inhaltlich (und personell) nahesteht, wobei das Interesse der Kultursoziologie insbesondere der Industriezivilisation gilt. Eine eher geringe Affinität besteht zwischen der K. amerikanischer Prägung und der als spezifisch britisch geltenden Social Anthropology, die sich von der K. durch ihr →strukturfunktionalistisches Basiskonzept unterscheidet. Nicht zu ver-

wechseln ist die S. A. mit der sozialen Anthropologie, die den sozialen Ursachen physischer Ausformungen nachgeht. Als weitere, etwas entferntere Verwandte der K. mit jeweils besonderen zentralen Fragestellungen im Kontext der soziokulturellen Umwelt sind schließlich noch die historische A., die soziologische A. *(Lepenies)* und die politische A. *(Balandier)* zu nennen.

Lit.: Ruth Benedict: Patterns of Culture. New York 1934; *Claude Lévi-Strauss:* Anthropologie Structurale. Paris 1958 (deutsch: Frankfurt/M. 1967); *George Herbert Mead:* Mind, Self, and Society. Chicago 1934; *Wilhelm E. Mühlmann* und *Ernst W. Müller:* Kulturanthropologie. Köln 1966; *Justin Stagl:* Kultur-Anthropologie und Gesellschaft. Berlin 1982

Dr. *R. Sander,* München

Kulturdiffusion
Auseinanderfließen, Austausch von →Kultur
meint die Tatsache, daß Elemente von K. zwischen Angehörigen unterschiedlicher Kulturen übernommen werden, ohne daß Zwang oder bewußte Absicht dahintersteckt.

Kulturelement
einzelne materielle oder immaterielle Teile von →Kultur, die diese zusammen konstituieren.

kulturelle Relativität
durch das Studium verschiedener →Kulturen kann man feststellen, daß die eigenen Kulturelemente, insbesondere →Werte und →Normen, keinen Absolutheits- und Richtigkeitsanspruch erheben können, weil in anderen Kulturen gleiche Sachverhalte (ebenso funktional) anders geregelt sind. Diese Relativität der Kultur ist eine wichtige Erkenntnis, die dem →Ethnozentrismus mit seiner manchmal intoleranten, apodiktischen Form entgegenwirkt.

kulturelles Existenzminimum
der Mensch als soziales Wesen bedarf neben seiner materiellen Existenzsicherung auch immaterieller Lebensgestaltung, die sich aus den kulturellen und sozialen Bedingungen des Zusammenlebens ergibt. Die kulturelle Regelung von Verhaltensmustern zur Zufriedenheit der Interaktionspartner gehört zur k. E.

Kulturethnologie
Spezialbereich der →Ethnologie mit Schwerpunkt des Gegenstandes auf den kulturellen Erscheinungen.

Kulturgebiet
die Region, in der sich ähnliche oder gleiche →Kulturelemente vielfach nachweisen lassen, so daß für diese eine gewisse Homogenität anzunehmen ist.

Kulturgebundenheit
1. Angehörige einer →Kultur werden Denken, Fühlen, Erleben und Handeln in Abhängigkeit von ihrer Kultur praktizieren;

2. bestimmte kulturelle Tatbestände lassen sich sinnvoll nur vor dem Hintergrund der →Kultur insgesamt verstehen, in der sie vorkommen.

Kulturgemeinschaft
das →Kollektiv, das eine →Kultur gemeinsam hat, die →Kulturelemente und deren Beurteilung teilt und auf der Basis dieser Kultur interagiert.

Kulturgeschichte
1. die historische Entwicklung der →Kultur der Menschheit, einzelner Völker, Staaten, Gemeinschaften, →Gruppen in Abhebung von der politischen Entwicklung;

2. die historische Entwicklung der →nicht-materiellen Kultur (Kunst, Musik, Literatur).

Kulturkomplex
→Kulturelemente, die nicht insgesamt die →Kultur konstituieren, bilden als nächstgrößere Einheit einen K. als Subeinheit von Kultur.

Kulturkonflikt
ein Streit zwischen zwei verschiedenen →Kulturen oder von Teilen einer Kultur

um unterschiedlich bewertete →Kulturelemente.

Kulturkonflikt-Theorie
Theorie zur Erklärung →abweichenden Verhaltens aus dem Aufeinanderprallen bzw. den Inkongruenzen verschiedener →Kulturen (Beispiel: Immigranten und Eingesessene). →Subkultur

Kulturkontakt
nicht isolierte →Kulturen kommen notwendigerweise mit anderen Kulturen zusammen, etwa indem Kulturangehörige in andere Kulturen reisen. Die Formen von K. sind vielfältig.

Kulturkreis
haben mehrere →Kulturen im Hinblick auf bestimmte ausgewählte Dimensionen gemeinsame →Kulturelemente, so bilden die diesbezüglich ähnlichen Kulturen den übergeordneten K.

Kulturkritik
1. Ansatz, der Gesellschaft daraufhin untersucht, ob zwischen den Prämissen der →Kultur und den Folgen menschlichen Handelns in vermeintlicher oder tatsächlicher Orientierung an den kulturellen →Werten und →Normen eine Diskrepanz besteht, diese aufzeigt und kritisiert;

2. K. kann sich aber auch beziehen auf einzelne →Kulturelemente oder die Gesamtkultur, wenn hierzu Gegenvorstellungen entwickelt werden.

Kulturmerkmal
cultural trait (engl.)
jede →Kultur läßt sich analytisch in einzelne →Kulturelemente trennen, die typische Merkmale für die Kultur sind, z.B. Wissen, Fertigkeiten, Werkzeuge etc.

Kulturmuster
cultural pattern (engl.)
1. ein abstrakter Begriff für →Kulturelement, der sich weniger auf den Inhalt als auf die Form bezieht und aus einzelnen Aspekten auf übergeordnete Regeln oder Regelmäßigkeiten schließt;

2. gibt es ein dominantes →Kulturelement, das die →Kultur auszeichnet, so ist dieses das K., das für die Kultur durchgängig bestimmend ist.

Kulturniveau
1. der Entwicklungsstand von →Kulturen allgemein;

2. der Entwicklungsstand von →immateriellen Kulturelementen in einer Gesellschaft oder Teilen davon (z.B. Bildungsbereich).

Kulturologie
veraltete Bezeichnung für die wissenschaftliche Beschäftigung mit der →Kultur; in Abhebung davon die →Soziologie, die sich damit, aber auch darüber hinausgehend mit anderen Phänomenen beschäftigt.

Kulturpessimismus
1. die Auffassung, daß die betrachtete →Kultur zum Untergang verdammt und unrettbar verloren sei;

2. die Meinung, daß eine →Kultur im Niedergang begriffen sei, wo aber im Gegensatz zu 1. das Ende nicht vorherbestimmt ist;

3. die Auffassung, daß insbesondere die materiellen →Kulturelemente an sich unheilvoll wären und der „eigentlichen" Kultur schaden würden.

Kulturphase
Synonym für Entwicklungsformen und -stadien der menschlichen Kultur.

Kulturrelativismus
→multikulturelle Gesellschaft
die als K. verstandene Position beurteilt gesellschaftliche Phänomene allein nach dem in der jeweiligen Gesellschaft vorfindbaren Kultur-(=Werte-)System. Der K. geht davon aus, daß jede Gesellschaft ihr eigenes Wertesystem schafft; in seiner Extremform (absolutes Gebot der Vermeidung ethnozentrischer Interpretation fremder sozialer Wirklichkeit) wird er von jenen kritisiert, nach deren Auffassung alle sozialen Strukturen, Handlungsweisen usw. universelle Muster darstellen. Durch die Herausarbei-

tung der spezifischen kulturellen Identität der untersuchten sozialen Tatsachen will der K. einen Beitrag zur kulturellen Selbstbestimmung der Gesellschaften bzw. zur interkulturellen Toleranz leisten.

G. R.

Kulturrevolution

1. in sozialistischen Staaten (vgl. UdSSR und Rotchina) notwendiger Schritt auf dem Wege zum →Kommunismus, um den Einfluß der bürgerlichen →Kultur, die dekadent ist und die Bürger an der Entwicklung der neuen Lebensformen hindert, zu stoppen;

2. auch die Studentenbewegung am Ende der 1960er Jahre wurde im übertragenen Sinne als K. bezeichnet, weil sie sich gegen die tradierte („verlogene") bürgerliche Kultur wandte.

Kulturschock

beim ersten Kennenlernen einer (zumeist völlig) anderen →Kultur eintretende Verunsicherung, die auf den Unterschieden der Kulturen beruht, die aber auch durch mangelndes →Verstehen bedingt ist. Der K. führt einerseits zu einer Relativierung beider Kulturen, andererseits aber auch zu einem nachhaltig prägenden Erlebnis (und vielleicht Ablehnung der fremden Kultur).

Kulturschwelle

der Grenzwert, wo in der kulturellen Entwicklung der Menschheit oder kleinerer Einheiten ein qualitativer Sprung eintritt, der eine völlig neue Lebensgestaltung eröffnet, etwa von Ackerbau zu Viehzucht, von der Steinzeit zur Bronzezeit usw.

Kultursoziologie

1. Definitionen. Ein weiter soziologischer Begriff von Kultur umfaßt a) die ideelle Kultur, d.h. einen Komplex von Vorstellungen, Werten und Normen, b) die symbolische Kultur, die sowohl verbale als auch nonverbale (zeichnerische, musikalische, tänzerische, mathematische usw.) Symbolsysteme beinhaltet, und c) die materielle Kultur, zu der Objekte wie Werkzeuge, Maschinen, Gebäude, Gemälde etc. zu rechnen sind. Es bestehen vielfache Beziehungen zwischen diesen Kulturbereichen: Ideelle Kultur wird in materielle Kultur umgesetzt, und letztere kann wiederum Vorstellungen, Werte und Normen beeinflussen; die symbolische Kultur ermöglicht erst die zwischenmenschliche Vermittlung und raum-zeitliche Übertragung von ideeller Kultur sowie die sozial akzeptierte Bewertung und Benutzung der Güter der materiellen Kultur; ideelle wie materielle Kultur können ihrerseits Veränderungen in der symbolischen Kultur bewirken.

Wegen der Komplexität der mit Kultur bezeichneten Phänomene bleiben Versuche einer synthetischen Definition des Begriffs unbefriedigend. Die meisten Soziologen und →Kulturanthropologen haben ohnehin Definitionen entworfen, die solche kulturellen Erscheinungen und deren Relationen betonen, die ihren Forschungsinteressen, Theorien und Methoden besonders entsprechen. →Strukturalisten (z.B. *Claude Lévi-Strauss*) heben die Interdependenz kultureller Elemente und Ebenen hervor, →Systemtheoretiker (wie *Talcott Parsons*) die Integration zu einem Ganzen. →Funktionalisten (wie *B. Malinowski* und *A. R. Radcliffe-Brown*) wiederum untersuchen Konfigurationen von Verhaltensnormen, die Institutionen, auf ihre Funktionen für Bestand und Zielverwirklichung einer Gruppe oder Gesellschaft. →Verhaltenstheoretiker verstehen unter Kultur das, was sich innerhalb einer Gemeinschaft wiederholt und deutlich unterscheidbar als Verhalten zeigt oder in den Produkten dieses Verhaltens manifestiert. Für →Handlungstheoretiker ist Kultur ein Muster an Vorstellungen und Bewertungen, das zwar auf konkretem Verhalten innerhalb einer Gruppe basiert, mit diesem aber nicht gleichgesetzt werden kann, sondern als eine auf Interpretationen beruhende Abstraktion anzusehen ist, die lediglich als Modell für zukünftiges Handeln, als „Handlungsorientierung“ *(Max Weber)* oder „Handlungsmuster“ *(Talcott Parsons)* dienen kann.

Allgemein, auch transnational, hat sich in den Sozialwissenschaften allerdings ein sehr umfassender Begriff von Kultur durchgesetzt, der dem hier zu Anfang skizzierten entspricht. Damit wird die in der älteren deutschen Kultursoziologie (besonders bei *Alfred Weber*) übliche Unterscheidung von Kultur und →Zivilisation obsolet, wobei Kultur mit den von einzelnen als Neuschöpfung erbrachten, nicht unbedingt übertragbaren geistigen, besonders künstlerischen Leistungen gleichgesetzt wurde, Zivilisation dagegen mit der irreversiblen Steigerung vor allem technischer Naturbeherrschung. Die Untrennbarkeit ideeller, symbolischer und materieller Kultur wird besonders von den Kulturanthropologen betont, die unter Kultur die spezifisch menschliche Gemeinschaftsleistung in der Auseinandersetzung mit der jeweiligen Umwelt verstehen. Bei allen drei Formen von Kultur interessieren jedoch nicht nur die Vorgänge der Produktion, sondern – gerade in modernen Massengesellschaften – auch die des Konsums und der Rezeption.

Zwischen der →makrosoziologischen Sicht der Kultur als System und der →mikrosoziologischen Auffassung von der Übernahme, Interpretation und Realisation kultureller Muster durch den einzelnen steht das diese beiden Perspektiven verschränkende mentalistische Paradigma von *W. H. Goodenough*, nach dem Menschen je nach den verschiedenen Lebensbereichen mehrere „Privatkulturen“ entwickeln und diese situationsgerecht als „operante Kulturen“ einzusetzen suchen, wobei sich aus den Übereinstimmungen mit den operanten Kulturen der anderen die „öffentliche Kultur“ ergibt, die ihrerseits Sozialisationshintergrund für die Ausbildung von Privatkulturen ist.

2. Differenzierungen. Kultur kann nach ihrem räumlichen Bezug als Dorfkultur, Stadtkultur, Regionalkultur, nationale Kultur und neuerdings auch Weltkultur bezeichnet werden; dahinter stehen jedoch die Kultur entwickelnden, tragenden und vermittelnden Gruppen, Gemeinschaften, Gesellschaften, Ethnien und Nationen. Im angelsächsischen Raum werden diese Bezüge auch unter dem Terminus „Cultural Geography“ behandelt. Hinsichtlich der zeitlichen Dimension werden ebenfalls Grenzen gezogen, insbesondere wenn es um die Kultur einer Epoche oder etwa „der Moderne“ geht; diese werden aber teilweise wieder aufgehoben, wenn mit Hilfe einer historischen Tiefenperspektive Erscheinungen wie Akkumulation, Kontinuität und Tradition erklärt werden sollen.

Während sich die ältere europäische Kultursoziologie (z. B. *Alfred Weber*) mit den historischen Höhepunkten kultureller Entwicklung, den Hochkulturen, befaßt hat oder, wie *Norbert Elias*, mit der besonderen →„Figuration“, die die Elitekultur der „höfischen Gesellschaft“ (im 17./18. Jahrhundert) bestimmte, haben amerikanische Kulturanthropologen und Soziologen Konzepte wie „folk culture“ *(Robert Redfield)* und „popular culture“ *(Herbert Gans)* zur Typisierung der Kultur einfacher, auch bäuerlicher Gemeinschaften bzw. der Massenkultur in modernen Gesellschaften entworfen.

In der neueren Soziologie interessieren eher die →Subkulturen, d. h. kulturelle Muster, Symbole und Artefakte, die, von Gruppen mit spezifischen sozialen Merkmalen wie Alter, Geschlecht, Beruf, sozialem Status, ethnischer oder religiöser Zugehörigkeit demonstriert, sich zwar innerhalb der Gesamtkultur unterscheiden lassen und deshalb auch zum Konfliktpotential in einer Gesellschaft werden können, sich aber nur selten zu einer Gegenkultur mit revolutionärem Impetus entwickeln. „Die feinen Unterschiede“ *(Pierre Bourdieu)* in Lebensstil, ästhetischen Standards, Sprache und Bildung markieren die Grenzen zwischen den sozialen Schichten und verweisen auf die Bedeutung des „kulturellen Kapitals", über das vor allem Bildungsbürger verfügen. Mit der Betrachtung der Formen geselligen Verhaltens und der verschiedenen Haltungen z.B. zur Photographie wird Alltagskultur im Gegensatz zu offiziell akzeptierter und inszenierter Kultur thematisiert. Nach den →Ethnomethodologen (z.B. *Harold Garfinkel* und *Aaron Cicourel*) konstituiert sich Alltagskultur in der alltäglichen Kommunikation mit Hilfe von „Gelegenheitsausdrücken" wie beispielsweise Grußformeln, Etikettierungen, Typisierungen und im Vollzug „selbstverständlicher" Alltagsroutinen.

Aber auch die symbolische und materielle Über- und Umformung des nach Alter, Geschlecht und Rasse unterschiedlichen menschlichen Körpers wird in Studien über Mode, Kosmetik, Hormonbehandlung thematisiert ebenso wie deren selektive und teilweise verzerrende Darstellung in Literatur, Theater, Malerei, Photographie und vor allem in den Massenmedien. Diese Sichtweise wie auch die Beschäftigung mit Rezeption und Konsum basieren auf den Arbeiten postmoderner Theoretiker wie Lyotard, Bandrillard und den an der feministischen Variante interessierten Autorinnen wie Cixous, Irigaray und Kristeva.

Weitere Differenzierungen folgen institutionalisierten Trennungslinien im →sozialen System: So werden unter dem Begriff politische Kultur vor allem grundlegende Werte und Einstellungen verstanden, die das politische Verhalten der Staatsbürger untereinander bestimmen sowie dem jeweiligen politischen System zugrunde liegen. Die Frage kultureller oder nationaler Identität wird in diesem Kontext diskutiert, vor allem wenn es um eine beschädigte kollektive Identität, ethnische Minderheiten mit Ansprüchen auf eine eigene kulturelle Identität, nativistische Bewegungen *(W. E. Mühlmann)* oder das Identitätsmanagement in kolonialen und post-kolonialen Gesellschaften geht. Angesichts des konfliktreichen Auseinanderfallens von Nationen und der massiven Immigration in die hochentwickelten Gesellschaften werden zudem die Chancen für „multikulturelle Gesellschaften" diskutiert. Auch die Organisationskultur oder die Betriebskultur ist zum Gegenstand nicht nur soziologischer Untersuchungen geworden; die „corporate identity" ist für die Betriebe selbst von Interesse, ermöglicht doch ihre Manipulation ein günstiges Image nach außen und eine Verbesserung der Mitarbeitermoral nach innen. Denkstil, Werke, Umgangsformen und Jargon bei Wissenschaftlern in Forschungseinrichtungen sind Thema soziologischer Studien zur Wissenschaftskultur.

3. Prozesse. Da Kulturschöpfung nicht voraussetzungslos erfolgen kann, hat man sich in der Soziologie wie Kulturanthropologie intensiv mit der Vermittlung von Kultur in Sozialisationsprozessen, – spezifischer und auf die frühe Kindheit konzentriert – mit →Enkulturation beschäftigt. Dabei wird die Einbettung des einzelnen in die jeweilige Gemeinschaft mitgedacht, wie auch das „kollektive Gedächtnis" *(Maurice Halbwachs)* das „lebendige Band der Generationen" darstellt und damit Traditionen ermöglicht.

Angeregt von der „symbolic anthropology" *(Mary Douglas, V. W. Turner)* in England und den USA, schenkt man besonders in der sog. „dramaturgischen Soziologie" den Kultur verdeutlichenden und absichernden →Symbolen und →Ritualen, vor allem in der verdichteten und überhöhten Form von religiösen wie weltlichen Feiern und Festen, wieder mehr Aufmerksamkeit. Um die Bedeutungsfülle und -komplexität der präsentierten Symbolik zu erschließen, werden qualitative Verfahren aus den Sozial- und Kulturwissenschaften wie intensive

Beobachtung, qualitative Inhaltsanalyse, Ikonographie und Methoden der Semiotik (auch bei nichtsprachlichen Phänomenen) angewandt und weiterentwickelt.

Angesichts der vielfältigen Anlässe zu Kulturkontakt mit einer fremden Ethnie oder Gesellschaft befaßt man sich sowohl in der Soziologie über →Minderheiten, speziell Gastarbeiter, als auch in der →Entwicklungsländersoziologie mit Prozessen der →Akkulturation, d.h. der sukzessiven Übernahme von Elementen der Fremdkultur, und der Assimilation – als zunehmendem Aufgehen in der Fremdkultur und damit Erwerb einer neuen kulturellen Identität. In makrosoziologischer Sicht werden kulturelle Diffusion, Umdeutungen von Kulturelementen in fremden Milieus, Fragen kultureller Mischung bzw. auch kultureller Schichtung – besonders im Falle eines mit der Kulturübertragung verbundenen Machtgefälles zwischen den beteiligten Gruppen, Ethnien oder Staaten – untersucht.

Neben solchen Ursachen für exogenen Kulturwandel interessieren vor allem die Gründe für endogenen Kulturwandel. Kreative Persönlichkeiten und charismatische Führer werden genannt, aber auch Wertewandel aufgrund unterschiedlicher Sozialisation und mehrheitlicher Abweichung oder als Resultat eines Kulturkonflikts, der gerade in kulturell heterogenen Gesellschaften leicht aufbricht. Diesen idealistischen Auffassungen von Kulturwandel, zu denen – trotz der Relativierung durch *Max Weber* selbst – seine These über den Zusammenhang von →protestantischer Ethik und dem Geist des Kapitalismus zu rechnen ist, stehen materialistische Erklärungen gegenüber, die Veränderungen der Produktivkräfte als Bedingung für Wandel im kulturellen „Überbau" betrachten (so in der →marxistischen Theorie) oder im technischen Fortschritt moderner Industriegesellschaften die Triebkraft für einen mit kultureller Verzögerung, dem „cultural lag" *(W. F. Ogburn)*, folgenden Wandel in der immateriellen Kultur sehen.

Diese beiden Erklärungsrichtungen werden auch verfolgt, wenn es um die Betrachtung der langfristigen →Kulturevolution geht, wobei allerdings eine Betonung der Interdependenzen zwischen ideeller und materieller bzw. technologischer Kultur schon bei den frühen →Evolutionisten wie *Auguste Comte, Herbert Spencer* und *Emile Durkheim* auffällt, die von den Vertretern eines neueren kulturellen Evolutionismus wie dem Kulturanthropologen *L. A. White* und den Soziologen *Gerhard* und *Jean Lenski* fortgesetzt wurde.

Der Kulturevolutionismus bezog sich stets auf die ganze Menschheit. Diese Perspektive ist mit dem Entstehen von Internet und ähnlichen weltweit wirksamen Informationssystemen sowie den über Satelliten global zu empfangenden Radio- und Fernsehsendungen und schließlich den nicht eingrenzbaren Migranten- und Touristenströmen unausweichlich geworden und führt zu den Fragen nach den Chancen für inter- und transkulturelle Kommunikation sowie nach dem Entstehen einer Weltkultur.

Lit.: Kultur und Gesellschaft. Sonderheft 27 der KZfSS (Hg.: *F. Neidhardt/R. M. Lepsius/J. Weiß*). Opladen 1986; Kultursoziologie. Schwerpunkt der KZfSS, 31.Jg. (1979), H.3 (Hg.: *W. Lipp/F. H. Tenbruck*); *W. Lipp* (Hg.): Kulturtypen, Kulturcharaktere. Schriften zur Kultursoziologie, Bd.7. Berlin (West) 1987; *D. Crane* (Hg.): The Sociology of Culture. Oxford (UK) u. Cambridge (USA) 1994; *Ch. Jenks* (Hg.): Visual Culture. London u. New York 1995; *Horst Reimann* (Hg.): – Transkulturelle Kommunikation und Weltgesellschaft. Opladen 1992; *Helga Reimann* (Hg.): Weltkultur und Weltgesellschaft. Opladen 1996

Prof. Dr. Dr. *Helga Reimann,* Augsburg

Kulturstufe
analytische Trennung einzelner Entwicklungsphasen von →Kultur mit impliziter Annahme, die Kultur würde einen positiv zu bewertenden Aufwärtstrend aufweisen, innerhalb dessen die einzelnen K. durch →Kulturschwellen abgrenzbar erscheinen. Bezieht man K. nicht auf einzelne Kulturen, sondern auf die Menschheit, so wird der Begriff problematisch, weil er eine faktische Heterogenität der Kulturen künstlich homogenisiert.

Kulturthema
typischer Gegenstand, zentrales Element einer →Kultur, die in einer anderen keine entsprechende Rolle spielen.

Kulturtheorie
ein Aussagengebäude, das Phänomene von →Kultur im Hinblick auf Entstehung, Entwicklung, Ausbreitung, Wirkung, Gestalt und Inhalt in die theoretischen Überlegungen einbezieht.

Kulturträger
jene Personen und/oder Organisationen in einer Kultur, die in besonderer Weise sich um die Erhaltung und Gestaltung von Kultur bemühen.

Kulturübertragung
bezeichnet den Prozeß, in dem einzelne →Kulturelemente in andere →Kulturen – zumeist selektiert und modifiziert – übernommen werden. Die Übernahme kann freiwillig oder gezwungen erfolgen.

Kultur und Persönlichkeit
bezeichnet die These, daß sich die individuelle Persönlichkeit auf der Basis einer bestimmten →Kultur entwickelt. Trotz personaler Unterschiede wird es aber Ähnlichkeiten in den Persönlichkeiten geben, wenn diese der gleichen Kultur entstammen.

Kulturvergleich
cross cultural method (engl.)
eine Methode, bei der verschiedene →Kulturen im Hinblick auf bestimmte Dimensionen gegenübergestellt werden, um Unterschiede und Gemeinsamkeiten (Universalien) herauszufiltern. Diese werden dann oft im Sinne einer langsameren oder schnelleren Entwicklung interpretiert und bewertet.

Kulturverlust
meint das Verschwinden von einzelnen →Kulturelementen bei negativer Bewertung dieses Sachverhalts. So kann als K. beklagt werden, daß durch die Entwicklung der Elektronik heute kaum noch jemand Kopfrechnen beherrscht.

Kulturvermischung
liegt vor, wenn durch →Kulturkontakte →Kulturelemente gegenseitig ausgetauscht werden, so daß die ursprüngliche →Identität zweier →Kulturen aufgehoben wird und eine tendenzielle Angleichung erfolgt (vgl. den melting pot USA).

Kulturverspätung
→cultural lag

Kulturwandel
cultural change (engl.)
jede kulturelle Veränderung im Zeitablauf, gleichgültig in welchem Ausmaß sie erfolgt und wodurch sie verursacht ist.

Kulturwissenschaft
Sammelbezeichnung für alle Disziplinen, die sich →Kultur zum Gegenstand wissenschaftlicher Bearbeitung gewählt haben, also z. B. →Soziologie, →Ethnologie, →Kulturanthropologie.

Kulturzusammenstoß
die Form eines →Kulturkontaktes, wo die einzelnen →Kulturelemente der verschiedenen →Kulturen unvereinbar erscheinen und ein Kampf um die Durchsetzung und Vorherrschaft der Kulturen erfolgt.

Kulturzyklus
1. bezeichnet die These, daß →Kulturen durch bestimmte dominante →Kulturelemente charakterisiert sind, daß diese aber durch →Kulturwandel wechseln und in Phasen des Auf und Ab erscheinen (quasi als Sinuskurven);

2. meint andererseits, daß die →Kultur sich analog etwa zur Entwicklung von Lebewesen beschreiben läßt, etwa in den Kategorien Geburt, Jugend, Reife, Blüte, Tod.

Kunstsoziologie

1. Ursprünge der Kunstsoziologie. Die Anfänge der Kunstsoziologie reichen bis in die Renaissance zurück. Durch die Wiederentdeckung antiker Autoren wie *Duris von Samos* und *Plinius Secundus* angeregt, machten sich *Lorenzo Ghiberti, Giorgio Vasari* und andere im 15. und 16. Jahrhundert daran, Leben und Arbeit der Künstler ihrer Epoche möglichst genau zu beschreiben. Sie waren zumeist selbst gelehrte Maler und Bildhauer, die künstlerisches Tun mit theoretischem Anspruch und empirischer Neugier verbanden. Als eigentliche Schöpfer einer detailreichen und systematischen Künstlerbiographik lenkten sie die Aufmerksamkeit ihrer Zeitgenossen und der Nachwelt fort von bloßer Werkbetrachtung auf die Kenntnisnahme auch der äußeren Umstände, der Seelenverfassungen und Geisteshaltungen, aus denen heraus die Schöpfungen großer Meister entstanden.

Diese umfassende Sicht auf die Lebensläufe, Arbeitsweisen und Wirkungen meist namhafter Künstler fand alsbald auch diesseits der Alpen Nachahmer. Bereits im 16. Jahrhundert hielt *Carel van Mander* die Viten niederländischer und deutscher Maler fest. *Joachim von Sandrart* stach mit seiner Beschreibung teilweise auch noch weniger bekannter Maler, Bildhauer und Baumeister unter den deutschen Künstlerbiographen des 17. Jahrhunderts hervor. All diese Autoren schrieben im Geiste eines aufklärerischen Humanismus, der das Wissen um die Einzigkeit wie eines jeden, so auch des künstlerisch tätigen Individuums mit dem Bedürfnis verband, diese Besonderheit des einzelnen durch die Bezugnahme auf seine Vor- und Mitwelt besser zu verstehen.

Die in der Künstlerbiographik stets vorherrschende Individualorientierung wird im Laufe des 18. Jahrhunderts erweitert durch eine zunehmende Sicht auf allgemeinere Vorgänge und Verhältnisse. Dabei reicht der Blick bald über die geistigen und ästhetischen Grenzen Europas hinaus. Gebildete Mönche wie *Joseph-François Lafiteau* oder *Jean Joseph Amyot* reisen im Auftrag ihrer Kirche, aber ebenso mit politischem Interesse in ferne Länder, um dort die Lebensgewohnheiten fremder Völker zu studieren und missionarisch zu wirken. Dabei wenden sie ihr Augenmerk auch der Kultur und Kunst dieser Völker zu, sammeln sie, registrieren sie, vergleichen sie mit den Errungenschaften ihrer heimischen Zivilisation, bewerten sie. Durch derartige Bestandsaufnahmen bereichert und verfeinert sich die kunstsoziologische Perspektivik, ist die Kunstsoziologie des 18. Jahrhunderts in hohem Maße Kunstethnologie und kulturell-ästhetische Komparatistik, wie sie sich in den Reiseberichten von *Louis Antoine de Bougainville, Georg Forster* und vielen anderen ausdrückt.

2. Wegbereiter und Klassiker. Diese durchaus schon komplexe, weil gleichermaßen psychologische, soziologische und kulturvergleichende Betrachtungsweise wird an der Schwelle zum 19. Jahrhundert von aufklärerisch gesonnenen Geistern gewissermaßen nach Europa zurückübertragen, intensiver als zuvor auf die Analyse europäischer Kunst-Verhältnisse angewandt. Schon mit ihrer wegweisenden Schrift „De la littérature considerée dans ses rapports avec les institutions sociales“ (1800) stellt *Germaine de Staël* der Kunstsoziologie die programmatische Aufgabe, über die Vervollkommnungsfähigkeit des Wechselverhältnisses zwischen den Künsten und der Gesellschaft nachzudenken. Empirisch und gegenwartsnah geht sie dieser Frage auch in ihrer aus Reisen erwachsenden, ethnographischen Bestandsaufnahme „De L'Allemagne“ nach (1810). Deren Ergebnis ist nicht

nur eine Fülle an Einsichten über einzelne Kunstgattungen, ihre konkreten Entstehungsmilieus, Äußerungsweisen und Wirkungsmöglichkeiten, sondern ebenso eine weitere Festigung der kunstsoziologischen Methodik. Fortan kann keine Analyse kunst-sozialer Verhältnisse umhin, auf theoretisch anspruchsvollem Niveau ihre Thesen, Argumentationsgänge und Schlußfolgerungen empirisch zu untermauern. Die moderne Kunstsoziologie ist eine Vorurteile und Spekulationen vermeidende, um faktische Authentizität bemühte interdisziplinäre Wissenschaft.

Wie ergiebig ein derartiges Vorgehen in historischer ebenso wie in zeitgenössischer Hinsicht sein kann, zeigten für die bildende Kunst in der zweiten Hälfte des 19. Jahrhunderts die Brüder *Goncourt*. Die Leitbegriffe ihres dokumentarischen Verfahrens heißen étude, enquête und recherche, die Resultate ihrer mehrbändigen Studien über die „Kunst des 18. Jahrhunderts" (1862–1874) oder über ihren Zeitgenossen *Gavarni* (1873) bieten sich in polyperspektivisch angelegten Milieuschilderungen und Soziobiographien dar, die rasch zu Prototypen ihres Genres arrivierten.

Parallel zu derartigen Fallstudien intensiviert sich die kunstsoziologische Theoriebildung bis hin zu analytischen Konzepten, die auch im 20. Jahrhundert ihre Gültigkeit behielten. *Auguste Comte* übernahm von seinem Lehrer *Claude-Henri de Saint-Simon* eine hohe Bewunderung, ja Überschätzung des Künstlers, den beide Theoretiker zudem in ihr System der sozialen Reorganisation einzubinden trachteten. Derlei vermieden spätere Denker, indem sie die Arbeit und Wirkung des Künstlers im Hinblick auf seine tatsächlichen Bezugshorizonte erörterten. Aus dieser Beschränkung heraus entstand jene für das ausgehende 19. Jahrhundert charakteristische Milieuanalytik, in der sich ansonsten so verschiedene Gelehrte wie *Hippolyte Taine, Pierre-Joseph Proudhon* und *Jean-Marie Guyau* einig wußten. Unter diesen Klassikern der Kunstsoziologie ist durch seine direkte Bezugnahme auf *Gustave Courbet* der Sozialist *Proudhon* einer wechselseitigen Befruchtung von Kunst- und →Gesellschaftsanalyse am nächsten gekommen, während *Taine* und *Guyau* eher um methodische Differenzierungen der Milieuanalyse rangen. Von all diesen Denkern wirkten Impulse durch die nachfolgenden Jahrzehnte fort, etwa wenn *Max Raphael* und *Francis D. Klingender* in der Tradition *Proudhons* argumentieren, wenn sich bei *Theodor W. Adorno* und *Arnold Gehlen* Anklänge an *Taine* oder *Guyau* finden, wenn *Alphons Silbermann* in seiner Kunsterlebnis- und Kommunikationsanalyse theoretische Annahmen *Alexis de Tocquevilles* über das Verhältnis zwischen schöpferischen →Eliten und aneignenden Massen empirisch überprüft.

3. Aktuelle Themen und Forschungsaufgaben. Mit seinen rasch aufeinander folgenden Krisen und Innovationsschüben hat das 20. Jahrhundert auch die Wechselwirkungen zwischen künstlerischen Ereignissen und gesellschaftlichen Prozessen immer wieder umgestaltet und neu formiert. Dem Abbau traditionaler Bindungen an Auftraggeber bzw. Mäzene und Abnehmer (Kirche, Adel, Großbürgertum) suchten Künstlerinnen und Künstler dadurch zu begegnen, daß sie sich zu programmatischen Gruppen zusammenschlossen (Dada, Fauves, Kubisten, Surrealisten, Brücke, Blauer Reiter usw.). Doch wurde dadurch der Trend zu schöpferischer Isolation und zum Einzelkämpfertum kaum durchbrochen. Mit diesem fortdauernden Solitarismus gehen jedoch paradoxerweise eine zunehmende Akademisierung der künstlerischen Ausbildung sowie ein steigendes Bedürfnis nach →Professionalisierung der ästhetischen Arbeit und Selbstvermittlung einher.

Gewinnen dementsprechend die Kunsthochschulen einen immer stärkeren Filtereinfluß auf die Kunstproduktion, so gilt Ähnliches für den Bedeutungszuwachs fast aller →Institutionen im Bereich der kunstbezogenen Distribution. Beinahe jedes Kunsterlebnis unterliegt heutzutage direkt oder indirekt der ideellen und materiellen Selektionswirkung von Kunstkritik und Kunsthandel, von Kunstmuseen und schulischer Vorprägung (Kunsterziehung). Der Kunstsoziologie stellt sich daher die Aufgabe, neben der Analyse familiärer und außerfamiliärer Leitbilder auch die Regulationsfunktion kunstvermittelnder Institutionen sowie neuer Kommunikationsmedien für die individuelle und kollektive Geschmacksbildung, doch ebenso für den symbolischen Austausch der Gesellschaft als ganzer genauer zu untersuchen. In all diesen sozioreflexiven, aber auch ökonomisch bedeutungsvollen Prozessen üben heutzutage Manager und Funktionäre, Sammler und Sponsoren eine dreifache →gatekeeper-Rolle aus: sie konfrontieren die künstlerischen Produzenten mit konzeptionellem Anpassungsdruck, sie steuern die Distribution auch nach persönlichem Gutdünken und zu eigenem Nutzen, sie offerieren der Kunstrezeption von einzelnen und Gruppen spezifische Orientierungsmuster der Aneignung, die der Ausstrahlung der Kunst entgegenkommen, sich ihr jedoch auch widersetzen können.

Die Intensivierung der empirischen Forschung in all diesen Hinsichten wird dazu beitragen, überlieferte Theorien und neue Vorurteile einer genaueren Prüfung als bisher möglich zu unterziehen. Der Wandel von Mentalitäten, von Handlungs- und Ausdrucksformen, von Wirkungsweisen und Genußbedürfnissen im Umgang mit Kunst wird sich auf diesem Wege präziser einschätzen lassen. Sektorale Veränderungen, etwa im Ausstellungswesen oder durch zunehmende Telekommunikation, können derart besser beurteilt und angemessener im Gesamtvorgang soziokulturellen Wandels verortet werden. In der Zusammenschau werden die diesbezüglichen Einzeluntersuchungen zu einer umfassenden Sicht auf den Anteil der Kunst an der kulturellen Selbstverfassung von Gesellschaften führen müssen. Ansätze zu einer derartigen Synopse bietet neben der russischen auch die deutsche Systemtheorie, die einerseits der Selbstorganisation und inneren Ausdifferenzierung des „Kunstsystems“, andererseits dessen Vernetzungen mit benachbarten Kultursegmenten sowie Gesellschaftsausschnitten nachspürt. Während sich diese Überlegungen auf abstraktem und kategorial vorformuliertem Niveau vollziehen, bieten vor allem neuere Professionalisierungsanalysen in Teilbereichen wie Kunsthandel, Kunstkritik und Ausstellungswesen eher konkrete Einblicke in die geschichtlichen Entwicklungen und gegenwärtigen Konstellationen des Wechselverhältnisses von Kunst und Gesellschaft.

Lit.: Arnold Hauser: Soziologie der Kunst. München 1974; *Niklas Luhmann:* Die Kunst der Gesellschaft. Frankfurt am Main 1995; *Alphons Silbermann:* Empirische Kunstsoziologie. Stuttgart 1973; *Hans Peter Thurn:* Soziologie der Kunst. Stuttgart 1973; *Hans Peter Thurn:* Kritik der marxistischen Kunsttheorie. Stuttgart 1976; *Hans Peter Thurn:* Künstler in der Gesellschaft. Opladen 1985; *Hans Peter Thurn:* Der Kunsthändler. Wandlungen eines Berufes. München 1994; *Rainer Wick/Astrid Wick-Kmoch:* Kunstsoziologie. Bildende Kunst und Gesellschaft. Köln 1979

Prof. Dr. *H. P. Thurn,* Düsseldorf

Kürwille

von *F. Tönnies* geprägter Begriff, der einen (Ideal-)→Typus von Handeln charakterisiert, dessen Intentionen sich aus Zweck-Mittel-Abwägungen ergeben, die nicht mehr an tradierten Formen des Denkens und Erlebens orientiert und der Ganzheitlichkeit entkleidet sind.

Kybernetik

1. von *N. Wiener* gebrauchte Bezeichnung für die Selbststeuerung komplexer →Systeme durch →Kommunikation und Regelung der Teilsysteme untereinander. Charakteristisch sind die Rückkoppelungsprozesse (→feed back), die die Selbsterhaltung ermöglichen bzw. die Entwicklung der Systeme – auch in Anpassung an die Umwelt – gewährleisten. Da die Kommunikation ein entscheidendes Element ist, sind die Übergänge von der K. zur Informationstheorie fließend.

L

labeling approach
(engl. label: Etikett)
neuerer theoretischer Ansatz der Theorie →abweichenden Verhaltens und der →Kriminalsoziologie. Vertreter: *H. S. Becker* (USA) und *F. Sack* (BR Deutschland). →Abweichendes Verhalten wird in dieser Interpretation als ein Prozeß aufgefaßt, bei dem neben der Normsetzung (Rechtsbruch) vor allem die Reaktionen von Polizei und Rechtsprechung in die Analyse einbezogen werden. Der Rechtsbrecher empfindet sich nach einer entdeckten Gesetzesübertretung (etwa einem Ladendiebstahl) als kriminell und verhält sich in der Folgezeit dementsprechend, da er durch seine Vorstrafe als „Krimineller" etikettiert bzw. identifizierbar ist. Der labeling approach wendet sich gegen →Kriminalitätstheorien, die ein abweichendes Verhalten vorwiegend aus der psychischen oder physischen Struktur des Rechtsbrechers erklären.

Laboratoriumsexperiment
Experimente, bei denen durch Schaffung bestimmter Voraussetzungen (Laboratoriumsbedingungen) eine Modellsituation geschaffen wird, die schwer kontrollierbare Umweltbedingungen ausschließt. Die Möglichkeit, Ergebnisse von Laboratoriumsexperimenten zu verallgemeinern und auf andere Situationen zu übertragen, ist im allgemeinen kaum möglich bzw. problematisch. →empirische Sozialforschung

labour relations
Arbeitsbeziehungen
→industrial relations

lag, culturel
→cultural lag

Lage, soziale
→Soziallage

laissez-faire
Bezeichnung für eine Wirtschaftspolitik, die das Wirtschaftsgeschehen dem freien Spiel der Kräfte (Angebot und Nachfrage) überläßt und jegliche Einmischung des Staates in den Wirtschaftsprozeß, vor allem in die Preisbildung, ablehnt (*A. Smith,* 1723–1790, Nationalökonom);

in der Erziehungswissenschaft bezeichnet „laissez-faire" einen Erziehungsstil, der Eingriffe des Erziehers in den Lernprozeß vermeidet, damit das Kind die Möglichkeit hat, aufgrund eigener Erfahrungen zu lernen;

in der →Organisationssoziologie wird mit „laissez-faire" ein spezifischer Führungsstil bezeichnet, der eine geringe Anweisungs- und Kontrollbefugnis der Vorgesetzten zur Grundlage hat. Der „laissez-faire"-Führungsstil hat angeblich negative Auswirkungen auf die Leistungsbereitschaft der Organisationsmitglieder.

ländliche Soziologie
Zum Begriff der ländlichen Soziologie
Im deutschen Sprachraum werden vielfach die Begriffe ländliche Soziologie, Landsoziologie, Dorfsoziologie, Agrarsoziologie und Land- und Agrarsoziologie ohne scharfe Abgrenzung nebeneinander verwandt. Die umfassende Bezeichnung „ländliche Soziologie" entspricht dem Begriff „Rural Sociology" im englischen Sprachgebrauch. Die Landsoziologie befaßt sich mit dem vergesellschafteten Leben von Menschen in ländlichen Siedlungsformen, die Agrarsoziologie mit dem vergesellschafteten Leben im Bereich der Landwirtschaft. In entwickelten Industriegesellschaften wie in Deutschland ist die mit der landwirtschaftlichen Produktion direkt verbundene Bevölkerung zu einer kleinen Minderheit geschrumpft. Andererseits wohnt noch fast jeder Dritte in Siedlungen mit weniger als 5000 Bewohnern, die mit gewissem Recht als „ländlich" verstanden werden können.

In der Agrarsoziologie wird die abnehmende Bedeutung ihres Gegenstandes teilweise mit einer Hinwendung zu den Agrarproblemen in den Entwicklungsländern, durch das Hineinwachsen in eine Art Entwicklungssoziologie kompensiert. Für die Landsoziologie läßt sich ihr eigentlicher Gegenstand in dem Maße immer schwächer fassen, wie sich die Konturen von städtischen und ländlichen Siedlungen mit typischen unterschiedlichen Lebensformen zu verwischen beginnen. So entstand eine Soziologie der Stadt-Land-Verflechtung bis hin zur Vorstellung einer „Rurban Sociology“.

Herausbildung und Institutionalisierung als Fachdisziplin
Die ländliche Soziologie gehört zu den ältesten speziellen Soziologien. Mit ihren Wurzeln reicht sie bis ins 18. Jahrhundert zurück. Eine aus der Romantik stammende Bauerntumsvorstellung hat dabei lange Zeit die ländliche Soziologie in Deutschland und in anderen europäischen Ländern vorbereitet und geprägt. Volkskundler wie *Wilhelm Heinrich Riehl* (1823–1897), Soziologen wie *Max Weber* (1864–1920) und Agrarökonomen wie *Max Sering* (1857–1939) leisteten Schrittmacherdienste für die Entwicklung einer ländlichen Soziologie. In Deutschland findet die ländliche Soziologie eine institutionelle Verankerung in den agrarwissenschaftlichen Fakultäten und Studiengängen in Berlin, Göttingen, Bonn, Gießen, Stuttgart-Hohenheim und München (Weihenstephan). Außerhalb des Hochschulbereichs gibt es die Agrarsoziale Gesellschaft mit Sitz in Göttingen und die Forschungsgesellschaft für Agrarpolitik und Agrarsoziologie mit Sitz in Bonn. Die Deutsche Gesellschaft für Soziologie (DGS) richtete 1990 eine Sektion für Land- und Agrarsoziologie ein, der auch Soziologen außerhalb des agrarwissenschaftlichen Bereichs angehören.

In mehreren europäischen Ländern erfuhr die ländliche Soziologie nach dem Zweiten Weltkrieg einen Aufschwung; die Zusammenarbeit wurde durch die Gründung der Europäischen Gesellschaft für ländliche Soziologie (1957) gefördert. Führend ist die in den USA betriebene ländliche Soziologie geworden, die dort bereits vor dem Ersten Weltkrieg an Universitäten und landwirtschaftlichen Hochschulen eingerichtet wurde. Aus Weltkongressen für ländliche Soziologie, die seit 1964 alle vier Jahre stattfinden, entstand 1972 die International Rural Sociological Association (ISRA).

Zentrales Thema: Sozialer Wandel und Modernisierung
Trotz aller Unterschiedlichkeit ländlicher Lebensformen lassen sich einige umfassende Themenbereiche der ländlichen Soziologie benennen. Die Lebensbedingungen der landwirtschaftlichen Bevölkerung sind nicht ohne den bestimmenden Einfluß der jeweiligen historisch-kulturspezifischen Agrarverfassung zu verstehen. Als Agrarverfassung bezeichnen *Ulrich Planck* und *Joachim Ziche* (1979) die Gesamtheit der rechtlich-sozialen „Ordnungen“ im Verhältnis der Agrarbevölkerung zum Boden (Bodenordnung), in der beruflichen Arbeitsteilung (Arbeitsordnung) und im Gesellschaftssystem (Herrschaftsordnung). Die legitimierenden und normierenden kulturellen Muster bilden eine „Wertordnung“, die sich in modernen Gesellschaften zunehmend in einen Wertepluralismus umwandelt. Zentraler Gegenstand der Agrarsoziologie sind die sozialen Strukturen und Probleme des Landwirtschaftsbetriebes, insbesondere des Familienbetriebes, weiterhin der landwirtschaftliche Strukturwandel sowie Agrarreformen und Entwicklungsstrategien. Für die Landsoziologie stehen die Merkmale und Veränderungsprozesse des ländlichen Raumes, der ländlichen Bevölkerung und der ländlichen Vergesellschaftungsformen und Institutionen im Mittelpunkt des Interesses.

Der soziale Wandel ist für die ländliche Soziologie insgesamt ein dominierendes

Thema. Es erfordert eine spezifische Anwendung und Auslegung von Theorien des sozialen Wandels und die Entwicklung einer ländlichen Sozialforschung. In diesen Rahmen ist auch der Beitrag der ländlichen Soziologie zur Unterstützung und Praxisberatung von Modernisierungs- und Anpassungsprozessen einzuordnen. Nach dem Zweiten Weltkrieg wurde für die westdeutsche Land- und Agrarsoziologie die „Modernisierung“ zum Leitthema *(Franz Kromka 1986).* Die Modernisierungsbereitschaft der ländlichen Bevölkerung, insbesondere in der landwirtschaftlichen Betriebsführung, wurde einem zu überwindenden Traditionalismus gegenübergestellt. Die Klagen eher konservativer Agrarsoziologen über den Niedergang des Bauerntums und des Dorfes fanden keine vergleichbare Resonanz wie die liberalen Befürworter der Modernisierung. In neuerer Zeit wird der Modernisierungsoptimismus durch eine veränderte politische Akzentsetzung bis hin zur Vorstellung einer Krise der ländlichen Soziologie in Frage gestellt. Dieses Fragwürdigwerden betrifft sowohl die theoretische Fundierung sowie die institutionelle Einbindung und die Methodologie und Methoden der empirischen Forschung als auch die inhaltliche Zielbestimmung und die Sinnhaftigkeit der Disziplin. In Anbetracht des verbreiteten Bewußtseins einer Ökologiekrise und des Hineinwachsens hochentwickelter Industriegesellschaften in zukunftsunsichere „nachindustrielle“ und zunehmend „globalisierte“ Vergesellschaftsformen und Lebensweisen steht auch die ländliche Soziologie vor der Aufgabe, sich neu zu definieren.

Der Modernisierungs- und Transformationsprozeß in Ostdeutschland nach der deutschen Wiedervereinigung, der in ländlichen Regionen mit erheblicher Entagrarisierung und Entleerung verbunden ist, forderte die ländliche Soziologie in besonderer Weise heraus, die aber im neustrukturierten Wissenschaftsbereich keine entsprechende institutionelle Verankerung gefunden hat.

Soziologische Dorfforschung

Eine längere Tradition und Vorgeschichte hat die soziologische Dorfforschung, die sich aus Dorfinventuren, sozialen Übersichten (social surveys) und Enquêten entwickelt hat. Bereits 1883 wurde die gehaltvolle Studie „Fünf kleinbäuerliche Gemeinden auf dem Hohen Taunus“ von *Gottlieb Schnapper-Arndt* veröffentlicht; unter zahlreichen westdeutschen Dorfuntersuchungen der fünfziger Jahre ist die Monographie „Das Dorf im Spannungsfeld industrieller Entwicklung“ von *Gerhard Wurzbacher* und *Renate Pflaum* (1954) besonders bemerkenswert. In den Gemeindestudien wurden unter anderem das Phänomen der Nachbarschaft, die Rolle der Vereine und das Thema Macht und Dorfpolitik aufgegriffen. Seit Mitte der achtziger Jahre gab es in Westdeutschland eine Renaissance dorfsoziologischer und -sozialhistorischer Untersuchungen, denen der Einbruch der Moderne in kritischer und zugleich historischer Wahrnehmung als zentrales Thema gemeinsam ist. Als dessen Merkmal wird unter anderem eine Ambivalenz der derzeitigen dörflichen Lebensform zwischen traditioneller Dörflichkeit und moderner überlokaler Vergesellschaftung hervorgehoben. Ein noch von der „Bäuerlichkeit“ geprägtes „internes Regelwerk“ einer „Sozialform Dorf“, wie es einige Autoren behaupten, kann sicher nicht mehr für die Mehrzahl der ländlichen Siedlungen angenommen werden. Mit der Schrumpfung des Agrarbereichs unterliegen die meisten Dörfer als Pendlerwohngemeinden, Stadtumlandgebiete oder Fremdenverkehrsorte neuen sozialen und kulturellen Prägungen und damit auch Ausgleichsanforderungen sowie Pluralisierungen der Perspektiven und Wirklichkeitsvorstellungen ihrer Bewohner.

Als wichtiger Gegenstand der soziologischen Dorfforschung bietet sich die als „Dorferneuerung“ bezeichnete planmäßige Umgestaltung ländlicher Siedlungen mit dem Ziel verbesserter Lebensverhältnisse an. Sie greift, verstanden als gesellschaftspolitische Aufgabe, in einem ganzheitlichen Ansatz über die bauliche Sanierung und die ästhetisch befriedigende Gestaltung des Ortsbildes hinaus und bedarf dazu der Vermittlung der Vorstellungen der Bewohner und der Planer, zu deren Gelingen die empirische Soziologie explorativ und evaluierend beitragen kann.

Ländliche Sozialforschung
Die empirische Sozialforschung ist die wichtigste Erkenntnisquelle der ländlichen Soziologie. Unter dem Namen „ländliche Sozialforschung“ hat sie gerade in Deutschland im Dienste der Landentwicklung eine bedeutsame Tradition; unter mehreren Landarbeiterenquêten in der zweiten Hälfte des 19. Jahrhunderts hat *Max Webers* Studie „Die Lage der Landarbeiter im ostelbischen Deutschland (1892) eine besondere Bedeutung gewonnen. Nach dem Zweiten Weltkrieg setzte sich in Westdeutschland wie in anderen europäischen Ländern eine „Amerikanisierung“ der ländlichen Sozialforschung durch *(Planck/Ziche),* in der die Techniken der repräsentativen Stichprobe, der standardisierten Befragung und der mathematischen Datenanalyse übernommen wurden. Weitere wichtige Methoden sind die Zählung, die eine Sozialstatistik ermöglicht, und die in den letzten Jahrzehnten vernachlässigte teilnehmende Beobachtung. Neben Repräsentativerhebungen bzw. -befragungen wurden zahlreiche Einzelfallstudien (Monographien) durchgeführt, in geringerem Umfang auch vergleichende Untersuchungen mehrerer Dörfer oder anderer ländlicher Sozialgebilde.

Die ländliche Sozialforschung wurde bisher häufer als Bedarfs- und Auftragsforschung denn als Grundlagenforschung betrieben, so daß die Theoriebildung als Ziel der Forschung in den Hintergrund trat. Es überwog dabei die explorative und deskriptive, auch diagnostische Forschung gegenüber analytischen Arbeiten; im Zusammenhang mit Entwicklungsprojekten gewann auch die evaluierende Forschung an Bedeutung *(Planck/Ziche).*

Stärker noch als in anderen Bereichen der Feldforschung trifft die standardisierte Befragung in ländlichen Lebensumwelten, erst recht in nichteuropäischen Kulturen, auf besondere Schwierigkeiten in der Interviewsituation und hinsichtlich und des Sinnverstehens. Daher kann gerade der ländlichen Soziologie die Hinwendung der qualitativen Sozialforschung von großem Nutzen sein. Sie ermöglicht in offenen Gesprächen die lebensweltlich eingebundene, situationsadäquate und lebensgeschichtlich reflektierende Artikulation in Form von erzählten Geschichten, zu deren sinninterpretierender Auswertung es der Anstrengung methodisch kontrollierter Verfahrensweisen einer sozialwissenschaftlichen Hermeneutik bedarf. Die qualitative Sozialforschung kann über soziologische Typenkonstruktion und Hypothesenfindung eine das jeweilige Feld bzw. Sozialgebilde deutende, empirisch fundierte Theoriebildung ermöglichen.

Lit.: Bruno Hildenbrand, Karl Friedrich Bohler u. a.: Bauernfamilien im Modernisierungsprozeß. Frankfurt/M. 1992; *Franz Kromka:* Die Entwicklung der westdeutschen Land- und Agrarsoziologie 1945–1985. In: Ländliche Soziologie deutschsprachiger Länder. Münster-Hiltrup 1986; *Ulrich Planck* u. *Joachim Ziche:* Land- und Agrarsoziologie. Stuttgart 1979

Prof. Dr. *G. Vonderach,* Oldenburg

Landsoziologie
→ländliche Soziologie

Längsschnittuntersuchung
→Querschnittsuntersuchung

Lasswell-Formel
von *H. D. Lasswell* (1946/48) formulierte Anweisung zur Analyse von Kommunikationsprozessen: „Wer sagt was, zu wem und mit welcher Wirkung?“, oder später erweitert: „Wer sagt was, durch welches Medium, zu wem und mit welcher Wirkung?“

latent
wörtlich: verborgen, versteckt
in der Soziologie Bezeichnung für jene Faktoren, die indirekt wirksam sind.

latente Funktionen
von *Robert K. Merton* (1910 geb.) in der →funktionalen Analyse verwendete Bezeichnung zur Charakterisierung der unbeabsichtigten Konsequenzen (unanticipated consequences) sozialen Handelns, die weder wahrgenommen werden noch beabsichtigt sind.

Latenzperiode
in psychoanalytischer Interpretation die Zeit zwischen Kindheit und Pubertät, in der die sexuellen Strebungen zugunsten sachlicher Identifikation verdrängt werden.

Lebensalter
Das Lebensalter bildet eine grundlegende Dimension menschlichen Daseins, in der die bio-soziale Konstitution des Menschen besonders deutlich zutage tritt. In allen Gesellschaften führen qualitativ und quantitativ unterschiedliche soziokulturelle Definitionsprozesse bezüglich der „biologischen Konstanten“ *(W. Goldschmit)* Lebensalter über Institutionalisierungs- und Internalisierungsprozesse zu altersspezifischen Differenzierungen und Typologisierungen. Das Lebensalter wird dadurch zu einem wesentlichen Kriterium gesellschaftlicher Strukturierung, kollektiver Normierung und individueller Orientierung. Bei aller Diffusität der soziologischen Beschäftigung mit dem Thema Lebensalter zeichnen sich überblickartig zumindest drei Ebenen der theoretischen Auseinandersetzung ab, die relativ unverbunden nebeneinander stehen: erstens die Soziologie einzelner, separierter Altersstufen (bisher vor allem →Jugend und Alter, in Ansätzen Kindheit und mittleres Erwachsenenalter), zweitens die Soziologie der Lebensalter als Gesamtheit in Form der Lebens(ver)laufforschung, deren Schwerpunkt die Struktur und die Dynamik lebenszeitlich bezogener gesellschaftlicher Konstruktionen und Ordnungsmuster sind (gesellschaftsstrukturelle Perspektive), und drittens die Soziologie der Lebensalter als Gesamtheit in Form der →Biographieforschung, die sich vor allem auf die subjektiven (Re-)Konstruktionen von lebensgeschichtlichen Verläufen bezieht (subjektive Perspektive). Die Aufgabe einer erst noch zu schaffenden Soziologie der Lebensalter ist die interdependente Verbindung dieser drei Ebenen sowohl in theoretischer wie in empirisch-methodischer Hinsicht zu einem integrierten Gesamtmodell.

1. Die Soziologie separierter Lebensalter
1.1. Kindheit
Die Soziologie beschäftigt sich mit der Kindheit im wesentlichen im Rahmen der Familiensoziologie und der Sozialisationstheorie (familiale wie außerfamiliale), wobei Kinder dabei ganz überwiegend als „abhängige Variable“ im Vergesellschaftungsprozeß gesehen werden. Neben historischen *(Ph. Aries, L. de Mause)* und kulturvergleichenden *(R. Benedict, A. Kardiner, M. Mead)* Untersuchungen zur Entstehung, Bedeutung und Veränderung von Kindheit sind psychologische und hier vor allem psychoanalytische Theorien der kindlichen →Sozialisation *(S. Freud, M. Klein, H. Kohut)* und die verschiedenen Konzepte emotionaler *(M. S. Mahler)*, kognitiver *(J. Piaget)* und moralischer *(L. Kohlberg)* Entwicklung auch soziologisch besonders relevant. Der wesentliche Schwerpunkt einer Soziologie der Kindheit ist die Klärung der Struktur und Dynamik der primären Sozialisationsprozesse innerhalb bestimmter gesellschaftlicher Rahmenbedingungen,

einschließlich der Frage nach den Bedingungen der sozio-kulturellen Persönlichkeitsbildung im Spannungsfeld biologischer, kultureller und sozialer Prozesse und auch einschließlich der Frage nach den (Rück-)Wirkungen der Lebensphase Kindheit auf gesellschaftliche Wertvorstellungen, Normen und Verhaltensmuster. Die folgenden Forschungsschwerpunkte und theoretischen Grundrichtungen lassen sich unterscheiden: erstens die Konstruktion von Phasenmodellen und zweitens, damit verbunden, aber auch darüber hinausgehend, Konzepte primärer Sozialisation, und zwar bezüglich der Identitätsbildung, der Untersuchung signifikanter sozialer Netzwerke (Familie, Nachbarschaft, Gleichaltrige, Kindergarten, Schule) und der Bedeutung gesellschaftlicher Bestimmungsfaktoren (Schicht, ethnische und religiöse Besonderheiten, historischer Wandel). Das Phasenmodell der psychosexuellen Entwicklung von *S. Freud* dient dem sozialpsychologischen Modell der psychosozialen Phasen von *E. Erikson,* aber auch dem soziologischen Phasenmodell von *T. Parsons* als Grundlage, der, von der Mutter-Kind-Dyade ausgehend, im weiteren Phasenverlauf zu einer komplexen Beschreibung einer differenzierten Persönlichkeitsstrukturierung über die Internalisierung sozialer Rollen kommt. *G. Wurzbacher* hat ein Modell entwikkelt, in dem er soziologische Lebensalterphasen über die Verbindung mit zeitlich abgrenzbaren spezifischen Sozialisationsbedingungen in Industriegesellschaften definiert. Diese Phasenmodelle sind Teile von familiensoziologischen und sozialisationstheoretischen Überlegungen, die mit weiteren Konzepten unterschiedlicher Provenienz verbunden werden müssen, um ein – noch sehr unvollständiges – Mosaik einer soziologischen Betrachtung von „Kindheit" sichtbar zu machen. Die einzelnen Mosaiksteine lassen sich aus vorliegenden Untersuchungen und theoretischen Annahmen ableiten: a) aus Arbeiten strukturfunktionalistischer Orientierung [neben *T. Parsons* z.B. *D. Claessens* (frühkindliche Sozialisation), *R. König* (familiale Desintegration und Desorganisation)], b) aus dem Bereich der „kritischen Theorie" [*Th. W. Adorno, E. Fromm, M. Horkheimer* (bürgerliche Familie und Identitätsbildung), *J. Habermas* (Sozialisationstheorie, Identitätsbildung), *A. Lorenzer* (materialistische Sozialisationstheorie)], c) aus der Kulturanthropologie [*I. L. Child, R. Benedict, M. Mead* und *A. Kardiner* (Kultur- und Persönlichkeits-Forschung)], d) aus der Theorie der Symbolischen Interaktion [*G. H. Mead, P. Berger, Th. Luckmann* (Identität und Gesellschaft, primäre Sozialisation)], e) aus der Erforschung defizitärer Sozialisationsverläufe [*R. König* (familiale Desorganisation und Überorganisation)] und *H. E. Richter* (familiale Prozesse und Identitätsstörungen) und f) aus historischen Untersuchungen zur Geschichte der Kindheit *(Ph. Aries, L. de Mause).*

1.2. Jugend

→Jugend als eine Lebensphase des Erwachsenwerdens („Erwachsensein" wurde bis vor kurzem üblicherweise noch näher bestimmt durch die Übernahme von Familien- und Berufsrolle) ist in ihren Ausprägungsformen bestimmt durch die jeweiligen kulturellen, gesellschaftlichen und ökonomischen Bedingungen. Jugend ist also, wie alle anderen Lebensphasen auch, ein soziokulturelles Phänomen. Nach juristischen und pädagogischen Kriterien wird die Phase zwischen Kindheit und Erwachsensein heute zwischen 15 und 25 Jahren festgelegt und weiter unterteilt (Jugendliche, Heranwachsende, junge Erwachsene). Aufgrund teilweise schon früher beginnender physischer wie psychischer Reifungsschritte und einer immer ausgedehnteren Berufsausbildung haben sich die Grenzen sowohl nach unten wie nach oben verschoben, so daß sich die empirische Jugendforschung heute üblicherweise auf die Jahre zwischen 12 und 30 erstreckt. Die Altersphase der 18–30jährigen, die der jungen Erwachsenen oder der „Post-Adoleszenten", scheint als eine Lebensphase der „Mündigkeit ohne wirtschaftliche Grundlage" *(J. R. Gillis)* immer bedeutsamer zu werden.

Jugendforschung, wie die Erforschung aller Lebensalter, ist ein moderner wissenschaftlicher Zweig, der erst im 20. Jahrhundert mit *Ch. Bühler* und *E. Spranger* (Mittelschichtjugend der 1920er Jahre), mit *S. Bernfeld* (psychologische und soziologische Jugendforschung), mit *K. Mannheim* (zeitgeschichtliche bestimmte Konstitution von Jugendgenerationen), mit *Ch. Bühler, H. Hetzer* und *P. Lazarsfeld* (Arbeiterjugend) und mit *W. Hoffmann* (Lehrlingsjugend) beginnt.

Auch für die Soziologie der Jugend gilt, wie für die der Kindheit, daß es eine Reihe interessanter theoretischer Konzepte gibt, die aber unverbunden nebeneinander stehen. Die bezüglich der Kindheit schon erwähnten kulturanthropologischen Forschungen sind auch für die Jugendsoziologie relevant (vor allem *M. Mead*), gleiches gilt für die Befunde zur Geschichte der Jugend (z.B. *J. R. Gillis, W. Hornstein, M. Mitterauer* und *H. H. Muchow*). Bedeutsam sind weiter – bei aller Problematik bezüglich der Tendenz zu einer zu ausgeprägten Verallgemeinerung – die schon angeführten Phasenmodelle, die von den Autoren über die Kindheit hinaus konstruiert wurden. Bei *T. Parsons* und bei *G. Wurzbacher* erweitert sich das dominante soziale Orientierungsfeld vor allem um die Bereiche weiterführende Schule/Berufsausbildung, jugendliche peer groups und öffentlicher Raum/Gemeinwesen. *E. Erikson* umschreibt die Phase der Adoleszenz mit dem Begriffspaar →Identität vs. Identitätsdiffusion und bringt damit einen identitätstheoretischen Inhalt zum Ausdruck, der bezüglich der →kognitiven und →emotionalen Lage der Jugendlichen (in einem psycho-sozialen „Moratorium") für die meisten soziologischen Jugendtheorien eine wesentliche Grundlage bildet. Zentral für eine Soziologie der Jugend sind aber die klassischen Ansätze von *K. Mannheim* und ganz besonders von *S. N. Eisenstadt, H. Schelsky* und *F. H. Tenbruck. Mannheim* analysiert in seinem nicht spezifisch jugendsoziologischen Ansatz das Generationenverhältnis zueinander und die sozio-kulturellen Bedingungen, die dieses Verhältnis zeitlich und inhaltlich gestalten. Dieser generationstheoretische Ansatz wurde von *B. Buchhofer, J. Friedrichs* und *H. Lüdtke* Anfang der 70er Jahre durch Einbeziehung von Fragen der →Sozialisationstheorie und der Beziehung von →sozialem Wandel und Generationenkonflikt modifiziert. Sowohl *Eisenstadt* wie auch *Schelsky* und *Tenbruck* gehen von einer in modernen Gesellschaften strukturell verankerten Diskrepanz zwischen dem primären und dem sekundären Sozialisationsbereich aus, eine Situation, die bezüglich der Identitätsbildung zu starken kognitiven wie emotionalen Verunsicherungen führt, die das Selbstwerterleben bedrohen. *Eisenstadt* interessiert dabei, von einer →strukturfunktionalistischen Orientierung her, vor allem die Entstehung und die gesellschaftserhaltende Funktion altershomogener Jugendgruppen als sowohl individuell wie gesellschaftlich stabilisierende institutionalisierte „interlinking spheres" zwischen Familie und Gesellschaft, während für *Tenbruck* aus einer →handlungstheoretischen Sicht die „Sozialisierung in eigener Regie", also die teilkulturelle Konstitution von eigenständigen Handlungs- und Sozialisationsräumen durch die Jugendlichen und die Rückwirkung dieser Teilkulturen auf die Gesellschaft im Mittelpunkt stehen. *Schelsky* untersucht in seiner phänomenologisch ausgerichteten Analyse der Jugend die zeitgeschichtlich unterschiedlichen Lösungsversuche des Strebens der Jugendlichen nach Verhaltenssicherheit als einem gesellschaftlich bedingten Grundbedürfnis.

Neben diesen klassischen jugendsoziologischen Theorien, deren Gehalt bis heute bei weitem noch nicht ausgeschöpft ist, besteht eine Reihe von theoretischen Konzepten, die als „ad-hoc-Theorien" *(R. König, H. M. Griese)* bezeichnet werden können und vielleicht teilweise in Richtung von „Theorien mittlerer Reichweite" *(R. K. Merton)* gehen. Es sind dies unterschiedliche Versuche, empirische Erscheinungsformen jugendlichen Verhaltens theoretisch zu deuten, wie etwa die von *L. Rosenmayr* (konflikttheoretisch orientierte Analyse der 60er-Jahre-Jugendunruhen), von *R. Bohnsack* (Handlungskompetenz und →abweichendes Verhalten), von *Th. Ziehe* („Spätkapitalismus" und narzißtische Verhaltensprägung) und auch von *D. Baake* (sozialökologische Jugendtheorie) oder *H. Lessing* und *M. Liebel* (Kritik der „bürgerlichen" Jugendsoziologie aus marxistischer Perspektive).

1.3. Mittleres Erwachsenenalter

Das Erwachsenenalter scheint bisher für die Soziologie weniger interessant zu sein als die anderen, „problematischeren" Lebensalter. Demzufolge ist eine Soziologie des Erwachsenenalters, die die Phase der „mittleren Jahre" von 25/30 – 65 Jahren umfaßt, als differenzierte Spezialdisziplin kaum entwickelt, andererseits aber befaßt sich die Soziologie insgesamt fast ausschließlich mit den erwachsenen Menschen einer Gesellschaft, so daß die Inhalte der soziologischen Theorien und der empirischen Untersuchungen in vielfältiger Weise auch den Stoff für eine Soziologie des Erwachsenenalters bilden; dies gilt besonders für die höchst relevanten Bereiche der Familien-, Berufs- und Freizeitsoziologie, auf die hier nachdrücklich verwiesen werden muß. Daneben gibt es aber auch theoretische Konzepte, die sich auf das Erwachsenenalter speziell als Altersstufe beziehen. Zu nennen sind auch hier wieder die schon erwähnten Phasenmodelle von *E. Erikson* und *G. Wurzbacher,* während das Modell von *T. Parsons* mit der Adoleszenz endet. *Erikson* unterscheidet zwei Stadien des Erwachsenenlebens, über die bei einem positiven Verlauf die Fähigkeiten zu lieben und zu arbeiten *(Freud)* und zu kreativem Handeln in vielen Lebensbereichen erworben wird. Auch bei *Wurzbacher* sind die Familie und der Beruf als soziales Orientierungsfeld zentral, einschließlich des in ihm angelegten Konfliktpotentials. Einen wichtigen Beitrag liefert der langsam sich formierende Bereich der Erwachsenensozialisation: *O. G. Brim* (Begründung einer Sozialisationstheorie des Erwachsenenalters über eine struktur-funktionalistisch orientierte Rollentheorie), *H. S. Becker* (Veränderung und Stabilität im Erwachsenenalter im Rahmen der Theorie der →symbolischen Interaktion), *M. Kohli* (Altern und Sozialstruktur) und auch *P. Berger* und *H. Kellner* (Ehe als Ort der Neukonstruktion von Wirklichkeit). *Brim* wurde weiter besonders durch seine Arbeit zur „midlife-crisis" bekannt, ein Thema, das auch *Kohli* aufgreift, der als gemeinsamen Nenner für die Probleme der Lebensmitte die „Diskrepanz zwischen Aspirationen, Ansprüchen, Zielen und Wünschen einerseits und der erreichten oder noch erreichbaren Realität andererseits" bestimmt. Als umfassende, rollentheoretisch orientierte Beschäftigung mit dem Erwachsenenalter liegt eine Untersuchung von *M. Pieper* vor, in der er das „Stabilitätsmuster" der Erwachsenen, die altersstufenspezifische Verhaltenskonsistenz, über die Untersuchung individuell-biographischer und gesellschaftsstruktureller Mechanismen analysiert.

1.4. Alter

Seit etwa 30 Jahren gewinnt die Alterssoziologie oder Gerosoziologie *(Rosenmayr)* aufgrund der zunehmenden Vergrößerung der absoluten und relativen Zahlen alter Menschen (steigende Lebenserwartung bei gleichzeitig sinkender Geburtenziffer) und aufgrund der dadurch entstandenen neuartigen sozialen Probleme immer mehr an Bedeutung. Die Soziologie der Gruppen älterer und alter Menschen ab 65 Jahren beschäftigt sich mit dem sozialen Verhalten, den Einstellungen und Bedürfnissen, den Problemen, dem sozialen Umfeld usw. dieser Altersstufe und analysiert die Alternsprozesse in ihr. Im Vergleich zur großen Fülle von empirischen Untersuchungen zu Themen wie Familien- und Partnerbeziehungen, Berufsaufgabe, Einkommenssituation, Konsumverhalten, Wohnverhältnisse, Freizeitverhalten, Krankheit, abweichendes Verhalten, Altersstereotype, Sexualität u. v. a. fällt das Ergebnis der theoretischen Auseinandersetzung in der Alterssoziologie sehr mager aus. Neben der Fortschreibung der beiden erwähnten soziologisch relevanten Phasenmodelle von *E. Erikson* und *G. Wurzbacher* in das hohe Alter hinein sind es vor allem die folgenden vier theoretischen Konzepte, die in der Alterssoziologie diskutiert wurden und die im Grunde alle von der sozialen Ausgliederung, der „Desozialisation" *(R. König),* ausgehen, die im Endeffekt bereits vor dem körperlichen Tod zum „sozialen Tod" *(J. L. Moreno)* führt: austausch- bzw. ressourcentheoretische Ansätze *(P. Blau, G. C. Homans, H. D. Schneider)* gehen von einem individuellen Streben des Menschen aus, im →sozialen Handeln über den →Austausch von „Gütern" materieller wie immaterieller Art den Nutzen zu maximieren und die Kosten zu minimieren. Die Situation der alten Menschen im Austausch mit anderen Altersgruppen ist dabei grundsätzlich durch eine mit dem Alter zunehmende Benachteiligung gekennzeichnet, da der Nutzen der Austauschbeziehungen jüngerer Altersgruppen untereinander höher ist als der mit den alten Menschen. Je mehr Ressourcen allerdings den alten Menschen zur Verfügung stehen, um so eher gelingt nach diesen Vorstellungen eine Bewältigung der Altersphase. In der „Aktivitätstheorie" *(R. Cavan, R. J. Havighurst, R. Tartler)* wird die Ausgliederung →rollentheoretisch als gesellschaftlich bedingter Funktionsverlust (Beruf, Familie) gesehen, dem mit einer Aktivierung der Rollenmöglichkeiten alter Menschen zu begegnen sei, wobei die Rollen des mittleren Erwachsenenalters als Bezugspunkt gelten. Die →strukturfunktionalistisch orientierte „Disengagementtheorie" *(E. Cumming, E. E. Henry, E. Damianopoulos)* nimmt einen naturbedingten, unvermeidbaren physischen wie psychischen Abbau an, der zu einer (Selbst-)Ausgrenzung alter Menschen führt, die von diesen im Grunde auch gewünscht wird. Viele empirische Untersuchungen führten zu Modifikationen dieser Theorie, vor allem, was die These der überwiegend biologisch bedingten Abbauprozesse und die These der Zufriedenheit mit dem Disengagement anbelangt. Neuere empirische Entwicklungen geben *A. M. Rose* mit seiner These eines möglichen Reengagement in →Subkulturen alter Menschen recht. Vielleicht gibt es zukünftig nicht nur jugendliche →Gegenkulturen, sondern auch solche alter Menschen. Die „socio-environmental-Theorie" *(J. Gubrium, H. Schulz)* schließlich verbindet Teile der Aktivitätstheorie mit Teilen der Disengagementtheorie miteinander. Verstärkte altershomogene Interaktionen und die Entwicklung eines Zugehörigkeitsbewußtseins („group consciousness" – *A. M. Rose*) mindern die Diskrepanz, die üblicherweise zwischen der trotz möglicherweise abnehmender Ressourcen vorhandenen individuellen Handlungskompetenz und den normierten Erwartungen des gesellschaftlichen Umfelds sowie den dadurch festgelegten Handlungsmöglichkeiten alter Menschen besteht.

2. Soziologie der Lebensalter als Gesamtheit

Eine entschiedene und differenzierte Auseinandersetzung mit der gesellschaftlichen Prägung des Lebenslaufs als Gesamtheit ist in der Soziologie erst seit etwa 25 Jahren feststellbar. Die erwähnten Phasenmodelle einer lebenslangen Sozialisation von *Erikson* und *Wurzbacher* verweisen, ebenso wie die Untersuchungen zum Familienzyklus *(P. C. Glick),* in diese Richtung. Zu den ersten Vertretern dieser neuen Perspektive gehören aber erst, von einer strukturfunktionalistischen Orientierung her, *L. D. Cain* (Analyse lebenslanger Alternsprozesse über die Kategorie „Altersstatus") und die Forschungsgruppe von *M. W. Riley, M. Johnson* und *A. Foner* (Alterschichtung; prinzipielle Bedeutung von Alter und Lebenslauffür die gesellschaftliche Strukturierung). Die →Biographie- und die Lebens(ver)laufforschung als die zwei grundlegenden Aspekte einer Soziologie der Lebensalter als Gesamtheit haben sich seit etwa 10 Jahren ein beträchtliches Terrain erobert, wenn auch bis heute eine erhebliche Begriffsverwirrung besteht, die allerdings mit einer durchaus fruchtbaren theoretischen Vielfalt einhergeht. Der Schwerpunkt der →Biographieforschung *(M. Kohli, W. Fischer, W. Fuchs)* liegt in der (phänomenologischen) Analyse der lebensgeschichtlich bezogenen und kommunikativ erzeugten subjektiven Wirklichkeitskontruktionen, in denen das Erleben und die Erfahrungen der Menschen sinnhaft strukturiert sind und die dem →sozialen Handeln Gestalt verleihen. Zentral ist also das soziale Konstrukt „Biographie" als „sozialweltliches Orientierungsmuster" *(W. Fischer/ M. Kohli).* Im Fokus der Lebenslaufforschung *(K.-U. Mayer, W. Müller)* steht der Lebenslauf als „institutionelles Programm" *(M. Kohli),* also die auf die systematische Abfolge der Lebensalter bezogenen „objektiven" Wirklichkeitskonstruktionen und die gesellschaftliche Bestimmung von Lebensverläufen. Die →Kohortenanalyse ist ein wesentliches Forschungsinstrument dieser Richtung, wobei Kohorten – Gruppen, die bezüglich eines Kriteriums (Geburtsjahr, Jahr des Schuleintritts u.a.) eine interne Homogenität aufweisen – im zeitlichen Ablauf untersucht werden. Sinnvoll kann eigentlich nur eine integrierte Verbindung beider Aspekte sein, also eine Verknüpfung der Systemebene mit der Ebene des kommunikativen Handelns. Die Soziologie der Lebensalter als Gesamtheit muß daher in den Rahmen der spannungsreichen Beziehung zwischen der lebenszeitlich strukturierten Welt als „objektive Wirklichkeit" und der lebensgeschichtlich konstruierten Welt als „subjektive Wirklichkeit" gestellt werden, wobei der Gesamtprozeß dann als u.U. sehr dynamisches (historische Ereignisse, sozialer Wandel) dialektisches Geschehen erscheint, das mit den Begriffen von *P. Berger* und *Th. Luckmann* als Externalisierung, Objektivierung und Internalisierung umschrieben werden kann.

Eine Soziologie der Lebensalter kann hinter die Entwicklung, die die Biographie- und die Lebenslaufsforschung eingeleitet haben, nicht mehr zurück. Andererseits sollten die Erkenntnisse der Soziologie separierter Lebensalter nicht vorschnell verdrängt werden. Die Forderung und die Aufgabe der Zukunft bestehen in einem integrierten Gesamtmodell mit differenzierten Teilaspekten.

Lit.: Griese, H. M.: Sozialwissenschaftliche Jugendtheorien. Weinheim 1982; *Pieper, M.:* Erwachsenenalter und Lebenslauf. München 1978; *Rosenmayr, L.:* Schwerpunkte der Soziologie des ·Alters (Gerosoziologie), in: *König, R.* (Hg.): Handbuch der empirischen Sozialforschung. Stuttgart 1976, Bd. 7; *Voges, W.* (Hg.): Methoden der Biographie- und Lebenslaufforschung. Opladen 1987; *Wallner, E. M./Pohler-Funke, M.* (Hg.): Soziologie der Kindheit. Heidelberg 1978

Prof. Dr. *F. Stimmer,* Lüneburg

Lebenserwartung

Meßzahl der Bevölkerungsstatistik (Sterbetafel), die angibt, wie viele Jahre

ein Mensch bestimmten Alters und Geschlechts in einer bestimmten Bevölkerung durchschnittlich noch erleben wird. Die durchschnittliche Lebenserwartung ist in den Industriestaaten während der letzten hundert Jahre stark angestiegen. So betrug im Deutschen Reich 1871/80 die Lebenserwartung eines männlichen Neugeborenen 35,85 Jahre, eines weiblichen Neugeborenen 38,45 Jahre. Demgegenüber betrug in der BR Deutschland in den Jahren 1977/79, also hundert Jahre später, die durchschnittliche Lebenserwartung bei den Männern 69,36 Jahre und bei den Frauen 76,07 Jahre und ist seither weiter angestiegen. Auch die Zahl der Hochbetagten, über 75jährigen, hat stark zugenommen. In der BR Deutschland gab es im Jahre 1988 darüber hinaus 114 Personen, die hundert Jahre oder älter waren.
→Bevölkerungssoziologie

Lebenshaltungskosten
in der amtlichen Statistik jene Ausgaben, die bei der Berechnung der Preisindices (Lebenshaltungskostenindex) verwendet werden. Der Berechnung zugrunde gelegt wird der sog. Warenkorb, der sich aus einer nach Art und Umfang gleichbleibenden Menge von Gütern und Dienstleistungen zusammensetzt, um eine Veränderung der Lebenshaltungskosten unabhängig von einer Änderung der Konsumgewohnheiten bestimmen zu können. Untersucht werden verschiedene Haushaltstypen, wie etwa der 4-Personen-Haushalt mit mittlerem Einkommen oder der 2-Personen-Haushalt von Renten- und Sozialhilfeempfängern.

Lebenslaufforschung
→Biographieforschung

Lebensqualität
die Überwindung der Mangel- und Subsistenzwirtschaft stand am Anfang der Industriegesellschaft. In diesem Sinne haben die Klassiker der Volkswirtschaftslehre Smith und Ricardo die Erhöhung der Gütermenge als wünschenswertes Ziel definiert. Die Optimierung der Güterproduktion zum Wohle aller blieb lange Zeit die Maxime der liberalistischen und kapitalistischen Wirtschaftsweise und erlebte speziell in der BR Deutschland nach dem zweiten Weltkrieg eine Wiederbelebung, die sich im steilen Anstieg des Bruttosozialprodukts manifestierte. Ende der 1960er Jahre wurden zunehmend die sozialen Kosten eines einseitig auf Wachstum ausgerichteten Wirtschaftsprozesses deutlich, indem sich die Umweltverschmutzung und andere negative Begleiterscheinungen einer einseitig auf Produktionssteigerung ausgerichteten Form des Wirtschaftens bemerkbar machten. Die Kassandrarufe der Mitglieder des „Club of Rome" markieren einen Wendepunkt in der bisherigen Denkweise. Seither ist der Begriff Lebensqualität das Synonym für den sinnvollen Gebrauch all jener Errungenschaften, die uns eine funktionierende Wirtschaft bereithält für ein menschenwürdiges Leben in der Industriegesellschaft. Dazu gehören neben der materiellen Versorgung der Bevölkerung mit Gütern und Dienstleistungen ebenfalls mehr Gleichheit und Gerechtigkeit, Chancengleichheit in Ausbildung und Beruf, eine gerechte Einkommensverteilung, die Humanisierung der Arbeitswelt u.a.m. Der Begriff „Lebensqualität" wurde aber auch zum Schlagwort, mit dem Parteien und Verbände für ihre politischen Ziele werben. Im Zusammenhang mit der Wohlfahrtsökonomie wurden verschiedene Methoden zur Messung von Lebensqualität entwickelt, u.a. die Indikatorenforschung, die versucht, Meßgrößen zu erarbeiten, die in der Lage sind auszudrücken, welche Leistungen in den verschiedenen Lebensbereichen anfallen.
→soziale Indikatoren

Lebensraum
Begriff der Geopolitik zur Bezeichnung der Gesamtheit der geographisch-wirtschaftlich notwendigen Gegebenheiten,

um ein Volk ausreichend versorgen zu können. Seit etwa 1870 verwendeter politisierter Begriff, der zur Begründung von Gebietsforderungen und territorialer Expansion diente. Der Begriff „Lebensraum" war bei den imperialistischen und faschistischen Bewegungen in der ersten Hälfte des 20. Jahrhunderts von Bedeutung.

Lebensstandard

Gesamtheit der als notwendig und angemessen betrachteten Güter und Dienstleistungen, die zur Befriedigung der Bedürfnisse des einzelnen oder der Gesellschaft in Beziehung zum verfügbaren Einkommen (Kaufkraft) gesetzt werden. Der Lebensstandard ist in starkem Maße von subjektiven Einschätzungen und allgemeinen →Werten und →Normen abhängig und verändert sich im Laufe der Zeit (→sozialer Wandel). Unter Verwendung bestimmter Maßzahlen wie Pro-Kopf-Einkommen, Größe des Bruttosozialproduktes u.a. können Gesellschaften miteinander verglichen werden.

Lebensstil(forschung)

Der Begriff „Lebensstil" tritt in der Soziologie in zwei grundlegenden Bedeutungsvarianten auf. In seiner allgemeineren Form bezeichnet er den charakteristischen Lebensduktus von einzelnen Personen, Gruppen oder ganzen Gesellschaften und Epochen. Diesem weitgefaßten Verständnis von Lebensstil als raum-zeitlich strukturiertem Muster von Lebensführung (H.-P. Müller) läßt sich ein spezifischerer Lebensstilbegriff gegenüberstellen, der stärker auf die ästhetisch-expressive, ganzheitliche Gestaltung der alltäglichen Lebensprozesse abhebt. Mit Hinweis auf die Stilkomponente des Begriffs wird sein Gebrauch in dieser Version auf soziokulturelle und symbolische Phänomene der aktiven Stilisierung der Lebensführung begrenzt, die sich zu einem wahrnehmbaren – und mitunter auf Wahrnehmbarkeit berechneten – „Strickmuster" von Handlungen verdichten und eine konstitutive Bedeutung für die Gruppen- und Identitätsbildung von Akteuren erlangen.

Die Soziologie wartet derzeit mit einer nur noch schwer zu überschauenden Fülle von Lebensstilkonzepten und -untersuchungen auf. Die Anfänge dieses intensiven Interesses an Fragen des Lebensstils gehen auf die Markt- und Konsumforschung der 60er und 70er Jahre in den USA zurück. Dort wurden in der zielgruppenorientierten Konsum- und Freizeitforschung die ersten Lifestyle-Typologien entwickelt. Seit Mitte der 70er Jahre wurden diese Ansätze auch von deutschen Markt- und Konsumforschern übernommen und in den 80er Jahren vom SINUS-Institut in Heidelberg zu einem lebensweltorientierten Milieuansatz weiterentwickelt. Eingang in die Soziologie fanden diese Konzepte vor allem im Zuge der von Ulrich Beck (1983, 1986) ausgelösten Individualisierungsdebatte. Die Entwicklung der Bundesrepublik Deutschland zu einer Überfluß- und Konsumgesellschaft, die den Individuen immer größere Freiräume für ihre Lebensgestaltung eröffnete, die Lockerung der traditionellen klassenkulturellen, regionalen und familiären Bindungen, die Bildungs- und Medienexpansion und die Etablierung einer Vielzahl stilkreativer jugendlicher Subkulturen und neuer Alternativbewegungen leisteten einer Pluralisierung der Lebensstile Vorschub. Zudem erwiesen sich bei der Analyse des Wähler-, Freizeit- und Konsumverhaltens von Bevölkerungsgruppen die herkömmlichen Klassen- und Schichtkonzepte als wenig aussagekräftig. Angesichts dessen wurde die Forderung nach einer Neuorientierung der Sozialwissenschaften laut, um diesen soziokulturellen Differenzierungsprozessen und der veränderten Soziologik der Gruppen- und Identitätsbildung theoretisch und empirisch Rechnung zu tragen.

Der Lebensstilbegriff selbst ist so alt wie die Soziologie. Georg Simmel hat den Begriff in den soziologischen Diskurs eingeführt. Im letzten Kapitel seiner „Philosophie des Geldes" (1900) geht er ausführlich den allgemeinen Auswirkungen der entwickelten geldwirtschaftlichen Verhältnisse auf den modernen Stil des Lebens nach. Die spezifisch moderne Stilbestimmtheit des Lebens, die sich besonders in den Großstädten ausgeprägt hat, äußert sich in einer gesteigerten Distanziertheit und Reserviertheit im Umgang mit den Dingen und Menschen, einer gleichförmigen Rhythmisierung der Lebensabläufe und einem erhöhten Lebenstempo. Die Herausbildung · objektivierender, versachlichter gesellschaftlicher Beziehungen prägt dem modernen Lebensstil selbst einen sachlicheren, indifferenteren und unverbindlicheren Charakter auf. Simmel verweist vor allem auf die Ambivalenzen im fundamental gewandelten Identitätsmanagement der Individuen, die sich in der „wirren Halt- und Rastlosigkeit" des modernen Lebens offenbaren. Die Vielheit und Kurzlebigkeit moderner Stilbildungen (Moden) und die „spezifisch moderne Treulosigkeit auf den Gebieten des Geschmacks, der Stile, der Gesinnungen, der Beziehungen" sind Indiz sowohl für den erhöhten Freiheitsgewinn der Individuen als auch für einen „Mangel an Definitivem im Zentrum der Seele", den sie durch Stilkreationen und Extravaganzen zu kompensieren versuchen.

Bei Max Weber findet sich der Begriff „Lebensstil" ebenfalls, zumeist in synonymer Verwendung zu „Lebensführung", einem zentralen Begriff seiner Soziologie. Im Mittelpunkt von Webers Gesellschaftstheorie steht der konstitutive Zusammenhang zwischen der methodisch-rationalen bürgerlichen Lebensführung und den beiden schicksalsvollsten Mächten des modernen Lebens: dem rationalen Betriebskapitalismus und der Bürokratie. Die Wurzeln dieser Lebensführung und der für sie zentralen Berufsidee als sittlicher Pflicht fand er in den religiösen Grundvorstellungen der Strömungen des asketischen Protestantismus (Weber 1905). Im entwickelten Kapitalismus seiner Zeit sah er den Lebensstil nahezu aller Bevölkerungsgruppen in hohem Grade zwangsbestimmt durch Erwerbsarbeit, asketische Berufsmoral und Klassenzugehörigkeit. Unter den Bedingungen bzw. in Zeiten einer ständisch geprägten Vergesellschaftung kommt dagegen der Art und Weise der Lebensführung eine eingenständige sozialstrukturbildende Rolle zu. Typisch für Stände sei daher – neben der rechtlichen Monopolisierung ideeller oder materieller Güter und Chancen und den konventionell festgelegten Ehrbegriffen – eine aktive „,Stilisierung' des Lebens", die der Kultivierung des ständischen Würdegefühls sowie der Sichtbarmachung und Sicherung der sozialen Distanz und Exklusivität nach innen und außen dient (Weber 1972).

An Webers Unterscheidung zwischen klassenmäßiger (marktökonomisch bedingter) und ständischer (durch die Art der Lebensführung und des Güterkonsums bedingter) Gliederung von Gruppen knüpft Pierre Bourdieu an und entwickelt eine allgemeine soziokulturelle Klassentheorie moderner Gesellschaften. Sein Buch „Die feinen Unterschiede" (1982) avancierte besonders in Deutschland zum dauernden und umstrittenen Bezugspunkt aller nachfolgenden Lebensstil- und Sozialstrukturtheorien. Bourdieu konzipiert in seiner Ethnographie Frankreichs eine systematische Theorie klassentypischer Geschmackskulturen und Lebensstile. Grundlage der Analyse bildet der soziale Raum, der sich aus der Verteilungsstruktur des ökonomischen, kulturellen und sozialen Kapitals ergibt und einen relationalen Raum von Klassenpositionen definiert. Homolog zu diesem Raum entfaltet sich der Raum der Lebensstile, der die sozioökonomischen Unterschiede in Form von als Unterscheidungszeichen fungierenden klassifizierbaren Praktiken und Werken sowie klassifizierenden Unterscheidungs- und

Bewertungsakten (Geschmacksurteilen) zum Ausdruck bringt und reproduziert. Die sozialen Ungleichheitsrelationen werden von den Akteuren in den verschiedenen Praxisfeldern (Konsum, Freizeitgestaltung, Freundschaftsbeziehungen etc.) in symbolische Distinktionsstrategien übersetzt, die einer komplexen Semantik der Über- und Unterordnung folgen. An der Spitze der gesellschaftlichen Hierarchie findet sich ein ausgeprägter Sinn für Distinktion und eine starke Neigung zur ästhetischen Durchformung aller Lebensbereiche, in den mittleren Lagen dominiert eine prätentiöse Bildungs- und Kulturbeflissenheit, während in den unteren Schichten der Notwendigkeitsgeschmack und der Sinn fürs Praktische vorherrscht. Die klassen- und klassenfraktionsspezifischen Lebensstile weisen bei Bourdieu in dreifacher Hinsicht einen systematischen Charakter auf: Erstens sind sie systematisch abhängig von der Position der Träger im sozialen Raum und den dort erfahrenen konditionierenden Zwängen und Spielräumen. Zweitens erzeugt der sich im Konditionierungsprozeß herausbildende klassentypische Habitus fortwährend „praktische Metaphern", d.h. Übertragungen derselben Handlungsschemata auf verschiedene Praxisfelder, und stiftet auf diese Weise die „stilistische Affinität" der einzelnen Geschmacksentscheidungen und praktischen Handlungen eines Akteurs. Und schließlich bilden, drittens, die Lebensstile aller Gruppen einen übergreifenden systematischen Zusammenhang, einen dynamischen Raum von symbolischen Positionierungen, insofern jeder Lebensstil, implizit oder explizit, in Form von Aversionen und Affinitäten, symbolische Relationen zu den anderen Lebensstilen zum Ausdruck bringt und der beständigen Beurteilung durch die anderen Akteure ausgesetzt ist.

Die Lebensstilforschung in Deutschland hat sich zunächst in kritischer Reflexion und z.T. in bewußter Absetzung zu Bourdieus Ansatz entwickelt. Umstritten war und ist bis heute besonders der sozialstrukturtheoretische Status des Lebensstilkonzeptes. Drei Grundpositionen lassen sich in der kontrovers geführten Diskussion ausmachen. Die erste Position hält am klassischen, sozioökonomisch orientierten Sozialstrukturmodell fest und betrachtet das Lebensstilkonzept als ein abgeleitetes Theoriemoment. Die Lebensstilanalysen bringen bestenfalls einen Zugewinn an konkretem Wissen über die Feinstruktur der alltäglichen Lebensführung von Klassen und Schichten, ohne einen grundsätzlichen Revisionsbedarf der Sozialstrukturanalyse nahezulegen. Die zweite Position macht in den unterschiedlichen Lebensstilen ein neues, expressives Ungleichheitsmuster aus, das sich quer zu den sozioökonomischen Ungleichheitsrelationen entfaltet. Für die Vertreter dieser Auffassung indiziert die Ausdifferenzierung von Lebensstilen einen Komplexitätszuwachs sozialer Ordnungsmuster in Form einer soziokulturellen Überlagerung und Aufspaltung, nicht aber einer völligen Auflösung von Klassenstrukturen. Für die Vertreter der dritten Position ist dagegen die Pluralisierung und Bedeutungszunahme von Lebensstilen Ausweis einer fundamentalen Subjektivierung und Kulturalisierung der Konstitution von Gruppen und Subjekten in postindustriellen, enttraditionalisierten Gesellschaften. Moderne Lebensstilbildungen sind in dieser Deutung Resultat einer wachsenden Sujektzentrierung und reflexiven Individualisierung der Lebensführung und entwickeln sich vornehmlich auf der Basis selbstgewählter Lebensprojekte und alltagsästhetischer Vorlieben. Die in hohem Maße heterogenen Lebensstilgruppen fügen sich zu einer neuen, soziokulturell codierten Sozialstruktur zusammen, die keine eindeutige hierarchische Ordnung mehr aufweist.

Über den Bedeutungszuwachs der Lebensstilsemantik für die sozialen Formierungsprozesse in modernen Gesellschaften besteht heute weitgehend Konsens. Kontroversen entzünden sich jedoch immer wieder an der Frage, ob die in der quantitativ orientierten empirischen Forschung mittels Cluster- und Korrespondenzanalysen aggregierten Lebensstiltypen binnenvergesellschaftete Kollektive abbilden, die sich in ihrer Alltagspraxis tatsächlich vorwiegend auf der Basis von Lebensstilkriterien voneinander abheben, oder ob diese Typen nur statistische Artefakte darstellen. Deshalb wenden sich in jüngster Zeit qualitativ orientierte Forschungsarbeiten vermehrt den Prozessen der lebensstilvermittelten Identitäts- und Gruppenbildung und der Grenzziehungsarbeit zwischen den Lebensstilformationen zu. In den Mittelpunkt wissenschaftlicher Bemühungen rücken zunehmend Einzelfragen und die Erforschung spezifischer Kausalzusammenhänge (Lebensstile und Konsum, Freizeit, Gesundheit, Ökologie, Politik; regional-, geschlechter- und altersspezifische Lebensstile; Entstehung und Entwicklung von Lebensstilen in biographischer Perspektive). Darüber hinaus richtet sich das Augenmerk verstärkt auf die Untersuchung von Anerkennungs- und Diskriminierungsprozessen von Lebensstilen sowie auf das bislang nur für bestimmte Jugend- und Kulturszenen gründlicher erforschte Phänomen der wechselseitigen Durchdringung von Lebensstil- und Mediensemantik. Die Pluralisierungseuphorie der 80er Jahre ist einer nüchternen Betrachtung der Selbstverwirklichungschancen und Konfliktpotentiale gewichen, die einer massenhaft individualisierten Lebensweise innewohnen. Der Aufstieg von „Stil“ zum Individualitätszeichen, zum Medium der Selbstdarstellung und Selbstbehauptung, sichert vor allem den Lifestyle-Virtuosen die öffentliche Aufmerksamkeit und die Anerkennung ihrer Lebensansprüche, während all jenen Randgruppen die symbolische Pauperisierung droht, denen eine medienwirksame Selbstinszenierung, aus welchen Gründen auch immer, nicht gelingt.

Lit.: Dangschat, J./Blasius, J. (Hg.): Lebensstile in den Städten. Konzepte und Methoden. Opladen 1994; *Drieseberg, Th. J.:* Lebensstil-Forschung. Theoretische Grundlagen und praktische Anwendungen. Heidelberg 1995; *Konietzka, D.:* Lebensstile im sozialstrukturellen Kontext. Ein theoretischer und empirischer Beitrag zur Analyse soziokultureller Ungleichheiten. Opladen 1995; *Müller, H.-P.:* Sozialstruktur und Lebensstile. Der neuere theoretische Diskurs über soziale Ungleichheit. Frankfurt/M. 1992; *Schwenk, O. G.* (Hg.): Lebensstil zwischen Sozialstrukturanalyse und Kulturwissenschaft. Opladen 1996

Dr. *H. Band,* Berlin

Lebenswelt, alltägliche

Begriff der →phänomenologischen Soziologie, die jenen Bereich des selbstverständlichen, alltäglichen Wissens, den vorwissenschaftlichen Raum, die menschliche Erfahrungswelt bezeichnet, aus der die Primärerfahrungen bezogen werden. Gelegentlich auch Alltagswelt genannt. Der Lebensweltbegriff wurde im Gegensatz zu den weitgehend ahistorischen Richtungen der Soziologie entwickelt (→Funktionalismus, Strukturalismus, →Systemtheorie, →Marxismus) und beeinflußt zunehmend neuere Richtungen der Soziologie (→verstehende Soziologie, →Ethnomethodologie).

Lebenszyklus

→Familienzyklus

Legalismus

Ziele werden nur legal, d.h. strikt im Rahmen der Rechtsordnung, verfolgt.

Legalität

Handlungen der Staatsbürger oder der Staatsgewalt sind an Recht und Gesetz gebunden. →Legalitätsprinzip

Legalitätsprinzip

Pflicht der Staatsanwaltschaft und ihrer

Hilfsorgane (Polizei) zur Verfolgung aller strafbaren Handlungen.

Legitimationskrise
politische Situation, bei der die Rechtmäßigkeit von Herrschaft, der bisher legitimen Herrschaft, in Zweifel gezogen wird, wie etwa die Vorherrschaft der kommunistischen Partei in sozialistischen Gesellschaften (Ungarn, Rumänien, DDR). Die Legitimationskrise entwickelt sich meist dann, wenn die herrschenden →Eliten außerstande sind, den Erwartungen der Bevölkerung vor allem im materiellen Bereich zu entsprechen.

Legitimität
Machtausübung in Übereinstimmung mit der Verfassung (z.B. dem Grundgesetz der BR Deutschland); Rechtmäßigkeit der Staatsgewalt (→Legitimitätsprinzip). Anerkennung einer Herrschaft aufgrund ihrer Verbindlichkeit durch eine institutionelle Ordnung. *M. Weber* unterschied drei Typen legitimer Herrschaft: die rationale, auf einer gesetzten Ordnung beruhende Herrschaft; die traditionale Herrschaft, die sich auf die „Heiligkeit" von geltenden Traditionen stützt, und die charismatische Herrschaft, die ihre Rechtmäßigkeit allein auf die außergewöhnlichen Fähigkeiten des Herrschers zurückführt.
→Macht

Legitimitätsglaube
Glaube an die Rechtmäßigkeit von Herrschaft.
→Legitimität

Legitimitätsprinzip
Rechtfertigung der Gesetzmäßigkeit einer bestimmten Regierungsform, z.B. der monarchischen (von Gottes Gnaden) oder demokratischen (alle Macht geht vom Volke aus).

Leibeigene
Bezeichnung für Personen im mittelalterlichen Feudalsystem, die von ihrem Herren oder ihrer Herrschaft persönlich abhängig waren. Die Beziehungen zwischen Herr und Knecht waren in den einzelnen deutschen Staaten sehr unterschiedlich ausgestaltet (wie Gutsherrschaft, Grundherrschaft und Erbuntertänigkeit) und bestanden in einem System von persönlichen und wirtschaftlichen Abhängigkeiten, die erst im 18./19. Jahrhundert schrittweise aufgehoben wurden (Bauernbefreiung).

Leistung
Definition für →Arbeit, die unterschiedlich gemessen werden kann, etwa als Ertrag einer wirtschaftlichen Tätigkeit (Produktion von Gütern), einer intellektuellen Anstrengung (Examen, Veröffentlichung) oder Erreichung eines sportlichen Zieles (100 m Lauf in 10,0 sec). Drei unterschiedliche Perspektiven lassen sich bei der Leistungszumessung unterscheiden: die Ertrags-, Aufwands- und Wettbewerbsperspektive. Erstere bezeichnet das Erbringen von Leistungen im Sinne eines bestimmten Ertrages; die zweite die Anstrengungen oder den Aufwand, die notwendig sind, um ein Ergebnis zu erzielen; die dritte Perspektive schließlich definiert die Wettbewerbsposition am Verhalten anderer (wer als erster durchs Ziel kommt, hat gewonnen, auch mit einer relativ schlechten Zeit).

Leistungsanreiz
Bezeichnung für eine Veränderung der Rahmenbedingungen zur Leistungsverbesserung, wie etwa Beförderung, Gehaltserhöhung, Incentiv-Reisen u.a.

Leistungsgesellschaft
eine Gesellschaft, in der die materiellen und sozialen Chancen nach „Leistung" und nicht, wie in vorindustriellen Gesellschaften, nach →Stand und Herkunft vergeben werden. Dabei ist es umstritten, ob das →Leistungsprinzip oder die unterschiedlich verteilten Privilegien die Über- und Unterordnungsverhältnisse und die unterschiedliche Teilhabe am Wirtschaftsprozeß bedingen. Nicht, wer für die Gesellschaft besondere Leistungen erbringt, wird hoch belohnt, sondern wer umfangreiche Privilegien

genießt, meint außergewöhnlich Leistungen erbracht zu haben (→funktionalistische →Schichtung der Gesellschaft).

Leistungsmotivation
(engl. achievement motivation)
bezeichnet die Orientierung einer Handlung an den Kriterien Erfolg–Mißerfolg. Die „richtige" Leistungsmotivation, überwiegend während des Sozialisationsprozesses vermittelt, gilt als fundamentale Voraussetzung für den sozialen Aufstieg in der →Leistungsgesellschaft.

Leistungsprinzip
Verteilungsprinzip in Industriegesellschaften, das den Leistungswillen und die Leistungsbereitschaft mobilisieren soll. Im Gegensatz zu vorindustriellen Gesellschaften, in denen die Geburt über den Rang und somit über Pflichten und Rechte entschied, gilt in modernen, industrialisierten Staaten das Leistungsprinzip als Zuteilungskriterium, obgleich andere Verteilungsprinzipien weiterhin ihre Wirksamkeit behalten haben. Nach Art. 33 GG hat „Jeder Deutsche ... nach seiner Eignung, Befähigung und fachlichen Leistung gleichen Zugang zu jedem öffentlichen Amt".

Leitstudie
→pilot study

Lernen
Sammelbezeichnung für durch Erfahrung bestimmte Verhaltensänderungen bzw. die Gesamtheit jener Prozesse, die den Erwerb von Kenntnissen und Fähigkeiten zur Folge haben. Lernen ist sozial vermittelt, ein Austauschprozeß zwischen Individuum und sozialer Umwelt, wobei für den Selektionsprozeß bereits gemachte Erfahrungen konstituierend sind. Bisher gibt es keine umfassende →Lerntheorie, sondern nur verschiedene lerntheoretische Ansätze, die sich gegenseitig ergänzen.
→Lerntheorien

Lerntheorien
Gesamtheit der verschiedenen psychologischen und soziologischen Erklärungsversuche von Lernprozessen. Es lassen sich zwei Hauptrichtungen unterscheiden: die →behavioristische und die →kognitive Lerntheorie, wobei teilweise Überschneidungen und Ergänzungen durch die →Sozialisationstheorien festzustellen sind.

1. →Behavioristische Lerntheorien. Die ersten Lerntheorien auf der Grundlage von Tierversuchen entwickelten Pawlow (1849–1936) und Thorndike (1874–1949). Thorndike verfuhr nach dem trial-and-error-Prinzip: erwünschte Lernprozesse wurden belohnt, unerwünschte bestraft. Pawlow wies die Beständigkeit erlernter Reflexleistungen nach (Futterversuche mit Hunden), unabhängig vom aktuellen Reiz (konditionierter Reflex). Skinner (1904 –) erweiterte die Theorie der Konditionierung durch eine Theorie des Reinforcement (instrumentelle oder operante Konditionierung) und formulierte die These von der sekundären Verstärkung, die viel diskutiert wurde (Versuchstiere erhalten beim Drücken einer bestimmten Taste Futter). Mit Tolman (1886–1952) und dessen Theorie des Lernens von Bedeutungen (Zeichenlehre) verlor das →S-R-Schema an Einfluß. Die →Gestalttheoretiker Wertheimer (1880–1943) und Lewin (1890–1947) u. a. betonen die aktive Teilnahme des Lernenden am Lernprozeß (Lernen als Veränderung der Motivation). Die heute einflußreichen kognitivistischen Lerntheorien gehen auf das entwicklungspsychologisch begründete Konzept von Piaget (1896–1980) zurück. Lernen ist ein sozialer Prozeß in Auseinandersetzung mit der natürlichen Umwelt, wird als Subjekt-Umwelt-Interaktion verstanden. Lernen vollzieht sich stets auf der Grundlage bereits erworbener und ausgebildeter Strukturen. Die Theorie des sozialen Lernens von Bandura (1962) verbindet behavioristische und kognitivistische Elemente im Erfolgslernen (operantes Konditionieren) und Lernen am Modell. Von Bedeutung ist heute vor allem in

Verbindung mit der Soziologie das kognitivistische Konzept sozialer Kognition und moralischer Entwicklung u. a. von *L. Kohlberg* (1927), bei dem →rollentheoretische und →interaktionistische Elemente eingebaut werden.

Liberalismus

weltanschauliche Richtung, die in ihren verschiedenen Ausprägungen individuelle Grundrechte und Freiheiten in den Vordergrund stellt. Doppelte Frontstellung gegenüber dem absolutistischen Staat und den verschiedenen radikal-demokratischen Bewegungen. Der Liberalismus dokumentiert sich in England im 17. Jahrhundert in der „Bill of Rights" (1689), in der Verfassung der Vereinigten Staaten von Amerika (1787) sowie der Erklärung der Menschen- und Bürgerrechte in der Französischen Revolution (1789).
→Wirtschaftsliberalismus

Lickert-Skala

Skalierungsverfahren zur Einstellungsmessung, bei der den einzelnen Items positive bis negative Antwortkategorien zugeordnet werden, von denen der Befragte jeweils eine Alternative ankreuzen muß. Mit einem →Signifikanztest (t-Test) wird überprüft, ob die gesuchte Einstellungsdimension erfaßt wurde.

Liebe

→Sexualität und Liebe

Linksfaschismus

→Faschismus
→Nationalsozialismus
→Revolution von 1989/90
→Zeitgeschichte

obwohl die Funktion der von der westeuropäischen (insbesondere westdeutschen) Linken seit 1945 veranstalteten Faschismusdiskussionen mit ihren willkürlichen Definitionen (Faschismustheorien: Faschismus sei ein zwangsläufiges Produkt kapitalistischer/„bürgerlicher" Gesellschaften) sehr wesentlich auch darin bestand, den Vorwurf des Faschismus gegenüber den Regimes im realen Sozialismus ad absurdum zu führen, wird der Begriff L. doch nachweislich korrekt benützt. Zumal durch die Enthüllungen im Gefolge der Revolution von 1989/90 wurde der faschistische Charakter nahezu aller Regimes im sozialistischen Lager (namentlich aber derjenigen in Rumänien, in der ehem. DDR sowie in der ČSSR) endgültig deutlich.

Der Faschismusvorwurf bezieht sich auf die folgenden Tatsachen im Sozialismus: Führerprinzip (UdSSR, Rumänien, Jugoslawien, N-Korea, Kuba, VR China, sozialistische Staaten Afrikas usw.), Ein-Partei-Diktaturen (d. h. Diktaturen totalitär herrschender Cliquen/ arroganter Pseudo-Eliten), Militarisierung (u. a. auch der Jugend in paramilitärischen Organisationen), Imperialismus/Expansionismus (UdSSR, VR China, Sozialistische Republik Vietnam usw.), Militärdiktaturen (mindestens zeitweise in: UdSSR, Sozialistische Volksrepublik Polen, N-Korea, SR Vietnam, Sozialistische Republik Birma usw.), Ideologisierung aller Lebensbereiche (Gleichschaltung; Agitation und Propaganda), Unterdrückung der Opposition (Internierungslager für Regimegegner; über 1000 weibliche politische Gefangene in der ehem. DDR), Ausschaltung Andersdenkender (vgl. jüngst die Ermordung von Priestern in Polen und Rumänien; politischer Mißbrauch der Psychiatrie), verbrecherische Unterdrückungsapparate (Geheimdienst-/ Staatsterror), Diskriminierung und/oder Verfolgung von Minderheiten (u. a. der Juden; der Roma in der Sozialistischen Volksrepublik Rumänien, in Ungarn und in der ČSSR usw.), Chauvinismus (der in der UdSSR dominierenden Russen den übrigen Nationalitäten gegenüber, der in der VR China dominierenden Han-Chinesen, der Vietnamesen in Indochina usw.), Hetze gegen alles „Bürgerliche" (Säen von Klassenhaß – vgl. Rassenhaß der Nazis), Unterdrückung der nichtoffiziellen Kunst und Literatur usw.

Zwar bezeichnet der Begriff Faschismus speziell das auf Mussolini zurückgehende Herrschaftssystem in Italien (1922–1945); aber allgemein wird er auch als Sammelbegriff für totalitäre, bürokratisch-terroristische, antiliberale, antidemokratische, antiparlamentarische, menschenrechtsfeindliche usw. politische Systeme verwendet, zu denen die genannten Staaten unter der Willkürherrschaft der sozialistischen Parteien (d.h. unter den Diktaturen der Führungscliquen dieser Parteien) nachweislich zu zählen sind. Sozialisten versuchen den Vorwurf des L. zuweilen auch dadurch abzuwehren, daß sie die inkriminierten Fakten in ihrem Lager als Erbe des macht- und gewaltorientierten Diktators Stalin (Stalinismus) betrachten. Obwohl auch der Begriff Stalinismus über den engen Sinn des auf den Ideen Stalins aufbauenden Herrschaftssystems (1922–1953) hinaus in den allgemeinen Sprachgebrauch eingegangen ist, bezieht er sich nach seinen spezifischen Merkmalen (insbes. hinsichtlich der Unterordnung der kommunistischen Welt unter die Interessen der UdSSR, eines ausgeprägten Persönlichkeitskults usw.) in erster Linie auf eine bestimmte Phase der Politik der UdSSR. Die außerhalb der Sowjetunion bemühte Stalinismus-These (bemerkenswerterweise sprechen die heutigen marxistischen Herrscher in der VR China hier von „Linksabweichern"!) erscheint in der Verallgemeinerung deutlich als lediglich opportune Entschuldigung für die Verbrechen im Sozialismus, wo der griffige politische Kampfbegriff Faschismus prinzipiell für „kapitalistische" Regimes reserviert ist. So hatte sich in der ehem. DDR mit ihrem jahrzehntelangen offiziellen Antifaschismus nach der Revolution 1989/90 in typischer Weise eine „Vereinigung der Verfolgten des *stalinistischen* Terrors (VVST) gebildet, welche die Wiedergutmachung für die Verbrechen in der SED-Zeit zum Ziele hat! Demnach bleibt es eine Aufgabe unvoreingenommener Wissenschaftler bzw. der wissenschaftlichen →Zeitgeschichte, Mittel, Ziele usw. im realen Sozialismus auch auf ihren manifesten und latenten faschistischen Charakter (Linksfaschismus) hin zu untersuchen.

Trotz der oben (nicht erschöpfend) aufgezählten Tatsachen haben bis Ende 1996 (also bis viele Jahre nach dem Umschwung vom Herbst 1989) erst wenige Strafprozesse wegen erwiesener Mord-/Totschlagstaten, Folterungen, Menschenrechtsverletzungen usw., die ja auch in den Nürnberger Prozessen gegen die Naziverbrecher geahndet wurden, gegen die kriminellen Führungsgruppen, ihre Helfer und Helfershelfer in den sozialistischen Staaten stattgefunden! Auffälligerweise wurden zum Beispiel auch keine Maßnahmen gegen die Apologeten und Propagandisten des DDR-Regimes in Deutschland erwogen, die hier in den Bereichen Massenmedien, Bildung, Wissenschaft usw. weiterwirken können, so daß gegen die internationale antisozialistische →Revolution von 1989/90 an zentralen gesellschaftlichen Stellen im Westen ein erhebliches konterrevolutionäres Potential bestehen bleibt! Mehr als hunderttausend Menschen forderten z.B. auf einer Demonstration auf dem Prager Wenzelsplatz am 12. Mai 1990 die Bestrafung der kommunistischen Verbrechen während der Alleinherrschaft der KPC von 1948 bis 1989, wo rund 10000 Menschen aus politischen Gründen zu Tode kamen (SZ vom 6./7. X. 1990).

Lit.: Zum Terrorsystem der SED-Führung in der ehem. DDR vgl. die Dokumentation von Dieter Voigt (Bochum): Mord – Eine Arbeitsmethode des Ministeriums für Staatsssicherheit, in: Polit. Studien, H. 349, 47. Jg., S. 43–67, München 1996

G.R.

Linksradikalismus

→Radikalismus
→Linksfaschismus

Literatursoziologie

Sich mit Tatbeständen der literarischen Kommunikation zu beschäftigen oder sich auf sie zu berufen, hat in der Soziologie eine lange und bis zu den Gründervätern zurückreichende Tradition. Sie umfaßt einerseits Untersuchungen, in denen literarische Werke, Gattungen (z.B. Anstandsbücher), aber auch Motive und Begrifflichkeiten (z.B. Sonntag, Liebe) nachdrücklicher als Folie dafür verwendet werden, allgemeine theoretische oder deskriptive Erwägungen (z.B. zum bürgerlichen Rollen- und Selbstverständnis, zur Transformation von Verhalten und semantischen Feldern im Kontext von Zivilisationsprozessen, zur Genese und zur Gestalt vorherrschender Ideologien) zu entwickeln oder illustrierend abzustützen. Andererseits und auf das Œuvre einzelner Soziologen bezogen, beinhalten sie verstreute Anmerkungen, die mehr oder weniger ausführlich zu literarischen Produkten oder zu Erscheinungsformen des literarischen Lebens Stellung nehmen. Dererlei Anmerkungen sind allerdings nur in Einzelfällen (z.B. Marx/Engels) systematischer aus dem Gesamtwerk herausgefiltert und mit dem Anspruch versehen worden, so etwas wie ein geschlossenes sozialwissenschaftlich orientiertes ästhetisches System zu repräsentieren.

Die also durchaus vorhandene Aufgeschlossenheit für Literatur hat gleichwohl nicht dazu geführt, daß sich die Literatursoziologie als eigenständiger Zweig des akademischen Lehrbetriebs etabliert hat. Wenn sie in ihm deshalb überhaupt in Erscheinung tritt, dann geschieht das in der Regel an den Rändern anderer soziologischer Arbeitsbereiche, insbesondere aber an denen der →Kultur-, →Wissens- oder →Kunstsoziologie.

Ihnen gegenüber hat die Literatursoziologie allerdings auch einen allemal nun engeren Horizont. Ihr gegenständlicher Bezugspunkt ist jedenfalls einerseits durch die Beschränkung auf die fiktionale Literatur, das ist Literatur, die „ihrer Intention nach auf die konkrete Nachprüfbarkeit ihres Inhalts verzichtet“ (Fügen), gekennzeichnet. Damit sind die wissenschaftliche Literatur und das weite Feld der Sachbuchliteratur, der Reportagen, Nachrichten usw. ausgegrenzt, obwohl im literarischen Leben selbst das fiktionale und das nicht-fiktionale Schrifttum in vielfältiger Weise miteinander verknüpft sind: das Publikum liest zumeist das eine wie das andere; Autoren produzieren in beiden Bereichen oder lassen sich etwa durch das Wissenschaftlich-Sachliche (z.B. Theorien über die Hohlheit der Erde; Berichte über Schiffsunglücke etc.) zu ihren erdachten Geschichten anregen; Herstellung und Vertrieb sind vielfach nicht getrennt.

Auf der anderen Seite wird zwar im Prinzip „jede schriftliche oder durch häufige mündliche Wiederholung in eine relativ feste Form gebrachte Darstellung eines Geschehensablaufs“ (Fügen) akzeptiert. In der Praxis aber liegt der Akzent sehr betont auf demjenigen Ausschnitt der literarischen →Kommunikation, der sowohl in historischer wie gegenwärtiger Perspektive durch Druckerzeugnisse (Buch, aber auch Almanache, Journale, Zeitungen, Heftromane etc.) repräsentiert wird und sich um derartige Druckerzeugnisse organisiert und entwickelt hat. Auf das Volksvermögen, auf die populären mündlichen und handschriftlichen Traditionen (z.B. Sprichwörter, Redensarten, Kinderverse, Küchenlieder, Witze, Anekdoten, Klosprüche etc.) wird demgegenüber nur in Ausnahmefällen und im allgemeinen nur dann zurückgegriffen, wenn diese literarischen Formen zu einem festen Bestandteil der Buchkultur (z.B. wie etwa die Märchen durch die Gebrüder Grimm) geworden sind. Diese Zurückhaltung mag gewiß auch forschungstechnische Gründe haben, aber aus soziologischer Sicht entscheidender scheint etwas anderes: jenseits der Schwelle der drucktechnischen Reproduktion ist die literarische Kommunikation von geringer sozialer Reichweite und institutioneller Eigenständigkeit.

Vor diesem Hintergrund verweist das literatursoziologische →Erkenntnisinteresse in zwei analytisch unterscheidbare Hauptrichtungen. Die erste ist durch die Orientierung am literarischen Produkt und durch die Frage gekennzeichnet, ob und unter welchen Bedingungen das Erzählte Einsichten zu sozialen Tatbeständen transportiert und zum Verständnis der Beziehungen beiträgt, die zwischen Individuum und Gesellschaft bestehen oder mehr noch, bestanden haben. In diesem Zusammenhang steht das Triviale, das von vielen gern Gelesene, kurzum also: die massenhaft verbreitete Literatur, in gewisser Weise im Abseits und von vornherein unter Ideologieverdacht: Ihn an speziellen Texten oder Textsammlungen (z. B. bis hin zu den Schul- und Lesebüchern) zu erhärten und eben die Nicht-Übereinstimmung von beschriebener und empirischer Welt aufzuweisen, ist dann das eine; das andere zielt auf Annahmen, die die Wirkung der unterhaltsamen Lektüre und die Befriedigung betreffen, die sie vermittelt. Nur in Ausnahmefällen (z.B. *Ernst Bloch*) wird dabei eine Lanze für die Kolportage gebrochen und geltend gemacht, daß in ihr durchaus auch „konkrete Phantasie“ zu finden ist, die „echte Wünsche“ zu erfüllen vermag.

Demgegenüber wird der künstlerisch anspruchsvollen Literatur (ohne daß freilich die Grenze, die sie vom literarischen Konsumartikel abtrennt, nun definitorisch sonderlich scharf markiert wäre) zugebilligt, daß sie einen Beitrag dazu leistet, Wirklichkeit zu enthüllen und Ausdruck für Hoffnungen, Ängste oder Anforderungen zu finden, die neu und eben deshalb noch namenlos sind. Insofern wird sie, zumal für Zeiten oder soziale Räume, in denen die sozialwissenschaftlichen Forschungstechniken der Beobachtung oder Befragung nichts ausrichten können, als eine wichtige Quelle für Informationen über die Art und Weise gehandelt, in der Einzelmenschen →Vergesellschaftungsprozesse erfahren, soziale Ansprüche (z. B. →Rollen) verkörpern oder auf →soziale Kontrolle reagieren.

So besehen, stellt sich freilich die Frage nach der Verläßlichkeit und Verallgemeinerungsfähigkeit von literarischen Aussagen und somit auch die nach dem Ausschnitt von Welt, der in sie eingegangen ist und durch sie abgespiegelt wird. Die Antworten auf dieses für jede Inhaltsanalyse nun zentrale Problem bleiben in der Regel jedoch sehr allgemein: Es gibt notorisch den Verweis, daß für gewöhnlich die unteren Klassen selbst literarisch stumm sind und über ihre Lebensverhältnisse bestenfalls aus zweiter Hand berichtet wird. Und vice versa gilt, daß gerade die schöpferischen Literaten sozial zu den vorherrschenden Klassen zählen, ihnen nahestehen oder ökonomisch von ihnen abhängig sind. Gründlichere Versuche, den Beobachtungsspielraum eines Schriftstellers (z. B. in Form einer →Sozio-Biographie) derart einzukreisen, daß sie umfängliche Aussagen über seine Erfahrungen, die von ihm erlebten Macht- und Klassenverhältnisse, seine Bildungskarriere, die ihm zugänglichen literarischen Hilfsmittel (Bücher, Lexika, Karten etc.) zulassen, sind demgegenüber rar. Damit gibt es für die Literatursoziologie auch kaum die Möglichkeit, empirisch gehaltvolle Vorstellungen darüber zu entwickeln, was von dem faktischen Erfahrungs- und Erlebnishorizont eines Literaten in seinem Werk Berücksichtigung findet, wie es berücksichtigt und umgesetzt wird, ob Alltägliches verschwiegen, gar nicht oder nur verschlüsselt zu Protokoll genommen wird und wie gegebenenfalls solche literarischen Verschleierungstechniken funktionieren.

Die zweite Hauptrichtung des soziologischen Erkenntnisinteresses abstrahiert gleichsam von allen inhaltsanalytischen Erwägungen. Im Unterschied dazu avisiert sie das System der literarischen

Kommunikation, seine Trägergruppen und die in ihm praktizierten Verhaltensweisen, und dabei steht erstens seine Genese, also der Prozeß der Entwicklung eines literarischen Marktes, zur Debatte. Und wenn in diesem Zusammenhang ganz notwendigerweise auch die Frage nach den Voraussetzungen gestellt wird, die eine freie Autorentätigkeit zum einen und zum anderen die Schriftstellerei als Beruf (Journalist, Reporter, aber auch Ghostwriter) hervorgebracht haben, wenn es um den ordnungspolitischen Rahmen (Zensur, Urheberrecht, Honorarbegriff) gehen muß, der die Entfaltung des literarischen Lebens begleitet hat, und auch um die Art und Weise, in der eine Infrastruktur für die Produktion (Verlagswesen) und den Vertrieb (Buchmessen, Buchhandel, Konditions- und Kommissionshandel, Leihbüchereien etc.) aufgebaut wurde, entscheidender scheint ein anderer (die genannten Fragestellungen mit einschließender) Punkt zu sein: nämlich der der Entstehung von literarischer Öffentlichkeit und Publikum. Was dabei das letztere angeht, so hat es nur in den Frühphasen der Alphabetisierung zu eigenständigen Organisationsformen gefunden. Dafür ein Beispiel sind die Lesegesellschaften des 18. Jahrhunderts; sie hatten den ökonomischen Zweck, den Zugang zu den Lesestoffen (Bücher, Lexika, Journale, Zeitungen etc.) für den einzelnen billiger zu machen, und kamen damit dem Interesse nach extensiver Lektüre entgegen; ihr soziales Moment lag darin, die Literatur als Komponente einer geselligen, gelehrte und nicht-gelehrte Stände umfassenden Conversation zu nutzen. Diese Ansätze einer (im wesentlichen auch demokratischen) Selbstorganisation der Leser waren im 19. Jahrhundert (das erst die Alphabetisierung der breiten Masse der Bevölkerung mit sich brachte) durch obrigkeitsstaatliche Interventionen fast gänzlich abgeschnitten. Dazu kommt, daß die Behörden, aber auch erhebliche Teile der Volksaufklärer und Pädagogen sehr zurückhaltend gegenüber einem mehr als „ein bißchen Schreiben und Lesen" in den unteren sozialen Schichten waren, ja gar die ausgedehnte Lektüre von Romanen, politischen Schriften u.ä.m. in diesen Kreisen (und bei der Jugend) für eher verderblich hielten. Für sie (die bäuerlichen und proletarischen Subpopulationen) geschah deshalb die Entwicklung ihrer Lesefähigkeit unter sehr ungünstigen Bedingungen. Als Konsequenz davon entsteht ein Publikum, für das der vereinzelte Leser typisch ist, ein Leser, der auf die billigen literarischen Massenprodukte (die selbst wieder durch Zensurmaßnahmen um ihre unzüchtigen, phantasievollen, antireligiösen oder sozialkritischen Varianten gebracht wurden) verwiesen und von der Aneignung der hohen literarischen Tradition ausgeschlossen ist.

Wie und auf welchem Wege dieser Ausschluß für das →Proletariat zu konterkarieren sei, ist insbesondere in der Arbeiterbewegung (von Beginn an bis etwa in die 1930er Jahre unseres Jahrhunderts) angesprochen worden. Dabei hat nicht nur die Heranführung der Arbeiter an die hohe literarische Tradition (z.B. via Volksbühnen, Volksbüchereien etc.) eine Rolle gespielt, sondern auch die Frage nach den Voraussetzungen, Möglichkeiten und ästhetischen Bewertungsmaßstäben für den Aufbau einer eigenen, proletarischen Literaturtradition (Arbeiterdichtung, Sprechchorbewegung, Arbeitertheater, Arbeiterkorrespondenten, proletarisch-revolutionäre Literatur). Diese Debatte und ihre literarischen Folgen sind speziell in den späten 60er und den 70er Jahren vielfach dokumentiert und analytisch aufgearbeitet worden.

Zweitens werden mit Einzeluntersuchungen Aspekte des gegenwärtigen literarischen Lebens beschrieben. Die Schwerpunkte liegen dabei einerseits auf der Lage der Autoren: ihren Einkommensverhältnissen, ihrer Arbeitszeit, ihrer Alterssicherung, aber auch auf ihrer zunehmenden Abhängigkeit von Auftragsarbeiten und Verlagsregie, die zumal bei Heftromanen auch Milieu und handelnde Personen oft sehr genau vorschreibt. Andererseits gerät wiederum der Leser in den Blick: Wie häufig liest er? Welche Vorlieben hat er? Wie sieht seine Lesepraxis aus? Was nimmt er von dem Gelesenen auf und wahr? Woher gewinnt er die Anregungen für seine Lektüre? Welchen Literaturbegriff hat er, und gibt es Gelegenheiten für ihn, über Literatur zu reden? Viele der im engeren Sinne als literatursoziologisch geltende Problemstellungen sind von benachbarten Wissenschaften (z. B. Psychologie, Literaturwissenschaft, Buchmarktforschung) angesprochen und abgehandelt worden.

Lit.: Clausen, Bettina/Clausen, Lars: Zu allem fähig. Versuch einer Sozio Biographie zum Verständnis des Dichters Leopold Schefer. 2 Bde., Ffm. 1984; *Fügen, Norbert* (Hg.): Wege der Literatursoziologie. Neuwied, Berlin 1968; *Löwenthal, Leo:* Literatur und Gesellschaft. Das Buch in der Massenkultur. Neuwied, Berlin 1964; *Schenda, Rudolf:* Volk ohne Buch. Studien zur Sozialgeschichte der populären Lesestoffe 1770–1910. München 1977; *Sommer, Dietrich,* u. a. (Hg.): Leseerfahrung. Lebenserfahrung. Literatursoziologische Untersuchungen. Berlin, Weimar 1983

Prof. Dr. *Ch. Rülcker,* Duisburg

Lobby

ursprünglich Wandelgang in Parlamentsgebäuden, z. B. des britischen Unterhauses; heute Bezeichnung für die Vertreter von →Interessenverbänden (Lobbyisten), etwa des Bauernverbandes oder des →Verbandes der Deutschen Industrie. Die Lobby versucht eine Beeinflussung der Abgeordneten im vorparlamentarischen Raum, um die Gesetzgebung in ihrem →Interesse zu steuern.

Lohn

Geldsumme als Entgelt für eine bestimmte, zeitlich oder quantitativ bemessene, nicht selbständige Tätigkeit (Arbeiter); wird nach geleisteter Arbeit gezahlt. Der Lohn ist für den →Unternehmer ein Kostenfaktor, für den →Arbeiter jedoch Lebensgrundlage.

Lohnarbeit

Arbeit, bei der die Arbeitsmittel (Werkzeuge, Maschinen) dem Arbeitnehmer nicht gehören und er für diese Arbeit lediglich Lohn bezieht. Nach K. Marx ist Lohnarbeit eine kapitalproduzierende Arbeit, da das Mehrprodukt der Arbeit sich der Kapitalbesitzer aneignet.

Lohnquote

prozentualer Anteil des Volkseinkommens aus nicht-selbständiger Tätigkeit (Bruttolohnquote). Nach Abzug von Steuern und Sozialversicherungsbeiträgen ergibt sich die Nettolohnquote. Wird die Nettolohnquote in Beziehung zu der Zahl der abhängig Beschäftigten gesetzt, ergibt sich die bereinigte Nettolohnquote.

loi de classification

→Klassifikation, Gesetz der –

lower-class

Unterschicht (engl.)
→soziale Schichtung

M

Macht

bedeutet nach *M. Weber* „jede Chance innerhalb einer sozialen Beziehung, den eigenen Willen auch gegen Widerstreben durchzusetzen, gleichviel worauf diese Chance beruht". Träger der Macht sind nicht nur Personen, sondern auch Gruppen, Verbände, Parteien oder Staaten, die über die Möglichkeit verfügen, ihrem Willen auch ohne →Legitimation Geltung zu verschaffen. Macht ist soziologisch unbestimmt. Alle möglichen Situationen und Konstellationen können jemanden in die Lage versetzen, die eigenen →Interessen gegen das Widerstreben anderer durchzusetzen. Der Begriff der →Herrschaft ist deshalb präziser. Macht wohnt die Tendenz inne, sich zur Herrschaft zu institutionalisieren, wenn keine Gegenwehr mobilisiert wird. In demokratischen Industriegesellschaften, in denen dem einzelnen individuelle Freiheitsrechte garantiert sind, wird versucht, mit Hilfe von Gewaltenteilung, der Rechtsordnung, den Massenmedien u. a. die Machtausübung transparent und berechenbar zu machen, obgleich zwischen den institutionalisierten Herrschaftsbeziehungen und den tatsächlichen Machtverhältnissen stets Diskrepanzen bestehen. In der Literatur wird Macht vor allem unter zwei Perspektiven analysiert: als persönliche Macht und als strukturell verankerte Macht. Einmal sind es Individuen, die ihren Willen anderen gegenüber durchsetzen, zum anderen sind es strukturell vorgegebene Sozialbeziehungen wie die Einkommensverteilung oder Positionshierarchien bzw. allgemein die →sozialen Ungleichheitsstrukturen einer Gesellschaft, durch die eine Machtausübung von Personen oder Gruppen ermöglicht wird. →Herrschaft

Macht, informelle

(Organisation, informelle)
in der →Organisationssoziologie Bezeichnung für die Möglichkeit, durch persönliche Kontakte auf Entscheidungen Einfluß zu nehmen, ohne dazu befugt zu sein (z. B. Chefsekretärin).

Macht, legitime

→Herrschaft

Macht, politische

Bezeichnung für die Möglichkeiten der Einflußnahme auf politische Entscheidungen legitimer und illegitimer Art. Neben den institutionalisierten Machtstrukturen (gesetzgebende Organe, Regierungen u. a.) bilden sich über Wirtschaftsverbände, die veröffentlichte Meinung (Presse) und Initiativen der Bevölkerung (Bürgerinitiativen) u. a. außerhalb der legitimen Machtstrukturen andere Machtzentren, die eine wirksame Durchsetzung ihrer →Interessen erzwingen (z. B. deutsche Wiedervereinigung durch den Übersiedlerstrom).

Macht, wirtschaftliche

→Wirtschaftssoziologie

Machtelite

→Elite

Magie

M. umfaßt →Handlungen, Riten, →Institutionen, Aspekte der Mentalität und des Wissens. Ihre ausgeprägtesten Formen sind gekennzeichnet durch a) den Glauben an Wirkungszusammenhänge, die das Weltbild der modernen Wissenschaften als „außerrational" verwirft, b) durch die Annahme, diesen Wirkungszusammenhängen lägen „Kräfte" zugrunde, die ihrerseits durch den Eingriff des Menschen beeinflußt und in die Richtung bestimmter Zwecke gelenkt werden könnten, wobei c) die Eingriffe nur in Form rituell (→Ritual) korrekter (Sprach-) Handlungen Erfolg verbürgen. Verfügt das magische Subjekt über eigene „Kräfte", mit denen es auf Menschen und Dinge direkt einwirken kann, handelt es sich um „Zauber" („Hexerei"). Von diesem wie von M. im allgemeinen unterscheidet sich „Wahrsagerei" (und Verwandtes wie Astralglaube) durch die Zielsetzung, die bei letzterer von Deutungsbedürfnissen, bei ersteren durch das Bedürfnis bestimmt ist, etwas Konkretes in der physischen und sozialen Umwelt zu bewirken. Psychologisch ist daher M. verwandt mit →Macht.

M. hat zahlreiche Institutionen der Religion und des →Rechts sowie den Ursprung der Naturwissenschaften mitgeprägt; als Wissenssystem war sie jedoch stets dem Legitimitätsdruck konkurrierender Systeme augesetzt, wovon auch der noch nicht abgeschlossene Disput zum Verhältnis von Religion und Magie zeugt. Zu dieser Frage kann auch die →Religionssoziologie nicht eindeutig Stellung nehmen, da einerseits viele religiöse und magische Phänomene empirisch nur als untrennbare Einheit zu behandeln sind, andererseits jedoch gerade die theistischen Religionen der Hochkulturen M. ausgliedern oder bekämpfen (Max Weber hat deren innere Ausrichtung als Gottes-„Dienst" magischem Geister-„Zwang" entgegengesetzt, Durkheim auf die Abwesenheit magischer →Vergemeinschaftungen hingewiesen). Universell verbreitet sind funktionale Leistungen der M. in Zusammenhang von erfolgsbezogenen Handlungen mit unsicherem Ausgang, von kritischen Übergängen im Lebenslauf, sowie von individuellen und kollektiven Orientierungskrisen. Sozialstrukturelle Determinanten sind nicht verallgemeinerbar, oft entsteht jedoch M. als typisches Merkmal einer von der dominanten abweichenden „Volkskultur" im Zusammentreffen von a) sozialer und/oder politischer Deklassierung, Unterdrückung, Marginalisierung, und b) wissensmäßig-technischer Unterlegenheit.

Zusammen mit religiösen und wissenschaftlichen Vorbehalten hat die Vorherrschaft ethnologischer Magieanalysen in →evolutionistischer Perspektive lange Zeit den Blick auf die Verbreitung magischer Denk- und Handlungsformen auch außerhalb „primitiver" und vormoderner Verhältnisse verstellt. Der Ansatz Max Webers, der die Konsequenz, mit der in den verschiedenen Religionen und Hochkulturen Magie zugelassen bzw. ausgeschlossen wurde, als einen entscheidenden Schlüssel für die unterschiedlichen Wege zur modernen Gesellschaft ansah, wurde nicht systematisch weiterverfolgt oder Anlaß zum Mißverständnis, der Rationalisierungsprozeß habe vollständige „Entzauberung" aller Lebensverhältnisse zur Folge. Gerade in modernen Gesellschaften, in denen sich instituionalisierte Religiosität deutlich im Rückzug befindet, ist jedoch neben Relikten alter Magie und situationsspezifischen, magienahen Praktiken (z.B. im Hochleistungssport) eine Zunahme von Neomagismen im subinstitutionellen Umkreis von Religion, Wissenschaft, Medizin und Technik festzustellen.

Lit.: Kippenberg, H. G./Luchesi, B. (Hg.): Magie: die sozialwissenschaftliche Kontroverse über das Verstehen fremden Denkens. Frankfurt a.M. 1978; *Petzold, L.* (Hg.): Magie und Religion. Darmstadt 1978; *Zingerle, A./Mongardini, C.* (Hg.): Magie und Moderne. Berlin (West)1987

Prof. Dr. *A. Zingerle,* Bayreuth

Makrosoziologie

Forschungsansätze, bei denen im Unterschied zur →Mikrosoziologie nicht Personen oder Gruppen, die in Interaktionsbeziehungen oder face-to-face-Beziehungen stehen, analysiert werden, sondern gesamtgesellschaftliche Wirkungszusammenhänge, wie Struktur und Funktion sozialer Institutionen, Klassen, Schichten und sozialer Systeme. Die Unterscheidung in Mikro- und Makrosoziologie hat einen forschungspraktischen Ursprung und findet sich bei vielen Autoren, so bei Tönnies (Gemeinschaft und Gesellschaft), Weber (Gruppe und Verband), bei Cooley (Primär- und Sekundärgruppen) und bezieht sich ursprünglich auf einen Bereich, in dem soziale Handlungszusammenhänge nicht ausgemacht werden können. Gelegentlich findet sich eine Dreiteilung soziologischer Theorieansätze in die Bereiche →Handlungstheorie, intermediäre Theoriekonzepte und →Systemtheorie.

Malthusianismus
auf *Thomas Robert Malthus* (1766–1834) zurückgehender bevölkerungstheoretischer Ansatz, bei dem das Wachstum der Bevölkerung zum verfügbaren Nahrungsspielraum in Beziehung gesetzt wird. Nach Malthus wachsen die Bevölkerung in geometrischer, die Subsistenzmittel jedoch nur in arithmetrischer Progression. In der zweiten Auflage seines Essays über die Bevölkerungsentwicklung (1803) führt Malthus eine Reihe von Hemmnissen (checks), wie Krankheit, Enthaltsamkeit u. a., ein und versucht damit, biologische und soziale Faktoren des Bevölkerungsprozesses in die Formulierung des Bevölkerungsgesetzes einzubeziehen. Erst *G. Mackenroth* (1903–1955) hat diese Überlegungen in den fünfziger Jahren dieses Jahrhunderts erneut aufgenommen und weiterentwickelt.

Management
auch: Geschäftsführung
Personen oder Personengruppe im Unternehmen, denen Anordnungs- und Entscheidungskompetenz übertragen wird. In diesem Sinne wird zwischen oberer (upper management), mittlerer (middle management) und unterer (lower management) Führungsebene unterschieden. Aufgabe des Managements ist es, die Leistungsfähigkeit des Unternehmens sicherzustellen. Dazu gehören neben einer Anpassung der Produkte und der Produktivität an die Marktkräfte im Wettbewerb die Führung und Motivierung der Mitarbeiter. Klare Zielvorstellungen des Managements und hohe Zielidentifikation der Mitarbeiter erleichtern diese Aufgabe. Die Betriebswirtschaftslehre hat eine Reihe von Managementsystemen entwickelt, u. a. Management by Exception (Mitarbeiter erhalten Verantwortung, Eingriffe nur im Ausnahmefall), Management by Delegation (Harzburger Modell, Abbau der Hierarchie), Management by Objectives (Ableitung von Einzelzielen für die Mitarbeiter), Management by Communication (personenbezogene Führung durch Kommunikation), Management by System (Führung durch Selbstregelung auf der Grundlage computergestützter Informationssysteme), Management by Motivation (Leistungsmotivierung der Mitarbeiter).
→Unternehmenskultur

Manager
Bezeichnung für leitende Angestellte ohne eigenen Kapitalbesitz, die Aufgaben des Eigentümer-Unternehmers übertragen erhalten, um dessen →Interessen wahrzunehmen (beauftragte Unternehmer). Mit der Entstehung von Großunternehmen (Kapitalgesellschaften) entwickelte sich zunehmend eine Trennung des Produktionsmittelbesitzes von der Leitung im Unternehmen. Häufig untersucht wurde die Herkunft der Eigentümer-Unternehmer und der beauftragten Unternehmer im Hinblick auf ihre Ausbildung und ihren beruflichen Werdegang. Die Gruppe der Manager wird in modernen Industriegesellschaften meist als →Funktionselite bezeichnet.

manifest
offenkundig, deutlich erkennbar
in der Soziologie Bezeichnung für die erkennbaren Faktoren.

manifeste Funktion
nach *Robert K. Merton* in der →funktionalen Analyse verwendete Bezeichnung zur Charakterisierung jener Konsequenzen, die beabsichtigt und beobachtbar sind.

Manipulation
gezielte Beeinflussung einzelner oder von Gruppen, um Denkgewohnheiten zu lenken und zu prägen. Variationsreiche Methode durch Verfälschung und Ver-

drehung von Sachverhalten, Auslassungen und Verkürzungen von Aussagen und Zitaten. Vorwurf der Manipulation u.a. im Zusammenhang mit den verschiedenen Formen der Werbung.

manpower approach
Methode der Bildungsplanung und der →Bildungsökonomie, um den Arbeitskräftebedarf einer Gesellschaft in Abhängigkeit vom wirtschaftlichen Wachstum zu prognostizieren.

Manufaktur
Frühform der industriellen Fertigung seit dem 17. Jahrhundert, in welcher der Produktionsprozeß durch Arbeitsteilung und Serienfertigung sowie den Einsatz von maschinellen Hilfsmitteln (Töpferscheibe) gekennzeichnet war, z.B. in der Porzellanmanufaktur. →Merkantilismus

Marginalität
Bezeichnung für Personen oder Gruppen, die am „Rande" der Gesellschaft bzw. zwischen Klassen oder Schichten stehen, ohne voll integriert zu sein. Marginalität findet sich häufig bei Menschen, deren Eltern rasseverschieden, unterschiedlicher Nationalität oder Konfession sind, und auch bei sog. „Aufsteigern", Personen, die mehrere Schichten übersprungen haben. Randpersönlichkeiten, auch „marginal men" genannt, leiden besonders häufig unter Statusangst. In neuerer Zeit Beschäftigung mit den Problemen sozialer Randgruppen (Obdachlose, Ausländer, Arbeitslose), die wegen ihrer Randständigkeit sozial nicht integriert sind.

Markt
Platz, an dem Waren zum Verkauf angeboten werden. In der antiken und mittelalterlichen Stadt war der Marktplatz Mittelpunkt des öffentlichen Lebens. Seit Beginn des 11. Jahrhunderts war die Verleihung des Marktrechtes der erste Schritt zur Unabhängigkeit der Städte. Nach der wirtschaftswissenschaftlichen Theorie bildet sich am Markt der Preis eines Gutes durch Angebot und Nachfrage, entsprechend den verschiedenen Marktformen (u.a. Monopol, Oligopol, Polypol). Es werden vollkommene und unvollkommene Märkte unterschieden. Ein Markt ist vollkommen, wenn das angebotene Gut homogen (gleichartig) ist, die Marktteilnehmer keine persönlichen Präferenzen haben und der Markt transparent ist.

Marktforschung
mit statistischen →Methoden durchgeführte Marktanalyse im Hinblick auf bestimmte →Zielgruppen (Zielgruppenanalyse) und Absatzchancen von Produkten.

Marktsoziologie
spezielle Soziologie innerhalb der →Wirtschaftssoziologie, die sich mit den sozio-kulturellen Aspekten des Marktes beschäftigt. *M. Weber* bezeichnete den Markt als „Idealtypus rationalen Gesellschaftshandelns". Zetterberg unterscheidet „Markt" und „Organisation", je nachdem, ob zentrale Steuerung vorliegt oder nicht. Ähnlich Dahrendorf, der „Markt" und „Plan" als Typen ökonomischer Realität differenziert. Beim Typ „Plan" werden Produktion und Distribution ex ante entschieden, beim Typ „Markt" wird die Koordination der Einzelpläne ex post über den Preismechanismus sichergestellt. Bei Parsons und Smelser konstitutiert sich der Markt über die →Arbeitsteilung, den Austausch von Gütern und den Kontrakt. M. analysiert u.a. die Entstehung von Marktmacht.

Marktwirtschaft, soziale
Wirtschaftsordnung, in der die Preisbildung und damit das Güterangebot und die Verteilung der Produktionsergebnisse über den Markt erfolgen (freie Marktwirtschaft). Die Schwächen des Konkurrenzkapitalismus, wie ungleichgewichtige Einkommens- und Vermögensverteilung sowie wirtschaftliche Machtkonzentration, führten in der BR Deutschland zum Ordnungsprinzip der sozialen Marktwirtschaft (Ordoliberalismus, Freiburger Schule), bei dem der

Staat die Aufgabe hat, korrigierend einzugreifen, um den freien Wettbewerb zu sichern. Für die nicht am Wirtschaftsprozeß beteiligten Gruppen wird mit Hilfe der →Sozialpolitik ein finanzieller Ausgleich geschaffen.

Marxismus

→marxistische Soziologie
→DDR (Soziologie in der ehem. –)
→historischer Materialismus
von *K. Marx* und *F. Engels* begründete Gesellschaftslehre: Kritik der kapitalistischen Gesellschaft. Historisch lassen sich drei Teilbereiche unterscheiden:
1. der →historische Materialismus;
2. die Kritik der politischen Ökonomie;
3. der wissenschaftliche →Sozialismus.

1. Im →historischen Materialismus begründet Marx im Gegensatz zu Hegel das materialistische Prinzip, nach dem die Geschichte nicht das Ergebnis eines „Geistes", sondern das Produkt handelnder Menschen repräsentiert. Zur Befriedigung ihrer Bedürfnisse müssen die Menschen gemeinsam arbeiten, durch Arbeit entsteht die menschliche Organisation, die Gesellschaft. Grundlage einer Epoche ist die Art und Weise, wie die Menschen ihren Lebensunterhalt erwerben, die Produktionsweise. →Produktivkräfte und →Produktionsverhältnisse bilden die Produktionsweise, die Basis, die materiell-gesellschaftliche Grundlage, das Sein, über dem sich der ideologische Überbau, das Bewußsein, ausbildet. Entsprechend der Verfügungsmacht über die →Produktionsmittel bilden sich zwei →Klassen, die sich antagonistisch gegenüberstehen (Klassentheorie). Geraten Produktivkräfte und Produktionsverhältnisse zueinander in Widerspruch, wird die nächste Stufe gesellschaftlicher Entwicklung erreicht (→Dialektik). Marx entwickelte auf diese Weise eine Stufentheorie von der Urgesellschaft zum Kommunismus.

2. In der Kritik der politischen Ökonomie analysiert Marx die Produktionsverhältnisse der kapitalistischen Gesellschaftsordnung genauer. Bestimmend ist seine Werttheorie. Güter und Dienstleistungen werden für den Markt produziert und entsprechend ihrem Wert getauscht (Tauschwert). Der Wert der Ware besteht in der für die Produktion benötigten Arbeitszeit. In der kapitalistischen Wirtschaft ist die Arbeitskraft des Arbeiters gleichfalls eine Ware. Der Wert der Ware Arbeitskraft bemißt sich nach dem Subsistenzbedarf, den der Arbeiter zur Erhaltung seiner Arbeitskraft benötigt (Wohnung, Kleidung, Nahrung). Weil der Arbeiter länger arbeitet, als zur Wiederherstellung seiner Arbeitskraft notwendig wäre, entsteht ein Mehrwert, den sich der Kapitalist (widerrechtlich) aneignet.

3. Wissenschaftlicher →Sozialismus. In Anbetracht der Widersprüche der kapitalistischen Gesellschaft erklärt Marx die Klasse der Arbeiter, deren Lebensbedingungen sich infolge des Überangebots an Arbeitskräften laufend verschlechtern (Verelendungstheorie), zur revolutionären Klasse, die in einem Umsturz sich die Produktionsmittel aneignen wird, um die Ausbeutung des Menschen durch den Menschen zu beenden. Marx unterscheidet zwei Phasen dieser Entwicklung. Zunächst entsteht als Übergangsstadium eine sozialistische Gesellschaft mit einer Diktatur des Proletariats nach dem Grundsatz „Jeder nach seinen Fähigkeiten, jedem nach seiner Leistung". In der zweiten, der Endphase, in der kommunistischen Gesellschaft, gilt dann „Jeder nach seinen Fähigkeiten, jedem nach seinen Bedürfnissen". Marx gab mit seiner Kritik der kapitalistischen Produktionsweise und seiner →Klassentheorie der internationalen Arbeiterbewegung eine →Ideologie, seine Ideen bildeten die Grundlage des Aufbaus sozialistischer Gesellschaften.

Für die Sozialwissenschaften liegt seine Bedeutung in der kritischen Analyse der sich entwickelnden →Industriegesellschaft kapitalistischer Prägung und vor allem in seiner nur ansatzweise ausge-

marxistische Soziologie

führten Klassentheorie, die spätere Schichtungs- und Mobilitätsuntersuchungen in den USA und Westeuropa maßgeblich beeinflußte.

Lit.: I. Fetscher: Der Marxismus. 3 Bde. München 1962ff.; *Ders.: Karl Marx* und der Marxismus. München 1967ff.; *C. D. Kernig* (Hg.): Marximus im Systemvergleich. 28 Bde. Ffm., New York 1973, 1974; *W. I. Lenin,* Ausgewählte Werke. Moskau 1981 (Übers.); *K. H. Marx:* Öko- nomische Schriften. Stuttgart 1970; *L. Kolakowski:* Die Hauptströmungen des Marxismus. 3 Bde. München 1977–1979

(Lit.auswahl: G. R.)

marxistische Soziologie

→DDR (Soziologie in der ehem. –)
→„konkrete" Soziologie
→Linksfaschismus
→historischer Materialismus
→Marxismus
→Naturalismus
→Positivismus

soziologisches Denken auf der Grundlage der Ideen von *K. H. Marx* (1818–1883) und *W. I. Lenin* (1870–1924). Es herrscht die philosophische (materialistische) Auffassung, daß Mensch und Gesellschaft durch die jeweilige Produktionsweise der materiellen Güter determiniert sind (Materie/Sein vor Idee/Geist). Prämisse der gesamten marxistisch-leninistischen Lehre ist die Einheit von Theorie und Praxis, d. h., die theoretischen (hier: soziologischen) Instrumente sind nicht nur Erkenntnis-, sondern gleichzeitig auch Veränderungsmittel (vgl. Rolle der kommunistischen Parteien und Funktion der Soziologie im Sozialismus), und die Lehre ist Ausdruck der →Bedürfnisse und →Interessen der →Arbeiterklasse (vgl. das sozialistische Motto: „Alles für den Menschen").

Es gilt die gesetzmäßige Abfolge der fünf historischen „Gesellschaftsformationen": Urgemeinschaft – Sklavenhaltergesellschaft – feudalistische Gesellschaft – kapitalistische Gesellschaft – sozialistisch-kommunistische Gesellschaft (die letzte als die höchste Stufe der Menschheitsentwicklung). Die beiden zentralen Konzepte marxistischer Gesellschaftsanalyse sind: Klassengesellschaften (= Gesellschaften, in denen antagonistische Klassenverhältnisse vorliegen) und Klassenkampf (= Kampf zwischen verschiedenen Klassen in einer Gesellschaft um die entscheidenden gesellschaftlichen Machtpositionen).

Neben den „Theorien über den Mehrwert" (d. h. über „das Wesen der kapitalistischen Ausbeutung, der historisch letzten Form der Ausbeutung") wurde im Rahmen der Marxschen Kapitalismus-Analyse vor allem auch der angebliche Entwicklungsverlauf des Kapitalismus „entdeckt": Konzentration/Zentralisation – Krise – Verelendung (durch Rationalisierung/Mechanisierung). Der Aufbau des gesellschaftlichen Lebens ist durch vier Stufen gekennzeichnet: 1. Produktionskräfte, 2. Produktionsverhältnisse, 3. juristischer und politischer Überbau, 4. gesellschaftliche Bewußtseinsformen (1 und 2 = Basis, 3 und 4 = Überbau (→Basis und Überbau).

In der marxistischen Soziologie wird behauptet, daß im Sozialismus die Entfremdung des Menschen durch den arbeitsteiligen Wirtschaftsprozeß aufgehoben und die „allseitige Entwicklung der Persönlichkeit" (Emanzipation des Menschen) überhaupt erst möglich werden wird. „Marxismus will nicht nur die Welt erkennen, sondern sie aufgrund wissenschaftlicher Erkenntnisse im Sinne ihrer Humanisierung auch verändern" (*G. Kiss* 1971). Marxistische Soziologen in Westeuropa geben sich seit einiger Zeit betont undogmatisch bzw. oft lediglich als „Materialisten" (vgl. „materialistische Gesellschaftstheorie") zu erkennen. Im Rahmen der internationalen antisozialistischen →Revolution von 1989/1990 wurden viele marxistische Soziologen des Ostblocks als willfährige Handlanger der jahrzehntelang aufgrund manipulierter und gefälschter

Wahlen herrschenden Sozialisten-Cliquen entlarvt.

Lit.: Eichhorn, I. W., u. a. (Hg.): Wörterbuch der marxistisch-leninistischen Soziologie. Berlin (Ost) 1969; *Hahn, E.,* Theoretische Probleme der marxistischen Soziologie. Köln 1974; *Kernig, C. D.* (Hg.): Marxismus im Systemvergleich. Soziologie. 2 Bde. Frankfurt/M., New York 1973; *Kiss, G.:* Marxismus als Soziologie. Reinbek 1971; *Monnerot, J.:* Soziologie des Kommunismus. Köln 1952 (Übers.); *Rüttenauer, J.* (Hg.): Persönlichkeit, Kollektiv, Gesellschaft. Aufsätze aus der UdSSR. Mülheim/Ruhr 1972 (Übers.); *Schaff, A.:* Marxismus und das menschliche Individuum. Reinbek 1970 (Übers.)

G. R.

Masse
vieldeutiger Begriff für eine größere Zahl von Personen, deren Interaktionsverhalten nicht strukturiert und deshalb nicht vorhersehbar ist (Le Bon, Ortega y Gasset, Tarde). Meist abwertend gebraucht.

Massendemokratie
demokratische Regierungsform (→Demokratie), bei der jeder Bürger über das allgemeine, gleiche und geheime Wahlrecht die Chance hat, auf politische Entscheidungen Einfluß zu nehmen.

Massengesellschaft
Begriff, der sich einseitig an den durch Massenkonsum und Massenkommunikationsmittel geprägten Verhaltensweisen breiter Bevölkerungsgruppen orientiert und als dessen Ergebnis eine soziale Nivellierung, Entpersönlichung und Entfremdung sowie die Zerstörung gewachsener Strukturen angenommen wird.

Massenkommunikation
→Kommunikation
→Kommunikationsmedien

Massenkonsum
→Konsum

Massenmedien
auch: Massenkommunikationsmittel
in allen modernen Staaten Mittel der Kommunikation, die sich zur Verbreitung von Nachrichten unterschiedlicher Techniken in Form von Zeichen und Symbolen bzw. Bild und Ton bedienen. Typische Massenmedien sind Zeitung, Zeitschrift, Radio und Fernsehen.
→Kommunikation

Massenproduktion
Fertigung eines Produkts in großen Mengen. Infolge der Kostendegression der fixen Kosten wird bei zunehmender Stückzahl ein Sinken der Stückkosten erreicht. Massenproduktion ist das Grundprinzip der →Industriegesellschaft. →Arbeitsteilung und Arbeitszerlegung, Bandfertigung und Computersteuerung erhöhen die Produktivität und den Ausstoß von Gütern und ermöglichen einen steigenden Konsum.

Massenstreik
→Streik

Massenverhalten
→Masse
Bezeichnung für das Verhalten von Menschen in Extremsituationen, bei denen es zur Auflösung strukturierter Handlungsbezüge kommt und wahnhaftes kollektives Fehlverhalten hervorruft, z. B. bei einer Panik (Kaufhausbrand).

matching
Zuordnung von Untersuchungselementen nach bestimmten Regeln. Ziel des Verfahrens ist das Ausschalten unkontrollierter →Variablen. Es werden verschiedene Arten des m. verwandt: Parallelisierung (vergleichbare Gruppen), →Randomisierung (Vermeidung systematischer Fehlereffekte) u. a. Findet Anwendung bei Gruppenexperimenten, um Experimental- und Kontrollgruppen mit gleichen Merkmalskombinationen zu erhalten.

Materialismus, dialektischer (DIAMAT)
auf Marx und Engels zurückgehende materialistische Kreislauftheorie, wel-

che die Ergebnisse der Naturwissenschaften auf die menschliche Geschichte anwendet. Die Natur wird als Einheit aufgefaßt, die sich in qualitativen Sprüngen entwickelt. Dialektik als Realprozeß der Natur, von Lenin und Stalin zum verbindlichen weltanschaulichen System kommunistisch regierter Staaten erklärt.

Materialismus – Postmaterialismus
→Wertorientierung

mathematische Soziologie

Ziele der m.S. Gegenstand soziologischer Forschung ist u. a. die Entdeckung und Begründung sozialer Regelmäßigkeiten. Dieses „nomothetische" Grundthema findet sich auch ohne Absichten an mathematischer Formalisierung inder klassischen Soziologie so unterschiedlicher Denker wie Marx, Weber und Durkheim. Unter sozialen Regelmäßigkeiten sind Beziehungen zwischen Variablen zu verstehen, die in der Sprache der Mathematik genauer formuliert werden können. Während die Alltags- und verbale Fachsprache häufig mehrdeutig und unscharf bleiben, lassen sich Variablenbeziehungen in der mathematischen Sprache präzise ausdrücken. Darüber hinaus stellt die Mathematik Deduktionsregeln zur Verfügung, mit deren Hilfe aus den Grundannahmen (Axiomen) eines mathematischen Modells auf deduktivem Wege Konsequenzen (Theoreme) abgeleitet werden können. Handelt es sich bei den Axiomen um mathematisch formulierte soziale Regelmäßigkeiten, so lassen sich in deduktiver Weise „neue" soziale Regelmäßigkeiten gewinnen, die in den Annahmen gewissermaßen verborgen waren und deren empirische Prüfung Hinweise auf die empirische Gültigkeit eines Modells liefert.

Besondere Bedeutung kommt dabei auch der Untersuchung eines Aussagensystems auf Widerspruchsfreiheit zu. Enthält ein mathematisches Modell eines sozialen Sachverhalts widersprüchliche Grundannahmen, so lassen sich beliebige Folgerungen ableiten, also auch eine Folgerung und ihr Gegenteil. In verbal formulierten Theorien bleiben Widersprüche häufig unentdeckt, während die mathematische Analyse über exakte Verfahren und Beweistechniken zur Untersuchung der Widerspruchsfreiheit von Aussagen verfügt (siehe auch Ziegler 1972: 9–23 zu verschiedenen Aspekten der Formalisierung). Ein berühmtes Beispiel für die Aufdeckung eines Widerspruchs zwischen fünf axiomatisch formulierten Anforderungen an demokratische Wahlverfahren ist das „Unmöglichkeitstheorem" von Kenneth J. Arrow (siehe Rapoport 1980: 247–265). Wird eine Reihe von intuitiv unmittelbar einleuchtenden Forderungen gestellt, die eine Abstimmungsregel zwischen mehr als zwei Alternativen (z. B. die Rangordnung von drei Kandidaten) erfüllen soll, so kann gezeigt werden, daß diese optimale Entscheidungsregel nicht existiert. Der Beweis von Arrow hat eine Vielzahl von Untersuchungen inspiriert, die die zugrunde gelegten Axiome jeweils in dem einen oder anderen Punkt abschwächen und folglich unterschiedliche demokratische Entscheidungsregeln begründen. Deren Vor- und Nachteile können im Lichte der axiomatischen Analyse von Arrow rational diskutiert werden.

Die Präzisierung von soziologischen Aussagesystemen (Theorien) durch „Übersetzung" in die mathematische Sprache und die deduktive Ausschöpfung der Konsequenzen eines Aussagesystems, welches sich auf die soziale Realität bezieht, können somit als zentrales Ziel der m. S. gelten. Die m. S. ist damit in der Lage, nicht nur theoretische, sondern auch praxisorientierte Bedürfnisse zu erfüllen. Mathematisch formulierte Theorien liefern genauere Aussagen über die Realität als verbal formulierte Theorien, die zumeist relativ vage bleiben. Damit kann sich aber auch das Anwendungspotential soziologischer Theorien für Zwecke der Sozialplanung und Prognose sozialer Entwicklungen erhöhen.

Mathematische Modelle. In der m.S. werden soziologische Aussagen (Hypothesen) oder Aussagensysteme (Theorien) als mathematisches Modell formalisiert. Genauer ist unter einem mathematischen Modell eines sozialen Sachverhalts eine Abbildung von empirisch-soziologischen Relationen (z.B. bestimmte soziale Regelmäßigkeiten) auf numerische Relationen zu verstehen. Im allgemeinen ist ein mathematisches Modell nur so gut wie die Tragweite seiner Annahmen. Dabei ist zu fordern, daß ein Modell zwar einfach ist (d.h. überflüssige Annahmen vermeidet), aber dennoch die zentralen Relationen eines soziologischen Gegenstandsbereichs möglichst realitätsgerecht wiedergibt, etwa so wie eine Landkarte nur über die für den jeweiligen Zweck bedeutsamen Aspekte einer Landschaft informiert. Das Spannungsverhältnis zwischen der Forderung nach „Einfachheit" von Modellen und der empirischen Angemessenheit der Annahmen (ihrer Anzahl und Komplexität) kann nicht generell gelöst werden. Annahmen stellen immer nur Approximationen oder Idealisierungen realer Zusammenhänge dar. Inwieweit eine Idealisierung tragfähig ist, zeigt sich anhand der aus dem Modell abgeleiteten Konsequenzen. Halten diese einer empirischen Überprüfung in zahlreichen Situationen stand, wird das Vertrauen in die Erklärungskraft des Modells anwachsen und sich die Akzeptanz des Modells erhöhen.

Mathematische Modelle und Statistik. Mathematische Modelle enthalten zumeist Parameter, die in Grenzen als konstant betrachtet werden (z.B. der Steigerungsparameter a und der Achsenabschnitt b in der linearen Funktion $y = ax+b$ mit den beiden Variablen y und x). Werden mit mathematischen Modellen empirische Relationen formalisiert, so ist die Aufgabe der Statistik in der Schätzung der Modellparameter anhand empirischer Daten zu sehen. Modellbildung und Statistik sind verschiedene Seiten des Forschungsprozesses, die jedoch eng miteinander verknüpft sein können.

Demonstration mathematischer Modellierung an einem Beispiel. Die Ausbreitung von Neuerungen, Nachrichten, Einstellungsänderungen und neuen Produkten in einer Bevölkerungsgruppe ist häufig durch einen charakteristischen Diffusionsprozeß erklärbar. Betrachten wir ein einfaches Standardmodell, das Modell der logistischen Diffusion. Es wird dabei angenommen, daß sich Innovationen in bestimmter Weise aufgrund von Kontakten zwischen den Mitgliedern einer Bevölkerungsgruppe bzw. durch Imitation „epidemisch" verbreiten. Im wesentlichen basiert das logistische Diffusionsmodell auf zwei Grundannahmen: a) Alle denkbaren Paare von Populationsmitgliedern haben die gleiche Chance einer Kontaktaufnahme (Annahme einer „homogenen Durchmischung"). b) Bei jedem Kontakt zwischen einer Person, die bereits die Neuerung übernommen hat, mit einer bisher nicht-innovativen Person besteht eine konstante und für alle Personen gleiche Wahrscheinlichkeit, daß die nicht-innovative Person zum Neuerer konvertiert (Annahme eines zeithomogenen und personenhomogenen Diffusionsparameters). Bezeichnen wir den Anteil der Neuerer an der Population zum Zeitpunkt t mit P(t), die Zuwachsrate der Neuerer pro Zeiteinheit mit dem Differentialquotienten dP(t)/dt und den Diffusionsparameter als Maß der Ausbreitungsgeschwindigkeit mit a, so lassen sich die obigen Annahmen mit der folgenden Differentialgleichung formalisieren:

$$\frac{dP(t)}{dt} = a\,P(t)\,(1 - P(t)).$$

Aus der Gleichung geht hervor, daß die Zuwachsrate des Neuereranteils dP(t)/dt dem Produkt aus Neuereranteil P(t) und

mathematische Soziologie

Nicht-Neuereranteil (1 – P(t)) und damit der Wahrscheinlichkeit eines Kontakts zwischen den beiden Gruppen zu jedem Zeitpunkt t proportional ist. Der Parameter a kann mit statistischen Methoden anhand von Beobachtungen über den Verlauf eines Diffusionsprozesses geschätzt werden. Je nach Bevölkerungsgruppe und Art der Innovation (z. B. die Ausbreitung einer neuen Getreidesorte bei amerikanischen Farmern, die kumulative Zahl der Anschaffungen von Personalcomputern, die Verbreitung einer Nachricht in einer Schulklasse) werden die empirisch schätzbaren Werte des Parameters a variieren.

Die obige Diffusionsgleichung stellt eine Formalisierung der Homogenitätsaxiome a) und b) dar. Auf deduktivem Wege können nun aus der Gleichung verschiedene Folgerungen mathematisch abgeleitet werden. Durch Integration findet man die explizite Lösung der Differentialgleichung, d. h. den Neuereranteil P(t) in Abhängigkeit von t, dem Parameter a und einem Anfangsanteil von Neuerern P(0). Es handelt sich dabei um die s-förmige logistische Diffusionskurve (siehe Abbildung), die in der Populationsökologie bereits von P. F. Verhulst im Jahre 1838 beschrieben und auf den Prozeß des Bevölkerungswachstums angewandt wurde (Olinick 1978: 59–65).

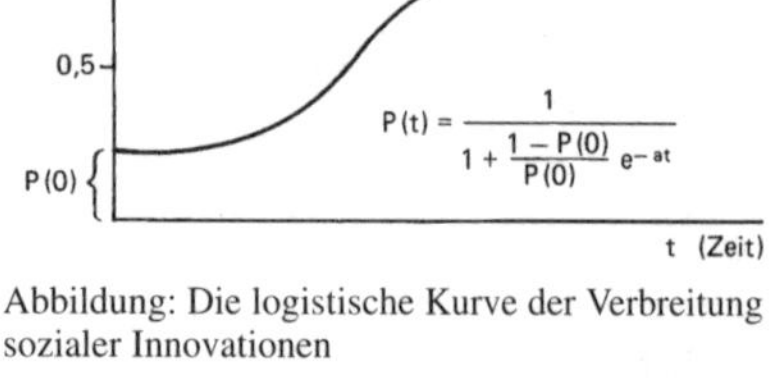

Abbildung: Die logistische Kurve der Verbreitung sozialer Innovationen

Als weitere Folgerung ergibt sich, daß die Zuwachsrate maximal ist, wenn sich die Anteile von Neuerern und Nicht-Neuerern die Waage halten (P(t) = 0,5); und daß nach hinreichend langer Zeit alle Personen die Neuerung übernehmen werden (Folgerung von Nicht-Immunität). Diese Folgerungen sind empirisch prüfbar und geben Hinweis auf die Gültigkeit des Modells. Sofern die Annahmen a) und b) zumindest näherungsweise erfüllt sind, kann das Modell auch zur Prognose des Verlaufs sozialer Diffusionsprozesse herangezogen werden (zu verschiedenen empirischen Anwendungen des Modells siehe: *Coleman* 1964 sowie *Hamblin, R. L.; Jacobsen, R. B.; Miller J. L. L.:* A Mathematical Theory of Social Change, New York 1973). Abweichungen von den strengen, die Realität häufig zu vereinfachenden Homogenitätsannahmen haben die Entwicklung verschiedener alternativer und komplexerer Diffusionsmodelle angeregt. (Einen Überblick hierzu vermitteln *Mahajan, V., Peterson, R. A.:* Models for Innovation Diffusion, London 1985.)

Das Beispiel zeigt, daß die allgemeine und zunächst vage Idee einer Ausbreitung von Neuerungen durch Kontakt und Imitation in spezieller Weise mit einer Differentialgleichung *präzisiert* werden kann. Aus der Gleichung folgt u. a. die *Deduktion* einer s-förmigen Diffusionskurve. Sofern sich das Modell als empirisch gültig erweist, erlaubt es eine informationshaltige und präzise *Prognose* über den Verlauf des Prozesses. Die häufig beobachtbare s-förmige Ausbreitung von Neuerungen ist ferner durch die zugrunde gelegten Annahmen des Modells tiefer *erklärbar,* und das Modell *vereinheitlicht* verschiedene soziale Prozesse, die auf dem gleichen Mechanismus beruhen (die Ausbreitung von Nachrichten, Neuerungen, Krankheiten etc.). Schließlich wird mit dem empirisch schätzbaren Diffusionsparameter ein genaues und interpretierbares *Maß* der Ausbreitungsgeschwindigkeit gewonnen. Die *Annahmen* des Modells stellen Idealisierungen dar, die allenfalls näherungsweise erfüllt sind. Ist die Diskrepanz zwischen den Modellannahmen nicht tolerierbar (d.h. führt das Modell zu „falschen" Prognosen), empfiehlt es sich, das Modell entsprechend zu modifizieren und durch „realitätsgerechtere" Annahmen zu erweitern.

Arten mathematischer Modelle und Anwendungen. Das skizzierte Modell sozialer Diffusion gehört zur Klasse von Formalisierungen mit deterministischen Differentialgleichungen oder – bei diskreter Zeitskala – deterministischen Differenzengleichungen. Vor allem Wachstumsprozesse (z.B. Bevölkerungswachstum) und „Epidemieverläufe" (z.B. die Diffusion von Neuerungen) sind auf diese Weise formalisierbar.

Im Unterschied zu deterministischen Modellen erlauben die Modelle stochastischer Prozesse die Ableitung zeitabhängiger Wahrscheinlichkeitsverteilungen. Während bei ersteren Modellen nur der Entwicklungspfad (die „Trajektorie", z.B. die Diffusionskurve in der Abb.) prognostizierbar ist, informieren stochastische Modelle über die vollständige Wahrscheinlichkeitsverteilung der jeweils betrachteten Variablen zu beliebigen Zeitpunkten. Diese Modelle berücksichtigen explizit den nicht-deterministischen Charakter sozialer Regelmäßigkeiten (*Diekmann, A., Mitter, P.*, Hg., Stochastic Modelling of Social Processes, Orlando 1984). Ein wichtiger Spezialfall stochastischer Prozesse sind Markov- und Semi-Markov-Modelle, bei denen die Übergangswahrscheinlichkeiten nur vom Ausgangs- und Zielzustand (bei Modellen sozialer Mobilität z.B. der Wechsel von einer Arbeiter- zu einer Angestelltenposition) abhängt, nicht aber von der Vorgeschichte des Prozesses. Die Parameter derartiger Modelle können auch unter Berücksichtigung individueller Unterschiede bezüglich der Übergangswahrscheinlichkeiten mit den statistischen Methoden der Survival- bzw. Ereignisanalyse anhand beobachteter „Verweildauern" oder „Ankunftszeiten" geschätzt werden (*Tuma, N. B.; Hannan, M. T.,* Social Dynamics, Orlando 1984). Anwendungen dieser Modelle finden sich in der Demographie, der Mobilitätsanalyse, bei Untersuchungen des Wählerverhaltens, in der Arbeitsmarktsoziologie und in zahlreichen anderen soziologischen Untersuchungsfeldern.

Neben dem Kriterium deterministisch/stochastisch können mathematische Modelle in der Soziologie nach verschiedenen weiteren Merkmalen gruppiert werden. Zu erwähnen sind statische oder dynamische Modelle, lineare oder nichtlineare Modelle, Modelle mit qualitativen oder quantitativen Variablen und Modelle mit analytischen Lösungen versus Simulationsmodelle. Ein häufiges Mißverständnis ist die Gleichsetzung von mathematischer Modellierung mit „Quantifizierung". Die m.S. stellt eine Vielzahl „qualitativer" Modelle zur Verfügung, die nicht-metrische Skalen voraussetzen oder qualitative Relationen formalisieren. Zu nennen sind u.a. die Graphentheorie, die in der Netzwerkanalyse Verwendung findet, Markov-Modelle mit qualitativen Zustandsvariablen sowie spiel- und entscheidungstheoretische Modelle mit ordinalen Präferenzen. Zur Analyse des Verlaufs sozialer Prozesse bieten sich dynamische Modelle an, die im Gegensatz zu statischen Modellen Zeitabhängigkeiten explizit modellieren. Dabei wird auf das Kalkül der Differenzengleichungen (diskrete Zeitskala) oder Differentialgleichungen (kontinuierliche Zeitskala) zurückgegriffen. Als Anwendungsbeispiel für ein deterministisch-dynamisches Modell mit kontinuierlicher Zeit sei auf das erwähnte Diffusionsmodell verwiesen (zu zahlreichen Beispielen und Anwendungen verschiedener Typen von Modellen siehe Rapoport 1980).

Sind die Annahmen eines Modells zahlreich, komplex und die funktionalen Beziehungen zwischen den Variablen nicht-linear, so wird es in der Regel schwierig sein, allgemeine Lösungen bzw. Deduktionen auf mathematischanalytischem Wege zu finden. In diesem Fall bietet die Methode der Computersimulation einen Ausweg. Mit Simulationsmodellen werden jeweils spezifische Ausgangssituationen „durchgespielt" und deren Konsequenzen aufgezeigt. Auf diese Weise können hochkomplexe Modelle untersucht werden, erkauft allerdings um den Preis des Verlustes an Allgemeinheit. Als Beispiel sei auf die Weltmodelle („Grenzen des Wachstums") von *J. W. Forrester* und *Meadows* (Rapoport 1980: 57–64) verwiesen.

Neuere Entwicklungen von Modellierungstechniken beziehen sich vor allem auf drei Gebiete. Die Verknüpfung der Modelle stochastischer Prozesse mit den statistischen Schätzmethoden der Ereignis- oder „Survivalanalyse" erlaubt in zunehmendem Maße eine praxisrelevante Anwendung dieser Verfahren für Zwecke der Hypothesenprüfung, der Prognose, Maßnahmenevaluierung und Sozialplanung in verschiedensten sozialwissenschaftlichen Gebieten. Im Bereich der theoretischen Entwicklung gehen neue Impulse von der Spieltheorie, insbesondere der Theorie iterierter Spiele (evolutionäre Spieltheorie), und der Theorie nicht-linearer dynamischer Systeme aus.

Im Mittelpunkt der evolutionären Spieltheorie steht die Herausbildung von Strategiengleichgewichten bei interagierenden Akteuren, die sich in wiederholten sozialen Situationen begegnen. Besondere Aufmerksamkeit wurde dabei in jüngster Zeit mit den Computersimulationen von *R. Axelrod* dem Problem der „Evolution von Kooperation" gewidmet (*R. Axelrod,* Die Evolution von Kooperation, München 1987).

Im Unterschied zu den „klassischen" dynamischen Modellen stetiger Entwicklungen befaßt sich die Theorie nicht-linearer dynamischer Systeme vor allem mit Diskontinuitäten, d.h. mit sprunghaften Veränderungen, die durch geringfügige Variationen der Ausgangsbedingungen produziert werden können. Als verwandte Gebiete und Bezeichnungen können die „Theorie selbstorganisierter Systeme", die „Chaos-Theorie", die „Bifurkationstheorie" und die „mathematische Katastrophentheorie" (*Haken, H.,* Synergetik, Berlin/West 1982) angeführt werden. Das Anwendungspotential dieser auch mathematisch neuen Ideen gilt es allerdings in der Soziologie noch genauer auszuloten.

Die m.S. ist keine spezielle oder „Bindestrich-Soziologie", welche sich durch einen konkreten empirischen Objektbereich definiert. Mathematische Modelle sind vielmehr als Instrumente zu betrachten, die in nahezu allen soziologischen Anwendungsgebieten eingesetzt werden können. In Kombination mit der Statistik und der EDV werden mathematische Modell in zunehmendem Maße – ebenso wie in den Nachbardisziplinen Demographie, Ökonomie und teilweise in der Psychologie – als normale Arbeitsmittel einer exakten Sozialwissenschaft betrachtet.

Spezielle Publikationen zu den Anwendungen neuer mathematischer Modelle sind in der internationalen Fachzeitschrift „Journal of Mathematical Sociology" sowie in zahlreichen weiteren sozialwissenschaftlichen Fachzeitschriften (z.B. Behavioral Sciences, Simulation and Games, International Journal of Game Theory, Journal of Conflict Resolution, Sociological Methods and Research) zu finden, wobei die Grenzen zwischen der Demographie, Sozialpsychologie und Ökonomie fließend verlaufen. Verschiedene Anwendungen mathematischer Modellierungstechniken werden darüber hinaus in den allgemeinen soziologischen Fachzeitschriften diskutiert. In der BR Deutschland wird die Diskussion über mathematische Modelle in der Soziologie insbesondere von der Arbeitsgruppe „Modellierung sozialer Prozesse" in der Deutschen Gesellschaft für Soziologie gefördert.

Lit.: Boudon, R.: Mathematische Modelle und Methoden. Frankfurt/M. 1973;

Coleman, J.: Introduction to Mathematical Sociology. New York 1964; *Olinick, M.:* An Introduction to Mathematical Models in the Social and Life Sciences. Reading/Mass. 1978; *Rapoport, A.:* Mathematische Methoden in den Sozialwissenschaften. Würzburg und Wien 1980; *Sorensen, Aa./Sorensen, An.:* Mathematical Sociology. A Trend Report and a Bibliography. Current Sociology 23. Den Haag 1975; *Ziegler, R.:* Theorie und Modell. München 1972; *H. Esser, K. G. Troitzsch* (Hg.), Modellierung sozialer Prozesse. Informationszentrum Sozialwissenschaften, Bonn 1991

Prof. Dr. *A. Diekmann,* Bern

Matriarchat

eine Gesellschaftsordnung, in der die Frau die privilegierte Stellung in Familie und Gesellschaft innehat und die soziale Stellung der Kinder bestimmt. Der Erbgang folgt der weiblichen Linie. Ein Matriarchat findet sich bei verschiedenen Naturvölkern und wenig entwickelten Gesellschaften, wie die Untersuchungen von *M. Mead* belegen. *J. J. Bachofen* (1815–1887), Rechtshistoriker und Anthropologe, beeinflußte mit seiner Behauptung, das Matriarchat sei stets der patriarchalen Familienverfassung vorausgegangen, →Ethnologie und →Familiensoziologie. Die Annahme einer umfassend mutterrechtlich organisierten Gesellschaft, entsprechend der patriarchalischen Gesellschaft ist widerlegt. Heute werden lediglich bestimmte Merkmale (matrilinear, matrilokal u. a.) in den verschiedenen Gesellschaftstypen miteinander verglichen. Die Behauptung, in westlichen Industriegesellschaften entwickele sich durch den steigenden Einfluß der Frauen in Politik, Wirtschaft und Gesellschaft ein neues „Matriarchat" und damit eine „Entmachtung" der Männer, artikuliert lediglich Angst vor dem Verlust von Privilegien.

matrilinear

der Erbfolge in der mütterlichen Linie folgend. Gegensatz →patrilinear.

matrilokal

Recht der Frau, den Familienwohnsitz zu bestimmen. →patrilokal

Matrix

ein aus Zeilen und Spalten bestehende Anordnung zur Bezeichnung und Beschreibung numerischer Zusammenhänge. Einfachstes Beispiel einer Matrix ist die →Vierfeldertafel, in der zwei Faktoren miteinander in Beziehung gesetzt werden können, z. B. Alter und Krankheit.

mechanische Solidarität

→Solidarität

Mechanisierung

die Ersetzung biologischer, d. h. menschlicher oder tierischer Arbeitskraft durch Dampfkraft und Maschinenarbeit. Während in der →Manufaktur qualifizierte Teilarbeiten miteinander verbunden wurden, wird bei der Mechanisierung der Mensch als Teil der Maschine in den Produktionsprozeß eingeordnet.

Medianwert

→Zentralwert

Medizinsoziologie

1. Definition und theoretische Grundlagen

Medizinische Soziologie (M.S.) ist eine wissenschaftliche Disziplin, welche Theorien und Methoden der →empirischen Soziologie anwendet, um die Phänomene Gesundheit und Krankheit sowie die Einrichtungen und Berufe des Gesundheitswesens in ihrer Interaktion mit Patienten zu analysieren. Ziel dieser Analysen ist ein besseres Verständnis der sozialen Einflüsse auf die Erhaltung von Gesundheit, auf die Entstehung und den Verlauf von Krankheiten sowie ein besseres Verständnis der Möglichkeiten und Grenzen medizinischer Maßnahmen und ihrer Auswirkungen auf Individuum und Gesellschaft.

Wenn man wissenschaftliche Betätigung als eine besonders kontrollierte Form von Problemlösung betrachtet, kann man sagen, daß von medizinsoziologischen Erkenntnissen Hilfestellungen bei Problemlösungen zu folgenden Fragen erwartet werden:

- wirkungsvolle Prävention und frühzeitige Erkennung von Krankheiten;
- angemessene Behandlung von Kranken und ausgewogene, den Erwartungen von Patienten gerecht werdende medizinische Betreuung;
- Bewertung der Medizin als eines soziokulturellen und sozioökonomischen Subsystems der Gesellschaft.

Als Wissenschaftszweig beansprucht die M.S. nicht, einen Gegenstand monopolartig zu behandeln. Entscheidend ist vielmehr, daß der Gegenstand unter einer bestimmten Perspektive betrachtet wird. Die Perspektive der →Soziologie zielt ab auf ein Verständnis des →sozialen Handelns von Menschen.

Obwohl bereits soziologische Klassiker vereinzelt Themen der M.S. aufgegriffen haben – so z.B. *Emile Durkheim* mit der Untersuchung eines Zusammenhanges von sozialer →Anomie und →Selbstmordneigung (Der Selbstmord, 1897) oder *Max Weber* mit der soziologischen Analyse bürokratischer →Organisationen (Wirtschaft und Gesellschaft, 1920) –, hat sich die M.S. als eigenständige akademische Disziplin erst in den vierziger und fünfziger Jahren dieses Jahrhunderts in den USA etabliert. Sowohl →strukturfunktionale Handlungstheoretiker (z.B. *T. Parsons, R. Merton*) wie auch Vertreter des →symbolischen Interaktionismus (z.B. *H. S. Becker, A. Strauss, E. Goffman*) haben grundlegende Beiträge hierzu erarbeitet. Zu den theoretischen Grundlagen der M.S. zählen u.a.:

- Konzepte der Krankenrolle, der Komplementarität/Asymmetrie sozialer →Rollen von Arzt und Patient sowie der normativen Struktur von Gesundheit und Krankheit;
- Konzept des soziokulturellen Krankheitsverhaltens und der Entscheidungsstufen des Hilfesuchens;
- Konzept der Patientenkarriere (unter devianz- und rollensoziologischen Aspekten;
- Konzept der professionellen →Sozialisation und der Dominanz der Ärzteschaft;
- Konzept des sozioemotionalen Rückhalts (social support) und seines gesundheitsfördernden Einflusses;
- Konzepte der sozialen Überforderung (role strain), der relativen Benachteiligung und der sozialen Isolation in ihrer Bedeutung für Krankheitsentstehung (Streßtheorie);
- Konzepte des sozialen Lernens, des Gruppendrucks und der Selbstregulation im Zusammenhang mit Erwerb und Verfestigung gesundheitsschädigenden Verhaltens.

Die traditionelle Unterscheidung des Wissensgebiets in eine Soziologie *der* Medizin, die „Organisationsstrukturen, Rollenbeziehungen und Funktionsweisen der Medizin als eines Verhaltenssystems von außen analysiert“, und eine Soziologie *in* der Medizin, die „in Zusammenarbeit mit dem Arzt einen Krankheitsprozeß ... untersucht“ (*R. Straus* 1957), hat sich nicht durchgesetzt. Viele genuine Fragestellungen der M.S. werden durch sie eher zugedeckt als sichtbar gemacht (z.B. Frage nach den latenten Funktionen ärztlichen Handelns). Heute wird auch zunehmend der exklusive Bezug zur Medizin aufgegeben, indem von einer „Soziologie der Gesundheit und Krankheit“ gesprochen wird. Diese definitorische Festlegung orientiert sich an der Gesundheitsdefinition der Weltgesundheitsorganisation, welche den Einklang von körperlichem, psychischem und sozialem Wohlbefinden als Zielbild entwirft. Es ist einsichtig, daß die Medizin lediglich einen Teil der zur Zielerreichung erforderlichen Aktivitäten abdeckt und daß daher das Spektrum sozialwissenschaftlicher Forschungen zu Gesundheit und Krankheit über das von der Medizin abgesteckte

Wissens- und Handlungsfeld hinausreicht.

2. Aufgaben in Lehre, Forschung und Praxis

M.S. wird einerseits als Spezialgebiet der Allgemeinen Soziologie an Sozialwissenschaftlichen Fakultäten unterrichtet, andererseits als Unterrichtsfach im Medizinstudium, zum Teil auch in anderen Gesundheitsberufen gelehrt. In erster Linie ist M.S. ein akademisches Fach, eine Tätigkeit, die aus Lehre und Forschung besteht. Ihre Professionalisierung ist daher dort am weitesten fortgeschritten, wo entsprechende akademische Aus- und Weiterbildungsprogramme institutionalisiert sind (USA, Großbritannien). In einer Reihe west- und osteuropäischer Länder, vor allem in der Bundesrepublik Deutschland, den Niederlanden, Finnland, Schweden und Polen, wird M.S. verstärkt in die ärztliche Ausbildung einbezogen, wobci teilweise selbständige Lehr- und Forschungseinrichtungen des Faches innerhalb medizinischer Fakultäten errichtet sind. Zu den wichtigsten Aufgaben der M.S. in der ärztlichen Aus- und Weiterbildung zählen:

– Vermittlung sozialwissenschaftlicher Kenntnisse, welche das naturwissenschaftliche Basiswissen über die Entstehung, den Verlauf, die Behandlung und die Verhütung menschlicher Erkrankungen ergänzen;

– Vermittlung sozialwissenschaftlicher Kenntnisse und daraus abgeleiteter Fertigkeiten, welche dazu beitragen, die ärztliche Tätigkeit nach bestem Wissen und Gewissen zu gestalten und insbesondere die interaktiven Komponenten ärztlichen Handelns im Sinne einer patientenzentrierten Medizin mit zu formen.

Neben Lehre und Forschung gibt es zwei weitere Aufgabenfelder der M.S.: zum einen entsteht heute ein wachsender Bedarf an Beratung, Planung und bewertender Dokumentation (Evaluation) von Maßnahmen in verschiedenen Einrichtungen des Gesundheitswesens, in Verbänden, Verwaltungen und Regierungen sowie internationalen Organisationen. Zum andern bildet sich gegenwärtig eine klinische Soziologie heraus, deren Kenntnisse in praktischer Tätigkeit bei der Betreuung, teilweise auch Behandlung spezieller Patientengruppen eingesetzt werden. Klinische Soziologen sind bisher v.a. in Rehabilitationseinrichtungen tätig, wo sie mit Ärzten und Psychologen eng zusammenarbeiten.

3. Aktuelle Fragestellungen

In den späten sechziger und siebziger Jahren hat sich ein großer Teil der Arbeit der M.S. auf die Kritik des herrschenden Medizinbetriebes, insbesondere der Verflechtung von ärztlichem Handeln und ökonomischen Interessen sowie der relativen Vernachlässigung des Patienten (Patient als Objekt naturwissenschaftlicher Verfahren, Passivität und →Marginalität des Kranken in den medizinischen Institutionen, geringe Informations- und Entscheidungschancen, psychosozialer →Hospitalismus), konzentriert. Diese kritischen Anstöße waren und sind weiterhin wichtig, z.B. für Reformmaßnahmen im Gesundheitswesen, in der ärztlichen Ausbildung bzw. der Professionalisierung anderer Gesundheitsberufe. Forschungsarbeiten der M.S. der letzten Jahre sind demgegenüber durch eine Hinwendung zu spezifischeren gesundheitspolitisch-praktischen Fragestellungen einerseits, durch eine Rückbesinnung auf soziologisch-theoretische Traditionen andererseits gekennzeichnet. Folgenden Themenbereichen kommt dabei eine besondere Aktualität zu:

a) Chronisch kranke Menschen

Mit der Zunahme chronisch Kranker infolge demographischen →Alters erhalten Probleme der Auseinandersetzung Betroffener (und ihrer Angehörigen) mit ihrer Krankheit wachsendes Gewicht. Medizinsoziologische Einsichten in den Prozeßcharakter der Krankheitsbewältigung, in die Bedeutung sozialer Netzwerke (Laien- und Selbsthilfe, Rehabilitationseinrichtungen), in die Reorganisation des sozialen Rollenhaushaltes und dessen Auswirkungen auf die soziale →Identität Kranker tragen diesem Erkenntnisbedarf Rechnung. Je mehr die Medizin mit ihren therapeutischen Programmen an Grenzen stößt, desto wichtiger wird eine Berücksichtigung – auch soziologischer Dimensionen – der →Lebensqualität chronisch Kranker.

b) Soziale Ungleichheit, Gesundheit und Krankheit
Entgegen dem herrschenden Selbstverständnis der Medizin kommen deren Leistungen nicht allen Menschen bei entsprechendem Bedarf in gleicher Weise zugute. Dies gilt selbst in Gesellschaften mit ausgebautem sozialem Sicherungssystem. Neben Hemmnissen der Inanspruchnahme, ungleicher Wissensverteilung, soziokultureller Distanz zwischen Laien und Professionellen und Verknappung von Behandlungsressourcen (Versorgungsaspekte →sozialer Ungleichheit) begünstigen schlechte materielle Bedingungen, schwere Arbeitsbelastungen und finanzielle Unsicherheiten sowie Defizite der Erziehung sozial ungleiche Gesundheitschancen (soziogenetische Aspekte sozialer Ungleichheit). Soziogenetische Untersuchungen menschlicher Gesundheit und Krankheit durch die M.S. bzw. die Sozialepidemiologie beschränken sich allerdings nicht auf die Thematik sozialer Ungleichheit. Auf einige weitere heuristisch fruchtbare Konzeptionen der M.S. ist weiter oben bereits hingewiesen worden.

c) Personenbezogene Dienstleistungen
Behandlung und Pflege kranker Menschen erfordern personenbezogene Dienstleistungen durch Experten in eigens dafür geeigneten Einrichtungen. Sowohl die arbeitsteilige Organisation stationärer und ambulanter Dienste wie auch die aus einer spezifischen Verbindung von Arbeit und Interaktion resultierenden psychischen und sozialen Belastungen von Personal und Patienten bilden Themen medizinsoziologischer Untersuchungen. Von besonderer Bedeutung ist hierbei die Analyse von Bedingungen und Auswirkungen einer patientenzentrierten Arbeitsorganisation. Ein weiteres Thema bilden die sozialen und psychischen Auswirkungen computerunterstützter Arbeit in medizinischer Diagnostik und Therapie.

d) Ethische Konflikte in der Medizin
Die zunehmende Verwissenschaftlichung aller Lebensbereiche hat, ganz besonders in der Medizin, zu Steuerungsmöglichkeiten und Eingriffen in das menschliche Leben geführt, welche immer häufiger die ethischen Grundwerte berühren: Wo liegen die Grenzen des Erlaubten in der Fortpflanzungs- und Gentechnologie, in der Organtransplantation, Intensivmedizin und Neuropharmakologie? Von medizinsoziologischen Untersuchungen können keine Antworten auf ethische Probleme erwartet werden, jedoch vermögen sie die unterschiedlichen Perspektiven Betroffener zu verdeutlichen sowie die gesellschaftlichen Folgen problematischer Handlungsoptionen zu analysieren.

e) Gesundheitsförderung anstelle von Krankheitsbekämpfung
Je mehr Krankheiten von der Lebensführung des einzelnen und von Bedingungen menschlichen Zusammenlebens beeinflußt werden, desto größere Bedeutung erhalten die Prävention, die Gesundheitsförderung und Krankheitsverhütung durch erzieherische, gesundheits- und gesellschaftspolitische Maßnahmen. Medizinsoziologische Untersuchungen leisten einen Beitrag zur Entdeckung bevölkerungsbezogener Gesundheitsrisiken (z.B. im Arbeitsleben, im außerberuflichen, vor allem familiären Bereich) sowie zur Entwicklung und Bewertung (Evaluation) gesundheitsfördernder Maßnahmen. Makro- und mikrosoziologische Ansätze sind hier gleicherweise bedeutsam.

Lit.: Freeman, H./Levine, S./Reeder, L. (Hg.): Handbook of Medical Sociology. 3. Aufl., Englewood Cliffs, N.Y. 1979;

Pflanz, M.: Medizinsoziologie. In: *R. König* (Hg.): Handbuch der empirischen Sozialforschung. 2. Aufl. Stuttgart 1979; *Siegrist, J.:* Medizinische Soziologie. 4. Aufl. München 1988

Prof. Dr. *J. Siegrist,* Marburg

Megalopolis
ursprünglich Bezeichnung für die Zusammenballung von städtischen Großräumen an der Atlantikküste der USA zwischen Boston, New York und dem Appalachen-Gebirge. Heute allgemein Begriff für großräumige städtische Ballungszentren.

Mehrheitsprinzip
in demokratischen Gesellschaften geübtes Verfahren zur Ermittlung des als verbindlich akzeptierten Willens. Es wird zwischen einfacher oder relativer Mehrheit und qualifizierter bzw. absoluter Mehrheit unterschieden.

Mehrwert
nach der Lehre des →Marxismus der bei kapitalistischer Produktionsweise über den Subsistenzbedarf des Arbeiters hinausgehende Anteil des Arbeitswertes, den sich der Produktionsmittelbesitzer (Kapitalist) aneignet.

Meinungsforschung
Umfrageforschung, Demoskopie
sozialwissenschaftliches Verfahren zur Ermittlung von Meinungen, Bedürfnissen, Einstellungen mit Hilfe verschiedener Techniken wie →Beobachtung, →Befragung oder sonstiger Hilfsmittel wie →Fragebogen o. ä. Die Auswahl des repräsentativen Querschnitts der zu befragenden Bevölkerung (Sample) erfolgt nach bestimmten Regeln (Random-Sample, Quota-Sample u. a.). Anwendung der Meinungsforschung u. a. in der →Marktforschung, bei Wahlumfragen.

Meinungsfreiheit
nach Art. 5, Abs. 1 GG garantierte Freiheit der Meinungsäußerung, wozu alle Stellungnahmen, Wertungen und Beurteilungen gehören, die über nachprüfbare Tatsachen hinausgehen. Die Grenzen der Meinungsfreiheit werden durch die allgemeinen Gesetze bestimmt und nach ihnen sanktioniert, z. B. im Falle von Beleidigung, Verleumdung u. ä.

Meinungsführer
(engl. opinion leader)
Begriff der Kommunikationswissenschaft; bezeichnet eine Person, die aufgrund ihres Informationsstandes häufig um Rat gefragt wird bzw. infolge ihrer Stellung oder Position die Möglichkeit hat, ihre Meinung öffentlich zu vertreten, um so Einfluß zu nehmen (z. B. im Fernsehen). Erstmals von *P. F. Lazarsfeld* (1940) in einer empirischen Untersuchung des Präsidentschaftswahlkampfes in den USA verwendete Bezeichnung.

Menschheitsgesellschaft
→Weltgesellschaft

Meritokratie
Entwurf einer Gesellschaftsordnung, in der diejenigen die Macht innehaben, die sich durch besondere Verdienste (Meriten) ausgezeichnet haben.

Merkantilismus
Wirtschaftspolitik absolutistischer Staaten des 16./17. Jahrhunderts zur Mehrung des Volkswohlstandes. Neben einer aktiven Bevölkerungspolitik (Peuplierungspolitik) und der Beseitigung von Binnenzöllen wurde durch die Vereinheitlichung von Maßen und Gewichten ein größerer Wirtschaftsraum erschlossen. Staatliche Gewerbeentwicklung (→Manufaktur), Vorformen der →Arbeitsteilung und Arbeitszerlegung, Exportförderung u. a. m.

Merkmal
Eigenschaft einer Person oder einer Sache, notwendiger Bestandteil einer Definition.

Meßverfahren
in der →empirischen Sozialforschung Methode zur quantitativen Erfassung wissenschaftlich relevanter Zusammenhänge. Unterschiedliche Verfahren, wie →Skalierungsverfahren, →Faktorenanalyse, →Varianzanalyse u. a.

Metatheorie

Theorie der Theorie. Überlegungen zu Theorieformen, auch übergreifende allgemeine Theorien. →Wissenschaftstheorie.

Metawissenschaft

Lehre, welche die Einzelwissenschaften hinsichtlich ihrer Methoden, Hypothesen und Aussagensysteme überprüft und Urteile über ihre Brauchbarkeit fällt.

Methode

planmäßiges Verfahren, das zur Lösung theoretischer und praktischer Aufgaben führt. Die Methode läßt sich als Prozeß kennzeichnen, der auf ein bestimmtes Ziel ausgerichtet ist bzw. ein System von Regeln festlegt, mit dem dieses Ziel zu erreichen ist. Die wissenschaftliche Methode umfaßt die Begriffsbildung sowie die Stufen des Entdeckungs-, Begründungs- und Verwertungszusammenhanges.

Methoden (der empirischen Sozialforschung)

1. Allgemeines

Das griechische Wort methodos bedeutet „das Nachgehen; der Weg zu etwas hin". Heute versteht man unter einer M. im allgemeinen ein geregeltes, systematisches und planvolles Vorgehen, um ein angestrebtes Ziel zu erreichen. So gibt es z. B. didaktische M., durch die die Wissensvermittlung systematisiert und effektiver gestaltet werden soll. Es gibt M. der Kindererziehung, mit denen Eltern ihr Verhalten gegenüber ihren Kindern möglichst klar und regelhaft gestalten. Und auch in der Wissenschaft gibt es M.: mit ihnen sollen begründete wissenschaftliche Aussagen gewonnen werden. Unter M. versteht man dabei diejenigen Verfahren, mit denen sich eine Wissenschaft die Wirklichkeit zugänglich macht. Dabei vertraut man nicht auf die Primärerfahrung aus dem Alltag, sondern man verwendet elaborierte Techniken, um sich einen wissenschaftlich kontrollierbaren Zugang zum interessierenden Objektbereich zu verschaffen.

Von der →Wissenssoziologie wird heute die erkenntnistheoretische Position vertreten, daß die Wirklichkeit eine je disziplinär verschiedene und abhängig von dem Erkenntnisziel der Wissenschaft ist. Jede Disziplin konstituiert aufgrund typischer Problem- oder Aspektspezialisierungen eine eigene Realität, die mit den Primärerfahrungen der Wissenschaftler von Wirklichkeit im Alltag selten deckungsgleich ist. Die wissenschaftlichen Forschungsgegenstände, -fragen und -befunde sind in einer Sprache gehalten, die dem „Alltagsmenschen" unverständlich erscheint. Dennoch sind es gerade die wissenschaftlichen Befunde, die die meisten M. der Zielerreichung im Alltag begründen.

Die wissenschaftlich konstituierte Wirklichkeit beinhaltet die Wissensbestände der jeweiligen Disziplin in der ihr eigenen Wissenschaftssprache. In dieser sind theoretische Konzepte und Regeln über Zusammenhänge in der disziplinär bestimmten Wirklichkeit formuliert.

2. Zwei basale Strategien der Erkenntnisgewinnung

Obgleich im Alltag wie in der Wissenschaft M. angewandt und eingesetzt werden, handelt es sich um jeweils andere, denn im Rahmen der →Wissenschaftstheorie wird normativ festgelegt, welche M. als wissenschaftlich gelten und sich damit vor den alltäglichen auszeichnen können. Die wissenschaftliche M. ist das Erkenntnisinstrument des Wissenschaftlers, und die Entscheidung für den Einsatz einer bestimmten M. legt bereits den Erkenntnishorizont fest, liefert andererseits aber auch das Abgrenzungskriterium gegenüber der Alltagserkenntnis.

Nun ist wegen des Objektbereiches der Soziologie (Subjekte, Handlungen etc.) und wegen der sehr differenzierten Erkenntnisinteressen keine eindeutige Entscheidung für bestimmte M. möglich. So herrschte über Jahrhunderte die Auffassung vor, Wissen wäre bewiesenes Wissen, z. B. durch die Macht des Den-

Methoden (der empirischen Sozialforschung)

kens im klassischen Intellektualismus *Descartes'* („cogito ergo sum"). Alles was argumentativ und logisch abzusichern war, galt als richtige Erkenntnis. Demgegenüber vertrat der klassische →Empirismus die Auffassung, daß entscheidendes Kriterium für wahre Erkenntnis die Evidenz der Sinne ist *(Bacon)*. Diese beiden konträren Positionen finden sich – zwar nicht mehr so „naiv" und apodiktisch – noch heute in den Sozialwissenschaften: Die einen arbeiten – bei extremtypischer Darstellung – ausschließlich theoretisch, die anderen empirisch. Dieser Gegensatz ist in seiner Schärfe nicht aufrechtzuerhalten, weil auch der Theoretiker empirische Informationen nutzt – er arbeitet schließlich nicht auf einer tabula rasa –, wie der Empiriker ohne Theorie nicht forschen kann, weil er nicht weiß, was er wie untersuchen soll.

Theorie und Empirie sind heute keine schroffen Gegensätze, die sich ausschließen, obgleich die Auffassungen darüber, ob der Status theoretischer oder empirischer Aussagen höher ist, durchaus auseinandergehen können. Gleichwohl hat sich allgemein der Standpunkt durchgesetzt, daß empirische M. sinnvoll, hilfreich und wichtig sind, um wissenschaftliche Erkenntnis zu gewinnen.

Neben der Ausdehnung des Wissensbestandes durch die Akzeptanz von methodischen Regeln ermöglichen die M. auch die Fortentwicklung der theoretischen Konzepte: Sie werden in Konfrontation mit der disziplinären Wirklichkeit umformuliert, verworfen oder neu aufgestellt. Hierbei bewegen sich die M. der →empirischen Sozialforschung in einem komplizierten Feld von Wechselwirkungen von (1) bereits vorhandenem wissenschaftlichem Wissen, das die Wahrnehmung und damit die Wirklichkeit strukturiert, und (2) den Zuständen in der disziplinären Wirklichkeit, sozusagen den Variationen innerhalb der Strukturierungen.

(1) Das vorhandene wissenschaftliche Wissen einer Disziplin ist in theoretischen Konzepten geordnet, die sich einer wissenschaftlichen Sprache und wissenschaftlicher Begrifflichkeit bedienen. Die Begrifflichkeit der Sozialwissenschaften legt nun fest, welche Elemente und Phänomene im Rahmen der sozialwissenschaftlichen Wirklichkeit überhaupt vorkommen können. Klar ist z.B., daß eine Ansammlung von Menschen auf einem Platz, die bei beginnendem Regen alle gleichzeitig ihre Regenschirme aufspannen, nicht in der sozialwissenschaftlichen Wirklichkeit vorkommt. Mit den empirischen M., als Zugang der Sozialwissenschaft zur Wirklichkeit, können also nur Phänomene beobachtet werden, die in der Begrifflichkeit faßbar sind. Insofern ist der empirische Zugang ein strukturierter Zugang.

(2) Andererseits ist die disziplinäre Wirklichkeit nicht vollständig durch die theoretischen Konzepte und Begriffe determiniert. Wenn auch die Elemente und die Art der zu beobachtenden Phänomene durch die theoretischen Konzepte festgelegt werden, so sind doch die Variationen der Phänomene nicht determinierbar. Insofern sind die empirischen M. also offen für die Variationen und Zusammenhänge in der Realität.

In den Sozialwissenschaften ist die empirische Ausrichtung dieser Art noch nicht lange selbstverständlich: Bis zum Beginn des 20. Jahrhunderts wurden die Sozialwissenschaften vor allem theoretisierend, gedankenexperimentell und lediglich durch Verweise auf die Alltagserfahrung plausibilisierend, betrieben. Oder aber Erkenntnis wurde – etwa von *Hume* und *Locke* – auf einen Empirismus gestützt, bei dem alle theoretischen Begriffe auf Zusammensetzungen einfacher Wahrnehmungen zurückgeführt wurden. Erst ab etwa 1920 entstanden die ersten größeren empirischen Studien im heutigen Sinn. Zu nennen sind hier die Versuche der →Chicagoer Schule um *Park* und *Burgess,* die sich weitge-

Methoden (der empirischen Sozialforschung)

hend →qualitativer M. bedienten, und die Studie über die polnischen Bauern in Europa und Amerika von *Thomas* und *Znaniecki* (fünf Bände um 1918–21), „die gelegentlich überhaupt als Beginn der Sozialforschung in den USA angesehen wird" (*Scheuch* 1970).

3. Zwei grundlegende empirische Forschungsansätze

Prinzipiell lassen sich zwei unterschiedliche und grundlegende Vorgehensweisen beim empirischen Zugang zur Wirklichkeit unterscheiden: der *Einzelfall-approach* und der *Survey-approach.* Jeder dieser sogenannten Forschungsansätze beinhaltet eine eigene Forschungslogik und bedient sich jeweils anderer Varianten der Techniken der empirischen Sozialforschung: Befragung, Beobachtung, Inhaltsanalyse oder Gruppendiskussion.

Der *Einzelfall-approach* läßt sich als Forschungsansatz kennzeichnen, bei dem am Einzelfall individuell ausgeformte soziale Tatbestände im Wege der Abduktion herausgearbeitet werden. Das bereits vorhandene wissenschaftliche Wissen dient für seine Erweiterung als theoretischer Bezugsrahmen. Es werden im Vokabular der wissenschaftlichen Sprache Begriffe und theoretische Konzepte bereitgestellt, mit denen ein soziales Phänomen faßbar wird. Theoretische Aussagen, mit denen eine Lösung des Problems genannt wird, also Aussagen über konkrete Zusammenhänge in der disziplinären Wirklichkeit, werden erst auf der Grundlage der Einzelfallbefunde durch Generalisierung gewonnen und haben den Charakter von elaborierten Existenzaussagen, die typische soziale Vorgänge beschreiben. Die qualitativen Varianten der M. der empirischen Sozialforschung dienen in diesem →approach dazu, den Einzelfall in seiner ganzen diffusen Komplexität zu erfassen und auszuwerten. Ihr Ziel ist es, die wissenschaftlichen Aussagen möglichst authentisch, d.h. möglichst getreu den Verhältnissen der Alltagswirklichkeit zu generieren – was nicht heißt, daß diese den Primärerfahrungen der Wissenschaftler oder der untersuchten Personen entsprechen müßten.

Der *Survey-approach* zeichnet sich dadurch aus, daß versucht wird, deduktiv gewonnene Hypothesen an den durch operationalisierte Indikatoren erhobenen aggregierten Merkmalsausprägungen einer Stichprobe von Untersuchungseinheiten zu falsifizieren. Aus dem vorhandenen disziplinären Wissensbestand entwickelt der Forscher – aufgrund seiner Forschungsinteressen und plausibilisiert durch Primärerfahrungen und explorative Vorstudien – eine in wissenschaftlicher Sprache gehaltene Hypothese. Eine Hypothese ist zunächst nichts weiter als eine Vermutung über einen Zusammenhang in der sozialen Wirklichkeit. Nach der Operationalisierung der in der Hypothese verwendeten Begriffe werden in der Erhebungsphase die Merkmalsausprägungen der entsprechenden Indikatoren erhoben. In diesem Stadium eines Forschungsprojektes kommen die quantitativen Varianten der M. der empirischen Sozialforschung zum Zuge. Sie dienen der systematischen und regelhaften Sammlung von Daten für eine Vielzahl von Untersuchungseinheiten. Dabei liegt ein besonderes Augenmerk auf der Vergleichbarkeit der Erhebungssituation für alle Untersuchungseinheiten. Man versucht damit, störende Einflußfaktoren auszuschließen oder, wenn das nicht geht, doch in ihrem Einfluß auf alle Untersuchungsobjekte konstant zu halten.

An der quantitativen Verteilung der Merkmalsausprägungen versucht der Forscher die Hypothese zu falsifizieren, d.h. zu zeigen, daß sich auf der Grundlage der Daten einer Stichprobe der vermutete Zusammenhang und Erklärungsansatz (die Hypothese) nicht halten läßt. Das statistische Kalkül gibt ihm – ausgehend von der Datenlage in der →Stichprobe – die Möglichkeit festzustellen, ob der vermutete Zusammenhang in der Grundgesamtheit tatsächlich zu beobachten ist oder nicht. Kann der Forscher die Hypothese falsifizieren, so gilt die Hypothese als widerlegt, kann er sie nicht falsifizieren, so gilt sie als vorläufig bestätigt. Durch solche vorläufig als bestätigt anzusehende Hypothesen wird das wissenschaftliche Wissen erweitert oder modifiziert.

Lit.: Friedrichs, J.: Methoden der empirischen Sozialforschung. Opladen 1985; *Koolwijk, J. van/Wieken-Mayser, M.* (Hg.): Techniken der empirischen Sozialforschung: ein Lehrbuch. 8 Bände. München 1975–1987; *Lamnek, S.:* Qualitative Sozialforschung, Bd. 1: Methodologie. München 1988; Bd. 2: Methoden. München 1989; *Roth, E.* (Hg.): Sozialwissenschaftliche Methoden. München 1987[2]

Prof. Dr. *S. Lamnek,* Eichstätt

Methodenstreit
→Wertfreiheit
→Werturteilsstreit

Methodologie
→Wissenschaftstheorie

Migration
→Wanderungen

Mikrosoziologie
Teilbereich der soziologischen Theorie, bei der das Individuum als interagierendes Mitglied der Gesellschaft und nicht die Gesellschaft als System analysiert werden. Soziologische Forschung spielt sich zwischen den beiden Polen einer Makro- und Mikro-Betrachtung ab, wobei in den letzten hundert Jahren ein mehrmaliger Perspektivenwechsel zu beobachten ist.

Mikrosoziologische Theorieansätze sind der →symbolische Interaktionismus, die →formale Soziologie, die →Ethnomethodologie, die →Handlungstheorie u. a. In den USA wird unter Mikrosoziologie in Anlehnung an die →Sozialpsychologie die Erforschung von Gruppenprozessen verstanden.
→Makrosoziologie

Mikrozensus
vom Statistischen Bundesamt seit 1957 vierteljährlich durchgeführte Stichprobenerhebung von Wirtschafts- und Sozialdaten. Erhoben werden u. a. die Merkmale: Alter, Geschlecht, Familienstand, Berufsausbildung, Stellung im Beruf. Einbezogen werden dreimal 0,1% und einmal 1% aller Haushaltungen.

Milieu
Gesamtheit der Lebensumstände eines →Individuums oder einer →Gruppe.

Milieutheorie
theoretischer Ansatz, nach dem die Entwicklung des Menschen nicht anlagebedingt oder erblich festgelegt ist, sondern im wesentlichen durch die Umwelt, das Milieu, bestimmt wird und somit das Ergebnis von Lernprozessen ist.

Militarismus
Übergewicht militärischer Grundsätze und Wertvorstellungen auf alle gesellschaftlichen Bereiche. Überformung sozialer Beziehungen durch Symbole und Attribute aus dem militärischen Bereich (Grußformen, Uniformen, Rangabzeichen u. a.): Militär als „Schule der Nation“.

Militärsoziologie
1. Begriff: Die M. beschäftigt sich mit der →Institution, die am deutlichsten das staatliche Monopol physischer Zwangsgewalt symbolisiert. Militär ist gleichbedeutend mit der Fähigkeit zu organisierter Gewaltanwendung im Krieg. Daraus resultieren spezifische Organisationsmuster, ein Beruf, der zwangsrekrutiertes und freiwilliges Personal vereinigt (Wehrpflichtige sowie Zeit- und Berufssoldaten), und Probleme einer effektiven Kontrolle. Diese drei Aspekte bilden auch die zentralen Untersuchungsgegenstände der M. Heute wird M. von vergleichsweise wenigen Sozialwissenschaftlern professionell betrieben. In der Lehre an den Hochschulen spielt sie so gut wie gar keine Rolle.

2. Geschichte und Entwicklung der M.
Das Verhältnis von Militär und →Gesellschaft wird bereits in den Anfängen der Soziologie thematisiert. Bei Saint Simon, Comte und Spencer ist das Militär ein wesentliches gesellschaftliches Strukturelement zur Interpretation der frühen industriellen Gesellschaft und der in ihr eingelagerten Wandlungs- und Entwicklungspotentiale. Saint Simon vertritt als erster die globale These von der Unvereinbarkeit industrieller Arbeit und militärischer Gewalt. Krieg und Militär gelten als Relikte vormoderner Sozialstrukturen, die im Laufe der Entwicklung industrieller Gesellschaften obsolet werden. Sein Schüler und zeitweiliger Sekretär Auguste Comte hat dieses Inkompatibilitätstheorem in das von ihm formulierte →Drei-Stadien-Gesetz eingebunden. Demnach verläuft die gesellschaftliche Entwicklung vom theologisch-militärischen Zeitalter über das metaphysische Zeitalter bis zum Zeitalter des positiven Geistes, das er mit der →Industriegesellschaft gleichsetzt. In dieser teleologischen Geschichtsbetrachtung werden militärische Gewalt und gesellschaftliche Entwicklung zunehmend unvereinbar. Das Theorem der Inkompatibilität hat in reformulierter Form auch in die jüngere M. Eingang gefunden.

Auch so bedeutende Sozialwissenschaftler wie *Werner Sombart* und *Max Weber* haben sich mit dem Militär im Rahmen ihrer Arbeiten zur Entwicklung des →Kapitalismus beschäftigt. Für Sombart spielt das Militär bei der Herausbildung einer industriell-kapitalistischen Wirtschaftsweise eine Schlüsselrolle, und für Weber ist das moderne Heereswesen mit seinen versachlichten Herrschaftsbeziehungen ein typisches Produkt des gesellschaftlichen Rationalisierungsprozesses.

In all diesen Untersuchungen ist das Militär indes weder ein eigenständiger noch der zentrale Untersuchungsgegenstand. Als selbständige Teildisziplin existiert die M. erst seit 1941, als das US-Heer namhafte Sozialwissenschaftler wie Lazarsfeld, Likert und Merton beauftragte, Lösungsmöglichkeiten bei Problemen der Ausbildung und Führung militärischer →Gruppen mit Hilfe von Repräsentativbefragungen zu entwickeln. Die Forscher der Research Branch befragten mehr als eine halbe Million Heeressoldaten und publizierten das Material nach dem Krieg in der vierbändigen Studie „The American Soldier", die zu Recht nicht nur als Klassiker der M. gilt, sondern mit der These der relativen →Deprivation oder der wiederentdeckten Bedeutung →informeller Gruppen auch die soziologische Theorie insgesamt befruchtete.

3. Forschungsprobleme
An der Wiege der M. stand nicht soziologische Reflexion, sondern militärische Auftragserfüllung, d.h. die Anwendung soziologischer, sozialpsychologischer und organisationswissenschaftlicher Erkenntnisse zur Effizienzsteigerung des Militärs. Von dieser Hypothek hat sich die M. bis heute nicht befreien können. Immer noch dominiert die Auftragsforschung; Grundlagenforschung sowie anwendungsorientierte Forschung kommen demgegenüber zu kurz, und die Theoriedefizite sind unübersehbar. Die Kooperation zwischen Militär und Soziologen gestaltete sich nie spannungsfrei. So ist das Militär grundsätzlich mißtrauisch gegenüber soziologischer Forschung und erschwert mit seiner Geheimhaltungsmentalität sowohl den uneingeschränkten Zugang zum Untersuchungsobjekt als auch die Publikation der Forschungsergebnisse. Umgekehrt gilt das Militär bei den Soziologen nicht gerade als bevorzugter Gegenstand sozialwissenschaftlicher Forschung, und da eine empirische Beschäftigung mit dem Militär auch ein gewisses Engagement für die Belange der Streitkräfte erfordert, gerät der Soziologe schnell in den Verdacht, seine Untersuchungen dienten der ideologischen Rechtfertigung des

Militärs oder der bloßen Effizienzsteigerung militärischer →Organisation. Anläßlich einer vom amerikanischen Pentagon geplanten umfangreichen Untersuchung sozialrevolutionärer Bewegungen in Lateinamerika und Möglichkeiten von counter insurgency, dem sog. „Project →Camelot", gab es in den sechziger Jahren in den Vereinigten Staaten eine lebhafte Diskussion unter den Sozialwissenschaftlern über die Fragwürdigkeit derartiger Untersuchungen und die Ethik sozialwissenschaftlicher Forschung überhaupt.

4. Gegenwärtige Situation der M.
Die M. reflektiert heute in starkem Maße die paradoxe Situation des Militärs, kämpfen zu können, um nicht kämpfen zu müssen. Mit der allgemein verbreiteten Erkenntnis, daß in modernen Industriegesellschaften ein Krieg weder mit konventionellen noch erst recht mit atomaren Waffen führbar ist, ohne die Existenz der Menschheit schlechthin in Frage zu stellen, verliert das Militär als →Organisation und der Soldat als Angehöriger dieser Organisation einen Teil jener spezifischen →Identität, die aus der Orientierung am Kriege herrührte. Wenn der Frieden für das Militär zum Normalfall wird, läßt sich die militärische Organisation auch mit anderen Organisationen vergleichen, und für die verschiedensten soldatischen Tätigkeiten gibt es Entsprechungen im zivilen Bereich.

Abhandlungen der M. beschäftigen sich im wesentlichen mit drei Bereichen: (1) Organisationsanalysen einschließlich der →Kleingruppenforschung, (2) Professionsanalysen einschließlich der Sozialisationsbedingungen des Militärs und (3) Fragen zum Verhältnis von Militär und Gesellschaft einschließlich der politischen Kontrolle des Militärs. Ein vierter Bereich ist auf Gesellschaften der Dritten Welt beschränkt und behandelt vor allem die politisch völlig anders geartete Rolle des Militärs in Entwicklungsländern (Prätorianismus).

(1) Zur Analyse militärischer Organisationen hat sich Goffmans Begriff der totalen Institution als besonders fruchtbar erwiesen. Die straffe, umfassende Reglementierung des Dienstes, die Abschottung nach außen und die strenge Abfolge von Befehl und Gehorsam mit den entsprechend rigorosen Sanktionsmöglichkeiten im Falle abweichenden Verhaltens sind Spezifika derartiger Organisationen, zu denen neben dem Militär auch Gefängnisse oder Klöster zählen. Das Militär hat darüber hinaus in Friedenszeiten noch die Tendenz zu extremer Bürokratisierung, die vor allem aus einer unzureichenden Erfolgskontrolle resultiert und sich in einer weitgehenden Reglementierung des Dienstes von oben nach unten äußert. Da dieses Verhalten dem in der Truppe vorherrschenden Selbstverständnis von der Auftragstaktik, d.h. der freien Wahl der Mittel zur Erfüllung eines vorgegebenen Zieles, widerspricht, kommt es zu ständigen Spannungen und Konflikten zwischen Stab und Linienorganisation. Ein weiterer Forschungsbereich im Rahmen der M. beschäftigt sich mit dem zunehmenden Einfluß der Technisierung militärischer Organisationen auf Führung und Autorität sowie den Spannungen zwischen technischer Expertenorientierung und soldatischem Kämpfertum. Bei der Analyse des Führungsverhaltens im Militär hat sich vor allem die →Rollentheorie bewährt, die die Fragwürdigkeit vermeintlicher individueller Führungseigenschaften von Vorgesetzten deutlich gemacht hat und statt dessen die Situationsgebundenheit verschiedener Führungsstile betont.

(2) Ein weiterer Bereich der M. beschäftigt sich mit dem Beruf des Soldaten, seinem vergleichsweise geringen Ansehen und den Folgen für die Rekrutierung des Führungspersonals, seiner militärischen →Sozialisation und dem beruflichen Selbstverständnis. Vor allem die Frage nach dem Sinn von Streitkräften durch die Gesellschaft angesichts der er-

wähnten Paradoxie des Militärs berührt die soldatische Existenz zentral. Außerdem führt die fortschreitende Differenzierung soldatischer Funktionen zu einer laufenden Entprofessionalisierung des Soldatenberufes; denn viele soldatische Berufsfelder sind vergleichbar mit entsprechenden zivilen Tätigkeiten. Obwohl diese Entwicklung gleichsam als logische Konsequenz in der Bundeswehr zur Gründung eigener Hochschulen mit zivilen Abschlüssen für die Zeit- und Berufsoffiziere geführt hat, reagieren Teile des Offizierkorps auf diese Entprofessionalisierungstendenzen mit starker Gesinnungsorientierung, die das vermeintlich Besondere des Soldatenberufes betont (sui-generis-Mentalität).

(3) Vor allem die deutsche M. hat nach der Wiederbewaffnung 1956 die Fragen des Verhältnisses von Militär und Gesellschaft thematisiert, was sich aus der deutschen Vergangenheit erklärt, als sich die Reichswehr in der Weimarer Republik zum Staat im Staate entwikkelte und dem Nationalsozialismus keinen nennenswerten Widerstand entgegensetzte. Die mit der Aufstellung der Bundeswehr proklamierte Reform der Inneren Führung legte deshalb besonderen Wert auf die soziale und politische Integration der Streitkräfte. Daß es sich dabei um einen ständig neu zu reflektierenden Anpassungsprozeß handelt, wird. u. a. anhand des Wertewandels in den Industrienationen seit Beginn der siebziger Jahre deutlich. Die offizielle Sicherheitspolitik ist durch vielfältige Protestbewegungen einem fortschreitenden Delegitimierungsprozeß ausgesetzt, die postmateriellen →Wertorientierungen Jugendlicher stehen militärischen Wertvorstellungen diametral entgegen, und die Zahl der Wehrdienstverweigerer hat inzwischen die Größe einer quantité négligeable überschritten.

Die Frage nach der wirksamen Kontrolle von Streitkräften ist durch die These vom „militärisch-industriellen Komplex" neu belebt worden. Danach unterläuft eine auf gleichen →Interessen beruhende und durch vielfälige personelle Verflechtung bestehende Allianz von Militär, Rüstungsindustrie und Bürokratie jede parlamentarische Kontrolle. Viele Rüstungsprogramme stützen bis in die jüngste Zeit (Jäger 90 in der BR Deutschland, SDI in den USA) diese These.

(4) In neuerer Zeit hat sich die M. dem Phänomen des Prätorianismus zugewandt. Damit wird die spezifisch anders geartete Rolle des Militärs in den Entwicklungsländern umschrieben, wo der Primat der Politik nicht die Norm ist und das Militär immer häufiger auch die politische Macht ausübt, wenn die zivilen Regime versagen. In den fünfziger Jahren sahen zahlreiche Soziologen in diesen militärischen →Eliten Schrittmacher für notwendige Modernisierungsprozesse in Ländern der Dritten Welt. Diese Erwartungen haben sich jedoch nicht erfüllt. Militär in Entwicklungsländern kann zwar Ruhe und Ordnung garantieren, aber nur in Ausnahmefällen Wachstum und Entwicklung initiieren.

Lit.: S. Stouffer u.a.: The American Soldier, 4 Bde. Princeton 1949/50; *K. Roghmann/R. Ziegler:* Militärsoziologie, in: *R. König* (Hg.): Handbuch der empirischen Sozialforschung, Bd. 9. Stuttgart 1977; *G. Wachtler* (Hg.): Militär, Krieg, Gesellschaft. Texte zur Militärsoziologie. Frankfurt 1983; *F. Büttner* u.a.: Reform in Uniform? Militärherrschaft und Entwicklung in der Dritten Welt. Bonn-Bad Godesberg 1976

Dr. *R. Hamann,* Hamburg

Minderheitensoziologie

→Regionalismus-Bewegungen

In den modernen Gesellschaften ist die soziale →Identität der Individuen die des Bürgers. Sie ist institutionalisiert in der Rolle des Staatsbürgers, die für jedermann die gleichen Rechte und Pflichten vorsieht. Hinzu kommt in den westlichen Gesellschaften die Rolle des Marktteilnehmers und – mit dem Übergang vom liberalen Rechtsstaat zum

Sozialstaat – die Rolle des Sozialstaatsbürgers, die sozialrechtliche Ansprüche und Pflichten vereint. Ständische Unterschiede sollten allgemeiner Gleichheit weichen, Privilegien dem Leistungsprinzip und damit wirtschaftlicher Gerechtigkeit und die Macht der undurchschauten Tradition der demokratischen Auseinandersetzung. So sollten die Bürger gleiche und vernünftige Interessen kultivieren können.

Die These von der Herausbildung gleicher und gemeinsamer Interessen findet sich auch in der marxistischen Kritik der bürgerlichen Gesellschaft, hier freilich mit dem Zusatz, daß sich Gleichheit und Gemeinsamkeit der Interessen vorerst negativ herstellen als Entfremdung aller Individuen von allen ihren Lebensbedingungen.

Im Gegensatz zur bürgerlichen und marxistischen Hoffnung auf Herausbildung rationaler, universalistischer Interessen beobachtet die Minderheitensoziologie immer häufiger partikularistische →soziale Bewegungen. Ihre Mitglieder definieren sich nicht als Bürger, und sie erheben auch nicht verallgemeinerbare Ansprüche, sondern partikularistische. Dabei scheinen sie an vorbürgerliche, traditionalistische Unterscheidungen anzuknüpfen. Ihr gemeinsamer Nenner ist die Idee der Abstammungsgemeinschaft. Abstammungsgemeinschaft gilt als Fundament besonderer kultureller Traditionen und Bindungen und vereinige die Mitglieder auch durch Blutsbande. Bluts- und Kulturband werden als einheitsstiftende Elemente mit jeweils unterschiedlicher Gewichtung behauptet. Der Begriff der „Deutschstämmigkeit" ist dafür ein Beispiel. Im Nationalismus und in den zahlreichen →regionalistischen Bewegungen (in Europa zum Beispiel in Belgien, Baskenland, Irland, Südtirol, Korsika, die Nationalitäten in der Sowjetunion usw.) beruft man sich ebenfalls auf Abstammungsgemeinschaft und fordert politischen Einfluß oder staatliche Souveränität.

Die Abgrenzung von Menschen nach rassischen Merkmalen, nach solchen des kulturellen Lebensstils oder der nationalen Zugehörigkeit hat die Soziologie immer wieder beschäftigt. Zu den wichtigsten Untersuchungsschwerpunkten, die dabei entstanden sind, zählen die folgenden:

Vorurteilsforschung: Hier werden vor allem in sozialpsychologischer Perspektive die Genese und psychische Bedeutung von →Vorurteilen untersucht. Gefragt wird, wie kommen Individuen dazu, und was bedeutet es für sie selbst, daß sie gesellschaftliche Realitäten nur verzerrt wahrnehmen können und daß sie andere willkürlich als ‚fremd' klassifizieren und herabwürdigen müssen (vgl. dazu die Übersicht bei Heckmann).

Eine große Zahl von minderheitensoziologischen Studien in der BR Deutschland macht die kulturelle Fremdheit der Einwanderer zum Thema. Ausgangspunkt ist hier die Annahme, daß die Grenzlinien zwischen Minderheiten und Mehrheit durch die *Verschiedenartigkeit kultureller Orientierungen* bedingt ist. Geforscht wird zumeist mit dem politischen Interesse, die Enkulturationsbedingungen für die Einwanderer so zu reorganisieren, daß diese leichter Zugang zur Mehrheitskultur finden. Bildungspolitische Perspektiven sind deswegen hier dominierend. Eine wachsende Zahl von kultursoziologisch inspirierten Studien folgt inzwischen dem Interesse an der Aufrechterhaltung der sogenannten ethnischen →Identität der Einwanderer.

Daß Begriffe wie der der ethnischen Identität oder der Abstammungsgemeinschaft die Ausgrenzung von Minderheiten nicht erklären können, ist die zentrale These der Minderheitensoziologie *Max Webers*. Danach sind ethnische Gemeinschaftsbeziehungen *„unechte Formen der* →Vergemeinschaftung". Auf die aktuellen Verhältnisse in der Bundesrepublik Deutschland angewandt, lautet Webers These: Es gibt Sitten und Gebräuche, in denen sich Ausländer von

Deutschen unterscheiden. Aber diese Unterschiede werden handlungsbestimmend nur in Lebenssphären, die die moderne Gesellschaft als Privat- oder Intimbereich konstituiert. Jenseits der Grenzen von Familie und Nachbarschaft sind Brauchtum und Sitte aber nur von geringer Bedeutung. Auf dem Arbeitsmarkt, in der Öffentlichkeit und gegenüber dem Staat bilden freie Verträge und staatliche Gesetze die entscheidenden Formen der →Vergesellschaftung. Die soziale Identität der Ausländer gleicht hier weitgehend derjenigen der deutschen Wohnbevölkerung. Sie ist organisiert in den Rollen des Marktteilnehmers, in der Rolle des →Bürgers gegenüber dem Staat und in der Rolle des Sozialstaatsbürgers. Differenzen zwischen Inländern und ausländischer Wohnbevölkerung ergeben sich nicht aus vorgängiger →Sozialisation oder Anhänglichkeit an Brauchtum und Sitte, sondern aus Unterschieden ihres Rechtsstatus. Ausländer haben weniger →Rechte als Inländer. Die rechtliche Diskriminierung schafft Verhältnisse der Segregation. Konflikte entzünden sich vor allem an dem, worin sich Mehrheit und Minderheiten gleichen, nämlich am Interesse an Berufschancen, und nicht an dem, worin sie sich unterscheiden (zur Einwanderung in Deutschland vgl. *Dohse*).

Die Herabwürdigung ethnischer Minderheiten, so Weber, dient darüber hinaus der Sicherung des Selbstwertgefühls. In kapitalistischen Verhältnissen hängt dieses wesentlich vom Berufserfolg ab und ist deswegen bei Massenarbeitslosigkeit besonders gefährdet. Die von der Krise Bedrohten rücken in ihrer Selbstdefinition an die Stelle von Berufsinteresse und Berufserfolg rassische Merkmale oder Stilelemente der Lebensführung, die Höherwertigkeit signalisieren sollen. Ihre Selbstdefinition regrediert also und nimmt vorbürgerlichen, →ständischen Charakter an. Mit diesem Gedanken ist eine Brücke zur →Vorurteilsforschung geschlagen.

Kulturelle Besonderheiten bieten also der Diskriminierung nur einen ganz willkürlichen Anlaß, und deswegen verdienen sie auch kaum Aufmerksamkeit. Diese These steht nicht nur im Zentrum der Weberschen Minderheitensoziologie. Sie bildet auch den gemeinsamen Nenner zahlreicher Studien, die in den USA unter dem Begriff „ethnicity" unternommen wurden. Sie zeigen, daß kulturelle Merkmale in instrumenteller Weise im modernen Interessenkampf der Verbändedemokratie benutzt, für diesen Zweck reaktiviert oder gar willkürlich erfunden werden. In diesem Sinne konzentrieren sich →marxistische Autoren auf die Kapitalseite des Arbeitsmarktes und versuchen zu zeigen, daß die Sachwalter des Kapitalverwertungsprozesses aus der ethnozentrischen Spaltung der Arbeiterschaft einen Vorteil ziehen und diese deswegen befördern (vgl. dazu das marxistische Standardwerk von *Castles* und *Kosack*).

In der *Theorie des dualen* →Arbeitsmarktes geht man davon aus, daß der Arbeitsmarkt in zwei durch schwer übersteigbare Barrieren getrennte Segmente zerfällt mit günstigeren Arbeitsbedingungen, aber hohen Qualifikationsansprüchen im ersten Segment und mit repressiveren Arbeitsplätzen mit nur geringfügigen Leistungsanforderungen im zweiten. Für Minderheiten sei der Zugang zu dem günstigeren Arbeitsmarktsegment seit je schwierig gewesen. Mithin habe es ihnen an Möglichkeiten gefehlt, die dort geforderten Qualifikationen zu erwerben. So ergibt sich ein circulus vitiosus von ungünstigen Berufs- und ungünstigen Sozialisationschancen.

Die *Theorie des gespaltenen Arbeitsmarktes* (split labor market theory) nimmt historisch entstandene Lohndifferenzen zwischen verschiedenen ethnischen Gruppen zum Ausgangspunkt. Um sich der Konkurrenz durch die unterprivilegierten rassischen oder anders definierten Minderheiten zu erwehren, organisieren die Privilegierten ethnozentrische Gewerkschaften. Der Zugang zu bestimmten Berufen oder Sektoren des Arbeitsmarktes wird den Minderheiten so verlegt. Grundlage dieses Prozesses ist der Gegensatz von Lohnarbeit und Kapital.

Im Mittelpunkt der *Theorie des segregierten Arbeitsmarktes* steht die These: Einzelne ethnische Gruppen haben sich bevorzugt in bestimmten Nischen des Arbeitsmarktes eingerichtet und sich hier gewissermaßen spezialisiert. Sie unterhalten ein dichtes Netz von Beziehungen gegenseitiger Hilfeleistungen, wohnen räumlich konzentriert, kultivieren die alte Sprache und bilden so selbst die Barrieren, die sie vom Rest der Gesellschaft trennen. In diesem Gedanken unterscheiden sich die Theorien des segregierten Arbeitsmarktes von den Theorien der *Chicagoer Schule.* Hier hatte man gedacht, die ethnischen Gemeinschaften leisteten ihren Mitgliedern vor allem emotionale Unterstützung auf dem schwierigen Weg der Anpassung an die neue Gesellschaft.

Die *liberal-konservative Theorie des* →Ethnozentrismus erklärt ethnische Segregation aus dem Bedeutungszuwachs des Staatsinterventionismus. Unter modernen Verhältnissen hängt die Wohlfahrt der Individuen immer weniger von individuell zu erringenden Markterfolgen ab und immer mehr von politischen Entscheidungen des Wohlfahrtsstaates. Um die zu beeinflussen, liegt es nahe, politische Organisationen nach dem Kriterium ethnischer oder rassischer Zugehörigkeit zu bilden. Ethnische Organisationen vertreten dabei mehr als nur pekuniäre Interessen. Ihre Beschäftigung mit Sprache, Religion, Herkunft, überkommenem und neu erfundenem Brauchtum verspricht den Mitgliedern auch Lebenssinn. Die Regression der politischen Parteien auf „Wahlkampfmaschinen" (Weber) und der Gewerkschaften auf Bürokratien, die sich auf Lohnforderungen beschränken, lädt zu diesen alternativen Versuchen kultureller Abgrenzung ein. Ethnische Verbände sind den modernen Parteien und Gewerkschaften überlegen, weil sie materielle Interessen mit affektiven Bindungen verknüpfen.

Daß der neue →Ethnozentrismus politisch so virulent geworden ist, bedeutet nicht, daß unter den Schmelztiegeln der modernen Gesellschaften das Feuer erloschen wäre und hier eine bunte Vielfalt von traditionalen →Vergemeinschaftungen entstünde. Ethnische Organisationen sind vielmehr modernen Charakters, weil sie Interessenorganisationen sind. Sie vertreten nicht Tradition, sondern Interessen, die Produkt von Entscheidungen sind. Die dafür gewählten Organisationen sind ebenfalls modern. Sie haben normalerweise die Form des Vereins oder der Bürokratie. Modern sind diese Organisationen selbst da, wo es erklärtermaßen um Traditionspflege geht. Der Entschluß, sich für die Belebung oder Wiederbelebung von Tradition zu engagieren, ist selbst bereits modern, denn Tradition gilt fraglos. Die Entscheidung, ‚Tradition zu pflegen', macht aus Tradition Folklore.

Die liberal-konservative Theorie der ethnischen Bewegungen ist als Kritik an den Emanzipationsversuchen der Schwarzen in den USA entworfen worden. Deswegen hat sie Gegenkritik provoziert. Tatsächlich ist die civil rights movement ein denkbar ungeeigneter Fall für den Begriff „ethnicity". Denn die civil rights movement war nicht hinter ethnisch spezifischen partikularistischen Interessen her, sondern vertrat Forderungen von universalistischem Charakter, Forderungen nach Bürgerrechten.

So läßt sich also als Differenz zwischen den Schwerpunkten der Minderheitensoziologie in Deutschland und USA festhalten: In Deutschland fragt man nach *ethnischer Identität* und ihrem Schicksal und in den USA nach *bürger-*

lichem Universalismus und seinen Chancen.

Lit.: Castles, Stephen/Godula Kosack: Immigrant Workers and the Class Structure in Western Europe. Oxford, London 1973; *Dohse, Knuth:* Ausländische Arbeiter und bürgerlicher Staat. Königstein/Ts. 1981; *Glazer, Nathan,* und *Daniel P. Moynihan:* Ethnicity. Theory and Experience. Harvard 1981 (5. Aufl.); *Heckmann, Friedrich:* Die Bundesrepublik: Ein Einwanderungsland? Stuttgart 1981; *Olzak, Susan:* „Contemporary Ethnic Mobilization". In: Annual Review of Sociology, 9: 1983, S. 355–374; *Weber, Max:* „Ethnische Gemeinschaftsbeziehungen". In: Ders., Wirtschaft und Gesellschaft (Studienausgabe, hrsg. von *J. Winckelmann*). Tübingen 1972 (5. Aufl.), S. 234–244

Dr. *G. Lenhardt,* Berlin

Minoritäten

→Minderheitensoziologie

Bevölkerungsgruppen, die aufgrund bestimmter ethnischer, rassischer, religiöser oder anderer Merkmale sich von der Mehrheit einer Bevölkerung unterscheiden und deshalb abgelehnt bzw. diskriminiert werden. Die Diskriminierung erstreckt sich von sozialem Ausschluß über wirtschaftliche Benachteiligung bis hin zur physischen Vernichtung. Waren im Mittelalter und zur Zeit der Reformation konfessionelle Unterschiede Anlaß sozialer und politischer Unterdrückung (Juden, Protestanten), so wirken in modernen Gesellschaften zunehmend völkische, sprachliche und rassische Unterschiede diskriminierend. Antisemitismus, Rassismus und Ausländerfeindlichkeit sind weltweit anzutreffen.

→Stereotyp

Mitbestimmung

Mitwirkung der Arbeitnehmer bei den sie betreffenden wirtschaftlichen, sozialen und personellen Angelegenheiten. Grundgedanke der Arbeitnehmermitbestimmung ist die Gleichwertigkeit von Arbeit und Kapital im Produktionsprozeß. Es lassen sich vier Ebenen der Mitbestimmung unterscheiden: 1. Mitbestimmung am Arbeitsplatz; 2. Mitbestimmung im Betrieb (=betriebliche Mitbestimmung); 3. Mitbestimmung im Unternehmen (Unternehmensmitbestimmung); 4. überbetriebliche Mitbestimmung. Erste Mitbestimmungsregelungen finden sich nach 1918 im Reichswirtschaftsrat (1920–1934) und im Betriebsverfassungsgesetz von 1921. Im Dritten Reich wurde die Mitbestimmung außer Kraft gesetzt. Nach 1945 wurde die Mitbestimmung der Arbeitnehmer umfassend neu geregelt: Montanmitbestimmungsgesetz 1951, Betriebsverfassungsgesetz 1952, Personalvertretungsgesetz des Bundes 1955 und das Mitbestimmungsgesetz 1976.

Mitgliedsgruppe

→Eigengruppe

Mittelschicht

→Mittelstand (div.)

Gruppe von Personen, die in der vertikalen Struktur oder Schichtung einer Gesellschaft sowohl bei Selbst- wie Fremdeinschätzung der Mitte zuzurechnen ist. In Anlehnung an die Unterscheidung bei Marx nach →altem (Handwerker, Bauern, kleine Gewerbetreibende) und →neuem Mittelstand (Angestellte, Beamte) wurde ein aus mindestens drei Schichten bestehendes Modell entwikkelt (Oberschicht, Mittelschicht, Unterschicht). Je nach Untersuchungsperspektive werden bei der Analyse nicht nur Einkommen und Vermögen, Beruf bzw. Berufsprestige sowie die Ausbildung herangezogen, sondern auch das Schichtbewußtsein oder das Gesellschaftsbild der Befragten. Gelegentlich wurde von der Gesellschaft der Bundesrepublik Deutschland als einer →„nivellierten Mittelstandsgesellschaft" (Schelsky 1953) gesprochen. Zur Mittelschicht sind nach den verschiedenen empirischen Untersuchungen etwa 60% der bundesrepublikanischen Bevölkerung zu rechnen (*Janowitz,* 1958; *Scheuch* 1959; *Kleining/Moore* 1966).

Mittelstand
→Mittelschicht

Mittelstand, alter
Bezeichnung für Berufsgruppen, die bereits vor der →Industrialisierung dem dritten Stand zuzurechnen waren, wie: Handwerker, kleine Gewerbetreibende. Zur Rolle des alten Mittelstandes bei der Machtübernahme durch die Nationalsozialisten 1933 vgl. *T. Geiger:* Die soziale Schichtung des Deutschen Volkes, 1932.

Mittelstand, falscher
Berufsgruppe, deren Mitglieder sich dem Mittelstand zugehörig fühlen, die sich aber im Hinblick auf Ausbildung, Einkommen und Vermögen kaum von der Arbeiterschicht unterscheiden, wie Verkaufspersonal, Kraftfahrer, Kellner u. a.

Mittelstand, neuer
Bezeichnung für die Berufsgruppe der Angestellten und Beamten. Im Widerspruch zu Marxens Prognose nimmt die Zahl der Personen, die dem Mittelstand zuzurechnen sind, ständig zu, vor allem bedingt durch das Wachstum des tertiären Sektors der Wirtschaft.

Mittelstandsgesellschaft, nivellierte
von *H. Schelsky* 1953 geprägter Begriff zur Bezeichnung der Sozialstruktur der BR Deutschland. Bedingt durch Aufstiegsprozesse aus der Arbeiterschicht (Facharbeiter) und Abstiegsprozesse aus der Oberschicht kommt es zu einer Verstärkung der kleinbürgerlichen-mittleren Statuslagen. Sichtbaren Ausdruck findet dieser Nivellierungsprozeß im Konsum- und Freizeitverhalten. Schelskys Feststellungen verstehen sich als Antithese zur Verelendungstheorie von *Marx* und erfuhren in den sechziger Jahren scharfe Kritik. Die Bezeichnung „nivellierte Mittelstandsgesellschaft" wurde als Interpretation einer bundesrepublikanischen Gesellschaft mißverstanden, in der →soziale Ungleichheiten weitgehend nivelliert seien.

Mobilität (soziale)
→soziale Mobilität

Modalpersönlichkeit
hypothetischer Persönlichkeitstyp, der bestimmte Eigenschaften einer Gesellschaft auf sich vereint. Auch →basic personality genannt, ein von *Kardiner* und *Linton* geprägter Begriff zur Bezeichnung einer typischen Persönlichkeitsstruktur, wie sie sich aufgrund kultureller und sozialer Einflüsse vorwiegend durch die →Sozialisation herausbildet.

Modalwert
häufigster Wert einer Urliste von Daten von nur geringem Informationswert.

Mode
Sitte, Brauch
vorwiegend auf die Kleidung bezogen; im allgemeinen auch Bezeichnung für den gerade üblichen oder vorherrschenden Geschmack. Mode ist Ausdruck einer Normierung gesellschaftlicher Beziehungen, der Zuordnung zu bestimmten Gruppen der Gesellschaft, der Anpassung. War die Mode im Mittelalter ein Ausweis der Standeszugehörigkeit, die mit genauen Vorschriften belegt war, so ist Mode heute vor allem ein Mittel zur Selbstdarstellung und Individualisierung. Nachahmungs- und Individualisierungsstreben sind Triebfedern der Mode und damit des Massenkonsums, der durch Werbung gesteigert wird. Modetendenzen breiten sich von der oberen Mittelschicht (Modeführer) nach unten aus.

Modell
Muster, Entwurf
im Sprachgebrauch verschiedener Wissenschaften Darstellung, die einen bestimmten Sachverhalt unter vereinfachten Annahmen konstruiert, um die Analyse zu erleichtern. Sozialwissenschaftliche Modelle müssen lediglich der logischen Richtigkeit, jedoch nicht der empirischen Gültigkeit entsprechen. Modelle finden Verwendung zur Gewinnung von Informationen, Überprüfung

von Hypothesen und zur Demonstration von Ergebnissen. Gelegentlich geringe Unterscheidung zwischen Modell und Methode.

Modell-Platonismus
Modellbildung, bei der durch einschränkende Annahmen (→ceteris-paribus-Klausel) eine empirische Überprüfung (→Verifikation bzw. →Falsifikation) erschwert wird. *H. Albert* kritisierte damit vorwiegend die Theoriebildung in der Ökonomie.

Modernisierung
→postindustrielle Gesellschaft
→Postmoderne
→Risikogesellschaft
Die westliche Modernisierungsforschung hat sich vorwiegend mit den strukturellen und kulturellen Transformationsprozessen in den Entwicklungsgesellschaften der Dritten Welt beschäftigt, die nach ihrer Dekolonisation in verstärktem Maße einsetzten. Der Deskription und Analyse dieser Transformationsprozesse dienten Modernisierungsmodelle, die dem Paradigma der Dichotomie von Tradition und Modernität verpflichtet waren. Als Modernisierung im weitesten Sinne wurden alle tiefgreifenden, langfristigen und irreversiblen Prozesse des sozialen, kulturellen, politischen, wirtschaftlichen Wandels in diesen nichtwestlichen Entwicklungsgesellschaften der Dritten Welt bezeichnet. Es wurde angenommen, daß die Modernisierung aller traditionaler Lebensbereiche in diesen Entwicklungsgesellschaften unaufhaltsam sei, sich kontinuierlich fortsetze und sich an dem Vorbild der modernen westlichen Welt orientiere. Die verschiedensten Entwicklungstypologien, Trendberechnungen und Stadienmodelle der westlichen Modernisierungsforschung setzten sich zum Ziel, die sozialen Gesetzmäßigkeiten dieser Modernisierungsprozesse näher zu bestimmen. Vorherrschend war die Auffassung, daß die Tradition der Entwicklungsgesellschaften der Dritten Welt die Reichweite, die Intensität, die Schnelligkeit und die Richtung der durch den westlichen Modernisierungsdruck ausgelösten Transformationsprozesse bestimme. Die traditionale Ausgangslage vieler Entwicklungsgesellschaften wurde dabei als Hemmnis betrachtet, eine Auffassung, die noch der europäischen Tradition der Aufklärung verpflichtet war, die sich selbst als Verkörperung der fortschrittlichen Modernität verstand und ihre eigene Tradition nur als Fessel und Hemmnis auf dem eingeschlagenen Modernisierungspfad begriffen hatte.

Bei der Formulierung dieses Modernisierungsparadigmas wirkten die political development models richtungweisend, die vom Social Science Research Council des Committee on Comparative Politics in den USA direkt oder indirekt initiiert wurden. So setzte *E. Shils* seine Hoffnungen auf eine modernisierungswillige politische →Elite, die in ihrem Bemühen, die Beharrungskraft von traditionalen Strukturen zu schwächen, demokratische politische Systeme durchsetzen sollte, die den westlichen Anforderungen genügen könnten. *D. Lerner* vertraute auf die emphatischen Fähigkeiten von modernisierungsbereiten Menschen, die aus der traditionalen Erfahrungswelt ausbrechen könnten, um die geistige, räumliche und soziale →Mobilität westlicher Bürger zu erwerben. *S. N. Eisenstadt* sah im Ungleichgewicht zwischen sozialer Differenzierung und politischer Integration das wichtigste Hemmnis für einen erfolgreichen Modernisierungsprozeß. *S. P. Huntington* verwies auf die Konsequenzen einer politischen Unterentwicklung, die durch hohe soziale und politische Mobilisierung ohne durchsetzungsfähige Zentralgewalten entstehen kann. *D. E. Apter* beschrieb die traditionsfeindlichen →Ideologien von Modernisierungsregimen, die als totalitäre Einparteisysteme einen radikalen Strukturumbruch und einen selbsttragenden Wandlungsprozeß einzuleiten versuchten. *A. F. K.*

Organski unterschied vier Entwicklungsphasen, die zu durchschreiten reife politische Systeme gezwungen seien.

Die Kritik hat die methodischen und sachlichen Schwächen der westlichen Modernisierungsforschung, die hier exemplarisch an den political development models vorgestellt wurde, bloßgelegt. Insbesondere wurden die methodischen Defizite des →strukturell-funktionalen Bezugsrahmens kritisiert, der die Analyse von evolutionären Wandlungsprozessen begünstige, revolutionäre, systemsprengende, plötzliche und nichtgerichtete Modernisierungsschübe aber vernachlässige. Auch sei die Orientierung an dem westlichen Modernisierungsmodell irreführend, da die Entwicklungsgesellschaften der Dritten Welt in gänzlich verschiedenen Ausgangslagen eingebettet seien. Diese Entwicklungsgesellschaften seien schon zu Beginn ihrer Modernisierung in einen transnationalen Modernisierungskontext eingespannt gewesen, der durch imperialistische und kolonialistische Imperative bestimmt gewesen sei, so daß eine autozentrierte Entwicklung diesen Gesellschaften versagt geblieben wäre. Nicht die Modernisierung von traditionalen Lebensordnungen wäre für sie notwendig, sondern erst die Suche nach einer autozentrierten Entwicklungsmöglichkeit könnte sie aus der verhängnisvollen Dependenz von übermächtigen Industrienationen befreien. Übersehen werde auch, daß die Entwicklungsgesellschaften der Dritten Welt völlig unterschiedlich auf den westlichen Modernisierungsdruck geantwortet hätten. Sie als Übergangsgesellschaften zu bezeichnen sei falsch, da die meisten von ihnen Modernisierungspfade gewählt hätten, die nicht in die Richtung des westlichen Vorbildes einmünden. Die historische Besonderheit jeder Übergangssituation, die Verschiedenheit der nur als partielle Modernisierung zu bezeichnenden Strukturveränderungen, die Eigenlogik von Krisensituationen im Modernisierungsprozeß und die stete Veränderung des transnationalen Modernisierungskontextes werden als weitere kritische Einwände gegen das westliche Modernisierungsparadigma angeführt.

Sachlich hat insbesondere die kultursoziologische Modernisierungsforschung die völlige Verkennung der Tradition als Modernisierungspotential in nichtwestlichen Entwicklungsgesellschaften kritisiert. So hat insbesondere *Eisenstadt* darauf hingewiesen, daß die traditionale Ordnung nicht nur als Mittelpunkt der kollektiven →Identität einer Gesellschaft zu gelten habe, sondern die Grenzen und Möglichkeiten des Zugangs zur modernen Welt bestimme. Man müsse sehen, daß die kulturelle Tradition von Entwicklungsgesellschaften sich im Modernisierungsprozeß selbst als wandlungsfähig erwiesen und schon eigene kulturelle Sonderformen geschaffen habe, die als richtungweisende Entwicklungsimperative die nichtwestliche Modernität dieser Gesellschaften geformt hätten. →China, Indien, →Japan, Korea, um nur einige nichtwestliche Modernisierungsgesellschaften zu erwähnen, hätten ihre hochkulturellen Traditionen schon mit unterschiedlichen westlichen Modernisierungsmustern so kombiniert, daß ihre weitere Modernisierung den einmal gewählten Entwicklungsaxiomen folgten. Die westlichen Beobachter würden diese Modernisierungsleistungen lediglich unter dem Gesichtspunkt einschätzen, ob und welche westliche Kulturmuster in Gänze übernommen worden seien, ohne zu bemerken, daß der Selektionsvorgang selbst schon durch die endogenen Kulturtraditionen gesteuert worden sei. Diese kultursoziologisch ausgerichtete Perspektive wendet sich auch gegen eine unreflektierte empirische Messung von nichtwestlichen Modernisierungsgesellschaften mit Hilfe von makrosoziologischen Datensammlungen, die versprechen, Indikatoren von erfolgreicher oder fehlgeschlagener Modernisierung angeben zu können. Auch hier, so lautet der Einwand, werde die westliche politische Arithmetik als Maßstab der Beurteilung von empirischen Tatsachen genommen, ohne zu sehen, daß diese Tatsachen und ihre Indikatoren kulturellen Bedeutungszuschreibungen unterliegen, die nur im Rekurs auf den Sinngehalt der jeweils in Betracht kommenden →Kultur und →Gesellschaft zu entschlüsseln sind. So sind Indikatoren zur Entwicklung von Beruf, Bildung, Verkehr, Industrialisierung, Medien und Stadtsanierung nur dann bedeutungsrelevant, wenn sie im Sinnhorizont der untersuchten Entwicklungsgesellschaft angesiedelt sind, da sie der kulturellen Eigenart und Besonderheit dieser Gesellschaft erst ihren Stellenwert als empirische Tatsachen verdanken.

Neben dieser kultursoziologisch orientierten Modernisierungsforschung hat die historische Analyse von Modernisierungsprozessen gewichtige Einwände gegen das Paradigma der Dichotomie von Tradition und Modernität vorgebracht. Wichtig ist vor allem die Einsicht, daß das westeuropäische Modell der Modernisierung nur als ein historischer Sonderfall zu veranschlagen sei, dem kein Anspruch auf universelle Gültigkeit mit prognostizierbaren Gesetzmäßigkeiten zukomme. Selbst die westeuropäische Modernisierung sei durchaus nicht von einer starren Trennung von Tradition und Modernität geprägt gewesen, sondern habe sich durch eine Entwicklungsdynamik ausgezeichnet, in der die traditionellen Kulturmuster, Gruppen, Institutionen und Bewegungen eine wichtige, durchaus nicht immer modernitätsfeindliche Rolle gespielt hätten. Die von Gesellschaft zu Gesellschaft wechselnde Verbindung von Tradition und Modernität im Modernisierungsprozeß verbiete es, eine universell gültige Entwicklungsmechanik zu konstruieren. Statt dessen stünde für eine historisch ausgerichtete Modernisierungstheorie die Offenheit von historischen Entscheidungssituationen im Vordergrund.

Zu dieser Offenheit von historischen Entscheidungssituationen gehört ganz wesentlich die Berücksichtigung der Verkettung von endogenen und exogenen Modernisierungsimperativen, die zu unvorhergesehenen Entwicklungsschüben (Revolutionen) führen kann. Die Kette der europäischen Revolutionen des 18., 19. und 20. Jhdts. zeigt, daß die jeweiligen Modernisierungseliten und ihre Gegenspieler die Eigendynamik der nichtgeplanten Modernisierungsbemühungen unterschätzt und ihr Ergebnis nicht vorhergesehen hatten. Ebenso wichtig ist es, die jeweiligen Modernisierungskonstellationen in ihrer historisch einmaligen Eigenart genauer zu untersuchen. So kann die Entwicklungsdynamik von „Bezugsgesellschaften" und „Nachzüglern" *(R. Bendix)* unterschiedlich ausfallen, je nachdem, ob es sich um eine von der jeweiligen Modernisierungselite geplante oder aufgezwungene Modernisierung handelt; wichtig ist auch, welche Bereiche der eigenen Gesellschaft als reformierbar betrachtet werden und ob die Wahl der Modernisierungsmodelle vorgegeben oder offen ist; natürlich fällt auch die Position ins Gewicht, die eine Entwicklungsgesellschaft im Entwicklungsgefälle innerhalb eines Modernisierungskontextes einnimmt. So hatte *A. Gerschenkron* in seiner Theorie der staatlich forcierten Zwangsindustrialisierung darauf verwiesen, daß die transnationalen Effekte des primären Industrialisierungsmodelles (England) auf unterschiedliche Art und Weise jene Gesellschaften treffen, die sich an der Peripherie des Modernisierungsfeldes befinden und ihre Optionen unter den Bedingungen des „Vorteils der Rückständigkeit" treffen können. Von entscheidender Bedeutung kann auch die Wahl der Koalitionspartner sein, die eine modernisierungswillige Elite für eine forcierte oder kontinuierliche Modernisierungsstrategie trifft. So hatte *B. Moore* die verschiedensten Koalitionen von Modernisierungseliten beschrieben, die sich bei dem Versuch, die traditionale bäuerliche Subsistenzwirtschaft zu modernisieren, herausgebildet hatten. Nicht zu unterschätzen ist auch der Einfluß, den geschichtsmächtige Akteure ausüben können, wenn sie offene Handlungsspielräume zu radikalen Richtungsänderungen ausschöpfen. Ins Blickfeld rücken hier insbesondere revolutionäre Bewegungen, die nach der Machtergreifung ihr Ziel der totalen Neustrukturierung der Gesellschaft in Angriff nehmen. Die in zahlreichen Entwicklungsgesellschaften stattgefundenen Entwicklungsrevolutionen haben unterschiedliche Modernisierungsimpulse gebracht. Neben beträchtlichen Strukturveränderungen im politischen Herrschaftsapparat und in der kulturellen Selbstdeutung sind vor allem die chronische wirtschaftliche Armut und Verelendung bäuerlicher Massen zu erwähnen, die ein Rebellionspotential dauerhaft induzieren, das nur kurzfristig durch den von postkolonialen Entwicklungsregimen aufgebauten Repressionsapparat ausgeschaltet werden kann.

Lit.: S. N. Eisenstadt: Tradition, Wandel und Modernität. Frankfurt/M. 1979; *S. N. Eisenstadt:* Modernization: Protest and Change. Englewood Cliffs/N.J. 1966; *R. Bendix:* Könige oder Volk. Machtausübung und Herrschaftsmandat, 2 Bde. Frankfurt/M. 1980; *D. E. Apter:* The Politics of Modernization. Chicago, 2. Aufl., 1969; *P. Flora:* Modernisierungsforschung. Zur empirischen Analyse der gesellschaftlichen Entwicklung. Opladen 1974; *K.-G. Riegel:* Politische Soziologie unterindustrialisierter Gesellschaften: Entwicklungsländer. Wiesbaden 1976

Prof. Dr. *K.-G. Riegel,* Trier

Monade

letzte unteilbare Einheiten, aus denen sich die Weltsubstanz zusammensetzt (*F. Leibniz,* 1714). Allgemeine Bezeichnung für das Letzte, Unteilbare, die Einheit.

Monogamie

Einehe

institutionalisierte Eheform, u. a. des christlichen Abendlandes, bei der – im Gegensatz zur →Polygamie (Vielehe) – nur ein Mann und eine Frau ehelich miteinander verbunden sind.

monokausal

findet Verwendung zur Bezeichnung von →Hypothesen oder →Theorien, die eine Erscheinung oder ein Ereignis aus nur einer Ursache erklären wollen.

Monopol

Vorherrschaft

im allgemeinen Verständnis eine Marktform, bei der einem Anbieter zahlreiche Nachfrager gegenüberstehen; z. B. ist die Deutsche Bundespost ein Monopolunternehmen.

Monopolkapitalismus

in der marxistischen Theorie (→Marxismus) ein spätes Stadium des Konkurrenzkapitalismus, in dem durch Konzentration des Kapitals in wenigen Händen der Wettbewerb, und damit die freie Preisbildung, aufgehoben ist.

Moral

Moral konnte von Aristoteles noch relativ konkretistisch unter Bezugnahme auf das geltende Gesetz definiert werden: Das Gerechte ist das Gesetzliche und das Gleiche, wobei die Gesetze inhaltlich mit Schadensvermeidung zu tun haben, während das Gleichheitsprinzip distributive und retributive Gerechtigkeit beinhaltet. Aufgrund der Ausdifferenzierung von Recht und Moral muß die meta-ethische Bestimmung von Moral heute abstrakter gefaßt werden. *Material* umfaßt Moral die Regeln, in denen der wechselseitige Respekt der Menschen voreinander kodiert wird. *Formal* haben moralische Normen den Kriterien der →Öffentlichkeit, Letztinstanzlichkeit und Universalisierbarkeit zu genügen (*Rawls* 1975) – was immer wieder zu dem Irrtum geführt hat, daß Moral rein formal durch Universalisierung *definiert* werden könne (*Habermas* 1983).

Die einzelwissenschaftliche Moralforschung ist überwiegend in Soziologie und Psychologie beheimatet, die Biologie zieht jedoch nach. So erklärt *Crook* (1980) in seiner neodarwinistischen Theorie die Entstehung von Moral unter Rekurs auf inklusive genetische Tauglichkeit: Individuen, die Nepotismus und Altruismus gegenüber Verwandten praktizieren, sichern so wenigstens noch einen Teil ihres genetischen Materials. Die Soziologie kann die Existenz von Moral als solcher voraussetzen; sie interessiert sich eher dafür, wie moralische Vorstellungen mit gesellschaftlichen Bedingungen interagieren. Die klassische Soziologie liefert dazu pradigmatische Studien. Da Moral historisch immer Religion war, können *Max Webers* religionssoziologische Untersuchungen (1920) als moralsoziologische Texte gelesen werden. In ihnen versucht er zu zeigen, wie die soziale Lage der Trägerschichten der großen Weltreligionen deren Stellung zur Welt und die entsprechenden Wirtschaftsethiken geprägt hat. Und umgekehrt geht die →„Protestantische Ethik" dem Einfluß nach, den eine religiös geprägte Lebensführung auf die Entstehung der Neuzeit ausgeübt hat. Während Moral in der Weberschen Soziologie einen wichtigen, aber keineswegs dominanten Stellenwert hat – ethisches →Handeln ist nur *ein* Fall →wertrationalen Handelns, dem wiederum affektuelles, traditionales und zweckrationales Handeln gegenüberstehen –, ist die *Durkheimische Soziologie* fast gänzlich mit Moralsoziologie identisch. Als Inbegriff von institutionalisierten →Normen, die vom Individuum als obligatorisch erfahren werden, ist die Gesellschaft wesentlich ein moralisches Phänomen. Ihre Bedeutung gewinnt die Durkheimsche Soziologie aber erst dadurch, daß sie Moraltypen in Abhängigkeit von gesellschaftlicher Evolution analysiert. In kleinen, segmentären Gesellschaften ohne nennenswerten →sozialen Wandel, ohne relevante →soziale Differenzierung kann die →soziale Kontrolle in enger →face-to-face-Interaktion jederzeit gesichert werden. Unter solchen Bedingungen können die jeweils nachfolgenden Generationen zu einer strikten →Konformität mit den bewährten moralischen Standards, die als „natürliche Ordnung" erscheinen und denen alle in gleicher Weise unterworfen sind, erzogen werden. Hier herrscht →„mechanische Solidarität". Ihr steht die →„organische Solidarität" industrieller Gesellschaften gegenüber (1893). In diesen haben →funktionale Differenzierung, eine hohe Bevölkerungsdichte mit mannigfaltigen Kommunikationsmöglichkeiten und eine Lockerung der sozialen Kontrolle ein Milieu entstehen lassen, das eine autonome Moral des Individuums nicht nur erlaubt, sondern geradezu fordert: Die Synthese der heterogenen gesellschaftlichen Orientierungsmuster muß vom Individuum geleistet werden, und zwar so, daß sie von Einsicht in die Notwendigkeiten der gesellschaftlichen Kooperation angeleitet ist.

Durch das Werk von *T. Parsons* sind die Impulse der klassischen Soziologie auch für die neueren theoretischen Diskussionen fruchtbar gemacht worden. In seiner umfassenden Kritik am →Utilitarismus hatte Parsons den Nachweis geführt, daß gesellschaftliche Ordnung ohne institutionalisierte Werte nicht aufrechterhalten werden kann (1937). Diese Einsicht ist auch für die Phasen seines Denkens bestimmend geblieben, in denen er bemüht war, neuere Erkenntnisse der →Systemtheorie handlungstheoretisch umzumünzen. Seine Theorie hat es nun mit →Handlungssystemen zu tun, die „vernestet" sind, hierarchisch aufeinander aufbauen oder sich als Teilsysteme zu einem Gesamtsystem ergänzen. Auf jeder Systemebene sind dabei vier Grundfunktionen zu erfüllen, nämlich (extern, d.i. das Verhältnis zur Umwelt betreffend) Adaptation und Zielerreichung sowie (intern, d.i. das Verhältnis von Systemelementen zueinander betreffend) Integration und (Orientierungs-)Muster-Erhaltung. Das kulturelle System ist Inbegriff aller denkbaren Orientierungsmuster und enthält auch moralisch bewertende Symbolisierungen. Diese werden im sozialen System selektiv institutionalisiert und vom Persönlichkeitssystem selektiv internalisiert (→Über-Ich-Bildung). So kommt es zu einer teilweisen *Interpenetration* von kulturellem, sozialem und personalem System. Moral übernimmt dabei für die Gesellschaft und für das Individuum die Funktion der →Integration. Diese These führt soziologisch nicht eben weit und ist psychologisch mehr als problematisch. Denn das Gewissen bedarf, wenn es abgespalten ist und rigide funktioniert, *selbst* der Integration. Zudem reguliert Moral die Beziehungen zwischen verschiedenen Individuen und hat somit auf der Ebene des Persönlichkeitssystems eher einen externen Systembezug. Vor allem aber kann *Parsons* trotz seines komplexen theoretischen Apparats kaum eine Aussage darüber machen, *welche* moralischen Orientierungen denn am ehesten integrationsfördernd sind: *Durkheims* „institutionalisierter Individualismus" ist auch bei ihm der Weisheit letzter Schluß.

In der späteren Diskussion hat man durchaus das Bedürfnis verspürt, über die *Parsonssche* Moralsoziologie hinauszugelangen. *N. Luhmann* hat vor allem versucht, das Interpenetrationstheorem zu vertiefen und moraltheoretisch auszubeuten. *Interpenetration* liegt vor, wenn autopoetische Systeme wechselseitig die eigene Komplexität zur Strukturierung des jeweils anderen Systems zur Verfügung stellen. Dabei werden nicht einfach, wie bei *Parsons,* identische Elemente benutzt, sondern die Konstitution der Elemente selbst (→Normen, →Handlungen) erfolgt im Zuge der Interpenetration. Zwei Haupttypen von Interpenetration müssen unterschieden werden, nämlich zwischenmenschliche und soziale Interpenetration. Im ersten Fall liegt eine Mensch-Mensch-, im zweiten eine Mensch-soziales System-Beziehung vor. Da die Komplexität anderer Systeme nie voll genutzt werden kann, muß ‚reduziert' werden – z.B. durch den *binären Schematismus* von Achtung/Mißachtung gegenüber der Person als ganzer, i.e. durch Moral. Dabei kommt der Moral die einzigartige Funktion zu, soziale und zwischenmenschliche Interpenetration zugleich mit Achtungsausdrücken zu versorgen. Durch das evolutionsbedingte Auseinanderdriften von öffentlichen und privaten Bereichen gerät die Moral aber zunehmend in Schwierigkeiten: Gesellschaft als ganze läßt sich nicht mehr moralisch integrieren, Wirtschaft, Recht, aber auch Liebe werden zunehmend entmoralisiert. Man mag diese Argumentation als Fortschritt gegenüber *Parsons* werten, Fragen danach, welche Gerechtigkeitsvorstellungen und moralischen Normen denn nun von welchen Schichten der Bevölkerung noch vertreten werden, werden hier nicht beantwortet.

An genau diesem Punkt scheint *Habermas* mit seiner *universalpragmatischen Handlungstheorie* anzusetzen (1981). Die Theorie des „kommunikativen Handelns" erhebt den Anspruch, bestimmte Normen vor anderen auszeichnen zu können, kommt dabei aber gerade wegen ihrer pragmatiktheoretischen Orientierung über die Definition von ‚Moral' kaum hinaus: Alle sollen mit gleichen Rederechten am Diskurs teilnehmen dürfen – aber was (Semantik!) sollen sie sinnvollerweise sagen? Als Fazit ergibt sich somit aus der Durchsicht der soziologischen Literatur, daß man hier über sehr allgemeine Bestimmungen von Moral kaum hinausgelangt ist, da empirische Untersuchungen über die soziale Verteilung von Moral- und Gerechtigkeitsvorstellungen weitgehend ausgeblieben sind.

Fündig wird man eher in der Sozial- und Entwicklungspsychologie. In der →Sozialpsychologie sind inzwischen vielfältige Befunde über prosoziales Verhalten (*Koch,* 1976) und Gerechtigkeitsvorstellungen zusammengetragen worden. So benutzen Individuen unterschiedliche Gerechtigkeitsprinzipien je nach sozialem Kontext: in intimen Beziehungen wird nach dem Bedürfnisprinzip, in freundschaftlich-solidarischen →Gruppen nach dem Gleichheitsprinzip und in sachlich-aufgabenorientierten →Interaktionen nach dem Beitragsprinzip verteilt, wobei die Anteilsunterschiede bei starkem Wettbewerb zunehmen (*Mikula,* 1980). Da Erwachsene eine Mehrzahl von Gerechtigkeitsprinzipien benutzen, müssen sich Interessen nicht durch Verletzung von →Normen durchsetzen, sondern können sich durch die Wahl des geeigneten Gerechtigkeitsprinzips Geltung verschaffen: Wer geringe „Verdienste" hat, gewinnt durch Gleichverteilung. Ontogenetisch erscheint das Gleichheitsprinzip als erstes und wird dann durch Verdienst- und Bedürfnisprinzip ergänzt (*Damon,* 1984). Geschlechtsunterschiede sind schwach – Frauen scheinen gegebenenfalls eher das weniger konfliktuöse Gleichheitsprinzip zu favorisieren.

Die neuere Forschung zum Erwerb moralischer Basisnormen wird überwiegend von der →kognitivistischen Entwicklungspsychologie getragen, konkurrierende Ansätze liefern Ergänzungen. So liegt es für die →Lerntheorie nahe, die Verhaltenswirksamkeit moralischer Regeln aus entsprechenden Belohnungs- und Bestrafungsstrategien von Erziehern ableiten, wobei Generalisierungseffekte unterstellt werden müssen. Statt Generalisierung findet man jedoch eher situationale Spezifik, und die Zusammenhänge mit dem Erzieherverhalten sind nicht eben beeindruckend. Die Psychoanalyse erklärt die Entstehung des moralischen Bewußtseins (→Über-Ich) aus der beim Untergang des →Ödipuskomplexes erfolgenden Identifikation mit dem Vater. Bei Übertretungen soll es dann zu starken Schuldgefühlen als Ausdruck von Selbstbestrafungstendenzen kommen. Schuldgefühle scheinen jedoch eher mit sozialkognitiver Reife als mit einem intrapunitiven →Über-Ich einherzugehen (*Kohlberg,* 1963).

Die lerntheoretischen und psychoanalytischen Ansätze teilen eine gravierende Schwäche: Das Kind übernimmt passiv die Vorgaben seiner Umwelt, und Erziehung kann eigentlich nur als Erziehung zu →Konformität gedacht werden. Anders die kognitivistischen Theorien: Hier konstruiert das Kind seine Umwelt aktiv, indem es seine Erfahrungen begrifflich-operativ verarbeitet. Diese Selbstorganisation des Denkens vollzieht sich in einer stadienförmigen Sequenz, wobei die höheren Stadien die niederen integrieren und „aufheben". Ein erstes Modell der moralischen Entwicklung ist von *Piaget* (1932) vorgelegt worden. Ihm zufolge soll das Kind von einem →heteronom am Erwachsenen orientierten, moralischen Realismus (Gebote als natürliche Ordnung) zu einer →autonomen Moral übergehen, deren Normen auf wechselseitigem Respekt und freiem Konsens der Betroffenen beruhen. Dieses Modell erwies sich als nicht hinreichend trennscharf und ist daher von *Kohlberg* durch ein Modell mit 6 Stadien und drei Ebenen (präkonventionell, konventionell, postkonventionell) ersetzt worden (1969). Der heteronomen Orientierung an überlegenen Autoritäten (1) folgt eine Phase individualistisch-instrumentellen Austauschs (2); diese wird durch die Betonung von Übereinstimmung in konkreten Sozialbeziehungen (3) abgelöst, der dann der Blick auf die Funktionsnotwendigkeiten der →Gesamtgesellschaft (4) folgt; schließlich wird Gesellschaft begriffen als vertraglich vereinbartes Arrangement im Dienste von Individuen, deren Grundrechte auf Freiheit und Leben unveräußerlich sind (5). Auf Stufe 6 wird dann der moralische Standpunkt in vollem Umfang flexibilisiert, und der Handelnde orientiert sich an dem universellen Prinzip der Würde der individuellen Person.

Trotz erheblicher →Operationalisierungsprobleme ist inzwischen eine Fülle von Evidenzen zusammengekommen, die den Schluß erlauben, daß das Modell eine Entwicklungsdimension erfaßt. Es gibt jedoch auch eine Reihe von offenen Fragen. Die Veränderungen der Operationalisierungen sind nicht in die Stadienbeschreibungen „eingetragen" worden, obwohl einiges dafür spricht, daß Modifikationen anstehen. Spätestens seit den Untersuchungen von *Turiel* ist klar, daß das präkonventionelle Denken nicht mit →Instrumentalismus verwechselt werden darf (1983). Und auch das postkonventionelle Denken läßt sich nicht einfach durch den ,Standpunkt der Moral' oder den Prinzipienbegriff definieren (*Döbert* 1987); und generell gilt, daß die Kohlbergschen Stadienbeschreibungen nur einen Teil der von Befragten faktisch verwendeten Argumente erfassen. Dieses Manko hat zur Forderung nach einer kontextuellen, interpersonellen Moral und nach einer spezifisch ,weiblichen' Argumentationsweise geführt – Forderungen, denen man durchaus kritisch gegenüberstehen kann (*Haan,* 1978; *Gilligau,* 1982).

Strittig ist weiterhin, wieweit die „entwicklungslogischen Postulate Kohlbergs (invariante Sequenz ohne Regressionen oder Überspringen, strukturierte Ganzheiten) zu halten sind. Die Reife des moralischen Urteils variiert doch erheblich mit der Dilemma-Situation, und die Alterstrends dürften ausgeprägter sein. Daher müssen rein typologische Alternativen, wie sie etwa von *Hoffman* (1970) oder *Garbarino/Bronfenbrenner* (1976) vorgeschlagen wurden, durchaus als ernsthafte Konkurrenten Kohlbergs angesehen werden. Wie immer jedoch diese Kontroversen ausgehen mögen, ein totaler „Gestalt-Wandel" des Feldes ist nicht zu erwarten – dafür überlappen sich die konkurrierenden Ansätze zu sehr.

Schließlich ist bei der Umsetzung des moralischen Urteils in moralisches →Handeln wohl mit mehr Schwierigkeiten zu rechnen, als Kohlberg wahrhaben wollte, wenn er darauf vertraute, daß Entwicklung schließlich auch moralische Verläßlichkeit hervorbringen würde. Moralisches Engagement und Verläßlichkeit lassen sich nicht auf →Kognition reduzieren, und die ,moralische Bilanz' (*Nisan,* 1986) wird von anderen Faktoren beeinflußt. Hier sind Untersuchungen zur moralischen →Sozialisation gefordert, die nicht die kognitive, sondern die →affektive Entwicklung betreffen (*Bertram,* 1982).

Insgesamt wird man zu dem Schluß kommen dürfen, daß die psychologische Forschung inzwischen ein differenziertes Bild der faktisch in der Gesellschaft verbreiteten moralischen Orientierungen entworfen hat, das sich den alten soziologischen Formeln vom institutionalisierten Individualismus und Differenzierungstheoremen entzieht. Auf dieseer Basis müßten die spärlichen Studien über Genese und sozialstrukturelle Verteilung von moralischen Orientierungen vorangetrieben werden. Nur so könnte die soziologische Moralforschung wieder an den Stand der Diskussion angenähert werden.

Lit.: J. Rawls: Eine Theorie der Gerechtigkeit. Frankfurt/M. 1975; *T. Parsons/ G. M. Platt:* The American University. Cambridge/Mass. 1973; *N. Luhmann:* Soziale Systeme. Frankfurt/M. 1984; *G. Mikula* (Hg.): Gerechtigkeit und soziale Interaktion. Bern 1980; *R. Döbert:* „Horizonte der an Kohlberg orientierten Moralforschung". Z. f. Pädagogik 33, 1987, S. 491 ff.; *J. Garbarino/U. Bronfenbrenner:* „The Socialization of Moral Judgement and Behavior in Cross-Cultural Perspective", in: *T. Lickona* (ed.): Moral Development and Behavior, New York 1976

PD Dr. *Rainer Döbert,* Berlin

Morphologie (soziale)

Formenlehre

Hilfsdisziplin der Soziologie seit Durkheim, die sich mit dem Aufbau der Gesellschaft, der „Bevölkerungsdichte" hinsichtlich von Mengenverhältnissen befaßt (Geburten, Alter, Geschlecht, Wanderungen u. a.). Soziale Morphologie darf sich nicht auf die Beschreibung von Fakten und Klassifikationen beschränken, sondern gewinnt erst in Zusammenarbeit mit anderen Disziplinen, Theorien und empirischer Forschung ihren Aussagewert.

Motivation
in der Psychologie verwendete Bezeichnung für die Summe der Beweggründe, die das individuelle →soziale Handeln in Gang setzen. Intrinsische und extrinsische Motivation heißen in der →Lerntheorie die beiden Belohnungsmuster: eine Sache um ihrer selbst willen tun (intrinsisch) oder wegen der zu erwartenden Belohnung (extrinsisch).

Motivforschung
Teil der Marktforschung, in der die Beweggründe (Motive) für das Käuferverhalten untersucht werden.

Motivorientierung
von *T. Parsons* in der allgemeinen →Handlungstheorie verwendeter Begriff. Parsons versteht hierunter eine Bedürfnisbefriedigung unter Berücksichtigung sozialer Einflüsse.

Multidimensionalität
Vielschichtigkeit
Bezeichnung für die Mehrdimensionalität sozialer Zusammenhänge; richtet sich gegen monokausale Erklärungsversuche.

multikulturelle Gesellschaft
1. Begriff: MG bezeichnet ein Projekt von Einwanderungsländern, die Gruppenbildung der Einwanderer nach Kategorien ihrer ethnisch-kulturellen, religiösen und räumlichen Herkunft zu tolerieren. In einem dem liberalen Marktmodell entlehnten Rahmen würden die vielfältig vorhandenen Kulturen produktiv interagieren und dadurch Reichtum, sowohl im Sinne mannigfaltiger Lebenswelten wie im Sinne nationalökonomischer Arbeitsteilung und Produktion, hervorbringen. MG ist Konzeption und ähnelt sogar einem „Gedankenexperiment" gegenüber einem Einwanderungsgeschehen; sie ist keine Abbildung einer empirisch vorfindlichen Gesellschaftsform.

2. Herkunft: MG tauchte in der Dikussion um neue Einwanderungsmuster in den USA auf; „multicultural" wurde da gleichzeitig mit „multi-racial" verwendet. Die systematisch eingeworbenen Qualifizierten anderer Rassen und Völker, die die hohen Einwanderungs- und Einbürgerungsbarrieren der USA überwinden konnten, nahmen einen Status ein, daß von ihnen eine vollkommene *Akkulturation* nicht mehr durchzusetzen war. Zum anderen stieg die Zahl der illegalen Einwanderer, deren niedriger Status nur über ethnische Selbsthilfenetze und Subkulturen erträglich wurde. Die traditionelle Immigration, die für den Immigranten und seine Nachkommen erst Assimilierung an Staatsgeist und Verkehrsformen, sodann Akkulturation an Sprache und Identität vorsah, ist einer „New Ethnicity" gewichen. Gerade sie hat die Migrationssoziologie, die US-am. Stadtsoziologie und Sozialarbeit bewogen, mit dem Begriff einer MG mehr Wirklichkeitsnähe zu erhalten. Analog tauchte der Begriff der MG im intellektuell-urbanen Milieu Westdeutschlands auf, nachdem Mitte der 80er Jahre die Zuwanderung anstieg, verstärkt um ebenfalls steigende Zahlen von Asylbewerbern. Den Höhepunkt seiner Verwendung in der politischen Diskussion erreichte MG um die Zeit der deutschen Vereinigung bis zur Änderung des Art. 16 GG, des sog. „Asylparagraphen", 1993. Seitdem verliert die Debatte um eine MG sichtbar an Boden.

3. Konkurrierende Konzeptionen: Die MG will eine Antwort auf die Integrationsprobleme von Einwanderungsländern sein und steht hierzu z. T. im Widerspruch zu anderen Konzepten, wie der Nationalstaatsidee und der Zivilgesellschaft. Der *kulturell-homogene*

Nationalstaat verleiht die volle Bürgerschaft über Abstammung und Antrag auf Erwerb *(„Abstammungsrecht")* oder über Geburt auf dem Territorium („Bodenrecht"). Ersteres basiert auf dem Erbrechtsgedanken, letzteres auf dem Investitions- bzw. Humankapitalgedanken. Am anderen Ende liberaler Gesellschaftskonzepte findet sich die von einem *Verfassungspatriotismus* gestützte *Zivilgesellschaft,* die sich auf abstrakte Menschen- und Bürgerrechte als einzig gültigen Verkehrsrahmen zurückzieht. In ihr spielen die geschichtlich-kulturellen wie räumlich-rassischen Attribute humaner Existenz keine Rolle. Sie gelten den Postulaten wie der Unverletzlichkeit der Person als nachgeordnet und können sich in ebenfalls im Rahmen einer abstrakten Presse-, Vereinigungs- und Versammlungsfreiheit verwirklichen.

Die MG steht weder der Nationalstaatsidee noch der Zivilgesellschaft nahe. Der Nationalstaat kann auf seinem Territorium keine fremden Normenwelten, die über das eigene Subkulturelle hinausgehen, gestatten. Staaten mit Abstammungsrecht (z.B. Deutschland) neigen zu mehr Toleranz gegenüber dem Fremden, weil er es dort grundsätzlich bleibt. Staaten mit Bodenrecht (z.B. Frankreich) unterstellen, daß die Kosten einer „nationalen Edukation" (z.B. Frankreich) für das Geburtsland über Arbeit und Identifikation abgetragen werden sollen. Mit der Zivilgesellschaft sind Ethnien und Kulturen nicht zufrieden, weil sie aus sich heraus Ansprüche und Rangstellung anmelden, für die eine Zivilgesellschaft nicht zuständig ist.

4. Kritik: Die MG ist ein gedankliches Konstrukt, das, wie die Position des Kulturrelativismus, der die Unablösbarkeit ethnisch-kulturellen Sozialisationserwerbs unterstellt und primäre Zugehörigkeitskategorien bestätigt, einen Beitrag zur interkulturellen Toleranz leisten will. Dabei trägt sie dem im Weltmaßstab beobachteten Wiederaufleben nationaler und ethnischer Aspirationen Rechnung („ethnic revival"). Es ist aber anzunehmen, daß organisierte Zuwanderergruppen im Gastland ihre ethnisch-kulturelle Identität zur Geltung bringen werden.

Moderne Gesellschaften benötigen ein Höchstmaß an Kommunikation und Qualifikationsvermittlung, weil ansonsten die Arbeitsteiligkeit im höchsten Entwicklungsstadium nicht hergestellt werden kann. Wie dies mit verschiedenen, einander fremd bleibenden ethnischen Einheiten möglich sein soll, wird auch von seiten der Konzeptoren der MG nicht klar befürwortet. Die MG beruht offenbar auf einem arglosen Liberalismus, der mit Wachstumswillen von Fremdkulturen, von ethnischer Rivalität und Konfliktträchtigkeit von Zuwandereinheiten nicht rechnet.

Einer ideologiekritischen Beobachtung zufolge finden sich unter den Befürwortern der MG auffällig viele Neomarxisten und Linksintellektuelle, die nach 1989 einer Ersatz-Utopie dringend bedurften. Die unausbleibliche Polemik um das Für und Wider einer MG hatte wieder Fronten aus der Zeit des Kalten Krieges aufgerissen. Kritik an der MG und seriöse Versuche, ihren naiven und weltfremden Kern bloßzulegen, traf der Vorwurf des „Kulturrassismus" oder akademisch verbrämter „Ausländerfeindlichkeit". Daß damit eine bedeutende Zukunftsfrage angeschnitten worden war, drohte dabei unterzugehen. *Befürworter* sind auch Wirtschaftsliberale, die in den Zuwanderern weniger Kulturträger sehen als Arbeitskräfte zu günstigen Bedingungen, und sodann Vertreter einer „Offenen Republik", die – ähnlich den Wirtschaftsliberalen – in den Arbeitsverhältnissen eine ausreichende Ordnungsfunktion für Zuwanderung erblicken.

Zu den erklärten *Gegnern* einer MG zählen Verfechter der Nationalstaatsidee, die eine geschichtlich gewordene Einheit von Sprache, Recht, Politik und Persönlichkeitsverständnis voraussetzt.

Gerade eine solche Einheit würde durch eine „Diversifizierung der Werte und Normen" untergraben und den demokratisch gedachten Pluralismus destruktiv überdehnen. Gegner findet man noch unter den Konfliktsoziologen, vergleichenden „Humanethologen" und Kritikern der „new ethnicity" und des „multiculturalism" in den USA, nach deren Meinung der Einschmelzungsprozeß, der eine Einwanderernation lebendig erhält, hintertrieben wird.

Lit.: Irenäus Eibl-Eibesfeldt: Wider die Mißtrauensgesellschaft – Streitschrift für eine bessere Zukunft. München 1994; *Emmerich K. Francis*: Interethnic Relations: An Essay in Sociological Theory. New York 1976; *Friedrich Heckmann*: Ethnische Minderheiten, Volk und Nation – Soziologie der inter-ethnischen Beziehungen. Stuttgart 1992, *Hans-Joachim Hoffmann-Nowotny:* Chancen und Risiken einer multikulturellen Einwanderungsgesellschaft. (Schweizer Wissenschaftsrat), Bern 1992; *Charles Taylor*: Multikulturalismus und die Politik der Anerkennung (mit Kommentaren und Beitrag von J. Habermas). Frankfurt/M. 1993. *Stefan Ulbrich* (Hg.): Multikultopia – Gedanken zur multikulturellen Gesellschaft. Vilsbiburg 1991.

Prof. Dr. *Josef Schmid,* Bamberg

Multilinearität

Mehrlinigkeit

Bezeichnung für die Annahme, daß gegenwärtige soziale →Strukturen auf unterschiedliche, dem Forscher teilweise nicht bekannte Entwicklungsformen zurückzuführen sind.

multiple choice test

Frage mit mehreren vorgegebenen Antwortmöglichkeiten, von denen die Testperson die richtige jeweils auswählen muß.

Musiksoziologie

Die soziologische Theorietradition kennt durchaus einige prominente Beiträge zur Musiksoziologie, genauer, erste Versuche ihrer Begründung: Georg Simmels „Psychologische und ethnologische Studien über Musik" (1881), Max Webers Fragment über „Die rationalen und soziologischen Grundlagen der Musik" (1910/11, aus dem Nachlaß 1921), Alfred Schütz' „Gemeinsam Musizieren. Die Studie einer sozialen Beziehung" (1951). Es würde jedoch schwerfallen, eine Reihe vergleichbarer Namen über Theodor W. Adornos „Einleitung in die Musiksoziologie. Zwölf theoretische Vorlesungen" (1962) hinauszuführen, was Indiz dafür ist, daß die entscheidenden Impulse zur Weiterentwicklung der Musiksoziologie nicht mehr aus der Soziologie selbst kommen. Diesen und vergleichbaren Arbeiten ist es nicht gelungen, über die Setzung einiger grundlegender Positionen und zumal Optionen hinaus zu konsolidierten Theoriebildungen oder gar theoriegeleiteter Forschungspraxis zu gelangen und eine produktive Konkurrenz zu initiieren. Auch das seit einigen Jahren zunehmende Interesse an kultursoziologischen Fragestellungen hat bislang keine Änderung der Situation gebracht.

Simmels Studien gehen von kontroversen Interpretationen des Jodelns aus, um zu einer Analyse des Zusammenhangs von Sprache, Affekt und musikalischer Ausdrucksintensivierung anhand von Beispielen aus frühen Kulturen zu gelangen. Unabhängig von der Stichhaltigkeit seines methodischen Vorgehens und seiner Auffassungen heute, sind seine Studien ein früher Beleg für die Fruchtbarkeit anthropologischer Fragestellungen, deren Relevanz in der Folgezeit nicht erkannt wurde und zu einem gravierenden Defizit musiksoziologischer Theoriebildung bei Autoren wie Weber, Schütz, Adorno oder Silbermann führte.

Webers Fragment konzentriert sich auf den Nachweis der „rationalen" Grundlagen der Musik in Rekonstruktion des Rationalisierungsprozesses von Notenschrift, Technologie der Musikinstrumente, Tonsystemen und den auf ihnen basierenden Harmonielehren, mit dem Endziel der temperierten, enharmonischen Stimmung, die dem Klavier seine dominante Stellung in der Musikkultur des 19. Jahrhunderts ermöglichte. Bis auf Kurt Blaukopf, der eine Theorie idealtypischer Etappen der Tonalität als Soziologie der Tonsysteme vorlegte (1938/1950), hat Weber keine Rezeption gefunden. Das Fragment, das ohnehin mit Beginn der Erörterung der soziologischen Grundlagen der Musik abbricht, ist jedoch in seinem Potential nur zu entfalten, wenn man es – über Blaukopfs Ansatz hinaus – in den Rahmen von Webers Theorie des okzidentalen Rationalisierungsprozesses stellt. Da die umfassende Fragestellung Webers nicht wiederaufgenommen wurde, ergab sich ein weiteres Defizit musiksoziologischer Theoriebildung mehr oder weniger zwangsläufig: Musiksoziologische Arbeiten kennen i. d. R. keine differenzierte diachrone und makrosoziologische Verortung, etwa in einer Theorie der Moderne (Weber) oder einer Theorie des Zivilisationsprozesses (Elias), ein Defizit, das sich deutlich bei Schütz und Silbermann zeigt, aber auch bei Adorno, der genau wußte, „daß alle Aspekte der gegenwärtigen Situation ... ohne historische Dimension nicht verstanden werden können", nur bedingt kompensiert wird.

Schütz' Versuch, musikalische Interaktion als genuine, nichtsprachliche Kommunikation von der „face to face"-Beziehung bis zum Generationen umfassenden Kommunikationszusammenhang zu entfalten und in ihren einzelnen Handlungskomponenten (Komponist – Musizierender – Hörer) als „vorsemantischen Sinnbereich der Lebenswelt" (Grathoff) zu analysieren, hat wenig Resonanz gefunden. Durchaus zum Nachteil musiksoziologischer Theorieentwicklung, die ohne handlungstheoretische Fundierung schwer denkbar ist, soll der Begriff musikalische Interaktion nicht eine Leerstelle bleiben. Abgesehen von einem von Peter Reinecke für die Musikpädagogik entworfenen handlungstheoretischen Modell musikalischer Interaktion (*H. Rauhe* u. a.: Hören und Verstehen, 1975), das den prinzipiell unwiederholbaren, kontextgebundenen Ereignischarakter musikalischer Kommunikation herausarbeitet, den Begriff des musikalischen Kunstwerkes handlungstheoretisch umformuliert und auf eine Pragmatik der musikalischen Kommunikation zielt, ist wenig geleistet. In all den Fällen, wo das aus der klassischen Tradition absoluter Musik stammende Paradigma autonomer Kunstmusik, z. B. Beethovens späte Klaviersonaten, nicht mehr greift und Musik nur noch in Grenzen als hermeneutisch, wissenssoziologisch (Honigsheim) oder ideologiekritisch (Adorno) zu analysierender „Text" verstanden werden kann, wird der Ausbau von Theorien musikalischer Interaktion unabweisbar. Gerade die in der musikalischen Massenkultur dominierenden audiovisuellen Medien, vom Musical bis zum Videoclip von Popmusikinszenierungen, eignen sich besonders für eine Analyse im Rahmen von Theorien der Körpersprache, der Kommunikation von Gesten und Emotionen. Hier liegt – weit über Schütz hinaus – ungenutztes Potential von der Humanbiologie bis zum symbolischen Interaktionismus.

Adornos Musiksoziologie ist strenggenommen keine „Soziologie". Nicht der System- bzw. Handlungszusammenhang musikalischer Kommunikation (Produktion, Interpretation, „Werk", Rezeption) steht im Zentrum des Interesses. Nicht die Genese bzw. Selbstorganisation des Sozialsystems Musik in seinen einzelnen Ausdifferenzierungen wird zum Thema. Trotz einer Fülle von Aspekten, etwa den kritisch-essayistischen Abschnitten über „Leichte Musik", Oper, Kammermusik, über „Typen musikalischen Verhaltens", Klassen und Schichten, öffentliche Meinung, Kritik, Musikleben, gilt sein eigentliches Interesse der

„objektiv strukturierten Beschaffenheit der Musik“ (1962, S. 15), der „gesellschaftlichen Dechiffrierung musikalischer Phänomene selbst“ (1962, S. 204), die nur an den großen Werken der klassischen Tradition geleistet werden kann. Wie Adornos polemisch-kritische und normative Typologie adäquaten musikalischen Verhaltens verrät, ist nur der „Experte“ bzw. der „gute Zuhörer“ in der Lage, die „konkrete musikalische Logik“ (1962, S. 16f.) zu erfassen und damit über den einzig legitimen Schlüssel der Dechiffrierung zu verfügen. Abgesehen von der Privilegierung der Tradition autonomer Kunstmusik, insbesondere der zweiten Wiener Schule, der er eine Reihe von Monographien (Mahler, Berg, Webern) gewidmet hat und der er sich auch als Komponist zugehörig fühlte, kann sein Vorgehen als physiognomische Ideologiekritik der großen Werke in der Tradition der Dialektik der Aufklärung und im Rahmen der eigenen „Negativen Ästhetik“ charakterisiert werden, deren Ableitungen und Analogiekonstruktionen nicht selten gewaltsam wirken und die geforderte Analyse der Werkstruktur en détail eben vermissen lassen. So die Behauptung, Wagners Musik suggeriere Scheindynamik, hinter der sich Statik verbirgt (Dahlhaus), als Chiffre und Analogie der angeblichen Preisgabe des Fortschritts durch das Bürgertum nach 1848. Oder eine analoge, modifizierte Denkfigur, diesmal bezogen auf Beethoven und die Folgen von 1789, wo der „Einstand des dynamischen und statischen Moments aber koinzidiert mit dem geschichtlichen Augenblick einer Klasse, welche die statische Ordnung aufhebt, ohne doch selbst der eigenen Dynamik fessellos sich überlassen zu können, wenn sie sich nicht selbst aufheben will“ (1962, S. 221). Die Mühen einer Trennung syntaktischer, semantischer, sigmatischer, pragmatischer Aspekte und ihrer funktionalen Differenzierung im musikalischen Kunstwerk hat Adorno nicht auf sich genommen. Es erscheint deshalb sinnvoll, an Vladimir Kabursickys (Gegenwartsprobleme der Musiksoziologie, Acta Musicologica LVIII 1986) Skizze der Grade der Resistenz musikalischer Strukturen gegenüber soziologischen, insbesondere wissenssoziologischen bzw. ideologiekritischen Analysen zu erinnern. Je weiter wir von der Analyse des Materials (Tonsysteme, harmonische Relationen, Klangfarben) über die der Syntax (der elementaren, archetypischen, anthropologisch fundierten Formen wie Wiederholung: Variation, Wiederholung: Wiedererkennen) zur Semantik (konventionelle Ausdrucksymbole, rhetorische Figuren wie „Lamento“-Bass, Sekundseufzer) und zu den Gattungskonventionen („Vertrauen“ und Erwartungserwartungen in spezifische musikalische Formen, z.B. eine „Cabaletta“ zum Aktschluß einer „Seria“) vordringen, desto mehr wird soziologische Analyse gefragt und adäquat sein. Wie man erkennen kann, ist die wissenssoziologische „Dechiffrierung“ erst der zweite oder dritte Schritt nach der Deskription der Gattungsnormen, ihrer Erwartbarkeit und der Logik ihrer Durchbrechung.

Obwohl Adorno – zu Recht – glaubte, der Musiksoziologie „genug fruchtbare Fragestellungen übermittelt zu haben, um sie für längere Zeit sinnvoll zu beschäftigen“ (1962, S. 11), war sein Zugriff auf die Werke weniger fragend als endgültig, so souverän wie divinatorisch und gewaltsam in der zum Zuge kommenden kulturkritischen Hermeneutik. So ist Adorno in seinen musikalischen Monographien, Kritiken und Polemiken (z.B. gegen *Sibelius*) überzeugender – wenn auch wiederum quer zu musikwissenschaftlichen Standards – als in seinen musiksoziologischen Schriften, die den spezifisch ästhetischen Gehalt musikalischer Kunstwerke doch nur bedingt als gesellschaftlichen nachweisen können. Wenn Adorno im Vorwort zu „Dissonanzen“ (1956) seine Betrachtung als „ästhetisch und soziologisch zugleich“

charakterisiert, so fällt es schwer, das, was damals mit „soziologisch“ gemeint gewesen sein konnte, heutigem Verständnis von Soziologie zuzuordnen. Gerade weil Adorno in der Soziologie keinen ihm in musikalischer Kompetenz gewachsenen Widerpart fand und er nach außen das Bild von Musiksoziologie nachhaltig prägte, sein Werk innerhalb der Musiksoziologie jedoch relativ einflußlos blieb, ergab sich eine weitere Diskontinuität in der Entwicklung von Musiksoziologie, die andere nicht kompensieren konnten.

Für die Musiksoziologie als „Normalwissenschaft“ in enger Anlehnung an die damaligen Standards und Methoden empirischer Sozialforschung ist sicher Alphons Silbermann die zentrale Gestalt der 1950er und 1960er Jahre und Antipode Adornos. Seine u. a. im Handbuch der empirischen Sozialforschung fortgeschriebenen Artikel zur Soziologie der Künste (1969, 1979) sind von seinen ersten Entwürfen (1957) und letzten Beiträgen (Empirische Kunstsoziologie 1986) nicht wesentlich unterschieden. Da er die Analyse der Werke (1986, S. 46) aus den Aufgaben der Musiksoziologie ausschließt, muß er sich mit dem gordischen Knoten soziologischer Werkanalyse nicht weiter abgeben und kann für empirische Forschungen die etablierten Lehrbücher der empirischen Sozialforschung empfehlen (1986, S. 177). Obwohl Silbermann keine Option auf Theorielosigkeit setzt und als Ziel die strukturfunktionalistische Analyse des „totalen Kunstprozesses“ vorgibt, kann von strukturfunktionalistischer Theoriebildung in einem spezifischen Sinne bzw. von nach strukturfunktionalistischer Logik gearbeiteten empirischen Analysen zum Kunstprozeß nicht die Rede sein. Auch der naheliegende Schritt, ein systemtheoretisches Analysemodell zu entwerfen, unterbleibt. So sind die Ziele seiner Musiksoziologie wohl doch primär empirische Einzelstudien über Künstler, Publikum, Einzel- und Kollektivverhalten von Konsumenten, ohne Integration in eine strukturierende Modellbildung. Es ist allerdings nicht zu erkennen, wie die Interaktion Produzent“Rezipient auch nur deskriptiv etwa im Rahmen einer Rollen- und Bezugsgruppenanalyse bei Ausschaltung des Kommunikats geleistet werden soll. Dies gilt nicht nur für absolute, asemantische, spezifisch kompetente Hörer voraussetzende (z. B. Streichquartett) bzw. semantisierte (Lied) Musik, sondern auch für triviale Schema-Musik. Zumindest die „Werkanalysen“ (Wertungen, Typisierungen, Alltagstheorien über Musik) der an der musikalischen Interaktion bzw. am musikalischen Kommunikationsprozeß Beteiligten gehören in die Analyse. Es ist die Frage, ob die relativ starke Fraktion empirischer Forschung innerhalb der Musikpädagogik sich Silbermanns Programm oder nicht vielmehr sich einer selbständigen Adaption von Forschungsmethoden und Theorien aus dem Bereich von Soziologie, besonders aber Psychologie und Sozialpsychologie verdankt. Auf jeden Fall findet man eine umfangreiche Literatur zur Psychologie musikalischen Verhaltens, zur musikalischen Sozialisation und zu musikalischen Teilkulturen der Jugendlichen. Für einen Überblick sei auf *S. Abel-Struth:* Grundriß der Musikpädagogik (1985) oder einzelne Bände aus dem 1990 noch nicht abgeschlossenen „Neuen Handbuch der Musikpädagogik“ hingewiesen.

Wichtige empirische Arbeiten zur Musiksoziologie kommen aus dem außeruniversitären Raum, sei es aufgrund kommerzieller, sei es aufgrund verbands- bzw. kulturpolitischer Nachfrage. Geordert werden soziographische Bestandsaufnahmen des Musiklebens, wie sie das von K. Blaukopf geleitete – 1969 mit Hilfe der Unesco in Wien gegründete – Institut Mediacult veröffentlicht. Eine vergleichbare Funktion für die Bundesrepublik Deutschland hat das

Zentrum für Kulturforschung (Bonn), dessen im Auftrag des Bundesinnenministeriums gefertigte Studie „Musik, Statistik, Kulturpolitik. Daten und Argumente zum Musikleben in der Bundesrepublik", verfaßt von Karla Fohrbeck und Johannes Wiesand (Köln 1982), einen ersten Überblick über Musikpolitik, Musikmarkt, Musikwirtschaft, Bildung und Ausbildung, Musikberufe, Medien und Freizeit bietet. Die thematische und methodische Spannweite derartiger Studien ist breit und reicht von Regionalstudien (z.B. Projekt Medienplatz, Hamburg 1987), demoskopischen Studien (*R. Dollase* u.a., Demoskopie im Konzertsaal, 1986) bis zu biographischen Studien über musikalische (Hoch-)Begabungen (*H. G. Bastian* 1989). Inwieweit von derartigen Arbeiten Anstöße für die Lösung der offenen Probleme musiksoziologischer Theoriebildung ausgehen können, bleibt abzuwarten.

Seit 1970 existiert eine Halbjahreszeitschrift (International Review of the Aesthetics and Sociology of Music, Zagreb), deren durchaus internationale Klientel Beiträge unterschiedlichster Provenienz liefert: Sozialgeschichte der Musik, Musikästhetik und Werkanalysen, Musiksemiotik, Folklore und Ethnologie, Sozialpsychologie ästhetischer Wahrnehmung u.a.m., dazu einzelne Versuche musiksoziologischer Theoriebildung *(P. Etzkorn),* ohne daß sich eine Theorietradition oder gar ein Paradigma stabilisieren würde. Der normative Ausgangspunkt der skeptischen Bewertung des heterogen-bunten Feldes an Aktivitäten, die sich offensichtlich alle unter dem wenig trennscharfen Oberbegriff Musiksoziologie einreihen, ist kein Programm einer irgendwie gearteten Einheitswissenschaft. Eine polyparadigmatisch sich stabilisierende Entwicklung musiksoziologischer Forschung wäre das Ideal, dessen Realisierung allerdings so lange Wunschdenken bleiben muß, als die sozialwissenschaftlichen Fakultäten in der Bundesrepublik Deutschland eine institutionelle Absicherung von Musiksoziologie in Form von Lehrdeputaten, Lehrplänen, Prüfungsordnungen nicht ins Auge fassen und das Angebot musiksoziologischer Themen im exotischen Randbereich der Disziplin verbleibt und Biographie und persönliches Interesse der Dozenten den Ausschlag geben.

Konnte Musiksoziologie innerhalb der Soziologie nicht recht heimisch werden, so ist ihr innerhalb der Musikwissenschaft – wo sie als Teilgebiet der systematischen Musikwissenschaft gilt – nur in Ausnahmefällen (Kabursicky, Kaden, Kneif) intensives Interesse entgegengebracht worden. Die historische Musikwissenschaft ist im Gegensatz zu anderen historisch-geistesgeschichtlichen Disziplinen sozialwissenschaftlichen Forschungsinteressen gegenüber recht resistent geblieben, es sei denn, man nimmt das heute deutliche Interesse an der Sozialgeschichte (nicht Gesellschaftsgeschichte) der Musik, am „Musikleben" in seinen historischen Ausprägungen, wie es sich in einzelnen Bänden der „Musikgeschichte in Bildern" (z.B. über öffentliche Musikdarbietung vom 17. bis 19. Jahrhundert, über privates Musizieren im gesellschaftlichen Wandel zwischen 1600 und 1900) oder in dem 1990 nahezu kompletten „Neuen Handbuch der Musikwissenschaft" in 12 Bänden dokumentiert, schon als Einlösung musiksoziologischer Programmatik. Nüchtern betrachtet, hatte die Soziologie während gut zwei Jahrzehnten dezidierten historischen Desinteresses einer Disziplin wie der historischen Musikwissenschaft wenig zu bieten. Der Verlust der historischen Dimension hat die Musiksoziologie selbst erheblich beeinträchtigt. Das negative Beispiel einer Reihe orthodoxer Arbeiten zur „wahren Widerspiegelung der Wirklichkeit", deren historisch uninformierte Reduktionen von Basis und Überbau, deren vorschnelle Generalisierungen und kurzschlüssige Analogisierungen – etwa die

„Erklärung" der barocken Fuge aus dem Manufakturprinzip – noch immer das Negativstereotyp von Musiksoziologie bilden, wirkt noch heute nach. Inzwischen hat die Soziologie ihr bedeutendes historisches Potential wieder aktiviert. Denkt man an die Weiterführung klassischer Arbeiten zur Entwicklung der Moderne (Münch), zum Prozeß der Rationalisierung (Weber) oder zum Prozeß der Zivilisation (Elias), müßte eine Kontaktaufnahme von historischer Musikwissenschaft und Soziologie unter guten Vorzeichen stehen.

Die Musikwissenschaft als historische Disziplin wird allerdings nur in Teilbereichen Ansprechpartner und Korrektiv musiksoziologischer Interessen sein können. Als Disziplin des klassischen Kanons der musikalischen Hochkultur europäischer Tradition ist sie eben auch deren Produkt und in Interessenhorizont sowie theoretischem und methodischem Repertoire wenig gerüstet und wenig motiviert, aktuelle Phänomene wie die audio-visuellen Massenmedien, funktionale Musik von der Musiktherapie bis zur akustischen Dauerberieselung im Alltag oder die Veränderungen des Hörens durch die Entwicklung einer spezifischen Ästhetik der musikalischen Technologie (vom Walkman bis zum Computerkomponieren) anzugehen. Pierre Bourdieus Studien (zuletzt: Die feinen Unterschiede, deutsch 1982) über den Zusammenhang von Sozialraum, Klassenlage, Habitus, Geschmack, Lebensstil und Aneignungs- sowie Gebrauchsweisen von Kunst schließen die Musik in ihre Analysen ein und sind in ihrer Hypothese, daß „Kunst- und Kunstkonsum sich ganz unabhängig vom Willen und Wissen der Beteiligten glänzend zur Erfüllung einer gesellschaftlichen Funktion der Legitimierung sozialer Unterschiede eignen", ein anregendes Beispiel einer theoretisch geleiteten, kritischen empirischen Forschung, deren Frage- und Problemstellung nur von der Soziologie sozialer Ungleichheit her entwickelt werden konnte.

Es liegt auf der Hand, daß erfolgversprechende, kritische Gegenwartsanalyse je nach Themenbereich und Problemstellung auf unterschiedliche interdisziplinäre Kooperation angewiesen ist. Gerade das aktuelle Interesse an der Omnipräsenz von Musik im Alltag ist nicht in wissenschaftliche Fragestellungen umsetzbar ohne Kenntnis der Psychosomatik des Hörens, der Verarbeitung von Musik im limbischen System und Neokortex sowie der musikalischen Streßforschung. Es trifft sich gut, daß Disziplinen wie Neurophysiologie (*H. Petsche:* Musik, Gehirn, Spiel, 1989), Musiktherapie (*R. Spintge:* Musik in der Medizin, 1987), Kognitionspsychologie (*J. Sloboda:* The Musical Mind, 1987) und Musikpsychologie sich zu „Wachstumsbranchen" entwickelt haben, die Wesentliches zur Fundierung musiksoziologischer Theorien leisten, deren Rezeption und Integration aber erst noch zu bewältigen sind. Ein erster Versuch zu einer Anthropologie der Musik liegt vor (*W. Suppan:* Der musizierende Mensch, 1984), ist aber in seiner Konzentration auf Kulturanthropologie und philosophische Anthropologie zu eng und zu unsystematisch geschnitten, so daß ein Integrationsversuch naturwissenschaftlicher Anthropologie (Biologie und Humanethologie), wie ihn *W. L. Bühl* (Die Ordnung des Wissens, 1984) für die Wissenssoziologie unternommen hat, noch ein Desiderat darstellt. Bis zu einer Kodifizierung und Systematisierung, wie sie *H. Bruhn* u.a. (Musikpsychologie. Ein Handbuch in Schlüsselbegriffen, 1985) vorlegen konnten, ist soziologischerseits noch ein weiter Weg.

Lit.: Adorno, Theodor W.: Einleitung in die Musiksoziologie. Frankfurt/M. 1962ff; *Bimberg, Siegfried,* u.a. (Hg.): Handbuch der Musikästhetik. 2. Aufl. Leipzig 1986; *Blaukopf, Kurt:* Musik im Wandel der Gesellschaft. München

1982; *Bruhn, Herbert,* u.a. (Hg.): Musikpsychologie. München 1985; *Karbusicky, Vladimir:* Gegenwartsprobleme der Musiksoziologie. In: Acta musicologica, Vol. LVIII (1986), Fasc., S. 35–91; *Rotter, Frank:* Musik als Kommunikationsmedium. Berlin (West) 1985; *Suppan, Wolfgang:* Der musizierende Mensch. Eine Anthropologie der Musik. Mainz 1984

Dr. *Dieter Pfau,* München

Muß-Erwartung

→Rollentheorie

Muß-Norm

→soziale Normen

Mutterrecht

→Matriarchat.

Mythos

Erzählung oder Aussage über Ursprung und Ursache zentraler Vorstellungen und Erscheinungen einer Gesellschaft, die es erleichtert, Kollektiven eine →Sinnorientierung zu vermitteln, um das →Wir-Gefühl zu stärken.

N

Nachahmung

N. ist eine besondere Art des Lernens von Verhalten. Die an anderen beobachteten Verhaltensweisen werden praktiziert, ohne vorher speziell geübt oder belohnt worden zu sein. N. ist abhängig von der Person, die imitiert wird. Je höher Autorität, Prestige und/oder je enger die emotionale Beziehung zu dieser Person und/oder je belohnender das imitierte Verhalten empfunden wird, desto häufiger tritt N. auf. N. ist also ein Lernprozeß, ein Lernen am Modell, wobei die Identifikation eine wichtige Rolle spielt. Tarde entwickelte das „Nachahmungsgesetz“. Er war der Ansicht, daß Soziologie vom Individuum ausgehe, und wies alle kollektiv orientierten Theorieansätze zurück. Überall dort, wo zwischen Individuen eine Wechselwirkung bestehe, sei Gesellschaft. Gesellschaft und Individuum unterstehen dem Weltgesetz der Wiederholung („Gesellschaft ist Nachahmung“). Veränderung und Fortschritt beruhen auf einzelnen Erfindungen und Ideen, die nachgeahmt werden. Dieses N.sgesetz wird in der von Tarde vertretenen Absolutheit heute verworfen. Einige Studien zeigen aber, daß der N. in bezug auf das Lernen besonderer Verhaltensweisen (z.B. Aggressivität) ein gewisser Erklärungswert zukommen kann. Im wesentlichen sind Wiederholungen und Regelmäßigkeiten im →sozialen Handeln aber nicht durch N., sondern durch erlernte und sanktionierte Normen hervorgerufen.

Lit.: Bandura, Albert: Social Learning through Imitation. In: *Jones, Marshall Robertson* (Hg.): Nebraska Symposium on Motivation, 1. Aufl. Lincoln/Nebraska 1962; *Tarde, Gabriel:* Les lois de l'imitation. Etude Sociologique, 7. Aufl. Paris 1921

Prof. Dr. *S. Lamnek,* Eichstätt

Nachbarschaft

soziales Beziehungsgefüge zwischen sozialen →Kleingruppen (z.B. →Familie) und der →Gemeinde.

nachindustrielle Gesellschaft

→postindustrielle Gesellschaft

Nahrungsspielraum

Begriff der →Bevölkerungssoziologie zur Bezeichnung der notwendigen Nahrung für eine bestimmte Bevölkerungszahl. *Th. R. Malthus* (1766–1834) artikulierte vor allem jene Probleme, die durch ein Anstoßen der Bevölkerung an den Nahrungsspielraum entstehen (arithmetrische und geometrische Progression).

Nation

große Bevölkerungsgruppe, die sich durch gemeinsame Sprache, Herkunft, Wohngebiet, Religion, territoriale Grenzen, ethnische Zugehörigkeit und gemeinsame Wertvorstellungen definiert.

Nationalcharakter

Eigenschaften, die den Angehörigen einer Nation als typisch zugeschrieben werden. In der amerikanischen →Kulturanthropologie diejenigen kulturtypischen Eigenschaften eines Menschen, die im Sozialisationsprozeß vermittelt seine kulturelle Rolle ausmachen (Studien von Riesman und Gorer zum amerikanischen Nationalcharakter). Später stark kritisiert und heute weitgehend aufgegeben.

Nationalismus

Ideologie im 19./20. Jahrhundert zur Integration von Bevölkerungsgruppen zu einer →Nation, die sich im Hinblick auf einige Merkmale (z.B. Sprache) von ihrer Umgebung abgrenzen und damit politische Forderungen verbinden.
→Nationalstaat

Nationalsozialismus

soziale Bewegung, die sich nach 1918 in Deutschland entwickelte und zur Gewaltdiktatur des Dritten Reiches (1933–1945) unter Adolf Hitler führte. Die

Ideologie des Nationalsozialismus enthielt neben sozialistischen und anti-industriellen Ideen vor allem nationalistische Elemente, die zu einem übersteigerten Nationalbewußtsein, expansiver Machtpolitik (Besiedelung des Ostens) und Ausgrenzung bestimmter Bevölkerungsgruppen (Juden, Zigeuner) und Verfolgung Andersdenkender (Sozialdemokraten, Intellektuelle) und ihrer teilweisen Vernichtung („Endlösung der Judenfrage“) führte.

Nationalstaat

vorwiegend in Europa seit dem 19. Jahrhundert entstehende politische Gebilde, die sich aufgrund gemeinsamer Eigenschaften (Sprache, Herkunft, Religion und ethnischer Zugehörigkeit) als Einheit empfinden.
→Nation

Naturalismus

eine philosophische Theorie, die sich zur Deutung der Wirklichkeit naturwissenschaftlicher Methoden und Begriffe bedient. Auch Person, Geist und Freiheit werden auf das Biologische (→Biologismus) oder auf das Anorganische zurückgeführt, da alle Lebewesen und Ereignisse im Universum „natürlich“ seien. Es herrschen eine positivistische oder materialistische Logik, Ästhetik und Moral. Naturalisten gehen davon aus, daß die gesamte Natur im Prinzip erkennbar und in objektiven Gesetzen ausdrückbar ist. Es gibt „nichts anderes als die Natur“; die Existenz einer echten übernatürlichen Wirklichkeit wird geleugnet (Atheismus). Neben der antimetaphysischen Einstellung findet man im N. die Entwicklungslehre (→Evolutionismus) wieder; seine bisherige Blütezeit erreichte er in den 1930er und 1940er Jahren v. a. in den USA.

G. R.

Naturrecht

aus der menschlichen Natur abgeleitetes, von Raum und Zeit unabhängiges Recht, das immer gültig ist. Das Naturrecht aus der griechischen Naturphilosophie wurde als normsetzend und dem menschlichen Recht übergeordnet angesehen. Das Naturrecht ist gleichsam der Ausdruck des Schöpfungsplans Gottes und somit der Maßstab zur Beurteilung menschlicher Gesetze. In der frühbürgerlichen Staatstheorie treten erstmals die „natürlichen“ Rechte Freiheit, Gleichheit, Recht auf Eigentum *(J. Locke)* auf, die zur Grundlage der Aufklärung werden. Die Betonung der Relativität des Naturrechts durch Montesquieu führt zur historischen Betrachtung von Gesetzen und zum Rechtspositivismus.

Naturzustand

nach *Th. Hobbes* (1588–1679) der Kampf aller gegen alle; um Gesellschaft möglich zu machen, bedarf es eines →Gesellschaftsvertrages.

Nebenklassen

in der marxistischen Theorie jene Klassen, die neben den durch die vorherrschenden Formen des Privateigentums bedingten Grundklassen (→Kapitalist, →Proletarier) Reste früherer Klassen (Bauern, Großgrundbesitzer) oder künftige Grundklassen (Intelektuelle) sind.

need dispositions

Bedürfnisdispositionen
Begriff der →strukturell-funktionalen Theorie bei *T. Parsons* zur Beschreibung der Struktur →sozialen Handelns. Bedürfnisdispositionen sind die jedem →Individuum innewohnenden Strebungen, Neigungen, Wünsche, die es zu verwirklichen gilt (gratification). Parsons unterscheidet zwei Formen: die Befriedigung biologischer und die Befriedigung sozialer Bedürfnisse. 1. Das Bedürfnis nach Selbsterhaltung durch die „Produktion“ von Gütern mit Hilfe technischer Hilfsmittel (biologische B.). 2. Da Menschen aber ihre Bedürfnisse in der Gesellschaft nur „sozial“ befriedigen können, d.h. die Art der Befriedigung an ein sozio-kulturelles Umfeld gebunden ist, in dem stets mehrere Alternativen zur Verfügung stehen (soziale B.), enthält die zweite Form der Bedürf-

nisdisposition einen Orientierungsaspekt, der das konkrete Handeln vorbereitet. Die Art und Weise der Bedürfnisbefriedigung ist in Abhängigkeit von den sozialen Gegebenheiten variabel, d. h. steht zur Disposition, und ist nur in Abstimmung mit den normativen Elementen der →Sozialstruktur möglich (motivationale Orientierung). Handeln ist somit ein Prozeß komplexer Wechselwirkungen zwischen Individuum und sozialer Umwelt.

Neokolonialismus
Bezeichnung für die Wirtschafts- und Entwicklungspolitik der Industriestaaten, durch die unabhängig gewordene Staaten der Dritten Welt weiterhin in wirtschaftlicher und politischer Abhängigkeit gehalten werden. Beispiele sind Monostrukturen in Afrika (Erdnüsse, Baumwolle), Asien und Lateinamerika.

Neomarxismus
Gesamtheit der Versuche, die marxistische Theorie unter den Bedingungen der spätkapitalistischen Gesellschaft neu zu interpretieren *(H. Marcuse, J.-P. Sartre, E. Bloch, C. Offe).*

Neopositivismus
Bezeichnung für eine nach dem 1. Weltkrieg in Wien (→Wiener Kreis) und Berlin entstandene Richtung der →Wissenschaftstheorie. Unterscheidung in Real- und Formalwissenschaften, intersubjektive universelle Sprache →kritischer Rationalismus.
→Positivismus

Nettoreproduktionsrate
→Bevölkerungssoziologie

Netzwerke, soziale
→soziale Netzwerke

neue Linke
soziale Bewegung der 1960er Jahre in den Vereinigten Staaten und anderen hochindustrialisierten Gesellschaften. Hintergrund der Bewegung waren der Vietnamkrieg (USA), die Notstandsgesetze (BR Deutschland) und die Maiunruhen in Frankreich 1968, die eine Krise des liberal-demokratischen Systems signalisierten. Wortführer waren u. a. *T. W. Adorno, J. Habermas, H. Marcuse,* die eine Demokratisierung von Staat und Gesellschaft forderten.

Neue Politische Ökonomie (NPÖ)
neuerer Forschungsansatz, mit dem traditionellen Begriffsinstrumentarium der Ökonomie (z. B. Optimierung, Rationalität) Entscheidungsvorgänge in Verbänden, Parteien und Bürokratie, zu analysieren.

neue soziale Bewegungen
1. Zum Begriff. Seit Beginn der 1980er Jahre bürgert sich in der Bundesrepublik Deutschland, zunächst im wissenschaftlichen, dann auch im Sprachgebrauch der Bewegungsakteure, der Begriff „neue soziale Bewegungen" ein. Gemeint ist damit die sprunghafte Verbreitung von Bürgerinitiativen, alternativen Projekten und Milieus, die Entstehung einer neuen Frauen- und Friedens-, Ökologie- und Anti-Nuklearbewegung sowie die Parlamentarisierung eines relevanten Teils dieser neuen Bewegungen in grünen Parteien und alternativen Listen. Die Rede von „neuen sozialen Bewegungen" (nsB) suggeriert dabei nicht nur wesentliche Gemeinsamkeiten dieser heterogenen Protestszene, sondern auch die Herausbildung einer qualitativ neuen Bewegungsformation, die sich deutlich von „alten" Bewegungen, insbesondere von der Arbeiterbewegung, abhebt.

Inwieweit diese Annahme zutrifft, ist umstritten. Der internationale Vergleich zeigt zwar, daß diese Bewegungsphänomene in den vergangenen zwei bis drei Jahrzehnten in allen modernen westlichen Industriegesellschaften aufgetreten sind (mit Ausstrahlung auch in osteuropäische und Dritte-Welt-Länder); er macht aber auch deutlich, daß sie sich in den einzelnen Ländern in sehr unterschiedlicher Weise entwickelt haben (vgl. *Brand* 1985). Die Verschränkung der verschiedenen Bewegungsstränge zu einem von „alten“ Bewegungen und Konfliktlinien klar abgegrenzten „neuen“ Bewegungssektor ist dabei keineswegs die Regel. Auch die Mobilisierungsformen der neuen Bewegungen markieren nicht immer einen deutlichen Bruch mit den herkömmlichen Formen des Konfliktaustrags und der politischen Mobilisierung (so insbesondere in den USA). Die empirische Abgrenzung des Gegenstands erweist sich somit als schwierig.

Diese Unklarheiten in der Gegenstandsbestimmung der nsB lassen sich nur dann beseitigen, wenn zwischen dem empirisch heterogenen Mischphänomen aktueller Bewegungen und dem analytischen Konzept „neuer sozialer Bewegungen“, als einer spezifisch neuen Bewegungsformation, unterschieden wird. Allerdings besteht kein Konsens darüber, ob die Herausbildung eines die verschiedenen thematischen Bewegungsstränge übergreifenden neueren Bewegungstypus überhaupt unterstellt werden kann und was, gegebenenfalls, das spezifisch Neue an ihm ausmacht. Unterschiedliche Ansätze der Bewegungsforschung sowie unterschiedliche Annahmen über die strukturelle Transformation westlicher Industriegesellschaften haben ein jeweils anderes Verständnis der nsB zur Folge. Zu klären ist in diesem Zusammenhang auch das Verhältnis dieser Bewegungen zu ihren Vorläufern im 19. und frühen 20. Jahrhundert. Treten Bewegungen dieser Art, wie der historische Vergleich nahelegt, etwa periodisch in kulturellen Krisenphasen auf, in denen der gesellschaftliche Basiskonsens aufgrund gewaltiger Modernisierungsschübe zerbricht *(Brand, Rucht)*? Fragen wirft nicht zuletzt der konjunkturelle Charakter der nsB auf. Kann trotz des Verschwindens der nsB als Massenakteure auf der politischen Bühne, trotz fortschreitender Professionalisierungs- und Institutionalisierungstendenzen bei gleichzeitiger Zersetzung der Bewegungsmilieus überhaupt noch von der Existenz (neuer) sozialer Bewegungen gesprochen werden? Auch die Antwort auf diese Frage hängt entscheidend vom theoretischen Verständnis der nsB und vom zugrunde gelegten Bewegungsbegriff ab.

2. Empirische Befunde. Im internationalen Vergleich scheint es wenig sinnvoll, den Begriff der „neuen sozialen Bewegungen“ auf die Bewegungen der 1970er und frühen 1980er Jahre zu beschränken. So sind es die Bewegungen der 1960er Jahre, die den radikalsten Bruch mit den Wert- und Politikpräferenzen der Nachkriegsjahrzehnte vollziehen und neue Themen und Aktionsformen in die politische Arena einführen. Die aufeinanderfolgenden Bewegungswellen lassen sich deshalb angemessener als unterschiedliche Phasen eines umfassenden Mobilisierungszyklus begreifen, der in den 1960er Jahren, in den Konflikten um individuelle und gesellschaftliche Emanzipation, einen ersten, in der ökologischen, alternativen und pazifistischen Modernisierungskritik der späten 1970er und frühen 1980er Jahre einen zweiten Brennpunkt findet.

Weitgehender Konsens besteht hinsichtlich der empirischen Merkmale der Bewegungen dieses gegen Mitte der 1980er Jahre auslaufenden Mobilisierungszyklus: NsB rücken nicht Verteilungs- oder Machtfragen, sondern Fragen der „Lebensweise“ (Entfremdung, Selbstbestimmung, Lebensqualität, Umweltzerstörung, großtechnische Risiken etc.) in den Mittelpunkt. Sie weisen eine große Heterogenität und einen hohen kulturellen Pluralismus auf, ohne erkennbare Tendenz zur ideologischen Homogenisierung. Die große Mehrheit der Aktivisten teilt jedoch eine Präferenz für „postmaterialistische“ Werte, die die Basis für eine gemeinsame Problemsensibilität und für die kollektive Umdefinierung und Neubewertung von Problemlagen abgibt. Die nsB rekrutieren sich überwiegend aus den jüngeren, höher gebildeten Teilen der neuen

Mittelschichten, aus Studenten sowie voll oder marginal Beschäftigten des Humandienstleistungsbereichs. Hinzu kommen durch Risiken und Folgen industrieller Großprojekte lokal und regional besonders betroffene Bevölkerungskreise, in der jugendlichen Protestszene in stärkerem Maße auch sozial marginalisierte Gruppen. Dezentrale, netzwerkartige, basisdemokratische Organisationsformen besitzen in den nsB eine hohe symbolische Bedeutung. Faktisch weisen die nsB allerdings eine von Bewegung zu Bewegung, von Land zu Land und eine im Entwicklungsverlauf variierende Mischung von autonomen und stärker formalisierten Organisationsstrukturen auf. Dem entspricht die Mobilisierungsform der neuen Bewegungen: die lose, vorübergehende Einbindung des lokalen Netzwerks an Bürgerinitiativen, Projekten, politischen Gruppierungen und Milieus in nationale, themenspezifische Kampagnen, die von überregionalen, ad hoc konstituierten oder stärker professionalisierten Bewegungsorganisationen koordiniert werden. Während direkte, symbolisch-provokative Aktionen das öffentliche Erscheinungsbild der nsB stark prägen, ist für ihr Handlungsrepertoire insgesamt die neue Selbstverständlichkeit und Flexibilität typisch, mit der sie gleichzeitig auf konventionelle und unkonventionelle Aktionsformen zurückgreifen.

Seit Beginn/Mitte der 80er Jahre unterliegen diese Bewegungen einem nachhaltigen Institutionalisierungsprozeß. Ihre Impulse diffundieren ins politische und gesellschaftliche System. Die von ihnen entwickelten neuen Organisations- und Mobilisierungsformen veralltäglichen sich. Bewegungsorganisationen und Initiativen-Netzwerke werden, vor allem auf der lokalen Ebene, als zivilgesellschaftliche Akteure in neue, dezentrale politische Regulierungsformen eingebunden. Während die strukturellen Merkmale und kulturellen Besonderheiten, die Mobilisierungsbedingungen und die Entwicklungsdynamik der verschiedenen „neuen sozialen Bewegungen" relativ gründlich untersucht wurden, bestehen in der systematischen Analyse dieser Bewegungseffekte bisher allerdings erhebliche Defizite (vgl. *Rucht* 1990). Das hat mit dem Gegenstand selbst zu tun. Soziale Bewegungen sind nur ein Akteur unter vielen anderen in einem komplexen, massenmedial vermittelten Interaktionsfeld, dessen Entwicklungsdynamik von keinem dieser Akteure allein gesteuert werden kann.

3. Forschungsansätze und theoretische Deutungen. Die Protestzyklen der nsB stellen die in der Nachkriegszeit vorherrschende strukturell-funktionale Deutung sozialer Bewegungen als irrationales, „abweichendes" kollektives Verhalten nachhaltig in Frage. Während sie in Europa zunächst aber nur einem generellen kapitalismuskritischen Diskurs in den Sozialwissenschaften Auftrieb verleihen, führt der Paradigmenwechsel von Integrations- zu Konflikttheorien in den USA bereits in den 70er Jahren zur Entwicklung der „resource mobilization"-Theorie *(McCarthy, Zald, Gamson, Tilly, Jenkins, McAdams).* Die RM-Theoretiker sehen sozialen und politischen Protest als rationale Handlungsstrategie benachteiligter kollektiver Akteure, die keine oder nur geringe institutionelle Einflußchancen besitzen. Strukturelle Spannungen und Konflikte, Unzufriedenheit, „relative Deprivation", ein bestimmtes Maß an Entfremdung werden dabei als konstante Gegebenheiten des gesellschaftlichen Lebens angesehen, die die Entstehung und den Verlauf sozialer Bewegungen nicht erklären können. Entscheidend seien vielmehr die Veränderungen in der Ressourcenlage (finanziell, personell, der kommunikativen Infrastruktur, des Zugangs zu Expertenwissen oder zu den Massenmedien) und den Mobilisierungschancen benachteiligter Gruppen. In der organisationstheoretischen Variante dieses Ansatzes

werden so Bewegungsorganisationen und professionelle Bewegungsunternehmer, die die bestehenden Ressourcen in optimaler Weise mobilisieren können, zu den zentralen Akteuren sozialer Bewegungen. In der politischen Konflikt-Variante rücken die sich verändernden „political opportunity structures" des Mobilisierungsprozesses ins Zentrum der Aufmerksamkeit *(Kriesi, Tarrow).*

Der RM-Ansatz verzichtet nicht nur auf eine Strukturanalyse moderner Gesellschaften, mit der die Besonderheit der nsB als einer historisch neuen Bewegungsformation überhaupt erst begründet werden könnte; er kümmert sich auch wenig um Problemdeutungen, Zieldefinitionen und Ideologien sozialer Bewegungen. Diesen Aspekt betont dagegen der symbolisch-interaktionistische Ansatz *(Blumer, Turner, Killian).* Er verweist auf die entscheidende Bedeutung der Herausbildung und Durchsetzung neuer Problem- und Situationsdeutungen im Prozeß der Entstehung und Stabilisierung sozialer Bewegungen. Dieser Ansatz gewinnt in den USA aber erst wieder in den späten 80er Jahren an Bedeutung, als Prozesse der „consensus mobilization" und des „frame alignment" erhöhte Aufmerksamkeit erlangen.

Die hohe Bedeutung symbolisch-kultureller Konflikte für die Entwicklung der nsB betont auch die europäische Bewegungsforschung. Sie verbindet das allerdings mit einer historisch-strukturellen Analyse und dem Versuch, aus der spezifischen Art dieser kulturellen Kämpfe die sich herausbildende neue Konfliktkonstellation (post)moderner, komplexer Industriegesellschaften zu entziffern. Das gilt insbesondere für *Touraine* und *Melucci.* Touraine bemüht sich als erster, die marxistische Klassentheorie in eine durch die Bewegungen der 60er und 70er Jahre geprägte Soziologie sozialer Bewegungen umzuformulieren. Danach entstehen mit der historisch erreichten Fähigkeit zur umfassenden gesellschaftlichen „Selbstproduktion" und mit der Auflösung der Klassen als reale, durch die ökonomische Lage definierte Gruppen neue, heterogene Bewegungen, die sich gegen die wachsende Macht der technokratischen Apparate und deren Versuch zur Wehr setzen, die Verfügung über die informationellen Ressourcen der gesellschaftlichen Selbstproduktion zu monopolisieren. Melucci gibt dann die von Touraine noch unterstellte Annahme, die entstehende „programmierte Gesellschaft" müsse eine zentrale, neue Konfliktlinie und einen zentralen, neuen Bewegungsakteur hervorbringen, preis. Er radikalisiert zugleich die kulturelle Interpretation der neuen Konflikte. Da die informationelle Steuerung und Kontrolle eine immer größere Eingriffstiefe in Alltagsstrukturen und elementare Reproduktionsprozesse erlange, verschiebe sich das zentrale Konfliktfeld auf die symbolische Ebene, den Kampf um die kulturelle Definition von Lebensbedingungen. NsB stellen somit wesentlich, mehr noch in ihren Formen als in ihren konkreten Zielen, eine Herausforderung der herrschenden kulturellen Codes dar. Für ihr Verständnis sind deshalb nicht nur die Phasen sichtbarer Massenmobilisierung und politischer Herausforderung, sondern auch die Phasen der Latenz subkultureller, in den Alltag eingetauchter Bewegungsnetzwerke von entscheidender Bedeutung, in denen sich neue kulturelle Codes und Lebensformen experimentell herausbilden.

Während diese Ansätze auch bewegungssoziologisch differenziert entwickelt werden, bleibt der Großteil der bis Mitte der 80er Jahre vorherrschenden, vor allem deutschen „NsB"-Debatte im Sog des modernisierungskritischen Bewegungsdiskurses. So deuten die meisten der Ende der 70er, Anfang der 80er Jahre entwickelten Interpretationen (*Habermas, Nelles, Offe, Raschke* u.a.) die nsB als Reaktion auf die lebensbedrohlichen und identitätszerstörenden Folgeprobleme der selbstläufigen Entwicklung technisch-industrieller und machtpolitisch-bürokratischer Systeme. Von politikwissenschaftlicher Seite wird diese – objektivistische – Deutung sowohl durch Konzepte eines „postmaterialistischen“ Wertwandels *(Inglehart)*, der mit der Herausbildung einer neuen wertbezogenen Konfliktlinie einhergehe, als auch mit dem Verweis auf die Blockierung der politischen Zugangsmöglichkeiten durch das herrschende, neokorporatistische Wachstumskartell ergänzt. Elitetheoretisch inspirierte Interpretationen begreifen die nsB wiederum entweder als Reaktion einer am Aufstieg blockierten „neuen Bildungsklasse“ *(Bürklin)* oder als Ausdruck einer gegenüber den industriegesellschaftlichen Prioritäten konfliktuellen Interessenlage der postindustriellen, „humanistischen Intelligenz“ *(Kriesi, Raschke)*.

Das alles beleuchtet freilich nur isolierte Aspekte, die als solche das Phänomen der nsB noch nicht schlüssig erklären können. Abhilfe versprechen weniger neue Großtheorien, etwa die Anwendung der Theorie autopoietischer Systeme auf die neuen Bewegungen. Als analytisch fruchtbarer hat sich in den vergangenen Jahren eine die Stärken und Schwächen der einzelnen Ansätze bilanzierende selektive Synthese der verschiedenen Forschungsstränge erwiesen (vgl. *Klandermans* et al. 1988, *Rucht* 1990). Notwendig erscheint auch eine stärkere Historisierung der Debatte um das Neue an den nsB. Aufschluß darüber versprechen weniger evolutionstheoretische, am Rationalitätsstandard der neuen Bewegungen interessierte Konzepte *(Eder)* als empirisch gehaltvolle historisch-strukturelle Phasenmodelle der industriellen, politischen und soziokulturellen Modernisierung, die es erlauben, das historisch bestehende Feld sozialer Konflikte und Bewegungen auf die strukturellen Spannungen, Integrationsformen und Folgeprobleme spezifischer „Gesellschaftsmodelle“ zu beziehen *(Brand, Hirsch/Roth, Raschke, Rucht)*.

Lit.: Brand, K.-W. (Hg.): Neue soziale Bewegungen in Westeuropa und den USA. Ein internationaler Vergleich. Frankfurt/M. 1985; *Klandermans, B./Kriesi, H./Tarrow, S.* (eds.): International Social Movement Research. Volume 1: From Structure to Action. Greenwich 1988; *Kriesi, H.* et al.: New Social Movements in Western Europe. A Comaperative Analysis. Minneapolis 1995; *Raschke, J.:* Soziale Bewegungen. Ein historisch-sytematischer Grundriß. Frankfurt/M., New York 1985; *Rucht, D.* (Hg.): Research on Social Movements. The State of the Art in Western Europe and the USA. Frankfurt/M., Boulder 1990; *Rucht, D.:* Modernisierung und neue soziale Bewegungen. Deutschland, Frankreich und USA im Vergleich. Frankfurt/M., New York 1994

PD Dr. *K.-W. Brand*, München

neue soziale Frage

von *H. Geißler* geprägter Begriff zur Kennzeichnung →sozialer Ungleichheiten, die sich nicht aus der Stellung im Produktionsprozeß ergeben, wie zu Beginn der →Industrialisierung (Arbeiterfrage, alte soziale Frage), sondern aus den unterschiedlichen Artikulationsmöglichkeiten und Verweigerungsstrategien: Arbeiter können streiken, die Arbeit verweigern; alleinstehende Frauen mit Kindern, alte Menschen, Obdachlose haben jedoch kein Verweigerungspotential.

→soziale Frage

neue Werte

→soziale Werte
→neue soziale Bewegungen
→Wertorientierung, materialistische/postmaterialistische

seit der Veröffentlichung des Buches „The Silent Revolution“ von Roland Inglehart im Jahre 1977 besteht über das Ausmaß des Wertewandels in den westlichen Industrienationen eine intensive

Diskussion. In Repräsentativbefragungen wurde für die modernen, hochindustrialisierten Gesellschaften die zunehmende Favorisierung „neuer" Werte (nachstehend Beispiele in beliebiger Reihenfolge) festgestellt:

– Lebensqualität (befriedigende Berufstätigkeit, Wohnverhältnisse, Freizeit usw.)

– Natur – Umwelt (Umweltschutz mit hoher Priorität)

– neue Innerlichkeit/neue Sinnlichkeit (gegen Veräußerlichung und Entfremdung; Sensitivity- und andere Trainings; neu- und pseudoreligiöse Bewegungen usw.)

– Sozialbeziehungen (Zugehörigkeit/Kommunikation statt Verödung der Sozialkontakte)

– politische Partizipation außerhalb der traditionellen (Groß-)Organisationen (ad-hoc-Gruppen, neue politische Kultur, Bürgerinitiativen usw.)

– neue Einfachheit (Selbermachen, weg von der komplizierten Industriezivilisation, gegen risikoreiche Großtechniken usw.)

– alternative Produktion (-sstätten: Versuche der Harmonisierung von Ökonomie und Ökologie, Bio-Bewegung usw.)

– usw.

Gemäß den Wohlfahrtssurveys (zuletzt 1992) im Rahmen des Sonderforschungsbereichs 3 der Deutschen Forschungsgemeinschaft werden neue Werte immer mehr gegenüber alten Werten (Wirtschaftswachstum, unbeschränkte Nutzung der Natur, bewußte Inkaufnahme von Risiken, Entscheidungen durch die dafür einmal gewählten oder zuständigen Personen oder Gremien usw.) favorisiert. Parallel dazu sind in wachsendem Maße neue Handlungsformen zu finden: neue Problemlösungsstrategien, Kompensationen, Innovationsbereitschaft, spontane Proteste, Boykottmaßnahmen usw. Diese Entwicklung belegt im übrigen ein deutliches Unbehagen an der Modernität und entspricht in ihrer eigenen Dynamik dem rapiden technisch-ökonomichen Wandel (den ständig neuen Problemsituationen) in den hochkomplexen Gesellschaften, welche den Wandel der Einstellungen und die Flexibilität im Handeln eben auch in diese Richtung provozieren.

G. R.

Neutralität, affektive

(engl. affective neutrality)

eine der fünf→pattern variables von T. Parsons der Gemeinschaft – Gesellschaft Dichotomie.

New Age/Esoterik

Allgemeine Hinweise

New Age (Neues Zeitalter) ist das Schlüsselwort einer Bewegung, die zunächst in den USA, dann in den achtziger Jahren zunehmend auch in Europa und im deutschsprachigen Raum beträchtliche gesellschaftliche und kulturelle Resonanz erfahren hat. Die New Age-Bewegung (NA-B) war die wirkungsmächtigste Ausprägung des Aufschwungs an Esoterik und Okkultismus, der in den westlichen Industrieländern seit Ende der siebziger Jahre zunehmend zu beobachten ist. Die Orientierungen der NA-B beziehen sich auf die Therapie- und Selbsterfahrungsangebote gegenwärtiger „Psycho"-Kultur ebenso wie auf politische, wirtschaftliche, pädagogische und medizinische Konzepte.

Studiert man die Veröffentlichungen der Hauptprotagonisten der NA-B so wird deutlich: New Age versteht sich als umfassendes Sinn- und Orientierungsangebot. Auch wenn unsicher ist, ob die New Age-Orientierungen religionswissenschaftlich oder theologisch als „Religion" zu verstehen sind, auch unabhängig davon, ob die New Age-Anhänger sich selbst als „religiös" begreifen, ist in religionssoziologischer Außenbetrachtung festzuhalten: New Age ist eine Heilsbotschaft und ihre Verkünder wissen sich als erwählte Träger dieser Botschaft. So ist für F. Capra New Age ein

Weg für den westlichen Menschen hin zur Erfahrung hinduistischer Vedanta-Msystik. (Vergleiche u.a. F. Capra, Wendezeit. Bausteine für ein neues Weltbild, Bern/München/Wien 1983.) So ist für M. Ferguson der Einstieg in das Neue Zeitalter „die Erfahrung ... einer lichteren, reicheren und sinnvolleren Dimension des Lebens". (M. Ferguson, Die sanfte Verschwörung, Basel 1982, S. 100.) So stellt sich für S. Grof die New Age-„Spiritualität" im Gegensatz zu den überlieferten Religionen wie folgt dar: Es ist dies eine „Spiritualität, die sich im Prozeß einer tiefgehenden Selbsterforschung offenbart, Gott als das Göttliche im Menschen. Mit Hilfe verschiedener Techniken, die den unmittelbaren erlebnishaften Zugang zu transpersonalen Wirklichkeiten vermitteln, entdeckt man seine eigene Göttlichkeit. Bei spirituellen Übungen solcher Art sind es der Körper und die Natur, die die Funktion des Gotteshauses übernehmen." (S. Grof, Das Abenteuer der Selbstentdeckung. Heilung durch veränderte Bewußtseinszustände, München 1987, S. 324.)

Die *Sozialgestalt* der NA-B ist amorph und vagierend. Schon von einer „Bewegung" im soziologischem Sinn zu sprechen ist problematisch. Es handelt sich um ein Syndrom, das weitgehend unorganisiert, aus einem lockeren Netzwerk von Kongressen, Workshops, Seminaren, Journalen und Buchveröffentlichungen besteht. Aus den wenigen empirischen Untersuchungen im deutschsprachigen Raum (vergleiche vor allem: M. Schneider, New Age, München 1991; ders., Esoterik und New Age. Das Zeitalter des Wassermanns, Augsburg 1995) zeigt sich, daß die Anhänger aus qualifizierten Angestelltenberufen mit gleichzeitig „postmaterieller" Orientierung stammen, mit geringer Bindung an die Amtskirchen. Weiterhin ist eine hohe Repräsentanz von Frauen festzustellen. Auch zeigen die empirischen Befunde, daß zwischen bewußten „Anhängern" im engeren Sinne und einer wesentlich größeren Zahl von am New Age-Gedankengut „Interessierten" zu unterscheiden ist. Immerhin bekundet jeder zweite Großstädter sein Interesse an Meditation und Yoga, und jeder vierte zeigt sich am Reinkarnationsgedanken interessiert (vergleiche M. Schneider).

Grundlinien des New Age-Denkens

Die genaueren Inhalte der NA-B sind diffus und schwer faßbar, da sie sich in eklektischem und synkretistischem Zugriff der religiösen Traditionen nahezu des gesamten Erdballs bedienen. Dennoch lassen sich Grundlinien des New Age-Denkens in einigen Merkmalen beschreiben, die sich quer durch die verschiedenen Tendenzen und Gruppen finden: 1. Basis des New Age-Denkens ist der Glaube an das *kosmische Bewußtsein.* Dabei ist es für das Verstehen des New Age-Denkens entscheidend, daß „Bewußtsein" transindividuell verstanden ist, also zu allererst nicht das individuelle Bewußtsein meint, dieses vielmehr als Akzidenz des allgemeinen kosmischen Bewußtseins versteht. In der Annahme solch kosmischen Bewußtseins soll der Gegensatz von Natur und Geist, von Subjekt und Objekt überwunden sein. Die Göttlichkeit des Menschen in der New Age-Spiritualität ist eben darin begründet, daß der Mensch ein Akzidenz dieses kosmischen Bewußtseins ist. – 2. So gilt als religiös-spiritueller Antrieb, die *Transformation des Ich* anzustreben. Denn es geht um Überwindung des individuellen Ichs und um Vereinigung mit dem allgemeinen kosmischen Bewußtsein. Ich-Überwindung, oder auch Transzendierung des „Ego", ist ein zentrales Heilsziel des New Age-Syndroms. – 3. Das New Age-Denken ist somit von einer prinzipiell *holistischen* Weltsicht bestimmt, in der Mensch, Natur und Kosmos ineinander verwoben vorgestellt werden; und nur der Verblendungszwang des westlichen Subjekt-Objekt-Denkens gaukle uns vor, dies seien getrennte Seinsbereiche. – 4. Der Mensch als Teil des Göttlichen kann sich seines göttlich-kosmischen Ursprungs also auf dem Weg der Überwindung des Ichs versichern. Es gibt für die New Age-Orientierung ein esoterisches *Wissen,* es gibt okkultische Praktiken, die dem Menschen seine Göttlichkeit erfahrbar machen. Spirituelle Techniken, Methoden der Bewußtseinserweiterung lassen dem Menschen das Göttliche in ihm erfahrbar werden und machen es ihm verfügbar. – 5. Der Kern des New Age-Glaubens ist der Glaube an *Evolution,* dessen Basis die Evolution, ja Transformation des menschlichen Bewußtseins ist. Alles was ist, ist hineingebunden in die hinter den Dingen stehende „Selbstorganisations-Dynamik des gesamten Kosmos" (F. Capra). Dieser kosmische, unaufhaltsame Prozeß von Evolution durchdringt und bestimmt das Naturgeschehen, die menschliche Geschichte und das menschliche Handeln. – 6. Im Zusammenhang dieser Hoffnung auf einen kosmischen Evolutionsprozeß ist eigens die Verheißung eines kommenden „Neuen Menschen" zu nennen. (Vergleiche G. Küenzlen, 1994.)

Esoterik
Die große öffentliche (und veröffentlichte) Resonanz, welche die NA-B in den achtziger Jahren erfahren hat, ist in den neunziger Jahren zunehmend geschwunden. Vor allem scheint der evolutionäre Optimismus, der die NA-B kennzeichnete, seine Geltungskraft verloren zu haben. So hat sich auch der Terminus „New Age" weitgehend verflüchtigt. Geblieben ist aber die ungebrochene Anziehungskraft *esoterischer* Lebens- und Weltdeutungen.

Esoterik (griech.: esoteros = nach innen) ist der Sammelbegriff für Lebens- und Weltdeutungen, von denen ihre Anhänger meinen, sie seien gegenüber den „exoterischen", öffentlich anerkannten Erkenntnissen der Wissenschaft und Glaubensinhalten der etablierten Religion, nur einem Kreis von Erleuchteten und Eingeweihten zugänglich. Solche Esoterik hat die Kultur- und Religionsgeschichte immer begleitet: Zu nennen sind die Mysterienkulte des antiken Griechenlands, Strömungen der jüdischen, hellenistischen und christlichen Gnosis, die mittelalterliche Katharerbewegung und die Kabbala. In der Renaissance findet sich esoterisches Gedankengut in Gestalt der Lehre des (fiktiven) Hermes Trismestigos, weswegen die westliche Form der Esoterik auch als Hermetik bezeichnet wird. Sodann gehören in den Traditionsstrom westlicher Esoterik die Rosenkreuzer, Alchimisten, Teile der Freimaurerbewegung, der Spiritismus des 19. Jahrhunderts, schließlich die aus indischen Quellen sich herleitende Theosophie und die Anthroposophie des ehemaligen Theosophen Rudolf Steiner. Als Vordenker heutigen esoterischen Gedankengutes ist eigens G. I. Gurdjieff (1865–1949) zu nennen, der die östlich-mystischen Traditionen mit Erkenntnissen westlicher Wissenschaft zu einer neuen Weisheitslehre „zur harmonischen Entwicklung des Menschen" zu verbinden suchte. Schließlich gehört zur Entwicklung neuzeitlicher Esoterik auch die Bildung von Okkultorden, wofür der „Ordo-Templi-Orientis" (O.T.O.) das bekannteste Beispiel darstellt. Der spätere Leiter des um 1906 von deutschen Okkultisten gegründeten O.T.O., Aleister Crowley (1875–1947), gewann Einfluß auf die sexualmagische Praktiken einschließende Bewegung eines okkulten Satanismus. Zur interessanten Wirkungsgeschichte des O.T.O. gehört unter anderem, daß sowohl der Gründer der Anthroposophie, Rudolf Steiner, wie auch der Gründer der „Scientology-Church", Ron L. Hubbard, zeitweise Mitglieder des O.T.O. waren.

Zur besonderen Charakteristik der gegenwärtigen Esoterik gehört, daß sie, entgegen ihrer eigenen Herkunftsgeschichte, höchst „exoterisch" auftritt, wie sich am Beispiel regelmäßig veranstalteter esoterischer „Messen", am anhaltenden Boom an esoterischer Literatur und an der stetigen Präsenz esoterischer Themen in den Medien zeigt. So hält Esoterik einen großen Marktanteil des gegenwärtigen „Marktes der religiösen Möglichkeiten" besetzt. Die anhaltende Faszination durch esoterische Lebens- und Weltdeutungen und deren kulturelle Verbreitung zeigt, daß für immer mehr Menschen in den westlichen Ländern Esoterik zur Lebensführungsmacht geworden ist. Dies gilt insbesondere für die einfachen Formen einer schnell und instrumentalistisch handhabbaren „Vulgäresoterik" (Pendeln, Tarotkarten, Wahrsagen, Astrologie, Eselsteintherapie usw.), wohingegen die anspruchsvolleren Formen esoterischer Lebensdeutung mit ihren die ganze Existenz betreffenden Anforderungen eher zurücktreten.

Sozialwissenschaftliche Analysen
Die Literatur zu New Age/Esoterik ist in den vergangenen Jahren immer mehr angewachsen. Dies gilt sowohl für die aus esoterischen Orientierungen heraus geschriebene Literatur wie auch für die New Age/Esoterik-kritischen Veröffentlichungen. In merkwürdigem Kontrast hierzu steht der Befund, daß sich die Sozialwissenschaften des Themas bislang nur in geringem Maße angenommen haben. Die erste sozialwissenschaftliche Analyse im deutschsprachigen Raum stammt von Küenzlen. (G. Küenzlen, Das Unbehagen an der Moderne, in: H. Hemminger (Hg.), Die Rückkehr der Zauberer, Reinbek 1987, S. 187–222.) In kultursoziologischem Zugriff interpretiert er die Lebens- und Weltdeutungen der NA-B als „sinnhafte Antworten auf die Unsicherheiten und Fraglichkeiten der modernen Lebenswelt", wobei er von einem tiefgreifenden Bedeutungsverlust der herkömmlichen westlichen „Kulturbestände religiöser und säkularer Art" ausgeht. (Vergleiche auch G. Küenzlen, Das New Age-Syndrom. Zur Kultursoziologie vagabundierender Religiosität, in: Zeitschrift für Politik, Nr. 3/1988, S. 237–248.) Bei H. Knoblauch (ähnlich I. Mörth) erscheint „New Age", auf dem Hintergrund der Luckmannschen These von der „unsichtbaren Religion", als neue Sozialgestalt von Religion, „jenseits der herkömmlichen sozialen Formen religiöser Organisationen". (H. Knoblauch, Das Unsichtbare Neue Zeitalter, in: K.Z.f.S.S., Jg. 41, 1989, S. 504–525; vergl. auch ders.: „Neues Paradigma" oder „Neues Zeitalter"? in: Religion und Kultur, hg. J. Bergmann, A. Hahn, Th. Luckmann, Sonderheft der K.Z.f.S.S. 33, 1993, S. 249–270.) Für H. Stenger sind die New Age-Orientierungen in konstruktionstheoretischer Perspektive, die Möglichkeit einer Reintegration von Sinn, da sie den modernitätstypischen „sinnbastelnden" Identitätskonstruktionen gemäß und somit „auf struktureller Ebene ausgesprochen modern" seien. (H. Stenger, Die soziale Konstruktion okkulter Wirklichkeit, Opladen, 1993.)

Schließlich sind die Arbeiten von G. Eberlein zu nennen, in denen unter anderem der Anspruch der Esoterik, „Wissenschaft" zu sein, genauer untersucht wird (siehe z. B. G. Eberlein, Schulwissenschaft – Parawissenschaft – Pseudowissenschaft, in: Universitas 44, 1989, S. 321–325).

Lit.: G. Eberlein (Hg.), Kleines Lexikon der Parawissenschaften, München 1995; *W. Helsper,* Okkultismus – Die neue Jugendreligion?, Opladen 1992; *H. Hemminger* (Hg.), Die Rückkehr der Zauberer. New Age – eine Kritik. Reinbek 1990; *G. Küenzlen,* Der Neue Mensch. Eine Untersuchung zur säkularen Religionsgeschichte der Moderne, München[2] 1994; *Chr. Schorsch,* Die New Age-Bewegung: Utopie und Mythos der Neuen Zeit, Gütersloh 1988

Prof. Dr. *G. Küenzlen,* München

nivellierte Mittelstandsgesellschaft

→Mittelstandsgesellschaft, nivellierte

nomologisch
gesetzesartig

Nonkonformismus
individualistische Haltung gegenüber politischen, religiösen und gesellschaftlichen Fragen. Bezeichnung für eine den herrschenden →Normen widersprechende Einstellung.

Norm
In der Literatur finden sich viele N.definitionen: 1) Unter N. versteht man den häufigsten oder den durchschnittlichen Wert eines Merkmals in einer Population (deskriptiv-statistischer N.begriff), etwa bei der Normierung von Testverfahren (z.B. Intelligenz). Diese statistische N. dient dazu, eine Vergleich- und Interpretierbarkeit von Meßwerten herzustellen. Da die statistische N. das arithmetische Mittel oder der Modus ist, wird sie häufig mit Normalität gleichgesetzt. 2) N. als Verhaltensgleichförmigkeit, wie sie von manchem Sozialpsychologen verstanden wird, benennt eigentlich nur den allgemeinen Gegenstand der Soziologie, nämlich Regelmäßigkeit sozialen Verhaltens. 3) N.en werden auch begriffen als (ethisch-moralische) Zielvorstellungen, als Orientierungshilfe, als eine aus Wertvorstellungen resultierende Richtschnur des Handelns. N. als Chance der Verhaltensbewertung – auch im Hinblick auf Konformität oder Abweichung –, abgeleitet aus übergeordneten Werten, kommt dem in der Soziologie am häufigsten gebrauchten Vorstellungsinhalt schon recht nahe. 4) Eine N. ist eine allgemeingültige Verhaltensregel, deren Einhaltung von den anderen Gesellschaftsmitgliedern erwartet und sanktioniert wird. Damit werden in besonderer Weise das Sollen, die Verpflichtung, der Verhaltensimperativ deutlich. Unklar bleibt dabei, ob die „anderen Gesellschaftsmitglieder" alle gemeint sind, ob deren Majorität genügt oder ob die „Mächtigen" gemeint sind. Zentral ist, daß es sich um Verhaltensforderungen mit einem gewissen Grad an Verbindlichkeit handelt, der aber situativ und positional gestaltbar erscheint. N.en sind intra- und interkulturell variabel, was trotz der impliziten Verbindlichkeit auf eine weitere Relativität hinweist.

Die N.aneignung erfolgt primär in den dafür spezialisierten Instanzen, wie Familie, Schule usw. Je früher die N.en an das Individuum herangetragen werden, desto eher werden sie →internalisiert und so zu handlungsrelevanten Orientierungsmustern oder Verhaltensimperativen. Zusammen mit →Motivation und →Situation determinieren N.en Verhalten; sie regeln den Umgang der Menschen untereinander, indem sie anzeigen, wie man sich in welcher Situation gegenüber welchem Handlungsobjekt verhalten soll. Sie bilden mit anderen zentralen Merkmalen, wie →Handlungen, →Rollen, →Interaktionen und →Institutionen, die Struktur →sozialer Systeme und wirken als →Handlungsorientierungen ebenso wie →Ziele, →Werte, →Kognitionen und →Emotionen.

Ohne N.en ist soziales Handeln schwierig, da sich das Handeln mit den Erwartungen an den Handelnden zumindest teilweise überdecken muß, um eine sinnvolle Interpretation der Handlungssituation zu ermöglichen. N.en gewährleisten also Regelmäßigkeiten des Handelns, bieten Verhaltenssicherheit und konstituieren so soziale Systeme mit.

Verknüpft man Regelmäßigkeit und Verhaltenserwartung, so gelangt man zu folgender Begriffsfassung: „Wir definieren Normen vorläufig als Verhaltensanforderungen für wiederkehrende Situationen. Damit wird der Aspekt der Regelmäßigkeit mit in die Definition genommen, allerdings nur insofern, als ein bestimmtes Verhalten in wiederkehrenden Situationen regelmäßig gefordert wird. Ob das tatsächliche Verhalten die gleichen Regelmäßigkeiten aufweist, ist eine andere Frage" (Spittler 14).

Wenn wir von der Existenz und Verhaltensrelevanz von N.en als Verhaltensanforderungen ausgehen, so impliziert dies, daß es Personen oder Organisationen geben muß, die den normativen Anspruch auf ein bestimmtes Verhaltensmuster stellen und durchzusetzen versuchen, nämlich die N.sender oder auch N.setzer. Weiter muß ein Personenkreis festgelegt sein, an den sich die in den N.en ausgedrückten Verhaltensanforderungen richten, die N.adressaten. Der N.sender muß dem N.adressaten die N.en verdeutlichen, damit die N.transparenz möglichst hoch ist. N.sender und N.adressat können identisch sein. N.en beziehen sich in ihrer Aussage auf konkrete Sachverhalte; abstrakte und zu allgemeine Formulierungen verlieren ihre Verhaltensrelevanz und dienen möglicherweise nur dazu, bestimmte Ideologien zu rechtfertigen.

Der Idealfall, daß sowohl bei den N.sendern als auch bei den N.adressaten die N. vollständig anerkannt, akzeptiert und im Verhalten realisiert wird, ist selten. Betrachtet man den Grad der Akzeptierung einer N. vom N.setzer her, so spricht man vom Geltungsgrad einer N. Ist der Geltungsgrad schwach, so läßt dies darauf schließen, daß nur geringe Aussicht auf optimale Durchsetzung der N. bei den N.adressaten besteht, da Legitimierung und Nützlichkeit der N. in Frage gestellt werden können: Eine Forderung, die nicht von allen in einem gewissen Ausmaß befolgt und nicht ungeteilt gefordert wird, verliert ihren Anspruchs- und Absolutheitscharakter. Das Befolgen bzw. Nichtbefolgen der N. kann durch den Wirkungsgrad (evtl. sogar quantitativ) erfaßt werden. Ist der Wirkungsgrad einer N. gering, so kann unter Vernachlässigung der möglichen Ursachen behauptet werden, daß die N. wegen ihrer fragwürdigen Basis nicht befolgt werden kann oder gezielt nicht befolgt wird, weil ihre Notwendigkeit nicht einsichtig ist. N.sender, N.adressat, Geltungsgrad und Wirkungsgrad sind begriffliche Konzepte im Umfeld der N.en, die heuristischen Wert insoweit besitzen, als sie in der konkreten N.analyse wichtige Erkenntnisse im Blick auf N.orientierung und mithin auf normkonformes oder →abweichendes Verhalten liefern können. Das Maß der Zustimmung, das eine N. innerhalb einer Gruppe genießt, erfaßt man auch mit dem Begriff der N.kristallisation.

Der sozial relevante Mechanismus der Durchsetzung von N.en wird in der Soziologie als →soziale Kontrolle bezeichnet. In der Regel wird man davon ausgehen können, daß normkonformes Verhalten belohnt (positiv sanktioniert), normabweichendes Verhalten bestraft (negativ sanktioniert) wird. Damit ist das Problem der N.durchsetzung mittels →Sanktionierung aber noch nicht gelöst. So kann eine Strafe für →abweichendes Verhalten durch anderweitige Belohnung für eben dieses Verhalten kompensiert werden. N.en können auch kontradiktorisch sein, so daß ein N.konflikt notwendigerweise entsteht, also auch negative Sanktionen in Kauf genommen werden müssen. Der Sanktionsmechanismus allein kann also keineswegs perfekte N.befolgung garantieren. Hierfür sind auch Sanktionsbereitschaft und die Sanktionswahrscheinlichkeit von erheblicher Bedeutung. Je höher die Sanktionswahrscheinlichkeit und -bereitschaft, desto eher werden die N.en befolgt. Bei weitgehender Internalisierung der N.en bedarf es andererseits kaum der Sanktionierung, um Konformität zu erzielen. Ist einmal eine N. gebrochen und wird der N.brecher bestraft, so wird dadurch der N.bruch nicht rückgängig gemacht. Sanktionen haben für den individuellen N.abweicher nur den Sinn, sich zukünftig normkonform zu verhalten und für alle potentiellen Abweicher eine stärkere N.orientierung zu bewirken. Eine wesentliche Funktion der Sanktion ist also die Präventivwirkung. Die Wirksamkeit des Sanktionsmechanismus zur Durchsetzung von N.en kann von der Höhe der Sanktion (Strafe) abhängen. Diese Funktion der Strafe ist allerdings nicht unumstritten. So kann man unschwer nachweisen, daß auch eine maximale Strafhöhe nicht wirksam wird, weil bestimmte situative und/oder motivationale Elemente stärker im konkreten Verhalten beachtet werden als die N.orientierung und die Strafandrohung.

N.en gelten als situationsbezogene Spezifizierungen der Wertsysteme und stellen die Verbindung zwischen kulturellem und sozialem System her; sie ergänzen und präzisieren die Werte. Der Inhalt der N.en ist jedoch nicht allein von den Werten, sondern auch von den Erfordernissen der Handlungssituation abhängig. Sie wirken als Mechanismen, die Werte, soziale Situationen und Interessen der Handelnden koordinieren: N.en sind als Konkretisierungen der Werte zu verstehen. Die Wertsysteme der Gesellschaft werden also in einem sozialen Prozeß auf untere Ebenen transformiert, wobei es in der konkreten Handlungssituation zu N.enkonflikten kommen kann. Entweder löst sich das Problem durch soziale Kontrolle (die übergeordneten N.en werden durchgesetzt) oder es kommt zu einer Modifikation der N.en. Diese Veränderung beschreibt →sozialen Wandel.

Abweichungen von N.en können dadurch entstehen, daß N.en zueinander konträr sind, daß N.en nicht bekannt sind, daß manche N.en höher bewertet werden als andere etc. Da in all diesen Fällen nicht rigoros sanktioniert werden kann, entsteht ein gewisser Verhaltensspielraum, innerhalb dessen die Verhaltensweisen mehr oder weniger normkonform und immer noch geduldet sind. Erst außerhalb dieses Toleranzbereichs werden Sanktionen gesetzt.

Die Entwicklung zu modernen Industriegesellschaften mit hoher Arbeitsteiligkeit brachte mit sich, daß die persönliche Überschaubarkeit des sozialen Systems aufhörte, die Komplexität zunahm und so informelle Verhaltenserwartungen in Verträge, Konventionen, Satzungen und Gesetze übergeführt werden mußten, um den Kern der Gemeinsamkeit zu schützen und zu gewährleisten, daß die Verhaltensweisen auch in großen sozialen Gebilden aufeinander abgestimmt werden können. Je größer der Verband und je anonymer die Beziehungen zwischen den Elementen, desto formaler müssen die N.en sein (z.B. im Straßenverkehr). Die N.kenntnis und N.akzeptanz erhöhen sich im Laufe des Institutionalisierungsprozesses, eben um eine möglichst gute Kooperation der Handelnden zu gewährleisten. Institutionalisierung ist kein Kennzeichen aller Normen, aber sie dient im komplexen sozialen System der Verhaltenssicherheit, weil institutionalisierte N.en durch Sozialisation allgemein und jedem Mitglied des sozialen Systems vermittelt werden können und Standardisierungen – von Situationen, Positionen und Verhaltensweisen unabhängig von den Personen und Persönlichkeiten – schaffen, die ein quasi „schematisiertes" Verhalten erlauben.

Inwieweit das tatsächliche Verhalten den Verhaltensregeln entspricht, ist von mehreren Bedingungen abhängig.

1) Vom Grad der N.internalisierung: Im Laufe der primären Sozialisation werden N.en an den Sozialisanden herangetragen, und durch negative bzw. positive Sanktionen wird gewährleistet, daß diese befolgt werden. Durch Internalisierung der N.en verlagert sich die soziale Kontrolle in das Persönlichkeitssystem; die N.einhaltung wird durch das Gewissen (Über-Ich) kontrolliert und als selbstbestimmtes →Handlungsmuster erfahren.

2) Vom Grad der Legitimität der N.en: N.en sind situationsgebundene Verhaltensvorschriften, die sich aus dem Wertsystem ableiten. Diese Werte bilden für die N.en die Legitimationsgrundlage. Die Akzeptanz der N.en hängt von der Übereinstimmung mit den Werten ab.

3) Von Härte und Wirksamkeit der hinter den N.en stehenden Sanktionen: Die Einhaltung der N.en soll durch die sozialen Kontrollen (Belohnung und Be-

strafung) garantiert werden; besteht eine gesetzliche Fixierung (=Kodifizierung) der N.en, so spricht man von Muß-N.en. Die außerrechtlichen N.en werden unterteilt in Soll-N.en (Sitten) und Kann-N.en (Bräuche, Gewohnheiten). Sanktionshäufigkeit und -höhe nehmen von Muß- zu Kann-N.en ab. Bei Muß-N.en und Abweichung davon tritt meist ein besonders hierfür legitimierter Sanktionsapparat (etwa Polizei, Gericht) in Erscheinung, während bei den weniger stark verbindlichen N.en eher informelle Sanktionen, quasi durch jedermann, Platz greifen können. Je einschneidender die Sanktionen sind, um so eher wird das Verhalten an den N.en ausgerichtet.

4) Von der Funktionalität der N.en für die Verhaltensziele der Handelnden: N.en bilden die Verbindung zwischen Werten und den spezifischen Handlungssituationen. Diese werden von den Handlungspartnern natürlich auch bezüglich ihrer Interessen interpretiert. N.en, die eine Befriedigung der eigenen Interessen ermöglichen, werden eher befolgt.

5) Vom Ergebnis der N.eninterpretation durch die Beteiligten: N.en sind unterschiedlich präzise definiert; so bleibt ein gewisser Interpretationsspielraum offen, der dann mehr oder weniger große Verhaltensabweichungen zuläßt.

6) Vom Grad der inneren Stimmigkeit des N.ensystems: Unter N.ensystem versteht man einen N.enkomplex, in dem die verschiedenen N.en nach Geltung und Abstraktheit gegliedert und aufeinander bezogen sind. Je eindeutiger die N.en auf „höhere" N.en oder Werte bezogen sind, also je strukturierter das N.ensystem ist, desto weniger N.enkonflikte treten auf und desto eher werden die N.en befolgt.

Die wissenschaftliche Auseinandersetzung mit N.en erfolgt auf unterschiedlichen Abstraktionsebenen. 1) Die Kultur- und Sozialanthropologie sowie die Ethnologie widmen sich der Beschreibung von N.en, analysieren sowohl die Wertsysteme als auch die sozialen Strukturen und stellen interkulturelle Vergleiche an. 2) Die Sozialpsychologie konzentriert sich auf die Vorgänge der Übertragung und Konstanthaltung von N.en, also auf Interaktionen, die der Übermittlung und Erhaltung von N.en dienen.

Lit.: Lamnek, Siegfried: Theorien abweichenden Verhaltens, 3. Aufl. München 1987; *Lautmann, Rüdiger:* Wert und Norm. Begriffsanalysen für die Soziologie. 1. Aufl. Köln und Opladen 1969; *Parsons, Talcott/Shils, Edward Albert* (Hg.): Toward a General Theory of Action, 5. Aufl. Cambridge/Mass. 1962; *Spittler, Gerd:* Norm und Sanktion. Untersuchungen zum Sanktionsmechanismus. 1. Aufl. Olten 1967

Prof. Dr. *S. Lamnek,* Eichstätt

Normalität (– sozialer Ereignisse)
→Ethnomethodologie

Normalverteilung
auch: Gaußverteilung
stetige Wahrscheinlichkeitsverteilung, bei der Mittelwert, Modalwert und Median zusammenfallen (Standardnormalverteilung). Die Normalverteilung ist bei empirischen Untersuchungen von Bedeutung, da eine entsprechend große Zahl von unabhängigen Variablen (etwa beim Würfeln) immer besser der Normalverteilung angenähert wird.

normativ
Bezeichnung für Aussagen, mit denen eine Wertung verbunden ist.

Normen, soziale
→soziale Normen

Normkonflikt
Situation, in der mehrere einander widersprechende →Normen Verbindlichkeitscharakter haben.

Normwandel
→sozialer Wandel

North-Hatt-Prestigeskala
Bezeichnung für die 1946/47 in den USA von C. C. North und P. K. Hatt ent-

wickelte Prestigeskala, deren Grundlage eine auf Bundesebene (NORC-Studie, National Opinion Research Center) durchgeführte Befragung war, bei der die Berufe nach ihrem Prestigegehalt klassifiziert wurden.

nuclear family
Kernfamilie
analytischer Begriff zur Kennzeichnung der Geschlechter- und Generationendifferenzierung, die den Kern aller Familiensysteme ausmachen: Vater, Mutter, Sohn, Tochter.
→Familie

Nullhypothese
Ausgangshypothese, die besagt, daß alle →Stichproben hinsichtlich der untersuchten →Variable der gleichen Grundgesamtheit entstammen, Unterschiede der Stichprobe deshalb rein zufällig sind.
→Signifikanztest

O

Obdachlosigkeit

Personen oder Familien, die über keine eigene Wohnung verfügen, sind wohnungslos und werden vom Sozialamt in Wohnunterkünfte eingewiesen. Häufigster Grund für Wohnungslosigkeit sind Mietschulden oder Streit und Belästigungen der Nachbarn, Gründe, die eine fristlose Kündigung rechtfertigen. Durch die hohe Arbeitslosigkeit seit Mitte der 1970er Jahre ist Obdachlosigkeit vor allem ein Problem in städtischen Wohngebieten.

Oberschicht

Bevölkerungsgruppe, die hinsichtlich ihres Ansehens (→Prestige), Einkommens und Vermögens sowie aufgrund ihrer wirtschaftlichen und/oder politischen Macht zur Führungselite (→Elite) einer Gesellschaft zu zählen ist.

Objektivität

Darstellung eines Sachverhaltes unter Ausschaltung individueller Vorurteile und Gefühle. Wissenschaftliche Objektivität beruht weitgehend auf einem methodisch kontrollierten und kontrollierbaren Vorgehen des Forschers. Nach *M. Weber* bedeutet „Objektivität" sozialwissenschaftlicher Erkenntnis, daß das empirisch Gegebene stets auf jene Wertideen ausgerichtet ist, die ihnen Erkenntniswert verleihen und in ihrer Bedeutung aus ihnen verstanden werden.

Ödipuskomplex

Begriff der Psychoanalyse *(S. Freud)* für die frühkindliche Beziehung zum gegengeschlechtlichen Elternteil. Bedeutsam im Zusammenhang mit verschiedenen Theorien der →Sozialisation.

offene Gesellschaft

von *K. R. Popper* geprägter Begriff (Die offene Gesellschaft und ihre Feinde, 1957). Als „offen" wird eine Gesellschaftsstruktur bezeichnet, in der es keine Einschränkungen oder Barrieren hinsichtlich der Besetzung von Positionen (→soziale Mobilität), des Zugangs zu Informationen (Pressefreiheit) u.a. gibt, was in westlichen Demokratien verfassungsgemäß verbürgt ist und in der BR Deutschland z.B. in die Grundrechte aufgenommen wurde.

Öffentlichkeit

→Privatheit

Ökologie

die Wissenschaft von den Beziehungen der Lebewesen zu ihrer Umwelt. Seit Beginn der 1970er Jahre in der Umweltforschung neu thematisierte Bezeichnung zur Beschreibung der Abhängigkeit des Menschen von seiner natürlichen Umwelt. Die Mitglieder des „Club of Rome" haben in ihren Veröffentlichungen wiederholt auf den Zusammenhang von Industrialisierung, Bevölkerungswachstum, Umweltzerstörung, Rohstoffverknappung und Unterernährung und auf die „Grenzen des Wachstums" für die Weltbevölkerung hingewiesen. (*D. Meadows,* u.a. 1972)

→Humanökologie

→Umwelt

Ökonomismus

soziologische Bezeichnung für Theorieansätze, die gesellschaftliche Entwicklungen einseitig als Ergebnis ökonomischer Prozesse interpretieren.

Ökosoziologie

→Umwelt

Oktroi

etwas aus eigener Machtvollkommenheit anordnen, befehlen, jemandem aufdrängen.

Oligarchie

Herrschaft einer kleinen Gruppe, welche die Macht in ihrem eigenen Interesse gebraucht (als Verfallsform der Aristokratie beschrieben).

Oligopol
in der Marktformenlehre Bezeichnung für einen Markt, bei dem wenige Anbieter nur einigen Nachfragern gegenüberstehen. Beispiel: Luft- und Raumfahrtindustrie.

Omnibus-Umfrage
in der Markt- und Meinungsforschung verwendete Form einer Fragebogenaktion, in der Fakt- und Meinungsfragen miteinander kombiniert werden, z.B. Fragen nach dem bevorzugten Waschmittel, der Parteienpräferenz, der Einstellung gegenüber Ausländern u.a.

Operationalisierung
Anweisung für die Präzisierung von Begriffen in der →empirischen Sozialforschung. Theoretische Begriffe und empirische Phänomene müssen zum Zwecke empirischer Forschung einander zugeordnet, näher bestimmt werden, (z.B.: Was soll „Arbeitszufriedenheit" im Untersuchungszusammenhang bedeuten?). Diese Zuordnung wird Operationalisierung genannt. Über die Prinzipien der Zuordnung gibt es eine umfängliche wissenschaftstheoretische und methodologische Literatur, da sich die Art der Operationalisierung auch bei der Messung der Variablen auswirkt. Verwendung formaler Modelle, bei denen Meßprobleme verringert werden.

opinion leader
→Meinungsführer

Opportunismus
ein Verhalten, das sich allein an der Zweckmäßigkeit und den Durchsetzungsmöglichkeiten der eigenen Interessen ausrichtet.

Opposition
in der parlamentarischen Demokratie jene Partei, die nicht in der Regierungsverantwortung steht. Allgemein wird unter Opposition ein Widerspruch bzw. Widerstand zu den herrschenden Meinungen verstanden.

Optimumtheorie
bevölkerungstheoretischer Ansatz in Analogie zum Ertragsgesetz der Nationalökonomie. Im Gegensatz zu Malthus vertreten die Optimumtheoretiker die Ansicht, daß eine steigende Bevölkerungszahl zu einem wachsenden Sozialprodukt beitrage und es erst bei Überschreitung des Optimums zu einer Abnahme des Pro-Kopf-Sozialprodukts komme.

Ordnung, legitime
nach *M. Weber* verbindliche Regelungen, denen der →Handelnde nicht nur aus Zweckmäßigkeit folgt, sondern die auch als verbindlich und vorbildlich angesehen werden.

Organisation
Die Formulierung einer adäquaten und allseits akzeptierten Definition von O. bereitet keine geringen Schwierigkeiten. Relativ verbreitet ist folgender institutioneller O.sbegriff: O.en sind tendenziell auf Dauer angelegte soziale Einheiten mit institutionellen Regelungen, die das Verhalten der Beteiligten steuern, und mit spezifischen Zielen bzw. Aufgaben, die durch die Mitglieder realisiert werden sollen. Solche expliziten Definitionen können mißverständlich sein, weil die verwendeten Kriterien (z.B. O.sziele) mit den unterschiedlichsten und z.T. unvereinbaren Bedeutungen belegt sind. Aus inhaltlicher Sicht ist zu beachten, daß diese Kriterien diejenigen O.en (z.B. bestimmte Erziehungs-O.en) nicht erfassen, die durch instabile Mitgliedschaften, problematische Ziele und unklare Verhaltensprogramme gekennzeichnet sind (sog. „organisierte Anarchien"). Ferner wird aus theoretischen Gründen die Zielorientierung als Definitionsmerkmal gelegentlich in Frage gestellt und der Koalitionscharakter betont. Danach wären O.en Koalitionen individueller Akteure, die Ressourcen in ein kooperatives Gebilde einbringen, um individuelle Ziele zu realisieren (z.B. *J. G. March*). Aufgrund dieser begrifflichen Probleme führen manche Autoren den Begriff daher lediglich anhand von Beispielen ein. Durch den Begriff

der O. sollen u. a. die folgenden sozialen Gebilde erfaßt werden: Wirtschaftsunternehmen, öffentliche Verwaltungen, Verbände, Parteien, Kirchen, Schulen und Hochschulen, Gefängnisse, Krankenhäuser, Klöster, Bordelle, Verbrechersyndikate, Polizei, Militär.

Der in der O.ssoziologie verwendete O.sbegriff darf nicht mit dem in manchen Praxisbereichen gebräuchlichen verwechselt werden. Viele Praktiker (und →Managementlehren) verstehen unter O. die Tätigkeit des Organisierens. Ebensowenig entspricht die hier angesprochene Bedeutung von O. der in der (älteren) Kulturanthropologie und Soziologie anzutreffenden Bezeichnung für alle möglichen Aspekte der sozialen Struktur einer Gesamtgesellschaft („social organization").

Nicht unproblematisch kann es sein, O.en gegen soziale →Gruppen, →Gemeinden, →soziale Bewegungen, →Familien abzugrenzen. Dabei geht es nicht allein um geeignete sprachliche Konventionen, sondern darum, ob die genannten Einheiten bzw. Institutionen tatsächlich in gewissen Hinsichten den gleichen Gesetzmäßigkeiten unterliegen wie O.en.

1. Komponenten von O.en

Es ist üblich, verschiedene Elemente von O.en zu unterscheiden. O.en werden konstituiert durch Austausch- bzw. Interaktionsbeziehungen von Beteiligten (engl. „participants") oder Mitgliedern. In Arbeitsorganisationen tritt ein Teil der Mitglieder in eine vertragliche Beschäftigungsbeziehung ein, die die Verpflichtung einschließt, durch geeignete Aktivitäten zur Realisierung der Aufgaben bzw. Ziele der O. beizutragen. Alle O.en verfügen über mehr oder weniger klare Technologien, die Verfahren der Aufgabenerfüllung beschreiben. „Technologie" ist dabei (nach *Ch. Perrow*) in einem weiten Sinn zu verstehen: Schulen verwenden u. a. die als „Unterricht" bezeichneten Technologien, Krankenhäuser unterziehen die Patienten einer Behandlung, Betriebe des produzierenden Gewerbes setzen Techniken der Bearbeitung physischer Materialien ein. Die Gesamtheit der sozialen Beziehungsmuster in einer O. bildet die →soziale Struktur einer O. Beschreibung und Erklärung von O.sstrukturen sind ein Schwerpunkt der O.ssoziologie. Die Steuerung des Mitgliederverhaltens erfolgt in O.en häufig durch Formalisierung, d. h. durch Schaffung und Durchsetzung expliziter und unpersönlicher Regeln in bezug auf die mit →Positionen verbundenen Aufgaben und in Bezug auf die Relationen der Positionen untereinander (Arbeitsteilung, Hierarchie usw.). Den Bereich des →Verhaltens und der →Struktur einer O., der formalisiert ist, bezeichnet man auch als formale O. Entsprechend gibt es informale Strukturen, die aus den (persönlichen) Interaktionsbeziehungen spezifischer Beteiligter gebildet werden. Ein Kriterium zur Abgrenzung informaler und formaler Strukturen ist die Wirkung eines Mitgliederwechsels (Personalwechsel, Führungswechsel): informale Strukturen werden durch den Austritt von Mitgliedern tendenziell gestört.

Schließlich sind O.en mehr oder weniger eindeutig abgrenzbar von ihrer Umwelt. Zur sozialen Umwelt zählen gesamtgesellschaftliche Institutionen (z. B. staatliche Regelungen), andere O.en (z. B. Lieferanten, Abnehmer, Konkurrenten, Kreditgeber bei Wirtschaftsunternehmen) und individuelle Akteure (Kunden, Klienten, potentielle Mitglieder). Die Umwelt hat für O.en die Funktion einer Ressourcenquelle. Die Abhängigkeit einer O. von Akteuren und Institutionen der Umwelt sowie Bewältigungsstrategien dieser Abhängigkeiten bilden ein zentrales Thema der „externen" oder „ökologischen" Perspektiven in der O.sforschung (z. B. *J. Pfeffer*).

2. Entwicklung der Organisationssoziologie

Die O.ssoziologie ist im wesentlichen ein Produkt der US-amerikanischen

Nachkriegssoziologie. Allerdings gibt es ältere Vorläufer: Nachhaltigen Einfluß auf die Forschung hatte die →Bürokratietheorie Max Webers (1922). Obwohl Weber das Wort ‚O.' nicht als soziologischen Grundbegriff verwendet (Weber sprach z. B. von Herrschaftsverbänden), ist seine Charakterisierung bürokratischer O. klassisch und grundsätzlich heute noch akzeptiert. Bürokratien als Formen legaler Herrschaft wurden durch folgende Strukturmerkmale beschrieben: →Arbeitsteilung, Formalisierung und Standardisierung der Arbeitsaufgaben, Existenz einer →Autoritätshierarchie, Trennung der positionalen von den privaten Rollen und Ressourcen, Leistung und Qualifikation als Beförderungskriterien, Existenz von Karriereplänen. Webers sog. Effizienzthese besagt, daß bürokratische O. die technisch optimale und rationalste Form der Bewältigung administrativer Aufgaben ist. Die Nachkriegsforschung um die Columbia-Schule der Soziologie *(R. K. Merton, P. F. Lazarsfeld)* war größtenteils darauf ausgerichtet, die Webersche Effizienzthese zu relativieren. Zu den klassischen Arbeiten der O.ssoziologie zählen aus dieser Schule hervorgegangene Beiträge von *P. M. Blau* (1955), *A. W. Gouldner* (1954), *Ph. Selznick* (1949) u. a., in denen anhand empirischer Fallstudien bürokratischer O.en unbeabsichtigte Nebenfolgen formaler bürokratischer Strukturen, die die technische Effizienz hemmen können, aufgezeigt wurden.

Einen weiteren Entwicklungsstrang bilden die traditionellen Management- bzw. O.slehren. Der „Scientific Management"-Ansatz von *F. W. Taylor* (1911) war ein (auch in der Praxis) einflußreicher Versuch, erfahrungswissenschaftlich fundierte Prinzipien rationaler Arbeitsorganisation aufzustellen. Gegenstand der Gestaltungsvorschläge des Taylorismus waren v. a. einfache Routine-Arbeiten in der Produktion. Die verschiedenen Lehren vom „Administrative Management" (z. B. *H. Fayol, 1927; L. Gulick* und *L. Urwick,* 1937) zielten ab auf Regeln für die Konstruktion formaler O.sstrukturen in der öffentlichen und der Industrieverwaltung. Die aufgestellten Prinzipien konzentrierten sich auf eine optimale Ausgestaltung der administrativen Spezialisierung und Koordination.

Ein dritter Vorläufer der O.ssoziologie war die auch für die Industrie- und Betriebssoziologie bedeutsame →Human Relations-Schule um *E. Mayo,* aus der die Hawthorne-Studien (1939) hervorgingen. Im Unterschied zu den Organisationslehren (und in gewissem Gegensatz zu Weber) verdeutlichen diese Arbeiten die Rolle informaler Organisation: persönliche Beziehungen unter den Mitgliedern eines Betriebes und Gruppenstrukturen, Gruppennormen entwikkeln sich spontan im Kontext formaler, geplanter Strukturen und beeinflussen die Arbeitsproduktivität.

Weniger als einflußreiche Vorläufer denn als Begründer einer bedeutsamen Schule der O.sforschung dürfen *C. I. Barnard* (1938) und insbesondere *H. A. Simon* (1945 und später) angesehen werden. Simon und seine Kollegen *J. M. March, R. Cyert* u. a. arbeiteten einen →verhaltens- und →entscheidungstheoretischen Ansatz aus. Ein Grundgedanke ist, daß menschliches Entscheidungsverhalten begrenzt rational ist (rationales Handeln). O.sstrukturen können diesen kognitiven Begrenzungen individueller O.smitglieder durch geeignete Entscheidungsvorgaben (Verhaltensprogramme) in bestimmten Hinsichten entgegenwirken.

3. Perspektiven der gegenwärtigen Organisationsforschung

Seit dem Ende der 1960er Jahre war die Organisationsforschung zeitweise beherrscht von einem Ansatz, der *„Kontingenztheorie" (P. R. Lawrence, J. W. Lorsch),* „vergleichende Organisationsforschung" *(P. M. Blau)* oder „situativer Ansatz" *(W. H. Staehle, A. Kieser/H.*

Kubicek) genannt wird. Ein Grundgedanke ist, daß Organisationen ihre interne Struktur an die jeweilige Umwelt, Aufgabenstruktur, Technologie und Größe anpassen. Es gibt (im Gegensatz zur Auffassung der traditionellen Organisationslehre) keine unter allen Umständen beste Organisationsstruktur, sondern eine optimale Struktur ist abhängig („kontingent“) von den situativen Bedingungen, unter denen die Organisation operiert. Beispielsweise versuchte *Joan Woodward* (1958) in einer frühen empirischen Studie, die zu den Vorläufern dieses Programms zählt, Zusammenhänge zwischen der Fertigungstechnologie (z.B. Einzelfertigung, Massen- oder Prozeßfertigung), Merkmale der formalen Struktur (z.B. Größe der Kontrollspanne, Zahl der Hierarchieebenen) und wirtschaftlichen Erfolg der von ihr untersuchten einhundert britischen Industrieunternehmen aufzuzeigen. Fortschritte in den statistischen Analysemöglichkeiten von Massendaten trugen in den siebziger Jahren mit dazu bei, daß in einer Reihe umfassender Studien insbesondere durch die Gruppe um *P. M. Blau* und die sog. Aston Schule (u.a. *D. J. Hickson, D. S. Pugh, J. Child*) große (Querschnitts-) Stichproben von Organisationen gezogen und Zusammenhänge zwischen Kontingenzfaktoren (wie Technologie, Größe, Aufgabenstruktur usw.) und strukturellen Merkmalen (wie interner Differenzierungsgrad, Formalisierung usw.) empirisch geschätzt werden konnten. In gewisser Weise wurde durch die Kontingenztheorie, gestärkt durch methodische Neuerungen, die sich in der modernen Umfrageforschung bewährt haben, die strukturelle Perspektive der Bürokratietheorie Webers wiederaufgenommen. Ein wichtiges Ergebnis waren dabei jedoch weitere Hinweise zur Relativierung der Weberschen Effizienzthese. Insgesamt haben die zahlreichen empirischen Befunde über die Beziehungen zwischen Kontingenzfaktoren und Organisationsstrukturen aber keineswegs zu einem kumulativen Erkenntnisgewinn beigetragen, so daß ein Résumé über unbestrittene Ergebnisse schwerfällt. Kritiker der Kontingenztheorie führen die fehlende Integration der zahlreichen empirischen Beobachtungen darauf zurück, daß das Forschungsprogramm weitgehend atheoretisch vorgeht. Theoretische Erklärungsargumente für empirische Zusammenhänge bleiben meist wenig explizit oder werden ad hoc eingeführt; eine klare, umfassende Theorie der Mechanismen, die Strukturbildung in Organisationen beeinflussen, fehlt. Aus diesem Grund hat der kontingenztheoretische Ansatz mittlerweile an Einfluß verloren.

Besondere Aufmerksamkeit finden derzeit Versuche einer Anwendung der Rational Choice Theorie auf die Erklärung von Organisationen. Unter dem Einfluß der Instutionellen Ökonomie (v.a. *R.H. Coase*) und der Simon-Schule ist durch *O.E. Williamson* eine *Transaktionskostentheorie* von Organisationen ausgearbeitet worden. Ausgangspunkt ist die Idee, daß Tauschbeziehungen unterschiedlicher Art (z.B. Zuliefer- und Abnehmerbeziehungen, Beziehungen zwischen Organisationen und ihren „Agenten“, Austausch-, Einfluß- und Kontrollvorgänge innerhalb von Organisationen) unter gewissen Bedingungen mit Überwachungs-, Verhandlungs- und Koordinationskosten (Transaktionskosten) verbunden sind. Rationale Akteure besitzen Anreize, Organisationsformen zu wählen, die diese Kosten reduzieren. Ein Beispiel für die Anwendung des Transaktionskosten-Ansatzes ist die Erklärung von „vertikaler Integration“, d.h. der rechtlichen Vereinigung zunächst unabhängiger Transaktionspartner unter einer einzigen hierarchischen Organisation. *Williamson* hebt hervor, daß vertikale Integration häufiger wird, wenn wiederkehrende Transaktionen unter Bedingungen der Unsicherheit mit hohen „spezifischen“ Investitionen durch die Partner verbunden sind, die weitgehend verloren sind, wenn der Partner die Beziehung abbricht. Spezifische Investitionen, z. B. in einem Fertigungsprozeß, der ausschließlich auf die Herstellung von Teilen für einen einzigen Partner ausgerichtet ist, erhöhen die Abhängigkeit von diesem Partner. Historische Fusionen zwischen Zulieferer- und Abnehmerfirmen im Automobilbau (etwa die Integration des amerikanischen Karosseriebauers Fisher Body durch den General-Motors-Konzern im Jahre 1926) lassen sich aus den Abstimmungs- und Verhandlungsproblemen erklären, die deshalb auftraten, weil sich beide Partner auf einen Zulieferer bzw. Abnehmer spezialisiert hatten. Tendenzen zur Einforderung überhöhter Preise auf der einen Seite und Versuche angesichts hoher Nachfrageschwankungen Absprachen über abzunehmende Mengen kurzfristig zu brechen auf der anderen Seite trugen zu unüberwindlichen Konflikten bei, die den Fusionsprozeß beschleunigten (B. Klein et al. 1978). Außer historischen Fallbeispielen belegen auch zahlreiche quantitative empirische Studien einen positiven Zusammenhang zwischen der Größenordnung spezifischer Investitionen und vertikaler Integration oder vergleichbaren langfristigen Verträgen. Neben vertikaler Integration und Ausgliederung sowie „make or buy"-Entscheidungen bzw. allgemein gesagt organisationalen Grenzziehungsstrategien lassen sich mit dem Ansatz u. a. auch Formen der internen Gliederung von Organisationen (z. B. „Divisionalisierung" von Unternehmen in weitgehend unabhängige Geschäftsbereiche oder Profit centers) sowie die Organisation von Beschäftigungsbeziehungen analysieren. Allerdings ist noch ungeklärt, in welcher Weise sich die Transaktionskostentheorie auf nicht gewinnorientierte Organisationen anwenden läßt. Die Schnittstellen zwischen Organisationen, Mitgliedern und anderen Beteiligten werden in *Prinzipal-Agent-Theorien* (vgl. *P. Milgrom/J. Roberts* für eine Übersicht) aus der Rational Choice Perspektive untersucht. Eine wichtige Fragestellung bezieht sich auf die optimale Gestaltung von Arbeitsbeziehungen und -verträgen, so daß trotz des Interessengegensatzes zwischen dem „Prinzipal", d. h. den Akteuren, die Ressourcen in eine Organisation investiert haben (z. B. Aktionäre, Gesellschafter, Partei-, Kirchen- oder Verbandsmitglieder), und den „Agenten" (z. B. Managern, Arbeitnehmern, Partei-, Kirchen- oder Verbandsfunktionäre), die im Auftrag des Prinzipals Organisationsziele realisieren sollen, ein mit diesen Zielen verträgliches Verhalten der Agenten ausgelöst wird.

Eine weitere Strömung der gegenwärtigen Forschung sieht Entstehung und Wandel von Organisationsformen nicht unter Gesichtspunkten rationalen Handelns bwz. rationaler Anpassung an Problemlagen. Die verschiendenen makrosoziologisch orientierten evolutionär-ökologischen Ansätze *(M. Hannan, J. Freeman, G. Carroll)* gehen davon aus, daß der Wandel von Organisationsformen (z. B. die Ausbreitung neuer „Populationen" von Organisationen) Ergebnis *evolutionärer* Vorgänge der (Darwinschen) Selektion durch die Umwelt ist. Untersucht werden in diesem Kontext Fragen der „Organisationsdemographie", d. h. Gründungsmuster und Überlebenschancen von Organisationen innerhalb einer Population (beispielsweise Unternehmen, Bürgerinitiativen oder freiwillige Vereinigungen). Die „Populationsökologie" von Organisationen im engeren Sinn befaßt sich mit Wachstums- und Sterbeprozessen ganzer Populationen von Organisationen und Interaktionen zwischen Populationen (z. B. Wettbewerb zwischen Firmenpopulationen, die die gleichen Absatzmärkte bedienen). Empirische Studien verwenden typischerweise Längsschnitt- bzw. Zeitverlaufdaten, die mit modernen statistischen Verfahren analysiert werden. Gegenstand der Forschung waren u. a. die US-amerikanische Halbleiterindustrie, Zeitungsverlage, Genossenschaften und Wohlfahrtsorganisationen, Brauereiindustrien verschiedener Länder, also eine Vielzahl von Organisationsformen unterschiedlichen Typs. ‚Organisationsdemographische' Analysen sind dabei nicht nur aus theoretischen oder wissenschaftsinternen Überlegungen heraus interessant, sondern können arbeitsmarkt- und wirtschaftspoltitisch relevante Informationen liefern. Eine deutsche Forschungsgruppe (*R. Ziegler, J. Brüderl* u.a.) hat das Gründungs- und Sterbegeschehen im kleinbetrieblichen Sektor untersucht und Einflußfaktoren auf wirtschaftliche Überlebenschancen identifiziert. Grundsätzlich lassen sich aus solchen Studien auch Arbeitsmarkteffekte betrieblicher Neugründungen abschätzen und vorhersagen. Die Verwendung umfangreicher Zeitverlaufsdatensätze erlaubt heute die strenge empirische Überprüfung solcher verbreiteter Thesen über organisationale Sterbeprozesse, die etwa *A. L. Stinchcombe* (1965) aufgestellt hat: Jüngere Organisationen sind einem höheren Sterberisiko ausgesetzt als ältere („liability of newness"). Bei genauerer statistischer Analyse zeigt sich, daß diese an sich plausible Hypothese über altersabhängige Sterbeprozesse von Organisationen empirisch nicht bestätigt werden kann, sondern daß eher eine „liability of adolescence" (*J. Brüderl* und *R. Schüssler* 1990) vorzuliegen scheint. Es gibt also, jedenfalls in bezug auf eine umfassende Auswahl deutscher Kleinbetriebe, eine Phase relativ geringen Sterberisikos nach der Gründung und einen dramatischen Anstieg des Risikos in der „Adoleszenzphase". Trotz einer großen Zahl informativer Studien über organisationsdemographische und -ökologische Fragen erlauben deren Ergebnisse noch kein abschließendes Urteil über die Rolle, die Selektionskräfte der Umgebung im Vergleich zu rationalen Anpassungsvorgängen für den Wandel von Organisationsformen spielen. Ob sich die ökologisch-evolutionäre Perspektive also auch als ernstzunehmende theoretische Alternative zu Rational Choicc Erklärungen erweisen wird, bleibt abzuwarten.

Lit.: A. Kieser (Hrsg.), Organisationstheorie, Stuttgart 1993; *A. Kieser/H. Kubicek,* Organisation, 3. Aufl., Berlin 1992; *P. Milgrom/J. Roberts,* Economics, Organization and Management, Englewood Cliffs, N. J. 1992; *W. R. Scott,* Organizations, 2., veränderte Aufl., Englewood Cliffs, H. J. 1987 (dt. Übersetzung der 1. Aufl.: Grundlagen der Organisationstheorie, Ffm. 1986); *J. Brüderl/P. Preisendörfer/R. Ziegler,* „Survival chances of newly founded business organizations", American Sociological Review 57: 227–242 (1992)

Prof. Dr. *Thomas Voss,* Leipzig

organische Solidarität
→Solidarität

Orientierung
→Handlungsorientierung

outcast
Ausgestoßener
ursprünglich Bezeichnung für einen außerhalb des Kastensystems stehenden Inder.

out-group
Fremdgruppe
Gegensatz zur →in-group, der man selbst angehört.
→Gruppe

over-protection
in der Pädagogik Bezeichnung für einen Erziehungsstil, der dem Kind wenig Eigeninitiative gestattet, es ständig kontrolliert und überwacht und damit die Ablösung vom Elternhaus erschwert.

P

pädagogische Soziologie
spezielle Soziologie, die sich im Zusammenhang mit dem Wandel industrieller Strukturen und den damit verbundenen veränderten Qualifikationsanforderungen entwickelte. Mit den Überlegungen, wie die Bildungs- und Ausbildungseinrichtungen zukünftig beschaffen sein müßten, um den Anforderungen von Wirtschaft und Gesellschaft gerecht zu werden, führte sie neben zahlreichen Vorschlägen zur Bildungsplanung auch zu der Forderung nach mehr Chancengleichheit (Ausschöpfung der Begabungsreserven). Desgleichen wurden Fragen der Begabungs- und Intelligenzentwicklung, Erkenntnisse über den Zusammenhang von Schichtzugehörigkeit und Leistungsmotivation u. a. in die pädagogische Diskussion gebracht.
→Sozialisationstheorien

Panel-Analyse
in der →empirischen Sozialforschung Bezeichnung für ein Stichprobenverfahren, bei dem eine ausgewählte Personengruppe zu verschiedenen Zeitpunkten mit dem gleichen Erhebungsinstrument untersucht wird. Findet häufig in der Markt- und Meinungsforschung Verwendung.
→Stichprobe

Panik
Angstreaktion, die Menschen (und Tiere) in einer vermeintlichen oder tatsächlichen Gefahrensituation zu unkontrolliertem Verhalten verleitet.
→Massenverhalten

Pantheismus
philosophische Anschauung, nach der Gott und Welt eine Einheit darstellen, Gott in allen Dingen der Welt und des Weltalls existiert.

Paradigma
Vorgriff auf die zu untersuchende Wirklichkeit, vortheoretisches Modell.

Parameter
in Anlehnung an die Mathematik Bezeichnung für eine konstante Größe in einer Gleichung mit mehreren Variablen.
→empirische Sozialforschung

Parawissenschaften
→Anomalistik
→new Age/Esoterik

Paranormologie
→Anomalistik
→new Age/Esoterik

Paria
niedrige Kaste in Südindien, auch „Unberührbare", denen der Kontakt zu Kastenhindus verboten ist. Wird allgemein zur Bezeichnung von Außenseitern und Ausgestoßenen der Gesellschaft verwendet (→Randgruppen). Von *M. Weber* verwendeter Begriff zur Kennzeichnung von Personengruppen, die von der Rechtsordnung nur unzureichend geschützt werden.

Pariser Kommune
urspr. Bezeichnung für den Gemeinderat von Paris während der Französischen Revolution (1789–1795). Im Anschluß an den deutsch-französischen Krieg (1870/71) revolutionäre sozialistische Bewegung, die sich gegen einen unsozialen, monarchistischen Staat stellte. Modell für eine Machtübernahme in der →Rätedemokratie (vgl. *K. Marx,* Der Bürgerkrieg in Frankreich, 1871).

paritätische Mitbestimmung
Berücksichtigung der Interessen von Arbeit (der Arbeitnehmer) und Kapital (der Anteilseigener) in gleichberechtigter Form, z. B. im Montanmitbestimmungsgesetz von 1951 (in den Aufsichtsräten von Kapitalgesellschaften des Montanbereichs) weitgehend verwirklicht. In den anderen Mitbestimmungsgesetzen nur teilweise verwirklicht.
→Mitbestimmung

Parlamentarismus
Bezeichnung für die sich bereits im 13. Jh. in England entwickelnde Regierungsform, bei der das aus Wahlen hervorgegangene „Parliament" zentrale Funktionen im politischen Prozeß übernimmt, z. B. das Budgetrecht hat. Heute Bezeichnung für die Regierungsform, bei der den gewählten Volksvertretern, dem Parlament, die Aufgaben der Legislative zugeordnet wird.

particularism
→universalism

Partizipation
Bezeichnung für die Teilnahme der Mitglieder einer Organisation am Entscheidungsprozeß. In demokratischen Gesellschaften ist Partizipation am politischen Entscheidungsprozeß im allgemeinen durch Wahlen bzw. durch die Kandidatenaufstellung gewährleistet. In Vereinen ist gesetzlich wenigstens eine Vollversammlung im Jahr vorgeschrieben, in der die Mitglieder von der Verwaltung oder dem Vorstand informiert werden und diesen entlasten müssen. Ähnliche Regelungen sind für die meisten Organisationen vorgegeben.
→Mitbestimmung

Partnerschaft
Prinzip der vertrauensvollen Zusammenarbeit von Personen oder Organisationen unterschiedlicher Zielsetzung.

Partnerwahl
Vorgang zur Bestimmung des akzeptablen Ehepartners. In vorindustriellen Gesellschaften in Europa weitgehend eingeengt durch gesetzliche Bestimmungen und Heiratsverbote. In modernen industrialisierten Gesellschaften dagegen bestimmt beiderseitige Zuneigung die freie Partnerwahl unter Beachtung des →Inzesttabus und der →Homogamie. Ehen zwischen sozial ungleichen Partnern kommen relativ selten vor.

Parvenü
Emporkömmling, Neureicher (in Rom homo novus genannt), abwertende Bezeichnung für eine Person, die ihr Vermögen protzig zur Schau stellt.
→Aufsteiger

Paternalismus
(lat. pater: Vater)
Herrschaftsform in nicht-familialen Bereichen, in denen die Führung aufgrund väterlicher Autorität beansprucht und legitimiert wird. Entstammt der familialen Ordnung der vorindustriellen Gesellschaft. Übertragen auf moderne Organisationen, widerspricht der Paternalismus demokratischen Strukturen. Der Paternalismus betont besonders die Fürsorgepflicht und sieht eine Beteiligung der Untergebenen an Entscheidungen prinzipiell nicht vor.

Patriarchat
Männerherrschaft
Gesellschaftsordnung, in welcher der Mann die oberste Entscheidungs- und Verfügungsgewalt über die Familie besitzt. Das Patriarchat findet sich vorwiegend in agrarisch strukturierten Gesellschaften mit großfamilialer Organisation. In modernen Industriegesellschaften hat sich in der Familie weitgehend ein partnerschaftliches Verhältnis sowohl zwischen Mann und Frau als auch im Umgang mit den Kindern entwickelt. Das Grundgesetz der Bundesrepublik Deutschland schreibt in Art. 2/1 die Gleichberechtigung von Mann und Frau fest. Die Gesetzgebung ist diesem Auftrag in vielen Bereichen gefolgt.
→Matriarchat

patrilinear
in der Erbfolge der väterlichen Linie folgend.
→matrilinear

patrilokal
Recht des Mannes, den Familienwohnsitz zu bestimmen.
→matrilokal

Patriotismus
Vaterlandsliebe, Heimatliebe
gefühlsmäßige Bindung an die Werte und Normen des Herkunftslandes oder

des Landes, in das man emigriert ist. Patriotismus dient der Integration, kann aber auch zur übersteigerten Wertschätzung der eigenen Nation führen.
→Chauvinismus

Patrizier
(lat.), in der römischen Republik die Nachkommen der patres, die das Patriziat bildeten und im Alleinbesitz der politischen Macht waren, bis die Plebejer im Ständekampf die politische Gleichberechtigung erlangten. In der mittelalterlichen Stadt Bezeichnung für Angehörige der Oberschicht (Fernhändler, hohe Beamte, Adelige), die politische Vorrechte besaßen.

Patronage
(lat.-franz.), von Begünstigung und Protektion geprägtes Auswahlverfahren im sozialen und politischen Bereich.
→Ämterpatronage

pattern maintenance
Strukturerhaltung
Teil des →AGIL-Schemas bei *T. Parsons,* Subsystem zur Erhaltung der grundlegenden Orientierungsmuster.

pattern variables
die p. v. sind in einem von *T. Parsons* entwickelten analytischen Schema enthalten, wobei die Variablen in ihren Ausprägungen jeweils idealtypisch dichotomisiert sind und zur Klassifikation von →Handlungsorientierungen dienen. Unter der Annahme, daß jedem sozialen →Handeln eine Interpretation der Handlungssituation durch den Handelnden vorausgeht, benennt das dem →Strukturfunktionalismus zugehörige Modell fünf polare Orientierungsmuster, zwischen denen sich der Handelnde entscheidet. Die Pole sind die Endpunkte der durch sie charakterisierten analytischen Dimensionen. Für das Orientierungsschema gilt, daß es keine anderen als die aufgezeigten Dichotomien gibt, daß sich der Handelnde (bewußt oder unbewußt) in jeder Situation auf allen fünf Ebenen entscheiden muß, weshalb die p. v. realiter in Kombination auftreten und bestimmte Handlungen mehrdimensional charakterisieren.

1) Affektivität vs. affektive Neutralität: Der Akteur wählt zwischen unmittelbarer und aufgeschobener Bedürfnisbefriedigung, zwischen emotionalem und nicht-emotionalem Handeln.

2) Selbstorientierung vs. Kollektivorientierung: Der Handelnde muß sich zwischen der Verfolgung eigener, privater und kollektiver Interessen entscheiden.

3) Universalismus vs. Partikularismus: Handlungen können auf Grund eher persönlicher, spezifischer Beziehungen der Akteure oder auf der Basis allgemeiner, kategorialer Rollenerwartungen erfolgen.

4) Zuschreibung vs. erbrachte Leistung: Der Handelnde muß festlegen, ob er gegenüber seinem Handlungsobjekt aufgrund zugeschriebener oder erworbener Rollen handelt.

5) Diffuses vs. spezifisches Verhalten: Der Akteur muß entscheiden, ob er mit seinem Handlungsobjekt in einer spezifischen Rolle des Handlungspartners agiert, oder ob sich die Funktion des Objektes aus mehreren Rollen ergibt.

Diese prinzipiellen Handlungsalternativen gehören zu den wichtigen Instrumenten der →strukturell-funktionalen Theorie zur Analyse sozialen Handelns: Auf der Persönlichkeitsebene geben die p. v. Aufschluß über die Entscheidungsgewohnheiten für die Verhaltensmöglichkeiten und über die Art der Rollenbeziehung zum Handlungsobjekt. Auf der Ebene sozialer Systeme werden die p. v. eingesetzt, um die Orientierungsmöglichkeiten eines Positionsinhabers in seiner Rolle zu analysieren, und auf kultureller Ebene dient das Schema dazu, die Richtung des gesellschaftlichen Wertsystems zu beschreiben.

Lit.: Parsons, Talcott: The Social System, 1. Aufl., Glencoe/Illinois 1951; *Parsons, Talcott:* Pattern Variables Revisited: A Response to Robert Dubin, in: American Sociological Review, August 1960, Vol. 25, 467–483; *Par-*

sons, Talcott/Shils, Edward Albert (Hg.): Toward a General Theory of Action, 5. Aufl., Cambridge/Mass. 1962

Prof. Dr. *S. Lamnek*, Eichstätt

Pauperismus

Begriff zur Bezeichnung der Massenarmut im beginnenden Industriezeitalter in der ersten Hälfte des vorigen Jhs.

Pazifismus

Grundhaltung, die aus ethischen und religiösen Gründen jede Form von Gewaltanwendung ablehnt. Seit dem 19. Jh. auch Bezeichnung für die Gesamtheit der Friedensbewegungen, die sich in Europa und den USA entwickelt haben.

peer group

Gruppe von →Gleichaltrigen

in der →Jugendsoziologie verwendeter Begriff zur Charakterisierung des Übergangs vom Kind zum Erwachsenen. Die p. g. vermittelt dem →Jugendlichen altersgemäße Orientierungsmuster und erleichtert ihm die Integration in die Gesellschaft.

Personalisation

in der Sozialisationstheorie verwendete Bezeichnung der „Personwerdung" des Individuums im Zusammenhang mit →Soziabilisierung und →Enkulturation; Entstehen einer autonomen sozio-kulturellen Persönlichkeit.

Persönlichkeit/Person

Der Begriff der Person leitet sich aus dem lat. „persona" (Theatermaske, Theaterrolle) ab. Er bezeichnet heute allgemein den Menschen als geistiges, selbstbewußtes Einzelwesen, das im ausgewogenen Zusammenwirken seiner Eigenschaften, seines Denkens, Erlebens und Handelns zu freier, verantwortungsvoller Willensentscheidung fähig ist, bei der Handlungen und Ziele nicht kollidieren. Der Mensch als handelndes Subjekt entwickelt seine personale →Identität nach *Hegel* dabei im Rahmen bestimmter materieller, historisch gewordener gesellschaftlicher →Institutionen v. a. eines geeigneten Rechtssystems.

Von soziologischem Interesse ist vor allem innerhalb der →Biographie eines Menschen die Bedeutung der adaptierten Normen und deren Umsetzung in relativ konstante Verhaltensdispositionen.

Da der Begriff eher allgemein-strukturell gedeutet wird, findet oftmals keine eindeutige Unterscheidung zu den Begriffen →„Individuum" und „Mensch" statt. Auch wenn es vorkommt, daß Person und Persönlichkeit synonym verwendet werden, verbindet man mit dem Begriff der Persönlichkeit zumeist das subjektive Moment der Person, deren mögliche konkret-individuelle Ausprägung.

Das Bedeutungsspektrum des Begriffs der Persönlichkeit ist weit, und bis heute gibt es in keiner wissenschaftlichen Disziplin eine eindeutige Definition. Die populäre Bedeutung berücksichtigt dabei vor allem die Wirkung eines Menschen auf andere, indem sie gesellschaftliches Geschick oder Gewandtheit im Auftreten sowie den nachhaltigen Eindruck, den ein Mensch durch ein besonders deutlich hervortretendes Merkmal auf andere macht, zur Festlegung „der" Persönlichkeit nimmt. Dieser Gebrauch impliziert ein starkes Element der Bewertung.

Dabei werden Erklärungsmodelle gesucht, die durch inhaltliche Verknüpfungen eine Kausalität zwischen dem „Persönlichkeitsmerkmal" und der erzielten Wirkung herzustellen suchen. Unbestreitbar ist hierbei, daß spezifische Persönlichkeitsdispositionen Ausdruck in Verhaltensweisen finden, die damit sichtbar und empirisch fixierbar sind.

Aus der philosophischen Erkenntnis der Dualität des Menschen als Individual- und Sozialwesen (zoon logon echon, zoon politikon) heraus begründet sich für die wissenschaftliche Auseinandersetzung mit dem Persönlichkeitsbegriff das Bestreben nach Ganzheitlichkeit. Auch wenn sie sich primär aus der Psychologie heraus gestaltet, wird ein umfassendes Verständnis erst durch interdisziplinäres Forschen möglich. Viele bedeutende Persönlichkeitstheorien wirken dabei nachhaltig auf die Soziologie.

Bei der Auseinandersetzung mit Persönlichkeitstheorien muß beachtet werden, daß der Wissenschaftler selbst als Mensch und Persönlichkeit auch zugleich Untersuchungsobjekt ist, wodurch notwendig ein Element der Subjektivität enthalten ist. Sie bewirkt eine große Varietät innerhalb der unterschiedlichen Persönlichkeitstheorien, die mit den verschiedenen Menschenbildern, denen die jeweiligen Wissenschaftler anhängen, und der Methode des Entwickelns, Untersuchens und Analysierens von verschiedenen Attributen oder Qualitäten zusammenhängt. Die Thematik macht eine Vielzahl möglicher Untersuchungskriterien nötig und läßt es sinnvoll erscheinen, den generellen theoretischen Bezugsrahmen, in den der Begriff der Persönlichkeit gestellt ist, zu berücksichtigen, da die verschiedenen Theorien bei der Entwicklung von Untersuchungskriterien unterschiedliche Gewichtungen vornehmen und unterschiedliche Untersuchungsaspekte berücksichtigen, die dabei jeweils eine zentrale Stellung innerhalb der Gesamtanalyse einnehmen.

Die Vielzahl von unterschiedlichen Begriffserklärungen zeigte sich bereits 1937 bei *Allport,* als er 50 verschiedene Definitionen zusammentrug und klassifizierte. Er konstatiert dabei Theorien, die Persönlichkeit mit ihrem sozialen Reizwert gleichsetzen. In Abhebung zu diesen Definitionen bevorzugt er solche, bei denen die Persönlichkeit in Eigenschaften oder Fähigkeiten des Subjekts wurzeln, die sich auf einen biologischen und einen erlernten Anteil zurückführen lassen und objektiver Beschreibung und Messung zugänglich sind. Ein anderer häufiger Definitionstypus erfaßt die Persönlichkeit durch Aufzählung aller individuellen Merkmale, wobei der Theoretiker die Begriffe anführt, die er für primär wichtig hält. Neben Erklärungsmodellen, die die Anpassung des Individuums an seine Umwelt als Persönlichkeit definieren, findet er auch solche, die Persönlichkeit als wesentlichen Kern des Menschen auffaßt oder aber in dem einzigartigen, individuellen Aspekt des Menschen erkennt. Dabei kann keine der Definitionen generell angewendet werden. Als theoretisches Gebilde besteht die Persönlichkeit somit aus Maßzahlen und deskriptiven Begriffen, die bei den verschiedenen Theoretikern divergieren.

In Erkenntnis des umfassenden Untersuchungsfeldes fassen die häufig zitierten Definitionen den Begriff weit, so *J. P. Guilford:* „Die Persönlichkeit eines Individuums ist seine einzigartige Struktur von Persönlichkeitszügen (traits). Ein Trait ist jeder abstrahierbare und relativ konstante Persönlichkeitszug, hinsichtlich dessen eine Person von anderen Personen unterscheidbar ist." *Allport* verlagert den Akzent, indem er Persönlichkeit definiert als „... dynamische Ordnung derjenigen psychophysischen Systeme im Individuum, die seine einzigartige Anpassung an die Umwelt bestimmen."

Während kontinentale Wissenschaftler ihren Schwerpunkt bei den inneren Anlagen und relativer struktureller Festigkeit setzen, betonen englische Theorien das Verhalten und die relative Modifizierbarkeit der Persönlichkeit und legt die amerikanische Forschung ihr Hauptaugenmerk auf sozialpsychologische Aspekte. *Herrmann* schlägt eine Minimaldefinition vor: „Persönlichkeit ... ist ein bei jedem Menschen einzigartiges, relativ stabiles und den Zeitablauf überdauerndes Verhaltenskorrelat." Festgelegt wird hierbei, daß nur relativ konstante Merkmale Gegenstand der Untersuchung sein sollten und daß Persönlichkeit durch die Abstraktion des konkreten Verhaltens erfaßt wird. Offen bleibt der Umfang dessen, was zur individuellen Persönlichkeit gehört, welche

Tabelle 1: Dimensionaler Vergleich der Theorien der Persönlichkeit
(Schlüssel: ■ = starke, ◧ = mäßige, □ = schwache Betonung des Kriteriums innerhalb der Dimension)

	Freud	Jung	Adler	Horney	Fromm	Sullivan	Lewin	Allport	Murray	Angyal	Goldstein	Sheldon	Cattell	Miller/Dollard	Skinner	Rogers	Binswanger/Boss
Ziel/Zweckbestimmtheit (purpose)	■	■	■	■	■	■	◧	■	■	■	■	□	◧	□	□	■	■
Unbewußte Determinanten	■	■	◧	■	◧	◧	□	□	■	◧	□	◧	◧	◧	□	□	□
Belohnung	■	◧	□	◧	◧	◧	◧	□	◧	□	□	□	◧	■	■	□	□
Kontiguität	◧	□	□	□	□	■	□	◧	□	□	□	□	◧	◧	◧	□	□
Lernprozeß	◧	□	□	◧	◧	◧	◧	◧	□	◧	◧	□	◧	■	■	□	□
Formale Analyse	◧	◧	◧	□	◧	◧	■	◧	◧	■	□	□	◧	■	■	◧	□
Strukturaspekt	■	■	◧	◧	◧	◧	◧	■	■	◧	□	■	■	□	□	□	□
Erblichkeit	■	■	■	□	□	□	□	◧	◧	◧	◧	■	■	□	◧	□	◧
Frühkindliche Einflüsse	■	◧	■	◧	◧	◧	□	□	■	□	□	□	◧	■	◧	□	□
Kontinuität der Entwicklung	■	□	■	◧	◧	■	□	□	■	■	□	■	◧	■	■	□	□
Organismischer Aspekt	◧	■	◧	◧	◧	◧	□	■	■	■	■	■	□	□	□	■	◧
Feldaspekt	□	□	■	◧	◧	■	■	◧	■	■	◧	□	◧	□	□	◧	■
Einzigartigkeit	◧	◧	■	◧	◧	◧	■	■	■	◧	◧	■	◧	□	□	◧	■
Molare Einheiten	◧	◧	◧	◧	◧	◧	□	■	◧	◧	◧	□	◧	□	□	■	■
Homöostatische Mechanismen	■	■	■	■	■	□	■	■	■	■	■	□	□	□	□	■	◧
Psychologische Umwelt	■	■	◧	◧	◧	■	■	◧	■	■	◧	□	□	□	□	■	■
Selbstkonzept	■	■	■	■	◧	◧	◧	■	◧	■	◧	□	■	□	□	■	◧
Gruppenzugehörigkeitsfaktoren	◧	□	■	■	■	■	■	□	◧	□	□	□	◧	◧	□	◧	□
Biologie { Interdisziplinä-	■	■	◧	□	□	◧	□	■	■	◧	■	■	◧	◧	□	□	◧
Sozialwissensch. { re Einstellungen	■	□	■	■	■	■	◧	□	■	□	□	□	□	■	□	◧	□
Vielzahl der Motive	□	◧	□	□	□	◧	■	■	■	□	□	□	■	◧	□	□	□
Komplexität der Mechanismen	■	■	□	□	◧	◧	◧	◧	■	◧	□	◧	■	◧	□	□	□

inhaltlichen Schwerpunkte festgelegt werden müssen, welche Auswirkung äußere Faktoren auf die Persönlichkeitsbildung haben und wie die Subjektivität des Wissenschaftlers selbst berücksichtigt werden kann. Eine nähere Festlegung dessen findet erst in der konkreten Forschungsarbeit statt.

Für die soziologische Auseinandersetzung mit dem Persönlichkeitsbegriff zeitigen verschiedene Theorien eine große Wirkung, so beispielsweise die tiefenpsychologischen Modelle in der Tradition *Freuds.* Ausgehend von seinem Menschenbild, das das ganze Individuum in seiner Welt aus „Realität" und „Schein", mit seinen Konflikten und inneren Widersprüchen ins Auge zu fassen sucht, entwickelt sich die Persönlichkeit nicht losgelöst von Erfahrungen und dem sozialen Lebenskontext. Die gereifte Persönlichkeit ist Ausdruck der Konflikterfahrung. Dabei verläuft die innere Beziehung von Dynamik und Struktur der Persönlichkeit dialektisch.

Aufbauend auf *Freuds* Fundament entwickeln *Adler, Fromm, Horney* und *Sullivan* ihre →sozialpsychologischen Studien und schaffen damit Raum für die sozialen Determinanten der Persönlichkeit. Auch wenn diese z. T. innerhalb der Psychoanalyse als „Abwehrmechanismen des Ichs" besprochen werden, haben sie nachhaltig das zeitgenössische Denken vom Menschen als sozialem Wesen geprägt. Jeder von ihnen untersucht dabei unterschiedliche soziale Variablen. Sie entwickeln dabei keine radikale, mileutheoretische Position, sondern bestätigen die grundsätzliche

Existenz einer menschlichen Natur, die als Prädisposition oder Potentialität ersichtlich wird. Die Existenz unterschiedlicher Gesellschaftsformen beruht auf der Existenz unterschiedlicher Individuen. Dabei besteht unter idealen Verhältnissen eine wechselseitige Abhängigkeit zwischen Individuum und Gesellschaft. Damit ist die Gesellschaft ebenso plastisch und formbar wie die menschliche Natur selbst.

Ausgehend von der Berliner Gestaltpsychologie hat *Lewin* ein feldtheoretisches Persönlichkeitsmodell entworfen, das dem dynamischen Charakter der in Entscheidungssituationen wirksamen inneren und äußeren Kräften Rechnung trägt. Die Persönlichkeit, ihre Teilstrukturen und dynamischen Momente werden dabei erst durch den Lebensraum, in dem sich das Individuum bewegt, verständlich. Dabei bedarf das Subjekt mit seinen Bedürfnissen notwendig seiner Umwelt.

Die faktorenanalytischen Persönlichkeitsmodelle von *Guilford, Eysenck* und *Cattell* sind bestrebt, die grundlegenden Dimensionen der Persönlichkeit zu identifizieren, und wenden in ihrem Bestreben des Erfassens dieser Dimension Klassifikations- und Meßmethoden an. Im Experiment, in Fragebogen und Tests entwickeln sie ein deskriptives Programm, das die Konstruktion eines mathematischen Modells zur Festlegung der Persönlichkeitsorganisation ermöglichen soll.

Bei allen →Lerntheorien und →behavioristischen Anschauungen erschließen drei Grundthesen zum Menschenbild das Verständnis zu ihren Persönlichkeitsmodellen: die erste ist, daß Verhalten durch das Aneinanderreihen von Assoziationen erlernt wird, die zweite ist der →Hedonismus des Menschen und die dritte die weitgehende Determinierung des Verhaltens durch die Umwelt. Dies gilt auch für den Zugang zu *Skinners* operanten Verstärkungstheorie. Dabei vertritt er den Grundsatz, das Ganze sei nicht mehr als die Summe seiner Teile. In seinen Experimenten interessiert er sich hauptsächlich für einzelne beobachtbare Elemente des Verhaltens eines Menschen. Dabei beschäftigt sich seine Theorie in erster Linie mit Verhaltenswandel, Lernen und Modifikationen des Verhaltens. Durch die Beobachtung der Verhaltensentwicklung, die mit der ständigen Auseinandersetzung des Menschen mit der Umwelt zusammenhängt, lassen sich Erkenntnisse über die Persönlichkeit ableiten. Diese Wechselbeziehung von Verhalten und Umwelt ist dabei Mittelpunkt der experimentellen Forschung. Schlüsselfunktion innerhalb des *Skinner*schen Systems hat das Prinzip von Verstärkung oder Bekräftigung, wobei das sich daraus entwickelnde spezifische Verhalten als Manipulation verstanden wird.

So wie *Skinner* und seine Schüler über experimentelle Studien zu Aussagen über Persönlichkeitsmerkmale zu gelangen suchen, erarbeiten auch Vertreter der →Stimulus-Reaktion-Theorie in der Tradition *Hulls, Millers* und *Dollards* empirische Feststellungen über die Persönlichkeit. Sie versuchen dabei zentrale *Freud*sche Begriffe und Fragestellungen so einzusetzen, daß sie bei strengen experimentellen Untersuchungen angewendet werden können. Der positivistische Ansatz ermöglicht dabei zwar Aussagen über soziales Verhalten und bearbeitet die lerntheoretische Dimension innerhalb der Persönlichkeitsbildung, berücksichtigt jedoch kaum die subjektive und intuitive Seite innerhalb der menschlichen Genese.

Hall und *Lindzey* haben hierzu eine Tabelle entwickelt, die die verschiedenen Theorien auflistet und die unterschiedlichen Gewichtungen bei den verschiedenen Untersuchungskriterien aufzeigt.

Lit.: Allport, G. W.: Gestalt und Wachstum in der Persönlichkeit, Meisenheim 1973; *Guilford, J. P.:* Persönlichkeit, Weinheim 1964; *Hall, C. S./Lindzey, G.:* Theorien der Persönlichkeit Bde. 1 und

2, München 1978, 1979; *Herrmann, Th.:* Lehrbuch der empirischen Persönlichkeitsforschung, Göttingen 1976

Prof. Dr. *W. Reulecke,* Bochum

Persönlichkeit, sozio-kulturelle

Entstehung und Entwicklung der Persönlichkeit als Prozeß der Auseinandersetzung mit der gesellschaftlich vermittelten sozialen und kulturellen Umwelt.
→Sozialisation

Persönlichkeitsrecht

umfassendes subjektives Recht auf Achtung der Persönlichkeit, aus dem eine Reihe von Rechten abgeleitet wird, z. B. das Recht auf das eigene Bild, das Namensrecht u. a.

Perspektive, wissenschaftliche

Betrachtungsweise, Sichtweise
bringt die Überlegung zum Ausdruck, daß alle →Wahrnehmung notwendigerweise selektiv und damit in gewissem Sinne einseitig ist.
→Wissenschaftstheorie.

Perzentil

Streuungsmaß bei Häufigkeitsverteilungen.

Perzeption

→Wahrnehmung

Petition

Bittschrift, Eingabe
in vielen demokratischen Verfassungen verankertes Recht, sich mit einem schriftlichen Gesuch an das Staatsoberhaupt (Präsident), das Parlament oder die Verwaltung zu wenden (Petitionsrecht Art. 17 GG).

Pfadanalyse

Methode der →empirischen Sozialforschung zur Analyse der Abhängigkeit verschiedener Variablen.

phänomenologische Soziologie

1. Begriff, Forschungsgegenstand und Methode

Der Begriff „Phänomenologische Soziologie" wird verwendet, um jene soziologischen Ansätze zu bezeichnen, die sich in der Betrachtungsweise ihres Gegenstandes an der phänomenologischen Philosophie *Husserls* und deren Varianten *(M. Scheler, M. Merleau-Ponty, J. P. Sartre, M. Heidegger)* orientieren. Für diese Orientierung sind vor allem folgende Thesen *Husserls* ausschlaggebend: Unsere →Erfahrungswelt, die wir immer schon als strukturiert und mit Sinn besetzt wahrnehmen, ist das Resultat intentionaler Bewußtseinsakte. In der Aufdeckung dieser Akte und ihrer Zusammenhänge mittels besonderer phänomenologischer Reflexion (phänomenologische Reduktion) werden Strukturen und Prozesse sichtbar, die die Sinnhaftigkeit und die Geltung der Welterfahrung konstituieren. Alles Denken und Handeln erfolgt innerhalb derart konstituierter Sinnhorizonte. Der letzte und umfassendste dieser Sinnhorizonte ist derjenige der →Lebenswelt, dessen Kern die Grundstruktur intersubjektiver Erfahrungen ist. Als ein gemeinsames Merkmal der recht vielfältigen phänomenologisch orientierten soziologischen Ansätze kann nun gelten, daß sie, dem *Husserl*schen Gedanken der Selbstkonstitution des Sinngeschehens folgend, die Prozesse der Selbstkonstitution sozialer Realität aufzeigen wollen, die sie als Verkettungen intersubjektiver Akte, also als sinngeleitete soziale Interaktion begreifen.

Die soziale Wirklichkeit wird also als sinnhafter Handlungszusammenhang betrachtet, dessen Regulative aus dem →Handeln selbst hervorgehen. Aufgrund dieser Bestimmung des Forschungsgegenstandes sind es vor allem Prozesse alltäglicher Interaktion, Kommunikation und Wissenskonstitution, die im Interessenzentrum der phänomenologisch orientierten soziologischen Forschung liegen. Sie werden einerseits im Bezug auf ihre besonderen Ausprägungen in den Milieus verschiedener sozialer Gruppierungen untersucht, andererseits versucht man, ihre gemeinsamen Grundstrukturen auszuarbeiten.

Auch der gemeinsame methodologische bzw. wissenschaftskritische Gesichtspunkt der phänomenologisch-soziologischen Ansätze geht auf *Husserls* Konzept der Lebenswelt als des letzten, auch für die Wissenschaften als Sinnbasis dienenden Horizontes zurück: Forschungsverfahren, welche die vor jedem wissenschaftlichen Zugriff bereits sinnhaft strukturierte soziale Realität adäquat erfassen wollen, dürfen die originäre, im sozialen Handeln entstehende Struktur der untersuchten sozialen Phänomene nicht verwischen, indem sie sie mit methode- bzw. theoriekreierten Artefakten überlagern. Adäquate Forschungszugänge müssen vielmehr diese Struktur deutlich machen und ihr Begriffsinstrumentarium darauf aufbauen. Obwohl diese methodologische Forderung als ein gemeinsames Merkmal der phänomenologisch-soziologischen Ansätze gelten darf, bestehen unter den jeweils vertretenen Konzeptionen ihrer Realisierung erhebliche Unterschiede. Unterschiedlich beantwortet wird vor allem die Frage nach der Einbindung der Resultate der philosophisch-phänomenologischen Forschung in die erfahrungswissenschaftlichen Verfahrensweisen der Soziologie: Auf der einen Seite wird – vor allem im Anschluß an die →Ethnomethodologie *Garfinkels* – das *Husserl*sche Postulat der lebensweltlichen Fundierung von Wissenschaften radikal im Sinne prinzipieller Homologie des alltäglichen und des wissenschaftlichen →Verstehens begriffen. Auf der anderen Seite werden die phänomenologisch gewonnenen Aussagen über die wissensfundierende Struktur der Lebenswelt als eine protosoziologische Matrix verstanden *(Th. Luckmann)*, die der soziologischen Forschung lediglich als ein Leitfaden dient, ohne die Validität seiner Resultate vorwegzunehmen.

2. Entwicklung und Wirkung

Das breite Spektrum der zwischen den beiden letztgenannten Positionen operierenden Ansätze wird bei der Betrachtung der Entwicklung der phänomenologisch orientierten Richtung in der Soziologie deutlich: Die Einbeziehung phänomenologischen Denkens in die Soziologie erfolgte zuerst in Deutschland und Österreich zwischen den beiden Weltkriegen. Die von *Husserl* geleisteten Analysen der Sinnkonstitution und seine Betonung der Lebenswelt als ihres ursprünglichen Ortes, boten die Möglichkeit, den von *G. Simmel* und *M. Weber* ausgehenden Ansatz zu einer →verstehenden Handlungstheorie in der Soziologie zu vertiefen. Den ersten Schritt dazu, mit phänomenologischen Mitteln die soziale Genese menschlicher Realität zu erschließen, unternahm *M. Scheler* in seiner →philosophischen Anthropologie. Der phänomenologische Gedanke der Selbstkonstitution führte hier zu dem Versuch, unter Heranziehung der Ergebnisse der Sozial- und Naturwissenschaften die Grundrisse der Sozialität des Menschen aufzudecken. Auf dieser Grundlage entwarf *Scheler* später seine Soziologie des Wissens. Die von ihm vorgezeichnete Forschungsrichtung wurde von *H. Plessner* fortgeführt. Auch *Th. Litt* griff in seiner anthropologischen Fundierung der Sozialwissenschaften auf die Phänomenologie *Husserls* zurück. Im engeren fachlichen Bereich der Soziologie ließen sich *A. Vierkandts* Untersuchungen der Sinnverbundenheit als der Grundkategorie der →Vergemeinschaftung von phänomenologischen Perspektiven leiten. In dem →wissenssoziologischen Ansatz *K. Mannheims* und den Arbeiten des jungen *H. Marcuse* verbinden sich schon früh phänomenologische Momente mit hegelianischer und →marxistischer Gesellschaftstheorie. Auch die entstehende Handlungstheorie *T. Parsons'* nahm bei begrifflicher Absicherung ihrer Ergebnisse auf *Husserl* Bezug. Die eigentliche theoretische Grundlage für die gegenwärtigen phänomenologisch orientierten soziologischen Ansätze wurde jedoch von *A. Schütz* gelegt. Seine Konzeption des sinnhaften Aufbaus sozialer Welten im Prozeß der Interaktion, die vor allem aus der Handlungstheorie *M. Webers,* der Philosophie *H. Bergsons* und *E. Husserls* sowie der Anthropologie *M. Schelers* schöpfte, kam nach dem Zweiten Weltkrieg zuerst in den USA zur Wirkung. Dort fand sie Berührungspunkte zum →symbolischen Interaktionismus *H. Meads* und wurde als ein Paradigma gegen den als formalistisch empfundenen strukturellen →Funktionalismus *T. Parsons'* hervorgehoben. Letzteres vor allem durch *H. Garfinkel,* der auf ihrer Grundlage sein Programm der →Ethnomethodologie ausarbeitete. Die im Anschluß an ihn sich rasch verbreitende ethnomethodologische Forschung brachte auch die Entwicklung empirischer – insbesondere auch qualitativer – Methoden mit sich, die die Grundzüge der sinnhaften Konstitution sozialer Ordnung am konkreten Material des „everyday life" aufzeigen wollen. Neben den auf *Garfinkel* zurückgehenden Ansätzen (*Pollner, Zimmermann, Wieder, Mehan* und *Wood*) seien hier die um äußerste analytische Exaktheit bemühte Konversationsanalyse *Sacks* und *Schegloffs* und die eher intuitiv arbeitende Methode des „surrender and catch" *K.H. Wolffs* als Beispiele für die Spannweite dieser Entwicklung genannt. Die alltägliche Konstruktion der sozialen Wirklichkeit diente als Gegenstand und zugleich auch als Grundlage der →Wissenssoziologie *P. L. Bergers* und *Th. Luckmanns,* die den subjektiven Wissenserwerb im Kontext der sozialen Hervorbringung, Institutionalisierung und Legitimierung von Wissens- und Handlungsstrukturen verankern. Auch die „kognitive Soziologie" *A. Cicourels,* die sich gegen preskriptiv-normative Theoriebildung in der Soziologie wendet, tut dies von der Basis der alltäglichen Wissenskonstitution aus. Von dem symbolischen Interaktionismus *H. Meads* herkommend, greift auch *E. Goffman* in seinem Konzept der Rahmenanalyse auf *Schütz'* phänomenologischen Ansatz zurück. Auch in Deutschland fand die phänomenologische Orientierung in der Soziologie seit den 1970er Jahren erneut Beachtung, wie eine Reihe von Ansätzen in →Sprachsoziologie *(Th. Luckmann, J. R. Bergmann, F. Schütze),* →Familiensoziologie *(B. Hildenbrand),* →Medizinsoziologie (*Th.* und *Ch. Fengler*), →Biographieforschung *(W. Fischer),* →Wissenschaftssoziologie *(K. Knorr-Cetina)* und →Milieuforschung *(Grathoff)* belegen. Aufgrund der Konvergenz ihrer methodologischen Grundannahmen und Forschungsziele (siehe oben) sind auch andere interaktionsanalytische Richtungen (etwa die objektive Hermeneutik *U. Oevermanns*) mit diesen Ansätzen im Zusammenhang zu sehen.

Die Verbreitung der phänomenologisch orientierten Strömungen hatte eine verstärkte Rezeption phänomenologischer Philosophie *(E. Husserl, M. Merleau-Ponty, A. Gurwitsch, J. P. Sartre, M. Heidegger)* in der Soziologie zur Folge und führte dazu, daß die phänomenologischen Konzepte zunehmend auch Eingang in andere soziologische Theorieansätze fanden. Die Erforschung alltäglicher Wissenskonstitution war für marxistische Gesellschaftstheorien von Interesse, die einen möglichen Zugang zum Problem der Vermittlung zwischen Basis und Überbau sahen *(Th. Leithäuser).* In der Weiterentwicklung der soziologischen →Systemtheorie durch *N. Luhmann* wird der phänomenologisch gefaßte Prozeß der Selbstkonstitution von *Sinn* als die Grundlage der Koevolution von psychischen und sozialen →Systemen begriffen. Aus der Polarität von System und Lebenswelt, die *Habermas* in seine Theorie des →kommunikativen Handelns einführt, gewinnt diese ihre emanzipatorische Spannkraft.

Lit.: A. Schütz/T. Luckmann, Strukturen der Lebenswelt, Bde. 1 und 2, Frankfurt/M. 1979 und 1984; *Th. Eberle,* Sinnkonstitution in Alltag und Wissenschaft, Bern/Stuttgart 1984; *I. Srubar, Kosmion.* Die Genese der pragmatischen Lebenswelttheorie von Alfred Schütz und ihr anthropologischer Hintergrund, Frankfurt/M. 1988; *E. Weingarten/F. Sack/J. Schenkein* (Hg.), Ethnomethodologie. Beiträge zu einer Soziologie des Alltagshandelns, Frankfurt/M. 1976; *K. H. Wolff,* Phenomenology and Sociology, in: *T. Bottomore/R. Nisbet* (Hg.), History of Sociological Analysis, London 1978, S. 499–556

Dr. habil. *I. Srubar,* Konstanz

philosophische Anthropologie

I. Philosophische Anthropologie (phA.) heißt der Versuch einer philosophischen (ph.) Wesensbestimmung des Menschen unter Einbeziehung der Einzelwissenschaften, bes. der Biologie, Ethnologie, Soziologie und Psychologie. Zuweilen bezeichnet phA. ganz allgemein die Aussagen über den Menschen in der gesamten (vor allem abendländischen) Geschichte des ph. und sozialtheoretischen Denkens (*B. Groethuysen, M. Landmann, A. Diemer* etc.). Am häufigsten wird phA. – *im engeren Sinne* – für die deutsche anthropologische (a.) Denktradition in der Nachfolge *M. Schelers* verwendet, als Begriff für ein bestimmtes ph. und sozialtheoretisches Paradigma. (Zu einem weiteren Begriff von phA. vgl. III.) In Ausdifferenzierung der phA. gibt es spezialisierte Bereichs-A.n, wie medizinische A., pädagogische A., theologische A.

II. Die Autoren der phA. *im engeren Sinne* – die für die „ph. Wende" in der deutschen Philosophie (*F. Seifert* 1934) stehen – verbindet bei aller Verschiedenartigkeit ihrer ph. Gesamtauffassungen von Welt, Mensch und Gesellschaft das Thema der *Sonderstellung* des Menschen, gewonnen insbes. im Mensch-Tier-Vergleich. Die Abgrenzungs-Argumente sind z. T. seit der Antike bekannt, wurden hier jedoch in einen wissenschaftshistorisch neuartigen Zusammenhang gestellt. Diese Deutung des menschlichen Lebens wollte sich auf geschichtsph. Selbstgewißheiten nicht mehr stützen und hatte zugleich von der Herausforderung der Evolutionstheorie und der modernen Biologie auszugehen. Die Suche nach einer neuen, außersozialen und überhistorischen Fundierung sozialer Ordnungsvorstellungen wurde zum Leitmotiv: an die Stelle von „Vernunft" (18. Jh.) und „Entwicklung" (19. Jh.) trat im 20. Jh. „Leben" *(H. Plessner).*

1. Ein Vorreiter der deutschen philosophisch-anthropologischen (ph-a.) Problemstellung war der Arzt *Paul Alsberg* (1882–1965). In „Das Menschheitsrätsel" (1922) ist das entscheidende „Menschheitsprinzip" die an die Stelle tierischer „Körper*anpassung*" tretende und durch Werkzeuggebrauch ermöglichte „Körper*ausschaltung*", wobei auch Sprache Instrument dieser „Körperbefreiung" sei und er von einer Differenzierung menschlicher Fähigkeiten bei gleichzeitiger Rückbildung ursprünglich gattungsspezifischer Merkmale der Körperausstattung ausgeht.

2. Als Initialschrift der philosophisch-anthropologischen (ph-a.) Denktradition gilt *Max Schelers* (1874–1928) Skizze „Die Stellung des Menschen im Kosmos" (1927/28); sein angekündigtes a. Hauptwerk („Das Wesen des Menschen") erschien nicht mehr (die Nachlaßmaterialien wurden als „PhA." von *M. S. Frings* 1987 erstmals veröffentlicht). *Scheler* entwickelt – in christlicher Tradition – eine Stufentheorie, in welcher der Mensch einerseits in die Entwicklungsreihe der Natur eingefügt, dieser andererseits als Geistwesen entgegengesetzt wird. *Scheler* definiert einen zunehmend komplexer sich aufstufenden Leistungsaufbau der „biopsychischen" Welt: a) alle lebenden Organismen besitzen psychische Energie („Gefühlsdrang"), damit auch Bewegungsantriebe und Formen der Verarbeitung von Widerständen; b) „Instinkt" als je artspezifische Situationsbezogenheit tritt als Einheit von „Vor-Wissen" und Vollzugsverhalten bei höheren Lebewesen hinzu; c) „assoziatives Gedächtnis (mneme)" ermöglicht Verhaltensänderungen durch Lernprozesse und Ge-

wohnheitsbilder; schließlich ist d) die „organisch gebundene praktische Intelligenz" ein – auch schon manchen Tieren eigenes – höchstes biopsychisch entwikkeltes Organisationsprinzip von Lebewesen, durch das ein von Versuchsreihen unabhängiges zielgerichtetes Verhalten ermöglicht wird. *W. Köhlers* berühmte Auswertung seiner Schimpansen-Versuche auf Teneriffa (1917) legte es für *Scheler* (wie für *Plessner* und *Gehlen*) nahe, „Intelligenz" *nicht* als hinreichendes Unterscheidungsmerkmal zwischen Mensch und Tier anzunehmen. Alle genannten Kategorien markierten für *Scheler* zwar graduelle Unterschiede, nicht jedoch den *Wesens*unterschied zwischen Mensch und Tier. Der Mensch wird gekennzeichnet durch ein dieser Entwicklungsreihe entgegengesetztes „Prinzip": *Geist.* Daraus leitet sich seine „Weltoffenheit" ab, sein Sachbezug, die Möglichkeiten der Triebhemmung, insbes. sein Selbstbewußtsein, d. h. die Vergegenständlichung seiner selbst, eingeschlossen die psychischen und sensomotorischen Vorgänge. „Geist" ermöglicht „Ideierung", z. B. Apriori-Wissen oder Wesenserkenntnis, sodann die Veränderung der Gegebenheit der Dinge, überhaupt die Möglichkeit zum „Nein-Sagenkönnen", durch welche *Scheler* den Menschen als „Asketen des Lebens" geradezu definiert.

3. Ebenfalls 1928 erschien das ph-a. Hauptwerk von *Helmuth Plessner* (1892–1986), „Die Stufen des Organischen und der Mensch", eine lebenswissenschaftliche Grundlegung der phA. Ausgehend von *Goethe, H. Bergson, W. Dilthey* und *E. Husserl* gibt er eine „Lehre vom Menschen und den Aufbaugesetzen seiner Lebensexistenz". Alle Lebewesen sind durch eine bestimmte „Positionalität" bestimmt, d. h. durch ihr Verhältnis zu ihrem Umfeld, also immer auch durch ihre Grenze zu diesem. Der „offenen", d. h. der Umgebung gegenüber nicht scharf abgegrenzten Form der Pflanzen wird die „geschlossene" (freier bewegliche) der Tiere gegenübergestellt, die „frontal" gegen das Umfeld gestellt seien. Die Positionalität des Menschen nennt *Plessner* in Abgrenzung von den „zentrischen" Lebensformen der Tiere *„exzentrisch".* Das meint die Möglichkeit des menschlichen Geistes zur Selbstvergegenständlichung des Bewußtseinszentrums. Der Mensch ist also reflexiv und auch sich selbst gegenüber distanzfähig, er „hat" sich selbst nur unter Einbeziehung der „Innenwelt", „Außenwelt" und „Mitwelt", innerhalb derer er lebt. Das schließt die intersubjektive Konstitution des Selbstbewußtseins ein und eine grundlegende Sozialität („Geist" ist die „Wir-Form des eigenen Ichs") des Menschen, der „sich zu dem, was er *schon ist, erst machen"* muß. *Plessner* formulierte drei „a. Grundgesetze": a) das „Gesetz der natürlichen Künstlichkeit" verweist auf die Notwendigkeit einer *kulturellen* Lebensform, b) das „Gesetz der vermittelten Unmittelbarkeit" zeigt die Notwendigkeit menschlicher Expressivität, c) das „Gesetz des utopischen Standorts" will den Menschen als notwendig sich selbst transzendierend zeigen. An diese Grundbestimmungen schlossen sich *Plessners* spätere konkretisieren- den a. Analysen an, z. B. „Macht und menschliche Natur" (1931), „Lachen und Weinen" (1941), Arbeiten zur Rollenhaftigkeit des menschlichen Lebens, z. B. in der „A. der Nachahmung" oder seine Untersuchungen über den Schauspieler (1948).

4. Die zentralen Begriffe der „elementaren A.", die *Arnold Gehlen* (1904–1976) in „Der Mensch" (1940, umgearb. in 4. Aufl. 1950) vorlegte, heißen „Handlung", „Entlastung" sowie „Plastizität" und „Sprachmäßigkeit" der Antriebe. Ausgangspunkt ist die These vom Menschen als „Mängelwesen" (nach *J. G. Herder*), d. h. seiner organischen Unspezialisiertheit und seines „lebensgefährlichen Mangels an echten Instinkten", seiner „Reizüberflutung" und seines „Antriebsüberschusses". Der Mensch

führt sein Leben handelnd, und „Handlung" ist auch die entscheidende (psychophysisch neutrale) a. Kategorie, die jeden Dualismus (Geist-Leib etc.) aufhebt. Die Daseinsbewältigung des Menschen beruht wesentlich auf „Entlastungs"-Prozessen, besonders auf der reziproken Beziehung von Sprache und Handeln; Intellektualisierung, Werkzeughaftigkeit und Symbolfähigkeit sind dann Mittel der Weltbearbeitung. Diese a. Voraussetzungen begründen *Gehlens* Sozialtheorie: 1940 garantierten „oberste Führungssysteme" als Weltanschauungssynthesen die Ordnung, während 1950 „Institutionen" an deren Stelle treten. Konkretisiert und weitergeführt wurden *Gehlens* a. Untersuchungen bes. in seiner Institutionenlehre „Urmensch und Spätkultur" (1956), in der These eines Pluralismus der Ethosformen in „Moral und Hypermoral" (1969), aber auch in seiner sozialpsychologischen Studie „Die Seele im technischen Zeitalter" (1949/1957).

5. *Erich Rothacker* (1888–1965), dessen Hauptwerk „Die Schichten der Persönlichkeit" (1938/1947) in der Tradition der phA. steht, ging es bes. um eine ph. Theorie der *kulturellen* Lebensweise, des Menschen und seiner Weltkonstitution („Probleme der Kulturanthropologie", 1942).

III. In Abgrenzung von Anthropologie als Teildisziplin der Biologie bzw. von cultural und social anthropology meint phA. – *im weiteren Sinne* – jede systematische grundlagenwissenschaftliche „Selbstreflexion der Sozial- und Kulturwissenschaften" (*A. Honneth* u. *H. Joas*), die ausgehend von den explizit a. argumentierenden Ansätzen seit dem 18. Jh. (z. B. *I. Kants, J. G. Herders* oder *L. Feuerbachs*) sowie von der phA. *im engeren Sinne* (vgl. II.) Fragestellungen behandelt, die grundlegend für jede soziologische Theorie sind: in diesem Sinne läßt sich von einer *ph-a. Dimension* auch im Werk solcher Sozialtheoretiker sprechen, die eine explizite A. nicht ausgearbeitet oder sogar abgelehnt haben. Eine systematische a. Wissenschaft findet wichtige Leitlinien in der A.-Kritik (*M. Horkheimer, D. Kamper, W. Lepenies/H. Nolte* etc.). Anstöße zu einer „soziologischen A." bes. durch *Lepenies* (im Zusammenhang mit historischer A.) und *D. Claessens* (im Zusammenhang mit der neueren Evolutionstheorie).

Lit.: D. Claessens, Das Konkrete und das Abstrakte, Frankfurt a. M. 1980; *B. Groethuysen,* PhA, München/Berlin 1931; *A. Honneth* u. *H. Joas,* Soziales Handeln und menschliche Natur, Frankfurt a. M. 1980; *W. Lepenies,* Soziologische A., München 1971; *K.-S. Rehberg,* PhA. und die „Soziologisierung" des Wissens vom Menschen, In: *M. R. Lepsius* (Hg.), Soziologie in Deutschland und Österreich 1918–1945, Opladen 1981, S. 160–198;

Dr. *K.-S. Rehberg,* Aachen

Physiokraten

Gruppe vorwiegend französischer Wirtschaftstheoretiker. Begründet von *F. Quesney* (1694–1774), entwickelten die Physiokraten das Modell eines Wirtschaftskreislaufes zwischen den →sozialen Klassen. Die einzig wirtschaftlich produktive Klasse ist die Landwirtschaft; die Klasse der Grundeigentümer übernimmt politische Aufgaben, während alle außerhalb des agrarischen Bereichs Tätigen als unproduktive Klasse bezeichnet werden. Bekannter Vertreter: *A. R. J. Turgot* (1727–1781).

Pietismus

religiöse Bewegung des deutschen Protestantismus im 17./18. Jh., die eine neue „Reformation" des Glaubens zum Ziel hatte.

Pillenknick

volkstümliche Bezeichnung für den starken Rückgang der Geburten seit Mitte der 1960er Jahre in der BR Deutschland, der auf die verstärkte Anwendung von Ovulationshemmern (Pille) bei der Geburtenkontrolle zurückgeführt wird. Irreführende Bezeichnung, da nur ein Teil der Frauen im gebärfähigen Alter dieses Medikament benutzt und ein Geburtenrückgang für das Deutsche Reich, wenn auch mit Schwankungen, seit ca. 1875 festzustellen ist.

pilot study
Voruntersuchung zur Herausarbeitung sozial relevanter Fakten, Hypothesen und Variablen, die für eine geplante empirische Untersuchung bedeutsam sind. →Explorationsstudie

Planwirtschaft
auch: Zentralverwaltungswirtschaft
Wirtschaftsform, bei der Mengen und Preise der Produkte von einer zentralen Verwaltung vorgegeben werden. Der Preis gilt nur als Bewertungsmaßstab und hat nicht die Aufgabe, Angebot und Nachfrage von Gütern zum Ausgleich zu bringen.

Plazierung, soziale
auch: Positionszuweisung
Vorgang zur Besetzung sozialer Positionen, in Industriegesellschaften überwiegend nach Leistung und Qualifikation. In vorindustriellen Gesellschaften war der Statuserwerb fast ausschließlich an der familialen Herkunft orientiert. Der Einfluß der Familie ist auch heute noch über den Sozialisationsprozeß wirksam und trägt damit zur Stabilisierung der Ungleichheitsstrukturen bei.

Plebiszit
Form der staatlichen Willensbildung durch unmittelbare Abstimmung über bestimmte Fragen (plebiszitäre oder direkte Demokratie).

Plenum
(lat.) Vollversammlung
vorwiegend der Mitglieder eines Parlaments oder einer Volksvertretung.

Pluralismus
Bezeichnung für die Struktur moderner Industriegesellschaften, in denen eine Vielzahl wirtschaftlicher, religiöser, ethnischer und anderer Gruppen zueinander in Konkurrenz steht und um gesellschaftlichen Einfluß kämpft.

pluralistische Gesellschaft
Typus einer modernen Industriegesellschaft, in der eine Vielzahl von Interessengruppen um politischen und sozialen Einfluß agiert. Religiöse und ethnische Vielfalt bedingen konkurrierende →Wert- und →Normensysteme. Pluralistische Gesellschaften bieten aus diesem Grunde jungen Menschen keine eindeutigen Zuordnungs- und Orientierungsraster.

Polaritätsprofil
von *C. E. Osgood* u. a. (1957) entwickeltes spezielles Verfahren zur quantitativen Erfassung von Umwelteindrücken, wobei den Befragten standardisierte Eigenschaftspaare (hart – weich; aktiv – passiv) zur spontanen Einordnung vorgelegt werden.

politische Bildung
Sozialkunde, Gemeinschaftskunde, Politik oder Gesellschaftslehre genannt
Unterrichts- und Veranstaltungsangebote in Schulen und Institutionen der Erwachsenenbildung (Parteien, Gewerkschaften u. a.) zur gezielten Information über Staat und Gesellschaft. Nach 1945 von den Besatzungsmächten zur politischen Umerziehung eingesetzt.

politische Kultur
von *Almond* und *Verba* geprägter Begriff (civic culture) zur Bezeichnung der grundlegenden Einstellungen und Orientierungen gegenüber dem Regierungssystem. Jedes politische System ist in spezifische →Verhaltensmuster, →Normen, →Werte und →Rollenerwartungen eingebettet, die das politische Handeln des einzelnen bestimmen.

politische Ökonomie
ursprüngliche Bezeichnung für Wirtschaftslehre des merkantilistischen Staates. Von *K. Marx* zur Beschreibung kapitalistischer Gesellschaften verwendet. Heute heißt politische Ökonomie in den sozialistischen Staaten auch →Neue Politische Ökonomie, die Lehre vom Wirtschaften.

politische Soziologie

1. Begriff, Standort und Objektbereich: P. S. ist eine spezielle Soziologie, die mit dem Einsatz fachspezifischer Fragestellungen, Erkenntnisabsichten, Begriffe und Theorien sowie von Methoden der Empirischen Sozialforschung unter besonderer Berücksichtigung der staatlichen Herrschaftsordnung auf die Erforschung politischer Phänomene des soziokulturellen Lebenszusammenhanges ausgerichtet ist. Sie bildet die Brücke zwischen der Soziologie und der Politischen Wissenschaft bzw. Politologie. Engere Beziehungen bestehen ferner zur Staats- und Verfassungslehre, Geschichtswissenschaft und Politischen Ökonomie. Für die P. S. ist die Auffassung grundlegend, daß Politik und Staat keine abgehobenen Bereiche außerhalb oder jenseits von Kultur und Gesellschaft bilden, sondern auf vielfältige Weise in das gesellschaftliche Alltagsleben eingebunden sind. Dementsprechend untersucht die P. S. die Beziehungen, Wechselwirkungen und gegenseitigen Abhängigkeiten (Interdependenzen) zwischen Weltanschauungen, Ideologien, Wertsystemen, Sozialstrukturen, sozialen Gebilden und Verhaltensweisen einerseits und politisch-staatlichen Ordnungen, Herrschaftssystemen, Institutionen, Macht-, Willensbildungs- und Entscheidungsprozessen andererseits. Das Kernproblem bilden die soziokulturellen Voraussetzungen, Bedingungen und Folgen der politischen und staatlichen Institutionen und Aktivitäten im Kontext des sozialen Wandels.

2. Geschichte und Entfaltung der Politischen Soziologie: Vor der Herausbildung der Soziologie als eine eigenständige Fachwissenschaft sind bereits Philosophen und Gelehrte mit Gedanken, Erkenntnissen, Auffassungen und Werken hervorgetreten, die in einflußreicher Weise zu bedeutenden Quellen der P. S. geworden sind:

Aristoteles (389–322 v. Chr.) hat seine auf Sokrates aufbauende Tugendlehre in eine Staatslehre münden lassen. Politik unterliegt der Aufgabe, das gute und tugendhafte Leben der Bürger zu verwirklichen. Berühmt wurde seine Einteilung und Kritik der Staatsformen: Königtum, Aristokratie, Politie (Mischung von Oligarchie und Demokratie), Oligarchie, Demokratie und Tyrannis.

Niccolò Machiavelli (1469–1527) vollzog den Bruch mit der mittelalterlichen Tradition christlich-metaphysischer Staatstheorie. Als Voraussetzung dauerhafter politischer Herrschaft ist Politik als „Kunst" des Machterwerbs anzusehen. Zur Erhaltung des Staates kann der Herrscher unter der Voraussetzung des Staatsnotstandes sogar jenseits ethischer Normen handeln. Machiavelli wurde mit dieser Auffassung zum Begründer der Lehre von der Staatsräson – ohne allerdings diesen Begriff zu verwenden.

Thomas Hobbes (1588–1679) befaßte sich mit der Frage, wie soziale Ordnung überhaupt möglich sei. Gesellschaft und Staat faßte er als Institutionen zur Beherrschung und Regulierung der im „Naturzustand" zerstörerisch wirkenden menschlichen Antriebskräfte auf. Damit es bei der Durchsetzung des jedem Menschen zustehenden „Naturrechts", sich seinem individuellen Luststreben gemäß egoistisch auszubreiten, nicht zu einem „Kampf aller gegen alle" kommt, treten die Menschen ihre naturrechtlich verbürgten Individualrechte partiell an eine Ordnungsinstanz ab. Diese entwickelt eine Rechts- und Herrschaftsordnung, die im sozialen Konkurrenzkampf allen Gesellschaftsangehörigen die grundlegenden Lebensrechte garantiert.

Montesquieu (1689–1755) untersuchte in einem großangelegten historischen Vergleich politische und staatliche Institutionen. Den Staat hat er nicht nur als politisches System aufgefaßt, sondern mit allen gesellschaftlichen Eigentümlichkeiten einer Nation in Verbindung gebracht. Die „Gesetze" und Verfassungsverhältnisse der Staaten sind durch gesellschaftliche Gegebenheiten bestimmt. Er untersuchte die sozialen Bedingungen für die drei Staatsformen Demokratie, Monarchie und Despotie. Im Anschluß an *John Locke* (1632–1704) baute er die Lehre von der Gewaltenteilung aus, wobei er die drei Staatsfunktionen Legislative, Exekutive und Judikative unterschiedlichen Staatsorganen zuordnete, die durch gegenseitige Kontrolle ein Gleichgewichtssystem bilden. Diese Lehre hat großen Einfluß auf die Französische Revolution, amerikanische Unabhängigkeitsbewegung und Verfassung der USA ausgeübt.

Alexis de Tocqueville (1805–1859) analysierte die demokratische Massengesellschaft und das Regierungssystem der USA sowie die gesellschaftlich-politischen Umbrüche in Frankreich. Die Demokratie erkannte er als künftige Herrschaftsordnung zivilisierter Gemeinwesen. Gleichheitsstreben zu Lasten der Freiheit führt zu der Gefahr, daß die übermäßig nivellierte Massengesellschaft einer Diktatur erliegt. Zur Abwehr von Konformismus und Unfreiheit forderte Tocqueville staatliche Dezentralisierung, Gewaltenteilung und die Stärkung der Eigenverantwortung des Bürgers.

Die gesellschaftliche Einbindung von Politik und Staat ist vor allem von *Karl Marx* (1818–1883) untersucht worden, wobei er den geschichtlich unterschiedlich ausgeprägten Gegensatz bzw. Kampf zwischen herrschender und beherrschter Klasse in den Mittelpunkt rückte und die entscheidende Antriebskraft für den sozialen Wandel in der wirtschaftlichen Basis der Gesellschaft lokalisierte. Im Übergang vom ideologiekritischen zum utopischen Denken gewann Marx den Glauben, daß in der bürgerlich-kapitalistischen Gesellschaft das wachsende Proletariat als beherrschte Klasse mit geschichtlicher Notwendigkeit dazu bestimmt sei, durch eine Revolution die überkommenen Eigentums- und Klassenverhältnisse zu überwinden, den Staat „absterben“ zu lassen und eine kommunistische Gesellschaft „assoziierter Individuen“ aufzubauen.

Nach *Vilfredo Pareto* (1848–1923) werden die überwiegend irrational gesteuerten Individuen von einer herrschenden Elite gesellschaftlich zusammengehalten. Gemäß der „Zirkulation der Eliten“ ist die Geschichte von Gesellschaften vor allem dadurch gekennzeichnet, daß in ständiger Wiederholung nicht mehr erfolgreich herrschende, dekadent gewordene Eliten durch neue, tatkräftige Eliten verdrängt werden. In ähnlicher Weise hat *Gaetano Mosca* (1858–1941) in seiner Theorie der „politischen Klasse“ die Auffassung vertreten, daß jedes stabile Gesellschaftssystem durch die Herrschaft einer straff organisierten, privilegierten und leistungsfähigen Minderheit über eine zur Selbstregierung unfähigen Mehrheit bestimmt ist. Grundlegende Beiträge zur Herausbildung der P. S. hat insbesondere *Max Weber* (1864–1920) geliefert: mit seinen Definitionen zahlreicher Grundbegriffe (Macht, Herrschaft, Staat, Partei, Verband u. a. m.), seiner historisch orientierten und idealtypisch angelegten Herrschaftssoziologie; mit seiner Erforschung der modernen Bürokratie, die ein wesentliches Element des okzidentalen Rationalisierungsprozesses bildet; mit seinem auf das Verhältnis von Politik und Ethik eingehenden Beitrag „olitik als Beruf“, der zu der oft zitierten Feststellung hinführt: „Die Politik bedeutet ein starkes langsames Bohren von harten Brettern mit Leidenschaft und Augenmaß zugleich.“ Hinzu kommen mehr zeitgeschichtlich bezogene Abhandlungen, in denen es vor allem um die politisch-demokratische Neuordnung Deutschlands nach dem Ersten Weltkrieg ging. Max Weber kann als Hauptbegründer der P. S. gewürdigt werden.

Robert Michels (1876–1936) gelangte durch seine Untersuchungen zu der

Feststellung, daß selbst demokratisch verpflichtete politische Organisationen oligarchischen Verharschungserscheinungen unterliegen. Wegen der „mechanischen und technischen Unmöglichkeiten der direkten Herrschaft der Massen" ist jede erfolgreiche Organisation auf eine „aktive Minderheit" angewiesen und insofern das Demokratie-Ideal weder für eine Massenpartei noch für einen Staat erreichbar (Ehernes Gesetz der Oligarchie).

Joseph A. Schumpeter (1883–1950) hat maßgeblich zur Grundlegung der ökonomischen Theorie der Politik und Demokratie beigetragen. Demokratie hat er als eine Herrschaftsordnung aufgefaßt, in der Positionen und Kompetenzen „vermittels eines Konkurrenzkampfes um die Stimmen des Volkes" vergeben werden. Diese Forschungsrichtung ist später insbesondere von A. Downs, M. Olson, J. M. Buchanan und G. Tullock weiter entfaltet worden (Neue politische Ökonomie, Public choice theory) – mit wachsendem Einfluß auf die Soziologie allgemein und auf die P. S.

Hermann Heller (1891–1933) hat eine „funktionelle" Staatssoziologie entworfen, die den Staat aus dem gesellschaftlichen Zusammenhang erklärt. Wesentliches Begriffsmerkmal des Staates ist seine gesellschaftliche Funktion, d. h. die Sicherung des Zusammenlebens und -wirkens von Menschen in einer Gebietseinheit. Legitimiert ist er aber nur, soweit er eine gerechte Ordnung anstrebt.

Karl Mannheim (1893–1947, Schüler von Max Weber) befaßte sich mit politischen Krisenerscheinungen in der Massendemokratie. Im Gegensatz zur einseitig zentral geleiteten Gesellschaft und zur „laissez-faire-liberalistischen" Demokratie, die die Gefahr des Umschlagens in eine totalitäre Diktatur einschließt, empfahl er als „dritten Weg" die „geplante Demokratie" („Planung für Freiheit"). Diese setzt die Umformung des Menschen zur demokratischen Persönlichkeit voraus, und zwar durch Erziehung und durch das Wirken sozial verantwortungsbewußter Eliten, die demokratische Verhaltensnormen und -weisen durchsetzen.

Starke Impulse erhielt die P. S. um den Zweiten Weltkrieg herum in den USA:

Rudolf Heberle (1896–1991) wurde zum Begründer einer empirisch ausgerichteten P. S.

Harold D. Lasswell (1902–1978) befaßte sich mit empirischer Elitenforschung, Massenkommunikation, Propagandaforschung und Inhaltsanalyse. *Charles W. Mills* (1916–1962) konfrontierte als führender Vertreter einer kritischen Soziologie die amerikanische Ideologie einer offenen Gesellschaft mit den Grundlagen, inneren Strukturen und Rekrutierungsverhältnissen der Eliten gesellschaftlicher Teilbereiche (Wirtschaft, Militär, Politik, Wissenschaft), die insgesamt als „Power Elite" gegenüber den Breitenschichten der Gesellschaft relativ stark abgeschlossen sind. *Reinhard Bendix* (1916–1991) hat unter dem Einfluß von Schriften Max Webers aus geschichtlicher und gesamtgesellschaftlicher Perspektive vergleichende Strukturanalysen durchgeführt und hierbei vor allem Schichtungs-, Status- und Machtstrukturen sowie Autoritätsbeziehungen erforscht. *Seymor M. Lipset* (geb. 1922) hat P. S. in enger Verbindung von Theorie und empirischer Forschung betrieben. In Kooperation mit R. Bendix hat er sich dem Zusammenhang von sozialer Schichtung und Machtverhältnissen gewidmet. Überdies hat er die gesellschaftlichen Bedingungen einer stabilen Demokratie erforscht.

Irving L. Horowitz (geb. 1929) versteht die P. S. sogar als eine integrierende Wissenschaft, die von dem Verflechtungszusammenhang politischer, wirtschaftlicher und gesellschaftlicher Gegebenheiten ausgeht. Das Kernproblem sind die „Auswirkungen politischer Strukturen auf die Handlungen der Menschen im Alltag".

Nach dem Zweiten Weltkrieg hat *Otto Stammer* (1900–1978) in Berlin mit historisch-empirischer Orientierung und in enger Verbindung mit der Politischen Wissenschaft die P. S. maßgeblich neu belebt und einen großen Schülerkreis hervorgebracht.

Ralf Dahrendorf (geb. 1919) hat die P. S. mit der Entfaltung seines konflikttheoretischen Ansatzes bereichert.

Im Anschluß an die von *Talcott Parsons* (1902–1979) konstituierte und von *N. Luhmann* (geb. 1927) fortentwickelte Systemtheorie wird der politische Bereich der modernen Gesellschaft als ein funktionsspezifisches gesellschaftliches Subsystem aufgefaßt, das durch das Interaktionsmedium der Macht gekennzeichnet ist und gesamtgesellschaftliche Steuerungsleistungen zu erbringen hat.

3. Forschungsgebiete der Politischen Soziologie: a) allgemein die Einbettung politischer Strukturen und Prozesse in den soziokulturellen Lebenszusammenhang; b) politische Macht, die kulturellen und sozialen Legitimationsgrundlagen für politische Herrschaft, Herrschaftssysteme, Demokratie- und Totalitarismusforschung; c) die Entstehung und Entwicklung politischer Ideologien, Mentalitäten, Einstellungen, Meinungen, Vorurteile und Feindbilder im Zusammenhang mit bestimmten gesellschaftlichen Verhältnissen, Interessen- und Herrschaftskonstellationen; d) das Elitenproblem (Elitentheorien, verschiedene Arten der Eliten im sozialen Wandel, das Rekrutierungsproblem); e) Bürokratie und Bürokratisierung (Bürokratieforschung); f) politische Parteien und Parteiensysteme (Parteiensoziologie); g) Parlament (sozialstrukturelle Gliederung, Struktur- und Funktionswandel, Fraktionen, Fachausschüsse und Anhörungen, Lobbyismus, Möglichkeiten und Einschränkungen der Abgeordneten); h) Interessenverbände und ihre Beiträge zur politisch-staatlichen Willensbildung und -durchsetzung (Verbändeforschung); i) Wechselwirkungen zwischen der Öffentlichkeit und den Massenmedien einerseits und politischen Einflußstrukturve und Prozessen andererseits; j) der Zusammenhang der politischen Kultur, Moral, Normen, Sozialisation und Verhaltenspraxis mit dem allgemeinen Gefüge der weltanschaulichen Orientierungen, soziokulturellen Werte, sozialen Gruppen, Organisationen und Verhaltensmuster einer Gesellschaft; k) Formen und Intensitäten des politischen Verhaltens der Gesellschaftsangehörigen zwischen Engagement und Apathie, Wählerverhalten (Wahlforschung), Anpassungsprozesse, Partizipationsmöglichkeiten; l) Herausbildung, Entwicklung und politischer Einfluß (neuer) sozialer Bewegungen; m) politische Aspekte zunehmender interkultureller Austauschprozesse und weltgesellschaftlicher Entwicklungsvorgänge (Globalisierung).

Lit.: R. Ebbighausen: P. S., Opladen 1981; *R. Heberle:* Hauptprobleme der P. S., Stuttgart 1967; *M. G. Lange:* P. S., Berlin u. Frankfurt a. M. 1961; *K. Lenk:* P. S., Stuttgart u. a. 1982; R. Münch: Basale Soziologie: Soziologie der Politik, Opladen 1982; *O. Stammer:* P. S., in: A. Gehlen/H. Schelsky (Hg.): Soziologie, 3. Aufl., Düsseldorf und Köln 1955; *O. Stammer/P. Weingart:* P. S., München 1972; M. Weber: Wirtschaft und Gesellschaft, 5. Aufl., Tübingen 1980 (1921); *M. Weber:* Gesammelte Politische Schriften, 5. Aufl., Tübingen 1988 (1921)

Prof. Dr. *K.-H. Hillmann,* Würzburg

politische Wissenschaft

auch: Politologie oder Politikwissenschaft

Teilbereich der Sozialwissenschaften mit den Schwerpunkten politische Ideengeschichte, politische Theorie, Systemlehre und Systemvergleich sowie internationale Politik.

Polizeisoziologie

spezielle Soziologie seit den 1960er Jahren, als militante Protestbewegungen die

Polizei zu einer unverhältnismäßigen Reaktion herausforderten und damit den Konflikt weiter schürten (Schwabinger Krawalle). Untersuchungen über den angemessenen Polizeieinsatz bei Demonstrationen, Hausbesetzungen u. a.

Polyandrie
→Polygamie

Polygamie
Vielehe
Eheform, bei der ein Mann mit mehreren Frauen (Polygynie, Vielweiberei) oder eine Frau mit mehreren Männern (Polyandrie, Vielmännerei) legal dauerhafte Sexualbeziehungen unterhalten darf. In islamischen Staaten ist die Polygynie weit verbreitet, desgleichen in Afrika. Polyandrie findet sich sehr selten in mutterrechtlich organisierten Gesellschaften (Südsee) und ist einzelnen Frauen vorbehalten.

Polygynie
→Polygamie

Populismus
Volkstümelei (franz. populisme)

1. ursprünglich literarische Bewegung, in Anknüpfung an die revolutionären Bestrebungen der russischen Narodniki (Populisten) des 19. Jhs. von L. Lemonnier und A. Thérive 1929 in Frankreich ins Leben gerufen. Die Vertreter des franz. P. stellten in sog. Volksromanen das Leben des einfachen Volkes dar; seit 1931 gab es jährlich einen gestifteten Preis für diese Art Roman;

2. als „populistisch" werden in auffälliger Weise seit den 1980er Jahren von Anhängern der politischen Linken v. a. nicht-sozialistische Politiker bezeichnet, die sich beim Volke großer Beliebtheit erfreuen oder in legitimer Weise durch entsprechende Aktivitäten (populäre Maßnahmen) sich solche erwerben. Der in der Regel (wie auch oft der Begriff →Fundamentalismus) in diffamierender Absicht bzw. sachlich nicht korrekt (vgl. SZ v. 03. 09. 1990, S. 3) benützte Begriff P. fand sich bezeichnenderweise gehäuft in einer Zeit, wo die angeblich um das Wohl der „Massen" besorgten sozialistischen Führungscliquen weltweit auf entschiedene Ablehnung bei den Völkern stießen (→Revolution von 1989/90).

G. R.

Position, erworbene
(achieved position)
die Position wurde infolge eigener Leistung erreicht.
→Position, soziale
→Rolle
→Status

Position, soziale
s. P. ist der Platz in einem →sozialen System, der durch den Schnittpunkt der verschiedenen sozialen Beziehungen bestimmt ist. P.en sind deshalb ein Produkt gesellschaftlicher →Differenzierung. Da es auf die →Funktionen ankommt, sind soziale P.en zunächst unabhängig von Personen, die die sozialen P.en einnehmen. Personen haben aber im Rahmen der allgemeinen positionalen Verhaltenserwartungen durchaus die Möglichkeit, individuelle Modifikationen im Verhalten vorzunehmen. Die Summe der an eine P. gerichteten Verhaltenserwartungen konstituieren die →Rolle als dynamischen Aspekt der statischen P.

Die P. bezeichnet die relative Stellung innerhalb einer Gesellschafts- oder Gruppenstruktur. Da die P.en unabhängig von konkreten Personen existieren, sind die an die P.en gerichteten →Verhaltenserwartungen genereller (im Sinne *Parsons'* universalistischer) Natur. Dies bringt insoweit Verhaltenssicherheit, als eine persönliche Kenntnis des P.s-inhabers bei →Interaktionen entfallen kann, da die generellen Verhaltensmöglichkeiten und -erwartungen einer P. bekannt sind. (Studenten kennen die Rolle eines Professors und umgekehrt, auch wenn man persönlich unbekannt ist.) →Soziales Handeln erfolgt daher zunächst und primär in positionaler Orientierung.

Position und →Status sind verwandte Begriffe. Während P. die Stellung einer

Person innerhalb einer bestimmten Struktur eines sozialen Systems meint, verbindet sich mit Status eher die Bewertung dieser Stellung. In der Literatur wurden früher beide Begriffe auch synonym verwendet *(Linton)*. Der →Strukturfunktionalismus geht davon aus, daß in differenzierten arbeitsteiligen Gesellschaften die P.en, die für das Überleben der Gesellschaft notwendig sind, stark belohnt werden müssen, um einen Anreiz zur Einnahme dieser P. zu schaffen und so zu garantieren, daß die Qualifiziertesten die wichtigsten P.en übernehmen.

Mit der Besetzung einer P. ergibt sich die relative Stellung des Individuums in der Gesellschaftsstruktur und damit in vertikaler Differenzierung →soziale Ungleichheit; aber auch in horizontaler – also nicht evaluativer – Differenzierung treten soziale Ungleichheiten auf.

Unterschiedliche P.en und differentielle P.sbewertung resultieren aus den Funktionen der P.en für die Gesellschaft. Mit höheren P.en ist meist auch →Macht oder →Herrschaft verbunden; hohe P.en sind Herrschaftsp.en, die durch individuelle Leistung erreicht werden. Sowohl *Parsons* als auch *Dahrendorf* rechtfertigen die höhere Bewertung mancher P.en, weil sie durch tatsächliche →Leistung erreicht werden und nicht zugeschrieben sind.

Linton unterscheidet zugeschriebene P.en (aufgrund z.B. des Alters, des Geschlechts, der Herkunft, der Rasse etc.) und erworbene P.en, also solche P.en, die aufgrund erbrachter Leistung eingenommen werden.

Kritik am P.sbegriff wird geübt, weil er den Zeitfaktor und das gleichzeitige Nebeneinander unterschiedlicher Statussysteme vernachlässigt und weil die Trennung von relativem Standpunkt (Position) und den mit ihm verbundenen Erwartungen (Rolle) nur schwer möglich sei. Gleichwohl ist P. ein zentraler Begriff der →Rollentheorie.

Lit.: Dahrendorf, Ralf: Homo Sociologicus, 11. Aufl., Köln und Opladen 1974; *Linton, Ralph:* The Study of Man. An Introduction, 1. Aufl., New York/ London 1936; *Linton, Ralph:* Role and Status, in: *Newcomb, Theodore H./Harley, Eugene L.:* Readings in Social Psychology, 3. Aufl., New York 1958; *Parsons, Talcott:* The Social System, 1. Aufl., Glencoe, Illinois 1951

Prof. Dr. *S. Lamnek*, Eichstätt

Position, zugewiesene

(ascribed position)

Position, die auf biologischen oder herkunftsbezogenen Merkmalen beruht, welche durch die soziale Umwelt zugewiesen werden und nicht änderbar sind, wie Mann, Kind, alter Mensch u.a.

→Position, soziale
→Rolle
→Status

Positivismus

1. Begriff

Unter Positivismus versteht man einen Denk- und Erkenntnisstil, der von der fundamentalen Vorrangigkeit des unmittelbar Gegebenen, des Beobachtbaren, ausgeht. Erkenntnis ist identisch mit Erfahrungserkenntnis, und diese beruht auf der ständigen Unterordnung der Einbildungskraft unter die Beobachtung. Natürlich gibt es „den" Positivismus nicht. Es existieren Spielarten des Positivismus, die sich in den Lehren seiner wichtigsten Repräsentanten widerspiegeln. Als zentrale Vertreter des älteren Positivismus gelten vor allem *A. Comte, E. Littré, H. Taine* in Frankreich, *J. St. Mill, H. Spencer* in England. Auf *Comte* dürfte auch die Popularisierung des Begriffs Positivismus zurückgehen. Ebenso beeinflußte sein P. das wissenschaftliche Denken von *E. Durkheim.* Die nachfolgende negative und positive Charakteristik versucht jene Lebens-, Denk- und Erkenntnisstile aufzuzählen, von denen sich der P. abgrenzt bzw. die er ablehnt, und jene Prinzipien aufzuzeigen, auf welchen positive Erkenntnis basiert. Dabei ist der pauschalierende Zug dieser Vorgehensweise zu beachten. Die Lehren der einzelnen Vertreter weichen nicht selten von ehernen Prinzipien des P. ab. So vollzog z.B. *Comte* eine mystische Spätwende, und *E. Mach,* der über *M. Schlick* den Neopositivismus beeinflußte, teilte keineswegs die Meinung von der Irrelevanz des →Entdekkungskontextes bei der Begründung von wissenschaftlichen →Hypothesen.

1.1 Negative Charakteristik
Der P. läßt sich indirekt durch eine Reihe von Ausgrenzungen und Ablehnungen kennzeichnen. Er ist antitheologisch, antimetaphysisch, antiessentialistisch, antiteleologisch, antiaprioristisch, antiholistisch und antihermeneutisch. Wobei dieses „anti-" von gemäßigter Ablehnung bis hin zu heftiger Gegnerschaft und Polemik reicht. Vom P. werden somit ein großer Teil klassisch-abendländischer Denk- und Erkenntnisstile, aber auch Seinsinterpretationen, abgelehnt. Eine Weltaufschlüsselung oder gar das Betreiben von Wissenschaft, welche(s) sich auf Götter oder auf einen Gott beruft, auf abstrakte Wesenheiten oder personifizierte Abstraktionen (antitheologisch, antimetaphysisch), auf irgendwelche den Dingen innewohnende sie zielgerecht formende Kräfte, etwa Entelechie, eine vis vitalis, ist unwissenschaftlich, überflüssig und fruchtlos (antiessentialistisch, antiteleologisch). Gleiches gilt für Konzeptionen, die von abstrakten Voraussetzungen des Erkennens ausgehen (antiaprioristisch) und die Natur als Erscheinung, d.h. als ein von den Kategorien und den Formen der Anschauung (Raum/Zeit) mitgeformtes Konstrukt ansehen. Schließlich werden meist Ganzheitskonzeptionen zurückgewiesen, etwa der Art: „das Ganze ist mehr als die Summe seiner Teile" und hieraus abgeleitete neu auftauchende Eigenschaften (antiholistisch), ebenso Verstehenskonzeptionen, die das →Verstehen noch vor dem wissenschaftlichen →Erklären ansiedeln wollen (antihermeneutisch).

Diese Frontstellung findet ihren Niederschlag in *Comtes'* →Dreistadiengesetz, einem Gesetz, das die sozioevolutionäre Entwicklung der Theorien der Menschheit beschreiben will. Demgemäß durchlaufen unsere Theorien notwendigerweise drei Stadien, das theologische oder fiktive, das metaphysische oder abstrakte, bis sie zum anzustrebenden „positiven oder realen Stadium" fortschreiten. Als Erklärungsprinzip dienen dem theologischen Stadium fingierte Personen (Fetische, Götter, ein Gott), dem metaphysischen fingierte Entitäten (Wesenheiten, personifizierte Abstraktionen), dem positiven Stadium das beobachtbar Gegebene, das Positive und die daraus resultierenden allgemeinen Gesetze. Für *Comte* besitzt dieses Gesetz auch Gültigkeit für die Entwicklung des Individuums und für die Evolution der Wissenschaftsdisziplinen, die ebenfalls vom Abstrakten hin zum Konkreten verläuft und an dessen Ende die Soziologie steht. Dieses Gesetz bezeichnet er als „enzyklopädisches Gesetz". Schon hier wird einsichtig, daß der P. methodologische, erkenntnistheoretische, aber auch sozialtechnologische Ambitionen in sich vereinigt. Denn das Vorrücken zum positiven Stadium ist nicht nur ein Weg der Gesellschaft hin zu Ordnung und Fortschritt, sondern erfordert auch Kenntnisse über die Gesetze dieser Gesellschaft, die in einer eigenen Disziplin zu entwickeln sind, der sozialen Physik, oder anders, der Soziologie.

1.2 Positive Charakteristik
Versuchen wir das positivistische Programm „positiv" zu skizzieren, so ist vor allem die sogenannte „Selbstbescheidung" hervorzuheben. Aus dieser Selbstbescheidung folgt unter anderem, sich auf Erkenntnisse zu beschränken, denen Beobachtungen zu Grunde liegen, also zu beobachten statt zu argumentieren. Damit das Beobachten nicht in Faktenhuberei, in schlechten →Empirismus entartet, sind die beobachteten Erscheinungen mit Hilfe von Gesetzen zu ordnen. Diese Gesetze können zum einen Kausalverkettungen, also Abläufe (Dy-

namik) beschreiben, zum anderen Ähnlichkeitsbeziehungen aufzeigen, etwa Beziehungen zwischen den Eigenschaften der Säugetiere und denen der Menschen, also statische Beziehungen. Nun läßt sich auch das Ziel des „wahren positiven Geistes" festlegen, nämlich „zu sehen um vorauszusehen, zu erforschen was ist, um das zu erschließen, was sein wird". Damit ist eindeutig das Ziel wissenschaftlicher (positiver) Tätigkeit festgelegt: erklärende und prognostizierende Gesetze zu entdecken und diese beiden Mächtigkeiten am Gegebenen erneut zu überprüfen. Das impliziert dann auch ihre technische Anwendbarkeit. Positives Wissen ist daher Nutzungs- und Eingriffswissen, und das sogenannte →social engineering, hinter dem der Glaube steht, Gesellschaften mit Hilfe von Gesetzen, die der Soziologie entstammen, in einen Zustand höherer Ordnung zu bringen, ist hier beheimatet. Der eine wesentliche Aspekt des P. besteht also darin, erklärende, prognostizierende und technisch anwendbare Gesetze zu finden, die zur Befriedigung unserer Bedürfnisse eingesetzt werden können. Diese Gesetze sind permanent „positiv", d.h. am Gegebenen zu überprüfen und erhalten hierdurch ihren empirisch abgesicherten Sinn. In diesen Prozeß wird der Entstehungszusammenhang bzw. das Auffindungsverfahren wissenschaftlich unbedeutsam, das Rechtfertigungsverfahren, das ja die Akzeptanz- und Verwerfungsregeln einer wissenschaftlichen Disziplin beinhaltet, steigt zur höchsten Bedeutung auf. Intersubjektive Kommunizierbarkeit wird an einer gemeinsamen Logik und an gemeinsam beobachteten Fakten festgemacht. Der zweite bedeutsame Aspekt des P. – dieser wird häufig unterschlagen – ist jener der „Positivierung unserer Bedürfnisse", die es mit dem Hier und Jetzt zu tun haben, mit Lenkung und Steuerung der Gesellschaft, mit technischer Nutzung der biologischen und physikalischen Gesetze. Durch diese Weltzugewandtheit soll eine Vergeudung geistiger Kräfte für jenseitige Aufgaben unterbunden werden.

2. Neopositivismus

Eine bewußte Weiterführung und Fortentwicklung des Geistes des P. und des Empirismus, der wissenschaftlichen →Methodologien, der Logistik, der Axiomatik, des Eudämonismus und der positivistischen Soziologie unternahm der Wiener Kreis, auch wissenschaftlicher oder logischer Empirismus, logischer Positivismus, Bewegung für die Einheitswissenschaft, Neopositivismus genannt. Diese Bewegung, der u.a. *R. Carnap, H. Hahn, O. Neurath, M. Schlick* angehörten, trat ab den späten 1920er Jahren kämpferisch und polemisch für ihre Ziele ein. Die unter 1.1 skizzierten „Antis" werden nun zu Gegnerschaften, beispielsweise spricht man in bezug auf die Realität von Allgemeinbegriffen von einem „Verbrecheralbum der philosophischen Terminologie", und die Welt ist zu säubern von nicht sinnlich bestätigten Phänomenen, etwa präpotenten Wesenheiten, Universalien, Entelechien usw. So zeigt auch der Neopositivismus die bereits skizzierten Grundzüge: Dominanz der Sinne oder der erweiterten Sinne (Instrumente) – es gibt nur Erfahrungserkenntnis, die auf dem unmittelbar Gegebenen beruht –, Anwendung wissenschaftlicher Erkenntnisse, um die Gesellschaft zu einer wissenschaftlich orientierten umzugestalten, und schließlich die schroffe Ablehnung dessen, was *H. Hahn* mit weltabgewandter Philosophie betitelte.

Ziel dieser Bewegung war es, eine Einheitswissenschaft aufzubauen. Dazu sind einige Voraussetzungen zu erfüllen. Zum einen ist die sog. Kollektivarbeit voranzutreiben, hiermit ist die interdisziplinäre Zusammenarbeit gemeint. Zum anderen stehen diesem Ziel noch nicht vom metaphysischen Ballast gereinigte Fachsprachen entgegen. Daher die Forderung nach einem neutralen Formelsystem und die Betonung des intersubjektiv Erfaßbaren. Mit Hilfe der Methode der logischen Analyse glaubte man, Aussagen in zwei Klassen einteilen zu können, in sinnvolle und völlig bedeutungsleere. Lassen sich Aussagen auf einfachste Aussagen über empirisch Gegebenes, etwa auf Protokollsätze zurückführen, so sind sie sinnvoll (empiristisches Sinnkriterium). Gelingt dies nicht, so sind sie allenfalls Ausdruck eines Lebensgefühls, daher sinnlos. Auch das, was wirklich ist, wird so festgelegt. Etwas ist wirklich dadurch, daß es eingeordnet wird dem Gesamtgebäude der Erfahrung. Die logische Analyse hätte dann die Aufgabe, allgemeine Begriffe auf Begriffe niedriger Ordnung zurückzuführen bis hin zu Begriffen niederster Stufe, die sich auf unmittelbar Gegebenes beziehen. *H. Hahn* nannte ein solches System von Rückführungen „Konstitutionssystem". Für den Wiener Kreis genügen die Einzeldinge, Allgemeinbegriffen eine Realität zuzusprechen ist gänzlich überflüssig. Damit nimmt man die Position des Nominalismus ein. Zugleich stützt sich dieser positivistische →Reduktionismus auf das Occamsche Rasiermesser, ein Prinzip, das besagt, bei Erklärungen und Definitionen möglichst auf abstrakte Entitäten (z.B. Wesenheiten) zu verzichten. Als Konsequenz dieses Prinzips, aber auch des Hangs zu einer Einheitswissenschaft und der damit auftretenden Forderung nach einer Universalsprache, wurde vor allem von *R. Carnap* und *O. Neurath* der Physikalismus entworfen. Letzterer besagt: Aussagen anderer Wissenschaftsdisziplinen sind in das physikalische Begriffssystem zu übersetzen bzw. auf beobachtbare Ding-Eigenschaften oder Ding-Beziehungen zu reduzieren. Diese Forderung ist besonders in der Psychologie und der Soziologie kaum erfüllbar. Sprechen nämlich alle Sätze der Psychologie und Soziologie nur von physischen Vorgängen, so ist ein radikaler →Behaviorismus unumgänglich. Alle über das leibliche Verhalten hinausgehenden Erlebnisse bzw. jedes nicht empirisch verankerte Sinnverständnis werden damit zu Scheinproblemen und wissenschaftsunfähig. Der radikale Physikalismus stieß von allem Anfang an auf erbitterten Widerstand.

Die für die Soziologie und andere →Handlungswissenschaften bedeutsame Frage, wie →Werte und →Werturteile empirisch und theoretisch zu behandeln sind, wurde vom →Wiener Kreis einesteils radikal gelöst *(R. Carnap)*. Entweder man gibt für die in den Werturteilen verwendeten Prädikate (z.B. gut, schön) empirische Kennzeichen an oder das gelingt nicht. Im ersten Falle verwandeln sich Werturteile in Tatsachenurteile, im zweiten Falle in Scheinsätze. Da jedoch die objektive Gültigkeit von Wertaussagen nicht verifiziert, ebenso nicht aus empirischen Sätzen deduziert werden kann, produzieren die Wert- und Normphilosophie, die Ethik, die Ästhetik nur Scheinaussagen, ohne sinnvollen Inhalt. Diese radikale Haltung blieb auch im Neopositivismus nicht unwidersprochen. Denn Sinn wird bei solch einer Argumentation mit empirischer Verifikation identifiziert, wobei doch Werte schon per definitionem diese Forderung nicht erfüllen. Sie sind kontrafaktisch, d.h., ihre Gültigkeit bleibt trotz empirischer Gegeninstanz erhalten. Wird jedoch Sinn semantisch festgelegt, so sind Wertaussagen durchaus sinnvoll. Eine modifizierte Version – etwa von *V. Kraft* vertreten – der neopositivistischen Wertlehre bestand darin, daß man den Wertbegriffen auch einen gewissen deskriptiven Gehalt zuschrieb und für das Verfahren der logischen Analyse zugänglich erklärte. Dann können gewisse Über- und Unterordnungen bzw. interne Stimmigkeiten und Widersprüche festgestellt werden. Auch wurde anerkannt, daß Werte meistens einen Anspruch auf allgemeine Geltung implizieren. Letzte Werte sind jedoch nicht begründbar. Diese Haltung des wissenschaftlichen Wertrelativismus ähnelt dem, was *M. Weber* in seiner berühmten Abhandlung über „Die Objektivität sozialwissenschaftlicher und sozialpolitischer Erkenntnis“ bereits 1904 festschrieb. Der Neopositivismus arbeitete auch an einer modernen symbolischen Logik (Logistik), um einesteils die →Intersubjektivität im Bereich des Formalen zu garantieren, anderenteils mit Hilfe eines Zeichenmechanismus denkökonomisch und sicher →tautologische Umformungen, d.h. wahrheitskonservierende Operationen, vornehmen zu können.

3. Schwächen
Die Reduktion der Wirklichkeit auf empirisch Beobachtbares, die ja religiöse und metaphysische Dimensionen allenthalben als Ausdruck eines Lebensgefühls akzeptiert, verkürzt nicht nur den Wirklichkeits- und Wahrheitsbegriff, sondern führt rasch zur Dominanz einer einzigen Dimension, der wissenschaftlich-technischen. Die damit eng verbundene Koppelung des Sinns von Aussagen mit der empirischen Verifikation verweist ganze Welten, etwa die der Ethik und der Ästhetik, in das Reich sinnloser Scheinaussagen. Auch der Grundsatz des P.: jede Erfahrungserkenntnis ist auf unmittelbar Gegebenes zu reduzieren (verifizieren), ist selbstredend keine Erfahrungserkenntnis, und entweder sinnlos, oder er stellt eine Bedingung der Möglichkeit positiver Erkenntnis dar. Damit wird aber die feindliche Haltung gegenüber dem Apriorismus unverständlich. Zugleich liquidiert dieses Prinzip – würde es ernstgenommen – allgemeine Naturgesetze, auf die doch der P. so stolz ist. Denn Aussagen der Art: „Für alle Raum-Zeitpunkte gilt: …“, sind nicht logisch zwingend durch eine endliche Anzahl von entsprechenden Beobachtungsaussagen verifizierbar, sie wären daher sinnlos. Das Programm des Physikalismus kann, ebenso wie das neopositivistische Sinnkriterium, als gescheitert angesehen werden. Ein Teil der klassischen Geisteswissenschaften würde durch diesen radikalen physikalistischen Reduktionismus schlichtweg liquidiert, Psychologie und Soziologie auf reinen →Behaviorismus reduziert, die qualitativen Differenzierungen, die ja die diversen wissenschaftlichen Disziplinen repräsentieren (z.B. Psychologie, Soziologie, Ästhetik), würden vernichtet und in rein quantitativ-mathematische Beziehungen aufgelöst. Was das Sinnkriterium anbelangt, so ist die Rückführung von wissenschaftlichen Gesetzen auf unmittelbar Gegebenes – wofür die Protokollaussagen stehen – logisch und empirisch nicht möglich. Ebenso ist die Disqualifizierung von metaphysischen, ästhetischen und ethischen Aussagen als sinnlos wenig hilfreich und auch fruchtlos für die hier anstehenden Problemfelder. Angesichts der Fülle von ernst zu nehmenden Einwänden modifizierten gewisse Vertreter des Neopositivismus ihre zum Teil rigiden Positionen rasch. Die derzeit unter der Etikette „analytische Philosophie“ laufenden Strömungen können in vieler Hinsicht als Weiterentwicklung und Nachfolger des neopositivistischen Programms angesehen werden.

Lit.: A. Comte, Rede über den Geist des Positivismus, Hamburg 1956; *L. Kolakowski,* Die Philosophie des Positivismus, München 1971; *V. Kraft,* Der Wiener Kreis. Der Ursprung des Neopositivismus, Wien, New York 1968; *H. Marcuse,* Die Grundlagen des Positivismus und die Entstehung der Soziologie, in: ders., Vernunft und Revolution, Neuwied 1962, S. 283–339; *M. Schlick,* Positivismus und Realismus, in: Erkenntnis 3, 1932/33, S. 1–31

Prof. DDr. *O.-P. Obermeier,* München

Positivismusstreit

→Methodenstreit

Postadoleszenz

Bezeichnung für jene Altersstufe, in der zunehmend Erwachsenenrollen übernommen werden. Häufig auch als junge Erwachsene bezeichnet.

postindustrielle Gesellschaft

von *Daniel Bell* geprägter und 1960ff. fortentwickelter Begriff (postindustrial society) zur Bezeichnung einer zukünftigen Gesellschaft, in welcher die meisten Arbeitskräfte im tertiären Sektor der Wirtschaft (Dienstleistungssektor, ca. 80%) beschäftigt sein werden, während im primären und sekundären Sektor jeweils nur 10% der Beschäftigten tätig sein werden.

Postmoderne

→Modernisierung
→postindustrielle Gesellschaft
→Risikogesellschaft

modischer, 1976 von dem US-amerikanischen Architekturtheoretiker *C. Jencks* geprägter Begriff, der seit den 1980er Jahren auch auf andere Künste, die Philosophie usw., angewandt wird und

1. einen angeblich neuen („postmodernen") realen Zustand der Gesellschaft sowie
2. einen Denkansatz in Philosophie und Wissenschaft bezeichnet, mit dem versucht wird, diese vage erkannte neue gesellschaftliche Realität begrifflich zu erfassen.

Charakteristisch für P. ist die Abkehr von den Fortschritts- und Entwicklungsvorstellungen des herkömmlichen Modernekonzepts; sie meint das, was sich nicht entsprechend den Gesetzmäßigkeiten und Normen der neuzeitlichen Kultur und Zivilisation verhält und sich deshalb auch den Erkenntnismöglichkeiten der exakten Wissenschaften sowie dem Zugriff der in den verschiedenen Bereichen der Gesellschaft Herrschenden entzieht.

Lit.: Max Preglau: Postmoderne Soziologie, in: J. Morel u. a. (Hg.), Soziologische Theorie, 5. Aufl., München 1997, S. 265ff.

G. R.

Prädestinationslehre

göttliche Vorherbestimmung des einzelnen Lebensschicksals; in dem von *J. Calvin* (1509–1564) ausgehenden Protestantismus oder Calvinismus die Vorstellung, der von Gott Auserwählte lasse sich an seiner Lebensführung erkennen.

→protestantische Ethik

Präferenz

Wahlentscheidung
Werten oder Zielen den Vorrang geben

Prämisse

Voraussetzung, Annahme
in den Sozialwissenschaften Bezeichnung für jene Aussagen, die als gültig vorausgesetzt werden.

Praxis

→Soziologie und Praxis

prerequisite, functional

funktionales Erfordernis
in der →strukturell-funktionalen Theorie von *T. Parsons* jene Elemente, die zur Strukturerhaltung des →sozialen Systems notwendig sind, wie: Anpassung, Zielverwirklichung, Integration und Latente Funktionen, auch bekannt als →AGIL-Schema.

pressure group

Interessengruppe
organisierte Gruppe, der es gelingt, gegenüber Regierung, Parlament und Parteien ihre Interessen zur Geltung zu bringen, indem versucht wird, auf das Gesetzgebungsverfahren Einfluß zu nehmen, notfalls durch Mobilisierung der Öffentlichkeit.

Prestige

Unter P. versteht man soziales Ansehen, Anerkennung bzw. Wertschätzung einer Person, einer Gruppe oder auch einer sozialen Position. Innerhalb der schichtungssoziologischen Forschung wurde gelegentlich Achtung (esteem) von P. unterschieden, wobei P. die Wertschätzung einer bestimmten Stellung in einer Gesellschaft (Position) meint, während sich Achtung auf das Ansehen einer Person bezieht, das ihr aufgrund ihrer →Position, ihrer →Rollen und/oder ihres →Verhaltens entgegengebracht wird. Im allgemeinen wird jedoch P. für beide Sachverhalte verwendet. Für die Zuweisung von P. gibt es keinen absoluten Maßstab; vielmehr resultiert das höhere oder niedrigere P. aus dem Vergleich verschiedener Positionen miteinander. Damit gelangt man zur P.verteilung in einer Gesellschaft, die eng mit der politischen und ökonomischen Macht beruflicher P.en assoziiert ist. So hat auch die Berufsposition einer Person im allgemeinen den größten Einfluß auf das Ansehen, das ihr entgegengebracht wird. Unter Umständen kommt es auf der Basis einer sehr bedeutsamen Position zu einer P.generalisierung, d. h., der Positionsinhaber wird aufgrund seiner hoch eingeschätzten Berufsposition auch in anderen Positionen und Rollen, die er einnimmt bzw. spielt, hoch angesehen.

Die P.faktoren, die die Höhe des P. beeinflussen, sind einerseits objektive soziale Merkmale, wie Beruf, Einkommen und Schulbildung, zum anderen eher subjektive, wie persönliche Wertschätzung wegen biologischer, psychologischer und anderer Merkmale oder individuellen Verhaltens. Orientierungshilfen zur Einschätzung des Berufsp., also die P.kriterien sind nach *K. M. Bolte* (1959) das soziale Ansehen, der Grad der Verantwortung, die Ausbildung und das erforderliche Können. Hinter diesen Orientierungsmerkmalen stehen jedoch weitere Bestimmungsgründe, wie der Grad des Einflusses, der Verantwortung, der Kontrollmöglichkeiten anderer, des eigenen Dispositionsspielraums, die erforderliche Intelligenz und das nötige Training, aber auch aus der Vergangenheit überlieferte Bewertungsmaßstäbe. Gleichwohl ist die Leistungseinschätzung bei der P.zuteilung oberstes Prinzip, womit erklärt werden kann, weshalb die Einnahme einer Position weitgehend von Qualifikations- bzw. Leistungsnachweisen abhängt; metaphysische Begründungen oder solche, die auf Machtverhältnisse rekurrieren, sind eher unbedeutend.

Die Berufsprestigeforschung begann mit den Untersuchungen *Counts* 1925; er analysierte das Ansehen von 45 Berufen, wobei er sich darauf beschränkte, seine Befragung innerhalb einer sozialen Institution (Schule) durchzuführen. Nach dem 2. Weltkrieg breitete sich die P.forschung, die bis dahin fast nur in Amerika betrieben wurde, auf andere Industrieländer aus, und die P.wertungen wurden auf repräsentative Auswahlen der jeweiligen nationalen Bevölkerung gestützt. Diese Forschungen haben ergeben, daß die Ansichten über die P.skala (Rangfolge der Berufe nach der Höhe des Prestiges) innerhalb einer Gesellschaft relativ einheitlich sind; die Übereinstimmung der Meinungen steigt mit der Güte des Einblicks in die strukturellen Gegebenheiten der Gesellschaft durch die Befragten, mit ihrer Homogenität und mit ihrer Kenntnis gesellschaftlicher Zusammenhänge. Die Vorstellungen über die P.skala sind von der Einbindung der Befragten in das Gesellschaftsgefüge nicht völlig unabhängig. So zeigen spezifische →Sozialkategorien (z. B. Alters-, Berufs- und Einkommensgruppen) charakteristische Beurteilungsdifferenzen. Die Variation der Meinungen ist bei relativ hoch bzw. niedrig bewerteten Berufspositionen aber gering. Die größte Unsicherheit bei der Zuteilung des Ranges erfahren unbekannte, ungewöhnliche und neu entstandene Berufe sowie solche, die keine klare Einschätzung der hinter ihnen stehenden Verhaltenserwartungen ermöglichen. Trotz dieser ermittelten Differenzierungen sind die P.skalen inter- und intrakulturell relativ konstant und weisen sehr hohe Korrelationen auf. Die in den P.skalen sich manifestierenden P.unterschiede einzelner beruflicher Positionen sind als →soziale Ungleichheiten offenbar relativ universell.

Dies warf die Frage nach den zugrundeliegenden Mechanismen solcher Ungleichheiten auf. *Davis* und *Moore* (1945) begründeten sie damit, daß diese

Ungleichheit als allgemeines gesellschaftliches Phänomen unentbehrlich sei: die für die Gesellschaft wichtigen und/oder schwierigen Positionen erhalten durch höheres P. einen besonderen Anreiz, um die Bereitschaft zur Einnahme dieser Positionen zu gewährleisten.

Lit.: Bolte, Karl Martin: Sozialer Aufstieg und Abstieg. Eine Untersuchung über Berufsprestige und Berufsmobilität, 1. Aufl., Stuttgart 1959; *Davis, Allison F.:* Prestige of Occupation, in: British Journal of Sociology, Vol. 3, 1952, 134–147; *Hradil, Stefan:* Soziale Schichtung in der Bundesrepublik, 3. Aufl., München 1981; *Kluth, Heinz:* Sozialprestige und sozialer Status, 1. Aufl., Stuttgart 1957

Prof. Dr. *S. Lamnek*, Eichstätt

Prestigedifferenzierung

Rangordnung sozialer →Positionen nach dem →Prestige.

Prestigeskala

Sammelbezeichnung für die verschiedenen Prestigerangordnungen, bei denen meist das →Prestige von Berufen aufgelistet wird. Prestigeskalen finden häufig Verwendung zur Abgrenzung von Schichten und Klassen in der Schichtungs- und Mobilitätsforschung.

Pretest

Vortest

Überprüfung eines Untersuchungsinstruments (Fragebogen, Beobachtungsschema) an einer ausgewählten Personengruppe, um die Eindeutigkeit und Verständlichkeit der ausgewählten Fragen zu prüfen.

Primärerfahrung

Alltagserfahrung von jedermann, die im vorwissenschaftlichen Raum eine Rolle bei der Formulierung von →Hypothesen spielt, die dann geprüft werden.

Primärerhebung

Bezeichnung in der →empirischen Sozialforschung für eine Untersuchung, bei der die Daten original entsprechend der Fragestellung zu erheben sind. Es werden keine bereits vorliegenden Daten verwendet.

Primärgruppe

auf *Cooley* (1864–1929) zurückgehende Unterscheidung von Primär- und Sekundärgruppen. Primärgruppen ermöglichen enge persönliche, face-to-face Beziehungen zwischen den einzelnen Mitgliedern, etwa in der Familie, im Verein, in der Schulklasse u. ä.

→Gruppe

primitive Gesellschaften

auch Naturvölker genannt, vorwiegend Bezeichnung für wenig entwickelte ethnische Gruppierungen, die in enger Verbindung zur Natur leben und kaum über technisches Gerät und andere zivilisatorische Güter verfügen (z. B. die Papua in Neuguinea).

prisoner's dilemma

→Gefangenendilemma

Privateigentum

von *K. Marx* häufig verwendeter Begriff zur Bezeichnung der dichotomischen Gesellschaftsordnung bzw. der Klassengegensätze im →Kapitalismus: Die Besitzer von Produktionsmitteln (die →Bourgeoisie) stehen den eigentumslosen →Proletariern gegenüber, die nur im Besitz ihrer Arbeitskraft sind.

Privatheit

Gegenbegriff: „Öffentlichkeit". Trennung beider Bereiche in modernen →Industriegesellschaften. Durch die industrielle Revolution wurde die Einheit des „ganzen Hauses" der vorindustriellen Zeit zerstört und durch die →Arbeitsteilung eine Trennung von Haushalt und Arbeitsplatz vollzogen. Die von vielen Aufgaben befreite Haushaltsfamilie widmet sich stärker emotionalen Belangen und wurde zu einer Institution des Ausgleichs gegenüber dem durch Streß und Leistungsdruck geprägten Berufslebens. Privatheit in der Familie und der Freizeit wurde zum Schonraum. Tatsächlich wirken die Spannungen der Arbeitswelt in die Familie hinein. In der dialektisch-kritischen Theorie wird gerade in der Trennung von Öffentlichkeit und Privatheit ein Hindernis auf dem Wege zur Demokratisierung und Emanzipation der Gesellschaft gesehen.

Privileg
Sonderrechte von Personen oder Personengruppen, die in einer Demokratie dem Gleichheitsgrundsatz zuwiderlaufen.

Probeabstimmung
Bezeichnung einer Befragungstechnik, bei der zufällig ausgewählte Personen oder Personengruppen (z.B. bei Straßeninterviews) zu aktuellen Problemen befragt werden, um die öffentliche Meinung zu dokumentieren.

Probleme, soziale
→soziale Probleme

Produktionsfaktoren
Sammelbegriff in der Volkswirtschaftstheorie für Boden, Kapital und Arbeit. In der →marxistischen Theorie häufig auf den Gegensatz von Kapital und Arbeit reduziert.

Produktionsgenossenschaft
landwirtschaftliche oder handwerkliche Betriebsform in sozialistischen Staaten, die häufig durch Zwangskollektivierung entstanden ist.

Produktionsmittel
in der →marxistischen Theorie Bezeichnung für die Gesamtheit der Mittel, die dem Menschen zu seinen Reproduktionsbedingungen zur Verfügung stehen, u.a. Grund und Boden, Kapital, Werkzeuge u.a.

Produktionsverhältnisse
Bezeichnung für die Beziehung zu den Produktionsmitteln, die entsprechend der historischen Entwicklungsstufe in einer Gesellschaft vorherrschen. Aus der Verbindung von Arbeitsmethoden und Arbeitsmitteln ergeben sich die jeweiligen Produktionsverhältnisse, jene Formen der menschlichen Zusammenarbeit, durch die ein Produkt geschaffen wird.

Produktivkräfte
im →Marxismus die Summe aller Faktoren, die im Produktionsprozeß eingesetzt werden: die menschliche Arbeitskraft, die Arbeitsmittel (Werkzeuge, Maschinen) und die Rohstoffe. Die nach *Marx* wichtigste Produktivkraft ist der Mensch, da er die Arbeit organisiert und die Voraussetzungen der Produktion (Gerät und Maschinen) erst geschaffen hat.

Professionalisierung
Herausbildung spezifischer Qualifikationsanforderungen an die Berufsausübung: Einrichtung formalisierter Studiengänge, Kontrolle von Berufsqualifikationen, Organisation in Berufsverbänden, Entwicklung berufsständischer Normen.
→Beruf

Profit
in der klassischen Nationalökonomie Bezeichnung für den Kapitalertrag, in dem Kapitalzins und die Leistung des Unternehmers enthalten sind. In der modernen Volkswirtschaftslehre enthält der Profit sowohl die Verzinsung des Kapitals wie auch den sog. Pioniergewinn, durch technischen Fortschritt bedingt, und u.U. einen Marktlagengewinn (windfall-profit). Nach *Marx* ist der Profit bzw. die Profitrate eine Form des →Mehrwerts, da allein menschliche Arbeit Werte schafft.

Prognose
Voraussage
in den Sozialwissenschaften u.a. Extrapolationen zu beobachtender Trends, z.B. über die Bevölkerungsentwicklung. Nach dem →Thomas-Theorem können Prognosen zugleich Verursacher von Veränderungen sein.
→self-fulfilling-prophecy

Programmiersprache
Sprache zur Programmierung elektronischer Datenverarbeitungsanlagen. Es

werden maschinen- und problemorientierte Sprachen unterschieden. Die Maschinensprache ist rechnerabhängig und läßt sich schlecht auf andere Systeme übertragen, während problemorientierte Sprachen für bestimmte Problembereiche entwickelt wurden, wie FORTRAN für statistische, COBOL für betriebswirtschaftliche und SPSS für sozialwissenschaftliche Aufgabenstellungen.

Projektion
in der Psychoanalyse Übertragung von Gefühlen, Wünschen, Abneigungen auf andere Personen *(S. Freud).*

Proletariat
im antiken Rom Bezeichnung für die unterste Schicht, die vermögenslos war und als einzigen Besitz nur über „proles" (Nachkommen) verfügte. Im →Marxismus Klasse der Lohnarbeiter, die kein Kapital (keinen Produktionsmittelbesitz), sondern nur ihre Arbeitskraft haben.

Proletaroide
nach *Th. Geiger* Bezeichnung für aus dem Mittelstand abgestiegene Personen, die sich fälschlich noch zur Mittelschicht rechnen (→Mittelstand, falscher).

Promiskuität
Geschlechtsverkehr mit häufig wechselnden Partnern. Gelegentlich als Vorstadium geregelter sexueller Beziehungen verschiedener Eheformen und der →Monogamie betrachtet. (*Bachofen* 1861, *Engels,* 1884).

protestantische Ethik
in den Jahren 1904/06 verfaßter, 1920 überarbeiteter Aufsatz von *Max Weber* „Die Protestantische Ethik und der Geist des Kapitalismus", in dem er die protestantische bzw. calvinistische Konfession mit ihrer Hinwendung zum Diesseits und einer spezifischen Arbeitsmoral als Wertsystem des Kapitalismus und der kapitalistischen Entwicklung analysierte.
→Wirtschaftsethik

Protestbewegungen
Sammelbezeichnung für Bewegungen, die sich aus Protest gegen Fehlentwicklungen in Industriegesellschaften seit Beginn der 1960er Jahre formieren und eine Vielzahl sehr unterschiedlicher ideologischer Positionen umfassen. Getragen wurde und werden die Protestbewegungen von sozialkritisch engagierten Bürgern, von Studenten und sonstigen Betroffenen. Neben fernöstlicher Mystik und Romantizismus, die sich im Aussteigersyndrom kristallisierten, finden vorwiegend die Kritik an Demokratie und Gesellschaft, die Probleme von Technologie und Umwelt und andere Fragen Anhänger, die sich im Protest zusammenfinden. Es lassen sich mehrere Gruppen unterscheiden. 1. Die Blumenkinder oder Hippies. Während des Vietnamkrieges in den USA entstandene Bewegung, die alle Segnungen der Industriegesellschaft ablehnte und eine Alternativkultur entwickelte. 2. Die antiautoritäre Bewegung, vor allem unter Gymnasiasten und Studenten verbreitet, stellte sich gegen jede institutionalisierte Autorität. 3. Die marxistisch-leninistische Studentenbewegung (marxistische Gruppen, rote Zellen) kämpft gegen die bürgerliche, kapitalistische Gesellschaft und versucht durch Aufklärung die Arbeiterschaft zu gemeinsamen Aktionen zu animieren. 4. Verschiedene Bürgerinitiativen, vorwiegend mit der Ökologiebewegung verbunden, aber auch Atomkraftgegner und Anhänger der Friedensbewegung u. a.
→neue soziale Bewegungen
→neue Werte
→Wertorientierung

Protestsong
nach dem 2. Weltkrieg entstandene Liedgattung, in der politische und soziale Verhältnisse kritisch thematisiert werden.

Prüfbarkeit
→Theorien beschreiben in unterschiedlicher Weise die Realität, da mehrere Aussagesysteme möglich sind. Die entschei-

dende Frage ist, nach welchen Kriterien muß geprüft werden, um zu entscheiden, ob eine →Hypothese richtig oder falsch ist. Nach *Popper* ist eine Hypothese zu prüfen hinsichtlich ihrer logischen Struktur, ihrer Problemrelevanz, ihres informativen Gehaltes, und sie muß nach den Regeln des kritischen Rationalismus Widerlegungsversuchen (einer →Falsifikation) ausgesetzt werden.

Psychoanalyse

von *S. Freud* (1856–1939) entwickelte Theorie und Technik zur Aufdeckung unbewußter psychischer Prozesse mit dem Mittel freier Assoziation und anhand von Träumen und typischen Fehlleistungen („Freudscher Versprecher"). Grundlage der Psychotherapie.

Psychologismus

sozialwissenschaftliche Theorieansätze, bei denen soziales →Handeln auf psychologische Mechanismen und Grundantriebskräfte reduziert wird, etwa bei *Homans* und *Malewski.*

Psychosomatik

Richtung in der Medizin, bei der zwischen psychischen Vorgängen und körperlichen (somatischen) Befindlichkeiten ein enger Zusammenhang gesehen wird. Unbewältigte soziale Konflikte können zu Krankheiten (Asthma, Magengeschwüren u. ä.) führen.

Psychotherapie

therapeutische Beeinflussung von seelischen Leiden und Verhaltensanomalien (Neurosen). Behandlungstechniken: Gesprächstherapie, Gestalttherapie, Gruppentherapie, Verhaltenstherapie.

Pubertät

Entwicklungsphase des Menschen, in der die geschlechtliche Reife erlangt wird. Bei Naturvölkern ist dieser Vorgang durch →Initiationsriten geregelt.

public relations

Öffentlichkeitsarbeit

Publikum

Gesamtheit der Empfänger (Zuhörer, Zuseher, Leser) einer Aussage oder eines Signals.
→Kommunikation.
→Kommunikationssoziologie

Q

Qualifikation
Befähigung, auch Befähigungsnachweis für eine bestimmte Tätigkeit.

Qualifikationsanforderungen
Fähigkeiten und Fertigkeiten, die von Arbeitskräften für einen bestimmten Arbeitsplatz gefordert werden.

Qualifikationsstruktur
Zusammenhang zwischen Fähigkeiten und Kenntnissen aus schulischer und beruflicher Ausbildung und den erworbenen Berufserfahrungen. Die Qualifikationsstruktur einer Gesellschaft ist wichtig für Wachstum und Produktivität einer Volkswirtschaft.

qualitative Methode
Sammelbezeichnung für eine Gruppe von Forschungsansätzen, die sich programmatisch von dem bisher vorherrschenden quantitativen Forschungsverständnis absetzen. Überwog bis zu den 1970er Jahren die am →kritischen Rationalismus orientierte deduktive Methode, bei der die Hypothesengewinnung in gewisser Weise vernachlässigt wurde, wenden sich die Sozialwissenschaften heute verstärkt Forschungsansätzen zu, die auf der Basis der Hermeneutik und der →Ethnomethodologie im Bereich der Datenerhebung ganz unterschiedliche Programme entwickelt haben. In der Feldforschung werden vor allem unstrukturiertes Interview und teilnehmende Beobachtung sowie inhaltsanalytische Ansätze verwendet, bei denen interpretative und rekonstruierende Aspekte hervorgehoben werden. Beispiele sind das „offene Interview" *(Kohli),* die „biographische Methode" *(Thomae),* „narratives Interview" *(Schütze)* u. a.
→Methoden (der empirischen Sozialforschung)

Quartil
Streuungsmaß bei Häufigkeitsverteilungen, wenn die Gesamtheit aller ermittelten Werte in vier gleich große Teile zerlegt wird.

Quasi-Experiment
Experiment, bei dem anstelle der direkten Kontrolle der Einflußgrößen (z. B. im Laboratoriumsexperiment) eine nachträgliche Kontrolle der mit nicht-experimentellen →Methoden erhobenen Daten (z. B. einer →Stichprobe) über statistische Prozeduren erfolgt. Quasi-Experiment deshalb, weil Untersuchungsansätze, die nicht zu den Experimenten zu rechnen sind, damit auch den Ansprüchen einer experimentellen Anordnung genügen.
→Experiment

Quasi-Gesetz
die in den Sozialwissenschaften und der Soziologie formulierten Gesetzesaussagen über empirische Regelmäßigkeiten, die sich nur auf einen begrenzten Raum-Zeit-Bereich beziehen.
→Gesetz

Quasi-Gruppen
Personengruppen, die gemeinsame Interessen verfolgen und bestimmte typische Verhaltensweisen zeigen, ohne daß zwischen den Individuen regelmäßige und strukturierte Interaktionsbeziehungen bestehen.
→Gruppe

Quasi-Theorie
Gesetzesaussagen, die sich ausdrücklich nur auf eine bestimmte Zeit oder Untersuchungseinheit beziehen und deshalb keine unbeschränkte →Gültigkeit haben.

Querschnitt-Untersuchung
zur Feststellung von Kovariationen ist die Querschnitt-Untersuchung eine Analyse von Untersuchungseinheiten zu einem bestimmten Zeitpunkt, im Gegensatz zur →Längsschnitt-Untersuchung, bei der die Untersuchungseinheit zu verschiedenen Zeitpunkten beobachtet wird. Bei der Längsschnitt-Untersu-

chung wird nach Trend- und Panel-Studien differenziert. Bei der Trend-Untersuchung werden mehrere →Stichproben derselben Grundgesamtheit mehrmals beobachtet, während bei der →Panel-Studie identische Stichproben, also z.B. der gleiche Personenkreis mehrfach befragt wird. Aufwendiges Verfahren.

Quietismus

passive Geisteshaltung, die philosophisch oder religiös begründet ist; u.a. Strömung des Katholizismus im 17. Jh.

Quintil

Streuungsmaß bei Häufigkeitsverteilungen, wenn die Gesamtheit aller ermittelten Werte in fünf gleich große Teile zerlegt wird.
→Quartil

Quotaverfahren

Bezeichnung für ein spezifisches →Auswahlverfahren in der Umfrageforschung, bei dem es dem Interviewer überlassen bleibt, welche Personen befragt werden, solange bestimmte „Quoten" erfüllt werden, z.B. 50% Männer, 25% Jugendliche bis 25 Jahre usw.
→Methoden (der empirischen Sozialforschung)

R

Radikalismus
Bezeichnung für politische Theorien und Bewegungen, die das bestehende soziale und wirtschaftliche System radikal umgestalten wollen, wobei Ziele und Mittel (z. B. Gewalt gegen Personen und Sachen) meist außerhalb der verbindlichen Rechtsordnung liegen. Schwierigkeiten der Abgrenzung zum →Extremismus. Meist wird zwischen Rechts- und Linksradikalismus unterschieden. Nach vorliegenden Untersuchungen gibt es in der BR Deutschland ein rechtsradikales Wählerpotential, dessen Mitglieder sich u. a. durch Fremdenfeindlichkeit und übertriebenen Nationalismus auszeichnen und eine negative Einschätzung bzgl. demokratischer Spielregeln haben. Der Linksradikalismus ist seit den 1960er Jahren in der politischen Praxis im Zusammenhang mit der Studentenbewegung (Hausbesetzungen, Demonstrationen) bedeutsam geworden.

Randgruppe
Bezeichnung für Personengruppen, denen eine Teilnahme am „normalen Leben“ aufgrund mangelnder finanzieller Ressourcen oder sozialer Kontakte nur eingeschränkt möglich ist, z. B. Sozialhilfeempfänger, Arbeitslose, Obdachlose, Strafentlassene und Teilgruppen von alten Menschen, Alleinstehende mit Kindern usw.

random
Zufall
→Auswahl
→Auswahleinheit
→Auswahlverfahren

Randomisierung
die zufällige Auswahl und Anordnung von Elementen in Testanordnungen.

random sample
→Zufallsstichprobe
→Zufallsauswahl

Randpersönlichkeit
→Marginalität

Randverteilung
bei Kontingenztabellen am rechten und unteren Rand aufsummierte Spalten- und Zeilensummen, welche die Häufigkeitsverteilung der →Variablen getrennt wiedergeben.

Rang
die →Position einer Person oder →Gruppe in der →Hierarchie eines sozialen →Systems entsprechend bestimmten sozial-relevanten Merkmalen, in Industriegesellschaften vorwiegend Einkommen, Beruf und Bildung, ähnlich dem →Status oder dem →Prestige bzw. dem gesellschaftlichen →Ansehen einer Person.

Ranggruppe
→Statusgruppe

Rangordnung
soziale →Hierarchie, mit der Rechte und Pflichten einzelner Mitglieder oder von Gruppen in der Gesellschaft zum Ausdruck gebracht werden, durch die aber auch die Machtverteilung und die Regelungen sozialer Über- und Unterordnung bestimmt werden. Unterstützend wirken →Statussymbole, die den jeweiligen →Status von Individuen nach außen kenntlich machen.

Rangordnungsverfahren
→Methode der Sozialwissenschaften, die besonders in amerikanischen, englischen und deutschen Mobilitätsstudien (→vertikale Mobilität) Anwendung gefunden hat, wobei vorwiegend Berufe (Berufsrangordnungsverfahren) entsprechend ihrem →Ansehen geordnet wurden, um →Ranggruppen oder →Schichten abgrenzen zu können.

Rasse
Gruppe von Menschen, die sich durch erbbedingte charakteristische Merkmale deutlich voneinander unterscheiden lassen, etwa durch die Hautfarbe (weiß, schwarz, gelb), den Augenschnitt (Mongolenfalte) oder das Haar (blond oder

dunkel, glatt oder kraus). Da biologisch keine Einschränkungen bestehen, bildeten sich schon frühzeitig unterschiedliche Mischungen heraus, die in der Zeit der Entdeckungen (Amerika) und Wanderungen stark zunahmen (Mestizen, Mulatten, Chicanos u.a.). In der unterschiedlichen Einschätzung der Rassen kommen auch das Erbe des Kolonialismus (weiße Vorherrschaft) und der Einfluß der Religionen auf die verschiedenen Bevölkerungsgruppen zum Ausdruck (Christentum, Islam, Buddhismus usw.). In den 1920er und 1930er Jahren entstandene Rassentheorien *(H. S. Chamberlain)* wurden und werden zur politischen Rechtfertigung von Unterdrückung und Ausrottung verwendet (Kurden, Juden, Schwarze).

Rassenkonflikt

Bezeichnung für Konflikte und Kämpfe zwischen ethisch und rassisch unterschiedlichen Gruppen. Wichtigste Ursache von Rassenkonflikten ist die Kolonialisierung, bei der weniger entwickelte Völker unterworfen und durch Gesetze die Überlegenheit der Kolonialherren rechtlich verankert wurden (Rassengesetze). Nach der Entkolonialisierung ergaben sich Rassenkonflikte in den Entwicklungsländern infolge willkürlicher Grenzziehung und in Gegensätzen zu religiösen oder rassischen Minderheiten (z.B. Tamilen in Sri Lanka).

Rätedemokratie

radikaldemokratische Regierungsform, bei der die Basis die Gewählten kontrollieren und jederzeit abberufen kann (direkte Demokratie). In der Pariser Kommune, den russischen Revolutionen 1905 und 1917 und der deutschen Revolution von 1918 übernehmen Arbeiter- und Soldatenräte zeitweise die Regierungsgewalt.

rationales Handeln (Theorien)

Soziologische Theorien rationalen Handelns orientieren sich gegenwärtig vorwiegend an jenem Paradigma von Rationalität, das ökonomischen Theorien rationaler Wahlhandlungen und strategischen Entscheidens („rational choice") zugrunde liegt. Im Sinne dieses Paradigmas ist ein →Handeln genau dann rational, wenn jemand das tut, wovon er glaubt, daß es für ihn am besten ist. Was für eine einzelne Person oder für die Allgemeinheit am besten ist, ist im Rahmen dieses Paradigmas keine rational beantwortbare Frage mehr. Im Unterschied etwa zu Moraltheorien (vgl. z.B. *Kants* „kategorischen Imperativ") liefern (ökonomische) Theorien rationalen Handelns lediglich konditionale Imperative, die sich auf die Mittel (zur Erreichung vorgegebener Zwecke) und nicht auf die Handlungszwecke selbst beziehen.

In den wissenschaftlichen Auseinandersetzungen über dieses Modell rationalen Handelns geht es nun vor allem um die Frage, ob überhaupt bzw. inwieweit dieses Modell für eine sozialwissenschaftlich relevante theoretische Rekonstruktion und für eine praktische Bewältigung von (nichtartifiziellen, alltäglichen) Entscheidungssituationen etwas Signifikantes beitragen kann. Entsprechend konzentriert sich der folgende Überblick auf die Strukturen (basalen Konzepte), nichttrivialen Anwendungsmöglichkeiten und Grenzen von und auf Alternativen zu Theorien rationaler Wahlhandlungen und strategischen Entscheidens. In der Forschungsliteratur haben sich in diesem Zusammenhang die folgenden Problembereiche als wesentlich herausgestellt: normative, explanative und rekonstruktive Theorien rationalen Handelns (1), formale und substanzielle Rationalität (2) und individuelle und kollektive Rationalität (3).

1. Normative, explanative und rekonstruktive Theorien rationalen Handelns: Theorien rationaler Wahlhandlungen besitzen üblicherweise eine normative und eine erklärende (explanative) Komponente. Als normative Theorien enthalten sie Aussagen darüber, wie sich die sozial Handelnden verhalten sollten, um ihre Ziele am effizientesten zu erreichen. Als

explanative Theorien versuchen sie, soziales Handeln allein aufgrund der Annahme zu erklären, daß sich die Menschen in Übereinstimmung mit diesen normativen Theorien verhalten. Mit beiden Komponenten wird bereits vorausgesetzt, daß die sozial Handelnden „rational" sein können bzw. bestimmte logisch/kognitive Fähigkeiten besitzen; das heißt: es werden bereits grundlegende Axiome einer Handlungsrationalität vorausgesetzt, z.B. das Axiom: „Menschen entscheiden sich für diejenigen Handlungen, deren Folgen sie gegenüber den Folgen jeder anderen realisierbaren Handlung bevorzugen." Welchen methodologischen Status besitzen jedoch solche „Rationalitätsunterstellungen"? Da auch „irrationales" Handeln empirisch vorkommt, kann es sich bei diesen Rationalitätsunterstellungen nur um die Annahme einer Kompetenz bzw. eines (humanspezifischen) Urteilsvermögens handeln. Rekonstruktive Theorien rationalen Handelns stellen einen Versuch dar, die Annahme rationaler Handlungskompetenzen und deren Explikation analytisch und/oder empirisch zu rechtfertigen. Eine elementare sprachanalytische Rechtfertigung liefert *Davidson* (1985): Wir können nicht einmal versuchen, Menschen zu verstehen – das heißt: ihren Handlungen Intentionalität (Überzeugungen, Wünsche) zuzuschreiben –, ohne zu unterstellen, daß sie im großen und ganzen rational sind, d.h. daß ihren Handlungen auch (konsistente und kohärente) Gründe und nicht ausschließlich Ursachen zugrunde liegen. Empirische Rekonstruktionen von rationalen Handlungskompetenzen besitzen grundsätzlich einen hypothetischen Status, und sie beziehen sich bei manchen Autoren auf ein Rationalitätskonzept, das sehr viel umfassender angelegt ist als das Rationalitätskonzept ökonomischer Theorien rationalen Handelns. Beispielsweise bezieht sich das Rationalitätskonzept in den Arbeiten von *Jürgen Habermas* auch auf die (normativen) Wertbezüge sozialen Handelns.

2. Formale und substanzielle Rationalität: Theorien rationaler Wahlhandlungen berücksichtigen drei elementare Aspekte von Entscheidungssituationen: die realisierbare Menge von wählbaren Handlungen, eine bestimmte Reihe von Folgen jeder dieser Handlungen und die Präferenzstruktur des Handelnden, die es ihm erlaubt, diese Folgen in eine Rangordnung zu bringen. Für eine formale Konzeption von Handlungsrationalität ist nun eine Handlung genau dann rational, wenn sie das Kriterium der Konsistenz (Widerspruchslosigkeit) erfüllt, d.h., wenn die Überzeugungen des Handelnden, die die realisierbare Handlungsmenge und ihre Folgen betreffen, und seine Präferenzen jeweils konsistent sind und wenn weiterhin eine konsistente Beziehung besteht zwischen einerseits diesen Überzeugungen und Präferenzen und andererseits der Handlung, für welche letztere die Gründe sind. Die Begrenztheit dieser Standardversion einer Theorie rationalen Handelns liegt jedoch vor allem darin, daß in ihr – wie bereits erwähnt – die Präferenzen des Handelnden als gegeben betrachtet werden, so daß z.B. auch der Kapitän Ahab aus Melvilles „Moby Dick" sich in diesem Sinne für rational halten kann, wenn er feststellt: „Alle meine Mittel sind vernünftig, mein Motiv und mein Ziel jedoch, sie sind verrückt". Entsprechend wird im Falle einer substanziellen Konzeption von Handlungsrationalität davon ausgegangen, daß über das Kriterium der Konsistenz hinaus die empirischen Überzeugungen und vor allem die normativen Präferenzen der Akteure weiteren Rationalitätsbedingungen unterliegen, ohne daß damit jedoch Theorien rationalen Handelns zwangsläufig in (traditionelle) Moraltheorien überführt werden müssen. Welche Möglichkeiten sich hier innerhalb einer breit konzeptualisierten Theorie rationaler Wahlhandlungen ergeben, ist vor allem von *Elster* (1983, 1987) teils entwickelt, teils (die neuere Literatur editierend und zusammenfas-

send) dargestellt worden. Den weiterführenden Gesichtspunkt hinsichtlich der Rationalitätsproblematik liefert hier die Frage nach der Art der Entstehung von Überzeugungen und Präferenzen (Wünschen). Die substanzielle Rationalität von Überzeugungen (hinsichtlich der realisierbaren Handlungsmenge und ihrer Folgen) betrifft die Relation zwischen Überzeugung und verfügbarer Evidenz. Die substanzielle Rationalität von Präferenzen betrifft den Grad an Autonomie bzw. Selbstbestimmung in der Entstehung von Präferenzen. Es lassen sich dann zumindest Mechanismen bzw. Prozesse der Entstehung von Überzeugungen und Präferenzen angeben, die „klaren Fällen" eines irrationalen Handelns zugrundeliegen. Dabei wird zwischen „kalten Mechanismen" (kognitive Prozesse) und „heißen Mechanismen" (affektive, triebhafte Prozesse) unterschieden. Kalte Mechanismen sind wirksam bei empirischen Fehlschlüssen (z. B. eine Verallgemeinerung von nichtrepräsentativen Beobachtungen) und bei einer Präferenzbildung durch „framing" (die relative Attraktivität von Handlungsoptionen ändert sich aufgrund von (sprachlicher) Kontextuierung, z. B.: „Ist das Glas halbleer oder halbvoll?"). Heiße Mechanismen sind wirksam beim Wunschdenken und der Selbsttäuschung (Veränderung von Überzeugungen aufgrund von Wünschen/Präferenzen; vgl. das Sprichwort: „Das Gras ist immer grüner auf der anderen Seite des Zaunes.") und bei einer adaptiven Präferenzbildung (Präferenzen werden den wahrgenommenen Umständen angepaßt; vgl. die Fabel vom Fuchs und den sauren Trauben). Aber auch diese breite (substanzielle) Konzeption einer Theorie rationaler Handlungen besitzt grundsätzliche Schwächen. Es fehlt ein wohldefiniertes („positives") Konzept rationalen Handelns: „Autonomie" (in bezug auf Präferenzen) ist lediglich ein Residualbegriff (keine Determination durch kalte und heiße Mechanismen), und die wohl gravierendste Schwäche liegt darin, daß keine Rationalitätskriterien dafür angegeben werden können, wieviel Informationen sich ein rational Handelnder verschaffen sollte als optimale Grundlage für seine Überzeugungen, die wiederum die Grundlage für sein Handeln abgeben. Einen Lösungsvorschlag liefern hier zwar neuerdings die von *Herbert A. Simon* angeregten Ansätze zur Konzeption einer beschränkten Rationalität („bounded rationality") bzw. einer Anspruchsniveauanpassung („satisficing"): Die Akteure suchen in der Regel eher nach einer befriedigenden als nach der optimalen Entscheidung. Aber wodurch wird eine solche Anspruchsniveauanpassung determiniert und wie „vernünftig" kann sie sein?

3. Individuelle und kollektive Rationalität: Theorien rationaler Wahlhandlungen unterscheiden gewöhnlich zwischen parametrischen und strategischen Entscheidungssituationen. In parametrischen Entscheidungssituationen unterliegen die Entscheidungen des Handelnden externen Restriktionen, die ihm (unabhängig von ihm) vorgegeben sind. In strategischen Entscheidungssituationen werden diese Restriktionen dagegen erst durch die Interdependenz von Entscheidungen verschiedener Akteure erzeugt; jeder Akteur muß sich aufgrund der zu erwartenden Entscheidungen anderer Akteure entscheiden, und dann kann es vorkommen, daß individuelle Rationalität in kollektive Irrationalität umschlägt. Dies ist das Thema der rapide in soziologische und politologische Gegenstandsbereiche vorstoßenden →Prisoners-Dilemma-Literatur, die auf der →Spieltheorie, einem Zweig der Theorie rationaler Wahlhandlungen und Entscheidungen, aufbaut (vgl. dazu neuerdings *Axelrod* 1987). Strikt eigennützig kalkulierende Akteure werden prinzipiell an der Realisierung ihres gemeinsamen Interesses (z. B. die Erhaltung einer ökologisch intakten Umwelt) scheitern, denn zumindest in großen

sozialen Gruppen ist es sowohl dann, wenn Person A ihren Beitrag zur Erlangung eines Kollektivgutes verweigert, als auch wenn sie ihn leistet, für die Nutzenmaximierung von Person B am günstigsten, wenn sie ihren Beitrag verweigert („free rider"-Problematik). Kooperation ist gut, Trittbrettfahren besser. Die irrationale Konsequenz ist, daß sich in der Regel ein Pareto-inferiores kollektives Handlungsergebnis einstellt. Hätten alle (oder doch wenigstens eine gewisse Anzahl) kooperiert, würde es allen besser gehen. Theorien rationaler Wahlhandlungen haben jedoch bei der Beantwortung der für die Soziologie zentralen Frage nach den Bedingungen und Strukturen einer kollektiven Handlungsrationalität große Schwierigkeiten. Da ihre Vertreter in der Regel zugleich konsequente Anhänger eines methodologischen Individualismus sind, gehen sie davon aus, daß man soziale (kollektive) Präferenzen aus individuellen Präferenzen aggregieren können muß und scheitern dann an einer Reihe von Paradoxen, z. B. dem Condorcet Paradox (es kann in einer sozialen Gruppe eine Mehrheit geben für die Präferenz von x über y, y über z und z über x). Gegen die utilitaristischen und individualistischen Prämissen dieser Theorietradition ist jedoch schon von soziologischen Klassikern wie *Durkheim* und *Parsons* eingewendet worden, daß nicht Individuen die Gesellschaft konstituieren, sondern die Gesellschaft die Individuen, und daß folglich in die Konstitution von individuellen Präferenzen eine kulturelle und soziale Komponente immer schon eingeht. Andererseits ist die von jenen Klassikern und ihren Schülern letztlich offen gelassene Frage, wie sich jene soziale Komponente (System sozial geteilter Normen und Werte) bilden kann, ein zentrales Thema der utilitaristisch und individualistisch orientierten Theorien rationalen Handelns (vgl. z. B. *Voss* 1985), so daß sich hier in der Geschichte der soziologischen Theorienbildung schon seit langem eine letztlich stagnierende Kontroverse herausgebildet hat, in der jede Seite der anderen den Schwarzen Peter zuschieben möchte. Eine interessante Alternative zu dieser Kontroverse bieten vielleicht Ansätze, bei denen im Zentrum einer Theorie kollektiver Handlungsrationalität nicht die Problematik einer Aggregierung individueller zu sozialen Präferenzen, sondern die Problematik einer Transformation von sozialen Präferenzen und damit die Probleme einer Theorie kollektiver Lernprozesse stehen (vgl. dazu *Elster* 1983, Kap. I, und *Miller* 1986). Kollektive Handlungsrationalität wird hier expliziert als Logik kollektiver Argumentation, und Diskurse bzw. Argumentationen werden in ihrer Funktion als kollektive Lernmechanismen untersucht.

Lit.: R. Axelrod: Die Evolution der Kooperation, München 1987; *D. Davidson:* Handlung und Ereignis, Frankfurt/M. 1985; *J. Elster:* Sour Grapes – Studies in the Subversion of Rationality, Cambridge, Paris 1983 (Teilübersetzung in: *J. Elster*, Subversion der Rationalität, Frankfurt/M., New York 1987); *M. Miller:* Kollektive Lernprozesse, Frankfurt/M. 1986; *T. Voss:* Rationale Akteure und soziale Institutionen, München 1985

PD Dr. *M. Miller*, Hamburg

Rationalisierung

in unterschiedlicher Bedeutung verwandter Begriff. 1. In der →Industrie- und Betriebssoziologie werden mit Rationalisierung Maßnahmen zur Gestaltung von Arbeitsabläufen zur Verbesserung der Produktivität und Erhaltung der Konkurrenzfähigkeit bezeichnet; 2. in der Psychologie beschreibt der Begriff „Rationalisierung" einen Vorgang, durch den Gefühle, Gedanken und Handlungen mit Erklärungen gerechtfertigt werden, deren wirkliche Motive dem Individuum nicht bewußt sind oder nicht eingestanden werden.

Rationalismus

auf *Descartes* (1596–1650) zurückgehende Denkrichtung, bei der das ratio-

nale Denken Ausgangspunkt aller Erkenntnis ist.
→kritischer Rationalismus

Rationalität

Vernunftmäßigkeit
ein vernunftgemäßes, vernünftiges Agieren in Handlungszusammenhängen. Das Rationalitätsprinzip, auch ökonomisches Prinzip genannt, beinhaltet die Annahme, mit gegebenen Mitteln den größtmöglichen Ertrag oder mit dem geringsten Mitteleinsatz ein bestimmtes Ergebnis zu erzielen. Diese Rationalität bestimmt seit der Industrialisierung nicht nur das wirtschaftliche →Handeln, sondern wurde auf fast alle Lebensbereiche übertragen. *Max Webers* Kritik des Kapitalismus richtete sich, ähnlich wie bei *Karl Marx,* gegen die Verkehrung des Zweck-Mittel-Verhältnisses: das, was ursprünglich Mittel war, ist selbst zum Zweck, zum Selbstzweck geworden. Diese Verkehrung kennzeichnet nach *Weber* die moderne Kultur mit allen ihren Einrichtungen: Der Mensch, der diese Einrichtungen für seine Zwecke geschaffen hat, muß sich jetzt nach ihnen richten.
→rationales Handeln

Reaktion

Erwiderung, auch reaction, response (engl.)
Antwort des Organismus oder der Person auf einen bestimmten Reiz.
→Behaviorismus
→SR-Schema

Realfaktoren

in der →marxistischen Theorie jene Faktoren, die den Unterbau der Gesellschaft bestimmen, wie die Natur des Menschen, das Klima, der Entwicklungsstand der Technik u. a.
→Idealfaktoren

Realtypus

im Gegensatz zum →Idealtypus eine Kombination von Eigenschaften, die empirisch nachweisbar, d. h. in der Realität vorhanden ist.

Recht (als soziologischer Begriff)

Die Vorschläge für einen soziologischen Begriff des R.s lassen sich in vier Gruppen ordnen, die man als Zwangstheorien, Anerkennungstheorien, Rechtsstabstheorien und Funktionstheorien bezeichnet.

1. Zwangstheorien: Als charakteristisches Merkmal des R.s wird vielfach die Möglichkeit genannt, die Rechtsregeln zwangsweise durchzusetzen. Als Repräsentant einer solchen Zwangstheorie gilt *Max Weber.* Er definiert: „Wir wollen vielmehr überall da von ‚Rechtsordnung‘ sprechen, wo die Anwendung irgendwelcher, physischer oder psychischer, Zwangsmittel in Aussicht steht, die von einem Zwangsapparat, d. h. von einer oder mehreren Personen ausgeübt wird, welche sich zu diesem Beruf für den Fall des Eintritts des betreffenden Tatbestandes bereithalten, wo also eine spezifische Art der Vergesellschaftung zum Zweck des ‚Rechtszwanges‘ existiert.“ Wenn man fragt, ob der Zwang als Unterscheidungsmerkmal taugt, so kann man darauf hinweisen, daß jedenfalls das moderne R. die Selbsthilfe weitestgehend verboten und damit den legitimen physischen Zwang monopolisiert hat. Schließt man allerdings psychische Zwänge ein, so wird der Zwangsbegriff unscharf. Psychische Zwänge finden sich allenthalben. Jede negative Sanktion kann als Zwang erscheinen; die Zwangstheorie leistet dann nicht mehr als der engere Normbegriff der Soziologie. Sie kann lediglich bloße Verhaltensgleichförmigkeiten im Sinne eines sozialen Brauchs aus dem Rechtsbegriff ausscheiden. Ganz besonders *Eugen Ehrlich* hat sich dagegen gewehrt, Rechtsnormen von anderen Normen durch ihre Erzwingbarkeit mit Hilfe von Straf- und Vollstreckungszwang zu unterscheiden. Er läßt ein Feuerwerk von Beispielen los, um zu zeigen, daß die von ihm so genannten Rechtsnormen auch ohne Rechtszwang in aller Regel erfüllt werden und daß im

Übertretungsfalle ganz andere Sanktionen eingreifen als Strafe oder Zwangsvollstreckung.

2. Anerkennungstheorien: Eine soziologische Anerkennungstheorie hat *Eugen Ehrlich* formuliert. *Ehrlich* war ein sehr historisch denkender Wissenschaftler. Es ist daher verständlich, daß er sich strikt weigerte, einen staatlichen Rechtsbegriff zu benutzen. R. habe so lange geschichtliche Zeiträume ohne den Staat bestehen müssen, daß die Ansicht als widerlegt gelten könne, daß das R. begrifflich vom Staat gewährleistet sein müsse.

Ehrlich hielt eine Unterscheidung des R.s von den übrigen Sozialnormen allerdings für unwichtig. Er meinte, im allgemeinen werde jeder ohne Zögern sofort von einer Norm sagen können, ob sie eine Rechtsnorm sei oder einem anderen Gebiet angehöre. Die Rechtsnorm regele wenigstens nach der Empfindung der Gruppe, von der sie ausgehe, eine Sache von großer Wichtigkeit, sie bilde die kräftigste Stütze der Verbandsordnung. Eine Rechtsnorm, so meinte *Ehrlich* deshalb, könne man daran erkennen, welche Gefühle ihr entgegengebracht würden: „Der Rechtsnorm ist eigentümlich das Gefühl, für das schon die gemeinrechtlichen Juristen den so bezeichnenden Namen opinio necessitatis gefunden haben. Danach muß man die Rechtsnorm erkennen" (S. 132).

Man ist sich heute darüber einig, daß eine solche Abgrenzung praktisch ganz unbrauchbar wäre. Man kann getrost sagen, daß *Ehrlich* praktisch alle sozialen Normen von einiger Tragweite für R. gehalten und damit im Ergebnis einen Panjurismus vertreten hat. Das bedeutet aber, daß seine Kernthese, der Schwerpunkt der Rechtsentwicklung sei nicht beim Staat, sondern in der Gesellschaft zu suchen, eine bloße Tautologie darstellt. Denn wenn man alles, was die Gesellschaft tut und läßt, als R. bezeichnet, dann liegt selbstverständlich der Schwerpunkt der Rechtsentwicklung in der Gesellschaft und nicht beim Staat. Gehaltvoll wird diese These erst dann, wenn man sie dahin versteht, daß gerade das staatliche R. im wesentlichen nur Spiegel und Ausfluß gesellschaftlicher Normen sei, mag man diese nun als außerrechtlich oder als gesellschaftliches R. bezeichnen. Und diese These hat Ehrlich in der Tat mit allem Nachdruck vertreten.

3. Rechtsstabstheorien: Für die Vertreter der Zwangstheorie bildet der Zwang nicht das einzige Merkmal des R.s. Alle stellen darauf ab, daß die Ausübung der Sanktionstätigkeit bei besonderen Personen konzentriert ist. Mit dem Übergang der Reaktionstätigkeit von der spontan handelnden Gruppenöffentlichkeit auf besondere Sanktionssubjekte gewinnt ein Normengefüge eine neue Qualität, die es deutlich aus anderen Formen sozialer Ordnung heraushebt. Nach *Webers* Vorschlag ist es üblich geworden, diese Sanktionssubjekte „Rechtsstab" zu nennen. Insofern sie einen besonderen Zwangsapparat verlangen, sind daher die Zwangstheorien zugleich Rechtsstabstheorien. Allein auf den Rechtsstab stellt *Geiger* (S. 130) ab: „Der Struktur des Ordnungsmechanismus nach unterscheidet sich die rechtliche von der vorrechtlichen dadurch, daß ein besonderer Apparat zur Handhabung der Ordnung besteht." Dieser „Apparat" oder „Rechtsstab" organisiert sich dadurch, daß er bei seiner Sanktionstätigkeit sekundären Normen folgt, die angeben, wer wann und wie als Sanktionssubjekt tätig zu werden hat (Sanktionsnormen im Gegensatz zu den primären Verhaltensnormen). Diese Sanktionsnormen stellen sich juristisch als Verfahrensregeln dar.

Einige Autoren sehen im Verfahren das eigentliche Kennzeichen des R.s. Diese Verfahrenstheorie kann man also als Kehrseite der Rechtsstabstheorie verstehen. Nichts anderes verbirgt sich hinter der Gerichtstheorie von *Kantorowicz,* der das R. definiert als „eine Gesamtheit von Regeln, die äußeres Verhalten vorschreiben und als gerichtsfähig angesehen werden".

4. Funktionstheorien: Fragt man nach der Funktion des R.s, so lautet eine verbreitete Antwort, die Funktion des R.s sei soziale Kontrolle. Andere Funktionsbestimmungen des R.s nennen in unterschiedlichen Mischungen und verschiedener Betonung Konfliktregelung, Erwartungssicherung, Verhaltenssteuerung und die Legitimierung sozialer Herrschaft als Funktionen des R.s. *Luhmann* schließlich findet die Funktion des R.s in der Reduktion von Komplexität.

Es bleibt die Frage, wodurch sich das R. von anderen sozialen Erscheinungen abhebt, die die gleichen Funktionen erfüllen, wie sie dem R. zugeschrieben werden. Teilweise verzichtet man einfach auf eine Unterscheidung und gelangt auch auf diesem Wege zu einem Panjurismus. Mehr oder weniger alle sozialen Ordnungen erscheinen dann als R. So bezeichnet z.B. *Luhmann* ausdrücklich jede soziale Norm im engeren Sinne – in seiner Sprache: jede kongruent generalisierte Verhaltenserwartung – als das R. eines Systems. Soweit jedoch eine Unterscheidung des R.s von anderen Ordnungen versucht wird, deutet alles in Richtung auf den Staat. *Roucek* (Social Control, 1956) unterscheidet zwischen formaler und informaler Kontrolle, Kontrolle in kleinen und großen Gruppen. Darüber hinaus sieht er im Staat (government institutions) das höchste (ultimate) Organ der Sozialkontrolle. *E. A. Ross* (Social Control, 1929) bezeichnete das R. als das spezialisierteste und vollkommenste Kontrollmittel. *Dahrendorf* (Homo Sociologicus, 15. Aufl. 1977) ordnet jedem Mittel der sozialen Kontrolle eine Bezugsgruppe, z.B. die Familie, Kirche, Schule, Gewerkschaft oder einen Verein, und den Rechtsnormen als Bezugsgruppe die gesamte Gesellschaft zu. *Julius Stone* (Social Dimensions of Law and Justice, 1966) unterscheidet zwischen unmittelbarer und mittelbarer, bewußter und unbewußter Kontrolle. Er begnügt sich aber nicht damit, das R. als in der Regel unmittelbar und bewußt zu kennzeichnen, sondern sieht im R. die control of controls. *Donald Black* (The Behavior of Law, 1976) schließlich definiert das R. als governmental social control.

Pluralistischer und monistischer Rechtsbegriff: Das eigentliche Problem eines soziologischen Rechtsbegriffs liegt darin, ob dieser pluralistisch oder monistisch gefaßt werden soll, d.h. letztlich, ob nur das staatliche R. diesen Namen verdient, oder ob daneben auch andere Ordnungsgefüge als R. bezeichnet werden sollen. Tatsächlich existierte nicht nur in historischer Zeit eine Vielzahl von Rechten, Rechtsquellen und Rechtsschichten. Soziale Gruppen jeder Größe haben ihre Ordnungen, die dieselben Funktionen erfüllen wie auf anderer Ebene das staatliche R. Viele – aber keineswegs alle – Rechtssoziologen verwenden daher einen pluralistischen Rechtsbegriff. Die Frage ist allein, ob ein solcher zweckmäßig ist. Darauf gibt es keine eindeutige Antwort. Es kommt auf die jeweilige Fragestellung an.

Fast alle Beobachter stimmen darin überein, daß ein entscheidendes Merkmal des modernen Staates westlicher Prägung in seiner Ablösung von der gesellschaftlichen Basis und der daraus gewonnenen Autonomie zu finden ist. Der Prozeß der Rationalisierung und Bürokratisierung, wie ihn *Max Weber* beschrieben hat, hat das R. gegenüber Sitte und Moral verselbständigt. Der Territorialstaat hat sich dieses R.s bemächtigt. Er nutzt es in einem noch zu Beginn des 20. Jahrhunderts schwer vorstellbaren Ausmaß zur Planung und Kontrolle sozialer und wirtschaftlicher Beziehungen. R. gründet nicht länger in der täglichen Erfahrung und im Bewußtsein des Publikums. Es wird von einer politischen Elite im Verein mit einer juristisch geschulten Bürokratie geschaffen und verwaltet. Die demokratische Anbindung über das gewählte Parlament unterliegt dem „ehernen Gesetz der Oligarchie“. Das breite Publikum kennt und versteht das R. nicht einmal in groben Zügen. Trotzdem sieht es im Staat die legitime Quelle des R.s. So wie in früheren Entwicklungsstufen das R. nur ein Aspekt der Gesellschaft war, ist heute das R. ein Aspekt des Staates. Daher ist für die meisten Problemstellungen ein staatlicher Rechtsbegriff angezeigt.

Das staatliche R. ist in sich keine monolithische Erscheinung. Es hat je nach der konkreten Organisation des Staatswesens verschiedene Schichten (z.B. Bund, Länder, Gemeinden), und es kann sich auch unabhängig von solcher Organisation das R. in der Praxis regional oder in verschiedenen Verkehrskreisen unterschiedlich entwickeln. Dennoch sorgt im modernen Staat eine hierarchische Gerichtsorganisation nicht nur der Idee nach, sondern auch weithin in der Rechtswirklichkeit für ein kohärentes Rechtssystem. Den staatlichen Rechtsapparat kennzeichnet der Anspruch, innerhalb territorialer Grenzen für die gesamte Gesellschaft zu handeln. Er hält sich für kompetent, seine Regelungen auf alle Lebensbereiche auszudehnen und keine übergeordnete Kontrollinstanz mehr zu dulden (Kompetenz-Kompetenz), und er kann diesen Anspruch auch faktisch bis zu einem gewissen Grade durchsetzen. Dazu hat er nicht nur den physischen Zwang, sondern auch das R. zur Besteuerung bei sich monopolisiert. Wie der staatliche Rechtsapparat die Anerkennung durch die Gesellschaft errungen hat, ob und wie er sie sich erhält, ist unter dem Gesichtspunkt der Legitimation oder Akzeptanz des R.s ein wichtiges Sachproblem der Soziologie, für die Definitionsfrage aber ohne Bedeutung.

Recht als Norm und Handlungszusammenhang: Soziologisch betrachtet, erschöpft sich das R. nicht in einem Komplex von Normen und daraus abgeleiteten Entscheidungen, sondern zum R. gehört auch alles, was im Licht oder Schatten solcher Normen geschieht. Jedes Verhalten, das in irgendeiner Weise auf Rechtsnormen reagiert, ganz gleich, ob es auf ihren Inhalt Einfluß nimmt, sie befolgt oder ihnen ausweicht, ist Bestandteil des Handlungszusammenhangs R.

Lit.: Ehrlich: Grundlegung der Soziologie des Rechts, 3. Aufl. 1967; *Geiger:* Vorstudien zu einer Soziologie des Rechts, 1964; *Luhmann:* Rechtssoziologie, 2. Aufl. 1983; *Röhl,* Rechtssoziologie, 1987; *Weber:* Rechtssoziologie, 2. Aufl. 1967

Prof. Dr. K. *F. Röhl,* Bochum

Rechtsnormen

Normen, deren soziale Verbindlichkeit entweder kodifiziert (BGB, StGB) oder durch die Rechtsprechung verbindlich gemacht werden (anglo-amerik. Recht). Rechtsnormen unterscheiden sich von anderen sozialen Normen durch den Grad ihrer Verbindlichkeit. Unterscheidung bei *R. Dahrendorf* in Muß-Normen (Rechtsnormen), Soll-Normen (Brauch, Sitte) und Kann-Normen.

Rechtspositivismus

Richtung der Rechtswissenschaft, nach der das vom Staat gesetzte Recht gültig ist, ohne die Frage der Beteiligung (z. B. eines gewählten Parlaments) oder der Verletzung von Menschenrechten (Nürnberger Gesetze) zu berücksichtigen. Rechtspositivismus im Dritten Reich bei der „Endlösung der Judenfrage“ (Wannseekonferenz 1942). In der Bundesrepublik Deutschland verhindert das Bundesverfassungsgericht GG-widrige Gesetze sowie willkürliche Auslegung von Gesetzen.

Rechtsradikalismus

→Radikalismus

Rechtssoziologie

Die R. ist eine Bindestrich-Soziologie besonderer Art. →Medizin-Soziologie oder →Kunst-Soziologie, →Militär-Soziologie oder die Soziologie der →Gemeinde befassen sich jeweils mit einem sachlich umgrenzten Ausschnitt der →Gesellschaft. Für die R. gilt etwas anderes, denn das Recht ragt unspezifisch in alle Lebensbereiche hinein. Es ist ein ubiquitärer Bestandteil der →Sozialstruktur.

Daraus folgt, daß alle größeren theoretischen Ansätze der allgemeinen Soziologie auch eine R. einschließen. Das gilt zunächst für die Entwicklungstheorien der Klassiker. *Marx* kam in seiner Auseinandersetzung mit der Rechtsphilosophie Hegels zu dem Schluß, daß die fortschreitende →Arbeitsteilung den ursprünglichen Zusammenhang von Denken und Handeln zerrissen und zu einem ideologischen →Überbau aus Recht, Religion und Philosophie geführt habe, der, von den materiellen →Produktionsverhältnissen abgelöst, nur noch die jeweils herrschende →Klasse legitimiere. Das Recht, das diese Klasse setze und anwende, diene ihr immer als Instrument der →Herrschaft, indem es ihre partikularen Absichten und →Interessen ideologisch als allgemeinverbindlich ausgebe. Nimmt man die Lehre vom →Klassenkampf und vom Absterben des Staates und seines Rechts hinzu, so verfügt der →Marxismus über eine rechtssoziologische Großtheorie, die ihresgleichen sucht. Mag diese Theorie auch ihre Erklärungskraft verloren haben, so hat sie doch entscheidend dazu beizutragen, das Recht kritisch als Instrument von Herrschaft zu untersuchen, das weitgehend von Politik und Wirtschaft abhängig ist.

Durkheim beschreibt das Recht dagegen als einen konstitutiven Bestandteil der Moral. Seine Soziologie ist eine Theorie der sozialen Integration, also der Einheit und des Zusammenhalts der Gesellschaft. Die Integration kann durch Gleichförmigkeit des Denkens und Handelns oder durch Kooperation bewirkt werden. In jedem Falle äußert sie sich in einer spezifischen „Moral“, deren Kern das Recht bildet. *Durkheim* unterscheidet deshalb zwischen zwei Arten der „Solidarität“, d.h. der Integration der Gesellschaft, die sich auch in entsprechenden Rechtsstrukturen ausdrücken. Sie werden „mechanisch“ und „organisch“ genannt. „Mechanische Solidarität“ ist nach *Durkheim* das Integrationsprinzip segmentärer Gesellschaften. In einfachen Gesellschaften mit geringer Arbeitsteilung – so Durkheims Vorstellung – wird der Zusammenhalt der Gesellschaft vor allem durch gemeinsame, von allen Mitgliedern geteilte Wertvorstellungen, Überzeugungen und Empfindungen, durch Mythologie und Religion, kurz: durch eine einheitliche Moral, gewährleistet. Wird diese gemeinsam erlebte normative Ordnung der Gesellschaft verletzt, so wird dadurch eine Reaktion der gesamten Gruppe provoziert. Mit der Bestrafung bestätigt die Gruppe ihre moralische Identität, da ihr dabei die verletzten Normen deutlich ins Bewußtsein treten und der durch die →Sanktionierung ausgelöste Gegendruck die Einheit und Autorität der „conscience collective“ bekräftigt. Die Reaktion der Gesellschaft ist unter diesen Umständen „repressiv“. Bei dieser Form der sozialen Integration, der „mechanischen Solidarität“, spielt demnach insbesondere das Strafrecht im Sinne eines Vergeltungsstrafrechts eine bedeutsame Rolle.

Mit fortschreitender Arbeitsteilung werden neue Regelungsmechanismen zur Gewährleistung der gesellschaftlichen Integration erforderlich. Die so entstehende „organische Solidarität“ ist vor allem durch restitutive und vertragliche Beziehungen zwischen den nunmehr funktional differenzierten →Individuen und →Gruppen gekennzeichnet. Die bislang vorwiegend repressive wird zur vorwiegend kooperativen Gesellschaft. Das Strafrecht tritt zurück, während sich das Privatrecht und das öffentliche Recht immer reicher ausbilden. Von religiös fundierten und strafrechtlich sanktionierten ziemlich konkreten Verhaltensnormen schreitet die Entwicklung fort zu immer differenzierteren rechtlichen Möglichkeiten. Die repressiven Sanktionen werden durch restitutive abgelöst, die an individuelle Verantwortung appellieren und der Wiedergutmachung individuellen Verlustes dienen.

Die →Ethnologie hat *Durkheims* große Hypothese über die Rechtsentwicklung allerdings erheblich korrigiert. Das repressive Strafrecht erreicht seinen Höhepunkt erst in den absolutistisch regierten Gesellschaften der vorindustriellen Zeit. In den modernen Demokratien westlicher Prägung wiederum, die ein selbst von *Durkheim* allenfalls erahntes Maß von Differenzierung erreicht haben, ist Repression noch keineswegs verschwunden, vielmehr stellen sich die verschiedenen Rechtssysteme als eine Mischung von Restitution und Repression dar. Das von *Durkheim* aufgestellte Entwicklungsgesetz des Rechts ist daher kaum mehr als eine – freilich bis heute immer wieder anregende – Fragestellung.

Die „R." *Max Webers,* die heute als selbständiges Buch gedruckt wird, ist eigentlich nur ein Kapitel seines großen Werkes „Wirtschaft und Gesellschaft". Methodisch hat *Weber* durch seine Analyse des →Werturteilsproblems und durch die betonte Verwendung des →Sinnverstehens und der Bildung von →Idealtypen als empirischer Verfahren einen wichtigen Beitrag zu der stets prekären Abgrenzung der →empirischen Sozialforschung von der normativ-dogmatischen Jurisprudenz geleistet. In formaler Hinsicht ist ihm gelungen, in der sog. Zwangstheorie eine brauchbare Abgrenzung des Rechts von anderen sozialen Ordnungssystemen wie Sitte oder Moral herauszuarbeiten. Vor allem aber hat *Weber* die R. um eine nach wie vor aktuelle Großtheorie der Rechtsentwicklung bereichert. Danach vollzog sich die Entwicklung des Rechts im großen und ganzen vom irrationalen Typ der einfachen Gesellschaften mit charismatischen Führern und Kadi-Justiz über den traditionalen Typ der Gesellschaften der Feudalzeit zum rationalen Typ der modernen Gesellschaft mit dem technisch versierten Verwaltungsmann und dem logisch denkenden Juristen. Dazu hat *Weber* besonders eindrucksvoll das Phänomen der Bürokratisierung beschrieben. Schließlich hat er mit der →idealtypischen Unterscheidung und Beschreibung der →traditionalen, der →charismatischen und der →legalen Herrschaft die Grundlage der Herrschaftssoziologie gelegt. Allein damit hätte Weber mehr als fast jeder andere zur R. beigetragen. Seine eigentliche Leistung liegt jedoch darin, daß er als erster die neue Qualität des modernen Rechts, seine Ablösung von der gesellschaftlichen Moral ebenso wie von der Wirtschaft, voll erfaßt und in der fachmännischen Verwaltung des Rechts durch einen wissenschaftlich ausgebildeten Berufsstand auch einen entscheidenden Schlüssel für die relative Autonomie des Rechts gefunden hat.

Die moderne R. benutzt grundsätzlich alle in der allgemeinen Soziologie geläufigen Theorien und Forschungsmethoden. Unter dem Einfluß *Niklas Luhmanns* hat jedoch der →systemtheoretische Ansatz besondere Bedeutung gewonnen. Er betrachtet das Recht neben Wirtschaft und Politik, Wissenschaft und Religion als ein Teilsystem der Gesellschaft, das sich durch eine gewisse Neutralisierung von der Politik im engeren Sinne abgesetzt und darauf spezialisiert hat, die im politischen System erarbeiteten Entscheidungen zu legitimieren und die allfällig entstehenden Konflikte zu absorbieren.

Forschungsthemen: Ausgangspunkt ist vielfach die Beschreibung von →Normen, →Sanktionen und →abweichendem Verhalten. (Daher ist die →Kriminalsoziologie eine spezialisierte R.) Außerhalb des Strafrechts führt die Untersuchung von Normen und Sanktionen zur Effektivitätsforschung, die sich mit der Wirksamkeit oder Unwirksamkeit staatlicher Gesetze und der Evaluation mit rechtlichen Mitteln implementierter Programme befaßt. Ein zentrales Thema der Rechtssoziologie bilden die Grenzen der Autonomie des Rechts. Wieweit kann staatliches Recht sozialen Wandel einleiten oder anhalten, bremsen oder beschleunigen? Gibt es eine →Legitimationskrise oder eine Krise des Sozialstaats, welche die Autonomie des Rechts in Frage stellt? Soweit die Forschungen unmittelbar anwendungsbezogen sind, spricht man von Rechtstatsachenforschung. Während sich Rechtstatsachenforschung aber traditionsgemäß auf Privatrecht und Zivilprozeß konzentriert, wird die angewandte R. auf dem Gebiet des öffentlichen Rechts teilweise unter der Bezeichnung Verwaltungswissenschaft betrieben. Bei Untersuchungen zur Rechtsnormgenese trifft sich die R., ähnlich wie bei der Soziologie der Herrschaft, mit der Politikwissenschaft.

Die Schlüsselrolle der Juristen im Prozeß der Rechtsverwirklichung hat zu umfangreichen Untersuchungen über die soziale Herkunft und das Entscheidungsverhalten der Richter sowie über die Rekrutierung und die Arbeitsweise der Anwaltschaft geführt. Neuerdings wird auch der Rolle der Frauen im Recht Beachtung geschenkt.

Untersuchungen zur Dauer von Gerichtsverfahren und zur Belastung der Justiz ergänzen sich mit anderen Analysen über „Legitimation durch Verfahren" zu einer umfassenden Verfahrenssoziologie. Ethnologische Forschungen über die Konfliktregelung in einfachen Stammesgesellschaften haben zu einer Bestandsaufnahme der außerhalb der Gerichte verfügbaren Konfliktregelungsmögichkeiten geführt und die Rechtspolitik zur Suche nach Alternativen zur Justiz angeregt. Zahlreiche Arbeiten aus aller Welt befassen sich mit dem Problem der Chancengleichheit im Recht und des Zugangs zu den Gerichten. Dazu sind Arbeiten über die Rechtsbedürfnisse des Publikums sowie über die sog. Zugangs- und Erfolgsbarrieren entstanden. Besondere Aufmerksamkeit haben die Institutionen der Rechtsberatung, die Kosten der Rechtsverfolgung und vor Gericht entstehende Kommunikationsprobleme gefunden. Einen neueren Forschungsschwerpunkt bilden historisch angelegte Langzeituntersuchungen zur qualitativen und quantitativen Entwicklung des Rechts („Verrechtlichung", „Gesetzesflut") und der Justiz („Prozeßflut"). Das Konzept der Rechtskultur soll die vielen Einzelerscheinungen des Rechtslebens in einen Zusammenhang bringen und damit einen historischen ebenso wie internationalen Vergleich ermöglichen. Hier schließt sich der Kreis zu den Entwicklungstheorien der Klassiker.

Die wichtigsten Periodika auf dem Gebiet der R. sind in der BR Deutschland die Zeitschrift für Rechtssoziologie und international die in den USA erscheinende Law and Society Review.

Lit.: Max Weber: Rechtssoziologie, 2. Aufl. 1967; *Luhmann:* Rechtssoziologie, 2. Aufl., 1983; *Röhl:* Rechtssoziologie, 1987

Professor *Dr. K. F. Röhl,* Bochum

Rechtsstaat

Bindung der Staatsgewalt an Recht und Gesetz; Überprüfung staatlicher Maßnahmen durch unabhängige Gerichte. Im Grundgesetz der Bundesrepublik Deutschland wurde mit den Grundrechten die Möglichkeit einer Überprüfung der Gesetzgebung durch das Bundesverfassungsgericht eingerichtet.

Redistribution

→Umverteilung

reduktionistische Soziologie

1. *Begriffsbestimmung.* Die reduktionistische Soziologie verfolgt ein Forschungsprogramm, das darauf angelegt ist, sogenannte →„makro-soziologische", „strukturalistische" oder „kollektivistische" Aussagen durch Rekurs auf Aussagen über das →Verhalten von

→Akteuren bzw. über deren Beziehungen untereinander zu erklären. Sie sucht demnach ein Erklärungsproblem zu lösen.

2. *Das Problem.* Dieses Problem resultiert aus folgenden Überlegungen und Beobachtungen:

– Das reduktionistische Programm hält an der Geltung des sogenannten deduktiv-nomologischen Erklärungsmodells (auch für die Sozialwissenschaften) fest. Diesem zufolge gilt ein Faktum dann als zutreffend erklärt, wenn es gelingt, seine Beschreibung aus einer Menge von allgemeinen Gesetzesannahmen und spezifischen Rand- oder Anfangsbedingungen logisch zu folgern. Ein äquivalentes Verfahren gilt für die Erklärung von Gesetzesannahmen selbst. Diese gelten dann als zureichend erklärt, wenn man sie aus einem Satz allgemeinerer Gesetzesannahmen logisch deduzieren kann. Von solchen deduktionsdienlichen →Gesetzen wird verlangt, daß sie über die ultimativen Ursachen eines Phänomens informieren, was den Nachweis erfordert, daß bestimmte Faktoren dazu in der Lage sind, Energie zu dissipieren und logisch von diesen unabhängige Sachverhalte zu verändern oder zu beeinflussen. Da die reduktionistische Soziologie glaubt, solche nomologischen Aussagen in Form von individuellen Annahmen über die Beweggründe des Verhaltens eines Akteurs gefunden zu haben, wozu auch der Tatbestand beitragen kann, daß andere Akteure innerhalb derselben Handlungssituation agieren, wird folgender Tatbestand zum Problem:

– Makroaussagen informieren nicht darüber, wie sich Akteure in spezifischen Handlungssituationen verhalten, sondern über Zusammenhänge zwischen aggregierten Daten (etwa: Handelsvolumen) oder Verteilungsdaten (etwa: die Verteilung von Freiheitsrechten), womit →Hypothesen etwa der Form gebildet werden können: „Je größer die Menge der verteilten Freiheitsrechte in einer Gruppe ist, desto höher ist ihr Handelsvolumen". Die in solchen Hypothesen angesprochenen Aggregations- oder Verteilungsdaten werden vermittels Begriffen erfaßt, deren Extension und Intension sich ganz offensichtlich nicht auf einzelne Akteure und deren Relationen untereinander beziehen, sondern auf Eigenschaften von →Gruppen oder →Kollektiven, womit gleichzeitig darüber entschieden ist, daß dies auch für die mit ihrer Hilfe formulierten Hypothesen gelten muß.

– Derartige Makroaussagen taugen in der Auffassung der reduktionistischen Soziologie indessen nicht dazu, gültige Erklärungen zu liefern. Dafür ist einmal maßgebend, daß derartige Hypothesen unvollständig bzw. falsch sind. So wird ein Reduktionist regelmäßig vermuten, daß es keinen stetigen Zusammenhang zwischen der Verteilung von Freiheitsrechten und dem Umfang des Handelsvolumens gibt bzw. daß dieser Zusammenhang nur dann realisiert ist, wenn zusätzliche, in den betreffenden Makrohypothesen selbst unberücksichtigt gelassene Bedingungen erfüllt sind.

– Zum zweiten gilt: Solche Makroaussagen sind deshalb falsch, weil sie keine Hinweise darauf enthalten, welchen Ursachen der in ihnen formulierte Zusammenhang zu verdanken ist, d.h., sie stellen keine echten Gesetze dar und haben somit keinen nomologischen Charakter; entsprechend können sie allenfalls als Aussagen über Epiphänomene oder als „empirische Verallgemeinerungen" geringerer Allgemeinheitsstufe gelten. Dabei werden im ersten Fall die durch Gruppenbegriffe beschriebenen Sachverhalte geleugnet, wohingegen im zweiten Fall eine These vertreten wird, die nicht den empirischen Charakter von Makrohypothesen, wohl aber deren Erklärungsleistung bestreitet. Man kann entsprechend eine starke und eine schwache Version des soziologichen Reduktionismus unterscheiden.

3. *Das Reduktionsverfahren.* In beiden Fällen wird die Eigenständigkeit makro-

skopischer Aussagen dadurch in Frage gestellt, daß man den Nachweis zu führen sucht, sie seien in letzter Instanz aus allgemeinen, nomologischen Aussagen über das Verhalten individueller Akteure logisch zu deduzieren. Da allerdings davon ausgegangen wurde, daß derartige Makrohypothesen Gruppenprädikate wesentlich enthalten und nur diese, die mit Prädikaten über individuelle Akteure nicht gleichzusetzen sind, andererseits aber deduktive Erklärungen nur unter der Voraussetzung →Gültigkeit beanspruchen können, daß zwischen den verschiedenen Begriffsmengen verträgliche logische Verknüpfungen herzustellen sind, drängt sich das Problem auf, auf welche Weise diese Verknüpfungen zu kennzeichnen sind. Logisch betrachtet bieten sich dazu drei differente Möglichkeiten an:

– Zum einen findet man den Vorschlag, Gruppenprädikate mit Hilfe von Individualprädikaten zu definieren (definitorischer Reduktionismus). Der Begriff des „Handelsvolumens“ etwa sollte sich dieser Auffassung nach verstehen lassen als „Menge aller zwischen Akteuren getauschten Güter“. Eine solche Definition ist indessen an die nicht immer vorliegende Bedingung geknüpft, daß die auf diese Weise in Verbindung gesetzten Begriffe im strikten Sinne dieselbe Bedeutung haben. Kann man in der Tat aber von der Bedeutungslosigkeit von Makro- und Aktorprädikaten ausgehen, dann war die oben angeführte Bedingung, wonach makroskopische und individualistische Thesen eine divergente Begriffsapparatur verwenden, genau besehen nicht erfüllt, und es hatte gar kein echtes Reduktionsproblem vorgelegen; mehr noch, es muß wegen der definitorischen Gleichbedeutung der beiden Begriffsarten auch möglich sein – was von reduktionistischer Seite her gesehen sicherlich unverwünscht ist –, individualistische Thesen auf Makrohypothesen zu reduzieren. Wegen der Unannehmbarkeit beider Konsequenzen findet der definitorische Reduktionismus nur selten Anhänger.

– Eine andere Version nimmt die Bedeutungsunterschiede zwischen den verschiedenartigen Begrifflichkeiten ernst und sucht individualistische Annahmen und Makrohypothesen dadurch zu verbinden, daß den jeweiligen Makrozuständen (z. B. dem Vorhandensein eines Handelsvolumens der Größe X) bestimmte individuelle Zustände (etwa über die Beweggründe oder das Handeln von angebbaren Mengen von Akteuren) gewissermaßen parallel zugeordnet werden (weshalb man diese Reduktionsversion bisweilen als „Parallelismus“ bezeichnet), wobei man unterstellt, daß nichts darüber bekannt ist, wie der Gleichlauf der beiden Ebenen faktisch zustande kommt. Dieses Verfahren hat allerdings den Nachteil, logisch gesehen nicht eindeutig festlegen zu können, welche Zustandsreihe die ursächlichere sein soll, somit die Voraussetzung verletzt ist, daß von „Reduktion“ nur dort gesprochen werden sollte, wo sicher ist, daß die Reduktionsbasis in den Annahmen über die Beweggründe der Akteure besteht. Aber selbst wenn man dies unterstellen dürfte, bleibt das Verfahren insoweit unbefriedigend, als nicht gezeigt werden kann, inwiefern die makroskopische Zustandsreihe durch den Verweis auf die nomologischen Annahmen über die Akteure als erklärt gelten soll. Entsprechend wird diese Reduktionsstrategie von den Verfechtern reduktionistischer Programme nur unregelmäßig vertreten.

– Sie vertrauen sich vielmehr einem Verfahren an, das durch die Verwendung sogenannter „Kompositionsregeln“ gekennzeichnet ist. Darunter versteht man empirische Annahmen darüber, daß sich die Makrozustände infolge des →Handelns der individuellen Akteure ergeben, wobei inbesondere der Tatsache Beachtung geschenkt wird, daß sie eine faktische Konsequenz des gemeinschaftlichen, →kollektiven Handelns der

Akteure darstellen, in dessen Gefolge diese sich wechselseitige Restriktionen und Opportunitäten verschaffen, die ihrerseits dafür verantwortlich sind, daß die Makroeffekte tatsächlich beobachtbar sind. Liegen derartige „Kompositionsregeln" vor und haben sie sich bestätigt, dann ist die Reduktion insofern gelungen, als die Entstehung der Makrozustände als ein Effekt individueller →Handlungen verstanden werden kann. Reduktive Erklärungen sind im Sinne des Kompositionsverfahrens „genetische Erklärungen". Allerdings ist es bisweilen durchaus umstritten, welchen genauen Wortlaut solche „Kompositionsregeln" (oder „Brückentheorien", wie sie auch genannt werden) haben und welche Hypothesen man bezüglich der kollektiven Handlungssituation der Akteure voraussetzen muß, um zu gültigen Ableitungen zu gelangen, weshalb es nur wenige Beispiele gelungener Reduktionen gibt und man entsprechend zwischen der durchaus zutreffenden programmatischen Behauptung, genetische Reduktionen im genannten Sinne seien im Prinzip immer möglich, und deren empirischem Gelingen zu unterscheiden hat.

4. *Die Reduktionsbasis.* Die Durchführung unstrittiger Reduktionen leidet darüber hinaus auch daran, daß nicht zur Gänze geklärt ist, welche genaue Form jene allgemeinen Gesetze über individuelles Verhalten haben sollen, die als Reduktionsbasis eingesetzt werden müssen. Man hat verschiedene Vorschläge gemacht. Zum einen Teil werden →Lerntheorien oder psychoanalytische Ansätze favorisiert, →Entscheidungstheorien wie die Nutzentheorie oder die →Spieltheorie oder sogar →phänomenologische oder →ethnomethodologische Theorien. Es hat sich indessen gezeigt, daß das wechselseitige Verhältnis dieser verschiedenartigen Theorien nicht hinreichend geklärt ist; offensichtlich besitzen sie nicht alle den gleichen Allgemeinheitsgrad, und einige von ihnen sind nachweislich ebenso fehlerhaft wie die Theorien, deren Reduktion sie nahelegen. Man hat zur Lösung dieser Problemsituation als Reduktionsbasis die Verwendung kritikimmuner Rationalitätsprinzipien vorgeschlagen, um sich dadurch vornehmlich der Erforschung jener Brückenprinzipien und Kompositionsregeln widmen zu können. Eindeutig soziologisch ist diese Fassung des Reduktionsprogramms insoweit, als es sich darauf beschränkt, das Handeln der Akteure als Ursache für die Makroeffekte zu betrachten und auf dessen Zurückführung auf mentale Zustände der Akteure verzichtet.

Lit.: B. Giesen/M. Schmid, Methodologischer Individualismus und Reduktionismus, In: *G. Eberlein/H.-J. von Konradowitz* (Hg.), Psychologie statt Soziologie? Zur Reduzierbarkeit sozialer Strukturen auf Verhalten, Frankfurt/M., New York 1977, S.24–47; *R. Boudon,* Theories of Social Change. A Critical Appraisal, Cambridge, Oxford 1986.

Prof. Dr. Dr. *M. Schmid,* München

reference group

→Bezugsgruppe

Reflex

nicht willensmäßig gesteuerte Reaktion des Organismus auf einen Reiz (unbedingter Reflex); ermöglicht rasche Einstellung des Organismus auf veränderte Umweltbedingungen. Erlernte Reflexe (Gewöhnung, Dressur) sind erworbene Reaktionen des Organismus bei höher entwickelten Lebewesen (z.B. der Pawlowsche Hund, der auf den Glockenton mit Speichelabsonderung reagiert, auch ohne Futterangebot) und werden bedingte Reflexe genannt. Diese Lernfähigkeit wird in der →Lerntheorie genutzt (konditionierter oder bedingter Reflex).

Reflexion

bezeichnet ein Vergleichen und kritisches Überdenken der eigenen Vorstellungen und Denkinhalte.

reflexive Soziologie

von *A. W. Gouldner* entwickelter Ansatz, im Gegensatz zur herkömmlichen Soziologie →strukturell-funktionaler Prägung, der dem forschenden Soziologen ein Bewußtsein seines eigenen Standortes vermitteln soll.

Reflexivität

→Ethnomethodologie

Reformismus

→Revisionismus

Regelkreis

Bezeichnung der →Kybernetik zur Beschreibung eines geschlossenen Wirkungsablaufs mit Rückwirkung der Folgen (Rückkoppelung) und selbsttätiger Regelung (Selbstregulierung).

Regionalismus-Bewegungen

→Minderheitensoziologie

falsche (aber eingeführte) Bezeichnung für weltweit zu findende Bewegungen unterdrückter Minderheiten, die auf der Grundlage ethnisch-kultureller bzw. nationaler Identität ihre Unabhängigkeit fordern. Wie im Bereich der Außenwirtschaft (vgl. ASEAN, EWG, COMECON usw. als *regionale* Zusammenschlüsse) und der Literatur (vgl. *Regional*literatur) bezieht sich der Begriff Region/Regionalismus auch in den Sozialwissenschaften korrekterweise auf übergeordnete geographische Einheiten von (in aller Regel: kulturell verwandten) Bevölkerungen (Beispiel: Region Ostasien mit den durch die chinesische Kultur geprägten Gebieten China, Vietnam, Korea, Japan, Hongkong, Taiwan).

Tatsächlich handelt es sich bei den sog. regionalistischen Bewegungen um wirtschaftlich, politisch und sozial unterdrückte „Minderheiten" und Völker (Albaner, Basken, Indios, Iren, Kurden, Meschier, Palästinenser usw.), die um die *nationale* (und eben nicht: regionale) Unabhängigkeit kämpfen. Im Gegensatz etwa zu den zahlreichen Ministaaten Ozeaniens haben sie in der UNO weder Sitz noch Stimme, da diese Organisation nach den unzeitgemäßen Statuten nur „souveräne Staaten" aufnimmt (vgl. völkerrechtliche Souveränitätslehre als Rechtfertigung der Unterdrückung), so daß nicht einmal Völker von der Größenordnung der Kurden oder Palästinenser vertreten sind bzw. der Minderheitenstatus eines insgesamt erheblichen Teils der Weltbevölkerung auf der Grundlage früher (z.T. willkürlich) geschaffener Verhältnisse (Staatenbildungen) zementiert wird.

Von linken „Wissenschaftlern" im Westen wurden in typischer Weise bevorzugt „die Regionalbewegungen in Westeuropa" (d.h. im „Kapitalismus") thematisiert und die Niederschlagung ähnlicher Bestrebungen im sozialistischen Lager weitgehend ignoriert (bzw. wahrheitswidrig dargestellt und willkürlich interpretiert). Nach sozialistischer Auffassung gibt es z.B. in der UdSSR keine Minderheiten, sondern nur angeblich autonome Nationalitäten (deren nationale Eigenheiten man in Wahrheit im Rahmen des internationalistischen Sozialismus durch Russifizierung, Egalisierung usw. auszulöschen versucht hat). Gemäß der offiziellen Geschichte der UdSSR war das Zarenreich ein „Völkerkerker", dessen Tore Lenin gesprengt habe; Minderheitenbewegungen begegnet man in der Sowjetunion erst seit neuestem mit Verständnis.

Lit.: Bayerische Landeszentrale für politische Bildungsarbeit (Hg.): Volksgruppenrecht/Minderheitenschutz als internationale Aufgabe. München 1978; dies. (Hg.): Nationalitätenkonflikt und Volksgruppenrecht im ausgehenden 20. Jahrhundert. 2 Bde., 2. Aufl. München 1984; Blaschke, Jochen (Hg.): Handbuch der westeuropäischen Regionalbewegungen. Frankfurt/M. 1980; Carrère d'Encausse, Hélène: Risse im roten Imperium. Das Nationalitätenproblem in der Sowjetunion. München u.a. 1979 (Übers.)

G.R.

Regression
in der Psychoanalyse Reaktivierung früherer bzw. Abbau gelernter Verhaltensweisen, nach *S. Freud* (1856–1938) Zurückfallen auf kindliche Stufen der Triebverdrängung (z.B. Bettnässen).

Regressionsanalyse
Methode der Statistik zur näherungsweisen Beschreibung eines Zusammenhangs zwischen zwei Variablen.

Reifikation
Konkretisierung, Vergegenständlichung, Verdinglichung
Begriffe und Aussagen sind Teil der Realität (→Abbildtheorie). Der Begriff der „Reifikation" ist von Bedeutung in der Auseinandersetzung von Nominalismus und Realismus.

Reintegration
veraltete Bezeichnung für die Wiederherstellung eines früheren Zustandes.

Reiz(e)
Mechanismen, die beim lebenden Organismus Reaktionen/Erregungen (Angst, Schmerz, Verhaltensänderungen) auslösen.
→SR-Schema
→Behaviorismus

G. R.

Rekrutierung
bezeichnet sowohl die Beschaffung von Mitgliedern für eine Organisation (z.B. Soldaten) wie auch die Herkunft von Personen aus bestimmten Schichten, Bevölkerungsgruppen, Bildungsgängen u.a.

Relation
allgemein Beziehung zwischen Personen oder Objekten.

Relativismus
bezeichnet die Auffassung, daß Erkenntnisse und Werte nicht absolut sind, sondern je nach (d.h. relativ zu) Person, Umständen oder sozio-kultureller Situation variieren. In der Soziologie wird diese Auffassung gerechtfertigt durch die Verschiedenartigkeit der Kulturen und Gesellschaften.
→Kulturrelativismus *G. R.*

Relevanz
Wichtigkeit, Bedeutsamkeit
in den Sozialwissenschaften jene Faktoren, die wesentlich für theoretische Aussagen und/oder empirische Analysen sind.

Reliabilität
Zuverlässigkeit
in der →empirischen Sozialforschung Überprüfung der formalen Genauigkeit eines Meßinstruments, das unter gleichen Bedingungen immer die gleichen Resultate liefert (→Validität). Reliabilität und Validität von Forschungsinstrumenten sollen sicherstellen, daß Forscher innerhalb der →scientific community sinnvoll über die Ergebnisse ihrer Arbeit kommunizieren können.

Religionssoziologie
1. Wenn wir die R. mit einem Wort kennzeichnen wollen, dann gibt es keine bessere Bezeichnung, als die einer synthetischen Wissenschaft. Sie ist eine Synthese, die aus der Verbindung mehrerer Wissenschaften entsteht. Zwei Fächern, Soziologie und Religionswissenschaft, fällt dabei die Hauptrolle zu, denn die Hauptgegenstände der R. sind die Religion und die Gesellschaft. Wenn die R. unfähig ist, die Gegenstände ihrer Forschung in Verbindung miteinander, und zwar in ihren Wechselwirkungen zu untersuchen, besitzt sie keine Existenzberechtigung mehr.

Da sich auch andere Wissenschaften wie etwa die vergleichende Religionswissenschaft, die Religionsgeschichte, die Theologie usw. mit der Religion beschäftigen, und da die allgemeine Soziologie sich mit der Gesellschaft befaßt, hätte es keinen Sinn, wenn die R. diese Gegenstände getrennt untersuchen würde. Dementsprechend kann die R. keine Fortsetzung der Theologie, der Philosophie oder der Relgionswissenschaft sein. Sie ist ebensowenig ein

Zwischending zwischen Theologie und Soziologie.

Die R. ist mehr als eine Teildisziplin, die die Soziologie und (oder) die Theologie ergänzt. Sie ist eine Fachdisziplin der Sozialwissenschaften, die sich deren Gesetzen zu unterwerfen hat. Je mehr die Synthese bzw. das Verbindende hervortritt, desto mehr erfüllt die R. ihre Aufgaben, desto mehr hat sie Anspruch auf Eigenständigkeit. Je mehr eine der in der R. vereinigten Disziplinen in den Vordergrund tritt, desto mehr verliert die R. ihre Existenzberechtigung, desto mehr wird sie heimatlos, d.h. ein Zwischending, mißbraucht in den Händen verschiedener Interessengruppen, einmal als Soziologie und einmal als Theologie.

2. Obwohl die R. zu den jüngsten Wissenschaften unseres Jahrhunderts gehört, ist die Problematik der Wechselbeziehungen zwischen Religion und Gesellschaft viel älter als die R. So spricht man mit Recht von Ahnen, ja, Urahnen dieser Disziplin. Denn abgesehen davon, daß die Fragen nach dem Leben, der Liebe, dem Schmerz, dem Tod usw. zu den Urproblemen gehören, die den menschlichen Geist stets beschäftigen, machte sich der Mensch schon sehr früh nicht nur Gedanken über das eigene Leben, sondern auch über das Zusammenleben. Demnach ist die Grundproblematik der R. – d.h. der Wechselbeziehungen zwischen Religion und sozialer Wirklichkeit – uralt.

Der Beginn ausgesprochen religionssoziologischer Forschung ist jedoch mit den Namen *Ernst Troeltsch* und *Max Weber* eng verbunden. Frühere Gelehrte, die man als Urahnen (z.B. *Platon*) oder Ahnen (z.B. *Emil Durkheim*) bzw. Vorläufer der R. bezeichnen kann, waren mehr oder weniger Vertreter anderer Disziplinen oder der Soziologie, die einem methodischen Monismus anhingen und die eine monokausale Abhängigkeit der Religion von der Gesellschaft vertraten. Erst mit *Ernst Troeltsch* und *Max Weber* setzt eine Epoche neuartiger soziologischer Betrachtung des Phänomens Religion ein, die die Wechselbeziehungen zwischen Religion und Gesellschaft berücksichtigt.

3. Trotz der Tatsache aber, daß die R. ihre Entstehung als selbständige Wissenschaft *Troeltsch* und *Weber* zu verdanken hat, darf nur *Max Weber* die Bezeichnung eines Vaters und Begründers dieser Disziplin beanspruchen. Abgesehen davon unterscheidet sich *Max Weber* von *Ernst Troeltsch* grundsätzlich dadurch, daß er keine religiöse Lehre darstellen will. In seinen Abhandlungen, z.B. über den „Geist des Kapitalismus" versucht er nur die Beeinflussung des ökonomischen Alltags durch religiöse Bewußtseinsinhalte zu erhellen, ohne nach ihrer Richtigkeit oder nach ihrem Wesen zu fragen. Auch in seiner Aufsatzreihe „Die Wirtschaftsethik der Weltreligionen" versteht er unter Wirtschaft nicht ethische oder theologische Theorien, sondern die der Religion entstammenden Antriebe zum Wirtschaftshandeln.

Wichtig sind vor allem das Hauptbestreben *Webers,* der Frage gründlich nachzugehen, wie die Sonderart der europäischen Kulturentwicklung zu begründen sei und wieweit sie mit der religiösen Entwicklung, besonders aber mit einer praktischen Wirkung der Religion zusammenhängt, und zum anderen seine positive Kritik am historischen Materialismus. *Weber* gelang es u.a. nachzuweisen, daß die Wirtschaft nicht die von der ökonomischen Geschichtsauffassung beeinflußte Eigengesetzlichkeit besitzt, sondern daß umgekehrt von den idealen Voraussetzungen her das wirtschaftliche Verhalten entscheidend mitbestimmt wird.

4. Kaum hatte *Max Weber* durch seine religionssoziologischen Studien dazu beigetragen, daß die R. zu Ansehen und Anerkennung im Rahmen der Sozialwissenschaften gelangte, als man der Methode *Webers* den Rücken kehrte,

seine R. als klassisch etikettierte und an ihre Stelle eine sogenannte neuere R. setzte. Die neue Richtung in der R. kommt aus Frankreich, und sie ist eng mit dem Namen des Religionssoziologen *Gabriel Le Bras* verbunden. Im Falle der meisten „neueren" Religionssoziologen handelt es sich aber um Theologen oder Soziologen, die die Religion mit dem Christentum und das Christentum mit der Kirche gleichsetzen. Folglich beschäftigen sie sich nur mit dem institutionalisierten Christentum bzw. mit den Kirchen, die, obwohl sie mit dem Christentum viel zu tun haben, keinesfalls mit ihm zu identifizieren sind. Mit anderen Worten: Die sogenannte neuere R. ist als Kirchensoziologie zu bezeichnen.

Es ist nicht mehr das akademische Interesse an den Wechselbeziehungen zwischen Religion und Gesellschaft, das die Impulse gibt zu den Fragestellungen und Forschungen, sondern die religiöse Problematik der Gegenwart bestimmt Thematik und Methode der Arbeiten, die man heute als R. bezeichnet. Je nach dem, welchem Zweck oder welchen Interessen die „neuere" R. dient, liegt eine Ideologisierung oder eine Konfessionalisierung der R. vor. Deshalb spricht man von einer „marxistischen" und einer „bürgerlichen" Form der „neueren" R. Während erstere von der Überzeugung lebt, daß die Religion mit Hilfe der Soziologie zu zerstören ist, lebt die zweite aus der Hoffnung, man könne die R. als Rettungsanker der Religion benutzen.

5. Zu den verhängnisvollen Folgen der Reduzierung der R. auf Kirchensoziologie gehört auch die „Säkularisierungsthese", die durch die Gleichsetzung von Religion, Kirche und Christentum einerseits einer umfassenden und vorurteilsfreien Analyse des sozioreligiösen Wandels vollkommen den Weg versperrt, während sie andererseits Vorurteilen Raum gibt, die sich in Sätzen wie „vollkommene Desakralisierung", „Massenheidnisierung", „Untergang des Heiligen in der industriellen Gesellschaft" usw. manifestieren. Vor allem ist aber das Vorurteil von der „Entchristlichung der Gegenwartsgesellschaft" als das gefährlichste Produkt der Säkularisierungsthese anzusehen.

Obwohl die Säkularisierungsthese wegen ihrer ideologischen Befrachtung leicht zu falsifizieren ist, steht sie im Mittelpunkt des Interesses der neueren R., nachdem sich die R. früher mit der Integrationsthese, die den integrierenden Einfluß der Religion als normatives Wertsystem bezüglich der Gesellschaft betont hatte, und der Kompensationsthese, die der Religion die soziale Funktion eines Kompensators innerweltlich erlittener Frustration zuschrieb, beschäftigt hatte. Während aber die Integrations- und die Kompensationsthese trotz ihrer Einseitigkeit Teilaspekte der realsoziologischen Wirkung der Religion erfassen und beschreiben können, ist die Säkularisierungsthese von vornherein zum Scheitern prädestiniert.

Denn sie basiert auf der einseitigen und deshalb falschen Interpretation der Säkularisation als Abfall von der Religion schlechthin und vom christlichen Glauben speziell. Hier sollten die „neueren" Religionssoziologen u. a. die historisch begründete Meinung des Klassikers *Ernst Troeltsch* ernst nehmen, daß die neuzeitliche Säkularisierung die „Reife und natürliche Entwicklung des von Christentum und Antike erzogenen und zur eigenen Kraft und Schöpfung gelangten Abendlandes ist".

6. Natürlich bestehen Ausnahmen. Vor allem in den letzten Jahren wächst die Zahl neuer Religionssoziologen, die – wie z. B. in Frankreich – die Reduzierung der Religionssoziologie auf Kirchensoziologie ablehnen und die man deshalb nicht mehr zu den „neueren" Religionssoziologen zählen kann. Dies ändert aber nichts an der Tatsache, daß die R. in Europa und in Deutschland speziell eine Krise erlebt. In Amerika dagegen ist eine fruchtbare Entwicklung

der R. zu beobachten, die unsere Ausführung in doppelter Hinsicht bestätigt.

Zunächst zeigt die amerikanische R., welche positive Bedeutung dem Einfluß der „Klassiker" und vor allem *Max Webers* für die Forschung zukommt. Sodann bestätigt ein Vergleich der R., wie sie in Amerika gepflegt wird, mit dem, was in Europa unter R. verstanden wird, daß die negative Wirkung der Konfessionalisierung und Ideologisierung der R. größer und tiefer ist, als man zunächst annimmt.

7. Während in Europa die Fachsoziologen die R. mehr oder weniger meiden, zeigen in Amerika die Berufssoziologen ein großes Interesse an religionssoziologischer Fragestellung, wie u. a. die Arbeiten der bekannten Soziologen *Talcott Parsons* und *Robert Merton* zeigen. *Parsons* sorgte durch eine Übersetzung des Werkes „Die protestantische Ethik und der Geist des Kapitalismus" im Jahre 1930 dafür, daß *Max Webers* R. in Amerika bekannt wurde, und er verlor die religionssoziologische Fragestellung nie aus den Augen. Es entstanden fruchtbare Diskussionen um *Parsons'* R., und es ist nicht zu übersehen, daß viele kirchlich engagierte Soziologen unter *Parsons'* Einfluß die Fehler ihrer europäischen Kollegen vermeiden konnten.

Robert Merton hat durch seine Arbeit über die englische Wissenschaft im 17. Jh. den Europäern den großen Fehler gezeigt, den sie begangen haben und der für die religionssoziologische Forschung in Europa so verhängnisvoll war. Er bewies nämlich, daß die Auseinandersetzung um *Webers* Arbeit über den Zusammenhang zwischen Protestantismus und Kapitalismus eine unfruchtbare Beschäftigung bleiben muß, soweit diese Beschäftigung von dem eigentlichen Zweck und von der eigentlichen Problematik der *Weber*schen Fragestellung ablenkt. Wenn man dagegen die Wechselbeziehungen zwischen Religion und Wirtschaft nur als einen kleinen Teil eines umfassenden Fragenkomplexes betrachtet, in dem Kunst, Recht, Wissenschaft oder andere Produkte menschlichen Denkens und Handelns eine wichtige Rolle spielen, dann kann sogar eine der vielen Fußnoten, die reichlich in *Webers* Werken zu finden sind, den Anstoß geben für neue fruchtbare Forschungen. Und in der Tat: *Robert Merton* wurde durch eine Fußnote der „protestantischen Ethik", in der *Weber* die Beziehungen zwischen Puritanismus und Wissenschaft erwähnt, angeregt, diesen Beziehungen nachzugehen. So entstand ein gewaltiges Werk über Wissenschaft, Technik und Gesellschaft im England des 17. Jhs., das beiden Bereichen, dem der Religions- und dem der Wissenssoziologie neue Impulse gab.

8. Immer wieder betonen amerikanische Religionssoziologen – so z. B. *J. Milton Yinger* – daß R. „a field of great importance" ist. Zugleich wird aber ununterbrochen daran erinnert, daß es unserer Disziplin an theoretischer Orientierung mangelt, obwohl gerade die Amerikaner vieles auf diesem Gebiet geleistet haben. Durch den unermüdlichen Forschungsdrang über das schon Erreichte hinaus, befindet sich die R. in den Vereinigten Staaten auf dem Wege einer vollen Anerkennung im Rahmen der Universitätskreise. Religiös oder konfessionell engagierte Religionssoziologen bemühen sich in den Vereinigten Staaten genauso um Objektivität wie ihre weniger engagierten Kollegen.

Beide, R. und Kirchensoziologie, gewinnen schließlich an Bedeutung und Ansehen dadurch, daß in Amerika zwischen ihnen immer deutlicher unterschieden wird, wie man an Hand der Ausführungen *David O. Mobergs* feststellen kann, der den Begriff Kirchensoziologie als einen Begriff versteht, der jede soziologische Forschung und Analyse umfaßt, die „über Kirchen und ihre verschiedenen Unterorganisationen Personal, Aktionsprogramme, Beziehungen zu anderen Institutionen, positive und negative Auswirkungen auf die Gesellschaft, interne und externe Interaktionsmuster usw. handelt". Eine konsequente Durchführung der Unterscheidung zwischen Religions- und Kirchensoziologie, wie sie auf Grund der Ausführungen *Mobergs* möglich ist, stellt allerdings für die „neuere" Religionssoziologie Europas keine leichte Aufgabe dar.

9. Für diejenigen Religionssoziologen, die sich über den neuesten Stand der religionssoziologischen Forschung bzw. über aktuelle Fragestellungen, Ergebnisse usw. laufend informieren wollen, sei auf folgende zwei hervorragende Internationale Zeitschriften hingewiesen: Social Compass, International Review of Socio-Religious Studies (Louvain/Belgien) und Archives de Sciences Sociales des Religions (Paris/Frankreich). Für internationale Begegnungen der Religionssoziologen sorgt die Conference Internationale de Sociologie des Religions/International Conference for the Sociology of Religion, mit ihren internationalen Kongressen, die jedes zweite Jahr stattfinden.

Lit.: Emil Durkheim: Die elementaren Formen des religiösen Lebens, Frankfurt/Main 1984[3]; *Friedrich Fürstenberg* und *Ingo Mörth:* Religionssoziologie, in: Handbuch der empirischen Sozialforschung, hrsg. von *René König,* Bd. 14, Stuttgart 1979, S. 1 bis 84 (2. völlig neubearbeitete Auflage); *Demosthenes Savramis:* Religionssoziologie: Eine Einführung, Bonn 1977[2]; *Max Weber:* Gesammelte Aufsätze zur Religionssoziologie, 3 Bde., Tübingen 1920 (1. Bd. 9. Aufl. 1988; 2. Bd. 7. Aufl. 1988; 3. Bd. 8. Aufl. 1988). Prof. Dr. Dr. Dr. *D. Savramis,* Bonn

Repräsentation

sichtbarer Aufwand für ein „standesgemäßes" Auftreten in der Öffentlichkeit (Haus, Auto u. a.).
→Statussymbole

Repräsentativität

Begriff der Umfrageforschung zur Bezeichnung einer →Stichprobe, die ein genaues Abbild der Grundgesamtheit darstellt. Im allgemeinen nur bei einer →Zufallsauswahl gesichert.

Repression

in Anlehnung an *S. Freud* Unterdrükkung von Triebregungen; seit Ende der 1960er Jahre in den Sozialwissenschaften zur Kennzeichnung gesellschaftlicher Strukturen, Lebens- und Autoritätsverhältnisse verwendet, die einer freien Entfaltung der Persönlichkeit im Wege stehen.

Reproduktion

in der politischen Ökonomie die Wiederbeschaffung oder Wiederherstellung eines Wirtschaftsgutes oder eines Reproduktionsfaktors. In der →marxistischen Theorie auch auf die menschliche Arbeitskraft übertragen, die zu ihrer Wiederherstellung Nahrung und Ruhezeiten, aber auch Zeit für die Zeugung, Aufzucht und Erziehung der nächsten Generation benötigt.

Reservearmee, industrielle

nach *K. Marx* das infolge Überbevölkerung und gewinnorientiertem Verwertungsprozeß im Kapitalismus vorhandene und notwendige Arbeitskräftereservoir, das zu niedrigen Löhnen jederzeit verfügbar ist.

Residualkategorie

Restkategorie

Kategorie, die all jene Aspekte und Perspektiven enthält, die in den theoretischen Bezugsrahmen nicht eingebaut werden können; z. B. der Begriff „soziale Mobilität" umfaßt sowohl die vertikalen wie die horizontalen Mobilitätsvorgänge, wobei unter die horizontale Mobilität alle die Mobilitätsprozesse subsumiert werden, mit denen weder ein Auf- noch ein Abstieg verbunden ist, wie z. B. Wanderungen, Wohnortwechsel, Berufsmobilität u. a.

Resozialisierung

Wiedereingliederung eines Strafentlassenen in das soziale Leben. Maßnahmen der R. sind Arbeit und Ausbildung während der Haft, Hafturlaub, Außenbeschäftigung u.a.

response
in der →verhaltenstheoretischen Soziologie bzw. in der Lerntheorie Bezeichnung für Reaktionen, die auf einen →Reiz oder →Stimulus zurückzuführen sind. →S-R-Schema
→Behaviorismus

Restkategorie
→Residualkategorie

restringierter Code
Begriff der Soziolinguistik zur Benennung eines Sprachverhaltens, das im Gegensatz zum →elaborierten Code über eine in ihren Verknüpfungen verbal stark eingeschränkte Ausdrucksweise verfügt. In vereinfachender Interpretation wird der restringierte Code als Sprachverhalten der Unterschicht charakterisiert gegenüber dem mehr differenzierenden Sprachgebrauch der Mittelschicht, bei der überwiegend der elaborierte Code Verwendung findet. Die von *B. Bernstein* (1924 geb.) als Ergebnis linguistischer Forschungen in England geprägte Unterscheidung und Zuordnung des Sprachverhaltens zu bestimmten Klassen und Schichten wurde in der BR Deutschland während der Bildungsreform Anfang der 1970er Jahre überinterpretiert und führte zur Forderung nach Vorschulprogrammen für benachteiligte Bevölkerungsgruppen.

Revisionismus
ursprünglich Bezeichnung für die praktisch-politischen Ideen von *L. Bernstein* (1850–1932), der die Prognosen von *K. Marx* hinsichtlich des Zusammenbruchs der kapitalistischen Wirtschaftsordnung als widerlegt betrachtete und mittels der parlamentarischen Demokratie und Sozialreformen die Verwirklichung einer sozialistischen Gesellschaft anstrebte. Seither trifft der Revisionismusvorwurf in kommunistischen Systemen alle Abweichungen von der reinen Lehre des Staatskapitalismus, wie gewerkschaftliche Organisation der Arbeiter, Widerstand gegen die Kollektivierung, aber auch die nationalen Spielarten des Kommunismus in Italien und anderen Ländern.

Revolution
im allgemeinen Sprachgebrauch Bezeichnung für den gewaltsamen Umsturz der bestehenden sozialen und politischen Ordnung, gegenüber der →Evolution, bei der ein →sozialer Wandel schrittweise sich entwickelt. Beispiele revolutionärer Umstürze sind die Französische Revolution 1789 und die russische Revolution von 1917
→Revolution von 1989/90

Revolution von 1989/90
Bezeichnung für die nahezu weltweit durch Widerstand und Wahlen erfolgte Beseitigung der Diktaturen der monopolartig herrschenden sozialistischen Parteien in den auf der Grundlage des Marxismus (als Staatsdoktrin) von linken Intellektuellen-Gruppierungen geführten Ländern in den Jahren 1989 und 1990. Besonders zu erwähnen ist die (angesichts brutaler Unterdrückungsmethoden) heldenhafte gewaltfreie Auflehnung der Menschen gegen die →linksfaschistischen Systeme in der ehem. DDR, der ČSSR und in Rumänien bzw. gegen die dort seit Jahrzehnten auf der Grundlage manipulierter und gefälschter Wahlen sowie mit Hilfe von militärischen, paramilitärischen und Geheimdienst-Apparaten herrschenden Sozialisten-Cliquen. Während frühere Volksaufstände und Reformversuche im sozialistischen Lager mit brachialer Gewalt niedergeschlagen wurden (DDR 1953, Ungarn 1956, ČSSR 1968, Polen 1970), konnten die Volksbewegungen von 1989 dort ganz wesentlich auch wegen der vorangegangenen, in Polen (1987) und Ungarn (1988) durchgesetzten Reformen der Wirtschaftssysteme und Öffnungen der Grenzen zum Erfolg führen.

Bis heute (April 1992) wurden die Verantwortlichen jener Regimes, die dem verbrecherischen Nationalsozialismus in wesentlichen Merkmalen ähnelten (vgl. dabei den offiziellen Antifaschismus etwa in der ehem. DDR), nur unzureichend zur Rechenschaft gezogen. Auch ihre Kollaborateure und Apologeten im Westen blieben in ihren einflußreichen (Beamten-)Positionen in Wissenschaft, Bildung, Massenmedien usw., wo sie die Revolution von 1989/90, welche die Befreiung des Menschen von der totalen Unterdrückung durch den Sozialismus erreichte, nach sozialistischem Sprachgebrauch als „Konterrevolution" und die Aus- und Übersiedler aus jenem Herrschaftsbereich (in bemerkenswerter Nähe zur These ausländerfeindlicher Kreise von den „Wirtschaftsflüchtlingen") als „raffgierig" diffamieren können.

1990 fanden als Ergebnis der Revolution in den im übrigen durch katastrophale Versorgungsmängel gekennzeichneten Ländern die ersten freien und demokratischen Wahlen seit vielen Jahrzehnten statt. Die fundamentale Umgestaltung der politischen, wirtschaftlichen und gesellschaftlichen Ordnungen Osteuropas stellt die westliche Welt in der Tat vor verantwortungsvolle Aufgaben und verringert vorübergehend ihre Aufmerksamkeit für die nicht minder akuten Probleme (Arbeitslosigkeit, Armut, Umweltzerstörung, Wohnungsnot usw.) bei sich selbst sowie in anderen Erdteilen.

In der Volksrepublik China wurden die landesweiten friedlichen Demonstrationen (für Demokratie) gegen das dortige totalitäre sozialistische System in der Nacht vom 3. auf den 4. Juni 1989 auf dem Platz am Tor des Himmlischen Friedens in Peking durch ein barbarisches Massaker des aus der Provinz herangeschafften Militärs beendet. Gleichwohl aber hat die internationale antisozialistische Revolution von 1989/90 mittlerweile auch Demokratisierungsprozesse in der Mongolischen Volksrepublik, in der Sozialistischen Republik Vietnam, in den afrikanischen sozialistischen Volksrepubliken (Äthiopien, Angola, Mosambik) usw. ausgelöst.

→Linksfaschismus
→Zeitgeschichte

G. R.

Revolution, bürgerliche
Revolution des Bürgertums gegen Feudalsystem und Ständestaat seit der frühen Neuzeit. Bürgerliche Revolutionen waren die Glorious Revolution in England (1688), die Französische Revolution (1789) und auch die mißlungene deutsche Revolution von 1848. In den bürgerlichen Revolutionen geht es dem wirtschaftlich erstarkten Bürgertum (Fernhandel, Kolonien, technischer Fortschritt in der Produktion) um eine angemessene Teilhabe an der politischen Macht mit Hilfe einer parlamentarischen Organisation.

Revolution, industrielle
Bezeichnung für die seit etwa 1750 in Europa, zuerst in England, einsetzende Veränderung der Produktion von Gütern durch den Einsatz von Maschinen. Der dadurch bedingte Wandel bis dahin überwiegend bäuerlich organisierter Lebensverhältnisse in die industrielle Produktionsweise führte zu Umstrukturierungen großen Ausmaßes, die bis heute nicht abgeschlossen und mittlerweile überall in der Welt wirksam sind. Neben dem Wandel der Arbeitsbedingungen, Landflucht, Steigerung der Geburtenrate durch bessere medizinische Versorgung und der Verelendung weiter Bevölkerungskreise führte die industrielle Revolution nach einer Übergangszeit in den Industriestaaten zu einer starken Verbesserung der Lebensverhältnisse und steigendem Güterangebot.

Revolution, proletarische
nach *K. Marx* der zu erwartende Sieg der →Arbeiterklasse über die →Bourgeoisie.

Revolution, soziale
grundlegende Änderungen im Sozialgefüge einer Gesellschaft vor allem im Hinblick auf die Verteilung von Ein-

kommen, Vermögen, Bildungschancen sowie wirtschaftlicher und politischer Macht. Gelegentlich wird die →Frauenemanzipation als soziale Revolution bezeichnet.

Revolution, technische
Veränderung der Produktionsbedingungen durch den Einsatz von Energie (Dampf, Elektrizität, Atomkraft) oder eine veränderte Arbeitsorganisation (Arbeitszerlegung, Fließbandarbeit, computergesteuerte Fertigung) als Ersatz menschlicher Arbeitskraft.

Rezeption
Aufnahme
Anpassung an fremde Gedankengänge und Vorstellungen. In der →Kulturanthropologie wichtiger Vorgang zur Integration fremder →Werte und →Normen in die eigene Vorstellungswelt.
→Assimilation

Rigidität
Starrheit
Unfähigkeit, sich wechselnden Bedingungen schnell anzupassen. Denken in →Stereotypen.

Risikogesellschaft
→Modernisierung
→Postmoderne
von *Ulrich Beck* geprägter Begriff zur Charakterisierung moderner Gesellschaften, die durch Umweltkatastrophen verschiedener Art (atomare Verseuchung, Umweltverschmutzung, Zerstörung der Ozonschicht) als Ergebnis des Industrialisierungsprozesses die Menschheit bedrohen.
Lit.: Ulrich Beck: Risikogesellschaft. Auf dem Weg in eine andere Moderne. Frankfurt/M. 1986

Ritual
1. Als R.e gelten kulturell standardisierte Handlungen mit symbolischer Bedeutung, die bei den von Traditionen vorgeschriebenen Anlässen durchgeführt werden. Andere verstehen unter R. auch einfach symbolisches Verhalten, das zu bestimmten Gelegenheiten in mehr oder minder stilisierter Form wiederholt wird. R. setzt also Symbolbenutzung bei der Bewältigung von Situationen voraus. Rituelles Handeln konstituiert und aktiviert sozialen Sinn, es verdeutlicht normative Gesamtorientierungen. In der irrigen Annahme, besonders →rationales Handeln sei für die aufgeklärte und industrialisierte Gesellschaft typisch, ist der Bereich der symbolischen und rituellen Handlungen lange Zeit dem soziologischen Augenmerk entglitten. Bedeutung und Verbreitung rituellen Handelns werden deutlich, wenn man →soziales Handeln in produktives und rituelles Handeln aufteilt. Produktives Handeln dient dem Schaffen oder Erhalten von Nutzwerten. Praktisch alles andere Handeln müßte dann kommunikatives Handeln im Sinne von rituellem Handeln sein.

Alles soziale Leben, sinnhaft angelegt und kulturell überformt, wird symbolisch vermittelt und rituell praktiziert. Daher gehören das Produzieren von →Symbolen, das Beachten von symbolischen Bedeutungszuschreibungen und das (unreflektierte) Einhalten von R.en zu den hauptsächlichen Beschäftigungen des Menschen. R.e verleihen notwendige Verhaltenssicherheit. Sie sind Teil funktionierender →sozialer Kontrolle. Sie steuern, erlauben und begrenzen Verhalten und verarbeiten Problemsituationen symbolisch, ohne daß die Situation und das passende Verhalten jeweils erst erwogen werden müssen. Man weiß, was und wie es zu tun ist.

Gebräuchlich ist die Wahrnehmung von R.en in den Bereichen (1) der Interaktions- und Begrüßungs-R.e mit Gruß, Handschlag, Verbeugung, Umarmung, Fanfaren; Benimmregeln beim Essen usw.; (2) des religiösen Kultus von Stammeskulten bis zu den derzeitigen Weltreligionen, im Christentum etwa Sakramente, hl. Messen und Abendmahlsfeiern, und (3) des gewünschten Statuswechsels: Initiations- und Übergangsriten, z.B. Examen, Hochzeit, runde Geburtstage. Diese dreigeteilte Auflistung ist jedoch zu eng. Tatsächlich haben alle Bereiche, die zur Bildung von →sozialen Institutionen geführt haben (z.B. Religion, Familie, Staat, Wirtschaft, Erziehungswesen, Sport, Medizin), auch ihre eigenen R.e entwickelt.

2. R.e sind also nicht auf alte Stammeskulturen beschränkt. *Edelmans* Buchtitel „Politik als Ritual – die symbolische Funktion staatlicher Institutionen und staatlichen Handelns" (1976) erläutert sich selbst. *Bocock* hatte schon 1974 vier Typen rituellen Handelns in der industriellen Gesellschaft dargestellt, die sich auf den religiösen und den (staats-)bürgerlichen („civic") Bereich, auf den Lebenszyklus und auf die Ästhetik beziehen. Diese analytische Unterscheidung soll dazu dienen, die Elemente tatsächlichen Verhaltens zu identifizieren und den Reichtum dieses Verhaltens verständlicher zu machen. Für andere Zwecke könne auch eine andere Aufteilung der R.e nützlich sein (*Bocock* 1974, 48). Rituelles Handeln ist also nicht auf traditionell bekannte und deswegen arrangierte R.e beschränkt.

Nach einer anderen Definition sind R.e „fixierte Kommunikationsformen, denen magische Wirksamkeit zugeschrieben wird" (*Douglas* 1974, 202). Dabei sei der magische Gehalt (→Magie) seinerseits „ein Produkt der sozialen Kontrolle". *Douglas* vergleicht Industriegesellschaft und Stammeskultur. Ethnologischem Sprachgebrauch folgend, versteht sie unter rituellem Verhalten in erster Linie eine Form der →Kommunikation. Es enthält zumeist kollektive Informationen und bestätigt die kollektive Realität des Gruppenlebens. Wie auch die religiösen R.e steht es im Zusammenhang mit der Bestätigung der sozialen Ordnung. *Goffman* (1974, 130) ist hier noch einen logischen Schritt weitergegangen, wenn er darlegt, wie selbst die alltäglichen →Interaktionsrituale der Definition der sozialen Ordnung und der Bestätigung gesellschaftlicher Beziehungen dienen. Je größer die Unsicherheit der Situation ist, für je „problematischer" sie also angesehen wird, desto stärker wird sie durch rituelles oder ritualisiertes Handeln abgestützt, desto wichtiger und aufwendiger pflegen die dafür als notwendig erachteten Rituale zu sein.

3. Nun empfiehlt sich eine genauere sprachliche Unterscheidung. Hier soll im folgenden zwischen Ritus, Ritual, Ritualisierung und Ritualismus getrennt werden. Diese Wörter beschreiben verschiedene Verhaltenskomplexe und enthalten unterschiedliche Bewertungen. Die eingangs allgemein als R.e bezeichneten Handlungsweisen sind zu unterteilen in Ritus und Ritual. Der Sprachgebrauch ist ungenau, die Trennung oft schwierig. Übergänge sind fließend. Die Wortgeschichte erleichtert das Verständnis. Ausgangspunkt für uns ist Ritus in der Bedeutung „Zeremonie, feierlicher religiöser Brauch". Von dem gleichlautenden lateinischen Ursprungswort hatte sich zuvor das Adjektiv „ritualis", den Ritus betreffend, verselbständigt und substantiviert. Daraus wurde der säkulare Begriff R. des sprachlichen Alltags und der Sozialwissenschaft (und „das Rituale" als Bezeichnung für das Buch des Priesters mit liturgischen u.a. sakramentalen Texten in der lat. Kirche). Auch vom alten Wortstamm (altind. rtam: sittliche Weltordnung; lat. ritus: rechter Brauch; altgerm. urd: Schickalsmacht) haben sich Bedeutungsaspekte erhalten.

R.e wollen Verhalten nur typisieren, vereinfachen. Es sind komplexe Handlungsabläufe, die als szenische Praktiken bestehende Gemeinsamkeitszustände bestärken. Dies gilt für alle Begrüßungs- und sonstigen →Interaktionsrituale (welche die soziale Ordnung, Benimmregeln, Alters- und Geschlechtsdistanzen symbolisch bestätigen). Auch rituelle Handlungen, also Riten, bestehen immer aus einer Kombination ritualisierter Ausdrucksweisen. Riten sollen aber eine Situation gestaltend verarbeiten, Bindungen schaffen, Kontakte zur Umwelt oder zum Jenseits herstellen, Übergänge und Veränderungen bewältigen, Interaktionsabbrüche (z.B. Tod) und andere menschliche Krisen verarbeiten. Hier sind an erster Stelle die Übergangsriten (*A. Gennep:* Rites de Passage, Paris 1909) zu nennen.

4. Je wichtiger Übergang und Statuswechsel sind, desto stärker sind sie in Riten und Zeremonien eingekleidet. Dies verdeutlichen die →Initiationsriten. Wir kennen Übergangs- und Aufnahmezeremonien besonders bei Eheschließung und bei Taufe, Konfirmation, Firmung, Jugendweihe, Priesterweihe, Aufnahme in Geheimbünde oder Orden, Ritterschlag, gelegentlich auch bei Examen, Berufsantritt, Beförderung, Verabschiedung, runden Geburtstagen und Sylvesterfeiereien. Die Hochzeit diene als Beispiel: Eine kleine familiäre Feier „aus Anlaß" und zur Markierung „des Ereignisses", der staatliche Statuswechselakt im Standesamt, die feierliche Trauungszeremonie, jeweils mit gewichtigen Fragen und „erlösenden" Antworten, die Hochzeit als großes „gesellschaftliches Ereignis", Polterabend und Junggesellenbesäufnis als Abschlußfeier des Bisherigen, Gratulationen, Empfänge, Danksagungen und Hochzeitsreise – wie immer die Ehe geschlossen wird: der Vorgang setzt sich aus einer in den Details endlosen Kette von nachzufragenden und einzuhaltenden Ritualen zusammen. Darüber hinaus wird hier mit einem →Übergangsritus ein gesellschaftlich gewünschter und gestützter →Statuswechsel vollzogen. Eine Scheidung ist auch ein Übergang, doch sind, da traditionell und gesellschaftlich nicht so gewünscht und gestützt, die sie begleitenden und markierenden Zeremonien, R.e und Riten geringer. Andererseits sind die Riten und die sie ausfüllenden R.e bei der sozial für notwendig erachteten Statusdegradierung jeweils unmittelbar sichtbar, wenn ein bislang gleichberechtigter Mitbürger (a) polizeilich festgenommen, (b) vom Strafgericht „im Namen des Volkes" unter Erheben aller Anwesenden verurteilt, (c) in eine Strafanstalt (oder (d) in eine geschlossene Heilanstalt) eingeliefert wird. Umgekehrt fehlen bei Haftentlassung entsprechende Riten der Rückgliederung in den vorherigen Stand: ein deutlicher Hinweis, daß die Statusdegradierung gesellschaftlich nicht aufgehoben und die „Resozialisierung" nicht vollzogen wurde. Gewünschter Statuswechsel, wie Examen oder Volljährigkeit, wird gefeiert. Am häufigsten sind Initiationsriten der Naturvölker bei der Aufnahme in die Welt der Erwachsenen nach Erreichung der gesellschaftlichen (nicht der geschlechtlichen!) Reife beschrieben worden. Im Übergang des Menschen in eine neue Lebensphase wird anders als bei uns nicht ein natürlicher physiologischer Vorgang, sondern eine schwierige Passage gesehen, die durch künstliche Praktiken unterstützt oder gemacht werden muß. Als besonders kritisch und zugleich wichtig bei einem Übergangsritus gilt die Zwischenphase. Nach *Turner* (1969, 103) wird in dieser Zwischenphase bei allen Neophyten erst einmal eine Art tabula rasa geschaffen, auf der dann die Attribute der neuen Zuordnung und Zugehörigkeit einzutragen seien. Es muß den Betroffenen also gezeigt werden, daß sie selbst nichts darstellen, bevor sie den Stempel für ihre neue Rolle in der Gemeinschaft erhalten. Dieser gefährliche Übergang des Absterbens und der Neugeburt, vergleichbar der Leerlaufstellung des Schalthebels beim Wechseln der Gänge im Auto, wird rituell gestützt und gemeistert. Das gilt auch in unserer Gesellschaft, wenn unmittelbar vor dem Vollzug des Trauungsaktes oder der Verkündung des Examensergebnisses, gelegentlich auch während eines umfassenden Zeitraumes, Betroffene die „gemischten Gefühle" der Beklommenheit, Angst und Hoffnung sowie der Würde von Moment und Situation spüren.

5. R.e sind Techniken zur Bewältigung der Allgemeinheiten und Besonderheiten des Alltags. Sie verarbeiten Situationen und Informationen symbolisch und informieren den, der die →Symbole kennt. Ihre Funktionen und Anwendungsbereiche sind also unbegrenzt. (a) So gibt es neben den allgemeinen Interaktionsritualen etwa Aggressionsrituale, mit denen z. B. jugendliche Fußballfans Macht und Protest zeigen und sich gegenseitig und die Polizei reizen und bekämpfen. Da diese R.e ständig wiederholt werden wollen, haben sie Selbstbeschränkungsmechanismen. Mißversteht man diese R.e und sucht sie zu (zer)stören, kann man dabei auch die Selbstbeschränkungsmechanismen zerstören und so den unbeschränkten Ernst schaffen, den man gerade verhindern wollte. (b) →Kulturen, →Subkulturen und →Gegenkulturen haben ihre eigenen Rituale zur eigenen Bestärkung und →Identifikation. (c) Neue Bewegungen und Revolutionen, die neue Inhalte betonen wollen, pflegen sich in ihrem →fundamentalistischen Schwung gezielt gegen die Symbole zu wenden, mit denen die bisherige Ordnung ihre Rituale zelebriert und damit ihrer sozialen Herrschaft Ausdruck verliehen hat (z. B. Niederreißen der Fahne, Abschneiden der alten Zöpfe, Zerstörung der Bilder und Altäre). (d) Alle sozialen Institutionen, alle Lebensbereiche, alle Situationen haben ihre R.e, die einzuhalten und an Rollenverhalten – gern dabei an Amtsbewußtsein – gebunden sind (z. B. Familie, Staat, Kirche, Sport, Medizin und Klinik, Theater, Medien, Wissenschaft und Arbeit für soziologische Lexika) und ein (rituell und durch R.e) „geordnetes" Zusammen- und Über-Leben erst ermöglichen.

6. Ritualisierung ist bei Tieren und Menschen eine Stilisierung und Vereinfachung funktional wichtiger Verhaltenssequenzen, oft durch Übertreibung und rhythmische Wiederholung von Signalen und Gesten (vgl. *Bühl* 1982, 189). Diese Formalisierung ist z. B. bei Gruß-, Balz- und Tanzverhalten, bei tierischem Futterbetteln und menschlichem Denken zu beobachten (vgl. a. a. O.). Die Ritualisierung kann dabei zum Ritus ausgebaut werden oder zur Routine verflachen. Ein Extrem dazu stellt der Ritualismus dar: eine (nach *R. Merton*) Anpassungsform auf anomische Desorientierung. Ihres ursprünglichen Sinnes, Inhalts und Zieles entleerte Verhaltensweisen (der Moral, Ettikette, Frömmigkeit etc.) werden nur noch in der Form aufrechterhalten. Mögen sie auch (wegen Ablehung oder Aufgabe kultureller Werte und Ziele) zum →abweichenden Verhalten zählen, so gelten sie doch (wegen pedantischer Einhaltung von institutionalisierter Norm und Form) als gesellschaftlich wenig schädlich.

7. Im kirchlichen und liturgischen Bereich spricht man von Riten und Ritus (i. S. von Kultus). Steht man dem Ritus fremd gegenüber, mag man ihn nur als Ritual (ähnlich wie Kult) empfinden. Religionsstifter, Reformer und Erneuerer haben sich periodisch (z. B. Buddha, Jesus, Luther) gegen die Entmündigung des Religionsvolkes durch den Ritualismus der herrschenden Priesterschaft und gegen die Überbetonung religiöser Riten und R.e gewandt, um die alten tatsächlich gemeinten oder neu gewünschten Inhalte des Glaubens hervorzuheben und die Gläubigen zu befreien.

Lit.: R. Bocock: Ritual in Industrial Society, Edinburgh 1974; *W. L. Bühl:* Struktur und Dynamik des menschlichen Sozialverhaltens, Tübingen 1982; *M. Douglas:* Ritual, Tabu und Körpersymbolik, Frankfurt/M. 1974; *M. Edelman:* Politik als Ritual, Frankfurt/M. 1976; *E. Goffman:* Das Individuum im öffentlichen Austausch, Frankfurt/M. 1974; *Ders.:* Interaktionsrituale, Frankfurt/M. 1975; *V. Popp* (Hg.): Initiation, Frankfurt/M. 1969; *V. W. Turner:* The Ritual Process, London 1969; *N. Luhmann:* Legitimation durch Verfahren,

Neuwied 1969; *D. Morris:* Das Spiel. Faszination und Ritual des Fußballs, München 1981; *R. Dahlke:* Lebenskrisen als Entwicklungschancen, München, 3. Aufl. 1995. *K. Weis:* Staatliches Strafen – Markierungen, Degradierungen und Rituale auf einer Reise ohne Wiederkehr, In: *Schwind* (Hg.): Festschrift für Günter Blau, Berlin (West) 1985, S. 405–422

Prof. Dr. iur. *K. Weis,* München

Ritualismus

Bezeichnung bei *R. K. Merton* für ein →abweichendes Verhalten, bei dem trotz der Ablehnung der kulturellen Werte bei der Zielverwirklichung die verbindlichen →Normen sehr genau eingehalten werden (→abweichendes Verhalten).

Rolle, soziale

zentrale Kategorie der Soziologie; bezeichnet die Summe der Verhaltenserwartungen, die an den Inhaber einer sozialen Position gestellt werden.
→Rollentheorie

Rollendistanz

(engl. role-distance)
Fähigkeit eines Positionsinhabers, sich von den Verhaltenserwartungen einer →Rolle zu distanzieren, den Erwartungen, die an ihn gerichtet werden, gar nicht oder nur teilweise zu entsprechen.
→Rollentheorie

Rolleninkompatibilität

Schwierigkeit, unterschiedliche Rollen miteinander zu vereinbaren.
→Rollentheorie

Rollentheorie

1. Vorbemerkung
Ausführungen zur Rollentheorie können nicht auf eine einheitliche Theorie bezogen werden. Vielmehr wird der Begriff der sozialen Rolle und die mit ihm verbundene Perspektive von verschiedenen Theorieentwürfen in Anspruch genommen. Eine pauschale Darstellung von Rollentheorie würde dieser Vielfalt ebensowenig gerecht wie eine pauschale Kritik. Da die vorliegenden ideologiekritischen Angriffe auf die Rollentheorie die Unterschiedlichkeit der Rollenkonzeptionen nicht berücksichtigen, sollen sie hier nicht behandelt werden. Die folgende Erörterung bleibt also insofern immanent, als sie nicht den zuweilen unterbreiteten Vorschlägen folgt, Mängel einzelner Rollenkonzeptionen zum Anlaß für eine Tabuisierung der Rollenperspektive überhaupt zu nehmen. Vielmehr sollen wichtige Rollenkonzeptionen daraufhin untersucht werden, welche Besonderheiten sie aufweisen und wie sie gegenüber früheren Konzeptionen verändert wurden.

Mit empirisch-analytischen Rollenkonzeptionen wird beabsichtigt, im Rückgriff auf den Begriff der sozialen Rolle sowie einige Komplementärbegriffe einen Zusammenhang von →Hypothesen herzustellen, mit dessen Hilfe empirische Regelmäßigkeiten beschrieben und erklärt werden können. Bislang liegen →Theorien mittlerer Reichweite zum Rollenkonflikt, zum Rollenstreß und zum Rollenlernen vor. In einer anderen hier näher zu erörternden Konzeption wird Rollentheorie als Teil einer allgemeinen →Handlungstheorie verstanden. Damit wird dem Rollenbegriff eine zentrale Stellung innerhalb eines Kategoriensystems eingeräumt, das faktische Handlungszusammenhänge rekonstruieren soll.

2. Rollentheoretische Ansätze
Im action frame of reference von *Talcott Parsons* wird die Stabilität von Handlungen auf die gelungene Integration des kulturellen, aus Wertorientierungen bestehenden Systems in das personale System der Bedürfnisdispositionen und in das →soziale System der interdependanten Handlungszusammenhänge mehrerer Personen zurückgeführt. Die Integration erfolgt durch eine als Internalisierung bezeichnete Umformung unspezifischer Antriebsenergien in wertkonforme Handlungsmotive im personalen System sowie durch eine als Institutionali-

sierung bezeichnete wertkonforme Normierung der Verhaltenserwartungen im sozialen System. In integrativen Rollen begegnen die institutionalisierten →Verhaltenserwartungen gleichgerichteten internalisierten Motiven in einer Weise, die der Stabilität des →Handlungssystems dient.

Die deutsche Rezeption der rollentheoretischen Implikationen dieses Ansatzes wurde durch die Auseinandersetzung um einen „Versuch zur Geschichte, Bedeutung und Kritik der Kategorie der sozialen Rolle" beeinflußt, den der Autor *Ralf Dahrendorf* mit →„homo sociologicus" überschrieb. Die Bedeutung dieser Schrift liegt vor allem darin, daß in ihr in Abgrenzung vom integrativen Ansatz der →strukturell-funktionalen Theorie *Parsons'* ein ebenfalls auf einem normativen Rollenbegriff aufbauendes Gerüst von Begriffsbestimmungen entwickelt wurde, dessen implizite Annahmen eine heftige, die Entwicklung der Rollentheorie fördernde Diskussion ausgelöst haben. Im Zentrum der Konzeption *Dahrendorfs* steht ein imperativer Rollenbegriff, mit dem die sanktionskontrollierten Ansprüche einer in →Bezugsgruppen auflösbaren Gesellschaft gekennzeichnet werden. Das außergesellschaftlich freie Individuum wird als Adressat von Rollen einem Zwang unterworfen, der als allgegenwärtig und unentrinnbar gilt. Trotz Entpersönlichung und →Entfremdung wird aber Rollenkonformität angenommen, weil negative Sanktionen drohen.

Die Rollenperspektive des →symbolisch-interaktionistischen Theorieansatzes unterscheidet sich von den beiden bisher referierten Ansätzen dadurch, daß sie darauf verzichtet, eine normative Befestigung von Rollen zugrunde zu legen. Dieser Theorieansatz geht auf *George H. Mead* zurück und wurde vor allem von *Ralph H. Turner* ausgebaut. Mead wollte mit dem Rollenbegriff deutlich machen, daß die Menschen dazu imstande sind, einen virtuellen Rollenwechsel zu vollziehen, indem sie das situationsspezifische Verhalten ihrer Interaktionspartner antizipieren und ihrem eigenen Verhalten zugrundelegen (role-taking). In dieser Fähigkeit liegt eine Voraussetzung dafür, daß sich die Interaktionspartner allmählich auf gemeinsame, wechselseitig verbindliche Verhaltenserwartungen verständigen, zu denen sie sich wiederum in Relation setzen können. Role-taking wechselt mit role-making, einer, wie Turner betonte, situationsadäquaten Definition und innovativen Gestaltung der Handlungssequenzen, die die Kontinuität der Interaktionen erst gewährleisten.

Diese interpretative Rollenkonzeption wird zunächst ebensowenig wie die normativen Perspektiven mit einer raum- oder zeitbezogenen Relativierung ihres Geltungsbereichs verbunden. Angesichts der Unterschiedlichkeit der Perspektiven liegt allerdings eine Erörterung der Fragen nahe, ob für die jeweiligen Rollenkonzeptionen je spezifische Bezugsbereiche genannt werden können und ob Möglichkeiten der Koexistenz der Rollenperspektiven bestehen.

Jürgen Habermas hat in der Absicht, Freiheitsgrade des individuellen Handelns zu ermitteln, Unterschiede zwischen Rollensystemen und den auf sie bezogen handelnden Personen dadurch bestimmt, daß er die Prämissen der strukturell-funktionalen Rollenkonzeption herausgearbeitet und ihnen implizite Grundlagen anderer Konzeptionen gegenübergestellt hat. Einem Integrationstheorem gemäß wird in der →strukturell-funktionalen Theorie vorausgesetzt, daß der Komplementarität von Erwartungen und Verhaltensweisen eine Reziprozität der Bedürfnisbefriedigungen entspreche. Demgegenüber wird, etwa durch die Konstruktion des homo sociologicus, auf der Grundlage eines Repressionstheorems auf das Mißverhältnis zwischen Bedürfnissen und gesellschaftlich lizensierten Rollen hingewiesen. Der in den normativen Rollenkonzeptionen betonten Kongruenz zwischen Rollendefinition und Rolleninterpretation stellt *Habermas* in Einklang mit der symbolisch-interaktionistischen Perspektive ein Diskrepanztheorem gegenüber. Dieses fußt auf der Erfahrung, daß stabile Interaktionen die Herstellung eines wechselseitigen Deutungskompromisses voraussetzen und daß zudem eine zunächst gebrochene Intersubjektivität der Handlungsentwürfe die Interaktionspartner in ihrer Individualität berücksichtigt und bestätigt. Schließlich stellt *Habermas* dem Konformitätstheorem, nach dem, wie in der strukturell-funktionalen Theorie postuliert, von einer Übereinstimmung zwischen institutionalisierten (rollenhaften) und internalisierten Wertorientierungen auszugehen sei, ein Distanztheorem gegenüber. Hiernach ist von Möglichkeiten einer Distanznahme in den Orientierungen und Verhaltensweisen von Individuen auszugehen. Weiterhin ist vorauszusetzen, daß Rollen Eigenleistungen der handelnden Personen notwendig machen, damit konkretes Rollenhandeln erfolgen kann.

3. Objektbereiche rollentheoretischer Analysen

Diese Polarisierung rollentheoretischer Prämissen erfolgt, um Rollensysteme nach dem Grad ihrer Repressivität, Rigidität und dem von ihnen ausgehenden Konformitätsdruck unterscheiden zu können. Weiterhin soll bestimmbar werden, ob und mit welchen Leistungen das handelnde Subjekt mit der Unbestimmtheit und Mehrdeutigkeit von Rollen zurechtkommt. Auf der Grundlage solcher Differenzierungsmöglichkeiten lassen sich Rollentypologien entwerfen, mit welchen dem gegenüber Rollentheorie häufig geäußerten Vorwurf begegnet werden kann, diese ignoriere die geschichtliche Dimension gesellschaftlicher Entwicklung. Rollentypologien erlauben nämlich die Feststellung von →sozialem Wandel, wenn Fallbeispiele konkreter Rollen bestimmten Rollentypen zugeordnet werden und sich diese Zuordnungen im Zeitablauf ändern. Wenn z.B. sozialpflegerische Tätigkeiten nicht mehr Helferrollen in freiwilligen Vereinigungen mit hoher Eigenleistung und geringen Möglichkeiten zur Distanznahme zugeordnet werden, sondern formalisierten Rollen in Arbeitsorganisationen mit geringerer Eigenleistung aber größeren Möglichkeiten zur Rollendistanz, kann auf Professionalisierungs-, im umgekehrten Fall auf Entbürokratisierungstendenzen geschlossen werden. Sozialer Wandel ist der Rollenanalyse ebenfalls zugänglich, wenn Unterschiede im Ausmaß der Rollendifferenzierung (bzw. Rollenintegration) festgestellt werden. Eine wachsende Anzahl zunehmend voneinander unabhängiger Rollen kann vermehrt zu Konflikten zwischen verschiedenen Rollen einer Person sowie zwischen divergierenden Erwartungen innerhalb einer einzigen Rolle führen (Inter- und Intrarollenkonflikte).

Die weitere Bedeutung der Rollentheorie wird entscheidend davon abhängen, ob es gelingt, die Perspektiven normativer und interaktiver Rollenkonzeptionen miteinander zu verbinden. Auch in normierten und organisierten Sozialsystemen hochentwickelter Gesellschaften bleiben nämlich Eigenleistungen im interaktiven Bereich von Bedeutung, damit Rollenhandeln tatsächlich zustandekommt und fortgesetzt werden kann. Hinzu kommt, daß auch in →Organisationen interaktive Rollen im sozio-emotionalen Bereich entstehen. Diese werden zwar durch organisierte Rollen nicht determiniert, reagieren aber auf Organisationsnormen. Besondere Bedeutung könnte eine solche Verbindung normativer und interaktiver Rollenkonzeptionen erlangen, um eine bislang weitgehend bestrittene Kompetenz von Rollentheorie für die Analyse von →Autorität, →Herrschaft und →Macht zu zeigen. Normative Rollenkonzeptionen könnten Unterschiede in den strukturellen Grundlagen unterschiedlicher Einflußformen aufzeigen und auf deren Legitimationsmöglichkeiten hinweisen. Interaktive Konzeptionen könnten die in Handlungsprozessen erfolgenden Vollendungen und Umkehrungen von Herrschaftsverhältnissen aufbereiten. Hierbei könnten auch die brisanten Formen der Übertragung von Herrschaftsressourcen auf nichtlegitimierte Einflußbereiche Beachtung finden. Träger von Autoritätsrollen in Herrschaftsverbänden neigen nämlich nach allgemeiner Erfahrung dazu, neben den legitimierten und häufig auch organisierten Einflußmöglichkeiten Macht zu annektieren. Auf funktionaler oder formaler Autorität beruhende Einflußmöglichkeiten werden ausgedehnt. Solche Überschußautorität verfestigt sich, sobald Inhaber von Autoritätsrollen verschiedener Herrschaftsbereiche wie Politik, Verwaltung, Wirtschaft, Wissenschaft und Justiz Beziehungen zueinander aufnehmen, um wechselseitig Einfluß nehmen zu können, ohne hierzu spezifisch legitimiert zu sein. Solche Beziehungen können sich zu netzwerkartigen Autoritätskartellen verfestigen. Eine normative, organisationsorientierte Rollenanalyse könnte veranschaulichen, welche Rollennormen in welchen Herrschaftsverbänden besondere Expansionschancen für Machtausübung eröffnen. Eine interaktionsorientierte Rollenanalyse könnte entschlüsseln helfen, wie Rollenträger Interaktionen einleiten, um Machtchancen zu erhalten und wie eine entsprechende Machtausübung durch Dominanzattribute abgesichert wird.

Lit.: Dahrendorf, Ralf: Homo sociologicus. Versuch zur Geschichte, Bedeutung und Kritik der Kategorie der sozialen Rolle, (1958) 15. Auflage. Köln und Opladen 1977; *Habermas, Jürgen:* Thesen zur Theorie der Sozialisation. Kritik und Erweiterung des Rollenschemas, (1968) In: Ders.: Kultur und Kritik. Verstreute Aufsätze, 2. Auflage 1977; *Hennen, Manfred/Prigge, Wolfgang-Ulrich:* Autorität und Herrschaft, Darmstadt 1977; *Joas, Hans:* Rollen- und Interaktionstheorien in der Sozialisierungsforschung, In: *Hurrelmann, K./Ulrich, D.:* Handbuch der Sozialisationsforschung. Weinheim und Basel 1980; *Wiswede, Günter:* Rollentheorie, Stuttgart u. a. 1977; *Ziegler, Rolf:* Norm, Sanktion, Rolle. Eine strukturale Rekonstruktion soziologischer Begriffe, In: KZfSS, 1984, S. 433–463.

Prof. Dr. *W.-U. Prigge,* Mainz

S

Säkularisierung
im Zusammenhang mit dem Autonomiestreben stehender emanzipatorischer Entwicklungsprozeß, der auf Ablösung und Befreiung der von Theologie und Religion bestimmten Ordnungssysteme abzielt.

Sample
→Stichprobe
→Auswahl
→Auswahleinheit
→Auswahlverfahren

Sanktion
Im soziol. Sinne bezeichnet S. gesellschaftliche Reaktionen auf Verhalten, also Zeichen und Aktionen der Bestrafung (negative S.) oder Belohnung (positive S.). Personen werden wegen ihres Verhaltens und/oder ihrer Eigenschaften von anderen sanktioniert, um gewünschtes, normkonformes Verhalten zu erzielen und Abweichungen zu unterbinden. S.en sind ein Element der →sozialen Kontrolle und regeln Handlungszusammenhänge, die auf gesellschaftlichen Handlungsorientierungen (Normen, Werten und Zielen) beruhen.

Man unterscheidet formelle und informelle S.en, wobei erstere von einem hierzu legitimierten S.sapparat (Polizei, Gericht etc.) nach festgelegten S.snormen (Regeln für S.smittel und S.sdurchführung) gehandhabt werden, während die informellen S.en häufig demjenigen obliegen, der durch die Normverletzung betroffen wurde; sie reichen von Spott und Satire bis hin zu persönlicher Mißachtung. In der Regel sind sie weniger gravierend als formelle S.en.

Die Wirksamkeit von S.en hängt ab von dem Grad der Einflußmöglichkeiten anderer, also von der Struktur der →sozialen Systeme und vom Grad der Internalisierung von →Normen und →Werten. Das Bekanntwerden der S. in wichtigen Bezugsgruppen kann die Sanktionswirkung steigern (Stigmatisierung). Oft reichen S.sandrohungen und/oder eine hohe S.swahrscheinlichkeit aus, →abweichendes Verhalten zu verhindern. Auch die Schwere der angedrohten S. spielt für →Konformität eine Rolle. Akzeptiert die Person die sanktionierten Normen nicht oder treffen die S.en nicht die Bedürfnisstruktur des Sanktionierten, so bleiben sie wirkungslos. Sie sind um so effektiver, je deutlicher die S.en auf die →soziale Position der sanktionierten Person wirken. Es handelt sich im Regelfall um repressive S. (Strafen, Entzug von positiv Bewertetem) gegenüber restitutiven S.en *(Durkheim),* die auf Wiederherstellung des status quo ante abstellen.

Durch →Internalisierung der →sozialen Normen werden die S.en tendenziell überflüssig, da die Selbstkontrolle (Gewissen) für normkonformes Verhalten sorgt.

Lit.: Durkheim, Emile: Die Regeln der soziologischen Methode, Bd. 3 der Soziologischen Texte, 6. Aufl., Neuwied 1980; *Parsons, Talcott:* The Social System, 1. Aufl., Glencoe, Illinois 1951; *Radcliff-Brown, Alfred:* Social Sanction, in: *Coser, Lewis A./Rosenberg, Bernard* (Hg.): Sociological Theory, 2. Aufl., New York 1964; *Spittler, Gerd:* Norm und Sanktion. Untersuchungen zum Sanktionsmechanismus, 1. Aufl., Olten 1967

Prof. Dr. *S. Lamnek,* Eichstätt

Schichtung
→soziale Schichtung

Schneeball-Verfahren
Stichprobenmodell zur Erforschung von Diffusionsprozessen (Gerüchte), bei denen ein Befragter weitere Personen benennt, die dann zum gleichen Sachverhalt befragt werden.

„Schulen“ der Soziologie in Deutschland
Die Soziologie konnte in der Nachkriegszeit weder politisch noch wissen-

schaftlich auf einer kontinuierlichen Entwicklung aufbauen. Ihre Situation war durch eher differenzierende denn verbindende Konzeptionen, einen dezimierten Personalbestand und eine bis dahin nicht zureichende Diskussion über die Funktion der Soziologie als Lehrfach gekennzeichnet. Zudem wurde das – teilweise diffuse – Bild der Soziologie durch den „Import“ der stark empirisch orientierten amerikanischen Soziologie beeinflußt, wodurch polarisierte Akzente gesetzt wurden: den klaren Befürwortern dieser Richtung standen die nicht weniger strikten Ablehner gegenüber. Als in der Mitte der 1950er Jahre die ersten sozialwissenschaftlichen Diplomstudiengänge (an vier Universitäten) errichtet wurden, geschah dies mehr oder minder „ungeplant“, jedenfalls ohne vorausgehende Diskussion zwischen den Fachvertretern; die Studiengänge wurden inhaltlich nicht abgestimmt. Die unterschiedlichen theoretischen und forschungspraktischen Orientierungen an den verschiedenen Universitäten führten zu einer Schulenbildung, vor allem zu einer philosophischen und einer ökonomischen Ausrichtung der Soziologie, die es in dieser ausgeprägten Distanz zueinander in anderen Ländern nicht gibt.

– In Köln bildete sich um *René König*, der sich besonders durch die Aufarbeitung und kritische Analyse der soziologischen Klassiker und die Rezeption amerikanischer, englischer und französischer Gegenwartssoziologie verdient gemacht hatte, eine soziologische Richtung.

– *Helmut Schelsky,* zunächst in Hamburg (später in Münster und Dortmund), spielte eine nicht unwichtige Rolle in der „Schulenbildung“. Hier wurde Soziologie als „empirische Wirklichkeitswissenschaft“ mit philosophisch-phänomenologischem Hintergrund verstanden.

– In Frankfurt wurde von *Theodor W. Adorno* und *Max Horkheimer* das Institut für Sozialforschung, das bereits Ende der 1920er Jahre existiert hatte, neu gegründet. Sie vertraten die kritisch-dialektische Theorie, die durch die Auseinandersetzung mit der amerikanisch-pragmatischen Soziologie und der wissenschaftstheoretischen Position des kritischen Rationalismus gekennzeichnet war.

– In Kiel wurde unter dem Einfluß von *Gerhard Mackenroth* und später *Karl Martin Bolte* die Neue Kieler Schule geformt. Diese Richtung widmete sich vor allem soziologisch orientierter Bevölkerungslehre und empirischer Sozialanalyse.

– An der Freien Universität Berlin wurde unter dem Einfluß von *Otto Stammer* und *Hans-Joachim Lieber* eine politisch-ideologiekritisch orientierte Soziologie eigener Provenienz entwickelt.

Diese Schulen waren geprägt von den Arbeiten ihrer „Väter“, den Interessenschwerpunkten und den wechselseitigen theoretischen, politischen und persönlichen Aversionen oder Affinitäten der Begründer und Träger dieser Schulen. Die Zentren waren intern durch einen starken Zusammenhang gekennzeichnet, der die zwischen ihnen bestehenden Differenzen noch betonte. „Die markanten Vertreter der akademischen Soziologie in der Bundesrepublik in den fünfziger Jahren standen untereinander in einem höchst ambivalenten Verhältnis, das in der Vielschichtigkeit seiner Motivationen und Auswirkungen die gerade erst wiederbegründete Disziplin ungemein prägte und seine Prägekraft erst in der Mitte der sechziger Jahre zu verlieren begann. Theoretische, methodologische und politische Motive mischten sich in diesem Verhältnis in eigentümlicher Weise“ (*Matthes* 1981, S. 58).

Die an „nicht schulengebundenen“ Universitätsorten betriebene Soziologie stand zu dieser Zeit mehr oder weniger im Schatten dieser Schulen. Dadurch wurde eine regelmäßige, offene und kritische Kommunikation unter den Soziologen ganz erheblich beeinträchtigt.

„Schulen“ der Soziologie

„Der wissenschaftliche Markt war vielmehr von Anbeginn entlang den Trennungslinien der großen ‚Schulen‘ aufgespalten; man produzierte und tauschte innerhalb des jeweiligen schuleigenen Marktes und begegnete Arbeitsergebnissen, die von einer der anderen Schulen vorgelegt wurden, mit Immunisierungsstrategien vielerlei Gestalt, nicht selten darin gipfelnd, dem anderen das ‚eigentlich Soziologische‘ an seinem Tun abzusprechen“ (*Matthes* 1981, S. 59). Es muß jedoch auch die positive Wirkung der Schulenbildung gesehen werden: Innerhalb der Schulen bestand eine konzentrierte (wenn auch häufig einseitige) Kommunikation, wodurch wissenschaftliches Potential gebildet wurde, das – als mit der Zeit die Grenzen der Schulen durchlässiger wurden – nicht unbeträchtliche Energien freisetzen konnte.

Als eine neue Generation von Nachkriegssoziologen gegen Ende der fünfziger und am Beginn der sechziger Jahre in die akademischen Positionen drängte, wurden die Grenzen der einzelnen Schulen der ersten Nachkriegsphase durchlässiger. Diese Generation läßt sich in zwei Gruppen teilen: „Die einen fühlten sich zu permanenten Reflexionen über das Wesen der Soziologie, über die letzthinnige Begründbarkeit herausgefordert und verfielen damit wiederum jener Neigung zur unverwechselbaren ‚Ein-Mann-Soziologie,, die diese Disziplin in den zwanziger Jahren gekennzeichnet und sich in der Schulenbildung der fünfziger Jahre zu einer eigentümlichen Struktur der Disziplin insgesamt objektiviert hatte“ (*Matthes* 1981, S. 62). Zu dieser Gruppe gehörten vor allem *Ralf Dahrendorf* und *Dieter Claessens*. Die andere Gruppe begab sich auf verschiedene abgrenzbare Forschungsfelder, bearbeitete verschiedene spezielle Soziologien oder widmete sich den didaktischen Problemen der Sozialwissenschaften in Schule und Hochschule. Fast ausnahmslos wurden keine direkten und bewußt geführten Auseinandersetzungen mit der Schulenbildung der fünfziger Jahre, ihrem wissenschaftsgeschichtlichen Stellenwert und ihren paradigmatischen Inhalten geführt. Zu dieser Gruppe sind *Hans Paul Bahrdt, Karl Martin Bolte, Ludwig von Friedeburg, Friedrich Fürstenberg* und *Heinz Kluth* zu zählen.

Anfang der sechziger Jahre kam die Soziologengeneration zum Zuge, die ihre akademische Ausbildung in einem schon entwickelten Lehrbetrieb der Soziologie erfahren hatte. Gleichzeitig bildete sich in der Auseinandersetzung zwischen der Frankfurter und der Kölner Schule „das Grundthema heraus, das bis heute in der BRD die Entwicklung der Soziologie begleitet. „... immer ging es um die Frage nach der ‚richtigen‘ soziologischen Methodik, nach der ‚richtigen‘ soziologischen Gegenstandsbestimmung und -behandlung“ (*Holzer* 1982, S. 12). Dieser basale Gegensatz wurde z.B. von *König* und *Adorno* (1960) als Konfrontation zwischen „soziologischer Theorie“ und „Theorie von Gesellschaft“ abgehandelt; von *Adorno* und *Popper* (1961) im sogenannten Positivismusstreit gefaßt, der auf einer Arbeitstagung der Deutschen Gesellschaft für Soziologie in Tübingen begann; von *Habermas* und *Albert* über Jahre hinweg zur Kontroverse zwischen „kritischer Theorie“ und „kritischem Rationalismus“ gemacht; von *Dahrendorf* durch die Debatte um den soziologischen Funktionalismus erweitert; später allgemein als „Theorienvergleich“ debattiert (vgl. *Kreckel* 1975, S. 63ff.). Die z.T. schulenübergreifend geführte Diskussion blieb gleichwohl der Positivismusstreit: Diese wissenschaftsinterne, grundlagentheoretische Auseinandersetzung entwickelte sich zu „gesellschaftsinternen“ Kontroversen in der zweiten Hälfte der sechziger Jahre. Es verbanden sich (über viele Mechanismen vermittelt) erkenntnistheoretische mit politisch-ökonomischen (Kapitalismusdiskussion) und moralischen (Partizipationsdebatte, Kriegsdienstdebatte) Auffassungsunterschieden. Jedoch führte die sozialwissenschaftliche Generaldiskussion nicht zur Vergrößerung der Kommunikationsbereitschaft in der scientific community, sondern zu Beginn der siebziger Jahre zur Ausdifferenzierung (dogmatisch) weitgehend geschlossener Milieus, zu Zirkelbildungen und Domänenansprüchen (vgl. z.B. *König* 1979, s. 360f.).

Zu Beginn der siebziger Jahre entstand „auch in der Soziologie als einer akademischen Disziplin eine Hochschullehrerschaft, deren Konturen sich noch nicht ablesen lassen und vermutlich auch nicht mehr, jedenfalls nicht mehr vorrangig, nach Kriterien der grundlagentheoretischen Orientierung oder nach Kriterien von Generationsgruppen abbildbar sein werden“ (*Matthes* 1981, S. 66). Auf dem 1974 in Kassel veranstalteten Soziologentag wurde der Versuch unternommen, die Soziologie theoretisch neu zu diskutieren. Es wurde die „Arbeitsgruppe Theorienvergleich“ gegründet, die schon von der Formulierung der Arbeitsaufgabe her eher vermittelt als polarisiert. Zwischen 1975 und 1977 gab es im Rahmen des „Theorienvergleichs“ drei informelle Arbeitstagungen, die von der Deutschen Gesellschaft für Soziologie ausgerichtet wurden, sowie eine breitere Diskussion während des Deutschen Soziologentages 1976 in Bielefeld. 1978 wurden dann die Resultate der dreijährigen Arbeit in dem Sammelband „Theorienvergleich in den Sozialwissenschaften“ veröffentlicht.

Auf dem 20. Deutschen Soziologentag (1980 in Bremen) präsentierte sich „eine gewandelte Soziologie (...): streit- und theoriemüde, von geradezu „biedermeierlichen“ Forschungsinteressen, dankbar den wenigen verbliebenen Vaterfiguren lauschend, Abbild weniger einer geschlossenen Wissenschaft als beflissenen Wissenschaftelns“ (*Buschbeck* in der SZ vom 24. 9. 1980, S. 36). Der „europäische Typ“, Wissenschaft zu betreiben (bevorzugt Theorieentwicklung), war damit abgelegt, und der amerikanische Pragmatismus hielt auch in der deutschen Soziologie Einzug.

Die für die Nachkriegszeit beschriebenen Schulen der Soziologie waren natürlich auch eine Funktion der geringen Zahl soziologischer Ausbildungsorte und Universitätspositionen. Die schon für die 60er Jahre diagnostizierte tendenzielle „Aufweichung“ der Schulen erfährt durch die quantitative Expansion der Soziologie, durch die Zunahme gesellschaftlicher Probleme und durch Profilierungs- und Professionalisierungstendenzen eine in Gegenstandsbereichen und theoretischen Ansätzen noch weitergehende Differenzierung und Heterogenität, so daß klare und dominante Strukturen nicht mehr auszumachen sind. „Nach der verstärkten Rezeption amerikanischer soziologischer Theorien *(Parsons/Merton/Davis/Homans)* in den 60er und 70er Jahren (*Lepsius* 1979, S. 51) kann man heute an den verschiedenen Hochschulen Vertreter fast aller soziologischen Denkrichtungen auffinden: Strukturfunktionalisten, Systemtheoretiker *(Luhmann, Münch)*, Konflikttheoretiker *(Dahrendorf)*, Rational-Choice-Theoretiker *(Esser)*, Verhaltenstheoretiker *(Opp)*, Handlungstheoretiker *(Haferkamp †/Schmid)*, kritische Sozialtheoretiker *(Habermas)*, Phänomenologen, symbolische Interaktionisten *(Berger/Luckmann)*, Soziolinguisten *(Oevermann)* etc. pp. (vgl. dazu *Reimann* et al. 1991, S. 70 f.). Wiederentdeckungen und Rekonstruktionen der Klassiker *(Weber, Durkheim, Simmel)* u. a. konkurrieren mit methodisch verfeinerten, aber theoriearmen Umfrageforschungen, interpretativ und hermeneutisch geschulte Geisteswissenschaftler streiten mit überzeugten Methodenmonisten. Die zu Beginn der 70er Jahre von *Jürgen Habermas* und *Niklas Luhmann* geführte Kontroverse, ‚Theorie der Gesellschaft oder Sozialtechnologie‘ wurde nicht durch fachlichen Konsens beige-

„Schulen" der Soziologie

legt, sondern durch Abwendung von großen wissenschaftstheoretischen Konzepten zugunsten praktischer Arbeit am jeweiligen Paradigma beendet. „Dieser methodologische und theoretische Pluralismus im Sinne einer Perspektivstruktur der Erkenntnis ist jedenfalls gegenwärtig die einzige Möglichkeit, das Forschungsobjekt Gesellschaft wissenschaftlich einigermaßen befriedigend zu ‚bewältigen'", urteilt etwa *Horst Reimann* (Reimann et al. 1991, S. 72) (Gernand/Schürmann, in: Lamnek 1993, 164).

Versucht man trotz des eben skizzierten Gegenstands- und Theorienpluralismus ein generalisiertes Bild der Soziologie in den 80er und 90er Jahren in Deutschland zu zeichnen, so wird erkennbar, daß die Bedeutung der Nachkriegsschulen zurückgegangen und eine Schulenbildung im engeren Sinne kaum mehr auszumachen ist. Zwar stehen methodologische und theoretische Ansätze und Konzepte zueinander in Konkurrenz, doch gehen sie in den Publikationen gegenseitig kaum aufeinander ein. Im Bereich der empirischen Forschung existieren das quantitative und das qualitative Paradigma mehr oder weniger nebeneinander mit weitgehender Nichtbeachtung der jeweils anderen Position. Die qualitative Sozialforschung hat in Methodologie und in der konkreten Forschung erheblich aufgeholt, ohne jedoch die statistisch-quantitativen Studien verdrängen zu können.

Luhmanns funktional-strukturalistische Arbeiten haben auf theoretischer Ebene – durchaus internationale – Verbreitung und Resonanz gefunden, ohne daß man von einer Schulenbildung reden könnte. Auch Habermas' Theorie des kommunikativen Handelns hat interdisziplinäre und internationale Verbreitung erfahren, ohne zu einer dominanten Wirkung gelangen zu können. Modernisierungstheoretische Überlegungen und Ansätze werden insbesondere im Wissenschaftszentrum für Sozialforschung in Berlin angewandt und gepflegt, ohne andere theoretische Überlegungen verdrängen zu können. Die Becksche Individualisierungsthese hat (mit all ihren Mißverständnissen) wohl die weitestgehende Öffentlichkeitswirksamkeit erlangt und dürfte in den letzten Jahren der wohl meistzitierte Ansatz sein, doch zeigen die daran sich reibenden Kritiken, daß „Risikogesellschaft" und „Individualisierung" bedeutsame Metaphern sind, aber ähnlich wie die „Erlebnisgesellschaft" von Schulze eben nur selektiv-singuläre Charakterisierungen darstellen, die nicht zureichen, ein eigenes Paradigma zu begründen. Auch der ernstzunehmende Versuch von Esser, unterschiedliche theoretische Ansätze zueinander in Beziehung zu setzen, läuft letzten Endes darauf hinaus, sie einem methodologisch-indivudalistischen Programm nachzuordnen und den Ansatz des Rational Choice als umfassend und übergeordnet hervorzuheben.

Von solchen diversifizierenden, differenzierenden und konkurrierenden Positionen war die Soziologie in der DDR „verschont". Mindestens die West-Soziologen haben aus ihrer distanzierten Perspektive ein relativ einheitliches Bild der DDR-Soziologie entwickelt, das den Soziologen der DDR als zu unspezifisch erscheinen mußte. „Die DDR-Soziologie war … geprägt vom sowjetrussischen sozialwissenschaftlichen Verständnis, das der Stalinzeit entstammte, majorisiert von den Dogmen des sogenannten Marxismus-Leninismus, der, bei Lichte besehen, keine wissenschaftliche Synthese von Marx und Lenin war, sondern eine Sammlung äußerst vereinfachter Postulate über einen, wie man meinte, gerade jetzt und akut sich verwirklichenden geschichtlichen Finalismus … Der doktrinäre Geschichts-Finalismus, der gefordert wurde, und die irrealen politischen Zielprojektionen der Parteiführung behinderten allerdings die normale wissenschafts-introverse Gestaltung der Forschungsthemen und ihre Durchführung nachhaltig; sie artikulierten sich ferner in den Forschungsberichten und Publikationen der Soziologen vermittels entsprechender Vorbemerkungen und durch ideologie-haltige Deutungsversuche von empirischen Befunden“ (*Meyer,* in: Schäfers 1995, S. 35f.). Als entgegen den ursprünglichen Absichten Mitte der 60er Jahre die Hauptfachsoziologenausbildung an drei Universitäten institutionalisiert wurde und damit die Soziologie gesellschaftlich eine Aufwertung erfahren hatte, war die Soziologie als eine empirisch-orientierte Sozialwissenschaft gedacht. Zwar hatte sich die empirische Forschung der vorgegebenen ML-Ausrichtung zu unterwerfen, doch war die empirische Fundierung einigermaßen unbestritten. Ein Positivismusstreit wie im Westen wurde nicht ausgetragen, obgleich an der Humboldt-Universität zu Berlin eine eher ökonomische und eine eher philosophische Ausrichtung der Soziologie erkennbar waren. Gleichwohl wurde insbesondere in der Akademie für Gesellschaftswissenschaften und am Zentralinstitut für Jugendforschung in Leipzig in besonderer Weise empirisch geforscht. Daß solche Forschungen nicht immer führungs- und ideologiekonform gerieten, ist fast selbstverständlich. „1974 fanden ihre Unternehmungen dann jedoch das unversöhnliche Mißfallen dogmatischer und intriganter Philosophen an der Akademie, die leider Unterstützung durch führende Mitglieder des ‚Wissenschaftlichen Rates für soziologische Forschung‘ erhielten. Die Abteilung Soziologie wurde (wörtlich) ‚wegen unzureichendem marxistisch-leninistischem Niveau‘ aufgelöst“ (*Meyer,* in: *Schäfers* 1995, S. 42). Politische Mißliebigkeit hatte fatale Folgen: „... Kallabis wurde wegen Sympathie für den Gewerkschaftskurs der 1968er tschechoslovakischen Reformer (ein weitläufig konstruierter Vorwurf) auf drastische Weise hinausgeworfen, verlor seine Professur, erhielt lebenslanges Publikationsverbot“ (*Meyer,* in: Schäfers 1995, S. 45).

Trotz der Rezeption internationaler soziologischer Literatur und trotz der Zunahme von Partizipationen an internationalen Kongressen konnte sich die Soziologie in der DDR bis zur Wende nicht zureichend emanzipieren, so daß das durchaus monolithische Bild einer marxistisch-leninistisch instrumentalisierten Sozialwissenschaft verbleibt.

Lit.: Holzer, H.: Soziologie in der BRD. Theorienchaos und Ideologieproduktion, Berlin (West) 1982; *Kreckel, R.:* Soziologisches Denken. Eine kritische Einführung, Opladen 1975; *Lamnek, S.* (Hg.): Soziologie als Beruf in Europa, Berlin 1993; *Matthes, J.:* Einführung in das Studium der Soziologie, Opladen 1981; *Schäfers, B.* (Hg.): Soziologie in Deutschland, Opladen 1995

Prof. Dr. *S. Lamnek,* Eichstätt

scientific community

Wissenschaftsgesellschaft

die alle Wissenschaftler verbindende Gemeinschaft.

score

Maßzahl oder Punktwert auf einer Skala.

Sedimentation

Ablagerung

aus der Geologie übernommener Begriff, der in den Sozialwissenschaften zur Bezeichnung der angesammelten Lebenserfahrungen eines Menschen verwendet wird. S. ist in diesem Sinne der Fundus an Wissen und Kenntnissen, aber auch an Stereotypen und Vorurteilen, die das Handeln des einzelnen bestimmen.

Segregation

Aussonderung bestimmter Bevölkerungsgruppen (→Minderheiten), die sich nach Haarfarbe, Herkunft, Status u.a. von der herrschenden Schicht unterscheiden, in den USA z.B. Indianer, Neger, aber auch spezielle Einwanderungsgruppen wie Italiener, Polen, Mexikaner, die nicht zu den WASP (white-anglo-saxon-protestants) beziehungsweise einer anderen Religionsgemeinschaft angehören. Die S. ist meist strukturell verankert und verbietet Angehörigen von Minderheiten oder benachteiligten Gruppen den Zuzug in bestimmte Wohngebiete bzw. zwingt sie, sich in für sie reservierten Gebieten niederzulassen (Reservationen für Indianer in den USA, Townships für Schwarze in Südafrika).

Sekte

Bezeichnung für kleinere Glaubensgemeinschaften, die durch Abspaltung entstanden sind, oder für weltanschaulich geprägte Gruppen, die mit religiösem Anspruch auftreten.

Sektor

Zusammenfassung gleichartiger Wirtschaftssubjekte in der volkswirtschaftlichen Gesamtrechnung, Unterscheidung in primären, sekundären und tertiären Sektor. Das von *J. Fourastié* entwickelte Sektorenmodell dokumentiert, wie sich der wissenschaftlich-technische Fortschritt in den einzelnen Sektoren unterschiedlich auswirkt. Der Produktivitätsfortschritt führt zunächst im primären (Landwirtschaft) später auch im sekundären Sektor (Industrie und Handwerk) zu einer Verringerung der Arbeitskraftnachfrage, während der tertiäre Sektor (Dienstleistungen) nur einen geringen Produktivitätsfortschritt aufweist und deshalb für Arbeitskräfte aufnahmefähig ist.

Sekundäranalyse

Verwendung von Daten und Datensammlungen für Untersuchungen mit eigener Fragestellung, z. B. die Nutzung von vorliegenden Erhebungen, wie sie vom Statistischen Bundesamt regelmäßig vorgelegt werden.
→Primärerhebung

Selbsthilfegruppen

freiwillige Zusammenschlüsse von Menschen mit gleichen oder ähnlichen Problemen zum Zweck der Selbsthilfe in gemeinschaftlichem Rahmen.

In Deutschland hat sich die Zahl der Selbsthilfegruppen in den letzten zehn Jahren bis heute (April 1997) mehr als verdoppelt; in ihnen sind über 2,65 Millionen Menschen engagiert. Die Initiativen kümmern sich um Behinderte, Senioren, Alleinerziehende, Häftlinge oder psychisch Kranke. Von der sozialen Selbsthilfe in Gruppen, deren soziale Schichtung breit gefächert ist (mit etwa 80 Prozent tätigen Frauen), profitiert die öffentliche Hand besonders im Gesundheits- und Sozialbereich beträchtlich, weil die Dienstleistungen in der Mehrzahl unentgeltlich sind.

Viele der Initiativen kämpfen dagegen um das eigene Überleben. Das Kölner Institut für sozialwissenschaftliche Analysen und Beratung (ISAB) fand im Auftrag des Bundesfamilienministeriums heraus, daß 44 Prozent der Initiativen 1995 mit einem Jahresetat von weniger als 500 Mark auskommen mußten. Umfang und Zunahme der sozialen Selbsthilfe können als Indizien für gesellschaftliche Problemlagen betrachtet werden; auch immer mehr Arbeitslose organisieren sich in Selbsthilfegruppen.

G. R.

Selbstmord

auch: Selbsttötung

seit *E. Durkheim* (1897) als Phänomen sozio-struktureller Entwicklung gedeutet. *Durkheim* differenziert zwischen „altruistischem“, „egoistischem“ und „anomischem“ Selbstmord. Der altruistische Selbstmord findet sich in traditionalen Gesellschaften, in denen die Familie absoluten Vorrang genießt (z. B. in Japan). Der egoistische Selbstmord ist typisch für Gesellschaften, in denen emotionale Bindungen wenig Halt und Orientierung bieten und →soziale Kontrolle fehlt (Industriegesellschaften Westeuropas und N-Amerikas), während der anomische Selbstmord sich in Zeiten gesellschaftlichen Umbruchs häuft (Flucht und Vertreibung).

Selbstverstärkung

Begriff der Lerntheorie; Reaktionen gelten als selbstverstärkend, wenn durch sie bestimmte →Reize erzeugt werden, die wiederum als Verstärker der →Reaktion wirken.

Selbstverwaltung

die meist ehrenamtliche Tätigkeit im Rahmen öffentlicher Aufgaben, etwa in Gemeinden oder Gebietskörperschaften. Desgleichen findet sich Selbstverwaltung bei den Sozialversicherungsträgern, den Universitäten und bei berufsständischen Vereinigungen (z.B. Industrie- und Handelskammern).

Selektion

Auswahl, Auslese, „natürliche Zuchtwahl"
ein in Anlehnung an die Evolutionstheorie von *C. R. Darwin* (1809–1882) verstandenes Entwicklungsprinzip, nach dem der Wandel der Gesellschaft das Ergebnis von Kampf und Konkurrenz ist, bei dem sich der Stärkere gegenüber dem Schwächeren durchsetzt.
→Auslese
→Sozialdarwinismus

self-fulfilling prophecy

Voraussagen über künftige Ereignisse treffen dann ein, wenn sie dem Betroffenen bekannt sind, d.h., vorhandene Tendenzen werden bewußt verstärkt. Bei der self-destroying prophecy führt das Bekanntwerden einer Voraussage zum Gegenteil der Prognose, z.B. beim Wahlverhalten; beruht auf dem →Thomas-Theorem.

Semantik

Bedeutungslehre
Teilgebiet der →Semiotik, bezeichnet in den historischen Sprachwissenschaften den Bedeutungswandel von Worten.

Semiotik

Lehre von der Entstehung, dem Aufbau und der Wirkungsweise von Zeichen und Symbolen als Mittel sozialer Verständigung. Teilgebiete der Semiotik sind Syntaktik und →Semantik.

Sequenzanalyse

statistisches →Auswahlverfahren, bei dem der Umfang der →Stichprobe erst im nachhinein festgelegt wird.

Sexualität und Liebe

1. Begriff und Wesen. Die Koppelung von S. und L. in einem Artikel verweist auf ein prekäres Verhältnis: die beiden lassen sich weder trennen noch in eins setzen, noch in ein einfaches Komplementärverhältnis bringen. Von dieser Schwierigkeit ist die Kulturgeschichte seit dem Mittelalter so sehr geprägt, daß die Soziologie den Komplex bis heute anderen Wissenschaften überlassen hat, vor allem solchen, die in metaphysisch aufgeladenen Fragen weniger skrupulös sind. Auch die sich entwickelnde Soziologie der →Emotionen sucht ihre Gegenstände anderswo.

S. und L. können ebensowenig wie Leib und Seele als völlig verschiedene Sphären begriffen werden, auch wenn Alltagsbewußtsein und viele Definitionen so verfahren. S. ist seelisches Erleben im Rahmen einer sozialen Beziehung (diese manchmal nur vorgestellt), deren Sinn genitale Lust umgreift. L. als soziale Beziehung richtet sich auf ein Lebewesen in dessen physischem Bestande; die Kommunikation mit dem anderen bedeutet höchstes persönliches Glück. Wo die körperliche Attraktivität eines Gegenüber im Vordergrund steht, ohne L. oder S. auszulösen, wird auch von Erotik gesprochen. Weitere Begriffe – Leidenschaft, Intimität, Sympathie, Freundschaft u.a. – bezeichnen Bestandteile und Abschwächungen, die ebenso schwer zu fixieren sind wie S. und L.

Die begrifflichen Probleme beruhen darauf, daß S. und L. so zentral für das menschliche Leben sind. Jede Epoche, jede Kultur gibt ihnen eine eigene Fassung. Noch an verschiedenen sozialen Standorten bedeuten S. und L. sehr Verschiedenes: empirisch erwiesen ist dies für die Dimensionen →Geschlecht, →Lebensalter und →Klasse. An solchen Spaltungslinien entzündet sich eine Dynamik des Erotisch-Sexuellen, die

Konflikte anstiftet, nach Verregelung ruft und ständigen Wandel antreibt.

2. Soziale Konstruktion von S. und L. Aus kulturvergleichenden *(B. Malinowski, M. Mead)* und historischen *(N. Elias)* Studien war die hohe Variabilität von S. und L. in der Soziologie seit langem bekannt. Dennoch unternahm man hier wenig gegen den →Biologismus des Alltags und das naturgesetzliche Denken in weiten Teilen der Psychoanalyse. Zwar bedingen und begrenzen biologische Fakten das Mögliche, aber sie verursachen nicht die Muster des sexuellen Lebens. Das körperlich Disponierte erlangt erst in einem gesellschaftlichen Verhältnis seine wechselnde sexuelle Bedeutung. Die „konstruktivistische" Botschaft lautet zugespitzt: S. existiert nur durch ihre sozialen Formen und gesellschaftliche Organisation *(J. Weeks).* Die „essentialistische" Gegenposition betont die einheitlichen und überdauernden Merkmale von S. und L.; sie stützt sich dafür auf anthropologische und philosophische Begründungen. Manches an dieser derzeit lebhaft geführten Debatte ist empirisch unentscheidbar, weil es auf Wortwahl und Grundprinzipien beruht.

Einer Soziologie von S. und L. hat der konstruktivistische Blick neue Möglichkeiten eröffnet. Der deterministische Ansatz, sozusagen die Chemie der Gefühle, wurde aufgehoben. Das Postulat der →Wertfreiheit vermag seinen heuristischen Nutzen zu entfalten, wenn S. und L. einmal außerhalb der Setzungen von gut/schlecht, gesund/krank usw. betrachtet werden.

Die Theorien zum Konstruktcharakter von S. und L. sind durch die geschlechtlichen Bewegungen der 1970er Jahre zur Blüte gelangt: Die Kritik am Dominanzverhältnis zwischen Mann und Frau sowie an der Zwangsheterosexualität *(A. Rich)* hat die überkommenen→Institutionen zur Disposition gestellt und nach Alternativen fragen lassen. Wohl nirgends sonst in der allgemeinen Soziologie haben Autorinnen so zahlreich, weiterführend und dicht zum Schrifttum beigetragen.

3. Szenarien von S. und L. Der bislang meistbeachtete soziologische Beitrag besteht im Konzept und in der empirischen Beschreibung sexueller Szenarien (sexual scripts; v.a. bei *W. Simon/J. H. Gagnon*). In ihnen steht umrißartig geschrieben, wie das Erotische einer Situation wahrzunehmen und zu definieren ist, was darüber zu wissen und wie darin zu handeln ist. Diese „kulturellen Drehbücher" spezifizieren die geeigneten Objekte des Begehrens sowie die wünschenswerten Eigenschaften des Selbst und der anderen; sie instruieren über Zeiten, Orte, Gesten und Signale der Annäherung; sie bestimmen die einzusetzenden und erwartbaren Gefühle. Sexuelle Szenarien sind für zahlreiche Handlungsabläufe der S. und L. beschrieben worden, meist allerdings für die Verhältnisse in den USA: vom Verabreden über das Verlieben und die Werbung bis hin zu den diversen „Spielen der Erwachsenen" *(E. Berne).* Das Konzept setzt fort, was *E. Goffman* zuerst für die Dramaturgie des →Alltagslebens analysiert hat, aber für das Sexuelle zu thematisieren unterließ.

Nur wer mindestens ein solches Szenario kennt und zu spielen vermag, kann S. erleben; von selbst geschähe hier nämlich kaum etwas. Wer darüber hinaus mehrere Szenarien beherrscht und sie geschickt zu wechseln weiß, dem stehen viele Erfahrungen offen. Die soziale Textur nagelt die Akteure keineswegs auf öde Routinen fest, sondern erlaubt auch Variation und Spontaneität – diese allerdings möglicherweise erneut in geregeltem Rahmen.

Auch und gerade die sog. Perversionen, von der Sexualpsychiatrie nachhaltig pathologisiert und stets im Vordergrund sexualwissenschaftlicher Aufmerksamkeit, erzählen eine Geschichte, die dramaturgisch gefaßt und immer wieder aufgeführt wird *(R. J. Stoller).* Sie zu verstehen heißt, das zugrundelegende Szenario zu entwickeln.

Die Regelsysteme von S. und L. werden gelernt. Die an dem in der Kindheit eingenommenen sozialen Ort bestehenden Geschlechterarrangements und Spielgruppen bereiten vor, was in der Adoleszenz dann unmittelbar an sexuell-erotischen Szenarien einstudiert wird: Themen, Ziele, Initiative, Abläufe. Mit teilnehmender Beobachtung auf den Pausenhöfen von Grundschulen gelang es kürzlich, für Mädchen bzw. Jungen die zahlreichen Besonderheiten aufzudekken, wie die homosozialen und heterosexuellen Beziehungen geregelt und ausgelebt werden.

4. Sozialstruktur. Die →handlungstheoretische Analyse (vor. Abschn.) öffnet sich zur →makrosozialen Ebene mit dem Begriff des „kulturellen Szenarios“. Dieses bezeichnet die Summe aller Institutionen und Kontrollen, in deren Rahmen spezifische Formen von S. und L. sich ausbilden. Zur gesamtgesellschaftlichen Analyse des Themas liegt eine Reihe von beachtlichen Versuchen vor, so daß hier noch am ehesten von einer soziologischen Forschungstradition gesprochen werden könnte.

Hinzuweisen ist auf: Enthaltsamkeit als ein Aspekt der innerweltlichen Askese *(M. Weber)*; Sinnbezüge zwischen L., S. und Geschlechtsverhältnis *(G. Simmel)*; Moral und Geschlecht *(R. Michels)*; Inzestverbot als Ordnungsprinzip *(T. Parsons, C. Lévi-Strauss)*; Institutionalisierung von S. und L. als zivilisationserhaltend *(H. Schelsky)*.

Am besten ausgearbeitet ist die Vielfalt der Sexualideologien; weltanschaulich festliegende Überzeugungen lenken das Denken im Alltag ebenso wie das in Wissenschaft und Religion. An mehrgliedrigen Typologien (I. L. Reiss; M. S. Davis) wurde in Verbindung mit Inhaltsanalysen und Umfragen deutlich, wie die Grundmuster historisch überdauern, aber sich im Verhältnis zueinander wandeln. Dies macht weithin die Dynamik von Liberalisierung und Rationalisierung der S. aus. Auch für die L. und ihr Verhältnis zur S. sind vorwiegend die ideologischen Bestände untersucht worden.

Verglichen mit den soziologischen wirken die sozialhistorischen Studien zum Thema meist unmittelbarer, materialreicher, genauer und anregender (bspw. J. P. Aron/R. Kempf, M. Schröter, E. Shorter, J. v. Ussel). Das beweist auch der noch ausbaufähige Erfolg von *M. Foucaults* mehrbändigem und vielschichtigem Lebensschlußwerk über S. und Wahrheit.

Lit.: R. Lautmann: Der Zwang zur Tugend, Frankfurt/M. 1984; *N. Luhmann:* Liebe als Passion, Frankfurt/M. 1983; *W. Simon/J. H. Gagnon:* Sexual Scripts, in: Archives of Sexual Behavior, 15, 1986, S. 97–120; *A. Snitow* u.a. (Hg.): Die Politik des Begehrens, Berlin (West) 1985; *J. Weeks:* Sexuality, London 1986

Prof. Dr. *R. Lautmann,* Bremen

Sexualnorm

Gesamtheit sozialer Regelungen, die das Sexualverhalten in der Gesellschaft kanalisieren. Die Liberalisierung sexuellen Verhaltens und des Strafrechtes (§ 175: Homosexualität; § 218: Abtreibung) und die Verwendung empfängsnisverhütender Mittel (z.B. der Pille) haben zu einem Wandel der Sexualnormen in der BR Deutschland und anderen westlichen Industriestaaten geführt.

Sexualproportion

in der Bevölkerungswissenschaft Bezeichnung für das Verhältnis von männlichen und weiblichen Mitgliedern einer Gesellschaft. Die Sexualproportion ist abhängig von geschlechtsspezifischen Geburts- und Sterberaten, im allgemeinen werden auf 100 Mädchen ca. 105 Knaben geboren. Da männliche Personen ein höheres Sterberisiko haben, ist die Sexualproportion normalerweise etwa zwischen dem 40. und 50. Lebensjahr ausgeglichen.

Signifikanz

wichtiges Kriterium in der →empirischen Sozialforschung für die→Gültigkeit von Untersuchungsergebnissen. Bezeichnung für die Wahrscheinlichkeit, mit der angenommen werden kann, daß die Unterschiede zwischen den →Stichproben nicht zufällig, sondern Kennzeichen der Untersuchungseinheit sind.

Signifikanzniveau

Fehlergrenze, bei der eine →Hypothese als angenommen oder abgelehnt gilt.

Signifikanztest

Test zur Feststellung der Irrtumswahrscheinlichkeit. Wichtige Tests sind der Chi-Quadrat-Test und der Fisher-Yates-Test.

Simulation

modellhafte Nachbildung eines Prozesses; heute meist mit Hilfe eines Computers (→Computersimulation) angestellte Vorausberechnung zu erwartender Ereignisse, etwa das Standard Weltmodell des Club of Rome (zuerst 1972) oder die Überlegungen zum Treibhauseffekt auf der Erde.

Sinn

→Bedeutung
→symbolischer Interaktionismus
→verstehende Soziologie
→phänomenologische Soziologie

Sinnverstehen

→verstehende Soziologie

Sippe

im Gegensatz zum Klan meist nicht räumlich zusammenlebende Bevölkerungsgruppe vermutlich gemeinsamer Abstammung, die ein starkes Zusammengehörigkeitsgefühl verbindet (z.B. Zigeuner).

sit-in

ebenso wie go-in und teach-in Formen studentischen und schulischen Protestes gegen Mißstände verschiedenster Art. Sitzstreiks (sit-in), das Sprengen von Sitzungen (go-in) und die Umwandlung von Lehrveranstaltungen in Debattierklubs (teach-in) sind aus den USA übernommene politische Kampfmaßnahmen der vorwiegend linken Studentenbewegung der 1960er/1970er Jahre.

Sitte

Unter S. versteht man ein gleichförmiges, vor dem Hintergrund moralischer Vorstellungen in ähnlichen Situationen immer wieder gefordertes, oft religiös determiniertes Handeln, das eher unreflektiert durch Nachahmung und Gewohnheit praktiziert wird. Unter S. wird eine Vielzahl z.T. sehr unterschiedlicher Sachverhalte subsumiert: Gewohnheiten, Konventionen, moralische Vorstellungen, ethische Prinzipien etc., manchmal auch Bräuche; das Ausmaß der Verpflichtungen, der strikten Verhaltenserwartung, ist dabei recht heterogen. Gemeinsam ist ihnen jedoch, daß ihre normative Aussage sich auf Beziehungen zwischen Menschen und Gruppen in Abhängigkeit von der jeweiligen Kultur richtet.

M. Weber begreift S. als Regelmäßigkeit des Handelns auf der Basis tatsächlicher Übung und langer Eingelebtheit, d.h., das Verhalten ist am Verhalten anderer orientiert, und dieses ist tradiert. So wird durch S. die Chance zu regelmäßiger Wiederkehr sozialer Handlungen gegeben.

Obwohl der S. nicht aufgrund einer formellen oder kodifizierten Norm nachgelebt werden muß, sie also eher wenig institutionalisiert ist und eine gewisse Handlungsfreiheit gegeben scheint, wird die Abweichung doch informell sanktioniert, weshalb sie, auch wenn sie nur auf Überlieferung beruht, einen relativ hohen normativen Charakter hat. (Zwar ist S. keine Muß-Norm, aber immerhin eine Soll-Norm). Die S. schränkt einerseits die Handlungsfreiheit des einzelnen ein, erlaubt jedoch andererseits relativ eindeutige Interpretationen der Handlungssituation und rechtfertigt Handlungserwartungen. Obgleich S. tradiert wird, sind die normativen Erwartungen in funktionaler Anpassung an äußere Verhältnisse wandelbar und inter- wie intrakulturell spezifisch.

Die S. bietet dem einzelnen sowohl soziale Distanz, weil von der Befolgung relativ folgenlos abgesehen werden kann, als auch das Gefühl des Eingebundenseins in eine Gruppe durch die Forderung nach Befolgung und deren Realisierung. S. kann gruppenbildend und gruppenbindend wirken.

Nach *Spencers* Klassifikation von Gesellschaften ist die Handlungskontrolle durch S. ein wesentliches Merkmal des primitiven Gesellschaftstyps, der sich u. a. durch eine selbstverständliche Konformität der Gesellschaftsmitglieder und geringe Arbeitsteilung auszeichnet. Sobald S. als willkürlich empfunden wird, droht ihre Transformation in Konvention. Dieser Übergang korrespondiert mit der Entwicklung von Gemeinschaft zu Gesellschaft bzw. mit der Evolution des primitiven zum industriellen Gesellschaftstyp.

Die Entwicklung der S.en hat nach *Summer* ihren Ursprung im durch Bevölkerungswachstum notwendigen Kampf der Gruppen um ihre Existenz. Im Laufe dieses Kampfes kommt es zu einer Herauskristallisation „ratsamer" Verhaltensweisen, die sich zu S.en verfestigen und schließlich in „folkways" übergehen, die ohne jegliche Reflexion oder speziellen Sinnbezug lediglich von Generation zu Generation durch Erziehung und Nachahmung überliefert und gelebt werden.

Lit.: Elias, Norbert: Über den Prozeß der Zivilisation, 2. Aufl., 2 Bde., Bern 1969; *Sumner, William Graham:* Folkways, 1. Aufl., Boston 1906; *Tönnies, Ferdinand:* Die Sitte, 1. Aufl., Frankfurt 1909

Prof. Dr. *S. Lamnek,* Eichstätt

Situationsdefinition
→Thomas-Theorem

Situs
Lage einer Person oder Personengruppe in ähnlicher oder gleicher Lebenssituation (horizontale Dimension) im Gegensatz zum →Status, der eine Anordnung in der Vertikalen (vertikale Dimension) voraussetzt. Findet Verwendung bei der Klassifikation von Berufen.

Skalierungsverfahren
Meßverfahren mit Skalen, die in der Soziologie und →Sozialpsychologie zur Messung von Meinungen und Einstellungen verwendet werden. Bekannte Skalen sind die Lickert-, Thurstone- und Guttmannskala.

Slum
Elendsquartiere am Rande von Großstädten, in denen die untersten Schichten der Bevölkerung, soziale →Minderheiten und andere benachteiligte Gruppen leben.

social-distance-scale
→Bogardus-Skala

social lag
→cultural lag

soldier, American
Forschungsbericht von *S. A. Stouffer* u. a. (1949): empirische Untersuchung über das Verhalten amerikanischer Soldaten während des 2. Weltkriegs.

Solidarität
Zusammengehörigkeitsgefühl von Individuen oder Gruppen. Solidarität war eine der Grundvoraussetzungen der Arbeiterbewegung des 19. Jahrhunderts. („Proletarier aller Länder, vereinigt euch", *Marx/Engels,* Komm. Manifest). Die Herausbildung eines gemeinsamen →Klassenbewußtsein war notwendig für einen erfolgreichen →Klassenkampf. In der Soziologie wird nach *E. Durkheim* (1893) und seinen Ausführungen über die →Arbeitsteilung zwischen mechanischer und organischer Solidarität unterschieden. Nach *Durkheim* wird mit fortschreitender Arbeitsteilung, beim Wechsel von der mechanischen zur organischen Solidarität in Industriegesellschaften, eine zunehmende Schwächung des „Kollektivbewußtseins" bzw. der Solidarität einhergehen, was verstärkt zu

Regellosigkeit, Anomie und →abweichendem Verhalten führt.

Solidaritätsprinzip

Grundsatz in der gesetzlichen Sozialversicherung, nach dem alle Risiken solidarisch, d.h. die Leistungen unabhängig von der Beitragszahlung gewährt werden, z.B. in der gesetzlichen Krankenversicherung.
→Subsidiaritätsprinzip

Soll-Norm

→Norm
→soziale Normen

Soziabilisierung

von *D. Claessens* (1921 geb.) geprägter Begriff zur Bezeichnung jener emotionalen Fundierung, durch die das Individuum die Fähigkeit erwirbt, zu lernen und Zutrauen zu seiner sozialen Umwelt zu entwickeln.
→Sozialisationstheorie

Sozialanthropologie

→Kulturanthropologie
→Ethnologie und Soziologie

Sozialarbeit

Mit Sozialarbeit ist ein äußerst heterogenes Arbeitsfeld bezeichnet. Ihre Konturen sind im großen Bereich von Sozialpolitik, -planung, -hilfe, Therapie, Seelsorge und organisierter Selbsthilfe nur unscharf ausgebildet. Der Grad ihrer Institutionalisierung variiert stark.

Soziologie befaßt sich mit der S. allgemein, mit einigen ihrer Handlungsfelder speziell und wirkt darin zugleich selektiv auf die S. zurück als eine der Wissenschaften, auf die dort Bezug genommen wird. In ihren Anfängen war Soziologie stark befaßt mit der wissenschaftlichen Erforschung→sozialer Probleme, richtete sich dabei aber primär auf Fragen einer Sozialpolitik. Große Teile der S. dagegen sind auf die „Wohlfahrtspflege" bezogen und reichen mit ihren Wurzeln zurück in die mittelalterliche Armenpflege und christliche „Caritas". Ihre Grundkategorie ist die der Hilfe. Diese Aspekte werden erst relativ spät von der Soziologie aufgegriffen.

Entsprechend der innerdisziplinären Heterogenität der Soziologie selbst unterscheiden sich deren Zugriffsweisen, Forschungsebenen und Einschätzungen der S. erheblich. Es werden die S. insgesamt, ihr Institutionsgefüge und ihre (alltägliche) Handlungspraxis untersucht, analysiert und interpretiert. Im Folgenden werden dafür vier zentrale Dimensionen unterschieden.

1. Sozialarbeit als Bearbeitung sozialer Probleme
Soziale Probleme basieren auf der Wahrnehmung von „Abweichungen" von der „Normalität" gesellschaftlicher Lebenspraxis. Sie verweisen darin auf deren Verständnis selbst (was ist „normal"?) und zeigen sich so als Ergebnisse gesellschaftlicher Definitions- und Aushandlungsprozesse. Beispielsweise wird nach der mittelalterlichen Wertung von Armut als „normal" mit der →Industrialisierung →Armut zum Indikator mangelnder Anpassung und moralischen Fehlverhaltens, Armenfürsorge zunehmend mit Erziehung und Disziplinierung verbunden.

Gesellschaftliche Entwicklungsprozesse und die Realisierungen sozialer Hilfen, ihre jeweiligen Institutionalisierungsformen, sind eng miteinander verflochten. Grundlage dafür ist der Prozeß fortschreitender →Arbeitsteilung und struktureller →Differenzierung der Gesellschaft, in die auch die soziale Arbeit selbst einbezogen ist.

Einen wesentlichen Hintergrund moderner S. bildet die →Vergesellschaftung der Risiken der Lohnarbeit (Krankheit, Unfall, Alter, Arbeitslosigkeit). Dies geschieht in einem hochgradig verrechtlichten, ökonomisierten und bürokratisierten System sozialer Sicherung. Erst auf dieser Grundlage konnte die S. neben ihren klassischen kustodialen Aufgaben in Arbeitsfelder der →Sozialisation und gesellschaftlichen Reproduktion eindringen. Dies bezeichnet man als deren Pädagogisierung und Therapeutisierung. Diese „Funktionsausweitung“ ist einerseits eine Folge ihres „Funktionsverlustes“ im Bereich materieller Basisaufgaben. Andererseits entspricht sie einer allgemeinen Tendenz zur Vergesellschaftung von Sozialisationsaufgaben.

Bereits in traditionellen kustodialen Bearbeitungsformen sozialer Probleme wird die Doppelfunktion von „Hilfe und Kontrolle“ für die Problembetroffenen herausgestellt. In der gegenwärtigen Debatte um die funktionale Bestimmung der S. wird ihre Aufgabe als die der Gewährleistung gesellschaftlicher Normalzustände bezeichnet, ihr Charakter als „Normalisierungsarbeit“ gekennzeichnet. Dabei müssen einerseits die Individualität und Besonderheit von Lebenslagen und Personen berücksichtigt und andererseits im Ergebnis ein Zustand hergestellt werden, der allgemeinen Ordnungs- und Wertvorstellungen entspricht.

Die zentrale Kritik an der S. lautet, sie „löse“ die Probleme, die sie bearbeitet, nicht, sondern verwalte, pädagogisiere und prozediere sie lediglich. Dies trifft den in Frage stehenden Sachverhalt allerdings nur halb; S. ist in der Bearbeitung sozialer Probleme selbst abhängig von den in gesetzlichen und rechtlichen Grundlagen abgesicherten Programmen. Zugleich schafft sie durch die jeweilige spezialisierte Bearbeitungsform eine sich erweiternde Nachfrage. Sie ist abhängig von den Inhalten und Formen der öffentlichen Thematisierungen sozialer Probleme und zugleich selbst ein Teil dieser Thematisierungsarbeit. Was, wann, wo und wie zum „bearbeitungswürdigen sozialen Problem“ wird, ist ein reflexiver Prozeß, eingebunden in eine Spirale, in der die jeweiligen Institutionalisierungsformen von „Hilfe“ auch Gegenstand und Vehikel sozialen Wandels werden.

2. Sozialarbeit als organisierte Hilfe
Der Heterogenität der Arbeitsfelder entspricht eine Heterogenität der Organisationsformen und Verfahrensweisen, eine bunte Mischung aus traditionalen Erbschaften und Rationalisierungsversuchen. Ein wichtiges Merkmal ist in diesem Zusammenhang das Subsidiaritätsprinzip, die Nachrangigkeit öffentlicher Hilfeformen gegenüber freiwilliger Hilfe. In dessen Folge entwickelte sich die behördliche (öffentliche) und die verbandliche (grundrichtungsbezogene) S. In beiden Strängen läßt sich zunächst eine allgemeine Tendenz zur Formalisierung ihrer Organisationen feststellen. Diesem Trend sind jedoch immanente Grenzen gesetzt. Diese basieren darauf, daß die S. zunehmend auf Prozesse der Personenänderung zielt (people changing/people processing organizations) und darin auf die produktive Interaktion mit den Adressaten angewiesen ist.

Als zentrales Problem wird in diesem Zusammenhang das der Ungewißheit (Kontingenz) genannt, und zwar externer wie interner Art. Die Ungewißheit resultiert zum einen aus Fragen der Definition und Wertung von →Abweichung, dem Wann, Wo und Wie ihres Auftretens, und zum anderen aus dem „Wie“ der Normalisierungsarbeit. In diesem Bereich der S. sind eindeutige Aussagen über „Ursachen“ und „Wirkungen“ nicht möglich. Und auch das Ziel selbst ist unbestimmt und verhandelbar. In der Folge bilden sich Organisationsformen heraus, die durch eine Relativierung bürokratischer Strukturmerkmale gekennzeichnet sind. Sie stellen in gewisser Weise „abweichende Bürokratien“ dar.

Dies führt zu einer redundanten Anzweiflung ihrer Leistungsfähigkeit sowie zu der Frage, wie sie zu verbessern und zu optimieren sind. Es entstehen Rationalisierungsstrategien, in denen die Grenzen jeweiliger →Organisationen durchlässiger, sie selbst umweltsensibler werden. Andererseits aber müssen auch und gerade Organisationen der S.

ihre Grenzen gegen „Überflutung“ mit Ansprüchen sichern.

Auch Rationalisierungsstrategien hängen mit der öffentlichen Thematisierung von Diskrepanzen von Dienstleistungserwartungen und tatsächlichen Leistungen zusammen und haben eine quantitative und eine qualitative Dimension. Die quantitative als Ausbau des Versorgungsnetzes steht dabei oft quer zu qualitativen Bezügen. Letztere richten sich zunehmend gegen die bürokratische, professionell-methodische Vermittlung sozialer Leistungen und Hilfen. Die Kritik an Experten und Institutionen macht die Institutionalisierungsformen selbst zum Problem. Die in diesem Zusammenhang auftretende Frage nach der „Organisierbarkeit“ entsprechender Aufgaben und Funktionen ist grundsätzlicher Natur. Sie verweist auf die widersprüchlichen Imperative von →System und →Lebenswelt.

3. Sozialarbeit als Beruf
Nach den Kriterien der Einschätzung des Professionalisierungsgrades von Berufen gilt die S. als Semiprofession. Gründe dafür werden zum einen in den Besonderheiten des beruflichen Tätigkeitsfeldes gesehen, die eine in nur eine Richtung gehende domänesichernde Professionalisierung verhindern, zum anderen in den unterschiedlichen Qualitäten der Entstehungslinien dieses Tätigkeitsfeldes, nämlich der mittelalterlichen „christlichen Liebestätigkeit“, der bürgerlichen Frauenbewegung und der Herausbildung des modernen Wohlfahrtsstaats.

Vor allem in der Betonung der persönlichen helfenden Beziehung und ihrer wissenschaftlichen Fundierung im Methodenkanon der S. wurde versucht, Kompetenzansprüche zu begründen und eine relative Autonomie gegenüber dem Anstellungsträger zu erreichen. Bezieht sich berufliches Handeln aber in einer „diffusen“ Allzuständigkeit auf den Alltag und damit auf kulturell vermittelte Lebensformen, ist es problematisch, einen auf Fachkompetenz beruhenden Expertenstatus durchzusetzen. Als Folge ergibt sich eine hochgradige Unbestimmtheit der beruflichen Fähigkeitsmuster und gegenstandsbezogenen Kompetenzprofile. In der aktuellen Diskussion wird gefordert, die Basis- und Rahmenbedingungen des Berufsfeldes ernst zu nehmen und letzteres weiterzuentwickeln in die Richtung einer „alternativen Professionalität“ und „reflexiven Institutionalisierung“.

Für die Berufswahl wird als häufigstes Motiv der Wunsch nach einem helfenden Umgang mit anderen Menschen geäußert und darin die Erwartung einer „sinnvollen“ Berufstätigkeit. Diese Motivation stößt in der Praxis auf eine i.d.R. nicht antizipierte Berufsrealität doppelbödiger Anforderungen und ausbleibender Erfolgserlebnisse. In deren Folge treten oft Desillusionierungen und Berufskrisen auf („burning out syndrom“).

S. als personenbezogene Dienstleistung ist an Interaktion gebunden. Inhalte und Formen beruflicher Arbeit sind somit in Teilen strukturanalog mit elementaren Verfahren der Herstellung und Realisierung sozialer Interaktion und Kommunikation. Auf diesen Sachverhalt gerichtete Analysen erhellen die zentralen Widersprüche der Berufsrolle. Ein Beispiel dafür ist der Konflikt des S.arbeiters, auf die Ziele und Anforderungen der Institutionen und zugleich auf die Lebensrealität des Klienten bezogen zu handeln („doppeltes Mandat“). Des weiteren werden interaktionslogisch wirksam werdende „Verfahrensfallen“ deutlich, die sich aus der besonderen Struktur der Experten-Laien-Beziehung ergeben und als „Paradoxien professionellen Handelns“ bezeichnet werden.

4. Sozialarbeit als Hilfe im Sozialstaat
Gesellschaftliche Prozesse →sozialen Wandels verändern die Problemlagen und Aufgabenstellungen der S. wie auch diese selbst. Die seit ca. 1970 verstärkt einsetzende Expansion der personenbezogenen sozialen Dienste steht in engem

Zusammenhang mit Veränderungen des Sozialstaats. Sie stößt derzeit vor allem auf monetäre Grenzen. Daraus entwikkelte sich das Ziel einer sog. „Renaturalisierung" sozialer Dienste. Dies wiederum verkörpert auch politisch-normative Vorstellungen gesellschaftlichen (Zusammen-)Lebens. Dieser Bezugspunkt professionellen Handelns ist aber selbst ungewiß. In dem Maß, wie Problemdefinitionen sich ausweiten und Bearbeitungsweisen sich diversifizieren, wird er zusätzlich problematisch. Als Ortsbestimmungen der Situation der S. können gelten:

– Es vollzieht sich eine Ausweitung von Aufgaben und Problemen im Bereich gesellschaftlicher Reproduktion und Sozialisation vor dem Hintergrund der Komplexitätssteigerung von Lebensvollzügen im Zuge sozialen Wandels. Gleichzeitig bleiben klassische und neue Armutspopulationen erhalten und weiten sich z. T. aus.

– Die Grenze verwischt sich zwischen Rand- und Problemgruppen und der sog. „Durchschnittsbevölkerung". Dies geschieht in Verbindung mit einem veränderten Problemverständnis. Hilfe ist vor allem gesundheitlich bezogen, sozialisatorisch und therapeutisch. Gleichzeitig steigt generell die Sensibilität gegenüber kustodial-repressiven Problembewältigungsformen.

– Es findet eine Erosion von unentgeltlichen nicht-professionellen Bewältigungsformen und ihre Substitution durch verschiedene Formen professioneller Bearbeitung statt. Die Ansprüche an die (professionelle) Unterstützung von Persönlichkeitsbildung und Selbstbestimmung steigen auf der Grundlage unbestimmter und diffuser Problemartikulation und Leidenserfahrung. Gleichzeitig wird Expertenhilfe als eine „Kolonialisierung der Lebenswelt" problematisiert und auf Selbsthilfepotentiale verwiesen.

Dieses widersprüchliche Feld mangelnder →Operationalisierbarkeit von „Normalität" öffnet zugleich Handlungsräume. So entstehen Formen der Problembearbeitung, die nicht reaktiv auf Normalitätsstandards sich beziehen, sondern auf „neue" Normen und Werte setzen, Lebens- und Sozialmodelle entwickeln.

Die auf gesamtgesellschaftlicher Ebene konstatierten kulturellen und sozialstrukturellen Wandlungsprozesse (ökologische Gesellschaftskritik, Wertewandel, Individualisierung von Lebenslagen, Auflösung traditioneller Beziehungsmuster, Veränderungen der Familie, erhöhte räumliche und soziale Mobilität) schlagen sich im Feld der S. in spezifischer Weise nieder. In gewisser Weise stellt sich die S. als Seismograph für gesellschaftliche Krisen dar. Nicht zuletzt darum ist sie für die Soziologie ein wesentliches Forschungsgebiet.

Lit.: R. Gildemeister: Als Helfer überleben, Beruf und Identität in der Sozialarbeit/Sozialpädagogik, Neuwied und Darmstadt 1983; *K. P. Japp:* Wie psychosoziale Dienste organisiert werden, Frankfurt a. M./New York 1986; *Th. Olk/H. U. Otto* (Hg.): Soziale Dienste im Wandel, 2 Bde., Neuwied und Darmstadt 1987; *F. Schütze:* Professionelles Handeln, wissenschaftliche Forschung und Supervision, in: *N. Lippenmeier* (Hg.): Beiträge zur Supervision, Kassel 1984; *St. Wolff:* Die Produktion von Fürsorglichkeit, Bielefeld 1983

PD Dr. *R. Gildemeister,* Nürnberg

Sozialberichterstattung

der jährlich von der Bundesregierung vorzulegende Bericht über Maßnahmen und Vorhaben im Bereich der Sozialpolitik, beispielsweise über die Finanzlage der Rentenversicherung. Im weiteren Sinne gehören auch die periodisch erscheinenden Berichte, wie der Familienbericht, der Jugendbericht u. a., zur Sozialberichterstattung.

→soziale Indikatoren

Sozialcharakter
→Volkscharakter
→Völkerpsychologie

Sozialdarwinismus
in Anlehnung an *Ch. R. Darwin* (1809–1882) vor allem von *H. Spencer* entwickelte Theorierichtung, bei der die biologisch fundierte Lehre Darwins von der „natürlichen Auslese" (→Selektion) auf die menschliche Gesellschaft übertragen wird. Zwischen den „von Natur aus" ungleichen Menschen entwickelt sich ein Konkurrenzkampf, bei dem die Tüchtigen, d. h. die am besten Angepaßten, überleben („survival of the fittest) bzw. der Stärkere den Schwächeren besiegt. Rechtfertigungsideologie für bestehende soziale →Ungleichheiten, die vor allem in den USA im Zusammenhang mit der →funktionalistischen Schichtungstheorie an Bedeutung gewann.

Sozialdaten
Standardfragen nach Alter, Geschlecht, Beruf, Ausbildung u. a., die im allgemeinen bei Befragungen miterhoben werden, um sich ein Bild über die soziale Situation machen zu können.
→soziale Indikatoren

soziale Bewegungen/ kollektives Handeln; kollektives Verhalten
1. Begriffsbestimmung. Der Begriff „soziale Bewegung" zielt auf ein kollektives Handeln von sozialen →Akteuren, die ein gemeinsam geteiltes Ziel verfolgen. Der Begriff „kollektives Verhalten" umfaßt dagegen auch ein kollektives Handeln, das seinem gemeinten Sinn nach nicht auf das Handeln der anderen bezogen sein muß. Beide Begriffe definieren damit Minimal- bzw. Maximalbedingungen für kollektives Handeln. Massenhysterie und Panik erfüllen Minimalbedingungen für kollektives Handeln, soziale Bewegungen Maximalbedingungen kollektiven Handelns.

Die Minimaldefinition kollektiven Handelns als kollektives Verhalten schließt nichtsoziale Formen kollektiven Handelns ein. Auf der Ebene kollektiven Verhaltens ist kein gemeinsames Wissen oder keine gemeinsame Intention, die sinnhaft auf den anderen bezogen ist, systematisch notwendig. Es reicht ein „parallel" laufendes →Handeln vieler Akteure aus. Ein gemeinsam geteiltes Wissen aber, ein kollektiv geteilter Sinn, ist die Voraussetzung für ein soziales kollektives Handeln. Dieses spezifische soziale kollektive Handeln kann seinerseits wieder in unterschiedlicher Weise bestimmt werden, je nachdem, welches die gemeinsam geteilten Wissensbestände sind, auf die im kollektiven Handeln zurückgegriffen wird. Bei sozialen Bewegungen handelt es sich dann um einen speziellen Fall sozialen kollektiven Handelns: um ein kollektives Handeln, dessen kollektiv geteilte Intention an der Veränderung der Gesellschaft orientiert ist. Kollektives Verhalten ist also nur eine Vorstufe kollektiven Handelns, während soziale Bewegungen eine hochentwickelte und voraussetzungsvolle Form kollektiven Handelns darstellen.

2. Theorieansätze
Die vorliegenden Theorien kollektiven Handelns lassen sich auf zwei klassische konkurrierende Traditionen soziologischen Denkens zurückführen: auf jene, die sich auf den methodologischen Individualismus berufen, und auf jene, die von strukturtheoretischen Grundannahmen ausgehen. Diese Debatten sind mit zwei Namen verbunden: *Mancur Olson* (1968/1965) und *Neil Smelser* (1972/1963). Beide Autoren gehen von einem gemeinsamen Problem aus: dem Problem der Koordination individueller Akteure.

Dieses Grundproblem einer Theorie kollektiven Handelns sucht *Smelser* im Rückgriff auf *Parsons'* voluntaristische Handlungstheorie, die davon ausgeht, daß →soziales Handeln an Mitteln, Zwecken, Normen oder Werten orientiert ist, zu lösen. Kollektives Verhalten ist – so *Smelser* – ein kollektives Handeln, das, um eine erlebte Spannung zu modifizieren, eine dieser Orientierungskomponenten des Handelns verändert. Voraussetzung für kollektives Handeln ist die Entstehung einer „generalisierten Vorstellung". *Smelser* unterscheidet – dem *Parson*ianischen →AGIL-Schema folgend – vier Stufen solcher kollektiver Vorstellungen: Wunschvorstellungen, feindselige Vorstellungen, normorientierte und wertorientierte Vorstellungen. Diese kollektiven Vorstellungen differenzieren zwischen 4 Typen kollektiven Verhaltens: Panik/Manie, feindseliger Ausbruch, normorientierte und schließlich wertorientierte Bewegungen. Der feindselige Ausbruch schließt – im Gegensatz zur Panik – die gezielte Mobilisierung der Beteiligten ein. Beide Formen stellen – im Gegensatz zu den beiden Bewegungstypen – relativ instabile Formen dar. Norm- und wertorientierte Bewegungen dagegen suchen – in Reaktion auf strukturelle Spannungen in der Gesellschaft – →Normen bzw. →Werte wiederherzustellen, zu modifizieren oder zu schaffen. Kollektives Verhalten ist also ein Mechanismus, um eine soziale Ordnung, die strukturelle Spannungen erfahren hat, in einer je typischen Weise wiederherzustellen.

Olson dagegen steht in der utilitaristischen Tradition, die Handlungen aus der Perspektive des →rationalen Handelns von Individuen zu erklären sucht. Die Koordination von individuellen Handlungen ergibt sich – so die Ausgangsannahme dieser Theorie – daraus, daß Kooperation aus der Sicht des individuellen Akteurs Vorteile hat. Das →„Gefangenendilemma", ein Äquivalent zu *Parsons'* Ordnungsproblem, ist das Modell, das die rationalen Vorteile des Kooperierens zu erklären sucht. *Olsons* Beitrag besteht darin, zu problematisieren, ob und wann solches kollektives Handeln auch sein Ziel erreicht. Er zeigt, daß sich bei wachsender Zahl der Kooperierenden das „free-rider"-Problem ergibt. Daraus folgt, daß je größer die Gruppe, um so weniger wahrscheinlich die Neigung zu kollektivem Handeln ist. Dieses Argument gilt allerdings nicht absolut; so ist gezeigt worden, daß die Heterogenität einer Gruppe eine das free-rider-Problem kompensierende Variable zur Erklärung kollektiven Handelns ist.

Ein weiterer Faktor wurde mit dem Modell der „Ressourcenmobilisierung" (*Zald/McCarthy* 1987) in die Analyse kollektiven Handelns eingeführt. Die Möglichkeit, organisationelle Ressourcen zu mobilisieren, motiviert dazu, kollektives Handeln an der Beteiligung an politischer Macht (oder der Übernahme von politischer Macht) zu orientieren. Ressourcenmobilisierung erklärt also das Zustandekommen von sozialen Bewegungen. Allerdings bleibt – so *Touraine* (1978), der wohl wichtigste aktuelle Theoretiker sozialer Bewegungen – diese Erklärung unzureichend. Denn soziale Bewegungen sind mehr als nur Mittel zur Eroberung institutioneller Macht. Sie sind – und dies ist konstitutiv für moderne Gesellschaften – „historische Akteure", die in die Reproduktion dieser Gesellschaften eingreifen. *Touraine* versucht konsequenterweise, den Begriff der sozialen Bewegung zum Schlüsselbegriff soziologischer Theorie zu machen. Im Zuge der Enttraditionalisierung der Gesellschaft werden, so Touraine, soziale Bewegungen, nicht mehr soziale Ordnungen zum Grundproblem soziologischer Analyse. Die Analyse sozialer Bewegungen ist dann kein Spezialgebiet der Soziologie mehr; sie ist zum Schlüsselgebiet der Soziologie geworden. Die Zentralität sozialer Bewegungen für die „Historizität" moderner Gesellschaften gibt dem kollektiven Handeln sozialer Bewegungen einen →Sinn jenseits der Frage der Machtteilhabe. Soziale Bewegungen erzeugen kulturelle Orientierungen, sie produzieren Gesellschaft. Um ein solches kollektives Handeln analytisch fassen und erklären zu können, muß zur „Ressourcenmobilisierung" ein weiteres Moment hinzukommen: nämlich eine „kollektive Identität", in der die Fähigkeit zur Erzeugung von kulturellen Orientierungen angelegt ist.

3. Forschungsgebiete und -methoden: Insbesondere die zweite Theorietradition hat Forschungen über kollektives Verhalten und soziale Bewegungen sowohl in historischer wie in zeitgenössischer Perspektive angeregt. Dazu zählen Arbeiten zum Zusammenhang von kollektivem Handeln und Staat, die der historisch-soziologischen Analyse des Staates weitgehende Anregungen gegeben hat. Auch die kulturellen Rahmenbedingungen, also kulturelle Traditionen und →Ideologien, werden als Gegenstand einer historisch-soziologischen Analyse kollektiven Handelns entdeckt. Untersuchungen zur Logik kollektiven Handelns in modernen Gesellschaften zeigen die unterschiedlichen Logiken kollektiven Handelns in Organisationen der Arbeiterbewegung und in Arbeitgeberorganisationen. Die Forschungen zu den →„neuen sozialen Bewegungen" enthalten Analysen kollektiven Handelns, die die diesem Handeln zugrunde liegende „kollektive Identität" jenseits der strategischen Interessendurchsetzung thematisieren. Untersuchungen zu den →neuen sozialen Bewegungen, der Studentenbewegungen, der ökologischen Bewegungen, der Frauenbewegungen und der →regionalistischen Bewegungen, zeigen ihre unterschiedliche Bedeutung in der Konstitution der Historizität moderner Gesellschaften.

Unter den →neuen sozialen Bewegungen zeichnet *Touraine* den ökologischen Protest als jenen aus, der am weitestgehenden die Richtung zukünftiger gesellschaftlicher Entwicklung beeinflussen wird. In diesem Protest sieht *Touraine* ein neues kulturelles Modell des Umgangs mit der Natur, eine neue Form der Einklage demokratischer Beteiligungsrechte sowie neue Formen der Selbstorganisation kollektiven Handelns als Kristallisationskerne einer kollektiven →Identität, die diesem Handeln seine gesellschaftliche Bedeutung gibt.

Andererseits ist aber nicht zu übersehen, daß auch diese Bewegungen unter restriktiven Randbedingungen agieren, daß sie Gefolgschaften mobilisieren, daß sie sich institutionell (etwa als Partei) etablieren müssen. Dieses Problem bleibt privilegierter Gegenstand des „Ressourcenmobilisierungs - Ansatzes". Empirische Analysen zum Zustandekommen kollektiver Handlungen aus der Mobilisierbarkeit materieller, symbolischer und personeller Ressourcen gehören zu den z. Z. wohl innovativsten Aspekten der „Bewegungsforschung".

Ein Ergebnis all dieser Forschungen ist auch, daß sich die Varianten der – forschungsanregend gewordenen – zweiten Theorietradition prinzipiell nicht widersprechen. Sie haben nur unterschiedliche Anwendungsbereiche und unterschiedliche gesellschaftstheoretische Ansprüche.

Die prinzipielle Gegenposition gegen den akteurtheoretischen Ansatz bezieht die →systemtheoretische Analyse sozialer Bewegungen. Hier wird kollektives Handeln als der unvermeidliche „(Informationsübertragungs-)Lärm" erklärt, der in Systembildungsprozessen immer entsteht. Soziale Bewegungen erregen durch Moralisierung Aufmerksamkeit für Probleme, setzen dabei oft aber unnötigen oder gar selbst-destruktiven Lärm in Gang. Die Irrationalität dieser Thematisierungen beginnt dort, wo die Signalfunktion von Bewegungen den Prozeß →„autopoietischer Systembildung" stört (ein Beispiel wäre die Rolle ökologischer Bewegungen in der Lösung ökologischer Probleme). Die Auseinandersetzung zwischen einer akteurtheoretischen und einer →systemtheoretischen Perspektive ist empirisch nicht entscheidbar. Sie ließe sich nur im Hinblick auf ihre eigenen sozialen Fragen „objektivieren". Aber dann ständen wir doch wieder vor der Entscheidung, zu bewerten, welche Folgen der Theorie wir wollen: Sicherung →autopoietischer Geschlossenheit oder Öffnung für Alternativen.

Lit.: Serge Moscovici: L'âge des foules. Un traité historique de psychologie des masses, 2. Aufl., Brüssel 1985; *Mancur Olson:* Die Logik kollektiven Handelns, Tübingen 1968 (engl.: The Logic of Collective Action, Cambridge 1965); *Neil Smelser:* Theorie kollektiven Verhaltens, Opladen 1972 (engl.: Theory of Collective Behavior, New York 1963); *Alain Touraine:* La voix et le regard, Paris 1978; *Zald, Mayer N./Mc Carthy, John D.:* Social Movements in an Organizational Society. Collected Essays, New Brunswick 1987

PD Dr. *Klaus Eder,* Berlin

soziale Demokratie

vom Neomarxismus entwickeltes Modell *(W. Abendroth)* einer politischen Ordnung, in der die bisher angeblich nur formal formulierten Zielvorstellungen des demokratischen und sozialen Rechtsstaates des Grundgesetzes realiter hergestellt werden sollen. Gelegentlich wird der Begriff im Sinne des Sozialstaatspostulates verwendet und dem sog. demokratischen Sozialismus, etwa in der DDR bis 1989, gegenübergestellt.

soziale Differenzierung

→Differenzierung, soziale

soziale Frage

Arbeiterfrage

die durch die Industrialisierung im 19. Jh. bedingte Verelendung der Arbeiterschaft (→Proletariat) machte eine staatliche Sozialpolitik erforderlich. Frauen- und Kinderarbeit, überlange Arbeitszeiten, elende Wohnquartiere und kein Schutz im Falle von Invalidität, Krankheit und Alter ließen eine am →Marxismus orientierte Gewerkschaftsbewegung entstehen. Die zukunftsweisende Sozialpolitik Bismarcks seit 1880 diente der Entschärfung des Gegensatzes von Arbeit und Kapital. Ausbau des Systems der sozialen Sicherung.

→neue soziale Frage

soziale Indikatoren

1. Begriffsabgrenzung: Soziale Indikatoren sind theorie- und problemorientiert ausgewählte und aufbereitete statistische Informationen, die empirisch begründete Aussagen über relevante gesellschaftliche Verhältnisse und Entwicklungstrends erlauben. S. I. sind eine Teilmenge von Sozialstatistiken, die sich durch ihren direkten Bezug auf gesellschaftliche Ziele, →soziale Probleme oder theoretische Konstrukte auszeichnen. Ob Statistiken als s. I. zu betrachten sind, hängt nicht von ihren methodischen Eigenschaften ab, sondern von dem Kontext, in dem sie verwendet werden. So können z. B. Statistiken über die Säuglingssterblichkeit oder die soziale Herkunft von Schülern als s. I. betrachtet werden, wenn sie als Maße für die Qualität der medizinischen Versorgung oder die Gleichheit der Bildungschancen Verwendung finden.

Ökonomische Indikatoren und deren Bedeutung für die Wirtschaftspolitik waren einerseits das Vorbild, an dem sich die Entwicklung von s. I. orientiert hat. Andererseits wurde das Konzept der s. I. nicht nur als Ergänzung, sondern auch als Alternative zu ökonomischen Indikatoren gesehen und ist in kritischer Auseinandersetzung mit der begrenzten Perspektive einer rein ökonomischen Betrachtungsweise der gesellschaftlichen Entwicklung entstanden.

2. Die Entstehung der Sozialindikatorenforschung: Die Sozialindikatorenforschung ist Mitte der 1960er Jahre als Reaktion auf die erkannten Unzulänglichkeiten der herkömmlichen Wirtschafts- und Sozialstatistik für die Beschreibung und Bewertung des erreichten Standes einer Gesellschaft und ihrer Entwicklungstrends entstanden. Ihre Aufgaben sieht sie darin, hierfür eine angemessenere Grundlage zu schaffen und die gesamtgesellschaftliche Informationsbasis

zu verbessern. Anknüpfend an die Tradition der politischen Arithmetik und Ansätze der Trendbeobachtung in den 1920er Jahren hat sie sich zunächst in den Vereinigten Staaten entwickelt. Wegen der ungewöhnlich starken Resonanz, die die Ideen, Ziele und Konzepte der Sozialindikatorenforschung innerhalb der Sozialwissenschaft, aber auch bei Politikern und Administrationen fanden, wurde emphatisch auch von einer Sozialindikatorenbewegung gesprochen. Der Begriff s. I. wurde im Rahmen eines Projektes geprägt, das im Auftrag der NASA die indirekten und nicht-intendierten Folgen des Raumfahrtprogramms für die amerikanische Gesellschaft untersuchte und dabei feststellte, daß nicht nur die dafür benötigten Daten fehlten, sondern auch keine geeigneten Konzepte und Methoden für derartige Analysen zur Verfügung standen (*Bauer* 1966).

Ende der 60er Jahre wurden die Ideen, die in den Vereinigten Staaten entwikkelt worden waren, auch in anderen Ländern und von internationalen Organisationen aufgegriffen. Insbesondere das „Program of Work on Social Indicators“ der OECD und die Arbeiten des Social and Economic Council der Vereinten Nationen sowie der Conference of European Statisticians an einem „System of Social and Demographic Statistics“ haben der weiteren Entwicklung und Verbreitung der Sozialindikatorenforschung starke Impulse gegeben.

In der BR Deutschland hat sich die Sozialindikatorenforschung zu Beginn der 70er Jahre zu etablieren begonnen. Sie hat ihren Schwerpunkt in den Sozialwissenschaften, ist aber – wie auch in anderen Ländern – interdisziplinär ausgerichtet.

3. Funktionen und Typen von sozialen Indikatoren: Die beiden heute allgemein als gleichberechtigt anerkannten zentralen Funktionen von s. I. sind die Wohlfahrtsmessung und die Beobachtung von Trends des sozialstrukturellen Wandels. Die Verwendung von s. I. für die Wohlfahrtsmessung hat ihren Ursprung in der Kritik an einer undifferenzierten Wachstumspolitik, die das Bruttosozialprodukt und dessen Wachstumsraten eindimensional als Maßstab der gesellschaftlichen Entwicklung betrachtet. Ein mehrdimensionales Wohlfahrtsverständnis, wie es sich auch im Begriff der Lebensqualität niederschlägt, verlangt dagegen, Wohlfahrt differenziert zu messen, indem über die verschiedenen Lebensbereiche hinweg Wohlfahrtserträge und -beeinträchtigungen, Versorgungslagen und Verteilungen quantifiziert und Zielwerten gegenübergestellt werden, um so zu Bewertungen der aktuellen Lebensbedindungen und der gesellschaftlichen Entwicklung zu gelangen.

In ihrer Funktion als Wohlfahrtsindikatoren bzw. Indikatoren der Lebensqualität sollen s. I. individuenbezogen sein, sich an gesellschaftlichen Zielen orientieren und nicht Inputs, sondern die Outputs gesellschaftlicher Prozesse messen. Als Wohlfahrtsmaße haben s. I. einen direkten normativen Bezug, und Veränderungen der Indikatorwerte sollen eindeutig als Verbesserung oder Verschlechterung der Lebensbedingungen und der →Lebensqualität interpretiert werden können.

Aus einer umfassenderen Perspektive wird die Funktion s. I. in der regelmäßigen Messung und Analyse des sozialstrukturellen Wandels gesehen. Dieses breitere und nicht auf die Wohlfahrtsmessung begrenzte Verständnis ist wesentlich durch die Trendbeobachtungen von *W. F. Ogburn* aus den 1920er Jahren inspiriert worden. Ausgehend von den zentralen Elementen →sozialer Systeme sollen s. I. dazu dienen, Trends der gesellschaftlichen Entwicklung zu identifizieren und zu quantifizieren. Als ein dafür geeigneter theoretischer Bezugsrahmen wird gewöhnlich das Konzept der →Modernisierung angesehen.

Neben den deskriptiven und analytischen Funktionen der Wohlfahrtsmessung und der Dauerbeobachtung des →sozialen Wandels werden s. I. auch weiterreichende Funktionen der Ziel- und Prioritätensetzung, der Programmevaluation und der gesellschaftspolitischen Frühwarnung zugeschrieben. Diese ambitionierten Erwartungen haben sich bisher jedoch nicht alle erfüllt.

Von den verschiedenen Möglichkeiten, s. I. zu klassifizieren, ist die Unterscheidung in objektive und subjektive Indikatoren die geläufigste. Während objektive s. I. Maße sind, die gesellschaftliche Sachverhalte unabhängig von individuellen Wahrnehmungen und Bewertungen abbilden, stellen subjektive Indikatoren gerade darauf ab, zu ermitteln, wie die gesellschaftlichen Verhältnisse aus der individuellen Perspektive wahrgenommen und beurteilt werden. Inzwischen hat sich weitgehend die Einsicht durchgesetzt, daß objektive und subjektive Indikatoren keine konkurrierenden Konzepte sind, sondern sich gegenseitig ergänzen und für eine umfassende Abbildung der gesellschaftlichen Wirklichkeit gleichermaßen benötigt werden (*Glatzer/Zapf* 1982).

4. Systeme sozialer Indikatoren: Die Sozialindikatorenforschung zielt darauf ab, Instrumente für eine systematische Wohlfahrtsmessung und Beobachtung der sozialstrukturellen Entwicklung in einer Gesellschaft bereitzustellen. Von einem System s. I. im engeren Sinne kann gesprochen werden, wenn die dabei berücksichtigten Meßdimensionen und Indikatoren nicht nur den Kriterien der Vollständigkeit, Konsistenz und Nicht-Redundanz genügen, sondern auch in einer eindeutig bestimmbaren Beziehung zueinander stehen und miteinander verknüpft werden können. In diesem Sinne ist von einzelnen Autoren versucht worden, die Auswahl s. I. aus umfassenden Gesellschaftstheorien abzuleiten. Darüber hinaus gibt es Ansätze, die s. I. in Modelle der Gesellschaftspolitik – wie z.B. das Fox-Tinbergen-Modell (*Fox* 1974) – einbeziehen. Dieses Modell umfaßt nicht nur Output-Indikatoren, die den Grad der Realisierung gesellschaftspolitischer Ziele messen, sondern auch Indikatoren, die sich auf Nebenwirkungen beziehen, Instrumentindikatoren und Indikatoren, die die Entwicklung von politisch nicht beeinflußbaren Größen anzeigen. Ein weiterer ambitionierter Ansatz, Systeme s. I. zu entwickeln, ist das Konzept der „sozialen Gesamtrechnung" (*Juster/Land* 1981).

In einem weniger strikten Sinne wird von Systemen s. I. aber auch bereits dann gesprochen, wenn die Indikatoren innerhalb eines kohärenten Bezugsrahmens nach einheitlichen Kriterien systematisch ausgewählt oder konstruiert werden. Das vielleicht bekannteste Beispiel für ein Indikatorensystem dieser Art ist die „OECD List of Social Indicators" (1982). Orientiert am Ziel des „Measurement of Social Well-Being" wurden im Rahmen eines großangelegten Forschungsprogramms und im Zuge eines internationalen Abstimmungsprozesses „gesellschaftliche Anliegen" (social concerns), wie z.B. Gesundheit oder persönliche Sicherheit, mit entsprechenden Unterdimensionen, wie z.B. „Länge des Lebens" und „Gesundheit des Lebens", definiert, denen nach bestimmten Kriterien geeignete Indikatoren zugeordnet wurden.

Speziell für die BR Deutschland ist Mitte der 70er Jahre im Rahmen des SPES-Projekts (Sozialpolitisches Entscheidungs- und Indikatorensystem) das SPES-Indikatorensystem (*Zapf* 1977) entwickelt worden. Für 10 Lebens- und Politikbereiche wurden hier etwa 200 Indikatoren, die nach einem einheitlichen Schema konstruiert wurden, in Form von Zeitreihen vorgelegt, die den Grad der Realisierung von Wohlfahrtszielen messen.

Auch für die DDR liegt inzwischen ein „System sozialer Indikatoren der sozialistischen Lebensweise" (*Berger* u.a.

1984) zumindest auf der konzeptionellen Ebene vor.

5. Sozialberichterstattung: Die Sozialberichterstattung (social reporting) ist bis heute der wichtigste Anwendungsbereich der Sozialindikatorenforschung. Am Vorbild der Wirtschaftsberichterstattung orientiert, zielt die Sozialberichterstattung darauf ab, regelmäßig quantitative Informationen über Trends der Wohlfahrtsentwicklung und des →sozialen Wandels zu verbreiten. Sie will damit zu einer breiten gesellschaftlichen Aufklärung beitragen und zugleich Probleminformationen für die Gesellschaftspolitik bereitstellen.

Sozialberichterstattung wird nicht nur im nationalen Rahmen, sondern auch von internationalen Organisationen (OECD, Vereinte Nationen, EG) betrieben und setzt sich zunehmend auch auf regionaler und kommunaler Ebene durch.

Die wichtigsten Genres der Sozialberichterstattung sind Datenhandbücher und „social reports". Die von der Sozialindikatorenforschung ausgehenden Anregungen, eine systematische Sozialberichterstattung aufzubauen, sind in den 70er Jahren in vielen Ländern aufgegriffen worden. Inzwischen werden derartige Sozialberichte von Gesellschaften unterschiedlichster Entwicklungsniveaus veröffentlicht. Beispiele für Sozialreports, die seit Beginn der 70er Jahre in regelmäßigen Abständen erscheinen, sind die französischen „Données Sociales", die britischen „Social Trends" und der niederländische „Social and Cultural Report".

In der BR Deutschland sind in diesem Zusammenhang neben einer Reihe von speziellen Regierungsberichten insbesondere der „Soziologische Almanach" (1976, 1979) und der Band „Lebensbedingungen in der Bundesrepublik" (1977) als wissenschaftliche Publikationen, die vom Bundesministerium für Arbeit und Sozialordnung herausgegebenen „Gesellschaftlichen Daten" (1973–1982) sowie der vom Statistischen Bundesamt herausgegebene „Datenreport" (ab 1982) zu nennen, der seit 1985 neben Daten der amtlichen Statistik auch Umfrageergebnisse der empirischen Sozialforschung enthält.

Lit.: Berger, H. u.a. (Hg.): System Sozialer Indikatoren der sozialistischen Lebensweise. Akademie der Wissenschaften der DDR. Institut für Soziologie und Sozialpolitik, Berlin (Ost) 1984; *Fox, K. A.:* Social Indicators and Social Theory. New York, London 1974; *Glatzer, W./Zapf, W.* (Hg.): Lebensqualität in der Bundesrepublik. Objektive Lebensbedingungen und subjektives Wohlbefinden, Frankfurt/M., New York 1982; *Juster, Th. F., Land, K. C.* (eds.): Social Accounting Systems. Essays on the State of the Art. New York, London 1981; *Peters, M., Zeugin, P.*: Sozialindikatorenforschung. Stuttgart 1979; *Zapf, W.* (Hg.): Lebensbedingungen in der Bundesrepublik. Sozialer Wandel und Wohlfahrtsentwicklung. Frankfurt/M., New York 1977

Dr. *H.-H. Noll,* Mannheim

soziale Konstruktion der Wirklichkeit

so lauten Titel und zentrale These einer wissenssoziologischen Studie von *Peter L. Berger* und *Thomas Luckmann* (USA 1966). Die grundsätzliche Behauptung besteht darin, daß die Wirklichkeit sozial konstruiert und der entsprechende Prozeß, in dem dies geschieht, von der →Wissenssoziologie zu analysieren ist. Die Schlüsselbegriffe dabei sind: „Wirklichkeit" und (Alltags-)„Wissen" („... common-sense knowledge rather than ideas ..."). Die Gesellschaft hat dualen Charakter, nämlich als objektive und subjektive Realität. Folgende Fragen stehen im Mittelpunkt: Wie können subjektive Bedeutungen objektive Wirklichkeit werden? Wie kann das Handeln der Menschen („human activity") eine Welt von Sachen („things") hervorbringen? Damit beziehen sich die beiden Autoren auf die Postulate zweier Klassiker der Soziologie: *E. Durkheim* hatte in seinen „Regeln der soziologischen Methode“ (1895) gefordert, die „sozialen Tatsachen“ («faits sociaux») wie Sachen («choses») zu behandeln, und *M. Weber* hatte in seiner „Wirtschaft und Gesellschaft“ (postum 1922) als fundamentale Aufgabe der Soziologie das deutende →Verstehen des →sozialen Handelns, d.h. die Herausarbeitung des subjektiv gemeinten →Sinns sozialen Handelns bezeichnet. Diese beiden Auffassungen sind keine Widersprüche: *Berger* und *Luckmann* halten es ihrerseits für die Aufgabe der →(Wissens-)Soziologie, herauszufinden, wie die intersubjektive Welt auf der Basis des Alltagswissens konstruiert wird, d.h. welche Dialektik in der Geschichte zwischen individueller Existenz (subjektiven Prozessen und Bedeutungen) und objektiver Realität besteht. Dieser Ansatz erfordert deutlich die Zusammenarbeit zwischen Soziologen, Historikern und Philosophen.

G. R.

soziale Kontrolle

1. Unter s.K. werden die Prozesse und Mechanismen verstanden, mit deren Hilfe eine Gesellschaft ihre Mitglieder zu erwünschtem und →konformem Verhalten anleiten will. So gesehen ermöglicht s.K. erst das Funktionieren von Gesellschaften. Das schließt auch die Ausübung bestimmter Funktionen von Macht und Herrschaft ein. Im übrigen schwanken Wortgebrauch und Definitionen. Teilweise wird in der s.K. eine Erweiterung des Sozialisationskonzeptes gesehen (*Janovitz* 1973), teilweise ist recht global angenommen worden, alle →sozialen Probleme stellten sich als Probleme der s.K. dar (Park/Burgess), oder aber s.K. sei zentraler Bestandteil aller sozialen Prozesse der sozialen Integration *(R. König)*. Der Begriff s.K. wurde 1895 von *Ross* in die amerikanische Soziologie eingeführt und ist seither aus dieser nicht mehr fortzudenken. Allein zwischen 1925 und 1939 erschienen vier amerikanische soziologische Lehrbücher zum Thema s.K. (*Lumley* 1925, *Dowd* 1936, *Bernard* 1939, *Landes* 1939). Seither nimmt die Diskussion nicht ab. Der Begriff s.K. wurde mit der Weiterentwicklung soziologischer Theorie zunehmend präzisiert. Ursprünglich ein pauschales und die gesamte gesellschaftliche Entwicklung umfassendes Konzept, wurde s.K. durch die handlungstheoretischen Arbeiten von *Parsons* (1951) und die Fragestellungen der→Rechts- und der →Devianz-Soziologie enger und klarer. Recht wurde als ein besonderes Instrument der sozialen Kontrolle erkannt (neben Religion und Politik und anderen Institutionen der Gesellschaftssteuerung und Erziehung). Zu den Agenten, die s.K. ausüben, gehören nicht nur Schule und Sozialarbeit, die Instanzen der Strafverfolgung und Strafrechtspflege, sondern auch Familie, Kollegenkreis und Medien.

2. In der deutschen Soziologie wird s.K. zurückhaltender gebraucht und vorrangig in der (ursprünglich stark amerikanisch beeinflußten) „Soziologie →abweichenden Verhaltens und sozialer Kontrolle“ genannt. Auf die unterschiedliche Wortbedeutung von „Kontrolle“ und „control“ wird dabei nicht eingegangen: (a) Nach deutschem Sprachgebrauch heißt kontrollieren vor allem beobachten, überprüfen und registrieren (Paß-K., Fahrkarten-K., Meldepflicht, Volkszählung). In diesem deutschen wortgetreuen Sinn von s.K. bahnt sich angesichts der weltweit expandierenden Informationsindustrie eine Entwicklung an, die zumeist im Zusammenhang mit Datenschutz diskutiert wird: Die Möglichkeit, über einen Datenverbund computergesteuerte Informationen etwa der Polizei, der Zoll- und Meldebehörden, Banken und Kreditinstitute, Finanzämter und Versicherungen, Krankenkassen und Krankenhäuser, der Personalabteilungen oder des Verfassungsschutzes, Bürger zu beobachten und ihr Tun zu registrieren (einen durchsichtigen, „gläsernen Bürger“ zu schaffen),

bieten langfristig die größten Chancen für Gebrauch und Mißbrauch einer „s. K." im engeren deutschen Wortsinn. Die hier entstehenden Probleme der Informationsgesellschaft mit ihren Computernetzen sind angesichts der sich überstürzenden Entwicklung erst teilweise gesehen und völlig ungelöst. (b) Der anglo-amerikanische Sprachgebrauch deckt die eben genannte Wortbedeutung mit ab, geht aber im Sinn von „regulieren, im Griff haben, beherrschen" wesentlich über das engere deutsche Verständnis hinaus. Diese umfassendere Bedeutung ist uns lediglich aus einigen Sprachbildern (in denen ein Konzern einen Markt oder eine Bande die Unterwelt „kontrolliert") geläufig. In diesem weiteren Sinne von Regulieren und Beherrschen ist auch s. K. gemeint.

3. Zur Aufschlüsselung der verschiedenen „Arten der s. K." hat dieser Begriff zahlreiche Untergliederungsversuche, häufig in Form einer Gegenüberstellung, gelegentlich in einer zusätzlichen Dreiteilung, erfahren: Positive und negative K., formelle und informelle K. sowie K. durch die →Gruppe und K. durch eine →Institution (*J. Fichter,* Grundbegriffe der Soziologie, 1968, amerik. Original 1957). *Goffman* trennt zwischen persönlicher K., informeller s. K. und formeller s. K. Hierbei ist die persönliche K., bei welcher der einzelne aufgrund internalisierter →Normen „als sein eigener Polizist fungiert" (*Goffman* 1974), besonders wichtig. Sie ist Folge und Maßstab der Wirksamkeit der beiden anderen Kontrollarten. – Bei den Amerikanern trennte *Ross* zwischen beabsichtigter Herrschaft der Gesellschaft und unbeabsichtigten sozialen Einflüssen; *Homans* unterschied zwischen äußerer oder formeller und innerer oder informeller K., *Parsons* trennte zwischen primären und sekundären Kontrollmechanismen, *Cohen* unterscheidet zwischen manifester und latenter K., *Moore* zwischen bewußter und unbewußter K. Der französische Soziologe *Gurvitch* (1894–1965; 1945) traf eine grundsätzliche Unterscheidung zwischen organisierter (z. B. Routineverhalten wie Brauchtum) und spontaner s. K. (die bis zur Revolution reichen kann). Dabei handelte es sich nach seiner Terminologie allerdings um Formen oder Schichten der K. Unter Arten der s. K. verstand er demgegenüber die kulturellen Phänomene: →Religion, →Magie, →Moral, →Recht, →Kunst, →Wissen, →Erziehung.

In der Diskussion um Begriff und Inhalt von s. K. gibt es keine einheitliche Vorstellung über die Abgrenzung ihrer Mittel, Arten, Formen, Bereiche und Träger (auch Agenten oder Instanzen genannt). Die Zahl ihrer Arten ist kaum zu begrenzen, ihre Einteilung erscheint weitgehend beliebig. Es zeichnet sich lediglich eine gewisse Tendenz ab, die Aufteilung gegensätzlicher Kontrollpaare so vorzunehmen, daß ein Bezug zu der von *Tönnies* angeregten Trennung zwischen →Gesellschaft und →Gemeinschaft sichtbar wird.

4. Dem Erkenntnisfortschritt dient eine Aufteilung erst dann, wenn sich aus der Trennung und Abgrenzung verschiedener Kontrollarten, aus der Eigenart dieser Arten, sich gegenseitig einzusetzen, aus ihrer Überlagerung oder aus der Tatsache, daß sie sich aneinander reiben, ein besseres Verständnis der Wirkungsweise der s. K. ergibt. Das liefert die Trennung zwischen informeller (inf. s. K) und formeller Sozialkontrolle (f. s. K.). Diese Einteilung findet ihren besonderen Erklärungswert, wo (und weil) als Kontrollmittel →Sanktionen eingesetzt werden. Sanktionen sind gesellschaftliche Reaktionen sowohl auf normgemäßes als auch auf →abweichendes Verhalten. Die Bandbreite ihrer Antworten auf gewünschtes (Kopfnikken, Lob, Preis) und unerwünschtes Verhalten (Stirnrunzeln, Liebesentzug, Ohrfeige, Gefängnis, Todesstrafe) ist praktisch unbegrenzt. Im Bereich dieser Sanktionen ist die analytische Trennung zwischen inf. s. K. und f. s. K. besonders

ergiebig. Inf.s.K. wird von den sog. →Primärgruppen (Familie, Freundeskreis) ausgeübt. Innerhalb der Familie oder anderer Kleingruppen soll ein Mitglied zu →konformem Verhalten angeleitet werden. Dabei wird auch bei negativen, also strafenden Sanktionen die Mitgliedschaft nicht in Frage gestellt und die Normverletzung nach außen vorzugsweise verheimlicht oder bagatellisiert. Die Familie z.B. beläßt also den Abweichler im Schutz ihrer Gemeinschaft und betont das normgetreue, konforme Verhalten. Die f.s.K., die staatliche Sozialkontrolle, verhält sich gegenteilig. Das Vorgehen ihrer Kontrollinstanzen, also vornehmlich der Organe der Strafrechtspflege, Polizei, Staatsanwaltschaft, Gericht und Strafvollzug, stellt aus der Sicht des einzelnen einen Eingriff in sein Privatleben und aus der Sicht der erwähnten sozialen Gruppen eine Einmischung in ihre Aufgaben dar. Eingriff und Einmischung bedürfen einer Legitimation. Das fragliche Verhalten muß als Gesetzesverletzung bewiesen und öffentlich gemacht werden. Die den Eingriff rechtfertigende →Abweichung wird aus dem gesamten Lebenslauf herausgerissen und einseitig in den Vordergrund des Interesses gestellt. In dieser zur Rechtfertigung des Vorgehens der f.s.K. notwendigen Betonung der Abweichung liegt der für das Schicksal des Betroffenen eigentlich schädliche und negative Aspekt. Während die inf.s.K. aus ihrem eigenen Selbstverständnis auch bei strafenden Sanktionen die →Konformität betonen und Schutz durch die Gruppenzugehörigkeit gewähren kann, da sie das Sanktionieren als ihr ureigenes Recht auffaßt, steht die f.s.K., im eigenen Selbstverständnis und auch aus rechtsstaatlichen Gründen für ihr Verhalten unter Legitimationszwang. Sie muß den Eingriff und die Aussonderung durch einseitige Betonung der Abweichung rechtfertigen. S.K., insbesondere f.s.K. im Sinne der staatlichen Strafverfolgung arbeitet immer selektiv. Nur ein Teil abweichenden, hier strafbaren Verhaltens wird bekannt, ein kleinerer angezeigt und in der polizeilichen Kriminalstatistik registriert, ein noch geringerer Teil wird verurteilt. Straftäter, die diesen Filterungsprozeß bis zur Endstation im Gefängnis durchlaufen, gehören stärker den unterprivilegierten Schichten an als der Durchschnitt normübertretender Bürger. Hier laufen eigene gesellschaftliche Rekrutierungsmechanismen für die Opfer der f.s.K.

Der Übergang von der einen zur anderen K., die Ablösung der Zuständigkeit des Systems der inf.s.K. durch das System der f.s.K. ist – durch →rituelle Degradierung – mit einem Statusverlust für den betroffenen Kontrollierten verbunden (polizeiliche Festnahme, Haft, Heilanstalt). An der Nahtstelle, an der die Systeme der inf.s.K. und der f.s.K. sich treffen, sich aneinander reiben, sich überlagern und sich ablösen, liegt das Arbeitsfeld der Sozialarbeiter. Sie bilden einen Puffer und werden wegen der systembedingten Ziel-, Loyalitäts- und Rollenkonflikte hier zumeist aufgerieben. Das eine System will helfen und Schutz gewähren, das andere will kontrollieren und aussondern. Konfliktschaffend ist bereits die Tatsache, daß die →Sozialarbeit erst dann einsetzt und eine rechtliche Grundlage zum Eingriff hat, wenn die inf.s.K. versagt hat. Der Sozialarbeiter soll die Strukturen des inf. Systems ändern, damit das f. System nicht erst mit seinen schädlichen Wirkungen einzugreifen braucht, und schafft doch durch sein Auftreten und Eingreifen häufig das zu verhindernde Problem: er macht seine Klienten zu aktenkundig und amtsbekannt Gefährdeten. – Inf.s.K. und f.s.K. stellen Endpunkte auf einer Skala dar, deren Zwischenräume mit weiteren Systemen der s.K. ausgefüllt sind. Die Reihenfolge auf dieser Skala bestimmt sich nach der →sozialen Distanz, welche die einzelnen Träger oder Instanzen der s.K. zu dem zu kontrollierenden Individuum haben. Mit zunehmender Distanz nimmt die

Betonung der Abweichung zu und die Betonung der Integration ab. Mit zunehmender sozialer Distanz wird das Bekanntwerden der Abweichung immer peinlicher und schädlicher. Das Abtreten der Kontrollmacht an die nächste Distanz gilt deswegen auch als sozial unerwünschtes – wiewohl gelegentlich von der f. s. K. gefordertes – Verhalten („petzen", anzeigen). Soziale Kontrollsysteme überlagern sich, versuchen, sich voneinander abzugrenzen und sich gegenseitig einzusetzen. Wo inf. s. K. und f. s. K. zusammenfallen, fehlen Balance und Freiräume: d. i. totale Kontrolle, das Ziel totalitärer Regime, seien sie theokratischer, faschistischer oder kommunistisch-stalinistischer Natur. In totalitären Staaten fehlt auch sonst die Gewaltentrennung, da sie der Exekutive den Vorrang geben und nach dem Prinzip der Gewalteneinheit eine Kontrolle durch eine unabhängige Justiz ablehnen.

5. In seinem Buch über das Verhalten des →Rechts bestärkt *Black* (1976) das hier vertretene Verständnis von s. K. Er macht, ohne die Unterschiede zwischen inf. s. K. und f. s. K. besonders zu nennen, die Eigenart der f. s. K. deutlich. Die s. K. wird definiert als normativer Aspekt des sozialen Lebens, als Definition abweichenden Verhaltens und der Reaktion darauf (S. 1, 2, 105). Zur s. K. gehöre das Recht ebenso wie Anstandsregeln, Brauchtum, Moral, Bürokratie und die Behandlung von Geisteskrankheiten. Dabei stehe das Recht im umgekehrten Verhältnis zu anderen Arten der s. K., es sei also desto stärker, je schwächer andere Arten der s. K. sind. Sein Umfang steige in dem Maße, in dem s. K. durch die anderen Arten und Zuständigkeitsbereiche abnehme, und umgekehrt (S. 6, 107 f.). *Black* bestätigt die Ergebnisse des sozialen Reaktionsansatzes der Devianzsoziologie: (f.) s. K. mache den Abweichler schlimmer, unabhängig von seiner Motivation oder seinem Verhalten (S. 1, 8). Das Recht sei größer in seiner Anwendung gegenüber weniger respektablen Leuten als gegenüber mehr Respektabilität; Vorbestrafte hätten es schwerer; wer einmal der s. K. unterworfen gewesen sei, habe weniger Schutz und sei durch das Recht eher verwundbar. – F. s. K. bekämpft also nicht nur Devianz, sondern perpetuiert und schafft sie teilweise definitorisch erst.

6. →Bürokratie, legale Herrschaft mit bürokratischem Verwaltungsstab in Behörden wie auch in privaten größeren Betrieben, ist eine Sonderform der s. K. Die Kontrolle und Herrschaft der aktenmäßigen Verwaltung durch in Amtshierarchien mit Amtskompetenz ausgestattete und am Einzelfall persönlich nicht interessierte Angestellte, Beamte oder Richter wurde von *Max Weber* (1864–1920) wegen ihrer überlegenen Präzision, Objektivität und Verläßlichkeit besonders gelobt, inzwischen aber wegen Zersplitterung und Überbetonung formeller Aspekte und daraus resultierender mangelhafter Effizienz zunehmend kritisiert. Auch die Justiz hat Teil an der so beschriebenen behördlichen Bürokratie. Ihre Richter und Staatsanwälte stammen überrepräsentativ häufig selbst aus Richter- oder Beamtenfamilien und vertreten damit eine besonders angepaßte staatstreue Mittelschichtideologie.

Lit.: D. Black: The Behavior of Law, New York 1976; *A. K. Cohen:* Abweichung und Kontrolle, München 1968; *M. Janovitz:* Wissenschaftshistorischer Überblick zur Entwicklung des Grundbegriffs „soziale Kontrolle", in: KZfSS 25 (1973), 499–514;*K. Lüderssen/F. Sack* (Hg.): Seminar: Abweichendes Verhalten I, Frankfurt/M. 1975; *P. Malinowski /U. Münch:* Soziale Kontrolle, Darmstadt 1975; *F. Sack:* Recht und soziale Kontrolle, in: Kaiser/Kerner/Sack/Schellhoss (Hg.): Kleines Kriminologisches Wörterbuch, 2. Aufl., Heidelberg 1985.

Prof. Dr. iur. *K. Weis*, München

soziale Lage

→Soziallage

soziale Marktwirtschaft

wirtschaftstheoretische Konstruktion der Neoliberalen *Röpke, Eucken, Müller-Armack,* die das Modell der freien Marktwirtschaft um die soziale Komponente erweiterten. Neben den Prinzipien der marktwirtschaftlichen Ordnung (freie Preisbildung, Privateigentum, Vertragsfreiheit) gibt es ein Eingriffsrecht des Staates, um die Wirtschaftsordnung funktionsfähig zu erhalten und die soziale Teilhabe aller Bevölkerungsschichten zu sichern. Die übergeordneten Ziele staatlicher Sozialpolitik (Stabilität des Preisniveaus, hoher Beschäftigungsstand, außenwirtschaftliches Gleichgewicht und stetiges Wirtschaftswachstum) wurden ergänzt durch das Netz sozialer Sicherungen und die Schaffung gleicher Chancen für alle Bürger. In der BR Deutschland standen nach 1949 der Wiederaufbau und die Schaffung von Arbeitsplätzen im Mittelpunkt der Wirtschaftstätigkeit, während Überlegungen zur Verteilungsgerechtigkeit und Chancengleichheit zunächst vernachlässigt wurden. Infolge des stetigen Wirtschaftswachstums und dem seit Beginn der 60er Jahre steigenden Lebensstandard der Bevölkerung waren die Eingriffe des Staates vorwiegend darauf gerichtet, den Markt funktionierend zu erhalten (Steuer- und Kartellgesetzgebung). Probleme wie die →Armut breiter Bevölkerungskreise wurden nicht wahrgenommen. Erst im Gefolge der ersten Nachkriegsrezession 1967, die zur Bildung der großen Koalition und 1969 zum Regierungswechsel führte, wurde durch die Stabilitäts- und Wachstumsgesetze die Pflicht des Staates ins Grundgesetz eingefügt, nicht nur die Rahmenbedingungen einer freien Wirtschaftstätigkeit zu garantieren, sondern in wirtschaftliche Prozesse auch steuernd einzugreifen.

soziale Mobilität

1. Begriffe. S.M. ist die Bewegung von Individuen zwischen den →Positionen der →Ungleichheitsstruktur einer Gesellschaft. Die Positionen, zwischen denen die Bewegung von Individuen untersucht werden, sind in der Regel Positionen des Erwerbssystems einer Gesellschaft. Fragestellung und Ergebnisse von Untersuchungen hängen in hohem Masse von der definitorischen Bestimmung und Abgrenzung dieser Positionen ab. Am wichtigsten sind die Bestimmungen des Positionsgefüges, die sich entweder aus einer sich auf →Statusgruppen bzw. →Schichten konzentrierenden Ungleichheitstheorie oder aus einer →klassentheoretischen Perspektive ergeben.

Beim Status- bzw. Schichtansatz werden die Positionen eingestuft in eine mehr oder weniger fein gegliederte vertikale Skala, die eine Hierarchie des sozialen →Ansehens der Positionsinhaber (→Prestige) oder eine Art Stufenleiter sozio-ökonomischer Statusgruppen bzw. sozialer Schichten abbildet.

In der klassentheoretischen Perspektive wird die Mobilität von Individuen zwischen verschiedenen →Klassen untersucht. Diese werden in der Folge von *Marx* und *Weber* nach Bedingungen bestimmt, die Basis von Interessengegensätzen zwischen verschiedenen Erwerbsgruppen sein können, so Besitz oder Nicht-Besitz von Produktionsmitteln und – vor allem für die lohnabhängigen Erwerbstätigen – weitere Kriterien des Beschäftigungsverhältnisses und der Arbeits- und Entlohnungsbedingungen. Neben den Klassen der großen Unternehmer, der kleinen Selbständigen sowie der Landwirte enthält ein entsprechendes Klassenschema deshalb in der Regel mehrere Klassen von Beschäftigten in lohnabhängiger Arbeit: Arbeiterklasse(n) und verschiedene Klassen von Beschäftigten in unterschiedlichen Funktionen und Erwerbssituationen der Unternehmensführung und der mehr oder weniger qualifizierten und professionalisierten Dienstleistungstätigkeiten, (in der Literatur z.T. als Dienstklassen bezeichnet, vgl. *Erikson* und *Goldthorpe* 1990).

2. Fragestellungen. Sowohl in der Status- wie in der Klassenperspektive sind die verschiedenen Positionen gekennzeichnet durch einen unterschiedlichen Anteil an den in einer Gesellschaft vorhandenen materiellen und immateriellen Gütern (Besitz, Einkommen, Macht und Ansehen). Die Mobilitätsforschung untersucht deshalb die →Ungleichheit der Chancen im Zugang zu den unterschiedlich vorteilhaften Positionen und ermittelt damit den Grad der Offenheit der →Sozialstruktur. Diese kann daran gemessen werden, wie stark die Position, die ein Individuum zu einem bestimmten Zeitpunkt innehat, von einer früheren Position abhängt. Bei dem hauptsächlich untersuchten Vergleich mit der Position der Herkunftsfamilie (Eltern) spricht man von *inter*generationaler Mobilität; im Vergleich mit einer früheren Position im eigenen Erwerbsverlauf von *intra*generationaler oder Karriere-Mobilität.

Eine weitere zentrale Fragestellung ergibt sich im Rahmen des klassentheoretischen Ansatzes. Danach hängt die Wahrscheinlichkeit, daß sich in der gesellschaftlichen Interessenauseinandersetzung eine →Klasse als politischer Akteuer konstituiert, von der demographischen Identität *(Goldthorpe)* der Klasse ab. Ein hohes Niveau an demographischer Identität ist gegeben, wenn sich die Mitglieder einer Klasse aus Personen zusammensetzen, die selbst herkunftsmäßig aus derselben Klasse stammen und deren →Klassenlage wegen geringen Mobilitätschancen selbst von langer Dauer ist. Solche Bedingungen sind wesentliche Faktoren dafür, daß sich unterprivilegierte Klassen zur Verbesserung ihrer Klassenlage und privilegierte Klassen zur Verteidigung ihrer Vorteile organisatorisch und politisch formieren. In der Untersuchung von Bedingungen der Klassenformierung steht die Mobilitätsforschung in der Tradition von Klassikern wie *Marx* und *Sombart,* die das Fehlen des Sozialismus in den Vereinigten Staaten dadurch erklärten, daß sich dort wegen hoher Mobilität die Klassen in ihrer Zusammensetzung dauernd änderten und die ihnen zugehörigen Elemente laufend austauschten (vgl. *Goldthorpe* 1987).

Für die vergleichende →Makrosoziologie ist vor allem von Interesse, wie und in welchem Ausmaß sich verschiedene Gesellschaften untereinander und im Laufe ihrer Entwicklung in den Mustern und im Ausmaß sozialer Mobilität unterscheiden, worauf Unterschiede zurückzuführen sind und welche Konsequenzen sie haben.

2. Methoden. Die Mobilitätsforschung ist eines der methodisch am weitesten entwickelten Gebiete der Soziologie. Zwei Ansätze haben in unterschiedlichen Phasen der Forschungsentwicklung dominiert:

a) Die Statuszuweisungsforschung: Sie ist kennzeichnend für den an der vertikalen und graduellen Ungleichheitsvorstellung orientierten Ansatz. Sie dominierte etwa 10 Jahre lang nach dem Erscheinen der grundlegenden Studie von *Blau* und *Duncan* (1967) In diesem Ansatz wird untersucht, durch welche Prädiktoren die Plazierung von Individuen auf einer möglichst fein abgestuften vertikalen Skala des sozioökonomischen Status oder sozialen →Prestiges am besten vorausgesagt werden kann. Als Prädiktoren wird in verschiedenen Varianten multivarianter Regressionsrechnungen (Pfadanalyse, Strukturgleichungsmodelle) in der Regel eine Mehrzahl individueller Eigenschaften der untersuchten Personen berücksichtigt, u. a. Indikatoren des zugeschriebenen sozialen Status der Herkunft der Individuen sowie Indikatoren von in der Regel erworbenen Merkmalen wie Ausbildungsniveau, Aspiration oder →Leistungsorientierung. Eine Schwäche dieses Ansatzes besteht darin, daß er strukturbedingte Einflußgrößen für die Plazierung von Individuen nicht berücksichtigt. Solche Größen sind insbesondere die mit der Zeit variierende und von Gesellschaft zu Gesellschaft unterschiedliche Verfügbarkeit verschiedener Positionen. Je nach Vorhandensein von Positionen haben individuelle Eigenschaften eine unterschiedliche Bedeutung für die Plazierung von Individuen.

b) Die Analyse von Mobilitätsmatrizen: Sie ist die zugleich ältere und in der neueren Forschung dominierende Methode. Sie unterstellt keine eindimensionale vertikale Ordnung der einzelnen Positionen und ist deshalb für die klassentheoretische Perspektive besonders geeignet. Der Ausgangspunkt dieser Methode sind zwei- oder mehrdimensionale Kreuztabellen, die zeigen, aus welchen Herkunftsklassen Individuen in welche Zielklassen gelangen. Solche Übergangsmatrizen werden dann mit verschiedensten statistischen Kennziffern und Analysetechniken weiter untersucht.

Einfache Kennziffern sind Prozentanteile von Individuen, die aus einer bestimmten Herkunftsklasse in eine bestimmte Zielklasse übergehen oder der Anteil der Mobilen (Personen, die zwischen zwei Beobachtungszeitpunkten von einer Klasse in eine andere gelangen). Mit Hilfe solcher Maßzahlen kann das absolute Ausmaß der in einer Gesellschaft bestehenden Mobilität und Immobilität beobachtet werden.

Das Ausmaß der absolut beobachtbaren Mobilität ist von zwei Typen von Effekten bestimmt: erstens Struktureffekten, die von der Größe der einzelnen Klassen und vom Ausmaß ihres Wachstums und Schrumpfens im Zeitablauf abhängen. Wenn beispielsweise von der Generation der Väter zur Generation der Söhne der Anteil der in der Landwirtschaft beschäftigten Personen stark zurückgeht, muß allein aus diesem Grunde ein entsprechender Anteil von Söhnen von Landwirten die Landwirtschaft verlassen. Der zweite Typ von Effekten bezieht sich auf die Durchlässigkeit, die zwischen einzelnen Klassen besteht. Sie erfassen das Ausmaß der relativen S. M., die unabhängig von den Struktureffekten besteht, und sind damit der eigentliche Gradmesser der Chancenungleichheit oder Offenheit der Sozialstruktur. Die grundlegende Trennung zwischen absoluten und relativen Mobilitätsraten und zwischen strukturellen und Durchlässigkeitseffekten erfolgt in der gegenwärtigen Forschung durch z.T. sehr komplexe Techniken der log-linearen Modellierung von Mobilitätsmatrizen.

4. Forschungsergebnisse. Empirische Untersuchungen zur intergenerationalen s. M. zeigen, daß auch in fortgeschrittenen Industriegesellschaften ein hohes Maß an Immobilität und Chancenungleichheit besteht. So finden sich z. B. in der BR Deutschland unter den Söhnen von Vätern, die der oberen Dienstklasse angehören, 43% in ihrem eigenen Erwerbsleben auch in der oberen Dienstklasse. Nur 9% dieser Söhne werden Arbeiter. Von den Söhnen um- oder angelernter Arbeiter dagegen erreichen nur 2% eine Position der oberen Dienstklasse. 69% von ihnen werden Arbeiter (vgl. *Müller* 1986).

Für eine große Zahl kapitalistischer und sozialistischer Industriegesellschaften haben *Erikson* und *Goldthorpe* (1992) als wesentliche Faktoren, die den Grad der sozialen Durchlässigkeit bestimmen, vier Typen von Effekten nachgewiesen:

1. Vererbungseffekte: Sie wirken dahin, daß Individuen überzufällig in der Klassenposition ihrer Herkunft verbleiben. Diese Effekte sind besonders hoch in den Klassen, in denen der Klassenzugang an die Vermittlung von materiellem oder kulturellem Kapital gebunden ist (Landwirtschaft, Unternehmer, Selbständige, Dienstklasse). 2. Hierarchieeffekte: Mobilität zwischen verschiedenen Klassen findet um so weniger statt, je größer die vertikale →soziale Distanz zwischen ihnen ist. 3. Sektoreffekte: Es besteht eine ausgeprägte Mobilitätsbar-

riere zwischen landwirtschaftlichen und nicht-landwirtschaftlichen Klassen. 4. Affinitätseffekte: Es besteht überzufällig hohe Mobilität zwischen Klassenlagen, die sich im Hinblick auf einzelne Bedingungen der Klassenlage ähnlich sind, so zwischen den Klassen der ungelernten und gelernten Arbeiter oder zwischen verschiedenen nicht-manuellen Klassen.

Die Unterscheidung zwischen absoluten und relativen Mobilitätsraten erweist sich als besonders wichtig im Hinblick auf die in der Literatur sehr kontrovers diskutierte Frage, ob sich verschiedene Länder im Ausmaß der s. M. unterscheiden. Im absoluten Ausmaß sozialer Mobilität gibt es deutliche Unterschiede zwischen verschiedenen Ländern. Diese resultieren vor allem aus dem in verschiedenen Ländern unterschiedlichen Größenverhältnis der einzelnen Klassen zueinander und der Geschwindigkeit des Wandels dieses Größenverhältnisses in der Zeit. Aus diesen strukturbedingten Faktoren resultieren entsprechend unterschiedliche Mobilitätsraten. Die von *Lipset* und *Zetterberg* in den 1950er Jahren formulierte These, daß wegen einer ähnlichen Klassenstruktur die industrialisierten Länder sich auch im Ausmaß der (absoluten) sozialen Mobilität in hohem Maße ähnlich sind, kann heute als eindeutig widerlegt gelten.

In den relativen Mobilitätsraten dagegen, d.h. im Grad der sozialen Durchlässigkeit (nach Kontrolle der strukturbedingten Effekte), besteht eine hohe Ähnlichkeit in den industrialisierten Ländern. Dies bedeutet jedoch nicht völlige Gleichheit, sondern eine Situation mit allenfalls geringen Abweichungen von einem überall bestehenden Grundmuster der Durchlässigkeit. Die Unterschiede im Grad der Durchlässigkeit zwischen verschiedenen Ländern sind im wesentlichen zurückzuführen auf Besonderheiten in der sozio-ökonomischen Entwicklungsgeschichte der Länder, auf teilweise unterschiedliche institutionelle Rahmenbedingungen (Bildungswesen, Arbeitsmarktregelungen) sowie auf unterschiedliche politische Interventionen. Länderunterschiede im Grad sozialer Durchlässigkeit scheinen jedoch nicht erklärbar zu sein mit makrosoziologischen Faktoren (z. B. ökonomisches Entwicklungsniveau und Wachstum, Dauer einer demokratischen politischen Ordnung, kapitalistische vs. sozialistische Wirtschaftsordnung). Entgegen einer vielfach vertretenen These weisen die USA keine außergewöhnlich hohe Durchlässigkeit auf. Dieses gilt am ehesten für Schweden. Die BR Deutschland gehört zu den Ländern mit vergleichsweise niedriger Durchlässigkeit. Dieses ist u. a. die Folge der im internationalen Vergleich traditionell starken Abschottung der verschiedenen Arbeitnehmergruppen (Arbeiter, Angestellte, Beamte) voneinander sowie der besonders engen Verknüpfung zwischen Ausbildungsabschlüssen und Beschäftigungspositionen. Als besonders wichtig erweist sich hierbei das Institut der Berufslehre (zur Bedeutung der Bildungsinstitutionen zur Erklärung von Länderunterschieden vgl. *Müller* und *Karle* 1993; *Hiroshi, Müller* und *Ridge* 1995).

Im Zeitablauf kann kein eindeutiger – insbesondere kein eindeutig zunehmender – Trend in der Entwicklung der sozialen Durchlässigkeit beobachtet werden. Hierzu bestätigt die neuere Forschung am ehesten die bereits von *Sorokin* vertretene Hypothese zyklischer Schwankungen zwischen Phasen erhöhter und Phasen reduzierter Durchlässigkeit.

Im Hinblick auf die Differenzierung zwischen einzelnen Bevölkerungsgruppen (Männer vs. Frauen, verschiedene ethnische Gruppen) gilt Gleiches wie für den internationalen Vergleich. Im Ausmaß der absoluten Mobilität unterscheiden sich auch einzelne Bevölkerungsgruppen deutlich voneinander, weil sie sich in der Verteilung auf verschiedene Klassen unterscheiden. Im Grad der so-

soziale Netzwerke

zialen Durchlässigkeit sind Gruppenunterschiede jedoch allenfalls gering.

Lit.: Blau, Peter M./Duncan, Otis D.: The American Occupational Structure, New York 1967; *R. Erikson/John H. Goldthorpe:* The Constant Flux, Oxford 1992; *John H. Goldthorpe:* Social Mobility and Class Structure in Modern Britain, Oxford 1987; *Ishida, Hiroshi/Walter Müller/John M. Ridge:* Class Origin. Class Destination, and Education: A Cross-National Study of Ten Industrial Nations. In: American Journal of Sociology 101 (1), 1995, S. 145-193; *Müller, Walter:* Soziale Mobilität: Die Bundesrepublik im internationalen Vergleich, in: Kaase Max (Hg.), Politische Wissenschaft und politische Ordnung, Opladen 1986; *Müller, Walter/Karle, Wolfgang:* Social Selection in Educational Systems in Europe. In: European Sociological Review 9 (1), 1993, S. 1–23

Prof. Dr. *W. Müller,* Mannheim

soziale Netzwerke

1. Das Konzept und seine Nutzungsfelder

Innerhalb weniger Jahre hat das Konzept *soziales Netzwerk* (s.N.) in so unterschiedlichen disziplinären Revieren wie Stadtsoziologie, Gesundheitswissenschaften, Gemeindepsychologie, Organisations- oder Kommunikationsforschung einen prominenten Status erobert. Sie eint das Interesse an dem Geflecht sozialer Beziehungen zwischen Personen und Personen, Menschen und Institutionen und Institutionen und Institutionen. Die Netzwerkmetapher liefert ein Bild, in dem die Knoten jeweils die Untersuchungseinheit (Personen, Gruppen oder Institutionen) darstellen, während die Linien die Beziehungen zwischen ihnen symbolisieren. In der Regel werden s.N.e von einer spezifischen Person ausgehend dargestellt (das sind die individuumzentrierten N.e). Aufgenommen werden nicht nur durch das Individuum direkt realisierte Beziehungen und Kontakte, sondern auch solche, die potentiell über Personen herstellbar sind, zu denen man in Kontakt steht. Das kann zu einem nicht mehr darstellbaren Milchstraßensystem führen.

In der Regel beschränken sich die erhobenen N.muster auf Beziehungen, die durch Primärgruppen und die wichtigsten Alltagssektoren (wie Nachbarschaft, Arbeitswelt, Freizeit) gebildet werden. Häufig werden N.e auch unter spezifischen Handlungszielvorgaben rekonstruiert. Das am meisten thematisierte ist das Unterstützungsn., aber auch kommunale Machtstrukturen oder Kommunikationsmuster werden in Gestalt von N.en abgebildet. Beim Vergleich der visuellen Gestalt unterschiedlicher N.e sind typische Konfigurationen identifizierbar, die zur dimensionalen Charakterisierung s.N.e verwendet werden. Werden gegebene Beziehungsmuster zur Bewältigung ganz unterschiedlicher Ziele und Angelegenheiten genutzt, wird ein s.N. als multiplex bezeichnet. Haben die Personen, zu denen ein Individuum Beziehungen pflegt, auch untereinander Kontakt, so läßt sich diese Beziehungsgestalt auf der Dimension Dichte abbilden. Ein N. wird als segmentiert bezeichnet, wenn sich Kontakte, die in spezifischen Lebensbereichen (z.B. in der Berufswelt oder im Freizeitbereich) bestehen, kaum überschneiden. Diese formalen Struktureigenschaften s.N.e haben besondere Aufmerksamkeit bei graphentheoretisch arbeitenden Sozialwissenschaftlern gefunden. Die spezielle Eignung der formalisierbaren N.merkmale zur Weiterverarbeitung durch methodisch komplexe Verfahren hat dem N.konzept in spezifischen sozialwissenschaftlichen Szenen zweifellos das Interesse gesichert. Andere Gründe sind in der Brükkenfunktion zu sehen, die dieses Konzept zwischen unterschiedlichen Sozialwissenschaften übernehmen kann. In der traditionellen fachlichen Arbeitsteilung zwischen Psychologie und Soziologie etwa ist ein spezifisches Vermittlungsdefizit zwischen der individuellen und der makrogesellschaftlichen Ebene entstanden. Exemplarisch läßt sich das am Bereich der Sozialepidemiologie psychischer Störungen zeigen. Hier liegen gesicherte Befunde über die schichtspezifische Verteilung psychischen Leidens vor. Da aber Individuen mit vergleichbarer sozioökonomischer Lebenslage nicht in vergleichbarer Weise psychische Probleme haben, ist zunehmend die Frage nach vermittelnden Variablen gestellt worden. Die Psychologie neigt dazu, die Varianz als Ausdruck unterschiedlicher Personanteile zu interpretieren und allenfalls noch die Bedeutung familiarer Einflüsse anzuerkennen. Diese sind sicherlich relevant und vermögen doch das sozialpsychologische Vermittlungsfeld zwischen individuellen und makrosozialen Handlungsbedingungen nicht auszuschöpfen. Mit dem Konzept des s. N. hat in die Forschung eine „mezzo-soziale" Größe Eingang gefunden, die die oft sehr vage konzeptualisierten Umweltressourcen für die Bewältigung alltäglicher Krisen und Belastungen relativ präzise zu erfassen vermag.

2. Reflexive Individualisierung und die Erosion traditionaler Ligaturen

Die offensichtlich wachsende Anziehungskraft der N.thematik bedarf eines Interpretationsansatzes, der über die wissenschaftsinternen Entwicklungsprozesse hinausreicht. Das Interesse am N.konzept hat wohl weniger mit seiner Fähigkeit zu tun, ein faszinierendes neues Forschungsrevier zu eröffnen. Es ist vielmehr der Bereich sozialer Beziehungen selbst, der das reflexive Interesse auf sich zieht. Er ist aus der Fasson selbstverständlich gegebener Traditionsmuster gefallen. Ein Prozeß reflexiver Individualisierung löst traditionelle Ligaturen immer stärker auf. Infolgedessen muß jedes einzelne Subjekt an dem sozialen Kitt der Beziehungsmuster selbst arbeiten, und es fehlen für die Gestaltung sozialer Beziehungen orientierende Modelle. Sozialwissenschaften beschäftigen sich mit dem, was aus dem Zustand quasinatürlicher Gegebenheiten herausfällt, und sie konzentrieren sich deshalb zunehmend auf den Bereich der sozialen Beziehungen, weil dieser den Status der Selbstverständlichkeit verloren hat, den er in einer traditionalistisch geordneten Gesellschaft hatte.

Die Beziehungen der Individuen in hochindustrialisierten Gesellschaften werden nicht mehr durch starre und traditionsfixierte Rollenmuster reguliert, sondern sind einem tiefgreifenden Prozeß der Individualisierung von Lebenslagen und Lebenswegen unterworfen. Diesen Prozeß hat Georg Simmel bereits um die Jahrhundertwende vorausgesagt. Die fortschreitende funktionsspezifische Arbeitsteilung und wachsende Mobilität führen nach Simmel zur Erweiterung sozialer Verkehrskreise und zu einer spezifischen Individualisierungsdynamik, die einen allmählichen Funktionsverlust „vorgegebener, durch ursprüngliche Assoziationen wie Familie, Verwandtschaft, lokale Nachbarschaft determinierte Beziehungen" (Schenk, 1984, S. 217) mit sich bringen. Anstelle traditionsbestimmter Lebenswege entstehen „Möglichkeitsräume" selbstgewählter Kontakt-, Bekanntschafts-, Freundschafts- und Nachbarschaftsbeziehungen. Das Subjekt steht aber auch unter dem Zwang, diesen Gestaltungsraum zu füllen und zu strukturieren. Das moderne Subjekt ist zwar der „Baumeister eines Netzwerkes" (Claude Fischer), aber diese Rolle des aktiven Gestalters ist ihm von dem gesellschaftlichen Freisetzungsprozeß aus traditionsgeleiteten und stabil vorgegebenen Lebensmustern aufgezwungen. Unter der Bedingung, „daß die jetzt entstehenden Sozialbeziehungen und Kontaktnetze individuell selegiert individuell hergestellt, erhalten und immer wieder erneuert werden müssen" (Beck, 1983, S. 50), wird von den Subjekten die Kompetenz zum „Beziehungsmanagement durch Aushandeln“ (deSwaan) verlangt.

3. Netzwerkanalyse „posttraditionaler Ligaturen“

Die sozialwissenschaftliche N.forschung ist eng mit der Erforschung von Veränderungsprozessen in großstädtischen Lebenswelten verbunden. Die Untersuchung lokal gebundener Beziehungsmuster ging in der Regel mit der Frage einher, ob soziale Wandlungsprozesse, die das städtische Leben erfaßt haben, über soziale Beziehungen vermittelte Vertrautheit mit einem Wohnquartier gefährden oder gar zerstören. Ein Teil der sozialpsychologisch ausgerichteten Stadt- und Gemeindeforschung läßt sich durchaus als empirische Bestätigung dieses zivilisationskritischen Deutungsmusters lesen. Dies gilt beispielsweise für jene Studien, die sich für die lokale Identität, die Struktur nachbarschaftlicher Interaktionsmuster und deren Bedeutung für alltägliche materielle und psychosoziale Hilfe vor allem in traditionellen Arbeiterbezirken interessierten. Elizabeth Bott (1953) hat bei der Untersuchung eines Londoner Arbeiterbezirks für das dort typische Beziehungsgefüge den Begriff des „engmaschigen sozialen Netzwerks“ eingeführt. Er bezeichnet besonders dichte Beziehungsmuster, in denen die Mehrzahl der einbezogenen Personen (überwiegend Mitglieder der Familien und der Verwandtschaftssysteme) untereinander Kontakt hat. In diesen s. N.en entsteht ein Gefühl der Zusammengehörigkeit und verbindlicher Verpflichtungen füreinander. Sie sind charakterisiert durch die schnelle Verfügbarkeit ihrer Mitglieder, die bei alltäglichen Problemen und Notsituationen helfend eingreifen können. In diesem Sinne hat Elizabeth Bott auch die Funktion dieser s. N.e als eine Art privater Sozialversicherung für Krisensituationen charakterisiert. Diese s. N.e haben einen ausgeprägten lokalen Bezug. Fast alle Mitglieder wohnen im gleichen Stadtviertel, meist sind die Eltern hier schon aufgewachsen, und ein Großteil des Verwandtschaftssystems wohnt auch im gleichen Stadtbezirk. Benachbarte Familien verbindet eine lange gemeinsame Geschichte. Hilfe erfolgt schnell und selbstverständlich. Die Reziprozität der Beziehungen stellt sich über mehrere Jahre her, und dies ist bei der langen Seßhaftigkeit der Familien problemlos möglich. Diese sozialen Beziehungsmuster sind empirisch kaum mehr nachweisbar. Sie sind in einem Prozeß der reflexiven Modernisierung aufgerieben worden. Die gesellschaftstheoretische Debatte, die sich an diesem Punkt angeschlossen hat, hat Wellman (1979) zu der Frage verdichtet, ob dadurch gemeinschaftsstiftende Strukturen verloren gegangen sind oder ob sie einen qualitativen Gestaltwandel durchlaufen.

Die empirische N.forschung (zum Überblick: Keupp & Röhrle 1987; Diewald 1991; Röhrle 1994) ergibt für die soziale „Bautätigkeit“ zeitgenössischer Subjekte vor allem in den großstädtischen Ballungsräumen folgendes Bild:

(1) Beim Vergleich von Städtern und Nicht-Städtern zeigt sich, daß urbane Lebensformen nicht aus sich heraus isolationsfördernd sind wie häufig unterstellt. Im Gegenteil: Bewohner großer Städte haben im Durchschnitt vielfältigere Kontakte zu Freunden, Arbeitskollegen oder anderen Angehörigen von Subkulturen oder Vereinen.

(2) N. in urbanen Ballungsräumen bilden keine lokal fest und dicht verbundenen Solidargemeinschaften. Diese sind eher strukturell offen und nur lose miteinander verknüpfte Beziehungsmuster. Gleichwohl vermitteln sie persönliche Nähe und Intimität.

(3) Gegenüber traditionellen Beziehungsmustern, die über Familie, Verwandtschaft und Nachbarschaft vermittelt waren, in die man hineingeboren war und die mit hohen Integrationsnormen zugleich persönliche Veränderungswünsche einschränkten, beinhalten

die großstädtischen Netzwerke ein höheres Maß an Eigenentscheidung, an „Wahlfreiheit".

(4) Der beschriebene allgemeine Trend städtischer N.bildung kann durch spezifische Besonderheiten des Lebenslaufs und der Lebenslage entscheidend verändert sein. Für Kinder und alte Menschen hat der soziale Nahraum, der lokale, nachbarschaftliche Bezug einen hohen positiven Wert. Für Frauen mit kleinen Kindern andererseits bedeutet die relativ enge Ortsbezogenheit eher eine als Belastung erlebte Restriktion von Handlungsmöglichkeiten.

(5) Der Urbanisierungsprozeß führt nicht zur Erosion alltäglicher informeller Hilfeleistungen. In Alltagsangelegenheiten erfolgt in der Regel Hilfe durch die Nachbarn oder Arbeitskollegen. Bei schwerwiegenderen Problemen (z. B. schwere Krankheit oder Tod eines Familienmitgliedes) suchen Menschen Hilfe vornehmlich im engeren Familien- und Verwandtschaftskreis. Da deren räumliche Erreichbarkeit durch die durchschnittlich hohe regionale Segregation häufig nicht gegeben ist, suchen Städter einerseits vermehrt bei formellen Institutionen des Gesundheits- und Sozialwesens Unterstützung. Andererseits haben sich im letzten Jahrzehnt eine Fülle von Selbsthilfeinitiativen entwickelt, in denen solidarische wechselseitige Hilfe und Unterstützungspotentiale für selbstbestimmte Lebens- und Identitätsentwürfe gesucht und gegeben wird.

(6) In den realen Möglichkeiten und konkreten Formen der N.bildung lassen sich die Grundmuster gesellschaftlicher Ungleichheit nachweisen. Der Entscheidungsspielraum einer Person für die Aufnahme spezifischer sozialer Beziehungen hängt entscheidend von ihrem Status ab. Je höher der sozioökonomische Status einer Person ist, desto mehr Ressourcen hat sie für die aktive Beziehungsarbeit, desto weniger ist der soziale Möglichkeitsrahmen gespannt, aus dem persönliche Beziehungen realisiert werden können.

(7) Zunehmende gesellschaftliche Individualisierung baut nicht in pauschaler Weise Solidarbeziehungen ab, sondern sie schafft eher einen neuen Typus von Solidarität. Sie wird freiwillig erbracht und weniger aus einem Gefühl der Verpflichtung, das aus traditionalen Gemeinschaftsbindungen folgt.

(8) Viele Bewohner von Großstädten teilen die emotional negativ getönte Haltung von der „verlorenen Gemeinschaft", obwohl sie in multiplen Netzwerken leben, die ihnen vielfältige soziale Zugangsmöglichkeiten und Unterstützung vermitteln. In diesem Sinne haben sie einen hohen persönlichen Freiheitsspielraum, einen Raum für „strukturelle Manöver", die zur Gestaltung individueller Lebenswege genutzt werden können. Die andere Seite der gleichen Medaille zeigt das Individuum, das trotz vielfältiger loser Assoziationen zu verschiedenen Gruppen, Subkulturen und Institutionen in keine Solidargemeinschaft mit hoher Integrationskraft eingebunden ist. So scheint der Preis hoher Selbstbestimmung und Chancenvielfalt ein Orientierungsverlust zu sein, der die wachsende Nachfrage nach neuen sinnvermittelnden psychosozialen Dienstleistungen oder auch nach verbindlichen neuen sozialen Netzwerken, die Zugehörigkeit und Lebenssinn herstellen könnten, auslöst.

4. Ausblick

Die N.forschung eignet sich als ein Forschungsinstrument vor allem zur Analyse von sich wandelnden Beziehungsmustern und dürfte nicht zuletzt deshalb immer wieder zum Einsatz kommen, weil sie eine Möglichkeit offeriert, soziale Ressourcen empirisch zu erfassen. Das ist in der Identitätsforschung genauso bedeutsam wie in der Bildungs- oder Sozialpolitikforschung. Das eher anspruchslose Konzept erweist sich durch die von ihm eröffnete Empirie als besonders wertvoll und ermöglicht in

soziale Normen

anspruchsvollen Theoriediskursen (wie dem Kommunitarismus) Realitätsbezüge.

Lit.: Burt, Ronald S.: Structural Holes. The Social Structure of Competition. 1992. *Diewald, Martin:* Soziale Beziehungen: Verlust oder Liberalisierung? Soziale Unterstützung in informellen Netzwerken. Berlin: edition sigma 1991. *Keupp, Heiner & Röhrle, Bernd* (Hg.): Soziale Netzwerke. Frankfurt: Campus 1987. *Pappi, Franz Urban* (Hg.): Methoden der Netzwerkanalyse. München 1987. *Röhrle, Bernd:* Soziale Netzwerke und soziale Unterstützung. Weinheim: Psychologie Verlags Union 1994. *Schenk, M.:* Soziale Netzwerke und Kommunikation. Tübingen: J. C. B. Mohr, 1984. *Scott, John:* Social Network Analysis. A Handbook. London 1991.

Prof. Dr. *Heiner Keupp,* München

soziale Normen

I. Begriffliche Grundfragen

Unter einer sozialen Norm versteht man in der Soziologie/Sozialpsychologie eine Regel oder Richtschnur für das Verhalten der Mitglieder einer Gesellschaft/Gruppe, die den „richtigen“ (d.h. sozial angemessenen/erwünschten/vorgeschriebenen) Weg zur Zielverwirklichung markiert (vgl. etwa: *Merton* ³1968; *König* 1969; *Gibbs* 1981). Dabei hat sich in der Soziologie eingebürgert, Begrifflichkeiten wie Konvention, Sitte, Recht, Gesetz, Moralvorschrift usw. unter den Oberbegriff sozialer Normen zu subsumieren. Es sind also verschiedene Arten/Formen/Typen sozialer Normen zu unterscheiden; wichtige Unterscheidungskriterien sind dabei: Internalisierungsgrad, Institutionalisierungsgrad (z.B. gesetzliche Verankerung), Konsensus hinsichtlich der Geltung, Legitimität, Sanktionsladung, Ausmaß der Restriktivität usw. (vgl. etwa: *Eichner* 1981).

Des weiteren sind Abgrenzungen zu verwandten Begriffen notwendig. (1) →Werte sind erwünschte Zustände, die im Rahmen einer Gesellschaft angestrebt werden (z.B. hoher Lebensstandard, eine entsprechende berufliche Position), die jedoch lediglich auf sozial zugelassenen Wegen (eben den Normen) erreicht werden können. (2) →Rollen sind Bündel von Normen (oder normativen Erwartungen), mit denen bestimmte soziale →Positionen (z.B. ein bestimmter Beruf) ausgestattet sind. Normen bestehen also qua Situation; Rollen existieren qua Position. (3) →Sanktionen sind Absicherungen sozialer Normen, gleichsam die →Kontrolle ihrer Einhaltung. Diese Kontrolle kann von außen erfolgen (durch entsprechende Kontrollinstanzen) oder internalisiert werden (innere Kontrolle), indem das Individuum sich selbst für →konformes Verhalten belohnt und für →abweichendes Verhalten bestraft. Je wichtiger die Einhaltung einer Norm für die Gesellschaft (Gruppe) ist, desto strikter wird das Kontrollsystem sein und desto eher wird das Kontrollsystem institutionalisiert. Allerdings führt die Bedeutsamkeit sozialer Normen (sog. Muß-Normen) häufig zur Verinnerlichung, so daß äußere Kontrolle reduziert werden kann. (4) →Institutionen sind Normkomplexe mit formeller Ausgestaltung. Solche normativen Ordnungsmuster bilden Regelungssysteme, die für alle oder doch die meisten Gesellschaften zentrale Funktionen übernehmen: Religion, Wirtschaft, Rechtssystem, Bildungssystem usw. Diesen Institutionen sind dann bestimmte Organisationsformen zugeordnet (z.B. der Religion die Kirche, der Wirtschaft die Betriebe usw.).

II. Entstehung sozialer Normen

Über die Entstehung sozialer Normen existieren verschiedene Modellvorstellungen. (1) Das anthropologische Modell betont die „Natur“ des Menschen als eines Mängelwesens (*Gehlen* 1955): Der Mensch sei durch seinen verkümmerten Instinktmechanismus orientierungslos und insofern auf soziale Regelungssysteme (Institutionen) angewiesen. Normen und Institutionen entstehen also nach dieser Vorstellung als Kompensat eines Mangels. (Kritisch hierzu: Die Tatsache eines Mangels erklärt allein noch nicht die Kompensationsleistung, vor allem nicht deren spezifische Form). (2) Das sozialpsychologische Modell geht gleichermaßen vom Gedanken der Orientierungslosigkeit aus. *Sherif* (1936) versuchte in seinen Konformitätsexperimenten (autokinetisches Phänomen) zu zeigen, daß Menschen ein Bedürfnis nach Ordnung und Übereinstimmung haben, daß sie sich deshalb der Gruppenmeinung anschließen und insofern zur Konvergenz der Urteile neigen. *Sherif* sieht hierin ein Grundmodell der Entstehung sozialer Normen. (Kritisch hierzu: Das „autokinetische Phänomen" kann allenfalls die Entstehung gewisser Orientierungsnormen erklären, die ohne Sanktionsdruck aufgrund des hier unterstellten Bedürfnisses nach Validierung der Umwelt zustande kommen). (3) Das funktionalistische Modell erklärt das Entstehen „zweckmäßiger" Ordnungsregeln durch Selektionsprozesse (*Parsons* 1951): Bestimmte Regelungssysteme haben um so eher die Chance, sich durchzusetzen, je leistungsfähiger sie für die Erhaltung des Gesamtsystems sind. Gesellschaften etwa, die ganz bestimmte Institutionen nicht entwickeln oder zentral bedeutsame Normen nicht beachten, verharren auf primitiver Stufe oder gehen unter. (Kritisch hierzu: Das funktionalistische Paradigma kann nur dann die Entstehung sozialer Normen erklären, wenn man einen etwas fragwürdigen quasibiologischen Selektionsmechanismus unterstellt). (4) Das utilitaristische Modell geht auf *Adam Smith* zurück und wird neuerdings im Rahmen einer individualistischen Theorieauffassung wiederbelebt (vgl. etwa *Opp* 1983, der die Entstehung sozialer Normen aus der Theorie der Eigentumsrechte abzuleiten sucht. Vgl. hierzu auch die ökonomische Theorie der Institutionen bei *Schotter* 1981). Hier wird z. B. behauptet, daß ein geregeltes Zusammenleben der Menschen auch für den einzelnen stets von Vorteil sei: Dies ist zunächst eine Art Abrüstungsvorteil, insofern z. B. das Eigentum produktiv im freien Austausch mit anderen genutzt werden kann, anstatt einen Teil der Ressourcen zur Abwehr einer anarchischen Umwelt einsetzen zu müssen. Die Etablierung von Regeln und ein entsprechendes Regelbewußtsein verschaffen darüber hinaus das Gefühl der Sicherheit; die Akteure können enttäuschungsfeste Erwartungen bilden. (Kritisch hierzu: Aus →spieltheoretischen Überlegungen folgt, daß eigennütziges →Verhalten am ehesten dann zu maximieren ist, wenn lediglich andere sich an die Regeln halten, man selbst aber diese Regeln verletzt. Dies bedeutet, daß eigennützige Verhaltensweisen allein noch kein stabiles Normsystem aufrechterhalten; zusätzliche Absicherungen in Form von →Sanktionen sind notwendig). (5) Das Vertragsmodell sieht – in Anknüpfung an *Hobbes'* „Leviathan" – vor, daß sich Individuen kraft Einsicht zusammenschließen und zu einem bestimmten Anteil auf die Vorteile des eigennützigen Verhaltens bewußt verzichten (vgl. *Vanberg* 1982). (Kritisch hierzu: Es ist zweifellos eine überdehnte Perspektive, die gesamte soziale Ordnung als bewußten und einsichtsvollen Gestaltungsprozeß zu begreifen). (6) Das machttheoretische Modell verwirft den Gedanken der Freiwilligkeit bei der Genese sozialer Normen (vgl. *Wiswede* 1985) und erklärt ihre Entstehung durch ein soziales Machtgefälle (gleichgültig, worauf diese Macht beruht). Personen können mit oder gegen ihre Einwilligung dazu veranlaßt werden, bestimmten Regelungen zu folgen. Sanktionen sind nichts anderes als Machtmittel zur Befolgung dieser Regeln. (Kritisch hierzu: Natürlich sind Macht und das hiermit verbundene Interesse nicht der einzige Gestaltungsfaktor für Normen. Auch handelt es sich in historisch-genetischer Sicht meist um geronnenes Herrschaftsinteresse; die Normen lösen sich in „funktioneller Autonomie“ von ihren Entstehungsbedingungen ab.

Neben diesen Fragen der Normentstehung und der Normsetzung sind Aspekte der Norm-Anwendung relevant. Insbesondere bei normativer Labilität (*Wiswede* ²1979) entstehen Spielräume für variable Normanwendung (z.B. Selektionsprozesse bei der Beurteilung/Verurteilung →abweichenden Verhaltens), deren Ausfüllung wiederum eine Frage der Interessen- und Machtkonstellation sein dürfte.

III. Wirkung sozialer Normen
Soziale Normen als unabhängige Variablen werden meist in der Weise diskutiert, daß den Normen irgendwelche →manifesten oder →latenten Funktionen zugeschrieben werden. Insbesondere im Rahmen der →funktionalistischen Schule verschwimmen dabei Ursache und Wirkung: Die Entstehung wird (über Selektionsprozesse) aus den Wirkungen heraus erklärt (vgl. *Luhmann* 1969). (1) Die Orientierungsfunktion stand bereits im Vordergrund des anthropologischen und des sozialpsychologischen Erklärungsansatzes. Im Falle gegebener Norm bestehen klare Richtlinien für angemessenes Verhalten. Unsicherheit kann nicht entstehen, sofern die Mitglieder der Gruppe/Gesellschaft die Regeln kennen. (Eine mögliche →dysfunktionale Folge ist die Gefahr, nur auf eingefahrenen und bewährten Wegen zu handeln, kreatives Neuland dagegen nicht zu betreten). (2) Die Stabilisierungsfunktion hat zum Inhalt, daß eine gewisse Konsistenz und Persistenz der →Verhaltensmuster resultiert, die einen Fundus reziproker normativer Erwartungen begründen. Diese Erwartungen führen zur „Verläßlichkeit“; sie sind die Voraussetzung zur Berechenbarkeit und Prognostizierbarkeit des Verhaltens anderer. (Als mögliche dysfunktionale Folge ist zu sehen, daß Normen in ritualistischer Weise verkrusten und Anpassung sowie →Mobilität verhindern). (3) Die Reduzierungsfunktion der Normen besteht darin, daß die Bandbreite menschlichen Verhaltens auf engere Möglichkeitsspielräume reduziert wird. Dieses Konvergenzphänomen, das schon *Sherif* (1936) in seinen Konformitätsexperimenten feststellte, tritt um so stärker in Erscheinung, je höher die Kohäsion (→Wir-Gefühl) der Gruppe/Gesellschaft ist (vgl. *Homans* 1950). Kohäsive →Gruppen sind demnach gegenüber abweichenden Verhaltensweisen/Einstellungen intolerant. (Durch die Reduzierung der Verhaltensvariabilität werden vielfach die Möglichkeitsspielräume zu sehr eingeschränkt. Innovatives Verhalten oder herausragende Leistungen werden nicht mehr möglich). (4) Die Koordinationsfunktion besagt, daß das Zusammenleben von Menschen ohne Regelungssysteme chaotisch und unkoordiniert verliefe. Funktionale Abläufe können nur dann effizient gestaltet werden, wenn ein Minimum an Koordinationsleistungen gegeben ist. (Soziale Normen können allerdings diese Funktion nur dann erfüllen, wenn sie systematisch aufeinander abgestimmt sind, wie z.B. im Rahmen etablierter Institutionen oder bei wechselseitig aufeinander bezogenden Rollensystemen in →Organisationen).

Die Erörterung dieser Funktionen kann aus der Sicht des Systems (Gesellschaft, Gruppe, Organisation) wie auch aus der Perspektive des handelnden Individuums erfolgen. Unabhängig von den gesellschaftlichen Funktionen empfindet das Individuum rigide Normen häufig als belastend, als „Ärgernis“ *(Dahrendorf)*. Denn die Nicht-Beachtung sozialer Normen ist kostspielig; sie ruft negative →Sanktionen (Strafreize) hervor. Andererseits erfährt das Individuum im →Sozialisationsprozeß, daß Verhalten (notwendigerweise) normativ verankert ist; ein Teil dieser Normen (und →Werte und →Rollen) wird internalisiert und erscheint dann dem Individuum keineswegs mehr als fremde, äußere Norm, sondern als verinnerlichter Standard, der das Verhalten mit der Charakteristik des „Selbstverständlichen" und des „Natürlichen" versieht.

Lit.: Eichner, K.: Die Entstehung sozialer Normen, Opladen 1981; *Gibbs, J. P.:* Norms, Deviance and Social Control, New York 1981; *Opp, K.-D.:* Die Entstehung sozialer Normen, Tübingen 1983; *Wiswede, G.:* Soziologie, Landsberg 1985.

Prof. Dr. *G. Wiswede,* Köln

Sozialenquête

von der Bundesregierung in Auftrag gegebene Untersuchungen zur Sicherung der Altersrenten in der BR Deutschland (erstmals 1966).

soziale Probleme

Mit *R. Merton* kann definiert werden, daß einem sozialen Problem eine Diskrepanz zwischen sozialen Standards und faktischen Abläufen zugrunde liegt. Unter sozialen Standards lassen sich einerseits bestimmte Wertorientierungen verstehen, also Vorstellungen in der Gesellschaft darüber, was gut und erstrebenswert und richtig ist, aber auch gewohnte Formen des Verhaltens in gesellschaftlich relevanten Zusammenhängen. Soziale Probleme existieren nicht „per se". Spezifische soziale Gegebenheiten lassen sich also als Problemlagen einstufen, wenn sie mit Bezug auf eine bestimmte Bezugsebene und Meßgrundlage als von der →Norm abweichend anzusehen sind, wenn die Konsequenzen und Folgen solcher →Abweichung als schädlich oder störend für das infrage stehende soziale (Teil-)System empfunden werden und wenn eine Reduktion solcher Abweichung nicht auf einfache Weise möglich ist.

Nun ist die Definition der Norm für sich ein Problem. Definitionsmacht hat hier einerseits die Öffentlichkeit, andererseits die Wissenschaft, was nicht unbedingt als Gegensatz zu verstehen ist, sondern eher auf unterschiedliche Erkenntnisse und Bewertungsebenen verweist. Wenn wir „die Öffentlichkeit" weiter aufgliedern, so ist zu erwarten, daß die Definitionen von Problemgruppen z. B. durch Politiker, durch Journalisten oder durch die Ordnungsmacht Polizei keineswegs identisch sind. Aus der Perspektive der Wissenschaft wiederum lassen sich – gerade mit Blick auf die Zukunft – soziale Probleme diagnostizieren, welche in der öffentlichen Diskussion noch deutlich weniger ihren Niederschlag gefunden haben. Insofern wäre auch zu unterscheiden zwischen akuten und latenten Problemen.

Forschung und Lehre über soziale Probleme sind je nach Gesellschaft im Wissenschaftsbereich unterschiedlich stark etabliert. So gehört die Thematik „social problems" in den US-amerikanischen Universitäten zu den Lehrveranstaltungen, welche an den soziologischen Departments regelmäßig abgehalten werden. An bundesdeutschen Universitäten ist dies bislang noch weitaus weniger der Fall. Themen dieser Art wurden über längere Zeit eher in speziellen Ausbildungsgängen etwa für →Sozialarbeiter in Fachhochschul-Studiengängen institutionalisiert; erst in neuerer Zeit gibt es hierzu auch Schwerpunkte an einigen Universitäten.

Der Themenkreis „soziale Probleme" ist Kristallisationspunkt einerseits für sozialkritisch und sozialpolitisch engagierte Teile der Öffentlichkeit, andererseits aber auch Fokus etwa für Sozialwissenschaftler, die sich aus primär theoretischer Perspektive für solche Sachverhalte interessieren, wie z. B. aus dem theoretischen Interesse an →„abweichendem Verhalten". Insofern ist hier einerseits der Vorwurf zu hören, daß die Auseinandersetzung mit solchen Fragen aus der distanzierten Sicht des Theoretikers nicht zu Lösungen beitrage, die hier überfällig seien, und andererseits wiederum der Vorwurf, daß die Sicht der Praktiker zu sehr partikularistisch sei, zu normativ, zu wenig Einzelausprägung auf dem Hintergrund „eigentlicher" Ursachen zu erkennen vermöge, kurz: zu untheoretisch sei.

Mit Bezug auf soziologische Grundbegriffe und im Sinne der Ableitung aus der allgemeinen Soziologie sind die üblicherweise zum Kanon sozialer Probleme gerechneten Sachverhalte solchen Hauptkategorien wie „soziale" →Desorganisation" und →„abweichendes Verhalten" zuzuordnen. Hierbei wiederum ist eine Tendenz zu erkennen, die Betroffenheit von sozialen Problemlagen, etwa in Form von nachhaltiger sozialer Benachteiligung, in sozialen Problemgruppen zu „personifizieren"; insofern ist ein Schwerpunkt der einschlägigen Forschungen in der Darstellung und Diskussion sogenannter sozialer Randgruppen gegeben.

Die Tatsache, daß gesellschaftliche Gruppen als →Randgruppen angesehen werden, ist je nach Gesellschaft durchaus unterschiedlich. Die Wahrscheinlichkeit, zu einer als problemträchtig einzustufenden Randgruppe abgestempelt zu werden, hängt u.a. auch mit dem Kriterium zusammen, →Minorität zu sein; andererseits müssen noch verstärkende Aspekte hinzukommen, wie etwa eine ökonomisch-defizitäre Lage, soziale Segregation, eine höhere Rate der →Kriminalität usw. Der auf der einen Seite starke Bezug auf gesellschaftliche Randgruppen bedeutet auf der anderen Seite, daß eine Beschäftigung mit dem „Problem an sich" in solchen Zusammenhängen noch deutlich weniger erfolgt ist. Ein Beispiel: Es gibt eine Vielzahl von empirischen Studien über Drogensüchtige und Alkoholiker, aber allgemeine, umfassend angelegte Arbeiten über die gesellschaftlichen Hintergründe einer größeren Anfälligkeit für Drogen- oder Alkoholabhängigkeit stehen eher noch aus.

Wenn eingangs festgestellt wurde, daß Abweichungen von gesellschaftlicher →Norm der Hintergrund dafür sind, daß gesellschaftliche Gruppen als Problemgruppen definiert werden, so leiten sich daraus zwei Perspektiven ab: (1) Das Interesse konzentriert sich u.a. darauf, welches die Instanzen →„sozialer Kontrolle" sind, die solche Formen der Abweichungen konstatieren und →sanktionieren. (2) Zum anderen stellt sich die Frage, ob hier „täterorientiert" oder gesellschaftsorientiert anzusetzen ist, ob man den Grund für diese Tatsache der Randständigkeit bei den Abweichlern zu suchen hat oder bei der Gesellschaft – ob sich die Problemhaftigkeit schon mit der Benennung des Sachverhalts ergibt, oder ob solches keineswegs zwingend ist: Im →„labeling approach" etwa wird die Perspektive vertreten, daß bestimmtes Verhalten erst in einem gesellschaftlichen Bewertungsprozeß als abweichend etikettiert wird.

Der Rückbezug auf soziologische Grundbegriffe wie „soziale →Desorganisation" und →„abweichendes Verhalten" macht unmittelbar deutlich, daß soziale Problemlagen mit unterschiedlichem Gewicht und in unterschiedlicher räumlicher und zeitlicher Ausdehnung vorgefunden werden: Wenn einerseits von sozialen Randgruppen gesprochen wird oder von sozialen Minoritäten, dann ist damit per definitionem gesagt, daß sich die gesellschaftliche Majorität in keiner prekären Situation befindet. Wenn allerdings etwa die Problematik von Arbeitslosigkeit (→Arbeitsmarkt) den Charakter eines Minoritätenproblems überschreitet und zu einer Massenerscheinung wird, wie es z.B. in den 1930er Jahren der Fall war, dann ist damit eine Ausweitung des Problemcharakters sichtbar geworden, der „gesamtgesellschaftlich" geworden ist und die Gefahr dessen in sich birgt, was *Durkheim* mit →Anomie gekennzeichnet hat, als einem breitflächigen Zustand der Auflösung bzw. des Unverbindlichwerdens zentraler Normen.

Wenn wir die Norm als Orientierungspunkt betrachten, mit der verglichen Abweichung stattfindet bzw. konstatiert werden kann, so folgt, daß gerade Zeiten des nachhaltigen →sozialen Wandels den Orientierungspunkt verschieben bzw. unsicher machen. Insofern können vermeintliche Verhaltens- und Orientierungsgewißheiten prekär werden und ihrerseits wieder den Problem-Charakter von Selbstbild und Fremdbild sozialer Gruppen verstärken.

Daß je nach Gesellschaft jeweils andere Konstellationen bzw. →soziale Lagen zum Problem werden können, ist aufgrund der Darlegungen sichtbar geworden. In der zu unserem Stichwort vorgelegten Literatur werden gleichwohl „klassische" soziale Probleme sichtbar. Es handelt sich hierbei vor allen Dingen um solche Probleme, deren Auftretenswahrscheinlichkeit in vielen Gesellschaften gegeben ist; hier finden sich einerseits soziale Lagen, die gewissermaßen als nicht selbst verschuldete Problemlagen zu interpretieren sind, wie die von ethnischen Minoritäten (Gastarbeitern), Arbeitlosen, Alten, dann soziale Lagen, bei denen in der Öffentlichkeit ein „Selbstverschulden" der Betroffenen gesehen wird (wie Kriminalität, Drogensucht), aber schließlich auch Gegebenheiten, bei denen eine solche Zuordnung problematisch erscheint, wie etwa bei der Obdachlosigkeit (und je nachdem auch bei der Arbeitslosigkeit!).

Zu den Lösungsmöglichkeiten sozialer Probleme ist festzustellen, daß diese je nach Problemfeld durchaus unterschiedlich gegeben sind. Dies hängt einerseits mit Merkmalen wie dem Organisationsgrad und der Möglichkeit eigener Artikulation der Betroffenen zusammen (z.B. psychisch Kranke oder Asylbewerber anderer Nationalität und Sprache), dann davon, wie hier im politisch relevanten Einzugsgebiet eine Lobby existiert, inwieweit dies im gesellschaftlichen →Bewußtsein ein selbstverschuldeter Zustand ist oder nicht, ob prinzipiell Therapie-Mittel existieren oder nicht, ob die zur Debatte stehende Problemgruppe mit anderen in Konkurrenz steht etwa um finanzielle Unterstützung, ob die Zahl der Betroffenen quantitativ mehr oder weniger bedeutsam erscheint, ob das Problem politisch mehr oder weniger brisant erscheint (z.B. Jugendarbeitslosigkeit/Altersarbeitslosigkeit), ob es ein neuartiges Problem ist (wie z.B. AIDS), bezüglich dessen auch prinzipielle Handhabungs- und Eingrenzungsmöglichkeiten noch unklar sind, oder ein altvertrautes Problem, für welches im Prinzip Lösungswege bekannt und verfügbar sind, usw. Auch ist festzustellen, daß das gesellschaftliche Bewußtsein, daß gegen einen solchen jeweiligen Tatbestand dringend etwas unternommen werden muß, je nach Sachverhalt wiederum unterschiedlich ist. Auch solche Selektion und Bewertung beeinflussen die Lösungsmöglichkeiten, welche hier gegeben sind.

In kurzem Ausblick sei festgestellt, daß die Diagnose einer Gesellschaft als Wohlstandsgesellschaft keineswegs beinhaltet, daß es sich dabei um eine Gesellschaft mit weniger „sozialen Problemen" handelt. Die Verlagerung von Diebstahl aus Not zur Wohlstandskriminalität ist ein Beispiel dafür. Aus Sicht des theoretischen Diskussionsstandes sollte hier festgestellt werden, daß noch eine ganze Anzahl von Forschungsdefiziten zu sehen ist: Es fehlen Arbeiten zu den sozialen Problemen „an sich", Analysen zu den Kontrollinstanzen und zu deren Interaktion, →Längsschnitt-Untersuchungen sowohl in prognostischer wie auch historischer Hinsicht. Es fehlen ferner Studien, die den Entstehungsprozeß von sozialen Problemen aufhellen, es fehlen Studien, welche Problemgruppen als solche nicht nur „von außen" betrachten, sondern in denen die Strategien der Problembewältigung auf Seiten der Betroffenen und auch ihre Langfristperspektiven analysiert werden. Es fehlen sicherlich auch Untersuchungen über die Zusammenhänge und Korrelationen zwischen den verschiedenen Problemlagen. Schließlich fehlt auch eine interkulturell vergleichende Forschung, welche die unterschiedlichen Entstehungsursachen, gesellschaftlichen Bewertungen und Lösungsansätze für zentrale und vergleichbare Problemlagen herausarbeitet und die „Relativität“ der jeweiligen gesellschaftlichen Entstehungsprozesse, Bewertungsmuster und Lösungsansätze deutlich macht. Alle diese Defizite sollten Programm sein für weitere Forschung im Bereich sozialer Probleme.

Lit.: Thomas Kutsch, Günter Wiswede (Hg.): Reihe: Soziale Probleme der Gegenwart, Königstein/Ts., Bde. 1–3, 1978–1979; *Alfred Bellebaum, Hans Braun* (Hg.): Reader Soziale Probleme, 2 Bde., Frankfurt/M., New York 1974; *Günter Albrecht, Manfred Bursten* (Hg.): Soziale Probleme und soziale Kontrolle, Opladen 1982; *Laszlo A. Vaskovics* (Hg.): Raumbezogenheit sozialer Probleme. Opladen 1982; *Robert K. Merton,* Social Problems and Sociological Theory, in: R. K. Merton und R. A. Nisbet (Hg.), Contemporary Social Problems, New York [2]1966

Prof. Dr. *Th. Kutsch,* Bonn

soziale Schichtung

1. Begriffe: Mit dem Begriff (soziale) Schichtung (s. S.) bedient sich die Soziologie einer Metapher aus der Geologie, um vertikale Strukturen →sozialer Ungleichheit innerhalb einer Gesellschaft oder einer ihrer Teilstrukturen zu erfassen. Im weiteren Sinn wird der Begriff ahistorisch gebraucht und bezeichnet jedes vertikale Gefüge sozialer Ungleichheit. In diesem Falle sind spezifizierende Unterbegriffe (Kaste, Stand, Klasse etc.) nötig, um historische Erscheinungsformen auseinanderzuhalten.

In der neueren Literatur wird der Begriff s.S. meist in engerem Sinn benutzt. Er bezeichnet das weitgehend von der Berufshierarchie ausgehende, vertikale Ungleichheitsgefüge entwickelter Industriegesellschaften. Hierunter sind eindimensionale S.sbegriffe, die sich auf das Berufsprestige von Gesellschaftsmitgliedern konzentrieren, von mehrdimensionalen zu unterscheiden, die sich auch auf beruflich erzieltes Einkommen und Vermögen, (Aus-)Bildung und Machtstellung richten.

Der Begriff sozialer →Status bezeichnet die höhere oder tiefere Stellung eines Menschen innerhalb einer oder mehrerer Dimensionen s. S. Oft ist der Statusbegriff nur eindimensional auf die Stellung in Prestigeabstufungen bezogen. Häufiger wird in letzter Zeit der Statusbegriff auch auf andere Dimensionen s.er S. angewendet (Einkommensstatus, Vermögensst., Bildungsst., Prestigest.) Klaffen diese Einzelst. eines Menschen auseinander (z.B. hohe Bildung, geringes Einkommen), spricht man von →Statusinkonsistenz. Vertikale Bewegungen auf Statusdimensionen (soziale Auf- und Abstiege) heißen vertikale →Mobilität. Sind individuell unbeeinflußbare Merkmale (z.B. Herkunft, Geschlecht, Alter, Nationalität, Rasse) statusbestimmend, gilt der soziale Status als zugeschrieben. Ist das eigene Verhalten (z.B. in Schule und Beruf) statusprägend, spricht man von erworbenem Status.

Stuft man eine Vielzahl von Menschen ihrem Status (z.B. ihrem Einkommensstatus) entsprechend ein, so werden manche Statuslagen stärker, andere schwächer besetzt sein. Es ergibt sich ein Statusaufbau. Horizontale Unterteilungen hierin grenzen soziale Schichten, d.h. statusähnliche Bevölkerungsgruppen, voneinander ab. Nach der Art der Schichtabgrenzung finden sich normale, d.h. vom Sozialforscher abgesonderte, und reale Schichten: Letztere können sich „subjektiv“ voneinander absetzen, z.B. durch deutliche Abstände in der →Prestigeordnung und durch Barrieren im gesellschaftlichen Umgang und/oder „objektiv“, z.B. durch Trennlinien zwischen Besitzlosen, Wohlhabenden und Reichen oder zwischen Volksschul-, Mittelschul- und Oberschulabsolventen.

2. Historische Entwicklung: Die s. S. vorindustrieller Gesellschaften Europas wird als →Ständegesellschaft bezeichnet. Die Standeszugehörigkeit war dem

einzelnen meist zeitlebens durch die „Geburt“ vorgegeben. Sein Status war also zugeschrieben. Soziale Stände (z.B. Bauern, Bürger, Adel, Klerus), deren Untergliederungen und das Verbleiben darin waren durch rechtliche Regeln fixiert. Das gegenseitige Verhalten von Standesmitgliedern war z. T. bis ins einzelne (z.B. durch Kleiderordnungen) festgelegt. Standesunterschiede und selbst Statusdifferenzierungen innerhalb der Stände (z.B. innerhalb von Zünften) blieben dadurch weitgehend generalisierbar und erzwingbar. Im 19. Jahrhundert wurde die Ständegesellschaft immer mehr von der →Klassengesellschaft überlagert. Die Angleichung von Bürgerrechten und der Industrialisierungsprozeß machten das Gefüge sozialer Schichtung und die jeweilige Stellung darin immer weniger zu einer Frage der Herkunft sowie formaler Rechte und immer mehr zu einer Frage wirtschaftlichen Besitzes. Im 20. Jahrhundert trat im Zuge von Prozessen beruflicher Differenzierung die berufliche Stellung als Determinante der Schichtbildung und Schichtzugehörigkeit immer weiter in den Vordergrund. Entsprechend den Gerechtigkeitsvorstellungen von einer chancengleichen →Leistungsgesellschaft wurde der erreichbare Berufsstatus immer enger an Bildungszertifikate geknüpft. Die Bildungshierarchie als „soziale Dirigierungsstelle“ *(Schelsky)* und die Berufshierarchie als „Rückgrat“ *(Parkin)* des Schichtungsgefüges fortgeschrittener Industriegesellschaften brachten eine relativ hohe Statuskonsistenz zwischen Bildungsabschluß, beruflicher Stellung, Einkommen und Berufsprestige mit sich: Wer eine hoch qualifizierte Berufsstellung hatte, war im allgemeinen auch gut entlohnt und relativ angesehen. Somit ergab sich im Hinblick auf diese Kriterien eine vertikale Gesamtstruktur sozialer Schichtung i.e.S., und den meisten Gesellschaftsmitgliedern konnten ein bestimmter „Gesamtstatus“ und eine bestimmte Schichtzugehörigkeit zuerkannt werden. Der in modernen Industriegesellschaften qua Beruf erreichte Status läßt sich zwar – anders als die Schichtzugehörigkeit in Stände- und z.T. auch in Klassengesellschaften – nicht auf alle Situationen und Lebenslagen generalisieren und schon gar nicht erzwingen. Die Bedeutung beruflich erzielten Einkommens, Wissens und Ansehens reicht aber weit über das Berufsleben hinaus.

3. Soziale Schichtung in der Bundesrepublik Deutschland: In modernen Industriegesellschaften gilt die Zugehörigkeit zu besser- oder schlechtergestellten sozialen Schichten dann als legitim, wenn sie als Folge individueller Leistungsunterschiede erworben und nicht aufgrund unbeeinflußbarer Merkmale zugeschrieben ist. Die Entwicklung, Messung und Bestätigung persönlicher Leistung sowie die Zuweisung eines leistungsgerechten Berufsstatus gilt als zentrale Aufgabe moderner Bildungseinrichtungen. Bildungsabschlüsse stellen somit Statuszuweisungskriterium und Dimension sozialer Schichtung zugleich dar.

In den 1960er Jahren wurde offenkundig, daß u.a. Frauen und Arbeiterkinder relativ schlechte Chancen haben, höherwertige Bildungszertifikate und Berufspositionen zu erreichen. Daraufhin

Tab. 1: Bildungsniveau der Bevölkerung nach Altersgruppen 1985 (in v.H.)

Alter	Noch ohne Schulabschluß	Volksschule/ Hauptschule	Realschule oder gleichwertiger Abschluß	Fachhoch-/ Hochschulreife
15–19	40,5	33,1	21,9	4,5
20–29	1,8	47,3	26,7	24,3
30–39	0,9	61,3	19,8	18,0
40–49	0,9	72,0	16,4	10,7
50–59	1,0	78,9	12,5	7,6
60 und älter	2,0	80,3	11,9	5,8
Insges.	5,1	65,2	17,7	12,1

(Quelle: Datenreport 1987, S. 72)

entstand das Ziel, die Bildungs- und Berufschancen jener Gruppe zu verbessern, indem die Anzahl höherer Bildungsabschlüsse insgesamt vermehrt und jene Gruppen verstärkt in weiterführende Bildungseinrichtungen geführt werden sollten.

In der Tat hat seither eine erhebliche Bildungsexpansion stattgefunden: Immer mehr Schüler erlangten höherwertige Bildungsabschlüsse. Dadurch unterscheidet sich heute die ältere und die jüngere Bevölkerung hinsichtlich ihrer Bildungsgrade sehr stark.

rer Bildungsabschlüsse profitiert: Die Kinder von Arbeitern gelangten in den 80er Jahren zwar häufiger (zu gut 25 v.H. statt ca. 15 v.H.) auf Realschulen und Gymnasien als noch in den 60er Jahren. Aber auch Kinder der ohnehin überrepräsentierten Angestellten und Beamten haben im gleichen Zeitraum die Expansion höherer Bildungsabschlüsse genutzt: Weit mehr als die Hälfte der Angestelltenkinder und ca. zwei Drittel der Beamtenkinder besuchen heute weiterführende Schulen. Diese Entwicklung ging zu Lasten der

Tab. 2: Verfügbares Haushaltseinkommen gesellschaftlicher Gruppen in der Bundesrepublik 1985 (in v. H.)

Monatliches Haushaltseinkommen von ... bis unter ... DM	Haushalte Selbständige in der Landwirt-	außerhalb d.L.	Angestellte	Beamte	Arbeiter	Rentner	Versorgungsempf.	Insg.
unter 1000	0,5		0,5	0,2	1,4	7,7	0,4	3,2
1000– 2000	5,3		5,5	2,0	15,5	43,0	16,1	21,2
2000– 3000	29,2		25,5	20,7	34,4	24,8	35,3	26,0
3000– 4000	29,0	0,9	27,0	26,3	26,8	15,3	27,4	21,2
4000– 5000	18,1	3,0	17,3	19,8	12,8	4,6	10,6	10,7
5000– 6000	9,9	6,6	10,0	12,7	5,6	2,5	5,7	6,1
6000– 7000	5,1	9,0	6,1	7,5	2,2	1,2	2,8	3,5
7000– 8000	2,2	11,6	3,6	5,1	0,9	0,6	1,2	2,3
8000– 9000	0,7	12,2	2,2	3,0	0,3	0,2	0,4	1,6
9000–10000		9,8	1,2	1,5	0,1	0,1	0,2	1,0
10000–15000		22,8	0,8	0,8				1,6
15000–20000		12,9	0,3	0,4				0,9
20000–25000		7,7	0,1					0,5
25000 und mehr		3,9						0,2

(Quelle: DIW, Monatsberichte)

Gewinner der Bildungsexpansion waren in erster Linie die Frauen. In einem Zeitraum von nur einer Generation haben sich die Bildungschancen der Geschlechter im allgemeinbildenden Schulsystem völlig, im berufsbildenden immerhin erheblich angeglichen. 1985 hatten in der jüngeren Altersgruppe der 20–24jährigen rund 14 v.H. der Männer und Frauen die (Fach-)Hochschulreife erworben, während von den 50–54jährigen etwa 10 v.H. der Männer, aber nur rund 4 v.H. der Frauen das Abitur hatten.

Nicht ganz so viel haben die Kinder der Unterschicht von der Ausweitung höhe-

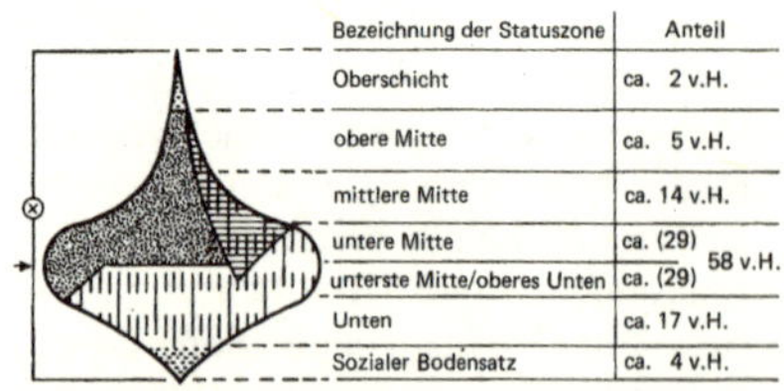

Die Markierungen in der breiten Mitte bedeuten:

- Angehörige des sogenannten neuen Mittelstands
- Angehörige des sogennanten alten Mittelstands
- Angehörige der Arbeiterschaft

Punkte zeigen an, daß ein bestimmter gesellschaftlicher Status fixiert werden kann.

Senkrechte Striche weisen darauf hin, daß nur eine Zone bezeichnet werden kann, innerhalb derer jemand etwa im Statusaufbau liegt.

(Quelle: Bolte/Hradil 1989, S. 220)

Kinder ungelernter und ausländischer Arbeiter: Sie sind heute genauso selten auf höheren Schulen vertreten wie in den 60er Jahren. Sie sind damit die „Verlierer" der Bildungsexpansion.

Die Schichtung der verfügbaren Einkommen der Privathaushalte der BR Deutschland geht aus folgender Tabelle hervor. Sie zeigt u. a. eine Rangfolge der Durchschnittseinkommen, die von den Rentner-, Arbeiter-, Angestellten- und Beamtenhaushalten bis hin zu den Haushalten von Selbständigen (außerhalb der Landwirtschaft) reicht.

Die (absoluten) Einkommen sind seit der Nachkriegszeit um mehr als das Dreifache gestiegen. Die (relative) Einkommensverteilung weist jedoch seit Jahrzehnten keine gravierenden Veränderungen auf. Ihre markanteste Verschiebung besteht in der Zunahme der →Armut, hauptsächlich als Folge längerfristiger Arbeitslosigkeit (→Arbeitsmarkt). In den 60er Jahren galten nach den Maßstäben des Bundessozialhilfegesetzes ca. 3–4 v. H. der Bevölkerung als arm. In den 80er Jahren waren ca. 7 v. H. arm.

In allen westlichen Industriegesellschaften ist die Verteilung der Vermögen ungleicher als die der Einkommen. Der Hauptgrund hierfür liegt in der höheren Sparquote einkommensstärkerer Haushalte. Die Haushalte der 2,1 v. H. „reichsten" Personen der Bundesrepublik verfügten 1983 über ca. 9,2 v. H. des Gesamteinkommens, jedoch über ca. 19,2 v. H. des Gesamtvermögens, darunter über ca. 50 v. H. des „Produktivvermögens" (Aktien und Betriebsvermögen). Viele Daten deuten darauf hin, daß die Verteilung des Gesamtvermögens sich allmählich nivelliert, die Konzentration des „Produktivvermögens" dagegen weiter wächst. Die Schichtung des →Berufsprestiges hat sich in den vergangenen Jahrzehnten nur wenig verändert. Die Abbildung auf Seite 588 aus den 60er Jahren trifft so im wesentlichen auch die Situation der 80er Jahre. Lediglich in die unteren Prestigeränge rückten seither mehr und mehr ausländische Arbeiter ein.

4. Künftige Entwicklungen: Es spricht vieles dafür, daß nichtberufliche und nicht-vertikale Aspekte sozialer Ungleichheit im Vergleich zu Strukturen s. S. immer wichtiger werden: z. B. der ungleiche Zugang zu wohlfahrtsstaatlichen Gütern und Dienstleistungen, wie etwa Freizeitbedingungen, ökologische Bedingungen, Gesundheitsversorgung, oder aber „horizontale" Ungleichheiten zwischen den Geschlechtern, Nationalitäten, Generationen, Regionen, Altersgruppen etc. Die Gesamtstruktur sozialer Ungleichheit differenziert sich offenbar aus und s. S. bildet hierin nur einen, wenn auch den besonders wichtigen beruflichen und vertikalen Aspekt.

Lit.: K. M. Bolte/S. Hradil: Soziale Ungleichheit in der Bundesrepublik Deutschland, 6. Aufl. Opladen 1989; *R. Geißler* (Hg.): Soziale Schichtung und Lebenschancen, Stuttgart 1987; *S. Hradil:* Sozialstrukturanalyse in einer fortgeschrittenen Gesellschaft. Von Klassen und Schichten zu Lagen und Milieus, Opladen 1987; *R. Kreckel* (Hg.): Soziale Ungleichheiten, in: Soziale Welt, Sonderband 2, Göttingen 1983; Stat. Bundesamt (Hg.): Datenreport 1987, Bonn 1987

Prof. Dr. *S. Hradil,* Mainz

soziale Tatsachen

(franz.: faits sociaux)

von *E. Durkheim* geprägter Begriff, nach dem soziale Tatsachen als objektive Gegebenheiten eine Wirklichkeit eigener Art darstellen, die auf das Handeln von Individuen einen Zwang ausüben.

soziale Ungleichheit

1. Begriffe: Menschen leben in der Regel in relativ beständigen Beziehungsgefügen (Familien, Betrieben, politischen Systemen etc.) zusammen, in denen sie bestimmte →Positionen einnehmen (Mutter, Buchhalterin, Wählerin etc.) Viele dieser Positionen stellen für ihre

Träger entscheidende Lebensbedingungen dar. Bestimmte Positionen bringen aber nicht einfach andere Existenzbedingungen als andere Stellungen mit sich, sondern Vor- und Nachteile.

Unter sozialer Ungleichheit (s. U.) versteht man die asymmetrische Verteilung knapper und begehrter Güter auf gesellschaftliche Positionen und so entstehende vorteilhafte bzw. nachteilige Lebensbedingungen von Menschen. S. U. meint demnach nicht bloße Verschiedenartigkeit, sondern Verschiedenwertigkeit von Lebensbedingungen.

In der Alltagssprache wird der Begriff s. U. oft mit „Ungerechtigkeit" gleichgesetzt. Die soziologische Begrifflichkeit läßt es dagegen offen, ob s. U. aktuell als „ungerecht" empfunden wird.

Als Struktur s. U. wird die Verteilung der knappen und begehrten Güter einer Gesellschaft auf ihre Mitglieder bezeichnet. Diese Verteilung kann viele Strukturformen annehmen. Ist sie im ganzen vertikal, spricht man von →sozialer Schichtung. Kombinationen von Vor- und Nachteilen in den Lebensbedingungen von Menschen, „quer" zueinander liegende Abstufungen (z.B. von Einkommensverhältnissen, Freizeitchancen und sozialer Sicherheit), Konzentrationen bestimmter Bevölkerungsgruppen auf bestimmten Lagen des Schichtgefüges ergeben schichtfremde, „horizontale" Strukturen s. U.

Als Thema und Problem sind Erscheinungen s. U. erst mit dem Aufkommen naturrechtlicher Vorstellungen von der Gleichheit aller Menschen zur Zeit der Aufklärung ins öffentliche Bewußtsein getreten.

Seither wurde deutlich, daß die Definition s. U. drei Komponenten enthält:

a) Gleichheitsnormen: Sie entscheiden darüber, ob eine gegebene Verteilung von „Gütern" prinzipiell als gleich oder ungleich erkennbar ist. Man unterscheidet absolute (jeder erhält gleich viel) und relative Gl.normen (Verteilung nach Bedürfnissen, nach Leistung etc.).

b) Werte: Sie besagen, welche „Güter" einer Gesellschaft so knapp und begehrt sind, daß sie im Falle ihrer Ungleichverteilung als Erscheinungen s. U. gelten. So geraten z.B. aufgrund materieller oder immaterieller Werte unterschiedliche Dimensionen s. U. ins Blickfeld.

c) Theorien über die gesellschaftlichen Mechanismen, die s. U. bewirken (z.B. das Kapitalverhältnis oder kulturelle Vorurteile). Erst auf der Grundlage dieser (impliziten oder expliziten) Theorien lassen sich Ungleichheiten als soziale bestimmen.

2. Theorien s. U. beantworten die Frage, wieso s. U. bislang in allen bekannten Gesellschaften existierte, wieso Strukturen s. U. in so ungleicher Form auftreten, und ob s. U. vermeidbar ist. Drei Theorien gelten als grundlegend:

a) Die →Klassentheorie von *Karl Marx:* Sie entstand in der Mitte des 19. Jahrhunderts in einer frühen Phase der Industrialisierung. Sie führt s. U. auf ökonomische Machtverhältnisse zurück. Die Besitzer von Produktionsmitteln haben die Macht, den Mehrwert der Produkte großenteils einzubehalten, den die Nichtbesitzenden erarbeiten. Dadurch akkumulieren die Produktionsmittelbesitzenden Kapital, sie bereichern sich und entfalten gesellschaftliche und politische Macht. Ihre Anzahl schrumpft jedoch durch Verdrängungskonkurrenz. Es entsteht die →Bourgeoisie. Ihr steht das besitzlose und verblendete →Proletariat gegegnüber, das gezwungen ist, seine Arbeitskraft zu verkaufen und lediglich einen Lohn erhält, der das Überleben ermöglicht. Die Anzahl der Proletarier wächst durch Zustrom der kleinbürgerlichen Mittelschichten und gescheiterten Bourgeois immer mehr an. Das Proletariat hat ein objektives Interesse an der Umwälzung der bestehenden Machtverhältnisse. Die Bourgeoisie hat Interesse, die bestehenden Verhältnisse zu bewahren. Beide →Klassen werden sich allmählich ihrer →Interessen bewußt werden: Ihr Klassenbewußtsein macht aus (objektiven) Klassen an sich (subjektive) Klassen für sich. Diese treten einander im Klassenkampf gegenüber, der mit dem Sieg des Proletariats und dem Ende der ungleichheitsschaffenden Machtverhältnisse endet.

b) *Max Webers* →Typologie der Klassen, Stände und Parteien entstand um die Jahrhundertwende vor dem Hintergrund des in schneller Industrialisierung befindlichen Wilhelminischen Kaiserreichs. *Weber* unterschied drei Klassenformen: Besitzklassen, deren Klassenlage, d. h. Güterversorgung, Lebensstellung und Lebensschicksal, sich primär durch Besitzunterschiede bestimmt, Erwerbsklassen, deren Klassenlage durch „Chancen der Marktverwertung von Gütern oder Leistungen" geprägt ist, und soziale Klassen, die durch Mobilitätsräume definiert sind. Zwischen ihnen, nicht aber über sie hinaus, ist ein „Wechsel persönlich und in der Generationenfolge leicht möglich" und pflegt typischerweise stattzufinden (*Weber* 1921).

Unter →Stand verstand *Weber* eine Vielheit von Menschen, die aufgrund ihrer Lebensführung, Erziehung, Abstammung oder Berufsstellung eine „positive oder negative Privilegierung in der sozialen Schätzung (→Prestige)" erfährt und dadurch u. U. Monopole in Anspruch nimmt.

„Parteien" waren für *Weber* Vergesellschaftungen mit dem Zweck, ihren Leitern Macht und ihren aktiven Teilnehmern Chancen der Durchsetzung von sachlichen Zielen zu verschaffen.

Im Unterschied zu *Marx* betont *Weber*, daß Bewußtsein und Lebensformen (Stände) sowie politische Kampfgruppen (Parteien) nicht notwendigerweise aus Klassenlagen entstehen, sondern auch unabhängig voneinander ent- und bestehen können. *Weber* veranschlagt mehrere, unabhängig voneinander wirkende Ursachenfelder sozialer Ungleichheit und nicht wie *Marx* die Vorherrschaft ökonomischer Faktoren. Seine Theorie ist, was die Evolution ungleicher Gesellschaftsformen betrifft, weniger komplex als die *Marx*sche, sie enthält hingegen wesentlich differenziertere Kategorien ungleicher Lebensverhältnisse.

c) Die →funktionalistische Theorie sozialer Ungleichheit wurde in den 1940er Jahren dieses Jahrhunderts in den USA entwickelt. In ihr spiegeln sich die →Normen einer chancengleichen →Leistungsgesellschaft. Funktionalisten erklären s. U. als das Ergebnis eines Belohnungsprozesses, der notwendig ist, um die Stellen adäquat zu besetzen, welche schwierig und für das „Funktionieren" der Gesellschaft wichtig sind, und der jeden, seinem Beitrag zum Ganzen entsprechend, belohnt.

Ganz anders als *Marx* und teilweise auch *Weber* unterstellt die funktionalistische Theorie das Wirken von Markt- und nicht von Machtprozessen in Bildungsinstitutionen und auf dem →Arbeitsmarkt. Sie stimmt andererseits mit *Marx*, anders als *Weber*, darin überein, daß Menschen aus egoistischen Motiven handeln.

Obschon die drei genannten Theorien bis heute als fundamentale Denkmuster zur Erklärung s. U. gelten, meldete die Kritik gegen alle erhebliche Bedenken an:

In der *Marx*schen Klassentheorie vermißt man aus heutiger Sicht (1) die ungleichheitsnivellierenden und -schaffenden Leistungen des Wohlfahrtsstaates, (2) das Anwachsen der in sich hochdifferenzierten Mittelschichten sowie (3) die Pluralisierung von Lebensstilen und (4) die Loslösung politischer Interessen und →neuer sozialer Bewegungen von der jeweiligen ökonomischen Lage. Auch Webers Begrifflichkeit enthält nach Meinung von Kritikern keinen Hinweis auf staatlich begründete „Versorgungsklassen" *(Lepsius)*, darüber hinaus bleibt seine Typologie weitgehend beschreibend. Die funktionalistische Theorie behauptet als einzige die Unvermeidbarkeit s. U. Die Theorie enthält, so wird moniert, offenbar eher die Zielvorstellungen einer Leistungsgesellschaft als deren Realität. Im einzelnen wird folgendes kritisiert: (1) die ungleiche Wichtigkeit und Schwierigkeit von Aufgabenstellungen ist nicht beweisbar, u. a. weil in pluralistischen Gesellschaften kein Konsens über Wertmaßstäbe besteht. Somit muß auch an deren Übereinstimmung mit der Belohnungshierarchie gezweifelt werden. (2) Es existiert kein machtfreier Markt auf dem Bildungs- und Arbeitssektor, wo sich Talente herausschälen und um hohe Belohnungen konkurrieren könnten. (3) Menschen verhalten sich, anders als die funktionalistische Theorie unterstellt, nicht durchweg egoistisch. (4) Nach den Erfahrungen der Bildungsexpansion sind Talente nicht so knapp, daß Anreizsysteme im postulierten Ausmaß notwendig erscheinen.

Aufgrund der dargestellten Mängel umfassender Theorien bevorzugt die neuere Soziologie spezialisierte Theorien mit höherem Exaktheitsgrad zur Erklärung bestimmter Phänomene s. U. (Arbeitsmarktth., Randgruppenth. etc.)

3. Schwerpunkte s. U. in der Bundesrepublik: In der Nachkriegszeit standen zunächst Fragen (beruflicher) →sozialer Schichtung, danach zeitweise Probleme der (Besitz-)Klassenverhältnisse im Mittelpunkt der Diskussion. Die Aufmerksamkeit konzentrierte sich auf rein vertikale, an der ökonomischen Sphäre ausgerichtete Strukturen s. U.

Seit den 70er Jahren rückten „horizontale" „quer" zur Schichtungs- und Klassenhierarchie liegende Ungleichheiten in den Mittelpunkt des Interesses.

(a) Die Frauenbewegung thematisierte geschlechtsspezifische Ungleichheiten. So u. a. den Umstand, daß Frauen auch bei gleicher Arbeitszeit und Ausbildung nur ca. 70 v. H. männlicher Arbeitender verdienen, Unterbrechungen ihres Erwerbslebens und dadurch Einbußen sozialer Sicherung hinnehmen müssen und selbst bei beruflicher Gleichstellung im Alltag ungleiche Behandlung erfahren.

(b) Die Einwanderung ausländischer Arbeiter und ihrer Familien machte darauf aufmerksam, daß ihre Arbeits-, Wohn- und Gesundheitsbedingungen wesentlich schlechter als die deutscher Arbeiter sind, daß das Ausländerrecht Existenzunsicherheiten schafft und Vorurteile sowie Isolation von seiten der deutschen Bevölkerung z. T. noch zunehmen.

(c) Die Abfolge geburtenstarker und -schwacher Jahrgänge schuf zusammen mit konjunkturellen Schwankungen eine Situation, in der eine Generation mit ausgezeichneten Berufschancen von einer Generation gefolgt wurde, die auf eine schwierige Arbeitsmarktlage traf.

(d) Familien- und Haushaltsformen differenzieren sich immer mehr aus. Dies hat u. a. zur Folge, daß die materielle Lage von Menschen heute von ihrer Kinderzahl und familiären Situation genausosehr geprägt wird, wie von ihrer beruflichen Stellung.

(e) Im Zuge der Modernisierung von Industriegesellschaften wurde eine Angleichung der Lebensbedingungen von Stadt und Land erwartet. Heute wird sichtbar, daß regionale Disparitäten nicht verschwinden, sondern (z. B. als Folge ökonomischer Strukturkrisen) in neuer Form entstehen.

(f) Gesunkene Geburtenraten und steigende Lebenserwartungen bringen es mit sich, daß die Zahl älterer Menschen ständig wächst. Da im System des Generationenvertrags die Existenzsicherung der Älteren von der Arbeits- und Beitragsleistung der Jüngeren abhängt, erscheinen künftige Spannungen zwischen Jung und Alt durchaus wahrscheinlich.

Die wachsende Bedeutung der o. a. „neuen", „horizontalen" Ungleichheiten zieht nicht notwendigerweise mehr Ungleichheit nach sich. Die empirischen Daten weisen eher darauf hin, daß Strukturen s. U. komplexer werden, daß die Mehrheit der Bevölkerung sehr unter-

soziale Werte

schiedliche Kombinationen von Vorteilen und Nachteilen auf sich vereinigt und nur Minderheiten (viele ältere Frauen, ausländische Arbeiter, Langzeitarbeitslose, Behinderte, Obdachlose etc.) Anhäufungen von Nachteilen ausgesetzt sind. Das Gefüge s. U. verschiebt sich von einem Klassen- und Schichtgefüge zu einer pluralisierten Wohlfahrtsgesellschaft mit Randgruppenproblemen.

Lit.: K. M. Bolte/S. Hradil: Soziale Ungleichheit in der Bundesrepublik Deutschland, 6. Aufl., Opladen 1989; *S. Hradil:* Sozialstrukturanalyse in einer fortgeschrittenen Gesellschaft. Von Klassen und Schichten zu Lagen und Milieus, Opladen 1987; *M. R. Lepsius:* Soziale Ungleichheit und Klassenstrukturen in der Bundesrepublik, in: *Wehler, H.-U.* (Hg.): Klassen in der europäischen Sozialgeschichte. Göttingen, S. 166–209; *M. Weber:* Wirtschaft und Gesellschaft, Tübingen 1921

Prof. Dr. *S. Hradil,* Mainz

soziale Werte

→neue Werte

Aus der Sicht →kulturanthropologisch beeinflußter Theorieansätze und vor allem der →strukturell-funktionalen Theorie bilden soziale bzw. soziokulturelle Werte grundlegende, zentrale und entscheidende Elemente der höchsten Sinngebungs-, Integrations- und Kontrollebene des gesellschaftlichen Zusammenlebens von Menschen. Soziokulturelle Werte – im folgenden kurz Werte genannt – konstituieren in enger Verflechtung mit Ideen, Weltanschauungen, Religionen und Ideologien den Kern einer →Kultur. In wechselseitiger Abhängigkeit von der Eigenart der jeweiligen Kultur sind Werte kulturspezifisch typisiert.

Nach erfahrungswissenschaftlicher Auffassung sind Werte geschichtlich entstandene, kulturell relative, mitunter herrschaftstechnisch manipulierte, wandelbare und somit auch bewußt gestaltbare allgemeine Zielvorstellungen, Orientierungsleitlinien und -standards, Maßstäbe und Legitimationsgrundlagen für das →Verhalten von Menschen. Werte fungieren dementsprechend als Standards selektiver Orientierung für die Richtung, Ziele, Intensität und auch für die Auswahl der Mittel des →Verhaltens von Menschen, die einer bestimmten →Kultur und →Gesellschaft angehören. Sie tragen damit maßgeblich und in entlastender Weise (Entlastungseffekt) zur Kompensation der „Instinktreduktion" des Menschen *(Arnold Gehlen)* und der hieraus resultierenden Verhaltensunsicherheit bei. Werte funktionieren um so mehr als grundlegende Elemente eines Instinktersatzes, je mehr sie als „göttliche", „natürliche" und „selbstverständliche", als absolut gültige und unveränderbare Leitideen, Ideale und moralische Verbindlichkeiten empfunden werden. Eine solche, dem →sozialen Wandel und der individuellen Autonomie entgegenwirkende Auffassung von Werten – die sich erfahrungswissenschaftlich nicht rechtfertigen läßt – ist vor allem für traditionale, vormoderne Gesellschaften kennzeichnend.

Werte bestehen nicht beziehungslos nebeneinander, sondern weisen mannigfaltige Beziehungen auf: wechselseitige Abhängigkeiten und Verstärkungen, Über- und Unterordnungen, Spannungen und Antagonismen. Damit bilden Werte Elemente hierarchisch strukturierter Wertsysteme, die bisher nicht rational, planmäßig und präzise festgelegt worden sind und vor allem in den modernen dynamischen Großgesellschaften einen stark pluralistischen Charakter aufweisen. Je widerspruchsärmer hingegen das umfassende Wertsystem einer Gesellschaft ist, um so mehr ist diese integriert und um so weniger durch Konflikte belastet. Für *Wolfgang Rudolph* ist das objektive Kriterium für einen Wert seine „Bedeutsamkeit im kulturellen Wertsystem" (S. 164).

Aus meist nur idealistischem Verständnis heraus sollen die obersten, oft proklamierten Ideal- bzw. Grundwerte die höchsten Rangstufen des gesellschaftlichen Wertsystems einnehmen, z. B. Freiheit, Gerechtigkeit und Nächstenliebe. Diese Werte decken sich weitgehend mit den Terminalwerten (terminal values) im Sinne von *Milton Rokeach,* die auf letzte Ziele und angestrebte Endzustände der menschlichen Existenz ausgerichtet sind, z. B. ein angenehmes Leben, eine friedliche Welt, Gleichheit, innere Harmonie, Selbstachtung und wahre Freundschaft. Auf den darunter liegenden Systemebenen befinden sich instrumentelle Werte (instrumental values), die nach *Rokeach* als Sollvorstellungen auf Mittel und Handlungsweisen zur Erreichung von Terminalwerten gerichtet sind. Die instrumentellen Werte decken sich mit persönlichkeitsnahen Kompetenz- und Selbstverwirklichungs-Werten, aber auch mit interpersonal bedeutsamen moralischen Werten und Tugenden im überkommenen Sinne, z. B. ehrgeizig, fähig, logisch, tolerant, hilfreich, höflich und verantwortlich. Die instrumentellen Werte sind weniger abstrakt und umfassend als die terminalen Werte. Dagegen sind sie mehr mit einem Soll-Charakter verbunden, der insbesondere die moralischen Werte und Tugenden auszeichnet.

Eine weitere Kategorie von Werten bilden jene spezifischen, objektbezogenen Wertschätzungen, die sich mehr auf konkrete Aspekte und Bereiche des soziokulturellen Lebenszusammenhanges beziehen, z. B. Gesundheit, Umweltschutz und Familie.

Im Alltagsleben üben instrumentelle Werte wie z. B. berufliche Leistung, betriebliche Effizienz und wirtschaftliches Wachstum, die der Verwirklichung der Terminalwerte dienen müßten, oftmals den stärkeren Einfluß auf das tatsächliche Verhalten aus. Vor allem das Dominieren ökonomisch ausgeprägter Werte in der modernen Leistungs- und Wohlstandsgesellschaft trägt maßgeblich dazu bei, daß oft proklamierte Ideal- und Grundwerte keineswegs anspruchsgerecht vorgelebt und verwirklicht werden.

Das gesamtgesellschaftliche Wertsystem unterliegt je nach dem Grad der Differenzierung und Pluralisierung einer Gesellschaft einer subkulturellen Auffächerung und Variation. Im Zuge solcher Wandlungsprozesse wird ein ursprünglich allgemein verbindliches und befolgtes gesamtgesellschaftliches Wertsystem zu dem dominanten Wertsystem einer Mehrheitskultur, die in zunehmendem Maße durch das Anwachsen von →Subkulturen und womöglich von →Kontrakulturen eingeengt wird. Dementsprechend wachsen infolge solcher Tendenzen die Schwierigkeiten, empirisch-analytisch ein gesamtgesellschaftlich bedeutsames Wertsystem identifizieren zu können. Da das dominante und zugleich sub- oder gar kontrakulturell kritisierte Wertsystem selbst innerhalb der Mehrheitskultur bereichsspezifisch, sozialstrukturell und individuell mannigfaltig variiert wird, kann ein zentrales Wertsystem allenfalls auf kognitiver Ebene als ein abstrakter Durchschnittstypus dargestellt werden. Um so größer wird dann die Notwendigkeit der Herausbildung eines Minimalskonsenses hinsichtlich allgemein akzeptabler und verpflichtender Grundwerte.

Infolge ihres abstrakten und allgemeinen Charakters reichen Werte nicht aus, um im Hinblick auf die mannigfaltigen sozialen Situationen des Alltagslebens eine hinreichende gegenseitige Abgestimmtheit und Erwartungssicherheit des sozialen Verhaltens der Gesellschaftsangehörigen ermöglichen zu können. Diese Funktion der situationsgerechten und berechenbaren Feinsteuerung des sozialen Verhaltens wird durch die weitaus zahlreicheren, mehr konkret ausgeprägten →sozialen Normen erfüllt. Die Sinnhaftigkeit, Anerkennung und Befolgung der →Normen hängen davon ab, inwieweit diese Regeln durch Werte legitimiert sind. Normen sind somit situationsbezogene Konkretionen und Spezifikationen legitimatorisch zugrunde liegender Werte. Durch die enge Verbindung →sozialer Normen mit →Sanktionen, die normgerechtes Verhalten abstützen, sind Werte zugleich sozial indirekt sanktioniert.

Werte sind psychisch internalisiert: Im Zuge des individuellen Sozialisations- und Enkulturationsprozesses werden Werte von der heranreifenden Sozialpersönlichkeit tiefgreifend verinnerlicht. Sie werden in die emotional-affektiven und motivationalen Kapazitäten der sich entfaltenden Persönlichkeitsstruktur integriert. Sie werden dann als ureigenste Bestandteile der eigenen individuellen Persönlichkeit empfunden. Nach *W. Rudolph* ist dementsprechend das „subjektive Kriterium" für einen Wert seine „Bedeutung in der individuellen Persönlichkeitsstruktur" (S. 164).

Die Internalisierung von Werten trägt grundlegend dazu bei, daß der als instinktreduziertes, weltoffenes Wesen geborene Mensch in eine Lebenswelt hineinwachsen kann, die ihm sinnhaft geordnet und bedeutungsvoll erscheint. Erst auf dieser Basis des Wertelernens sind also für das Individuum zahlreiche Gegebenheiten seiner Umwelt wertvoll und wünschenswert – mit entsprechender Stimulation seiner Handlungsmöglichkeiten.

Die gelernten Werte der jeweiligen soziokulturellen Umwelt kommen in der Persönlichkeitsstruktur des einzelnen auf einer relativ allgemeinen Ebene in den individuell gefärbten Wertorientierungen und Wertvorstellungen zum Ausdruck. Diese Ebene ist gewöhnlich immer noch durch einen geringen Grad der Bewußtheit, Verbalisierung, Reflexion und der Selbstbestimmung gekennzeichnet. Dieser niedrige Bewußtseinsgrad steht in einem krassen Gegensatz zur faktischen und folgenreichen Einflußkraft der Werte und Wertorientierungen.

Auf einer weniger allgemeinen Ebene der individuellen Persönlichkeitsstruktur konkretisieren sich Wertorientierungen und Wertvorstellungen zu lebenspraktisch ausgerichteten, spezifischen Einstellungen, Präferenzen und Bewertungen.

In Verflechtung mit gesellschaftlichen, kulturellen, speziell mit wirtschaftlichen und politischen Wandlungen verändern sich individuelle Einstellungen und Bewertungen leichter und schneller als Wertorientierungen und diese wiederum weitaus eher als Werte. Die Berücksichtigung dieser Unterschiede ist für eine methodisch anspruchsvolle Erforschung des Wertwandels unerläßlich.

Der gegenwärtig zu einem folgenreichen Schlüsselproblem gewordene beschleunigte Wandel der Werte und vor allem der →Wertorientierungen und Einstellungen hängt insbesondere mit raschen Veränderungen der materiellen Lebensverhältnisse, mit der Ausweitung des Wissens, mit dem Wandel von Weltanschauungen, Ideologien und Herrschaftsverhältnissen, mit der Wirkung einflußreicher Persönlichkeiten, engagierter Vorhutgruppen und →sozialer Bewegungen und in besonders starkem Maße mit akkulturativen Prozessen zwischen verschiedenen Kulturen – Eindringen oder Übernahme von Elementen fremder Kulturen – zusammen.

Historische Vergleiche mit früheren Epochen, die Begegnung mit Wertsystemen anderer Kulturen und die sich ausbreitende Einsicht in das geschichtliche Gewordensein sowie in die →Relativität und Veränderbarkeit der Werte führen zu einer Erschütterung des Selbstverständlichkeitscharakters und der verhaltenssteuernden Kraft überkommener Werte – mit der Tendenz zu einer allgemeinen, schließlich nihilistisch ausgeprägten Wert-, Sinn- und Kulturkrise. Dieser tiefgreifend-einschneidende Wandel des Verhältnisses von Menschen zu Werten und Wertorientierungen bildet einen Prozeß, der wesentlich fundamentaler, umfassender und folgenreicher ist als die von *Ronald Inglehart* herausgestellte Schwerpunktverlagerung von den „materialistischen" zu den sogenannten

→„postmaterialistischen Wertprioritäten" in den westlichen Wohlstandsgesellschaften.

Die Herausbildung und Ausweitung einer reflexiven Einstellung gegenüber Werten erhöhen zugleich die Chancen für die Autonomie des Individuums und für eine bewußt-rationale, folgenorientierte Setzung →neuer Werte, die entscheidend zur Bewältigung gegenwärtiger Probleme und Krisen beitragen könnten.

Prozesse des Wertwandels verlaufen nicht streng linear, im Sinne einer aufwärts oder abwärts gerichteten geradlinigen Entwicklung. Vielmehr vollziehen sich diese Vorgänge unter dem Einfluß von progressiven und retardierenden Kräften, von Tendenzen und Gegentendenzen, von Innovatoren und Konservativen, von begünstigenden Umständen und starken Widerständen je nach dem Einzelfall ungleichmäßig, schubartig, wellenförmig oder zyklisch. Im Zuge solcher Wandlungen sind viele →„neue Werte" in Wirklichkeit wiederentdeckte, remobilisierte „alte Werte", mit veränderter Interpretation und Rangstellung im jeweils umfassenden Wertsystem.

Lit.: K.-H. Hillmann: Umweltkrise und Wertwandel, 2. Aufl., Würzburg 1986 (1981); *K.-H. Hillmann:* Wertwandel, 2. Aufl., Darmstadt 1989 (1986); *R. Ingelhart:* Kultureller Umbruch, Frankfurt a. M. und New York 1989; *H. Klages* und *P. Kmieciak* (Hg.): Wertwandel und gesellschaftlicher Wandel, Frankfurt a. M. und New York 1979; *H. Klages* u. a. (Hg.): Werte und Wandel, Frankfurt a. M. und New York 1992; *M. Rokeach:* The Nature of Human Values, New York 1973; *W. Rudolph:* Die amerikanische „Cultural Anthropology" und das Wertproblem, Berlin 1959

Prof. Dr. *K.-H. Hillmann,* Würzburg

sozialer Aufstieg

→Mobilität, soziale

sozialer Status

→Status

sozialer Wandel

I. Begriff und Inhalt

Der Begriff des sozialen Wandels wurde von *Ogburn* (1922) in die Soziologie eingeführt, um Begriffe wie Fortschritt, Entwicklung oder Evolution abzulösen, die nicht immer als neutral anzusehen sind. Sozialer Wandel bezieht sich dabei auf die Veränderung →sozialer Strukturen und/oder →sozialen Verhaltens. Die genauere Bestimmung, auf welchen Inhalt sich sozialer Wandel beziehen soll, legt bereits in je spezifischer Weise Ansatz, Perspektive und das mögliche Ergebnis der Analyse fest. Für jede einzelne Festlegung ist es dann notwendig, geeignete Indikatoren zu finden, die zweifelsfrei messen, ob und in welchem Ausmaß die Teile einer sozialen Struktur (z. B. Schichtungsstruktur, Bevölkerungsstruktur) oder eines bestimmten Sozialverhaltens (z. B. soziale Mentalität, Wertorientierungen) sich gewandelt haben. Die Frage nach Reichweite und Richtung sozialen Wandels steht also vor erheblichen Meßproblemen, insbesondere bei solchen Wandlungsvorgängen, die überwiegend qualitativer Natur sind (vgl. zur Meßproblematik *Flora* 1974).

Da sich in komplexen Gesellschaften verschiedene Lebensbereiche in unterschiedlichem Rhythmus verändern, bestehen zwischen den einzelnen Teilsystemen Spannungen (Diskontinuitäten), die eine wichtige Erklärungsgrundlage für den Ablauf sozialer Wandlungsprozesse darstellen. So existieren in der Regel Spannungen oder Ungleichgewichte zwischen verschiedenen Sektoren, z. B. zwischen materiellen Veränderungen im ökonomisch-technischen Bereich und den sozialkulturellen Möglichkeiten der Anpassung an solche Veränderungen (→„cultural lag") oder zwischen ökonomischem oder politischem System. Von besonderem Interesse ist es hierbei, daß derlei Inkonsistenzen, Gleichgewichtsstörungen oder Diskontinuitäten die wohl wichtigste Erklärungsgrundlage für das Auftreten sozialer Wandlungsvorgänge darstellen.

Parallel zum Begriff des sozialen Wandels wird mit dem Modernisierungskonzept versucht, ganz bestimmte Aspekte der Modernität zu behandeln (vgl. etwa *Lerner* 1971): im wirtschaftlichen Bereich ein sich selbst tragendes Wachstum; im politischen Bereich die öffentliche Beteiligung bei der Definition und Wahl politischer Alternativen; im kulturellen Bereich die Diffusion säkularer, rationaler →Normen; im sozialen Bereich die Steigerung der horizontalen und vertikalen →Mobilität; im Persönlichkeitsbereich die Veränderung der Modalpersönlichkeit mit gesteigertem Leistungsbedürfnis, wachsender Außenorientierung und Empathie. Der Modernisierungsforschung wird gelegentlich vorgeworfen, weitgehend atheoretisch zu sein – obgleich manche Forscher funktionalistisch argumentieren (z.B. *Eisenstadt* 1973), andere dagegen neomarxistisch (z.B. die Dependenztheoretiker) – und den Gedanken unilinearer Entwicklungen wieder zu forcieren, meist sogar mit ethnozentrischen Vorurteilen (vgl. zur Kritik: *Wiswede/Kutsch* 1978).

II. Formen und Tendenzen

Nach ihrer Reichweite sind Wandlungen des gesamten Systems von Veränderungen in Teilsystemen zu unterscheiden. Im Ausmaß der Beeinflußbarkeit wird häufig geplanter von ungeplantem Wandel abgehoben. Bei plötzlichen Wandlungsvorgängen spricht man häufig von revolutionären im Gegensatz zu evolutionären Entwicklungen, wobei zu prüfen ist, ob wir zur Erklärung solcher Veränderungen zwei verschiedene Theorien benötigen. Daneben werden gewöhnlich verschiedene Verlaufsformen sozialen Wandels unterschieden, die – je nach wissenschaftlichem Ansatz – als mehr oder weniger „typisch“ für gesellschaftliche Entwicklungen allgemein und für bestimmte Strukturbereiche angesehen werden: unilineare, multilineare, kurvenlineare oder zyklische Verlaufsformen (vgl. *Moore* 1973). Eng verbunden mit der formalen Festlegung solcher Entwicklungen sind inhaltliche Bestimmungen von Entwicklungstendenzen und Entwicklungstypen (Stadienmodelle). Die weitaus meisten soziologischen Beiträge zur Analyse des sozialen Wandels befassen sich mit solchen Trendaussagen, entsprechend sind sie meist theoretisch anspruchslos und/oder nichtssagend. Als angeblich „universelle“ Prozesse werden insbesondere herausgestellt: die Differenzierung (bei den Neo-Evolutionisten), die Komplexisierung (in der älteren Evolutionstheorie), die Säkularisierung, die Rationalisierung, die Modernisierung usw. Auch gibt es Fortschreibungen in die Zukunft (Postmoderne, Postindustrialismus) sowie Verheißungen wie „Postmaterialismus“ (als Ausdruck veränderter →Wertorientierungen) oder „Informationsgesellschaft“ (als Weiterentwicklung der Dienstleistungsgesellschaft) usw. In ähnlicher Form versucht man, Entwicklungstypen zu konstruieren, wobei das Spektrum von einfachen polaren Typen (traditional vs. modern) bis zu komplexeren dichotomischen Kategoriensystemen (z.B. den →„pattern variables“ von *T. Parsons*) reicht. Anspruchsvollere Theorien sind damit meist nicht verbunden.

III. Theorien und Modelle

(1) Der →historische Materialismus geht vom bestimmenden Einfluß der gesellschaftlich vermittelten materiellen Verhältnisse auf das soziale Geschehen aus und erklärt die Ursachen sozialer Entwicklung einseitig aus dem jeweiligen Stand der Produktivkräfte, die mit den vorhandenen Produktionsverhältnissen in Widerspruch geraten. (2) Der zweifellos richtige Gedanke, daß soziale Machtkonstellationen sozialen Wandel (mit)bestimmen, bildet die Grundlage von Machttheorien des Wandels (z. B. *Dahrendorf* 1969; *Lenski* 1973), die nicht unbedingt dem historischen Mate-

rialismus verpflichtet sind. Kernfragen sind dabei: Welchen Einfluß hat Macht auf sozialen Wandel? Welchen Wandel initiieren die Mächtigen? Welche Art des Wandels soll verhindert werden? Und umgekehrt: Welchen Einfluß hat sozialer Wandel auf bestehende Machtstrukturen sowie jeweilige „Machthaber"? Treiben z.B. veränderte Sozialbeziehungen oder gewandelte Techno-Strukturen neue Eliten nach oben? Diese und andere Fragen sind besonders für die Entwicklungsländer-Problematik von Bedeutung (vgl. zusammenfassend *Weede* 1985). (3) Der Neo-Evolutionismus funktionalistischer Prägung *(Parsons, Smelser, Eisenstadt)* bezieht sich auf soziale Systeme, die zur Selbstregulierung neigen. Gegenüber der älteren Evolutionstheorie bestehen folgende Ansprüche: der Neo-Evolutionismus verfolge keine substantiellen, sondern lediglich formale Analogien mit biologischen Systemen; statt eines monothematisch-diffusen Ursprungs würden multiple und variable Ursprünge grundlegender Gesellschaftstypen angenommen; auf jedem empirisch unterscheidbaren Entwicklungsniveau sei mit einer Vielfalt konkreter Typen und Erscheinungsformen zu rechnen; die Annahme wird eingeschränkt, daß die Entwicklung menschlicher Gesellschaften gradlinig verlaufe und daß die wichtigsten Stadien dieser Entwicklung universal seien; die „Mechanismen" und Wandlungsprozesse, die den Übergang von einem Stadium zum anderen bewirken, seien Gegenstand besonderer Spezifizierung. Eine konkrete Kritik funktionalistischer Entwicklungsaussagen zeigt indes, daß der Neo-Funktionalismus seinem Programm nicht annähernd gerecht geworden ist (vgl. *Wiswede/Kutsch* 1978).

Die dominanten Theorieströmungen sind durch eine vorwiegend strukturalistische Perspektive gekennzeichnet, wobei die →systemtheoretische Betrachtung im Vordergrund steht (vgl. etwa: *Zapf* ³1971; *Strasser/Randall* 1979). Demgegenüber wird neuerdings (4) der individualistische Ansatz betont, um den Menschen als Träger und Betroffenen sozialen Wandels wieder in den Mittelpunkt zu rücken. Die einzelnen Ansätze sind in sich recht heterogen: →handlungstheoretische Ansätze, die meist dem →symbolischen Interaktionismus verpflichtet sind, konsistenztheoretische Ansätze, die die Kompatibilität von Entwicklungsmustern in den Vordergrund rücken und in der Nachbarschaft der Diffusions- und Innovationstheorie angesiedelt sind, →sozialisationstheoretische Ansätze, die die Veränderung der Persönlichkeitsstruktur durch spezifische Sozialisationstechniken in den Vordergrund rücken (vgl. etwa *McClelland* 1966), →lerntheoretische Ansätze, die soziale Veränderungen durch Lernprozesse der beteiligten Individuen zu erklären versuchen (vgl. *Kunkel* 1970; *Wiswede* 1985). Auch die Beachtung der Veränderung von Wertsystemen („Wertewandel") setzt bei den Einstellungen und Wertorientierungen der Individuen an (vgl. *Klages* 1984). Die künftige Entwicklung muß zeigen, ob diese individualistisch orientierten Ansätze mehr zur Erklärung sozialer Wandlungserscheinungen beitragen als die bisher vorherrschende strukturalistische Betrachtungsweise.

Lit.: Kunkel, J. H.: Society and Economic Growth, New York 1970; *Strasser, H./Randall, S. C.:* Einführung in die Theorien sozialen Wandels, Darmstadt 1979; *Wiswede, G./Kutsch. T.:* Sozialer Wandel, Darmstadt 1978; *Zapf, W.* (Hg.): Theorien sozialen Wandels, Köln/ Berlin ³1971.

Prof. Dr. *G. Wiswede,* Köln

soziales Handeln

Grundbegriff der Soziologie; s. H. ist nach *M. Weber* „seinem von dem oder den Handelnden gemeinten Sinn nach auf das Verhalten anderer bezogen und daran in seinem Ablauf orientiert" →Handeln, Handlung usw.

Sozialforschung
→empirische Sozialforschung

Sozialgeographie

1. Begriffsbestimmung
S. ist die Forschungsrichtung in der Geographie, deren Erkenntnisobjekt das raumwirksame Handeln des Menschen ist. Sie will einerseits zur Erklärung raumstruktureller Muster und ihrer Veränderungen die gesellschaftlichen Bedingungen des →Handelns und die zugrundeliegenden individuellen Motivationen einbeziehen, andererseits die Bedeutung der erdräumlich-distanziellen Variable für die gesellschaftliche Entwicklung herausarbeiten. Über diese weitgefaßte Perspektive hinaus ist eine allgemein akzeptierte Definition nicht vorhanden.

2. Einordnung der S. in die Geographie
Die Einordnung der S. in das System der Geographie ist durchaus umstritten. Auf der einen Seite wird S. eng begrenzt und neben die zahlreichen anderen Teildisziplinen der Anthropogeographie (wie Verkehrs-, Industrie-, Bevölkerungsgeographie usw.) gestellt. Ihre Aufgabe wird hier vorrangig darin gesehen, die Raummuster sozialer Phänomene, wie z.B. Heiratskreise und andere Interaktionen, zu beschreiben. Auf der anderen Seite wird S. als moderne Anthropogeographie schlechthin gesehen. Hiernach steht S. für eine grundsätzlich sozialwissenschaftliche Geographie, die insbesondere durch die Verwendung der →Methoden der empirischen Sozialforschung sowie theoretischer Elemente der Sozialwissenschaften gekennzeichnet ist.

Die der S. zugesprochene Aufgabe war stets mit einer Zieldiskussion der gesamten Geographie verbunden. Diese Diskussion kann mit der um den Stellenwert des →Strukturfunktionalismus in der Soziologie oder der historischen Schule der Volkswirtschaftslehre verglichen werden, d.h., die Diskussion ist zugleich eine Auseinandersetzung um ontologische und epistemologische Fragen.

3. Geschichte der S.
Der unterschiedliche Stellenwert, der der S. zugemessen wird, resultiert auch aus ihrer jungen Geschichte. Nach vereinzelten Vorstößen, den Geofaktor „Mensch" doch differenzierter zu betrachten, wurde sie erst nach dem zweiten Weltkrieg von *Bobek* (Wiener Schule) und *Hartke* (Münchener Schule) durchgesetzt. Sie gingen von der Kulturlandschaft als Forschungsgegenstand aus und postulierten, daß „die räumlichen Wirkungszusammenhänge" *(Bobek)* nur mit Hilfe der systematischen Sozialwissenschaften erklärt werden könnten. Paradigmatisch gesehen knüpfte man an die Lebensformen (genres de vie) der französischen Geographie an, wonach bestimmte soziale →Gruppen von ihrem geographischen Milieu geformt werden und ihrerseits die Umwelt nach ihren Zielen gestalten. Bald jedoch verschob sich das Interesse von der Deutung der Landschaft dahingehend, daß die Landschaft vorwiegend als „Registrierplatte" des gesellschaftlichen Wandels angesehen wurde. Mit der Hinwendung zu stadtgeographischen Fragestellungen rückten die Muster räumlicher Aktivitäten einzelner Gruppen und die ihnen zugrundeliegenden Entscheidungsvorgänge in den Mittelpunkt der sozialgeographischen Forschung.

4. Fragestellungen
In der S. ist eine eher theoretische und eine eher pragmatisch vorgehende partialanalytische Richtung erkennbar. Erstere bemüht sich, eine sozialräumliche Theorie handelnder Gruppen zu entwikkeln. Menschen mit gleichen Werten und Handlungszielen wird unterstellt, daß sie sich auch gleichermaßen raumwirksam verhielten und z.B. gleiche Reichweiten hätten. Dieser Ansatz kann so mit der ökologischen Richtung in der →Stadtsoziologie verglichen werden, die ebenfalls von einer Korrespondenz von Gesellschafts- und Raumstruktur

ausgeht. Mit dem Verschwinden umweltgebundener Lebensformen in der modernen Industriegesellschaft hat dieser kulturökologische Ansatz an Plausibilität verloren, sofern er nicht in eine →Gesellschaftstheorie integriert wird.

Die große Mehrheit der Forschungsarbeiten greift partielle Fragestellungen auf. Der indikatorische Ansatz geht vom Landschaftskonzept aus und versucht Nutzungsänderungen als Indikator für →sozialen Wandel fruchtbar zu machen (z.B. Sozialbrache für Urbanisierungstendenzen im ländlichen Raum). Ein weiterer Ansatz untersucht sozialstatistische Merkmalsgruppen auf ihre verorteten „Daseinsgrundfunktionen" (z.B. das Naherholungsverhalten) hin. Verglichen mit dem umfassenden Anspruch des Lebensformgruppenansatzes wird hier mehr beschrieben als erklärt. Dies gilt auch für die erweiterte Form dieses sozialstatistischen Ansatzes, der die sozialräumliche Gliederung von Räumen betreibt und gleichsam die räumliche Parallele zur Erforschung →sozialer Ungleichheit in der soziologischen →Schichtungsforschung bildet. Der mikrogeographische aktionsräumliche Ansatz erfaßt, z.B. durch die Tagebuchmethode, detailliert das aktionsräumliche Verhalten und die Restriktionen, denen die Bewegung des einzelnen Menschen in Zeit und Raum ausgesetzt ist. Der →behavioristische Ansatz zieht zur Erklärung räumlichen Verhaltens wie Migration, Wohnstandortsuche, Einkaufsverhalten Konzepte der Individualpsychologie heran. Die Analyse der Wahrnehmung der räumlichen Umwelt (z.B. Imagestudien) wird manchmal zum →verhaltensorientierten Ansatz gerechnet, ist aufgrund der umgekehrten Blickrichtung aber eher zur Umweltpsychologie hin orientiert. Der →handlungsorientierte Ansatz schließlich untersucht die subjektiven Gründe für raumwirksame Aktivitäten und umfaßt einfache Motivbefragungen ebenso wie ökonomisch-rationale oder →entscheidungstheoretische Konzepte und reicht methodologisch bis hin zum →Sinnverstehen. Forschungsfelder sind hier Wanderungs- ebenso wie Landnutzungsentscheidungen oder umweltbezogenes →Handeln.

5. Aktuelle Tendenzen

Die grundsätzliche sozialwissenschaftliche Blickrichtung ist mittlerweile in der gesamten Anthropogeographie akzeptiert. An die Stelle des Ausdrucks „Anthropogeographie" tritt deshalb mehr und mehr „Sozialgeographie".

Von Beginn an bildete der Aspekt einer (räumlichen) Gerechtigkeit eine Triebfeder in der S. Randgruppen der Gesellschaft, wie z.B. der Lebensform der Hütekinder, und Unterprivilegierten, wie Gastarbeitern oder Bildungsbenachteiligten, galt die besondere Aufmerksamkeit. Im Bereich des →Arbeitsmarktes und des Wohnungsmarktes, speziell der Sanierung, sind neue Problemfelder entstanden. Eine Tendenz in der S. geht dahin, diesen Aspekt systematisch auszubauen und, unter Einbeziehung der politischen Geographie, eine fachübergreifende allgemeine →Gesellschaftstheorie, die eine angemessene Einordnung des raumwirksamen Handelns in die Gesamtentwicklung ermöglicht, zu formulieren. Damit nähert sich die hier beschriebene deutsche S. wieder stärker der angelsächsischen „social geography" an. Diese hatte sich zunächst nur unmittelbar aktuellen sozialen Problemen in räumlicher Hinsicht gewidmet und sich als Gegenposition zur funktional, vorwiegend ökonomisch ausgerichteten „spatial analysis" verstanden, ist heute aber theoretischer ausgerichtet. Eine zweite Tendenz rückt angesichts zunehmender Bedeutung ökologischer Themen das alte Denkmuster der „bewohnten Erde" ins Blickfeld. Sie knüpft als handlungsorientierte Kulturwissenschaft an die traditionelle Kulturgeographie an, welche spezifische regionale (idiographische) Kulturräume untersuchte. Hier tritt die →Gesellschaftsanalyse zugunsten der Raum- bzw. Naturorientierung zurück. In diesem Kontext werden die Begriffe Kulturgeographie und Sozialgeographie vermehrt synonym verwendet.

6. Beziehung zu Nachbardisziplinen
Die Beziehungen zu den benachbarten Sozialwissenschaften sind traditionell sehr eng. Sie gehen bis ins 19. Jahrhundert zurück, in dem es eine intensive Auseinandersetzung zwischen *Ratzel* und *Durkheim* gab. Auch die sozialökologische →Chicagoer Schule befruchtete die →Stadtsoziologie ebenso wie die Stadtgeographie. Heute bestehen zur Regionalsoziologie (Stadtsoziologie, →Agrarsoziologie) Verknüpfungen dort, wo die S. ihre Arbeit in einen gesellschaftstheoretischen Rahmen stellen will und die entsprechende Soziologie sich mit Partialanalysen begnügt. Solche Felder sind die (regionale) Mobilitäts-, die Segregations- oder die Aktionsraumforschung u. a. m. Tendenziell ist die S. dabei eher deskriptiv, an raumordnerischen Aspekten orientiert und arbeitet in stärker genetischer Weise die spezifischen Formen und Rahmenbedingungen in unterschiedlichen Räumen heraus. Beziehungen bestehen auch zur Volkskunde bzw. europäischen →Ethnologie im Forschungsfeld räumliche Identität und zur ökologischen Psychologie im Forschungsfeld Raumwahrnehmung (kognitive Karten) sowie in der Risikowahrnehmung (Hazardforschung).

Lit.: Arnold, Heinz: Soziologische Theorien und ihre Anwendung in der Sozialgeographie (Urbs et Regio, 49), Kassel 1988; *Hard, Gerhard:* Die Geographie. Eine wissenschaftstheoretische Einführung. Berlin, New York 1973; *Maier, Jörg/Reinhard Paesler/Karl Ruppert/ Franz Schaffer:* Sozialgeographie (Das Geographische Seminar), Braunschweig 1977; *Sedlacek, Peter* (Hg.): Kultur-/ Sozialgeographie, Paderborn 1982; *Thomale, Eckhard:* Sozialgeographie. Eine disziplingeschichtliche Untersuchung zur Entwicklung der Anthropogeographie (Marburger Geographische Schriften, Heft 53), Marburg/Lahn 1972

Dr. *J. Pohl,* München

Sozialgeschichte, allgemeine

Unter Sozialgeschichte (S.) versteht man zum einen eine Teildisziplin der Geschichtswissenschaft, die häufig in Verbindung mit Wirtschaftsgeschichte als Sozial- und Wirtschaftsgeschichte betrieben wird, zum anderen die Betrachtung der allgemeinen Geschichte aus sozialhistorischem Blickwinkel. Die S. in der Bundesrepublik Deutschland steht für einen umfassenden sozial- und wirtschaftshistorischen Ansatz der geschichtlichen Interpretation der gesamthistorischen Strukturen und Prozesse.

S. meint überdies eine strukturgeschichtliche Betrachtungsweise, die im Prinzip alle historischen Wirklichkeitsbereiche wie Staat, Gesellschaft, Recht, Ideen usw. erfassen will.

Die S., die lange ein Schattendasein in der etatistisch geprägten deutschen Geschichtsschreibung führte, hat seit Ende der 1960er Jahre ihren festen Platz im Kanon der Geschichtswissenschaft in der Bundesrepublik Deutschland gefunden.

Ungeachtet dessen werden Stellenwert und Aufgabe der modernen Sozialgeschichte unter den deutschen Historikern unterschiedlich gesehen und beurteilt.

Die Vorbehalte und Abgrenzungen haben im letzten Jahrzehnt zugenommen; die Verfechter einer eher traditionalistisch geprägten politisch akzentuierten Geschichtsauffassung stellen sich gegen die Konzeption von Geschichte als einer historischen Sozialwissenschaft, wie sie besonders von der „Bielefelder Schule" – namentlich *Hans-Ulrich Wehler* und *Jürgen Kocka* – aktiv propagiert wird.

Ungeachtet der eigentlich befruchtenden Kontroversen und Diskurse um die Zielrichtung der modernen Geschichtswissenschaft zwischen den Polen einer „Politikbeschreibung der großen Kabinette“ bzw. dem theoretisch-methodisch reflektierten, programmatischen Entwurf einer Gesellschaftsgeschichte, ist die von starken persönlichen Animositäten und Anfeindungen geprägte „polemische Aufgipfelung“ der Debatte zu beklagen, die – besonders zwischen den Hauptrepräsentanten der beiden Positionen – in einen sich in den Fußnoten vollziehenden, den jeweiligen Kontrahenten herabsetzenden Kleinkrieg ausgeartet ist.

Vorgeschichte und Entwicklung bis 1945:

Erste Ansätze der S. entwickelten sich bereits vor der Jahrhundertwende, als die allgemeine Geschichte noch durch *Heinrich von Treitschkes* Diktum, daß „Männer Geschichte machen“, geprägt war.

Primär staaatsorientiert erfaßte die Geschichtswissenschaft neben der politischen Geschichte nur die geistes-, rechts- und verfassungshistorischen Entwicklungen. Die Beschreibung und Analyse der sozialen Prozesse und Strukturen blieb bis ins frühe 20. Jahrhundert hinein den vielfach historisch arbeitenden Sozial- und Staatswissenschaftlern *(Schmoller, Sombart, M. Weber)* überlassen.

Vor allem Außenseiter der Zunft oder nicht etablierte Historiker befaßten sich mit sozialgeschichtlichen Fragestellungen, die außerhalb der primär politisch-etatistisch ausgeprägten Fachhistorie angesiedelt waren.

Besonders *Karl Lamprechts* Versuch in den 1890er Jahren, die einseitige Ausrichtung der herrschenden Geschichtsschreibung zu überwinden und eine adäquate wissenschaftliche Methode zu finden, entfesselte einen eher berüchtigt und diffamierend als berühmt und ertragreich zu nennenden Methodenstreit in der Historikerzunft des ausgehenden 19. Jahrhunderts. Als unerwünschtes Ergebnis blieb eine nachhaltige Diskreditierung der S. durch die an „Haupt- und Staatsaktionen“ haftende traditionelle Geschichtsschreibung der borussisch-nationalliberalen Schule, wobei S. mit „sozialistischer Geschichte“ identifiziert, d. h. mit abzulehnendem Gedankengut eines *Karl Marx* gleichgesetzt und verunglimpft wurde. Dieses Verdikt wirkte bis in die Spätphase der Weimarer Republik hinein, in der junge kritische Geister, wie z. B. *Eckart Kehr,* von der Zunft abgelehnt und ausgegrenzt wurden.

Entwicklung in der BR Deutschland seit 1945:

Nach den Jahren der bereitwilligen geistigen Gleichschaltung der Historiker durch den Nationalsozialismus im Dritten Reich folgte in der Bundesrepublik Deutschland in den 1950er Jahren zunächst nicht nur eine personelle, sondern auch eine konzeptionelle Kontinuität der traditionellen Geschichtsschreibung des 19. Jahrhunderts in der Geschichtswissenschaft.

Erst in den sechziger Jahren kam es zu einem Wandel bzw. einer Ausweitung des Blickwinkels, aus dem heraus die historische Wirklichkeit begriffen und dargestellt wird; einer der wichtigsten Wegbereiter war dabei *Werner Conze.* Vor allem drei Gründe sind zu nennen:

1. Anders als nach dem Ersten Weltkrieg folgte nach dem Zweiten Weltkrieg keine Abschottung der deutschen Geschichtswissenschaft gegenüber dem Einfluß der ausländischen Historien. Die Geltung und Vorbildfunktion besonders der französischen und amerikanischen Disziplinen auf die deutsche Geschichtswissenschaft ist nicht zu unterschätzen. Für die S. ist vor allem die französische „Annales“-Schule mit ihren wichtigsten Vertretern *Braudel, Bloch* und *Febvre* zu nennen.

2. Der personelle Ausbau und die daraus resultierende, rasch wachsende Bedeutung der systematischen Gesellschaftswissenschaften, wie Soziologie und Politologie, beeinflußten die Geschichtswissenschaft nachhaltig und führten zu einer stärkeren Berücksichtigung

und Gewichtung der gesellschaftlichen Strukturen und Prozesse als Voraussetzungen und Bedingungen von politischen und kulturellen Entwicklungen.

3. Im sozialkritischen und betont reformfreundlichen gesellschaftlichen Klima der späten 60er und frühen 70er Jahre kam es zu einer verstärkten Absorption und Rezeption der von den Sozialwissenschaften angebotenen Methoden, Begriffe, Modelle und Theorien durch die Geschichtswissenschaft.

Die von den Gesellschaftswissenschaften übernommenen Techniken und Lehrsätze förderten überdies, verstanden als S. „in der Erweiterung" *(Conze),* die Entstehung bzw. die Fortentwicklung von (sozial-)historischen Teilgebieten wie Geschichtstheorie, Demographie, Alltags- und Mentalitätengeschichte oder quantitativer historischer Sozialforschung, die sich alle als konzeptionelle Teilbereiche der modernen S. verstehen.

Sehr stark methodisch und theoretisch beeinflußt ist die S. durch die wechselseitige Interdependenz mit der Soziologie, deren gemeinsames Ergebnis die verbindenden strukturellen und analytischen Ansätze sind, die gleichfalls in die Mutterwissenschaften zurückstrahlen. *Wehler* befürwortet folgerichtig eine „Konvergenz" von Geschichts- und Sozialwissenschaft.

Der hohe Grad der interdisziplinären Arbeit und deren Einfluß auf die S. zeigt sich nicht nur in den verbindenden methodisch-theoretischen Paradigmen, sondern auch in der Adaption empirsch-statistischer Verfahren bei der quantitativen Analyse historischer Strukturen und gesellschaftlicher Prozesse; selbst der wichtigste deutsche Soziologe, *Max Weber,* wird hinsichtlich der theoretischen und methodischen Ansätze in seinen vielfältigen historisch geprägten Arbeiten als Historiker verstanden.

S. in der DDR

In der DDR fehlt eine Spezialisierung auf die S. Zu erklären ist dies aus dem Verständnis und den spezifischen Bedingungen der marxistisch-leninistischen Geschichtswissenschaft. Gemäß den dogmatisch verpflichtenden Ideen von *Karl Marx* und *Friedrich Engels* bzw. *Lenin* ist in der Geschichtswissenschaft der DDR im Begriff der sozialökonomischen Gesellschaftsformation die angeblich erkennbar „gesetzmäßige" Entwicklung der Produktivkräfte instrumentalisiert und paradigmatisch vorgegeben. Der primär sozialökonomische Charakter der marxistisch-leninistischen Geschichtswissenschaft, mit der umfassenden Integration sozialer und wirtschaftlicher Lebensaspekte, macht eine selbständige Teildisziplin S. zugleich überflüssig und problematisch.

Die sektorale Zerlegung der geschichtlichen Wirklichkeit würde dem historisch-materialistisch begründeten kommunistischen Anspruch auf vollständige Erkenntnis der historischen Tatsachen in ihrer „Totalität" entgegenstehen.

Ungeachtet der daraus folgenden ideologischen Widersprüche, werden in den 80er Jahren auch in der DDR sozialgeschichtliche Fragestellungen stärker in den Vordergrund der historischen Forschung gerückt; dies gilt besonders für die wiederentdeckte und rasch anwachsende Regional- und Heimatforschung in der DDR.

Ausblick

Während die progressiven Wortführer der S. deren programmatischen Ausbau zu einer Gesellschaftsgeschichte forcieren wollen, die eine historische Analyse von Gesamtgesellschaften in allen ihren Dimensionen umfassen soll, stehen selbst wohlmeinende Kritiker diesem Ansinnen skeptisch gegenüber und warnen vor einer allzu raschen und unkontrollierten Ausdehnung, die die Gefahr eines Abgleitens in die wissenschaftliche Belanglosigkeit enthalte.

Die entschiedenen Gegner einer zur Gesellschaftsgeschichte erweiterten S. befürchten hingegen einen Monopolanspruch der S. über die anderen Teilbereiche der Geschichtswissenschaft, wie z. B. die Politikgeschichte.

Von den umsichtigen Befürwortern wird deshalb ein pragmatisches und integratives Konzept von sozial- und politikgeschichtlichen Blickrichtungen und Fragestellungen empfohlen, das auch die Wirtschaftsgeschichte wieder stärker in das Forschungsgebiet integrieren soll.

Lit.: Kocka, Jürgen: Sozialgeschichte. Begriff – Entwicklung – Probleme, Göttingen 1977; *Ludz, Peter Christian* (Hg.): Soziologie und Sozialgeschichte. Aspekte und Probleme, Opladen 1972; *Schieder, Wolfgang/Volker Sellin* (Hg.): Sozialgeschichte in Deutschland (4 Bde.). Göttingen 1986/87; *Schulze, Winfried:* Soziologie und Geschichtswissenschaft. Einführung in die Probleme der Kooperation beider Wissenschaften, München 1974; *Wehler, Hans-Ulrich:* Geschichte als Historische Sozialwissenschaft, Frankfurt/M. 1973

Prof. Dr. *D. Voigt*/
Dr. *L. Mertens,* Bochum

Sozialisation

in Soziologie, Psychologie, Pädagogik und Erziehungswissenschaft nicht immer einheitlich verwendeter Begriff. Bezeichnet die Aneignung von →Werten, →Normen und →Handlungsmustern, durch die der weitgehend ohne natürliche Instinkte geborene Mensch seine Handlungsfähigkeit und persönliche →Identität erwirbt. Neuere Konzepte thematisieren Sozialisation vor allem als einen Prozeß, der das Entstehen der menschlichen Persönlichkeit in Abhängigkeit und Auseinandersetzung von der gesellschaftlich vermittelten sozialen und materiellen Umwelt betrachtet. Die primäre Sozialisation, bei der Urvertrauen, Sprache, Werte, Normen und Verhaltensschemata erlernt werden, findet überwiegend in der Familie statt. Die sekundäre Sozialisation wird durch vielerlei Institutionen vermittelt (Kindergarten, Schule, Universität). Gelegentlich werden Beruf und Berufsausbildung als tertiäre Sozialisation bezeichnet.

Sozialisation, antizipatorische

Bezeichnung für die vorweggenommene Übernahme von →Normen und →Werten jener →Gruppe, deren Mitgliedschaft angestrebt wird, etwa durch sozialen Aufstieg.

Sozialisation, politische

die Gesamtheit der Prozesse, durch die Kenntnisse, Überzeugungen, Gefühlshaltungen, Werte, Normen und Symbole, die das politische Handeln regeln, dem Individuum vermittelt und von diesem internalisiert und übernommen werden.

Sozialisation, schichtspezifische

entscheidend für die Lebenschancen des einzelnen ist die Herkunftsschicht, da die sozialen und materiellen Lebensbedingungen einer Familie entscheidenden Einfluß auf die Sozialisation der Kinder haben, u. a. über das Sprachverhalten und bestimmte Erziehungsstile.

Sozialisationsinstanzen

Bezeichnung für gesellschaftliche Gruppen, Institutionen und Medien (Familie, Schule, Massenmedien, z. B. Fernsehen), die wesentlichen Anteil an der Vermittlung sozialer Kenntnisse und sozialen Wissens haben.

Sozialisationstheorie

1. Das Problemfeld: Daß sich die Sozialisationsforschung in wenigen Jahrzehnten von einem Spezialthema der Sozialpsychologie zu einem interdisziplinären Erkenntnisprogramm von gesellschaftsanalytischer und -theoretischer Tragweite entwickelte, hat gesellschaftliche und wissenschaftliche Gründe.

Gesellschaftlich verlieren traditionelle Orientierungen und Bindungen zunehmend ihre integrierende Wirkung. Gleichzeitig führen Technisierung und Rationalisierung in allen Bereichen der Gesellschaft zur Differenzierung und Abschottung unterschiedlicher Lebensbereiche und zum Abbau zwischenmenschlicher Kommunikation. Sie kann durch mediale Kommunikationsangebote zwar kompensiert, nicht aber ersetzt werden. Erscheinungen wie diese haben die Frage nach den Selbstfindungs- und Selbstbestimmungsfähigkeiten des modernen, auf industrielle Überlebenssicherung angewiesenen Menschen sowie Probleme der Herstellung und Aufrechterhaltung solcher Fähigkeiten zu einem Thema von gesellschaftserhaltender Bedeutung werden lassen.

Wissenschaftsintern ist die Aufwertung der Sozialisationsthematik als Reaktion auf das endgültige Scheitern der in politisch-sozialen Zukunftsentwürfen genährten Hofnung zu verstehen, daß Gesellschaften als Ganze in einen wie auch immer definierten Zustand der Vernunft überführt werden könnten. Was blieb, war der Appell an die Vernunftfähigkeit des einzelnen. In ihrer theoretisch entwickeltsten Form, der Konstitutionstheorie des „vergesellschafteten Subjekts" stellt daher die Sozialisationsforschung die vorläufig letzte Stufe im Selbstthematisierungsprozeß der bürgerlichen Gesellschaft dar. Wie sich der Mensch zur einzigartigen und anpassungsbereiten Persönlichkeit entwickelt, welche Instanzen dabei mitwirken und wie sie ihre widersprüchlichen Aufgaben erfüllen und wie der einzelne sich unter dem Anforderungsdruck der arbeitsteiligen Leistungsgesellschaft überhaupt noch als handlungsfähiges (identisches) Subjekt zu behaupten vermag, gehört zu ihren wichtigsten Problemen.

2. Zur Klassik sozialisationstheoretischen Fragens: Das Verhältnis von Individuum und Gesellschaft, die Vorläuferthematik der aktuellen sozialisationstheoretischen Diskussion, hat die Sozialphilosophen zu allen Zeiten beschäftigt. Platon beschrieb die Gesellschaftsfähigkeit als Wesenseigenschaft des Menschen, den er sich als „zoon politikon" vorstellte. In den Schriften des englischen „Empiristen" *Hobbes* erschien der monarchische Staat („Leviathan") als Sachwalter des Gemeinwillens, der den Egoismus der einzelnen in Grenzen hält. Dem hat der Frühaufklärer *Rousseau* die Vorstellung vom frei geborenen, mit natürlicher Assoziationsfähigkeit begabten, nur durch Besitz und Macht in Unfreiheit und Unfrieden gehaltenen Menschen gegenübergestellt. *Kants* „kategorischer Imperativ" läßt sich als Bekenntnis zu dem sich aus Vernunft und Einsicht in den eigenen Vorteil dem Gemeinwesen unterordnenden Bürger interpretieren. In der idealistischen Geschichtsphilosophie *Hegels* stellt sich der bürgerliche Staat als eigentliches, mit historischer Notwendigkeit eintretendes Ziel der menschlichen Entwicklungsgeschichte dar. In der Institution des bürgerlichen Rechts und dem dort fixierten Status des Staatsbürgers sollten Individuum und Gesellschaft auf immer miteinander versöhnt werden. Dieses hat *Marx* als ideologische Konstruktion zu entlarven versucht und, unter Hinweis auf die im bürgerlichen Privatkapitalismus aufgehobenen materiellen und sozialen Widersprüche, die friedliche Vermittlung von einzelnem und Kollektiv in einem durch Revolution erzwungenen Gesellschaftszustand der Klassenlosigkeit in Aussicht gestellt. Mit der unvollständigen und in ihren gesellschaftsanalytischen Dimensionen nur ungenügend erschlossenen Subjekttheorie des Nervenarztes und Psychoanalytikers *Freud* stand dem Bürgertum aber noch eine nicht minder empfindliche Kritik ins Haus, die sozialisationstheoretische Konsequenzen haben sollte. Unter dem Signum der psychischen Krankheit wurde erahnbar, was gerade der regelgerechte Aufstieg zur und die normenkonforme Mitgliedschaft in der gesellschaftlich herrschenden Schicht an persönlichen Risiken kosten konnte.

3. Sozialisationskonzepte im Überblick: Die *eine* Sozialisationstheorie zu entwickeln, ist bislang niemandem gelungen. Es gibt mehr oder weniger umfäng-

liche *Sozialsationskonzepte,* die sich der Gruppe psychologisch oder soziologisch argumentierender Varianten zuordnen lassen. Im einzelnen unterscheiden sie sich danach: 1. welchen Stellenwert sie dem Individuationsprozeß und dem Sozialisierungsprozeß – den widersprüchlichen Hauptkomponenten des Sozialiationsgeschehens – beimessen, 2. in welches theoretisch-analytische Verhältnis beide zueinander und in der Zeit gesetzt werden und 3. welche Bedeutung die Umwelt und welche das Subjekt als eine diese Umwelt erfahrende bzw. erleidende und sie zugleich gestaltende Kraft erhält.

a. Psychologische Konzepte: Die lerntheoretische Variante geht von der unbegrenzten Formbarkeit des ohne Verhaltensschemata zur Welt kommenden Menschen aus. Durch Nachahmen von oder Identifizieren mit sanktionierenden, meist erwachsenen Verhaltensmodellen werden Normen, Begriffsschemata, Stile der Informationsverarbeitung gelernt, die gesellschaftliches Überleben ermöglichen. Neuere Ansätze beschreiben diesen Lernvorgang nicht als passives Aufnehmen, sondern als aktives Aneignen. In psychoanalytischen Konzeptionen wirkt die Identifikation mit einer geliebten, meist elterlichen Bezugsperson als wichtigster seelischer Mechanismus, über den sich dem Sozialisanden die dingliche und soziale Objektwelt erschließt. Zwar gelten die Einigungsergebnisse zwischen frühkindlicher Triebstruktur (Es) und den disziplinierenden Verhaltenserwartungen der Gesellschaft (Über-Ich) immer noch als wichtig. Im Unterschied zur Klassik wird die Persönlichkeits-(Ich-)Entwicklung neuerdings aber als lebenslanger Prozeß verstanden, in dem körperbezogene, ich-synthetische und soziale Integrationsleistungen erbracht und aufeinander abgestimmt werden müssen. In Absetzung davon stellt sich dem entwicklungstheoretischen Ansatz das Sozialisationsgeschehen als permanenter, von seiten des Individuums durch überwiegend kognitiv gesteuerte Anpassungsleistungen vorangetriebener Austauschprozeß zwischen Einzelorganismus und Umwelt dar. Ihr Ziel ist es, die Anpassungsvoraussetzungen für den Organismus auf den jeweils nächsten, entwickelteren Stufen des Austauschgeschehens zu optimieren. Demgegenüber stellt die ökologische Konzeptvariante die Gleichgewichtigkeit der Beziehungen zwischen Person und Umwelt in den Vordergrund. Die sich entfaltende Persönlichkeit wird als dynamische Einheit verstanden. Definiert ist sie durch die jeweilige Kompetenz, erst mikro- dann makrosystemische Erfahrungszusammenhänge aneignend und umformend bearbeiten und miteinander in Beziehung setzen zu können. Neueste Ansätze schließlich arbeiten daran, zwischen den Paradigmen zu vermitteln und die Entwicklungsdynamik von Umwelteinflüssen sowie die Lebenslaufperspektive konzeptionell zu integrieren.

b. Soziologische Konzepte: Die funktionalistische Systemtheorie orientiert sich in ihren Vorstellungen über das Wechselverhältnis zwischen dem Gesellschaftssystem und seinen Untereinheiten (bis hin zum Einzelorganismus) am Regelmodell des biologischen Organismus. Durch entsprechend organisierte Prozesse sozialen Lernens verinnerlicht der Sozialisand die Verhaltensmaßstäbe seiner unmittelbaren, später weiteren sozialen Umwelt. Er gilt als erfolgreich sozialisiert, wenn er aus eigenem Antrieb so handelt, wie es das Gesellschaftssystem im eigenen Selbsterhaltungsinteresse von ihm verlangen muß. Diese Überbetonung des Anpassungsmomentes sucht die neuere Systemtheorie zu vermeiden. Sie begreift psychische und soziale Systeme als eigenständige, füreinander Umwelt darstellende Einheiten und läßt sie sich in einem „koevolutionären“ Entwicklungsprozeß durchdringen und aneinander abarbeiten. Im Zuge der Sozialisation werden keine Sinnmuster übertragen; es geht immer nur um die „selbstrefentielle" Reproduktion der jeweiligen Systeme.

Nach der im Behaviorismus wurzelnden Handlungstheorie entsteht Persönlichkeit in der Auseinandersetzung zweier dem Sozialisanden inhärenter Größen. Die soziale Komponente („me") umfaßt die Gesamtheit jener Verhaltensweisen, von denen er glaubt, daß andere sie von ihm erwarten. Demgegenüber verkörpert die eher psychische Komponenten („I") alle spontanen, bedürfnisgeleiteten Impulse, die vom „me" im Zaum gehalten werden müssen. Die selbstbewußte Persönlichkeit („self") entsteht und wandelt sich, je nachdem, wie beide in immer wiederkehrenden Akten der Selbstreflexion aufeinander bezogen werden. Die soziale Umwelt als Bezugsgröße dieser permanenten Selbstkonstituierung entsteht in der symbolischen Interaktion (Kommunikation) von Menschen, die Bedeutung füreinander besitzen.

Diesen Ansatz hat die Gesellschaftstheorie in der Tradition der Frankfurter Schule übernommen und um die Bestimmung eben jener Rahmenbedingungen ergänzt, unter denen Fähigkeiten der Identitätsbildung heute entwickelt und eingesetzt werden können. Eine echte, Zufriedenheit erzeugende, alle dem Menschen verfügbaren Momente von Emotionalität, Kreativität und Rationalität zur Entfaltung bringende Sozialisatin ist nur unter ideal (insbesondere herrschaftsfrei) strukturierten Interaktions- und Kommunikationsbedingungen möglich. Davon weicht die Wirklichkeit zwischenmenschlichen Verhaltens und der gesellschaftlichen Verhältnisse ab und kann so kritisch auf die strukturellen und institutionellen Barrieren hin untersucht werden, die einer kommunikativen und tätigen Selbstverwirklichung in und durch Gesellschaft im Wege stehen.

Neueste Entwicklungen stellen darauf ab, insbesondere das handlungs- und das gesellschaftstheoretische Konzept unter dem Gesichtspunkt der Sozialisation (Persönlichkeitsentwicklung) als „produktiver Lebensverarbeitung" zu synthetisieren.

4. Brennpunkte anwendungsbezogener Theoriebildung: Wie in anderen Disziplinen auch, wurde die sozialisationsbezogene Theoriebildung gesellschaftlich und wissenschaftlich in dem Maße wichtig, in dem sie sich zur Durchsetzung privatwirtschaftlicher Verwertungsinteressen und/oder zur Realisierung sozialpolitischer Befriedigungsstrategien nutzen ließ. In der Aufbauphase der bundesrepublikanischen Nachkriegsgeschichte beispielsweise konnte mit Hilfe der These von der Schichtenspezifität, später auch der Geschlechtsspezifität der Sozialisation auf traditionelle u. a. komplexe Bedingungszusammenhänge sozialer Ungleichheit hingewiesen werden, die durch Umverteilung materieller Güter allein nicht zu beheben waren. Familiale, schulische und berufliche Sozialisationsinstanzen wurden in ihren behindernden Wirkungen erkannt, zu bevorzugten Zielobjekten sozialstaatlicher Intervention gemacht und verblieben im Zentrum politischer wie wissenschaftlicher Aufmerksamkeit, als in den 1960er Jahren der Bildungsnotstand erklärt und die Forderung nach Ausschöpfung der Bildungserserven erhöhte Leistungsanforderungen an die Familie als motivierende und an die Schule bzw. an den beruflichen Sektor als Vermittlungs- und Abnehmerinstanzen stellte. Insbesondere in der Analyse und Planung pädagogischer Prozesse hatte hier die Sozialisationsforschung Konjunktur. Mit den Studentenunruhen wurden Problemstellungen der politischen Sozialisation, vor allem die der Verankerung demokratischer Grundwerte in der Jugend, virulent und mit den Verschiebungen im Altersaufbau der Bevölkerung und der sich abzeichnenden Arbeitslosigkeit in den 80er Jahren Fragen der Erwachsenensozialisation (-fort- und -weiterbildung) wichtig. Inzwischen hat sich, von Sozialpolitik

und -wissenschaft eher bemerkt als von der Medizin, das Spektrum der wichtigsten Massenkrankheiten hin zu den chronisch-degenerativen „Karrieren" verlagert. Damit ist Aufklärungsbedarf entstanden, der den Zusammenhang von Sozialisation, Krankheitsentstehung und öffentlicher Gesundheitsförderung zum sozialisationsanalytischen und -theoretischen Leitthema der 90er Jahre werden lassen könnte.

Lit.: D. Geulen: Das vergesellschaftete Subjekt, Ffm 1977; *K. Hurrelmann:* Einführung in die Sozialisationstheorie, Weinheim 1986; *K. Hurrelmann, D. Ulich* (Hg.): Handbuch der Sozialisationsforschung, Weinheim 1980; *P.-E. Schnabel:* Krankheit und Sozialisation, Opladen 1988

PD Dr. *P. E. Schnabel,* Bielefeld

Sozialisierung

ursprünglich Vergesellschaftung von Produktionsmitteln im Sinne der marxistischen Lehre. Heute Überführung von Privateigentum in Gemeineigentum, auch Verstaatlichung genannt. Nach Art. 15 GG können „Grund und Boden, Naturschätze und Produktionsmittel zum Zwecke der Vergesellschaftung durch ein Gesetz, das Art und Ausmaß der Entschädigung regelt, in Gemeineigentum oder in andere Formen der Gemeinwirtschaft überführt werden." Der Begriff „Sozialisierung" wird auch häufig synonym mit Sozialisation oder Erziehung verwendet.

Sozialismus

als Antwort auf die Defizite des Kapitalismus entstandene Lehre zur Veränderung der gesellschaftlichen Verhältnisse. In der →marxistischen Lehre gilt der Sozialismus als Übergangsstadium vom →Kapitalismus zum →Kommunismus.

Sozialkategorie

bezeichnet Personen, die im Hinblick auf bestimmte sozialrelevante Merkmale gleich oder ähnlich einzustufen sind, z.B. nach Alter, Konfession, Geschlecht, Hautfarbe usw.

Sozialkosten

auch sog. externe Kosten

Schäden und Verluste, die einer Volkswirtschaft entstehen und insgesamt auf den Steuerzahler übergewälzt bzw. u.U. überhaupt nicht erfaßt werden, wie die Kosten der Umweltverschmutzung (Grundwasserverseuchung, Waldsterben) oder der Arbeitslosigkeit u.a.

→Arbeitsmarkt
→Armut
→Umwelt

Sozialkritik

→Gesellschaftskritik

Sozialkunde

gelegentlich Synonym für →Sozialstruktur (Sozialstrukturanalyse)

im allgemeinen Verständnis Bezeichnung für ein Unterrichtsfach, das der politischen Bildung an den Schulen dient, zuweilen auch Gemeinschaftslehre (Hessen), Politik (Nordrhein-Westfalen, Saarland) oder Gemeinschaftskunde (Baden-Württemberg) genannt. Die Inhalte des Faches sind je nach Bundesland unterschiedlich und enthalten neben der Institutionenkunde der parlamentarischen Demokratie wirtschaftswissenschaftliche (z.B. soziale Marktwirtschaft) und sozialwissenschaftliche (z.B. Bevölkerungsentwicklung, Arbeitslosigkeit) Elemente.

Soziallage

von *T. Geiger* 1932 verwendete Bezeichnung zur Unterscheidung von Schichten und Klassen. *T.* Geiger unterscheidet in seiner Rohgliederung 1. die kapitalistische Lage, 2. die mittlere Lage, 3. die proletarische Lage, was einer Einteilung nach Art des →Produktionsverhältnisses entspricht. In neuerer Zeit wird der Begriff „Soziallage" als Bündelung struktureller Lebensbedingungen verstanden, in der vorteilhafte und nachteilige Lebensbedingungen kombiniert sind, um die Heterogenität von Schichten beschreiben zu können.

→soziale Schichtung
→soziale Ungleichheit

Soziallehre, christliche
→christliche Soziallehre

Sozialökologie
aus der Biologie entnommener Begriff einer Wissenschaft, welche die Beziehungen der Lebewesen zu ihrer →Umwelt betrachtet. Von *Park* und *Burgess* in den 1920er Jahren in die Soziologie eingeführte Bezeichnung für die Analyse der Beziehungen von Mensch und Umwelt im Hinblick auf Siedlungsstrukturen (Ballungszentren, Großstädte, Hochhaussiedlungen) und ihrer Bedeutung für →abweichendes Verhalten (Verbrechen, Kriminalität) oder andere soziale Folgen, z. B. Bodenspekulation.
→Humanökologie
→Stadtsoziologie

Sozialökonomie
politische Ökonomie
ältere Bezeichnung für Nationalökonomie oder Volkswirtschaftslehre. Bevor die Soziologie sich zur Einzelwissenschaft entwickelte, fanden soziologische und sozialwissenschaftliche Fragestellungen in der Sozialökonomie Berücksichtigung.

Sozialorganisation
→Sozialstruktur
→Sozialsystem
ebenso wie der Begriff →Sozialstruktur ist der Begriff S. eine Analogie, gemäß der die Ordnungsbeziehungen zwischen den Elementen der Gesellschaft nach der Art des Aufbaus und der Funktionsweise von Organismen betrachtet werden. Jede Gesellschaft enthält eine Gesamtheit von Strukturen, die in einer spezifischen Weise geordnet (organisiert) sind. Individuen, Gruppen usw. als die Elemente des sozialen →Systems bilden eine Ordnung, d. h. ein kohärentes soziales Ganzes. Das Konzept S. verweist auf die spezifischen Sets sozialer →Werte, →Institutionen, →Verhaltensmuster, →Rollen usw. in dem jeweiligen sozial-kulturellen Gesamtkontext bzw. auf deren komplexe funktionale Interdependenzen. Bei aller Dynamik unterliegen auch →Sub-, Kontrakulturen o. ä. der Tendenz zur sozialen Organisierung und zeigen i. d. R. hinsichtlich ihrer sozialorganisatorischen Merkmale die Nähe zum umgebenden oder ursprünglichen sozialen Ordnungstyp.

G. R.

Sozialphilosophie

1. Begriff und Gegenstand. Der Begriff der S. bezeichnet eine Teildisziplin der praktischen Philosophie. Während sich letztere allgemein mit Fragen menschlicher Praxis und damit menschlichen Handelns auseinandersetzt, behandelt die S. das →soziale Handeln des Menschen mit Bezug auf →soziale Institutionen, →soziale Normen etc. Dabei spielen normative und deskriptive Fragen gleichermaßen eine Rolle. Die normative Sozialphilosophie bildet einen, wenn nicht den zentralen Unterbereich der normativen Ethik, während sich die deskriptiven Fragestellungen, soweit sie nicht begrifflich-explikativer Natur sind, in starkem Maße mit denen der →Sozialpsychologie, der →Soziologie, der Ökonomik, der Politikwissenschaft, der Rechtstheorie und der →Soziobiologie berühren.

Im Gegensatz zu der breiten sprachanalytischen Strömung, die bis in die 1960er Jahre hinein unter den international führenden Philosophen dominierte, sieht sich die heutige S. nicht auf sprachliche Probleme beschränkt. Begrifflich-explikative Fragen (z. B. die Klärung von Begriffen wie „Gerechtigkeit“, „Norm“ etc.) spielen zwar nach wie vor eine bedeutende Rolle. Das gleiche gilt für Untersuchungen, die sich mit der intersubjektiven Begründbarkeit →sozialer Normen auseinandersetzen. Allerdings treten derartige meta-theoretische Überlegungen mittlerweile zunehmend hinter der systematischen Behandlung inhaltlicher Fragen zurück. Es wird untersucht, wie eine (gerechte) Gesellschaft beschaffen und von welchen Normen sie charakteristischerweise geprägt sein sollte.

2. Klassische Sozialphilosophen. Nahezu alle Philosophen von Rang haben Fragen sozialphilosophischer Art behandelt. Das gilt für *Platon* (z.B. „Gorgias") und *Aristoteles* („Nikomachische Ethik") als den alles überragenden Figuren der Antike ebenso wie für mittelalterliche Denker vom Range eines *Thomas v. Aquin* („Summa theoligica") oder *Marsilius von Padua* („Defensor pacis") und findet zu Beginn der Neuzeit in *Thomas Hobbes* („Leviathan") einen Höhepunkt, der die Sozialphilosophie der sogenannten britischen Moralisten, insbesondere die *John Lockes* („Zwei Abhandlungen über die Regierung") und *David Humes* („Traktat über die menschliche Natur"), und zumindest indirekt auch *Immanuel Kant* („Metaphysik der Sitten") und die darauf aufbauende deutsche Tradition einschließlich des Werkes von *Hegel, Marx* und ihrer Nachfolger nachhaltig beeinflußt hat, mögen die letzteren auch häufig erklärte Gegenpositionen bezogen haben.

3. Aktuelle Theorien und Probleme. Ausgehend von individualistischen methodologischen Auffassungen bringen moderne Theoretiker typischerweise den Begriff der individuell-rationalen Entscheidung ins Spiel, um normative Fragen der S. zu behandeln. In diesem Zusammenhang sind in erster Linie die drei sogenannten neuen Vertragstheoretiker („new contractarians") *John Rawls* („Eine Theorie der Gerechtigkeit"), *Robert Nozick* („Anarchie, Staat, Utopia") und *James M. Buchanan* („Die Grenzen der Freiheit") zu nennen. Diesen drei Theoretikern ist zum ersten gemeinsam, daß sie die klassische Lehre vom →Gesellschaftsvertrag, wie sie paradigmatisch von *Hobbes, Locke* und *Kant* vertreten wurde, unter Einsatz moderner ökonomischer Methoden wiederaufleben lassen wollen. *Rawls* sieht sich in der Nachfolge *Kants* und versucht, eine spezifische Version der Rationalentscheidung unter Unsicherheit theoretisch zu nutzen. *Nozick* knüpft ausdrücklich an *Lockes* Theorie an und wendet vor allem das Denkmodell der „unsichtbaren Hand Erklärung" sowie bestimmte Argumente der „ökonomischen Theorie der Eigentumsrechte" zur Fortentwicklung des klassischen Grundansatzes an. *Buchanan* könnte man als einen zögerlichen Hobbesianer charakterisieren, der seine immerhin mit dem Nobelpreis für Ökonomie ausgezeichnete Theorie der „öffentlichen Güter" (einschließlich der grundlegenden Normordnung) und der damit verwandten „ökonomischen Theorie der Politik" (bzw. der öffentlichen Wahlhandlungen) heranzieht, um →Normen zu begründen, die dem „Leviathan" Grenzen ziehen sollen.

Zum zweiten teilen die drei neuen Vertragstheoretiker untereinander und mit ihren Vorläufern die Auffassung, daß der vergesellschaftete Zustand und insbesondere die diesem zugrundeliegende staatliche Ordnung zu rechtfertigen ist, indem man ihm einen nicht-gesellschaftlichen, staatsfreien Zustand gegenüberstellt. Die fiktive Natur dieses sogenannten Naturzustandes wird – wie bereits von den Klassikern – auch von den modernen Vertragstheoretikern anerkannt. Die Grundordnung und insbesondere die grundlegenden Sozialnormen des gesellschaftlichen Zustandes einschließlich des Staates gelten den drei Theoretikern genau dann als gerechtfertigt, wenn sich rationale Individuen in dem jeweils unterstellten Naturzustand dafür entscheiden würden, die betreffenden normativen Vorschläge zu realisieren.

Drittens besteht in allen Vertragstheorien das sozialethisch letztlich ausschlaggebende Rechtfertigungskriterium darin, daß Individuen bekommen, was sie selbst (rationalerweise) wollen (würden). Man hat es hier mit einer Zustimmungs- oder Willenstheorie der Rechtfertigung zu tun, die ganz im Geiste des neuzeitlichen Denkens auf der Idee individueller Entscheidungsautonomie fußt. Ausübung „fundamentaler Zwangsgewalt“, die nicht auf vorherige Zustimmung der von ihr betroffenen Individuen zurückgeführt werden kann, wird als illegitim abgelehnt. Das aber führt für alle drei Theorien zu der Notwendigkeit, das offenkundige Problem fehlender Einmütigkeit der individuellen Entscheidungen zu lösen.

Die Lösungsvorschläge der drei Theoretiker divergieren im Detail. *Rawls* führt seinen mittlerweile berühmt gewordenen „Schleier des Nichtwissens“ ein. Er nimmt an, daß Individuen, die nicht wissen würden, welche →Position sie in einer Gesellschaft einnehmen, nicht nur notwendig alle möglichen Positionen in ihr rationales Zustimmungskalkül einbeziehen müßten. Sie würden nach seiner Auffassung auch aufgrund einer gleichgerichteten Risikoversion je für sich zum gleichen Ergebnis gelangen und damit jeweils die gleiche Gesellschaft vor allen anderen bevorzugen. *Buchanan* führt zur Behebung des Einmütigkeitsproblems in ganz ähnlicher Weise einen „Schleier der Unsicherheit“ ein und argumentiert, daß ganz langfristige und grundlegende Entscheidungen uns im Ungewissen darüber lassen, wie wir von diesen betroffen würden. Deshalb sei eine Einstimmigkeit aller Betroffenen denkbar. Die Einstimmigkeitsregel ist selbst bereits eine kollektive Regel und bedarf als solche an sich einer weiteren Rechtfertigung in individuellen Zustimmungsakten, soll ihre Durchsetzung nicht latent auf eine Anwendung fundamentaler Zwangsgewalt hinauslaufen. Dieses Problem wird in der Theorie *Nozicks* vermieden, indem angenommen wird, daß überhaupt keine auf ausnahmslos verbindliche →soziale Normen gerichteten Willensakte erforderlich sind, um vom Naturzustand in den staatlich geordneten Zustand zu gelangen. Die „öffentlich rechtlichen“ Strukturen würden nach *Nozicks* Auffassung in einem anarchischen *Locke*schen Naturzustand als unintendierte Nebenfolge individuell-rationaler Entscheidungen entstehen. Dabei werden verbleibende Außenseiter nach allgemeinen Grundsätzen behandelt, die das Verbot, fundamentale Zwangsgewalt anzuwenden, nicht verletzten, weil sie als Restriktionen individueller Rechte bereits im anarchischen Zustand existieren und für diesen auch vom Anarchisten anerkannt werden müssen. Da die Staatsgründung gerade aus der Wahrnehmung des fundamentalen anarchisch-natürlichen Rechtes zur freien Willensäußerung und Übereinkunft hervorgeht, ist der Anarchismus nach Auffassung *Nozicks* widerlegt.

Ungeachtet der beeindruckenden, die heutige S. weitgehend prägenden Argumente der drei neuen Vertragstheoretiker ist festzustellen, daß ihre Theorien nach wie vor von dem Grundübel aller Vertragstheorien gezeichnet sind: Willensakte fiktiver Individuen sind selbst fiktiv und daher für reale Individuen nicht verbindlich. Der Rückgriff auf individuelle Autonomie bleibt unvollständig, solange nicht eigenständige Argumente präsentiert werden, die zeigen, warum reale Individuen sich die Ergebnisse fiktiver Überlegungen zu eigen machen sollten.

Eine Möglichkeit, dieses Verankerungsproblem der Sozialethik zu bewältigen, besteht darin, auf →apriorische Argumente zurückzugreifen und damit auf Faktoren, die in gewisser Weise individuell-rationaler Entscheidung entzogen sind. *Karl Otto Apels* Versuch zur Grundlegung der Diskursethik in einer Transzendentalpragmatik bildet einen derartigen Vorschlag. Wer überhaupt argumentiert, erkennt damit nach *Apels* Auffassung Voraussetzungen an, die er ohne (pragmatischen) Selbstwiderspruch nicht mehr bestreiten kann. Er kann aufgrund der praktischen Präsuppositionen von Argumentieren überhaupt den Argumentationsadressaten nicht die Anerkennung als Personen bzw. Diskussionspartner versagen und zugleich argumentieren wollen.

Jürgen Habermas sucht das Verankerungsproblem ähnlich zu lösen. In Variation *Apel*scher Themen führt er unter Bezugnahme vor allem auf *P. F. Strawson* aus, daß die Argumente und Auffassungen anderer Individuen für einen Diskursteilnehmer nicht nur Nebenbedingungen der eigenen klugen Zielverfolgung sein können. Der Argumentierende nimmt anderen Diskursteilnehmern gegenüber notwendig nicht nur rein manipulative oder objektive Attitüden an, sondern betrachtet die anderen von einem Teilnehmerstandpunkt aus. Für *Habermas* sind es im Gegensatz zu *Apel* allerdings eher empirische als logisch vorgängige Gründe, die es verbieten, stets unter einem zweckrationalen „Opportunismus“ ermöglichenden inneren Vorbehalt mit anderen zu interagieren. Der Mensch kann nicht umhin, in anderen Personen zu erblicken und sie aus innerlicher Überzeugung heraus als prinzipiell gleichberechtigte Verständigungspartner zu akzeptieren. Deshalb betrachtet er sie nicht nur unter dem Aspekt ihres Beitrages zu seiner eigenen Zielverfolgung, sondern von einer übergreifenden intersubjektiven Warte aus.

Apel wie *Habermas* vermeiden tatsächlich die Schwäche der voluntaristischen Einmütigkeitstheorien, die den zugrundeliegenden Konsens aus einer fiktiven Entscheidungssituation ableiten. Die Eingrenzung einer Entscheidung über eine konsenserzeugende Fiktion ist bei ihnen nicht notwendig, weil keine Entscheidung zu treffen ist. Doch auch ihre zumal im deutschen Sprachraum einflußreichen Theorien haben mit Begründungsschwierigkeiten eigener Art zu kämpfen. Dem Argument vom „immer schon“ „Akzeptiert-Haben“ kann man „immer noch“ entgegenhalten, daß man die Regeln eines Spieles (Diskurses etc.) einhalten kann, ohne sie innerlich zu akzeptieren, und daß die logische Negation ausnahmsloser Nicht-Akzeptanz keineswegs ausnahmslose Akzeptanz ist, sondern zeitweiligen Vorbehalt nicht ausschließt.

Will man den grundlegenden Normrechtfertigungsproblemen der Sozialphilosophie weitgehend aus dem Wege gehen, dann kann man, wie kritische Rationalisten im Gefolge *Karl Poppes* und *Hans Alberts* es häufig nahelegen, versuchen, hypothetische Sozialsysteme zu entwerfen, ohne für die eigenen Empfehlungen irgendeine Form ultimater normativer Erkenntnis in Anspruch zu nehmen. Man vertraut darauf, daß die Betroffenen selbst die richtigen, sich nach ihren Kriterien bewährenden Systeme herausfinden werden. Die Beliebigkeit des Entwurfes wird in diesem Rahmen durch deskriptive Theorien der gesellschaftlichen Abläufe und der Natur des Menschen kontrolliert; wobei der modernen →Spieltheorie als einer „Logik der Sozialphilosophie“ eine integrative Schlüsselrolle zufällt. Dies gilt generell auch für eine strikt interessenbasierte Rechtfertigungskonzeption, wie sie im Anschluß an *Hobbes* und *Hume* *John L. Mackie* auszuarbeiten versuchte und wie sie im deutschen Sprachraum etwa von *N. Hoerster* vertreten wird.

Lit.: R. B. Brandt: Ethical Theory, Englewood Cliffs 1959; *J. Habermas:* Moralbewußtsein und kommunikatives Handeln, Frankfurt/M. 1983; *H. L. A. Hart:* The Concept of Law, Oxford 1961; *P. Koller:* Neue Theorien des Sozialkontrakts, Berlin (West) 1987; *J. L. Mackie:* Ethik, Stuttgart 1981

Prof. Dr. *H. Kliemt,* Duisburg

Sozialpolitik

aus der Vielzahl der Definitionen des Begriffs S. (vgl. J. Frerich, München und Wien 1987) sei diejenige von H. Lampert (Berlin u. a. 1980) wiedergegeben: „(Maßnahmen zur) Verbesserung der wirtschaftlichen Lage und der sozialen Stellung solcher Personenmehrheiten, die absolut oder relativ, d. h. im Vergleich zu anderen, als wirtschaftlich und/oder sozial schwach gelten, sowie ... (zur) Sicherung der wirtschaftlichen Lage und der sozialen Stellung solcher Personenmehrheiten, die nicht in der Lage sind, auf sich gestellt für diese Risiken Vorsorge zu treffen."

Das System der sozialen Sicherung der BR Deutschland hat seinen Ursprung im 19. Jh., als die Auswirkungen der fortschreitenden Industrialisierung sozialpolitische Abwehrmaßnahmen erzwang. Die für kapitalistische Gesellschaften typische Verbindung von Lohnarbeit, Vertragsfreiheit und Konkurrenz ergab bisher unbekannte Arbeitsmarktrisiken. Die unter Bismarck in den achtziger Jahren des vorigen Jahrhunderts im Deutschen Reich eingeführte Kranken-, Unfall- und Rentenversicherung wurde der Grundstock eines sozialen Sicherungssystems, dessen Ausbau seither stetig vorangetrieben wurde. Das Grundgesetz der BR Deutschland enthält in Art. 20/1 ein sog. „Sozialstaatspostulat", dem der Gesetzgeber verpflichtet ist. Nach 1949 erfolgte sowohl in qualitativer wie in quantitativer Hinsicht eine Erweiterung der vom Staat zu übernehmenden sozialen Aufgaben, die in einer Zeit des wirtschaftlichen Aufschwungs ohne Schwierigkeiten zu finanzieren waren. Die private Vorsorge für Zeiten der Not, wie Alter und Krankheit, verloren zunehmend an Bedeutung. Seit dem Geburtenrückgang Ende der sechziger Jahre wird das System der sozialen Sicherungen hinsichtlich seiner Finanzierbarkeit kritisch diskutiert.

Sozialprestige

→Prestige

Sozialpsychologie

Zentrale Fragestellungen der Sozialpsychologie (S.)

Die S. beschäftigt sich mit dem Erleben und →Handeln von →Individuen in ihrem jeweiligen gesellschaftlichen Lebenszusammenhang. Als wissenschaftliche Disziplin entwickelt die S. Modelle und Theorien, die subjektive Prozesse in ihrer Beziehung zur →alltäglichen Lebenswelt und zu →sozialstrukturellen Prozessen verständlich machen sollen.

Klassische und aktuelle Fragestellungen, mit denen sich die S. beschäftigt, sind vor allem die folgenden:

– der →Vergesellschaftungsprozeß des einzelnen Subjekts in einem sozialstrukturierten Entwicklungsprozeß: →Sozialisation als regulativer Prozeß, in dem bedürfnismäßige Ansprüche der „inneren Natur" mit gesellschaftlichen Funktionsanforderungen vermittelt werden müssen;

– die →Wahrnehmung der sozialen Wirklichkeit und die sozialen Bedingungen von Perzeption;

– individuelle →Einstellungen und Haltungen zu Personen und Gruppen und deren vorurteilhafte Verzerrung;

– die →kommunikative Verknüpfung von Menschen durch verbale und nonverbale Signale;

– die netzwerkartigen sozialen Beziehungsgefüge von Menschen und die spezifischen Funktionen, die soziale Netzwerke für die alltägliche Lebensbewältigung haben;

– Bedingungen und Prozesse der individuellen →Identitätsbildung vor dem Hintergrund widersprüchlicher gesellschaftlicher →Rollenanforderungen;

– →Geschlechtsrollen in ihrer komplementären Verknüpfung und in ihrer soziohistorischen Veränderungsdynamik;

– Entstehung und innere Dynamik von sozialen →Gruppen sowie deren Einfluß auf das einzelne Gruppenmitglied und die Relation zu anderen Gruppen;

– Bedingungen für →Komformität und →Abweichung sowie die realen sozialen Konsequenzen von Abweichung.

Diese Übersicht zentraler Fragestellungen der S. könnte den Schluß nahelegen, daß dieses Fach seine disziplinäre Stabilität erlangt hätte, genau 80 Jahre nachdem im Jahre 1908 *Ross* und *McDougall* zwei erste lehrbuchartige Texte zur S. vorgelegt haben. Der Schein trügt gründlich. Auf alle genannten Fragestellungen gibt es höchst unterschiedliche wissenschaftliche Antworten, die auf unabgeschlossene fachliche Kontroversen verweisen.

Disziplinäre Identitäten und Krisen
Von ihrem Gegenstand her ist die S. eine Vermittlungswissenschaft. Sie soll die Beziehung zwischen individuellen und gesellschaftlichen Prozessen untersuchen, und für das wissenschaftliche Profil der S. bedeutet das, an einem permanenten interdisziplinären Brückenschlag zwischen Psychologie und →Soziologie zu arbeiten.

Wie wenig dieser Brückenschlag bis heute in einer konsensfähigen Form gelungen ist, zeigt sich vor allem in den Krisen der S., von denen sie immer wieder heftig geschüttelt wird. Die letzte Krisendebatte liegt gerade ein Jahrzehnt zurück und ist nicht wirklich bewältigt worden. In dieser Debatte ging es unter anderem um die Frage, ob es nicht sinnvoll wäre, von der Existenz mehrerer eigenständiger S.n auszugehen. Mehrheitlich wurde dafür plädiert, eine psychologische S. und eine soziologische S. als unabhängige und nicht integrationsfähige Fachgebiete zu akzeptieren. Die Aufgabe einer Einheitsfiktion würde ihnen eine unabhängige produktive Entwicklungschance geben. Die Idee einer vermittelnden Disziplin zwischen Psychologie und Soziologie wäre damit aufgegeben.

Das Haupthindernis für ein Selbstverständnis der S., in dem diese die komplexe Vermittlungsaufgabe im Grenzgebiet zwischen Psychologie und den anderen Sozialwissenschaften übernimmt, sehe ich im disziplinären Selbstverständnis der Hauptströmungen in der Psychologie. Diese haben sich weitgehend dem paradigmatischen Vorbild der Naturwissenschaften angeglichen. Ihr Erkenntnisinteresse richtet sich auf allgemeine Grundgesetze menschlichen →Verhaltens, die unabhängig von Zeit und Ort Gültigkeit für sich beanspruchen können. Der methodische Weg, der Erkenntnisse verspricht, die diesem Ideal entsprechen, ist derjenige des Experiments.

Mag dieses nomothetische Verständnis der sich etablierenden experimentellen Psychologie für die psychophysischen Grundfragen dieses Faches einen angemessenen Erkenntnisrahmen eröffnen, so ist er für die Bewältigung soziopsychologischer Problemstellungen vom Ansatz her fragwürdig. Gleichwohl hat er sich als kaum mehr hinterfragte Basis der experimentellen S. etablieren können. Sie ist wesentlich dadurch bestimmt, daß sich das „Soziale“ als eine spezifische gegenstandsbezogene Unterform abstrakt-allgemeiner psychischer Grundfunktionen auffassen läßt (eine Unterform der Wahrnehmung ist die soziale Wahrnehmung, entsprechend ist das Verhältnis von sozialem Lernen zu Lernen). Entsprechend dieser Ausrichtung sind auch in der Sozialpsychologie die zentralen Theorieströmungen der allgemeinen Psychologie richtungsweisend gewesen (die lerntheoretische, die kognitive, die psychodynamische oder die humanistisch-psychologische Perspektive).

Gegen diese nomothetisch-experimentell ausgerichtete S. gab es immer wieder Opposition. *Kurt Lewin* hat mit seiner Feldtheorie eine klare Alternative entwickelt. Auf psychoanalytischer Grundlage hat *Erich Fromm* in den 1930er Jahren das Programm einer „analytischen Sozialpsychologie“ vorgelegt. Am einflußreichsten war sicherlich der Ansatz von *George Herbert Mead,* der sich im disziplinären Rahmen der Soziologie zunehmend zu einer völlig eigenständigen S. entwickelt hat (an *Mead* anknüpfend wesentlich von *Herbert Blumer, Howard S. Becker* und *Anselm Strauss* erarbeitet). In einer Reihe führender Lehrbücher der angloamerikanischen und deutschsprachigen S. sind allerdings diese Alternativen noch nicht einmal in einer Fußnote erwähnt. Die Hermetik des eigenen Paradigmas war geradezu undurchdringlich.

In der Krisendiskussion der späten 60er und der 70er Jahre ist diese hermetische Abschottung der experimentellen S. teilweise aufgebrochen worden. Dies wurde möglich, weil führende Vertreter dieses Faches sich an einer kritischen Reflexion der eigenen disziplinären Basis beteiligten (z.B. *P. Secord, C. W. Backman, K. Gergen, S. Moscovici, H. Tajfel, W. McGuire, J. Israel*). Es ging in erster Linie um die Frage, ob eine S., die von soziokulturellen Kontexten abstrahiert und ein als ahistorisch konzipiertes Bündel von psychischen Grundfunktionen als ihren Forschungsgegenstand ansieht, adäquat verfährt.

Auch wenn bis heute die Mehrheitsströmung der S. ohne erkennbare Revisionen an ihrem experimentellen Weg festgehalten hat, hat die Selbstverständnisdiskussion in den vergangenen Jahren die Basis für eine gesellschaftstheoretisch reflektierte S. doch erheblich erweitert. Aus meiner Sicht lassen sich deren Positionen in folgenden Punkten zusammenfassen:

(1) Subjektive Prozesse des Erlebens und Handelns lassen sich als soziale Phänomene zureichend nur aus ihrer soziohistorischen Spezifität begreifen. Der Gegenstand der S. und diese selbst sind an die Voraussetzungen spezifischer Vergesellschaftungsprozesse gebunden, und mit deren Veränderungen wandeln sich auch das Gegenstandsfeld der S. und mit ihnen die theoretischen Aneignungsbemühungen (die Position wird neuerdings als „sozialer Konstruktivismus" gehandelt).

(2) Das „Soziale", das der S. im Rahmen der Psychologie ihre disziplinäre Identität verleiht, läßt sich nicht als additive Verknüpfung individueller Prozesse begreifen, sondern erfordert einen gesellschaftswissenschaftlichen Zugang. Die konzeptuelle Verknüpfung individuellen und sozialen Geschehens verlangt von der Sozialpsychologie interdisziplinäre Offenheit und Vermittlungsarbeit.

(3) Das im Alltag Selbstverständliche, die Herstellung von Normalität, →Konformität und Ordnung werden zum zentralen Untersuchungsgegenstand der S. In der krisenhaften Erschütterung von alltäglichen Selbstverständlichkeiten werden am ehesten jene psychosozialen Prozesse sichtbar und analysierbar, die die Ordnungsunterstellungen im Alltag ermöglichen.

(4) Die Erforschung psychosozialer Prozesse in der Alltagswelt erfordert eine methodische Zugangsweise, die die historisch-spezifischen Konstruktionsleistungen der Subjekte unter den Bedingungen von Alltäglichkeit zu erfassen vermag. Entsprechend dieser Einsicht wächst das Interesse an den methodischen Ressourcen der qualitativ-hermeneutischen Tradition der →Sozialforschung.

Soziohistorische Bedingungen neuzeitlicher →Subjektivität

Die programmatische Forderung der Überwindung einer ahistorischen Subjektsicht in der S. ist eine Sache, die Einlösung dieser Forderung eine zweite und ungleich schwierigere Aufgabe. Bei den ernsthaften Bemühungen um deren Bewältigung werden teilweise ehrwürdige und teilweise aktuelle sozialwissenschaftliche Theorieströmungen entdeckt.

Für ein systematisch entwickeltes sozialhistorisches Verständnis des neuzeitlichen Subjekts ist immer noch die Rezeption der →kritischen Theorie unverzichtbar. Mit ihrer „Dialektik der Aufklärung" haben *Horkheimer* und *Adorno* ihrem eigenen Anspruch nach eine „Urgeschichte der Subjektivität" vorlegen wollen. Sie unternehmen den faszinierenden und hochaktuellen Versuch, die Dominanz der „instrumentellen Vernunft" in der Geschichte der abendländischen Zivilisation und die damit verknüpften psychosozialen Kosten verständlich zu machen. Die Ambivalenz der Folgen der „Naturbeherrschung" für die „innere“ und „äußere Natur“ wird in dieser Analyse einsichtig.

Ebenso wichtig für eine sozialgeschichtliche Perspektive der Psychologie ist auch das Werk von *Michel Foucault,* der die institutionelle und disziplinäre Ermöglichung von Psychologie und Psychiatrie mit dem Entstehen einer „Vernunftordnung“ in Zusammenhang bringt, die sich mit der Durchsetzung der →bürgerlichen Gesellschaft etablieren konnte. Neben den Perspektiven der kritischen Theorie und des Poststrukturalismus ist es vor allem der Ansatz von *Norbert Elias,* der für eine historisch bewußte S. besondere Relevanz hat. Er liefert zentrale Einsichten in den Zusammenhang von makrostrukturellen Prozessen und den jeweils zuordenbaren Subjektstrukturen im Zivilisationsprozeß. Er liefert vor allem eine sozialgeschichtlich gut fundierte Interpretationsfolie für das Selbsterleben des zeitgenössischen Individuums, das sein psychisches Innenleben als total abgetrennt und unabhängig von seiner jeweiligen Außenwelt erlebt (*Elias* spricht in diesem Zusammenhang von „homo clausus“), zu der er erst „nachträglich“ in Beziehung tritt. Die auf das abstrakte Individuum setzende S., die das „Soziale“ als interaktive Schnittmenge monadologischer Individuen konstruiert, reproduziert unkritisch die naiven Selbstmißverständnisse des Alltagsbewußtseins.

Elias ist in seinen Fragestellungen wesentlich geprägt von seiner soziologischen Vorläufergeneration, also von *G. Simmel, M. Weber* oder *W. Sombart,* die auf jeweils unterschiedliche Weise den Zusammenhang von gesellschaftsstruktureller und subjektiver Ebene zum Thema hatten und dazu klassische Ansätze formuliert haben. Die aktuelle S. kann nur davon profitieren, wenn sie deren Arbeiten rezipiert. Die wieder hochaktuell gewordene Diskussion um neue Sozialisationstypen, um veränderte Sozialcharaktere oder um „postmoderne“ Persönlichkeitstypen steht in der Tradition dieser Klassiker, die typischen gesellschaftsstrukturellen Konfigurationen spezifische Charaktertypen zuzuordnen bemüht waren.

Der gesellschaftliche Individualisierungsschub und seine Bedeutung für die Sozialpsychologie

Mit einem für historische Prozesse geschärften Blick wird für die aktuelle S. die Frage zentral, in welcher Weise gegenwärtige gesellschaftliche Veränderungsprozesse Subjektbildungsbedingungen beeinflussen. Es verdichtet sich die gesellschaftsdiagnostische Evidenz, daß wir uns in einer spezifischen gesellschaftlichen Umbruchperiode befinden, in der sich die durchschnittliche Relation vom Individuum zur Gesellschaft auf neuem Niveau einregelt. Weitreichende ökonomische und technologische Veränderungen haben zu einem qualitativ neuen Schub von Individualisierung geführt, aus dem für das einzelne Subjekt eine konsequenzenreiche „Freisetzung“ aus festgefügten Lebensformen und Sinnzusammenhängen resultiert. Das zeitgenössische Subjekt erlebt einen Verlust von Kontexten, in denen die Koordinaten für einen Lebensentwurf und für die Bewältigung von Alltagssituationen relativ stabil vorgegeben waren. Hier stoßen wir auf die gesellschaftlichen Ursachen für das zunehmende Fragwürdigwerden von Selbstverständlichkeiten, also für den Alltag gesicherter Orientierungsleitfäden.

Dieser Freisetzungsprozeß ist für die S. von großer Bedeutung, denn er betrifft die Beziehung von Individuum und Gesellschaft in zentraler und zugleich ambivalenter Weise. Einerseits werden gesellschaftliche Krisen zunehmend als individuelle erlebt und gedeutet. Ihre Gesellschaftlichkeit wird kaum noch wahrgenommen. Neben dieser problematischen Folge für das Individuum entstehen produktive Chancen zur Verwirklichung von einem Stück eigenem Leben. Das Individuum erlebt sich vermehrt als Zentrum der eigenen Lebensorganisation, ist für die eigene Lebensplanung zuständig. Es ist zunehmend weniger in Lebensschablonen eingebunden, die ihm z.B. vorgeben, wie ein Mann oder eine Frau zu leben hat, was altersgemäß ist und wie ein familiärer Alltag zu ordnen ist. Aus „Normalbiographien" werden „Wahlbiographien", die immer wieder in Situationen mit Entscheidungsalternativen führen, in denen die lebbaren Lösungen ausgehandelt werden müssen. Das Individuum wird zunehmend Initiator seiner sozialen Bezüge, es hängt von seinen Entscheidungen ab, mit wem es Kontakt haben möchte, und deshalb sind seine sozialen Beziehungsnetze auch in hohem Maße „seine Leistungen". Natürlich sind diese Chancen immer zugleich auch Risiken; neue Risiken, zu vereinsamen oder sich zu überfordern. Und natürlich hängt die kreative Nutzung solcher Chancen von inneren und äußeren Ressourcen ab. Sozialisationsprozesse, die noch immer häufig in der Tradition des „autoritären Charakters" stehen, bereiten Subjekte kaum auf eine Lebenssituation vor, in der autonome Lebensgestaltung möglich und gefordert ist. Solche Situationen „historischer Ungleichzeitigkeit" werfen gerade für die S. relevante Fragestellungen auf, weil in den Brüchen und Ambivalenzen noch nicht erreichter Synchronisation subjektiver und objektiver Lebensbedingungen enorme Erkenntnischancen für die psychosozialen Unterströmungen des Alltagslebens liegen. In diesen Unterströmungen liegen beispielsweise die identifizierbaren Ursachen dafür, daß einzelne Personen Vorurteile und selektive Wahrnehmungsleistungen brauchen, um ihren Alltag lebbar zu machen. In diesen Unterströmungen liegen die Bedingungen für den Umgang mit gesellschaftlich erzeugten Ängsten (z.B. im Zusammenhang mit Umweltzerstörung oder atomaren Bedrohungen). Hier gälte es, „unsichtbare Dinge sichtbar zu machen", wie es kürzlich die „große alte Dame" der S., *Marie Jahoda* (*Fryer,* 1986), als Aufgabe der S. formuliert hat.

Lit.: Daniel, C.: Theorien der Subjektivität, Frankfurt/M. 1981; *Elias, N.:* Die Gesellschaft der Individuen, Frankfurt/M. 1987; *Fryer, D.:* The social psychology of the invisible: An interview with Marie Jahoda, In: New Ideas in Psychology, 4, 1986, S. 107–118; *Keupp, H.:* Riskante Chancen. Das Subjekt zwischen Psychokultur und Selbstorganisation, Heidelberg 1989; *Keupp, H./Bilden, H.* (Hg.): Verunsicherungen. Das Subjekt im gesellschaftlichen Wandel, Göttingen 1989; *Shotter, J./Gergen, K. J.* (Hg.): Texts of identity, London 1989.

Prof. Dr. *H. Keupp,* München

Sozialstaat

ein Staat, der gemäß seiner Verfassung soziale Gerechtigkeit anstrebt. In der Verfassung der BR Deutschland ist das Sozialstaatsprinzip in Art. 20 und 28 verankert. Das Sozialstaatsprinzip gilt im Zusammenhang mit Art. 1 GG. als Erweiterung des Rechtsstaatsprinzips um eine soziale Komponente.

Sozialstatistik

→soziale Indikatoren

Sozialstruktur

1. Begriffliches und Definition.

Während der Begriff Struktur in den Sozialwissenschaften die durch →Normen und relativ festgefügte →Handlungsmuster (soziale →Rollen; Gruppenstrukturen usw.) vorgegebenen Regelmäßigkeiten des sozialen Lebens meint, zielt der Begriff S. auf eine gesamtgesellschaftliche Dimension und Analyse.

Unter S. (einer bestimmten Gesellschaft) versteht man

a) die Gesamtheit der sozialen Beziehungsmuster und Regelsysteme in den für die Gesellschaft zentralen und integrierenden Handlungsbereichen und

b) die sich aus der Verteilung der gesellschaftlich wichtigsten Ressourcen (wie z.B. Boden, Kapital) ergebenden

→Klassen- und →Schichtungsstrukturen und die damit verbundenen Formen →sozialer Ungleichheit.

Eine S.-Analyse kann – wie jede andere Struktur-Analyse – aus der Vielzahl der Strukturbeziehungen nur jene hervorheben, die für die Besonderheit eines gesellschaftlichen →Systems und seinen Zusammenhang von grundlegender Bedeutung sind (vgl. w. u.); bei dieser Identifizierung sind →makrosoziologische und →Gesellschaftstheorien unabdingbar.

Die S. einer Gesellschaft läßt sich weder auf Klassenverhältnisse noch auf die Psyche handelnder Individuen reduzieren; sie ist (um eine zweite Definition zu geben) nichts anderes als die vorauszusetzende, im Geschichts- und Zivilisationsprozeß herausgebildete und sich im sozialen und kulturellen →Wandel verändernde Gegebenheit menschlicher Handlungsbedingungen. Diese bekommen über ihre gesellschaftlichen Strukturen hinaus mehr und mehr eine →weltgesellschaftliche Dimension.

2. Zur Entwicklung der S.-Analyse
Die explizite Einführung der S.-Analyse wird *Herbert Spencer* zugeschrieben. *Spencer* verglich Gesellschaften mit Organismen, deren →Strukturen und →Funktionen für die Erhaltung des Ganzen zusammenwirken (hier liegt auch die Grundlage für den später vor allem von *Talcott Parsons* entwickelten →Struktur-Funktionalismus als eines der wichtigsten Paradigmen der soziologischen Theoriebildung). Der sowohl bei *Spencer* wie bei *Parsons* an der Stabilität einer bestimmten S. orientierten Sichtweise stehen andere Auffassungen entgegen, an prominenter Stelle die von *Karl Marx* und der heutigen →marxistischen Soziologie. Die marxistische S.-Analyse geht davon aus, daß die „gesellschaftlichen Formen der Produktion“ *(Marx)* entscheidend sind für alle sozialen Beziehungen. Mit anderen Worten: die jeweiligen Formen von Lohnarbeit und Kapital und ihre über das Arbeitsverhältnis hinausreichenden Wirkungen sind als die dominanten Elemente der S. in allen sozialen Beziehungsgefügen herauszustellen.

Trotz dieser Vorläufer kam es erst seit den 1950er Jahren zu einer breiteren Verwendung des Begriffs S., vor allem durch die damals einsetzende Rezeption der →Kultur-Anthropologie (u. a. mit dem einflußreichen Werk von *G. P. Murdock,* Social Structure, 1949) und den →Struktur-Funktionalismus.

3. Inhalte einer S.-Analyse
Die Ansätze der S.-Analyse unterscheiden sich vor allem durch unterschiedliche Möglichkeiten der Erfassung der Gesellschaftsstruktur und der Bedeutung ihrer einzelnen Elemente (wie dies in der Gegenüberstellung von marxistischen und vor allem struktur-funktionalen Ansätzen zum Ausdruck kommt).

Als wichtigste Bereiche der S. einer Gesellschaft (und damit der S.-Analyse) haben sich herausgebildet:

– die Bevölkerungsstruktur (z. B. ihre Bedeutung für das generative Verhalten, für den Generationszusammenhang, für die Erwerbsquote usw.);

– das ökonomische System und damit die Formen der Arbeit und Produktion, der Bedeutung von Beruf und Erwerbsstruktur für die personale und allgemeine gesellschaftliche Entwicklung;

– das politische System und damit die Strukturen von Staat, Regierung Parteien, aber auch von Gesetzgebung und Recht für die Integration und Entwicklung des gesellschaftlichen Systems;

– das System der Siedlungsformen, das in enger Wechselbeziehung nicht nur zu Struktur und Wandel des ökonomischen Systems steht, sondern auch zu den Formen von Freizeit und Öffentlichkeit (zumal in der Stadt) und der sozialen Segregation und der damit gegebenen sozialen Ungleichheit.

Diese Bereiche einer S.-Analyse lassen sich noch weiter differenzieren nach einzelnen Handlungsbereichen, z. B. der

Analyse der vorherrschenden Familien- und Verwandtschaftsstrukturen, der Ausbildungs- und Bildungsstrukturen, der Strukturen des kulturellen und gewerkschaftlichen Systems, der vorherrschenden Verbands- und Organisationsstrukturen.

In allen Fällen und Formen der S.-Analyse sind jedoch folgende Grundlagen – wenn auch mit unterschiedlichem Stellenwert entsprechend dem gewählten theoretischen Ansatz – entweder in der Analyse zu erarbeiten oder für den nächsten Schritt vorauszusetzen:
– die sozialstatistischen Aspekte der Sozialstruktur und damit verbunden eine differenzierte Anwendung von sozialen Indikatoren für die Analyse und Bestimmung gesellschaftlicher Teilbereiche und gesamtgesellschaftlicher Zusammenhänge;
– die Herausarbeitung der Klassen- und Schichtungsstruktur und damit die Analyse der Ursachen und Formen sozialer Ungleichheit;
– die Bestimmung des gegebenen Gesellschaftstyps entsprechend den dominanten Merkmalen der S.

4. Typisierungen von Gesellschaften

Über die Beschreibung und Analyse der einzelnen Elemente und Bereiche der S. hinausgehend, ist in der Typisierung der untersuchten Gesellschaft, der Herausstellung von Basis-Strukturen und allgemein vorhandenen Strukturprinzipien und Wirkfaktoren ein „erkenntnisleitendes Interesse“

In S.-Analysen der verschiedenen theoretischen Ansätze ist immer wieder versucht worden, die vorherrschenden, prägenden Strukturen von Gesellschaften mit einem einzigen Begriff plastisch herauszustellen. Dies wurde und wird vielfach in Gegenüberstellung zu einem anderen, früheren oder auch gleichzeitigen Gesellschaftstyp vorgenommen und hat, vorsichtig gehandhabt, durchaus eine Leitfunktion für daran anknüpfende differenzierende Analysen (z.B. bereits bei *Comte* mit den Begriffen statische/dynamische Gesellschaften; bei *Spencer:* militärische und industrielle Gesellschaften; bei *Durkheim:* Gesellschaften auf der Basis von →organischer resp. →mechanischer Solidarität).

Auch die neueren Typisierungen von Gesellschaften (z.B. der BR Deutschland) heben jeweils dominante Strukturmerkmale hervor, die sich einmal mehr auf die Wirtschaftsordnung (kapitalistische Gesellschaft), einmal mehr auf ihre Schichtungsstruktur (z.B. *Schelskys* Begriff der →„nivellierten Mittelstandsgesellschaft“) beziehen. Neuere Bezeichnungen sind *Ulrich Becks* Begriff der Risikogesellschaft oder *James S. Colemans* asymmetrische Gesellschaft.

Es wird nicht davon ausgegangen, daß diese Begriffe einzeln oder in Kombination beanspruchen können, eine zusammenfassende Interpretation der S. und des →sozialen Wandels bestimmter Gesellschaften zu sein; ihr typologischer und heuristischer Wert soll dennoch nicht bestritten werden.

5. Gegenwärtige Entwicklungen

Die gegenwärtige Entwicklung der S.-Analyse bzw. der Bestimmung gesellschaftlicher Basis- und Schichtungsstrukturen steht vor großen Schwierigkeiten, die durch die „neue Unübersichtlichkeit“ *(J. Habermas)* in zentralen gesellschaftlichen Bereichen gekennzeichnet werden: einerseits führen Prozesse der Pluralisierung und Individualisierung zu neuen, für die →bürgerliche Gesellschaft nicht mehr typischen Gruppenbildungen und Verhaltensweisen (z.B. im familiären Bereich); andererseits verlieren die mit diesem Gesellschaftstyp herauskristallisierten Ordnungen der →Arbeit und des Berufs an Verbindlichkeit. Auch die durch verschiedene →soziale Bewegungen hervorgerufenen bzw. verstärkten Umwertungen in grundlegenden Vorstellungs- und Orientierungsmustern (z.B. auf →Geschlecht, →Alter, Kirche, →Religion, →Umwelt usw. bezogen) haben ihre Auswirkungen auf grundlegende Elemente der S.

Damit ist eine neue Unübersichtlichkeit der Klassen- und Schichtungsstruktur entstanden, die weder in marxistischen Theorien, noch den üblichen Schichtungs-Modellen adäquat abgebildet werden kann. Es erscheint immer fraglicher, ob die „großen Gesellschaftstheorien", wie sie sich im 19. und frühen 20. Jahrhundert im Anschluß an das Denken in Ganzheiten und Systemen (*Hegel; Marx* usw.) herausgebildet hatten, den sich immer mehr ausdifferenzierenden Teilbereichen der S. noch gerecht werden können.

Lit.: Beck, Ulrich: Risikogesellschaft, Frankfurt/M. 1986; *Fürstenberg, Friedrich:* „Sozialstruktur" als Schlüsselbegriff der Gesellschaftsanalyse, in: KZfSS, 18. Jg./1966, S. 438–453; *Hradil, Stefan* (Hg.): Sozialstruktur im Umbruch. Karl Martin Bolte zum 60. Geburtstag, Opladen 1985; *ders.:* Sozialstrukturanalyse in einer fortgeschrittenen Gesellschaft, Opladen 1987; *Schäfers, Bernhard:* Sozialstruktur und -Wandel der Bundesrepublik Deutschland. Ein Studienbuch zu ihrer Soziologie und Sozialgeschichte, 5., grundlegend überarbeitete Aufl., Stuttgart 1989

Prof. Dr. *B. Schäfers,* Karlsruhe

Sozialsystem

→System, soziales

Sozialutopie

→Utopie

Sozialverhalten

→Verhalten, soziales

Sozialwissenschaften

Gesellschaftswissenschaften

Sammelbezeichnung für Wissenschaften, die sich mit dem Verhältnis von Mensch und Gesellschaft beschäftigen. Den Sozialwissenschaften lassen sich zuordnen: Wirtschafts- und Rechtswissenschaften, →Soziologie, →Politische Wissenschaft, →Anthropologie, →Ethnologie, Pädagogik, Psychologie, Philosophie.

Soziobiographie

→Biographieforschung

Soziobiologie

→Biologie und Gesellschaft
→Biosoziologie
→Gesellschaftslehre

eine in den USA entwickelte Wissenschaft, definiert als die systematische Erforschung der biologischen Grundlage jeglicher Formen des Sozialverhaltens bei allen Arten von sozialen Organismen einschließlich des Menschen. Die S. sucht menschliches Verhalten mit Hilfe der →Evolutionstheorie zu erklären. Die Kernfrage lautet: Wird das Verhalten des Menschen durch das biologische Erbe der Art bestimmt und kontrolliert bzw. setzt dieses Erbe dem Menschen seine Grenzen? S. ist ein umfassender Ansatz, bei dem neben den Sozialwissenschaften auch die Geisteswissenschaften und die Philosophie einbezogen werden. Es wird untersucht, wo die Evolution in menschlichen →Verhaltensmustern (bei Aggressionen, im Sexualverhalten, beim Altruismus, im religiösen Glauben usw.) ihre Spuren hinterlassen hat und wie diese sich äußern (kulturelle Überformung und →soziale Konstruktion als Einflüsse auf das Individuum und sein →Verhalten werden gleichwohl auch von den →Biosoziologen nicht ignoriert). Das Ziel, dem biologischen Gedanken bzw. den relevanten Ergebnissen von Biologen, Ethologen usw. innerhalb der Soziologie den legitimen Platz zu verschaffen, wurde trotz (wie so oft in der Soziologie) politisch-ideologisch motivierter Kritik heute im wesentlichen erreicht.

Lit.: Barash, D.: Das Flüstern in uns. Ursprung und Entwicklung menschlichen Verhaltens, Frankfurt/M. 1981 (Übers.); *Wilson, E. O.:* Biologie als Schicksal. Die soziobiologischen Grundlagen menschlichen Verhaltens, Frankfurt/M. u. a. 1980 (Übers.); *Wuketits, F.*

M.: Gene, Kultur und Moral. Soziobiologie – Pro und Contra, Darmstadt 1990

G. R.

Soziogramm

Darstellung des Wahlverhaltens in einem →soziometrischen Test, um positive und negative Gruppenbeziehungen aufzuzeigen. Personen werden als Punkte, Beziehungen als Striche abgebildet, so daß unterschiedliche →Konfigurationen entstehen.

Soziolinguistik

Teilbereich der Sprachwissenschaften, in dem das Sprachverhalten unter soziologischer Perspektive analysiert wird. Die wichtigsten Ansätze sind: 1. die Defizithypothese *B. Bernsteins,* nach dem unterschiedliche Codes oder Sprechweisen das Abbild einer nach →Klassen und →Schichten gegliederten Gesellschaft abbilden und zugleich diese →sozialen Ungleichheiten bestätigen (→elaborierter Code: →restringierter Code); 2. die Saphir-Whorf-Hypothese des linguistischen →Relativismus, nach der die sozialen Erfahrungen sich in der Sprachkultur ausdrücken und in Lernprozessen übermittelt werden. 3. die Differenzhypothese, nach der verschiedene Codes ihre Aufgabe als Mittel der →Kommunikation in gleicher Weise erfüllen.

Soziologie

→Gesellschaft
→Geschichte der Soziologie
→Gesellschaftslehre
→Bindestrich-Soziologie
→empirische Sozialforschung (Geschichte)
→Methoden (der empirischen Sozialforschung)
→Soziologie und Praxis
→Soziologie als universitäres Fach in Deutschland
→„Schulen" der Soziologie in der BR Deutschland
→Soziologiestudium und Beruf
→Wissenschaftstheorie

wissenschaftliche Fachdisziplin innerhalb der Sozialwissenschaften, welche die Sozialbeziehungen (kommunikativ vermittelten Interaktionsprozesse) zwischen den Menschen, die Beziehungen innerhalb und zwischen den sozialen Gebilden (formellen und informellen Gruppen, Institutionen, Organisationen usw.) sowie ihre spezifischen Merkmale im jeweiligen sozial-kulturellen Gesamtkontext unter besonderer Berücksichtigung der Interdependenzen zwischen den einzelnen Strukturelementen und Subsystemen der Gesellschaft (z.B. zwischen Wirtschaft und Religion/Ideologie) beschreibt sowie analysiert und daraus theoretische Schlußfolgerungen zieht.

Lehrbücher: Bahrdt, H. P.: Schlüsselbegriffe der Soziologie, München 1984; *Gehlen, A. / Schelsky, H.* (Hg.): Soziologie, 6. Aufl. Düsseldorf, Köln 1966; *Käsler, D.:* Wege in die soziologische Theorie, München 1974; *Reimann, H.* u.a.: Basale Soziologie, 3 Bde., München 1975ff.; *Wallner, E. M.:* Soziologie, Heidelberg 1972ff.; *Wössner, J.:* Soziologie, Graz 1970ff.

G. R.

Soziologie (als universitäres Fach in Deutschland)

Die Soziologie hat in Deutschland eine schwierige und gebrochene Entwicklung hinter sich. Als akademische Disziplin mit regelmäßiger und systematischer Lehre und einer vollen akademischen Absicherung konnte sie sich erst um die Mitte des 20. Jahrhunderts konsolidieren und etablieren. Auch wenn die verstärkte Einrichtung von Universitätslehrstühlen noch nichts mit der Entwicklung und der Organisation der Disziplin an sich zu tun haben muß (man betrachte z.B. die Expansion von 1933 bis 45), „so gilt doch, daß die äußere und innere Kontinuität einer Wissenschaft wesentlich davon abhängt, wie sie sich in der Wissenschaftsorganisation, und das heißt für Deutschland vornehmlich: wie sie sich an den Universitäten und Hochschulen in Lehre und Forschung zu etablieren vermochte" (*Matthes* 1981). Diese Entwicklung ist zugleich die akademische Basis für die Ausbildung der Soziologen.

1. Die Soziologie vor 1945

Der erste Anlauf zu einer akademischen Eigenständigkeit der Soziologie, dessen Zeitpunkt vor den Ersten Weltkrieg datiert wird, war dadurch gekennzeichnet, daß es zunächst um die Einführung der Soziologie im Rahmen bereits bestehender Studiengänge ging.

Vor dem Ersten Weltkrieg gab es keinen Lehrstuhl für Soziologie an einer deutschen Hochschule. Es wurden nur wenige Lehrveranstaltungen mit soziologisch aufbereiteten Themen angeboten. Nur in Berlin gab es ein dichtes, aber keineswegs systematisches Lehrangebot (*Gustav Schmoller, Werner Sombart, Georg Simmel, Alfred Vierkandt* und *Franz Oppenheimer*), in Heidelberg lehrten *Max* und *Alfred Weber* und in Kiel *Ferdinand Tönnies.* Diese waren allerdings Ordinarien anderer Fächer: für Nationalökonomie, Jura, Philosophie usw. Soziologische Lehre wurde von ihnen eher nebenher angeboten; auch dominierten in ihren Lehrveranstaltungen mehr die sozialgeschichtlichen und -politischen Aspekte. Noch war es nicht möglich, Soziologie als Neben- oder Wahlfach in den ersten Studienabschlüssen (z.B. Magister) zu benennen; mancherorts gab es wenigstens die Chance, Soziologie als Nebenfach in der Promotion zu wählen. Selbst diese marginale Position war durch den Ausbruch des Ersten Weltkrieges bedroht, und alle Bemühungen um eine selbständige akademische Existenz der Soziologie wurden vereitelt.

Der zweite Anlauf, Soziologie als akademisches Lehrfach einzurichten, begann mit dem Ende des Ersten Weltkrieges. Er ist untrennbar mit *Leopold von Wiese* verknüpft, der in Köln lehrte, dort das Forschungsinstitut für Sozialwissenschaften mitbegründete und Mitglied des Vorstandes der 1920 wieder zum Leben erweckten Deutschen Gesellschaft für Soziologie war. Er trat mit Nachdruck für die Errichtung soziologischer Lehrstühle, für die Entwicklung eines einheitlichen thematischen Rahmenprogrammes und für Soziologie als Lehrfach an den deutschen Hochschulen ein.

Diese zweite Phase ist durch einen Mehrfrontenkampf charakterisiert: Die Soziologen hatten bei der Durchsetzung ihrer Disziplin als akademisches Lehrfach und wegen interner Differenzen darüber, was denn Soziologie eigentlich sei und wie sie gelehrt werden müsse, hart zu kämpfen. Intern gab es Meinungsverschiedenheiten im Grundsätzlichen: in der Gegenstandsbestimmung, im theoretischen Ansatz, im methodischen Vorgehen und in den Forschungsinteressen. Man diskutierte, ob Soziologie eine selbständige Einzelwissenschaft *(v. Wiese)*, eine in allen Human- und Geisteswissenschaften jeweils anzuwendende Methode der Betrachtung und Analyse *(Ernst Troeltsch)* oder eine Art Universalwissenschaft *(Franz Oppenheimer)* sei. Ebenso gab es einen Disput darüber, ob Soziologie in den Philosophischen Fakultäten gelehrt oder in die Rechts- und Staatswissenschaftlichen Fakultären eingeordnet werden sollte. „So bot die Soziologie in den zwanziger Jahren an den deutschen Universitäten ein buntes Bild, geprägt von der akademischen Herkunft, den Interessen, den wissenschaftlichen und persönlichen Stärken und Schwächen und von den Lebenssituationen einer Mehrzahl von Wissenschaftlern, die sich bemühten, eine gemeinsam empfundene ‚Leerstelle' im Geschäft wissenschaftlicher Forschung und akademischer Lehre unter dem ‚bekanntermaßen unsinnigen Namen Soziologie' *(Werner Sombart)* auszufüllen" (*Matthes* 1981).

Gegen Ende der zwanziger Jahre gab es erst eine volle Professur für Soziologie in Frankfurt am Main, während an allen anderen Universitäten keine eigenen Lehrstühle existierten, jedoch relativ regelmäßig soziologische Lehrveranstaltungen angeboten wurden. Diese fanden im Rahmen von Lehraufträgen an nichtsoziologisch definierten Lehrstühlen statt.

Mit der Machtergreifung des Nationalsozialismus und unter dessen Herrschaft kam es zur völligen Lähmung, ja Eliminierung der nicht linientreuen Soziologie, nicht nur als universitärer Ausbildungsdisziplin, sondern als Wissenschaft schlechthin. Zu der Zeit galt die dem Nationalsozialismus distanziert gegenüberstehende Soziologie als „jüdische", „liberalistische", „marxistische" Wissenschaft, die der „Zersetzung des Volkskörpers" beschuldigt wurde. Andererseits bauten in Gleichschaltung mit dem Nationalsozialismus *Karl Heinz Pfeffer, Hans Freyer, Karl Valentin Müller* u. a. eine „deutsche Schule der Soziologie" vor dem Hintergrund nationalsozialistischen Gedankenguts auf. „Soziologie wurde zweifelsohne in Deutschland unter dem Nationalsozialismus betrieben. 1944/45 gab es mehr Lehrstühle für Soziologie als 1932/33; die Zahl der universitären und außeruniversitären soziologischen Institute erhöhte sich rapide; ein Berufsfeld für Soziologen außerhalb der Universitäten zeichnete sich erstmals ab" (*Rammstedt* 1986). Man betrachte hierzu auch die Vielzahl der in dieser Zeit erschienenen soziologischen Publikationen sowie den Wandel von einer theoretischen über eine praktische zu einer angewandten (und angepaßten) Soziologie. Es gab eine „Popularisierung der soziologischen Sichtweise und ihrer Integration in die nationalsozialistische Weltanschauung, als diese in Herrschaftswissen umgesetzt wurde" (*Rammstedt* 1986).

Die nicht angepaßte deutsche Soziologie wurde vom Faschismus schon Anfang der dreißiger Jahre gestoppt: Der für 1932 geplante 8. Deutsche Soziologentag, auf dem die Lage der Soziologie als akademisches Lehrfach diskutiert werden sollte, wurde wegen der unsicheren politischen Verhältnisse auf 1933 verschoben, konnte dann aber nicht mehr stattfinden. Ende 1933 tagte noch einmal der Vorstand der Deutschen Gesellschaft für Soziologie, jedoch wurde seine Tätigkeit Anfang 1934 von *Freyer* eingestellt; das →Institut für Sozialforschung in Frankfurt wurde 1933 geschlossen; die Kölner Vierteljahreshefte für Soziologie stellten im Sommer 1934 ihr Erscheinen ein; der Entlassungswelle an den deutschen Universitäten in den Jahren von 1933 bis 1936 fielen fast $^2/_3$ aller deutschen Sozialwissenschaftler zum Opfer; viele Soziologen verließen unter dem politischen Druck Deutschland. Andererseits bediente sich das Regime einiger Soziologen zu sozialtechnologischen und legitimatorischen Zwecken. Da dies nicht gerade die Soziologie-Elite war, kann man insgesamt doch festhalten: „Das wissenschaftliche Potential der Soziologie in Deutschland war mit der erzwungenen inneren und äußeren Emigration ihrer akademischen Vertreter und mit der Abschnürung ihres ohnehin noch schwachen akademischen Apparates zerschlagen" (*Matthes* 1981).

Die zum Teil unterschiedliche Perzeption der Soziologie im Nationalsozialismus (extremtypisch: Eliminierung versus regimefunktionaler Aufschwung) hat drei Gründe: Einmal wird die angepaßte Soziologie im Dritten Reich nicht als Soziologie gewertet; zum anderen ist auch in der Soziologie die Vergangenheitsbewältigung nicht zureichend vorgenommen worden und zum dritten wurde in dem (partiellen) personellen und theoretischen Neuaufbau der Soziologie nach dem Kriege – ähnlich, wie das auch gesamtgesellschaftlich der Fall war – von einer „Stunde Null" ausgegangen, weil kein historischer Bezug hergestellt wurde.

2. Die Soziologie nach 1945 und vor 1990

Die akademische Sicherung der Soziologie fand erst nach dem Zweiten Weltkrieg statt. Der schwere Rückschlag durch die Herrschaft des NS-Regimes hatte für die deutsche Soziologie einen totalen Neuanfang zur Folge: Im Nachkriegsdeutschland konnten die Sozialwissenschaften beim Wiederaufbau des akademischen Lebens auf politischen und moralischen Kredit bauen. Die amerikanische Besatzungsmacht förderte jedoch vor allem außerakademische sozialwissenschaftliche Forschungen, um die Voraussetzungen für den Aufbau der zweiten deutschen Demokratie zu ergründen und um Grundlagen für eine gezielte Sozial- und Kulturpolitik in ihren Verwaltungsgebieten zu gewinnen. Der Neuaufbau der Sozialwissenschaften an den Universitäten und Hochschulen wurde unmittelbar nach dem Zweiten Weltkrieg kaum betrieben. Noch 1950 herrschte an den deutschen Universitäten im Bereich der Sozialwissenschaften ein ähnlich buntes Bild wie in den zwanziger Jahren. Zu diesem Zeitpunkt gab es 148 soziologische Lehrveranstaltungen und 141 Studenten an den einzelnen Universitäten und Hochschulen. Erst Mitte der fünfziger Jahre kam es zur Einrichtung selbständiger Studiengänge und -abschlüsse im Fach Soziologie, zunächst an der Freien Universität Berlin, dann an den Universitäten in Hamburg, Köln und Frankfurt am Main. Der Prozeß der Konsolidierung und Verselbständigung der Soziologie als akademisches Lehrfach war jedoch von heterogenen, ja widersprüchlichen Konstellationen begleitet: „Ein noch schwacher Bestand an qualifiziertem akademischem Personal, zudem belastet mit der Aufgabe, die außereuropäische Entwicklung der Soziologie seit dem Ausgang der dreißiger Jahre aufzuarbeiten, sah sich einerseits gewissen, wenn auch höchst diffusen Erwartungen in einer breiteren Öffentlichkeit, andererseits einer spürbaren Zurückhaltung in der offiziellen Universitätswissenschaft ausgesetzt – fand sich aber zugleich unter einem spürbaren Druck zur disziplinären Verselbständigung der Soziologie" (*Matthes* 1981). Nachdem 1957 die Versuche der 1946 wiedergegründeten Deutschen Gesellschaft für Soziologie, einen Studiengang für „Diplomvolkswirte sozialwissenschaftlicher Richtung" innerhalb eines wirtschaftswissenschaftlichen Studiums einzuführen, – nach Meinung der Verhandlungspartner endgültig – gescheitert waren, war eine Entscheidung für einen selbständigen soziologischen Studiengang und -abschluß eigentlich unausweichlich.

Der neu geschaffene Studiengang befand sich aber von seiner Geburt an in einer Krise, da es an qualifiziertem akademischem Personal mangelte und zudem die Einbindung des eigenständigen Studiengangs Soziologie in die bestehenden Fakultäten und deren Studiengänge nicht problemlos erfolgen konnte: Ökonomie und Philosophie waren – gerade auch durch die jeweilige theoretische Ausrichtung der Soziologen – Konkurrenten. Mit den Inkonsistenzen in der Definition der Soziologie, dem schwachen Bestand an akademischem Lehrpersonal und den divergierenden Zuordnungen der Disziplin kam es mit der Verselbständigung der Soziologie zu einer gewissen Schulenbildung: An den einzelnen Universitäten dominierten jeweils unterschiedliche theoretische und forschungspraktische Orientierungen, die die Gestaltung des Lehrangebots prägten und die sich gegenüber Positionen und Ausrichtungen, die an anderen Universitäten vertreten wurden, weitgehend abkapselten. Trotz dieser sich gegenseitig tendenziell abschottenden →Schulen war ihnen einiges gemeinsam: Die Lehre im Fach Soziologie war allgemein, vorrangig und implizit auf den weiteren Ausbau der soziologischen Kapazitäten im akademischen oder halbakademischen Bildungssektor und auf eine Forschungstätigkeit in universitären oder außeruniversitären Institutionen ausgerichtet. Bis zum Beginn der sechziger Jahre entwickelte sich die Disziplin von einem Randfach mit überwiegender Forschungsorientierung zu einem Massenfach mit breiten Lehrfunktionen. Zwischen 1963 und 1972 befand sich die Soziologie in der Phase einer umfassenden Generaldebatte und einer rapiden quantitativen Expansion. An nahezu allen Universitäten konnte die Soziologie Fuß fassen: Es wurden Diplomstudiengänge eingerichtet, die Universitätsplanstellen und die Studentenzahlen erhöhten sich erheblich, das Lehrangebot wurde ausgeweitet, die Forschungskapazitäten wurden verbessert und Arbeitsmöglichkeiten außerhalb der Universität zunehmend – wenn auch nicht zureichend – eröffnet. 1968 gab es in der BR Deutschland und Westberlin ca. 55 Lehrstühle und ungefähr zwei- bis dreimal so viele Stellen für wissenschaftliches Personal; 1973 waren an den Universitäten, pädagogischen und sonstigen wissenschaftlichen Hochschulen bereits ca. 190 H(C)4- und H(C)3-Stellen vorhanden und ungefähr zweimal so viele weitere wissenschaftliche Stellen. Trotz der heterogenen und inkonsistenten Entwicklung der Disziplin, des diffusen Bildes der akademischen Ausbildung und der antizipierbaren Schwierigkeiten der Soziologen auf dem Arbeitsmarkt setzte zu Beginn der siebziger Jahre auf das Fach Soziologie geradezu ein „run“ ein: Die Zahl der Studenten nahm rapide zu, dementsprechend die Universitätsplanstellen (1971: 439; 1973/74: 830). Nicht zuletzt wegen dieser Ausweitung befand sich die akademische Soziologie zwischen 1972 und 1980 in einer Phase der Differenzierung und Spezialisierung. In der Lehre kam es zu einer tendenziellen Abkoppelung einer Neben- und Beifachsoziologie, die Orientierungs- und Zusatzwissen zu anderen Fächern liefern sollte, von einer Hauptfachsoziologie, die professionelle Ausbildungsziele verfolgte.

Die bedeutsame Expansionsphase der Soziologie, die sich sowohl an den horrend gestiegenen Studierendenzahlen wie auch an den Professoren- und wissenschaftlichen Mitarbeiterstellen an den Universitäten festmachen läßt, mündet dann in den 80er Jahren in eine gewisse Stagnation. Hierfür dürften drei Gründe entscheidend maßgebend sein: Nach dem nicht unerheblichen Zuwachs an universitären Soziologiestellen ist eine weitere Expansion eher unwahrscheinlich. Zum zweiten werden die ökonomischen Bedingungen und mit ihnen die öffentlichen Haushalte immer restriktiver, was noch verstärkt für die Mitte der 90er Jahre gilt, und drittens gerät das Fach Soziologie in eine gewisse Identitätskrise, die sich auch in einer geringer werdenden Wertschätzung der Disziplin durch die Öffentlichkeit zeigt. Pessimisten befürchten sogar für die nächsten Jahre einen Stellenabbau.

Die Entwicklung der Soziologie in der DDR ist im Vergleich zu der der BRD in einem doppelten Sinne retardiert: Auf der einen Seite konnte die Soziologie als akademische Disziplin nur sehr viel später Fuß fassen, und zum anderen war die quantitative Institutionalisierung der Soziologie (selbst bei Berücksichtigung der Bevölkerungszahlen) nur als rudimentär zu bezeichnen. Erst Mitte der 70er Jahre wurde in der DDR Soziologie als Hauptfach an den Universitäten eingerichtet, und zwar in Berlin, Leipzig und Halle. Die Zahl der zugelassenen Studierenden war kontingentiert, wobei Berlin eine etwa doppelt so große Zahl zugestanden wurde wie den beiden anderen Universitäten. Aus den zahlenmäßigen Limitierungen ergab sich, daß jährlich etwa 40 diplomierte Soziologen die Universität verließen. Daraus errechnet sich eine Gesamtzahl ostdeutscher Soziologen bis zur Wende von ca. 600 (die Zahlen gehen hier etwas auseinander), während im Vergleich dazu in der Bundesrepublik Deutschland zwischen 15000 und 20000 das Soziologiestudium erfolgreich absolviert hatten. Die Zahl der Lehrpersonen an den drei Universitäten betrug etwa 50 (bei ca. 30 bis 35 wissenschaftlichen Mitarbeitern, 7 Professoren und 7 Dozenten), also eine hervorragende Dozenten-Studenten-Relation.

Wie in der Bundesrepublik auch gab es in der DDR wichtige außeruniversitäre Forschungsinstitute mit soziologischer Spezialisierung. Es handelte sich um das „Institut für Soziologie und Sozialpolitik" bei der „Akademie der Wissenschaften" und das „Institut für marxistisch-leninistische Soziologie" in der Akademie für Gesellschaftswissenschaften beim Zentralkomitee der sozialistischen Einheitspartei Deutschlands". Dort waren die Forschungskapazitäten (etwa neben dem Zentralinstitut für Jugendforschung in Leipzig) lokalisiert, wobei diese Akademieinstitute das eigentlich universitäre Privileg genossen, Promotionen und Habilitationen vornehmen zu können.

Die in der Bundesrepublik auszumachenden →Schulen der Soziologie waren in der DDR wegen der oktroyierten marxistisch-leninistischen Orientierung natürlich nicht feststellbar. Andererseits gab es analog zur Bundesrepublik eine paradigmatische Orientierung an eher empirischer bzw. eher philosophischer Soziologie.

3. Zur gegenwärtigen Situation des Hauptfachstudiums

Heute hat die Soziologie kaum mehr darum zu kämpfen, als eigenständige akademische Lehrdisziplin zu bestehen. Sie existiert munter fort, ist aber außeruniversitär nicht allseits als wissenschaftlich und fruchtbar anerkannt. Darüber hinaus stellen sich der Soziologie im universitären Bereich neue Probleme:

Seit etwa 1980 ist die akademische Soziologie in eine Phase der Schrumpfung personeller Kapazitäten mit erheblichen, langfristigen Konsequenzen eingetreten. Durch Reduzierung öffentlicher Mittel für die Sozialwissenschaften und durch Stellenstreichungen wurde und wird die Forschungs- und Lehrkapazität der Soziologie erheblich beeinträchtigt. Die ungünstigen Bedingungen für Lehre, Forschung und Berufsausübung innerhalb der Soziologie befördern Rückzugstendenzen oder lassen solche aufkommen, die allerdings in unterschiedliche Richtungen gehen.

Die Mitte der 90er Jahre (wieder einmal) aufkommende Diskussion um das Fach Soziologie, der angeblich der Gegenstand abhanden gekommen wäre, die angesichts der Komplexität und Vielzahl der Probleme überfordert wäre etc., führte zu einer auch außerhalb der Scientific Community massenmedial ausgetragenen Diskussion, die das Image der Soziologie nicht gerade befördern konnte. Trotz dieser (herbeigeredeten) „Krise" arbeitet die Soziologie außeruniversitär durchaus erfolgreich und fruchtbar weiter und ist auf der institutionell-universitären Ebene kaum betroffen, wie die Entwicklung der letzten fünf Jahre nach der Wende in den neuen Bundesländern der ehemaligen DDR zeigt:

Aufgrund der einseitig marxistisch-leninistischen Ausrichtung der Soziologie in der DDR mußten sich die soziologischen Institutionen und die Soziologen einer Evaluation unterziehen, die im wesentlichen zur „Abwicklung" führte. Die doppelte Evaluation (wissenschaftlich-fachlich und politisch-juristisch) führte die überwiegende Mehrzahl der ostdeutschen Soziologen in die Arbeitslosigkeit. Diese negative Entwicklung wurde durch Vorschläge des Wissenschaftsrates, die auch realisiert wurden, mehr als kompensiert. Die Soziologie wurde an den Universitäten der neuen Bundesländer durch fachliche und daraus abgeleitete personelle Vorgaben vielfach besser ausgestattet als in den alten Bundesländern. Die Grundausstattung der Institute für Soziologie sollte aus vier bis sechs Professorenstellen mit jeweils ein bis zwei wissenschaftlichen Mitarbeiterstellen bestehen. Als notwendige Ausstattung wurden Professuren für allgemeine Soziologie (soziologische Theorie und Geschichte), Makrosoziologie, Mikrosoziologie und Methoden und Techni-

Soziologiestudium und Beruf

ken der empirischen Sozialforschung vorgesehen. Zusätzlich sollten im Bedarfsfalle noch zwei Professuren für spezielle Soziologien eingerichtet werden. Die Besetzungen der Stellen konnten erstaunlich zügig vorgenommen werden, wobei – wie zu erwarten – aufgrund der Evaluation nur eine kleine Minderheit der ostdeutschen Kollegen solche Stellen besetzen. Hauptfachstudiengänge im Fach Soziologie gibt es an den Universitäten Berlin (Humboldt), Halle, Leipzig, Chemnitz, Dresden, Jena, Magdeburg und Potsdam, wobei Halle, Dresden und Leipzig die Abschlüsse Diplom und Magister, Berlin und Chemnitz den Diplomabschluß und die anderen Universitäten nur den Magisterabschluß anbieten.

Lit.: Bergmann, W. u.a.: Soziologie im Faschismus 1933–1945. Darstellung und Texte, Köln 1981; *Kern, H.:* Empirische Sozialforschung. Ursprünge, Ansätze, Entwicklungslinien, München 1982; Deutsche Soziologie seit 1945, Opladen 1979; *Lamnek, S.* (Hg.): Soziologie als Beruf in Europa, Berlin 1993; *Matthes, J.:* Einführung in das Studium der Soziologie, Opladen 1981; *Rammstedt, O.:* Deutsche Soziologie 1933–1945. Die Normalität einer Anpassung, Frankfurt/M. 1986; *Schäfers, W.* (Hg.): Soziologie in Deutschland, Opladen 1995

Prof. Dr. *S. Lamnek,* Eichstätt

Soziologiestudium und Beruf

Über Jahre hinweg war die Arbeits-/Berufslosigkeit der Soziologen wegen der geringen Zahl der Ausgebildeten, der Expansion des Faches und der Selbstrekrutierungspolitik der Universitäten weder ein qualitatives noch ein quantitatives Problem. Zu einer Zeit jedoch, in der mehr Soziologen „produziert" werden und der Prozeß der universitären Selbstrekrutierung abgeschlossen – mindestens erheblich limitiert – scheint (vgl. *Schelo* 1984, S. 9ff.), sind die Soziologen gezwungen, sich im außeruniversitären Bereich gesellschaftlich als nützlich zu erweisen, sich daher als Wissenschaft zu stabilisieren wie auch den Beruf zu etablieren. Die verzögerte Entstehung und rudimentäre Ausbildung von Berufsbildern und Berufsrollen in der Soziologie ist nur auf dem Hintergrund der skizzierten historischen Entwicklung dieser Disziplin verständlich und erklärbar.

Die Einführung der Diplomstudiengänge – die Natur- und Ingenieurwissenschaften standen dabei Pate, gleichgültig mit welchem akademischen Titel zum Abschluß versehen –, die in den 60er Jahren auch mit dem Ziel erfolgte, dem in anderen Fächern und in der allgemeinen Öffentlichkeit relativ unbekannten Titel des Magisters etwas von Profil und Identität Eigenständiges und Besseres gegenüberzustellen, konnte nur kurzfristig halten, was man sich versprochen hatte. Die Identität war insoweit eine begrenzte, als eigentlich nur die akademischen Grade (partiell) vereinheitlicht wurden, keineswegs aber die Inhalte oder die Standards der Ausbildung. Während die naturwissenschaftlichen Diplome den potentiellen Arbeitgebern indizierten, daß ein Stellenbewerber mehr oder weniger unmittelbar beruflich einsetzbar war, konnte das für die Diplomsoziologen nicht gelten: Einmal hatte man noch keine konkreten Erfahrungen gesammelt und konnte deshalb das Einsatzpotential der Soziologie nicht kennen. Andere hatten möglicherweise schlechte Erfahrungen gemacht, weil die Soziologen erst nach erheblicher (und kostenträchtiger) Einarbeitungszeit „verwertbar" waren (Trainee-Programme) und die Ausbildung eben akademisch-wissenschaftlich und nicht berufspraktisch erfolgte.

Dies mag mit ein Grund dafür gewesen sein, daß die Wissenschaftsbürokratie forderte und den Prüfungsordnungen aufoktroyierte, der akademische Abschluß des Diplom-Soziologen habe ein berufsqualifizierender zu sein. Dies blieb – mit wenigen Ausnahmen – aber Etikett und Wunschdenken. Kaum eine

Soziologiestudium und Beruf

Universität modifizierte die Ausbildung im Sinne einer Realisierung dieser Intention. Von der Ausbildungsreform blieb nur die Ausbildung übrig – die Reform gab es eigentlich nicht. Vielfältige Gründe waren dafür ausschlaggebend: Die wenigsten Lehrenden hatten die außeruniversitäre Berufspraxis je zu Gesicht bekommen. Viele wandten sich gegen die Bestrebungen einer stärkeren Berufsqualifizierung, weil sie dadurch die Autonomie der Hochschulen gefährdet sahen. Andere hielten am praktizierten Wissenschaftsideal fest, manche betrachteten Soziologie als reines Bildungsstudium, wiederum andere lehnten eine Verantwortung des Ausbildungsbereichs für den Beschäftigungsbereich ab usw.

Letztlich wurde eine überregionale Studienreformkommission von der Kultusministerkonferenz der Länder und der Westdeutschen Rektorenkonferenz eingerichtet, die sich mit der Frage der Berufsqualifizierung erneut auseinandersetzte. „Die Studienreformkommission sah ... den Hauptakzent ihrer Arbeit darin, einen Beitrag zur Identität des soziologischen Studiengangs in der Bundesrepublik Deutschland zu leisten. Nur aus einer solchen Identität resultiert nach Auffassung der Kommission ein auch für Außenstehende erkennbares ‚Leistungsprofil', das zur Professionalisierung des Fachs führen sollte und es den Absolventen erleichtern dürfte, einen geeigneten Arbeitsplatz zu finden. Gleichwertigkeit der Abschlüsse soziologischer Studiengänge soll für künftige Abnehmer auf dem Arbeitsmarkt ein deutliches Bild der professionalen Kompetenz von Soziologen garantieren" (*Vaskovics* 1986, S. 8).

Da die Überlegungen dieser Kommission von der Kultusminister- und der Rektorenkonferenz akzeptiert wurden und die einzelnen Kultusministerien eine Anpassung der gegenwärtigen Prüfungsordnungen an die entwickelte Rahmenprüfungsordnung fordern und die Universitäten bzw. Institute sich die Überlegungen der Kommission im wesentlichen zu eigen machten, sind für die Zukunft folgende, das Studium der Soziologie strukturierende Prinzipien zu erwarten:

Zentrales Ergebnis der aufgeführten Diskussionen war, daß die Berufsfelder für Soziologen so vielfältig sind und in der Zukunft auch sein werden, daß es kein umfassendes in sich geschlossenes Berufsbild des Soziologen geben kann.

Ein weiteres Resultat der Kommissionsarbeit war, daß die bisher vorliegenden empirischen Erkenntnisse nur bedingt generalisier- und transferierbar sind, was insbesondere daran liegt, daß die Berufs- und Tätigkeitsfelder für Soziologen weder isoliert noch in bezug auf die allgemeine Arbeitsmarktentwicklung prognostizierbar erscheinen. Berufsfelder von gestern oder heute können morgen nicht mehr aufnahmefähig oder -willig sein. Diese Feststellung nötigt dazu, von einer Anpassung der Ausbildung an gegenwärtige Berufsfelder abzusehen.

Um gleichwohl eine Berufsqualifizierung herbeizuführen, wurde statt dessen eine Tätigkeitsfeldorientierung der Ausbildung als Strategie diskutiert und für sinnvoll befunden. Tätigkeitsfeldbezug – als breitere Orientierung – bietet eher die Gewähr, individuell und flexibel auf den Arbeitsmarkt zu reagieren. Durch den Tätigkeitsfeldbezug der Ausbildung sollen folgende Funktionen realisiert werden:

– Orientierung des Studiums an der beruflichen Praxis;

– nicht spezielle Berufsfertigkeit, aber bessere Berufsfähigkeit, auch durch extrafunktionale Kompetenzen;

– Transferierbarkeit der Kenntnisse, Fähigkeiten und Fertigkeiten in verschiedene Berufsbereiche durch Praxisorientierung;

– exemplarische Einübung und Vertiefung von soziologischen Inhalten in

Soziologiestudium und Beruf

Verbindung mit Kenntnissen von Nachbarwissenschaften.

Um diese Ziele zu erreichen, wird das Hauptstudium so konzipiert, daß die Lehrinhalte durch die Konstituierung von Studienschwerpunkten auf die potentiellen Tätigkeitsfelder bezogen sind.

Die von den einzelnen Universitäten anzubietenden Studienschwerpunkte im Hauptstudium – konstituiert durch zwei spezielle Soziologien und zwei Wahlpflichtfächer, die in einem sinnvollen Zusammenhang stehen und aufeinander bezogen werden müssen – eröffnen einerseits die Möglichkeit, eine partielle Berufsfeldorientierung herbeizuführen und andererseits durch den Tätigkeitsfeld- und Praxisbezug der Ausbildung – insbesondere durch weitgehende Interdisziplinarität – eine hohe Transferierbarkeit des Wissens in verschiedene Berufsfelder.

Die Studienschwerpunkte, aus denen der Student sich einen wählt, sind tätigkeitsfeldorientiert. In ihnen erlernt und übt der künftige Soziologe Kenntnisse, Fähigkeiten und Fertigkeiten, die für eine berufliche Tätigkeit erforderlich sind. Durch die Fächerkombinationen im Schwerpunkt bieten sich bestimmte Berufsfelder besonders an, wobei durch die Tätigkeitsfeldorientierung eine hohe Flexibilität und Mobilität gewährleistet wird. Als Tätigkeitsfelder, bzw. Berufsfelder einer so konzipierten Ausbildung kommen derzeit vor allem in Frage:

– universitäre und außeruniversitäre Forschung (Grundlagenforschung, angewandte Sozialforschung, Markt- und Meinungsforschung);

– Bildung, Ausbildung und Erziehung (Lehre an Hochschule, Fachhochschulen und anderen öffentlichen oder privaten Bildungs- und Ausbildungseinrichtungen; in Institutionen der Fort- und Weiterbildung oder der primären und sekundären Sozialisation und den pädagogischen Sondereinrichtungen)

– Wirtschaft (Tätigkeit in Arbeitsgestaltung und -organisation, Personalverwaltung, Erforschung von Arbeitsmarkt, Mobilitäts- und Qualifikationsstrukturen; Organisationsanalyse und -entwicklung; insgesamt also in Planungs-, Organisations-, Personal-, Weiterbildungs- und Marketingabteilungen);

– öffentliche Verwaltung und Planung (Stadt- und Regionalplanung, Bildungsplanung, Gesundheitswesen, Umweltschutz, statistische Ämter);

– Einrichtungen der sozialen Sicherung und der sozialen Hilfe (soziale und private Versicherungen, Arbeitsverwaltung, Einrichtungen der freien Wohlfahrtspflege, der psychosozialen Versorgung);

– Organisationen gesellschaftlicher und politischer Interessenvertretung (Gewerkschaften, Verbände, Parteien, Kammern, Kirchen, Bürgerinitiativen, Selbsthilfeprojekte);

– kulturelle Institutionen und Massenmedien (Verlags-, Literatur- und Pressewesen, Rundfunk, Fernsehen, Theater);

– Entwicklungshilfe und Entwicklungspolitik (deutsche und internationale Entwicklungsorganisationen).

Diese Aufzählung ist nicht erschöpfend und im Sinne der aktiven Professionalisierungsstrategie (Penetration) sicherlich in der Zukunft erweiterbar. Wenn dieses Konzept der Ausbildung erfolgreich ist, werden sich zukünftig – auch unter der Voraussetzung permanenter Berufsfeldanalyse und gegenseitiger Beeinflussungsprozesse zwischen Ausbildungs- und Berufsbereich – weitere Anwendungsgebiete soziologischer Kompetenz eröffnen“ (Studienreformkommission 1985, S. 36ff.).

Auch wenn dieser Optimismus begründet ist, darf nicht übersehen werden, daß (aufgrund gesellschaftlicher Rand- und ökonomischer Rahmenbedingungen) nicht jedes Ausbildungsverhältnis in ein Beschäftigungsverhältnis transformiert werden kann. Zwar wird der Praxisschock beim Übergang von der Universität in den Beruf durch die oben skizzierte Ausbildung nicht gänzlich ver-

Soziologiestudium und Beruf

mieden werden können – schließlich ist die Universität kein Berufsbildungsinstitut und keine Fachhochschule, und auch die Soziologie als wissenschaftliche Disziplin ist nicht notwendigerweise in allen Fällen eine anwendungs- und praxisorientierte Disziplin –, doch belegen die durchgeführten Verbleibsstudien ein nicht unerhebliches Beschäftigungspotential für Soziologen. Obgleich fast alle bislang vorliegenden empirischen Untersuchungen lokal und zeitlich limitiert und daher nur begrenzt generalisierbar sind und obgleich es nach wie vor noch Disparitäten zwischen Ausbildung und Beschäftigungserfordernissen geben mag, hat die überwiegende Mehrzahl der bislang in Deutschland ausgebildeten 20000 Soziologen offenbar einen (mehr oder weniger) ausbildungsadäquaten Arbeitsplatz gefunden. Daß nicht nur die Zahl der ausgebildeten Soziologen gestiegen ist, sondern auch die Nachfrage nach ihnen zugenommen hat, zeigen Längsschnittanalysen von Stellenanzeigen in der ZEIT.

Die Soziologie hat sich als akademische Disziplin etablieren und konsolidieren können, und im akademischen Bereich gibt es eine weitestgehende Übereinstimmung zwischen Ausbildung und beruflichen Erfordernissen. Da aber trotz der Expansion eine gewisse Sättigung eingetreten ist, münden nur durchschnittlich etwa ein Fünftel aller Ausgebildeten in dieses Tätigkeitsfeld ein. Soziologie als Beruf bezieht sich also zunehmend auf außeruniversitäre Beschäftigungsbereiche. Die Ausbildung muß sich deshalb mehr und mehr als außeruniversitär berufsqualifizierend verstehen. Daß dem zunehmend Rechnung getragen wird, belegt die quantitativ wachsende Bedeutung von Industrie und Wirtschaft als Arbeitgeber von Soziologen. Etwa ein Viertel der Berufstätigen findet in diesem Bereich eine Anstellung, der noch vor 20 Jahren als ausgesprochen ungeliebt galt. Da die Soziologie vor allen anderen Sozialwissenschaften eine gute Ausbildung in den empirischen Forschungsmethoden auszeichnet, wechselt ein ebenfalls quantitativ bedeutsamer Teil von etwa einem Fünftel der Absolventen in Markt- und Meinungsforschungsinstitute. Trotz erheblicher und zugenommener Konkurrenz durch die universitäre Journalistikausbildung findet eine beachtliche Zahl von Soziologen in den Massenmedien Beschäftigung. Ein ähnlicher Prozentsatz von 5 bis 10 Prozent wandert in nicht universitäre Institutionen der Bildung und Weiterbildung und wiederum eine etwa gleich große Zahl in die öffentliche Verwaltung und Planung.

Versucht man die Befunde zu generalisieren, so läßt sich festhalten:

1. Die Beschäftigungssituation von Soziologen ist weit weniger besorgniserregend, als gemeinhin unterstellt wird.

2. Immer wieder zeigt sich, daß eine gute theoretische Grundlegung, gepaart mit einer weitgehenden Ausbildung in empirischer Sozialforschung (einschließlich Statistik und EDV), beste berufliche Möglichkeiten eröffnet.

3. Naturgemäß sind die Tätigkeitsprofile beschäftigter Soziologen in den einzelnen Beschäftigungsbereichen heterogen, doch entstehen daraus keine subjektiven Arbeitsbelastungen. Dies bedeutet, daß offenbar von der jeweiligen Ausbildungsinstitution relativ spezifisch auf bestimmte Berufs- und Tätigkeitsfelder vorbereitet würde.

4. Auch im Vergleich zu anderen (Sozial-) Wissenschaften schneidet die Soziologie hinsichtlich der Berufsadäquanz der Ausbildung und der Beschäftigungsmöglichkeiten nicht schlechter ab.

5. Mit der Umsetzung der o. g. Ausbildungsüberlegungen und dem weiteren Eindringen von Soziologen in außeruniversitäre Beschäftigungsbereiche wird es auch gelingen, die Professionalisierung der Soziologie voranzutreiben, so daß vermutlich keine Verschlechterung der Berufssituation zu erwarten ist.

Lit.: Fuchs, M./Lamnek, S.: Soziologen in der Berufspraxis. Beschäftigung, Tätigkeit und Interessen, in: Sozialwissenschaften und Berufspraxis 2, 1992, S. 204–219; *Lamnek, S.* (Hg.): Soziologie als Beruf in Europa, Berlin 1993; *Schäfers, B.* (Hg.): Soziologie in Deutschland, Opladen 1995; Sozialwissenschaften und Berufspraxis, Heft 4/1995; Studienreformkommission Politikwissenschaft/Soziologie: Empfehlungen der Studienreformkommission Politikwissenschaft/Soziologie, Band 2: Soziologie, Veröffentlichungen zur Studienreform, 25, Bonn 1985; *Vaskovics, L. A.:* Reform der soziologischen Studiengänge, in: Soziologie. Mitteilungsblatt der Deutschen Gesellschaft für Soziologie, 1985 Heft 1, S. 5–28

Prof. Dr. *S. Lamnek,* Eichstätt

Soziologie und Praxis

1. Historische Rückschau

Bereits seit den Anfängen der Soziologie wurde die Hoffnung geweckt, die Erkenntnisse der Soziologie könnten zum Nutzen der gesellschaftlichen Entwicklung und zur allgemeinen Wohlfahrt beitragen. Nach *August Comte* (1798–1857) sollte vor allem die Verbreitung einer von feudalen und theologischen Geisteshaltungen gereinigte Denkweise letztlich zu einem gerechten Aufbau von Gesellschaft und Staat führen. Einen notwendigen Weg der Gesellschaftsreform sah er in einer den Grundsätzen der Wissenschaft entsprechenden Organisation der industriellen Arbeit. Im Gegensatz zu *Karl Marx* (1818–1883) glaubte er nicht daran, daß gewaltsame Aktionen die „Krise der Zivilisation“ beseitigen könnten. Nach dem politischen Grundverständnis von *Marx* war der Hauptadressat der Wissenschaft die soziale Bewegung des industriellen Proletariats. Nach dem →marxistischen Wissenschaftsverständnis ist die Praxis als Gesamtprozeß der Umgestaltung objektiver Realität Grundlage und Wahrheitskriterium, Triebkraft und Ziel des Erkennens. Der Wissenschaftler „durchschaut“ die „Bewegungsgesetze der modernen Gesellschaft“ und soll mit seinen Erkenntnissen auf eine mit dem Anspruch einer weitreichenden gesellschaftlichen Umgestaltung auftretenden sozialen Bewegung politisch wirksamen Einfluß ausüben und Partei für die Unterdrückten im Klassenkampf nehmen. Von einem anderen Standpunkt ausgehend hielt *Durkheim* (1858–1917) weitreichende institutionelle Reformen zur Bewältigung der tiefgreifenden Krise des 19. Jahrhunderts für notwendig, um eine Stärkung sozialer Bindungen und gesellschaftlicher Solidarität zu erreichen. Die desintegrativen Wirkungen gesellschaftlicher Differenzierung sollte eine Konzentration der sozialen Kräfte über eine Zwischenschaltung dezentraler und intermediärer Integrationsformen z. B. über Berufsgruppen zwischen Individuum und Gesellschaft bzw. zwischen Bürger und Staat auffangen.

2. Unterschiedliche wissenschaftstheoretische Perspektiven

Die seit den Ursprüngen des Faches festzustellenden Unterschiede in der Auffassung darüber, wie soziologische Erkenntnisse in gesellschaftliche Praxis umgesetzt werden sollen, lassen sich bis in die aktuelle →wissenschaftstheoretische Diskussion hinein verfolgen. Während in den neomarxistischen Varianten methodologischer Argumentation von einer Einheit von soziologisch zu untermauernder →Gesellschaftskritik und politischer Praxis ausgegangen wird, hermeneutisch orientierte Ansätze vor allem über die Diffusion soziologischer Erkenntnisse bzw. Wirklichkeitsdefinitionen ins gesellschaftliche Bewußtsein praktische Wirkungen anstreben, gehen die am naturwissenschaftlichen Modell sich orientierenden Ansätze von der Prämisse aus, daß gerade das Absehen von allen praktischen Gesichtspunkten den größten Erkenntnisfortschritt auch für die Praxis bewirkt. Durch die tautologische Umformung möglichst allgemein gültiger Theoreme in präskriptive Sätze

Soziologie und Praxis

sehen sie die Anwendbarkeit soziologischer Theorie in den verschiedenen Formen der Praxis gewährleistet.

Die in der Reform und Aufbruchstimmung der 1968er Studentenbewegung formulierten Erwartungen an die Soziologie, sich stärker auf die gesellschaftliche Praxis und ihre politische Veränderung einzulassen, führte innerhalb der Sozialwissenschaften auch zu einer Neuauflage der Diskussion des →Werturteilstreits und der *Weber*schen Forderung nach einer prinzipiellen Trennung der wissenschaftlichen Forschung von moralischen Wertungen und politischen Entscheidungen. Die stärkere Diskussion des Verwendungszusammenhangs soziologischer Forschung ließ die wissenschaftliche Fixierung auf das Pro und Kontra der →Wertfreiheit unergiebig erscheinen, da gesellschaftliche Verwertbarkeit überhaupt und spezifische Verwertungskriterien auf allen Ebenen der soziologischen Aussagenproduktion mehr und mehr zum forschungsimmanenten Selektionsprinzip werden. Im Gegensatz zu der subjektiven Wertbasis des Wissenschaftlers erhalten thematische, subtheoretische und erkenntnisinstrumentelle Wertbasis unabhängig von der Motivationsstruktur des Forschers unvermeidlich Wirkungsvermögen auf die Gesellschaft. Die Verwertbarkeit und Verwendung soziologischen Wissens muß der Gesellschaftlichkeit des Anwendungsprozesses soziologischen Wissens Rechnung tragen, nämlich der Tatsache, daß in diesen Anwendungsprozeß verschiedene Interessenlagen und Institutionen hineinwirken.

3. Grundlagen- versus Anwendungsforschung

Da gerade im Hinblick auf die Anwendungsorientierung die Verwendungstauglichkeit soziologischer Theorien von unmittelbarer Bedeutung ist, reichen für anwendungsorientierte Aussagensysteme die der Grundlagenwissenschaft immanenten Konstruktionskriterien wie logische Konsistenz, theoretische Präzision und empirische Validität nicht aus. Unter dem Gesichtspunkt der Verwendbarkeit ist vielmehr die Handlungsvalidität soziologischer Theoreme gefragt. An der akademischen Soziologie wird von den Vertretern der angewandten Soziologie insbesondere bemängelt, ihre Theorien und Konzepte seien zu abstrakt, um für konkrete Probleme und reale Lebenssituationen anwendbar zu sein, ihr Blickfeld sei zu wenig auf soziale Prozesse ausgerichtet, um Ansatzpunkte für Interventionen zu benennen, die in ihren Theorien implizit und explizit enthaltenen „Schlüsselvariablen“ seien oft nicht veränderbar und ihre Forschungsergebnisse seien oft widersprüchlich bzw. nicht eindeutig genug. Aber auch wenn die Soziologie die hier aufgeführten Mängel nicht aufweisen würde bzw. ausgleichen könnte, wäre ihre Anwendung noch nicht gewährleistet. Anwendung setzt zwar Anwendbarkeit voraus, hängt aber darüber hinaus auch von anderen Bedingungen wie Anwendungsbereitschaft, Anwendungsdruck und Anwendungsressourcen ab.

Obwohl die Soziologie typischerweise den aktuellen Horizont der unter Handlungs- und Entscheidungszwängen stehenden Praxis übersteigt, da die Problemstellungen der Praxis von ihr durch einen höheren Grad an Abstraktion und Systematisierung rekonstruiert und die zu lösenden Probleme in Zusammenhängen aufgegriffen werden, die teilweise dem jeweiligen Handlungszugriff und Orientierungsrahmen der Praxis entzogen sind, kann die Leistungsfähigkeit der angewandten Soziologie verbessert werden, wenn die Entwicklung der soziologischen Problembestimmung die Perspektive praktischer Problemformulierung berücksichtigt, Aussagen über Ursachenzusammenhänge bestimmter Probleme mit politisch beeinflußbaren Zuständen und Maßnahmen getroffen werden und Begriffe und Methoden der Datengewinnung entwickelt werden, die zur Informationsbeschaffung in Pro-

Soziologie und Praxis

blemlösungsprozessen geeignet sind. Eine solche Ausrichtung versteht Soziologie als Problemlösungswissenschaft. Dieser Position steht in der aktuellen wissenschaftlichen Diskussion die Auffassung von Soziologie als Krisenwirtschaft gegenüber. Nach dieser Option kann und soll Soziologie bewußt mit der Zielsetzung gesellschaftlicher Bewußtseinsbildung und politischer Aufklärung mehr Probleme aufwerfen und thematisieren, als innerhalb der bestehenden institutionellen Struktur der gesellschaftlich vorgesehenen Problemlösungsinstanzen in den Blick genommen und verarbeitet werden können, und soll sich strategisch an →sozialen Bewegungen orientieren.

Ungeachtet dieser unterschiedlichen Positionen wird zu bedenken sein, daß einerseits die Soziologie ihrer grundsätzlichen Aufklärungs- und Bewußtmachungsfunktion nicht nachzukommen imstande ist, wenn sie ihre Tauglichkeit für gesellschaftspolitische und organisatorische Fragestellungen nicht erweisen kann, und andererseits auch der konkrete Anwendungsfall ein Anlaß zur allgemeinen Bewußtseinserweiterung werden kann.

4. Das problemlösungswissenschaftliche Forschungsmodell

Die Rückkoppelung der Praxis an Theorie hat für die Theorie bedeutenden Kontrollwert. Die Erfahrungen im Rahmen angewandter Forschung als wissenschaftlicher Ernstfall können ein Fortschreiten zu immer neuer Problemsicht, zu verbesserter Problemlösungskapazität und zu theoretischer Lernfähigkeit führen. Der Theorie-Praxis-Zusammenhang kann nach *Lazarsfeld* als ein Kreis von folgenden Schritten festgestellt werden:

1. Identifizierung des Problems,
2. Übersetzung des Problems in ein theoriegeleitetes Forschungsobjekt,
3. Gewinnung von Forschungsergebnissen im Forschungsprojekt,
4. Empfehlung von Maßnahmen auf der Grundlage von Forschungsergebnissen und theoretischen Überlegungen,
5. Verwirklichung von Maßnahmen,
6. Bewertung von Maßnahmen,
7. Möglicherweise (Neu-)Bestimmung des Problems.

Diese Abfolge stellt das klassische Modell des problemlösungswissenschaftlichen Ansatzes dar.

Im Hinblick auf die Identifizierung des Problems bedarf es einer genauen Klärung der normativen Kriterien zur Bestimmung des Problems und der Unterscheidung zwischen bedeutenden und unbedeutenden, tatsächlichen und vermeintlichen, wahrgenommenen und nicht erkannten Problemen. Nach der Formulierung der Programmziele geht es bei der Umsetzung von Theorien und Forschungsergebnissen um die Ausrichtung konkreter Maßnahmen in die von den Zielen vorgegebene Richtung. Die Verwirklichung der Programmziele hängt aber nicht nur von der Richtigkeit der zugrundeliegenden Theorien und der Validität der Forschungsergebnisse ab, sondern auch von der Art der Durchführung der Maßnahmen. Die Treffsicherheit der durchzuführenden Programme hängt von der ihnen zugrundeliegenden Annahme, welche Bedingungen für eine wirksame am Programmziel orientierte Operation erfüllt sein müssen, ebenso ab wie von den spezifischen Eigenschaften der Durchführungsinstanzen und den Besonderheiten der Zielgruppen bzw. der Leistungs- und Normadressaten. Zu berücksichtigen sind ferner mögliche unbeabsichtigte Nebenfolgen der Maßnahmen.

5. Spezifische Forschungszweige angewandter Soziologie

Auch wenn sich im Kontext angewandter Forschung grundsätzlich ähnliche methodologische Probleme der Gültigkeit stellen wie im Bereich der Grundlagenforschung, so hat sich jedoch innerhalb der Forschung eine Spezialisierung von spezifisch auf Anwendungsprobleme ausgerichteten Forschungszweigen vollzogen. Als solche Forschungszweige wären aufzuführen: →Sozialindikatorenforschung, „monitoring systems“, Sozialplanung mit Planungsmethoden und -verfahren, Evaluations- und Implementationsforschung, „Social-Impact-Assessment“, Prognosemodelle und Aktionsforschung.

6. Soziologie in den Berufsfeldern der Praxis

Angesichts des allgemeinen Modells der Problemlösungswissenschaft sollte bedacht werden, daß sich für die angewandte Soziologie unterschiedliche Aufgaben in verschiedenen Handlungs- und Berufsfeldern mit spezifischen Problemstellungen stellen und die soziologische Theoriebildung und Sozialforschung in diesen unterschiedlichen Sozialgebieten über einen unterschiedlichen Reifegrad und Entwicklungsstand verfügen.

Die fachliche Kompetenz angewandter Soziologie wird in teilweise sehr heterogenen Berufsfeldern nachgefragt. Im Gegensatz zu anderen Disziplinen steht jedoch das Fehlen einer gesellschaftlichen Domäne einer Professionalisierung der Soziologie als Soziologie i. e. S. entgegen. In den unterschiedlichen Handlungsfeldern der Praxis stellt sich die Notwendigkeit multidisziplinärer Betrachtungsweise, da die wissenschaftliche Rekonstruktion praktischer Probleme in der Regel stets Aussagen verschiedener Fachdisziplinen voraussetzt. Verwissenschaftlichung der Praxis wird kaum eine bloße Soziologisierung nach sich ziehen – auch aufgrund der Dominanz anderer Berufsgruppen in den Handlungsfeldern gesellschaftlicher Praxis. Da die Soziologie mit anderen Wissenschaften um die wissenschaftliche Definition und Erklärung bestimmter Gesellschaftsbereiche konkurriert, wird der Einfluß der Soziologie auf die gesellschaftliche Praxis jedoch nur zu vergrößern sein, wenn sie sich stärker auch in beruflichen Rollen- und Handlungszusammenhängen etablieren kann. Dies gilt um so mehr, als im Elfenbeinturm der Hochschulen für Soziologen nur noch wenig Platz ist.

Lit.: Beck, U. (Hg.): Soziologie und Praxis. Erfahrungen, Konflikte, Perspektiven. Soziale Welt, Sonderband 1, Göttingen 1982; *Ferber, Chr. v. / Kaufmann, F.-X.* (Hg.): Soziologie und Sozialpolitik, Sonderheft 19 der Kölner Zeitschrift für Soziologie und Sozialpsychologie, Opladen 1977; *Freemann, H. E. / Dynes, R. R. / Rossi, P. H. / Whyte, W. F.* (eds.): Applied Sociology, San Francisco/London 1973; *Lazarsfeld, P. / Reitz, J. G.:* An Introduction to Applied Sociology, New York/Amsterdam 1975; *Lumm, G.* (Hg.): Ausbildung und Berufssituation von Soziologen – Anwendung und Professionalisierung der Soziologie, Bielefeld 1985.

Dr. *H. H. Bohle,* Bielefeld

soziologische Theorien

Sammelbegriff für sehr unterschiedlich entwickelte Theorieansätze der allgemeinen und der speziellen Soziologien. Als soziologische Hauptströmungen können genannt werden: die →strukturell-funktionale Theorie, die →Verhaltenstheorie, die →Handlungstheorie, die →Rollentheorie, die Theorie des →symbolischen Interaktionismus, die →Konflikttheorie, die →Systemtheorie u. a. Die Aufgliederung der Theorieansätze ist nicht einheitlich, auch kommen häufig Überschneidungen mit wissenschaftstheoretischen Positionen vor.

→Geschichte der Soziologie
→Gesellschaft
→Theoriebildung
→Wissenschaftstheorie

Soziologismus

Tendenz, soziale Gegebenheiten und Zusammenhänge überzubewerten, soziale Erscheinungen, Probleme und Strukturen einzig und allein aus einer sozialen Perspektive erklären zu wollen.

Soziometrie

auf den Arzt und Psychiater *Jacob L. Moreno* (1892–1974) zurückgehende

Meßtechniken, die auch in der Soziologie zur Messung der sozialen Wahl und der interpersonellen Anziehung eingesetzt werden, als Forschungsmethode und Therapietechnik entwickelt. Gemessen werden die interpersonellen Beziehungen in Gruppen, wo man die sozialen Präferenzen (positiven und negativen Wahlen) der Teilnehmer in den Kommunikations- und Interaktionsprozessen herausfinden möchte. Im Mittelpunkt stehen das Konzept des soziometrischen Status (Führung, soziale Angepaßtheit, soziale Isoliertheit usw.) bzw. Studien über Beziehungen zwischen diesem und anderen Variablen (Persönlichkeit, Demographie, Intelligenz, Einstellungen, Werten, Vorurteilen usw.).

G. R.

sozio-ökonomischer Status
→Status

sozio-ökonomischer Wandel
→sozialer Wandel

Spannweite
→Streuung

Spätkapitalismus
ein seit Ende der 1960er Jahre in der BR Deutschland häufig benutzter Begriff, der den politischen Impetus umschreibt, das kapitalistische System habe ausgedient, da die Widersprüche zwischen Kapital und Arbeit sich zunehmend verstärkten. Auf dem Soziologentag 1968 in Frankfurt wurden unter dem Thema „Spätkapitalismus oder Industriegesellschaft" vor allem von den Vertretern der →Frankfurter Schule die Defizite des Spätkapitalismus analysiert.

Spezialisierung
→horizontale soziale Differenzierung
→Differenzierung 2

spezielle Soziologie
→Bindestrich-Soziologie

Spezifität
zu den sog. →pattern variables der sozialen Orientierung gehörend, mit denen *T. Parsons* Situationen unterschiedlich bewertet. Gegensatz →Diffusheit (engl. diffuseness).
→strukturell-funktionale Theorie

Spiegel-Ich
(engl. looking-glass self)
von *C. H. Cooley* (1864–1929) verwendete Bezeichnung für die Vorstellung des Individuums von sich selbst, das durch Reaktionen der Interaktionspartner zustande kommt. Das S.-I. ist somit Ausdruck des individuellen Selbstverständnisses.
→Rollentheorie
→symbolischer Interaktionismus

Spielgruppe
→peer group

Spieltheorie
Mathematische Theorie von Entscheidungssituationen, bei denen der Nutzen der Handlungen einzelner Individuen von den Handlungen anderer abhängt, so daß diese Interdependenz bei der Entscheidung über individuelle Handlungen zu berücksichtigen ist. Begründet in den 1940er Jahren durch *von Neumann* und *Morgenstern,* war ihre Anwendung in der Soziologie lange Zeit umstritten und findet erst neuerdings Anerkennung.

1. Grundbegriffe und Nullsummenspiele. Die Handlungsmöglichkeiten, die den Individuen in Entscheidungssituationen der geschilderten Art zur Verfügung stehen, werden in der S. als Strategien bezeichnet. Jeder Beteiligte („Spieler") i hat in einer solchen Situation (in einem „Spiel" Γ) eine Menge S_i von Strategien, aus denen er eine bestimmte Strategie s_i auswählt. Damit ergibt sich für alle Spieler $i = 1, \ldots, n$ das Strategie-n-Tupel oder Strategieprofil $s = \langle s_1, \ldots, s_n \rangle$. Jedes Strategieprofil $s \in S$ (wobei $S = S_1 \times \ldots \times S_n$) hat aufgrund seiner Konsequenzen für jeden Spieler einen bestimmten Wert oder „Nutzen" (er kann sich mit ihnen besser oder schlechter stellen), der durch eine Auszahlungsfunktion U_i zum Ausdruck kommt, die einem Spieler i für jedes

 Spieltheorie

Strategieprofil s ∈ S eine bestimmte Auszahlung zuordnet. Das n-Tupel $U = \langle U_1, \ldots, U_n \rangle$ kann für alle Spieler und für alle Strategieprofile wie in Tab. 1 dargestellt werden (Normalform von Γ für n = 2 und $S_i = 2$), wobei die Zahl links des Kommas die Auszahlung für Spieler 1 und rechts des Kommas die für Spieler 2 für das jeweilige Strategieprofil ist.

		Spieler 2: s_2	Spieler 2: s'_2
Spieler 1	s_1	1, −1	3, −3
	s’	0,	−2, 2

Tabelle 1

Mit Tab. 1 ist das Beispiel eines (2-Personen-)Nullsummenspiels gegeben, das dadurch charakterisiert ist, daß der Gewinn des einen Spielers der Verlust des anderen ist. Im allgemeinen Fall von n Spielern ist für alle Strategieprofile s ∈ S: $\Sigma_i U_i (s) = 0$. Nullsummenspiele sind soziologisch wenig relevant, da sie ausschließlich Fälle reinen Konflikts abbilden. Interessanter sind Mischfälle von Kooperation und Konflikt, wie sie Nicht-Nullsummenspiele wiedergeben, unter denen man kooperative und nichtkooperative unterscheidet.

2. Nicht-kooperative Nicht-Nullsummenspiele. Für Spiele dieser Art muß je nach Situation mit Lösungskonzepten gearbeitet werden, die unter Umständen Eigenschaften haben, die für die Spieler ein Dilemma aufwerfen. So ist das Gleichgewicht im bekannten →„Gefangenen-Dilemma“-Spiel (GD) in Tab. 2 nicht pareto-optimal.

		Spieler 2: s_2	Spieler 2: s'_2
Spieler 1	s_1	3, 3	1, 4
	s'_1	4, 1	2, 2

Tabelle 2

Das Gleichgewicht ist ein Strategieprofil, von dem abzuweichen sich für keinen Spieler lohnt, da er dann eine geringere Auszahlung erhalten würde. Im GD ist $\langle s'_1, s'_2 \rangle$ das einzige Gleichgewicht, und zwar ein Gleichgewicht in dominanten Strategien. Eine Strategie ist für i dominant, wenn sie zu einer höheren Auszahlung führt, welche Strategie auch immer der andere Spieler wählt. Es ist naheliegend, die dominante Strategie zu wählen, wenn es eine gibt: sie ist individuell gesehen die „rationale“ Wahl. Im Fall des GD führt sie aber zum Auszahlungspaar ⟨2, 2⟩, das vom Paar ⟨3, 3⟩ pareto-dominiert wird. D.h., bei Wahl der dominanten Strategie (und Erreichen des Gleichgewichts) stellen sich die Spieler schlechter, als wenn sie die nicht-dominante Strategie gewählt hätten, deren Wahl aber das Risiko birgt, daß der andere die dominante Strategie wählen könnte.

Dieses Dilemma ist soziologisch relevant. Wird s_1 bzw. s_2 als kooperative Strategie interpretiert, bei der jeder etwas beiträgt, um ein Vorhaben zu fördern, das allen zugute kommt (oder ein Übel anzuwenden, das alle gefährdet), und s'_1 bzw. s'_2 als eine nicht-kooperative Strategie des Nichtstuns oder Abwartens, dann beschreibt Tab. 2 im n-Personen-Fall eine Situation, in der soziale Kooperation nicht oder nicht in ausreichendem Maße zustande kommt, wenn alle oder viele die dominante, jedoch nicht-kooperative Strategie wählen. Einen Schritt weitergehend kann man fragen, wie gesellschaftliche Ordnung in einem sozial-kooperativen Sinne zustande kommen kann, obwohl sie spieltheoretisch gesehen keine Gleichgewichtslösung bildet.

Eine Möglichkeit besteht darin, das GD in ein anderes Spiel zu transformieren, für das $\langle s_1, s_2 \rangle$ ein Gleichgewicht, mindestens aber s'_1 bzw. s'_2 keine dominante Strategie mehr ist. Das kann so geschehen, daß die Wahl der dominanten Strategie negativ oder die Wahl der kooperativen Strategie positiv sanktioniert wird. Ist die soziale „Bestrafung" für unkooperatives Verhalten bzw. die soziale „Belohnung" für kooperatives Verhalten ausreichend hoch, können sich die Auszahlungen soweit ändern, daß die kooperative zur dominanten Strategie wird. Einige Autoren erklären auf diese Weise die Entstehung von Normen kooperativen Verhaltens in der Gesellschaft.

Eine andere Möglichkeit liegt in der Iteration des Spiels, die erforderlich wird, wenn anzunehmen ist, daß das Spiel nicht nur einmal, sondern mehrfach nacheinander gespielt wird. Dann ergibt sich ein neuer Typ von Strategien: Metastrategien, die festlegen, welche Strategien in jedem einzelnen Spiel in der Folge gewählt werden. Im entsprechenden Metaspiel gibt es neben dem Gleichgewicht, das entsteht, wenn alle die Metastrategie Nicht-Kooperation wählen, weitere Gleichgewichte, z. B. jenes, das sich ergibt, wenn alle die Metastrategie Tit-for-Tat benutzen, mit der im ersten Spiel kooperativ gespielt wird und in allen weiteren Spielen so wie der andere Spieler im jeweils vorangegangenen Spiel. Tit-for-Tat ist eine besonders effektive Metastrategie, die sich, wie Computer-Simulationen gezeigt haben, gegen eine Vielzahl anderer Metastrategien durchzusetzen vermag, sogar gegen die Metastrategie Nicht-Kooperation, wenn es im n-Personen-Fall zu Anfang mehr als einen Spieler gibt, der diese Metastrategie benutzt. Gesellschaftliche Ordnung kann also entstanden gedacht werden als die langfristige Durchsetzung sozialer Kooperation im Zusammenhang der Tit-for-Tat-Strategie.

		Spieler 2: s_2	Spieler 2: s'_2
Spieler 1	s_1	1, 2	0, 0
	s'_1	0, 0	2, 1

Tabelle 3

Bei anderen Nicht-Nullsummenspielen liegt das Problem darin, daß es mehr als ein Gleichgewicht gibt. So hat der „Kampf der Geschlechter" (KG) in Tab. 3 (siehe Seite 636) zwei Gleichgewichte: $\langle s_1, s_2 \rangle$ und $\langle s'_1, s'_2 \rangle$.

Das KG berührt ein dem GD verwandtes Problem: Es läßt sich nur gemeinsam, d. h. durch Wahl einer übereinstimmenden Strategie, ein (gesellschaftlicher) Nutzen erreichen, der Nutzen ist aber ungleich über die Spieler verteilt und würde sich bei Wahl einer anderen übereinstimmenden Strategie umgekehrt verteilen. Auch hier bietet die Iteration eine Lösungsmöglichkeit. Würden die Spieler verabreden, die übereinstimmende Strategie nach jedem Spiel zu wechseln, so wäre bereits nach dem zweiten Spiel ein Gleichstand erreicht.

3. Kooperative Spiele. Durch Zusammenschluß können Spieler in n-Personen-Spielen oft mehr erreichen, als wenn sie einzeln agieren. Im Rahmen kooperativer Spiele behandelt die S. auch die Frage der Bildung von Koalitionen. Spiele dieser Art werden nicht durch eine Auszahlungsmatrix, sondern durch die charakteristische Funktion gekennzeichnet, d. h. eine Funktion v, die jeder Teilmenge S der Menge aller Spieler K einen Wert v(S) zuordnet, der den Nutzen angibt, den das Spiel für S hat. Die Auszahlungen an die einzelnen Spieler werden durch einen Auszahlungsvektor $x = \langle x_1, \ldots, x_n \rangle$ bezeichnet. Ein Spieler wird einer Koalition nur beitreten, wenn er besser, mindestens aber nicht schlechter gestellt ist als ein Einzelner, also $x_i \geq v(\{i\})$ für alle i aus K. Weiter soll gelten, daß $\Sigma_{i \in K}\, x_i = v(K)$, d. h. die Summe der individuellen Auszahlungen nicht geringer ist als der Wert des Spiels für K. Auszahlungsvektoren, die diesen beiden Bedingungen genügen, werden Imputationen genannt. Man würde nun aus der Menge der Imputationen gern jene herausfinden, die im Blick auf Koalitionsbildung besonders effektiv bzw. stabil sind. Ein Konzept dafür

ist der Begriff des Kerns. Das sind alle Imputationen, für die $\Sigma_{i\in S}\, x_i \geq v(S)$ für alle S gilt, in denen also keine Koalition einen Anlaß oder eine Möglichkeit hat, sich zu verbessern, oder anders ausgedrückt: Der Kern bildet die Menge der Imputationen, die keine Koalition blokkieren kann.

Aus dem Konzept des Kerns läßt sich ein allgemeiner Begriff von „Ausbeutung" ableiten. Der Kern umfaßt nämlich alle Auszahlungsvektoren, die nicht ausbeutend sind. Das wird klar, wenn man überlegt, daß Auszahlungsvektoren, die nicht im Kern sind, die Eigenschaften $\Sigma_{i\in S}\, x_i < v(S)$ und $\Sigma_{i\in T}\, x_i > v(T)$ bezüglich S und einer Gegenkoalition T haben können, d. h., in der Koalition S erhalten die Spieler weniger, als sie aufgrund von v(S) erhalten könnten, und die Spieler in T mehr, als nach v(T) möglich wäre. Daher kann man sagen, daß die Koalition T die Koalition S ausbeutet, wenn sich zeigen läßt, daß es Umstände gibt, unter denen sich die Spieler aus S besser stellen würden, wenn sie die Koalition verließen. Werden diese Umstände und der Auszahlungsvektor spezifiziert, können bestimmte Formen von Ausbeutung unterschieden werden. So läßt sich feudale Ausbeutung wie folgt rekonstruieren: Betrachtet man die vereinfachte Allokation einer feudalen Ökonomie, in der die Grundherren das Land besitzen sowie die Dienste der Hörigen, während diese nur über Kleinparzellen für den Eigenbedarf verfügen, so ist klar, daß letztere sich besser gestellt hätten, wenn sie unter Mitnahme ihrer Arbeitskraft und ihrer Keinparzelle aus der Koalition der Hörigen ausgeschieden wären. Zugleich wären die Grundherren schlechter gestellt, da sie dann nicht mehr über die Dienste der Hörigen verfügt hätten. Also waren in der feudalen Ökonomie die Hörigen eine ausgebeutete und die Grundherren eine ausbeutende Koalition. Auf analoge Weise lassen sich andere Formen von Ausbeutung rekonstruieren.

4. Methodologische Einwände. Die lange Zeit in der Soziologie herrschenden Vorbehalte gegen die S. beziehen sich vor allem darauf, daß diese dem methodologischen Individualismus verhaftet sei. Nun ist das zwar richtig, schließt aber nicht aus, daß die S. in der Lage ist, die „soziale Dimension" zu erfassen. Gerade das GD ist ein gutes Beispiel dafür, wie es der S. gelingt, den Widerspruch von individueller Rationalität und sozialer Optimalität aufzudekken. Ein weiterer problematischer Punkt ist der Nutzenbegriff. Hierzu wird eingewandt, daß es nicht möglich sei, den individuellen Nutzen zu messen und interpersonell zu vergleichen. Der in der S. meist verwandte *v. Neumann-Morgenstern*-Nutzen erhebt allerdings nicht den Anspruch interpersoneller Vergleichbarkeit, sondern genaugenommen nur den, eine kardinale Repräsentation der individuellen Präferenzen hinsichtlich der Strategieprofile zu liefern (die von Person zu Person verschieden sein kann). Auf eine solche kardinale Repräsentation kann aber in vielen wichtigen Fällen zugunsten einer ordinalen verzichtet werden. So ist es möglich, ebenso das GD wie das KG durch Angabe der Präferenzordnungen der Spieler hinsichtlich der Strategiepaare hinreichend genau zu charakterisieren. Eine Messung individuellen Nutzens ist dann nicht erforderlich.

Lit.: R. Axelrod: The Evolution of Cooperation, New York 1984; *R. D. Luce* u. *H. Raiffa:* Games and Decisions, New York 1957; *J. von Neumann* u. *O. Morgenstern:* Spieltheorie und wirtschaftliches Verhalten, 3. A., Würzburg 1973; *J. E. Roemer:* A General Theory of Exploitation and Class, Cambridge (Mass.) 1982; *A. Schotter:* The Economic Theory of Social Institutions, Cambridge 1981; *M. Shubik:* Game Theory in the Social Sciences, Cambridge (Mass.) 1983.

Dr. *L. Kern,* München

Sport

1. Der Begriff S. wird in unserer Gesellschaft überwiegend sehr positiv bewertet. Sein Bedeutungsgehalt und sein Alltagsgebrauch sind so weit, daß sie sich einer abschließenden Definition entziehen. Unter S. wird vieles zusammengefaßt, was außer dem Wort S. kaum Gemeinsames aufweist.

Sport ist körperliches →soziales Handeln, das in spielerischer Form inhaltlich zumeist als Wettkampf zwischen zwei oder mehr Teilnehmern oder gegen die Natur nach bestimmten Regeln betrieben wird. Dabei ist nicht die körperliche Bewegung oder Anstrengung als solche entscheidend, sondern die ihr zugewiesene symbolische Bedeutung, die zwischen Spiel und Arbeit trennt. Doch gilt auch Berufssport als S. Amateur- und Profisport, Spitzen- und Breitensport, Extrem- und Schachsport, Reit- und Motorsport, Studenten- und Militärsport, Betriebs- und Freizeitsport fallen unter S. Für die meisten ist S. Zuschauersport, der nicht durch die eigene Aktivität, sondern durch die Anwesenheit bei einer als unterhaltsam erhofften Sportveranstaltung geprägt wird. S., als solcher weder für den einzelnen noch für die Gesellschaft unmittelbar notwendig, hat eine wichtige soziale Bedeutung in den modernen Industriegesellschaften errungen. Ein gutes Viertel der Einwohner Deutschlands war am 31.12.1995 in 85519 Sportvereinen registriert. Zum Stichtag wurden 25895756 Mitglieder gezählt. Angesichts mancher Mehrfachmitgliedschaften und möglicher Karteileichen sind das wohl knapp 20 Mio. Bürger, mit denen der Deutsche Sportbund (DSB) die größte Mitgliederorganisation in Deutschland darstellt. Während in den alten westlichen Bundesländern über ein Drittel der Bevölkerung so gemeldet ist, beträgt der entsprechende Organisationsgrad der Bevölkerung in den neuen Ländern auf dem Boden der ehemaligen DDR nur etwa zehn Prozent. Gegenüber dem bislang (außer Schnee- und Bergsport) vorwiegend in gemeinnützigen S.-Vereinen betriebenen S. wird körperliche Ertüchtigung nunmehr zunehmend auch in privater Ungebundenheit (z.B. Jogging) oder bei kommerziellen Anbietern (z.B. Squash-Hallen, Fitness-Studios) gesucht. Die Vor-Besprechung und Nach-Besprechung sportlicher Ereignisse (besonders des Volkssports Fußball) gehören an bestimmten Tagen zu den wichtigsten Gesprächsstoffen weiter Bevölkerungskreise.

S. erfährt im Rahmen des kulturellen Wertsystems und der sozio-kulturellen Gegebenheiten einer Gesellschaft seine Ausprägung. Er ist jedoch nicht nur Mikrokosmos der Gesellschaft, sondern zugleich auch ihr Verdeutlichungsagent und ihre Utopie: Hier wird nicht nur →Sinn produziert, hier wird auch →Komplexität reduziert und deutlicher als anderswo eine Idealwelt von →Leistung und Belohnung vorgeführt: Es scheint, als würden hier Prinzipien der Objektivität, Chancengleichheit, Meßbarkeit, Vergleichbarkeit, Allgemeinverständlichkeit von Leistungen, Durchsichtigkeit der Leistungsdifferenzierung und entsprechender Rangzuweisungen voll verwirklicht. Wettkampf- und Leistungssport wurden zur Idealmaterie der Massenmedien. Hier fallen gesellschaftlich hoch bewertete Inhalte und Vorgänge wie die Bestätigung der Wertordnung (Leistung und Belohnung, Niederlage und Bestrafung) und Unterhaltungswerte (Spannung, Selbstdarstellung und körperlicher Einsatz der Athleten beim als schicksalhaft dargestellten Kampf um Sieg oder Scheitern) derartig unmittelbar zusammen, daß sie sich für Miterleben und Direktübertragung besonders eignen. So entstanden ein einseitiges Fernseh-Bild vom Sport und weiter eine finanzielle Abhängigkeit sportlicher Großveranstaltungen von Mediengiganten.

In seinen stark →ritualisierten Veranstaltungen bekommt der S. quasi-religiöse

Elemente. Für einige bietet er Heimat und Ersatz für Religion und Familie. Sportliche Erfolge fördern den sozialen →Status. Mit dem Sieger identifizieren sich seine Anhänger, die durch ihn ihren Verein, ihre Religion, ihre Nation, ihre Rasse oder ihre politische Überzeugung und eben sich selbst erfolgreich repräsentiert sehen wollen.

S. ist ein gesellschaftlicher Teilbereich, dessen Funktionäre gern auf seine Freiheit von politischen und sozialen Zwängen und seine schichten-, klassen- und völkerverbindenden Fähigkeiten verweisen. Dabei spiegelt S. als Subsystem einer Gesellschaft auch die Entwicklungen und Probleme der Gesamtgesellschaft wider. Dies wird deutlich an Prozessen der Politisierung, Ökonomisierung und Professionalisierung des S.s, am zunehmenden Einfluß von Sponsoren und Medien, an Vermarktung durch Mode, Sportausstattungsindustrie und Fernsehwerbung, aber auch an der sich wandelnden Rolle der Frau im S. Während die Zahl der Sportlerinnen steigt, sich ihnen weitere Sportarten öffnen und sie im Spitzensport schon deswegen sehr gefördert wurden, um den Ostblockländern, die besonders durch ihre Frauenmannschaften Medaillen und Siege errangen, ein Gegengewicht zu bieten, bleiben Frauen in Entscheidungspositionen der Sportverwaltung, in Vereinen und Verbänden, stark unterrepräsentiert.

2. S. ist neben den alten Basisinstitutionen der Familie, Religion, Wirtschaft und des Staates zu einer modernen sozialen →Institution mit zunehmendem Einfluß geworden. Er läßt sich anhand der sechs (a–f) wesentlichen Elemente von Institutionen beschreiben und verstehen: (a) Sport befriedigt u. a. das Bedürfnis nach Bewegung, nach Spiel und Wettkampf, Unterhaltung, Austoben und Leistungsvergleich. Aktive und Zuschauer suchen und finden hier Bedürfnisbefriedigung. (b) Für diese Befriedigung wird eine im organisierten Sport besonders deutliche Reglementierung von Verhaltensweisen vorgeschrieben. Zeit und Ort des Sporttreibens sind festgelegt. Für Wettkämpfe und das Messen von Leistungen gibt es einheitliche Regeln. Ungewöhnlich vieles einschließlich Auftreten und Kleidung ist normiert. Regelverstöße werden durch Disqualifikation oder andere Strafen geahndet. Anstelle urwüchsigen Bewegungsdranges oder regionaler oder sonst eingeborener Sportarten werden auf den olympischen Spielen, oder in der Schule oder von den Kolonialherren nur bestimmte Sportarten zugelassen. Die sportliche Entwicklungshilfe, wie sie etwa auch von beiden deutschen Staaten in Ländern der Dritten Welt energisch betrieben wurde, verdeutlicht diesen Prozeß, wie Sportarten aus der westlichen Institution S. zum Nachteil eingeborener Kulturen gefördert werden. (c) Im S. wie in anderen →sozialen Institutionen ist das →Verhalten in →sozialen Rollen organisiert. Die Träger dieser Rollen empfinden das als „Pflicht“ oder „Amt“: Sportler, Trainer, Sportlehrer, Manager, die ehren„amt“lichen Mitarbeiter in Vereinen und Verbänden, nationale und internationale Funktionäre und Präsidenten von Sportbünden und Olympischen Komitees. (d) Angesichts dieser Reglementierung erfüllt S. mit anderen Institutionen in der Gesamtgesellschaft eine Stabilisierungsfunktion und spielt deswegen auch eine zunehmend wichtige Rolle bei der →sozialen Kontrolle. Im S. wird →Konformität gefördert. Selbst die Entwicklung deutscher Wahlsprüche vom S. belegt das. Wurde deutsches Turnen unter seinem Vater *Jahn* noch „frisch, frei, froh, fromm“ in den Dienst der nationalen Wiedererweckung gestellt, dann von der Obrigkeit verboten, später dann nach Aufhebung der Sozialistengesetze 1892 und von den Arbeiter-, Turn- und Sportverbänden in teilweiser klassenkämpferischer Absicht unter ähnlichem Wahlspruch weitergepflegt, so hat das einstmals unbotmäßig-progressive „frisch-

fromm-fröhlich-frei“ in dem Maße einen konservativ-konformen Beigeschmack erhalten, wie Turnen und sonstiger S. nach ihrer Vereinigung 1950 im Westen unter der Dachherrschaft des Deutschen Sportbundes organisiert wurden und sich zu einer gesellschaftlichen Institution im Konzert anderer gesellschaftlicher und staatstreuer Institutionen auswuchs. Entsprechend behielten Sport und Turnbewegung in der DDR bis zu ihrem Ende 1989 eine eigene politisch-ideologische Ausprägung mit der Betonung einer bewußt „sozialistischen Körperkultur“. (e) Die Institutionen einer Gesellschaft einschließlich S. spielen bis zu einem gewissen Grad zusammen und stützen sich gegenseitig. Die Übertragung wichtiger Funktionen von einer Institution auf eine andere deutet gesellschaftlichen →Wandel und eine gewisse Umstrukturierung dieser Gesellschaft an. Dem S. werden allenthalben (auch von anderen Institutionen einschließlich Parteien und Kirchen) wie einem universellen Allheilmittel für die Mängel und Schäden unserer Gesellschaft heute (im Rahmen einer „funktionellen Überlastung“ teilweise unzutreffend) gesundheitliche, sozialerzieherische und charakterbildende Wirkungen unterstellt, die früher eher von anderen Institutionen (Familie, Schule, Kirche) wahrgenommen werden sollten. Das durch die Werbung veranschaulichte Vor- und Idealbild scheint der gesunde, lei-stungsbereite, glückliche Konformist zu sein. Der übliche sportsoziologische Themenkatalog (das Wechselspiel zwischen Sport und Wirtschaft, Politik, Religion, Massenmedien, Erziehungswesen usw.) verdeutlicht die für diese genannten Bereiche zunehmend wichtige Rolle des S. und die sich verdichtenden Zusammenhänge und Abhängigkeiten. Die Bundesrepublik Deutschland verdankte ihre hochkarätige Sportförderung teilweise der Tatsache, daß es die an Einwohnerzahl viel kleinere DDR als führende Sportnation mit ihrer (pro Kopf und absolut) ungleich größeren olympischen Medaillensammlung gab und daß von dort wie auch aus anderen Ostblockländern die – inhaltlich unsinnige – Parole des friedlichen „Wettkampfs der Systeme“ im S. propagiert wurde. Die sich verdichtenden Beziehungen zwischen S. und Massenmedien, S. und Wirtschaft und S. und Politik scheinen für die Art von S., wie er bei uns sozial institutionalisiert betrieben wird, von ausschlaggebender und überlebenswichtiger Bedeutung zu sein. Der S. wird gefördert und gerät gleichzeitig als soziale Institution mit ihren Veranstaltungen in immer größere Abhängigkeit (Sportartikelmessen, Werbung, Sponsoren). Die Olympischen Spiele, wichtigste Veranstaltung des S., gerieten erst durch die finanzielle Abhängigkeit von Fernsehgiganten zum Gewinngeschäft. (f) S. befriedigt als Institution wichtige Bedürfnisse von →Individuen und →Gruppen, wird aber von anderen Institutionen mitgeprägt. Kürzer: Die Gesellschaft prägt den S.

3. Die Olympischen Spiele und ihre Entwicklung sind der Höhepunkt unserer westlichen Art von Sport, der auch auf internationalem Parkett zur Institution geworden ist. Von *Coubertin* in Form einer neuheidnischen Ersatzreligion zur Verbesserung der Jugend Frankreichs und der Welt gegründet, wandelten sich die Olympischen Spiele auf dem Umweg über den „Kampf der Nationen“ nun zum weitgehend wirtschaftlichen Interessengeschäft (deutlich Atlanta 1996, wo Olympische Sommerspiele, erstmalig rein privat finanziert, noch Gewinn abwarfen). Diese Spiele sind eine eigene wandernde Institution, die es weltweit gibt und die sich jeweils in einem Lande zu einer bestimmten Zeit besonders manifestiert. Dabei können sie, gerade bei den als Staatsschau genutzten medienwirksamen Sommerspielen, gelegentlich zum Spielball der Weltpolitik oder Motor der Innenpolitik werden (die USA und Anhänger boykottierten die Sommerspiele in Moskau

1980, die UdSSR und Anhänger boykottierten Los Angeles 1984, Berlin 1936 förderte das Ansehen Hitler-Deutschlands, Seoul 1988 beendete die internationale Isolierung Süd-Koreas und förderte seinen innenpolitischen Demokratisierungsprozeß). Olympische Spiele wirken insgesamt auf den Sport als lokale soziale Institution in ihrer jeweiligen nationalen und kulturell bedingten Ausprägung zurück.

4. Sport, professionell betrieben, bietet wenigen eine schichtenüberspringende Aufstiegsschiene. Er bringt, von der „schönsten Nebensache der Welt" zur Hauptsache entwickelt, zahlreiche Probleme mit sich, die seine behaupteten positiven Funktionen und den Vorbildcharakter von Berufssportlern für den Breitensport ambivalent erscheinen lassen. Gesundheitsrisiken (z. B. Kindersport, Doping) und Verletzungsgefahr steigen. Bei Mannschaftssportarten mit Körperkontakt wird Brutalisierung beklagt. Je mehr der Sieg als das Ziel sportlichen Strebens gegenüber den Mitteln, mit denen er erreicht werden soll, betont wird, je wichtiger schließlich die wirtschaftlichen oder sonstigen Folgen eines Sieges sind (z. B. Medaillen und ihre Vermarktung, Gewinn von Abstiegskampf und Prämien, politische Ehren als Held des Volkes), desto eher werden die Regeln des S.s zugunsten anderer Interessen verletzt. Fußball-sportliche Großveranstaltungen (zunehmend auch Eishockey) werden von Fans als Aufmarschbühne für Jugendprotest, Kämpfe gegen andere Fans und Straßenschlachten mit der Polizei genutzt.

5. Die herrschende Sportsoziologie vernachlässigt den körperlichen Aspekt des S.s. Hier („Körperkultur") liegen auch Aufgaben der →Kultursoziologie. Körperliche →Verhaltensmuster (z. B. Begrüßungs- und Reinlichkeitsrituale, Nahrungsaufnahme, Krankheitsvorsorge, Zärtlichkeit, Bekleidungsstile), alle Arten von Bewegung einschließlich S. und Tanz werden kultur- und zeitbedingt, schicht-, geschlechts- und altersspezifisch vollzogen. Der Umgang mit dem Körper ist gesellschaftlich geprägt.

S. ist wichtiger Agent der gesellschaftlichen →Sozialisation des Körpers und der verschiedenen Wahrnehmungswelten des Menschen, einen Körper zu haben und selbst Körper zu sein. Als Teil unseres Zivilisationsprozesses ist ein „Verlust an Körperlichkeit" festzustellen. Es schwinden (a) die gesellschaftliche Bedeutung der Körpertüchtigkeit, (b) die Sinne und die Fähigkeit zu sinnlicher Wahrnehmung. Auch Sehen wird zu nicht-teilnehmendem Fern-Sehen reduziert. (c) Abstrakte Vorgänge ersetzen konkretes körperliches Erleben (z. B. Zeit, früher: Rhythmus der Natur; Geld, zunehmend: Buchungsvorgang). (d) Scham- und Peinlichkeitsschwellen rücken vor. (e) Natürliche körperliche Entwicklungen wie Geburt, Wunden, Tod werden vertechnisiert und tabuisiert. (f) In einigen Bereichen der Medizin und des S.s wird der Körper zum seelenlosen Bewegungsapparat reduziert. – Gegen all diese Entwicklungen treten inzwischen →subkulturelle Strömungen an, die, sonst vorrangig nur in der Psycho- und Körper-Therapie-Szene spürbar, sich auch im Sport niederschlagen (z. B. FKK-Baden, neues Gesundheitsbewußtsein, meditatives Laufen, extremes Klettern) und neue gesellschaftliche Orientierungen andeuten. Im S. werden jetzt auch intensivierte Körpergefühle und erweiterte Bewußtseinswelten gesucht.

6. Die Soziologie des S.s ist sowohl Teil der Soziologie als auch Teil der Sportwissenschaft. Entsprechend ihrem akademischen Herkommen und der Gewichtung ihrer Mutterwissenschaften haben sich bundesdeutsche Sportsoziologen in ihren jeweiligen Berufsverbänden (DGS und DVS) in eigenen Sektionen der Sportsoziologie organisiert. Im Gegensatz zur BR Deutschland folgte die Sportsoziologie in der DDR stark den Vorgaben einer anwendungsorien-

tierten und politisch vorprogrammierten Sportwissenschaft.

Lit.: K. Heinemann: Einführung in die Soziologie des Sports, Schorndorf, 3. Aufl. 1990; *B. Rigauer:* Sportsoziologie, Reinbek 1982; *K. Heinemann/M. Schubert:* Der Sportverein, Schorndorf 1994; *H. Ch. Ehalt/O. Weiß* (Hg.): Sport zwischen Disziplinierung und neuen sozialen Bewegungen, Köln/Wien 1993; *K.-H. Bette/A. Rütten* (Eds.): International Sociology of Sport (Festschrift für G. Lüschen), Stuttgart 1995; *G. Lüschen/G. Sage* (Eds.): Handbook of Social Science of Sport, Champaign, Ill. 1981; *G. Lüschen/K. Weis* (Hg.): Die Soziologie des Sports, Darmstadt/Neuwied 1976; *J. Winkler/K. Weis* (Hg.): Soziologie des Sports, Opladen 1995

Prof. Dr. iur. *K. Weis,* München

Spracherziehung, kompensatorische
→kompensatorische Erziehung

Sprachsoziologie
versucht den Zusammenhang von Gesellschaftsstruktur, Kultur und Sprache zu erfassen. Es lassen sich eine mikrosoziologische, verhaltensorientierte und eine makrosoziologische, strukturorientierte Variante unterscheiden. Im Unterschied zu anderen verwandten Disziplinen, etwa der Soziolinguistik, wird bei der sprachsoziologischen Analyse eine strikt soziologische Perspektive eingehalten und Sprache als Mittel zur Konstruktion von Wirklichkeit verstanden.

SR-Schema
→Behaviorismus
→Lerntheorien

Stabilitätsindex
→Assoziationsindex

Stadtsoziologie
Die Stadtsoziologie als Teildisziplin der Soziologie richtet sich darauf, die Zusammenhänge zwischen der sozialen, ökonomischen und technologischen Entwicklung in einer Gesellschaft einerseits und der räumlichen Entwicklung andererseits zu untersuchen.

Unter „Raum“ sind räumliche Einheiten unterschiedlicher Größe zu verstehen: Stadtregionen, Städte, Stadtteile, Häuserblocks. Gegenstand der Stadtsoziologie sind im engeren Sinne Gemeinden von mindestens 2000 Einwohnern, meist jedoch Großstädte mit 100000 und mehr Einwohnern.

Dementsprechend richten sich die stadtsoziologischen Untersuchungen auf unterschiedliche →Aggregatebenen: die Stadt, ein Stadtviertel, Individuen sowie deren Zusammenhänge. Daher ist sie auch als „Siedlungssoziologie“ bezeichnet worden. Je größer die räumlichen Einheiten sind, wie z.B. bei der empirischen Analyse ganzer Städte und/oder je größer der Verstädterungs-(„Urbanisierungs“-)grad einer Gesellschaft ist, desto eher wird die Stadtsoziologie auch zu einer Analyse der Gesellschaft. Hieraus ergibt sich eine Vielzahl von Untersuchungsformen, die im folgenden beispielhaft dargestellt werden.

Theorien. Die Theorien der Stadtsoziologie entstammen unterschiedlichen Forschungstraditionen. Die Hauptströmung ist bis heute die Human- oder Sozialökologie, die in den 1920er Jahren in Chicago entwickelt und seitdem mehrfach erweitert wurde. Ihre zentralen Annahmen sind, daß sich menschliche Gemeinden – ähnlich wie pflanzliche und tierische – in einem Wettbewerb um knappe Ressourcen (z.B. Boden) an die jeweilige Umwelt anpassen und diese durch neue Technologien und normative Regelungen, die Organisation der Gesellschaft oder Gemeinde, verändern. Den Ausgangspunkt bildet die →Arbeitsteilung oder allgemeiner: die „Subsistenzorganisation“ einer Gesellschaft. Im Rahmen dieser Theorie sind u.a. Modelle der Stadtstruktur und -entwicklung formuliert worden. So läßt sich der Wandel von Wohnvierteln („neighborhoods“) durch den Wettbewerb um Wohnraum erklären und der Bevölkerungsaustausch durch einen „Invasions-Sukzessions-Zyklus“ beschreiben.

Aus einigen einfachen Annahmen über den Wandel von Gesellschaften wurde Ende der 40er Jahre die Sozialraumanalyse entwickelt. Zahlreiche empirische Studien in Großstädten haben zu dem Ergebnis geführt, daß sich die Verteilung der Bevölkerung in Großstädten hochindustrialisierter Länder durch drei Dimensionen gut beschreiben läßt: eine sektorale Verteilung nach dem sozialen →Rang (→soziale Schichten), eine konzentrische nach dem Urbanismus (Anteil erwerbstätiger Frauen, niedriger Anteil von Kindern) sowie eine Klumpung ethnischer Minoritäten (Segregation).

Zu den bewährten Theorien und Ergebnissen der Forschung gehört auch, daß in allen Städten vom Zentrum zur Peripherie hin a) die Bevölkerungsdichte, b) die Bodenpreise und c) die Intensität der Bodennutzung kontinuierlich abnehmen. Mit der zunehmenden Ausdehnung der Städte in ihr Umland (Suburbanisierung und „ökologische Expansion") verändert sich allerdings die sozialräumliche Struktur des nun größeren Gebietes, der „Stadtregion", zu einer polyzentrischen Struktur mit City und Nebenzentren, so daß Dichte und Bodenpreise nicht mehr linear abfallen, sondern in den Nebenzentren nochmals ansteigen.

Die →Sozialökologie hat allerdings einige Dimensionen in ihren Analysen vernachlässigt, vor allem die Einflüsse der Bodenspekulation und der Politik. Sie wiederum sind der Ansatzpunkt →marxistisch orientierter Richtungen in der Stadtforschung. Sie hat es in der deutschen Stadtforschung immer gegeben. Entsprechende Ansätze in Frankreich und vor allem in den angelsächsischen Ländern werden seit den 80er Jahren als „New Urban Sociology" zusammengefaßt. Hierbei geht es u.a. um die staatlichen Eingriffe in den Wohnungsmarkt und die Bodennutzung, die Verbindung von staatlichen oder kommunalen Planungen und unterschiedlichen wirtschaftlichen Interessen sowie die Auswirkungen einer internationalen Arbeitsteilung und Kapitalverwertung (wie die Verlagerung von Produktionsstätten in Länder der Dritten Welt) auf die Stadtentwicklung. Erwähnt seien schließlich individualistische Theorien, die auf *Georg Simmel* und *Louis Wirth* zurückgehen, ferner Modelle, die der Geographie (z.B. Diffusionstheorie) und der Ökonomie (z.B. Nutzentheorie) entlehnt sind.

Forschungsgebiete. Die klassische Stadtforschung hat sich fast ausschließlich auf die Analyse von Sachverhalten auf der Makroebene gerichtet, z.B. die Verteilung von Kriminalitätsraten, Selbstmordraten, Anteilen einer Minorität, Angehörigen einer sozialen Schicht über die städtischen Teilgebiete. Hierfür sind zumeist Daten aus der amtlichen Statistik herangezogen worden. Besonders wichtig ist dabei die Analyse der sozialräumlichen Verteilung der Bevölkerung. Durchgängig stellte sich heraus, daß Arbeiter, Angestellte und Angehörige der Oberschicht ungleich über die Stadtgebiete verteilt wohnen. Dieser Sachverhalt wird als Segregation bezeichnet. Er läßt sich auch für Angehörige einer Religionsgruppe, einer ethnischen Minorität oder einzelner Altersgruppen nachweisen. Erklärt wird diese ungleiche Verteilung durch die ungleiche Verteilung der Bausubstanz, die →soziale S. S. Ungleichheit (Einkommen) und die Hypothese, daß Personen ähnlicher Lebensstile räumlich nahe beieinander wohnen wollen.

In die Gruppe der Makroanalysen gehören auch Studien über die Auswirkungen des demographischen Wandels auf die Städte, z.B. des steigenden Anteils von unverheiratet Zusammenlebenden oder des steigenden Anteils älterer Menschen. Beides hat Einfluß auf die Wohnstandorte und die von diesen Gruppen jeweils geforderte Infrastruktur (Schulen, Geschäfte, Freizeiteinrichtungen). Ferner gehören hierzu Studien über die Auswirkungen des ökonomischen Wandels, z. B. des Niedergangs einzelner Industrien wie Bergbau, Schiffbau, Textilherstellung, auf die Arbeits- und Lebensbedingungen in den Städten. Hieran zeigt sich auch die enge Verbindung der Stadtsoziologie zur Ökonomie und Wirtschafts- und →Sozialgeographie. Ein weiteres Problem sind die Auswirkungen neuer Informations- und Kommunikations-Technologien auf die Wohnstandorte, die Lage der Arbeitsplätze und das Verkehrsaufkommen in der Stadt. Ein letzter Makrobereich ist die vergleichende Stadtforschung. Hier geht es darum, Regelhaftigkeiten in der Struktur und phasenhaften Entwicklung von Städten in unterschiedlichen Ländern zu vergleichen.

Bei den Studien auf der Mikro-Ebene wird das individuelle →Verhalten von Stadtbewohnern untersucht. Typische Beispiele sind die Stadt-Umland-Wanderung („Suburbanisierung"), die Lebensbedingungen von →Minoritäten (ausländische Arbeitnehmer, Schwarze) und deren soziale Integration, soziale Netzwerke und die →Eliten in einer Stadt.

Neuere Forschungsgebiete der Stadtsoziologie sind die Analyse regionaler Ungleichgewichte in einem Land, oft als „Süd-Nord-Gefälle" bezeichnet, die durch die Globalisierung der wirtschaftlichen Beziehungen und den wirtschaftlichen Strukturwandel entstanden sind, sowie – hiermit zusammenhängend – auch die Frage nach den Ursachen für den Niedergang und die Revitalisierung von Städten.

Untersucht werden ferner die nationale und internationale Hierarchie der Städte. Eine zunehmende Bedeutung kommt Studien über die Armut in Städten und Stadtvierteln zu, wozu Prozesse der sozialen Ausgrenzung („social exclusion") einerseits und die Aufwertung innenstadtnaher Viertel (Gentrification) andererseits gehören. Bedeutsam sind noch immer Analysen der Auswirkungen neuer Technologien auf die Standorte von Unternehmen und Haushalten. Diese Probleme führten zurück auf eine alte Frage der Soziologie: die nach dem Zusammenhang von technologischem und →sozialem Wandel einer Gesellschaft.

Einen starken Einfluß auf die Stadtsoziologie hat die neuere ökologische Forschung über das Thema einer nachhaltigen Stadtentwicklung („sustainable cities"). Hierzu gehören auch die völlig ungelösten Fragen nach den Lebensbedingungen in den neuen gigantischen Städten der Dritten Welt, von denen einige bis zum Jahr 2000 mehr als 15 Millionen Einwohner haben werden, z. B. Mexiko City, São Paulo, Shanghai.

Mit ihren Forschungen kann die Stadtsoziologie auch wichtige Hinweise für die Stadtplanung erbringen. Dies ist beispielsweise bei Untersuchungen über die Sanierung von Wohngebieten, über die Lebensbedingungen und Probleme in Neubausiedlungen, ferner zur Entwicklung der Innenstadt und zum Wohnungsmarkt der Fall.

Lit.: P. Atteslander und *B. Hamm* (Hg.): Materialien zur Stadt- und Siedlungssoziologie. Köln 1974; *J. Friedrichs:* Stadtanalyse, 3. A. Opladen 1983; *J. Friedrichs:* Stadtsoziologie. Opladen 1995; *W. P. Frisbie* und *J. D. Kasarda:* Spatial Processes, in: *N. J. Smelser* (Hg.): Handbook of Sociology. Newbury Park 1988; *B. Hamm* und *I. Neumann:* Siedlungs-, Umwelt- und Planungssoziologie. Opladen 1996; *H. Häussermann* und *W. Siebel:* Neue Urbanität. Frankfurt/M. 1987

Prof. Dr. *J. Friedrichs,* Köln

Stamokap-Theorie

Abk. von staatsmonopolitischer →Kapitalismus

Ergebnis der Analyse und Interpretation der gegenwärtigen kapitalistischen Wirtschaftsform (Spätkapitalismus) durch sozialistische Wissenschaftler auf →marxistischer Grundlage, wonach der kapitalistische Industriestaat seine Stabilität durch die enge Verbindung des Kapitals, vor allem der Monopole, zu den staatlichen Institutionen erhält, wodurch das Wirtschaftswachstum gesteuert und garantiert wird.

Stand
in der vorindustriellen Gesellschaft Bezeichnung für eine Sozialstruktur, die nach festen Privilegien- und Herrschaftsformen organisiert war, z.B. Adelstand, Bürgerstand, Bauernstand. Findet heute noch zur Bezeichnung bestimmter Berufsgruppen Verwendung, etwa bei den Standesorganisationen der Ärzte, Rechtsanwälte u. Handwerker.

Standardabweichung
→Varianz

Ständegesellschaft
hierarchisch gegliederte Gesellschaftsordnung Europas in vorindustrieller Zeit (Feudalismus) mit rechtlich verankerten Über- und Unterordnungsverhältnissen und nur geringer Mobilität. Die Statuszuweisung erfolgte nach dem Geburts- und nur selten nach dem →Leistungsprinzip. Jeder →Stand hatte einen bestimmten festgelegten Lebensstil. Historisch gesehen, entwickelte sich aus den drei Ständen des frühen Mittelalters (Adel, Freie und Unfreie) im ländlich-feudalistischen Raum die ständische Gliederung von Adel, Geistlichkeit und Bauern, wobei alle drei Gruppierungen beträchtliche innere Differenzierungen aufwiesen. In der mittelalterlichen Stadtgesellschaft finden wir ebenfalls eine Dreigliederung in Patrizier, Bürger und unterständische Gruppen. Nach der Französischen Revolution, in der das →Bürgertum sich durchsetzte, bildete sich neben den drei Ständen Klerus, Adel und Bürgertum der sog. vierte Stand, die „Proletarier", denen Arbeiter, Kleinbürger, Bauern und niedrige Angestellte zuzurechnen waren, aus denen sich später überwiegend das Industrieproletariat rekrutierte.

Statik
im Gegensatz zur Dynamik für die Analyse von Gesellschaften von *A. Comte* geprägtes Begriffspaar.

Statistik
Begriff: Unter Statistik wurde bis zur Mitte des 19. Jahrhunderts eine tabellarische Beschreibung von Staatswesen verstanden. Auch heute wird das Wort meistens in einem ähnlichen Sinne gebraucht: als aufbereitete Sammlung von Daten zu bestimmten sachlichen, oft sozialen und wirtschaftlichen Problemen (z.B. Arbeitslosenstatistik, Unfallstatistik). Mit Statistik als wissenschaftlicher Disziplin ist allerdings in diesem Jahrhundert keine Datensammlung, sondern eine Methodenlehre zur Gewinnung von Daten und ihrer beschreibenden und schließenden Analyse gemeint. Dabei bedient sich die Statistik wesentlich der Mathematik, speziell der Wahrscheinlichkeitstheorie.

Gewinnung von Daten: Bei der Gewinnung von Daten ist eine Voll- oder Teilerhebung angebracht. Falls numerische Aussagen über ein theoretisches Modell beabsichtigt sind, sollte ein Experiment durchgeführt werden oder sollten zumindest Daten in einer Situation erhoben werden, die den Modellvoraussetzungen entsprechen.

Bei einer Vollerhebung werden die interessierenden Merkmale bei allen Untersuchungseinheiten der Population ermittelt. Ein bekanntes Beispiel für eine Vollerhebung ist die Volkszählung. Eine Vollerhebung kann sich aber auch auf kleinere Populationen (z.B. Schulklassen) oder auf andere Untersuchungseinheiten als Personen (z.B. Staaten der Welt) beziehen. Bei der statistischen Analyse werden Mittel der beschreibenden Statistik eingesetzt.

Da eine Vollerhebung sehr aufwendig oder oft sogar unmöglich ist, werden häufig nur Daten von einem Teil der Population erhoben. Fast alle Meinungsumfragen sind derartige Teilerhebungen, da nur ein Teil der Personen, um deren Meinungen es geht, befragt wird. Als Auswahlverfahren für Teilerhebungen haben sich weitgehend Zufallsstichproben durchgesetzt: Nach Vorgabe eines Wahrscheinlichkeitsgesetzes werden Untersuchungseinheiten mit Zufallsexperimenten ausgewählt. Eine Beeinflussung der Auswahl durch unerkannte Faktoren soll so vermieden werden, und vor allen Dingen ist die Beziehung zwischen dem Teil und der gesamten Population mit Mitteln der schließenden Statistik, speziell der Stichprobentheorie, präzise beschreibbar.

Bei der Überprüfung eines theoretischen Modells ist in strengem Sinne die Durchführung eines kontrollierten Experimentes angebracht. Trotz der großen Bedeutung von Modellen in den Sozialwissenschaften ist es oft nicht möglich oder sinnvoll, Experimente durchzuführen (z.B. bei Modellen über den Rüstungswettlauf von Staaten oder über den Einfluß des sozialen Status der Eltern auf den der Kinder). Unter Verzicht auf einen strengen Nachweis von Ursache-Wirkungs-Beziehungen kann man Daten aus Voll- oder Teilerhebungen zu Aussagen über das Modell nutzen. Mit Hilfe der schließenden Statistik wird geprüft, ob die Beobachtungen bis auf Zufallsschwankungen mit dem Modell verträglich sind oder nicht. Zu betonen ist, daß es hier nicht um die Beziehung zwischen Teil- und gesamter (realer) Population, sondern zwischen Beobachtung (an den ausgewählten Untersuchungseinheiten) und Modell geht.

Beschreibende (deskriptive) Statistik und explorative Datenanalyse:
Die beschreibende Statistik stellt Verfahren zur Verfügung, um Datenmaterial zu ordnen, in Tabellen und Schaubildern übersichtlich darzustellen und um wesentliche Eigenschaften summarisch zu beschreiben. Bei einer Erhebung werden die Untersuchungseinheiten unter bestimmten Gesichtspunkten, den Merkmalen oder Variablen, klassifiziert (z.B. die Einwohner der BR Deutschland nach den Merkmalen Alter, Geschlecht usw.). Die Eigenschaften, die bezüglich eines Merkmals unterschieden werden, heißen Merkmalsausprägungen oder Variablenwerte (z.B. männlich, weiblich; 20 Jahre alt).

Die Skaleneigenschaften von Merkmalen legen fest, wie weit die Unterschiedlichkeit von Variablenwerten interpretierbar ist und welche Rechenoperationen und statistische Verfahren auf die Merkmale sinnvoll angewandt werden können. Von den obengenannten Merkmalen ist „Geschlecht“ nominalskaliert, d.h. unterschiedliche Ausprägungen weisen nur auf die Unterschiedlichkeit der Untersuchungseinheiten hin. Sehr viele statistische Verfahren verlangen metrisches Skalenniveau: wie etwa bei dem Merkmal „Alter“ ist dann die Differenz zweier Variablenwerte interpretierbar.

Ein erster Schritt bei der beschreibenden Datenaufbereitung ist die Erstellung und gegebenenfalls graphische Darstellung der eindimensionalen Häufigkeitsverteilungen der einzelnen Merkmale. Die absolute bzw. relative Häufigkeitsverteilung ordnet jeder Ausprägung die Anzahl bzw. den Anteil der Untersuchungseinheiten zu, die die betreffende Ausprägung haben (z. B. bei „Geschlecht“ Anteile der Frauen und Männer). Bei Vorliegen vieler Ausprägungen oder zum Vergleich mit anderen Gesamtheiten ist eine Beschreibung der Verteilung durch Kennwerte (Parameter) sinnvoll. Einfache Lagekennwerte sind größter, kleinster und häufigster Wert. Bei metrischen Merkmalen werden meistens das arithmetische Mittel $\bar{x}$ zur Beschreibung der Lage und die Varianz s^2 bzw. die Standardabweichung $s = \sqrt{s^2}$ zur Beschreibung der Streuung benutzt:

$$\bar{x} = \frac{1}{n} \sum_{i=1}^{n} x_i = \frac{1}{n} (x_i + \ldots, x_n);$$

$$s^2 = \frac{1}{n} \sum_{i=1}^{n} (x_i - x)^2$$

(n: Anzahl der Untersuchungseinheiten;
x_i: Ausprägung der i-ten Untersuchungseinheit)

Bei zwei Merkmalen ordnet die gemeinsame (zweidimensionale) Häufigkeitsverteilung jeder Ausprägungskombination beider Merkmale die absolute bzw. relative Häufigkeit zu. Sie wird in einer Kreuztabelle oder Kontingenztafel dargestellt.

Gegenüber den eindimensionalen Verteilungen gibt sie zusätzlich Information über die Beziehung zwischen den beiden Merkmalen. Häufig benutzte Kennzahlen zur Messung der Abhängigkeit von Merkmalen sind der Kontingenzkoeffizient von *Cramér* bei normalskalierten Merkmalen und der lineare Korrelationskoeffizient von *Bravais-Pearson* bei metrisch skalierten Merkmalen.

Zur Beschreibung der Beziehungen zwischen mehr als zwei Merkmalen sei allgemein auf multivariate Verfahren verwiesen (z. B. Regressions-, Korrelations-, Varianzanalyse, verallgemeinerte lineare Modelle, Clusteranalyse, multidimensionale Skalierung, projection pursuit-Verfahren).

Ein relativ neues (bzw. wiederentdecktes) Gebiet der Statistik ist die explorative Datenanalyse. Wie die deskriptive Statistik stellt sie Verfahren der Datenaufbereitung bereit und verzichtet auf die Modellannahmen der induktiven Statistik. Allerdings geht sie im Vergleich zur deskriptiven Statistik von unbestimmteren Fragestellungen und offeneren Konzepten aus, um Hinweise auf Besonderheiten und unbekannte Strukturen in den Daten zu finden. Dabei läßt sie als Ergebnis auch divergierende Aussagen nebeneinander stehen.

Die graphische Darstellung von Daten hat im Zusammenhang mit der explorativen Datenanalyse und Computergraphik wieder erheblich an Bedeutung gewonnen; hier sei nur auf die entsprechenden Stichworte in der Enzyklopädie von *Kotz/Johnson* verwiesen.

Schließende (induktive) Statistik:
Während die beschreibende Statistik nur Aussagen über die jeweils empirisch erhobenen Daten macht, versucht die schließende oder induktive Statistik Aussagen von Stichproben auf die zugrundeliegende Gesamtheit zu übertragen. Hierbei kann es sich um einen Schluß von einer zufällig ausgewählten Teilgesamtheit auf eine reale Grundgesamtheit oder von einem Experiment (oder in vergleichbarer Situation gewonnenen Daten) auf ein theoretisches Modell handeln. Hauptgebiete der schließenden Statistik sind Schätz- und Testtheorie. Innerhalb der Schätztheorie gibt die Punktschätzung aufgrund der Stichprobe einen Schätzwert für den unbekannten Kennwert in der Grundgesamtheit an. Wenn z. B. bei 1000 zufällig aus den Erwerbstätigen der BR Deutschland ausgewählten Personen ein Durchschnittseinkommen von 2000 DM beobachtet wird, wird dieser Wert als Schätzwert für das Durchschnittseinkommen aller Erwerbstätigen in der BR Deutschland angenommen. Die Schätztheorie begründet und beurteilt diese Vorgehensweise. Anstelle eines einzelnen Wertes gibt ein Konfidenzintervall einen Zahlenbereich an, in dem der Parameter zu einem vorbestimmten Vertrauensgrad liegt. In dem Beispiel könnte dann als Ergebnis die Aussage stehen: „Mit einem Vertrauensgrad von 95% liegt das Durchschnittseinkommen in der BR Deutschland zwischen 1950 und 2050 DM.“

Statistische Testverfahren prüfen, ob Daten mit einer Hypothese in einem theoretischen Modell verträglich sind oder nicht. Eine derartige Hypothese H_0 besteht z. B. darin, „daß eine bestimmte Unterrichtsmethode gleichen Erfolg bei Jungen und Mädchen habe“. Bei Durchführung eines Experiments und Messung des Erfolges wird man auch bei Gültigkeit der obigen Hypothese aufgrund von zufälligen Schwankungen unterschiedliche Durchschnittswerte für Jungen und Mädchen erhalten. Ein Signifikanztest entscheidet zu einer vorgegebenen Sicherheitswahrscheinlichkeit, ob derartige beobachtete Unterschiede mit H_0 noch verträglich sind oder ob H_0 abgelehnt werden muß.

Die Grundlage für jede Anwendung der schließenden Statistik besteht darin, daß die Beobachtungen als Ergebnis eines Zufallsexperiments gesehen werden können und daß dann der Zusammenhang zwischen Stichprobe (Beobachtung) und Grundgesamtheit mit Begriffen der Wahrscheinlichkeitstheorie beschrieben wird. Mit der Begründung dieses Zusammenhangs steht und fällt ihre Anwendbarkeit. Weiterhin ist zu beachten, daß mit der statistischen Theorie nicht direkt ein Schätzwert oder das konkrete Ergebnis eines Tests beurteilt wird, sondern nur das Verfahren, mit dem die jeweilige Entscheidung gewonnen wurde. Auch wenn z.B. 95%-Konfidenzintervalle durchschnittlich in 95 von 100 (unabhängigen) Anwendungen den wahren Kennwert überdecken, weiß man nicht, ob ein vorliegender, konkreter Anwendungsfall zu den übrigen 5% mit einem falschen Ergebnis gehört.

Die obigen Ausführungen zur schließenden Statistik beziehen sich auf den objektiven, frequentistischen Wahrscheinlichkeitsbegriff, der Wahrscheinlichkeit als „Grenzwert" von relativen Häufigkeiten bei unabhängigen Versuchen erklärt. Eine andere Auffassung sieht in Wahrscheinlichkeit einen subjektiven Glaubensgrad. Die zugehörige Bayes-Statistik behandelt Regeln, diesen Glaubensgrad aufgrund von Beobachtungen „vernünftig" zu ändern. Für weitere Informationen zur Bayes-Statistik und zur induktiven Statistik im allgemeinen sei hier auf *Rüger* verwiesen.

Lit.: Hartung, J.: Statistik, München 1982; *Hartung J./Elpelt, B.:* Multivariate Statistik, München 1984; *Kotz, J.:* Encyclopedia of Statistical Sciences, 9 Bde., New York 1982–1988; *Krug, W./Nourney, M.:* Wirtschafts- und Sozialstatistik, 2. Aufl. München 1987; *Patzelt, W. J.:* Einführung in die sozialwissenschaftliche Statistik, München, Wien 1985

Dr. *P. Kremser,* München

Status

Der Begriff des S. begegnet uns in der Soziologie in vielerlei Bedeutungen: 1) S. wird von *Linton* im Sinne des heutigen Vorstellungsinhalts von →Position gebraucht und meint den relativen Ort einer Person in einem eingrenzbaren sozialen Kontext, aus dem sich bestimmte Rollenerwartungen ergeben. *Lintons* Begriffe von S. und →Rolle haben die Bedeutung von S. – wenn auch eher abgrenzend – nachhaltig beeinflußt. 2) *M. Webers* „Stand" wird ins Englische mit status übersetzt. Damit ist dann die Vorstellung von der Gesamtheit aller ererbten Rechte und Pflichten eines Individuums verbunden. 3) Im Rahmen der →Schichtungssoziologie wird S. selbst noch einmal differenziert gebraucht: a) Unabhängig von bestimmten gewählten Schichtungskriterien und -dimensionen läßt sich der S. einer Person als eine höher oder tiefer liegende Position in einem hierarchisch geordneten System bestimmen. b) Ein engerer S.begriff liegt dann vor, wenn diese relative soziale Position sich dominant auf die Wertschätzung, das →Prestige, innerhalb des Schichtungskriteriums bezieht.

Der S. einer Person wirkt für deren Interaktionspartner handlungsorientierend, ist aber der Rolle übergeordnet, da er die umfassendere Lage der Person beschreibt, auf die sich nicht nur Erwartungen aufgrund spezifischer Leistungen im Rahmen der Rollenerwartungen richten, sondern auch Erwartungen diffuser Art, wie die bezüglich des Einkommens, der Bildung, der Handlungsweisen und des Prestiges.

Der →struktur-funktionalistische S.begriff bezieht sich auf *M. Webers* Beschreibung der „ständischen Lage" und weist darauf hin, daß die S.lage eines Individuums nicht mit seiner Position gleichzusetzen ist, da sich der S. nicht nur aus der ökonomischen Situation ableiten läßt (obwohl die Berufsposition ein wesentliches Schichtungsmerkmal – besonders in arbeitsteiligen Gesellschaften – ist). *Parsons* stellte sechs Einflußvariablen zur Klassifizierung von S. vor: Mitgliedschaft in einer Verwandtschaftsgruppe, persönliche Eigenschaften, Leistungen, Eigentum, Autorität und Macht.

Der Gesamtstatus einer Person ist die Summe aller Statusse, die sie innehat. Er repräsentiert deren relative Position in bezug auf die Gesamtgesellschaft und das Gesamt der S.kriterien. Die Bestimmung des Gesamts. als Summe aller Teils.se eines Individuums erweist sich als sehr schwierig, da die einzelnen Teils.se nach ihrer sozialen Relevanz gewichtet werden müssen. Drücken die verschiedenen Teils.se eine relativ gleich hohe Bewertung aus, so spricht man von S.konsistenz, treten Diskrepanzen auf, von S.inkonsistenz, d.h., der Gesamts. setzt sich aus ungleich hohen Teils.sen zusammen; S.konsistenz, also große Ähnlichkeit im Prestige verschiedener S.se einer Person, wird auch als S.kristallisation bezeichnet. Sozialer Aufstieg bedeutet S.gewinn, sozialer Abstieg S.verlust.

In den Industriestaaten spielt der Berufss. eine große Rolle, während in der ständischen Gesellschaft eher ererbte Merkmale s.relevant waren. Damit ist eine wichtige Differenzierung benannt, die ebenfalls von *Linton* eingeführt wurde: zugeschriebener (ascribed) und erworbener (achieved) S. Zugeschriebener S. meint die unabhängig von Leistungen oder Fähigkeiten des einzelnen zugewiesenen Wertschätzungen auf der Basis zumeist ererbter Eigenschaften (etwa Adel, Geschlecht etc.). Erworbener S. ist die durch individuelle Leistung erfahrene Wertschätzung. Im Verlauf der Entwicklung von der ständischen zur industriellen Gesellschaft ergab sich mit der Zunahme →sozialer Mobilität eine Vergrößerung der Chance, durch tatsächliche Leistung eine S.erhöhung zu bewirken. Die aus der gesellschaftlichen Entwicklung resultierende relative Unübersichtlichkeit des Gesellschaftsgefüges unterstützt eine eher oberflächliche Orientierung an S.symbolen, weshalb S.vorurteile entstehen können.

Aus der S.differenzierung ergibt sich eine je spezifische Schichtungsstruktur einer Gesellschaft, die graphisch gefaßt (etwa die „Zwiebel“ bei *Bolte*) einen plastischen Eindruck der Verteilung von „höher und tiefer“ in einer Gesellschaft vermittelt.

Die empirische Forschung geht zwei Wege, S. zu ermitteln: Der objektive Ansatz richtet seine Aufmerksamkeit bei der Erfassung von S. auf soziale Kriterien, die die Wertschätzung bestimmen, wie z.B. Einkommen, Beruf, Bildung usw. Der subjektive Ansatz befaßt sich mit den Vorstellungen der Individuen über die Wertschätzung, also über Selbst- und Fremdbeurteilung, Prestigeskalen etc.

Lit.: Bolte, Karl Martin: Deutsche Gesellschaft im Wandel, 2. Aufl., Opladen 1967; *Claessens, Dieter:* Status als entwicklungssoziologischer Begriff, 1. Aufl., Dortmund 1965; *Claessens, Dieter:* Rolle und Macht, 9. Aufl., München 1974; *Kluth, Heinz:* Sozialprestige und sozialer Status, 1. Aufl., Stuttgart 1957; *Linton, Ralph:* The Study of Man, 1. Aufl., New York/London 1936.

Prof. Dr. *S. Lamnek,* Eichstätt

Statusgruppe

Personengruppen mit ähnlichem Lebensstil und gemeinsamen Vorstellungen, die in der →Statushierarchie ein vergleichbares soziales →Ansehen genießen.

Statushierarchie

Differenzierung der Gesellschaft nach →Status oder →Prestige, meist in Berufsrangordnungen erfaßt.

Statusindex

Instrument zur Statusfeststellung, meist bei der Analyse von Berufsrangordnungen (Berufsrangordnungsverfahren)

verwendet, häufig mit Hilfe multipler Statusindizes (Ausbildung, Beruf, Einkommen nach *Scheuch* 1959) erstellt, die in der Schichtungs- und Mobilitätsforschung Verwendung finden.
→soziale Schichtung
→soziale Mobilität

Statusinkonsistenz
Statusinkongruenz
ein in den USA von *G. E. Lenski* (1954) entwickelter Begriff zur Kennzeichnung divergierender Konstellationen des Gesamtstatus einer Person (z.B. ein Jurist, der als Taxifahrer arbeitet) oder ein Unternehmer ohne Schul- oder Berufsabschluß, der ein hohes Einkommen erzielt (Schrotthändler). Statusinkonsistenzen erschweren sowohl die Selbst- wie auch die Fremdeinschätzung von Personen im Statusgefüge.

Statuskongruenz
bezeichnet den im allgemeinen engen Zusammenhang zwischen dem Ausbildungs- und Berufsstatus und dem Einkommen. Personen, die in der Statushierarchie einen hohen Rang einnehmen, sind meist auch an anderen Stellen in führenden Positionen tätig.

Statussymbol
äußerlich erkennbares Zeichen (Symbol), von dem auf den →Status oder die Stellung einer Person rückgeschlossen werden kann. Statussymbole dienen nicht nur der Kenntlichmachung der Stellung in einem Sozialsystem ohne formelle Abstufungen, sondern sollen die Orientierung erleichtern und eine bessere Einschätzung vor allem der wirtschaftlichen Lage ermöglichen. Statussymbole eignen sich deshalb hervorragend zur Demonstration (Geltungskonsum) eines erwünschten, aber nicht existierenden →Prestiges (z.B. beim Hochstapler).
→Konsum, demonstrativer

Statuszuweisung
soziale Plazierung, Allokation
Prozeß der Vermittlung einer bestimmten sozialen Stellung. In der vorindustriellen Gesellschaft erfolgte die Statuszuweisung nach der Herkunft (zugeschriebener →Status), in modernen Industriegesellschaften überwiegend nach Leistung (erworbener Status), obgleich die Herkunft über die Sozialisationsmechanismen, das Erbrecht und familiale Beziehungen nach wie vor wirksam ist.

Stereotyp
in der Psychologie Bezeichnung eines Denkens und Verhaltens nach feststehenden Orientierungen, die häufig zu →Vorurteilen, Starrheit und Vereinfachung bei der Beurteilung von Personen oder Sachen führen, z.B. bei Ausländern (faul, schmutzig), Frauen (gefühlsduselig, unlogisch), Politikern (korrupt, opportunistisch) usw. Die Bildung von Stereotypen ist in gewissem Umfang für jeden Menschen zur Erleichterung der Orientierung notwendig und Teil des sozialen Lernens.

Stichprobe
→Auswahl
→Auswahleinheit
→Auswahlverfahren

Stigmatisierung
→labeling approach

Stimulus
→Behaviorismus
→S-R Schema
→Lerntheorien

Stratifikation
→soziale Schichtung

street corner society
von *W. F. Whyte* (1943) geprägter Begriff zur Bezeichnung Jugendlicher, die ihre →Sozialisation auf der Straße nach von den allgemeinen →Normen abweichenden Regeln empfangen. Die Untersuchung von *W. F. Whyte* bediente sich der Methode der teilnehmenden Beobachtung.

Streik
Arbeitsniederlegung durch Arbeitnehmer zur Durchsetzung von Forderungen, die sich auf Entlohnung, Arbeitsbedin-

gungen und Arbeitszeitregelungen beziehen. Voraussetzungen für die Durchführung eines Streiks sind die Zustimmung der betroffenen Gewerkschaft, ein Streikziel im Rahmen des Tarifvertrages, Einhaltung der Friedenspflicht und daß die bestreikten Unternehmen nicht unangemessen geschädigt werden. Ohne Zustimmung der Gewerkschaften durchgeführte Arbeitsniederlegungen, sog. „wilde Streiks", sind demnach nicht möglich. Während der Geltungsdauer des Tarifvertrages besteht Friedenspflicht, zulässig sind lediglich befristete Warnstreiks (1–2 Stunden). Der Streik kann in allen Unternehmen des Streikgegners durchgeführt werden; gestattet sind auch sog. Schwerpunktstreiks, bei denen nur einzelne, besonders wichtige Unternehmen bestreikt werden. Der streikende Arbeitnehmer erhält weder Lohn, Gehalt noch Arbeitslosenunterstützung; Gewerkschaftsmitglieder werden aus der Streikkasse der Gewerkschaft bezahlt. Die Arbeitgeber haben nach herrschender Meinung das Recht zur Aussperrung. Kein Streikrecht haben bisher Richter und Beamte. Politische Streiks, etwa ein Generalstreik zur Durchsetzung politischer Forderungen, sind nur im Sinne des Widerstandsrechts (Art. 20,4 GG.) möglich.

Streuung

→Varianz

struggle for life

→Sozialdarwinismus

Struktur, soziale

der Strukturbegriff bezieht sich auf die relativ dauerhaften Gebilde und Handlungszusammenhänge eines Beziehungsgeflechtes; die Struktur sozialer Systeme ist für das handelnde Individuum Teil der sozialen Situation, an der →Handeln und →Verhalten ausgerichtet werden. *Durkheim* sprach von den „faits sociaux", den sozialen Tatsachen, die sich in den verbindlichen Regelungen der Gesellschaft, ihren →Institutionen und →Rollenerwartungen, niedergeschlagen haben und „Wirklichkeit" repräsentieren.

→Sozialstruktur

→Sozialorganisation

Strukturalismus

Eine Forschungsorientierung, die, von Linguistik und Anthropologie ausgehend, neben der Soziologie in verschiedenen Disziplinen wie Philosophie und Wissenschaftstheorie, Psychoanalyse, Literaturwissenschaft und Geschichte seit ihren frühesten Anfängen zu Beginn dieses Jahrhunderts an Einfluß gewonnen hat. Schulen hat sie nur im Kontext bestimmter Wissenschaften hervorgebracht; als eine allgemeine Zugangsweise zu wissenschaftlichen Fragen bleibt Strukturalismus ein ebenso undogmatisches wie unscharfes Konzept. Die Verbindung von Strukturalismus und Soziologie ist so indirekt, das heißt über den Strukturalismus anderer Wissenschaften vermittelt und von deren Theorie und Geschichte mitbestimmt.

1. Als Theorie und Methode ist der Strukturalismus zuerst in der Linguistik entstanden, gleich ob man den Beginn mit *Ferdinand de Saussures* Arbeiten oder mit denen von *Roman Jakobson* ansetzt. Für Linguisten ist der Strukturalismus bereits vielfach eine abgeschlossene Erscheinung der jüngeren Wissenschaftsgeschichte. Gegenüber seinem Vorgänger, der historisch-vergleichenden Sprachwissenschaft, hat er das Verdienst, die „Regelhaftigkeit" des Sprechens auf hohem wissenschaftlichen Niveau zum Gegenstand der Analyse gemacht zu haben: Den Vorrang der Beziehungen zwischen den Elementen eines Systems (von Lauten, Worten, Bedeutungen etc.) gegenüber der Qualität der Elemente, ein Vorrang, der die Unterscheidung zwischen der syntagmatischen (z.B. der Folge von Worten in Sätzen) und der paradigmatischen Ordnung (z.B. die funktionale Äquivalenz von Wortzusammensetzungen), von synchroner und diachroner Ordnung regiert. Auch wenn ein ganzes Bezie-

hungssystem in ein anderes „transformiert" wird (ein zweiter strukturalistischer Schlüsselbegriff), wird das System keineswegs als eine Einheit aufgefaßt, deren Qualität den Übersetzungsprozeß bestimmte, sondern es ist erneut die Beziehung, nun zwischen den Systemen, die Vorrang hat. Vor allem diese Konzepte und dieser Denkstil waren auch für andere Wissenschaften folgenreich, vermittelt in erster Linie über *Claude Lévi-Strauss'* „Strukturale Anthropologie". In der Zusammenarbeit mit *Roman Jakobson* hat *Lévi-Strauss* die neuen Ideen der Sprachwissenschaft, das heißt vor allem der Phonologie, für anthropologische Methoden fruchtbar gemacht. Daß es in der Sprache nur Differenz gebe – diesen linguistisch-strukturalistischen Kernsatz kann man auch über *Lévi-Strauss'* Analyse des Totemismus setzen. Nicht die einzelnen Elemente eines Mythos, sondern ihre Beziehung und die Übersetzung in andere Beziehungen sind entscheidend. Daß diese Ideen für die vergleichende Anthropologie von unmittelbarer produktiver Bedeutung sind, ist evident. Aber *Lévi-Strauss* hat auch darüber hinaus die Idee zumindest genährt, Strukturalismus sei auch die Suche nach allgemeinen anthropologischen Gesetzen des menschlichen Geistes, obwohl er selbst seinen „Strukturalismus" wie „Universalismus" dementiert hat.

Die strukturelle Anthropologie hat jedoch neben der linguistischen eine zeitlich parallele, der Soziologie näherstehende Wurzel, sichtbar in dem Werk von *Emile Durkheim* und *Marcel Mauss* von 1903 „De quelques formes primitives de la classification". Von hier aus gesehen ist die Verbindung zum linguistischen Strukturalismus viel lockerer. Die vergleichende historisch-anthropologische Analyse nutzt die strukturalistischen Unterscheidungen und Gewichtsverschiebungen von Diachronie zu Synchronie, von Element zu Beziehung und von Reproduktion zu Transformation in ganz unterschiedlichen problem- und sachorientierten Kontexten. Hier wird Strukturalismus zu einem zwar anthropologisch fundierten, aber allgemein methodologisch verwendbaren sozialwissenschaftlichen Konzept, das in unterschiedlichen Theoriekonzeptionen, sofern diese nicht gerade entgegengesetzte methodische Orientierungen vertreten, wirksam sein kann. So unterschiedliche Ansätze wie *Jean Piagets* „Genetischer Strukturalismus", wie der „amerikanische Strukturalismus" der →struktur-funktionalistischen Soziologie *Talcott Parsons* und *Pierre Bourdieus* strukturale Klassentheorie gehören in dieses Feld, obwohl sich deren →Handlungstheorie nicht mit einem prinzipiellen Strukturalismus verträgt. In *Roland Barthes'* berühmten „Mythen des Alltags" hat diese in gewisser Weise äußerliche soziologische Verwendung des anthropologischen Strukturalismus aber schon früh seine charakteristische Gestalt gewonnen.

Trotz dieser scheinbar natürlichen Nähe von Strukturalismus und Soziologie geht dennoch auch für viele Soziologen die größere Faszination von *Lévi-Strauss'* Werk aus. Der Grund dafür ist, daß *Lévi-Strauss'* strukturale Anthropologie in ihrer zugleich anti-individualpsychologischen wie anti-sozialintegrativen Orientierung die größere politisch-anthropologische und philosophische Herausforderung für die Soziologie ist. Ähnlich läßt sich das soziologische Interesse an der „strukturalistischen Psychoanalyse" *Lacans* verstehen, das allerdings sehr viel schwächer ausgeprägt ist als das an *Lévi-Strauss*. Die Strukturalismus-Debatte der 1960er und 1970er Jahre resümiert so unterschiedliche Geschichten. In mancher Hinsicht ist es so, daß sich die verschiedenen sachlichen und zeitlichen Ansätze des Strukturalismus gerade dann zu einem etwas mehr einheitlichen Konzept zusammengefügt haben, als mit dem Post- oder Neostrukturalismus die Chancen und Risiken dieser Denkweise selbst zum Gegenstand der Debatte geworden sind. Für die Soziologie ist diese Debatte über den Neo- oder Poststrukturalismus von großem Interesse, verführt aber auch dazu, den Strukturalismus im ganzen nur unter der Perspektive des Urteils über den Poststrukturalismus zu verstehen.

2. Zweifellos ist die Grenze zwischen Strukturalismus und Neostrukturalismus fließend, dennoch läßt sich ein entscheidendes Trennungsmerkmal festmachen. Bei aller Betonung von Relationalität, Synchronie und Transformation hatte der klassische Strukturalismus doch, und sei es insgeheim, an der regulativen Idee eines Zentrums (Subjekt, Geschichte, Gesellschaft) explizit zu denken. Diese Zumutung hat zweifellos zu den überzogenen Identifikations- und Feindschaftsverhältnissen zum Strukturalismus in der Soziologie beigetragen. Tatsächlich aber liegt die philosophische Bedeutung des Neostrukturalismus in der Soziologie nicht in der Begründung einer spezifischen Soziologie, sondern in der Dramatisierung und Intensivierung gegebener kritischer Fragestellungen in der Soziologie selbst. Es sind vor allem die nach dem Subjekt, der Geschichte und der Repräsentation des Sozialen, wie diese in der Soziologie verstanden werden. Die Kritik der Überhöhung einer konstitutiven →Subjektivität in der soziologischen Handlungstheorie verschärft eine Kritik, wie sie auch von →systemtheoretischer oder →marxistischer Seite vorgebracht werden könnte. Die Ablehnung jeder Teleologisierung und Singularisierung der Geschichte verschärft den anti-geschichtsphilosophischen und anti-evolutionistischen Vorbehalt, den jede Soziologie nach *Marx, Durkheim* und *Weber* zu bedenken hat. Die Rehabilitation der Repräsentation gegenüber der absoluten Präsenz und dem reinen Kommunikationscharakter des Sozialen verdeutlicht einen alten Zweifel an der Selbstdurchsichtigkeit der Gesellschaft und ihrer Fähigkeit zur Selbstdistanz. Die Reflexion der „strukturalen Kausalität" schließlich verdeutlicht die erneute Verschlingung von Ursache und Wirkungsverhältnissen unter den Komplexitätsbedingungen hochentwickelter offener demokratisch-kapitalistischer Gesellschaften. In diesen Perspektiven lassen sich die Arbeiten von *Jacques Derrida* auch als Kritik der soziologischen →Handlungstheorie, die von *Michel Foucault* auch als Kritik des soziologischen →Evolutionismus, die von *Deleuze* und *Guattari* auch als Kritik der soziologischen Vorstellung von sozialer Präsenz und die von *Louis Althusser* auch als Kritik des soziologischen Determinismus lesen.

3. Die methodischen Konsequenzen des Strukturalismus entsprechen dieser widersprüchlichen Geschichte. Aus ihrem linguistisch-ethnologischen Erbe folgt in der strukturalistischen Methode eine Betonung klassifikatorischer Verfahren in allen sozialen Handlungsfeldern und der Transformation von Handlungsweisen zwischen verschiedenen sozialen Niveaus, die Vorliebe für Kristallgitter, quasi-linguistische Ableitungen und „grammatische" Transformationsregeln ebenso wie für interkulturellen Vergleich auch auf dem Niveau kleinerer sozialer Einheiten und größerer historisch-kultureller und räumlicher Distanzen. Aus dem philosophischen Erbe einschließlich der neostrukturalistischen Selbstreflexion folgt auf der anderen Seite gerade eine methodische Hinwendung zu Herangehensweisen, die auf den ersten Blick Anti-Strukturalismen par excellence zu sein scheinen: der →Hermeneutik und →Sozialgeschichte. Die produktive wechselseitige Beeinflussung von Strukturalismus und geschichtswissenschaftlicher Annales-Schule steht dabei ebenso Pate wie die häufig von Mißverständnissen überlagerte Spannung von deutscher und französischer Zivilisations- und Geistes-

geschichte. Beide methodischen Stränge werden sich nur dann wechselseitig nicht blockieren, wenn auch in der Theorie der „französische Strukturalismus" stärker wissenschaftsgeschichtlich und im Austausch mit den beiden großen Verwandten wie konkurrierenden politisch-philosophischen und sozialwissenschaftlichen Theoriegebäuden wahrgenommen wird, die in ähnlicher Weise das Entstehen von Modernität auf allen Niveaus der Gesellschaft reflektiert haben, nämlich des „westlichen →Marxismus" und des amerikanisch-universalistischen →Strukturfunktionalismus. Ideologiekritisch ist dieses Dreiecksverhältnis bereits in den 60er Jahren analysiert worden. Eine theoretische Synthese und empirische Schärfung an den neuen Möglichkeiten steht allerdings noch aus.

4. In vieler Hinsicht gehört der Strukturalismus zur Periode des klassischen Modernismus. Im Post- bzw. Neostrukturalismus wird so zu Recht auch die Reflextion der Voraussetzungen und Folgen eines „soziologischen Modernismus" verstanden. Drei Felder sind dabei von besonderer Bedeutung: Ein tieferes Verständnis von „Pluralismus", eng damit verbunden eine Erneuerung der soziologischen Machttheorie und eine Verschiebung der grundlegenden Konfliktniveaus einer Gesellschaft. Auf diesen drei Feldern zumindest zeichnet sich mehr ab als eine bloß methodologische Verwendung der linguistisch-anthropologischen Strukturalismus-Tradition oder eine Nutzung der metaphysikkritischen philosophischen Potenzen des Strukturalismus und Poststrukturalismus. Die späten machtsoziologischen Schriften von *Michel Foucault* sind hier der Ausgangspunkt. Nicht anders als ein liberaler amerikanischer Gesellschaftstheoretiker wie *John Kenneth Galbraith* sieht *Foucault* Macht weniger als Besitz einer bestimmten Gruppe oder als systemische Konditionalprogrammierung, sondern als Vermögen, durch Wahrnehmung des einen Alternativspektrums den des anderen zu „regieren". Der politische und soziale Pluralismus entwickelter demokratisch-kapitalistischer Gesellschaften ist so, wie wir aus der klassischen Pluralismuskritik wissen, gleichzeitig Ausdruck der vermehrten Machtchancen für viele und System der vermehrten Einbindung aller Lebensäußerungen in die Regierbarkeit der Gesellschaft. Die Vervielfachung von Konflikt und Macht wird als positive schöpferische Qualität der modernen Gesellschaft verstanden und gleichzeitig als Zerstreuung der „systemgefährdenden" zentralen Antagonismen.

Diese Entwicklung innerhalb soziologisch-strukturalistischer Fragestellungen hat ihre Parallele innerhalb der Postmodernismusdiskussion. Auch hier wurden postmoderne Positionen lange allein als prä- oder antimodernistische verstanden, bevor sie nach und nach auch als libertäre und ultra-pluralistische interpretiert wurden. Charakteristischerweise war die „liberale" Interpretation des Neostrukturalismus und Postmodernismus in den Vereinigten Staaten weit stärker und früher gegenwärtig als in der Bundesrepublik. Gegenüber der Periode der klassischen Pluralismusdiskussion bis in die frühen 60er Jahre hinein reflektieren beide Entwicklungen das Eindringen von „Pluralismus" und „Modernisierung" in die tiefsten Schichten von Mentalitäten und Handlungsweisen, die libertäre Freisetzungen auch in den dichten Bildungsprozessen von Alltag und Geschlecht erlauben, aber auch den politisch-ökonomischen und politisch-bürokratischen Zugriff auf alle Lebenslagen und Intimitäten menschlichen Lebens. Die Verbindung von Poststrukturalismus und Postmodernismus ist besonders für die Arbeiten von *Lyotard* und *Baudrillard* von Bedeutung. Die gesellschaftstheoretische, historische und empirische Schärfe dieser Arbeiten bleibt aber weit hinter ihrer suggestiv-zeitdiagnostischen Qualität zurück.

Für die weitere Entwicklung des Strukturalismus, ob er erneut die Art und Weise soziologischen, philosophischen und politischen Denkens stimulieren kann, dürfte weniger die Postmodernismusdiskussion bedeutsam werden, als die empirisch fundierte Synthese mit struktur-funktionalistischen und neomarxistischen Theorien und die Einbettung dieser Fragestellungen in eine vergleichende Analyse unterschiedlicher Pfade der Modernität. In der Geschichte des Strukturalismus gibt es dazu noch eine Fülle von bisher unbeachteten Aspekten zu entdecken, z.B. in der Geschichte der politischen Anthropologie. Insoweit steht in mancher Hinsicht ein folgenreiches Rendezvous des Strukturalismus mit der Soziologie noch aus.

Lit.: W. Lepenies und *H. Ritter:* Orte des wilden Denkens, Frankfurt/M. 1970; *F. Waal:* Die Philosophie diesseits und jenseits des Strukturalismus, in: ders., Einführung in den Strukturalismus, Frankfurt/M. 1973; *G. Deleuze:* Woran erkennt man den Strukturalismus? in: Geschichte der Philosophie, Bd. VIII (hrsg. von F. Châtelet), Frankfurt/M., Berlin, Wien 1975; *M. Frank:* Was ist Neostrukturalismus? Frankfurt/M. 1983; *H. L. Dreyfus* und *P. Rabinow: Michel Foucault.* Jenseits von Strukturalismus und Hermeneutik, Frankfurt/M. 1987; *J. Albrecht:* Europäischer Strukturalismus. Ein forschungsgeschichtlicher Überblick, Tübingen 1988

PD Dr. *H. Schwengel,* Berlin

strukturell-funktionale Theorie

→AGIL-Schema
→Autopoiesis
→Funktionalismus
→Systemtheorie
→pattern variables

Bezeichnung für das soziologische Denken, mit dem im wesentlichen die US-amerikanischen Wissenschaftler *Robert King Merton* (geb. 1910) und Talcott Parsons (1902–1979) in Verbindung zu bringen sind. Zentrale Begriffe: System (personales, kulturelles, soziales), Struktur (Persönlichkeits-, Handlungs-, Sozial-), Prozeß, (latente und manifeste) Funktion(en), Dysfunktion, Rolle(n), Macht, Gleichgewicht (Konsens vs. Konflikt).

Vertreter der s.-f. T. beschäftigen sich mit den Funktionsbeziehungen zwischen den strukturellen Elementen in sozialen Systemen. Jedes soziale System ist durch die Interdependenz der Systemeinheiten gekennzeichnet; die Systemkomponenten werden jeweils auf ihren strukturellen Stellenwert in dem und auf ihren funktionalen Beitrag für das System untersucht. Die Grundelemente der Gesellschaft sind die →Rollen, deren Ausdifferenzierung und Zuweisung damit zur Hauptaufgabe werden. Demnach haben soziale Systeme zwei zentrale funktionale Probleme: 1. Welche Rollen sollen institutionalisiert werden? 2. Wer soll diese Rollen ausüben?

Nach *Parsons* sind vier strukturelle Grundprobleme (functional imperatives) der sozialen Systeme zu lösen, wenn deren (nicht notwendigerweise statisches) Gleichgewicht gewahrt bleiben soll: Anpassung an die Systemumwelt (adaptation), Zielerreichung (goal attainment), soziale Kontrolle und Rechtsnormen (integration) sowie kulturelle Bindung und Spannungsmanagement (pattern maintenance) (→AGIL-Schema).

Das Struktur-Funktion-Modell benützten v. a. auch die britischen Sozialanthropologen *Bronislaw Malinowski* (1884–1942) und *Alfred Reginald Radcliffe-Brown* (1881–1955) bei ihrer Suche nach „Gesetzen" des Soziallebens und der Gesellschaft. Der gemeinsame geistige Vorfahre der Struktur-Funktionalisten ist *Emile Durkheim* (1858–1917), für den die Gesellschaft einem Organismus vergleichbar ist, mit dem der Soziologe wie ein Naturwissenschaftler mit seinem Material zu experimentieren hat. In dieser Nachfolge betrachtete *Radcliffe-Brown* (1952, 188) die Sozialanthropologie als einen Zweig der Naturwissenschaften und ließ sich *Parsons* auch von biologischen Strukturen und Prozessen inspirieren.

Lit.: Merton, R. K.: Social Theory and Social Structure, Glencoe 1949; *Parsons, T.:* The Social System, Glencoe 1951; *Radcliffe-Brown, A. R.:* Structure and Function in Primitive Society, London 1952

G. R.

Strukturerhaltung

(engl. pattern maintenance)

Begriff der →strukturell-funktionalen Theorie bei *T. Parsons* zur Beschreibung von Systemprozessen.

→strukturell-funktionale Theorie

Strukturfunktionalismus

→strukturell-funktionale Theorie

subgroup

→Gruppe

Subjekt(ivität)

1. Frühe subjekttheoretische Konzepte

Der Subjektbegriff ist ausgesprochen vielfältig und vieldeutig. Schon der klassische philosophische Diskurs brachte eine Reihe sehr heterogener Vorstellungen hervor. Auch die Konnotation, die der Begriffsgebrauch in der gegenwärtigen Diskussion beinhaltet, ist alles andere als eindeutig: Individualität, Ich, Selbst, Selbst-Bewußtsein, Identität usw. Dies ist nicht das Resultat mangelnder theoretischer Reflexion, sondern umgekehrt: durch die vielfältigen Bemühungen hat sich die Komplexität der Thematik verdeutlicht. Die Heterogenität der Begriffe spiegelt die vielfältigen Bezüge des Themas. Subjekt(ivität) ist offensichtlich nicht ein konzeptionell isolierbarer, monologischer Gegenstand, sondern eine besondere Realität, die unterschiedliche Thematisierung zuläßt, ja erfordert – und sich einer definitiven Festlegung praktisch wie begrifflich entzieht.

Gleichwohl ist jede soziologische Theorie gezwungen, einen Begriff von Subjekt(ivität) zu entwickeln und zu verwenden. Solange soziale Realität von handelnden Menschen abhängt, muß jede soziologische Argumentation explizit und/oder implizit subjekttheoretisch argumentieren.

In der Frühform soziologischer Entwürfe dominierten direkt anthropologisch abgeleitete bzw. begründete Subjektvorstellungen. So bei *Hobbes,* der seine Gesellschaftstheorie bekanntlich aus der angeborenen (egoistischen, unsozialen) Natur des Menschen ableitet. So auch *Rousseau* (mit anderen Vorzeichen): Er sieht den Menschen als ursprünglich potentiell gut bzw. sozial (und lediglich durch die Institutionen verdorben). Die Bedeutung dieser Ansätze liegt vor allem darin, daß sie empirisch argumentieren und die Grenze zur eigenständigen Reflexion gesellschaftlicher Realität überschreiten. In den ebenso einfachen wie einseitigen anthropologischen Vorstellungen zeigen sich jedoch kausales Denken und Reduktionismus, die mit einem noch unterentwickelten Verständnis korrespondieren. Weiterentwicklung gelang vor allem den Theorien des englischen Liberalismus. *Locke* beispielsweise ging zwar auch noch von anthropologischen Überlegungen aus, aber er konzipierte humane Subjektivität nicht mehr als inhaltlich fixiert, sondern im Austausch mit der Umwelt geprägt: dem Menschen (als aus Erfahrung lernendem Wesen) entspricht eine Gesellschaft, die als Prozeß der Vermittlung von Bedürfnissen, als Zusammenspiel heterogener Elemente gesehen wird.

Entscheidende Schritte in diese Richtung wurden von den Theoretikern des 18. und frühen 19. Jahrhunderts unternommen. Sie begannen, die Eigen-Logik sozialer Realität, ihre „Mechanik" wie ihre Widersprüche, in den Mittelpunkt der Reflexion zu stellen. Damit reduzierte sich nicht nur die Beweislast, die dem Subjekt(konzept) aufgebürdet wurde; die Bedeutung der Subjekte nahm ab. Mehr und mehr entwickelten sich Vorstellungen, die davon ausgingen, daß der gesellschaftliche Prozeß quasi hinter dem Rücken der Menschen, durch ihr Handeln, aber ohne von ihnen intendiert bzw. determiniert zu sein, sich vollzog. *Smiths* „invisible hand", *Hegels* „objektiver Geist" *Marx'* Stichwort „Charaktermaske" – sie alle billigten den handelnden Subjekten nur noch geringe Autonomie zu, sahen sie als Resultat bzw. Exekutoren von extern (sozial) vorgegebenen Mustern: Der Mensch ist das Ensemble seiner gesellschaftlichen Verhältnisse (so Marx).

Mit dem Beginn der Soziologie verfestigte sich die Tendenz, von humaner Subjektivität zu abstrahieren bzw. sie auf ihre soziale Bestimmtheit zu reduzieren. Beide Stammväter der europäischen Soziologie argumentierten strikt anti-subjektiv. *Durkheim* verlangte als methodische Grundregel, daß alle „faits sociaux" von ihren „individuellen manifestationen losgelöst" zu behandeln seien. *Webers* handlungstheoretischer Entwurf nimmt zwar seinen Ausgangspunkt im individuellen Handeln, aber er spitzt den Handlungsbegriff so (rational) zu, daß es letztlich nicht mehr aufs handelnde Subjekt, sondern auf die sich in der Handlung manifestierende Objektlogik ankommt. Die Emanzipation der Soziologie vollzog sich als Ent-Subjektivierung – auch von Subjektivität.

2. Basale Konzepte der gegenwärtigen Soziologie

Das Erbe der „klassischen" Soziologie hat über weite Strecken der (amerikanische) Funktionalismus angetreten. Dieses Konzept greift die Vorstellung wechselseitiger Abhängigkeit von Einzelheiten eines Zusammenhangs, mehr aber noch teleologische Idee einer sinnvollen Leistung und sachgerechten Einrichtung für ein spezifisches Ziel bzw. die Aufrechterhaltung eines gegebenen Kontextes auf. Dabei läßt sich eine Reihe verschiedener Ansätze unterscheiden:

Der kulturelle Funktionalismus *(Malinowski)* geht davon aus, daß kulturelle soziale Einrichtungen eine direkte Reaktion auf individuelle und kollektive Bedürfnisse sind. Menschen sind „Bedürfniswesen", mit physiologischen Funktionen, Trieben, Wünschen ausgerüstet, die gewährleistet werden müssen. Diese Grundbedürfnisse erzeugen wechselseitige Abhängigkeiten, damit sozial „organisiertes Verhalten"; Institutionen haben stets die Funktion der Aufrechterhaltung sozialer Organisation und der Befriedigung individueller Bedürfnisse.

– Der behavioristische Funktionalismus *(Homans)* stützt sich auf lerntheoretische Vorstellungen. Menschen werden dabei quasi gedacht als egozentrische Kleinunternehmer, die auf kalkulierbare Weise ihrem (objektiv erfaßbaren) Eigennutzen entsprechend handeln. Interaktion vollzieht sich nach den Regeln von Bestrafung und Belohnung, woraus sich dann berechenbare Regelmäßigkeiten ergeben.

– Der Strukturfunktionalismus *(Parsons)* setzt wesentlich abstrakter an. Hier steht das „Bestandsproblem" von Gesellschaften im Mittelpunkt; er behandelt Dimensionen und Modalitäten, in denen es bewältigt wird. Auch humane Subjektivität wird vorrangig unter den Vorzeichen der vier Grundfunktionen gesehen, d.h. gefragt, wie es gelingt, den einzelnen in seine Gesellschaft zu integrieren (wobei dieses Gelingen letztlich vorausgesetzt wird).

Der Funktionalismus geht durchweg von der objektiven Zweckhaftigkeit sozialer Struktur und, in verschiedenem Ausmaß, von der Vorstellung, die plastische Natur des Menschen ermögliche eine reibungslose Integration, aus. Diese Vorstellung hat dazu geführt, daß er als „Anpassungstheorie" kritisiert wurde, als Denkweise, die nur registriert, daß und wie der einzelne Systemstrukturen unterworfen wird.

– Das interaktionistische Paradigma, welches unter Anknüpfung an *James, Cooley* und v.a. *Mead* sich entwickelte, betont demgegenüber die Tatsache, daß Realität praktisch durch Handlungen erst hergestellt wird.

Gegen das „oversocialized concept of man“ *(Wrong)* vertreten die Interaktionisten das Modell kompetenter, interessierter, Realität ständig neu „aushandelnder“ Akteure; gegen das „normative“ ein „interpretatives“ Paradigma, welches die mentalen und praktischen Konstitutionsleistungen besonders hervorhebt. Die interaktionistische Sozialisationstheorie betont daher auch weniger die Anpassung als die Entstehung eigenwilliger Subjektivität.

Eine distanzierte Position sowohl zur „bürgerlichen“ als auch zur „marxistischen“ Soziologie hatte die →„Kritische Theorie“ *(Horkheimer, Adorno, Marcuse),* an „linkshegelianisches“ Denken anknüpfende Schule. Für sie ist das, was die einen als „Fortschritt“, die anderen als „Entwicklung“ beschönigen, in Wahrheit destruktiv; Anpassungszwänge, aber auch die Illusion der Selbstdefinition stützen diese Verhältnisse – und in der herkömmlichen Soziologie spiegelt sich das falsche Bewußtsein dieser Welt. Dabei rekurrieren die „kritischen Theoretiker“ auf einen emphatischen Subjektbegriff, gewonnen an den Vorstellungen der Aufklärung, aber entscheidend differenziert vor allem durch wissenssoziologische und psychoanalytische Erkenntnisse. Ohne ein definiertes theoretisches Modell zu entwickeln, rekonstruieren sie die Umsetzung gesellschaftlicher Widersprüche in psychosoziale und die Verstrickung der Subjekte in die sie unterdrückenden Verhältnisse. – Während also die „bürgerliche Soziologie“ Normativität entweder ausblendet oder in die Objektwelt verlagert, wird hier konsequent normativ – unter Bezug auf ein radikal humanistisches Ideal – gedacht und beurteilt.

4. Neuere Entwicklungen

Seit Beginn der 1960er Jahre hat sich die theoretische Diskussion weiter entwickelt und differenziert. Ohne daß die grundsätzlichen Positionen aufgegeben worden wären, bestimmen heute neuere Konzepte die Diskussion. Um nur einige davon zu nennen:

– Psychoanalytische Soziologie *(Mitscherlich, Horn):* Ausgehend von den klinischen und kulturtheoretischen Konzepten der Psychoanalyse werden mikro- und makrosoziologische Prozesse der (De)formierung von Identität und die daraus resultierende Dynamik der Identitätsbalance untersucht. Das Hauptaugenmerk liegt auf dem Zusammenspiel unbewußter Strukturen und Prozesse in und zwischen Subjekten und sozialen Strukturen.

– Systemtheorie *(Luhmann)*: Im Rahmen dieser Theorie wird Subjektivität entweder als „Rahmenbedingung“ der Systembalance betrachtet und danach gefragt, welche Leistungen – etwa der Selbstabstraktion – Menschen innerhalb sozialer Strukturen erbringen müssen. Oder Subjektivität wird selbst als – „autopoietisches“, sich selbst reproduzierendes – System thematisiert.

– Handlungstheorien: Hier hat sich eine ganze Reihe verschiedener Konzepte entwickelt. Das Spektrum reicht von normativen bis zu deskriptiven Entwürfen. Neben Weiterentwicklungen verhaltenstheoretischer Vorstellungen *(Opp)* und Theorien „rationalen ökonomischen Handelns“ *(Albert)* werden vor allem diskutiert: spiel- und entscheidungstheoretische Vorstellungen, die Umstände von rationalen Entscheidungen unter heterogenen Bedingungen analysieren (*v. Neumann, Morgenstern, Schelling*); tauschtheoretische Überlegungen, welche die Frage sozialer Interdependenz aus der Logik „vernünftigen“ Gebens und Nehmens entwickeln *(Thibault, Kelley);* diverse „individualistische“ Konzeptionen, etwa der „synthetische Individualismus“, der Transformationsregeln zwischen Mikro- und Makroebene analysiert *(Lindenberg)*, die „analytische Handlungstheorie *(Austin, Danto, Wright),* die versucht, allgemeine Grundlagen von Handlungen zu bestimmen.

– Kompetenztheorien *(Kohlberg, Selman):* Orientiert an entwicklungstheoretischen Ansätzen *(Piaget)* wird hier die Entstehung und Abfolge spezifischer kognitiver bzw. psychosozialer Modi und Möglichkeiten rekonstruiert. Dabei wird deren Abfolge als strukturell vorgegeben gedacht. Hier schließt *Habermas'* Theorie der kommunikativen Kompetenz an.

Mit diesen Ansätzen ist eine Reihe von bemerkenswerten Präzisierungen und Neuformulierungen gelungen. Die meisten Konzepte sind jedoch hochgradig abstrakt und spezialisiert (d.h. auf bestimmte Bereiche und Problemformulierungen begrenzt).

Die innertheoretische Elaboration geht dabei durchweg mit struktureller Logifizierung von Subjektivität einher: sie wird zwar ernstgenommen, aber zugleich so „zugerichtet“, daß nicht mehr sie selbst, sondern ihr platonischer Schatten erscheint. Schließlich hat das Subjektverständnis häufig das Subjekt als Ganzes völlig aus dem Blick verloren und beschränkt sich auf enge und engste Teilperspektiven.

Man kann dies als Ausdruck der Probleme hochspezialisierter „rationaler“ Wissenschaft sehen. Sie hat sich von den Fesseln traditioneller Metaphysik und der Naivität unmittelbar substanzlogischer Argumentationen emanzipiert; auch hat das Subjektverständnis ein höheres Maß an (logischer) Tiefenschärfe. Dies wird jedoch allzuoft erkauft mit Kontaktverlust, Partikularität und irreversiblen Abstraktionen. Auf diese Weise wird das Subjektverständnis zwar „modernisiert“, d.h., es entspricht den neueren Formen der Theorie, aber es verstärkt sich der Trend zur Expansion des soziologischen Paradigmas in den Bereich der Subjektivität, statt Anschlüsse für deren Eigenlogik zu entwickeln. Die Reaktion auf die Einsicht zunehmend komplexer werdender Interaktion von Sozialstruktur und Subjektivität ist dadurch eher reduktionistisch, bleibt in sich stimmig, aber unergiebig und verzerrt.

Es zeigen sich darin jedoch auch strukturelle Probleme der Thematisierung von Subjektivität. Subjektivität impliziert Autonomie, Beweglichkeit, Nicht-Identität; ist das sich unterscheidende Besondere. Dabei sind Subjektivität (als Prozeßtyp) und Subjekt (als Entität) nicht identisch: Die Identität einer Gesellschaft ist nicht die eines humanen Subjekts, aber beide sind auf komplexe Weise vermittelt. Daher ist es eine Frage der Thematisierung, was als Subjekt(ivität) angesprochen wird.

Subjekt(ivität) als eine multiple Charakteristik komplexer Realität entzieht sich (ein Stück weit) dem gängigen, überhaupt einem nomologischen Zugriff. Moderne Wissenschaft ist weitgehend „Objektlogik“, erwartet vom Gegenstand Verläßlichkeit, Berechenbarkeit, Eindeutigkeit, setzt voraus, daß es sich „erfassen“ läßt. Genau dies läßt Subjektivität nur beschränkt zu. Für die Soziologie kommt noch ein weiterer Aspekt hinzu: ihr Prinzip ist es, subjektunabhängige Sozio-Logik zu rekonstruieren. Zu diesem Zweck mußte (und muß) sie sich emanzipieren von der Subjektivität von Perspektiven, abstrahieren von den naheliegenden bzw. nahegelegten Vorstellungen über Realität. So gesehen ist Soziologie primär antisubjektive Reflexion. Es fällt ihr doppelt schwer, sich systematisch mit Subjektivität auseinanderzusetzen: Menschen handeln nicht immer gleichmäßig und berechenbar, ihr Innenleben“ ist von außen nicht methodisch korrekt zugänglich, ihnen selbst gelegentlich un-bewußt. Humane Subjektivität ist kein „fertiger“ Zustand, sondern entwickelt sich in einem komplexen Prozeß innerer Balance und im Austausch mit den jeweiligen Umweltbedingungen. Sie ist zugleich allgemein und besonders, historisch und transkulturell. Damit wird verständlich, warum sich begriffliche Konzeptualisierungen so unterscheiden – sie sprechen jeweils verschiedene Aspekte eines vielschichtigen Zusammenhangs an, sind falsch und richtig zugleich, widersprechen sich, ohne notwendigerweise im Widerspruch zu stehen.

Patentlösungen sind nicht zu erwarten, schon gar nicht ein alles klärendes alleinseligmachendes Modell. Erforderlich wäre daher ein höheres Maß an Kommunikation zwischen den verschiedenen Paradigmen. Und statt Subjektivität ihren Prämissen und Selektionen zu unterwerfen, sollten sie sich daher darum bemühen, sie selbst zum Ausdruck kommen zu lassen. Die Nicht-Identität von Subjekt und Objekt und ihre (multiple) Vermittlung wären festzuhalten (statt sie nach einer Seite aufzulösen bzw. auf Modi zu reduzieren). Mehr Kontakt mit Psychoanalyse, Psychologie, Ethnologie wäre dabei sicher hilfreich.

Lit.: Daniel, C.: Theorien der Subjektivität, Frankfurt/M. 1981; *Elias, N.:* Die Gesellschaft der Individuen, Frankfurt/M. 1988; *Habermas, J.:* Theorie der kommunikativen Kompetenz, Frankfurt/M. 1981; *Homans, G. C.:* Elementarformen menschlichen Verhaltens, Opladen 1968; *Lenk, K.* (Hg.): Handlungstheorien Interdisziplinär, Bd. I–IV, München 1978f.; *Meggle, G.* (Hg.): Analytische Handlungstheorie, Bd. 1, Frankfurt/M. 1977

o. Univ. Prof. Dr. *J. A. Schülein,* Wien

Subjektivismus

Auffassung, nach der das Subjekt das Wesentliche ist und objektive Erkenntnis des Menschen als unmöglich angesehen wird. In der Soziologie Bezeichnung für theoretische Ansätze, bei denen die Rolle des handelnden →Individuums für die Gesellschaft überbetont und die Analyse sozialer Strukturzusammenhänge vernachlässigt wird.

Subkultur

Zum Begriff:

Subkultur (lat.): „Unter-Kultur". Unter S. versteht man eine in sich geschlossene gesellschaftliche Teilkultur, die sich in ihren →Institutionen, →Werten, →Normen, →Bedürfnissen, →Verhaltensweisen und →Symbolen von der gesellschaftlich dominierenden Kultur (z. B. Mittelschichtskultur) unterscheidet. Aufgrund des Allgemeingültigkeitsanspruchs der letzteren werden S.en an deren Normen- und Wertsystem gemessen und bewertet. Die spezifischen Ausprägungsformen von S. werden von einer bestimmten gesellschaftlichen →Gruppe, →Schicht oder →Klasse anerkannt und geteilt.

Entsprechend der unterschiedlichen sozialen Ausgangslagen von Gruppen, Schichten oder Klassen existieren derzeitig vielfältige Erscheinungsformen von S.en. Während einige sich von dem herrschenden Normen- und Wertsystem nur graduell unterscheiden und von der „öffentlichen Meinung" akzeptiert werden, stehen andere S.en in (bewußter) Opposition zur herrschenden →Kultur und werden eher stigmatisiert.

Innerhalb der soziologischen Diskussion wir das S.-Konzept zur Beschreibung und Erklärung unterschiedlicher Problemkreise genutzt:

– zur Erklärung von →abweichendem, →delinquentem oder →kriminellem Verhalten;

– zur Beschreibung und Analyse charakteristischer Eigenschaften und Verhaltensformen gesellschaftlicher →Gruppen, →Schichten oder Rassen;

– zur Erklärung und Interpretation zeitgenössischer Wertorientierungen und Lebensstile vor allem jugendlicher Gruppen und →Bewegungen.

Historische Entwicklung des Subkultur-Konzeptes

1. Delinquente Subkulturen

Begriff und erste Ansätze einer S.-Theorie tauchten erstmals in der angelsächsischen Soziologie und Kulturanthropologie in den vierziger und fünfziger Jahren dieses Jhs. auf. Vor dem Hintergrund eines sozialökologischen und ethnologischen Ansatzes stellten Forscher der

→„Chicagoer Schule" (*Whyte* 1943; *Cohen* 1955) in Studien zu →abweichendem Verhalten von Jugendlichen fest, daß dieses nicht regelfrei ist, sondern bestimmte Ziele verfolgt und festen Strukturen und Gesetzmäßigkeiten unterliegt. Die Mitglieder krimineller Jugendbanden und „gangs" entstammen vorwiegend sozialen Unterschichten; sie verletzen aufgrund sozialer Diskriminierung und mangelnder gesellschaftlicher Aufstiegschancen bewußt und systematisch Ziele und Werte der dominanten Kultur.

Die Charakterisierung von S. als bewußt kriminell ausgerichtet wurde Anfang der siebziger Jahre durch *Cloward/Ohlin* (1971) erweitert und differenziert. Sie unterschieden zwischen:

- bewußt kriminell ausgerichteten S.en;
- S.en, die sich durch Gewalt und Aggression auszeichnen;
- S.en mit gesellschaftlicher Rückzugstendenz.

Die Entwicklung des S.-Konzeptes innerhalb →kriminalsoziologischer Ansätze hatte den Vorteil, eine individualistische Betrachtungsweise delinquenten Verhaltens aufgebrochen zu haben. Die daran anschließende Kritik (*Pfeiffer* 1977) richtete sich vor allem gegen die ausschließliche Betrachtung sozial delinquenter Gruppen, ohne deren Problemlage in Beziehung zur dominierenden Kultur zu setzen. Auf diese Weise reduziert sich das S.-Konzept auf eine rein deskriptive Kategorie und führt in seiner Anwendung letztlich zur Stigmatisierung sozial abweichender Gruppen.

2. Erweiterung des Subkultur-Konzeptes
Das Phänomen der →Delinquenz als Bestimmungsgröße für S.en führte zu weiteren Forschungen über Sozialisationsbedingungen und Schichtzugehörigkeit von S.-Mitgliedern sowie zu der Erkenntnis, die Teilnahme an S.en nach dem Kriterium Freiwilligkeit und Unfreiwilligkeit zu differenzieren. Nach dieser Unterscheidung werden soziale Diskriminierung und Unterprivilegierung als wesentliche Gründe für unfreiwillige S.en angesehen (kriminelle Banden, aber auch ethnische →Minderheiten, Obdachlose, Aussiedler, Heimzöglinge etc.). Freiwillige S.en (politische Gruppen, Drogenszene, religiöse Gemeinschaften) hingegen zielen eher ab auf bessere soziale Lebensbedingungen sowie alternative Wert- und Normenstrukturen als bewußter Alternative zur herrschenden, anonymen Kultur. Ihre Mitglieder entstammen unterschiedlichen sozialen Schichten. Für freiwillige S.en, deren Strukturen denen der herrschenden Kultur diametral gegenüberstehen und die sich selbst als Alternative begreifen, wurde der Begriff der →Gegenkultur geprägt.

Eine Unterscheidung zwischen freiwilligen und unfreiwilligen S.en zu treffen, ist allerdings hinsichtlich der Funktion, die sie für ihre Mitglieder haben, problematisch: Unabhängig von ihrer Zielsetzung stellen S.en einen kulturellen Orientierungspunkt dar. S.en bieten klarere Kommunikationsstrukturen und Identifikationsmöglichkeiten und damit höhere Verhaltenssicherheiten an. Als sinnvolle Art der Alltagsgestaltung scheint das subkulturelle Leben für viele einen individuellen oder kollektiven Ausweg aus existentiellen Problemen zu ermöglichen.

Zielsetzungen von Subkulturen
Die Herausbildung von Gegenkulturen als bewußte Alternative zur dominanten Kultur sowie die Kritik an einer rein deskriptiven Darstellung unterschiedlicher Erscheinungsformen von S.en warf vor dem Hintergrund der Erfahrungen mit der Studentenbewegung in den 1970er Jahren die Frage nach den Zielsetzungen subkultureller Gruppen sowie die Forderung nach einer gesellschaftsanalytischen Betrachtungsweise auf: *Schwendter* (1971) setzte S.en dem „Establishment" und der „kompakten Majorität" (Kleinbürgertum und Teile des →Proletariats) gegenüber, die ihrerseits im Wi-

derspruch zueinander stehen. Dabei unterteilte er S.en in progressive und regressive. Während erstere an der Veränderung bzw. Aufhebung bestehender Herrschaftsverhältnisse orientiert sind, tendieren regressive S.en zu einer Erhaltung bzw. Wiederherstellung traditioneller gesellschaftlicher Standards. Zu den progressiven S.en gehören demnach alle Gruppen, deren Strukturen durch eine von allen Mitgliedern akzeptierte Fortschrittsidee individueller oder gesamtgesellschaftlicher Art geprägt sind. Hier unterschied *Schwendtner* nochmals zwischen rational und emotional orientierten S.en, wobei erstere rational-analytische Strukturen aufweisen (politische Gruppen), während letztere individualistisch-subjektivistische Züge tragen (esoterische Gruppen, Hippies, Bohème). Zu den regressiven S.en zählte er diejenigen, die traditionelle Werte und Normen nicht aufheben, sondern eher verstärken (Rechtsradikale, Banden, Kriminelle).

Das Centre of Contemporary Cultural Studies (*Clarke* 1981, *Willis* 1981) bemühte sich darum, S.en von Arbeiterjugendlichen gesellschaftstheoretisch zu verorten. Die Autoren gingen von einem Zwei-Kulturen-Modell der herrschenden und der beherrschten Kultur aus. Innerhalb dieser zwei Kulturen bilden sich durch das Auftreten von „Nebenwidersprüchen" (Alter, Geschlecht) modifizierte kulturelle Muster, die S.en. Aus dieser Annahme erhoben sie die Forderung, jugendliche S.en in Beziehung zu ihrer Stammkultur (Arbeiterklasse) wie auch, über letztere vermittelt, zu der bürgerlich dominanten Kultur zu analysieren.

Eine Modifikation dieser Sichtweise vertrat die Projektgruppe Jugendbüro (1977). Sie führte die jeweilige subkulturelle Orientierung nicht auf die soziale Herkunft, sondern auf die Erwartung der künftigen →Soziallage zurück, wie sie sich in Schullaufbahn und Ausbildungssituation ankündigt.

Subkultur und →gesellschaftlicher Wandel

Die Annahme einer Existenz von fortschrittlichen S.en beinhaltete die Frage nach deren gesellschaftsveränderndem Potential. Die Bedeutung von S.en für gesellschaftliche Veränderungsprozesse wurde dabei je nach politischer Theorie und betrachteter S. unterschiedlich eingeschätzt. Als erster gestand *Marcuse* (1967/1969) S.en wie Studentenbewegung, beatniks, Hippies u.ä. gesellschaftsveränderndes Potential zu, da sie als „Outsider" repressive gesellschaftliche Strukturen am ehesten durchschauen, in Frage stellen und verändern können.

Schwendter (1971) sah vor dem Hintergrund des Entstehens erster Ansätze einer „alternativen Ökonomie" das gesellschaftliche Potential von S.en in Formen von Gegenökonomie. Demnach sind Betriebe, als Genossenschaften organisiert und zu Föderationen zusammengeschlossen, in der Lage, die hegemoniale Ökonomie zu durchdringen.

Wissenschaftler/innen des CCCs dagegen schätzen das gesellschaftsverändernde Potential von S.en eher gering ein. Vielmehr kommen in den Stilen von S.en gesellschaftliche Scheinlösungen zum Ausdruck, die gesellschaftliche Befreiungsprozesse lediglich symbolisieren.

Bedeutung des Subkultur-Konzeptes und Kritik

Das Verdienst der vorliegenden S.-Konzepte besteht vor allem darin, den Mythos der kulturellen Einheitlichkeit innerhalb hochdifferenzierter Gesellschaften zerstört und gesellschaftlichen Gruppen eigene Normen und Regelsysteme zuerkannt zu haben. Darüber hinaus haben diese Forschungen aufgrund ihres umfangreichen empirischen Materials zu neuen weitreichenden Kenntnissen geführt.

Das S.-Konzept weist aber mehrere Problemstellen auf: Die Anerkennung der Existenz unterschiedlicher Kulturformen beinhaltet nicht zwangsläufig die Aberkennung des Allgemeingültigkeitsanspruchs der dominanten Kultur und der Richtigkeit ihrer Normen und →Werte. Wird die dominante Kultur nach wie vor als Maßstab gesetzt, führt dies zu einer Unterbewertung, Stigmatisierung und Pathologisierung von ihr abweichender Kulturen. Neben dem Problem eines hierarchisierenden Bewertungsmaßstabes unterliegt das S.-Konzept bei einer breiten Anwendung auf unterschiedlichste Erscheinungsweisen von S.en der Gefahr einer Trivialisierung. Nicht zuletzt liegt das Problem in der Geschichte des S.-Konzeptes selbst: Unabhängig von der Bewertung haben die vorliegenden S.-Konzepte ihren historischen Ausgangspunkt, die Analyse von →Delinquenz, grundsätzlich noch nicht verlassen. Die daraus resultierenden Probleme zeigen sich an mehreren Stellen des S.-Konzeptes: So werden Mädchen und Frauen weder bei der Theoriebildung noch in der empirischen Forschung berücksichtigt, dies sowohl in Hinblick auf ihre Beteiligung an männlich geprägten S.en wie auch hinsichtlich der im Zusammenhang mit der neuen Frauenbewegung entstandenen Frauenkultur (*Mac Robbie* 1982). Ebensowenig haben bisher Probleme des Bildungs- und Ausbildungssystems und des →Arbeitsmarktes (z.B. Akademikerarbeitslosigkeit) Eingang in die S.-Forschung gefunden.

Die Nichtberücksichtigung gesellschaftlicher Entwicklungen und aktueller Problemkreise verdeutlicht die mangelnde Dynamik der S.-Theorie. So wird beispielsweise an der Existenz einer mittlerweile etablierten „autonomen" Frauenkultur und einer differenzierten „Alternativkultur" offensichtlich, daß die Weiterentwicklung des S.-Konzeptes zu einer prozessual angelegten Theorie vonnöten ist. Diese müßte die Orientierung an der Norm einer dominierenden Kultur verlassen und die gleichberechtigte Existenz unterschiedlicher kultureller Muster anerkennen. Nur so wäre die derzeitige Problematik einer ambivalenten politischen Anwendung aufhebbar, nämlich einerseits als wissenschaftliche Fundierung von Ethnozentrismus, Rassismus und innergesellschaftlicher Hegemonie wie andererseits auch als Instrument dagegen genutzt zu werden.

Lit.: Brake, M.: Soziologie der jugendlichen Subkulturen, Frankfurt/M. 1981; *Clarke, J.* u.a.: Jugendkultur als Widerstand, 2. Aufl., Frankfurt/M. 1981; *Cremer, G.:* Jugendliche Subkulturen. Eine Literaturdokumentation, München 1984; *Schwendtner, R.:* Theorie der Subkultur. Köln 1971; *Willis, P.:* Profane Culture, Frankfurt/M. 1981

Prof. Dr. *G. Pfister/G. Klein,* Berlin

Sublimierung

nach *S. Freud* (1856–1939) Ablenkung von Triebenergie auf kulturell wichtige Leistungen. (*S. Freud,* Das Unbehagen an der Kultur, 1930).

Subsidiaritätsprinzip

der katholischen Soziallehre entnommener Begriff, nach dem Hilfe nur nachrangig gewährt werden soll, wenn die Selbsthilfe des einzelnen oder der Familie nicht ausreicht. Das Subsidiaritätsprinzip kommt bei der Gewährung von Arbeitslosenhilfe und Sozialhilfe zur Anwendung.

Subsistenzwirtschaft

Wirtschaftsweise, die auf Selbstversorgung ausgerichtet ist und nur der unmittelbaren Sicherung des notwendigen Lebensunterhalts dient. Wirtschaftsweise der überwiegend agrarischen Gesellschaften in vorindustrieller Zeit.

Suggestivfrage

Interviewfrage, die eine Antwort bereits einschließt, wie „Meinen auch Sie, daß der nächste Kanzler H. K. heißt?" Suggestivfragen werden manchmal zur Auflockerung des Interviews eingefügt, oder dann, wenn Zustimmung oder Ablehnung der Frage getestet werden sollen.

Suizid
→Selbstmord

Sündenbock-Theorie
psycho-analytische Erklärung dafür, daß bei internen oder externen Konflikten Aggressionen auf bestimmte Personen oder Gruppen (Sündenböcke) übertragen werden; im Mittelalter wurden die Juden beim Auftreten von Seuchen als „Brunnenvergifter" verdächtigt und in Progromen bestraft.
→Vorurteil
→Konspirationstheorie

survival of the fittest
von *Spencer* verwandter Ausdruck, wörtlich: Überleben des am besten Angepaßten.
→Darwinismus
→Sozialdarwinismus

Symbol
→Bedeutung
→Sinn
→symbolische Interaktion

symbolische Interaktion
1. Wahrnehmung als Wechselwirkung
Die Theorie der symbolischen Interaktion (TSI), häufig auch „symbolischer Interaktionismus" genannt, ist ihrer erkenntnistheoretischen Grundlage nach in der modernen Soziologie eine methodische Alternative zu den naturalistischen Ansätzen (→Positivismus und →Marxismus), und daher immer bedeutsamer geworden. Versuche, sie als →Sozialpsychologie einzuengen oder als kritikunfähig zurückzuweisen, sind gescheitert. Der Begriff →„Interaktion" ist nach Rückübersetzung aus dem Englischen die moderne Bezeichnung für das, was *W. Dilthey* und *G. Simmel* „Wechselwirkung" nannten.

G. H. Mead (1863–1931) hielt 1926 einen Vortrag über „The Objective Reality of Perspectives" (*Mead,* 1927). Darin setzt er sich kritisch mit der neorealistischen Variante des →Naturalismus auseinander, für den alle Bedeutung draußen in der Umwelt des erkennenden Individuums liegt, und zwar unabhängig davon, wie es sich zu dieser Umwelt einstellt. In der Ablehnung solcher objektivistischer und neorealistischer Vorstellungen stimmt *Mead* mit *Simmel* überein.

Für *Mead* ist das wahrgenommene Objekt die *Summe der Aktionen* des Individuums, die sich auf das Objekt richten. Der Gegenstand der Wahrnehmung erhält Sinn und Bedeutung für die ihn betrachtende Person als Verkörperung und Vergegenständlichung möglicher zukünftiger Handlungen. →Sinn und →Bedeutung (meaning) sind nach *Mead* daher gleich der Summe der vergangenen oder als zukünftig möglich gedachten Handlungen der Person, die sich auf das Objekt (das auch eine Person sein kann) beziehen. Bedeutung ist, so gesehen, Handeln durch Raum und Zeit hindurch. Der →Sinn der Gegenstände und der wahrgenommenen Personen ist identisch mit ihrem Handlungspotential. Das gilt für Personen und für Sachen, für vorgefundene wie für nur vorgestellte Objekte.

Wahrnehmung geschieht innerhalb von →Handlung als →Interaktion. Wegen des Bedeutungs- und Sinngehalts, der dabei den Objekten *zugeschrieben* wird, ist die gemeinte Interaktion *symbolisch. Handeln als symbolische Interaktion* erzeugt eine lebendige Beziehung zwischen dem Dasein, der Umwelt da draußen und dem Bewußtsein im erkennenden Subjekt. Der Nachvollzug dieses Vorgangs der Bedeutungsverleihung ist das→*Verstehen*, mit dem in der Theorie der symbolischen Interaktion gearbeitet wird.

Mit der Bedeutung des →Symbols für menschliche Interaktion hat Mead sich ausdrücklich in einem Aufsatz über das „significant symbol" auseinandergesetzt: „Das signifikante Symbol ist die Geste, das Zeichen, das Wort, welches sich an ein anderes Individuum richtet und welches diesem anderen Individuum zugewandt wird, ja welches der Form nach allen Individuen zugewandt wird, wenn es sich an das „self" wendet" (*Mead* 1922). Ob also von einem signifikanten Symbol gesprochen werden kann, hängt für *Mead* nicht von dem Inhalt der Nachricht ab, sondern davon, ob die Nachricht den Charakter einer Mitteilung „an alle" hat.

Da das →Handeln als Summe der Reaktionen auf die Umwelt bestimmt ist, hängt es vom Charakter seiner Umwelt ab. Symbole haben die Wirkung, die Umwelt des Menschen so zu erweitern, daß sein Freiheitsspielraum wächst. Zu der vorgegebenen *physischen Umwelt* tritt die kulturelle *symbolische Umwelt* hinzu. Der Mensch erzeugt so seine eigene Umwelt mindestens zum Teil. Die kulturelle Definition eines Objekts zu Zeichen oder Symbol ist also gleichbedeutend mit Umweltproduktion oder Umwelterweiterung.

2. Sozialisation als Perspektivenerwerb nach *Mead*

Ein Mensch wird nicht mit der Fähigkeit zum Denken und zur Selbstdisziplin geboren. Diese Fähigkeiten entwickelt das Kind erst allmählich, indem es sich im Prozeß der →Sozialisation auf das Leben in sozialen →Gruppen vorbereitet. Sinn und Bedeutung von Objekten und Gesten sind das Ergebnis von Erfahrung. Die Weisen des Umgangs mit Dingen und Personen und der Handhabung der Sprache werden weitgehend geprägt durch die Reaktionen der Eltern und älteren Menschen, die das Kind erziehen, es lehren, ihm als Vorbild dienen und die anerkannten Verhaltensformen durch →Sanktionen bekräftigen.

Beim Spielen (play) übernehmen die Kinder spezifische Attitüden von Personen, die ihnen bekannt sind: von der Mutter, dem Briefträger, der Verkäuferin. Indem sie so spielen, lernen sie, die Perspektive anderer zu übernehmen. Durch ständig wiederholte Übernahme solcher Perspektiven entsteht im Kind eine Orientierung sich selbst gegenüber, in der es als „self" bestimmter Art vor dem eigenen Bewußtsein erscheint.

Wirksame Selbstkontrolle jedoch entwickelt sich erst in einem Spiel (game) oder einem ähnlichen sozialen Geschehen, das kontinuierliche Kooperation voraussetzt. In Wettspielen werden die Reaktionen anderer organisiert, und das soziale →Handeln verläuft gemäß bestimmter Regeln. Der kooperative Beitrag, den jeder einzelne leisten soll, wird in eine unpersönliche →Rolle hinein standardisiert, etwa in die Rolle des Torwarts. Erfolgreiche Teilnahme an dem Spiel (game) fordert von den einzelnen die Fähigkeit, sich selbst vom Standpunkt mehrerer anderer Positionen aus zu betrachten. Der mitspielende Einzelne soll möglichst in der Lage sein, sich mit den Augen eines jeden anderen Mannschaftsmitgliedes zu sehen und zu beurteilen. Durch das Wiederholen dieser Erfahrung lernt das Kind allmählich, sich selbst aus der Sicht einer Perspektive zu betrachten, die *allen Teilnehmern gemeinsam* ist. Sie ist bei *Mead die Sichtweise des „generalized other", ist also eine Perspektive, die die Individualsicht der einzelnen Teilnehmer transzendiert.*

3. Weiterführung durch *Herbert Blumer*

Es ist *Blumers* Verdienst, daß die Lehre *Meads* heute als Bestandteil der anerkannten soziologischen Theorie gilt, obwohl *Mead* selbstverständlich nicht Soziologe, sondern – wie *Simmel* – Philosoph war. *Blumer* hat sich zwar vorwiegend auf *Mead* bezogen, doch er hat außerdem auch die Arbeiten von *Charles Horton Cooley, John Dewey* und *William Isaac Thomas* übernommen und fortgeführt und selbst manche Gedanken, die bei diesen großen Wegbereitern der TSI nur angedeutet waren, ausgeführt und dadurch explizit gemacht.

Wie andere Pragmatisten auch, hat *Blumer* immer wieder betont, daß es darauf ankomme, den Sinn, die Bedeutung (meaning) der Objekte zu erschließen, und daß bei diesem Vorgang des Verstehens davon ausgegangen werden müsse, daß den Objekten ihre Bedeutung im Handeln zugewiesen wird. Bedeutung oder Sinn werden in sozialer Interaktion geschaffen und bestätigt. Sie werden weitgehend gestaltet aufgrund der tatsächlichen oder erwarteten Reaktionen anderer. Die Menschen sind weder Opfer ihrer Impulse noch bewußtlos äußeren →Reizen ausgeliefert. Sie sind aktive Organismen, die ihr Handeln planen und steuern können, weil sie die sie umgebende und ständig sich wandelnde Welt mit Sinn versehen und interpretieren können. Wiederholung von Interaktionen kann zur Entstehung von gewohnheitsmäßigen →Verhaltensmustern führen, die *Blumer* wie *Cooley* als soziale Institutionen bezeichnen.

In offensichtlicher Übereinstimmung mit *Mead* geht *Blumer* davon aus, daß Wahrnehmung aus dem Wechselspiel zwischen Handelndem und Umwelt gewonnen wird und daß sie den Zweck hat, den Verlauf des Handelns zu steuern. Nun ist es aber nicht nur so, daß das Handeln durch Wahrnehmung ermöglicht wird, sondern umgekehrt mag es auch durch Wahrnehmung gerade behindert und frustriert werden. Den Prozeß der Begriffsbildung sieht *Blumer* dann als eine Form des →Verhaltens, die für Menschen charakteristisch ist und die es dem Menschen ermöglicht, solche Hindernisse zu überwinden.

Begriffsbildung ergibt sich aus dem Bedürfnis nach Anpassung an Mängel der Wahrnehmung. Der Gedanke des Mängelersatzes, der hier auftaucht, erinnert an *Arnold Gehlen. Blumer* formuliert einen ähnlichen Gedanken: Die Bildung von Begriffen dient der Kompensation von Wahrnehmungsmängeln. Die Begriffe gestatten dem Menschen dann eine neue Orientierung im Bewußtsein und eine neuere gedankliche Zugangsweise zu seinen Problemen. Dadurch wiederum verändert, beeinflußt und leitet die Begriffsbildung die Wahrnehmung, die daneben oder im Anschluß daran außerdem möglich ist.

Blumer unterscheidet zwischen „sensitizing concepts“ und „definitive concepts“. Ein „definitive concept“ hat eindeutige Grenzen, die mit Hilfe einer Definition wiedergegeben werden können. Er bezeichnet eindeutig, was eine Klasse von Objekten gemeinsam hat und stellt deshalb eine deutliche Umschreibung dessen dar, was begriffen werden soll. Dagegen hat ein „sensitizing concept“ keine deutlichen Grenzen und kann deshalb auch nur vage umschrieben werden. Dieser Begriffstyp suggeriert nur dem Wahrnehmungsverhalten, in welche Richtung etwa Ausschau gehalten werden soll. Die „sensitizing concepts“ sind nach *Blumer* nicht eine Folge von Nachlässigkeit oder Bequemlichkeit der Soziologen, die solche Begriffe formulieren. Der Ursprung ihrer Eigenarten liegt vielmehr in der sozialen Wirklichkeit selbst.

Bestimmt man →Naturalismus in den Sozialwissenschaften als jenes dem Positivismus *Comtes* und der Revolutionstheorie von *Marx* verpflichtete Programm, nach dem Begriffs- und Theoriebildung sich als getreue Spiegelungen der erfahrbaren Wirklichkeit legitimieren müssen, so wird deutlich, daß die TSI dazu eine Alternative darstellt. Die TSI setzt die Tradition des Neukantianismus fort und arbeitet mit der dafür charakteristischen Gleichwertigkeit von zweierlei Arten der Erkenntnis:

Dabei geht es um die Gegenüberstellung von

„definitive concepts’,	und	„sensitizing concepts“
bei *Blumer,* von		
„Erfahrungs-objekt“	und	„Ideal-objekt“
bei Mead und von		
„Erfassung: … des im Einzelfall real gemeinten …“	oder	„des für den *reinen* Typus (Idealtypus) einer häufigen Erscheinung

wissenschaftlich zu konstruierenden ... Sinnes"
bei *Max Weber.* Alle drei stehen übereinstimmend in der Tradition von *Kant* und dessen Zweiteilung in:

Verstandes- und erkenntnisse, deren Begriffe sich in der Erfahrung geben, einerseits	transzendente Vernunfterkenntnisse andererseits.

Die vom Pragmatismus beeinflußte Theorie der symbolischen Interaktion und die den Neukantianismus aufnehmende verstehende Soziologie *Max Webers* zeichnen sich übereinstimmend dadurch aus, daß sie angesichts der Spannung zwischen den seit *Kant* unterschiedenen Arten von Erkenntnissen nicht einer allein die Qualität zuschreiben, *wissenschaftliche* Erkenntnis zu sein, sondern aus der Verbindung zwischen beiden die Wahrheit erwarten: „Die Struktur alles Verstehens ist innerlich Synthese zweier, von vornherein getrennter Elemente ..." *(Simmel).*

Lit.: G. H. Mead: A Behavioristic Account of the Significant Symbol, Journal of Philosophy, 19/1922, 157–163; *G. H. Mead:* The Objective Reality of Perspectives. Proceedings of the Sixth International Congress of Philosophy (E. S. Brightman, ed.), New York 1927; *H. J. Helle:* Soziologie und Erkenntnistheorie bei Georg Simmel, Darmstadt 1988; *H. J. Helle:* Verstehende Soziologie und Theorie der Symbolischen Interaktion. Stuttgart. 2. Aufl. 1990

Prof. Dr. *H. J. Helle,* München

Syndikalismus

eine Richtung der Arbeiterbewegung zum Ende des 19. Jahrhunderts, die in Zusammenschlüssen von Lohnarbeitern (Syndikaten) die Basis für eine revolutionäre Veränderung der Gesellschaft sah.
→Anarchismus

Syndrom

eine Gruppe von Merkmalen, die gemeinsam auftreten und eine Erscheinung verursachen. Kein Ursache-Wirkung-Verhältnis.

System, soziales

Grundkategorie der modernen Soziologie zur Analyse der Wechselwirkungen aufeinander bezogener →Handlungen. Das allgemeine Handlungssystem gliedert *Parsons* in ein kulturelles, soziales und Persönlichkeitssystem. Jedes System hat eine Struktur, ein Gefüge von sozialen Beziehungsmustern, das durch →Positionen und →Rollen gekennzeichnet ist. →Werte und →Normen des kulturellen Systems werden durch den Sozialisationsprozeß vom Individuum →internalisiert und im sozialen System institutionalisiert, um das „Funktionieren' des Systems sicherzustellen. In der →Kybernetik wird der Gleichgewichtszustand des Systems durch Rückkoppelungsmechanismen, die auf interne und externe Einflüsse reagieren, garantiert.

Systemtheorie

→Autopoiesis

1. Grundlagen. Wenn in der Soziologie von Systemtheorie die Rede ist, dann geht es – im Gegensatz zu einem verbreiteten Mißverständnis – grundsätzlich nicht um die sog. allgemeine Systemtheorie, in der ohne jegliche Konkretisierung (und d.h. mit beliebiger Anwendbarkeit) als System „ein Ganzes, das aufgrund der Interdependenz seiner Teile als ein Ganzes funktioniert" *(A. Rapoport)* verstanden wird, sondern um eine für den Bereich des Sozialen vorgenommene Spezifikation dieses Konzepts. Von daher gesehen handelt es sich beim soziologischen Gebrauch des Systembegriffs auch nicht um Analyseheuristik, dergemäß es vom Betrachter abhängt und beliebig ist, was als System bezeichnet und behandelt wird. Der Systembegriff verbindet sich in der Soziologie also von vornherein mit deren spezifischer disziplinärer Sichtweise. Das bedeutet konkret, daß es sich bei den

Elementen sozialer/soziologischer Systeme um „soziale Fakten“ (im Sinne *E. Durkheims*) handelt, also um soziale Handlungen oder, in jüngerer Zeit noch abstrakter gefaßt, Kommunikationen. Auch der systemische Zusammenhang dieser Elemente ist spezifisch soziologisch zu fassen, d. h. als „Interaktion“ von sinnhaften sozialen Handlungen bzw. Kommunikationen (die selbstverständlich letztlich von Menschen ausgeführt, diesen aber nicht unbedingt zugerechnet werden).

Insofern die Systemtheorie – wiederum im Gefolge *Durkheims* – eine Verselbständigung sozialer Handlungen bzw. Kommunikationen gegenüber den sie produzierenden Individuen unterstellt, erweist sie sich faktisch in der soziologischen Disziplin, innerhalb derer diese Annahme nicht durchgängig geteilt wird, als ein paradigmatischer Ansatz (im Sinne *Th. Kuhns*) unter anderen, während ihr Anspruch darauf zielt, *die* universelle Theorie der Soziologie zu sein.

Erkenntnistheoretisch folgenreich ist die Annahme der soziologischen Systemtheorie, daß auch die Wissenschaft (nur) als ein soziales System der (bzw. in der) Gesellschaft – unter anderen – aufgefaßt wird. Sie nimmt dabei keinen herausgehobenen Rang ein, sondern bildet (nur) eines der funktional spezifizierten „primären“ (Sub-)Systeme neben anderen (Wirtschaft, Politik, Recht, Erziehung, Religion usw.). Daraus folgt nämlich, daß die (sozial-)wissenschaftliche Theorie die systemische Struktur und Strukturiertheit der Gesellschaft nicht sozusagen als fragwürdige Hypothese „erfindet“, sondern als etwas übernimmt, das auch im Alltagsbewußtsein der Menschen verankert ist und ihr Verhalten prägt. Systemische Zusammenhänge und Grenzen haben m. a. W. eine sozialfaktische und empirische Basis. Die „Systemifizierung“ der modernen Gesellschaft ist somit mehr als ein wissenschaftliches, hypothetisches Interpretationsmuster, sie hat realhistorischen Gehalt und wird in der Gesellschaft sozusagen allerorten betrieben (und verstanden). Die sozialwissenschaftliche Theorie verdichtet in dieser Hinsicht nur das Alltagsbewußtsein in der für sie spezifischen theoretischen Weise und reflektiert somit immer auch einen historischen Entwicklungsstand. Ihre spezifische Funktion besteht insbesondere darin, die getroffenen Struktur„entscheidungen“ der Gesellschaft als eben solche – und somit als prinzipiell auch anders möglich – bewußtzuhalten und bewußtzumachen.

Eine weitere erkenntnistheoretische Konsequenz der Systemtheorie ergibt sich aus ihrem engen Zusammenspiel mit dem Konzept der Funktion: Soziale Systeme bilden und differenzieren sich sozusagen entlang von sozialen Funktionen, und sie erfüllen Funktionen. Dieses „systemische Funktionieren“ ist allerdings derart komplex, daß sich eindeutige Punkt-zu-Punkt-Kausalitäten zwischen Ursachen und Wirkungen nicht (oder nur mit heroischen Reduktionen) feststellen lassen – was eine Erkenntnislogik obsolet macht, die eben darauf ausgerichtet ist.

Der Begriff des Systems impliziert mit Notwendigkeit – oder besser: postuliert apriori – eine Differenz zwischen dem Innen und Außen eines Systems, d. h., er zieht eine Grenze, die das (jeweilige) System von (s)einer Umwelt trennt, und behauptet bzw. unterstellt eine markante Differenz zwischen dem Systeminneren und dessen Umwelt. Diese Differenz läßt sich am besten so verstehen, daß im System eine besondere Verdichtung sozialer Interaktivität und Kommunikation herrscht, die durch spezielle, systemspezifische Schematisierungen (codes) und für das jeweilige System generalisierte Kommunikationsmedien hergestellt wird.

Was für das (jeweilige) System Umwelt ist, ergibt sich – auch das wird häufig mißverstanden – nicht objektiv, sondern seinerseits aus der selektiven Perspektive des (jeweiligen) Systems selbst. So gesehen, produziert das (jeweilige) System sich auch seine Umwelt, nämlich das, was es als Umwelt ansehen will und kann („Umweltentwurf“ als Systemleistung). Ebenso wie „System“ ist auch „Umwelt“ nur als Plural denkbar. Nur generell läßt sich sagen, daß die Umwelt sozialer Systeme in folgender Weise mehrdimensional ist: Sie besteht a) aus anderen sozialen Systemen, b) aus „natürlichen“ Gegebenheiten, c) aus den Individuen, die die systemspezifischen sozialen Handlungen/Kommunikationen produzieren.

2. Systembildung, Systemdifferenzierung und Systemtypologie.
Systembildung überhaupt dient – anthropologisch gesehen – zugleich den Zwecken der Entlastung und Erzeugung von Sicherheit für die Menschen und ihr Handeln sowie der Leistungssteigerung gesellschaftlichen Handelns durch Spezialisierung, Komplexitätsreduktion und Selektivität.

Ein wesentlicher Fortschritt von *Parsons* zu *Luhmann* besteht in der Annahme, daß Systembildung nicht auf der Basis von Handlungen erfolgt, sondern – diesen sozusagen vorgängig und sie deshalb normierend – auf der Basis von Erwartungen (an Handlungen). Mit dieser – gegenüber *Parsons* weitergetriebenen – Abstraktion wird auf Sinn-, Verweisungs-, Zurechnungszusammenhänge für konkrete Handlungen abgestellt, nicht auf diese selbst.

Mit dem Systembegriff ist eine Abstraktion von alltagsweltlich-konkreten Einheiten wie Institutionen verbunden, die – darin bestand eine ihrer Intentionen von Anfang an – den Vergleich unterschiedlicher sozialer „Entitäten“ (auch zwischen verschiedenen Gesellschaften) ermöglicht. Diese Abstraktion richtet sich auf spezielle Funktionen, um die herum sich sozusagen Systeme bilden. Sowohl bei *T. Parsons* als auch bei *N. Luhmann,* den beiden wichtigsten Protagonisten der soziologischen Systemtheorie, besteht dieser enge Zusammenhang zwischen Funktionen und Systemen, wenngleich mit unterschiedlicher Nuancierung (strukturell-funktionale vs. funktional-strukturelle Konzeption; analytische vs. historisch-empirische Funktionsbestimmung). Mit diesem Bezug zu Funktionen ist zwangsläufig die Idee der Spezifizierung – von Systemen auf bestimmte Funktionen – und somit die Idee der Differenzierung verbunden.

Bei diesen Funktionen geht es um weit mehr als um Systemerhaltung, wie man oft *Parsons* (miß)verstanden hat. Von *Luhmann* her formuliert, ist der wesentliche Stabilitätsfaktor von Systemen der „Anschlußzwang“ des Kommunizierens, der gleichwohl erhebliche Offenheit für funktionale Varianz beläßt. Er wird erzeugt durch – oft institutionell gestützte – Generalisierung von Verhaltenserwartungen.

In neuerer Zeit ist das Thema der Reproduktion von Systemen verstärkt in den Blick genommen worden. Mit dem Begriff der „Autopoiesis“ wird in dieser Hinsicht die These vertreten, daß die Systeme sich sozusagen aus sich heraus, d.h. mit Hilfe ihrer jeweils schon vorhandenen Elemente – also Kommunikationen – reproduzieren (müssen). Mit dieser Annahme verbindet sich die Implikation einer tendenziell sich verstärkenden Abgrenzung zwischen Systemen. Die jeweilige Reproduktionslogik der Systeme verschärft sich sozusagen zunehmend und verstärkt somit die Verschiedenheit zu anderen Systemen. Daraus folgen dann Probleme für solche Systemkontexte, die nach dem funktionalen Differenzierungsprinzip gestaltet sind, wo es also auf ein Zusammenwirken (auf der Basis funktionaler „Arbeitsteilung“) ankommt und die systemspezifische Reproduktionslogik die Tendenz der „Nichtberücksichtigung des Ganzen“ impliziert.

Im Zusamenhang der Systembildung lassen sich unterschiedliche Differenzierungsprinzipien konstatieren: stratifikatorische, segmentäre und – in der Moderne immer stärker – funktionale Differenzierung. Trotz Annahme einer evolutionären Tendenz zur funktionalen Differenzierung kommen alle genannten Differenzierungsprinzipien faktisch gleichzeitig vor.

Aus dem Ansatz sowohl des Systems als auch der Systemdifferenzierung folgt, daß die jeweilige Systemautonomie eine nur relative ist und keine „Autarkie" bedeutet. Nach erfolgter Ausdifferenzierung bedarf es jedoch einer gewissen Formalisierung der Interaktivität, der „Beziehungen", zwischen den Systemen. Dafür ist schon von *Parsons* der Begriff der Interpenetration geprägt worden (der zwar insbesondere für das Beziehungsverhältnis zwischen sozialen und personalen Systemen in Anspruch genommen wird, aber darauf nicht beschränkt ist). Diese bedingt die Transformation und Übersetzung der jeweils zusammentreffenden „Systemlogiken" (Codes, Medien) ineinander.

Eine vermittelnde Ebene zwischen dem allgemeinen Begriff des (sozialen) Systems und der alltäglich-konkreten Welt sozialer Institutionen (wie Staat und Wirtschaft, Arbeiterklasse und Mittelschicht, Verbände und Familien) bieten Systemtypen. *N. Luhmann* hat drei basale Systemtypen unterschieden: Interaktion (auch als „einfaches Sozialsystem" bezeichnet), Organisation und Gesellschaft (vor allem in Gestalt von primären gesellschaftlichen Sub-Systemen). Im Anschluß daran wurde diskutiert, ob diese Typologie ergänzungsbedürftig sei: etwa im Hinblick auf Gruppe und Familie oder auch auf „soziale Bewegung".

3. System(e) und Lebenswelt; gesellschaftliche Integration. Nach langer und intensiver Theoriediskussion zwischen der Systemtheorie und deren präsumtiven Alternativen hat sich inzwischen die Systemtheorie dahingehend durchgesetzt, daß der historische Prozeß der Systemifizierung der modernen Gesellschaft kaum mehr bestritten wird. An die Stelle konkurrierender Theorieansprüche ist ein wachsendes Bewußtsein für die Risiken und Kosten dieses sozialfaktischen Vorgangs getreten. So hat *J. Habermas* die „Kolonialisierung der Lebenswelt" durch die sozialen Systeme kritisiert und als langfristig für die Gesellschaft destruktiv behauptet. Und H. Willke meint, daß eine Gesellschaft, die wie die unsrige auf den Evolutionsmodus funktional diferenzierter, →autopoietischer Systeme unwiderruflich gesetzt hat, Probleme bekommt und heute hat, die in der Dimension der Integration sowie der Entwicklungsrichtung und Steuerung des Ganzen liegen. Dies sind zweifellos wichtige gesellschaftliche Probleme, allerdings nicht eigentlich solche der Systemtheorie, die für die Gesellschaftstheorie nur einen Baustein unter anderen bildet.

Lit.: H. Haferkamp/M. Schmid (Hg.): Sinn, Kommunikation und soziale Differenzierung, Frankfurt/M. 1987. *N. Luhmann:* Soziale Systeme, Frankfurt/M. 1984. *N. Luhmann,* Soziologische Aufklärung, Bd. 1–4, Opladen 1970–1987. *N. Luhmann:* Neuere Entwicklungen in der Systemtheorie, in: Merkur 1988, S. 292ff., *J. Habermas:* Theorie des kommunikativen Handelns, Bd. II, Frankfurt/M. 1981. *T. Parsons:* Zur Theorie sozialer Systeme (Hg.: St. Jensen), Opladen 1976. *H. Willke,* Systemtheorie, 2. Aufl., Stuttgart/New York 1987

Prof. Dr. *V. Ronge,* Wuppertal

Systemvergleich

Gegenüberstellung verschiedener Gesellschaftstypen, z.B. im Zeitvergleich (vorindustrielle–industrielle Gesellschaft), nach Entwicklungsstadien (Entwicklungsländer – Industrieländer), nach Wirtschaftssystem (Planwirtschaft–Marktwirtschaft), nach Regierungssystem (soziale Demokratie–demokratischer Sozialismus) usw.

T

Tabu
in primitiven Gesellschaften (Naturvölkern) das Verbot, bestimmte Dinge zu berühren, Orte zu besuchen, Personen anzusehen. Elemente der Strukturierung menschlichen Verhaltens. Im allgemeinen Verständnis bezeichnet ein Tabu ein striktes Verbot (→Inzesttabu) mit Strafandrohung, bestimmte Handlungen zu vollziehen oder Themen zu erörtern.

take-off
aus der Stufentheorie von A. Rüstow (1885–1963) entliehener Begriff, der eine sprunghaft einsetzende, meist wirtschaftliche Wachstumsphase bezeichnet, z. B. 1871 den Wirtschaftsboom im Deutschen Reich als Ergebnis des gewonnenen Krieges gegen Frankreich (Reparationszahlungen).

Tatsache/Tatbestand, soziale(r)
→soziale Tatsachen (faits sociaux)

Tauschwert
Wertbestimmung eines Gutes im Warentausch (Wert); vgl. Unterschied zu seinem Gebrauchswert (Nutzen). Der Wert einer Ware realisiert sich im Preis. Bei Marx kennzeichnet der Widerspruch zwischen Tauschwert und Gebrauchswert den Doppelcharakter der Arbeit in der kapitalistischen Gesellschaft, da der Tauschwert höher liegt als der Lohn, den der Arbeiter erhalten hat. Der T. ermöglicht den Profit des Kapitalisten.

Tautologie
bezeichnet eine Wortverbindung, die eine Verdoppelung der Aussage enthält (z. B.: weißer Schimmel, nasses Wasser),

Taxonomie
systematische Einordnung, Klassifikation; Ordnungsschema hinsichtlich bestimmter deskriptiver Merkmale. Bezeichnung wurde aus der Biologie übernommen. In abwertendem Sinne zur Kennzeichnung von Theorien verwendet, die lediglich beschreibenden und keinen erklärenden Charakter haben.

teach-in
→sit-in

Team
Arbeitsgruppe, die mit der Bewältigung einer gemeinsamen Aufgabe beschäftigt ist. Kennzeichen eines Teams sind fachliche Qualifikation, kooperatives Verhalten, Autorität nach Leistung, Kommunikation, Toleranz und Zielidentifikation.

Technik
1. Begriff. Unter T. verstehen wir in der Regel den Vorrat an künstlich geschaffenen Verfahren und Gebilden, die in einer Gesellschaft als dauerhafte und verläßlich funktionierende Mittel eingesetzt werden, beabsichtigte Wirkungen zu erzielen oder ausgewählte Wirkungen zu steigern. Unter T. i.e.S. werden häufig nur die sachlichen Artefakte wie Geräte, Maschinen oder Produktionsanlagen gefaßt, mit denen die Effizienz von Handlungen oder Prozessen verstärkt wird. Teilweise werden zusätzlich zur reinen Sachtechnik auch die Handlungen zu ihrer Herstellung wie Forschen, Erfinden, Konstruieren und Produzieren und die Handlungen der Aneignung und Verwendung von sachlichen Artefakten hinzugenommen. Unter T. i.w.S. werden Schemata des Handelns und Denkens miteinbegriffen, die unter Außerachtlassen anderer Sinnbezüge Handlungsabläufe zu kombinierbaren Operationsschritten umformen, um eine Aufgabe methodisch effizient und mit berechenbarem Erfolg zu bewältigen. Rechentechniken wie schriftliches Dividieren und Körpertechniken wie Bodybuilding zählen hierzu.

Es gibt keinen über die disziplinären Perspektiven und über die Zeiten hinweg allgemeingültigen T.-begriff. Das Verb „techne“ betonte in der griechischen Antike den methodischen Handlungsaspekt und bedeutete, etwas listenreich oder kunstfertig ins Werk zu setzen. Er galt für Handwerke und Geisteswerke. In der Neuzeit rückte mit der Maschinent. der Sachaspekt in den Vordergrund. Menschliche Handlungsfunktionen des Bewegens und des Bearbeitens wurden sukzessive auf einen gegenständlichen und zum Teil selbsttätigen Mechanismus übertragen. Gegenwärtig übernimmt ein hoch abstrakter informations- und systemtheoretischer T.-begriff die Leitfunktion. Technische Systeme sind durch formale Operationsschemata gekennzeichnet, welche die stoffliche, energetische und informationelle Transformation von gegebenen Inputs in gewünschte Outputs eindeutig regeln.

Zwei Tatsachen machen T. zum Gegenstand soziologischen Denkens: (1.) T. zeitigt soziale Folgen. Unterschiedliche T.-typen wirken sich auf Formen sozialen Handelns, Entwicklung von Organisationen und Differenzierung und Integration von Teilbereichen in Gesellschaften aus, z. B. die Werkzeugmaschine auf die Arbeitstätigkeit, die industriellen Beziehungen im Betrieb und die Arbeitsteilung in der Wirtschaft oder das Telefonnetz auf das Kommunikationsverhalten, die Unternehmensgröße und die demokratische Kontrolle in der Politik. Technische Entwicklungen lösen sozialen Wandel aus. (2.) T. entsteht als historisch-gesellschaftlicher Prozeß. Neue T. wird einerseits in ausdifferenzierten sozialen Kontexten, z. B. des Forschungshandelns, der Erfinder- und Ingenieurrolle oder des F&E-Labors, unter Bezug auf frühere technische Ideen produziert und rekombiniert, andrerseits wird sie in ihrer Gestalt durch wirtschaftliche Interessen, politische Machtkonstellationen und kulturelle Leitmodelle geprägt. T.-en haben eine soziale Genese.

2. Theoretische Orientierungen. Theoretische Ansätze zur T.-soziologie unterscheiden sich u. a. dadurch, welchen T.-begriff sie bevorzugen und ob sie die Folgen oder die Genese der T. akzentuieren. Mit dem Werk von K. Marx beginnt eine erste Traditionslinie: T. wird als Teil der „Produktivkräfte" aufgefaßt, in der sich vor allem das Wissen und Können einer Gesellschaft, den Stoffwechsel mit der Natur zu beherrschen, vergegenständlicht. Steigerungen der Produktivkräfte durch neue T. lösen einen Druck auf den Wandel der gesellschaftlichen Verhältnisse aus, z. B. Disziplinierung und gewerkschaftliche Organisierung der Arbeiterschaft, Vermehrung der Frauenarbeit und das Fabriksystem im Gefolge der „großen Maschinerie". Zwischen technischem und sozialem Wandel, T. und Arbeitsorganisation sowie T. und Handeln bestehen Zusammenhänge wechselseitiger Anpassung und gegenseitiger Beschränkung. Ein „technischer Determinismus", wie ihn z. B. W. F. Ogburn mit seiner umstrittenen These vom zeitlichen Vorlauf der technischen vor der soziokulturellen Entwicklung („cultural lag") oder Theoretiker der postindustriellen Gesellschaft mit Bezug auf t. Revolutionen vertreten, kann nicht nachgewiesen werden. Neuere Ansätze betonen gegenüber den Folgen die „soziale Dynamik" der technischen Entwicklung, konzentrieren sich auf die Verwissenschaftlichung der T. und der Industrie und öffnen den Blick für den Wandel durch technische Medien der Kommunikation. Eine zweite Tradition bezieht sich auf E. Durkheims Gegenstandsbestimmung der Soziologie: Zu den sozialen Tatsachen wie Sitten, Rechten und Glaubenssätzen zählt er auch Wohnstätten, Werkzeuge, Verkehrsmittel und andere Sachen. Diese sachlichen Artefakte bilden wie die anderen Institutionen als kristallisierte Formen des Handelns das Substrat der Gesellschaft. Eine Soziologie der Sachen will die Besonderheiten der in Geräten verkörperten Normen und Verhaltenserwartungen und der über Sachen vermittelten Sozialverhältnisse aufzeigen. Die Substitution von Handlungen durch Sachsysteme, die Verwendungsimplikationen von T. im Alltag und die technischen Infrastrukturnetze sind zentrale Themen.

Eine dritte Tradition geht auf M. Webers Analyse der technischen Rationalität zurück: T. eines Handelns bedeutet den „Inbegriff der verwendeten Mittel" unter Absehen von seinem übrigen Sinn oder Zweck. Eine technische Frage liegt vor, wenn nach den rationalsten Mitteln gesucht wird, ein Optimum des Erfolgs bei geringstem Aufwand zu erreichen. Nachfolger beobachten und kritisieren die Verallgemeinerung dieser technischen Rationalität in modernen Industriegesellschaften, die sich zunehmend auf wissenschaftliches Denken gründe und sich gegenüber politischen, sozialen und kulturellen Orientierungen verselbständige. Die Vertreter der „Technokratie"-These (Ellul, Freyer, Schelsky) wie auch die Kritiker der „eindimensionalen", „instrumentellen Vernunft" (Horkheimer, Marcuse, Habermas) vernachlässigen über der Beschäftigung mit den Deutungsmustern die Untersuchung der technischen Entwicklung.

Für die Erklärung der t. Entwicklung gibt es Theorieangebote, die den Prozeß aus unterschiedlichen Perspektiven beobachten. In der Anthropologie wird die T. aus der schrittweisen Veräußerlichung menschlicher Organfunktionen hergeleitet. Sie entstünde aus den Prinzipien der Organentlastung, des Organersatzes und der Organüberbietung (E. Kapp; A. Gehlen). Ihr Verlauf füge sich dem Muster, als ob der Mensch sukzessive die Funktionen seines Handlungskreises von den Kraft- und Bewegungsäußerungen über die Sinneswahrnehmungen bis hin zu den Gehirntätigkeiten in t. Konstruktionen vergegenständlicht habe. Die Ablösung vom Organischen, die Fixierung von Operationsschemata in Artefakten, die Verselbständigung von direkten menschlichen Interventionen durch zunehmende selbstbezügliche Organisation und schließlich die Repräsentation des Stofflichen in formalen Systemen gelten von der ersten technischen Geste bis zur Systemt. für sachliche und symbolische Artefakte gleichermaßen (A. Leroi-Gourhan).

In der Ökonomie werden Richtung und Rate des t. Wandels aus dem Motiv zur Kostenersparnis, besonders durch Steigerung der Arbeitsproduktivität, hergeleitet: Intensivierung der Arbeit durch Fließbandt., Substitution der Arbeitskräfte durch Maschinen, Beschleunigung des Kapitalumschlags durch t. Innovationen. Demnach wäre die ökonomische Orientiertheit der t. Entwicklung im industriellen Kapitalismus eine Grundtatsache (M. Weber). Einschränkungen erfährt dieses Modell rationaler T.wahl durch Argumente aus der historischen und soziologischen Perspektive: J. Schumpeter hat gezeigt, daß häufig unrealistische Erwartungen risikofreudiger Unternehmer und Erfinder Innovationen ausgelöst haben. Des weiteren konnte die Bedeutung von Machtverhältnissen und Kontrollinteressen für die Einführung einer neuen T. vielfach nachgewiesen werden, z.B. bei der Mühle, der Spinnmaschine, der NC-Werkzeugmaschine, dem Atomkraftwerk.

Aus kulturalistischer Perspektive werden Leitbilder, religiöse oder ästhetische Orientierungen und kulturelle Modelle für den Wandel der T. verantwortlich gemacht. Nach L. Mumford haben z.B. die hierarchischen und zentralistischen Prinzipien, nach denen frühe Stadtzivilisationen organisiert waren, das Muster für den Typ einer „autoritären T." geschaffen. Jüdisch-christliche Ideale der Naturunterwerfung und der „kapitalistische Geist" (W. Sombart) haben den westlichen Typ „wissenschaftlich-rationaler T." hervorgebracht, der gegenüber der Natur und dem Menschen gleichgültig ist. Innerhalb der t. Entwicklung sorgen unterschiedliche Leitbilder für die Konstruktion und Auswahl zwischen t. Alternativen: Menschenbilder der Ingenieure, Paradigmata der Produktion und Modelle technisierter Kommunikation.

Die Genese der T. läßt sich nicht aus einer Perspektive allein hinreichend und allgemeingültig erklären: In sachlicher Hinsicht ist jede T. in ihrer stofflichen, energetischen und informatorischen Eigenheit zu untersuchen; in zeitlicher Hinsicht ist der gesamte Prozeß der T.entwicklung von der wissenschaftlichen und technologischen Forschung über die Erfindung und die Konstruktion eines Prototypen bis hin zur marktgängigen Innovation mit den jeweiligen Eigendynamiken einzubeziehen; in sozialer Hinsicht ist davon auszugehen, daß die T.entwicklung erstens in unterschiedlich strukturierten Teilbereichen der Gesellschaft wie Wissenschaft und Wirtschaft verläuft und zweitens an ihrer Prägung verschiedene soziale Akteure mit unterschiedlichen Orientierungsstandards und Leitbildern der Technisierung nebeneinander beteiligt sind.

3. Felder sozialwissenschaftlicher Technikforschung. T. und Arbeit als Thema behandelt die Industriesoziologie. Sie fragt danach, wie sich Mechanisierung und Automation auf Arbeitsinhalt, Qualifikationsanforderungen, Belastungen und Kooperation auswirken. Gegenwärtig wird eine zunehmende Entkopplung von t. Produktionsprozeß und Arbeitsorganisation festgestellt.

T. und Organisation stehen zwar in einem wechselseitigen Bedingungsverhältnis, aber die zunehmende Elastizität der neuen T. erlaubt viele erfolgreiche Kombinationen von Technisierungs- und Organisierungstypen. In t.-verwendenden Sozialsystemen kann die T. als Resultat einer strategischen Entscheidung angesehen werden, die Autonomie z. B. des Unternehmens gegenüber äußeren Beschränkungen und inneren Arbeitskräfteproblemen zu erhöhen. In t.-erzeugenden Sozialsystemen wie F&E-Labors ist wegen der hohen Unbestimmtheit des Forschungshandelns und der Unplanbarkeit des innovativen Erfolgs eine Organisationsform angemessen, die auf bürokratische Kontrolle verzichtet und eher über Professionsnormen sich selbst steuert.

T. und gesellschaftliche Teilsysteme werden auf zwei Weisen untersucht: Einmal wird nach dem Anteil des t. Fortschritts am wirtschaftlichen Wachstum, den Folgen für die Erneuerung der Wirtschaftsstruktur, dem Einfluß der Politik auf die Richtung der T. oder den Veränderungen politischer Willensbildung und internationaler Machtbeziehungen durch neue T. gefragt. Neuerdings werden quer dazu „große technische Systeme" auf ihre soziale Konstruiertheit und auf ihre Risiken hin untersucht. Darunter werden i.d.R. Infrastruktursysteme der Energieversorgung, des Land- und Luftverkehrs oder der Nachrichtenübermittlung verstanden. Einzelne Geräte wie Turbinen, Transformatoren und Stromleitungen finden zunehmend erst in t. Systemen miteinander verzahnter und funktional aufeinander bezogener Ketten und Hierarchien von Artefakten ihre Bedeutung. Außerdem werden soziale Elemente wie Akteure, Organisationen und Gesetze, soweit sie für den Systemaufbau und das Funktionieren verantwortlich sind, miteinbezogen. Der Vergleich unterschiedlich großer t. Systeme hat gezeigt, daß es nach Wachstumsphasen wechselnde Problemfronten und damit auch jeweils andere relevante Akteure und daß es nationale Stile der T.entwicklung gibt.

Die Risikoforschung unterscheidet die verschiedenen t. Systeme nach ihrer Komplexität, wobei sie nicht zwischen sachlichen und sozialen Elementen differenziert. Das Risiko von Systemunfällen nimmt zu, je größer die Anzahl der Elemente und der Interaktionen zwischen ihnen – auch komplizierte Sicherungst. hat daran Anteil – und je rigider sie miteinander verkoppelt sind.

T. und Alltag ist ein Feld, in dem die Aneignung und Verwendung von T. und die Auswirkungen auf den einzelnen und seine außerberufliche Lebenswelt erforscht werden. Die Mechanisierung des Haushalts, die Technisierung kindlicher Lebenswelten, das Aufwachsen in elektronischen Medienwelten und die schicht-, generations- und geschlechtsspezifischen Umgangsstile mit der T. sind Themen. Angleichung und Industrialisierung des Alltags oder Differenzierung und Chancen zur individuellen Entfaltung sind die diskutierten Alternativen.

Die Technikfolgenforschung (→Technikfolgen-Abschätzung) zieht alle Methoden der T.analyse heran, die ihr zu einer Einschätzung der zu erwartenden Folgen geeignet erscheinen: T.prognosen mit Trendfortschreibungen. T.-Szenarios zur Ermittlung unterschiedlicher Optionen, T.akzeptanzforschung mittels Meinungsumfragen und Bewertungen der Umwelt- und Sozialverträglichkeit. Als ihr Pionier kann W. F. Ogburn gelten, der z.B. für das Radio 150 Auswirkungen gezählt hat. Häufig löst erst die Konvergenz mehrerer Erfindungen eine soziale Wirkung aus, z.B. Automobil, Straßenbau und Telefon zusammen die Ausdehnung der Vorstädte.

Die Technikgeneseforschung geht demgegenüber von der sozialen Konstruiertheit einzelner T. und der evolutionären Offenheit der t. Entwicklung aus. Paradigmatisch hat S. C. Gilfillan die Erfindungen in der gesamten Geschichte des Schiffsbaus untersucht. I.d.R. wird eine neue T. als strategisches Handlungsprojekt eines sozialen Akteuers rekonstruiert. Dabei werden unterschiedliche Leitbilder der Technisierung und die Einflußkonstellation der beteiligten Akteure untersucht, z.B. technologische Debatten in politischen Arenen. Für die gesamte t. Entwicklung von der Forschung oder Erfindung bis zur Diffusion werden die wechselnden Mechanismen der Variation (Erzeugen t. Alternativen) der Selektion (Markt, Staat, kulturelle Werte) und der Stabilisierung (Investition, angepaßte Infrastruktur, Veralltäglichung) aufgezeigt.

Lit.: R. Jokisch (Hg.): Techniksoziologie. Frankfurt/M. 1982; *W. Rammert,* Soziale Dynamik der technischen Entwicklung. Opladen 1983; *B. Joerges* (Hg.): Technik im Alltag. Frankfurt/M. 1988; *P. Weingart* (Hg.): Technik als sozialer Prozeß. Frankfurt/M. 1989; *G. Bechmann/W. Rammert* u.a. (Hg.): Technik und Gesellschaft. Jahrbücher 1–5. Frankfurt/M. 1982–1989

PD Dr. *W. Rammert,* Bielefeld

Technikfolgen-Abschätzung
→Technik

seit der Forderung der CDU/CSU von 1973, eine parlamentarische Einrichtung zur T.-A. zu schaffen, hat dieses Konzept in der BR Deutschland an Bedeutung gewonnen. Vorbild war das „Office of Technology Assessment“ (OTA), das 1973 aufgrund eines Gesetzes vom Oktober 1972 in den USA eingerichtet wurde (der Begriff „technology assessment“ wurde 1965 von dem damaligen Vorsitzenden des Wissenschaftsauschusses im US-Repräsentantenhaus, Emilio Daddario, geprägt).

T.-A. soll ein Kontrollsystem sein, das gravierende (und zwar auch: soziale) Folgen technologischer Entwicklungen identifiziert und analysiert. Auf nationaler und internationaler Ebene wurden umfassende Vorschläge (vgl. OECD-Aktivitäten) für Methoden, Experimente und Anwendungsgebiete der T.-A. unterbreitet. T.-A. ist im Prinzip kein neues Konzept (Privatunternehmen und öffentliche Großforschungseinrichtungen untersuchen seit langem aus eigenem Interesse bzw. im Auftrag von Staat, Organisationen usw. auch die nicht-ökonomischen bzw. nicht-technologischen Folgen technischer Innovationen); allerdings nimmt die Dringlichkeit ihrer Durchführung wegen folgenschwerer Katastrophen (v. a. im Umweltbereich) ständig zu.

Bei der relativ hohen Zahl von stark politisch-ideologisch motivierten Wissenschaftlern in den westdeutschen Sozialwissenschaften muß indessen tatsächlich beachtet werden, daß interessierte gesellschaftliche Gruppen auf dem Weg über die sozialwissenschaftlich ausgerichtete T.-A. nicht nur Technikverhinderung betreiben, sondern allgemein der Steuerung der Wissenschaft zum Durchbruch verhelfen wollen.

G. R.

Technokratie
Herrschaft der Mittel über den Zweck; zur Charakterisierung von Gesellschaften verwendet, in denen technische Rationalität und der ihr innewohnende Sachzwang die Handlungen und Ziele der Menschen bestimmen.

technology assessment
→Technikfolgen-Abschätzung

Teilkultur
soziale Gruppe, die sich in ihren Werten und Normen von der sie umgebenden Gesamtgesellschaft abhebt, etwa die Teilkultur der Jugendlichen.
→Subkultur

Teilnahme, politische
→Partizipation

Tendenzverhalten
Forderung nach →Konformität mit den →Werten und →Normen bestimmter Organisationen (Kirchen, Gewerkschaften, politische Parteien) an ihre Mitglieder (in einem katholischen Krankenhaus werden z.B. keine Protestanten, Geschiedene, Alleinerziehende, Konfessionslose beschäftigt). Auch viele Betriebe erwarten bzw. verlangen die Einhaltung bestimmter Regeln und Verhaltensweisen, die nicht das Arbeitsverhältnis, sondern die private Lebensführung betreffen, z.B. spezielle Kleiderordnungen (Jackett und Krawatte).

Terminologie
→Fachsprache

Terror
Ausübung von Gewalt mit dem Ziel, Unsicherheit und Angstreaktionen zu erzeugen, die dem Interesse der Terroristen dienen. So rufen Terrorakte die Polizei auf den Plan, deren Zugriff u.U. auch Unschuldige trifft, und der Ruf nach „mehr Ordnung" stärkt reaktionäre Gruppierungen.

Terrorismus
Zusammenschluß von Personen, die durch Ausübung von Gewaltakten das herrschende politische System schwächen und unterminieren wollen (El-Fatah, IRA, Rote Armee Fraktion u. a.).

tertiärer Sektor
Dienstleistungsbereich (Handel und Verwaltung), im Unterschied zum →sekundären Sektor (Handwerk und Industrie) und dem →primären Sektor (Landwirtschaft und Bergbau) der Wirtschaft

tertiäre Sozialisation
→Sozialisation

Test
Verfahren zur Messung bestimmter Merkmale und Fähigkeiten (z.B. Intelligenztests).

Testbatterie
Kombination mehrerer Tests zu einem Testkatalog.

Testtheorie
Theorie des Messens von psychischen oder sozialen Sachverhalten. Es wird zwischen der klassischen Testtheorie, der modernen Testtheorie und der statistischen Testtheorie unterschieden.

Theorem
Lehrsatz, der aus Axiomen abgeleitet wird (Mathematik, Philosophie). Im soziologischen Sprachgebrauch meist Synonym für →Hypothese.

theoretisches Konstrukt
→Konstrukt, theoretisches

Theorie
Begriff mit unterschiedlichen Bedeutungen. 1. Erkenntnis ohne spezifisches Ziel; 2. System von wissenschaftlichen Aussagen über eine hypothetische gesetzmäßige Ordnung; 3. empirischer Befund in einem bestimmten Bereich; 4. theoretischer Bezugsrahmen oder

Klassifikation (Theorie bei Parsons); 5. „Theorie" als Synonym für →kritischen Rationalismus (Popper, Albert); 6. umgangssprachlich bezeichnet der Begriff „Theorie" etwas, das empirisch nicht nachweisbar ist.

Theoriebildung
die Formulierung endgültiger Theorien ist aufgrund des Standes der Theoriebildung in den Sozialwissenschaften nur unvollkommen möglich. Der Rückgriff bei empirischen Untersuchungen auf einen theoretischen Bezugsrahmen bedeutet meist lediglich die Einbeziehung von Teiltheorien (Bevölkerungstheorie, Sozialisationstheorie), sog. →Theorien mittlerer Reichweite oder aber Klassifikationssystemen, wie die →Systemtheorie von T. Parsons.

Theorie der kognitiven Dissonanz
ein von L. Festinger (1957) entwickelter Theorieansatz zur Einstellungsänderung. Wenn Menschen gezwungen werden, gegen ihre Überzeugungen zu handeln, erfahren sie eine →„kognitive Dissonanz". Um diese Spannung zu reduzieren, passen sie sich den veränderten Umständen an und ändern ihre Einstellung.

Theorie, kritische
→kritische Theorie

Theorien mittlerer Reichweite
von K. Merton (1957) geprägter Begriff zur Bezeichnung relativ einfacher Theorien von begrenzter raum-zeitlicher Gültigkeit.

These
→Dialektik

Thomas-Theorem
nach W. I. Thomas (1863–1947) handeln Menschen entsprechend einer von ihnen definierten Situation, die nicht der Realität entsprechen muß: „If men define situations as real, they are real in their consequences."

Thurstone-Skala
von L. L. Thurstone (1929) entwickeltes →Skalierungsverfahren zur Einstellungsmessung (Methode der gleichbleibenden Abstände).

Totalerhebung
→Erhebung
→Vollerhebung

totalitär
→Totalitarismus

Totalitarismus
Gesellschaftssystem totalitärer Prägung mit einem Einparteisystem, zentraler Lenkung der Wirtschaft (Planwirtschaft), eingeschränkten individuellen Freiheiten, Ausrichtung an einer Ideologie (Faschismus, Kommunismus) und einem etablierten Überwachungs- und Terrorsystem (Geheime Staatspolizei, KGB u. a.). Ursprünglich von Mussolini (→Faschismus) reklamiert, findet die Bezeichnung „Totalitarismus" auf alle jene Gesellschaftssysteme Anwendung, in denen neben einem Einparteisystem und einer verbindlichen Ideologie die Menschenrechte empfindlich eingeschränkt werden (Militärdiktaturen, Chile, Südafrika), während hinsichtlich der Wirtschaftsordnung starke Unterschiede zu beobachten sind.
→Linksfaschismus

Totalität
Begriff der dialektischen Theorie (J. Habermas) zur Bezeichnung einer gesamtgesellschaftlichen Betrachtungsweise.

Totalphänomen, soziales
(phénomène social total, franz.)
Begriff von M. Mauss (1923) zur Beschreibung einer sozialen Institution, die alle Lebensbereiche umfaßt.

Totem
in der Ethnologie, Soziologie und Psychologie der Indianersprache entstammende Bezeichnung für Verwandtschaft (nicht nur Blutsverwandte) sowie bestimmte Pflanzen und Tiere, für deren Umgang Regeln gelten, die nicht verletzt werden dürfen, z. B. Tötungsverbot, Eßverbote u. a.
→Tabu

Tourismus

1. Begriff und zuständige Teildisziplinen der Soziologie. Unter T. wird das Phänomen der „Freizeitreise" (Scheuch) verstanden. Er ist Gegenstand der T.-Soziologie, die sich mit den sozialen Strukturen, Funktionen und Folgeproblemen des T. beschäftigt, auf der Mikroebene sozialer Interaktionssysteme ebenso wie auf der Makroebene der Gesamtgesellschaft, in gegenwartsbezogener ebenso wie in historisch-dynamischer Betrachtung.

Soweit die T.-Soziologie ihren Gegenstand als Form der Freizeitverbringung thematisiert, ist sie Teil der →Freizeitsoziologie. Sie thematisiert ihren Gegenstand jedoch auch als Wirtschaftsfaktor, als Faktor der Regionalentwicklung und als Chance zur interkulturellen Kommunikation, reicht insofern also auch in die →Arbeits- und →Wirtschaftssoziologie, in die →Entwicklungssoziologie und in die →Kommunikationssoziologie hinein.

In methodischer Hinsicht bedient sich die T.-Soziologie der üblichen Verfahren und Techniken der theoretischen und empirischen Soziologie.

2. Vor- und Entstehungsgeschichte des modernen Tourismus. Vorformen eines T. hat es bereits in vormodernen, vorindustriellen Gesellschaften gegeben – massenhafte Ortsveränderungen anläßlich religiöser Feste in der griechischen und römischen Antike, Pilgerfahrten im indischen und arabischen Kulturkreis, die „Grand Tour" des Jungadels und die „Walz" der Gesellen im mittelalterlichen Europa. Was diese Reiseformen vom modernen T. unterscheidet, ist jedoch ihre Einbettung in religiöse und/oder ständische Obligationen und Funktionszusammenhänge.

Die moderne touristische Freizeitreise aber ist ein Produkt der modernen →Industriegesellschaft: Entmischung von Arbeit und Freizeit, Zunahme der Freizeit für alle Schichten und steigende Massenkaufkraft machen den T. möglich, die zunehmende „Unwirtlichkeit" (Mitscherlich) der urbanen Lebenswelten („Entfremdung" von Natur und Mensch) macht ihn zugleich notwendig.

Die Durchsetzung des T. folgt dabei dem sogenannten „trikle-down-Modell": Ausgehend von der Oberschicht des Bürgertums erfaßt die Reisewelle in der 2. Hälfte des 19. Jh.s auch die Mittelschicht des Kleinbürgertums und im 20. Jh. auch die Arbeiterschaft. Von einem Massentourismus kann man freilich erst seit den 60er Jahren dieses Jahrhunderts sprechen.

Hand in Hand mit der Ausbreitung geht eine zunehmende Standardisierung des T.: die klassischen Varianten: Bildungs- und Kulturtourismus, Bade- und Bergtourismus und die gute alte Sommerfrische werden durch „Normung" vereinfacht, zu pauschalen Programmen „montiert" und massenhaft in einheitlichen „Serien gefertigt" (Enzensberger). (Kultur-)Kritische T.-Soziologen haben darauf hingewiesen, daß die massenhafte Durchsetzung des T. mit einem Strukturwandel vom „innengeleiteten" zum „außengeleiteten T." (Knebel) verbunden ist. Diese Entwicklung wird der Entstehung „sekundärer touristischer Systeme" zugeschrieben: Transport, Unterkunft, Verpflegung und Verhaltensprogramme werden von technisch und organisatorisch hoch rationalisierten kommerziellen Organisationen bereitgestellt, die Folge davon ist die zunehmende Abhängigkeit der Touristen von der Tourismusindustrie sowie die Uniformierung des Reiseverhaltens in Anpassung an verfügbare Angebote.

Mit dem Übergang von der →„modernen Industriegesellschaft" zur →„postmodernen Erlebnisgesellschaft", der u. a. mit einem Rückgang der sozialen Relevanz von „vertikaler", stratifikatorischer Differenzierung (nach Maßgabe der sozioökonomischen Klassenlage) zugunsten einer horizontalen Differenzierung sogenannter „Erlebnismilieus" (auf Grundlage spezifischer „Lebensstile") verbunden ist, zeichnet sich heute ein neuerlicher Strukturwandel des Tourismusab: der relativ uniforme, „außengeleitete“ T. wird „aufgehoben“ in einem neuen Pluralismus milieuspezifischer Reisemotive, -formen und -ziele, dem mit einer entsprechenden zielgruppenorientierten Differenzierung des Reiseangebots Rechnung getragen wird: Neue Formen des T., vom „Clubbing“ und Erlebnis- und Abenteuerurlaub über Sport- und Spielferien bis zum Urlaub auf dem Bauernhof, gewinnen an Bedeutung.

Der T. erfaßt naturgemäß vorwiegend von der Modernisierung und deren Folgen relativ unberührte Natur- und Kulturlandschaften. In diesem Zusammenhang kommt T. als Faktor der Regionalentwicklung zum Tragen: In dem Maße, wie sich der T. ausbreitet, eröffnen sich für die Zielgebiete Entwicklungschancen, die nun ihrerseits eine Modernisierung/Industrialisierung auf der Grundlage des T. erfahren. Diese Entwicklung kann relativ autonom – aus eigenen Kräften und zum eigenen Nutzen – erfolgen wie etwa im Alpenraum, aber auch zu quasikolonialer Abhängigkeit führen wie vielfach in der Dritten Welt.

3. Tourismus der Gegenwart

Der T. ist innerhalb der letzten 4 Dekaden mit jährlichen Wachstumsraten von 4% bis zu 10% (!) zu einer Massenerscheinung geworden: 1994 wurden allein im internationalen Reiseverkehr über 530 Mio. Gästeankünfte gezählt, dabei wurden weltweit über 335 Mrd. US-Dollar ausgegeben (WTO 1995).

In der westlichen Welt ist die Reiselust am größten bei den Westeuropäern. Freilich ist auch hier die Reiseintensität nach Ländern verschieden – 1982 unternahmen etwa in Schweden 83%, in der Schweiz 76% der Bevölkerung, in der BR Deutschland dagegen nur 55% und in Österreich gar nur 40% der Bevölkerung mindestens eine Urlaubsreise im Jahr.

Entsprechend groß ist die wirtschaftliche Bedeutung des T. für die Zielgebiete. So liegt der Anteil des Reiseverkehrs an den Deviseneinnahmen in Mexiko bei 35%, in den europäischen Fremdenverkehrsländern Griechenland, Österreich und Spanien immerhin noch bei über 20%. Ganze Landstriche und Regionen sind zu Fremdenverkehrsmonokulturen geworden.

Zugleich vollzog sich eine rasante Technisierung, Organisierung und Professionalisierung des touristischen Betriebes: Die Reiseveranstalter sind zu einer hoch konzentrierten und eng verflochtenen Branche geworden, die sich modernster Verkehrs-, Kommunikations- und Informationssysteme bedient, Betreuung und Unterhaltung der Gäste sind zum Geschäft professioneller Experten geworden.

Die Folgen dieser Entwicklung sind ambivalent.

Dies gilt zunächst für die Touristen. Einerseits ist die ökonomische und organisatorische Leistung der Industriegesellschaft beachtlich, die weite Kreise in den Genuß einer frei wählbaren Freizeitreise bringt. Andererseits ist der moderne T. mit quantitativen und qualitativen Disparitäten und mit Folgeproblemen verbunden: Nach wie vor variiert die Reiseintensität in Abhängigkeit von der Berufsschicht, dem Einkommen und der regionalen Herkunft – Reisechancen sind also ungleich verteilt; der Charakter des T. als „Positionsgut“ (Hirsch) bringt es mit sich, daß der T. im Maße seiner massenhaften Ausbreitung an Gebrauchswert verliert (ein „einsamer Strand“ läßt sich ebensowenig massenhaft konsumieren wie der „jungfräuliche Pulverschnee“) – der T. ist nicht ohne Qualitätsverlust demokratisierbar; in dem Maße wie die „sekundären touristischen Systeme“ die Sphäre des T. nach Maßgabe technisch-ökonomischer und bürokratischer Rationalitätskriterien reorganisieren, ist auch die Autonomie des Touristen gefährdet; schließlich ist die Schaffung einer touristischen Infrastruktur im großen Maßstab mit Eingriffen in das natürliche und soziokulturelle Milieu verbunden, – der T. tendiert dazu, die „ursprünglichen Anziehungsfaktoren" eines Zielgebietes zu beeinträchtigen und steht dann vor der Notwendigkeit, die „ursprünglichen" durch „abgeleitete Anziehungsfaktoren" (Spiel-, Sport- und Unterhaltungseinrichtungen und -programme etc.) zu ersetzen. Wie Umfragen zeigen, tut all dies jedoch der Zufriedenheit der Touristen keinen Abbruch.

Ambivalent sind die Folgen auch für die bereisten Regionen bzw. die Gastgeber. Einerseits verdanken sie ihre Arbeit, ihr Einkommen und relativen Wohlstand dem T. Andererseits ist diese Entwicklung speziell in der Dritten Welt häufig eine abhängige, getragen von externen Investoren, wobei die Einnahmen nur z. T. im Land verbleiben, weil sie für den Ankauf von vom Touristen begehrten Gütern und Dienstleistungen verwendet werden müssen und weil Gewinne ins Ausland transferiert werden; sogar in der Tourismusindustrie der entwickelten europäischen Länder ist die Arbeitsqualität mangelhaft; festzustellen sind auch tourismusbedingte Beeinträchtigungen des lokalen soziokulturellen Milieus: Auflösung der ursprünglichen Kultur und Vermarktung „verdinglichter" und verfälschter Restbestände, Überbeanspruchung der Einzelperson, Beeinträchtigung familialer und nachbarschaftlicher Kontakte bedingt durch Zeitknappheit, Entwicklung sozialer Spannungen auf Grundlage sozioökonomischer Ungleichheiten und Interessenkonflikte.

Widersprüchlich sind auch die Auswirkungen des T. auf die Beziehungen zwischen Gastgebern und Gast. Ohne Zweifel hatten nie zuvor so viele Menschen in Friedenszeiten Kontakt mit Menschen anderer Länder und Kulturen, sprechen heute in den Zielgebieten mehr Menschen Fremdsprachen als je zuvor. Daraus auf massenhaft gelingende kulturelle Kommunikation i.e.S. zu schließen wäre jedoch verfehlt. Die touristische Publizistik (Prospekte, Reiseführer) sowie die Tatsache, daß die Touristen innerhalb der von den „sekundären touristischen Systemen" geschaffenen →Subkultur verbleiben und der Umstand, daß sich der Kontakt zur Fremdkultur auf die zum Konsum angebotenen folkloristischen Ereignisse und „Sehenswürdigkeiten" beschränkt, sorgen dafür, daß es zu nicht viel mehr als zum Aufbau und zur Bestätigung von Vorurteilsstrukturen kommt. Die realen Lebensumstände des Gastlandes bleiben dem Tourismus in der Regel verborgen.

4. Die Zukunft des Tourismus

Der fortgesetzte Trend zu mehr Freizeit sowie Motivanalysen, denen zufolge Reisen nach wie vor zu den beliebtesten Freizeitaktivitäten zählt, lassen eine weitere Zunahme des T. erwarten. So rechnet man etwa für den internationalen Reiseverkehr für die Perioden 1995–2005 bzw. 2000–2005 mit einer weiteren jährlichen Zunahme von 5,1% bzw. 4,0%. Das internationale Reisevolumen wird im Jahre 2000 über 617 Mio. und im Jahr 2005 über 750 Mio. Reisen umfassen, und die Reiseausgaben werden über 344 Mrd. US-Dollar im Jahr 2000 auf 432 Mrd. US-Dollar im Jahr 2005 ansteigen (Edwards 1992).

Angesichts der beschriebenen negativen Auswirkungen des T. hat sich in den letzten Jahren unter Tourismusfachleuten eine breite Diskussion um einen sogenannten „alternativen" oder „sanften", natur- und sozialverträglichen Tourismus und neuerdings um einen „nachhaltigen" Tourismus entwickelt. In der Theorie ursprünglich als globales Gegenmodell konzipiert, erweist sich der Alternativtourismus in der Praxis eher als komplementär zum „harten" Massentourismus: einzelne Elemente werden – nicht immer im Sinne der ursprünglichen Intention – in den „harten" Tourismus selbst eingebaut (Begrünung von Skipisten, Ortsbildgestaltung), alternative Tourismusformen werden in entwickelten Fremdenverkehrsregionen als zusätzliches Marktsegment angeboten, neue, kapitalschwache Regionen spezialisieren sich auf den Alternativtourismus. Eine grundlegende Systemänderung des T. scheint also in Zukunft nicht zu erwarten zu sein, wohl aber eine eher oberflächliche Anpassung an neue →„postmaterialistische" Werte (Landschaftsästhetik) und eine weitere – der zunehmenden Vielfalt und Dynamik der Lebensstile in der „Erlebnisgesellschaft" entsprechende – Differenzierung und Dynamisierung des Tourismusmarktes.

Lit.: A. Edwards: International Tourism Forecast to 2005. Special Report No 2454. London 1992; *H. M. Enzensberger:* Eine Theorie des Tourismus, in: Einzelheiten I – Bewußtseinsindustrie. Frankfurt 1958; *H. Hahn, H. J. Kagelmann* (Hg.): Tourismuspsychologie und Tourismussoziologie. Ein Handbuch zur Tourismuswissenschaft. München 1993; *H.-J. Knebel:* Soziologische Strukturwandlungen im modernen Tourismus. Stuttgart 1960; *J. Krippendorf, P. Zimmer* und *H. Glauber* (Hg.): Für einen anderen Tourismus. Probleme – Perspektiven – Ratschläge. Frankfurt/M. 1988; *H.-W. Prahl, A. Steinecke:* Der Millionenurlaub. Von der Bildungsreise zur totalen Freizeit. Darmstadt und Neuwied 1979; *M. Preglau:* Grenzen des Massentourismus, in: Journal für Sozialforschung 3/1983, S. 325–349; *E. K. Scheuch:* Soziologie der Freizeit, in: *R. König* (Hg.): Handbuch der empirischen Sozialforschung, Band 11, Freizeit und Konsum. Stuttgart 1977, S. 1–192; World Tourism Organisation (WTO): Yearbook of Tourism Statistics Vol. I, 47 ed. Madrid 1995

Prof. Dr. *M. Preglau,* Innsbruck

trade unions

→Gewerkschaften

Tradition

Weitergabe

Übernahme und Verbindlichkeit von →Werten und →Normen (auch Sitte, Brauch oder Konvention genannt), durch die in allen Gesellschaften große Bereiche des sozialen Zusammenlebens geregelt werden.

traditionales Handeln

nach M. Weber ein soziales Handeln, „... sehr oft nur ein dumpfes, in der Richtung der einmal eingelebten Einstellung ablaufendes Reagieren auf gewohnte Reize."

→Handeln

Traditionalismus

Haltung von Personen oder Gruppen, die ungeachtet von sich ändernden Bedingungen am Althergebrachten festhalten.

Traditionslenkung

von D. Riesman eingeführte Bezeichnung für ein nach innen, an internalisierten Werten und Normen orientiertes Verhalten und Handeln von Personen, im Gegensatz zur außengeleiteten Persönlichkeit, die sich vorwiegend von Statussymbolen und dem Verhalten anderer beeinflussen läßt.

Transformation

Umbildung

Begriff aus der vergleichenden Gesellschaftsanalyse und der Analyse sozialen Wandels.

→sozialer Wandel

Trauma

bezeichnet ein tatsächliches oder nur vorgestelltes Erlebnis, das infolge ungenügender Verarbeitung zu einer sich seelisch oder körperlich auswirkenden Verletzung führt. Traumatische Erlebnisse sind nach S. Freud meist in der Kindheit erfahren und deshalb unbewußt und einer Aufarbeitung schwer zugänglich. Auch im Erwachsenenalter erlebte Extremsituationen (Flucht, Lagerhaft, Unfall) können zu traumatischen Erfahrungen werden.

Trend

im allgemeinen Sprachgebrauch Entwicklungstendenz, Mode, Stil o. ä. In der statistischen Analyse aufzeigbare

Entwicklung über einen gewissen Zeitraum, meist unter Verwendung von Zeitreihen, etwa der Arbeitsmarktentwicklung, des Wählerverhaltens u. a.

Trennschärfe

1. Eigenschaft statistischer Tests, falsche Nullhypothesen zurückzuweisen; 2. bei Skalen bezeichnet Trennschärfe die Genauigkeit des Meßinstruments.

Triade

Dreiheit, Dreiergruppe
eine Anordnung von drei Personen (z. B. Vater, Sohn und Heiliger Geist).
→Dyade

trial

Versuch

trial and error-Verfahren

bezeichnet ein Lernen durch Versuch und Irrtum oder einfaches Ausprobieren. Die erfolgreiche Methode wird dann gelernt.

Trieb

zur biologischen Grundausstattung des Menschen gehörender Antrieb, der ihm hilft, zu überleben. Der Triebbegriff ist nicht eindeutig vom →Instinkt zu unterscheiden.

Typologie

Gruppenzuordnung nach einem oder mehreren Merkmalen, z. B. nach Herrschaftsausübung (Monarchie, Aristokratie, Demokratie) oder nach Marktanbietern (Monopol, Polypol, Olygopol).
→Klassifikation

Typus

Klassifikation eines Objektbereiches nach bestimmten Merkmalen, gedankliche Konstruktion, wichtiges Hilfsmittel in der →empirischen Sozialforschung. Unterscheidung in →Realtypus (in der Realität vorfindbar), →Idealtypus (M. Weber, Konstrukt des reinen Typus), Durchschnittstypus (übliche Erscheinungsform) und Extremtypus (Randerscheinung).

U

Über-Ich
nach S. Freud Bezeichnung für das Gewissen, das sich im →Sozialisationsprozeß durch →Internalisierung von →Werten und →Normen herausbildet. Das Über-Ich wirkt als Kontrollinstanz gegenüber den Strebungen des Es. Ein zu stark ausgeprägtes Über-Ich behindert die Entwicklung der Persönlichkeit bzw. des →Ichs.

Überanpassung
Überkonformität
bezeichnet das Streben eines Menschen, sich in allen Situationen den →Rollenerwartungen und sozialen Regelungen anzupassen. Häufig zu beobachtendes Verhalten von Personen, die in eine höhere Schicht aufgestiegen sind und aus Statusangst überangepaßte Verhaltensweisen zeigen.
→Aufstieg, sozialer

Überbau
zentraler Begriff des →historischen Materialismus (→Marxismus). Gesamtheit der Rechts-, Wert- und Normenvorstellungen einer Gesellschaft als Reflex der ökonomischen, objektiven Produktions- und Reproduktionsverhältnisse.
→Basis und Überbau

Überbevölkerung
ein in zahlreichen →Entwicklungsländern zu beobachtendes Phänomen, bei dem nicht allein zu viele Menschen auf einer bestimmten Fläche zusammenleben, sondern vor allem die Entwicklung der ökonomischen Ressourcen mit dem Bevölkerungswachstum nicht Schritt hält. Aus diesem Grunde weisen eine Reihe von Entwicklungsländern trotz wirtschaftlicher Entwicklung ein pro Kopf sinkendes Sozialprodukt auf. Dem Appell westlicher Industriestaaten, die Geburtenrate zu senken, wird meist entgegengehalten, daß westliche Staaten eine viel höhere Bevölkerungsdichte aufweisen und trotzdem einen hohen Lebensstandard besitzen. Zum Beispiel: Bundesrepublik Deutschland 247,6 Einwohner/qkm; Uganda 59,3 Einwohner/qkm.

Übereinstimmungstheorie
→Konvergenzthese

Überflußgesellschaft
(engl. affluent society)
von J. K. Galbraith (1958) geprägter Begriff zur Kennzeichnung von Industriegesellschaften, in denen ein hoher Versorgungsgrad der Bevölkerung erreicht ist. Die Güterproduktion orientiert sich jedoch nicht am Bedarf der Bevölkerung, sondern diese wird durch Werbung animiert, immer neue und andere Produkte zu konsumieren (Konsumgesellschaft). Galbraith betrachtete den Widerspruch zwischen privatem Reichtum und öffentlicher Armut als problematisch und sah Veranlassung, diese ungleiche Verteilung neu zu überdenken.
→postindustrielle Gesellschaft.

Überfremdung
Begriff der →Stadtsoziologie; meint das Übergreifen städtischer Lebensformen auf angrenzende ländliche Gebiete.

Übergangsgesellschaft
nach K. Marx Bezeichnung für den Übergang von kapitalistischer zu kommunistischer Produktionsweise. Meist auf sozialistische Gesellschaften bezogen, in denen der Gegensatz von Kapital und Arbeit durch Verstaatlichung der Produktionsmittel aufgehoben ist. Obgleich kein Klassengegensatz mehr existiert, gibt es weiterhin zwei Klassen, die Arbeiterklasse und die Klasse der Genossenschaftsbauern, aber es sind befreundete und nicht antagonistische Klassen. Diese Unterschiede werden nach Marx in der kommunistischen Gesellschaft verschwinden.

Übergangsriten
(frz. rites de passage) →Initiationsriten

Überkompensation

nach A. Adler der Versuch von Menschen mit Minderwertigkeitsgefühlen, durch überzogenes Macht- und Geltungsstreben Aufmerksamkeit auf sich zu ziehen.

Überkonformität

→Überanpassung

Überlebensgesellschaft

1. Begriff

Bezeichnung von K.-H. Hillmann (geb. 1938) für einen in nächster Zukunft notwendigerweise zu realisierenden Gesellschaftstyp mit globaler Ausbreitung, der mit seiner Kultur, seinen Strukturen, Institutionen, Handlungsabläufen und Entwicklungsprozessen vorrangig auf die langfristige Sicherung des Überlebens der Menschheit und der belebten Natur ausgerichtet ist.

2. Gegenwärtige Überlebenskrise

Das gegenwärtige Zeitalter bildet die geschichtlich einmalige Epoche, in der sich entscheiden wird, ob die Menschheit noch eine Zukunft zu erwarten hat. Die Kombination von naturwissenschaftlicher Wissensexpansion, technischem Fortschritt, wirtschaftlichem Wachstum, Bevölkerungsexplosion und Anspruchsdynamik hat eine Umweltkrise entstehen lassen, die durch zunehmend zerstörerisch wirkende Belastungen der Natur allgemein und von Ökosystemen speziell gekennzeichnet ist. Diese Umweltkrise – zugleich Ausdruck unbeabsichtigter Folgen gesteigerter Handlungs- und Eingriffsmöglichkeiten von Angehörigen dynamischer Gesellschaften – hat sich mit großenteils neuartigen Belastungen und Zerstörungen sowie mit weltweiter Ausbreitung so stark zugespitzt, daß die Überlebenschancen der Menschheit und vieler anderer Arten des Lebens auf der Erde immer mehr gefährdet sind. Angesichts dieser Bedrohungssituation ist die Umweltkrise sogar zu einer umfassenden Überlebenskrise ausgeufert. Dementsprechend ist der Mensch nicht nur Gestalter, sondern nunmehr ungewollt auch zum Zerstörer der Überlebensmöglichkeiten geworden. Mit der Gewinnung und Ausweitung von Wissen über diese ökologisch schädlichen Folgen, insbesondere der wachstumsorientierten Wirtschafts- und Konsumweise, verliert der Mensch seine Unschuld, wird seine Fähigkeit zu einer Umstellung auf ökologisch verantwortliches, umweltgerechtes und zukunftssicherndes Handeln herausgefordert.

Die Überlebenskrise betrifft unterschiedliche Ebenen der Erde und des Lebens: auf der Makroebene die Umweltmedien Boden, Wasser und Luft, das Klima und die Ozonschicht der Troposphäre, große Ökosysteme wie die Meere und tropischen Regenwälder; auf der Mikroebene die gegenwärtig explosionsartig voranschreitende toxische Belastung des Menschen und anderer Arten des Lebens durch die globale Ausbreitung einer weiterhin wachsenden Fülle von Chemikalien, die kaum noch kontrollier- und beherrschbar sind. Folgen dieser Belastung sind Umweltkrankheiten, genetische Schäden, Gefährdung der Fertilität, Fehlgeburten, steigende und auf Finanzierungsgrenzen stoßende Gesundheitskosten.

Soziologisch relevante Folgen und Fernwirkungen der Überlebenskrise sind die Zerstörung von Lebensräumen, dadurch bedingte Migration (Umweltflüchtlinge), ethnische Konflikte, Beeinträchtigung des Lebensgefühls und der Zukunftserwartungen durch eine Flut von Informationen über Umweltgefahren und -zerstörungen, In-Frage-Stellung des Systems moderner Gesellschaft, Ausbreitung von Pessimismus, Resignation und Endzeitstimmung, abnehmendes Interesse an eigenen Nachkommen, die angesichts bedrohter Überlebensmöglichkeiten nicht mehr verantwortbar seien. Gesellschaft wird damit tendenziell zu einem Auslaufmodell, zu einer Endzeit- und Untergangsgesellschaft.

Die bisherigen Bemühungen um eine Bewältigung der Überlebenskrise haben sich insgesamt als unzureichend erwiesen. Gründe für dieses Defizit sind u. a.: Viele Gefahrenentwicklungen vollziehen sich jenseits der naturgegebenen Wahrnehmungsfähigkeit des Menschen; viele Schädigungen entfalten sich zunächst latent und erweisen sich erst (später) bei ihrer Manifestation womöglich als irreparabel; das Dominantwerden anderer Probleme, z. B. Wirtschaftskrise, Arbeitslosigkeit, Verteilungskämpfe, Kriminalität; zahlreiche Widerstände gegen eine notwendige Umweltschutzpolitik.

Die Überwindung der Überlebenskrise kann nur gelingen, wenn möglichst rasch weltweit größte Anstrengungen in Richtung auf eine beschleunigte Herausbildung der Überlebensgesellschaft unternommen werden – zugleich eine hochrangige Herausforderung und Bewährungsprobe für die Soziologie.

3. Umrisse der Überlebensgesellschaft
Der kulturelle Kern der Überlebensgesellschaft ist durch eine ökologisch fundierte Weltanschauung und durch ein Wertsystem bestimmt, welche der Überlebenssicherung in Verbindung mit human-sozialen Grundwerten höchste Priorität einräumen. Der Natur wird ein Eigenwert zugestanden, mit rechtlichen Konsequenzen. Die fürsorgliche Pflege der natürlichen Umwelt bildet eine kulturelle Selbstverständlichkeit.

Der politische Bereich ist so organisiert, daß ökologisch engagierte Persönlichkeiten gegenüber Verfechtern partikularer Interessen hinsichtlich der Führungskräfteauslese, Einflußnahme, Willensbildung und Entscheidungsgewalt Chancen erhalten, die für die Durchführung einer zukunftssichernden Politik erforderlich sind.

Umweltpolitik bildet eine zentrale Dimension der Außen- bzw. der Weltinnenpolitik. Die Überlebensgesellschaft ist bei weitestgehender Respektierung der Bestrebungen nach kultureller Identität und Mannigfaltigkeit zwangsläufig eine Welt- bzw. Menschheitsgesellschaft mit internationalen Institutionen, die über ausreichende Sanktionsmöglichkeiten zugunsten der Friedenssicherung und des Umweltschutzes verfügen. Auf der Grundlage einer internationalen Charta des Umweltschutzes und eines weltweit verbindlich gewordenen Umweltrechts ist die Souveränität der National- und Bundesstaaten hinsichtlich notwendiger Maßnahmen zur Erhaltung der Überlebensbedingungen eingeschränkt.

Im Bildungs- und Wissenschaftsbereich fungieren Ökologie und Umwelterziehung als eine vorrangige Querschnittsaufgabe, mit einem entsprechenden Grad der Institutionalisierung. Ein zentrales Ziel ist die einsichtsvolle Internalisierung einer ökologisch ausgerichteten Verantwortungsethik.

Normensysteme, soziale Rollen und Verhaltensmuster sind in starkem Maße durch gesetzlich sanktionierte und alltäglich – selbstverständlich gewordene Umwelt- und Naturschutznotwendigkeiten mitbestimmt. Ein möglichst umweltgerechter Verhaltensstil ist ein Kernbestandteil der wechselseitigen Erwartungen von kollektiven Akteuren und einzelnen „Rollenspielern". Die Erlangung von Sozialprestige hängt weitgehend auch davon ab, inwieweit das Verhalten dem Umweltschutz gerecht wird.

Soziale Ungleichheit wird so reguliert, daß sie auf ein für das Funktionieren einer humanisierten, ökologisch angepaßten Leistungsgesellschaft notwendiges Maß reduziert bleibt. Dadurch kann Verteilungskonflikten entgegengewirkt werden, die zu den Antriebskräften des umweltzerstörerischen quantitativen Wirtschaftswachstums zählen.

Im Rahmen der ökosozialen Marktwirtschaft sind gemäß des Vorsorge- und Verursacherprinzips die ökologisch relevanten Kosten des Wirtschaftens in die betriebliche Kostenrechnung und Preispolitik integriert. Der technische Fortschritt wird ökologisch-gesellschaftlich verantwortungsbewußt gesteuert. Technikfolgenabschätzung und Umweltverträglichkeitsprüfungen sind institutionalisierte Selbstverständlichkeiten. An der wirtschaftlich-betrieblichen Mitbestimmung nehmen Repräsentanten des Umweltschutzes teil. Das Image, die Absatz-, Wettbewerbs- und Zunkunftschancen von Unternehmungen hängen maßgeblich von möglichst umweltfreundlichen Produktionsweisen und Produkten ab (Kreislaufwirtschaft).

4. Widerstände

Bei illusionsloser Einschätzung der gesellschaftlichen Wirklichkeit, des Menschlich-Allzumenschlichen und individueller Unterschiede kann nicht erwartet werden, daß sich eine hinreichend schnelle Herausbildung der Überlebensgesellschaft allein durch Information und Aufklärung, durch Vermittlung von Einsicht in Notwendigkeiten, durch moralische Appelle an Vernunft und Verantwortung ermöglichen ließe. Es muß vielmehr mit zahlreichen Widerständen, Barrieren, Beharrungs- und Verzögerungstendenzen gerechnet werden, die den sozialen Wandel zur Überlebensgesellschaft behindern:

1) Hang zur Bequemlichkeit.

2) Habitualisierung, Gewohnheiten der alltäglichen Lebenspraxis, kulturelle Traditionen und „Selbstverständlichkeiten“, eingelebte Verhaltensweisen, Routinen.

3) Dominanz eines wachstumsökonomisch ausgerichteten Wertsystems in der modernen Gesellschaft.

4) Dominanz eines hedonistischen, materialistisch-verschwenderischen Lebensstils.

5) Dominanz partikularer Interessen von Individuen, Gruppen, Organisationen, gesellschaftlichen Subsystemen (insbesondere des ökonomischen), Staaten und Staatengruppen.

6) Individualismus und Egoismus, Minimierung persönlicher Anstrengungen, Opfer, Kosten, Einbußen und Verzichte, Trittbrettfahrermentalität, Primat der persönlichen Nutzenmaximierung.

7) Unzureichende positive wie negative Anreize für umweltgerechtes Verhalten.

8) Orientierungsprobleme und Verhaltensunsicherheit, insbesondere durch widersprüchliche Informationen über Umweltprobleme.

9) Abstumpfungseffekt, Problemverdrängung, Wahrnehmungssperren, Lernblockaden.

10) Übersteigerter Optimismus, Entdramatisierung und Bagatellisierung der Umweltkrise (begünstigt durch zunächst nur latente Umweltschädigungen), Blendung durch eine technisch perfektionierte, naturferne Wohlstandskultur.

11) Gefühle der Macht- und Einflußlosigkeit, Geringschätzung bzw. Unterbewertung der eigenen Mitwirkungsmöglichkeiten, Neigung zur Regisnation und zum Fatalismus, Ausbreitung einer Endzeit- und Untergangsstimmung.

12) Auflösung von Kollektivbewußtsein und Gemeinschaftsbindungen, „Atomisierung“ von Verantwortung, Auswirkungen des Geburtenrückganges in hochentwickelten Gesellschaften, Schrumpfen und Aussterben der Familien, gegenwartsbezogenes Glücksstreben („Nach mir die Sintflut!“), Verkürzung der Zeitperspektive (Beschränkung auf die eigene individuelle Lebensspanne).

13) Gefälligkeitspolitik, keine Gefährdung der Wählerstimmenmaximierung durch eine notwendige Umweltschutzpolitik.

14) Souveränitätsansprüche einzelner Staaten, Prinzip der Nichteinmischung, Vereitelung einer globalen Umweltschutzpolitik.

5. Wege zur Überlebensgesellschaft

Angesichts der zahlreichen Widerstände können die Bemühungen um den Aufbau der Überlebensgesellschaft den Wettlauf mit der gegenwärtig immer noch expandierenden Umweltkrise nur gewinnen, wenn im Rahmen einer umfassenden Strategie global alle geeigneten Möglichkeiten einer entsprechenden gesellschaftlichen Transformation ausgeschöpft werden. Dementsprechend müssen die Anstrengungen für einen solchen Wandel im Netzwerk der bestehenden (Welt-)Gesellschaft von möglichst vielen Bereichen, Ebenen, Institutionen, Positionen, Personenkreisen und Individuen ausgehen und sich gegenseitig verstärken.

Eine Grundvoraussetzung besteht darin, daß sich möglichst viele Wissenschaftler und Multiplikatoren engagiert der Umweltkrise zuwenden und durch öffentlichkeitswirksame, zielgruppengerechte Aufklärung objektive in subjektive Betroffenheit umwandeln.

Grundlegend wichtig ist ferner ein ökologisch ausgerichteter Wert- und Einstellungswandel: für das Zustandekommen sowie für die allgemeine Akzeptanz der notwendigen Umweltschutzpolitik und Verhaltensänderungen.

Strategisch wichtig ist eine sich gesamtgesellschaftlich rekrutierende, ökologisch engagierte und vorbildlich-überzeugend wirkende Wertelite als Motor einer möglichst umfangreichen, weltweit vernetzten und politisch einflußstarken Umwelt- und Naturschutzbewegung, die in allen gesellschaftlichen Bereichen und Schichten virulent ist. Es ist entscheidend, daß diese Bewegung in möglichst vielen politischen Parteien maximalen Einfluß ausüben kann: für einen hohen Stellenwert der Umweltpolitik, für den weiteren Ausbau des Umweltrechts, für die Reformierung des Steuerrechts zugunsten der Ökosteuer, für die Schaffung politischer Rahmenbedingungen einer ökosozialen Marktwirtschaft, für den Ausbau der Umweltforschung und -erziehung, für die Durchsetzung eines weltweiten Umweltschutzes.

Die Verwirklichung einer globalen Überlebensgesellschaft hängt davon ab, inwieweit die Ziele und Wege der Modernisierungsprozesse auch in Entwicklungs- und Schwellenländern eine ökologische Ausrichtung erfahren. Hierbei ist insbesondere die beschleunigte Überwindung des Bevölkerungswachstums unerläßlich.

Die künftige Überlebensgesellschaft muß keineswegs zwangsläufig zu einem asketisch-freudlosen Zwangsstaat ausarten. Dank menschlicher Phantasie, Kreativität und Verhaltensflexibilität bestehen große Chancen, daß im Zusammenhang mit einer weiteren Entwicklung der Kultur und des mitmenschlichen Zusammenlebens ein ökologisch angepaßter Hedonismus zustande kommt.

Lit.: BUND und Misereor (Hg.): Zukunftsfähiges Deutschland, Basel 1996; *Al Gore:* Wege zum Gleichgewicht, Frankfurt a. M. 1992; *K.-H. Hillmann:* Umweltkrise und Wertwandel, 2. Aufl., Würzburg 1986; *K.-H. Hillmann:* Die „Überlebensgesellschaft" als Konstruktionsaufgabe einer visionären Soziologie, in: ÖZS, 18. Jg., 1993; *D.* und *D. Meadows:* Die neuen Grenzen des Wachstums, Stuttgart 1992; *E. U. v. Weizsäcker:* Erdpolitik, 4. Aufl., Darmstadt 1994;

Prof. Dr. *K.-H. Hillmann,* Würzburg

Übertragung

Bezeichnung in der Psychoanalyse für die Übertragung von Wünschen und Gefühlen, die in der Kindheit gegenüber nahestehenden Personen (z.B. Eltern) entwickelt wurden, auf andere Personen (u.a. den Ehepartner).

Überzeugung

→Beeinflussung

Umfrageforschung

→Meinungsforschung

Umschichtungen

Veränderungen in der →Sozialstruktur einer Gesellschaft durch Verschiebungen im Positionengefüge, Veränderung der Berufsstruktur durch technischen und sozialen Wandel (T. Geiger 1951). →soziale Mobilität.

Umverteilung
Redistribution
die Korrektur der Einkommens- und Vermögensverteilung durch progressive Besteuerung und Transferzahlungen.

Umwelt
1. Begriffe.
Seit etwa zwei Jahrzehnten wenden sich Sozialwissenschaftler – Soziologen, Psychologen, Politologen – zunehmend ökologischen Fragestellungen und damit dem Konzept „Umwelt“ zu, Themen also, die zuvor vor allem von Biologen behandelt worden waren. Unter Umwelt versteht man die Gesamtheit des Lebensraums, der ein Lebewesen umgibt, der auf es einwirkt, in dem es agiert und den es in seinem Sinne zu gestalten sucht. Dabei ist zunächst an die physische (dingliche, materielle) Umwelt gedacht, doch ist – gerade für das Lebenwesen Mensch – die soziale Umwelt ebenso bedeutsam.

Zur physischen Umwelt zählt einerseits die „natürliche“ Umwelt (z.B. ein See oder die Wetterbedingungen) und andererseits die „technische“, d.h. die von Menschenhand geschaffene Umwelt (z.B. eine Wohnsiedlung, eine Industrieanlage oder auch Geräuscheinwirkungen). Die soziale Umwelt besteht aus der →Sozialstruktur, in der sich ein Mensch aufhält, etwa der Familie bei häuslichen Aktivitäten, den Kolleg(inn)en am Arbeitsplatz, den anderen Besuchern bei einer Sportveranstaltung usw.; im weiteren Sinne ist auch an den gesellschaftlichen Hintergrund individuellen Handelns, die soziokulturelle Umwelt, zu denken.

Die Gesamtheit einer Lebensgemeinschaft und ihrer Verflechtung mit der spezifischen Umwelt, in der sie existiert, wird als Ökosystem bezeichnet.

2. Öko-soziologische Perspektiven.
Die Mensch-Umwelt-Interaktion kann unter zwei Perspektiven betrachtet werden:

• Wie reagieren Menschen auf Umweltbedingungen, welche Auswirkungen haben Umweltgegebenheiten auf individuelles Verhalten und gesellschaftliche Vorgänge, welche Anpassungsprozesse sind zu leisten?

• Wie beeinflußt – gestaltet, entwickelt, aber auch: schädigt – der Mensch die Beschaffenheit und Qualität der Umwelt, welche Veränderungsprozesse bewirkt er?

Mit anderen Worten: Die Umwelt ist gleichzeitig Einflußfaktor und Wirkungsfeld menschlichen Handelns, bzw. der Mensch ist in Ökosystemen gleichzeitig Subjekt und Objekt.

Das nachfolgende Schema verdeutlicht die Determinanten umweltbezogenen Verhaltens: Individuen sind bestimmten Merkmalen des sie umgebenden Ökosystems ausgesetzt, die sie wahrnehmen und bewerten, und die sie durch ihr Handeln beeinflussen; dies wird einerseits durch individuelle und situative Gegebenheiten und andererseits durch Einflüsse des gesellschaftlichen Systems (mit-)bestimmt.

Grundstruktur der Reaktion auf Umweltmerkmale

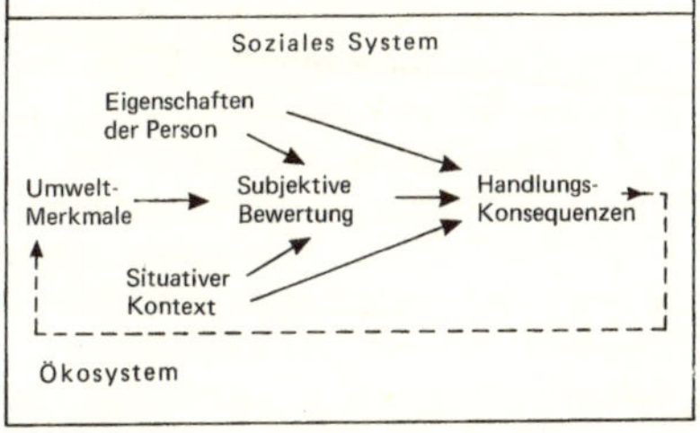

Die theoretische Konzeption einer ökologischen Soziologie wurde Ende der 1970er Jahre von amerikanischen Autoren entworfen. So sprechen etwa Catton & Dunlap vom „New Ecological Paradigm“ als Grundlage einer „Environmental Sociology“. Diese Perspektive ist dadurch gekennzeichnet, daß dem Einfluß der „bio-physikalischen Umwelt“ auf soziales Verhalten und soziale Strukturen entscheidende Bedeutung zugeschrieben wird, während etwa im anthropo-zentrierten Paradigma gesellschaftliche/kulturelle Faktoren (einschließlich aller technologischen Mittel) das Interesse dominieren. Letztlich geht es um ein holistisches Verständnis des Menschen als Glied einer komplexen Biosphäre.

In der BR Deutschland hat sich „Öko-Soziologie" noch nicht als eigenständiges Teilgebiet etablieren können. (Noch weniger geschah dies in der Politologie, ungleich stärker jedoch in der Psychologie.)

3. Wesentliche Forschungsfelder.
Die sozialwissenschaftliche Umweltforschung hat sich in einer Vielzahl von Forschungsfeldern entwickelt. Teils geschah dies, indem aus ‚etablierten' Teilgebieten der Soziologie heraus Umweltthemen bearbeitet wurden; Beispiele sind →Stadtsoziologie, →soziale Bewegungen oder Partizipationsforschung. Teils haben sich aber auch Sozialwissenschaftler Problemstellungen zugewandt, die zunächst eher anderen Disziplinen zugerechnet wurden, etwa Technikfolgen, Umweltstressoren oder Risikoforschung.

Im Mittelpunkt des Interesses stehen vor allem Umweltbelastungen. Dabei geht es einerseits um Umweltprobleme, die eine Gefahr für die Beschaffenheit der (mehr oder minder) natürlichen Umwelt darstellen (Beispiel: Verschmutzung der Meere), und andererseits um Umweltfaktoren, die als „Umweltstressoren" Wohnsiedlungen und Arbeitsstätten belasten (Beispiel: Lärm und Erschütterungen durch Autos, Flugzeuge usw.). Die folgende Liste gibt eine Übersicht.

Umweltprobleme und Umweltstressoren	
Physische Umwelt	**Soziale Umwelt**
Zustand der Natur	
Bodenvergiftung	Anonymität
Wasserverschmutzung	Isolation
Landschaftsverbrauch	Übervölkerung
Waldsterben	Crowding
Tierartenverlust	soz. Heterogenität
Ver-Wüstung	Aggressivität
Rohstoffmangel	Kriminalität
usw.	usw.
Immission	**bauliche Merkmale**
Luftverschmutzung	Hohe Wohndichte
Lärm	Bauhöhe
Strahlungen	Versorgungsmängel
Erschütterungen	Unübersichtlichkeit
Gerüche	Mangel an Grün
Nahrungskontam.	räuml. Trennung
usw.	usw.

Im folgenden sollen einige dieser Forschungsfelder kurz erläutert werden.

Ökologische Bewegungen. In den letzten zwei Jahrzehnten hat sich im politischen Verhalten von Bürgern ein beträchtlicher Wandel vollzogen: Weit mehr als zuvor wird auf staatliche Maßnahmen mit Anteilnahme und vor allem Widerspruch reagiert, und es entwickelten sich vielfältige Partizipations- und Protestformen. Den organisatorischen Kern stellen Bürgerinitiativen dar, die zu Tausenden gegründet wurden und die als Teil der sog. →„neuen sozialen Bewegungen" verstanden werden können. Umweltprobleme – z. B. Großflughäfen, Kernkraftwerke, Gewässerverschmutzung, Waldsterben usw. – erwiesen sich dabei als die entscheidende Schubkraft, weil sie mehr Menschen mobilisierten als andere gesellschaftliche Fragen, bis hin zur erfolgreichen Etablierung ökologischer („grüner") Parteien. In diesem Kontext haben Soziologen und Sozialpsychologen insbesondere untersucht, welche Wertvorstellungen der Umweltbewegung zugrunde liegen, wie die entsprechenden ökologischen Attitüden entstehen und in der Gesellschaft verteilt sind, und inwieweit generelles „Umweltbewußtsein" sich in aktivem umweltbewußtem Verhalten – etwa Abfallvermeidung oder Energiesparen – niederschlägt.

Stadtsoziologie. Städte sind hochentwickelte bauliche Umwelten, die seit Jahrzehnten großes Interesse von empirisch wie theoretisch orientierten Soziologen finden; in diesem Sinn kann die →Stadtsoziologie als besonders entwikkelter Strang sozialwissenschaftlicher Umweltforschung verstanden werden. Zentrale Themen sind die Auswirkungen urbaner Lebensformen, sozialräumliches Verhalten und Mobilität von Stadtbewohnern, die Entwicklung städtischer (Sub-)Strukturen sowie die entsprechenden Planungs- und Entscheidungsprozesse (die ja implizit oder explizit als Umweltplanung wirken). Die Konzeption stadtsoziologischer Forschung ist wesentlich durch →sozialökologische Theorien („human ecology“, in den 1920er Jahren von der „Chicagoer Schule“ entworfen) bestimmt worden; dabei werden ökologische Ansätze auf das Zusammenleben von Menschen in großstädtischen Umwelten übertragen.

Wirkungen von Umweltstressoren. Große Teile der Bevölkerung sind sowohl am Arbeitsplatz als auch in ihrem häuslichen Lebensbereich erheblichen Beeinträchtigungen durch Umweltstressoren ausgesetzt (z.B. mehr als $^1/_3$ aller Bewohner durch Lärm; vgl. auch die obige Liste). Die Auswirkungen wurden in zahlreichen sozialwissenschaftlichen Feldstudien untersucht; dabei erwies sich als wesentlich, von einem breiten Gesundheitsbegriff auszugehen, die Betrachtung also nicht auf somatische Wirkungen einzuschränken, sondern vor allem psychische und soziale Aspekte der „Belästigung“ zu untersuchen. Darüber hinaus zeigte sich, daß die rein physikalischen Gegebenheiten des jeweiligen Umweltstressors das individuelle Ausmaß von Beeinträchtigungen sowie die Handlungsbereitschaft nicht hinreichend erklären können; vielmehr müssen persönliche Dispositionen und Werthaltungen sowie der situative und soziale Kontext zusätzlich berücksichtigt werden.

Risikoforschung. Die Analyse und Bewertung von Risiken, die einerseits von natürlichen Gefahrenquellen – z.B. Erdbeben oder Unwettern – und andererseits von technischen Systemen – z.B. Verkehrswegen, Kraftwerke, Anlagen der chemischen Industrie – ausgehen, wurde zunächst als naturwissenschaftlich-technische Problemstellung verstanden. Es zeigte sich jedoch bald, daß ein solcher Ansatz nicht geeignet ist, die Reaktion betroffener Bevölkerungen auf Gefahren (insbesondere durch komplexe Großtechnologien wie etwa die Kernenergie) angemessen zu erklären. Hier setzte die sozialwissenschaftliche Risikoforschung ein; sie befaßt sich vor allem mit der individuellen und gesellschaftlichen Meinungsbildung sowie mit Problemen der Kommunikation über Risiken, wie sie z.B. zwischen Experten, Administration, Medien und Öffentlichkeit auftreten.

Partizipative Umweltplanung. Teils als Ausdruck erweiterten Demokratieverständnisses, teils als Ausfluß der Bürgerinitiativen-Bewegung wuchsen in den siebziger Jahren sowohl Ansprüche an Bürgerbeteiligung bei öffentlichen Planungen als auch – zumindest teilweise – die Bereitschaft zu stärker partizipativen Problemlösungen. Dies gilt insbesondere für umweltrelevante Planungen. So wurde das Anhörungswesen erweitert, Architekten und Stadtplaner entwarfen Konzepte für ein „social design“, und eine Reihe von Soziologen hat Kooperationsmodelle entwickelt (ein Beispiel ist P. Dienels „Planungszelle“, in der ein „Bürgergutachten“ erarbeitet wird). Soziologische Kompetenz ist in diesem Bereich in zweierlei Weise gefragt: einerseits beim Entwurf von Partizipationskonzepten, andererseits bei der kritischen Evaluation ihres Einsatzes und Nutzens für eine bürgergerechte Umweltplanung.

4. Entwicklungstendenzen.
Von der weiteren Entwicklung einer – derzeit noch eher rudimentären – „Öko-Soziologie“ ist zweierlei zu erhoffen: zum einen, daß sie zu einem vertieften theoretischen Verständnis gesellschaftlicher und →humanökologischer Prozesse führt, also den Bezugsrahmen soziologischer Theorienbildung erweitert; zum anderen, daß sie praktische Beiträge zur Bewältigung der – weltweit als drängend empfundenen – Umweltprobleme anzubieten vermag.

Die konkrete Nutzung entsprechender Erkenntnisse sozialwissenschaftlicher Umweltforschung ist allerdings eine schwierige gesellschaftspolitische Aufgabe. Das „Umsetzungsproblem" resultiert vor allem daraus, daß „Forscher" und „Anwender" – seien es Administration und Politik, Wirtschaft oder auch die Öffentlichkeit – verschiedene Instanzen sind. Entsprechend muß sich der Wissenschaftler sowohl mit den Umweltproblemen selbst als auch mit den jeweiligen Praxisbedingungen auseinandersetzen.

Dabei kommt einem interdisziplinären Vorgehen große Wichtigkeit zu; je nach Forschungsfeld ist die Kooperation mit Biologen, Psychologen, Stadtplanern, Architekten, Wirtschaftswissenschaftlern, Ingenieuren usw. unabdinglich, wenn „Öko-Soziologie" über den engeren Fachrahmen hinaus erfolgreich sein will.
→Humanökologie
→Sozialökologie

Lit.: Bick, H./Hansmeyer, K. H./Olschowy, G./Schmook, P. (Hg.): Angewandte Ökologie – Mensch und Umwelt. Stuttgart 1984; *Buttel, F. H.:* New directions in environmental sociology. Annual Review of Sociology, 13/1987, 465–488; *Catton, W. R./Dunlap, R. E.:* Environmental sociology – a new paradigm. The American Sociologist, 13/1976, 41–49; *Dierkes, M./Fietkau, H.-J.:* Umweltbewußtsein und Umweltverhalten. Berlin (West) 1988; *Evans, G. W.* (Ed.): Environmental stress. Oxford 1984; *Schnaiberg, A.,* The environment – From surplus to scar city. New York 1980

Prof. Dr. *B. Rohrmann,* Mannheim

Unbewußtes
das Unbewußte entspricht nach S. Freud weitgehend dem Es und enthält jene Erfahrungen, die verdrängt und der Erinnerung entzogen wurden.

Ungehorsam, ziviler
das Recht des einzelnen, sich hoheitlichen Anordnungen zu widersetzen, insoweit Widerstand gegen die Staatsgewalt und Aufforderung zu Straftaten ausgeschlossen bleiben.

Ungleichheit
→soziale Ungleichheit
→soziale Schichtung

unilateral
Bezeichnung für ein Heiratsmuster, bei dem verwandtschaftliche Beziehungen nur zu einer Seite bestehen; bedeutungsgleich mit unilineal.

universalism
universalism versus particularism
von T. Parsons eingeführte Begriffe zur Kennzeichnung von →Handlungsalternativen.
→Erfordernis

Universität
ranghöchste und älteste Form der wissenschaftlichen Hochschule. Erste Universitätsgründungen in Deutschland waren Heidelberg (1386), Köln (1388), Erfurt (1392), Leipzig (1409).

Unterentwicklung
Bezeichnung für Zustand von Ländern oder Staaten, die gemessen an industrialisierten Gesellschaften als wenig entwickelt oder unterentwickelt gelten. Gemessen wird der Grad der Unterentwicklung an Faktoren wie Größe des Bruttosozialprodukts, Pro-Kopf-Einkommen, Alphabetisierung, Ausbau der Infrastruktur u. a. m.

Unterklasse
Unterschicht
→soziale Schichtung

Unternehmenskultur
Kultur im Kontext wirtschaftlichen Handelns findet im deutschsprachigen Raum seit etwa 1982 in der betriebswirtschaftlichen Forschung und Praxis in rasch zunehmendem Maße Beachtung in Gestalt des aus den USA übernommenen Konzepts der U. (company/corporate culture; company/corporate identity). Anfang der 1970er Jahre nahmen US-amerikanische Wirtschaftsmanager

nach Aufenthalten in Japan an, daß der wesentliche Grund für den raschen Aufstieg dieses Landes von einer bis dahin wirtschaftlich relativ wenig entwickelten Nation zu einer führenden Wirtschaftsmacht dort angeblich bestehende, je spezifische U.en seien (in Wahrheit sind die Wirtschaftserfolge Japans sehr entscheidend vielmehr darauf zurückzuführen, daß die *Gesamtkultur* noch in hohem Maße intakt ist).

Kern des vom ‚Beispiel Japans' inspirierten Konzepts U. ist heute ein vom Management zu manipulierendes Konglomerat von Werten, Normen, Zielen, Symbolen usw., mit dem als spezifischem Orientierungsrahmen („Kultur") des Unternehmens seine Mitglieder sich zu identifizieren haben (oder die Entlassung riskieren) und der als wichtiger Erfolgsfaktor im Wirtschaftswettbewerb betrachtet wird. Die Funktion von U. ist deutlich: Mit zunehmender Größe laufen Unternehmen Gefahr, gesichtslos zu werden; durch U. sollen den Mitarbeitern Sinn sowie Zweck für ihr Tun im Rahmen der Gesamtorganisation vermittelt und die Durchführung der Ziele und Strategien des Unternehmens garantiert werden. Nach einer Befragung in deutschen Unternehmen spielt U. hier erst bei einer Betriebsgröße ab ca. 2000 Mitarbeitern eine Rolle.

Aus soziologischer (europäischer) Sicht erscheinen zentral formulierte, künstliche U.en mit dem Druck zur Anpassung an *kollektive* Geisteshaltungen und Denkweisen in einem ausgesprochen *individualistisch* orientierten sozial-kulturellen Umfeld als herausfordernd bis problematisch. Die wirtschaftlichen Leistungen Europas beruhten in der Vergangenheit gerade auf den zum engagierten Einsatz motivierenden Chancen eines kulturtypischen Individualismus (im kulturellen Kontext Japans hat demgegenüber tatsächlich die grundsätzlich kollektivistische Orientierung zu vergleichbaren Erfolgen geführt). In einer Zeit, die aus gutem Grund nicht Vereinheitlichung, sondern Pluralität favorisiert, erscheint U. schließlich als anachronistisch (bezeichnenderweise gibt es hier keine Kritik der Gewerkschaften).

Lit.: Edmund Heinen (Hg.): Unternehmenskultur. Perspektiven für Wissenschaft und Praxis. München, Wien 1987

G. R.

Unternehmer

nach J. Schumpeter (1912) die schöpferische Kraft der kapitalistischen Wirtschaft, die neue Produkte auf den Markt bringt und damit die wirtschaftliche Entwicklung in Gang hält; der U. verfügt über die höchste Autorität, alle Entscheidungen laufen bei ihm zusammen. Dieser Typ des Einzelunternehmers einer frühindustriellen Gesellschaft wurde seit Gründung von Aktiengesellschaften, in denen Eigentum (in Aktien) und Leitung des Unternehmens (durch den Vorstand) getrennt sind, zunehmend zum Verschwinden gebracht. Es wird deshalb in der Literatur zwischen Eigentümer-Unternehmer und beauftragtem Unternehmer unterschieden. Moderne Großbetriebe sind bürokratische Organisationen, in denen Forschung und Entwicklung institutionalisiert sind und wenig Raum für einfallsreiche Produktneuheiten einer kreativen Unternehmerpersönlichkeit lassen.

Untersuchungseinheit

Begriff der →empirischen Sozialforschung. Bezeichnung der Objekte oder Personen, an denen die Untersuchung durchgeführt werden soll, z.B. alle Schüler Bayerns der 1. Jahrgangsstufe.

Untersuchungsmethode

→Methoden (in der Sozialforschung)

Untersuchungsplan

Umsetzung des Forschungsproblems in ein geeignetes Verfahren, bei dem Ziele und Mittel der empirischen Untersuchung angemessen berücksichtigt werden.

upgrading/downgrading
Begriffspaar zur Kennzeichnung von Bewertungskriterien für Berufspositionen, deren Veränderung durch den technischen Wandel bedingt sind. So wird beispielsweise der Beruf des Druckers durch die Verwendung des Lichtsatzverfahrens abgewertet (downgrading), während der Beruf des Lehrers an Grund- und Hauptschulen durch das eingeführte Hochschulstudium gegenüber der früheren u.U. nur einjährigen Seminarausbildung aufgewertet wird (upgrading), was sich auch in einem höheren Einkommen niederschlägt.

upper class
Oberschicht
→soziale Schichtung

Urbanisierung
→Stadtsoziologie

Urgesellschaft
auch: Urkommunismus
nach der →marxistischen Gesellschaftstheorie die früheste Form menschlichen Zusammenlebens in einer Gesellschaft ohne Privateigentum, Ausbeutung, Klassen und Staat.

Urvertrauen
nach E. H. Erikson (1902 geb.) emotionale Geborgenheit, die durch Zuwendung und Beschäftigung der Mutter bzw. der Dauerpflegeperson mit dem Säugling erwächst und Grundlage späterer emotionaler Prägung wird.

Utilitarismus
eine durch J. Bentham (1748–1832) und J. St. Mill (1806–1873) begründete Lehre, nach der menschliches Handeln sich am größten Nutzen orientiert, was zugleich der Wohlfahrt der Allgemeinheit dient. Das hierbei postulierte Zweck-Mittel-Verhältnis wird Grundlage der Nationalökonomie im Liberalismus.

Utopie
eine dem Roman von Th. Morus (1516) entlehnte Bezeichnung für ein ideales Gemeinwesen „Utopia", in dem in Form fiktiver Reiseberichte Aufbau und Funktionsweise einer idealen Staatsverfassung beschrieben werden. Die Sozialutopie ist der Entwurf einer idealen Gesellschaft, in welcher der Traum von der gerechten Lebensordnung verwirklicht ist.

V

Validität
Gültigkeit
Begriff der →empirischen Sozialforschung. Ein Meßinstrument ist gültig, wenn es jene Indikatoren mißt, die untersucht werden sollen, und wenn die angegebenen Meßoperationen den →operationalisierten Bedeutungsinhalt erfassen.

value orientation
Wertorientierung
von T. Parsons geprägter Begriff zur Bezeichnung eines Musters in der Struktur sozialen →Handelns.

Vandalismus
während der Französischen Revolution geprägter Begriff zur Bezeichnung einer blinden, sinnlosen Zerstörungswut; nimmt Bezug auf die Plünderung Roms (455) durch die Vandalen.

Variable
veränderliche Größe, die jeden beliebigen Wert aus einer festgelegten Menge von Werten annehmen kann. Hierbei ist zwischen abhängigen und unabhängigen Variablen zu unterscheiden. Beziehungen zwischen Variablen können deterministisch oder stochastisch sein. Intervenierende Variablen beeinflussen den Forschungsprozeß, lassen sich jedoch nicht kontrollieren.

Varianz
Streuungsmaß
beschreibt die Verteilung der Werte um ihr arithmetisches Mittel

Varianzanalyse
→Signifikanztest für normalverteilte Daten. Auch statistisches Verfahren zur Überprüfung mehrerer →Stichproben im Vergleich hinsichtlich ihrer →Varianz.

Vaterrecht
Rechts- und Gesellschaftsordnung basieren auf der Vormachtstellung des Mannes, etwa im Erbrecht die Vererbung vom Vater auf den Sohn (patrilinear). Weiterhin: Ehefrau muß den Namen des Mannes annehmen, der Vater bestimmt den Wohnsitz usw. Seit Verabschiedung des Grundgesetzes 1949 sind nach Art. 3/2 alle rechtlichen Regelungen, die einer Gleichberechtigung von Männern und Frauen entgegenstehen, der neuen Rechtslage anzupassen.

Veblen-Effekte
→Geltungskonsum
im Gegensatz zu den Annahmen der Wirtschaftstheorie nimmt die Nachfrage nach einem Gut bei steigenden Preisen zu. Auch Snob-Effekt genannt.

Vektor
in der Mathematik verwendete Größe, die als eine mit bestimmtem Richtungssinn versehene Strecke aufgefaßt wird.

Verallgemeinerung
→Generalisierung

Veralltäglichung
Veralltäglichung des Charisma
nach M. Weber der Vorgang der Legalisierung einer charismatischen Herrschaft, die dadurch ihren Charakter wesentlich ändert. „Das treibende Motiv für die Veralltäglichung des Charisma ist natürlich in allen Fällen das Streben nach Sicherung und das heißt: Legitimierung der sozialen Herrenpositionen und ökonomischen Chancen für die Gefolgschaft und Anhängerschaft des Herren.“ (WuG)

Verantwortungsethik
von M. Weber im Gegensatz zur →Gesinnungsethik geprägter Begriff rationaler Politik (Zweck-Mittel-Beziehung). Die Problematik ergibt sich bei der Durchsetzung politischer Entscheidungen: der gesinnungsethisch Handelnde setzt sein Ziel mit allen Mitteln durch, ohne sich um die Nebenfolgen zu kümmern, während für den verantwortungsethisch agierenden Menschen die nicht-

intendierten Nebenfolgen laufend mitberücksichtigt werden und damit die Zielverwirklichung erschweren.

Verband, politischer
allgemeine Bezeichnung für Interessenorganisationen (Gewerkschaft, Unternehmerverband u. a.). Nach M. Weber soll politischer Verband „ein Herrschaftsverband dann und insoweit heißen, als sein Bestand und die Geltung seiner Ordnung innerhalb eines angebbaren geographischen Gebiets kontinuierlich durch Anwendung und Androhung physischen Zwanges seitens des Verwaltungsstabes garantiert werden".

Verbändeherrschaft
der Einfluß von →Interessengruppen auf die politischen Entscheidungen des Parlaments (Pharmaindustrie, Beamtenbund, Gewerkschaften u. a.).

Verbändestaat
die Durchdringung der durch die Verfassung garantierten →Institutionen durch →Interessengruppen.

Verberuflichung
Erwerb spezieller beruflicher Qualifikationen, Entstehen von Lehrberufen u. a.
→Professionalisierung

Verbraucherverhalten
→Konsumverhalten

Verbrechen
→Kriminalität
→Kriminalsoziologie

Verbürgerlichung
Integration der Arbeiterschaft in die Mittelschichtengesellschaft. Im Gegensatz zur Marxschen Prognose ist keine →Verelendung des Proletariats, sondern im Gegenteil als Folge wachsender Einkommen, kürzerer Arbeitszeiten und steigender Qualifikation eine weitgehende Vereinheitlichung der Lebensstile festzustellen. Der „wohlhabende" Arbeiter in der Industriegesellschaft ist in Frankreich (S. Mallet, 1963; A. Touraine, 1966) und in England (A. Giddens, 1973; J. H. Goldthorpe u. a. 1968/69) in einer Reihe von Studien dahingehend untersucht worden, inwieweit es durch V. zu einer Schwächung des →Klassenbewußtseins gekommen ist.

Verdinglichung
Form der Entfremdung, die vorwiegend das Bewußtsein betrifft. Nach G. Lukács entwickelt der Arbeiter in der kapitalistischen Gesellschaft durch seine Unterordnung unter die Gesetze der Maschine ein verdinglichtes Bewußtsein.

Verdrängung
in der Psychoanalyse verwendeter Begriff zur Charakterisierung von Abwehrmechanismen, Triebwünsche und Konflikte ins Unbewußte abzudrängen.

Verein für Socialpolitik
1872 u. a. von G. Schmoller, L. Brentano und A. H. G. Wagner gegründet. Der Verein für Socialpolitik orientierte sich an der historischen Schule der Nationalökonomie und förderte eine reformerische Sozialpolitik. Seit 1905 wissenschaftliche Forschungsgesellschaft zu Fragen der Wirtschaftstheorie und Wirtschaftspolitik. In den Veröffentlichungen des Vereins für Socialpolitik finden sich viele bekannte Studien (u. a. M. Webers Landarbeiter-Enquête).

Verelendung
Begriff der →marxistischen Theorie zur Charakterisierung der Lage des →Proletariats im →Kapitalismus. Da die Verwertungsinteressen des Kapitals nur Löhne am Existenzminimum erlauben und durch die Akkumulation des Kapitals der Maschineneinsatz menschliche Arbeitskraft zunehmend verdrängt, bildet sich ein verelendetes Proletariat, dessen Unterbeschäftigung eine industrielle Reservearmee schafft, der sich der Kapitalist jederzeit bedienen kann.

Vererbung
Übertragung von Merkmalseigenschaften, d. h. genetischen Informationen, von den Eltern auf die Kinder. Die genetischen Informationen sind auf den Chromosomen lokalisiert und werden von

Generation zu Generation weitergegeben (Mendelsche Gesetze). Die Streitfrage, ob das genetische Erbgut oder die Einflüsse der Umwelt mehr Bedeutung für die geistige Entwicklung des Kindes haben und damit seine Begabung anlage- oder umweltbedingt ist, läßt sich schwer entscheiden. Da der Mensch eine „physiologische Frühgeburt" (A. Gehlen) und deshalb ein „Mängelwesen" ist, ist er in hohem Maße prägbar und bildungsfähig. Es wurden ungezählte Tests entwickelt, um die Begabung von Kindern und Jugendlichen frühzeitig zu erforschen, die ohne befriedigende Ergebnisse blieben (Zwillingsforschung). Vermutlich laufen die schwer beeinflußbare genetisch bedingte und die in gewisser Weise steuerbare umweltbedingte Informationsspeicherung durch Austauschprozesse verbunden nebeneinander her, und beide sind an der speziellen Ausprägung von „Begabung" oder „Intelligenz" beteiligt.

Verfassungswirklichkeit
Begriff für die Realisierung der Verfassungsgebote, etwa des Gleichheitsgrundsatzes u. a.

Verfügungsgewalt
das Recht, über Eigentum, etwa Produktionsmittel, zu verfügen, ohne Besitzer oder Eigentümer zu sein, etwa im Rahmen einer Aktiengesellschaft als Vorstand (beauftragter Unternehmer).

Vergemeinschaftung
soll bei M. Weber eine soziale Beziehung heißen, „wenn und soweit die Einstellung des sozialen Handelns – im Einzelfall oder im Durchschnitt oder im reinen Typus – auf subjektiv gefühlter (affektueller oder traditionaler) Zusammengehörigkeit der Beteiligten beruht."
→Gemeinschaft

Vergesellschaftung
soll nach M. Weber eine soziale Beziehung heißen, „wenn und soweit die Einstellung des sozialen Handelns auf rational (wert- oder zweckrational) motiviertem Interessenausgleich oder auf ebenso motivierter Interessenverbindung beruht."

In der →marxistischen Theorie die Aufhebung des Gegensatzes von Arbeit und Kapital durch Überführung der Produktionsmittel in Gemeineigentum. Art. 15 GG, sieht die Möglichkeit der Übernahme in Gemeineigentum vor: „Grund und Boden, Naturschätze und Produktionsmittel können zum Zwecke der Vergesellschaftung durch ein Gesetz, das Art und Ausmaß der Entschädigung regelt, in Gemeineigentum oder andere Formen der Gemeinwirtschaft überführt werden."
→Gemeinschaft

Vergleich, interkultureller
→Kulturvergleich

Vergleich von Systemen
→Systemvergleich

Verhalten, abweichendes
→abweichendes Verhalten

Verhalten, deviantes
→Devianz

Verhalten, generatives
Begriff der →Bevölkerungssoziologie, bezeichnet die in einer bestimmten Periode typische Art des Zusammenwirkens jener Prozesse, welche die Bevölkerungsentwicklung bestimmen, wie Geburten und Sterbefälle, Heiratshäufigkeit, Generationenabstand u. a.

Verhalten, kollektives
→soziale Bewegungen

Verhalten, konformes
Konformität

Verhalten, kriminelles
→Kriminalität

Verhalten, politisches
allgemeine Bezeichnung für Handlungen im Rahmen des politischen Systems, wie Wahlentscheidungen, aber auch die Übernahme staatsbürgerlicher Pflichten. Untersuchungen westlicher Demokratien im Vergleich (G. A. Almond, S. Verba, Civic Culture, 1963)

ergaben wesentliche Unterschiede im politischen Verhalten.

Verhalten, rationales
→rationales Handeln

Verhalten, soziales
Sozialverhalten
bei allen Lebewesen (Menschen und Tieren) Reaktion und Gegenreaktion auf das Verhalten anderer; umfaßt gelernte wie instinktive Verhaltensweisen, etwa die gegenseitige Fellpflege bei Affen.
→Handeln
→kollektives Verhalten
→soziale Bewegungen
→neue soziale Bewegungen

Verhalten, verbales
auch: Sprachverhalten
wird nach Überzeugung der →Behavioristen nach nahezu ähnlichen Regeln erlernt, wie das sonstige Verhalten (Skinner 1957).

Verhalten, zielorientiertes
→Zielorientierung

Verhaltenselemente
nach Homans (1950) die für das Gruppenverhalten wichtigen Faktoren Aktivität, Gefühl, Interaktion.

Verhaltenserwartung
→Rolle
→Rollenerwartung
→Rollentheorie

Verhaltensforschung
Ethologie
Begründer: K. Lorenz (1903–1989); befaßt sich mit dem Verhalten der Tiere und des Menschen (vergleichende Verhaltensforschung).

Verhaltenskonformität
→Konformität

Verhaltenskontrolle
Anpassung des →Verhaltens an die Verhaltenserwartungen (Rollenerwartungen) der Umwelt, entweder durch einen internalisierten Mechanismus im Sinne von richtig–falsch oder durch äußere →Sanktionen bzw. Gratifikationen, deren Instanzen von den Nachbarn bis zum kodifizierten Rechtssystem reichen.

Verhaltenslehre, politische
nach Th. Ellwein ein Katalog der Ein- und Mitwirkungsmöglichkeiten in der parlamentarischen Demokratie.

Verhaltensmuster
typische Handlungsabläufe, die kulturell geprägt sind, etwa die Begrüßung eines Gastes.

Verhaltensrepertoire
Summe aller Verhaltensweisen, über die eine Person verfügen kann.

verhaltenstheoretische Soziologie
Das Forschungsprogramm
Verhaltenstheoretische Soziologie versucht, soziale bzw. gesellschaftliche Phänomene auf der Grundlage psychologischer →Lerntheorien des →*Behaviorismus* zu erklären. Es wird angenommen, daß diese Theorien für individuelle Verhaltensweisen auch zur Erklärung gesellschaftlicher Phänomene herangezogen werden können. Durch den Bezug auf experimentell überprüfbare Verhaltenstheorien wird eine präzisere Erklärung soziologischer Fragestellungen und insbesondere eine bessere praktische Anwendbarkeit erhofft.

Die Entwicklung einer verhaltenstheoretischen Soziologie ist eng verknüpft mit dem „Siegeszug" des Behaviorismus als zentralem Paradigma psychologischen Theoretisierens in den 1930er bis 1950er Jahren in den USA. Auf der Grundlage primär tierpsychologischer Experimente wurden Gesetzmäßigkeiten über den Aufbau von Verhaltensweisen abgeleitet und in ein System lerntheoretischer Aussagen eingebracht. Dabei beruft sich die verhaltenstheoretische Soziologie vor allem auf die Arbeiten des Psychologen *B. F. Skinners* (gest. 1990).

Das Lernen operanter Verhaltensweisen durch Verstärkung
Skinner unterscheidet *respondentes,* durch Umweltreize ausgelöstes Verhalten und *operantes,* spontan gezeigtes

Verhalten. Der Aufbau respondenter Verhaltens„reflexe“ wird mit Pawlows Theorie des klassischen Konditionierens erklärt. Es kann gezeigt werden, daß ein neutraler →Reiz, der gleichzeitig mit einem anderen Reiz dargeboten wird, welcher einen spezifischen →Reflex auslöst, nach mehrfacher Wiederholung auch bei alleiniger Darbietung diesen Reflex hervorruft. Es findet ein *Signallernen* statt.

Operantes Verhalten wird spontan gezeigt und wirkt auf die Umwelt ein. Das Lernen derartiger Verhaltensweisen, d.h. deren zukünftige Auftretenshäufigkeit, hängt von den *Konsequenzen* ab, die auf das Verhalten folgen. Folgende Konsequenzen sind zu unterscheiden: Eine Bekräftigung liegt vor, wenn auf das Verhalten eine für die Person positive Konsequenz folgt (positive Verstärkung bzw. →*Belohnung*). Wird ein zuvor unangenehmer Zustand durch Verhalten beendet (z.B. durch Flucht), handelt es sich um eine *negative Verstärkung*. Eine→*Bestrafung* liegt vor, wenn auf das Verhalten eine negative Konsequenz folgt oder wenn ein positiver Zustand beendet wird.

Als Konsequenz des Verhaltens ergibt sich

ein	
positiver Zustand:	positive Verstärkung
negativer Zustand:	Bestrafung
das Beenden eines	
positiven Zustandes:	Bestrafung
negativen Zustandes:	negative Verstärkung

Sowohl positive als auch negative Verstärkung führen dazu, daß ein Verhalten in Zukunft häufiger gezeigt wird. Es findet ein *Lernen am Erfolg* statt. Eine Verringerung der Auftretenshäufigkeit bzw. *Löschung* ist dagegen wahrscheinlicher, wenn eine Verstärkung ausbleibt (im Sinne eines „Liebesentzugs“), als wenn auf das Verhalten eine negative Konsequenz erfolgt („Tadel“).

Bei der Anwendung dieser Lernprinzipien in der psychologischen oder soziologischen Analyse werden zunächst die einem →Verhalten bzw. sozialen Phänomen vorausgehenden und folgenden Bedingungen erhoben. Aufgrund systematischer Beobachtungen und Vergleiche läßt sich dann ein funktionales Bedingungsmodell aufstellen, welches das Phänomen erklären kann, indem es die aufrechterhaltenden Verstärkungsmechanismen aufzeigt. Was „in“ einem Menschen bzw. →sozialen System vorgeht, interessiert dabei nicht. Alle Theorien über „psychische Prozesse“ hält Skinner – ohne die Existenz dieser Prozesse zu leugnen – für metaphysische Spekulationen und überflüssig. Deswegen beschränken sich Anhänger des →Behaviorismus in ihren Untersuchungen auf *beobachtbare* und *meßbare* empirische Phänomene.

Behavioristische Forschung zur Wirkung von Verstärkungen
Der Schwerpunkt behavioristischer Forschung liegt darin, die Wirkung verschiedenartiger Verstärkungen auf die Auftretenswahrscheinlichkeit von Verhalten in Experimenten zu untersuchen. So ist z.B. die Wirkung von kontinuierlicher und intermittierender Verstärkung bei mehrfachen Lerndurchgängen verglichen worden. Es zeigt sich, daß bei intermittierender Verstärkung, bei der eine Belohnung nicht nach jedem Durchgang gegeben wird, das Verhalten im allgemeinen stabiler auftritt als bei regelmäßiger Belohnung des Verhaltens. Durch spezifische Verstärkungen kann die Diskrimination verschiedener Reizgegebenheiten erlernt werden. Bei dem gegenteiligen Vorgang, der *Generalisation* von Verhalten, wird ein in einer Situaiton erworbenes Verhalten auf andere Situationen übertragen (Verhaltenstransfer).

Der Erwerb geschlechtsspezifischen Rollenverhaltens kann z.B. mit dem Prinzip des Diskriminationslernens erklärt werden. Zeigt ein Kind seinem Geschlechtsstereotyp entsprechende Verhaltensweisen, erhält es die Zuwendung der Eltern; dem Stereotyp widersprechende Verhaltensweisen werden von der Umwelt ignoriert oder bestraft. Auf diese Weise baut das Kind ein geschlechtsspezifisches Verhaltensrepertoire auf und wächst so in eine gesellschaftlich definierte →Geschlechtsrolle hinein.

Ein weiteres Ergebnis der verhaltenstheoretischen Forschung belegt die größere Wirksamkeit von Konsequenzen, die zeitlich unmittelbar auf das Verhalten folgen, gegenüber erst später eintretenden Konsequenzen. Damit läßt sich etwa das Rauchen erklären, welches für den Rauchenden unmittelbar positive Konsequenzen aufweist, während die langfristigen, negativen Konsequenzen nicht verhaltenswirksam werden können, weil keine zeitliche Nähe vorhanden ist.

Für die verhaltenstheoretische Orientierung der Soziologie wichtig ist schließlich die Frage, welche Bedingungen verstärkend wirken können. In den Tierexperimenten kommen *primäre Verstärker* zum Einsatz (wie Nahrung und Wasser), die – bei einem entsprechenden Mangelzustand – auf den Organismus unmittelbar verstärkend wirken. Beim Menschen können auch andere Bedingungen mit einem symbolischen Wert wie z.B. Geld, Prestige, Status oder Macht als Verstärker dienen.

Untersuchungen von Bandura zeigen, daß Verhalten auch durch stellvertretende Verstärkung gelernt werden kann. Durch die Beobachtung eines anderen erfährt die Person, welche Verhaltensweisen zu Erfolg führen können und welche erfolglos bleiben bzw. negativ →sanktioniert werden. Erfüllt die beobachtete Person bestimmte Bedingungen, z.B. eine hohe Attraktivität, dann reicht die *stellvertretende Verstärkung* u.U. aus, um Verhaltensmöglichkeiten aufzubauen. Ob das Verhalten tatsächlich *nachgeahmt* wird, hängt von den erwarteten Konsequenzen für die Person in der konkreten Situation ab. Das Erlernen von Verhalten setzt also nicht voraus, daß die eigene Person eine entsprechende Verstärkungserfahrung gemacht hat. Auf der Grundlage dieser empirischen Erkenntnisse können Sozialisationseffekte von Medien, insbesondere von Film und Fernsehen, auf das Individuum erklärt werden: Das Verhalten eines „Helden" wird nachgeahmt, weil er im Ablauf des filmischen Geschehens mit seinem Verhalten Erfolg hat und man sich mit diesem Verhalten in einer konkreten Situation den gleichen Erfolg erhofft.

Anwendung der Verhaltenstheorie auf soziale Phänomene

Ausgehend von den Arbeiten von *G. C. Homans* in den USA wurde in den 1960er Jahren der Versuch begonnen, soziale und gesellschaftliche Phänomene mit verhaltenstheoretischen Prinzipien zu erklären. Eine verhaltenstheoretische Interpretation von →„abweichendem Verhalten" nimmt etwa an, daß eine Person erlebt, daß sie in ihrer Umwelt nicht mit sozial akzeptierten Verhaltensweisen angestrebte „Belohnungen" erzielen kann, sondern nur mit abweichendem Verhalten. Die kurzfristigen Konsequenzen von z.B. kriminellem Verhalten (etwa Reichtum) sind verhaltenswirksamer als potentielle, später eintretende Konsequenzen (Verhaftung). Aufgrund der vorfindbaren Umweltkontingenzen *erlernt* die Person somit abweichendes Verhalten.

In gleicher Weise ist mit verhaltenstheoretischen Erkenntnissen auch die Therapie für abweichendes Verhalten abzuleiten: Eine Bestrafung führt nur zu einer kurzfristigen Reduktion bzw. Unterdrükkung des kriminellen Verhaltens. Vorzuziehen wäre – aus lerntheoretischer Sicht – ein Ignorieren unerwünschten Verhaltens, solange das Verhalten keine negativen Konsequenzen für andere Personen mit sich bringt. Wichtiger jedoch ist der Aufbau *neuer*, sozial akzeptierter Verhaltensweisen. Um stabile Verhaltensänderungen herbeizuführen, müssen diese nicht nur langfristige negative Konsequenzen (Inhaftierung) vermeiden, sondern auch zu kurzfristigen Erfolgen in der Bewältigung von Alltag für die Person führen (z. B. bei der Arbeitsplatzsuche).

In den „Theorien sozialen →Austauschs" in Gruppen fließen diese lerntheoretischen Annahmen ebenfalls ein: Danach lassen sich →Interaktionsprozesse als Austausch positiver und negativer Reize auffassen, die jeweils verstärkend auf das Verhalten des Interaktionspartners wirken. Jedes Verhalten ist mit einem bestimmten „Lohn" oder mit „Kosten" für die Interaktionspartner verbunden, aus denen die Interaktionshäufigkeit und die einem Interaktionspartner entgegengebrachte Sympathie abgeleitet werden kann. Diese an ökonomischen Modellen orientierte Betrachtungsweise zwischenmenschlicher Interaktionen ist auch auf Austauschprozesse zwischen sozialen →Institutionen übertragen worden.

Weitere Beispiele für die Anwendung verhaltenstheoretischer Konzepte auf überindividuelle Fragestellungen sind bei der Erklärung von →Kooperation, →Konformität, →Macht und Wettbewerb in und zwischen →Gruppen anzutreffen. Im deutschsprachigen Raum hat insbesondere *K. D. Opp* auf die Möglichkeiten verhaltenstheoretischer Interpretationen soziologischer Sachverhalte hingewiesen. So versucht er z. B., →soziale Schichtung und die Veränderung von →sozialen Positionen durch die mit den verschiedenen Positionen verbundenen Belohnungen zu erklären.

Zum Status verhaltenstheoretischer Soziologie

Psychologische Untersuchungen haben die Begrenztheit behavioristischer Lerntheorien für lediglich bestimmte Bereiche menschlichen Lernens deutlich werden lassen und damit den Geltungsanspruch dieses Ansatzes eingeschränkt. Die Vernachlässigung gedanklicher Verarbeitungsprozesse bei der Aneignung von Verhalten bzw. der Auseinandersetzung mit Umwelt ließ sich aufgrund empirischer Untersuchungen nicht aufrecht erhalten. Dies führte zunächst zur Berücksichtigung kognitiver Elemente in behavioristischen Lerntheorien, z. B. bei *Tolman,* und schließlich zur Entwicklung kognitiver Lerntheorien jenseits des Behaviorismus (s. a. →*Handlungstheorie).* In dem Maße, wie die Begrenztheit behavioristischer Lerntheorien deutlich wird, ist auch die Reichweite soziologischer Ansätze, die sich auf den behavioristischen Ansatz beziehen, eingegrenzt.

In soziologischen Untersuchungen hat sich die Einbeziehung psychologischer Kategorien, lerntheoretischer und anderer Herkunft, grundsätzlich als fruchtbar erwiesen. Der Anspruch verhaltenstheoretischer Soziologie, auf genuin soziologische Kategorien gänzlich verzichten zu können, ist in der soziologischen Diskussion jedoch als →reduktionistisch kritisiert worden.

Lit.: Hilgard, E. R./Bower, G. H.: Theorien des Lernens, Band 1. Stuttgart 1975; *Homans, G. C.:* Social Behavior. Its elementary forms, New York 1961; *Hummel, H. J.:* Psychologische Ansätze zu einer Theorie sozialen Verhaltens. In: *R. König* (Hg.) Handbuch der empirischen Sozialforschung, 1969, Bd. II, 1157–1277; *Opp, K. D.:* Verhaltenstheoretische Soziologie, Reinbek 1972

Dr. *M. Kerres,* Bochum

Verhaltenstherapie

Sammelbezeichnung für Formen der Psychotherapie, die psychische Störungen mit Hilfe von →Lerntheorien behandelt (bestimmte Verhaltensweisen werden gelernt oder verlernt).

Verhältnisse, materielle

nach K. Marx all jene Faktoren, welche die menschlichen Lebensverhältnisse bedingen. „In der gesellschaftlichen

Produktion ihres Lebens gehen die Menschen bestimmte, notwendige, von ihrem Willen unabhängige Verhältnisse ein, Produktionsverhältnisse, die einer bestimmten Entwicklungsstufe ihrer materiellen Produktivkräfte entsprechen. Die Gesamtheit dieser Produktionsverhältnisse bildet die ökonomische Struktur der Gesellschaft, die reale Basis, worauf sich ein juristischer und ideologischer Überbau erhebt, welcher bestimmte gesellschaftliche Bewußtseinsformen entsprechen. Die Produktionsweise des materiellen Lebens bedingt den sozialen, politischen und geistigen Lebensprozeß überhaupt. Es ist nicht das Bewußtsein der Menschen, das ihr Sein, sondern umgekehrt ihr gesellschaftliches Sein, das ihr Bewußtsein bestimmt." (K. Marx, Zur Kritik der Politischen Ökonomie, Vorwort, Marx/Engels-Werke, Berlin-Ost 1966, Bd. 13, S. 8/9).

Verifikation
empirische Bestätigung von →Hypothesen. Nach H. Albert und K. Popper ist nur eine →Falisifikation von Hypothesen möglich.
→Wissenschaftstheorie

Verinnerlichung
→Internalisierung

Verläßlichkeit
→Rehabilität

Verläßlichkeitsniveau
→Signifikanzniveau

Vermassung
→Massengesellschaft

Vermeidung
Strategien zur Verhinderung negativer Reize oder Erfahrungen.

Vernunft
→Rationalität

Versagung
Frustration
Enttäuschung darüber, daß ein bestimmtes Ziel, die Befriedigung von Bedürfnissen, versagt oder allgemein bestimmte Verhaltenserwartungen enttäuscht werden. In der →Sozialpsychologie zahlreiche Hypothesen über die Folgen von Frustrationserfahrungen (Aggression, Fixation, Regression u.a.). In der Soziologie vorwiegend untersucht unter soziostrukturellen Aspekten (Herrschaftsverhältnisse, Anordnungsbefugnisse im Betrieb) oder als Diskrepanz zwischen Anspruchsniveau und Bedürfnisdisposition von Individuen. Diskrepanz kann bewältigt werden durch Senkung des Anspruchsniveaus und Verringerung von →Rollenerwartungen, durch →abweichendes Verhalten sowie durch Inanspruchnahme von institutionalisierten und akzeptierten Formen der Spannungsbewältigung (Besuch von Sportveranstaltungen, Kriminalfilmen u.a.).

Verschiebung
in der Psychoanalyse die Übertragung von affektiv besetzten Vorstellungen auf einen anderen emotionalen Bezugskreis.

Verschlüsseln
→Kodierung

Verschwörungstheorie
→Konspirationstheorie
→Sündenbock.

Versorgungsklassen
von R. Lepsius geprägter Begriff für Personengruppen, die überwiegend Transfereinkommen beziehen.

Verspätung, kulturelle
→cultural lag

Verstädterung
→Stadtsoziologie

Verstärkung
(engl. reinforcement)
Begriff der →behavioristischen Lerntheorie (B. F. Skinner) zur Charakterisierung bestimmter Lernvorgänge im Rahmen des →SR-Schemas: Verstärkung eines speziellen Verhaltens, wenn es ein befriedigendes Ergebnis zeitigt (z.B. lernt eine Ratte, eine Taste zu drücken, wenn jedesmal eine Futtergabe erfolgt).

Verstehen

nach M. Weber die „deutende Erfassung: a) des im Einzelfall real gemeinten (bei historischer Betrachtung), oder b) des durchschnittlich und annäherungsweise gemeinten (bei soziologischer Massenbetrachtung) oder c) des für den reinen Typus (Idealtypus) einer häufigen Erscheinung wissenschaftlich zu konstruierenden (‚idealtypischen‘) Sinnes oder Sinnzusammenhanges.“ (WuG)

verstehende Soziologie

1. Der Ausdruck „Verstehen“ (V.) kann sich beziehen auf a) das (gemäß bestimmter sprachlich-logischer Regeln) richtige Erfassen von Zeichen oder auf b) die Bedeutung, die sie haben – die „Sache“, auf die sie verweisen; sind, bei sprachlichen Äußerungen oder nonverbalen Kommunikationselementen, Handlungen im Spiel, so können diese Akte – wie auch die Handlungen für sich genommen – entweder c) von ihren Gründen (Motiven) oder d) Zielen (Intentionen) her „verstanden“ werden, wobei im Falle von (c) das V. einen einfühlend-nacherlebenden Charakter annehmen kann; schließlich kann V. auch komplexere logische Operationen meinen: e) die gedankliche Einordnung eines Phänomens in einen umfassenden (z.B. historischen, kulturellen) Zusammenhang oder aber f) die „Erklärung“ von Gegebenheiten dadurch, daß sie Erfahrungsregeln zugeordnet werden.

Nicht zuletzt mag die semantische Vielschichtigkeit des Begriffs V. dazu beigetragen haben, daß die Debatte um „das“ V., die zuerst um die Jahrhundertwende als methodisches Konzept in der deutschen Philosophie aufkam und sich von dort aus in verschiedenen anderen Disziplinen fortsetzte, im Laufe dieses Jahrhunderts eine Reihe von Kontroversen hervorgebracht hat, von denen einige nach wie vor andauern. Sie betreffen im Kontext der sozialwissenschaftlichen Metatheorie (aber auch, unabhängig von dieser, der allgemeinen Wissenschaftstheorie) hauptsächlich V. als alternative oder komplementäre Erkenntnisweise zu →„Erklären“, im Kontext geisteswissenschaftlicher Hermeneutik dagegen primär unterschiedliche Gegenstände und Modalitäten des V.s. Der Ort der „Verstehenden Soziologie“ (VS) läßt sich somit nur vor dem Hintergrund allgemeinerer wissenschafts- und fachgeschichtlicher Entwicklungen und Sachverhalte umreißen.

2. Unentbehrlicher Ausgangspunkt für das Verständnis dieser Gegebenheiten ist die Position *Wilhelm Diltheys.* Sie entwickelt sich in der Abwehr des →„Naturalismus“, d.h. materialistischer bzw. positivistischer Versuche, Begrifflichkeit und Methoden der Naturwissenschaft auf die Gegenstände der Geisteswissenschaften zu übertragen. Diese sind Dilthey zufolge nicht durch den Gegenstand von den Naturwissenschaften zu scheiden, sondern durch ihre spezifische Erkenntnisweise, eben das V. als „den Vorgang, in welchem wir aus Zeichen, die von außen sinnlich gegeben sind, ein Inneres erkennen“ (Dilthey 1973). Im Gegensatz zu den Naturwissenschaften, die „modo recto“ Außenweltdaten erfassen, erfolgt „geisteswissenschaftliche“, auf die Äußerungsformen menschlichen Geistes gerichtete Erkenntnis „modo obliquo“ nach innen: durch Hineinversetzen und Nachbilden. Subjekt und Objekt der Erkenntnis sind darin verbunden, gemeinsam aber tiefer begründet im Zusammenhang von Leben, Erleben und Nacherleben. Indem es jedoch nicht individuelles Nacherleben als solches, sondern die in ihm reflektierte Bedeutungswelt objektiver Zwecksetzungen, Werte, Kulturgebilde zum Gegenstand hat, vermeidet Diltheys V.s-Konzept zwar subjektivistische Beliebigkeit, neigt aber zur metaphysischen Hypostasierung eines „objektiven Geistes“.

In den Jahrzehnten nach Dilthey wird der V.s-Begriff in verschiedenen Richtungen abgewandelt: Er verbindet sich mit anderen als lebensphilosophischen Begründungen oder er löst sich im methodologischen Vorfeld wissenschaftlicher Einzeldisziplinen von bestimmten metaphysischen Annahmen, wofür die Verlagerung des Bezugssystems von „Geist" auf →„Sinn" in der VS charakteristisch ist.

3. Der erste Ansatz einer VS, der sich so bezeichnet, stammt von Max Weber (1913). Das Verstehenskonzept als solches taucht aber schon früher im Umkreis soziologischen Denkens auf, und zwar in *Georg Simmels* Erkenntniskritik der Geschichtsphilosophie (1905). Für diese Begründungsphase der deutschen VS ist kennzeichnend, daß sie sich nicht innerhalb einer schon vordefinierten Soziologie ergibt, sondern aus methodologischen Debatten der historischen Disziplinen, die sich um die Jahrhundertwende in einer Phase des Umbruchs befanden, erwächst und von dort aus – wie im Fall Webers – zur Konstitution soziologischer Kategorien und Verfahren beiträgt. Simmels Verstehensauffassung bringt die wichtige Unterscheidung des V.s, das sich auf Äußerungen des menschlichen Geistes bezieht und durch deren sachlichen Gehalt möglich wird, und des V.s aufgrund der Rekonstruktion der Motive der Urheber dieser Äußerungen. Der Gedanke der Nachbildung und Simmels Bestreben, subjektiven und objektiven Sinn zu vermitteln, rückt diesen Ansatz in die Nähe Diltheys. Ein derartiges Kontinuum von Sinnbezügen wird von Max Webers erkenntnistheoretischer Position systematisch durchbrochen; er geht mit der Bemerkung, er weiche „durch tunlichste Scheidung des *gemeinten* von dem objektiv *gültigen* ‚Sinn' von Simmel ab", auf Distanz zu diesem.

Für die spätere Entwicklung der VS ist vor allem von Bedeutung, daß *Max Weber* das V. systematisch verankert in der Grundkategorie →*„Handeln"*. Diese unterscheidet sich vom bloßen →„Verhalten" durch den „subjektiven Sinn", den die Handelnden mit ihrem Verhalten verbinden. Indem er die Sinnkomponente als Faktor der Analyse sozialer Handlungen, Prozesse und Ordnungen methodisch aufschließt, grenzt Weber die VS ab gegen Positionen, die subjektive Bewußtseinsinhalte entweder vor dem Hintergrund immer schon vorgegebener Lebenszusammenhänge relativieren oder ganz aus der Forschung ausschließen, weil sie nur kollektiven Phänomenen Realität zuerkennen oder nur äußeres Verhalten mittels allgemeiner Gesetze für erklärbar erachten; aus demselben Grund verweist Weber auch der Analyse von Funktionen, sofern sie die subjektive Sinndimension nicht erreicht, in die Vorarbeit für verstehende Analyse. V. schließt bei Weber allerdings nicht sämtliche „sinnfremde" Gegebenheiten aus, sondern behandelt diese als Bedingungen, Anlässe, hemmende bzw. fördernde Faktoren des verstehbaren Handelns. Weber bindet sinninterpretierende und kausalanalytische Deutung grundsätzlich so aneinander, daß sie sich jeweils ergänzen und kontrollieren. Der Vorgang des „Erklärens" beschränkt sich dabei nicht auf die Kausalität; in der letzten Fassung seiner Methodologie (Wirtschaft und Gesellschaft Tl.I, Kap. I, § 1 – Methodische Grundlagen) bezeichnet Weber ausdrücklich auch die (je nach ihrem subjektiven Sinn erfolgende) Einordnung von Handlungsmotiven in einen Sinnzusammenhang als „Erkären des tatsächlichen Ablaufs des Handelns" (vgl. Webers Begriff der Soziologie als „Wissenschaft, welche soziales Handeln deutend verstehen und dadurch in seinem Ablauf und in seinen Wirkungen ursächlich erklären will"). Mit dem Stellenwert, den im Rahmen dieser Position Akte des Nacherlebens, der einfühlenden Interpretation und allgemein der Sinninterpretation erhalten, wird Diltheys Antinaturalismus zwar fortgesetzt, zugleich aber auch „intuitionistischer" Auslegung entzogen und begrenzt durch das Gebot kausalanalytischer Kontrolle. Fundamentaler ist die

Kluft im Verhältnis von Begriff und Realität: während bei Dilthey die Begriffe eine nicht hintergehbare Wirklichkeit lediglich explizieren, sind sie bei Weber subjektive (wenn auch über Wert- und Kulturbezüge objektivierbare) Konstrukte, die sich im Medium sich wandelnder Fragestellungen gegenüber der historischen Realität bewähren sollen. Mit dieser erkenntnistheoretischen Voraussetzung hängt der Akzent zusammen, den die VS Webers auf →„Rationalität" setzt. Die sinnhaften Komponenten des Handelns sind nach Weber je evidenter, desto schlüssiger sie sich anhand rationaler Konstruktionen (→„Idealtypen") nachvollziehen lassen; aus dem Abstand dieser zu den tatsächlichen Abläufen sollen dann die Verumständungen, Wirkungszusammenhänge und besonderen Charakteristika der Situation näher bestimmt werden. – Werkgeschichtliche Gegebenheiten bedingen es, daß Webers methodologisches Konzept der VS nicht umstandlos zur Interpretation seiner materialen Forschungen verwendet werden kann. Wenn auch die Frage nach wie vor offen bleibt, ob und inwiefern dieses Konzept nachträglich auch einen Interpretationsschlüssel für Webers historisch-soziologische und religionssoziologische Arbeiten darstellt, so steht doch außer Zweifel, daß Weber in bezug auf den Gegenstand die VS weder von der Geschichte noch die (mikrosoziale) Ebene konkreter Handlungen von der (Makro-)Ebene gesellschaftlich-kultureller Kontexte zu trennen beabsichtigte. Die Rezeption Webers und – häufiger – die von Weber sich entfernenden späteren Entwürfe einer VS neigen jedoch zu beiderlei Trennung ebenso wie, im Methodologischen, zur Entkoppelung von V. und „Erklären".

4. Die Lage in den Jahrzehnten nach Weber ist zunächst dadurch gekennzeichnet, daß im deutschen Sprachraum eine Reihe von Soziologiekonzepten mit einer Theorie des V.s verbunden wird, die teilweise unter Berufung auf Dilthey, teilweise in Berührung mit der phänomenologischen und existenzphilosophischen Bewegung der Zeit entweder Webers Methodenkritik übergehen oder sich gegen sie wenden. Während die Wirkung dieser Autoren (z.B. Weippert) auf den deutschen Sprachraum beschränkt bleibt und um die Mitte des Jahrhunderts ausläuft, gewinnt die in der Zwischenkriegszeit ebenfalls in diesem Raum auf der Basis einer Aneignung und Umwandlung der Handlungstheorie Max Webers entstandene und in den Vereinigten Staaten weiterentwickelte Fassung der VS von *Alfred Schütz* seit Mitte des Jahrhunderts steigende Bedeutung (Schütz 1932, Schütz/Luckmann 1979, 1984). Dieser von der Phänomenologie Husserls, der →Philosophischen Anthropologie und der →Wissenssoziologie der Zwischenkriegszeit beeinflußte Ansatz geht vom gegenseitigen Verweisungszusammenhang von Handeln und Wissen aus, präzisiert die „intersubjektive" – vor jeder individuellen Differenzierung liegende – Sinnschicht des Handelns, auf die er seine Konstitutionsanalyse der sozialen „Lebenswelt" ebenso gründet wie auf das auslegende und handelnde Subjekt, und entfaltet auf dieser Basis den Verstehensbegriff auf zweifache Weise: in der Differenz von Selbst- und Fremdverstehen sowie in der Stufung von beidem auf der Ebene der Primärerfahrung und der des Betrachters. Berufung auf Schütz (in unterschiedlicher Form und Intensität) ist Kennzeichen eines Teils jener Richtungen der Soziologie, die nach einer von Thomas P. Wilson (1970) begründeten Konvention als „interpretatives Paradigma" typologisch zusammengefaßt werden: vor allem die →Phänomenologische Soziologie, die →Ethnomethodologie und der →Symbolische Interaktionismus.

Als VS können diese Richtungen grundsätzlich insofern betrachtet werden, als sich ihre Analysen stets auf handelnde bzw. interagierende Subjekte beziehen und sich dabei auf die Deutungen einlassen, die dem Handeln und der Handlungssituation durch die Beteiligten unterlegt werden. Während sich in engerer Anbindung an Schütz die →Phänomenologische Soziologie insbesondere auf die Strukturierung des intersubjektiv geteilten Wissens, vor allem in Form der „lebensweltlichen" Typisierungen, konzentriert, neigt die →*Ethnomethodologie* zur Konstruktion der Interpretationsregeln, mit denen jenes Wissen in das alltägliche Handeln übersetzt wird. Der weniger auf Schütz, sondern auf George Herbert Mead und die Soziologische Schule von Chicago zurückgeführte →*Symbolische Interaktionismus* betont dagegen die subjektiven Interpretationsleistungen, die ein situationsadäquates Handeln in Auseinandersetzung mit einer sich verändernden Umwelt ermöglichen. Wenn sich auch die meisten der diesen Richtungen angehörenden Autoren streng am methodologischen Individualismus orientieren und ihre Analysen entsprechend auf die Handlungsebene beschränken, so bedeutet dies keinesfalls, daß sie strukturelle Sachverhalte (z. B. nicht-intendierte strukturelle Handlungsfolgen) zwangsläufig vernachlässigen; dies liegt auch in der Konsequenz von Versuchen, den „Symbolischen Interaktionismus" an die älteren deutschen Theorien des V.s zurückzubinden (s. z.B. Helle 1977). Dissens besteht allerdings in der Frage, ob der VS *alle* sinninterpretierenden oder hermeneutischen Verfahren in der Soziologie zugerechnet werden sollen, auch wenn sie das handelnde Subjekt aus ihren Kategorien und Objekten ausschließen, um sich z.B. auf die objektivierten Sinnbezüge von Strukturen zu beschränken.

5. Für die damit angedeuteten neueren Entwicklungen der VS ist nicht ohne Bedeutung, daß im →wissenschaftstheoretischen Kontext die Auseinandersetzung um das Verhältnis von „Verstehen" und „Erklären" noch nicht abgeschlossen ist. In den beiden ersten Jahrzehnten nach dem Zweiten Weltkrieg hatten neopositivistische Positionen (z.B. Abel 1948) ihr Anliegen durchzusetzen versucht, indem sie einen schroffen Gegensatz von V. und „Erklären" bildeten, um nur letzteres in ihrem („einheitswissenschaftlichen") Erkenntnisparadigma zuzulassen. Dagegen versucht die von der Spätphilosophie Wittgensteins beeinflußte sprachanalytische →Wissenschaftstheorie die methodologische Gleichwertigkeit sinnexplizierender Verfahren im Verhältnis zu kausalexplizierenden wiederherzustellen (s. besonders von Wright 1974). Vor diesem Hintergrund erhält die logisch-methodologische Komplementarität und gegenseitige Angewiesenheit von „verstehenden" und „erklärenden" Verfahren im Sinne der VS Max Webers erneut Plausibilität (s. Acham 1983).

Lit.: Acham, Karl: Philosophie der Sozialwissenschaften, Freiburg/München 1983; *Apel, Karl-Otto:* Das Verstehen, in: Archiv f. Begriffsgeschichte 1 (1955), S. 42–199; *Bühl, Walter L.* (Hg.): Verstehende Soziologie, München 1972; *Helle, Horst J.:* Verstehende Soziologie und Theorie der Symbolischen Interaktion, Stuttgart 1977; *Riedel, Manfred:* Verstehen oder Erklären? Stuttgart 1978; *Wright, Georg von:* Erklären und Verstehen, Frankfurt a. M. 1974

Prof. Dr. *Arnold Zingerle,* Bayreuth

Versuchsanordnung

→Untersuchungsplan

Versuchskaninchen-Effekt

→Hawthorne-Effekt

Verteilung

kennzeichnet in der Statistik die Beziehung von Variablen zu anderen Variablen über die Gesamtheit aller möglichen Werte. Es werden empirische →Häufigkeitsverteilungen und theoretische →Wahrscheinlichkeitsverteilungen unterschieden, ebenso ein- und mehrdimensionale Verteilungen. Die bekannteste Verteilung ist die →Normalverteilung.

vertikale Mobilität
auf P. Sorokin (1889–1968) zurückgehender Begriff zur Kennzeichnung beruflicher oder sozialer Auf- oder Abstiege im inter- oder intra-Generationen-Vergleich.
→soziale Mobilität

Vertragstheorie
→Gesellschaftsvertrag

Verwahrlosung
in der Sozialpädagogik Bezeichnung für nicht angepaßtes Verhalten vor allem hinsichtlich des äußeren Erscheinungsbildes und bezüglich eines bestimmten Hygienestandards. Da die Vorstellungen der Angemessenheit in einer Gesellschaft, aber auch in verschiedenen Kulturen, sehr unterschiedlich sind, ist die Definition von „Verwahrlosung“ dem Betreuer zuzuweisen.

Verwaltungselite
Führungsgruppen im Bereich der Verwaltung. Nach W. Zapf (Wandlungen der deutschen Elite, 1965) zählen zur Verwaltungselite oberste Beamte, Richter, Diplomaten und Generäle.

Verwandtschaft
durch gemeinsame Abstammung verbundene Personen (Blutsverwandtschaft). Es werden Verwandte in gerader Linie (Großeltern, Eltern, Kinder) und Verwandte einer Seitenlinie (Tanten, Onkel, Vettern, Basen) unterschieden. In gewisser Weise gehören auch die angeheirateten Verwandten (Schwägerschaft) mit zur →Familie. Im rechtlichen Sinne gelten heute, im Gegensatz zu früher, nur noch Personen in gerader Linie als miteinander verwandt, z. B. im Unterhaltsrecht (Sozialhilfe), bei sexuellen Beziehungen (Eheverbote) u. a.
→Inzesttabu

Verwandtschaftsgruppe
V.n dienen der Integration der →Kernfamilie in größere gesellschaftliche →Gruppen. Wichtig sind hier die →Exogamieregelungen, durch die bisher unverbundene Verwandtschaftsgruppen verschwägert werden.

Verwandtschaftssystem
alle die Verwandtschaft betreffenden Vorschriften, wie sie bei uns im Familienrecht des BGB kodifiziert sind, wie Abstammung, Heirat, Ehe, Erbrecht, sexuelle Beziehungen, elterliche Sorge, Scheidung, Unterhaltsrecht, Wohnsitz- und Namensregelungen usw. Das Verwandtschaftssystem anderer Kulturen ist sehr viel weiter definiert (Sippen, Clan) und variiert entsprechend den geltenden Heiratsregelungen u. a. Vorschriften. Das Verwandtschaftssystem hat in industriellen Gesellschaften an Bedeutung verloren, da die Gemeinsamkeit der wirtschaftlichen Basis, der gemeinsame Besitz, nur bei wenigen Familiengruppen zutreffen dürfte. Durch die Ausdifferenzierung von Berufsrollen sind verwandtschaftliche Beziehungen heute überwiegend freiwilliger Natur, und nur in Krisenzeiten werden Kontakte häufig aktiviert (Nachkriegszeit).

Verwertungszusammenhang
aufgrund ermittelter Untersuchungsergebnisse können Vorschläge zur Umsetzung in die Praxis gemacht werden. Vgl. →Entdeckungszusammenhang und →Begründungszusammenhang als Vorgehensweisen in der →empirischen Sozialforschung.

Verwissenschaftlichung
nach H. Schelsky jener Prozeß, durch den weite Bereiche der Gesellschaft durch Wissenschaft beeinflußt und gesteuert werden.

Veto-Gruppen
nach D. Riesmann = Interessengruppen.

Vielehe
→Polygamie
→Polyandrie

Vielweiberei
→Polygamie

vier-Felder-Tafel
Bezeichnung für eine mit zwei dichoto-

men oder dichotomisierten Variablen gebildete Häufigkeitsverteilung, die vier Felder enthält, z.B. Alter und Geschlecht.

vierter Stand

von W. H. Riehl (1823–1897) geprägte Bezeichnung für die Gruppe der lohnabhängigen Arbeiter in der →Industriegesellschaft des 19. Jhs.

Viktimologie

1. V. (von lat. victima: Opfer) ist die Lehre vom (Verbrechens-)Opfer. Sie hat das von der →Kriminologie, die immer stark täterorientiert war (und ist), vernachlässigte Opfer entdeckt. Das Opfer in seinen sozialen Bezügen steht im Mittelpunkt der viktimologischen (=v.) Perspektive. Wie weit es sich dabei nur um Opfer konkreter Straftaten oder auch anderer schädigender Prozesse, Entwicklungen oder Ereignisse handeln kann, ist umstritten. V. hat ihre Wurzeln in der Kriminologie, Medizin, Psychologie, Sozialpsychologie, Soziologie und im Recht. Es gibt keine eigene viktimologische Theorie und Methode, wie es auch für die genannten Wissenschaften nicht nur eine einzige Theorie und Methode gibt. Gelegentlich wurde versucht, zwischen einer „kriminologisch bedeutsamen V. im engeren Sinne" und einer dazu die Grundlage bildenden „V. im weiteren Sinne" zu trennen (Schneider 1975). Diese Frage ist ebenso offen und folgenlos wie der Streit, ob V. eine unabhängige interdisziplinäre Wissenschaft oder eine kriminologische Teildisziplin sei. Dabei hat in der deutschen Kriminologie soziologisches und sonstiges sozialwissenschaftliches Verständnis ohnehin Mühe, neben strafrechtlichem Denken zu bestehen. Der Streit geht bis in die Anfänge zurück. Hatte Hans von Hentig in seinem Buch „The Criminal & His Victim" (1948) die Lehre vom Verbrechensopfer vorgeschlagen, das oft beherrschend in die Tatgenese eintritt, und die dyadische Beziehung zwischen Täter und Opfer untersucht, so ging es Benjamin Mendelson seit der gleichen Zeit um die Entwicklung einer autonomen Wissenschaft oder gar Meta-Disziplin, die sich ganz den Interessen von Opfern verschiedenster Art widmen solle.

Letztlich müßten sich alle Kriminologen und sonstigen Sozialwissenschaftler bei einer Analyse abweichenden und strafbaren Geschehens um die Täterseite ebenso wie um die Opferseite mit ihren jeweiligen Handlungsgründen und Reaktionsmustern bemühen. Dazu gehören die Sozialisationsprozesse des Täters wie des Opfers, ihre Empfindungen und Geschehensinterpretationen während des Tatvorgangs, ihre Verarbeitungsstrategie nach der Tat und die anschließende gesellschaftliche Reaktion auf Täter und Opfer mit den jeweiligen Rollenfestschreibungsprozessen. Da sich das Strafrecht um die gerechte Beurteilung des Täters zu bemühen hat, ist eine (wie in Deutschland) vom Strafrecht ausgehende Kriminologie traditionell täterorientiert. Umgekehrt müßte eine juristische Kompensationswissenschaft, also eine Lehre von Opferschäden und Wiedergutmachung, vorrangig opferorientiert sein.

Auch die →Kriminalsoziologie, die weniger als die →Kriminologie unter derartigen historischen und funktionalen Zwängen zu leiden brauchte, bleibt bei ihrer Täter- und Tatorientierung. Sie hat jedoch, ohne es terminologisch zuzugeben, ihre wichtigsten Fortschritte in einer viktimologischen Phase gemacht. Wenn sich in der Soziologie →abweichenden Verhaltens einmal ein Perspektivenwechsel vollzogen hat, so wechselte man nicht von der Täter- zur Opferseite, sondern gab die Ablehnung des Täters zugunsten der Faszination auf, die vom Täter, seiner Rolle und seinem Schicksal als Produkt und Opfer gesellschaftlicher Prozesse und Reaktionen ausging. Man sah den Täter als Opfer von interaktionistischen Zuschreibungsprozessen. Hieraus erwuchsen →labeling approach und societal reaction approach. Hier entwickelte sich – ein Paradox – ganz innerhalb einer straftäterorientierten Wissenschaft eine echte viktimologische Perspektive und Theorie. →Soziale Kontrolle, insbesondere staatliche strafrechtliche Sozialkontrolle, ist praktisch ohne Viktimisierungsprozesse von Menschen und Gruppen, an denen aus generalpräventiven Überlegungen Exempel statuiert werden sollen oder die aus sonstigen Gründen geopfert werden, gar nicht denkbar.

2. Viktimisierung bezeichnet die Prozesse, wie Menschen zu Opfern werden und wie sie selbst und ihre Umwelt auf diesen Vorgang reagieren. Viktimisierungsprozesse sind Prozesse der Schädigung, der teilweisen oder völligen Zerstörung. Das kann eine traumatische Erfahrung als Opfer einer Vergewaltigung sein, das durch Stadtsanierung und andere widrige Umstände bewirkte, aber sonst unverschuldete Abrutschen in eine Obdachlosensiedlung mit allen sich daraus ergebenden Konsequenzen, oder die Kurz- und Langzeitfolgen des Terrors von Flugzeugentführungen oder Konzentrationslagern. Nationale und internationale soziale Hilfsdienste (z.B. amnesty international) arbeiten hier ohne viktimologische Terminologie längst erfolgreich. Die V. will zwar für Opfer eintreten, spart aber die meisten sozialen Problembereiche und insbesondere alles, was als →Gesellschaftskritik verstanden oder mißverstanden werden könnte, aus. Sie schrumpft damit zum kriminologischen Teilaspekt zurück. Gelegentlich ist V. von Sozialwissenschaftlern einfach mit der Analyse dieser Viktimisierungsprozesse gleichgesetzt worden. Daß sich Konzepte der vorgenannten Devianzsoziologie (z.B. primäre und sekundäre →Devianz nach Lemert) auf diese Prozesse übertragen lassen, wurde jedoch selten gesehen. Für die Frage, ob jemand als Opfer anerkannt und eine Entwicklung als Viktimisierungsprozeß bezeichnet werden kann, gibt es zumindest drei Bereiche mit unterschiedlicher Definitionsneigung. Am engsten ist der Bereich des Rechts, der nur wenige als Opfer anerkennt (und ihnen Rechte, Ansprüche auf Entschädigung oder sonstige soziale Hilfe anbietet). Der Sprachgebrauch des Alltags faßt den Opferbegriff schon weiter und weniger juristisch. Engagierte Viktimologen sehen noch zahlreiche andere, dabei auch bislang nicht als solche definierte, Viktimisierungsprozesse und bemühen sich, hierfür das öffentliche Bewußtsein zu schärfen und gesetzgeberische Reaktionen mit sozialer Hilfe zu erreichen. Hier liegen allgemeinpolitische, informationspolitische und wissenschaftspolitische Aufgaben einer V. im weiteren Sinne.

3. V., inzwischen international vertreten durch die World Society of Victimology (WSV, gegründet 1979 in Münster), stellt sich auch auf ihren alle drei Jahre stattfindenden internationalen Kongressen (begonnen in Jerusalem 1973) und den jeweils danach erscheinenden sehr umfangreichen Tagungsbänden mit einer dreifachen Zielrichtung dar: (a) Wissenschaftliche Analyse, (b) soziales Bemühen um die Opfer und (c) rechtspolitische Arbeit zur Verbesserung der Rechtsstellung von Verbrechensopfern (Entschädigung, Stellung als Zeuge vor Gericht). Auf allen drei Bereichen wurden in vielen Ländern einschließlich der BR Deutschland (z.B. Opferentschädigungsgesetz 1976; Opferschutzgesetz 1986 für eine verbesserte Stellung des Opfers im Strafverfahren) beachtliche Fortschritte erzielt. Nach der schwungvollen und erfolgreichen Expansion der V. in den Anfangsjahren ist inzwischen eine Phase der Konsolidierung und Bestandsaufnahme eingetreten. V. hat eine neue menschliche Perspektive gebracht und folgt damit den Intentionen einiger ihrer Gründungsväter, die durch eigene Kenntnis der Leiden des jüdischen Volkes vor, während und nach dem Zweiten Weltkrieg die V. als neue Disziplin gefordert hatten. V. hat sich von ihren

etablierten Herkunftsdisziplinen nicht lösen können. Sie hat diese sehr befruchtet, ist aber nicht in dem von einigen gewünschten Maße interdisziplinär geworden. Thematisch, konzeptionell und personell klebt sie weiterhin an Kriminologie, Devianzsoziologie und Strafrecht. Wissensfortschritte und praktische Relevanz haben z.B. große Victim Surveys (Tatopferbefragungen zu Umfang, Wahrnehmung, Wirkung von Kriminalität und zur Anzeigenbereitschaft) im In- und Ausland sowie neue Projekte zum Täter-Opfer-Ausgleich gebracht, mit denen im Bereich der Strafrechtspflege bei kleineren Delikten Wiedergutmachung statt Strafe gefördert und damit Tätern wie Opfern geholfen wird. Sozialwissenschaftliche Methoden und Erkenntnisse (z.B. das psychologische Konzept der „gelernten Hilflosigkeit" von Seligmann (1975), „sekundären Devianz" nach Lemert (1972) bei Zuschreibungs- und Verstärkungsprozessen abweichenden Verhaltens wie auch psychoanalytische Ansätze zur V.) sind hingegen letztlich in den viktimologisch orientierten Sparten ihrer Herkunfsdisziplinen verblieben.

4. Der bei einigen Juristen und Kriminologen nach Entdeckung des Opfers als wichtigem Element im strafbaren Geschehen aufgetretene und als „viktimologisch" bezeichnete Hang – in nicht erkannter Pervertierung der V. –, dem Opfer nun auch noch alle Schuld zuzuweisen (so besonders Schneider 1975; zutreffend Ryan 1971: „the art of blaming the victim"), hat sich in der V. wieder gelegt, besteht aber in den Alltagstheorien der Bevölkerung und einiger Teilwissenschaften schon zum →Abbau kognitiver Dissonanzen fort („das Opfer ist selbst schuld", „anständigen Menschen passiert das nicht", „nice girls don't get raped").

5. Unter vielerlei Aspekt ist die Vergewaltigung das klassische Delikt für die Anfänge viktimologischen Denkens und anschließende viktimologische Konzeptbildung, Perspektive, Forschung und praktische Hilfe: Täter-Opfer Beziehung, Mitschuld-Fragen vor Gericht und in der Bevölkerung, psychologische Verarbeitung der Opferrolle, Kurz- und Langzeitfolgen, Viktimisierungsprozesse und gesellschaftliche Reaktion auf das Opfer, praktische Opferhilfe (Rape-crisis-intervention centers, Frauenhäuser, weibliche Kripo bei der Anzeigenaufnahme, Rechtsbeistand für die Zeugin vor Gericht).

Lit.: R. Elias: The Politics of Victimization – Victims, Victimology and Human Rights, Oxford 1986; *E. Fattah* (ed.): The Plight of Crime Victims in Modern Society, London 1989; *W. Kiefl/S. Lamnek:* Soziologie des Opfers, München 1986; *G. Janssen/H.-J. Kerner* (Hg.): Verbrechensopfer, Sozialarbeit und Justiz, Bonn 1985; *G. F. Kirchhoff/K. Sessar* (Hg.): Das Verbrechensopfer, Bochum 1979; *H. J. Schneider:* Viktimologie. Wissenschaft vom Verbrechensopfer. Tübingen 1975; *B. Villmow/B. Plemper:* Praxis der Opferentschädigung, Pfaffenhofen 1989; *K. Weis:* Die Vergewaltigung und ihre Opfer – eine viktimologische Untersuchung zur gesellschaftlichen Bewertung und individuellen Betroffenheit, Stuttgart 1982

Prof. Dr. iur. *K. Weis,* München

virtuelle Gemeinschaft(en)

→Computernetzwerke

Volk

durch gemeinsames historisches und kulturelles Erbe verbundene Gemeinschaft von Menschen, die innerhalb bestimmter staatlicher Grenzen (Staatsvolk) zusammenleben. Schwierigkeiten der Abgrenzung vom Begriff →Nation. Vgl. die Präambel des GG: „Das gesamte deutsche Volk bleibt aufgefordert, in freier Selbstbestimmung die Einheit und Freiheit Deutschlands zu vollenden."

Völkerkunde

→Ethnologie

Völkerpsychologie
auf W. Wundt (1832–1920) zurückgehende Bezeichnung für die Beschäftigung mit der Gesamtheit jener psychischen Vorgänge und Entwicklungen, deren Entstehung an eine geistige und kulturelle Gemeinschaft (Volk/Völker) gebunden ist.

Von Bedeutung sind dabei Sprache, kulturelles Erbe, Mythos, Geschichte u.a. für die Entwicklung der Gesamtpersönlichkeit. Die Konzepte „Volksgeist" und „Volksseele" werden in der neueren →Kulturanthropologie durch Begriffe wie →Modalpersönlichkeit und →Sozialcharakter ersetzt.

Volkscharakter
Begriff der →Völkerpsychologie, mit dem die Gesamtheit aller in einem Volk bestehenden typischen Denk- und Handlungsstrukturen erfaßt wird. Heute weitgehend durch den Begriff Sozialcharakter ersetzt.

Volksdemokratie
im Unterschied zur sog. bürgerlichen Demokratie, in der die Macht nach kommunistischer Interpretation von der herrschenden Klasse (→Bourgeoisie) ausgeht, ist in Volksdemokratien das Volk im Besitz der Macht. Merkmale von Volksdemokratien, z.B. in den sozialistischen Staaten Osteuropas, sind das Herrschaftsmonopol der kommunistischen Partei und die Verstaatlichung der Produktionsmittel.

Volkseinkommen
Gesamtsumme aller Einkommen, die Inländern (allen in der Bundesrepublik Deutschland lebenden Personen) in einer bestimmten Periode aus dem In- und Ausland zufließen (Inländerkonzept).

Volksfront
Bezeichnung für ein innenpolitisches Bündnis zwischen kommunistischen, sozialdemokratischen und linksbürgerlichen Parteien. Die Volksfrontpolitik wurde in den 1930er Jahren von Moskau als verbindliches Muster bei Regierungsbildungen vorgegeben, so in Spanien und Frankreich. Im allgemeinen Sinne wird unter Volksfront jede Regierungsbildung bezeichnet, an der eine kommunistische Partei beteiligt ist.

Volksgeist
→Völkerpsychologie

Volkskunde
europäischer Zweig der →Ethnologie, die sich mit den Gebräuchen und Sitten des Volkes beschäftigt, etwa mit dem Hausbau, dem Volkslied, der Mundartdichtung u.a.m. Wenig Zusammenarbeit mit den →empirischen Sozialwissenschaften und der →Sozialgeschichte. Volkskunde ist als Studienfach häufig in die Lehrerausbildung integriert.

Volksseele
→Völkerpsychologie

Volkssouveränität
Grundprinzip der Legitimation demokratischer Herrschaft nach dem Verfassungsgrundsatz, daß alle Macht vom Volke ausgeht. In westlichen Demokratien moderner Prägung sind die Grund- und Menschenrechte der direkten Verfügungsgewalt des Volkes entzogen (Grundrechtskatalog).

Vollerhebung
Totalerhebung
im Gegensatz zur →Stichprobenuntersuchung wird bei einer Vollerhebung die komplette Grundgesamtheit untersucht. Aus Zeit- und Kostengründen selten, da sehr schwierig durchzuführen. Die statistische Auswertung einer Vollerhebung (z.B. die Volkszählung 1988) erfolgt deskriptiv in Tabellen und Schaubildern.

volonté de tous
Gemeinwille
bei J. J. Rousseau (1712–1778) die allein entscheidende Instanz. Der Gemeinwille kann durch Volksabstimmungen ermittelt werden als eine Form der direkten →Demokratie.

Vorbild

zum V. wird eine Person, die in ihrer Lebensgestaltung andere so beeindruckt, daß eine starke →Identifikation stattfindet; häufig bei Jugendlichen.

Voruntersuchung

→Pretest

Vorurteil

eine relativ starre und meist von zahlreichen Menschen positive oder negative Meinung ohne objektive Prüfung (z.B. Vorurteile gegenüber Ausländern, Juden, Frauen usw.).

Vorverständnis

Erklärung eines Sachverhaltes aus der allgemeinen Lebenserfahrung (Primärerfahrung), deren Annahmen in den →Entdeckungszusammenhang einer empirischen Untersuchung mit eingehen.

Vulgärmarxismus

Bezeichnung für einen stark vereinfachten →Marxismus, wie etwa die Erklärung einer Vielzahl →sozialer Probleme allein mit Hilfe ökonomischer Kategorien, etwa die Unterbeschäftigung (→Arbeitsmarkt) als direkte Folge der kapitalistischen Produktionsweise zu interpretieren.

W

Wachstumtheorie

Teilgebiet der Wirtschaftstheorie, die sich mit der Erforschung der Gesetze des wirtschaftlichen Wachstums beschäftigt. Unter wirtschaftlichem Wachstum wird meist die Zunahme des Bruttosozialproduktes verstanden bzw. das zunehmende Pro-Kopf-Einkommen eines Landes, wobei die Wahl der Indikatoren eine Frage der Zweckmäßigkeit ist. Die Klassiker der Volkswirtschaftslehre *(A. Smith, D. Ricardo, J. St. Mill),* aber auch *K. Marx* und *J. M. Keynes,* entwarfen ein düsteres Bild künftiger Wachstumsmöglichkeiten, wobei sowohl auf der Angebotsseite (Knappheit des Produktionsfaktors Boden) wie auf der Nachfrageseite (Sättigung der Konsumgüternachfrage) die Entwicklung zu einem stationären Zustand führt. Die moderne Wachstumstheorie, aus der Kritik der *Keynes*schen Beschäftigungstheorie hervorgegangen, stellt die Kapitalbildung unter Gleichgewichtsbedingungen in den Mittelpunkt der Analyse (Wachstum, Vollbeschäftigung, Preisniveaustabilität, Zahlungsbilanzgleichgewicht).

Wahlsoziologie

1. Begriff und Gegenstand:
Wahlsoziologie versteht sich weniger als Teil-, denn als „Überschneidungsdisziplin" aus politischer Wissenschaft und Soziologie. Ihr Gegenstand: Wahlen und Wählen werden in ihren gesamtgesellschaftlichen Bezügen gesehen. Politische, ökonomische, kulturelle und andere soziale Strukturen und deren Veränderungen werden in ihren Auswirkungen auf Wahlen und Wählen untersucht.

Wahlsoziologie bzw. Wahlforschung ist darüber hinaus weitgehend Demokratieforschung geblieben: Wahlen haben diesen zentralen Stellenwert als einziges Verfahren zur Legitimation institutionalisierter und kontrollierter Herrschaft auf Zeit nur in demokratischen Gemeinwesen. Dieses Legitimationsverfahren ersetzt die „ungefragten Bindungen" *(Dahrendorf):* es gibt keine „von Gott gewollte" oder „natürliche" Ordnung und auch keinen Glauben mehr in die Gutwilligkeit patriarchalischer und autoritärer Herrscher. Der demokratische Staat und seine Amtsträger werden letztlich nur mehr legitimiert durch Wahlen, denen sie sich periodisch zu stellen haben. Wahlsoziologie als Demokratieforschung hat diesen radikalen Wandel des Staats- und Politikverständnisses zum Thema: Die auf sich selbst gestellte und nicht mehr „von außen" gesteuerte Gesellschaft bedarf der Selbstvergewisserung ihrer Identität, der sie sich vor allem in Zeiten ihres beständigen Wandels nicht ohne weiteres sicher sein kann. Sie ist nicht mehr einfach da, sondern kann nur noch über Fragen, Selbstbeobachtung und Interpretation (re)konstruiert werden. Dies gilt vor allem für die pluralistische Demokratie, in der widerstreitende Interessen, Meinungen und Ziele nicht nur präsent sind und offen zutage liegen, sondern sogar zu konstitutiven Elementen des Staatswesens werden. Auf den ersten Blick entsteht so leicht ein Bild der Uneinheitlichkeit, von Chaos und Verwirrung. Wahlsoziologie als Demokratieforschung leistet einen wichtigen Beitrag zur Ordnung dieses Bildes, zum Verständnis z.T. widersprüchlicher gesellschaftlicher Prozesse und damit zur Aufklärung der Gesellschaft über sich selbst.

2. Gesellschaftliche Ebenen der Analyse:
Wahlen und insbesondere Wahlkämpfe sind in demokratischen Systemen die wesentlichen Anlässe und Gelegenheiten, widerstreitende Interessen, Meinungen und Ziele – und damit gesellschaftliche Konflikte – zu thematisieren und um politische Mehrheiten und Macht-Positionen zu kämpfen.

Wahlsoziologie beschreibt und erklärt auf verschiedenen gesellschaftlichen Ebenen politisches Verhalten und Handeln in solchen Situationen, in denen Politik einen höheren Stellenwert bei den Beteiligten hat als sonst im gesellschaftlichen „Alltag".

Zu den wichtigsten Ebenen dieser Art gehören:

(a) Die Ebene der politischen Institutionen, die unter Fragestellungen untersucht wird, welche Auswirkungen die praktizierte Politik, Wahlen, Wahlkämpfe und Wahlausgänge auf die politische Realität in Verfassungs- und anderen Institutionen haben. Hierzu gehören in der Bundesrepublik Deutschland die nahezu ständigen Probleme von Koalitionsbildungen auf Bundes- und Länderebene, die zu unterschiedlichen (partei)politischen Konstellationen auf nationaler und regionaler Ebene führen können. Auch Verhalten von Politikern formt politische Realität in Institutionen, wie sich an Veränderungen von Rolle und öffentlicher Einschätzung des Parlamentes oder auch am Parteifinanzierungsgebaren und anderen politischen Skandalen zeigt. Positiv kann das Ansehen von Institutionen vom Verhalten von Politikern profitieren, wenn dieses öffentliche Anerkennung findet – auch unabhängig von politischen Standorten – wie z. B. die Amtsführung eines Bundespräsidenten oder die Wahrnehmung der Funktionen der parlamentarischen Opposition.

(b) Auf der Ebene der (Interessen-)Gruppen werden die gesellschaftlichen Konflikte manifest: Wirtschaftsverbände (der Arbeitgeber und -nehmer, Berufsverbände und Kammern) sowie religiöse bzw. konfessionelle Gruppen als auch regionale Zusammenschlüsse sind Ausdruck dafür. Ihre Repräsentanz, Stärke und Einflußmöglichkeiten auf dem politischen „Markt" sowie ihre Verflechtungen institutioneller, politischer, personeller und finanzieller Art sind Untersuchungsfelder der Wahlsoziologie.

(c) Am intensivsten wird diejenige Ebene erforscht, auf der sich die widerstreitenden Interessen, Meinungen und Ziele in der gesellschaftlichen Lage und dem politischen Verhalten der Bürger widerspiegeln. Diese Lage bestimmt sich nach sozialer Herkunft und Schicht, Bildung und Beruf sowie der Stellung im Lebenszyklus und der Zugehörigkeit zu Gruppen und Verbänden. Diese Faktoren tragen zu Art und Ausmaß politischer Sozialisation, Information, Identifikation und Partizipation, politischem Interesse und Urteilen über politische Inhalte und Fähigkeiten von politischen Eliten bei. Nicht zuletzt (!) interessiert auch die Wahlsoziologie, wie sich dieser so gründlich erforschte Wähler entscheidet.

(d) Eine wichtige gesellschaftliche Ebene im politischen Geschehen stellt die Massenkommunikation dar. Sie „verzahnt" viele Ebenen und Bereiche, in denen Politik stattfindet. Politisches (Wahl-)Verhalten und Handeln ist offensichtlich stärker als anderes soziales →Handeln in kollektive Kommunikationsstrukturen eingebettet und ihren Einflüssen ausgesetzt. Deshalb wird auf dieser Ebene für die Wahlsoziologie besonders wichtig, wie und von wem angesichts widerstreitender Interessen, Meinungen und Ziele in einer Gesellschaft die Medien der Massenkommunikation kontrolliert werden (können).

(e) Kontinuierliche Wahlkampfanalyse und -berichterstattung als Beitrag zur politischen Geschichtsschreibung. Hierbei hat die Wahlsoziologie – anknüpfend an die englische Tradition der offiziellen Wahlkampfmonographien – die Aufgabe, das Klima der „öffentlichen Meinung", in dem Wahlkampf stattfindet, zu beschreiben.

3. Forschungsmethoden:

Wahlsoziologie begann 1913 mit *André Siegfrieds* „Wahlgeographie". Er setzte die (amtlichen) Wahlergebnisse in Beziehung zu geographischen, ökonomischen, religiösen, sozialen, politischen und administrativen Strukturmerkmalen der Stimmbezirke und Wahlkreise und schuf damit ein erstes „soziologisches" Bild über den empirischen Zusammenhang zwischen sozialer und regionaler Lage und Wahlentscheidungen.

Die moderne „statistische Aggregatdatenanalyse" (auch: „quantitative Ökologie") steht mit verfeinerten Methoden und Weiterentwicklung des theoretischen Ansatzes der Umweltabhängigkeit politischen Verhaltens und Handelns in dieser Tradition. Hierzu werden auch heute hauptsächlich die Daten der amtlichen Sozial- und Wirtschaftsstatistik verwendet, um Wahlergebnisse durch die demographische und soziale Zusammensetzung von Wahlkreisen oder Stimmbezirken zu erklären und aufgrund theoretischer Modellvorstellungen zukünftige Entwicklungen zu prognostizieren.

Die verwendeten Daten erlauben aber nur Aussagen über soziale Aggregate (d.h. Stimm-, Wahlbezirke o.ä.), nicht jedoch über individuelle Motive, Stimmungen, Meinungen und Kalküle der Wähler, die – neben den strukturellen Umwelteinflüssen – für die Entscheidung der Wähler (auch) wichtig sind. Diese Informationen werden durch repräsentative Individualumfragen erhoben. In ihnen wird eine nach verschiedenen Kriterien der Repräsentativität zusammengestellte Stichprobe von Wählern gezielt nach den Motiven und Hintergründen ihrer Wahlentscheidung und anderen politischen Dingen gefragt. Optimal für eine umfassende Erklärung politischen Verhaltens und Handelns ist die Kombination von Aggregat- und Individualdatenanalyse in der – theoretisch und methodisch sehr aufwendigen – Mehrebenenanalyse. Hierbei können sowohl die eher langfristigen Umwelteinflüsse der lokalen und regionalen politischen Kultur und Sozialstruktur auf das politische (Wahl-)Verhalten berücksichtigt werden, wie auch die eher kurzfristigen, in der jeweiligen aktuellen politischen Lage begründeten Einflüsse auf politische Meinungen, Urteile und Entscheidungen des Wählers.

4. Forschungsbereiche und -Schwerpunkte:

Das Schaubild veranschaulicht die einzelnen Forschungsbereiche der Wahlsoziologie: politisches (Wahl-)Verhalten als „zentraler" Gegenstand wissenschaftlicher Erklärung, „umgeben" von Einflüssen gesellschaftlicher Institutionen, Gruppen, Strukturen und deren Veränderungen.

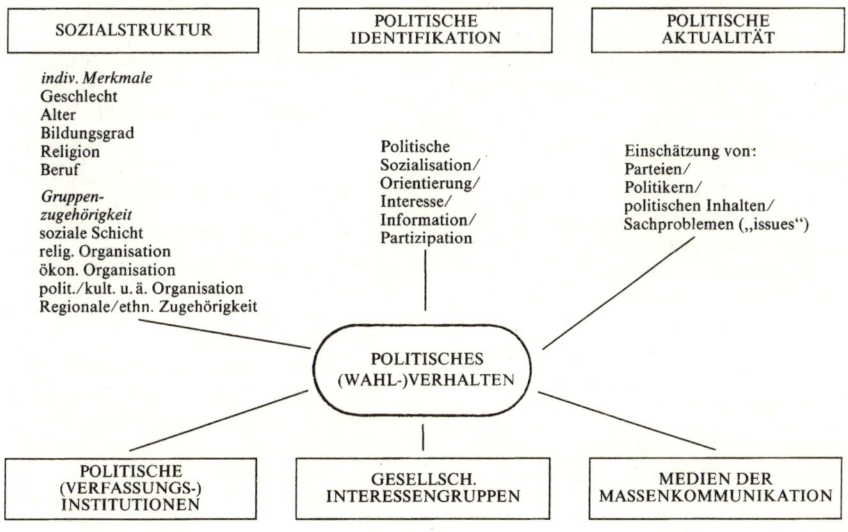

Es kann aufgrund der bisherigen Entwicklung der empirischen Wahlforschung als gesichert gelten, daß die skizzierten Faktorengruppen Einflüsse auf politisches Verhalten ausüben. Die aktuelle theoretische und methodische Diskussion geht um die Entwicklung allgemeiner theoretischer prognosefähiger Modelle politischen Verhaltens, die Aussagen über relative Gewichte und kausale Beziehungen der verschiedenen Faktorengruppen enthalten. Einen breiten Raum nehmen in dieser Diskussion Probleme der Entwicklung adäquater statistischer Schätzverfahren ein.

Insgesamt liegt das Schwergewicht dieser Forschungen auf den Einflußbereichen der →Sozialstruktur, der politischen Identifikation und den Bewertungen politischer Kompetenz von →Eliten und politischer Inhalte. Einflüsse der politischen Institutionen, Interessengruppen und der Massenkommunikation werden aber seit Beginn der 1980er Jahre stärker thematisiert.

Lit.: W. Bürklin: Wählerverhalten und Wertewandel, Opladen 1988; *J. W. Falter, Ch. Fenner, M. Th. Greven* (Hg.): Politische Willensbildung und Interessenvermittlung, Opladen 1988; *N. Diederich:* Empirische Wahlforschung – Konzeptionen und Methoden im internationalen Vergleich, Köln und Opladen 1965; *M. Kaase, H. D. Klingemann* (Hg.): Wahlen und politisches System – Analysen aus Anlaß der Bundestagswahl 1980, Opladen 1983; *H.-D. Klingemann, M. Kaase* (Hg.): Wahlen und politischer Prozeß – Analysen aus Anlaß der Bundestagswahl 1983, Opladen 1986; *U. Kort-Krieger, J. W. Mundt:* Praxis der Wahlforschung, Frankfurt/M., New York 1986

Dr. *U. Kort-Krieger,* München

Wahlverhalten

Begriff der →Soziometrie über die Bevorzugung bestimmter Interaktionspartner.

Wahrnehmung

Perzeption

Vorgang, durch den ein Lebewesen Informationen seines eigenen Zustandes und seiner Umwelt über seine Sinnesorgane erhält. Dabei werden Wahrnehmungen nicht nur als Reize empfangen und verarbeitet, sondern diese Informationen werden in bereits bestehende Vorstellungsstrukturen eingefügt und unter Berücksichtigung bereits vorhandener Einstellungen, Motive und von Vorurteilen selektiert (→selektive Wahrnehmung). W. ist somit kein passiver, sondern ein aktiver Prozeß, den das Individuum steuert.

Wahrnehmung, selektive

individuelle Wahrnehmung ist notwendigerweise selektiv, da aus der Vielzahl der Objekte und Situationen stets bestimmte, den Bedürfnissen und Erfahrungen des Individuums entsprechende ausgewählt werden. Das Bild, das wir von der uns umgebenden Wirklichkeit haben, ist deshalb stets eine individuelle Variante der Realität. Wenn z.B. eine Frau ein Kind erwartet, sieht sie schwangere Frauen, Kinderwagen u.a. auffallend häufig, während ihr vorher diese Dinge überhaupt nicht aufgefallen sind.

Wahrnehmung, soziale

in unterschiedlichem Sinne verwendet, meist bezogen auf die durch persönliche und soziale Faktoren gefärbte Wahrnehmung, aber auch die Wahrnehmung sozialer Sachverhalte oder die Interpretation sozialer Tatbestände.

Wahrscheinlichkeit

allgemeine Annahme über das Eintreten eines Ereignisses

1. in der Mathematik bzw. in der →empirischen Sozialforschung die Analyse der Gesetzmäßigkeiten zufälliger Ereignisse. Die Wahrscheinlichkeit für das Eintreten eines Ereignisses errechnet sich aus dem Quotienten der Anzahl der günstigen zu den möglichen Ereignissen (mathematische Wahrscheinlichkeit);

2. Bezeichnung für eine nach wissenschaftstheoretischen Modellen formulierte Aussage über die Bestätigung oder Verwerfung einer →Hypothese (statistische Wahrscheinlichkeit).

Wahrscheinlichkeitsrechnung
Gebiet der Mathematik; wichtige Grundlage der →Wahrscheinlichkeitstheorie, wobei →Wahrscheinlichkeit als Grenzwert der relativen Häufigkeit eines Ereignisses gilt. Sichere Ereignisse haben die Wahrscheinlichkeit 1, unsichere die Wahrscheinlichkeit 0; unsichere Ereignisse können aber durchaus auftreten.

Wahrscheinlichkeitstheorie
Sammelbezeichnung der erkenntnistheoretischen Problematik des Wahrscheinlichkeitsbegriffes (mathematische und statistische Wahrscheinlichkeit).

Wahrscheinlichkeitsverteilung
Modelle empirischer Verteilungen, z.B. die →Normalverteilung. Es werden diskrete und stetige Verteilungen unterschieden. Wichtige Verteilungen: die Binomialverteilung, die Poissonverteilung, die Chi-Quadrat-Verteilung, die t-Verteilung.

Wandel, sozialer
→sozialer Wamdel

Wanderungen
in den Sozialwissenschaften als horizontale, räumliche, geographische Mobilität von der vertikalen →sozialen Mobilität unterschieden. Die Wanderungen im Europa des 19. Jhs. waren Land-Stadt-Wanderungen (Landflucht) und Auswanderungen nach Übersee, vor allem nach Amerika. In jüngerer Zeit findet sich in der BR Deutschland verstärkt eine Nord-Süd-Wanderung und eine starke Zuwanderung in die Verdichtungsräume Frankfurt, Mainz, Stuttgart, Nürnberg, München.

Ware
nach *K. Marx* Entwicklung des Doppelcharakters der Ware von Gebrauchs- und Tauschwert, aus der →Arbeitsteilung und den Reproduktionsformen der →kapitalitischen Gesellschaft erklärt.

Warenfetischismus
→Fetisch
→Fetischismus
→Konsum
→Konsumverhalten
→Verdinglichung

Warenkorb
→Lebenshaltungskosten

Warteschlangenmodell
mathematisches Modell zur Berechnung der Kapazität von Bedienungsstationen, wie Kaufhäusern, Tankstellen u. a.

Wechselwähler
Personen, deren Wahlverhalten nicht eindeutig auf eine Partei festgelegt und deren Wahlentscheidung deshalb nicht prognostizierbar ist.

Wehrsoziologie
→Militärsoziologie

Weltgesellschaft
1. Begriff. Wg. ist heute das umfassendste System menschlichen Zusammenlebens. Der Begriff bezeichnet nicht nur die Umwelt nationaler Gesellschaften (G.), sondern auch den Zusammenhang von umfassenden (internationale, intergouvernementale und weltweite interorganisationelle Systeme) und umfaßten Systemen (Staaten, Nationen, Regionen, Familien, Firmen, Verbände und Individuen), die miteinander in Wechselwirkung stehen. Nur ein kleiner Teil der Sozialwissenschaftler thematisiert die Welt als eine einzige G., die die höchsten Systemebenen bis hin zum Individuum verbindet. Bei der Wg. handelt es sich um einen besonderen Typus von G., der nicht durch einen Staat zusammengehalten wird. Solche staatenlosen G. waren in der Vergangenheit kleinräumig und nur durch beschränkte Komplexität gekennzeichnet. Demgegenüber ist die Wg. eine komplexe G. auf globalem Niveau, die in eine Vielzahl unterschiedlich mächtiger Staaten zerfällt. Wie die nationalen G. ist auch die Wg. stark so-

zial geschichtet. Bei ihr kommt hinzu, daß staatliche Machtunterschiede neben wirtschaftlichen und kulturellen eine wichtige Quelle von Ungleichheit darstellen.

Die Konzeption von Welt als ein soziales System setzt noch nicht voraus, daß eine soziokulturelle Integration um geteilte Werte vorhanden wäre. Diesen eingeschränkten Begriff von Wg. finden wir auch terminologisch im Begriff des *Weltsystems,* der eine weitere Verbreitung hat als Wg. Die Weltsystemanalyse beschreibt Wg. als politische und wirtschaftliche Herrschaftsstruktur, die „von oben" auf das soziale Geschehen tieferer Systemebenen wirkt. Von Wg. im strikten Sinne kann darüber hinaus gesprochen werden, wenn nicht nur das Zusammenleben aller Menschen und ihre politischen und wirtschaftlichen Verkettungen hervorgehoben werden, sondern auch das Bild, das sich die Menschen von dieser Gesellschaft machen, und die Ansprüche der Menschen letztlich gegenüber Wg. einbezogen werden. Die Konstituierung des Individuums als Mitglied der Wg. und das Bewußtsein von Wg. kennzeichnen dann den Begriff, der neben wirtschaftlichen und politischen Verknüpfungen auch kulturelle einschließt. Durch die Entwicklung hin auf eine Wg. im strikten Sinne erzeugt das globale Sozialsystem – gerade wegen der großen wirtschaftlichen und politischen Ungleichheiten – auch ein Feld von Erwartungen, Kräften und Bewegungen „von unten" in der Weltbevölkerung, die für Konflikte und Wandel bedeutsam sind.

2. Vergesellschaftungsdimensionen. Auf „Welt" gerichtete Vergesellschaftungen sind so alt wie die bekannte Menschheitsgeschichte. Historisch sind drei, idealtypisch auf Welt hin angelegte Prozesse, nämlich primär entlang der kulturellen (Wertegemeinschaften) oder der politischen (Weltreiche) oder der wirtschaftlichen (Weltwirtschaften) Dimensionen nachzuweisen. Die neuere Auffassung betont gegenüber der Vorstellung von Stadien oder einer evolutionären Sequenz, daß die drei über längere Zeiträume koexistierten. *Wertegemeinschaften* sind kulturelle Verknüpfungen, die historisch ethnischen und religösen Ursprungs waren und die ihre Mitglieder prinzipiell als gleiche betrachten. Frühe Formen waren Wertegemeinschaften, die über „die bewohnte Welt" – wenngleich nicht global – als Diaspora völkerverbindend waren (Südmesopotamien bereits ab 3500 v. Chr.). Die Weltreligionen sind frühe universalistisch angelegte Beispiele für solche Wertegemeinschaften. Die Vorstellung der Gleichheit der Menschen als Gattung und damit die Idee einer Wg. sind von der Antike bis zur Aufklärung und in den Menschenrechten nachweisbar. *Weltreiche* stellen sekundäre Staatsbildungen dar, bei denen bestehende, politisch verfaßte G. einem Herrschaftszentrum einverleibt und tributpflichtig werden. Der Aufstieg und Zerfall der historischen Großreiche seit 3000 v. Chr. hat seit jeher die Phantasie der Geschichtsschreibung beflügelt. Im Verlauf nahm die geographische Ausdehnung der Großreiche zwar zu, nicht aber ihre Dauerhaftigkeit. *Weltwirtschaften* sind durch arbeitsteilige Produktion und durch preisregulierten Marktaustausch charakterisiert. Diese Organisation von Handelsbeziehungen ist eine der verbreitetsten menschlichen Institutionen und geht zumindestens auf die Zeit der Sumerer ab 3500 v. Chr. zurück.

3. Entwicklung zur Weltgesellschaft in der Neuzeit. Die moderne soziale Globalisierung begann seit dem Mittelalter als ein Weltsystem (Ws.) von zunächst nur locker verknüpften Weltwirtschaften (Ww.), Imperien und isolierten Kleinsystemen, in dem das europäische Teilsystem – eine Ww., die gleichzeitig als christliches Abendland eine Wertegemeinschaft darstellte – allmählich die Vorherrschaft durch kombinierte militärische und wirtschaftliche Expansion

errang. Im Verlauf der Herausbildung des über Jh. durch Europa dominierten Ws. zu einer globalen, kapitalistischen Ww. erfuhr die kulturelle Integration zunächst für Jh. keine ähnliche Ausdehnung wie die expandierende Ww. und das sich etablierende Staatensystem. Im Verlauf dieses Jh. hat sich ein gemeinsamer Kern von Werten, Normen und Institutionen beständig ausgedehnt. Einen exemplarischen Wechsel und damit die Grundlage, um von einer Entwicklung auf eine Wg. hin im strikten Sinne sprechen zu können, finden wir im grundlegenden Wandel des Völkerrechts, der mit der Geburtsstunde der UNO (1945) und der ersten Erklärung der Menschenrechte kodifiziert und später ausgebaut wird. Die universale Staatenorganisation, die auf der „Gleichheit aller Staaten" basierte, hat sich durch die Erklärung der Menschenrechte zur Wg. im engeren Sinne verwandelt, womit der einzelne Mensch direkt zum Träger von Rechten und damit zum Rechtssubjekt in einer universalen Wertegemeinschaft wird. Die faktische Einhaltung und materiale Ausfüllung der Menschenrechte ist allerdings nicht gesichert. Dies darf nicht den fundamentalen Wandel verkennen, der durch die neuen Ansprüche und das über die Massenmedien zunehmend vermittelte Bewußtsein der Wg. gerade vor dem Hintergrund der faktischen Ungleichheit und Unfreiheit für die Nachkriegsära prägend ist.

4. Theoretische Richtungen. Die zahlreichen Beiträge, die alle evolutionär ausgerichtet sind, lassen sich mit Schwergewicht vier Richtungen zuordnen: (1) sozialhistorische Ansätze, (2) Ansätze, welche die Weltwirtschaft, (3) solche, welche die Weltpolitik und (4) jene, welche die kulturelle Integration und die Konstituierung von Sinn in den Vordergrund rücken. Zu 1. Wg. unter dem historisch-evolutionären Blickwinkel ist selbst eine stark weiter differenzierte Richtung, einmal im Sinne einer umfassenden Sozialgeschichte historischer Epochen *(F. Braudel),* weiter einer Weltgeschichte des zivilisatorischen Prozesses *(A. Toynbee)* wie einer Geschichte sich zunehmend integrierender Kulturen *(W. H. McNeill),* weiter eines Rationalisierungsprozesses hin zur Ausdifferenzierung moderner Bewußtseinsstrukturen *(J. Habermas),* sodann einer Ideengeschichte des weltpolitischen Denkens *(W. Gollwitzer)* und schließlich einer Evolutionsgeschichte der menschlichen Gesellschaft mit Betonung auf Umwelt-, Technologie- und Machtfaktoren *(G. E. Lenski).* Zu 2. Zu Exponenten, die die Ww. in den Vordergrund rücken (dominanter Zweig der Weltsystemanalyse), gehören *I. Wallerstein* und Forscher aus seinem Kreis. Mit einer an *K. Polanyi* anschließenden Typologie von Sozialsystemen wird das Ws. der Neuzeit (seit 1500) als eine kapitalistische Ww. begriffen, weil das globale System zwar eine verbindende Arbeitsteilung, aber keine umgreifende politische Struktur aufweise. Die systembestimmenden Merkmale haben sich seit 1500 nicht grundlegend verändert: Säkulare Trends und Zyklen, darunter die langen wirtschaftlichen Wellen und Hegemonialzyklen bestimmen seitdem die Rhythmen des Systems und die Dreigliederung in Kernbereich, Semiperipherie und Peripherie. Zu 3. Gegen die Vorstellung einer primär welt-*wirtschaftlich* bestimmten Systemlogik werden das internationale Staatensystem und die Weltpolitik in den Vordergrund gerückt. *G. Modelski* als einer der Exponenten dieser Richtung thematisiert lange Zyklen der Hegemonie im Staatensystem seit 1500. Gegenüber der Vorstellung der primären Integration durch die Ww. wird geltend gemacht, daß die Abwesenheit eines Weltstaates nicht bedeute, daß eine globale politische Ordnung fehle. Die Thematisierung von „internationalen Regimes" gehört auch zur Richtung, die die Eigenständigkeit des Politischen gegenüber dem Wirtschaftlichen betont. Die ursprüngliche Unvereinbarkeit der Standpunkte, ob politischen oder wirt-

schaftlichen Faktoren ein Primat zukomme, hat sich durch den Beitrag von *Ch. Chase-Dunn* entschärft. Er sieht das zwischenstaatliche System des politischen und militärischen Wettbewerbs und die Ww. als eine aufeinanderbezogene Einheit, die einer einzigen Grundlogik gehorche. Zu 4. Die primäre Bedeutung von Kultur für die Integration im Weltrahmen finden wir in verschiedenen Beiträgen. *T. Parsons* ist ein Exponent der Idee, daß ein globales System existiert, das normativ integriert ist. Er verweist auf das Völkerrecht, den Wert der wirtschaftlichen Entwicklung, die rationale bürokratische Organisation in Wirtschaft und Politik und auf die Norm der politischen Demokratie als Grundlagen einer solchen normativen Weltordnung. *J. W. Meyer* und sein Kreis betonen, daß die Macht der modernen Kultur insbesondere darin gründe, daß sie ähnlich dem mittelalterlichen Christentum eine transindividuelle und transnationale Realität darstelle. Vor diesem Hintergrund untersuchen sie Phänomene wie Staatsausformung und Massenbildung. *P. Heintz* nimmt den konsensualen Wert der *sozioökonomischen* Entwicklung im Nachkriegssystem zum Ausgangspunkt und untersucht die Institutionalisierung und die Mobilitätskontrolle der dadurch massenhaft gestiegenen sozialen Erwartungen und betont, daß die sich im internationalen Schichtungssystem entwikkelnden Widersprüche zu zunehmender Konfliktivität und einer Desintegration des internationalen Entwicklungssystems führen.

5. Entwicklungsproblematik. Neben Studien, die die Wg. als Ganzes thematisieren, sind insbesondere Fragen der Entwicklung/Unterentwicklung Gegenstand der Forschung gewesen. Die Nord-Süd-Spaltung der Macht und des Wohlstandes ist eine der ganz großen strukturellen und ideologischen Spannungen in der Wg. Ihre Bedeutung hat sich gegenüber der Ost-West-Spannung im Verlauf der letzten Jahrzehnte in den Vordergrund geschoben. Bei der Behandlung der Entwicklungsproblematik hat sich ein paradigmatischer Wandel in der Nachkriegszeit abgezeichnet, von modernisierungstheoretischen Ansätzen zu dependenztheoretischen. Letztere wurden in den Weltsystemansatz integriert, der die Zentrum-Peripherie-Spaltung historisch und in seinen verschiedenen Kontrollformen (Kolonialismus, Handel, transnationale Konzerne, Kredit) thematisiert. Dazu sind zahlreiche Studien vorgelegt worden.

6. Wandlungen in der Nachkriegsära. Im sozialen, politischen und wirtschaftlichen Sinne war dies eine Phase enormer Expansion. Die Weltbevölkerung veränderte sich von 2,4 Mrd. (1945) auf 5 Mrd. (1987). die Zahl der souveränen Staaten hat von 64 (1945) – insbesondere infolge der Entkolonisierung – auf 179 (1987) zugenommen. Mit den Bretton-Woods-Institutionen und den UN-Organisationen ist ein umfangreiches Geflecht überstaatlicher politischer Regelung entstanden. Die Wachstumsrate der Ww. war bis in die frühen 1970er Jahre sehr hoch, erlebte dann einen Einbruch. Von der Erholung des wirtschaftlichen Wachstums in den 80er Jahren sind große Teile der Semiperipherie/Peripherie ausgenommen. Die westliche Gesellschaft des Zentrums hat ihre politische und wirtschaftliche Stellung halten können, machte aber intern einen Strukturwandel durch: der Verlust der wirtschaftlichen Hegemonialstellung der USA seit den 60er Jahren, das wirtschaftliche Wiedererstarken Westeuropas und das Aufschließen Japans. Das politische und wirtschaftliche Gewicht des sozialistischen Gegenzentrums hat bis Ende der 60er Jahre zugenommen und stagniert seither. Die wirtschaftliche Verflechtung zwischen Zentrum und Semiperipherie/Peripherie hat zugenommen und betrifft kumulativ drei Ebenen. Seit den 60er Jahren traten neben dem Außenhandel zunehmend auch

die Kapitalverflechtungen durch transnationale Konzerne in den Vordergrund, und in den 70er Jahren kam noch die bis in den 80er Jahren weiter steigende Verschuldung gegenüber dem Zentrum hinzu. Die „Revolution" der durch die Wg. „gestiegenen Erwartungen" in der Peripherie und Semiperipherie hat das Bildungsniveau und die Verstädterung stark angeglichen. Dagegen haben sich die Unterschiede in den sozioökonomischen Bedingungen trotz Industrialisierung in Ländern der Dritten Welt gesamthaft nicht verbessert. Die Mobilität der Staaten zwischen Zentrum, Semiperipherie und Peripherie war äußerst selten. Das Wohlstandsgefälle (gemessen am BSP pro Kopf) hat sich aber im Zeitraum 1938 bis 1983 in *absoluten* Größen stark ausgeweitet, zwischen den reichsten und ärmsten *Ländern* hat es auch deutlich *relativ* zugenommen. Die gewachsene Spannung zwischen Erwartungen und Möglichkeiten ist Quelle der gestiegenen Konflikte in der Wg. Die Bewegung der Gruppe der 77 beginnt mit ihrer Fundamentalopposition gegen die Weltwirtschaftsordnung in den späten 60er Jahren. Interstaatenkriege weisen seit Mitte der 60er Jahre eine steigende Tendenz auf, und Terrorismusereignisse steigen seit Ende der 60er Jahre. Umweltschäden und -katastrophen sind heute allen Menschen in der Wg. angedroht und geben ihr als Bezugsrahmen für politische Ansätze, die auf Macht- und Wohlstandsausgleich zielen, ein unabweisbares Gewicht.

Lit.: A. Bergesen (Hg.): Studies of the Modern World System, N.Y., 1980; *V. Bornschier:* „Weltsystem", S. 535–541 in Bd. 5 von: Pipers Wörterbuch zur Politik, München, 1984; *Ch. Chase-Dunn:* Global Formation: Structures of the World-Economy, N.Y., 1989; *P. Heintz:* Die Weltgesellschaft im Spiegel von Ereignissen, Diessenhofen (Schweiz), 1982; Images of World Society, Intern. Social Science J., Vol. XXXIV, No. 1, 1982.

Prof. Dr. *V. Bornschier,* Zürich

Weltoffenheit

der Mensch als instinktreduziertes und weltoffenes Wesen braucht Normen und Regeln, an denen er sich orientieren kann. Das bedeutet: er ist nicht festgelegt, er kann sich neuen Situationen öffnen *(M. Scheler).*

Weltwirtschaft

die Gesamtheit der internationalen Geschäftsbeziehungen und des Güteraustausches.

→Weltgesellschaft
→Wirtschaftssoziologie

Werbung

absichtliche Form der Beeinflussung zum Zwecke der Absatzförderung.

Werktätige(r)

im offiziellen Sprachgebrauch der sozialistischen DDR (1949–1989) 1.) i.e.S. Sammelbezeichnung für die Arbeiter, Angestellten, Genossenschaftsbauern und Angehörigen der Intelligenz, 2.) i.w.S. Bezeichnung für alle DDR-Bürger (vgl. Art. 2, Abs. 1 der DDR-Verfassung von 1974). Mit dem Begriff W. bzw. insbesondere mit seiner Ausweitung auf die gesamte Bevölkerung des Landes verbindet sich die Vorstellung, daß alle Arbeiten gesellschaftlich gleichwertig sind und es dort keine arbeitslosen Einkommen (d.h. keine Ausbeutung oder dgl.) gegeben hat.

→DDR-Sozialstruktur

G. R.

Werte

→soziale Werte
→neue Werte
→Wertorientierung

Wertelite

→Elite

Wertesystem

zentraler Begriff in der →strukturell-funktionalen Theorie von *T. Parsons.* Bei der Analyse sozialer Systeme kommt dem W. neben dem Persönlichkeitssystem und dem Sozialsystem zentrale Bedeutung zu. Die allgemeine Voraussetzung für die Existenz eines Sozialsystems ist nach *T. Parsons* ein auf Konsens beruhendes W., das durch →Internalisierung und →Institutionalisierung in der Gesellschaft verankert wird.

Wertfreiheit

Soziologen und Sozialwissenschaftler beschäftigen sich spätestens seit dem Beginn des 20. Jahrhunderts mit dem Problem der W. wissenschaftlicher Aussagen (Gründung der Deutschen Gesellschaft für Soziologie 1909).

Vor allem die diesbezüglichen Arbeiten *Max Webers* (1904/1919) trugen entscheidend zur Diskussion des Fragenkomplexes W. bei.

Im Sinne *Webers* handelt es sich hierbei um die Forderung nach Objektivität in der sozialwissenschaftlichen Theorie. Das bedeutet im einzelnen für den Wissenschaftler, schon im Vorfeld der Forschung grundlegend auf vom eigenen Interesse unbeeinflußte, reine Wirklichkeitsaussagen zu achten, auf eine exakte Trennung von Seins- und Sollensaussagen. Der Wissenschaftler hat also streng auf die Unterscheidung zwischen persönlicher Wertung einerseits und wissenschaftlicher Aussage andererseits zu achten. Das ist nicht leicht. Abgesehen von „wissenschaftlichen" Schulen, die Subjektivität im Sinne einer bestimmten These geradezu voraussetzen oder sogar verlangen (z. B. der →Marxismus), wird deshalb häufig der Versuch unternommen, im Namen der Wissenschaft statt objektiver Ergebnisse der Forschung Wertungen auszusprechen. Hiermit begibt die Wissenschaft sich aber auf das Gebiet der Spekulation, letztlich in einen Bereich volkstümlichen Alltagswissens, also der Unwissenschaftlichkeit eo ipso.

Schon aus diesem Grunde ist es wichtig, den Blick dafür zu schulen, ob eine Aussage, die in wissenschaftlichem Gewande auftritt oder von einem (unter Umständen renommierten) Forscher vertreten wird, wirklich wissenschaftlich fundiert oder schlechthin unwissenschaftlich ist.

Die Wissenschaftlichkeit einer Aussage ist auf geisteswissenschaftlichem Gebiet schwerer festzustellen als auf naturwissenschaftlichem. Dennoch müssen der Forschung in beiden Bereichen die gleichen objektiven Forschungskriterien zugrunde gelegt werden. Als Methode der Wahl bietet sich hier der kritische Rationalismus an. Das bedeutet, daß der Wissenschaftler theoretische Sätze und Systeme nicht nur aufzustellen, sondern auch – und vor allem – kritisch zu überprüfen hat; dabei erweist sich die Wissenschaftlichkeit einer →Hypothese gerade an ihrer möglichen Widerlegbarkeit. Unwiderlegbare Aussagen und Behauptungen gehören nicht in den Bereich empirischer Wissenschaft, sondern in den der Religion und vor allem der →Ideologie, der klassischen Gegenspielerin exakter, objektiver Wissenschaft.

Wissenschaftliche Aussagen müssen auch intersubjektiv nachprüfbar sein, d. h., andere Forscher müssen mit den gleichen Methoden und dem gleichen Forschungsansatz zu gleichen Ergebnissen kommen. Häufig allerdings wird die Mühe einer Vergleichsstudie gescheut, besonders dann, wenn die einmal gefundenen Ergebnisse gut in ein gerade favorisiertes Denkschema passen. So konnten beispielsweise die Ergebnisse der berühmten nordamerikanischen Untersuchung zur →„self-fulfilling-prophecy" anschließend nie wieder erzielt werden, ihre Grundthese ist aber noch heute Bestandteil jeder pädagogischen Diskussion und gilt durchaus als wissenschaftliche →Theorie.

Die Gefahr eines solchen Weges des geringsten (wissenschaftlichen) Widerstandes wird leicht übersehen. Wissenschaft gewinnt eben nicht dadurch an Kompetenz, daß sie die Ergebnisse liefert, die zu einem bestimmten Zeitpunkt von einer bestimmten gesellschaftlichen Gruppe (und seien es die Sozialwissenschaftler selbst) gebraucht werden. Vielmehr begibt sie sich hier auf ein Gebiet, auf dem vor allem persönliche, und das bedeutet: wissenschaftlich irrationale-Entscheidungen ihren Platz haben.

Übergangslos schließt sich hier der Bereich der →Ideologie an, die sich selbst als wissenschaftliche Theorie versteht, häufig als einzig gültige wissenschaftliche Theorie überhaupt. Diese Art von „Wissenschaftlichkeit" soll aber nicht der objektiven Erkenntnis der Welt, wie sie ist, dienen, sondern vielmehr Unterstützung geben für die Entwicklung einer Welt, wie sie aus bestimmter Denkrichtung angestrebt wird. Nötigenfalls werden sogar exakte Ergebnisse der naturwissenschaftlichen Forschung geleugnet (z. B. wird die Möglichkeit der Vererbung erworbener Kenntnisse und Verhaltensweisen behauptet); in geisteswissenschaftlichen Fächern ist die Gefahr einer solchen Wissenschaftsumkehr ungleich größer. So ist es auch nicht verwunderlich, daß die Herabwürdigung derjenigen empirisch forschenden Wissenschaftler, die nach objektiven Wissenschaftskritierien arbeiten, als „Erbsenzähler" und dergleichen und die Polemik gegen jede Art von wertfreier Forschung als Unmenschlichkeit gerade aus einer solchen Richtung kommen, bei der von Wissenschaft im gemeinten Sinne nicht die Rede sein kann.

Nun darf aus dem Gesagten aber nicht geschlossen werden, es sei dem Wissenschaftler untersagt, sich überhaupt mit Werten zu beschäftigen. Diese sind durchaus als Objekte sozialwissenschaftlicher Forschung zugänglich. Nur die Haltung des Sozialwissenschaftlers seinem Forschungsgegenstand gegenüber sollte möglichst wenig von eigenen Werturteilen beeinflußt sein. Daß dieser Einfluß völlig aus dem wissenschaftlichen Denken zu verbannen wäre, glaubte auch *Max Weber* nicht. Ihm war bewußt, daß jedem Handeln, jeder Überlegung, auch der des Forschers und Wissenschaftlers bei seiner Arbeit, →Werte zugrunde liegen, verschieden schon allein durch die persönliche und historische Umwelt des einzelnen. Diese unterschiedlichen Werthaltungen aber dürfen nicht einfach als Tatsachen hingenommen und damit vernachlässigt werden; man muß sie vielmehr wissenschaftlicher Kritik zugänglich machen.

Eng verbunden mit dieser Erkenntnis ist das Eingeständnis der Tatsache, daß geisteswissenschaftliche Forschungsergebnisse, seien sie auch noch so akribisch und objektiv erhoben, stets nur Aussagen mit relativem Wahrheitsgehalt sein können, niemals mit absolutem. Absolute, d. h. dogmatische „Wahrheiten" lassen sich mit den Aufgaben der Wissenschaft nicht vereinbaren. Jede wissenschaftliche Theorie ist nur ein Versuch, in diesem Falle der Versuch, Zusammenhänge über einen eindeutig definierten Realitätsausschnitt zu rekonstruieren. Auch im günstigsten Falle, unter Berücksichtigung streng festgelegter, genauer Regeln und mit Hilfe anerkannter, jeweils gültiger Methoden (in Übereinstimmung mit allen relevanten Wissenschaftlern) kann der Forscher als Ergebnis seiner Bemühungen nur eine Annäherung an die Wahrheit erwarten.

Wissenschaft ist also immer als der Versuch hochqualifizierter Personen zu verstehen, mittels bestimmter Methoden, Techniken, Regeln und Begriffssysteme stets nachprüfbar und kontrollierbar nach genau festgelegten Prinzipien ausgewählte Inhalte zu untersuchen, um so über Teilbereiche der Wirklichkeit systematisch geordnete und empirisch gestützte Erkenntnisse zu erhalten Dabei bleibt das Wissen immer vorläufig, eng begrenzt und unvollständig.

Diese Einschränkung ist aber durchaus nicht negativ zu sehen. So besteht die Chance, sich der Wahrheit von verschiedenen Seiten zu nähern; denn W. bedeutet eben auch Flexibilität, nicht Beschränkung auf einen speziellen (möglicherweise von unwissenschaftlicher Seite vorgegebenen oder „erlaubten") Blickwinkel. Solange der Forscher sich streng an den Rahmen objektiver Wissenschaft hält, ist ihm innerhalb dieses Spielraums alles erlaubt.

W. schließt damit auch Freiheit der Forschung mit ein. Nur der Wissenschaftler kann sich der Wahrheit nähern, der nicht nur frei ist bei der Wahl seiner Forschungsmethoden, sondern auch bei der Wahl seines Forschungsgegenstandes. Das schließt jede Art von „Auftragsforschung“, bei der das gewünschte Endergebnis schon vor der Vergabe festliegt, von vornherein aus dem Kreis ernster Wissenschaftsarbeit aus. Dies gilt selbst dann, wenn der beauftragte Wissenschaftler (Auftraggeber kann durchaus auch eine im Augenblick moderne Denkschule sein) methodisch sauber gearbeitet haben sollte. Hier zeigt sich, daß diese Art von Ergebnisfälschung und Wissenschaftsgefährdung durchaus nicht immer mit offiziellen Ideologien konform gehen muß. Auch auf dem Gebiet vorgeblich freier Wissenschaft findet sich – hier unerkannt und damit um so gefährlicher – dieselbe Fehlerquelle. Bei Ableugnung der Wichtigkeit einer wertfreien Forscherhaltung gerät der Wissenschaftler rasch in Gefahr, selbst bei bestem Wollen – und möglicherweise dann besonders – am Ende nicht eine Annäherung an die Wirklichkeit zu bieten, ein theoretisches Konzept, von dem sich auch Prognosen ableiten lassen, sondern nichts weiter als ein Bild der Welt, so wie er sie sieht. Damit aber ist er wieder bei einer – wenn auch nicht herrschenden – Ideologie angelangt.

Grundlage einer solchen Haltung müssen durchaus nicht Ignoranz oder Böswilligkeit sein. Bisweilen wird auch von ernstzunehmenden Wissenschaftlern die Ansicht vertreten, geisteswissenschaftliche Theorien dürften deshalb nicht in einem wertfreiem Raum entwickelt werden, weil es sonst unmöglich wäre, aus ihnen praxisrelevante Überlegungen abzuleiten. Dabei wird übersehen, daß wertfrei gewonnene naturwissenschaftliche Forschungsergebnisse schon immer durchaus problemlos in die Praxis umgesetzt werden. Wenn nun auf dieses Argument die Entgegnung folgt, geistes- und naturwissenschaftliche Forschung seien nicht miteinander zu vergleichen, da sie sich mit verschiedenen Forschungsgebieten zu befassen haben, so ist dem entgegenzusetzen, daß es für den Wissenschaftler keine unterschiedlichen (und unterschiedlich wichtigen) Wissenschaften gibt. Wissenschaft ist immer eine empirische, nicht normative Auseinandersetzung mit der Wahrheit. Sie dient der Erforschung dessen, was ist, nicht der Etablierung dessen, was sein könnte. Ihre Prognosen gehen von Tatsachen aus, nicht von Utopien. Der Forscher hat nach wissenschaftlichen Kriterien zu arbeiten, nicht nach moralischen. Wenn es ihm auch vielleicht schmeichelt, sich kurzfristig als Menschheitsretter gelobt zu sehen, genau an diesem Punkt beginnt der Ausverkauf aller Wissenschaft. Das Prinzip der W. steht dieser Gefahr in besonderem Maße entgegen. Allein schon aus diesem Grunde ist es für die Zukunft wissenschaftlicher Forschung nicht hoch genug einzuschätzen.

Lit.: Habermas, Jürgen: Erkenntnis und Interesse. In: *Hans Albert/Ernst Topitsch* (Hg.): Werturteilsstreit, Darmstadt 1971, S. 334–352; *König, René:* Einige Überlegungen zur Frage der „Werturteilsfreiheit“ bei Max Weber. In: Kölner Zeitschrift für Soziologie und Sozialpsychologie, 16. Jg., Opladen 1964, S. 1–29; *Rammstedt, Otthein:* Wertfreiheit und Konstitution der Soziologie in Deutschland. In: Zeitschrift für Soziologie, 17. Jg. H. 4, Stuttgart 1988, S. 264–271; *Topitsch, Ernst:* Vom Wert wissenschaftlichen Erkennens. In: ders.: Sozialphilosophie zwischen Ideologie und Wissenschaft, Neuwied 1961, S. 271–287; *Weber, Max:* Gesammelte Aufsätze zur Wissenschaftslehre, Tübingen 1951, 2. Aufl.

Prof. Dr. *D. Voigt/S. Gries,* Bochum

Wertideen

nach *M. Weber* hängt die „Objektivität“ sozialwissenschaftlicher Erkenntnis davon ab, „daß das empirisch Gegebene zwar stets auf jene Wertideen, die ihr allein Erkenntniswert verleihen, ausgerichtet, in ihrer Bedeutung aus ihnen verstanden, dennoch aber niemals zum Piedestal für den empirisch unmöglichen Nachweis ihrer Geltung gemacht wird".

Wertorientierung, materialistische/postmaterialistische

→neue Werte
→soziale Werte
im Rahmen der soziologischen Wertewandel-Forschungen wurden die Einstellungsänderungen der Bevölkerungen in modernen Industriegesellschaften u. a. hinsichtlich ihrer materialistischen oder postmaterialistischen Orientierung untersucht. Die Materialismus-Postmaterialismus-Dimension bezieht sich auf die Frage, welchen gesellschaftlichen Zielen Befragte die Priorität einräumen. Als postmaterialistisch gilt es z. B., wenn Meinungsfreiheit oder Einfluß der Bürger auf politische Entscheidungen als vorrangig vor Preisstabilität oder Aufrechterhaltung von Ruhe und Ordnung eingestuft werden; die umgekehrte Reihenfolge der Ziele gilt dann als materialistisch. Wenn Personen angeben, daß sie in der Politik durchaus Neues akzeptieren, liegt eine Innovationsbereitschaft vor, welche sich als postmaterialistisch von der konservativen (materialistischen) Gegenposition derjenigen Personen abhebt, die in der Politik „gern am Alten und Bewährten festhalten".

Auch wenn es ein breites Spektrum gesellschaftspolitischer Einstellungen gibt, so stellen deren Endpunkte deutlich die gegensätzlichen Positionen dar: konservativ und zugleich materialistisch vs. progressiv und zugleich postmaterialistisch. Für beide Extrempositionen sind in erster Linie die Zugehörigkeit zu bestimmten Altersgruppen und das Bildungsniveau entscheidend. Zwischen diesen Polen liegt ein breiter und diffuser Mittelbereich, in dem alte und neue Werte gleichermaßen vertreten werden (WZB-Mitt. 47/1990, 17).

Postmaterialisten favorisieren eine Gesellschaft, welche 1. die Naturumwelt als Lebensgrundlage erhält, 2. Wohlstand um den Preis beliebiger Risiken ablehnt, 3. in erster Linie befriedigende Arbeit bietet, 4. den Bürgern vielfältige politische Teilnahme bietet, 5. den Menschen nach seinen Qualitäten beurteilt, 6. Umweltschutz über Wirtschaftswachstum stellt. Demgegenüber favorisieren Materialisten eine Gesellschaft, welche 1. die Natur unbekümmert zur Mehrung des Wohlstands ausbeutet, 2. für den Wohlstand bewußt Risiken in Kauf nimmt, 3. die Arbeitsbedingungen in erster Linie nach den Bedürfnissen der Wirtschaft gestaltet, 4. politische Entscheidungen den dafür Verantwortlichen überläßt, 5. den Menschen hauptsächlich nach dem Erreichten beurteilt, 6. Wirtschaftswachstum über Umweltschutz stellt.

Die umfassende Erklärung des Postmaterialismus steht noch aus: *Inglehart* hatte (1977) die These vertreten, man werde Postmaterialist, weil die materiellen Lebensbedürfnisse befriedigt seien und man nun neue Werte suchen könne. Das erklärt aber in der Tat nicht, warum im Postmaterialismus nun Unzufriedenheit, Frustration und Protestbereitschaft stecken. Hier müssen (neben persönlicher Betroffenheit und Erfahrungen anderer z. B. bei der unbekümmerten Nutzung der Umwelt) vermutlich außerindividuelle Entstehungsbedingungen angenommen werden. So liefern politisch-ideologisch interessierte „Wissenschaftler" und Mitarbeiter in den Massenmedien Problemdarstellungen bzw. -analysen, welche bei den Adressaten die Ausschaltung der eigenen kognitiven Problemdurchdringung bewirken sollen: postmaterialistische Wertorientierungen lassen sich bekanntlich unmittelbar für bestimmte politisch-praktische Ziele nutzbar machen.

G. R.

wertrational
nach *M. Weber* ein →Handeln, das die Bedingungen einer Zweck-Mittel-Beziehung außer Acht läßt und lediglich durch Werte religiöser, ethischer, politischer Art bestimmt wird und damit die Folgen des Handelns in die Überlegungen nicht mit einbezieht.
→zweckrational

Wertschätzung
→Prestige

Werttheorie
→Marxismus

Werturteil
→Wertfreiheit

Werturteilsfreiheit
von *M. Weber* geprägter Begriff zur Unterscheidung von Seins- und Sollensaussagen. Häufig verkürzt und mißverstanden als →Wertfreiheit verwendet.

Werturteilsstreit
→Wertfreiheit

Wesen
Begriff der →marxistischen Soziologie: Aufgabe der Wissenschaft, in das dialektische Verhältnis zwischen Wesen und Erscheinung einzudringen. Um das Wesen sozialer Erscheinungen aufzudekken, müssen die materiellen Verhältnisse der Gesellschaft untersucht werden.

Wettbewerb
→Konkurrenz

white collar
Bezeichnung in anglo-amerikanischen Ländern für Angestellte bzw. nicht-manuell Arbeitende, im Gegensatz zu →blue collar Arbeitern, die manuelle Tätigkeiten verrichten. Die Bezeichnung orientiert sich an der unterschiedlichen Arbeitskleidung für Angestellte (weiße Kragen) und Arbeiter (blaue Kragen bzw. blaue Kittel).

Widerspiegelungstheorie
Abbildtheorie
auf *Demokrit* zurückgehende Lehre von der Widerspiegelung der Realität im menschlichen Bewußtsein. Erkannt wird nur, was erkannt werden soll. In der marxistischen Erkenntnistheorie sind die Bedignungen des menschlichen Zusammenlebens die objektive Wirklichkeit, die sich in ideellen Abbildern widerspiegelt.

Widerspruch, dialektischer
→Dialektik

Widerspruch, logischer
Kontradiktion
in der →Wissenschaftssoziologie Bezeichnung für die Konjunktion und Negation von Begriffen innerhalb eines Aussagensystems. Eine Theorie oder ein Aussagensystem muß logisch widerspruchsfrei sein, da sich andernfalls beliebige Aussagen formulieren lassen.

Widersprüche, gesellschaftliche
in der →marxistischen Theorie der Antagonismus zwischen den →Klassen, der sich im Laufe der historischen Entwicklung auf jeder Stufe neu ergibt.

Widerstand, ziviler
nach Art. 20/4 GG hat jeder Deutsche das Recht zum Widerstand gegen jeden, der es unternimmt, diese Ordnung (die BR Deutschland als demokratischen und sozialen Bundesstaat) zu beseitigen, falls andere Abhilfe nicht möglich ist. Art. 20 GG kann nicht durch eine Verfassungsänderung aufgehoben werden und wurde als Satz 4 dem Art. 20 am 24. 6. 68 angefügt.

Wiederholungsbefragung
→Panel-Analyse

Wiener Kreis
auch: Wiener Schule
aus einem seit 1922 bestehenden Gesprächskreis hervorgegangene Gruppe von Wissenschaftlern des →Neopositivismus (*R. Carnap, V. Kraft, L. Wittgenstein* u. a.; urspr. auch *K. Popper*) an der Universität Wien. Die Mitglieder des Wiener Kreises forderten eine wissenschaftliche, intersubjektiv überprüfbare Behandlung der philosophischen Grundlagen von Einzelwissenschaften mit dem

Mittel der formalen Logik und einer wissenschaftlichen Einheitssprache.

Wir-Bewußtsein
in der →Sozialpsychologie Bezeichnung für das Zusammengehörigkeitsgefühl einer →Gruppe, als Abgrenzung gegen →Fremdgruppen zu verstehen, durch das die Integration in die Gruppe und die Solidarität gegenüber einer feindlichen Umwelt gestärkt wird.
→Eigengruppe

Wir-Gefühl
→Gruppensoziologie

Wirklichkeit
in der →phänomologischen Soziologie die Alltagswirklichkeit, die für alle gegeben ist und entsprechend der jeweiligen Situation definiert wird *(P. L. Berger).*

Wirklichkeit (soziale Konstruktion der –)
→soziale Konstruktion der Wirklichkeit

Wirklichkeitskontrolle
nach *H. Schelsky* auf den Theorie-Praxis Bezug verwendet; die Sozialwissenschaften als Kontrollinstanz, um die Handlungsalternativen zu erweitern.

Wirklichkeitswissenschaft
von *H. Freyer* (1930) in Anlehnung an *W. Dilthey* geprägter Begriff zur Unterscheidung der Logoswissenschaften, indem er die „Objektivationsformen des Geistes" von ihrem „realen Sein und Werden" unterschied.

Wirtschaftsdemokratie
in den 1920er Jahren entwickeltes Programm zur Demokratisierung der Gesellschaft mit dem Ziel einer Aufhebung des Privateigentums an Produktionsmitteln zum Zwecke einer gesamtgesellschaftlichen Mitbestimmung.

Wirtschaftselite
zur W. rechnen die Unternehmer mit Produktionsmittelbesitz und die sog. beauftragten Unternehmer oder Manager, die Unternehmerfunktionen wahrnehmen.

Wirtschaftsethik
Wirtschaftsgesinnung
Rechtfertigung der Wirtschaftsgestaltung sowie des Wirtschaftshandelns aus allgemein-sittlichen Normen (Wohl der Allgemeinheit, Gerechtigkeit usw.). Nach *M. Weber* hat die kapitalistische Wirtschaftsethik als „Geist des Kapitalismus" ihre Wurzeln im Protestantismus bzw. im asketischen Calvinismus. Da diese religiösen Bezüge in Vergessenheit gerieten, basiert die moderne Wirtschaftsethik auf einer Rationalisierung der Lebensführung.
→protestantische Ethik

Wirtschaftskreislauf
Zirkulation
in den Wirtschaftswissenschaften Modell zur Darstellung und Analyse des Wirtschaftsprozesses, in dem Geld- und Warenströme sich austauschen.

Wirtschaftskriminalität
weiße-Kragen-Kriminalität (engl. white-collar-crime)
typische Rechtsverstöße der besitzenden Schicht, die fälschlich als „Kavaliersdelikte" angesehen werden, wie z.B. die Steuerhinterziehung.

Wirtschaftsliberalismus
(Begründer: *A. Smith*) geht von der Annahme aus, daß der jedem Menschen innewohnende Egoismus durch wirtschaftliche Tätigkeit im freien Wettbewerb zum Nutzen der gesamten Volkswirtschaft sich entwickelt. Der Wirtschaftsliberalismus fordert Gewerbefreiheit und freien Handel und lehnt Produktionsbeschränkungen und Staatseingriffe ab.

Wirtschaftsmentalität
→Wirtschaftsethik

Wirtschaftsordnung
Wirtschaftssystem
die Gesamtheit der Rahmenbedingungen, in denen der Wirtschaftsprozeß abläuft. Es werden zwei Grundformen unterschieden: die Marktwirtschaft (auch freie oder soziale Marktwirtschaft) und

die Planwirtschaft (auch Zentralverwaltungswirtschaft). Im allgemeinen ist die Marktwirtschaft in den westlichen kapitalistischen Staaten durchaus als Mischform zu betrachten, und auch die sozialistischen Staaten gehen neuerdings zu weniger orthodoxen Formen der Wirtschaftsverfassung über.

Wirtschaftssektoren

Gliederung der amtlichen Statistik nach Wirtschaftsbereichen: 1. Land- und Forstwirtschaft, Tierhaltung und Fischerei; 2. produzierendes Gewerbe; 3. Handel und Verkehr; 4. sonstige Wirtschaftsbereiche. Die Veränderungen in der Erwerbsstruktur in industrialisierten Gesellschaften wurden von *J. Fourastié* (1949) als Grundlage einer Vorausschau auf künftige Entwicklungen genutzt.

Wirtschaftssoziologie

1. Abgrenzung und Geschichtliches. In seinem 1930 erschienen Buch „Nationalökonomie und Soziologie" wies *Werner Sombart* (1863–1941) nach, daß Nationalökonomie immer Sozialwissenschaft ist, „weil ihr Gegenstand, die Wirtschaft, einen Teil der menschlichen Gesellschaft bildet". Die Wirtschaftssoziologie, die als wissenschaftliche Disziplin mindestens bis auf *Adam Smith* (1723–1790) zurückgeht, also mindestens 200 Jahre alt ist, hat die Zusammenhänge zwischen wirtschaftlichem und gesellschaftlichem System zum Gegenstand und solche in teilweise umfassenden Darstellungen herausgearbeitet.

Während die „reine" Wirtschaftswissenschaft bis zum zweiten Weltkrieg im wesentlichen noch geisteswissenschaftlichen Charakter hatte und sich seither nach dem Vorbild der theoretischen Physik bemerkenswerterweise zu einer „exakten Wissenschaft" gewandelt hat, weisen Wirtschaftssoziologen gerade heute, den Erfordernissen umfassender wissenschaftlicher Analyse entsprechend, die gesellschaftlichen Bestimmungsfaktoren wirtschaftlichen Handelns sowie die Wechselbeziehungen zwischen ökonomischen und sozialen (außer-ökonomischen) Variablen (sozialen →Strukturen, →Normen, →Werten usw.) nach. Während die Ökonomie als empirisch fundierte Realwissenschaft (und zugleich theoretisch weit entwickelte Disziplin) Strukturen, Prozesse, →Verhalten usw. in der Wirtschaft im allgemeinen losgelöst vom sozial-kulturellen Umfeld betrachtet, geht das entsprechende soziologische Bemühen davon aus, daß Wirtschaft und Gesellschaft keine autonomen Bereiche sind und zwischen ihnen wesentliche Interdependenzen bestehen.

Die Wirtschaftssoziologie als Oberbegriff einer Vielzahl wirtschaftsbezogener Forschungsfelder (Arbeit, Industrie, Markt, Geld, Haushalt, Wirtschaftsorganisationen usw.) ist eine sozialwissenschaftliche Disziplin. Die Integrierung der oft relativ unverbundenen nebeneinander bestehenden Teilbereiche ist zwar noch nicht endgültig gelungen; aber mit dem geballten Sachverstand der Sektion Wirtschaftssoziologie in der Deutschen Gesellschaft für Soziologie wird dies wohl in Zukunft zu erreichen sein. Indessen ist die Unterteilung des Faches in zum Teil gut entwickelte, spezialisierte Arbeitsgebiete inhaltlich und methodisch gerechtfertigt, wenn dabei auch zuweilen thematische Überschneidungen nicht zu vermeiden sind.

Die Geschichte wirtschaftssoziologischer Ideen und Lehrmeinungen (vgl. *K. Heinemann,* in: *G. Reinhold* 1988) beginnt im allgemeinen mit dem schottischen Nationalökonomen und Moralphilosophen *Adam Smith,* der in seinem bedeutenden Werk „An Inquiry into the Nature and Causes of the Wealth of Nations" (1776) wichtige Zusammenhänge zwischen Wirtschaft und Gesellschaft sowie zwischen Wirtschaft und Staat herausgearbeitet hatte. Umfassende Makrountersuchungen dieser Art – und die klassische Wirtschaftssoziologie ist hauptsächlich Makrosoziologie – lieferten in der Folge vor allem *Karl Heinrich*

Marx (1818–1883) mit seinem Werk „Das Kapital. Kritik der politischen Ökonomie“ (Hamburg 1867) sowie die durch diese historische Systemanalyse inspirierten Nationalökonomen und Soziologen *Werner Sombart* (1863–1941) und *Max Weber* (1864–1920), die mit Blick auf das materialistische →Basis-Überbau-Konzept von *Marx* die Rolle von Religionen (Ideologien) beim Wirtschaftshandeln bzw. bei der Entwicklung moderner Wirtschaftsgesellschaften („Kapitalismus“) herausarbeiteten.

Die wirtschaftssoziologische Untersuchung der für die „Entfaltung des (modernen) Kapitalismus“ verantwortlichen sozial-kulturellen Einflußfaktoren bleibt weiterhin von praktischem und theoretischem Interesse. Besonders Entwicklungsländer auf der Suche nach Modellen wirtschaftlicher Entwicklung sowie Länder mit der Absicht der Reformierung ihrer Wirtschaften nach westlichem Vorbild werden die einschlägigen Ergebnisse wirtschaftssoziologischer Forschung sinnvollerweise (Problem der Kompatibilität bei Rezeptionsprozessen) berücksichtigen.

Mit dem zusammenfassenden Werk „Economy And Society“ (1956) von *Talcott Parsons* (1902–1979) und *Neil Joseph Smelser* (geb. 1930) erreichte die makrosoziologische Betrachtung der Wirtschaft auf hohem theoretischen Niveau einen vorläufigen Höhepunkt; die Gegenwart ist demgegenüber durch eine Fülle informationsreicher Einzelanalysen gekennzeichnet, deren Zusammenfügung zu einer koordinierten und wechselseitig abgestimmten „großen Theorie“ vermutlich kaum zu leisten sein wird, im Rahmen des annehmbaren Nebeneinanders unterschiedlicher wissenschaftlicher Methoden und Theorien auch nicht unbedingt nötig ist (zumal in den Fällen der Untersuchung konkreter praktischer Probleme, deren Lösungen jeweils als ausreichende Ergebnisse erachtet werden können).

2. Hauptgebiete: Die Wirtschaftssoziologie hat in der Vergangenheit hauptsächlich die folgenden Themen bearbeitet: Allgemeine Strukturprinzipien der Wirtschaft (Arbeitsteilung, Tausch/Markt, Wettbewerb, Macht, Werbung usw.); Institutionen der Wirtschaft (Eigentum, Vertragsfreiheit, Unternehmen, private und öffentliche Haushalte usw.); Sektoren der Wirtschaft (ländlicher Bereich, Handwerk, Industrie, Dienstleistungssektor usw.); Funktionen der Wirtschaft (Produktion, Bedarfsdekkung, Arbeit, Beruf usw.); Wirtschaftsverbände (Gewerkschaften, Arbeitgeber- und Verbraucherorganisationen); Wirtschaftspolitik (in nationalem und inter-nationalem Rahmen).

Aufgrund der drängenden Probleme der Gegenwart beschäftigt sich die Wirtschaftssoziologie heute schwerpunktmäßig mit den Themen: Arbeitslosigkeit (ökonomisch-soziale Ursachen und Folgen), Umwelt (Wirtschaft-Naturumwelt-Gesellschaft), Technik (Technik-Wirtschaft-Gesellschaft), Weltwirtschaftssystem (inter-nationale Arbeitsteilung in der Weltgesellschaft, multikulturelle Wirtschaftsunternehmen, weltweite Armut usw.), Kultur (Wirtschaftssysteme/Wirtschaftshandeln und Kultur; vgl. *G. Reinhold* 1988 sowie 1989) und vergleichende Forschung (vergleichendes Wirtschaftsmanagement, Vergleich der industriellen Beziehungen usw.). Beachtung verdienen weiterhin die Frage nach den Zusammenhängen zwischen Wirtschaft und Gesellschaft im Verlauf der historischen Epochen (hist. Wirtschaftssoziologie) und Untersuchungen über die Wirtschaft in ethnischen bzw. vormodernen Gesellschaften/Kulturen (ethnologische Wirtschaftssoziologie). Die spezielle Problematik einer seit kurzem auch bei uns diskutierten →„Unternehmenskultur“ (vgl. *E. Heinen*, München und Wien 1987) mit ihren Implikationen für die betroffenen Menschen harrt der soziologischen Analyse.

3. Theoretische Ausrichtung. Auch die wirtschaftssoziologische Forschung, das heißt die Beschäftigung mit den gesellschaftlichen Voraussetzungen, Erscheinungsformen und Folgen wirtschaftlicher Prozesse, orientiert sich an den in der Soziologie entwickelten Theorien, Konzepten und Perspektiven und wählt diese, ebenso wie adäquate Methoden, je nach dem Untersuchungsgegenstand und -ziel aus. Entsprechend den beiden zentralen Theoriekomplexen der Soziologie stehen im Mittelpunkt auch wirtschaftssoziologischer Analysen entweder die Wirtschaft als (soziales) „System" auf der Makro- oder das „Handeln" der Wirtschaftssubjekte auf der Mikroebene.

In einigen Teilbereichen der Wirtschaftssoziologie hat sich die systemtheoretische Betrachtungsweise durchgesetzt. Tatsächlich lassen sich hier bestimmte Themen unter dem Systemgesichtspunkt analysieren (Betriebe als gesellschaftlich-technische Systeme, gesamter Wirtschaftskreislauf als soziales System usw.). Nach der Systemtheorie ist die Wirtschaft (neben →Recht, →Familie, →Religion, →Kultur usw.) ein einzelnes Funktionssystem der Gesellschaft mit bestimmten Aufgaben, Funktionen und Zuständigkeiten; der Sinn des ausdifferenzierten und als relativ autonom erachteten ökonomischen Systems besteht gem. *Max Weber* (postum 1922) in aktueller und vertagter Bedarfsdeckung („Fürsorge für einen Begehr nach Nutzleistungen"). Für eine Anzahl von Themenstellungen (z. B. aus den wichtigen Gebieten Industrie und Arbeit) erscheint die systemtheoretische Betrachtung, die jeweils um den Gesamtzusammenhang einer Gesellschaft bemüht ist, indessen als unangemessen bzw. wenig fruchtbar; ihre Hauptschwäche besteht dabei vor allem darin, daß man sich die Gesellschaft als in einem wie auch immer definierten Gleichgewichtszustand (Harmonie) befindlich vorstellt. Gerade die Wirtschaft ist aber in hohem Maße durch Konflikte, kämpferische Auseinandersetzungen und massive Durchsetzung von Interessen gekennzeichnet.

Im Gegensatz zur systemtheoretischen Sicht untersuchen die Vertreter der →Handlungstheorie das konkrete Handeln der am Wirtschaftsleben Beteiligten und gehen davon aus, daß dieses durch spezifische soziale →Werte, →Normen, →Institutionen, →Verhaltensmuster usw. bestimmt wird. Die so orientierte soziologische Wirtschaftsforschung fragt dementsprechend nach den spezifischen →Handlungsorientierungen und Leitlinien der Menschen im wirtschaftlichen Alltag beziehungsweise nach Diskrepanzen sowie Struktur- und Steuerungsprinzipien der Handlungsnormen in Wirtschaft und Gesellschaft. Statt Systemerfordernissen regeln demnach soziale Normenzusammenhänge und statt Funktionsbedingungen steuern soziale Kontrollmechanismen die Abläufe in der Wirtschaft; wirtschaftliche Prozesse sind immer zugleich auch gesellschaftliche Prozesse. Nach *Buß* (1985) sind die wichtigsten Struktur- oder Steuerungsprinzipien wirtschaftlichen Handelns, aufgrund deren schließlich eine Wirtschaft gedeutet und verschiedene Wirtschaftsordnungen miteinander verglichen werden können: Tausch, Wettbewerb, Macht/Autorität und persuasive Kommunikation. Ob diese zentralen Kriterien für Entscheidungsprozesse in der Wirtschaft alle denkbaren Handlungsformen dort abdecken, ist (in unterschiedlichen Wirtschaftssystemen) noch zu untersuchen. In der Gegenwart gewinnt die mikro-soziologische Betrachtung der Wirtschaft als „Soziologie wirtschaftlichen Handelns" (*Heinemann* 1987) an Bedeutung.

Von den „intermediären Theoriekonzepten" (*Käsler* 1974) der Soziologie läßt sich (neben: Institutionalisierung, Bezugsgruppe, Ungleichheit usw.) z. B. der seit *Ralph Linton* (1945) auf Sozialstrukturen angewandte Rollenbegriff, bei dem es zunächst allgemein um die Frage geht, wie Individuen als Positioneninhaber und Rollenträger bestimmten Erwartungen der Gesellschaft entsprechen, in der wirtschaftssoziologischen Forschung erfolgreich einsetzen. Dabei wird mit Hilfe der um diesen Begriff herum entwickelten soziologischen Konzepte (zuweilen als →„Rollentheorie" bezeichnet) das Wirtschaftsleben als ein Austragungsfeld bestimmter Erwartungs- und Interessenkonstellationen, die über die jeweiligen Rolleninhaber (seien diese nun individuell oder kollektiv Handelnde) definiert sind, analysiert (*Kutsch/Wiswede* 1986). Anders als beim idealisierten „homo oeconomicus" der neueren Wirtschaftslehre (Verbraucher, Unternehmer usw. als vollständig informierte, „rationale" Akteure) geht man bei der soziologischen Kategorie der Rolle realistischerweise von einem weiten Spektrum von tatsächlichen Handlungen bzw. Entscheidungen der an den Wirtschaftsprozessen Beteiligten aus. Gleichwohl hat auch diese Sichtweise ihre Schwächen; so hilft sie nicht weiter, wenn es etwa darum geht, Herrschaftsstrukturen in der Wirtschaft herauszuarbeiten, die Funktion des Geldes zu untersuchen oder Konflikte, die keine Rollenkonflikte sind, wissenschaftlich zu erfassen.

Da hier erschöpfende Hinweise auf theoretische Orientierungen in der Wirtschaftssoziologie nicht möglich sind, sei lediglich noch die marxistische Sicht (Macht, Widersprüche und Konflikte in Wirtschaft und Gesellschaft thematisierend) erwähnt, die heute in der Variante der neomarxistischen Schule z.B. die industriesoziologische Forschung weitgehend beherrscht. Solange es trotz der Bemühungen von *Coser* (1956) und *Dahrendorf* (1957) eine nicht-marxistische Theorie der sozialen Konflikte nicht gibt, werden wir durch den Marxismus immerhin zu Recht darauf hingewiesen, daß viele soziale Sachverhalte durch die wirtschaftlichen Verhältnisse zu erklären sind. Die von *Marx* vor weit über 100 Jahren bei der Untersuchung der sozial-ökonomischen Verhältnisse in Westeuropa entwickelten Konzepte und Ideen (Ausbeutung, Zweiklassenschema usw.) führen zwar heute noch etwa bei der Analyse bestimmter Gesellschaften Lateinamerikas zu korrekten Ergebnissen, sind aber auf jeden Fall zur Herausarbeitung der sozialen und wirtschaftlichen Bedingungen in modernen, komplexen und pluralistischen Gesellschaften unbrauchbar. Versuche, Teile der *Marx*schen Theorie für wirtschaftssoziologische Fragestellungen heute in Gestalt eines universell einsetzbaren sog. materialistischen (sich undogmatisch gerierenden) Ansatzes zu retten, der vielversprechend und zur adäquaten Erfassung der ökonomischen Realität geeignet sei (*Türk* 1987), könnten demnach tatsächlich nur bei umfassender Modernisierung dieses Denkens, bei dem auch nach der weltweiten anti-sozialistischen →Revolution von 1989/1990 immer noch mit solch primitiven Vorstellungen wie Stoffwechselabscheidungen, Gesellschaftsformationen, (Volks-) Massen und dergleichen operiert wird, erfolgreich sein.
→Dritter Weg

Lit.: Helmut Creutz: Das Geldsyndrom. Wege zu einer krisenfreien Marktwirtschaft. 2. Aufl. München 1995 (auch als Tb.); *G. Eisermann:* Wirtschaft und Gesellschaft, Stuttgart 1964; *Silvio Gesell:* Die natürliche Wirtschaftsordnung. Lauf b. Nürnberg 1949ff. (div. Aufl., u.a. Gesammelte Werke, Bd. 11, 1991); *K. Heinemann* (Hg.): Soziologie wirtschaftlichen Handelns. Sonderheft 28 der Kölner Zeitschrift für Soziologie und Sozialpsychologie, Opladen 1987; *T. Kutsch/G. Wiswede:* Wirtschaftssoziologie. Grundlegung, Hauptgebiete, Zusammenschau. Stuttgart 1986; *T. Parsons/N. J. Smelser:* Economy and Society. A Study in the Integration of Economic and Social Theory, London

1984 (zuerst 1956), *G. Reinhold* (Hg.): Wirtschaftssoziologie, 2. Aufl. München, Wien 1997; *G. Reinhold:* Wirtschaftsmanagement und Kultur in Ostasien. Sozialkulturelle Determinanten wirtschaftlichen Handelns in Japan und China, München 1992; *Bernd Senf:* Der Nebel um das Geld. Zinsproblematik, Währungssysteme, Wirtschaftskrisen. Lütjenburg 1996

Dr. *G. Reinhold,* München

Wirtschaftssystem, kapitalistisches
→Kapitalismus

Wirtschaftswachstum
die reale Zunahme des Sozialprodukts in einer bestimmten Periode (meist ein Jahr) im Vergleich zum Vorjahr.

Wissenschaft, angewandte
an spezifischen Problemen orientierte Forschung, z. B. Ausländerprobleme, Einkommensverteilung u. a.

Wissenschaft, politische
→politische Wissenschaft

Wissenschaft, positive
→Positivismus

Wissenschaft, reine
beschäftigt sich mit der Erforschung theoretischer Zusammenhänge und allgemeiner Gesetzmäßigkeiten.

Wissenschaftsforschung
Gesamtheit der Bemühungen, die eine Erforschung der Wissenschaft in ihren verschiedenen Ausprägungen zum Ziel haben.

Wissenschaftslehre
→Wissenschaftstheorie

Wissenschaftssoziologie
Die Wissenschaft [aus dem Lat. scientia = Wissen] ist verhältnismäßig modernen Ursprungs, aber ihre Geschichte geht bis in die Vorzeit zurück. Die Technologie hat in der Werkzeugmacherei ihren Ursprung, und die wissenschaftliche Theorie war einst Teil der Philosophie und der Religion. Die Wissenschaft im modernen Sinne entstand im 16. und 17. Jahrhundert als Resultat der Entwicklung der wissenschaftlichen Methode durch Verschmelzung von Handwerkstradition und wissenschaftlicher Theorie. Sie war zunächst ein marginales Unternehmen außerhalb fester sozialer Institutionen. Die moderne Wissenschaft dagegen wird, besonders nach dem zweiten Weltkrieg, vor allem durch öffentliche Gelder finanziert und ist zu einer bedeutenden Investitionsquelle für private Mittel geworden. Die Ausweitung des Hochschulsystems in fortgeschrittenen Gesellschaften ist Folge und Ursache zugleich des Vordringens der Wissenschaft.

Bei der Entwicklung der modernen Wissenschaft und der Evolution der Rolle des Wissenschaftlers in der „wissenschaftlichen Revolution" haben insbesondere die kulturellen, politischen und ökonomischen Verhältnisse im England des 17. Jahrhunderts eine wichtige Rolle gespielt. Die Rolle der Religion, speziell des Calvinismus, bei der Entwicklung der Wissenschaft gehört in Anlehnung an *Max Webers* These vom Einfluß des Protestantismus auf den Geist des Kapitalismus weiterhin zu den Hauptforschungsthemen der Wissenschaftssoziologie und Wissenschaftsgeschichte *(Robert K. Merton).*

Der Begriff der Wissenschaft umfaßt heute eine Reihe zusammenhängender Merkmale: (1) ein Komplex von Methoden, mit denen wissenschaftliche Wissensansprüche generiert und gesichert werden; (2) ein spezifischer, sich ständig verändernder Wissensvorrat und (3) eine bestimmte, von spezifischen Konventionen gesteuerte soziale Organisation wissenschaftlicher Aktivitäten, insbesondere Forschung, Lehre und Wissenstransfer. Organisationsprinzip der Natur- und Geisteswissenschaften ist, soziologisch gesehen, der Versuch, Dissensus zu reduzieren, →wissenschaftstheoretisch gesehen dagegen, intersubjektiv gesicherte Wissensbestände zu erschließen und zu systematisieren.

Das gegenwärtige Zeitalter ist das Zeitalter des wissenschaftlichen und technischen Wissens (Wissensgesellschaft; nachindustrielle Gesellschaft). Während die Produktionsverhältnisse in der Industriegesellschaft, von *Marx* exemplarisch analysiert, noch wesentlich von den Produktionsfaktoren Arbeit und Boden sowie von den Eigentumsverhältnissen bestimmt wurden, hängt diese Funktion in der heutigen Gesellschaft zunehmend von →Wissen ab. Wissenschaftliches Wissen wird mehr und mehr zur wichtigsten Quelle des ökonomischen Wertzuwachses angesehen. Man kann die wissenschaftliche Durchdringung aller Lebensbereiche als Verwissenschaftlichung beschreiben.

Eine besondere Wertschätzung wissenschaftlichen Wissens ist allerdings weder universell noch hat traditionelles Wissen durch die Ausweitung der sozialen und ökonomischen Anwendung wissenschaftlich-technischen Wissens seine Handlungsrelevanz verloren. Während die Mehrzahl der soziologischen Klassiker *(Comte, Marx, Spencer, Weber, Mannheim)* und auch viele moderne Theoretiker *(Adorno, Marcuse, Habermas, Merton, Mills, Schelsky)* noch von einer fast unbegrenzten Macht von Wissenschaft und Technik in der modernen Gesellschaft ausgehen (Technokratie, wissenschaftlich-technische Zivilisation), wird zunehmend deutlich, daß der Herrschaft wissenschaftlichen Wissens Grenzen gesetzt sind. Die Praxis und die Risiken, die mit den sozialen Folgen der Wissenschaft (Waffentechnik, Nukleartechnik, Umweltgefahren, Eingriffe in die menschliche Natur) verbunden sind, werden selbst systematisch untersucht, und das Vertrauenskapital der Wissenschaft in der Öffentlichkeit wird allmählich abgebaut.

Der klassische Wissenschaftsbegriff implizierte, daß die erarbeiteten Wissensbestände kumulativen Charakters sind. Die moderne Wissenschaftstheorie und -geschichte *(Kuhn, Feyerabend)* hat dagegen den transformatorischen Charakter der Wissensentwicklung in der Wissenschaft herausgestellt, während die gegenwärtige Wissenschaftssoziologie, insbesondere in der Form von Laborstudien, die soziale Produktion oder „Seinsverbundenheit" von wissenschaftlichem Wissen entdeckt hat und die These von der Theorieabhängigkeit wissenschaftlicher Tatsachen empirisch untersucht. Umfassende wissenschaftliche Theorien oder Paradigmen, innerhalb deren Beobachtungen erfolgen, verändern sich von Zeit zu Zeit in den Naturwissenschaften und ersetzen einander (z. B. Newtonsche Mechanik, Relativitätstheorie). In den Sozialwissenschaften konkurrieren typischerweise verschiedene Theoriegebäude miteinander.

Die wichtigste *Organisationsform* der Wissenschaft waren ursprünglich die Universität und die Akademie, während gegenwärtig zunehmend private und staatliche Forschungsinstitute und -abteilungen als Orte wissenschaftlicher Forschung an Bedeutung gewinnen. Institutionelles Ziel der Wissenschaft ist die Erweiterung gesicherten Wissens. Typische generelle Kommunikationsform ist der Zeitschriftenartikel. Reputation and Status des Wissenschaftlers basieren auf wissenschaftlichen Leistungen. Fast neunzig Prozent aller Wissenschaftler, die je gelebt haben, leben heute *(de Solla Price)*. Das rapide Wachstums der Wissenschaft hat sich allerdings verlangsamt.

Die *soziale Organisation* der Wissenschaft läßt sich vor allem durch ihr besonderes Berufsethos und damit durch eine spezifische Form der sozialen Kontrolle kennzeichnen *(Merton)*. Die normative Struktur der Wissenschaft hat den Charakter von verbindlichen Verboten und Grundsätzen, insbesondere von Normen des Universalismus, „Kommunismus" (im Sinne des kollektiven Eigentums des von Wissenschaftlern produzierten Wissens), Uneigennützigkeit und des organisierten Skeptizismus.

Das Ethos der Wissenschaft repräsentiert sowohl methodologische als auch institutionelle Verhaltensregeln unter Wissenschaftlern. Die Norm des organisierten Skeptizismus impliziert zum Beispiel eine Zurückhaltung gegenüber Wissensansprüchen jeder Art und ihre unvoreingenommene Prüfung nach methodischen Gesichtspunkten.

Die gegenwärtige Wissenschaftssoziologie, durch die diskontinuierliche Wissenschaftskonzeption *Kuhns* inspiriert, analysiert vor allem kognitive Entwicklungsprozesse in der Wissenschaft, d. h. die mit der Produktion wissenschaftlicher Erkenntnis zusammenhängenden Vorgänge. Ethnographisch ausgerichtete Forschungsarbeiten zur sozialen Wissensproduktion *(Knorr)* stehen ihrerseits mit einem erkenntnistheoretischen Skeptizismus in Verbindung.

Die *Beziehungen* der Wissenschaft zu anderen gesellschaftlichen Institutionen ist das Kernproblem der modernen Wissenschaft. Die Frage der Ressourcen für die Wissenschaft (Wissenschafts- und Bildungspolitik), die Freiheit der wissenschaftlichen Forschung, Ausbildungswege und die sozialen Folgen der Wissenschaft gehören in den Rahmen dieser umfassenden Problematik.

Lit.: Gernot Böhme und *Nico Stehr,* The Knowledge Society, Dordrecht 1986; *Karin Knorr-Cetina,* die Fabrikation von Erkenntnis, Frankfurt/M. 1984; *Thomas S. Kuhn,* Die Struktur wissenschaftlicher Revolution, Frankfurt/M. 1973; *Robert K. Merton,* Entwicklung und Wandel von Forschungsinteressen. Aufsätze zur Wissenschaftssoziologie, Frankfurt/M. 1985; Nico Stehr und René König, Wissenschaftssoziologie, Opladen 1975.

Prof. Dr. *N. Stehr,* University of British Columbia, Kanada/
Prof. Dr. *V. Meja,* Memorial University, Kanada

Wissenschaftstheorie

Obschon eine wichtige Disziplin aus eigenem Recht, dient dem Sozialwissenschaftler die Wissenschaftstheorie nur als *Hilfs*wissenschaft: Er wünscht von ihr Hinweise, wie er seine eigene Arbeit besser tun kann, als er ohne sie vermöchte. Allerdings konkurrieren durchaus verschiedene, teils miteinander unvereinbare Wissenschaftslehren. Die hier gegebene Darstellung folgt jener der analytischen Philosophie entspringenden Synthese, die der Verfasser zu dem Zweck vorgelegt hat, die wichtigsten Ergebnisse der Wissenschaftstheorie in die Reichweite praktischer sozialwissenschaftlicher Forschung zu bringen (Patzelt 1986).

Wissenschaft ist jenes menschliche Handeln, das auf die *Herstellung von Aussagen* abzielt, die jenen Aussagen *überlegen* sind, die schon anhand der Denkmittel des gesunden Menschenverstandes formuliert werden können. Von wissenschaftlichen Aussagen wird verlangt: sie müssen mit jenen Sachverhalten, auf die sie sich beziehen („empirischer Referent"), übereinstimmen *(„empirischer Wahrheitsgehalt");* und sie müssen nach den Regeln einer angebbaren Logik richtig sein *(„logische Konsistenz").* Die zweite Forderung steht im Dienst der ersten, ist doch der empirische Wahrheitsgehalt zumal von Aussagen*gefügen* nur dann zu überprüfen, wenn dank logischer Konsistenz überhaupt erst einmal präzis festgestellt werden kann, was sie in einzelnen über die Beschaffenheit ihrer Referenten behaupten. Wissenschaft besteht somit in der Formulierung und logischen Klärung von Aussagen(gefügen), die beiden Forderungen genügen sollen („theoretische Forschung"), *sowie* in der Einholung, Verarbeitung und Interpretation jener Informationen, die zur Überprüfung des empirischen Wahrheitsgehalts von Aussagen über Sachverhalte aller Art nötig sind („empirische Forschung").

Im Dienst der Forschungspraxis hat die Wissenschaftstheorie drei *Aufgaben:* es sind jene *Regeln zu formulieren,* deren Befolgung die Wahrscheinlichkeit dafür steigert, logisch und/oder empirisch falsche Aussagen von solchen Aussagen unterscheiden zu können, die logisch konsistent sind und mit ihren Referenten übereinstimmen; es sind die *Eigenschaften von Begriffen, von aus Begriffen aufgebauten Aussagen sowie von Aussagengefügen („Theorien") zu klären,* da all dies jenen „Werkstoff" von Wissenschaft darstellt, auf dessen erfolgreiche Bearbeitung die Regeln wissenschaftlicher Arbeit abzwecken; und es sind die geistigen, materiellen und gesellschaftlichen *Bedingungen der Möglichkeit der Herstellung logisch wie empirisch wahrer Aussagen ausfindig zu machen* (→Erkenntnistheorie, →Wissenssoziologie, →Wissenschaftssoziologie), da praktisch befolgbare Regeln wissenschaftlichen Handelns nur unter Rücksicht auf sie aufzustellen sind.

Wissenschaftstheoretische Regeln dienen der *Emanzipation* aus der Befangenheit in den Selbstverständlichkeiten des jeweiligen persönlichen wie kollektiven Alltagsdenkens. Dieses ist gekennzeichnet von einer meist unbemerkten kulturspezifischen *Perspektivität* und einer regelmäßig unbeachteten *Selektivität* der Wirklichkeitserfahrung. Wissenschaftliche Arbeit kappt indessen nicht ihre Wurzeln zum Alltagsdenken: Auch wissenschaftliche Aussagen beruhen auf der Leistungsfähigkeit des gesunden Menschenverstandes und sind unvermeidlich perspektivisch und selektiv. Die „Regeln des Wissenschaftsspiels" sorgen jedoch für *reflektierte,* ihrer *Konsequenzen* bewußte sowie *kontrollierte* Perspektivität und Selektivität; sie stiften Klarheit darüber, in welcher Perspektive auf welche empirischen Referenten geblickt wird und inwieweit die an Wirklichkeits*ausschnitten* erarbeiteten Aussagen zu *verallgemeinern* sind. Keineswegs stellen die von der Wissenschaftstheorie formulierten Regeln die Herstellung „absolut richtiger", „objektiv wahrer" Aussagen in Aussicht: Wissenschaft, obwohl dem bloßen Alltagsdenken überlegen, ist als menschlicher Produktionsprozeß ebenso *fehlerhaft* und *störanfällig* wie jedes andere menschliche Unterfangen auch.

Für die Bewältigung von vier *Forschungsaufgaben* hat die Wissenschaftstheorie Verfahrensregeln zu formulieren: für die *Schließung von Wissenslükken* (ob in praktischer Absicht oder aus persönlicher Neugier); für die *Überprüfung von Aussagen* aller Art; für die *Erarbeitung von Werturteilen* sowie für die Erstellung von *Handlungsanweisungen.* Die ersten zwei Forschungsaufgaben fallen unter den Begriff der *empirischen* Forschung (im weiteren Sinn), die letzten beiden unter jenen der *normativen* Forschung. An der Gegenüberstellung von empirischer und normativer Forschung entzünden sich immer wieder heftige Grundlagendiskussionen (→Werturteilsstreit), deren Quelle häufig das Mißverständnis ist, aus der Nutzlosigkeit von Werturteilen für die *Prüfung* des logischen oder empirischen Wahrheitsgehalts von Aussagen folge die Aussichtslosigkeit des Versuchs, auch bei der *Erarbeitung* von Werturteilen wie Handlungsanweisungen über die Leistungsfähigkeit des gesunden Menschenverstands hinauszugehen (zur *einheitlichen* Logik empirischer wie normativer Forschung siehe *Patzelt* 1986: 185–237).

Grundstoff des wissenschaftlichen Produktionsprozesses sind *Begriffe.* Begriffe sind Vorstellungsinhalte, die im Kontext alltags- oder fachsprachlicher Begriffs*gefüge* (Klassifikationen, Typologien, Merkmalsräume) eine bestimmte Perspektive auf einen jeweiligen Referenten („Begriffsextension") fixieren, in der dann eine bestimmte Klasse der inhaltlichen Merkmale jenes Referenten („Begriffsintension") ins Blickfeld rückt. Begriffe sind nach verschiedenen Merkmalen zu gliedern, wobei vor allem die Unterscheidung nach ihrer *Nähe zum empirischen Referenten* („Beobachtungsbegriffe", „teilweise empirisch interpretierbare Begriffe", „theoretische

Begriffe") sowie nach ihrem *Informationsgehalt* („klassifikatorische", „komparative", „metrische" Begriffe) solche Merkmale von Begriffen zur Aufmerksamkeit bringt, an denen wichtige wissenschaftstheoretische Regeln ansetzen. Begriffe sind *keinesfalls* identisch mit jenen Worten, welche die Benutzung eines bestimmten Vorstellungsinhalts auslösen. Es ist die Aufgabe von *Definitionen,* die Extension und Intension eines Begriffs mitzuteilen sowie jenes Wort bzw. jene Wortkonfiguration festzulegen, die im Kommunikationsprozeß den beabsichtigen Vorstellungsinhalt verläßlich hervorrufen soll. Gelingt dies, so lassen sich Begriffe zu auch ihrerseits klaren *Aussagen* zusammenfügen. Ungleich den Begriffen, die lediglich eine bestimmte Perspektive fixieren und in dieser Funktion mehr oder minder *zweckmäßig* sein können, haben Aussagen die Eigenschaft, logisch wie empirisch *wahr bzw. falsch* zu sein.

Auch Aussagen sind nach mannigfachen Gesichtspunkten zu gliedern. Besonders wichtig ist ihre Unterscheidung nach *Existenzaussagen vs. Allaussagen,* da sie Aufschluß über die besonderen Möglichkeiten gibt, den empirischen Wahrheitsgehalt von Behauptungen über die Beschaffenheit von Wirklichkeitsausschnitten zu prüfen. „Reine Existenzaussagen" behaupten lediglich die *Existenz* irgendeines Sachverhalts (z. B.: „Es gibt Gesellschaften ohne soziale Schichtung"), ohne anzugeben, *wo* dieser Sachverhalt denn aufzufinden sei. Folglich sind reine Existenzaussagen schlechterdings nicht überprüfbar und darum wissenschaftlich *unbrauchbar.* „Streng allgemeine Aussagen" („reine Allaussagen") behaupten ohne jede raumzeitliche Abgrenzung, *alle* in ihnen angesprochenen Wirklichkeitselemente wiesen die behauptete Eigenschaft auf (z. B.: „In allen Gesellschaften gibt es soziale Schichtung"). Der Wahrheitsgehalt solcher Aussagen ist leicht zu überprüfen, genügt doch ein einziger Fall, welcher der Aussage widerspricht, sie klar als falsch zurückzuweisen *(„Falsifikation").* Da freilich nur ganz wenige Merkmale der sozialen Wirklichkeit überall und zu allen Zeiten gleich sein dürften, und weil sich Sozialwissenschaftler in der Regel für raum-zeitlich *abgegrenzte,* zeit- und kultur*spezifische* Sachverhalte interessieren, sind streng allgemeine Aussagen für die sozialwissenschaftliche Praxis meist *unnütz.* Für sie sind statt dessen *raum-zeitlich abgegrenzte* All- bzw. Existenzaussagen von Bedeutung (z. B.: „Die bundesdeutschen Hochschulabsolventen hatten zwischen 1960 und 1990 ein höheres Durchschnittsalter als französische Hochschulabsolventen im gleichen Zeitraum"; „die Verantwortlichkeiten im SED-Politbüro waren 1989 wie folgt verteilt: ..."). Der empirische Wahrheitsgehalt raum-zeitlich abgegrenzter *Existenz*aussagen wird dadurch geprüft, daß der tatsächlich vorliegende Sachverhalt festgestellt wird (gelingende oder mißlingende *Verifikation*), jener von raumzeitlich abgegrenzten *All*aussagen durch die Suche nach ihnen widersprechenden Befunden *(Falsifikationsversuch).* Mißlingen selbst die strengsten Falsifikationsversuche, so ist zwar die Wahrheit einer Allaussage keineswegs *bewiesen;* doch die Vermutung, die Aussage stimme mit den Tatsachen überein, ist über vernünftige Zweifel hinaus *bekräftigt.* In der Praxis sind die Grenzen zwischen raum-zeitlich abgegrenzten All- bzw. Existenzaussagen und ihrer Prüfung durch Falsifikation bzw. Verifikation fließend.

Unter dem Gesichtspunkt des Theoriegehalts ist die Unterscheidung von *korrelativen und kausalen Aussagen* wichtig. *Korrelative* Aussagen behaupten lediglich den *Zusammenhang* zwischen verschiedenen Merkmalen, wobei diese Zusammenhänge als deterministisch, probabilistisch oder stochastisch zu beschreiben sind und die Art des Zusammenhangs als linear oder nicht-linear, als additiv oder multiplikativ vorgestellt werden kann. *Kausale* Aussagen hingegen fügen korrelativen Behauptungen explizit oder implizit eine Theorie(skizze) hinzu, welche das Bestehen des behaupteten Zusammenhangs *begründet.*

Betrachtet man Aussagen als „wissenschaftliches Arbeitsmaterial", so spricht man von ihnen als von (raum-zeitlich abgegrenzten, korrelativen, kausalen usw.) →*Hypothesen.* Je nach ihrem „Bearbeitungsstand" sind dann *Vermutungen* (d.h.: noch ungeprüfte, gegebenenfalls überhaupt erst noch präzis zu formulierende Aussagen) von konkreten *Prüfhypothesen* sowie von – mit mehr oder minder klarem Ergebnis – *überprüften Hypothesen* zu unterscheiden. Diese gliedern sich ihrerseits in die bei einem Falsifikationsversuch widerlegten oder bekräftigten Hypothesen bzw. in die bei einem Verifikationsversuch gescheiterten oder bestätigten Hypothesen. Zumal bekräftigte deterministische Allaussagen werden aufgrund naturwissenschaftlicher Traditionen oft „Gesetze" genannt. Wegen der problematischen Assoziationen dieses Wortes sollte man freilich auch hier nur von bislang immer wieder bekräftigten und – ceteris paribus – auch künftig mit äußerst großer Wahrscheinlichkeit nicht falsifikationsgefährdeten Aussagen sprechen.

Verknüpft man Aussagen zu mehr oder minder komplexen Aussagengefügen, so entstehen →*Theorien.* Aussagengefüge, die Werturteile und Handlungsanweisungen abgeben und begründen, heißen *„normative Theorien";* Aussagengefüge, welche „nur" Behauptungen über die Beschaffenheit ihres empirischen Referenten treffen, nennt man *„empirische Theorien".* Je nach dem Abstraktionsgrad ihrer Begriffe und Aussagen unterscheidet man unter ihnen „gegenstandsspezifische Theorien" von →„Theorien mittlerer Reichweite" und „allgemeinen Theorien", wobei die letzteren am schwierigsten auf ihren empirischen Wahrheitsgehalt zu überprüfen sind. Im Idealfall bauen sich Theorien logisch konsistent in der Weise aus klar formulierten Aussagen voller präzis definierter Begriffe auf, daß der gesamte Informationsgehalt der Theorie aus wenigen Axiomen in beliebig komplexen Deduktionsketten abgeleitet werden kann. Die Praxis sozialwissenschaftlicher →Theoriebildung ist von diesem Zustand noch weit entfernt. Dies erschwert regelmäßig die Prüfung sowohl der logischen Konsistenz sozialwissenschaftlicher Theorien als auch ihres empirischen Wahrheitsgehalts, kann dieser doch nicht „als solcher" überprüft werden, sondern nur anhand von konkreten Hypothesen, aus deren Bewährung oder Scheitern auf den Wahrheitsgehalt genau jener Elemente des gesamten Aussagegefüges zurückzuschließen ist, aus denen sie abgeleitet wurden.

Wissenschaftliche Theorien haben zwei *Funktionen.* Erstens bewahren sie das über einen bestimmten Gegenstandsbereich verfügbare Wissen in Form klarer, informationshaltiger, empirisch wahrer und logisch konsistenter Aussagen auf und machen es dergestalt praktisch verfügbar. Theorien sind somit das *Ziel* empirischer Forschung. Zweitens stellen sie jene Begriffe bereit, mittels welcher man über einen bestimmten Gegenstandsbereich nachdenken, ihn in einer klar beschreibbaren Perspektive wahrnehmen und über ihn mit guten Chancen auf wechselseitiges Verständnis kommunizieren kann. Natürlich benutzt schon das Alltagsdenken, verwendet *jede* Informationsaufnahme, -verarbeitung oder -interpretation Theorien („Ethnotheorien") in dieser Funktion. In ihr wirken Theorien wie *Scheinwerfer,* die ansonsten dunkle Dinge erblicken lassen, ihnen aber zugleich allein schon durch die Art der Beleuchtung eine bestimmte Beschaffenheit und Ordnung „auferlegen". Dies leistend, sind Theorien die *Voraussetzung* empirischer Forschung. Gerade sozialwissenschaftliche Theorien gelangen leider über diesen

Wissenschaftstheorie

rein *taxonomischen* Nutzen oft noch nicht hinaus und verfehlen somit ihre erstgenannte Funktion.

Im Licht (bewußt) benutzter Theorien erworbene und aufgezeichnete Informationen aller Art heißen *Daten.* Die Regeln für ihre Erhebung, Verarbeitung und Auswertung („empirische Forschung *im engeren Sinn*") formulieren detailliert die sozialwissenschaftliche Methodenlehre sowie die Statistik. Auch Daten sind *immer perspektivisch und selektiv;* „theoriefreies Protokollieren von Sinneserfahrungen" gibt es nicht. Empirische Forschung im engeren Sinn ist zweifellos nur dann für die Bewältigung der vier genannten Forschungsaufgaben nützlich, wenn die erhobenen und analysierten Daten tatsächlich den empirischen Referenten der forschungsleitend benutzten Begriffe und Theorie(n) entstammen. Tragfähige Argumente dafür, bei der Datenerhebung wirklich jene Informationen gesammelt zu haben, die sich für die Feststellung des empirischen Wahrheitsgehalts der zu prüfenden Aussagen eignen, liefern allein *in anderen Forschungsabläufen schon bekräftigte* Theorien des Zusammenhangs zwischen perspektivenfixierendem Begriff, selektiv wirkender forschungsleitender Theorie sowie tatsächlich getätigten Beobachtungen *(„Beobachtungstheorien").* Empirie und Theorie sind somit voneinander nicht zu trennen.

Taugliche Regeln sozialwissenschaftlicher Forschung aufzustellen, ist nicht deshalb schwieriger als die Formulierung einer Wissenschaftslehre der Naturwissenschaften, weil die Sozial- und Naturwissenschaften gegensätzlichen Grundgedanken der Forschung folgten. Zwar wird dies vielfach immer noch behauptet: Die den Geisteswissenschaften zugeordneten Sozialwissenschaften unterschieden sich von den Naturwissenschaften, die *generalisierende Erklärungen durch allgemeine Gesetzesaussagen* anstrebten, durch ihr *idiographisches* Forschungsanliegen und das ihm zugehörende besondere Erkenntnisprinzip des →Verstehens. Es läßt sich aber zeigen, daß diese Konfrontation auf unnötigen Überspitzungen gleichermaßen zutreffender Positionen beruht (siehe *Patzelt* 1986) und sehr wohl eine *einheitliche Logik der Forschung* besteht. Die Wissenschaftslehre der Sozialwissenschaften ist nicht *anders,* sondern nur *komplexer* als jene der Natur- und Geisteswissenschaften, was aus den Eigentümlichkeiten des Untersuchungsgegenstandes „soziale Wirklichkeit" herrührt: deren Strukturen sind brüchige und wandelbare (Zwischen-)Ergebnisse komplizierter Prozesse gesellschaftlicher Wirklichkeitskonstruktion; soziale Wirklichkeit weist rasche Wandlungsprozesse auf, welche die meisten Forschungsgegenstände um ihre Konstanz bringt und zu geschichtlichen Individualgestalten werden läßt; das „Selbstwissen" sozialer Wirklichkeit und ihrer Konstrukteure konkurriert stets mit dem „Betrachterwissen" der Sozialwissenschaftler und erschwert diesen regelmäßig die Emanzipation von kultur- und zeitspezifischen Alltagsdenken; und gegenwartsorientierte sozialwissenschaftliche Forschung wirkt in vielfältiger Weise auf ihre Gegenstände zurück und verändert sie dadurch, so daß in die zu erarbeitenden Aussagen auch diese Rückwirkungen einbezogen werden müssen. Alle diese *Komplizierungen* sowohl des Forschungsgegenstandes als auch der Beziehung zwischen Forscher und Forschungsgegenstand müssen natürlich vom Regelwerk sozialwissenschaftlicher Forschung berücksichtigt werden und stellen auch an dessen Benutzer besondere Anforderungen intellektueller Übersicht. Wollen Sozialwissenschaftler ihre Aufgaben in fruchtbarer *Arbeitsteilung* erfüllen, die ihrerseits ja erheblichen *Konsens* über die zu befolgenden „Spielregeln" voraussetzt, haben somit gerade sie einen großen Bedarf an wissenschaftstheoretischer Selbstverständigung.

Lit.: Esser, Hartmut/Klenovits, Klaus/ Zehnpfennig, Helmut: Wissenschaftstheorie, 2 Bde, Stuttgart 1977; *Losee, John:* Wissenschaftstheorie. Eine historische Einführung, München 1977; *Patzelt, Werner J.:* Sozialwissenschaftliche Forschungslogik. Einführung, München, Wien 1986; *Stegmüller, Wolfgang:* Probleme und Resultate der Wissenschaftstheorie und Analytischen Philosophie, 4 Bde, Studienausgabe (in Teilbänden), Berlin (West) 1970–1985; *Topitsch, Ernst* (Hg.): Logik der Sozialwissenschaften, 11. Aufl., Königstein/ Ts. 1984.

Prof. *Werner J. Patzelt*, Dresden

Wissensgesellschaft

Definition: Theorien der Gesellschaft haben in der Regel diejenigen Eigenschaften als ihr zentrales, namensgebendes Moment, die ihre Autoren für die Entstehung und Ausprägung dieser Gesellschaftsformation verantwortlich machen und deren Spiegel diese Theorien der Gesellschaft sein wollen. Aus diesem Grund kann man die sich jetzt herausbildende und in Zukunft wahrscheinlich dominante Gesellschaftsformation „Wissensgesellschaft“ nennen. Der konstitutive Mechanismus der Gesellschaft wird Wissen sein bzw. die Identität dieser Gesellschaftsformation wird durch Wissen bestimmt sein.

Die moderne Gesellschaft wurde bisher in erster Linie von den sozialen Merkmalen Arbeit und Eigentum (Kapital) geprägt. Arbeit und Eigentum sind deshalb seit langer Zeit in der soziologischen, politwissenschaftlichen und ökonomischen Theorie eng miteinander in Verbindung gebracht worden. Arbeit wird als Eigentum verstanden und als Quelle für neues Eigentum. In der marxistischen Tradition, in der Kapital als objektivierte Arbeit verstanden wird, ist diese unmittelbare Verbindung besonders deutlich. Auf der Grundlage dieser Eigenschaften war es einzelnen Individuen oder Gruppen von Individuen möglich, sich als bestimmte Mitglieder dieser Gesellschaft zu definieren. Mit der Veränderung des gesellschaftlichen Stellenwerts, insbesondere im produktiven Prozeß, ändern sich auch die sozialen Konstrukte Arbeit und Eigentum. Das Vordringen des wissenschaftlich-technischen Wissens ist Anlaß dafür, unsere Gesellschaft unter der Perspektive ihrer *Wissensstruktur* zu sehen.

Das Auftauchen von Gesellschaftsinformationen, die man als Wissensgesellschaften analysieren kann, ist keine plötzliche Erscheinung. Die gegenwärtigen umgreifenden gesellschaftlichen Veränderungen müssen vielmehr als ein evolutionärer Prozeß verstanden werden. Darüber hinaus hat Wissen natürlich immer eine Rolle für das menschliche Zusammenleben gespielt; man kann geradezu von einer anthropologischen Konstanten sprechen: soziales Handeln (die soziale Rolle) ist wissensgeleitet, soziale Gruppierungen sind nicht bloß Herdenbildung, sondern symbolisch vermittelt, das heißt, sie beruhen auf Wissen. Alle Beziehungen zwischen Individuen beruhen grundsätzlich darauf, wie etwa *Georg Simmel* betont, daß Menschen etwas voneinander wissen. Aber auch Herrschaft hat sich stets nicht nur auf physische Gewalt gestützt, sondern sehr häufig auch auf einen Wissensvorsprung. Und schließlich ist die gesellschaftliche Reproduktion nicht nur eine physische, sondern beim Menschen auch immer eine kulturelle Reproduktion, daß heißt Reproduktion von Wissen. Rückblickend kann man deshalb heute auch vergangene Gesellschaftsformationen sehr wohl als frühe Formen von „Wissensgesellschaften“ erkennen, wie zum Beispiel die altisraelitische Gesellschaft, die durch das religiös-gesetzliche Torawissen strukturiert wurde, oder die altägyptische, für die das religiös-astronomische und das agrarische Wissen Herrschaftsbasis und Organisationsprinzip war.

Wissen hat auch im Rahmen der wichtigsten Gesellschaftstheorien eine zentrale Bedeutung eingenommen: In der marxistischen Gesellschaftstheorie haben die Produktionskräfte und -mittel stets einen besonderen, entscheidenden Stellenwert für die gesellschaftliche Entwicklung gehabt. In seiner klassischen Untersuchung über die typischen Merkmale der westlichen Zivilisation hebt andererseits *Max Weber* besonders hervor, welch entscheidende Rolle in der zivilisatorischen Entwicklung die Anwendung der menschlichen Vernunft zur Herausbildung und Sicherung der methodischen Effizienz sozialen Handelns spielt. Rationales Handeln und damit auch das Rationalisieren entspringt ganz bestimmten intellektuellen Konstrukten. In der von *Raymond Aron* entwickelten Theorie der industriellen Gesellschaft, die sowohl sozialistische als auch kapitalistische Wirtschaftsformen umfaßt, wird der Einfluß der modernen Wissenschaft und Technik auf die Gestaltung der sozialen Organisation produktiven Handelns, aber auch auf andere Lebensbereiche der Gesellschaft vorrangig herausgestellt. Schließlich wird in jüngster Zeit das „theoretische Wissen" im Rahmen der Theorien der postindustriellen Gesellschaft *(Daniel Bell)* sogar zum axialen Prinzip der gegenwärtigen Gesellschaft erklärt.

Allerdings wird das Phänomen Wissen und die Größe der Gruppen von Individuen, deren sozialer Einfluß und Kontrolle auf Wissen basieren, in diesen Gesellschaftstheorien in der Regel eher restriktiv konzipiert. Man begnügt sich mit dem einfachen Verweis auf die gesellschaftliche Funktion der als besonders zuverlässig geltenden und von der „scientific community" ratifizierten wissenschaftlichen Erkenntnis. Paradoxerweise neigt man gleichzeitig jedoch dazu, die soziale Wirkungskraft „objektiven" wissenschaftlich-technischen oder formalen Wissens zu überschätzen. Moderne Gesellschaftstheorien lassen demnach bei der Konzeptualisierung des als Motor der gesellschaftlichen Transformationen ins Auge gefaßten „Wissens" kritische Details und einen weniger affirmativen Ansatz vermissen. Gleichzeitig problematisiert man die Gründe für die angeblich steigende Nachfrage nach Wissen nur selten. Die Analyse der oft keineswegs geradlinigen Wege, die das Wissen in seiner praktischen Realisierung nimmt, ist wenig entwickelt. Der rasch wachsenden Zahl von Individuen, die auf die eine oder andere Weise vom Wissen leben, wird kaum Aufmerksamkeit geschenkt.

Entstehung: Als erstes Anzeichen für das Enstehen einer Wissensgesellschaft kann die radikale Umwandlung der *Wirtschaftsstruktur* der industriellen Gesellschaft gelten. In der *Industriegesellschaft* sind eine Reihe von Faktoren für den Ablauf der Produktionsprozesse verantwortlich, die aber als Bedingungen für die Möglichkeit des wirtschaftlichen Wachstums an Bedeutung zu *verlieren* scheinen: Dazu gehören vor allem die Entwicklung von Angebot und Nachfrage nach Primärgütern und Rohmaterial; die Abhängigkeit der Nachfrage nach Arbeit vom Produktionsumfang; die relative Bedeutung des Herstellungssektors, der die Primärgüter verarbeitet; die Rolle der Arbeit (im Sinne von Handarbeit) und deren soziale Organisation; das Gewicht des internationalen Handels mit Gütern und Dienstleistungen; die Funktion von Ort und Zeit im Produktionsprozeß sowie die Grenzen des Wachstums der wirtschaftlichen Wertschöpfung. Gemeinsamer Nenner dieser Veränderungen in der Wirtschaftsstruktur ist ein Wechsel von einer Ökonomie, deren Produktion hauptsächlich durch „materielle" Faktoren bestimmt wird, zu einer Wirtschaft, in der Produktion und Distribution auf „symbolischen" oder wissensfundierten Faktoren basieren. In der Wissensgesellschaft machen kognitive Faktoren, Kreativität, Wissen und Information in zunehmendem Maße den Großteil des Wohlstands eines Unternehmens aus.

Eigenschaften: Das Vordringen wissenschaftlicher Erkenntnis in die wesentlichen Lebens- und Handlungsbereiche der modernen Gesellschaft (Verwissenschaftlichung) kann man konkret

- als Verdrängung anderer Wissensformen durch Wissenschaft (u. a. Professionalisierung von Berufen),
- als Entwicklung der Wissenschaft zur unmittelbaren Produktivkraft,
- als Entstehung eines besonderen Sektors der Politik (Wissenschafts- und Bildungspolitik),
- als Herausbildung eines neuen Produktionssektors (Wissensproduktion),
- als Veränderung der Herrschaftsstrukturen (Technokratiedebatte),
- als Transformation der Legitimationsgrundlage von Herrschaft bis hin zu Spezialwissen (Expertenmacht) (aber nicht unbedingt als „Weg der Intellektuellen zur Klassenmacht"),
- als Entwicklung des Wissens zur Grundlage sozialer Ungleichheit und gesellschaftlicher Solidarität oder
- als Transformation der vorherrschenden Quellen sozialer Konflikte beschreiben.

Alternativen: Das Konzept der postindustriellen Gesellschaft ist angesichts der skizzierten Veränderungen der modernen Gesellschaft unangemessen oder sogar irreführend, weil die Wirtschaftssektoren „Industrie" oder „Herstellung" im Verlauf der Transformation der Industriegesellschaft weder verschwinden noch an ökonomischer Bedeutung verlieren. Es ist richtig, daß sich der Produktionsprozeß des Industriesektors grundlegend verändert; es ist jedoch falsch, daß dieser Sektor aufhört zu existieren und etwa in seinem gesamtwirtschaftlichen Stellenwert durch den Dienstleistungssektor abgelöst wird. Die wesentlichen sozialen Veränderungen, auf die es ankommt, sind Entwicklungen, die sich aus der Art und der Dominanz des Wissens selbst ergeben. Unser Interesse muß demnach nicht so sehr dem Aspekt „Wissenschaft", sondern dem Verhältnis zwischen wissenschaftlicher Erkenntnis und herkömmlichen Wissensformen, dem Wissen als unmittelbarer Produktivkraft und damit ganz generell der wachsenden Bedeutung des Wissens als Ressource und Basis sozialen Handelns gelten.

Im Rahmen verschiedener Diskussionen über die Wirkung der Wissenschaft auf die moderne Gesellschaft werden Art und Weise der „Macht" oder Einflußnahme des wissenschaftlichen Wissens zu restriktiv konzipiert. Herkömmliche Darstellungen sehen den Einfluß vor allem, wenn nicht sogar ausschließlich, darin, daß die Wissenschaft effizientere Möglichkeiten oder Grenzen für praktisches Handeln schafft. Mein Konzept muß hier weiter gefaßt sein: Wissenschaft und Technik liefern nicht nur die Möglichkeiten für neuere Formen des Handelns, sondern eliminieren natürlich auch andere; sie nehmen nicht nur Einfluß auf das Verständnis und die Ziele des Handelns, sondern sichern gleichzeitig auch das „Überleben" bestehender Handlungsformen, die weiter relevant bleiben, und sind in gewissem Sinn sogar dafür verantwortlich, daß traditionelles Handeln und konventionelle Anschauungen ihre Gültigkeit nicht verlieren. Ein solches Konzept des wissenschaftlichen Wissens hat demnach mit irgendwelchen Vorstellungen deterministischer Art, insbesondere mit den einseitig ausgerichteten Formen des Determinismus, wonach wissenschaftliche Erkenntnis traditionelle Wissensformen und Handlungsmöglichkeiten etwa einfach mehr oder weniger autonom aus eigener Kraft auslöscht, wenig zu tun.

Folgen: Was Wissensgesellschaften vor allem auszeichnet, ist die Tatsache, daß Wissenschaft und Technik neue und erweiterte Handlungsmöglichkeiten für eine wachsende Zahl von Akteuren bereitstellen, die den potentiellen Widerstand gegen eine Generalisierung und Homogenisierung sozialen Verhaltens in diesen Gesellschaften entscheidend stützen und verbessern. Das heißt, Wissenschaft und Technik entwickeln nicht nur einseitig Eigenschaften und Kräfte, die Wahlmöglichkeiten einschränken, Kontrollen effizienter gestalten, Risiken schaffen und die existierenden Machtverhältnisse die Anzahl und Reichweite möglicher Handlungsstrategien, die Flexibilität sozialen Handelns, die Chancen, die Mächtigen zu beeinflussen, Autoritäten zu demystifizieren, sowie die Anzahl der Personen und Gruppen, die sich der von Wissenschaft und Technik fabrizierten Ressourcen bedienen können. Daher ist es keineswegs widersprüchlich zu behaupten, daß Wissensgesellschaften sowohl an „Festigkeit" und zugleich an Unsicherheit und Fragilität gewinnen. Im allgemeinen sollte man aber die Rolle, die Wissenschaft und Technik als Institution zur indifferenten Bereitstellung von effizienten Instrumenten der Kontrolle und Regulierung und damit zur Einschränkung der Bandbreite und Chancen sozialen Handelns spielt, nicht überbewerten. Wissenschaftliches Wissen und technische Artefakte haben zweifellos dieses Potential, aber dies ist nur eine und möglicherweise die an Bedeutung einbüßende Seite der Konsequenzen von moderner Wissenschaft und Technik. Die andere Dimension der Folgen moderner Wissenschaft und Technik repräsentiert genau ihr „Gegenteil"; Wissenschaft und Technik multiplizieren und intensivieren die Widerstandsmöglichkeiten gegen von ihr ausgelöste Entwicklungen. Demnach besagt die hier vorgebrachte These auch nicht, daß Wissensgesellschaften unbedingt eine gleichförmige, soziale und intellektuelle Einheit bilden werden und fördern müssen. Vielmehr ist für sie ein Nebeneinander oder sogar Miteinander historisch unterschiedlicher Formen sozialen Organisierens und Denkens charakteristischer. Ideologien und Irrationalitäten sind auch in Wissensgesellschaften weiter vorhanden und nehmen einen nicht unwesentlichen gesellschaftlichen Platz ein. Als kulturelles Ensemble ist das wissenschaftliche Wissen nicht nur Dechiffrierung der Welt und besseres Weltverständnis, sondern Modell für die Welt.

Lit.: *Aron, Raymond:* Die industrielle Gesellschaft. Frankfurt 1964. *Beck, Ulrich:* Risikogesellschaft. Frankfurt/M. 1986. *Bell, Daniel:* Die nachindustrielle Gesellschaft. Frankfurt/M. 1973. *Stehr, Nico:* Arbeit, Eigentum und Wissen: Zur Theorie von Wissensgesellschaften. Frankfurt/M. 1994

Prof. Dr. *N. Stehr,* University of British Columbia, Kanada

Wissenssoziologie

Seit der Antike gehört das Wesen des Wissens zu den Kernfragen der Philosophie. In einem seiner wichtigsten Dialoge, *Theaitetos,* setzte sich schon *Platon* in wissenschaftlicher Form mit Erkenntnisfragen auseinander, und seine dualistisch konzipierte Ontologie ist erkenntnistheoretisch fundiert. Die französische und schottische Aufklärungsphilosophie erkannte, daß alle sozialen Unterschiede gesellschaftliche Ursachen haben und somit potentiell menschlicher Kontrolle unterworfen sind und daß soziale, ökonomische und politische Faktoren die Genese, Struktur und den Inhalt des menschlichen Bewußtseins bestimmen. Damit antizipierten die Aufklärungsphilosophen eine Hauptthese der *Wissenssoziologie.* Philosophen haben jedoch zumeist zu zeigen versucht, daß eine Wissenssoziologie weder möglich noch wünschenswert ist. *Kant,* z. B., räumte zwar ein, daß es keine Wahrnehmung ohne Kategorien des Verstandes, ohne Begriff, geben kann, behauptete aber, daß der Verstand selbst „aprioristisch" ist. Empiristen verschiedenster Orientierung haben ganz ähnlich argumentiert, daß Wissen schon vor der Begegnung mit dem konkreten Tatsachenmaterial der Erfahrung existierende Ordnungskriterien in sich trägt, die von sozialen Bindungen unabhängig sind. Nicht-theoretische Faktoren beeinflussen demzufolge bestenfalls die Genese von Ideen, nicht aber die Struktur und den Inhalt des Denkens selbst (daher: Entdeckungs- und Begründungskontext). Ansonsten sehr verschiedenen Philosophien ist oft eine explizite Ablehnung jeglichen soziologischen „Realtivismus" gemein; Zweifel werden dadurch überwunden, daß das Wissen auf eine feste Grundlage, oft jenseits des gesellschaftlich-historischen Raumes, gestellt wird.

Die Wissenssoziologie dagegen untersucht die „Seinsverbundenheit" *(Mannheim)* des Wissens, den Zusammenhang zwischen Denkkategorien, Wissensansprüchen und der sozialen Realität.

Marx ist ein wichtiger Wegbereiter der soziologischen Analyse des Wissens mit seiner These, daß es gewöhnlich die sozio-ökonomischen Realitäten sind, die den „ideologischen Überbau" bestimmen. „Auf den verschiedenen Formen des Eigentums, auf den sozialen Existenzbedingungen", schreibt *Marx,* „erhebt sich ein ganzer Überbau verschiedener und eigentümlich gestalteter Empfindungen, Illusionen, Denkweisen und Lebensanschauungen. Die ganze Klasse schafft und gestaltet sie aus ihren materiellen Grundlagen heraus und aus den entsprechenden gesellschaftlichen Verhältnissen. Das einzelne Individuum, dem sie durch Tradition und Erziehung zufliessen, kann sich einbilden, daß sie die eigentlichen Bestimmungsgründe und den Ausgangspunkt seines Handelns bilden." Diese Ideologietheorie von *Marx* ist als Zentralthese in die Wissenssoziologie eingegangen und hat (z.B. im Werk von *Georg Lukács*) zu exemplarischen Analysen kultureller Produkte geführt, und zu (relativierenden) Analysen des Zusammenhangs zwischen Denksystemen und den gesellschaftlichen Lagen (insbesondere den Klassenlagen) ihrer Verfechter.

Auch *Emile Durkheim* ist ein wichtiger Vorbereiter der modernen Wissenssoziologie, obgleich es ihm nicht gelang, ein umfassendes Modell der von ihm untersuchten Klassifikationsprozesse vorzustellen. *Durkheim* argumentierte in „Les formes élémentaires de la vie religieuse" (1912) und in „De quelques formes primitives de classification" (1903, mit *Marcel Mauss*), daß die zentralen Kategorien der Wahrnehmung und der Erfahrung (Raum, Zeit, Kausalität, usw.) zumindest in primitiven Gesellschafen ihren Ursprung in der Sozialstruktur haben (allerdings wandte er seine Analyse nie auf fortgeschrittene Gesellschaften an). *Durkheim* und *Mauss* kamen bei der Untersuchung von Klassifizierungsprozessen primitiver Gesellschaften zu der Überzeugung, daß alle wichtigen Kategorien des menschlichen Denkens sozial bedingt sind. Ihre Grundannahmen wurden erheblicher Kritik unterworfen, aber ihre These, daß die Klassifikation der Dinge die Klassifikation der Menschen reproduziere, ist auch heute noch oft Ausgangspunkt soziologischer Forschungsarbeit.

Ihre entscheidende Entwicklung verdankt die Wissenssoziologie in den 1920er Jahren *Max Scheler* und *Karl Mannheim.* Sie ist symptomatisches Geistesprodukt einer durch eine tiefgreifende Krise im geschichtlichen und sozialen Bewußtsein geprägten Gesellschaft und Zeit, und die Erkenntnis ihrer eigenen gesellschaftlichen Bedingtheit ist besonders charakteristisch für sie. Es gibt so etwas wie eine Grundstimmung der Weimarer Zeit, die man als tragisches Bewußtsein *(K. Lenk)* bezeichnen kann, in der die Phänomene des Historismus, Relativismus und Skeptizismus erregt debattiert wurden und in der ein oft naiver Fortschrittsglaube der Skepsis und dem Mißtrauen gegenüber dem Geist weichen mußte.

In dieser Situation entsteht die Wissenssoziologie als Lehre der Ablauf- und Aufbaugesetzlichkeiten der sozialen

Prozesse, Beziehungen und Gebilde, die dem Kulturbereich des Wissens eigentümlich sind oder durch ihn zumindest ein besonderes Gepräge erhalten *(Scheler),* und vor allem als Lehre von der sozialen Seinsverbundenheit des Wissens *(Mannheim).* Beide Richtungen der Wissenssoziologie setzen sich von der marxistischen Ideologiekritik ab, die von der Wissenssoziologie als Theorie der Destruktion oder Enthüllung von Geistesgebilden und Geisteshaltungen angesehen wird. Die Wissenssoziologie betont dagegen weniger die Verhüllensabsicht von Aussagen, sondern die „unvermeidlich verschieden geartete Bewußtseinsstruktur der unterschiedlich gelagerten Subjekttypen im historisch-sozialen Raum" *(Mannheim).*

Max Scheler, der der Wissenssoziologie ihren Namen und in „Versuche zu einer Soziologie des Wissens" (1926) eine erste systematische Einführung gab, bemühte sich zunächst in seinen wissenssoziologischen Entwürfen, eine unabhängige Wert- und Geistessphäre auszuweisen, erkannte aber, daß es Realfaktoren sind, die in verschiedenen historischen Perioden und in den verschiedensten sozialen und kulturellen Systemen das Denken bestimmen. *Scheler* sprach von der „Machtlosigkeit des Geistes" gegenüber diesen Realfaktoren, die von späteren Kritikern oft als institutionalisierte Triebkräfte angesehen worden sind und als eine Art ahistorische Auffassung des Unterbaus. *Schelers* Betonung eines Reiches ewiger Werte und Ideen begrenzen allerdings die Nützlichkeit seiner Theorie der Realfaktoren für das Verständnis sozialen und kulturellen (d.h. historischen) Wandels.

Der wissenssoziologische Entwurf *Karl Mannheims* enthält die am sorgfältigsten ausgearbeitete und die ehrgeizigste programmatische Grundlegung einer soziologischen Analyse des Wissens und der Erkenntnis. Wie schon *Scheler* erweiterte auch *Mannheim* das *Marx*sche Unterbaukonzept und argumentierte, daß psychologische Elemente, biologische Faktoren sowie geistige und sogar übernatürliche Phänomene an die Stelle rein ökonomischer Beziehungen treten können. *Mannheim* untersuchte die sozialen Bedingungen verschiedener Wissensformen, grenzte allerdings die soziologische Analyse wissenschaftlichen und technischen Wissens, im Verein mit der herrschenden Wissenschaftstheorie, die von dem besonderen Charakter dieser Wissensform ausgeht, aus der Wissenssoziologie aus. Neben „Ideologie und Utopie" (1929) sind mehrere seiner wissenssoziologischen Analysen auch heute noch beispielhaft für die Art von Analyse, die von der Wissenssoziologie geleistet werden kann (siehe z.B. seine Studien über die Konkurrenz als geistiges Phänomen, das konservative Denken, das Problem der Generationen, und über die Bedeutung des wirtschaftlichen Erfolgsstrebens).

Mannheim glaubte, daß die Wissenssoziologie dadurch eine bedeutende Rolle im geistigen und politischen Leben spielen könne, daß sie die Bedingungen soziologisch untersucht, die zur Entstehung politischer Philosophien, Ideologien, kultureller Produkte und zur Konkurrenz der Denksysteme führen. Die von ihm hartnäckig verfolgte Vorstellung, daß die Wissenssoziologie eine Schlüsselstellung in einer jeden Strategie einnimmt, die Vernunft und Politik einander näherzubringen, ist gemeinsames Merkmal seiner wissenssoziologischen Arbeiten. Er traut der Wissenssoziologie einen nicht zu unterschätzenden Effekt zu: Sie erreicht eine radikale Umorientierung der Intellektuellen, indem sie diese dazu anhält, ihrer wahren Berufung, Synthesen zu erarbeiten, nachzugehen. Die Wissenssoziologie verändert das Verhältnis der Intellektuellen zu den „konkurrierenden" Parteien, indem sie Distanzierungsvermögen und eine übergeordnete Perspektive ermöglicht. *Mannheims* konzeptuelle Vorstellungen, wie die Wissenssoziologie auf die Struktur des politischen Wissens Einfluß nehmen könne, veränderten sich zwar, doch lassen sich drei Hauptlinien unterscheiden: 1) Wissenssoziologie als pädagogisches und politisches Mittel, um die maßgeblichen gesellschaftlichen Kräfte zu verstehen und auf sie einzuwirken. 2) Wissenssoziologie als Instrument der Aufklärung im Kontext des von *Max Weber* analysierten dualen Rationalisierungs- und Individualisierungsprozesses, und, darin der Psychoanalyse vergleichbar, als Mittel, um die Individuen aus der Abhängigkeit von undurchschauten und scheinbar unkontrollierbaren Kräften zu befreien. 3) Wissenssoziologie als methodisch gesichertes Prinzip der Neutralisierung gesellschaftlicher Mystifikationen sozialwissenschaftlicher Voreingenommenheit mit der Intention, die grundlegenden gesellschaftlichen Probleme der Zeit zu meistern und das dafür notwendige politische Handeln anzuleiten.

Unter den neueren Tendenzen in der Wissenssoziologie ist der Versuch ihrer Neuorientierung in Richtung auf eine Analyse des von der klassischen Wissenssoziologie vernachlässigten Alltagsbewußtseins und der wissenschaflich-technischen Wissensformen von besonderer Bedeutung. „Die gesellschaftliche Konstruktion der Wirklichkeit" (1970) von *Peter Berger* und *Thomas Luckmann* wendet sich, unter Bezugnahme auf die Sozialphänomenologie *Alfred Schutz'* und die philosophische Anthropologie *Arnold Gehlens,* bewußt von der klassischen Wissenssoziologie und ihrem Vertieftsein in erkenntnistheoretische und methodologische Fragen ab. Als Gegenstand der Wissenssoziologie wird vielmehr all das vorgeschlagen, was in der Gesellschaft selbst als Wissen gilt.

In jüngster Zeit hat sich, durch Entwicklungen in der Wissensschaftsgeschichte angeregt, die Wissenssoziologie vor allem der detaillierten empirischen Analyse der „Fabrikation" von wissenschaftlichem und technischem Wissen zugewandt. Wichtigstes Forschungsmittel sind ethnographisch angelegte Laborstudien *(Latour/Woolgar, Knorr-Cetina).* Ergebnis dieser Studien ist sowohl eine Neubewertung der Abgrenzung verschiedener Wissensformen, etwa ihrer Entstehungsbedingungen und Struktureigenschaften, als auch eine Revision herkömmlicher wissenschaftstheoretischer Annahmen über die besondere Rationalität wissenschaftlichen Wissens. Im Rahmen des sogenannten „strong programs" der Wissenssoziologie *(Barnes, Bloor)* ähnelt wissenschaftliches Wissen alltäglichem Wissen daher zu einem erheblichen Umfang.

Wissen hat natürlich für das Zusammenleben der Menschen immer eine wichtige Rolle gespielt. Menschliches Handeln ist wissensgeleitet. Macht hat sich zum Beispiel nie ausschließlich auf physische Gewalt gestützt, sondern häufig auf einen Wissensvorsprung. Allerdings zeigt sich gegenwärtig, daß die Rolle des Wissens im menschlichen Zusammenleben eine erheblich größere Bedeutung gewinnt, so daß man fortgeschrittene Industriegesellschaften als Wissensgesellschaften bezeichnen kann *(Böhme, Stehr).* Die wissenschaftliche Durchdringung aller Lebens- und Handlungsbereiche, die graduelle Verdrängung traditioneller Wissensformen, die Veränderung der Herrschaftsstrukturen und der Ökonomie sowie der besondere Einfluß von Experten sind Merkmale dieser wachsenden gesellschaftlichen Bedeutung von Wissen.

Lit.: Karl Mannheim: Ideologie und Utopie [1929], 7. Auflage, Frankfurt/M. 1987; *Volker Meja/Nico Stehr:* Der Streit um die Wissenssoziologie, Frankfurt/M. 1982; *Nico Stehr/Volker Meja:* Wissenssoziologie, Opladen 1981; *Peter Berger/Thomas Luckmann:* Die gesellschaftliche Konstruktion der Wirklichkeit, Stuttgart 1970 [1966]; *Steve Wool-*

gar: Knowledge and Reflexivity, London 1989.

Prof. Dr. *V. Meja,* Memorial University, Kanada/
Prof. Dr. *N. Stehr,* University of British Columbia, Kanada

Wohlstandsgesellschaft
→Überflußgesellschaft

Wohlstandskriminalität
kriminelle Handlungen, bei denen ein Zusammenhang zwischen dem ausgestellten Güterangebot und Diebstahldelikten (Ladendiebstahl) angenommen wird (häufig besteht gar keine Verwendung für die gestohlenen Waren).

Wohngemeinschaft
neue Form des Zusammenlebens von Personen, die gemeinsam einen Haushalt führen bzw. lediglich zusammen wohnen. Viele Varianten, denen gemeinsam ist, daß auf diese Weise soziale Probleme leichter zu lösen sind (gemeinsames Wohnen von alten Menschen zur gegenseitigen Hilfe, alleinstehende Mütter mit ihren Kindern, nichteheliche Lebensgemeinschaften u.a.).

women studies
Frauenforschung
→Frau

working class
→Arbeiterklasse

Wort-Assoziations-Test
→Assoziationstest

Wünschbarkeit, soziale
→Erwünschtheit, soziale

Wunschdenken
auch: Tagträumen
in der Psychoanalyse ein Denken, das sich von der Wirklichkeit abwendet und nicht realisierbaren Vorstellungen nachhängt.

X/Z

Xenophobie
Fremdenhaß, Fremdenfeindlichkeit
Ablehnung von und Haß auf Personen anderer Volksgruppen, z.B. Gastarbeiter, Spätaussiedler.

Zeichen
sinnlich wahrnehmbare Gegebenheiten oder →Handlungen, die einen bestimmten vereinbarten Bedeutungsinhalt signalisieren (z.B. Verkehrszeichen) oder symbolisieren (z.B. Kruzifix), oder mathematische Zeichen, Schriftzeichen, Handzeichen usw.

Zeichensystem
eine Reihe von Zeichen, die nach bestimmten Regeln miteinander kombiniert werden, z.B. die Schrift.

Zeitbudget-Forschung
findent häufig Verwendung in der Medien- und Freizeitforschung; in jüngerer Zeit auch in der Frauenforschung. Meist für einen 24-Stunden-Zeitraum werden die verschiedenen Tätigkeiten kategorisiert: Wieviele Stunden wird ferngesehen? Aufteilung von Berufsarbeit, Hausarbeit und Freizeit u.a.m. Als Methoden finden Verwendung: Interviews, Protokolle, Beobachtung u.a.

Zeitgeist
für eine bestimmte geschichtliche Periode typische Auffassungen und Ideen.

Zeitgeschichte
auch: Gegenwartsgeschichte
unter diesem Begriff erforscht die Geschichtswissenschaft der BR Deutschland (v.a. am 1950 gegründeten Institut für Zeitgeschichte in München) die politische Entwicklung Deutschlands etwa seit dem 1. Weltkrieg. In einseitiger Weise beschäftigt man sich dabei (unter Außerachtlassung des entscheidenden sozialen Faktors, nämlich der bitteren materiellen Not in der Weimarer Republik, d.h. in den sog. „Goldenen Zwanziger Jahren“) in sehr hohem Maße mit Entstehung, Entfaltung und Niedergang des →Nationalsozialismus, während die für die Unterdrückung, Erniedrigung und Ausbeutung der Menschen in der SBZ/DDR (völkerrechtlich korrekt: Mitteldeutschland) verantwortlichen politischen und sozio-ökonomischen Tatsachen seit 1945 auffälligerweise nahezu vollständig ausgeklammert blieben (wobei es sich hier um beklagenswerte *aktuelle* Ereignisse – also um *Zeitgeschichte* i.e.S. – handelte, die in ihrer vor allem von westdeutschen Linksintellektuellen stets heruntergespielten Qualität noch Jahrzehnte *nach Hitler* bzw. *nach den Nürnberger Prozessen* geschahen!) und damit eine Möglichkeit vertan wurde, den Menschen dort schon lange vor der →Revolution von 1989/90 durch unverhüllte Beschreibung, Analyse und Kritik jener (seit langem bekannten) Tatsachen (→Linksfaschismus) zu annehmbaren politischen, wirtschaftlichen usw. Bedingungen zu verhelfen. In der marxistisch-leninistisch orientierten Geschichtsschreibung der ehemaligen DDR zählte zur Z. lediglich die Zeit nach 1945.
→Faschismus
→Linksfaschismus
→Nationalsozialismus
→Revolution von 1989/90

G.R.

Zeitperspektive
Fähigkeit des Menschen, vergangene und zukünftige Ereignisse zeitlich zu ordnen und daraus Schlüsse zu ziehen. Voraussetzung für Planung und Organisation.

Zeitreihe
ein Satz quantitativer Daten, die zu unterschiedlichen Zeitpunkten erhoben werden.

Zensus
Volkszählung
in größeren Zeitabständen durchgeführte Befragung und Erfassung aller

Personen und Haushalte, in der BR Deutschland zuletzt im Jahre 1988 durchgeführt (ursprünglich für alle zehn Jahre geplant). Sehr aufwendiges Verfahren, wird im allgemeinen durch den in kürzeren Zeitabständen vom Statistischen Bundesamt vorgenommenen Mikrozensus und durch Haushaltsstichproben ersetzt.

Zentralismus
Konzentration aller Kompetenzen bei einer Instanz.

Zentralität
relative Stellung einer Person in einem Kommunikationssystem.
→Soziometrie

Zentralverwaltungswirtschaft
→Planwirtschaft

Zentralwert
Medianwert
Maß für die zentrale Tendenz einer Häufigkeitsverteilung und im Gegensatz zum arithmetischen Mittel nicht störbar durch sog. Ausreißer. Ergibt sich, wenn die Gesamtheit der ermittelten Werte bei einer Häufigkeitsverteilung in zwei Teile getrennt wird.

Zentrum-Peripherie-Modell
Bezeichnung für das Machtgefälle zwischen Industrie- und Entwicklungsländern. In Anwendung auf Arbeitsmarktbeziehungen die Unterscheidung von qualifizierten Arbeitskräften (Zentrum) und leicht austauschbaren Jedermann-Qualifikationen (Peripherie).
→Arbeitsmarkt

Zeugungsfamilie
→Familie

Zieldefinition
die Genauigkeit, mit der ein Ziel definiert wird; erleichert die Verpflichtung der Mitglieder auf die Ziele der Organisation.

Zielerreichung
(goal attainment)
→AGIL-Schema

Zielgruppe
Teil der Bevölkerung oder →Sozialkategorie, die mit bestimmten Informationen oder Werbeaussagen erreicht werden soll.

Zielkonflikt
Z.e entstehen, wenn eine Organisation unterschiedliche Ziele verfolgt, die miteinander nicht vereinbar sind, z.B. Lehre und Forschung bei einem hohen Lehrdeputat als Folge hoher Studentenzahlen.

Zielorientierung
→AGIL-Schema

Zielverschiebung
Z. in einer Organisation tritt häufig dann auf, wenn die Teilziele nicht genau definiert sind bzw. bürokratische oder sonstige andere Tätigkeiten sehr an Bedeutung gewinnen, so daß das eigentliche Ziel der Organisation verschoben wird (z.B. lassen zu viele Verwaltungstätigkeiten und Gremiensitzungen in der Universität nur noch wenig Zeit für die Forschung).

Zielverwirklichung
in der →Organisationssoziologie Bezeichnung für eine in der Organisation des Betriebes oder Unternehmens angestrebte Verwirklichung von festgelegten Unternehmenszielen *(R. Mayntz).*

Zirkulation der Eliten
auf theoretische Überlegungen von *Sorel, Mosca, Pareto* und *Michels* zurückgehender Erklärungsversuch über den Aufstieg und Wandel von Führungsschichten.
→Elite

Zivilisation
mehrdeutig verwendeter Begriff, im deutschen Sprachraum meist als Gegensatz zu →Kultur. Bezeichnung für die mehr technisch bestimmten Kulturgüter wie Zentralheizung, Auto, Büchsenöffner u.ä. Im anglo-amerikanischen Sprachgebrauch gleichbedeutend mit Kultur und damit eine Umschreibung aller Techniken und Fähigkeiten, die im

Laufe der Menschheitsgeschichte entwickelt wurden.

Zivilisationsprozeß
nach *N. Elias* (1969) begleitet den Z. eine zunehmende Affektkontrolle des Menschen; im Zentrum seiner Untersuchungen stehen Verhaltensweisen, die als typisch für den modernen zivilisierten Menschen angesehen werden, wie etwa die Veränderung des Scham- und Peinlichkeitsempfindens.

Zufall
ein Ereignis, dessen Eintreten nicht exakt vorausgesagt oder beeinflußt werden kann, z. B. die Ziehung der Lottozahlen.

Zufallsauswahl
(engl. random sample)
bei Zufallsstichproben gilt die Voraussetzung, daß jedes Element der Grundgesamtheit die gleiche Chance hat, in den Auswahlprozeß einbezogen zu werden, wie z. B. beim Urnenmodell. Da es bei empirischen Untersuchungen häufig unmöglich ist, alle Elemente in den Auswahlprozeß einzubeziehen, da die Elemente zu zahlreich (alle über 60jährigen) oder nicht zugänglich (alle Personen mit einem Bruttoeinkommen über 500 000 DM) sind, werden in der Praxis häufig →Zufallszahlen zur Bestimmung der Grundgesamtheit verwendet.
→Auswahlverfahren

Zufallsauswahl, geschichtete
→Auswahlverfahren durch die Bildung homogener Teilmengen, um damit den Stichprobenfehler zu verringern.

Zufallsexperiment
ein Experiment, das beliebig oft unter den gleichen Bedingungen durchgeführt wird, wobei die Ergebnisse jeweils unterschiedlich und voneinander unabhängig sind. Beispiele: Würfeln, Werfen einer Münze.

Zufallsfehler
(engl. random error)
Meßungenauigkeiten, die u. a. von der Meßmethode abhängen.

Zufallsvariable
veränderliche Größe, die aus einer festgelegten Menge von Werten entsprechend bestimmten Wahrscheinlichkeiten Werte annehmen kann.

Zufallsverteilung
→Verteilung
→Wahrscheinlichkeitsverteilung

Zufallszahlen
mehrstellige Zahlenreihen, deren Abfolge zufällig, meist durch Würfeln gewonnen bzw. mit Hilfe eines geeigneten Datenprogramms berechnet wurden. Im allgemeinen finden vorliegende, gedruckte Tabellen Verwendung.

Zugangschancen
→Chancengleichheit

Zukunftsforschung
→Futurologie

Zukunftsorientierung
Bezeichnung der Sozialisationsforschung für schichttypische Eigenschaften des →Sozialcharakters: während Angehörige der Mittelschicht über eine relativ weite Planungsperspektive verfügen, sind Angehörige der Unterschicht mehr an einer spontanen, augenblicksbezogenen Problemlösung interessiert.
→Gegenwartsorientierung

Zunft
im Mittelalter Organisation von Handwerkern und Gewerbetreibenden, vor allem in den Städten. Es bestand Zunftzwang. Die Zunftordnungen regelten wirtschaftliche und organisatorische Fragen wie Betriebsgröße, Arbeitszeit, Warenqualität und Preise. Zu Beginn der Neuzeit führten Zunftregelungen zur Erstarrung und Einengung neuer Produktionsweisen. Mit der Einführung der Gewerbefreiheit (1810, *Stein-Hardenberg*sche Reformen) in Preußen, später in anderen Ländern des Deutschen Reiches, wird die Zunftbeschränkung schrittweise aufgehoben.

Zusammenbruchstheorie
→Krisentheorie

Zusammenhang
→Korrelation

Zuteilung
→Allokation

Zuverlässigkeit
→Reliabilität

Zuwendung, affektive
bedeutsam vor allem in der frühen Kindheit: liebevolle, zärtliche Aufmerksamkeit ist für ein Kleinkind lebenswichtig zur Entwicklung seiner geistigen und sozialen Fähigkeiten.
→Hospitalismus

Zwang, sozialer
→Sanktion

Zwangsgemeinschaft
Form der →Vergesellschaftung (Organisationen), zu deren Aufrechterhaltung physischer oder psychischer Zwang notwendig ist. Beispiel: Gefängnis, Psychiatrische Klinik, Militär.

Zwangsneurose
zwanghaftes Verhalten
übersteigerte Gewissenhaftigkeit und Schuldgefühle, z.B. Waschzwang.

zweckrational
nach *M. Weber* handelt zweckrational, wer sein →Handeln nach Zweck, Mitteln und Nebenfolgen orientiert und weder affektuell (emotional) noch →traditional handelt. Die Entscheidung zwischen konkurrierenden Zwecken kann allerdings wertrational sein: dann ist das Handeln nur in seinen Mitteln zweckrational.
→wertrational

Zweck-Mittel-Schema
handlungstheoretisches Modell, auch ökonomisches Prinzip oder wirtschaftliches Prinzip genannt. →Rationale Handlungsmaxime, bei der entweder bei gegebenen Mitteln das größtmögliche Ergebnis oder ein bestimmtes Ergebnis mit dem geringstmöglichen Mitteleinsatz erzielt wird.

Zweiergruppe
→Dyade

Zweiklassenmodell
Modell einer Gesellschaft, in der sich zwei Gruppen oder Klassen von Personen dichotomisch gegenüberstehen, wie arm – reich, herrschend – beherrscht. Die bekannteste Dichotomie ist das Klassenmodell von *K. Marx* nach dem Produktionsmittelbesitz.
→Bourgeoisie
→Proletariat.

Zweiparteiensystem
→Einparteisystem

Zweipersonenspiel
→Spieltheorie

Zwillingsforschung
Zweig der Vererbungsforschung zur Feststellung von Anlage- und Umwelteinflüssen.

Zwischenschichten
nach *K. Marx* jene Schichten, die weder der →Bourgeoisie noch dem →Kapital zuzurechnen sind, der sog. „alte →Mittelstand“ (Bauern, Handwerker), die zwar Produktionsmittel besitzen, aber selbst damit arbeiten, also niemanden ausbeuten. Im Lauf der kapitalistischen Entwicklung werden diese Zwischenschichten nach *K. Marx* zum →Proletariat absteigen.

Zyklentheorien
→Kulturzyklus